ASTROLOGIA

Aggiornamento per la nuova edizione
e stesura delle effemeridi
per gli anni 2001-2020: Piero Ragone

Impaginazione: Laura Venturi

Per informazioni e segnalazioni:
info.devecchi@giunti.it
www.giunti.it

Via Bolognese 165 - 50139 Firenze - Italia
Piazza Virgilio 4 - 20123 Milano - Italia
Prima edizione: dicembre 1996
Nuova edizione: settembre 2018

FSC www.fsc.org MISTO Carta da fonti gestite in maniera responsabile FSC® C021883

Stampato presso Grafica Veneta SpA, stabilimento di Trebaseleghe

Gisella Melluso

ASTROLOGIA

MANUALE PRATICO PER TRACCIARE L'OROSCOPO

De Vecchi

Sommario

Presentazione

La prima parte di questo libro offre il metodo per tracciare da sé un oroscopo, mentre la seconda presenta gli strumenti adatti per interpretare i simboli propri di questa disciplina (segni, pianeti, Case, tema natale ecc.). Fare da sé un oroscopo può diventare un gioco, che riveste però un interesse pratico in quanto permette di meditare sulle proprie caratteristiche e i propri talenti per usarli nel modo più appropriato. Per agevolare tale operazione il libro contiene le schede di tutti i pianeti, i loro aspetti, le relative interpretazioni, le posizioni nelle Case; esso presenta inoltre le schede dei segni zodiacali con le caratteristiche principali che saranno utili all'astrologo per tracciare il profilo di un individuo. A questi dati l'estensore dell'oroscopo aggiungerà le informazioni che il tracciato consentirà di conoscere. Per svolgere correttamente questa attività è indispensabile avere delle conoscenze nel campo dell'astronomia, soprattutto per quanto riguarda le costellazioni, ecco perché abbiamo pensato di fornire una documentazione relativa a tale argomento.

È piacevole osservare un cielo stellato, ma ancora più interessante è saper riconoscere le costellazioni e divertirsi a cercarle nelle varie stagioni e, ancora, scoprire quale fra loro punteggiava la volta celeste nel momento della nascita di un individuo. E non si tratta di uno sterile esercizio, poiché in quei corpi siderali è scritto, in un certo senso, il nostro destino. Dalla loro posizione dipendono in parte (di questo è convinto l'astrologo) le nostre attitudini psicologiche e morali, i nostri caratteri fisici, il nostro modo di entrare in relazione con gli altri, il nostro stesso sistema di valori ideali. Se i tratti distintivi della nostra personalità sono fissati una volta per tutte al momento della nascita, l'influenza delle stelle si esercita ancora, a seconda del loro movimento apparente o reale, in maniera diversa in ogni momento della nostra vita. Per questa ragione l'oroscopo seleziona e suddivide in dodici Case gli aspetti più significativi dell'esistenza umana (lavoro, matrimonio, figli ecc.), di conseguenza, a seconda della posizione in cui si troveranno gli astri, noi sapremo quali influenze potranno esercitare in ogni singolo settore del vissuto quotidiano.

Astrologia

LA STORIA

L'uomo da sempre ha lavorato per comprendere e interpretare la sua posizione nel cosmo. Alzando gli occhi al cielo e osservandolo, rimase fin dall'inizio incuriosito da quei punti luminosi lontani e, in un primo tempo, egli venerò i corpi celesti e li divinizzò. In seguito studiò i fenomeni fisici in cui si manifestava la vita del cosmo, cercando di scoprire se esistessero rapporti diretti fra i moti celesti e il divenire delle cose terrene, e in quale modo eventualmente gli astri esercitassero un influsso immediato sulle vicende umane. Così alla prima esperienza contemplativa si sostituiva il desiderio di svelare i misteri dell'esistenza del cosmo: nasceva, pertanto, l'astrologia, la cui culla primigenia fu la Mesopotamia, in particolare Babilonia. Migliaia di tavolette di argilla scritte in caratteri cuneiformi e ritrovate nella reggia di Ninive rimangono a testimoniare l'importanza di questa disciplina. I Babilonesi seppero tracciare cartogrammi delle orbite del Sole e della Luna, compilare tabelle delle eclissi solari e lunari, calcolare la rivoluzione dei pianeti e precisare la posizione di alcune stelle fisse entro l'eclittica (vedi Terminologia a pag. 19).

All'astronomia babilonese si devono la scoperta dello zodiaco, la determinazione dei solstizi e degli equinozi, il calcolo sempre più preciso dei cicli del Sole e della Luna; l'introduzione del sistema sessagesimale nella misura del tempo; una più esatta determinazione della durata dell'anno solare, la scoperta della velocità reale del Sole, diversa nei punti dell'eclittica in conseguenza dell'eccentricità dell'orbita; la determinazione dei cicli planetari e la costruzione di effemeridi perpetue dei pianeti maggiori. La loro conoscenza sembra essere stata tramandata agli astronomi caldei che divisero lo zodiaco in dodici parti uguali, di trenta gradi ciascuna, dando a ogni settore il nome di una costellazione.

Le pratiche divinatorie dei sacerdoti caldei, che avevano come oggetto la sorte del popolo babilonese o quella del re, allorché si diffusero in Grecia, furono chiamate a dare responsi anche sul destino del singolo individuo.

Inizialmente l'astronomia e l'astrologia costituirono una sola disciplina, come dimostra il fatto che il vero codificatore dei principi essenziali dell'astrologia fu uno dei massimi astronomi dell'antichità, Claudio Tolomeo, che scrisse il "Tetrabiblos" che può essere considerato il primo trattato di astrologia. Esso conteneva tutto ciò che,

fino ai tempi in cui visse l'autore (II sec. a.C.), era noto in Babilonia, in Egitto e in Grecia, in materia di teorie ed esperienze astrologiche. Tolomeo attribuiva alle stelle fisse la proprietà d'influenzare i destini degli uomini e dedicava una parte del libro all'oroscopo individuale suggerendo vari metodi d'interpretazione.
In Italia l'astrologia fu portata, al tempo delle guerre puniche, da schiavi greci. Essa suscitò l'ostilità degli "aruspici" che vedevano negli astrologi dei temibili concorrenti. Numerosi editti furono emessi in Roma contro la nuova disciplina, che tuttavia continuò a sopravvivere. Successivamente, mentre ragioni politiche spingevano Roma pagana ad avversare l'astrologia, la Chiesa cristiana la rifiutava per ragioni morali. Il principio del libero arbitrio sostenuto dal cristianesimo non poteva tollerare che l'uomo credesse che il proprio destino fosse fissato dalla congiunzione degli astri verificatesi al momento della nascita. Durante il Rinascimento, in Italia, l'astrologia riprese il suo corso. Principi e condottieri si avvalevano dell'opera di astrologi ai cui responsi si attenevano scrupolosamente; celebri furono Johannes Muller, detto il Regiomontano, attivo a Padova e a Roma, Marsilio Ficino presso i Medici, Ambrogio Varese da Rosate presso Lodovico il Moro; Mayno de' Mayneri presso i Visconti, Rodrigo Faleiro che accompagnò Magellano. Nostradamus fu astrologo alla corte di Caterina de' Medici, Ticone alle corte dei principi di Danimarca e Caffarel, di Richelieu. Avversari tenaci degli astrologi, in quel periodo, furono Pico della Mirandola e Geminiano Montanari. L'astrologia si diffuse a poco a poco tra la gente del popolo e, da allora, non ha cessato di fare proseliti e di diffondersi, adeguandosi ogni volta alle esigenze dei tempi e alle mutate conoscenze astronomiche.
Oggi questa disciplina è universalmente nota e innumerevoli sono le persone che interrogano il cielo per cercare negli astri le risposte alle loro curiosità e ai loro dubbi.

I PRINCIPI BASILARI

Tutta la tecnica dell'oroscopo natale è basata sulla conoscenza del corso apparente del Sole, della Luna e degli altri corpi celesti: conoscenza limitata a quanto è necessario per determinare in qualsiasi momento la loro posizione rispetto all'orizzonte di nascita, cioè la linea che segna sullo zodiaco il sorgere e il tramonto del Sole. Nel loro moto apparente intorno a noi il Sole, la Luna e tutti gli altri pianeti sorgono da una parte dell'orizzonte, l'est, per tramontare a ovest, e tutti i giorni cambiano l'istante del loro sorgere e tramontare come se fossero dotati di un secondo movimento, come se cioè percorressero una strada immaginaria che si chiama zodiaco.
Il globo terrestre viene così investito da tutte le parti dalle forze provenienti dagli altri astri che, non occupando sempre lo stesso posto, inviano energie i cui effetti sono sempre diversi. A determinare il "destino" dell'uomo sono i seguenti fattori d'influenza: lo zodiaco, i segni zodiacali, i pianeti, le stelle fisse, le comete, le stelle nuove, gli aspetti interplanetari e il loro orientamento rispetto all'orizzonte di nascita. Per avere una buona conoscenza di questi elementi, l'astrologo deve innanzitutto essere un buon astronomo.

Costellazioni e tema natale

Soffermarsi a guardare il cielo nelle notti limpide, è uno spettacolo meraviglioso, che fa sognare. Si vedono tanti puntini luminosi, le stelle, che tra loro formano diverse figure geometriche; con un po' di fantasia possiamo scorgervi immagini di animali o di oggetti (i buoi, l'orso, il toro, il carro ecc.).
A queste figure si dà il nome di costellazioni. In realtà esse sono solo un effetto ottico; dato che la Terra e le stelle si muovono in continuazione, ci vogliono parecchie migliaia di anni perché, ai nostri occhi, una costellazione si modifichi. Questo è il motivo per il quale continuiamo a vederle sempre uguali. Anche se le figure che esse formano non hanno alcun significato astronomico, l'uomo continua per comodità a servirsene per tracciare la propria mappa del cielo. Fin dai tempi antichi, anzi, sacerdoti e sapienti hanno attribuito alle diverse conformazioni stellari il potere di esercitare il loro misterioso influsso sulle vicende terrene. A esse gli astrologi, a partire dagli albori della storia, si sono rivolti per conoscere il futuro e il destino degli individui che ritenevano appunto scritto negli astri. Tale conoscenza, che ci è stata tramandata nel corso dei secoli e dei millenni, è giunta fino a noi codificata in un linguaggio ermetico che pochi sanno interpretare.
Scopo della presente opera è proprio quello di rendere accessibile a chiunque una forma di sapere che non riteniamo giusto lasciare nelle mani di pochi "eletti", che non di rado se ne servono per scopi venali.
Per poter tracciare un oroscopo è importante, in primo luogo, sapere sotto quali stelle si nasce; pertanto il testo fornisce un elenco delle principali stelle, ricordandoci i mesi in cui appaiono.
La tabella indica nella colonna iniziale il mese in cui le prime stelle fisse compaiono nella sfera celeste; la seconda dà il nome della stella fissa, che esercita la sua influenza sui nativi del mese, la terza indica la costellazione alla quale appartiene, la quarta descrive l'influsso della stella, la quinta il segno zodiacale di appartenenza, la sesta ci informa sulla caratteristica dell'animo umano prevalente nei soggetti sottostanti all'influsso della stella dominante.

TABELLA DELLE STELLE FISSE					
MESE	**STELLA**	**COSTELL.**	**CARATT.**	**SEGNO ZOD.**	**INFLUENZA**
Gennaio	Vega	Lira	Mercurio	Capricorno	Benessere
	Altair	Aquila	Marte	Acquario	Ambizione
Febbraio	Deneb	Cigno	Mercurio	Pesci	Autorità
	Scheat	Pegaso	Marte	Pesci	Potere
Marzo	Markab	Pegaso	Marte	Pesci	Forte volontà
	Deneb Kaitos	Balena	Saturno	Ariete	Riservatezza
Aprile	Mirach	Andromeda	Mercurio	Ariete	Matrimonio felice
	Alpherat	Andromeda	Giove	Ariete	Ricchezza
Maggio	Sheratan	Ariete	Marte	Toro	Aggressività
	Aldebaran	Toro	Marte	Gemelli	Coraggio
Giugno	Rigel	Orione	Giove	Gemelli	Gloria
	Bellatrix	Orione	Marte	Gemelli	Venalità
	Elnath	Toro/Auriga	Marte	Gemelli	Successo
Luglio	Canopo	Carena	Saturno	Cancro	Pericolo
	Castore	Gemelli	Mercurio	Cancro	Obiettività
	Polluce	Gemelli	Marte	Cancro	Impulsività
	Procione	Cane Min.	Marte	Cancro	Violenza
	Sirio	Cane Mag.	Giove	Cancro	Successo
Agosto	Asellus Australis.	Cancro	Sole	Leone	Vista delicata
	Alphard	Idra	Venere	Leone	Immoralità
	Regolo	Leone	Giove	Leone	Ottimismo
	Mizar	Orsa Mag.	Venere	Vergine	Equilibrio
Settembre	Denebola	Leone	Saturno	Vergine	Rimpianto
	Zavijava	Vergine	Mercurio	Vergine	Logica
Ottobre	Vindemiatrix	Vergine	Nettuno	Bilancia	Introversione
	Spiga	Vergine	Mercurio	Bilancia	Decisione
Novembre	Acrux	Croce del Sud	Giove	Scorpione	Sfarzo
	Gemma	Corona B.	Venere	Scorpione	Doti artistiche
Dicembre	Antares	Scorpione	Marte	Sagittario	Imprudenza
	Rasalhague	Ofiuco	Saturno	Sagittario	Immoralità
	Rastaban	Dragone	Venere	Sagittario	Infortuni

LE COSTELLAZIONI DEL CIELO INVERNALE

Durante l'inverno, nell'emisfero boreale sono visibili le costellazioni formate da stelle la cui altezza, rispetto all'equatore celeste, è maggiore della latitudine del luogo di osservazione e che si vedono ogni notte durante il periodo invernale.
Queste costellazioni sono chiamate "circumpolari". Nel cielo invernale si riconoscono le costellazioni boreali invernali, tra cui quelle dei primi segni dello zodiaco: l'Ariete, il Toro, i Gemelli e tutti i raggruppamenti di stelle, dette "asterismi", la cui declinazione è positiva, ma minore della latitudine del luogo dal quale si osservano. Esse sorgono dopo il tramonto e solo in un certo periodo dell'anno. In inverno, in Italia, sono anche visibili alcune costellazioni del cielo australe; esse sono formate da stelle con piccola ascensione retta la cui declinazione è negativa, ma maggiore della latitudine del luogo di osservazione.
Tra queste si trova la costellazione di Orione, che si vede in autunno e le cui sette brillanti stelle (Mintaka, Alnilam, Almitak, Betelgeuse, Bellatrix, Saiph e Rigel) disegnano la figura di un cacciatore gigante insieme ai suoi due cani. Queste stelle sembrano vicine, ma sono in realtà molto distanti dalla Terra.
L'uomo, guardando il cielo, ha creduto di riconoscere nelle forme che vedeva esseri o oggetti della sua mitologia e della sua religione. I Greci, ad esempio, riconobbero, nella forma geometrica di queste sette stelle, la figura del gigante Orione, figlio di Poseidone e di Euriale.
Le stelle Mintaka, Alnilam e Almitak formano la cintura di Orione. Betelgeuse insieme a Bellatrix forma le spalle del gigante (il suo nome, che deriva dall'arabo, ha proprio questo significato), mentre Saiph e Rigel sono le gambe. La spada è formata dalle altre tre stelle. Il mito relativo ad Orione racconta che egli, dopo aver aiutato il re Enopione a liberare il territorio infestato dalle belve, chiese la mano di Merope, la principessa, come premio per il suo intervento.
Il re, non entusiasta di questa richiesta, tramite l'intervento di Dionisio, cercò di liberarsene. Lo fece perciò ubriacare e lo accecò. Per riacquistare la vista il gigante avrebbe dovuto guardare Eos, la dea dell'aurora; così fece e la dea lo rapì e ne fece il suo amante. Nell'isola di Delo dove vissero insieme, Orione offese una ninfa e si attirò l'ira di Artemide, che lo fece uccidere da uno scorpione. Orione e lo scorpione furono portati in cielo da Zeus che li tramutò in costellazioni, ponendole agli estremi opposti della volta celeste.
Lo Scorpione tramonta quando Orione sorge. Dato che Orione aveva due cani che lo accompagnavano durante la caccia, i Greci li riconobbero nella stella Sirio, la più brillante della costellazione del Cane Maggiore, e Procione, che fa parte del Cane Minore. Sotto la stella Saiph e Rigel, a ovest del Cane Maggiore, c'è la costellazione della Lepre, che rappresenta la selvaggina inseguita dal gigante. Vicino a Orione si vedono le Pleiadi, che hanno la forma di un carro e che raffigurano le sette figlie di Atlante e Pleione, che si unirono tutte in matrimonio con un dio, a eccezione di una, Merope, che si unì con un mortale e, pertanto, brilla con minore intensità.
Le Pleiadi appartengono alla costellazione del Toro, che si trova alla destra di Orio-

ne, la cui stella più luminosa è Aldebaran. Vicino alle Pleiadi si vedono le Ladi, figlie sempre di Atlante e Pleione e sorelle delle Pleiadi. Sempre nella costellazione di Orione si osservano due stelle molto luminose che sono Castore e Polluce. La mitologia racconta che i due gemelli presero parte alla spedizione degli Argonauti e compirono molte imprese, l'ultima delle quali fu il rapimento di Febe e Ilaria, le due Leucippidi.
La storia degli Argonauti è rappresentata nel cielo dalla costellazione dei Gemelli, e da quella della Poppa, della Carena e della Vela (le tre costellazioni australi), che rappresentano la nave degli Argonauti, e dall'Ariete (che simboleggia il vello d'oro, alla cui conquista mossero gli eroi greci).
In Italia, alle latitudini nord, si vede la costellazione chiamata Grande Carro che appartiene all'Orsa Maggiore ed è visibile tutto l'anno. Le due stelle fisse del Grande Carro sono Dubne e Merak. Esse sono il riferimento per trovare la Stella Polare. Accanto al Grande Carro c'è il Piccolo Cano che appartiene all'Orsa Minore. Alla fine dell'inverno appare la stella fissa Arturo, che fa parte della costellazione Boote (dal greco "bifolco").
I Greci ritenevano che la stella Arturo rappresentasse Icario, un ateniese vissuto nel periodo del re Pandione; la sua storia si lega alla costellazione della Vergine, sua figlia, che trovò il corpo del padre ucciso da pastori ai quali Icario aveva offerto del vino. La stella fissa della costellazione della Vergine è Spiga, una delle stelle che permisero a Ipparco la scoperta della precessione degli equinozi.
La costellazione della Bilancia è collegata alla dea della giustizia Astrea, figlia di Zeus e Temi. Ad aprile, si possono vedere il Corvo e la Coppa, due costellazioni australi che i Greci identificarono nell'uccello che dissetò Apollo, offrendogli da bere in una coppa d'oro.
Durante i mesi invernali si vede chiaramente la costellazione della Balena (Cetus) la cui stella fissa è Mira, che significa la "Meravigliosa".

LE COSTELLAZIONI DEI MESI ESTIVI

Nel cielo di agosto le stelle fisse più brillanti sono la bianco–azzurra Vega, appartenente alla costellazione della Lira, e la rossa Antares (costellazione dello Scorpione). Si vedono le costellazioni di Cassiopea, di Cefeo, del Cigno, la Coda del Serpente, Ophiuco, l'Aquila, il Sagittario e lo Scorpione. Il Cigno contiene la Nebulosa Nord America che si trova tra la stella fissa Deneb (costellazione dell'Aquila) e zeta Cigni, mentre a sud si vedono le costellazioni della Vulpecula e del Sagittario.

L'OROSCOPO

L'oroscopo costituisce la rappresentazione grafica del Sole, della Luna, dello zodiaco, delle Case, delle stelle fisse e degli altri pianeti ovvero gli elementi che costituiscono il cosmo. È perciò un diagramma astronomico tracciato con grafici convenzionali,

che può avere diverse forme, pur essendo basato sul medesimo principio. Nella presente opera si utilizzerà quello riprodotto nella figura sottostante.
Anticamente si usava, alla nascita di un individuo, osservare, mediante un apposito strumento, quali stelle in quel momento comparissero all'orizzonte; si esaminavano e poi, in base al risultato di tale osservazione, si deduceva un pronostico circa il destino della persona. I nostri antenati erano infatti convinti che il cielo fosse in grado di esercitare una certa influenza sull'uomo. Tale influenza si poteva scoprire determinando quale pianeta, al momento della nascita, si inseriva in uno dei segni zodiacali. È appunto questa l'operazione nota con il termine oroscopo, che noi chiameremo anche Tema natale e carta del cielo.

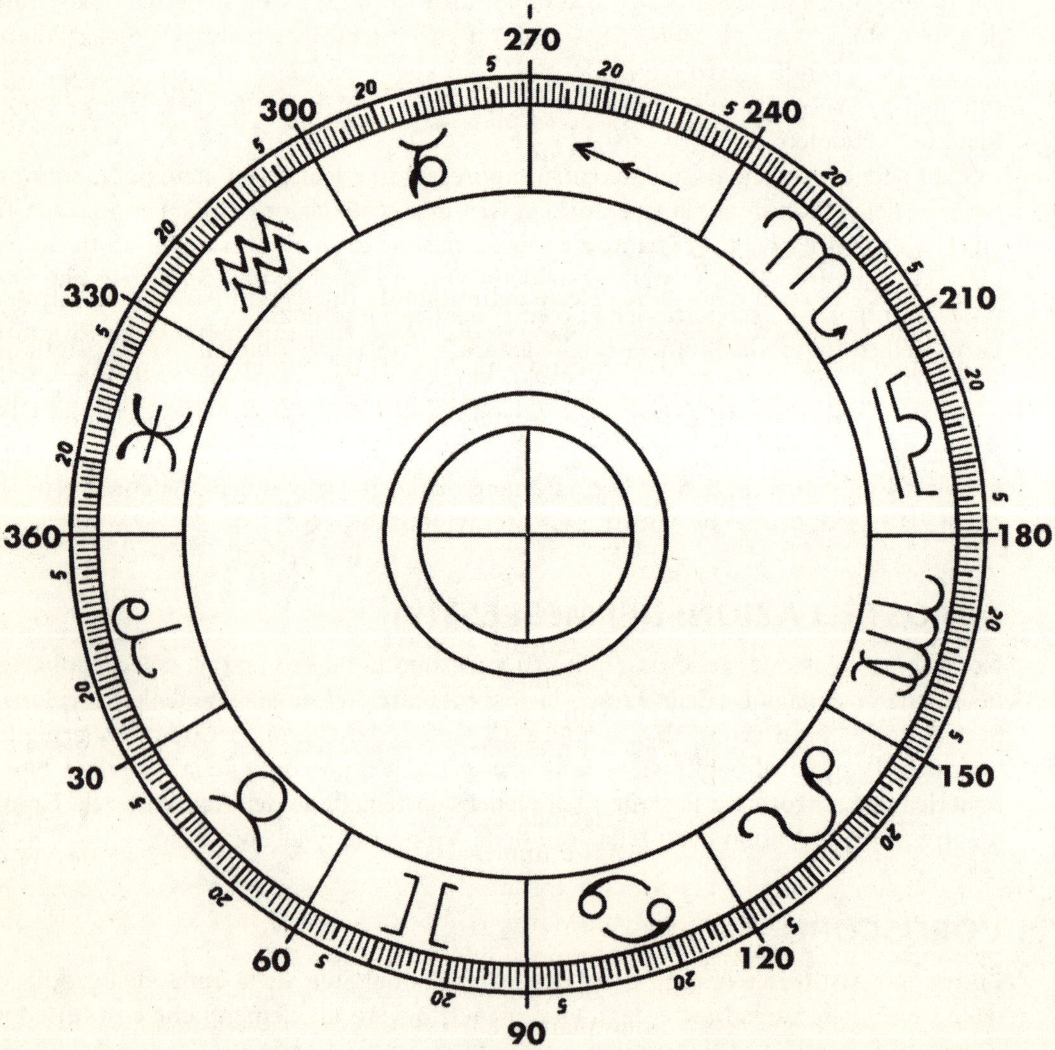

Elementi utili per redigere lo schema di un oroscopo

Gli elementi compresi nel grafico che costituisce l'oroscopo sono i seguenti:

a) **I segni dello zodiaco.**
b) **Le Case astrologiche.**
c) **Le posizioni del Sole, della Luna e dei pianeti** in rapporto allo zodiaco e la distanza che esiste tra loro (gli **aspetti interplanetari**).
d) **I punti di fortuna e di morte (punti sensitivi).**

CHE COS'È LO ZODIACO?

Lo zodiaco è la zona della sfera celeste delimitata da due cerchi paralleli all'eclittica distanti da questa di nove gradi verso nord e verso sud; tale zona, larga 18 gradi, comprende la fascia in cui si verificano i movimenti dei pianeti già noti agli antichi e fa a sua volta parte della fascia di 47 gradi entro la quale il Sole sviluppa la sua orbita apparente (eclittica).

Lo zodiaco è diviso in 12 parti uguali di 30 gradi di longitudine, a ognuna delle quali corrisponde una delle 12 costellazioni zodiacali, rappresentate dai seguenti segni: Ariete, Toro, Gemelli, Cancro, Leone, Vergine, Bilancia, Scorpione, Sagittario, Capricorno, Acquario, Pesci.

Le 12 costellazioni servono, da sempre, come riferimento per studiare e controllare il moto dei pianeti, del Sole e della Luna.

Il Sole si sposta tra le stelle fisse dello zodiaco, sempre nella stessa direzione, di un grado al giorno. Impiega un anno per descrivere l'intero anello di 360 gradi e tornare al punto di partenza, e un mese circa per attraversare ognuna delle 12 costellazioni.

La Luna si muove nella stessa direzione del Sole, ma più rapidamente; ogni giorno descrive un arco di circa 13 gradi e impiega circa un mese per tornare nella stessa direzione rispetto alle stelle. Per tornare in corrispondenza col Sole, impiega 29 giorni e mezzo. Mercurio, Venere, Marte, Giove e Saturno non si muovono sempre nella stessa direzione, a volte sembrano addirittura fermi.

Ogni segno zodiacale si suddivide a sua volta in tre parti di 10 gradi, i decani; ognuno di essi è governato da un pianeta che influenza un tema natale.

TABELLA DEI DECANI DEI PIANETI			
SEGNO	**DECANO**	**GOVERNATORE**	**INFLUENZA PLANETARIA**
ARIETE	primo	Marte o Plutone	Entusiasmo
	secondo	Sole	Amore del potere
	terzo	Venere	Spiritualismo
TORO	primo	Mercurio	Poesia e medianità
	secondo	Luna	determinazione
	terzo	Saturno	Padronanza di sé
GEMELLI	primo	Nettuno	Intuizione
	secondo	Marte	Senso del commercio
	terzo	Sole	Egocentrismo
CANCRO	primo	Venere	Amore materno
	secondo	Mercurio	Energia
	terzo	Luna	Inquietudine
LEONE	primo	Saturno	Ardore
	secondo	Giove	Orgoglio
	terzo	Marte o Plutone	Rendere servizio
VERGINE	primo	Sole	Abilità
	secondo	Venere	Diplomazia
	terzo	Mercurio	Altruismo
BILANCIA	primo	Luna	Ricerca di gruppo
	secondo	Saturno	Indipendenza
	terzo	Giove	Espiazione
SCORPIONE	primo	Marte	Creatività
	secondo	Urano	Responsabilità
	terzo	Venere	Idealismo
SAGITTARIO	primo	Mercurio	Ricerca religiosa
	secondo	Luna o Nettuno	Instabilità
	terzo	Saturno	Politica
CAPRICORNO	primo	Giove	Metodicità
	secondo	Marte	Afflizione
	terzo	Urano	Fantasia
ACQUARIO	primo	Venere	Originalità
	secondo	Mercurio	Ispirazione
	terzo	Luna o Nettuno	Repressione
PESCI	primo	Saturno	Verità
	secondo	Giove	Sacrificio
	terzo	Marte	Introversione

Tramite questi elementi si traggono le posizioni di tutti i pianeti che sembrano gravitare attorno a noi, in rapporto al luogo, alla data e all'ora di nascita. Per facilitare il lavoro e i calcoli si consiglia, pertanto, di segnarsi la data, l'ora e il luogo di nascita del soggetto di cui si vuole fare l'oroscopo; in seguito, si consultano le tabelle dell'ora legale, un atlante per calcolare la longitudine e la latitudine, le tavole delle Case e le effemeridi, cioè una tabella in cui sono segnate, nei vari anni, le posizioni occupate dai pianeti nello zodiaco, giorno per giorno, a mezzogiorno o a mezzanotte.

- La **data di nascita** è necessaria per ricercare le posizioni planetarie nelle tavole delle effemeridi.
- L'**ora di nascita** serve per calcolare con precisione le posizioni planetarie e per trasporle sulla carta del cielo.
- Il **luogo di nascita** permette di determinare l'ora locale e il tempo di Greenwich (GMT).

I SEGNI DELLO ZODIACO

Terminologia

- **Eclittica**: è la traiettoria apparente che il Sole descrive in un anno attorno alla Terra. Il piano dell'eclittica taglia l'equatore celeste in due punti opposti che sono quello vernale, o punto dell'equinozio di primavera, dove il Sole si trova, apparentemente, ogni anno al 21 marzo, e il punto dell'equinozio d'autunno (il 23 settembre). È sull'eclittica che si misura la longitudine dei segni zodiacali.
- **Punto vernale o Gamma**: punto d'intersezione dell'eclittica con l'equatore celeste, corrispondente all'equinozio di primavera a partire dal quale si misura la longitudine dei pianeti.
- **Equinozi**: sono due, uno in primavera e l'altro in autunno. Sono due momenti dell'anno in cui la durata del giorno è uguale a quella della notte.
- **Precessione degli equinozi**: è il risultato prodotto dal movimento dell'asse terrestre che, girando su se stesso, in un periodo di ventiseimila anni circa provoca lo spostamento del piano dell'equatore e determina gli equinozi.
- **Decano**: sono le trentasei zone, ciascuna dell'ampiezza di dieci gradi, in cui si divide lo zodiaco.

I segni dello zodiaco sono dodici. Il Sole, nel suo moto apparente, attraversa ogni segno, partendo dal grado zero dell'Ariete, detto Punto vernale o Gamma. Un tempo i segni e le costellazioni coincidevano: quando il Sole, nel mese di agosto, era nella zona del cielo occupata dalla costellazione del Leone stava proprio attraversando il segno del Leone. In seguito, per effetto della precessione degli equinozi, è venuta meno questa corrispondenza. Attualmente quando il Sole è in un segno dello zodiaco, astronomicamente si trova nella costellazione precedente; ad esempio, il

Sole, quando da un punto di vista astrologico compare nel Leone, in realtà è nella costellazione del Cancro. Il Sole percorrendo i 360 gradi dello zodiaco in 365 giorni, avanza regolarmente di un grado al giorno, variando ogni anno le date che segnano l'inizio e la fine del periodo di permanenza dei segni nei mesi dell'anno.
Come abbiamo già osservato, ai nostri tempi le costellazioni non corrispondono più, come duemila anni fa, ai segni, a causa della precessione degli equinozi.
Anticamente si riteneva che il Sole, nel suo percorso apparente annuale attraverso le costellazioni zodiacali, rimanesse circa un mese in ciascuna di esse. In seguito (II sec. a.C.) si osservò che la coincidenza non era costante e immutabile. Benché, nel corso dei secoli, a causa della precessione degli equinozi, lo scostamento da tale coincidenza sia salito fino a oggi di circa 32 gradi, cioè di un angolo superiore all'estensione in longitudine di ciascuna costellazione, nell'uso comune questo scostamento non viene considerato. Le date in cui il Sole entra nei segni zodiacali sono, quindi, le seguenti:

TABELLA DI ENTRATA DEL SOLE NEI SEGNI ZODIACALI		
SEGNO	**PERCORSO DEL SOLE**	**POSIZIONE**
Ariete	21 marzo/21 aprile	0° a 30°
Toro	21 aprile/22 maggio	30° a 60°
Gemelli	22 maggio/22 giugno	60° a 90°
Cancro	22 giugno/23 luglio	90° a 120°
Leone	23 luglio/23 agosto	120° a 150°
Vergine	23 agosto/23 settembre	150° a 180°
Bilancia	23 settembre/24 ottobre	180° a 210°
Scorpione	24 ottobre/23 Novembre	210° a 240°
Sagittario	23 novembre/22 dicembre	240° a 270°
Capricorno	22 dicembre/21 gennaio	270° a 300°
Acquario	21 gennaio/19 febbraio	300° a 330°
Pesci	19 febbraio/21 marzo	330° a 360°

Si distinguono uno zodiaco apparente e uno reale, il primo è determinato dalla precessione dei segni zodiacali che non corrisponde a quella delle costellazioni; infatti, per effetto della precessione degli equinozi, quando si dice che il Sole è nel segno dell'Ariete esso si trova fra 0 e 30 gradi di longitudine celeste, in corrispondenza della costellazione dei Pesci che oggi appare là dove 3000 anni fa si trovava quella dell'Ariete. Lo scostamento tra lo zodiaco apparente e quello reale (1 grado circa ogni 72 anni) continuerà ad aumentare nel corso dei secoli, poi diminuirà e infine i due zodiaci torneranno a coincidere: ciò avviene ogni 25.695 anni, periodo detto anno platonico.
L'astrologia attribuisce ai dodici segni zodiacali delle qualità fondamentali che sono la chiave dell'interpretazione e che si ritrovano nelle schede relative a ogni segno.

LA SIMBOLOGIA DELLO ZODIACO

Lo zodiaco è considerato un simbolo che racchiude elementi cosmici, fisiologici e psicologici; esso rientra nel simbolismo del cerchio ed è universalmente conosciuto. Ciascun segno zodiacale esprime una fase evolutiva e caratteriale dell'uomo.

LA DISTINZIONE DEI SEGNI DELLO ZODIACO

L'astrologia tradizionale classifica i segni dello zodiaco secondo:
a) la natura (cardinali, mobili, fissi),
b) gli elementi (fuoco, acqua, terra, aria),
c) il genere (maschile e femminile).

A) LA NATURA

Cardinali sono i quattro segni che indicano i solstizi e gli equinozi:

Ariete	equinozio di primavera	21 marzo
Cancro	solstizio d'estate	23 giugno
Bilancia	equinozio d'autunno	23 settembre
Capricorno	solstizio d'inverno	22 dicembre

Il termine "cardinale" è applicato anche alla classificazione delle Case, di cui si parlerà più avanti. L'analogia tra segni zodiacali e Case cardinali è la seguente: alla prima Casa o ascendente corrisponde l'**Ariete**, alla quarta Casa il **Cancro**, alla settima la **Bilancia**, alla decima il **Capricorno**.
In questi segni dello zodiaco le energie planetarie agiscono con molta intensità e sono elementi importanti nel quadro astrale. La presenza di più pianeti nei segni cardinali indica impulsività nelle azioni, audacia, organizzazione. Ai segni cardinali, nell'interpretazione di un tema natale, si attribuisce la capacità di regolare la volontà dell'individuo in esame, e di indicare la presenza in lui di una più o meno spiccata ambizione.

Mobili sono i segni che corrispondono alla fase intermedia tra un solstizio e un equinozio; essi preannunciano il ciclo seguente: **Gemelli, Vergine, Sagittario, Pesci.** In questi segni vi sono movimento e trasformazione; essi costituiscono un indizio di qualità intellettuali, di capacità di adattamento, di ricerca di esperienze e di profonda intuizione.

Fissi sono i segni che coincidono con la fase culminante di ogni stagione: **Toro, Leone, Scorpione, Acquario**. In un tema natale indicano la tendenza all'ottimismo, la volontà di vivere con pienezza la propria esistenza e la capacità di trasformare in azioni concrete le energie di cui l'individuo è in possesso.

B) GLI ELEMENTI

Sono gli stati che compongono la materia: **igneo** – il **fuoco**, **gassoso** – l'**aria**, **liquido** – l'**acqua** e **solido** – la **terra.** La combinazione di tali elementi forma tutto ciò che esiste.
Questa teoria, che gli antichi hanno tramandato, è stata applicata all'astrologia, di cui il grande codificatore fu Tolomeo. Per esprimere simbolicamente la corrispondenza tra la struttura del cosmo e quella fisica e psicologica dell'uomo, egli collegò ogni elemento a tre segni, chiamando l'operazione: **triplicità**. Ogni "terna" o "trigono" di segni forma, nello zodiaco, un triangolo con il nome del rispettivo elemento che lo governa.
Al **triangolo del Fuoco** appartengono i segni detti positivi, in quanto favoriscono reazioni decise e la realizzazione degli intenti. Il **triangolo dell'Aria** comprende i segni che hanno come caratteristica la capacità di muoversi liberamente nel mondo dei pensieri e un temperamento espansivo. Il **triangolo della Terra** è caratterizzato dai segni statici e favorisce caratteri di natura critica. Al **triangolo dell'Acqua** appartengono quei segni le cui caratteristiche sono la grande immaginazione, la sensibilità e il tatto.
Si dice che un elemento è "dominante" in un tema natale quando la maggioranza dei pianeti occupa i segni dello zodiaco appartenenti a quell'elemento.

ELEMENTO	**SEGNI ZODIACALI**
FUOCO	ARIETE, LEONE, SAGITTARIO
ARIA	GEMELLI, BILANCIA, ACQUARIO
TERRA	TORO, VERGINE, CAPRICORNO
ACQUA	CANCRO, SCORPIONE, PESCI

Gli elementi, che influenzano attraverso il segno zodiacale il carattere dell'individuo, ne determinano anche gli umori di fondo e incidono sul funzionamento del suo organismo.

ELEMENTO	**TEMPERAMENTO UMANO**
FUOCO	BILIOSO
ARIA	SANGUIGNO
TERRA	NERVOSO
ACQUA	FLEMMATICO

FUOCO: ARIETE, LEONE e SAGITTARIO

Temperamento bilioso

Il Fuoco è simbolicamente l'elemento più potente. Esso rappresenta il calore, l'energia, la creazione e la trasformazione della materia. L'elemento Fuoco influenza il carattere degli individui nati nei segni zodiacali, che sarà forte, pieno di energia ed entusiasmo, teso a perseguire nobili obiettivi. A livello corporeo esso influenza l'apparato muscolare e respiratorio. Nel sentimento ci sono impulsività e generosità. L'amore è spesso vissuto con una forte esaltazione degli impulsi sessuali e affettivi. I difetti sono l'orgoglio, l'intolleranza e gli scatti d'ira. I pregi sono la fantasia ricca e creativa e la capacità di vivere intensamente le proprie esperienze. Il Fuoco è il simbolo dell'intelletto e rappresenta tutte le forme della psiche umana. La prevalenza di pianeti in segni di Fuoco, in un tema natale, conferisce al soggetto i pregi e i difetti di un temperamento passionale.

ARIA: GEMELLI, BILANCIA e ACQUARIO

Temperamento sanguigno

Avendo l'Aria la proprietà di espandersi, di circolare liberamente, le si attribuisce, simbolicamente, la qualità della comunicazione e della libertà. Nei segni che le appartengono, l'elemento Aria caratterizza gli individui dando loro spirito versatile, ricchezza di idee originali, profondo senso estetico, doti alle quali s'aggiunge la facile adattabilità a tutte le situazioni, anche quelle meno gradite.
Nel corpo umano, l'influenza dell'elemento Aria si esercita sui polmoni e sui reni e sulla circolazione del sangue. Psicologicamente i tipi Aria hanno un temperamento espansivo, socievole, alla continua ricerca di esperienze stimolanti. Il maggior difetto è la vanità. Nei temi natali ove molti pianeti sono in segni d'Aria, si nota che gli individui sono estroversi e cercano sempre i contatti umani.

TERRA: TORO, VERGINE e CAPRICORNO

Temperamento nervoso

Le proprietà caratteristiche dell'elemento Terra sono la compattezza, la densità e la durata. Queste proprietà diventano anche elementi base dei temperamenti dei soggetti nati sotto i segni del Toro, della Vergine e del Capricorno.
Nel corpo umano le influenze dell'elemento si ripercuotono sull'apparato gastrointestinale, sul sistema osseo e su quello nervoso. Psicologicamente i tipi Terra hanno l'esigenza di una sicurezza materiale che si riflette anche nei sentimenti. La coerenza e la riflessione sono le principali caratteristiche che ne guidano il comportamento e le azioni.
Coloro che hanno, astrologicamente, una percentuale elevata dell'elemento Terra, sono introversi e conservatori. Loro obiettivi fondamentali diventano la stabilità e il successo materiale; spesso, però, la paura di affrontare l'imprevisto limita la loro possibilità di evoluzione. Sul piano affettivo ricercano la tranquillità e l'ordine, non sono particolarmente aperti e socievoli, ma molto meticolosi e attenti ai particolari. In un tema natale nel quale i pianeti in segno di Terra prevalgono sugli altri, saranno accentuate le influenze di cui sopra.

ACQUA: CANCRO, SCORPIONE e PESCI

Temperamento flemmatico

Le qualità fondamentali dell'elemento Acqua sono la fluidità, la fecondità e la capacità di assimilare e disciogliere gli elementi che si trovano in essa. Nei tre segni del Cancro, dello Scorpione e dei Pesci si possono riconoscere le stesse caratteristiche legate all'acqua. Nel corpo umano le influenze dell'elemento si ripercuotono sull'apparato digestivo, su quello riproduttivo e sul sistema linfatico. Psicologicamente i tipi Acqua sono molto cerebrali. Sono sensibili e si lasciano influenzare dagli atteggiamenti altrui, perciò le impressioni che ricevono, colorate dalla loro fantasia, si ripercuotono sull'emotività. Questo provoca reazioni imprevedibili e, spesso, esplosioni d'ira. Avendo bisogno di sicurezza, si adattano facilmente alle situazioni. La loro eterna instabilità interiore li spinge ai continui cambiamenti in tutti i settori della vita.

C) IL GENERE

La classificazione dei segni zodiacali secondo il genere maschile e femminile è di origine molto antica; tale distinzione era fondata sulla percezione dei mutamenti che il Sole opera quando giunge in uno dei segni zodiacali.

I SEGNI MASCHILI	I SEGNI FEMMINILI
Ariete	Toro
Gemelli	Cancro
Leone	Vergine
Bilancia	Scorpione
Sagittario	Capricorno
Acquario	Pesci

I segni maschili, per i Pitagorici, erano monadi o corpi semplici, quelli femminili, diadi o corpi doppi. L'astrologia moderna, utilizza sempre questa classificazione, ma non le attribuisce più quel significato simbolico originale. La suddivisione in maschile e femminile rispecchia la teoria orientale dello Yang e dello Yin, termini che esprimono il concetto della polarizzazione di un centro d'energia.

LE CASE ASTROLOGICHE

Terminologia

- **Ascendente** (ASC): è il punto d'incontro tra l'orizzonte e l'eclittica, esso delimita la prima delle dodici Case in cui si suddivide la fascia zodiacale.
- **Case:** sono i dodici settori in cui si suddivide il cerchio zodiacale.
- **Cuspide:** punto che segna l'inizio delle Case.

- **Discendente** (DISC): è il punto diametralmente opposto all'ascendente. Esso delimita la settima Casa.
- **Domificazione:** indica l'operazione di collocamento delle Case nella carta del cielo di un individuo.
- **Fondo cielo** (FC): è il punto diametralmente opposto al Mezzo cielo.
- **Meridiano celeste:** in astronomia, è il cerchio massimo che passa per i poli celesti e per lo zenit del luogo di nascita. Nell'oroscopo indica il MC (il Mezzo Cielo) o la cuspide della decima Casa.
- **Mezzo cielo** (MC): è il punto più alto dello zodiaco, che corrisponde alla posizione che il Sole occupa a mezzogiorno, in rapporto al luogo per cui si effettua la stesura dell'oroscopo.
- **Orizzonte celeste:** è la linea che segna sullo zodiaco il sorgere (l'ASCENDENTE) e il tramonto (il DISCENDENTE) del Sole.

In astrologia il termine Casa si usa per indicare i dodici settori che suddividono la fascia zodiacale in base all'orizzonte e al meridiano del luogo. Le Case procedono in senso antiorario partendo dall'ascendente. Esse si calcolano con regole matematiche e seguendo il percorso della Terra. Osservando il grafico si noti che la struttura, composta dalle linee dell'ASC/DISC e MC/FC, forma una croce che divide il diagramma in quattro quadranti. La linea ASC/DISC delimita le cuspidi della prima e della settima Casa. Questa linea rappresenta l'orizzonte dello zodiaco. Vi sono calcolate sei Case al di sopra, dalla settima alla dodicesima (dal segno della Bilancia e quello dei Pesci) e sei al disotto, dalla prima alla sesta Casa (dall'Ariete alla Vergine).

TABELLA DELLE CASE E DEI SEGNI ZODIACALI

CASE	SEGNI ZODIACALI
Prima	ARIETE
Seconda	TORO
Terza	GEMELLI
Quarta	CANCRO
Quinta	LEONE
Sesta	VERGINE
Settima	BILANCIA
Ottava	SCORPIONE
Nona	SAGITTARIO
Decima	CAPRICORNO
Undicesima	ACQUARIO
Dodicesima	PESCI

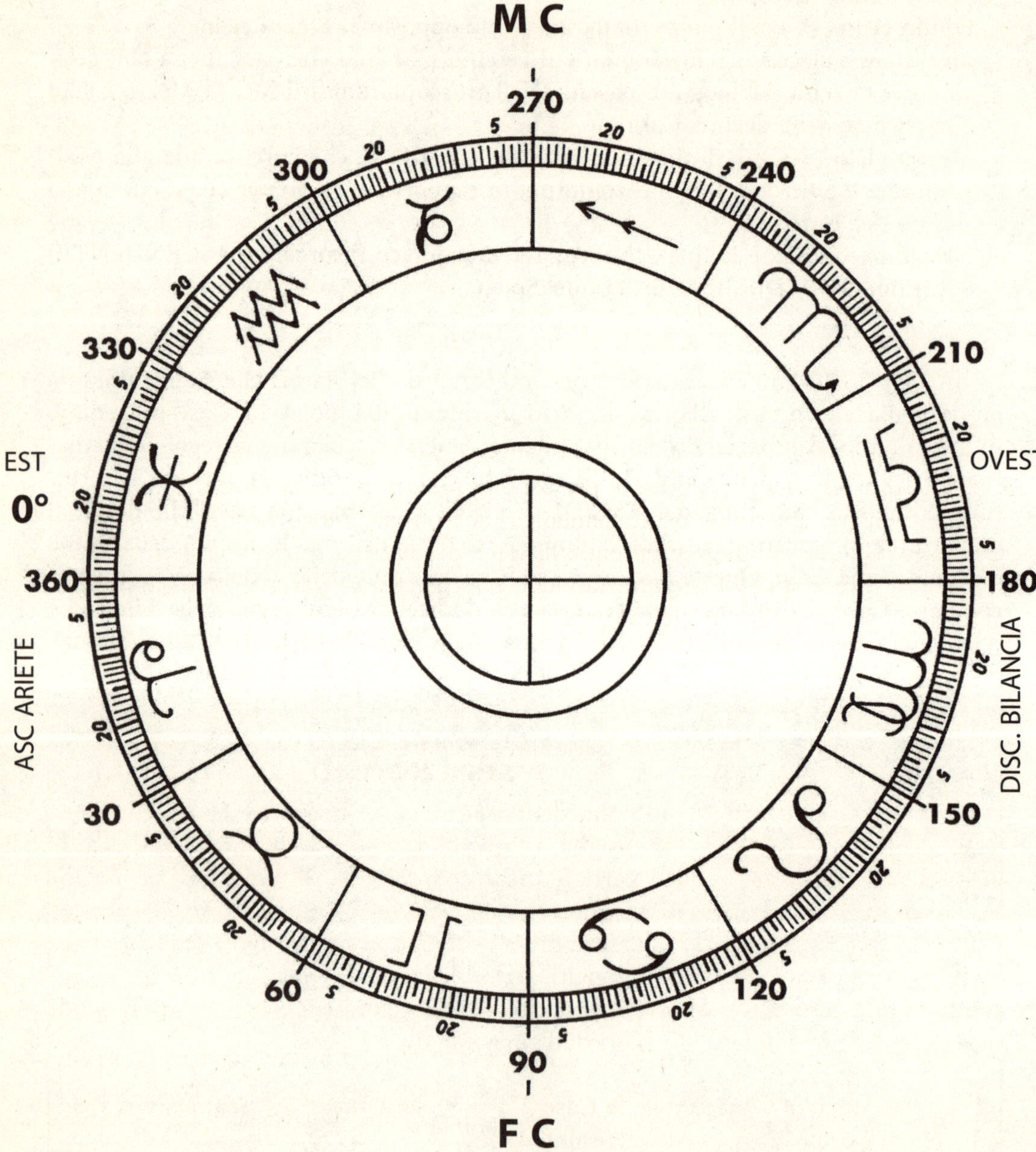

M C
270
240
210
OVEST
180
DISC. BILANCIA
150
120
90
F C
60
30
ASC ARIETE
360
0°
EST
330
300

La linea MC/FC rappresenta il meridiano che segna il culmine del Sole a mezzogiorno e a mezzanotte. A causa del movimento terrestre, ogni meridiano percorre tutto lo zodiaco in 24 ore, sicché ogni segno è percorso in due ore e ogni grado dell'eclittica in quattro minuti.
Il MC corrisponde alla cuspide della decima Casa e il FC alla cuspide della quarta Casa. I quattro quadranti sono a loro volta divisi in tre parti per cui si ottengono dodici settori o Case (da non confondere con i dodici segni zodiacali). La posizione dell'ASC dipende dalla latitudine del luogo e dall'ora di nascita di un individuo; mentre la posizione o domificazione delle Case si trova tramite le tavole delle Case. Esse sono compilate per tutte le latitudini e tutte le ore siderali di nascita.
I quattro quadranti formati dalle due linee sono in relazione con quattro aspetti della vita dell'uomo, utili ai fini dell'interpretazione di un tema natale.
Il quadrante con la prima Casa (**ASC**) rappresenta il potenziale energetico fisico e l'intelligenza.
Il quadrante che comprende la quarta Casa (**FC**) dà informazioni circa le eredità familiari di tipo fisico e spirituale.
Il quadrante nel quale è inserita la settima Casa (**DISC**) si occupa delle relazioni interpersonali.
Un'altra classificazione importante per un'interpretazione è quella che raggruppa le Case a tre a tre, a seconda degli elementi (Fuoco, Aria, Terra, Acqua) che le caratterizzano. Questa suddivisione prende il nome di triplicità o trigono; ogni triplicità indica una strada diversa che un individuo può percorrere per realizzare se stesso e per sviluppare le sue forze e le sue aspirazioni.

La **prima triplicità** raggruppa le Case 1, 5 e 9 che sono legate all'elemento Fuoco. Questo trigono offre notizie atte a conoscere le qualità di una persona.
La prima Casa, o ASC, indica lo sviluppo e la costituzione fisica, il carattere e il temperamento di un soggetto.
La quinta Casa presenta lo sviluppo della vita intima offrendo ragguagli su temi quali l'amore, la creatività, la famiglia, i figli. In un oroscopo femminile indica le modalità delle gravidanze e dei parti, le inclinazioni artistiche, l'interesse per il gioco e lo sport. Indica anche l'espressione erotica della sessualità.
La nona Casa rappresenta le tendenze morali e religiose di un soggetto, e la sua capacità di entrare in relazione con genti di altri costumi, conosciute durante viaggi compiuti all'estero per estendere il proprio bagaglio culturale. È la Casa degli studi superiori, dei successi ottenuti fuori dall'ambiente dove si è nati.

La **seconda triplicità** comprende le Case 2, 6 e 10 collegate all'elemento Terra. Questo trigono o triplicità presiede alla salute fisica.
La seconda Casa esprime la capacità dell'individuo di procurarsi da vivere, di guadagnare, di rinnovare le proprie forze per conseguire un accrescimento morale e per ottenere un'affermazione individuale.

La sesta Casa determina la salute fisica e le capacità di lotta e di sacrificio al fine di superare le difficoltà dell'esistenza. Da una sua lettura si possono avere indicazioni su malattie o pericoli che minacciano la costituzione fisica. Rappresenta l'ambiente di lavoro.
La decima Casa indica la posizione sociale, l'inserimento nel mondo e il successo che un uomo può raggiungere. Opposta alla quarta Casa, che rappresenta il padre, essa si riferisce alla figura materna.

La **terza triplicità** raggruppa le Case 3, 7 e 11. L'elemento fondamentale è l'Aria. Questo trigono ci parla dei rapporti con gli altri e con il mondo circostante.
La terza Casa influisce sui rapporti e sui legami con i propri fratelli e parenti. Da qui nascono gli influssi che danno vita all'esigenza di compiere viaggi e spostamenti, che impongono la scelta degli studi, che spingono a stabilire un contatto immediato con il prossimo attraverso la parola, la comunicazione e lo scambio di idee.
La settima Casa rappresenta le unioni, il matrimonio e altri legami sentimentali. Le unioni sono anche riferite a comunità o enti di carattere spirituale. Indica anche le tendenze caratteriali delle persone cui ci si lega o con le quali si stabilisce attrazione reciproca.
L'undicesima Casa denota l'attitudine del soggetto a stabilire relazioni mondane e amicizie superficiali. Indica la sua capacità individuale di trarre vantaggio da attività avviate in comune con altri. È chiamata anche la Casa dell'equilibrio perché esprime il rapporto fra la capacità di dare e ricevere, e quindi la capacità di modificare i propri valori attraverso il contatto interpersonale. Espressione dell'undicesima Casa sono anche i desideri e le speranze. Essa permette di capire se la persona è in grado di costruire la propria armonia interiore, liberandosi dalle passioni.

La **quarta triplicità** contiene le Case 4, 8 e 12. L'elemento che la caratterizza è l'Acqua. Questo trigono rivela le aspirazioni dell'uomo.
La quarta Casa rispecchia le discendenze, le radici dell'uomo, l'ascendenza paterna. Esprime i rapporti che legano l'individuo al passato, dallo sviluppo dei quali dipende la possibilità di raggiungere l'armonia e l'evoluzione interiore. Fornisce anche anticipazioni circa le condizioni di vita che si avranno nell'ultima parte dell'esistenza e rivela le potenzialità psichiche inconsce.
L'ottava Casa è riferita alla morte e alle eredità. Questo settore definisce le capacità di trasformazione dell'uomo, le sue reazioni a ogni perdita materiale o spirituale. Si riferisce, inoltre, alle facoltà medianiche e intuitive, ai sogni e al rapporto con l'inconscio.
La dodicesima Casa definisce le risorse spirituali, cioè la possibilità che l'uomo ha di raccogliere la sua vita in solitudine e meditazione, la capacità di distaccarsi dalle dimensioni limitanti della vita.

Ogni Casa è riferita a un segno zodiacale che le conferisce un determinato significato. Quando si redige un tema natale e si collocano, innanzitutto, le Case, si possono già esaminare le tendenze di vita dell'individuo. È un'operazione utile, prima di aggiungere gli altri elementi nel grafico, in quanto visualizza un'impressione generica che servirà come guida all'interpretazione successiva e particolareggiata dell'oroscopo. I rapporti fra la Casa e il segno cui è riferita comportano uno scambio di valori ed energie.

- La 1ª **Casa**, relativa alla costituzione fisica, è assegnata all'Ariete, segno di Fuoco, che simboleggia l'audacia, l'impeto e l'entusiasmo. Questi fattori, collegati al segno, hanno analogia con il significato della Casa.
- La 2ª **Casa**, relativa al denaro, all'affermazione materiale, è collegata al Toro, segno di Terra, principio di possesso e dell'istinto di conservazione.
- La 3ª **Casa**, dedicata ai legami di parentela, è collegata ai Gemelli, segno di Aria, indice d'intelligenza e adattabilità.
- La 4ª **Casa**, relativa alla discendenza e alla casa del padre, è associata al Cancro, segno d'Acqua, che simboleggia i ricordi, la memoria e l'immaginazione.
- La 5ª **Casa**, settore della creatività e della famiglia, è associato al Leone, segno di Fuoco, simbolo di potenza, che rappresenta la nobiltà d'animo e gli slanci generosi.
- La 6ª **Casa**, rivela la salute fisica e i pericoli, è collegata alla Vergine, segno di Terra, principio di serietà e spesso di pedanteria, sempre alla ricerca della perfezione.
- La 7ª **Casa**, settore relativo al matrimonio e alle unioni, è associata alla Bilancia, segno d'Aria, che indica l'armonia e l'equilibrio.
- La 8ª **Casa**, riguardante la morte, le eredità e i sogni, si collega allo Scorpione, segno d'Acqua, che simboleggia la morte e la rinascita.
- La 9ª **Casa**, che attiene alla religiosità e ai viaggi, è associata al Sagittario, segno di Fuoco, che manifesta la fede, la legge, la libertà e il sacrificio.
- La 10ª **Casa**, inerente alla posizione sociale e agli onori, è associata all'Acquario, segno d'Aria, che simboleggia lo studio e la ricerca scientifica e filosofica condotta a fini umanitari.
- La 12ª **Casa**, settore della solitudine e della meditazione, è collegata ai Pesci, segno d'Acqua, che simboleggiano l'intuitività, il misticismo e la metafisica.

I PIANETI NELLE CASE

Come sono associate ai segni zodiacali, le Case lo sono anche con i pianeti: Sole, Luna, Mercurio, Venere, Marte, Giove, Saturno, Urano, Nettuno, Plutone.

Il SOLE indica, quando è in:

- **1ª Casa:** generosità, magnetismo, volontà, orgoglio e coraggio.
- **2ª Casa:** intensità delle esigenze materiali. Dominio sull'ambiente esercitato attraverso la ricchezza.
- **3ª Casa:** comunicatività, cultura e buon inserimento nella società. Carriera in attività intellettuali.
- **4ª Casa:** condizionamento della vita a causa dell'ambiente familiare. Rilevante influsso della figura paterna. Attaccamento alle tradizioni.

- 5ª **Casa:** ottimismo. Dispendio di energia. Amori passionali. Interesse per lo sport e l'arte.
- 6ª **Casa:** accettazione degli eventi quotidiani della vita. Alti e bassi in salute dovuti a possibili cali d'energia.
- 7ª **Casa:** realizzazione di sé e affermazione sociale attraverso unioni e matrimoni.
- 8ª **Casa:** dipendenza materiale e psicologica. Sono possibili le eredità e sono favorite le attività connesse alla trasformazione di capitali. Può anche indicare una vedovanza o una perdita prematura.
- 9ª **Casa:** cambiamenti che allontanano dal luogo di nascita. Contatti con l'estero. Realizzazione personale tramite gli studi.
- 10ª **Casa:** successo professionale. Ambizioni soddisfatte. Indipendenza.
- 11ª **Casa:** raggiungimento dell'equilibrio, distacco dalle cose materiali. Serenità e capacità di attrarre l'interesse altrui.
- 12ª **Casa:** evoluzione attraverso la solitudine. Introversione e indipendenza. Problemi di salute.

LA LUNA indica, quando è in:

- 1ª **Casa:** incostanza, emotività e passività. Necessità di contatti.
- 2ª **Casa:** fortuna materiale. Intuizione pratica. Uso irresponsabile del denaro.
- 3ª **Casa:** rapporti rafforzati con fratelli.
- 4ª **Casa:** difesa della propria intimità. Influenze che si ricevono dall'ambiente familiare, dominato dalla madre.
- 5ª **Casa:** relazioni sentimentali varie. Amore per la moda e l'arte. Forte attaccamento ai figli.
- 6ª **Casa:** senso pratico nell'organizzare la vita. Emotività che reca danno alla salute.
- 7ª **Casa:** presenza di una forte carica emotiva che influisce sui rapporti affettivi e sociali. Unioni poco solide.
- 8ª **Casa:** trasformazioni interiori. Attrazione per i fenomeni occulti. Sensibilità accentuata e sogni premonitori.
- 9ª **Casa:** interesse per la psicologia. Irrequietezza mentale. Incontri importanti con stranieri.
- 10ª **Casa:** contatto con il pubblico anche nel lavoro. Continui cambiamenti.
- 11ª **Casa:** amicizie femminili importanti. Bisogno di vivacità e di gioia.
- 12ª **Casa:** infanzia difficile. Carenza degli affetti familiari. Introversione. Problemi nella sfera sentimentale.

MERCURIO indica, quando è in:

- 1ª **Casa:** senso pratico e adattabilità. La logica predomina sul sentimento.
- 2ª **Casa:** attività svolta nel settore finanziario. Senso degli affari. Facili guadagni.
- 3ª **Casa:** interessi culturali. Predisposizione alla professione di giornalista. Viaggi frequenti.

- 4ª Casa: influenza della famiglia sulla formazione intellettuale. Numerosi cambiamenti di residenza.
- 5ª Casa: erotismo cerebrale. Inclinazioni didattiche. Rapporto chiuso con i figli.
- 6ª Casa: predisposizione al commercio e all'artigianato.
- 7ª Casa: matrimonio precoce o con un partner più giovane.
- 8ª Casa: interesse per lo studio dell'occulto. Atteggiamento critico nei confronti dei genitori.
- 9ª Casa: capacità di realizzare le proprie idee. Contatti vantaggiosi con l'estero. Propensione allo studio delle lingue.
- 10ª Casa: affermazione sociale e varie esperienze professionali.
- 11ª Casa: rapporti amichevoli con persone più giovani e di temperamento vivace e allegro. Rapporto eccellente con i figli.
- 12ª Casa: difficoltà di comunicazione. Interesse per la ricerca e per gli studi che richiedono concentrazione.

VENERE indica, quando è in:

- 1ª Casa: carattere espansivo. Fascino. Ricerca di gratificazioni affettive.
- 2ª Casa: vita materiale soddisfacente. Aiuto nei momenti difficili da parte di amici.
- 3ª Casa: ottimi rapporti con i familiari. Interesse per il settore artistico e pubblicitario.
- 4ª Casa: attaccamento ai genitori. Fortuna che proviene da proprietà immobiliari. Raggiungimento del benessere e della serenità nell'ultima parte della vita.
- 5ª Casa: molteplici avventure amorose. Sensualità raffinata. Rapporto tenero con i figli.
- 6ª Casa: inserimento soddisfacente nel lavoro. Propensione allo svolgimento di professioni connesse alla moda e all'estetica.
- 7ª Casa: matrimonio d'amore.
- 8ª Casa: unioni che portano vantaggi materiali. Emotività e instabilità che fanno temere ogni forma di attaccamento.
- 9ª Casa: tendenze umanitarie e amori spirituali. Studi artistici.
- 10ª Casa: successo ottenuto attraverso l'amore e i legami sentimentali.
- 11ª Casa: equilibrio armonico nelle amicizie, specialmente in quelle femminili. Dedizione disinteressata agli altri.
- 12ª Casa: sublimazione dell'amore. Legami segreti e solitudine morale.

MARTE indica, quando è in:

- 1ª Casa: carattere impulsivo, coraggioso e insofferente delle imposizioni. Passionalità in amore.
- 2ª Casa: ricerca di una salda base economica. Possessività sia nei confronti delle persone che delle cose. Probabile perdita di denaro.

- **3ª Casa:** rivalità tra fratelli. Tensioni nell'ambiente in cui si vive. Spostamenti frequenti.
- **4ª Casa:** conflitti familiari, in particolar modo con il padre. Difficoltà di adattamento.
- **5ª Casa:** sensualità molto accentuata. Entusiasmo per il gioco. Severità eccessiva con i figli.
- **6ª Casa:** energie concentrate sul lavoro e contrasti con i superiori.
- **7ª Casa:** contrasto con il partner e rottura del matrimonio o di una collaborazione. Difficoltà di rapporto con gli altri.
- **8ª Casa:** contestazioni legali per questioni patrimoniali.
- **9ª Casa:** forte impegno morale nella lotta per gli ideali con impegno morale e intellettuale. Passione per le imprese insolite.
- **10ª Casa:** esistenza movimentata. Impiego delle proprie energie per il raggiungimento di un'affermazione sociale.
- **11ª Casa:** attuazione di un'ingerenza indebita da parte degli amici. Aggressività.
- **12ª Casa:** esaltazione ideologica. Mancanza di libertà personale.

GIOVE indica, quando è in:

- **1ª Casa:** carattere espansivo e tollerante. Egocentrismo.
- **2ª Casa:** ricerca della sicurezza attraverso i beni materiali. Successo materiale.
- **3ª Casa:** popolarità, ottimi rapporti con le persone e con l'ambiente.
- **4ª Casa:** esistenza di un'ottima base materiale e sociale fornita dall'ambiente familiare.
- **5ª Casa:** ricerca del piacere. Gioia di vivere. Amore per il teatro e il gioco.
- **6ª Casa:** impostazione ordinata del lavoro. Carriera nel campo amministrativo.
- **7ª Casa:** ottimi rapporti interpersonali e unioni matrimoniali.
- **8ª Casa:** ricevimento di aiuti materiali. Attività nel settore finanziario.
- **9ª Casa:** inclinazione allo studio. Spirito d'avventura e amore per i viaggi.
- **10ª Casa:** riuscita professionale e sociale. Amici influenti che appoggiano la carriera.
- **11ª Casa:** ottimismo e buone possibilità in tutti i settori della vita.
- **12ª Casa:** introspezione e mancanza di adattamento. Ricerca filosofica.

SATURNO indica, quando è in:

- **1ª Casa:** riservatezza e diffidenza. Forte senso del dovere. Giovinezza difficile.
- **2ª Casa:** sforzi per consolidare la propria posizione sociale.
- **3ª Casa:** rapporti freddi con i parenti. Riuscita lenta negli studi.
- **4ª Casa:** debolezza di fronte all'autorità paterna. Isolamento. Miglioramento, destinato a verificarsi però in tarda età, di ogni aspetto della vita.
- **5ª Casa:** inibizioni sessuali. Serietà nei legami sentimentali. Autorità verso i figli.
- **6ª Casa:** concentrazione e metodicità nel lavoro. Difficoltà nell'affrontare i problemi quotidiani.

- 7ª Casa: matrimonio in tarda età o con un partner più anziano. Scarsa capacità di comunicare con il prossimo.
- 8ª Casa: sicurezza materiale dipendente da altri.
- 9ª Casa: interessi intellettuali. Conservatorismo.
- 10ª Casa: carattere tenace, ambizioso e indipendente.
- 11ª Casa: amicizie con persone mature. Razionalità.
- 12ª Casa: atteggiamento coraggioso di fronte alle prove della vita. Tendenza al pessimismo.

URANO indica, quando è in:

- 1ª Casa: originalità e inventiva. Prontezza di riflessi.
- 2ª Casa: fortune improvvise. Gestione imprudente del denaro.
- 3ª Casa: interessi culturali insoliti. Nervosismo. Impazienza.
- 4ª Casa: anticonformismo e indipendenza precoce. Continui cambiamenti di domicilio.
- 5ª Casa: relazioni sentimentali avventurose. Originalità di espressione in campo artistico.
- 6ª Casa: difficoltà nella ricerca della libertà. Rapporti tesi nel campo del lavoro.
- 7ª Casa: unioni anticonvenzionali. Rifiuto degli schemi imposti.
- 8ª Casa: allontanamento dal proprio ambiente. Difficoltà improvvise nel settore finanziario.
- 9ª Casa: viaggi movimentati alla ricerca di ambienti stimolanti e inconsueti.
- 10ª Casa: indipendenza. Riuscita professionale.
- 11ª Casa: ottimi rapporti con gli amici. Progetti utopistici.
- 12ª Casa: rifiuto degli schemi convenzionali. Studi per la conoscenza dell'occulto.

NETTUNO indica, quando è in:

- 1ª Casa: sensibilità e fantasia. Cambiamenti. Temperamento artistico.
- 2ª Casa: indifferenza al denaro. Ingenuità.
- 3ª Casa: ricerca di evasioni. Spirito inquieto.
- 4ª Casa: distacco doloroso dalla famiglia. Figura paterna assente affettivamente o materialmente.
- 5ª Casa: erotismo raffinato. Avventure amorose esaltanti. Rapporto confuso con i figli.
- 6ª Casa: estrosità. Mancanza di metodo nel lavoro. Disordine.
- 7ª Casa: dipendenza psicologica dal partner. Unioni irregolari e situazioni poco chiare.
- 8ª Casa: ricerca di una stabilità spirituale. Sogni rivelatori.
- 9ª Casa: interessi religiosi. Viaggi lontani alla ricerca di nuovi orizzonti spirituali.
- 10ª Casa: disponibilità ai cambiamenti. Ricerca della realizzazione personale attraverso l'inserimento in un gruppo o in un'associazione.
- 11ª Casa: aiuto da parte degli amici.
- 12ª Casa: misticismo e medianità. Fragilità psichica.

PLUTONE indica, quando è in:

- 1ª Casa: istrionismo. Ambiguità di carattere.
- 2ª Casa: desiderio di dominio. Ambizione. Arricchimento tramite eredità.
- 3ª Casa: tendenza a imporsi nell'ambiente di lavoro.
- 4ª Casa: rivalità con il padre. Propensione per l'occultismo.
- 5ª Casa: importanza attribuita alla sessualità. Imposizione autoritaria sui figli.
- 6ª Casa: attitudini allo studio della medicina. Continui cambiamenti nel settore lavorativo.
- 7ª Casa: difficoltà di contatto con gli altri. Incompatibilità con il coniuge.
- 8ª Casa: tendenza all'intrigo, ambiguità. Timore della morte.
- 9ª Casa: attrazione per l'ignoto e per i fenomeni esoterici.
- 10ª Casa: grande ambizione. Forte determinazione nella conquista degli obiettivi.
- 11ª Casa: esigenza intima di stabilire solidi rapporti umani. Progetti stravaganti.
- 12ª Casa: condizioni di vita difficili. Possibili crisi psichiche determinate da problemi inerenti alla sfera sessuale.

I PIANETI

Tutti i pianeti hanno un domicilio in un segno zodiacale, un luogo d'esaltazione, uno di esilio e uno di caduta; essi possiedono tre diversi tipi di qualità, in base alle quali possono essere considerati "convertibili" (Sole, Luna e Mercurio), quando subiscono l'influsso degli altri astri; "malefici" (Marte, Saturno, Urano, Nettuno), quando gli aspetti planetari sono l'opposizione o la quadratura; "benefici" (Venere e Giove), quando l'aspetto tra i pianeti è un trigono o un sestile. Il nome "pianeta" è stato dato dagli antichi a ogni corpo celeste che non occupasse un posto fisso nella sfera celeste (in greco, ad esempio, la parola "planetes" significa "errante"). Attualmente con il termine "pianeta" s'intendono i corpi celesti opachi, che girano intorno a una stella, descrivendo un'orbita ellittica (moto di rivoluzione). Nell'ambito del sistema solare si distinguono i pianeti maggiori, quelli minori o satelliti, e i pianetini. Essendo quasi privi di calore e del tutto sprovvisti di luce propria, i pianeti sono luminosi solo per luce riflessa, che alla nostra vista appare sempre fissa, a differenza della luce delle stelle che appare tremula. Mentre compiono il moto di rivoluzione, i pianeti girano pure su se stessi (moto di rotazione), attorno a un asse immaginario, detto asse di rotazione. Si contano nove pianeti ai quali, fino dall'antichità, furono dati nomi di antiche divinità della mitologia: quattro, fra i quali la Terra, più piccoli e vicini al Sole degli altri, sono costituiti da materia solida e densa e si definiscono pianeti tellurici; gli altri si trovano tutti allo stato pastoso e quasi fluido.
Ai sei pianeti conosciuti da tempi remoti, gli astrologi moderni ne hanno aggiunti altri tre di recente scoperta: Urano, Nettuno e Plutone. A questi va aggiunta la Luna che, ruotando attorno a un pianeta, dovrebbe più propriamente definirsi un satellite.

I pianeti considerati in un oroscopo sono:
Sole, Luna, Mercurio, Venere, Marte, Giove, Saturno, Urano, Nettuno, Plutone (per l'interpretazione di un tema natale si dovranno consultare le schede che si trovano a fine capitolo).
Il Sole e la Luna sono definiti luminari.
Mercurio e Venere sono detti pianeti inferiori o interni perché la loro orbita è compresa fra quella della Terra e del Sole; gli altri sono detti pianeti superiori o esterni.
Le schede dei pianeti danno la possibilità di interpretare un oroscopo.
La posizione dei pianeti nel cielo al momento della nascita di un individuo è data dalle effemeridi.
L'astrologia basa la sua ricerca sulla posizione dei pianeti al momento della nascita. La posizione è dapprima considerata sull'eclittica, poi in rapporto alle Case, tenendo conto della latitudine, della declinazione (cioè la distanza, calcolata in gradi, di un pianeta dall'equatore celeste o orizzonte) e delle distanze fra i pianeti.
La prima operazione da farsi, nella stesura di un oroscopo, è la preparazione della Carta del cielo, nella quale si riportano le posizioni del Sole, della Luna, dei pianeti e dell'ASC in una determinata ora, data e luogo.
La seconda operazione è l'interpretazione delle influenze astrologiche in base alle posizioni dei pianeti sul grafico. Il procedimento astrologico si fonda su uno schema geocentrico, ciò significa che la Terra è immaginata al centro del sistema solare ed è presa come punto d'osservazione.
È intorno ad essa che si verificano i moti planetari apparenti e su di essa confluiscono le influenze dei corpi celesti.

Un pianeta, durante il suo percorso attorno al Sole, descrive un'orbita, di forma ellittica che ha la sua inclinazione rispetto all'eclittica. Ecco le inclinazioni, calcolate in gradi, decimi e secondi, dei seguenti pianeti:

Luna	5° 8′ 47″
Mercurio	7° 0′ 8″
Venere	3° 23′ 35″
Marte	1° 51′ 2″
Giove	1° 18′ 41″
Saturno	2° 29′ 40″
Urano	0° 46′ 20″
Nettuno	1° 47′ 2″

Le coordinate orbitali di ciascun pianeta nell'astrologia sono state trasformate in coordinate eclittiche che sono la longitudine, l'ascendente, la declinazione, la latitudine, la distanza fra i meridiani e quelle fra le cuspidi.
Le prime tre si trovano nelle effemeridi, le altre si calcolano con regole matematiche. Alla base dell'astrologia vi è la convinzione che in ogni uomo siano presenti le

caratteristiche proprie dei pianeti, ognuno dei quali influisce su una parte dell'essere, cosicché il macrocosmo (l'universo) si rispecchia nel microcosmo (l'uomo).
Le influenze planetarie determinano, in questa disciplina, il tipo astrologico. Quando, per esempio, si dice di un individuo che è un tipo solare, s'intende che in lui prevalgono le influenze apportate dal Sole.

TABELLA DEL PERCORSO DEI PIANETI INTORNO AL SOLE				
PIANETI	**T.P.S.**	**PG**	**T.I.S.**	**PS**
MERCURIO	90 gg	2°	79 anno	1 giorno
VENERE	224 gg	1° 30′	8 anno	1 giorno
MARTE	687 gg	0° 30′	79 anni	1 giorno
GIOVE	12 anni	0° 14′	83 anni	1 anno
SATURNO	29 anni	0° 07′	59 anni	2.5 anni
URANO	84 anni	0° 04′	84 anni	7 anni
NETTUNO	165 anni	0° 02′	165 anni	13.5 anni
PLUTONE	248 anni	/	248 anni	30 anni

La prima colonna segnala i pianeti, la seconda il tempo che il pianeta impiega per girare intorno al Sole (**T.P.S**), la terza il percorso giornaliero (**PG**), la quarta il tempo che impiega il pianeta per incontrarsi con il Sole (**T.I.S.**) e l'ultima, la quinta, la permanenza nel segno (**PS**).

- Il **Sole** compie il giro dello zodiaco in 365 giorni e 1/4; il suo percorso giornaliero va da 0 gradi e 57 primi a un grado e un primo circa. Il ciclo solare dura 33 anni.
- La **Luna** compie il giro zodiacale in 27 giorni e 1/3 e ogni giorno percorre da 11 gradi e 56 primi a 15 gradi di longitudine geocentrica. Il ciclo lunare è di 19 anni; il Sole e la Luna si ritrovano in congiunzione lo stesso giorno e ora nel medesimo punto dello zodiaco.
- **Mercurio** compie il giro dello zodiaco in 89.9 giorni. Si sposta ogni giorno di 2 gradi. Ogni 79 anni Mercurio e il Sole si incontrano nello stesso punto dello zodiaco.
- **Venere** compie il giro in 224.7 giorni, spostandosi di 1 grado e 30 primi al giorno; e ogni 8 anni Venere e Sole si ritrovano allo stesso punto.
- **Marte** percorre l'orbita intorno al Sole in 686.9 giorni spostandosi di 0 gradi e 30 primi circa al giorno. Esso si incontra con il Sole ogni 79 anni, in un punto dello zodiaco spostato di 1 grado circa rispetto al ciclo precedente.
- **Giove** compie il giro dello zodiaco in 11.86 anni. In un anno circa percorre ogni segno spostandosi di 0 gradi e 14 primi al giorno. Ogni 83 anni Giove e il Sole s'incontrano nello stesso punto dello zodiaco.
- **Saturno** percorre l'orbita intorno al Sole in 29.5 anni, e si sposta di 0 gradi e 7 primi al giorno. Esso permane in un segno per due anni circa. Ogni 59 anni,

Saturno e il Sole si trovano nello stesso punto con uno spostamento di circa 1 grado e 45 primi al punto in cui si erano incontrati nel ciclo precedente.

- **Urano** percorre l'orbita intorno al Sole in 84 anni; rimane circa sette anni in ogni segno, spostandosi di 0 gradi e 4 primi al giorno. Ogni 84 anni, Urano e Sole si trovano nello stesso punto dello zodiaco con uno spostamento di 0 gradi e 45 primi rispetto al precedente ciclo.
- **Nettuno** compie il giro dello zodiaco in 165 anni permanendo in ogni segno per circa 13 anni e mezzo e spostandosi di 0 gradi e 2 primi al giorno.
- **Plutone** ruota intorno al Sole impiegando 248 anni. Le scarse conoscenze che abbiamo di questo pianeta non ci permettono, allo stato attuale, di fornire altri dati certi.

L'INFLUENZA DEI PIANETI NEI SEGNI

Ogni pianeta possiede delle proprietà e dei significati, e si dice che esiste una risonanza tra ogni pianeta e un determinato segno dello zodiaco. Ogni pianeta, collocato in un segno, diventa potente oppure debole.

Le risonanze o, ancor meglio, le influenze che un pianeta ha in un segno si classificano in:

- **DOMICILIO:** si divide a sua volta in diurno o notturno. Il Sole, la Luna, Urano e Nettuno non hanno questo tipo di classificazione. Quando un pianeta ha il suo domicilio in un segno zodiacale realizza pienamente la sua natura, stabilendo un equilibrio e un'affinità di valori con il segno stesso.
  Ad esempio Mercurio, pianeta della percezione intellettuale e della comunicazione, ha la sua sede nel segno dei Gemelli, che rappresenta il contatto con l'ambiente esterno.
- **ESALTAZIONE:** un pianeta è esaltato nel segno in cui il suo potere è accresciuto al massimo. Per esempio Mercurio è in esaltazione a 15 gradi nel segno della Vergine; l'intelligenza pratica mercuriana trova il suo sviluppo nella metodicità e nelle capacità analitiche della Vergine.
- **ESILIO:** un pianeta è in esilio in un segno quando esprime i suoi valori con poca intensità e il suo equilibrio è turbato. Il pianeta esiliato occupa i segni opposti al suo domicilio. Per esempio Mercurio è in esilio nei segni del Sagittario e dei Pesci.
- **CADUTA:** un pianeta è in caduta quando c'è incompatibilità tra i suoi valori e quelli del segno in cui cade, non realizzando i suoi fini specifici. Per esempio Mercurio è in caduta nel segno zodiacale dei Pesci. Le facoltà critiche e quelle espressive di un soggetto influenzato dal pianeta sono espresse con la natura mentale complessa ed emotiva che il segno zodiacale conferisce, provocando irrequietezza e instabilità.

TABELLA DELLE INFLUENZE PLANETARIE NEI SEGNI				
PIANETI	**DOMICILIO**	**ESILIO**	**ESALTAZIONE**	**CADUTA**
SOLE	LEONE	ACQUARIO	ARIETE	BILANCIA
LUNA	CANCRO	CAPRICORNO	TORO	SCORPIONE
MERCURIO	diu. GEMELLI nott. VERGINE	SAGITTARIO PESCI	VERGINE	PESCI
VENERE	nott. TORO diu. BILANCIA	ARIETE SCORPIONE	PESCI	VERGINE
MARTE	diu. ARIETE nott. SCORPIONE	TORO BILANCIA	CAPRICORNO	CANCRO
GIOVE	diu. SAGITTARIO nott. PESCI	GEMELLI VERGINE	CANCRO	CAPRICORNO
SATURNO	diu. ACQUARIO nott. CAPRICORNO	CANCRO LEONE	BILANCIA	ARIETE
URANO	ACQUARIO	LEONE	SCORPIONE	TORO
NETTUNO	PESCI	VERGINE	LEONE	ACQUARIO
PLUTONE	SCORPIONE	TORO o ARIETE	BILANCIA	CAPRICORNO

GLI ASPETTI PLANETARI

I pianeti, percorrendo la loro orbita (curva che descrive un pianeta durante il suo cammino reale o apparente attorno al Sole o a un altro pianeta), mutano continuamente la propria posizione rispetto allo zodiaco e formano configurazioni geometriche che si definiscono **aspetti**.
L'aspetto è la distanza angolare, espressa in gradi, tra due pianeti avendo come punto di osservazione la Terra. Vi sono due tipi di aspetti: maggiori e minori; essi sono di duplice natura, in quanto possono essere armonici o disarmonici (buoni o cattivi, benefici o malefici).

Gli **aspetti maggiori** sono:

TAVOLE DEGLI ASPETTI PRINCIPALI			
ASPETTO	**ANGOLO IN GRADI**	**INFLUENZA**	**GRAFICO**
Congiunzione	0°	Variabile	☌
Sestile	60°	Armonica	∗
Quadratura	90°	Disarmonica	□
Trigono	120°	Molto armonica	△
Opposizione	180°	Molto disarmonica	☍

ASPETTI MINORI			
ASPETTO	**ANGOLO IN GRADI**	**INFLUENZA**	**GRAFICO**
Semisestile	30°	Armonica debole	⊻
Semiquadratura	45°	Disarmonica debole	L
Quinario	150°	Armonica debole	⊼
Sesquiquadratura	135°	Malefica debole	⚼

L'aspetto rivela le variazioni con cui si manifesta l'influenza di un pianeta, dovute al fatto che i campi di forza si incontrano con un angolo d'incidenza sempre diverso.
Ogni pianeta è un centro di forza cosmica che proietta nello spazio i suoi campi di forza; questi arrivano sulla Terra e si incrociano con quelli degli altri pianeti, subendo così una trasformazione.
L'aspetto viene a stabilire di quanti gradi sono inclinati reciprocamente i campi proiettati dei pianeti in aspetto. Per esempio, quando due pianeti sono in quadratura s'intende dire che i loro campi di forza si incrociano e cozzano con un angolo di 90 gradi. Per quanto riguarda gli effetti che ci saranno sulla Terra, succede che un raggio del campo che proviene, per esempio, da Venere subisce una deviazione prodotta dal perturbamento dei raggi di un altro pianeta e giunge sulla Terra trasformato.
In un oroscopo si calcolano, dunque, gli aspetti che i pianeti presentano tra di loro. Come si è già visto, talvolta questi aspetti saranno armonici e perfetti (ad esempio Venere a 15 gradi del Cancro, cioè a 105 gradi dello zodiaco, è in trigono perfetto perché 225 gradi meno 105 gradi dà come risultato 120 gradi e il trigono ha appunto questa ampiezza). In altri casi gli aspetti non saranno esatti, ma avranno l'approssimazione di qualche grado. Si assegnano pertanto delle tolleranze, che per il Sole e la Luna possono essere aumentate di due gradi. Questi limiti precisano le orbite degli aspetti, che sono la zona d'influenza dei pianeti in aspetto, e la misura dei limiti di oscillazione degli aspetti stessi. L'orbita di Saturno, per esempio, è di 8 gradi circa, quella di Giove di 10 gradi, quella di Marte di 8 gradi, del Sole di 17 gradi, di Venere e Mercurio di 8 gradi, della Luna di 12 gradi.
Per avere l'orbita esatta di un aspetto occorre addizionare le orbite rispettive dei due pianeti che le compongono e dividere per due.
Nell'interpretazione dei temi natali i diversi aspetti non hanno tutti la stessa importanza. Il loro valore dipende dalla natura dei pianeti messi in relazione tra loro.

I PUNTI VIRTUALI O SENSITIVI

L'astrologia antica, nell'analisi di un tema natale, attribuiva grande importanza a eventi della vita come il matrimonio, la maternità, la paternità, la fortuna, la sfortuna, la malattia, la religione, la professione, la morte ecc. A ognuno di questi mo-

menti, l'astrologo assegnò un settore, la cui posizione si calcolava aggiungendo alla longitudine dell'ASC, l'arco d'eclittica che separa due pianeti.
L'astrologia moderna, di tutti questi punti chiamati sensitivi o virtuali, ne prende in considerazione, in particolare, due: quello della **fortuna** e quello della **morte**.
Per stabilire la posizione dei due punti sensitivi occorre conoscere:
a) il grado zero dell'Ariete che corrisponde al grado zero di tutto lo zodiaco.
b) Le posizioni del Sole, della Luna, di Marte e di Saturno. Che si esprimono in gradi da 0 a 360 gradi.

IL PUNTO DI FORTUNA

Esso rappresenta, secondo il segno e la Casa in cui si trova, quei settori della vita in cui si realizzano facilmente il successo e l'equilibrio interiore. Il simbolo grafico è un cerchio tagliato da due linee perpendicolari.
Il calcolo del punto di fortuna si ottiene prendendo le posizioni in gradi della Luna, dell'ASC e del Sole.

Per una nascita diurna:

LONG. della LUNA	+
LONG. dell'ASC	=
X	–
LONG. del SOLE	=
LONG. del PUNTO di FORTUNA	

Per una nascita notturna:

LONG. del SOLE	+
LONG. dell'ASC	=
X	–
LONG. della LUNA	=
LONG. del PUNTO di FORTUNA	

IL PUNTO DI MORTE

Questo punto si riferisce alle circostanze in cui si verifica la morte. Il simbolo grafico è una croce uncinata.
Il punto di morte si calcola determinando le posizioni in gradi di Marte, dell'ASC e di Saturno.

Nel tema natale di una nascita diurna:

LONG. di MARTE	+
LONG. dell'ASC	=
X	–
LONG. di SATURNO	=
LONG. del PUNTO di MORTE	

Per una nascita notturna:

LONG. SATURNO	+
LONG. ASC	=
X	–
LONG. MARTE	=
LONG. del PUNTO di MORTE	

Altri punti che si possono prendere in considerazione, per un'interpretazione più approfondita, sono:

- il punto di potenza, che si ottiene con lo stesso procedimento degli altri due punti, cioè calcolando le posizioni in gradi del Sole, dell'ASC e di Giove.
- Il punto dei viaggi: si calcolano le posizioni della Luna, dell'ASC e di Mercurio.
- Il punto dell'amore: si calcolano le posizioni del Sole, dell'ASC e di Venere.

IL NODO LUNARE

Il nodo è un punto d'intersezione dell'orbita dei pianeti con il piano dell'eclittica. I nodi lunari sono punti virtuali dello spazio e non corpi celesti. L'astrologia si occupa dei nodi lunari che sono il nodo ascendente e il discendente.
Il primo è detto anche nodo nord o testa del dragone ed è orientato verso l'emisfero boreale. Il secondo, cui si dà il nome di nodo sud o coda del dragone è orientato verso l'emisfero australe.
La longitudine dei nodi lunari figura in tutte le effemeridi. Tra gli astrologi c'è molta discordia circa l'opportunità di calcolare i punti sensitivi nella stesura di un oroscopo. Nella tradizione astrologica indiana, per esempio, l'interpretazione dei nodi è di massima importanza perché il nodo nord e quello sud rappresentano i due poli energetici dell'uomo, nei quali scorrono i caratteri del femminile e del maschile, le due polarità. Molti astrologi hanno proposto un'interpretazione adatta a tutti i po-

poli. Secondo tale interpretazione, il nodo sud indica i condizionamenti che ostacolano il progresso spirituale, mentre il nodo nord è la meta ambita per una compiuta realizzazione spirituale. La linea che unisce i due nodi rappresenta il percorso evolutivo del soggetto di cui si traccia il tema natale. Per esempio, la posizione dei nodi lunari nelle Case, data dalla linea 1 – 7, che unisce la prima (nodo nord) e la settima Casa (nodo sud), indica che la realizzazione delle aspirazioni personali è fattibile solo se il soggetto si libera dalla dipendenza psicologica nei confronti degli altri.

IL NODO LUNARE NELLE CASE

- 1ª Casa: legami che coinvolgono completamente.
- 2ª Casa: relazioni a scopo di lucro.
- 3ª Casa: rapporti difficili con fratelli o sorelle.
- 4ª Casa: ci si confronta con il prossimo e il mondo circostante; è un settore la cui interpretazione è legata alla posizione degli altri pianeti nei vari segni zodiacali del tema natale.
- 5ª Casa: legame con i figli.
- 6ª Casa: rapporti con persone di classe sociale inferiore.
- 7ª Casa: vita mondana e contatto con organizzazioni varie.
- 8ª Casa: perdita di una persona cara.
- 9ª Casa: relazioni con l'estero e persone di cultura.
- 10ª Casa: ascesa sociale per merito dell'origine e dell'educazione ricevuta.
- 11ª Casa: amicizie superficiali. In alcuni temi indica l'omossessualità.
- 12ª Casa: rapporti immorali.

IL NODO LUNARE IN CONGIUNZIONE CON:

- Sole: partecipazione diretta alla vita pubblica.
- Luna: relazioni mutevoli e numerose conoscenze. Attitudini alla professione di rappresentante di commercio.
- Mercurio: relazioni d'affari e corrispondenza epistolare. Attitudini verso le professioni di giornalista e di scrittore.
- Venere: matrimonio d'amore e interessi artistici.
- Marte: legami con individui irascibili. Per una donna: matrimonio con un militare.
- Giove: soddisfazioni morali e vantaggi materiali.
- Saturno: relazioni con persone inferme. In alcuni casi, unione troncata dalla morte.
- Urano: incapacità di legami durevoli.
- Nettuno: rapporti segreti. Esibizionismo.
- Plutone: rafforza le caratteristiche di Marte.

Simbolo della testa del dragone ☊
Simbolo della coda del dragone ☋

La simbologia dei segni

La simbologia dei segni è nata osservando i ritmi della natura, i cicli delle stagioni. A ogni segno corrisponde un settore dell'esperienza umana e in essi s'individua una personalità; ad esempio in astrologia si afferma che un individuo appartenente al segno dei Gemelli è intelligente e instabile, che l'Ariete è impulsivo, il Pesci è sognatore ecc.
La simbologia dei segni zodiacali si basa su: l'origine del loro nome, il segno grafico che li distingue, l'elemento fondamentale (Fuoco, Terra, Aria, Acqua, Etere), la stagione in cui appaiono, il pianeta che li governa (chiamato Signore o Governatore) e i pianeti che si trovano in caduta, in esilio o in esaltazione.

Nelle schede relative ai segni zodiacali si fa un'interpretazione generale collegata ai settori dell'infanzia, del lavoro, dell'amore e della salute. Il tema natale di un individuo deve necessariamente individuare i momenti e gli elementi importanti per vivere questa vita. È molto importante analizzare il momento legato all'infanzia, in quanto è in quel preciso lasso di vita che si costruiscono le basi del futuro uomo o della futura donna. L'educazione dei genitori deve essere accurata, attenta a tutti i particolari, ed essi devono dimenticare spesso la propria individualità per trasmettere al piccolo l'energia necessaria alla crescita.
La prima Casa, nell'oroscopo di un fanciullo, riguarda l'educazione, la terza gli studi, la quarta il rapporto con i genitori e la famiglia. Il tema natale di un bambino deve avere come scopo quello di avviarlo a fare delle giuste scelte, sia nel campo scolastico, che negli altri campi dell'attività umana. Il lavoro è un altro elemento importante che caratterizza la vita dell'uomo. L'oroscopo ha lo scopo di farci conoscere quale è l'occupazione più adatta a un determinato individuo. Un'attività svolta con piacere, secondo i ritmi e le qualità specifiche di ognuno, rende l'uomo libero, disponibile e sereno; di conseguenza farà di lui un buon cittadino, un gradevole compagno, un amabile consorte e un padre ammirevole.
Il tema natale rivela anche le caratteristiche amorose di un soggetto, e l'aiuta a scegliere il partner ideale; inoltre indica le influenze che i pianeti e i corpi celesti hanno sulla salute. Sino dall'antichità uno dei mezzi utilizzati per la diagnosi delle malattie era l'analisi dei pianeti in un oroscopo (astrologia medica). Ippocrate dichiarava che un medico che non aveva nozioni d'astrologia non poteva chiamarsi tale.

Ogni carta del cielo indica gli organi più deboli dell'individuo. A questo proposito, Paracelso, astrologo - medico - filosofo del Rinascimento, afferma: «Ogni uomo ha dentro di sé l'intero firmamento che riproduce le costellazioni e gli consente d'integrarsi nel ritmo e nel soffio eterno del cosmo». Partendo dal concetto di corrispondenza tra il cielo e la terra, tra l'alto e il basso, l'astrologo ha a disposizione un codice da interpretare, che insegna da cosa guardarsi per non ammalarsi, le terapie da seguire, l'alimentazione adatta ecc.
A ogni parte del corpo corrispondono un segno e un pianeta. L'Ariete, il primo segno, governa la testa. Al Toro sono associati la nuca, il collo, la gola. I Gemelli sono collegati alle spalle, alle braccia, ai polmoni e ai bronchi. Al Cancro s'associano la parte addominale e il suo contenuto. Il Leone governa il cuore e la circolazione del sangue. Alla Vergine si assegna l'intestino. La Bilancia si occupa dei reni. Lo Scorpione governa gli organi genitali esterni e interni. Al Sagittario si associano il fegato e l'apparato muscolare. Il Capricorno governa lo scheletro e le ginocchia. All'Acquario sono collegate le gambe, le caviglie, le arterie e le vene. I Pesci sono associati ai piedi, oltre che al sistema ghiandolare e linfatico.

Ariete

Il simbolo grafico (♈) raffigura la testa dell'ariete, animale che rappresenta le energie che fecondano la natura, e quindi la primavera. Il segno zodiacale dell'Ariete segna l'equinozio di primavera, giorno in cui il Sole risplende, risvegliando tutte le energie della Terra. Da qui inizia la ruota zodiacale.
L'Ariete è un simbolo di forza.

CARATTERI ASTROLOGICI	
Percorso del Sole:	21 marzo – 21 aprile
Posizione in gradi:	da 0° a 30°
Genere:	maschile
Natura:	cardinale
Elemento:	Fuoco
Signore del segno:	Marte
Pianeta in esaltazione:	Sole
Pianeta in esilio:	Venere
Pianeta in caduta:	Saturno
Giorno:	martedì
Colore:	rosso
Gemma:	rubino
Metallo:	ferro
Animale:	capra
Pianta:	olivo
Profumo:	mirra
Caratteristica:	impulsività

ANALISI DEL SEGNO

La caratteristica principale di questo segno è l'intensa attività dell'intelletto. Gli individui nati sotto il segno dell'Ariete, generalmente, sono intelligenti, pieni di iniziative, hanno un'ottima capacità d'adattamento, ma sono anche ostinati e impetuosi. Queste ultime qualità sono influenzate dal pianeta dominante, Marte.

Il Sole, in esaltazione, offre il suo calore, la sua vitalità ai nati sotto il segno dell'Ariete. L'energia che ne deriva diventa uno stimolo vitale all'iniziativa. Progetti, idee, entusiasmo caratterizzano la vita. L'individuo Ariete è capace di infondere sicurezza a chi gli sta accanto. Spesso però inganna se stesso e gli altri sopravvalutando le proprie forze. Marte, governatore del segno, rende il soggetto combattivo, pronto a sprezzare il pericolo e a sconfiggere i propri nemici. Grazie a questo pianeta, l'Ariete è in grado di concentrare tutte le sue energie fisiche e mentali per raggiungere in breve tempo il suo obiettivo. Possiede coraggio e audacia; ma, a seconda degli aspetti formati dai pianeti tra loro, queste due caratteristiche possono trasformarsi in testardaggine e ostinazione. Come in tutti i soggetti, ai pregi si accompagnano i difetti. Nell'Ariete, la debolezza è costituita dalla mancanza di riflessione e di costanza che ostacola la realizzazione delle mete prefissate. Le energie solari e di Marte, se non sono rafforzate dai valori di altri pianeti, possono essere causa di un atteggiamento aggressivo e autoritario, teso a sottomettere altri individui; inoltre possono spingere il soggetto a sottovalutare irresponsabilmente le difficoltà e i pericoli.

ARIETE E INFANZIA

Il bambino Ariete è impaziente, vivace, aggressivo nelle reazioni. Ama i giochi competitivi come il tennis, il calcio. I genitori devono insegnare con dolcezza al proprio figlio a incanalare le energie. Si possono indirizzare coloro che non amano studiare ad attività artigianali.

ARIETE E LAVORO

L'influenza di Marte aiuta l'Ariete ad affrontare il lavoro come una battaglia, pertanto le caratteristiche del segno sono: lo spirito d'iniziativa, l'azione e l'amore per il rischio. Di conseguenza, le attività consigliabili sono le professioni legate al mondo dello sport, delle automobili e della carriera militare. L'Ariete riuscirà a realizzarsi in un'attività che gli conceda libertà di movimento e gli dia indipendenza sotto tutti i punti di vista.

ARIETE E AMORE

L'amore, come il lavoro, è una battaglia che si può vincere o perdere. Più che d'amore, per l'Ariete, si può parlare di "colpi di fulmine", poiché egli s'innamora improvvisamente, affascinato da un gesto o da uno sguardo.
Si lascia spingere dal suo entusiasmo e non è per niente costante, perciò ama le scappatelle. La scelta del partner è troppo impulsiva, dunque il rapporto sarà caratterizzato da frequenti discussioni e momenti di crisi.
Per l'uomo Ariete è molto importante dimostrare la propria virilità. È un amante appassionato.
Per la donna Ariete, il comportamento sessuale è legato alla sensibilità e ai condizionamenti educativi.

Allorché sceglie un partner dello stesso segno, l'Ariete può incontrare delle difficoltà, perché entrambi concepiscono il rapporto come una continua gara.

Le unioni favorevoli sono:

- ARIETE – VERGINE (segno di Terra): la Vergine soddisferà il bisogno di sicurezza di cui il nativo ha bisogno.
- ARIETE – CANCRO (segno d'Acqua): con la sua sensibilità e tenerezza il Cancro attenua le smanie di onnipotenza dell'individuo appartenente al segno.
- ARIETE – BILANCIA (segno d'Aria): la Bilancia, con razionalità e discrezione riesce a equilibrare l'Ariete, costringendolo a riflettere prima di agire.
- ARIETE – LEONE (segno di Fuoco): il Leone arricchisce il rapporto con la sua sensualità.

ARIETE E SALUTE

La parte del corpo governata dall'Ariete è la testa. Le malattie più ricorrenti nel segno sono: le emicranie, le nevralgie del trigemino, le sinusiti, i raffreddori allergici, gli esaurimenti e le depressioni. L'influenza del pianeta Marte, in aspetto disarmonico, predispone il soggetto a ipertensioni.

SIGNIFICATO DEI PIANETI IN ARIETE

- SOLE: entusiasmo nell'ideazione e nella realizzazione dei progetti; idee fantasiose, che trasforma in affascinanti spunti di conversazione.
- LUNA: natura instabile, impulsiva e volubile, con scatti d'ira. Egoismo e possessività.
- MERCURIO: temperamento vivace, intelligenza, elasticità nel pensiero. Impazienza.
- VENERE: egocentrismo, desiderio d'amore, colpi di testa e incostanza.
- MARTE: bisogno d'affermazione personale, audacia, invadenza. Amore per lo sport.
- GIOVE: tendenza al comando. Desiderio di cimentarsi in imprese che richiedono coraggio e ambizione. Fiducia in se stessi.
- SATURNO: intransigenza, spirito vendicativo, autodisciplina.
- URANO: impulsività, spirito rivoluzionario e creativo. Avventure rischiose.
- NETTUNO: entusiasmi ideologici. Movimenti spirituali.
- PLUTONE: fiducia nelle proprie capacità. Reazioni vivaci. Capacità di superare le difficoltà della vita.

ARIETE ASCENDENTE IN:

- ARIETE, LEONE o SAGITTARIO, segni di Fuoco: necessità di equilibrare le energie e di frenare l'impulsività.
- CANCRO, SCORPIONE o PESCI, segni d'Acqua: tendenza alle manie di persecuzione e comportamento egocentrico.

- **TORO, VERGINE o CAPRICORNO**, segni di Terra: impulsività frenata e consapevolezza della realtà pratica.
- **GEMELLI, BILANCIA o ACQUARIO**, segni d'Aria: rapporti interpersonali molto rafforzati.

ARIETE, MITO E LEGGENDA

Il mito più direttamente legato all'Ariete è quello degli Argonauti. Così vennero chiamati i principi e gli eroi greci che si imbarcarono sulla nave Argo diretti in Colchide, alla conquista del Vello d'oro. In questo mito l'ariete rappresenta simbolicamente l'iniziazione, la forza psichica e la sublimazione dello spirito.

TORO

Il simbolo grafico (♉) raffigura la testa del toro che, secondo la tradizione, era un animale sacro legato al culto della Terra e della fertilità. Il periodo, aprile – maggio, coincide con la primavera, stagione della rinascita, durante la quale alberi e prati si coprono di foglie e fiori.
Il Toro è un segno che rappresenta la fecondità, la crescita e la gioia.

CARATTERI ASTROLOGICI	
Percorso del Sole:	21 aprile – 22 maggio
Posizione in gradi:	da 30° a 60°
Genere:	femminile
Natura:	fisso
Elemento:	Terra
Signore del segno:	Venere
Pianeta in esaltazione:	Luna
Pianeta in esilio:	Marte
Pianeta in caduta:	Urano
Giorno:	venerdì
Colore:	verde
Gemma:	smeraldo
Metallo:	rame
Animale:	colomba
Pianta:	verbena
Profumo:	gelsomino
Caratteristica:	sforzo

ANALISI DEL SEGNO

La caratteristica principale del segno è la forza d'animo, unita a un temperamento ostinato e inflessibile, difficile da modificare.
Venere, Signora del segno, conferisce al soggetto Toro fascino e fantasia creatrice. Gli individui del Toro ascoltano più la voce del sentimento che quella della ragione.

Essi riescono ad avere tutte le gioie e i piaceri della vita. Hanno uno spirito pratico e concreto. Quando si tratta di realizzare gli obiettivi prefissati, diventano tenaci e concentrati; difendono le loro conquiste e non permettono a nessuno di entrare nel loro mondo intimo. È attraverso il lavoro, la responsabilità e l'amore che riescono a trovare la sicurezza, meta della loro continua ricerca. Il Toro s'infastidisce di fronte ai problemi che riguardano la sfera emotiva, psicologica e relazionale.

TORO E INFANZIA

Il bambino del segno è simpatico, affettuoso e dolce. Nell'alimentazione è ingordo. La sua natura pigra deve sempre essere stimolata, anche nel campo scolastico. Ama la musica al punto da dedicarle talvolta la propria vita. Forte è l'interesse che prova per la natura e gli animali.

TORO E LAVORO

Il soggetto Toro chiede la sicurezza economica al suo lavoro e utilizza, per riuscire a ottenerla, metodo, concretezza e coscienza. Preferisce, per non turbare il suo equilibrio, scegliere un'attività che non comporti rischi economici, ma che abbia un'entrata fissa. Può orientarsi verso professioni che abbiano contatto con la natura (agricoltura ed ecologia), con la casa (edilizia, arredamento), con il cibo (cuoco) e infine con il mondo della moda (stilista, truccatore, visagista ecc).

TORO E AMORE

Il Toro è un segno pratico, concreto, che non ama i cambiamenti e gli scombussolamenti sentimentali che disturbano la sua vita. Nell'amore, gli individui Toro cercano sicurezza e stabilità. Il rapporto sentimentale viene concepito come un punto fermo e stabile nell'esistenza. Il Toro è un amante tenero, pieno di attenzioni per il partner, ma anche possessivo e geloso. Non ammette che il proprio compagno o compagna possa avere interessi e amicizie diversi dai suoi.
L'uomo Toro sa essere un compagno protettivo e romantico. La donna Toro è dolce e forte, disposta a sacrificarsi per il benessere della sua famiglia. Per entrambi le esigenze sessuali sono un fatto fisiologico normale e, pertanto, le soddisfano con naturalezza. I nativi taurini devono essere più attenti alla loro vita affettiva e non fare prevalere gli impegni e gli affari sui sentimenti.

Le unioni favorevoli sono:

- TORO – VERGINE (segno di Terra): insieme possono realizzare un rapporto duraturo basato sul lavoro e sul rispetto.
- TORO – BILANCIA (segno d'Aria): il nativo Bilancia, alla ricerca di armonia ed equilibrio, trova un sicuro riferimento nella pazienza e nella tenacia taurine.
- TORO – PESCI (segno d'Acqua): il soggetto nato sotto il segno dei Pesci realizza la fantasia e i sogni grazie alla concretezza del Toro.

TORO E SALUTE

La presenza di Venere e della Luna nel Toro, segno di genere femminile, simboleggia i tessuti, gli organi di riproduzione e le ghiandole linfatiche. Le malattie più caratteristiche per le donne Toro sono quelle legate alle ovaie. In generale, il tipo Toro è soggetto a problemi al fegato e a infiammazioni della gola.

SIGNIFICATO DEI PIANETI IN TORO

- **SOLE:** spirito pratico e concreto sempre presente nelle situazioni della vita. Costanza e tenacia.
- **LUNA:** semplicità, spontaneità, tolleranza e amore per la bellezza e l'arte.
- **MERCURIO:** precisione, cura per i dettagli, metodo e riflessione nell'attività mentale.
- **VENERE:** sentimenti tenaci, dolcezza, affettuosità e amore per la vita.
- **MARTE:** gelosia e ostinazione. Forte uso dell'istinto.
- **GIOVE:** materialismo, sensualità e senso pratico negli affari.
- **SATURNO:** paura di perdite materiali. Idee fisse e introversione.
- **URANO:** capacità di realizzare gli obiettivi.
- **NETTUNO:** evasioni attraverso la sensualità o l'arte.
- **PLUTONE:** accentua le caratteristiche del pianeta Marte.

TORO ASCENDENTE IN:

- **ARIETE, LEONE o SAGITTARIO**, segni di Fuoco: temperamento intraprendente, dinamico e passionale. La sicurezza dei segni di Fuoco unita alla testardaggine del Toro provoca un irrigidimento nelle posizioni.
- **CANCRO, SCORPIONE o PESCI**, segni d'Acqua: emotività, sensibilità e intuito molto sviluppati.
- **TORO, VERGINE o CAPRICORNO**, segni di Terra: esaltazione delle capacità di concentrazione. Impegno, serietà e tenacia sono le qualità dell'ASC
- **GEMELLI, BILANCIA o ACQUARIO**, segni d'Aria: accentuano, nei soggetti Toro, l'attenzione ai particolari, la disponibilità ad ascoltare i suggerimenti che altri individui danno.

MITO E LEGGENDA

Il Toro simboleggia la potenza e nei miti evoca il maschio impetuoso, come ad esempio il Minotauro, guardiano del labirinto; Rudra, divinità del Rig Veda (testo antico della dottrina indiana), con il suo seme rende la terra fertile. In quasi tutte le religioni antiche legate al culto della terra e della fertilità compare il toro come elemento sacrale.

GEMELLI

Il simbolo grafico (♊) così formato, rappresenta la dualità, l'azione dei contrari. Nel periodo stagionale occupato dal segno, la natura si muove ed è vivace.

CARATTERI ASTROLOGICI	
Percorso del Sole:	22 maggio – 22 giugno
Posizione in gradi:	da 60° a 90°
Genere:	maschile
Natura:	mobile
Elemento:	Aria
Signore del segno:	Mercurio
Pianeta in esaltazione:	Plutone
Pianeta in esilio:	Giove
Pianeta in caduta:	nessuno
Giorno:	mercoledì
Colore:	viola
Gemma:	topazio giallo
Metallo:	platino
Animale:	gallo
Pianta:	ibisco
Profumo:	lavanda
Caratteristica:	dualità

ANALISI DEL SEGNO

È il primo segno doppio e corrisponde all'ultimo mese di primavera. Esso esprime la capacità creativa e conoscitiva dell'intelligenza umana. L'influenza derivante da Plutone conferisce, ai nativi del segno, la capacità di cogliere tutti i messaggi che il mondo invia, anche le sfumature più sottili. I Gemelli sono imprevedibili, hanno una grande capacità dialettica e un ottimo senso dell'umorismo. Con i loro discorsi affascinano e stimolano chi ascolta. Sanno immedesimarsi di volta in volta nella realtà del momento, senza preoccuparsi di ricercare un filo conduttore nelle loro scelte; per questo, spesso, li si può accusare di superficialità. I nativi dei Gemelli sono bisognosi dell'affetto e dell'approvazione del prossimo. I difetti che si riscontrano nel segno sono l'eccessiva curiosità, la superficialità e la leggerezza.

GEMELLI E INFANZIA

Il piccolo nato sotto il segno dei Gemelli è nervoso e si muove in continuazione. Impara a camminare precocemente. Sarà bene insegnargli ad approfondire le proprie ricerche e a dare maggiore importanza al legame affettivo.
L'entusiasmo è la qualità del maschio nativo dei Gemelli. Nello studio manifesta brillanti doti dovute alla capacità dialettica e ai riflessi vivaci.
Il tipo Gemelli, allorché deve affrontare dei problemi, si stanca facilmente, rischiando la depressione. La nativa di questo segno sa rendersi carina. Non ama gli indumenti con pizzi e merletti. Si può dedicare allo studio della musica.

GEMELLI E LAVORO

Il tipo Gemelli esprime nel lavoro la sua natura vivace, curiosa e pronta a recepire tutte le novità. È predisposto a tutte le attività che richiedono contatti, viaggi e scambi intellettuali. Possedendo un'eccellente dialettica, potrebbe svolgere con successo la professione del cronista o del giornalista. Grazie alla sua capacità d'immedesimarsi nella realtà, potrebbe fare l'attore. Potrebbe altresì dimostrare attitudine all'insegnamento e all'arte dello scrivere.

GEMELLI E AMORE

L'amore costituisce una semplice necessità di rapporto umano, ma non ha un ruolo fondamentale nella vita dei nativi nel segno.
Il nativo dei Gemelli cerca nel partner le qualità che gli mancano. L'uomo del segno ha bisogno di stabilire un contatto intellettuale e, pertanto, cerca una donna che possa capire i suoi discorsi e seguire i suoi interessi.
La donna dei Gemelli è incerta e irrequieta; la sua paura di non piacere, di essere poco simpatica la spinge a provare il bisogno di sentirsi ammirata e desiderata.
I nativi del segno tendono a vivere l'amore in modo non passionale ma razionale, preferendogli comunque l'amicizia.
Avviato un rapporto, possono diventare fantasiosi ed entusiasti; ma non lasciano invadere la loro vita intima.

Le unioni favorevoli sono:

- GEMELLI – LEONE (segno di Fuoco): passione comune per la vita sociale. Allegria e soddisfazione nell'intimità.
- GEMELLI – SAGITTARIO (segno di Fuoco): forte attrazione. Amore comune per il gioco e i viaggi.
- GEMELLI – CAPRICORNO (segno di Terra): li accomuna il senso dell'umorismo.

GEMELLI E SALUTE

La vitalità dei Gemelli è data dalle energie e dalle tensioni nervose. Stimolati dalla curiosità e dall'interesse per le novità, si mantengono in continuo movimento, senza raggiungere una condizione di sicura quiete. Questo provoca nell'organismo degli scompensi che portano spesso alla depressione.
La zona del corpo governata, secondo l'astrologia, dai Gemelli è quella che comprende il torace, le spalle e le braccia. Marte, in aspetto negativo nel segno, provoca infiammazioni polmonari e alle vie respiratorie. La Luna, dissonante in Gemelli, o nella terza Casa, indica malattie bronchiali. Per evitare ulteriori complicazioni, se si dovessero presentare questi problemi, si consiglia di evitare il fumo, di fare molto esercizio fisico e di rafforzare i muscoli pettorali attraverso una corretta respirazione e mediante la ginnastica.

SIGNIFICATO DEI PIANETI IN GEMELLI

- SOLE: disinvoltura e umorismo.
- LUNA: versatilità, giovinezza di spirito, distacco emotivo.
- MERCURIO: intelligenza brillante, dialettica persuasiva. Abilità manuale.
- VENERE: vita sentimentale animata e senso estetico sviluppato.
- MARTE: tendenza ad aggirare gli ostacoli e spirito polemico.
- GIOVE: diplomazia, successo in attività intellettuali.
- SATURNO: mentalità scientifica. Spesso indica immaturità e poca spontaneità.
- URANO: inventiva, predisposizione alle discipline psicologiche.
- NETTUNO: ricerca della spiritualità. Mancanza di senso pratico.
- PLUTONE: accentua le caratteristiche del pianeta Marte.

GEMELLI ASCENDENTE IN:

- **ARIETE, LEONE o SAGITTARIO**, segni di Fuoco: esuberanza ed esibizionismo.
- **CANCRO, SCORPIONE o PESCI**, segni d'Acqua: conflitto tra sentimenti e ragione; l'emotività offusca la lucidità delle percezioni e impedisce una critica costruttiva.
- **TORO, VERGINE o CAPRICORNO**, segni di Terra: ordine, costanza ed equilibrio positivi per il lavoro e la vita affettiva.
- **GEMELLI, BILANCIA o ACQUARIO**, segni d'Aria: tendenza a soffocare le emozioni e i sentimenti.

MITO E LEGGENDA

La storia antica presenta una ricca mitologia relativa ai Gemelli. La più conosciuta si riferisce a Castore e Polluce, che dividono tra loro la vita terrena e la vita spirituale, separati e legati al tempo stesso. Nel Messico e presso gli Indiani Pueblo, i gemelli sono eroi e dei del mattino e della sera; essi aprono la strada all'umanità quando questa compare sulla Terra.

CANCRO

Il simbolo grafico (♋) del Cancro raffigura le chele del granchio, animale legato ai miti della siccità e della Luna. L'immagine del simbolo ricorda l'incontro di due germi vitali, oppure l'uovo, simbolo del processo di gestazione.

CARATTERI ASTROLOGICI	
Percorso del Sole:	22 giugno – 23 luglio
Posizione in gradi:	da 90° a 120°
Genere:	femminile
Natura:	cardinale
Elemento:	Acqua
Signore del segno:	Luna
Pianeta in esaltazione:	Giove
Pianeta in esilio:	Saturno
Pianeta in caduta:	Marte
Giorno:	lunedì
Colore:	bianco e verde
Gemma:	pietra di luna
Metallo:	argento
Animale:	cicogna
Pianta e profumo:	mughetto
Caratteristica:	passività

ANALISI DEL SEGNO

L'inizio del segno coincide con il giorno più lungo dell'anno, dopo di che ci s'incammina verso l'autunno e l'inverno. Per questo motivo il nativo del Cancro si rifugia nel ricordo, nel suo mondo di sogni, di fantasie.

I tipi Cancro sono generosi e capaci di offrire una profonda comprensione a chi riesce a far vibrare le corde della loro sensibilità. Sono anche egocentrici e tendono a enfatizzare ogni loro esperienza di vita. Le discussioni e la critica li stancano molto. Sono più legati alla tradizione che al futuro e questo indebolisce la loro combattività; amano i divertimenti e la vita sociale. Sotto l'apparenza instabile si cela la

fermezza di idee che fa loro disapprovare gli improvvisi cambiamenti. La loro lealtà verso la famiglia e gli amici è costante, ma non abbastanza salda da resistere a un torto o a un'offesa. A causa del loro carattere introverso, i soggetti Cancro appaiono diversi da ciò che sono in realtà, pertanto sono spesso incompresi e poco apprezzati. In realtà la loro introversione non è dovuta solo a timidezza, ma anche a un'alta considerazione di sé. Il Cancro tende ad accumulare beni materiali per la sua sicurezza. È amante del lusso e dei viaggi.
Il vero regno dei nativi cancerini è il sentimento.

CANCRO E INFANZIA

I bambini del segno sono tra i soggetti più sensibili dello zodiaco; il loro carattere è influenzato dalla Luna, pertanto essi sono legati alla figura materna. Appartengono a un segno femminile romantico e sognatore. Hanno bisogno di essere circondati da calore e affetto, perciò i genitori e gli educatori devono evitare atteggiamenti di derisione e di severità. Questi soggetti devono invece essere incoraggiati e aiutati a conquistare piena fiducia in se stessi.
I bimbi Cancro, grazie a una buona memoria, sanno affrontare le difficoltà scolastiche, ma devono essere indotti a combattere la pigrizia e la lentezza. Mostrano attitudine per la musica e la danza, manifestazioni artistiche attraverso le quali essi possono conoscere meglio la propria personalità.

CANCRO E LAVORO

L'amore per la casa, per il passato e per la storia fa sì che tra i cancerini si incontrino spesso degli arredatori di successo, degli archeologi, degli artigiani precisi, dei bravi insegnanti, assistenti e ginecologi. I successi sono possibili nelle professioni in cui l'immaginazione e la soggettività hanno un ruolo importante.
Grazie all'influsso della Luna, Signora del segno, alla donna Cancro, madre ideale, sono adatte le professioni di pediatra, ostetrica e insegnante.

CANCRO E AMORE

L'amore, molto importante per i cancerini, è da loro vissuto in modo romantico e abbellito da sogni, sguardi e passeggiate al chiaro di luna.
Il nativo del Cancro tende a ricreare con la donna amata il rapporto con la madre; è, dunque, piuttosto passivo in amore, sensibile, emotivo e dipendente. La nativa cancerina offre al suo compagno tutta la dolcezza e la tenerezza, sa essere passionale, ma diventa possessiva per proteggere e difendere la sua famiglia. È un'eccellente madre.

L'unione favorevole è:

Cancro – Bilancia (segno d'Aria): la loro unione rende il rapporto equilibrato e duraturo.

CANCRO E SALUTE

L'astrologia tradizionale associa al segno del Cancro la zona del corpo relativa alla fascia addominale. Altri organi delicati sono l'utero, il seno, per le donne, e lo stomaco per entrambi i sessi. I soggetti cancerini si dovranno difendere dalle malattie legate a queste zone del corpo, in particolar modo se Saturno è in dissonanza nel segno.

SIGNIFICATO DEI PIANETI IN CANCRO

- **SOLE:** buona memoria e capacità di immedesimazione nei vari ruoli della vita.
- **LUNA:** amore per la vita domestica e familiare. Sviluppata intuizione.
- **MERCURIO:** notevole fantasia e memoria, ma poco senso pratico.
- **VENERE:** imprevedibilità negli stati d'animo. Attaccamento alle tradizioni familiari. Ricerca di protezione.
- **MARTE:** incupimento e rabbia. Difficoltà di convivenza in famiglia. Tenacia.
- **GIOVE:** controllo dell'emotività e disciplina. Generosità, gentilezza e ospitalità.
- **SATURNO:** tendenza all'isolamento. Introversione, vulnerabilità affettiva.
- **URANO:** allontanamento da casa. Arredamento stravagante della casa. Nervosismo.
- **NETTUNO:** immaginazione e sensibilità esaltate. Senso materno esteso alla vita sociale.
- **PLUTONE:** crisi familiare, rinnovamento delle condizioni di vita. Lotta contro l'ambiente.

CANCRO ASCENDENTE IN:

- **ARIETE, LEONE o SAGITTARIO**, segni di Fuoco: affermazione dei propri ideali perseguita con la dolcezza unita alla decisione. Testardaggine.
- **CANCRO, SCORPIONE o PESCI**, segni d'Acqua: percezioni e sensazioni ampliate. Questi soggetti faranno bene a frenare l'immaginazione e la fantasia, che galoppano.
- **TORO, VERGINE o CAPRICORNO**, segni di Terra: la vita è finalizzata al raggiungimento di obiettivi materiali e concreti.
- **GEMELLI, BILANCIA o ACQUARIO**, segni d'Aria: ampliamento degli interessi. Apertura mentale e disponibilità nei contatti sociali.

MITO E LEGGENDA

Al segno del Cancro si associano i miti relativi all'animale che lo rappresenta, il granchio. Secondo un mito degli Andamanesi (popolo che vive in un arcipelago del golfo del Bengala), il primo uomo, affogato in un'insenatura, si trasforma in animale acquatico e fa rovesciare la barca della moglie che lo cerca. Annega anch'ella e diventa un granchio. Perciò simbolicamente l'animale rappresenta la forza che genera la vita, poiché quest'ultima nasce dal ventre della donna.

LEONE

Il simbolo grafico (♌) del segno raffigura in modo stilizzato la coda del leone, il re degli animali che rappresenta la forza e la potenza.

CARATTERI ASTROLOGICI

Percorso del Sole:	23 luglio - 23 agosto
Posizione in gradi:	da 120° a 150°
Genere:	maschile
Natura:	fisso
Elemento:	Fuoco
Signore del segno:	Sole
Pianeta in esaltazione:	Nettuno
Pianeta in esilio:	Saturno e Urano
Pianeta in caduta:	nessuno
Giorno:	domenica
Colore:	giallo
Gemma:	ambra
Metallo:	oro
Animale:	leone
Pianta e profumo:	arancio
Caratteristica:	vitalità

ANALISI DEL SEGNO

Il segno del Leone coincide con il momento di massimo splendore dell'estate, quando i frutti maturano e il caldo è al suo apice. Pertanto si afferma che il Leone è segno di maturità, in quanto rappresenta il periodo in cui l'uomo raccoglie i frutti del suo operato. I nativi leonini sono soggetti esuberanti, dotati di una forte personalità e dell'istintiva autorità del capo. Sono ricchi di ambizione e tendono all'idealismo per influsso del Signore del segno, il Sole. Esaltando troppo queste due caratteristiche il Leone può diventare prepotente e presuntuoso. I nativi del segno sono brillanti, pronti a offrire i loro talenti e i loro doni, tra cui la bontà e la fiducia. Il Leone è protagonista della vita, non sopporta la mediocrità e vive male le sconfitte.

LEONE E INFANZIA

Il nativo leonino è un bimbo piacevole, gioioso e sorridente. Cerca sempre d'imporre la sua volontà ai compagni di gioco, ma è pronto ad aiutare chi è in difficoltà. Ha bisogno che si creda in lui, perciò lealtà, fiducia e chiarezza sono i mezzi che i genitori devono adottare per la sua educazione. A scuola cerca di primeggiare e ci riesce facilmente. Prova un vivo interesse per le attività manuali.

LEONE E LAVORO

L'ambiente di lavoro per il Leone è un palcoscenico dove egli afferma la propria personalità; amando il prestigio, naturalmente, si distingue dagli altri e mette a frutto tutte le sue capacità e i suoi talenti, con l'ambizione che questi siano riconosciuti. Gli si addicono tutte le attività che richiedono senso organizzativo, predisposizione ai contatti. Il Leone è molto eloquente. Può riuscire in qualsiasi campo, grazie all'innata capacità di volgere ogni situazione a proprio vantaggio e purché ci sia la possibilità di carriera. Gli uomini e le donne del Leone possono diventare ottimi medici o infermieri, e bravi politici.

LEONE E AMORE

La passionalità e la generosità sono elementi predominanti nella vita sentimentale del segno Leone; a volte l'egocentrismo e la vanità rovinano i rapporti. Il Leone tende a dominare il partner e sceglie, come compagni di vita, persone in grado di gratificare il suo bisogno di prestigio nella società. Si circonda di amici importanti. Non sopporta la slealtà e, se è ferito nell'amore, diventa aggressivo e violento.

Le unioni favorevoli sono:

- LEONE – CAPRICORNO (segno di Terra): è l'unico segno in grado di soggiogare il Leone.
- LEONE – BILANCIA (segno d'Aria): rapporto duraturo ed equilibrato.
- LEONE – TORO (segno di Terra): il Leone è attratto dalla concretezza del Toro. Si compensano bene e possono aspirare a un'unione solida.
- LEONE – PESCI (segno d'Acqua): il Leone è attratto dalla tenerezza e dal romanticismo del Pesci.

LEONE E SALUTE

L'astrologia tradizionale assegna al Leone, segno governato dal Sole, l'influsso sul cuore e sui vasi arteriosi e venosi. Il Sole è il centro vitale della natura, così come lo sono il cuore e il sangue per gli esseri umani e animali. I nativi leonini fanno del loro corpo uno strumento che deve obbedire alla volontà. Astrologicamente si afferma che il nativo del Leone ha predisposizione per le malattie coronarie se nel segno vi è la presenza di pianeti in aspetto negativo. Per esempio, se Giove è congiunto al

Sole ci può essere una predisposizione all'arteriosclerosi. Marte e Saturno, in dissonanza, possono segnalare dei problemi al cuore.

SIGNIFICATO DEI PIANETI IN LEONE

- SOLE: orgoglio e ambizione. Sincerità e generosità.
- LUNA: esteriorità. Ampiezza di vedute. Senso estetico.
- MERCURIO: capacità di sintesi. Immaginazione fervida. Conversazione brillante.
- VENERE: egocentrismo in amore. Possessività e gelosia.
- MARTE: fierezza. Magnetismo e attrazione fisica.
- GIOVE: amore per le cerimonie. Manie di grandezza. Superbia.
- SATURNO: desiderio di potere. Rispetto di se stessi. Senso di responsabilità.
- URANO: entusiasmo innovatore. Ricerca di esperienze vivificanti. Libertà di pensiero.
- NETTUNO: idealizzazione dei sentimenti e della bellezza.
- PLUTONE: affermazione di sé. Esaltazione della libertà.

LEONE ASCENDENTE IN:

- **ARIETE, LEONE o SAGITTARIO**, segni di Fuoco: alta opinione di se stessi.
- **CANCRO, SCORPIONE o PESCI**, segni d'Acqua: tendenza a soffocare le proprie capacità o ad affermarle in modo strano.
- **TORO, VERGINE o CAPRICORNO**, segni di Terra: attenzione al raggiungimento di obiettivi materiali e concreti.
- **GEMELLI, BILANCIA o ACQUARIO**, segni d'Aria: intelligenza e ironia. Applicazione attenta dei propri talenti.

MITO E LEGGENDA

Il leone è un animale che si ritrova in molte antiche religioni e mitologie. Esso rappresenta simbolicamente la potenza, la sovranità, il Sole; pertanto è un'incarnazione del dio, della forza solare e della superiorità dell'eroe. Tra i miti si ricorda il Cavaliere del leone, un racconto che fa parte della leggenda di re Artù. È l'unico racconto celtico che menziona il leone come emblema della classe guerriera, che solitamente era rappresentata dall'orso. La tradizione islamica e quella cristiana utilizzano spesso la figura del leone in chiave allegorica.

VERGINE

Il simbolo grafico (♍) della Vergine raffigura la lettera M, che presso molte tradizioni antiche è una lettera sacra legata al concetto di mare. Simbolicamente si associa il mare alla figura femminile, alla fonte della vita, alla madre.

CARATTERI ASTROLOGICI

Percorso del Sole:	23 agosto - 23 settembre
Posizione in gradi:	da 150° a 180°
Genere:	femminile
Natura:	mobile
Elemento:	Terra
Signore del segno:	Mercurio
Pianeta in esaltazione:	Mercurio
Pianeta in esilio:	Giove e Nettuno
Pianeta in caduta:	Venere
Giorno:	mercoledì
Colore:	blu intenso
Gemma:	zaffiro
Metallo:	alluminio
Animale:	pappagallo
Pianta e profumo:	gelsomino
Caratteristica:	differenziazione

ANALISI DEL SEGNO

Fra i nati in questo segno si trovano alcune delle più interessanti e complesse personalità di tutto lo zodiaco. Il pianeta Mercurio infonde intelligenza, acutezza di percezione e un temperamento forte e risoluto la cui opera può essere diretta verso scopi di profonda umanità.

I nati della Vergine si muovono con molta attenzione e prudenza. Amano definire ogni aspetto della vita entro schemi logici. Analizzano i sentimenti e ogni azione della vita, imponendosi una severa disciplina. L'accentuato senso critico è positivo in quanto li salva dai rischi e dai colpi di testa; per un altro verso è negativo perché

frena la spontaneità e ostacola il compimento delle loro iniziative. Grazie allo spiccato senso critico e all'innata curiosità, il soggetto appartenente a questo segno sa analizzare le persone e gli eventi, ed è molto abile nel cercare le informazioni che gli servono, fino ad ottenere un quadro completo e preciso.
La sua sicurezza si basa sulla stabilità e sulla programmazione accurata. L'improvvisazione e il cambiamento inatteso scombussolano la sua vita e lo rendono indifeso. Non ha paura delle responsabilità e dei compiti gravosi. Attraverso il lavoro egli ricerca la sicurezza economica.
Il tipo Vergine si rivela altamente spirituale e la sua forza consiste nello sviluppato senso della realtà, prodotto dall'influenza di Urano.

VERGINE E INFANZIA

I bambini della Vergine sono introversi e difficilmente sanno manifestare con parole adatte ciò che provano.
Sono tendenzialmente timidi e riservati. Può, pertanto, nascere il pericolo d'introversione e di scarsa fiducia nelle proprie possibilità. Soffrono sia per le ingiustizie fatte a loro che ad altri. A scuola il nativo del segno teme la prova, l'esame, la competizione. È un bambino ordinato, curato, che ama la pulizia personale. Gli insegnanti e i genitori possono aiutare i figli Vergine, insegnando loro a dirigere e disciplinare le risorse intellettuali e a rafforzare la volontà. Può essere utile il contatto con la natura e la compagnia di un animale che il bambino curerà come se stesso.

VERGINE E LAVORO

Il lavoro è un dovere da svolgere con precisione e senso di responsabilità, ed è anche un servizio da rendere agli altri.
Anche nel lavoro, come nella vita, le note costanti del segno sono la discrezione, il pudore e l'acutezza intellettuale unita alla pazienza. Data l'abilità manuale di cui è dotato il soggetto Vergine, le professioni adatte sono: il massaggiatore, il chiroterapista e l'artigiano.
Mercurio, governatore del segno, lo influenza e lo rende sensibile ai problemi sociali e di lavoro, pertanto sono indicate le attività di sindacalista, di giornalista e di scrittore. La metodicità e la cura del particolare, proprie di questi soggetti, li predispongono alle professioni di contabile, di bibliotecario e di collezionista.

VERGINE E AMORE

La naturale riservatezza blocca gli slanci più spontanei di amore e alimenta incomprensioni da parte degli altri.
Ogni sentimento è analizzato, discusso e vissuto con dubbi e ansie. I soggetti Vergine hanno la necessità di legarsi a partner che sanno indagare nell'intimo e capire che la loro è solo una freddezza apparente. L'amore è celato nel profondo dell'essere ed è dimostrato attraverso la lealtà, la fedeltà, la condivisione della vita; purtroppo non si

può chiedere a un nativo della Vergine di manifestare l'amore con gesti, carezze e baci, data la sua naturale riservatezza. Rassicurato dalla tenerezza del compagno o della compagna, costruisce una vita concreta, serena, solo apparentemente statica.

Le unioni favorevoli sono:

- **VERGINE - VERGINE** (segno di Terra): è una coppia perfetta che ha stessi pregi e difetti.
- **VERGINE - CAPRICORNO** (segno di Terra): l'unione crea una meravigliosa comunione di spirito.
- **VERGINE - TORO** (segno di Terra): è un legame che dura nel tempo.

VERGINE E SALUTE

Al segno della Vergine, l'astrologia tradizionale fa corrispondere la regione dell'addome che comprende anche la milza e il pancreas e la relativa parte intestinale. C'è un'analogia tra le funzioni dell'intestino e quelle psicologiche del segno; i verginiani tendono ad analizzare, a selezionare e a sfruttare ogni elemento che si possa utilizzare, pertanto eliminano tutto ciò che è dannoso, ed è appunto questa l'analogia tra le due funzioni. L'insorgere di un problema intestinale può essere talvolta di tipo psicosomatico piuttosto che una malattia vera e propria. Per i nativi del segno è molto importante la posizione della Luna, che, se si trova in dissonanza, indica carenza di affetto materno e aspettative deluse.

SIGNIFICATO DEI PIANETI IN VERGINE

- **SOLE:** mente analitica. Furbizia che risolve situazioni complicate.
- **LUNA:** timidezza. Inibizioni. Difficoltà di inserimento in nuovi ambienti.
- **MERCURIO:** intelligenza critica. Razionalità. Idealismo pratico. Attenzione per i particolari.
- **VENERE:** inibizione nei rapporti sentimentali. Pudore. Dominio della ragione sul sentimento.
- **MARTE:** abilità manuale. Spirito critico e polemico.
- **GIOVE:** conflitto con se stessi. Disciplina. Capacità di dedizione.
- **SATURNO:** responsabilità nel lavoro. Introversione. Sensibilità controllata dalla logica.
- **URANO:** realizzazione concreta degli ideali. Ricchezza di risorse. Inclinazioni per le scienze applicate.
- **NETTUNO:** sfiducia in se stessi. Ingenuità. Disordine nella vita pratica.
- **PLUTONE:** forte razionalità.

VERGINE ASCENDENTE IN:

- **ARIETE, LEONE o SAGITTARIO**, segni di Fuoco: buona combinazione che porta al nativo della Vergine entusiasmo e calore umano.

- **CANCRO, SCORPIONE o PESCI**, segni d'Acqua: disponibilità a sperimentare nuove vie. Per mantenere saldi i rapporti con gli altri, usare la fantasia e l'intuizione.
- **TORO, VERGINE o CAPRICORNO**, segni di Terra: esaltazione dei pregi e dei difetti. Il soggetto Vergine, eccessivamente serio, grazie all'influsso di uno di questi segni, potrà mantenere vivo il rapporto con i familiari e gli amici mediante l'improvvisazione, il gioco, lo scherzo e la spontaneità.
- **GEMELLI, BILANCIA o ACQUARIO**, segni d'Aria: esaltazione dell'intelligenza e delle capacità critiche. È necessario dare più spazio alle emozioni e agli affetti.

MITO E LEGGENDA

Il mito più affine al segno è quello di Demetra, dea della fertilità, e di Persefone, sua unica figlia, che fu rapita da Ade e divenne regina degli Inferi, ottenendo però di trascorrere metà dell'anno sulla faccia della Terra. Un altro mito racconta che Demetra affidò a Trittolemo, figlio del re di Eleusi, una spiga di grano. Questi percorse tutto il mondo insegnando agli uomini l'agricoltura. L'analogia tra le due storie è evidente: sia Persefone che il seme del grano devono trascorrere i sei mesi invernali sotto la superficie terrestre, quindi salgono a godere la luce del Sole, che rappresenta allegoricamente la vita.
Il segno della Vergine è rappresentato dall'immagine di una giovane vergine che porta la spiga e il covone.

BILANCIA

Il simbolo grafico (♎) della Bilancia ricorda il geroglifico egiziano che indica l'equilibrio. La linea inferiore del simbolo rappresenta il contatto con la materia, mentre la parte superiore, rivolta verso l'alto, è il simbolo dell'elevazione dello spirito.

CARATTERI ASTROLOGICI	
Percorso del Sole:	23 settembre - 24 ottobre
Posizione in gradi:	180° a 210°
Genere:	maschile
Natura:	cardinale
Elemento:	Aria
Signore del segno:	Venere
Pianeta in esaltazione:	Saturno
Pianeta in esilio:	Marte
Pianeta in caduta:	Sole e Plutone
Giorno:	venerdì
Colore:	rosa
Gemma:	opale
Metallo:	rame
Animale:	usignolo
Pianta e profumo:	rosa
Caratteristica:	socievolezza

ANALISI DEL SEGNO

La Bilancia coincide con l'equinozio d'autunno che segna il confine fra una stagione calda e una fredda, tra l'estate e l'inverno. La sua caratteristica è dunque l'equilibrio. I nativi della Bilancia hanno un profondo senso della giustizia e nutrono rispetto per le esigenze e i diritti altrui. Saturno, il pianeta in esaltazione nel segno, dimostra che le verità sono molteplici e ognuno possiede la ragione e il torto in ogni sua azione. Venere, Signora del segno e pianeta dell'amore, richiede la disponibilità al confronto con gli altri e in particolar modo con il partner. Spesso, per non discu-

tere troppo, il tipo Bilancia tende a dipendere da personalità che si dimostrano più forti, ma solo quando crede alla validità del rapporto e riceve gli stimoli necessari a un'evoluzione personale. Generalmente è molto selettivo e ricerca la perfezione negli altri, usando diplomazia e gentilezza, sue qualità.
Il timore di sbagliare è uno dei difetti caratteristici della Bilancia. Il suo atteggiamento è sempre controllato da una mente che è "giudice" severo.

BILANCIA E INFANZIA

Sin dalla prima infanzia il bambino Bilancia sente l'esigenza di circondarsi di amici con cui giocare. Egli dimostra un buon senso estetico e dà grandi soddisfazioni ai genitori. Possiede una buona dialettica.
La presenza di Venere nel segno esalta la pigrizia che costituisce uno dei limiti più pericolosi per la formazione di un carattere saldo nell'età adulta. Per impartirgli una corretta educazione è necessario dimostrarsi rigorosi, ma anche pronti a dialogare, aiutandolo a scegliere gli amici più adatti.

BILANCIA E LAVORO

I nativi della Bilancia hanno un accentuato senso del dovere. Affrontano il lavoro con serietà e impegno fino a ottenere il riconoscimento da parte di colleghi e superiori. La qualità loro riconosciuta è la capacità di affrontare ogni problema con razionalità, cortesia e diplomazia. Le professioni per cui mostrano maggiori attitudini sono quelle giuridiche (avvocato, magistrato, cancelliere) e quelle che richiedono un sicuro gusto estetico (moda, spettacolo, arredamento).

BILANCIA E AMORE

I nativi della Bilancia realizzano la loro vera natura nell'amore e riescono a creare un rapporto ideale. Scelgono partner sensibili con i quali possono collaborare teneramente e intrecciare interessi comuni. Sono compagni comprensivi, creativi e fedeli, nonostante che mantengano i loro spazi privati e personali. A volte compiono scelte errate perché sono eccessivamente disponibili. Non si lasciano trascinare facilmente dalle emozioni, ma sono sensibili alla bellezza e ai canoni estetici. La donna Bilancia è una perfetta madre, tenera e comprensiva, capace di infondere, attraverso l'educazione, tutto l'amore e la dolcezza che a un figlio occorre per affrontare la vita nell'età adulta.

Le unioni favorevoli sono:

- BILANCIA – BILANCIA (segno d'Aria): rapporto molto equilibrato, grazie alla capacità di entrambi i partner di capirsi.
- BILANCIA – VERGINE, TORO E CAPRICORNO (segni di Terra): unione favorevole e duratura grazie al comune rispetto dei vincoli familiari.
- BILANCIA – CANCRO (segno d'Acqua): condivisione della dolcezza, attaccamento ai valori tradizionali.

BILANCIA E SALUTE

Alla Bilancia l'astrologia tradizionale abbina l'apparato renale, le ghiandole surrenali e la zona lombare. L'affinità è evidente, se si pensa che queste ghiandole e i reni svolgono nel corpo umano una funzione purificatrice, mentre la purezza è la caratteristica più tipica dei nati sotto questo segno.

SIGNIFICATO DEI PIANETI IN BILANCIA

- SOLE: amore per la bellezza, per l'eleganza e l'armonia.
- LUNA: socievolezza. Vita mondana. Obiettività.
- MERCURIO: apertura mentale. Cura per la forma. Varietà d'interessi.
- VENERE: raffinatezza. Vanità. Fortuna in amore. Incostanza.
- MARTE: limitazione e ristrettezza di vedute.
- GIOVE: interesse verso il prossimo. Elevazione attraverso le unioni sentimentali.
- SATURNO: chiarezza mentale. Posizioni sociali di prestigio. Solitudine.
- URANO: rifiuto delle convenzioni. Atteggiamenti originali.
- NETTUNO: esaltazione dei sentimenti. Ispirazione artistica. Senso di responsabilità.
- PLUTONE: cambiamenti che portano abbattimento e tristezza.

BILANCIA ASCENDENTE IN:

- ARIETE, LEONE o SAGITTARIO, segni di Fuoco: generosità e compassione nei confronti di chi sbaglia. Occorre evitare il fanatismo ideologico.
- CANCRO, SCORPIONE o PESCI, segni d'Acqua: grande sensibilità e amore per il prossimo. Intelligenza e sensibilità consentiranno una veloce crescita interiore.
- TORO, VERGINE o CAPRICORNO, segni di Terra: riflessività e consapevolezza. Particolare attenzione va posta alla famiglia. È bene dare più spazio, nella vita di coppia, al gioco e allo scherzo.
- GEMELLI, BILANCIA o ACQUARIO, segni d'Aria: alte capacità intellettuali. Necessità di manifestare con più slancio i moti del cuore.

MITO E LEGGENDA

La bilancia, simbolicamente, rappresenta la giustizia, la misura e l'equilibrio. Molte sono le leggende che narrano questa simbologia. Per i Greci, la bilancia è lo strumento divino per pesare il destino degli uomini.

SCORPIONE

Il simbolo grafico (♏) dello Scorpione raffigura le chele e la coda velenosa dell'animale, che è legato simbolicamente alla morte e all'oscurità. Evoca la natura in agonia, in attesa della rinascita.

CARATTERI ASTROLOGICI

Percorso del Sole:	24 ottobre - 23 novembre
Posizione in gradi:	da 210° a 240°
Genere:	femminile
Natura:	fisso
Elemento:	Acqua
Signore del segno:	Marte
Pianeta in esaltazione:	Urano
Pianeta in esilio:	Venere
Pianeta in caduta:	Luna
Giorno:	martedì
Colore:	rosso scuro
Gemma:	rubino
Metallo:	ferro
Animale:	lupo
Pianta e profumo:	biancospino
Caratteristica:	trasformazione

ANALISI DEL SEGNO

I nativi del segno sono consapevoli di possedere un forte istinto; hanno la capacità di combattere sempre e di non arrendersi di fronte agli ostacoli, riuscendo a risorgere anche se subiscono pesanti sconfitte. Lo Scorpione ha un'intelligenza lucida e penetrante.

Esercita una forte attrazione sulle persone che lo circondano. È un ambizioso che non ammette critiche al suo operato né intromissioni nella sua vita privata. Per crescere, deve trovare continue occasioni di contatto attraverso le esperienze, ma la tensione costante per raggiungere quest'obiettivo spesso diventa un'arma che distrugge ciò che egli ha conquistato con fatica.

SCORPIONE E INFANZIA

I nativi dello Scorpione sono bambini intelligenti e testardi, difficili da educare. Essi non sono disposti a credere a nulla che non sia stato dimostrato in maniera inoppugnabile.
Nell'educazione, i genitori devono incanalare gli impulsi del bimbo indirizzandolo ad attività agonistiche che gli permettano di esprimere e di scaricare la forte tensione nervosa. È bene che egli sia messo sempre in guardia sui pericoli che l'amore per il rischio comporta.

SCORPIONE E LAVORO

Nel lavoro, come negli altri settori della vita, lo Scorpione ha bisogno di forti stimoli, di rischio, per vivere tutto come una sfida continua e per esprimere le potenzialità energetiche di cui è dotato. Sono adatte tutte le attività legate alla ricerca, alla trasformazione, al recupero.
Adatte ai nativi del segno sono la professione medica, chirurgica, biologica e la ricerca archeologica e geologica. Lo Scorpione può anche fare lo psicologo o l'investigatore.

SCORPIONE E AMORE

Per la natura appassionata ed estremista dei nativi del segno, l'amore è il terreno ideale per esprimere le capacità seduttive e il magnetismo di cui sono dotati.
Questo sentimento può essere la loro forza ispiratrice, ma anche un piccolo inferno. Una volta conquistata la persona amata, lo Scorpione si lascia andare alle emozioni, agli impulsi e alle passioni e pretende lo stesso atteggiamento da parte del partner.

Le unioni favorevoli sono:

- **SCORPIONE – LEONE** (segno di Fuoco): è un'unione favorevole che permette di fare grandi progetti e realizzarli.
- **SCORPIONE – TORO** (segno di Terra): è un incontro giusto, caratterizzato da una forte attrazione fisica, che necessita di un lavoro paziente affinché i due partner consolidino il loro rapporto.

SCORPIONE E SALUTE

L'astrologia tradizionale attribuisce a questo segno la capacità di influire sugli organi genitali interni ed esterni.
Pertanto l'attenzione va posta a questi organi, cautelandosi contro i disturbi legati alla sfera sessuale e contro le intossicazioni.

SIGNIFICATO DEI PIANETI IN SCORPIONE

- SOLE: volontà molto forte. Fiducia, calma e attenzione.
- LUNA: diffidenza. Tendenza alla gelosia e alla vendetta.
- MERCURIO: mente penetrante e intollerante. Astuzia.
- VENERE: vita sessuale complessa. Inibizione.
- MARTE: coraggio. Determinazione e intransigenza.
- GIOVE: creatività. Volontà di potere.
- SATURNO: perfezionismo nel lavoro. Rigida disciplina.
- URANO: genialità. Spirito ribelle.
- NETTUNO: inquietudine. Attrazione per l'occulto.
- PLUTONE: trasformazione e rigenerazione.

SCORPIONE ASCENDENTE IN:

- **ARIETE, LEONE o SAGITTARIO**, segni di Fuoco: rendono i nativi dello Scorpione più aperti, meno vendicativi, e permettono loro di mettere in luce disponibilità e generosità.
- **CANCRO, SCORPIONE o PESCI**, segni d'Acqua: producono una forte eccitazione nella fantasia e un maggior gusto per il rischio; ma è necessario moderare le sensazioni e vagliare attentamente le intuizioni.
- **TORO, VERGINE o CAPRICORNO**, segni di Terra: portano più razionalità e permettono d'esprimere al meglio le capacità intuitive con cui realizzare i progetti.
- **GEMELLI, BILANCIA o ACQUARIO**, segni d'Aria: regalano intelligenza e ironia.

MITO E LEGGENDA

Lo scorpione è raffigurato in molti miti incentrati su storie di morte e di resurrezione, di sacrificio e di purificazione. La leggenda che descrive più efficacemente le caratteristiche dello Scorpione è quella di Orfeo ed Euridice, al centro della quale vi è la discesa nel mondo degli Inferi. Grazie alla magia della musica, Orfeo riuscì a ottenere dagli dei infernali la liberazione di Euridice, uccisa da un serpente mentre fuggiva dalle insidie di Aristeo.

L'amata sarebbe stata liberata a una condizione: Orfeo doveva evitare di guardarla fino a quando entrambi fossero nelle tenebre; ma egli non rispettò il patto e si voltò a guardarla perdendola per sempre.

Nella leggenda Orfeo si rivela come il seduttore che ammalia, ma poi fallisce per l'incapacità di superare la propria vanità e curiosità.

SAGITTARIO

Il simbolo grafico (♐) del Sagittario è la freccia, che rappresenta l'ascesa verso l'alto, e il superamento delle condizioni normali in cui vive l'essere umano.

CARATTERI ASTROLOGICI	
Percorso del Sole:	23 novembre - 22 dicembre
Posizione in gradi:	da 240° a 270°
Genere:	maschile
Natura:	mobile
Elemento:	Fuoco
Signore del segno:	Giove
Pianeta in esaltazione:	nessuno
Pianeta in esilio:	Mercurio
Pianeta in caduta:	nessuno
Giorno:	giovedì
Colore:	porpora
Gemma:	ametista
Metallo:	stagno
Animale:	cavallo
Pianta e profumo:	pino
Caratteristica:	dualità tra istinti e aspirazioni superiori

ANALISI DEL SEGNO

I nativi del Sagittario hanno una natura socievole, generosa e spontanea. Sono alla continua ricerca di mete appaganti, e di nuove esperienze che stimolino la loro creatività e il piacere di vivere. Credono nei loro ideali e seguono una linea di condotta coerente. Sanno elargire calore e vivacità intorno a sé.
Per i nati del segno sono importanti l'onestà e la verità. Giove li aiuta a essere ottimisti e a godere i piaceri della vita; Nettuno permette loro di approfondire la conoscenza di sé. Unendo gli influssi di Giove e di Nettuno, il Sagittario potrà perseguire la sua crescita interiore senza rinunciare ai piaceri della vita.

SAGITTARIO E INFANZIA

Il nativo del segno è un bimbo vivace, simpatico, pieno di vita, sprezzante del pericolo e amante della libertà. I genitori devono aiutarlo a controllare il suo dispendio d'energia, indirizzandolo verso le attività sportive a lui congeniali. Gli sport più adatti sono il tennis e l'equitazione.

SAGITTARIO E LAVORO

Il lavoro per i nativi del segno è un palcoscenico adatto a misurare la propria personalità. L'esuberanza, il dinamismo, l'intraprendenza e la cordialità sono le doti essenziali che il Sagittario mette in luce nel lavoro e sono, pure, un mezzo per raggiungere quella posizione di prestigio alla quale egli tiene particolarmente.
Le professioni a lui idonee sono quelle che hanno un'attinenza con i viaggi e gli spostamenti anche in località lontane dal luogo d'origine; egli potrà fare il pilota d'aereo, l'ambasciatore, l'interprete. Il Sagittario, inoltre, è attratto dal mondo dello sport, principalmente dall'equitazione.

SAGITTARIO E AMORE

Entusiasmo, lealtà, franchezza e spontaneità sono doti che aiutano il Sagittario nella vita sentimentale. Comunica con immediatezza i suoi slanci e trasmette sicurezza al partner del quale conquista la fiducia. La sua tendenza a concedere fiducia agli altri può portare delusioni quando le attese non sono appagate; ma il Sagittario non si deprime e ricerca nuovi incontri.
La sessualità si esprime nei nativi del segno con gioiosa vitalità.

Le unioni favorevoli sono:

- SAGITTARIO – TORO, VERGINE E CAPRICORNO (segni di Terra): essi riescono a incanalare le energie dei nativi del segno verso mete concrete, realistiche e realizzabili.
- SAGITTARIO – GEMELLI (segno d'Aria): forte attrazione.

SAGITTARIO E SALUTE

L'astrologia tradizionale abbina al Sagittario l'apparato muscolare dell'uomo e il fegato. Punti delicati sono anche le gambe e le caviglie, che possono essere soggette a distorsioni e fratture. Spesso il Sagittario si trascura nell'alimentazione appesantendo il fisico e procurando problemi al fegato.

SIGNIFICATO DEI PIANETI IN SAGITTARIO

- SOLE: ottimismo. Fiducia e indipendenza.
- LUNA: spiritualità e idealismo. Desiderio di conoscenza e di esperienze nuove.
- MERCURIO: capacità espressive. Fantasia. Tolleranza. Rispetto delle convenzioni.

- **VENERE:** instabilità affettiva. Avventure e idealismo in amore.
- **MARTE:** spirito combattivo e impulsivo. Entusiasmo.
- **GIOVE:** senso paterno. Protezione. Conformismo.
- **SATURNO:** moralismo intollerante. Ambizione e fermezza di opinioni.
- **URANO:** ampiezza di vedute. Interesse per problemi di rilevanza mondiale.
- **NETTUNO:** ideali religiosi, misticismo.
- **PLUTONE:** esalta le qualità di Marte.

SAGITTARIO ASCENDENTE IN:

- **ARIETE, LEONE o SAGITTARIO,** segni di Fuoco: eccessiva presunzione; è necessario, per il Sagittario, ascoltare di più ciò che gli altri hanno da dire.
- **CANCRO, SCORPIONE o PESCI,** segni d'Acqua: portano malinconia che può frenare la gioia di vivere. Bisogna avere più fiducia in se stessi.
- **TORO, VERGINE o CAPRICORNO,** segni di Terra: aiutano il Sagittario a essere più cauto e prudente.
- **GEMELLI, BILANCIA o ACQUARIO,** segni d'Aria: stimolano lo spirito critico del nativo del segno e aumentano la sua capacità di comprendere di più gli altri.

MITO E LEGGENDA

Il Sagittario simboleggia la duplice natura dell'uomo, l'una spirituale e l'altra materiale, e indica il conflitto tra l'anima e l'istinto.
La simbologia del segno (la freccia) si rivela nel mito dei Centauri, esseri dalla doppia natura umana e animale. I più celebri fra loro, Chirone e Nesso, furono entrambi vittime di una freccia.
Chirone, figlio di Crono e della ninfa Filira, volle rinunciare alla sua immortalità per sfuggire ai dolori provocatigli dalla freccia avvelenata con cui l'amico Eracle lo aveva involontariamente colpito. Nesso, figlio di Issione e di Nefele, fu a sua volta ucciso da una freccia lanciatagli da Eracle, che lo volle punire per avergli insidiato la moglie, Deianira.

CAPRICORNO

Il simbolo grafico (♑) del Capricorno raffigura le corna del mitico animale, che ha il corpo di una capra e la coda del delfino. La figura simbolica rivela la natura ambivalente del tipo Capricorno. La capra è simbolo di ascetismo, mentre l'animale acquatico rappresenta il contatto con il divino.

CARATTERI ASTROLOGICI

Percorso del Sole:	22 dicembre – 21 gennaio
Posizione in gradi:	da 270° a 300°
Genere:	femminile
Natura:	Cardinale
Elemento:	Terra
Signore del segno:	Saturno
Pianeta in esaltazione:	Marte
Pianeta in esilio:	Luna e Plutone
Pianeta in caduta:	Giove
Giorno:	sabato
Colore:	bianco e nero
Gemma:	opale nero
Metallo:	argento
Animale:	orso
Pianta:	frassino
Profumo:	con fragranze floreali
Caratteristica:	elevazione

ANALISI DEL SEGNO

La personalità del Capricorno, influenzata da Saturno, Signore del segno, è caratterizzata dalla capacità del soggetto di accettare il destino e di rinunciare a certi aspetti della vita, per raggiungere la propria elevazione. Tenacia e fede gli permettono di superare gli ostacoli che incontra durante il suo percorso. Il Capricorno valuta le situazioni con una logica fredda e non mette in pericolo la sicurezza con scelte impulsive e decisioni avventate. Egli sa di essere fragile emotivamente, anche se appare distaccato e freddo, e si difende agendo secondo le regole imposte dalla logica. Si sente tranquillo solo quando raggiunge una sicurezza economica che gli permette di realizzare i propri ideali. I suoi successi sono frutto di una paziente tessitura di sforzi personali. L'eccessivo autocontrollo diventa per i nativi del Capricorno una debolezza.

CAPRICORNO E INFANZIA

Questo soggetto ha necessità di maggiori attenzioni. L'apparente lentezza nell'apprendere è semplicemente una necessità di maturare l'insegnamento ricevuto e di non più dimenticarlo. Nello studio egli applica la sua mentalità metodica, razionale ed è in grado di conquistarsi la stima di insegnanti e compagni di studi. Possiede una forte indipendenza di carattere.
Per favorire la serenità dei giovani nati sotto questo segno sono necessari un ambiente sano e allegro e un'attività sportiva che li abitui al contatto con gli altri ragazzi.

CAPRICORNO E LAVORO

Per il Capricorno, il lavoro è impegno, razionalità e organizzazione. Egli tende a gestire autonomamente il lavoro, senza dover rendere conto ad alcuno, ed è un severo giudice di se stesso. Non ammette disordine, irresponsabilità e stupidità.
Il Capricorno non ha paura del sacrificio e della fatica necessari per raggiungere gli obiettivi. Le professioni adatte ai nativi del segno sono quelle che riguardano la gestione e l'organizzazione aziendale, la ricerca scientifica, la politica, il commercio d'arte e la medicina.

CAPRICORNO E AMORE

I sentimenti sono vissuti con molta serietà. Il Capricorno è diffidente e teme l'amore per paura di coinvolgersi troppo emotivamente e di essere ferito da eventuali delusioni. L'uomo del segno programma le proprie esperienze sentimentali e arriva all'amore con molta lentezza; ha sempre un atteggiamento serio. La donna del Capricorno mantiene sempre il massimo controllo di sé, e cerca di reprimere i propri istinti. Nel matrimonio essa ricerca la sicurezza.
Per i nativi del segno il sesso è un'esigenza fondamentale; nella loro mente separano nettamente la sessualità dalla sfera emotiva, considerandole due cose diverse.

Le unioni favorevoli sono:

- CAPRICORNO – VERGINE (segno di Terra): l'intelligenza della Vergine si unisce all'ambizione del Capricorno e rende il rapporto duraturo.
- CAPRICORNO – TORO (segno di Terra): punto d'unione sono la fedeltà e la ricerca del benessere materiale.
- CAPRICORNO – PESCI (segno d'Acqua): la dolcezza e la sensibilità dei Pesci riescono a catturare l'attenzione del Capricorno.

CAPRICORNO E SALUTE

Il segno del Capricorno governa le ossa e le ginocchia. Coloro che hanno, nel tema natale, Marte in dissonanza, sono soggetti a fratture o distorsioni; la Luna indica pericolo per i menischi e Giove per l'osteoporosi.

SIGNIFICATO DEI PIANETI IN CAPRICORNO

- SOLE: egocentrismo. Forte volontà. Capacità di aspettare a lungo per realizzare gli obiettivi.
- LUNA: natura taciturna e riflessiva.
- MERCURIO: capacità di concentrazione. Furbizia. Predisposizione alla matematica.
- VENERE: prevalenza della ragione sul sentimento. Unioni di convenienza.
- MARTE: senso di responsabilità. Orgoglio. Lotta per il benessere dei figli.
- GIOVE: spirito organizzativo. Giudizio equilibrato. Severità.
- SATURNO: perfezione e rettitudine morale.
- URANO: ostinazione e rifiuto dei cambiamenti.
- NETTUNO: imprevedibilità. Mancanza di senso pratico.
- PLUTONE: introversione accentuata. Senso politico.

CAPRICORNO ASCENDENTE IN:

- ARIETE, LEONE o SAGITTARIO, segni di Fuoco: accentuano la disponibilità verso gli altri. Imprudenza per eccessiva sicurezza di sé.
- CANCRO, SCORPIONE o PESCI, segni d'Acqua: rendono più sensibili alle emozioni e ai sentimenti.
- TORO, VERGINE o CAPRICORNO, segni di Terra: rafforzano la capacità di resistenza e la determinazione del nativo del segno.
- GEMELLI, BILANCIA o ACQUARIO, segni d'Aria: aiutano a usare l'intelligenza e a raggiungere qualsiasi obiettivo.

MITO E LEGGENDA

Il mito che si collega al segno del Capricorno è quello relativo a Saturno. La leggenda dice che il dio della seminagione, detronizzato dal figlio Giove, fosse approdato alle coste del Lazio, dove fu accolto da Giano. Per sdebitarsi dell'ospitalità, Saturno insegnò al popolo i segreti dell'agricoltura, portando così i Latini a un grado superiore di civiltà. Giano, per ricambiare il favore, divise il suo regno con Saturno. Fu questo l'inizio dell'età dell'oro, in cui gli uomini vissero in pace e in amore e il cui ricordo veniva celebrato in Roma con i "Saturnali".

ACQUARIO

Il simbolo grafico (♒) dell'Acquario, in astrologia, è un geroglifico egiziano che si riferisce all'acqua.
Nell'arte l'Acquario è rappresentato con l'immagine di un uomo che porta due anfore inclinate dalle quali scende verso la terra un fiotto d'acqua. È un'immagine che rappresenta simbolicamente i concetti di benedizione e protezione.

CARATTERI ASTROLOGICI	
Percorso del Sole:	21 gennaio - 19 febbraio
Posizione in gradi:	da 300° a 330°
Genere:	maschile
Natura:	fisso
Elemento:	Aria
Signore del segno:	Urano e Saturno
Pianeta in esaltazione:	nessuno
Pianeta in esilio:	Sole
Pianeta in caduta:	Nettuno
Giorno:	sabato
Colore:	blu
Gemma:	lapislazzuli
Metallo:	uranio
Animale:	pavone
Pianta:	edera
Profumo:	incenso
Caratteristica:	passaggio a stati superiori

ANALISI DEL SEGNO

I soggetti appartenenti al segno dell'Acquario possiedono una creatività e un'intelligenza particolari, ricca di curiosità e talvolta di una genialità limitata però da una tendenza all'astrattezza. Essi sono assorbiti dai loro ideali e dalle loro prospettive fino a perdersi in un eccessivo individualismo.

Si dedicano a missioni elevate e hanno a cuore il bene dell'umanità. Urano, Signore del segno e pianeta del progresso, influenza i tipi Acquario, rendendoli anticonformisti e amanti del libero pensiero, scevri da pregiudizi e moralismi. Saturno permette loro di agire con riservatezza.
Il nativo del segno ricerca la solitudine. Nel rapporto con amici, colleghi, parenti è mite, cortese e molto gentile. La sua amicizia è spontanea e libera, fondata su un rapporto di parità e sul rispetto di diritti e doveri.

ACQUARIO E INFANZIA

Il bambino dell'Acquario è di natura generosa, e possiede intuizioni a volte geniali. Ha talento e sensibilità; attratto dalle novità, ama viaggiare e conoscere luoghi e gente diversa.
I genitori o gli educatori hanno il compito di disciplinarne gli innumerevoli entusiasmi e di correggere il suo disordine e la sua dispersione; possono, inoltre, aiutarlo nell'approfondimento della conoscenza di se stesso, nella riflessione e nell'autocritica. I giochi preferiti dai nativi del segno sono quelli elettronici, meccanici (ad esempio il Meccano).

ACQUARIO E LAVORO

Coloro che appartengono al segno dell'Acquario possiedono una grande abilità manuale e mentale; ciò li spinge a scegliere attività inerenti al campo della tecnica (ingegneria elettronica, informatica ecc.) e dell'arte (in particolare la musica). Per il tipo Acquario il lavoro è sinonimo di libertà.

ACQUARIO E AMORE

I nativi dell'Acquario sono individui indipendenti, autonomi, poco inclini alle passioni. L'uomo è piuttosto distaccato dal punto di vista sentimentale, ha molti interessi in altri campi e quando ha una relazione si comporta da amico più che da amante. Prima di legarsi con la compagna pensa a lungo e studia tutte le qualità e i vantaggi che l'unione può offrirgli.
La donna Acquario non si concede mai totalmente all'uomo che ama e che si sposa; mantiene sempre uno spazio in cui seguire liberamente i suoi sogni.

Le unioni favorevoli sono:

- ACQUARIO – ACQUARIO (segno d'Aria): la comunanza dei bisogni e delle aspirazioni rende durature queste relazioni.
- ACQUARIO – GEMELLI (segno d'Aria): identità di interessi e comune desiderio di frequentare molti amici.
- ACQUARIO – SAGITTARIO (segno di Fuoco): l'unione è consigliabile perché entrambi provano il piacere dell'avventura.

- **ACQUARIO – CAPRICORNO** (segno di Terra): può esserci un rapporto chiaro e alla pari.
- **ACQUARIO – PESCI** (segno d'Acqua): sono uniti dall'originalità, dall'inventiva e dall'anticonformismo, elementi che caratterizzano entrambi i segni.

ACQUARIO E SALUTE

La tradizione attribuisce al segno la capacità di esercitare un'influenza sulle caviglie, sul sistema nervoso e sulla circolazione periferica. L'Acquario è predisposto a problemi sia venosi sia arteriosi.

SIGNIFICATO DEI PIANETI IN ACQUARIO

- **SOLE:** raffinatezza e umanità. Indipendenza e idealismo.
- **LUNA:** distacco emotivo. Socievolezza. Creatività mentale.
- **MERCURIO:** eccentricità. Inventiva. Intelligenza critica.
- **VENERE:** unioni anticonvenzionali.
- **MARTE:** spirito d'iniziativa. Audacia e originalità.
- **GIOVE:** rispetto e comprensione per la libertà altrui. Rifiuto dell'autorità.
- **SATURNO:** rigore scientifico. Ambizione, responsabilità e solidarietà.
- **URANO:** interesse per gli studi dell'occulto. Ideali che possono essere realizzati in una vita di gruppo.
- **NETTUNO:** altruismo e intuizioni.
- **PLUTONE:** rafforza le qualità del pianeta Marte.

ACQUARIO ASCENDENTE IN:

- **ARIETE, LEONE o SAGITTARIO**, segni di Fuoco: stimolano l'Acquario con l'ardore e l'entusiasmo.
- **CANCRO, SCORPIONE o PESCI**, segni d'Acqua: arricchiscono le doti intellettuali con l'intuizione e la sensibilità e portano alla comprensione delle esigenze altrui.
- **TORO, VERGINE o CAPRICORNO**, segni di Terra: arricchiscono il senso pratico e conferiscono concretezza ai progetti.
- **GEMELLI, BILANCIA o ACQUARIO**, segni d'Aria: rafforzano le tendenze di base dell'Acquario; l'intelligenza sarà più attiva per risolvere qualsiasi problema.

MITO E LEGGENDA

I miti collegati al segno dell'Acquario sono quelli di Urano, Icaro e Prometeo.
Urano, divinità primigenia, fu partorito da Gea che in seguito si accoppiò con lui. Dall'unione nacquero i Titani, i Ciclopi e gli Ecatonchiri. Urano, dispiaciuto della nascita di questi non permetteva loro di vedere la luce; Gea, offesa, incitò gli altri figli alla rivolta contro il padre. Fu Crono che tagliò i genitali del padre e li gettò nell'oceano; da questi nacque Afrodite. Urano simboleggia la forza dinamica

dell'individuo alla ricerca del proprio centro. Icaro era figlio di Dedalo, costruttore del labirinto di Minosse dove venne rinchiuso il Minotauro; quando Teseo venne a Creta per uccidere il mostro dalla testa taurina e dal corpo umano, Dedalo consigliò ad Arianna, figlia di Minosse, di dare al suo innamorato un gomitolo che gli avrebbe permesso di uscire dal labirinto.
Per punirlo Minosse fece rinchiudere Dedalo e il figlio Icaro nel labirinto, dal quale riuscirono a fuggire costruendosi delle ali formate da penne tenute insieme da cera. Icaro è considerato, in astrologia, il simbolo dell'intelletto, della sorte e del coraggio.
Secondo una delle leggende, Prometeo, ribellandosi a Zeus, rubò il fuoco dall'Olimpo e lo portò agli uomini. Per questa sua disubbidienza l'astrologia lo considera il simbolo della rivolta dello spirito, che vuole eguagliarsi all'intelligenza divina.

PESCI

Il simbolo grafico (♓) del segno dei Pesci è l'immagine stilizzata di due pesci. Essi rappresentano simbolicamente la duplicità del mondo interiore. Il simbolo evoca il dualismo presente in ogni manifestazione della natura.

CARATTERI ASTROLOGICI	
Percorso del Sole:	19 febbraio - 21 marzo
Posizione in gradi:	da 330° a 360°
Genere:	femminile
Natura:	mobile
Elemento:	Acqua
Signore del segno:	Giove e Nettuno
Pianeta in esaltazione:	Venere
Pianeta in esilio:	Mercurio
Pianeta in caduta:	Mercurio
Giorno:	giovedì
Colore:	azzurro
Gemma:	acquamarina
Metallo:	argento
Animale:	cigno
Piante:	olmo
Profumo:	timo
Caratteristica:	mondo interiore

ANALISI DEL SEGNO

Il vero punto di forza dei nati sotto il segno dei Pesci è l'intelletto dinamico e flessibile. Hanno la capacità di riprendersi molto velocemente dopo momenti di crisi. Sanno dare preziosi consigli agli amici in difficoltà, anche se non sempre mostrano un uguale senso pratico nelle questioni che li riguardano personalmente. La loro inventiva li salva in genere da situazioni imbarazzanti. Giove dona al nativo di questo segno disponibilità e generosità nei confronti degli altri. Nettuno segnala l'avvenuta conquista, da parte del soggetto, di una più profonda consapevolezza spirituale.

L'esaltazione di Venere nei Pesci rappresenta l'amore che trionfa su tutto e consente il superamento delle difficoltà. Ipersensibili, iperemotivi, questi soggetti sono spesso dotati di facoltà telepatica e telecinetica, oltre che di chiaroveggenza.

PESCI E INFANZIA

Il bambino nato nel segno dei Pesci ha una mente creativa e sognatrice. Non sa distinguere il confine tra la realtà e l'illusione. Ha bisogno di essere molto amato e seguito. È necessario stimolarne l'ordine interiore ed esteriore. Il desiderio di vivere libero da ogni impegno lo allontana dagli studi. Lo si deve aiutare a seguire metodicamente alcuni interessi, in particolare il nuoto. I genitori e gli educatori devono dare al giovane dei Pesci la sensazione di essere capito, protetto, aiutato con intelligenza e amore nel suo percorso verso l'età adulta.

PESCI E LAVORO

Il lavoro per questo soggetto deve essere divertimento e deve rispecchiare l'amore per la vita. Il mondo è un palcoscenico sul quale recitare le parti che durante la vita si desiderano assumere. I nativi del segno infondono molta simpatia. Hanno spiccate attitudini verso le professioni di carattere artistico o assistenziale (attore, medico, infermiere).

PESCI E AMORE

Per i tipi Pesci l'amore è un sentimento totale che li induce a dedicarsi anima e corpo al partner, con spirito di sacrificio accentuato. I nativi del segno s'innamorano in modo romantico e idealizzano esageratamente persone e situazioni. La loro fragilità emotiva li espone a ferite che non sanno sdrammatizzare. Nelle situazioni tese e di fronte a responsabilità sgradevoli i Pesci si sottraggono al confronto diretto fino a dare l'impressione d'estraneità. Gli ideali, esaltati dalla fantasia, si scontrano con la realtà. Sono volubili e irrequieti, non sopportano l'abbandono da parte del partner. Trovano il loro rifugio protettivo nella famiglia e sono genitori teneri, indulgenti e attenti.

Le unioni favorevoli sono:

- PESCI – SCORPIONE (segno d'Acqua): unione salda e proficua.
- PESCI – TORO, VERGINE E CAPRICORNO (segni di Terra): la loro pazienza permetterà di sopportare le crisi del nativo dei Pesci. L'unione sarà arricchita dal connubio tra il senso pratico dei segni di Terra e la fantasia propria di questo segno.

PESCI E SALUTE

La salute rappresenta per questo individuo un vero problema, in quanto è soggetto a malattie immaginarie. È molto suggestionabile e pauroso. I punti deboli sono i piedi e il sistema linfatico. Le patologie preferenziali, verso cui i nativi del segno sono predisposti, sono quelle della sfera psicologica e quelle psicosomatiche.

SIGNIFICATO DEI PIANETI IN PESCI

- SOLE: sottigliezza, tatto e simpatia.
- LUNA: emotività e intuizione. Influenzabilità.
- MERCURIO: fantasia. Irrequietezza mentale. Instabilità di opinioni.
- VENERE: bontà d'animo. Delicatezza di sentimento. Ispirazione artistica.
- MARTE: comportamento irrazionale. Incostanza e aggressività.
- GIOVE: protezione e generosità. Gusto per i piaceri materiali.
- SATURNO: timidezza. Bisogno di meditare.
- URANO: fanatismo. Avventure pericolose. Presentimenti.
- NETTUNO: misticismo. Ispirazioni e facoltà medianiche.
- PLUTONE: tendenza a somatizzare. Pigrizia.

PESCI ASCENDENTE IN:

- **ARIETE, LEONE o SAGITTARIO**, segni di Fuoco: l'ascendente di questi segni accentua la mancanza di fiducia del nativo Pesci in se stesso. La riflessione e lo sviluppo spirituale sono di vitale importanza per lui.
- **CANCRO, SCORPIONE o PESCI**, segni d'Acqua: la capacità intuitiva, la sensibilità e la fantasia raggiungono livelli altissimi. Bisogna stare attenti a non evadere il mondo reale per sconfinare in quello della pura immaginazione.
- **TORO, VERGINE o CAPRICORNO**, segni di Terra: aiutano il nativo dei Pesci a raggiungere una posizione sociale solida e soddisfacente.
- **GEMELLI, BILANCIA o ACQUARIO**, segni d'Aria: il soggetto si troverà a vivere un conflitto tra la ragione e il sentimento.

MITO E LEGGENDA

Molte leggende parlano di pesci come salvatori dell'uomo. Si ricorda il mito di Arione, poeta e musicista greco di Lesbo, che raccolse in Italia, grazie alla sua arte, un'ingente ricchezza che decise di riportare alla sua isola. I marinai della nave che lo portavano in Grecia, per derubarlo, lo volevano buttare in mare; allora egli chiese di suonare ancora una volta. La sua dolce musica attirò i delfini, e quando fu buttato in acqua, essi lo trasportarono sulle rive del Tanaro. Qui Arione eresse un monumento che raffigurava un uomo a cavallo di un delfino. Da questa statua nacque la leggenda.

IL SOLE

CARATTERI ASTROLOGICI

Qualità:	convertibile
Domicilio:	Leone
Esilio:	Acquario
Esaltazione:	Ariete
Caduta:	Bilancia
Colore:	giallo oro
Metallo:	oro
Pietra:	topazio
Pianta:	girasole
Animale:	leone
Giorno:	domenica

Il Sole è la stella che dà vita ed energia alla Terra; esso occupa il centro del sistema planetario. Dista dalla Terra da 147 a 152 milioni di chilometri.
Dal moto delle macchie che compaiono sulla sua superficie, si può dedurre che il Sole ruota intorno a un asse inclinato di circa 83 gradi sull'Eclittica. Ha consistenza gassosa e la sua temperatura è di 6.000 gradi. Il Sole irradia energia sotto forma di radiazioni elettromagnetiche e corpuscolari. Si trova al centro del sistema planetario nel quale ruotano i nove pianeti finora conosciuti e cioè: Mercurio, Venere, Terra, Marte, Giove, Saturno, Urano, Nettuno e Plutone.
Dei nove pianeti, i primi due, Mercurio e Venere, si dicono "inferiori" o "interni" perché descrivono intorno al Sole orbite circoscritte da quella terrestre: per questo motivo non possono mai trovarsi l'uno a più di 30 gradi, l'altro a più di 45 gradi di distanza dal Sole. Gli altri pianeti si chiamano "superiori". Tra l'orbita di Marte e quella di Giove si trovano circa 1.600 minuscoli corpi celesti, chiamati "pianetini" o "asteroidi". Il culto del Sole, insieme a quello della Luna, è una delle costanti di tutti i miti di cui si ha notizia.
Padrone del giorno, il Sole vince le tenebre e trasforma in vita ciò che senza la sua luce sarebbe morte e inerzia. Il culto del Sole è il fondamento di tutte le cosmogo-

nie: dalle rive dell'Eufrate e del Nilo fino all'estremo Oriente, la solarità è alla base della necessità dell'uomo di mettersi in contatto con il Cosmo.
Anche il Cristianesimo, attingendo a miti di origine asiatica, ha mantenuto numerose caratteristiche proprie dei culti solari. Infatti, come dodici sono gli apostoli, quattro gli evangelisti, tre gli elementi della trinità, così in astrologia dodici sono i segni zodiacali, quattro gli elementi, tre le triadi.
Nella mitologia greca, la divinità solare è Apollo, che percorre il cielo con il suo carro per rischiarare la Terra. Il monito "conosci te stesso", scolpito sul fastoso tempio a lui dedicato a Delfi, acquista un significato molto più chiaro se interpretato alla luce della cultura astrologica del tempo. La Pizia, colei che a Delfi, in stato di trance, comunicava agli uomini il loro destino, era il tramite con il Cosmo; l'uomo, accettando la sua sorte, realizzava se stesso.
Data l'enorme importanza sia astronomica che mitologica del Sole, è evidente che anche per l'astrologia esso costituisce la base di ogni valutazione. La sua posizione nello zodiaco e gli aspetti che forma con gli altri astri costituiscono per l'individuo le principali direttrici del destino.
Astrologicamente, a prescindere dal segno nel quale si trova, esso rappresenta la vitalità di un individuo, la sua capacità di autoaffermazione, la disponibilità alla vita di relazione, il suo atteggiamento nei confronti del potere. L'astro simboleggia la luce, il calore e la vitalità. Esso rappresenta anche la coscienza e la volontà. Indica l'energia vitale, il razionale, la forza fisica e psichica, la capacità di autosufficienza e il bisogno di potere affettivo e sociale. Il Sole governa il segno del Leone.
Il simbolo del Sole, un cerchio con un punto in mezzo, ☉, rappresenta la centralità dell'astro nel sistema; esso è, pertanto, il simbolo della vita, del calore, del giorno, della luce, dell'autorità, del sesso maschile. In quanto simbolo cosmico, il Sole è la divinità (Atum, Osiride, Baal, Mitra, Elio, Apollo ecc.) oggetto di culto delle antiche grandi civiltà. Esso veniva anche rappresentato da eroi – giganti, i quali incarnavano la forza creatrice dell'astro che con la sua luce e il suo calore è fonte di vita.
I miti di alcuni popoli assegnano simbolicamente al Sole la figura del padre.
Da sempre, anche per l'astrologia, esso è il simbolo del principio generatore maschile e del principio di autorità, di cui il padre è la prima incarnazione; è anche il simbolo della regione della psiche governata dall'influenza paterna che si manifesta sotto forma di ammaestramento, di educazione, di coscienza, di disciplina, di morale.
Nell'oroscopo di una persona, il Sole rappresenta le tendenze sociali, la civiltà, l'etica, e tutto ciò che è elevato nell'essere umano.
La sua gamma di valori si estende dal negativo Super Io, che opprime l'uomo con divieti, principi, regole o pregiudizi, al positivo ideale dell'Io, immagine superiore di sé alla cui grandezza l'individuo cerca di elevarsi. L'astro rappresenta le aspirazioni più elevate di una forte personalità; se si trova in un aspetto negativo segnala un fallimento causato dall'orgoglio o dall'uso del potere. Esso indica anche la predisposizione dell'uomo a svolgere il ruolo di marito e di padre; oppure la sua attitudine a raggiungere il successo e a esercitare autorità e potere.

Il Sole sembra ridotto al ruolo di un semplice pianeta, paragonabile a un Marte o a un Giove, perché la sua influenza è, per così dire, divisa in due campi ben distinti: influenza "diretta" che è determinata dalla sua posizione nel cielo, e "indiretta" che è dovuta alla sua posizione nello zodiaco. Infatti, ogni influenza dei segni dello zodiaco è per essenza solare, ed è riflessa o polarizzata dall'orbita terrestre.
La posizione del Sole nell'oroscopo è considerata di primaria importanza da tutti gli astrologi. Corrisponde alla situazione dell'uomo in rapporto con l'esistenza e con il mondo; ma è conveniente sempre confrontare nell'oroscopo la posizione del Sole con quella della Luna. Essi costituiscono i due luminari; rappresentano i poli opposti, positivo e negativo, di qualsiasi manifestazione, lo "Yang" e lo "Yin" dei Cinesi; determinano il "mascolino" e il "femminino", l'"attivo" e il "passivo". In un oroscopo maschile, il Sole corrisponde alla personalità esteriore e cosciente del consultante, la Luna simboleggia la sua "anima", la parte femminile inconscia che si trova in lui. In un oroscopo femminile, mentre la Luna rappresenta l'aspetto cosciente dell'essere, il Sole costituisce la mascolinità inconscia.
Il Sole governa il Leone (che mostra le stesse caratteristiche) e rappresenta il principio–padre, l'orgoglio e la dignità, la forza e lo spirito di dominio, la generosità e la fedeltà.

IL Sole nelle dodici Case

- 1ª: generosità, magnetismo, ma anche egocentrismo e volontà di potere.
- 2ª: intensità delle esigenze materiali, esercitazione del potere conseguito attraverso la ricchezza. Tendenza agli sprechi o, al contrario, avarizia.
- 3ª: felice inserimento nella vita sociale grazie alla capacità comunicativa e alla cultura. Carriera in attività intellettuali; posizione di superiorità rispetto ai familiari.
- 4ª: condizionamento del soggetto da parte dell'ambiente familiare, in particolare da parte della figura paterna, fortemente autoritaria. Attaccamento al proprio mondo, alle tradizioni acquisite. Idealizzazione della famiglia.
- 5ª: esuberanza vitale, ottimismo, dispendio di energie. Amori ardenti, passioni artistiche o sportive. Predisposizione all'insegnamento; destino influenzato dalla presenza o dalla mancanza di figli.
- 6ª: accettazione più o meno serena delle dimensioni quotidiane della vita. Attività subordinata. La salute può causare periodi di scarsa efficienza.
- 7ª: realizzazione di sé nelle unioni, nel matrimonio. In un tema femminile: sottomissione al partner. Affermazione sociale attraverso i legami affettivi o professionali.
- 8ª: dipendenza materiale o psicologica. Possibili eredità; favorite le attività connesse agli investimenti di denaro. Può essere indice di vedovanza, di perdite premature. Debole vitalità.
- 9ª: svolte nella vita che portano in ambienti diversi da quello di origine. Contatti frequenti con l'estero. Realizzazione personale attraverso studi superiori; passioni ideologiche.

- **10ª**: la migliore posizione per il successo professionale. La vita sociale assorbe tutte le energie, soddisfa le ambizioni, garantisce l'indipendenza. Per una donna: partner prestigioso.
- **11ª**: equilibrio, umanità, distacco dalle contingenze materiali; sviluppo sereno dei rapporti sociali, amicizie profonde, capacità di attrarre l'interesse altrui.
- **12ª**: evoluzione lenta, che impone rinunce o solitudine morale. Carattere introverso, indipendente, poco legato alla vita concreta. Prove, crisi inferiori o problemi di salute.

IL SOLE NEI SEGNI ZODIACALI

- **ARIETE**: personalità molto pronunciata. Tendenza a conquistare la vita con testardaggine.
- **TORO**: valorizzazione delle facoltà mentali. Successo assicurato attraverso l'impegno e la costanza nel lavoro.
- **GEMELLI**: presunzione e compiacimento. Successi sociali e professionali, come mediatore o organizzatore.
- **CANCRO**: coscienza del proprio valore, autostima elevata.
- **LEONE**: capacità di esercitare influenza sul prossimo mediante l'offerta di assistenza e di protezione. Generosità.
- **VERGINE**: ricerca di conoscenze ed esperienze per conseguire un'affermazione sia materiale che spirituale. La paura di sbagliare crea nuovi stimoli per continuare le ricerche.
- **BILANCIA**: forte desiderio di un'unione armoniosa in amore, perciò gli sforzi sono rivolti a questa realizzazione.
- **SCORPIONE**: tendenza alla critica ironica. Insofferenza di fronte alle contraddizioni.
- **SAGITTARIO**: importanza attribuita all'onestà e alla verità. Intraprendenza e ottimismo, ma anche inquietudine.
- **CAPRICORNO**: impulsività, egocentrismo. In caso di impedimenti alla realizzazione dei progetti, il soggetto perde fiducia in se stesso e cade in una fase di depressione.
- **ACQUARIO**: raffinatezza e umiltà. Idealismo pratico.
- **PESCI**: sopravvento delle tendenze materialistiche. Moralità elastica. Vita un po' confusa.

LA LUNA

La Luna impiega due giorni per attraversare ogni segno e 28 giorni per percorrere l'intero zodiaco.

CARATTERI ASTROLOGICI	
Qualità:	convertibile
Domicilio:	Cancro
Esilio:	Capricorno
Esaltazione:	Toro
Caduta:	Scorpione
Colore:	bianco o argento
Metallo:	argento
Pietre:	perla, cristallo o opale
Piante:	iris, papavero
Animali:	cicogna, usignolo e animali notturni
Giorno:	lunedì

La Luna governa il segno del Cancro e rappresenta il principio femminile (senso di protezione, sensibilità e intuizione).

La Luna è l'unico satellite della Terra. Si trova alla distanza media di 384.000 km; è quindi il corpo celeste più vicino a noi. Non ha atmosfera né acqua (gli agenti modificatori esterni), e manca anche delle forze del vulcanismo e dei terremoti (gli agenti della metamorfosi interna e pertanto elementi che contribuiscono a provocare mutamenti sulla Terra). L'influenza della Luna sull'andamento dei fenomeni fisici della Terra è nota fin dai tempi più remoti. Questo astro determina le maree e i cambiamenti meteorologici. Si ammette inoltre la sua influenza sulla semina, sulla potatura, sul travaso del vino, sulle migrazioni di talune specie di uccelli. Ciò che non è noto a tutti, è la sua influenza sul ciclo femminile, che può essere modificato nel suo andamento di 28 giorni (esattamente come quello lunare) dalle eclissi lunari. Quando queste ultime si verificano, anche il periodo dell'ovulazione è spostato, con conseguenze notevoli sulla fecondità. Il culto della Luna come elemento di fecondità è stato il primo mito di cui si ha notizia, tanto che la sua adorazione è forse precedente

anche a quella del Sole. La maturazione, che avviene sotto il Sole, non potrebbe realizzarsi senza che prima la Terra sia stata fecondata dalla Luna. Presso gli Egizi, la divinità lunare era la più apprezzata. Alcuni studiosi ritengono che il predominio del culto solare su quello lunare sia stato imposto con le armi in quasi tutti i paesi del Mediterraneo, dove fino ad allora, vigevano i culti lunari e la civiltà matriarcale. Anche nelle lontane regioni asiatiche si diede enorme importanza alla Luna. In Africa, i Berberi adoravano un dio maschile lunare di nome Aggur. Dall'adorazione per la Luna si è passati a quella per il Sole, arricchendo via via il pantheon con tutti gli altri astri, che simboleggiano miti meno collettivi di quello della riproduzione biologica.
Nella mitologia greca la Luna è rappresentata nelle sue tre fasi visibili: nel riflesso della luce creatrice e ispiratrice (la Luna piena), come Selene; nel suo aspetto oscuro, come Ecate, dea della morte, di origine nordica; e come Artemide, divinità asiatica d'origine iperboreale, che proteggeva, le acque, le vegetazioni, il matrimonio e i bambini. Artemide era, soprattutto, la dea della castità (in contrapposizione a Venere, che invece fu dea dell'amore carnale); in questo aspetto virgineo che mette l'accento sulla spiritualità del fenomeno della nascita si potrebbe riconoscere la matrice del mito della Vergine cristiana quale si manifestò in epoca successiva. È evidente perciò l'enorme importanza della Luna nella mitologia di tutti i popoli.
Per gli uomini, l'astro rappresenta la propria parte psichica femminile, l'anima, l'irrazionalità, la creatività, l'umoralità, la fantasia, e il contatto con l'altro sesso (madre, moglie, sorella, figlia, amante). Anche la fecondità e il ciclo mestruale sono regolati dalla Luna. Nella donna invece la posizione della Luna indica la sua vera essenza, oltre che la sua capacità riproduttiva, la sua salute, l'aspetto fisico, i gusti alimentari, e talvolta anche il modo di muoversi. La Luna, nella donna, caratterizza la sua predisposizione alla maternità, intesa non soltanto in senso biologico di riproduzione, ma come atteggiamento psicologico nei confronti non soltanto dei figli, ma del marito, dell'amante, del padre, del fratello e anche nei confronti dell'ambiente di lavoro. Una Luna "mal messa" in un tema femminile può indicare ad esempio il rifiuto, da parte del soggetto, del ruolo tradizionale, e quindi il suo bisogno di realizzarsi in altre direzioni.
La Luna è messa in connessione con le maree, la pioggia e le mutazioni del tempo: rapporti confermati con l'esperienza attraverso i secoli. Ad esempio si afferma che l'alone intorno ad essa preannuncia un tempo umido con pioggia; ciò è vero poiché l'alone è dovuto a fenomeni di riflessione e rifrazione della luce sui cristalli di ghiaccio presenti nelle nubi alte. Se la Luna non ha l'alone, si ha un tempo con aria secca, senza fenomeni di rilievo.
Quando, nel suo primo quarto, è inclinata verso destra, si prevede un cattivo tempo con precipitazioni sparse; nella credenza popolare si definisce questo fenomeno "Luna barcaiola", ovvero "Luna nell'acqua".
La Luna rappresenta l'anima, la natura intima, le caratteristiche psicologiche del subconscio e anche la parte involontaria del corpo umano, che comprende funzioni quali la circolazione del sangue, la digestione e i numerosi riflessi nervosi.

LA LUNA NELLE DODICI CASE

- **1ª**: particolare emotività, incostanza e passività. Bisogno di contatti, fascino ma anche immaturità affettiva.
- **2ª**: fortuna materiale, intuizione in campo pratico, ma anche dipendenza economica o uso irresponsabile del denaro.
- **3ª**: sottomissione nei rapporti tra fratelli. Ricerca in campo culturale, curiosità, viaggi frequenti.
- **4ª**: uso della casa come un rifugio. Difesa della propria intimità. Influenza subita da parte della madre.
- **5ª**: molteplici relazioni sentimentali; gusto per la mondanità, per la moda e per l'arte; popolarità in ambienti eleganti. Fecondità, forte attaccamento ai figli.
- **6ª**: la vita d'ogni giorno assorbe interessi ed energie; senso pratico rivolto ai dettagli, all'organizzazione quotidiana. Eccessiva cura per la propria persona; emotività che influenza la salute.
- **7ª**: rapporti affettivi e sociali vissuti con grande carica emotiva. Ricerca di appoggio o legami con persone psicologicamente dipendenti. Unioni poco solide.
- **8ª**: sensibilità al distacco da ambienti e da persone. Trasformazioni interiori, attrazione per l'occulto. Sogni premonitori.
- **9ª**: irrequietezza mentale, utopie, interessi per le scienze umane in generale e per la psicologia in particolare. Viaggi movimentati, incontri con stranieri.
- **10ª**: attività che richiede un contatto con il pubblico. Cambiamenti di situazione. In un oroscopo maschile: influenza delle donne sulla posizione sociale. In oroscopo femminile: aspirazione a un ruolo di prestigio.
- **11ª**: amicizie femminili importanti; ricerca di un ambiente vivace e gaio, contatti spontanei. I progetti e le speranze si rinnovano secondo le persone che si frequentano.
- **12ª**: infanzia difficile, ambiente affettivamente carente. Carattere introverso, portato alla malinconia. Profonda sensibilità, vita sentimentale problematica.

LA LUNA NEI SEGNI ZODIACALI

- **ARIETE**: dona schiettezza e genuinità al carattere. Semplicità nei gusti e linearità nel comportamento. Atteggiamento un po' mascolino nelle donne.
- **TORO**: nostalgia del passato. Amore per la campagna, per la natura in genere; Attaccamento alle tradizioni. Orientamento mentale che favorisce la conservazione dei beni e tiene alla sicurezza materiale. Testardaggine, forte sensualità.
- **GEMELLI**: attrazione per la letteratura e per le letture in genere. Capacità di comunicare e necessità continua di scambi culturali. Vizio del fumo. Furbizia nella gestione del quotidiano.
- **CANCRO**: legame intenso con la casa e la famiglia. Intuito spiccato. Capacità di comprendere a fondo le emozioni degli altri. Sensibilità accentuata, attitudine materna.

- **LEONE**: tendenza alla megalomania. Orgoglio. Egocentrismo. Narcisismo. Disposizione al comando e ai ruoli di regia. Generosità e larghezza di vedute.
- **VERGINE**: spirito burocratico. Desiderio di vivere una vita tranquilla; programmata. Predisposizione alla critica e all'autocritica. Precisione e pignoleria. Concretezza a scapito della fantasia.
- **BILANCIA**: tendenza all'equilibrio in ogni cosa. Senso della giustizia. Volontà diplomatica. Incapacità a negare. Ire violente dovute a questioni di principio. Amore per il bello e gusto raffinato nel vestire, nell'arredare la casa, nel fare un regalo. Pigrizia.
- **SCORPIONE**: autolesionismo di fondo. Visione spesso contorta della vita. Psicologia complicata. Grande riservatezza nelle questioni che coinvolgono la vita privata. Senso della competizione e senso della vendetta. Atteggiamenti alterni, ora aggressivi, ora miti.
- **SAGITTARIO**: ricerca del nuovo attraverso viaggi e conoscenza di persone e luoghi sempre diversi. Spirito centrifugo che tenta di allontanarsi dal quotidiano. Ottimismo, attività. Attrazione per i lunghi viaggi e per gli animali. Sport e avventura.
- **CAPRICORNO**: desiderio di restare aggrappati alla più stretta realtà. Atteggiamento spesso duro e mancanza di manifestazioni sentimentali. Sensi d'inferiorità. Carattere ambizioso, che spinge alla ricerca di una posizione di prestigio. Sensibilità alle problematiche sociali.
- **ACQUARIO**: aspirazione alla libertà, nel senso più ampio del termine. Individualismo, ricerca della differenziazione dalla massa. Volontà di recidere presto il cordone ombelicale che lega alla famiglia e alla società. Spirito hippy e senso della fratellanza universale.
- **PESCI**: inclinazione alla professione di infermiere. Attitudine a servire. Temperamento malinconico. Pessimismo innato. Sogno, immaginazione, fantasia, confusione, perdita di contatto con la realtà. Vittima di vizi.

MERCURIO

☿

Percorre l'intero Zodiaco in un anno.

CARATTERI ASTROLOGICI	
Qualità:	convertibile
Domicilio:	Gemelli (diurno), Vergine (notturno)
Esilio:	Sagittario e Pesci
Esaltazione:	Vergine
Caduta:	Pesci
Colori:	grigio e giallo pallido
Metallo:	mercurio
Pietre:	agata e corniola
Pianta:	lavanda
Animale:	pappagallo
Giorno:	mercoledì

Indica l'intelligenza, la capacità di comunicazione, la parola, sia detta che scritta, la mobilità del corpo, la mimica, i contatti culturali e sociali, le amicizie giovanili. Mercurio governa i segni astrologici dei Gemelli e della Vergine.
Il culto di Hermes, o Mercurio, nacque in Grecia e precisamente in Arcadia. Molte furono le caratteristiche attribuite a questa divinità nella mitologia ellenica e molte le attività umane affidate alla sua protezione.
Neonato, si narra che egli si liberò dalle fasce per andare a rubare le giovenche di Apollo, nascondendole così bene che nessuno riuscì più a ritrovarle. Di qui una complicatissima vicenda che lo portò prima all'inimicizia e poi all'amicizia con Apollo, dopo la restituzione delle famose giovenche.
Sempre bambino, inventò la lira e ne seppe trarre suoni divini da affascinare tutti coloro che lo ascoltavano. Appena adolescente, fu nominato messaggero degli dei e sui calzari alati volò ovunque a portare gli ordini e le comunicazioni divine agli uomini. Suo era il compito di guidare le anime dei trapassati verso il regno dei morti.
A Roma questa divinità si chiamò Mercurio, secondo la tradizione italica, e acquistò caratteristiche diverse da quelle originarie, che si manifestano appieno nel se-

gno della Vergine di cui è il Signore. Come governatore dei Gemelli simboleggia la comunicazione rapida non soltanto tra gli uomini, ma tra gli dei e gli uomini, e anche tra l'aldilà e gli uomini. È questo il motivo per cui l'arte, soprattutto quella letteraria, è l'espressione più congeniale dei Gemelli e quindi a Mercurio che governa questo segno. Il pianeta, a livello simbolico, rappresenta l'intuizione, la fantasia, i giovani, quindi il rapporto con i figli, con l'attività didattica. Come governatore del segno della Vergine, il dio giovanetto è cresciuto, ed ha acquistato le caratteristiche di un uomo maturo, protettore dei traffici e talvolta anche delle truffe (elemento questo già presente nel mito greco del furto delle giovenche di Apollo). L'intelligenza qui è adulta, pratica, dotata di senso della realtà (la Vergine è un segno di Terra), e quindi Mercurio è favorevole alle speculazioni non solo di tipo finanziario, ma anche a quelle filosofiche. Mercurio nell'oroscopo individuale segnala la qualità dell'intelligenza, le facoltà critiche e quelle espressive. Rappresenta il contatto che si stabilisce attraverso la parola, l'adattamento all'ambiente, la prontezza di riflessi. Indica persone giovani, fratelli, figli.
Per quanto concerne l'età della vita simboleggia l'adolescenza. Mercurio nella salute indica disturbi alle vie respiratorie, irregolarità intestinali, alterazioni psicomotorie.

MERCURIO NELLE DODICI CASE

- **1ª**: predominio della logica sul sentimento, senso pratico, adattabilità.
- **2ª**: senso degli affari, abile gestione degli interessi. Attività nel settore finanziario o guadagni conseguiti attraverso il commercio e le pubbliche relazioni.
- **3ª**: interessi culturali; predisposizione alla professione di pubblicitario e di giornalista. Intensa attività mondana. Viaggi frequenti.
- **4ª**: influenza della famiglia sulla formazione intellettuale. Gusto per un ambiente vivace e attivo, numerosi cambiamenti di residenza. Affari immobiliari.
- **5ª**: ricerca di affinità mentali nei legami. Erotismo di tipo cerebrale, forza nervosa che alimenta la vitalità. Inclinazioni didattiche, rapporti poco espansivi con i figli.
- **6ª**: predisposizione al commercio e all'artigianato. Impieghi nel settore amministrativo o negli enti pubblici.
- **7ª**: lucida valutazione dei legami affettivi. Possibile inserimento in gruppi che si interessano di esoterismo. Spesso, matrimonio precoce o con partner più giovane. Tendenza a rapporti brillanti ma superficiali.
- **8ª**: interessi spirituali rivolti alle scienze occulte; dipendenza psicologica da familiari o atteggiamento critico nei loro confronti. Abilità nelle trattative e nelle questioni legali, tendenza al compromesso.
- **9ª**: attrazione per la cultura e le scienze superiori ma scarso idealismo. Concretezza. Contatti vantaggiosi con l'estero. Propensione allo studio delle lingue, alla corrispondenza commerciale.
- **10ª**: intelligenza al servizio della carriera e dell'affermazione sociale. Varie esperienze professionali nel corso della vita; ricerca di collaborazione.

- 11ª: rapporti disinvolti con amici giovani e mentalmente vivaci. Gusto per la conversazione. Piani e progetti ben costruiti, non sempre realizzabili. Cameratismo con i figli.
- 12ª: adolescenza difficile; difficoltà di comunicazione. Interesse per la ricerca, per gli studi che richiedono concentrazione. Scarso realismo; eccessi di fiducia o di pessimismo.

MERCURIO NEI SEGNI ZODIACALI

- **ARIETE:** mente sveglia, attiva, rapida. Competizione intellettuale; semplicità nelle idee, linearità nei programmi. Lealtà e affidabilità.
- **TORO:** intelligenza piuttosto lenta che trova però forza nell'esperienza; concetti che, una volta capiti, restano per sempre.
- **GEMELLI:** posizione di grande forza per l'astro dell'intelletto. Rapidità mentale, ricchezza di idee, furbizia, estro, fantasia. Abilità nei cruciverba. Inclinazione al commercio. Scarsa sincerità.
- **CANCRO:** memoria eccezionale per gli episodi e le cose che procurano una emozione. Ingenuità. Scarso senso dell'osservazione. Tendenza a subire l'influenza delle opinioni altrui.
- **LEONE:** è questa una posizione che può generare presunzione se non esistono valori di segno opposto nel tema. Sicurezza delle proprie idee, lucide ed essenziali.
- **VERGINE:** predisposizione al lavoro mentale. I nati con Mercurio in questo segno sono degli ascoltatori attentissimi e degli ottimi esecutori il cui maggior difetto risiede nel fatto di non saper immaginare progetti complessi. Precisione e puntualità.
- **BILANCIA:** grande capacità di ragionamento; il soggetto pensa e ripensa mille volte a ogni possibile soluzione e di solito sceglie saggiamente. Mente poco incline al rischio e alle speculazioni.
- **SCORPIONE:** é forse la posizione più potente dell'astro che qui assicura una grande intelligenza. Capacità di osservazione fuori del comune.
- **SAGITTARIO:** esilio dell'astro, che determina una situazione poco favorevole per il soggetto, il quale risulta poco dotato di spirito critico e tende per natura a fidarsi degli altri, evidenziando faciloneria e superficialità. Pur riuscendo in genere ad apparire colto, è in possesso di conoscenze generiche e approssimative.
- **CAPRICORNO:** mente assai logica che cerca una risposta coerente a ogni domanda. Rifiuto della fantasia e dell'immaginazione. Serietà e severità. Poca sensibilità verso gli altri.
- **ACQUARIO:** grande curiosità e amore per la ricerca. Spirito scientifico. Mente rivolta al futuro e interessata alle nuove scoperte. Idee originali. Talora può manifestare tendenze poco oneste.
- **PESCI:** mente spesso offuscata da idee confuse. Intelligenza che fa leva sulla forza dell'immaginazione. Oscillazione tra la genialità e la pazzia. Doti extrasensoriali. Caos e menzogna.

VENERE

♀

Venere percorre l'intero zodiaco in un anno circa.

CARATTERI ASTROLOGICI

Qualità:	benefica
Domicilio:	Toro e Bilancia
Esilio:	Ariete e Scorpione
Esaltazione:	Pesci
Caduta:	Vergine
Colori:	verde e rosa
Metallo:	rame
Pietre:	corallo, smeraldo
Piante:	rosa, olivo
Animale:	delfino
Giorno:	venerdì

Rappresenta tutto ciò che non è razionale, ossia l'intelligenza allo stato puro, senza la logica. Venere governa i segni del Toro e della Bilancia.

Il culto di Afrodite, dea venerata nella mitologia greca, ha avuto inizialmente il significato di un omaggio alla bellezza dell'aurora che sorride dall'oriente e allieta della sua luce la natura. Anche il nome evoca la leggenda della dea nata dalle acque ("afros" in greco significa "schiuma"), uno dei quattro elementi della natura.

A questo concetto primitivo del culto di Afrodite se ne aggiunse un altro, di origine fenicia, che raggiunse la Grecia insieme ai traffici commerciali: quello della dea Astarte, divinità molto considerata nel vicino Oriente, che simboleggiava la forza dell'amore come elemento di fecondazione. Il connubio tra queste due immagini portò all'elaborazione di una divinità protettrice della bellezza e dell'amore come principio generatore, che ispirò molti poeti e scrittori. Contemporaneamente la dea assunse anche la protezione degli amori sessuali e divenne simbolo di vitalità. La tradizione omerica è piena di celebri amori che generarono una buona parte degli dei e semidei ellenistici. Così dagli amori della dea con Ares sarebbero nati Eros e Anteros, personificazioni dell'amore e dell'odio, personaggi che ebbero grande popolarità nel Rinascimento e figurano spesso nei quadri di Tiziano.

E poi anche Dimo e Fobo, il "timore" e la "paura", compagni tradizionali di Marte nella successiva evoluzione della mitologia classica, i cui nomi designano i satelliti del pianeta. La dea amò anche il troiano Anchise da cui nacque Enea, fondatore della civiltà romana. Il culto di Afrodite a Roma si fonde poi con quello, autoctono, di Venere, dea della bellezza e della grazia, considerata anche progenitrice della stirpe, in quanto madre di Enea.
A Roma, nel contesto turbolento della primitiva romanità, c'era bisogno di una dea che regolasse i rapporti tra i cittadini e soprattutto tra i sessi, dispensando concordia e affetto là dove Marte aveva seminato violenza e discordia: questo compito spettò a Venere, che ebbe superbi templi e fu molto "venerata" (verbo che allude appunto al culto a lei tributato).
A Venere l'astrologia tradizionale ha sempre assegnato il governo di due segni molto importanti e diversi tra loro: il Toro e la Bilancia, l'uno con le caratteristiche dell'elemento Terra e l'altro dell'Aria. Quando si trova nel segno del Toro, in Venere prevalgono le caratteristiche di Astarte ed essa rappresenta più un simbolo di fecondità e di contatto con la natura e con l'arte che non un elemento di relazione.
Con questo secondo significato governa invece il segno della Bilancia, il segno dei rapporti umani per eccellenza. Come governatrice del Toro, Venere regge anche la parte emotivo-sensoriale dell'essere umano, e ne può condizionare quindi anche l'aspetto estetico e la salute. Presiede agli amori come elemento di armonia universale.
Come governatrice della Bilancia, invece, Venere è proprio il pianeta dell'amore, dei rapporti tra i sessi, della sessualità più tenera e profonda. Non simboleggia soltanto gli affetti, ma anche il denaro, inteso come mezzo adatto a procurarsi il nutrimento. Infatti, come l'affetto è il nutrimento della psiche, il denaro è il nutrimento del corpo. E siccome ambedue i segni sono caratterizzati da un notevole bisogno di comodità e di agi, il Signore del segno acquista anche una connotazione materiale.
I due segni governati da Venere si incontrano molto bene affettivamente e sessualmente con i segni governati da Marte: Ariete e Scorpione. I rapporti non sono sempre pacifici, ma proficui per lo sviluppo di ambedue.
Venere, nell'oroscopo individuale, indica la capacità di amare, la rispondenza emotiva al sentimento; è il senso estetico, la sensibilità alla bellezza, l'inclinazione artistica, il fascino personale e la seduzione. In un tema natale maschile indica l'interesse verso la donna come oggetto d'amore.
In riferimento all'età della vita, Venere rappresenta la prima giovinezza; nella salute il pianeta è associato alle disfunzioni renali e circolatorie, ai disturbi alla gola e all'apparato genitale femminile.

VENERE NELLE DODICI CASE

- **1ª**: carattere espansivo, conciliante; fascino, ricerca di gratificazioni affettive, magnetismo sul sesso opposto.
- **2ª**: occupazioni gradevoli, vita materialmente soddisfacente. Aiuto in caso di difficoltà; propensione alle spese voluttuarie.

- 3ª: l'inserimento sociale è favorito dalle attrattive personali. Ottimi rapporti con i familiari, in particolare con la sorella. Interessi sia nel settore artistico che pubblicitario.
- 4ª: serenità tra le pareti domestiche; attaccamento ai genitori. Benessere e tranquillità anche nell'ultima parte della vita. Fortuna legata alle proprietà immobiliari.
- 5ª: interessi artistici; vita mondana e avventure amorose che assorbono le energie. Sentimenti accesi, sensualità raffinata. Tenerezza verso i figli, soddisfazioni.
- 6ª: felice inserimento nell'ambiente di lavoro. Attività connessa alla moda, all'estetica o diretta a un pubblico femminile. Serenità nella vita quotidiana, sottomissione in amore. Salute soddisfacente.
- 7ª: matrimonio d'amore; associazioni fortunate, contrasti facilmente appianati. Possessività, ricerca di autoaffermazione attraverso i legami affettivi.
- 8ª: le unioni portano vantaggi materiali. Emotività, instabilità psicologica che fa temere ogni forma di attaccamento. Perdita di persone amate.
- 9ª: sentimenti idealizzati, amori spirituali, tendenze umanitarie. Rapporti affettivi con persone straniere o con individui conosciuti durante i viaggi. Studi artistici.
- 10ª: l'amore e i legami sentimentali forniscono anche una base per il successo. Presenze femminili importanti, a volte conflitto tra la vita privata e quella professionale.
- 11ª: armonioso equilibrio nelle amicizie, specie femminili; amore e amicizia collegati; tendenza alla dedizione disinteressata agli altri.
- 12ª: sublimazione dell'amore, rinunce, ma anche elevazione attraverso l'amore. Legami segreti, dedizione, solitudine morale.

VENERE NEI SEGNI ZODIACALI

- **ARIETE:** inclinazione alle avventure sentimentali. Grande intensità e passione riversate nei sentimenti amorosi. Per le donne è sovente indice di ninfomania o comunque di necessità di sesso.
- **TORO:** grande sensualità e gioia di vivere. Concezione libera e naturale dell'amore. Bellezza fisica. Fedeltà nei rapporti affettivi.
- **GEMELLI:** tendenza al flirt, all'avventura. Storie sentimentali vissute nei viaggi o con partner stranieri.
- **CANCRO:** posizione che indica la capacità di vivere le storie d'amore con molta serenità e genuinità. Continuo bisogno di manifestazioni affettive.
- **LEONE:** capacità di badare all'essenziale senza adombrarsi per i piccoli problemi del vivere quotidiano. Amore emancipato, quasi privo di sensi di colpa. Amore per l'arte e per lo spettacolo. Grande attaccamento ai bambini.
- **VERGINE:** chi possiede questa posizione nel proprio tema natale, osserva con occhio molto critico i potenziali partner in amore e ne scarta parecchi per difetti che giudica e vede solo lui. Fedeltà in amore. Scarso appetito sessuale.

- **BILANCIA:** inclinazione romantica nel vedere il mondo. Sentimento e sentimentalismo. I soggetti così segnati scrivono spesso poesie o storie d'amore. Sogni a occhi aperti.
- **SCORPIONE:** l'esilio dell'astro esprime le difficoltà ad amare. C'è quasi sempre un forte immaginazione erotica, che può esprimersi in due modi: attrazione morbosa per il sesso o rifiuto totale dello stesso. L'amore viene vissuto sempre come qualcosa di problematico. Impotenza o frigidità.
- **SAGITTARIO:** avventure galanti. Amori con persone venute da fuori oppure conosciute durante i viaggi. Spesso infedeltà sentimentali non ritenute tali dal soggetto.
- **CAPRICORNO:** posizione "fredda" questa, per l'astro dell'amore che avrebbe bisogno di grande calore umano per esprimersi al meglio. Scelta razionale del partner. Calcoli e strategia nelle questioni di cuore.
- **ACQUARIO:** chi possiede questo aspetto è bene non si leghi a un partner geloso. Emancipazione sentimentale e sessuale. Legami visti come prigioni. Amore come amicizia e amicizia come amore.
- **PESCI:** grande sensualità e femminilità. È una posizione bellissima per una donna. Amore romantico. Cure e attenzioni infermieristiche verso la persona amata. Talvolta tradimenti.

GIOVE

♃

Percorre ogni segno in un anno circa e l'intero zodiaco in 12 anni circa.

CARATTERI ASTROLOGICI

Qualità:	benefico
Domicilio:	(diurno – Sagittario, notturno – Pesci)
Esilio:	Gemelli e Vergine
Esaltazione:	Cancro
Caduta:	Capricorno
Colore:	arancione
Metallo:	stagno
Pietra:	quarzo citrino
Pianta:	arancio
Animale:	pavone
Giorno:	giovedì

Simboleggia il potere sia sociale sia finanziario; inoltre in un tema natale accentua l'ottimismo e la fiducia. Per una donna l'influenza del pianeta si esercita favorendo un matrimonio di prestigio. Le sue posizioni possono dare indicazioni circa la golosità, l'avidità alimentare e la fame nevrotica. Giove governa il Sagittario, segno della giustizia e i Pesci, segno di filantropia.

Giove, che i Greci chiamavano Zeus, fu re degli dei e sovrano dell'Olimpo. La sua statua in Olimpia era considerata una delle sette meraviglie del mondo, e la sua funzione era quella di governare le vicende umane e quelle divine: a lui ricorrevano gli dei quando avevano qualche controversia da risolvere, e le sue decisioni erano sempre accettate. Era anche molto attento ai piaceri terrestri, la mitologia ricorda i suoi amori con Leda, per la quale si trasformò in cigno, con Danae, che possedette sotto forma di pioggia d'oro, e con altre avvenenti abitanti del pianeta Terra.

Giove come governatore del Sagittario realizza l'unione tra spirito e materia che è propria dei soggetti nati sotto il segno dei Pesci; ed è il pianeta che esercita insieme il potere divino e quello terrestre. La tradizione astrologica infatti assegna al governatore del Sagittario e dei Pesci le caratteristiche del padre degli dei. Quando governa il Sagittario, da una parte valorizza l'azione e il potere al fine di ottenere uno

status sociale soddisfacente, dall'altra induce il soggetto a vivere le proprie aspirazioni in modo mistico, privo di realismo, quindi velleitario; e spesso per questo incontra gravi difficoltà. Non è escluso tuttavia che tale soggetto possa conseguire posizioni di grande prestigio, soprattutto spirituale.
Il Giove sagittariano accoglie quella vocazione alla completezza che era la caratteristica del Giove greco e romano, Signore del cielo che non trascura, e anzi, apprezza moltissimo i piaceri della Terra. Come governatore dei Pesci, la componente viene accentuata, e può favorire la scelta mistico-religiosa (specialmente se è in buon aspetto con Nettuno, secondo governatore dei Pesci) con la conseguente rinuncia ai beni terreni; ma anche in questo caso non verrà mai meno il significato profondo di Giove, che resta il pianeta del potere, del prestigio, dello status sociale. Giove in un tema natale indica: carica di ottimismo, generosità, spirito organizzativo, senso della giustizia.
Giove, riferito all'età della vita, rappresenta la fase della piena maturità.
Nella salute avverte il possibile pericolo di congestioni, di alterazioni epatiche, di disturbi circolatori.

GIOVE NELLE DODICI CASE

- **1ª**: rafforza il valore del pianeta, secondo il segno in cui si trova. È indice di carattere espansivo e tollerante, un po' formale ed egocentrico.
- **2ª**: istinto di proprietà, ricerca di sicurezza, operazioni finanziarie ben calcolate, successo materiale.
- **3ª**: larghezza di idee; tendenze intellettuali. Buoni rapporti con l'ambiente circostante, popolarità.
- **4ª**: l'ambiente familiare fornisce una buona base materiale e sociale. Miglioramento costante delle condizioni di vita, vantaggiosi affari immobiliari.
- **5ª**: creatività, gioia di vivere e ricerca del piacere. Amore per il teatro e il gioco. Rapporti felici con i figli.
- **6ª**: serenità nella routine quotidiana, ordinata impostazione del lavoro, carriera in organismi amministrativi. Buona salute.
- **7ª**: le relazioni facilitano la riuscita. Favoriti il matrimonio e tutti i rapporti interpersonali. Soluzioni di questioni legali.
- **8ª**: ogni cambiamento comporta un progresso. Sostegno materiale fornito da altri. Attività nel settore finanziario.
- **9ª**: inclinazione allo studio, alle avventure dello spirito, ai viaggi. Fortunati contatti con l'estero, buon inserimento in ambienti diversi dal proprio.
- **10ª**: brillante riuscita socioprofessionale; carriera agevolata da appoggi e da amici influenti. Contatti con ambienti prestigiosi.
- **11ª**: vivo senso sociale, ottimistica visione della vita. Gli amici offrono collaborazione, partecipano ai progetti e condividono le speranze.
- **12ª**: lo scarso adattamento alla realtà sviluppa l'introspezione. Serena accettazione delle prove della vita. Tendenze filosofiche, gusto per la ricerca scientifica.

GIOVE NEI SEGNI ZODIACALI

- **Ariete:** esalta le qualità arietine, in positivo e in negativo. Generosità e slanci ottimistici, spesso acritici. Può anche configurarsi come fattore di esagerazione, ipertrofia.
- **Toro:** esprime indulgenza, autoindulgenza, ricerca del piacere fisico a tutti i costi. Bonarietà e tradizionalismo. Annuncia una buona situazione economica e agi vari.
- **Gemelli:** successo raggiunto attraverso un'attività commerciale o intellettuale. Simpatia personale. Atteggiamento disinvolto e superficiale verso la vita. Realizzazione attraverso i viaggi.
- **Cancro:** simile a Giove in Toro, per certi aspetti. Autoindulgenza, rilassamento, ricerca della pace, tradizionalismo, amor di patria. Problemi alimentari. Riuscita in tarda età.
- **Leone:** esprime la massima forma di regalità e magnificenza del segno. Amore per il lusso, per gli oggetti preziosi, per la vita alla grande. Tendenza a soffrire di tachicardia o ipertrofia cardiaca.
- **Vergine:** elevazione sociale raggiunta attraverso la saggezza. Gestione coscienziosa dei propri compiti lavorativi. Buoni rapporti con i colleghi di lavoro o i dipendenti.
- **Bilancia:** esaltazione di tutti gli attributi della Bilancia. Saggezza, tendenza all'equilibrio, moderazione, carattere amabile, socievolezza. Buone prospettive di carriera politica.
- **Scorpione:** ambizione e desiderio di dominio. Tendenza a gestire il potere per proprio tornaconto. Forti passioni, sia positive che negative. Se è vicino all'ascendente è indizio di ipertrofia degli organi genitali.
- **Sagittario:** posizione pericolosa perché induce al rilassamento e sottrae ogni potere critico alla mente. Esagerazioni d'ogni genere, specie alimentari. Iperottimismo. Fortuna nella vita. Malattie del fegato. Corporatura massiccia e obesità.
- **Capricorno:** autocontrollo, severità, austerità, rigore, assenza di indulgenza e di autoindulgenza. Sviluppo conformistico della personalità. Ascesa lenta e cadute di prestigio. Grande ambizione.
- **Acquario:** spirito umanitario e sociale. Uso del potere per rompere la tradizione e promuovere atteggiamenti nuovi. Protezioni influenti e amici che aiutano a superare le prove più importanti.
- **Pesci:** anche in questo caso come per Giove in Sagittario, c'è rischio di troppa autoindulgenza. Ingrassamento e forme di rilassamento generale. Con questa posizione ci può essere la tendenza a diventare sacerdoti.

SATURNO

♄

Il pianeta percorre ogni segno in un anno circa e l'intero zodiaco in dodici anni.

CARATTERI ASTROLOGICI

Qualità:	malefico
Domicilio:	diurno – Acquario, notturno – Capricorno
Esilio:	Cancro e Leone
Esaltazione:	Bilancia
Caduta:	Ariete
Colore:	nero
Metallo:	piombo
Pietra:	ossidiana
Pianta:	orchidea nera
Animale:	orso bruno
Giorno:	sabato

Saturno rappresenta le prove della vita, superate le quali si può proseguire su una via ricca di spiritualità. Il pianeta governa i segni zodiacali del Capricorno e dell'Acquario.

Saturno era identificato dai Greci come Crono, dio del tempo; pertanto il pianeta ne riprende la simbologia rappresentando il tempo con i suoi elementi, quali la concentrazione, la contrazione, la fissazione, la condensazione e l'inerzia. Gli antichi definivano l'età di Saturno il periodo d'oro che portò l'armonia sulla Terra.

In Italia, Saturno era il dio della semina. Sono celebri i riti (i Saturnali) in onore del dio, che celebravano il solstizio d'inverno, momento dell'anno in cui il Sole entra nella costellazione del Capricorno.

Prima del regno di Giove, Saturno era il Signore del Cielo e della Terra. Per timore che si avverasse la profezia che prediceva che sarebbe stato spodestato da uno dei suoi figli, il dio li ingoiò tutti; ma la madre Rea riuscì a nascondere uno dei figli, Giove, dando al marito da ingoiare una pietra avvolta nelle fasce del neonato. Giove fu allevato da alcune ninfe a Creta e quando divenne adulto spodestò il padre realizzando la profezia. Risalendo a questo mito, l'astrologia attribuisce a Saturno il ruolo della difficoltà, della saggezza e della maturità.

In un tema natale esso indica le scelte consapevoli, la disciplina interiore, la costanza e la forza di affrontare gli ostacoli della vita. L'influenza saturnina aiuta a liberarsi dalle prigioni interiori che l'individuo tende a costruirsi attraverso i legami materiali e a raggiungere quello che si può definire il "paradiso terrestre". In un oroscopo maschile, Saturno, Signore notturno del Capricorno, indica un rapporto di eccessiva dipendenza o di conflittualità con la madre.
In una carta del cielo femminile è il rapporto con il padre che è vissuto con molte difficoltà. Allo stesso tempo fornisce forza, resistenza e capacità di agire in modo coerente, ponderato e calmo.
Come Signore diurno dell'Acquario, rivela la capacità di resistenza alle sofferenze da parte degli individui a lui soggetti. Il pianeta, relativamente alla salute, è legato alle malattie delle ossa, al rallentamento delle funzioni e alle insufficienze organiche. Saturno rappresenta, come età della vita, la vecchiaia.

SATURNO NELLE DODICI CASE

- **1ª**: natura riservata e diffidente. Forte senso del dovere. Carenze affettive con bisogno di compensazione.
- **2ª**: sforzi e lentezza nell'acquisto e nel consolidamento della propria posizione socio-economica. Paure e ansie.
- **3ª**: rapporti indifferenti con i parenti; mancanza di socievolezza.
- **4ª**: sottomissione all'autorità paterna. Ambiente familiare privo di calore. Acquisizione di una migliore situazione in età avanzata.
- **5ª**: serietà nei legami affettivi. Rigore e autoritarismo nei confronti dei figli.
- **6ª**: concentrazione e metodo nel lavoro. Difficoltà a liberarsi dai problemi quotidiani.
- **7ª**: matrimonio con un partner più anziano. Scarsa comunicabilità.
- **8ª**: frustrazioni sessuali. Scarsa vitalità.
- **9ª**: interessi culturali, conservatorismo e fermezza d'opinioni.
- **10ª**: tenacia e risorse personali che portano a una lenta ma stabile crescita spirituale. Vita sociale finalizzata alla carriera.
- **11ª**: rigidità di carattere. Selettività nella scelta delle amicizie. Progetti dilazionati nel tempo.
- **12ª**: coraggio nelle prove di vita. Sacrifici per persone anziane.

SATURNO NEI SEGNI ZODIACALI

- **Ariete:** buon controllo dell'istinto; problemi che derivano da decisioni prese avventatamente.
- **Toro:** ottime possibilità di riuscita nel campo lavorativo. Fanatismo filosofico e politico.
- **Gemelli:** saggezza precoce. Senso dell'osservazione e dell'analisi. Controllo nel parlare.

- **Cancro:** problemi all'interno della famiglia. Difficile ricerca di una via di mezzo nell'affrontare una situazione problematica.
- **Leone:** ambizione e ricerca di prestigio. Predisposizione ai giochi d'azzardo e alle speculazioni in borsa.
- **Vergine:** diligenza, scrupolosità, metodo e osservazione. Ottima configurazione del pianeta per i ricercatori e gli uomini di scienza in genere.
- **Bilancia:** matrimonio tardivo. Disposizioni artistiche. Rischi di vertenze legali.
- **Scorpione:** carattere bellicoso. Forte propensione al risparmio.
- **Sagittario:** elevazione spirituale attraverso la fede o un'ideologia. Amore per i viaggi all'estero.
- **Capricorno:** saggezza e maturità. Possibile distacco dai beni materiali.
- **Acquario:** ricerca dei contatti umani. Fedeltà e rispetto nell'amicizia. Ostinazione.
- **Pesci:** gusto per la solitudine e distacco dai beni materiali per una causa umanitaria.

URANO

♅

Il pianeta percorre ogni segno in sette anni e l'intero zodiaco in ottantaquattro anni.

CARATTERI ASTROLOGICI

Qualità:	malefico
Domicilio:	Acquario
Esilio:	Leone
Esaltazione:	Scorpione
Caduta:	Toro
Colore:	blu
Metallo:	platino
Pietra:	topazio
Pianta:	pioppo
Animale:	giraffa
Giorno:	sabato

Il pianeta Urano fu scoperto nel 1781; e con la sua scoperta si può dire che inizi la storia dell'astrologia moderna. Alla sua comparsa il mondo ha subito trasformazioni radicali provocate dalle rivoluzioni: quella francese, quella industriale, quella russa e quella cinese. Nella mitologia classica Urano era il dio del cielo, figlio di Gea, la Terra. Egli fu castrato e le sue parti genitali fecero nascere Afrodite, dea dell'amore e della bellezza. Malgrado la castrazione, Urano è uno dei simboli della fecondità.
In astrologia il pianeta rappresenta la forza cosmica che opera i cambiamenti in modo brusco e imprevisto. Indica le creazioni originali e il progresso. Egli governa il segno dell'Acquario. In un oroscopo individuale rappresenta la forza di decisione, lo spirito organizzativo, l'originalità e la possibilità di evoluzione personale.
Nell'organismo umano, Urano è associato ai nervi e alle malattie nervose: spasmi, crampi e infarti.

URANO NELLE DODICI CASE

- 1ª: opportunismo, prontezza di riflessi e inventiva. Senso dell'amicizia e delle relazioni sociali.

- 2ª: rischi di grosse perdite finanziarie per mancanza d'iniziativa.
- 3ª: interessi culturali insoliti. Spostamenti continui, nervosismo e impazienza.
- 4ª: abbandono precoce della casa paterna. Casa arredata in modo eccentrico.
- 5ª: relazioni amorose avventurose. Possibile gravidanza inattesa. Divertimenti eccentrici.
- 6ª: rapporti tesi con i colleghi di lavoro. Ricerca di una professione che non abbia ritmi regolari.
- 7ª: possibile divorzio o separazione.
- 8ª: eredità inaspettata. Allontanamento dal proprio ambiente.
- 9ª: viaggi movimentati alla ricerca di ambienti e di interessi stimolanti.
- 10ª: continui cambiamenti di stato sociale. Diverse esperienze di lavoro.
- 11ª: rapporti disinvolti con amici eccentrici. Progetti utopistici difficili da realizzare.
- 12ª: difficoltà improvvise e possibili incidenti. Problemi riguardanti il sistema nervoso.

URANO NEI SEGNI ZODIACALI

- **Ariete:** spirito d'iniziativa, visione pionieristica della vita.
- **Toro:** cambiamenti improvvisi nel campo economico. Originalità nei settori artistici.
- **Gemelli:** idee nuove, specie nel settore letterario. Spirito di ricerca.
- **Cancro:** liti nell'ambiente familiare e abbandono della casa paterna. Disposizione agli studi di architettura.
- **Leone:** forte individualismo. Figli eccentrici.
- **Vergine:** esagerazioni nella cura della propria salute e mania dell'ordine. Attitudini scientifiche.
- **Bilancia:** gusti artistici eccentrici. Infedeltà nelle unioni.
- **Scorpione:** costumi sessuali fuori dalla norma, spesso caratterizzati dalla tendenza all'omosessualità.
- **Sagittario:** spirito d'avventura e carattere misticheggiante. Amore per i viaggi, concepiti come strumento di conoscenza e di crescita interiore.
- **Capricorno:** egocentrismo e mancanza di senso pratico che porta a continui cambiamenti nella professione.
- **Acquario:** desiderio inesauribile di cambiare. Idee brillanti, spesso utopiche.
- **Pesci:** disposizione per la pratica delle scienze occulte. Le inimicizie ostacolano il successo nel campo del lavoro.

NETTUNO

♆

Percorre ogni segno in tredici anni e mezzo e l'intero zodiaco in 165 anni.

CARATTERI ASTROLOGICI

Qualità:	malefico
Domicilio:	Pesci
Esilio:	Vergine
Esaltazione:	Leone
Caduta:	Acquario
Colore:	verde chiaro
Metallo:	oro bianco
Pietra:	smeraldo
Pianta:	loto
Animale:	ippocampo
Giorno:	giovedì

Nettuno era il Signore degli abissi marini, figlio di Saturno e fratello di Giove. La mitologia lo raffigura con un tridente in mano, simbolo del suo potere sui flutti. Il geroglifico astrologico è raffigurato proprio dal tridente ♆.
Il mitico dio rappresenta il simbolismo del pianeta, che è principio di metamorfosi, di ricettività e di energia psichica. In analogia con il suo ruolo di Signore degli inesplorati abissi marini, Nettuno governa le profondità dell'inconscio da cui emergono gli incontrollabili impulsi della natura umana.
In un tema natale esso rappresenta l'intuizione, le facoltà superiori, il misticismo e, inoltre, l'utopia e l'ansia irragionevole.
Nettuno governa il segno dei Pesci, dove favorisce l'ascesi mistica, la poesia, l'amore per i viaggi in paesi lontani alla ricerca degli ideali spirituali.
I soggetti a lui sottoposti hanno generalmente una ricca immaginazione. L'influenza negativa data dalla posizione del pianeta in un tema natale mette in guardia il soggetto da eventuali raggiri e tradimenti. Per quanto concerne la salute, invece, rivela la tendenza a depressioni e manie.

NETTUNO NELLE DODICI CASE

- 1ª: fantasia sviluppata. Cambiamenti generati dall'irrequietezza spirituale. Temperamento artistico.
- 2ª: fortuna improvvisa, ma indifferenza per il denaro.
- 3ª: interessi culturali inconsueti. Ricerca di evasione attraverso lo studio e il desiderio di conoscenza.
- 4ª: continue trasformazioni nelle condizioni di vita. Figura paterna assente.
- 5ª: romanticismo e amori platonici; passione per il gioco e l'arte.
- 6ª: mancanza di metodo nel lavoro. Estrosità. Possibili intossicazioni alimentari.
- 7ª: relazioni vissute con intensa emotività. Dipendenza eccessiva e psicologica dal partner.
- 8ª: probabile eredità. Doni inattesi. Sogni rivelatori.
- 9ª: viaggi alla ricerca di una meta per la conquista della propria indipendenza.
- 10ª: possibile inserimento in un gruppo che facilita la realizzazione personale. Disponibilità ai cambiamenti.
- 11ª: tendenza a un idealismo utopistico.
- 12ª: ricerca del misticismo. Medianità e anticonformismo.

NETTUNO NEI SEGNI ZODIACALI

- **Ariete:** interesse per i viaggi, spirito d'avventura. Poco senso pratico.
- **Toro:** amore per le arti, creatività e senso del ritmo.
- **Gemelli:** intuizione accentuata, sensibilità. Misticismo.
- **Cancro:** amore profondo per la famiglia.
- **Leone:** instabilità sentimentale. Passione per il gioco.
- **Vergine:** diplomazia e intellettualismo.
- **Bilancia:** amore per la natura e per la pace. Gusto per la musica.
- **Scorpione:** aggressività. Bisogno di esprimere la carica intellettuale in modo rivoluzionario e nuovo. Inclinazione all'uso delle droghe.
- **Sagittario:** ricerca dell'evasione attraverso la musica, l'arte, la filosofia, gli studi e i viaggi.
- **Capricorno:** applicazione della capacità intuitiva alla ricerca di soluzioni tecniche e pratiche per perfezionare se stessi e l'ambiente circostante.
- **Acquario:** anticonformismo e anarchia. Ricerca dei significati della vita e della realtà quotidiana.
- **Pesci:** esigenza profonda della fede. Radicata solidarietà e disponibilità a offrire il proprio aiuto per cause umanitarie.

PLUTONE

♇

Il pianeta percorre ogni segno in un periodo di tempo che va dai quindici ai trenta anni e l'intero zodiaco in 249 anni.

CARATTERI ASTROLOGICI	
Qualità:	malefico
Domicilio:	Scorpione
Esilio:	Toro
Esaltazione:	Ariete o Gemelli
Caduta:	Bilancia
Colore:	rosso
Metallo:	ferro
Pietra:	granato scuro
Pianta:	ciliegio selvatico
Animale:	aquila
Giorno:	martedì

Plutone è un pianeta scoperto recentemente (1930) ed è, pertanto, ancora un mistero per molti. In astrologia vi sono ancora parecchi dubbi sull'influenza che questo pianeta può avere sulla Terra.

Nella mitologia greca questo dio veniva chiamato Ade, Signore degli inferi, della morte e delle ombre. A Roma era Plutone, il nero dominatore delle ombre e delle ricchezze contenute nelle viscere della Terra, che possedeva sotto il nome di Vulcano. Come Signore dell'oscurità, Plutone comanda le zone più profonde dell'inconscio e la misteriosa forza del sesso.

Esso governa il segno zodiacale dello Scorpione e come suo Signore è legato analogicamente a Vulcano, simbolo degli stati di coscienza esplosivi, pericolosi e destabilizzanti per la personalità.

Il pianeta nel tema natale individuale può indicare la sessualità, come energia fecondatrice oppure come strumento di potere autoritario nei confronti del partner. In posizione negativa e per quanto riguarda la salute, rappresenta le disfunzioni sessuali, le alterazioni psichiche e la paranoia.

PLUTONE NELLE DODICI CASE

- 1ª: personalità profonda e complessa. Grande suscettibilità. Bisogno di essere costruttivi.
- 2ª: possibilità di guadagnare grosse somme di denaro. Passione per il gioco.
- 3ª: volontà d'imporsi con intelligenza all'interno del proprio ambiente. Capacità di sfruttare dei contatti sociali.
- 4ª: rivalità con il padre. Perdite dolorose in famiglia. Ricerca di una dimensione segreta nella vita.
- 5ª: giochi amorosi proibiti.
- 6ª: attitudini mediche. Lavoro che presenta rischi per la salute.
- 7ª: difficoltà di contatto con gli altri. Problemi di carattere sessuale possono causare incompatibilità nel matrimonio.
- 8ª: tendenza all'intrigo. Ossessione della morte.
- 9ª: attrazione per l'ignoto. Carattere impulsivo.
- 10ª: grande ambizione, ferrea determinazione nell'impegno per la conquista degli obiettivi. Indipendenza.
- 11ª: progetti stravaganti. Amicizie non troppo raccomandabili che giocano un ruolo potente nella vita.
- 12ª: necessità di affrontare forti inimicizie e grandi prove nella vita.

PLUTONE NEI SEGNI ZODIACALI

- **Ariete:** slancio creativo; decisioni improvvise.
- **Toro:** tendenza ad accentrare. Indipendenza.
- **Gemelli:** vitalità potente, diretta a fini positivi.
- **Cancro:** immaginazione esuberante e originale.
- **Leone:** orgoglio, sicurezza di sé e coraggio. Scarsa considerazione per la disciplina.
- **Vergine:** interessamento ai problemi umani. Efficienza fisica, lotta contro le malattie, bisogno di pulizia.
- **Bilancia:** autocritica, tenacia e costanza. Desiderio di giustizia e di serietà.
- **Scorpione:** ricerca di nuove strade, idee e metodi per esprimere la propria creatività.
- **Sagittario:** energia personale spesa per il progresso dell'umanità.
- **Capricorno:** bisogno di contatti sociali e ricerca della stabilità economica.
- **Acquario:** sentimenti profondi di amicizia.
- **Pesci:** misticismo e rifugio nella fede.

LA LUNA NERA O LILITH

⚸

Terminologia

- **Orbita:** è la traiettoria, di forma ellittica, percorsa da un corpo celeste attorno ad un altro sotto l'azione della forza di attrazione universale. I pianeti del sistema solare compiono un'orbita di questo tipo ruotando attorno al Sole. I punti caratteristici delle orbite ellittiche sono quelli di massima distanza e di massima vicinanza dei pianeti dall'astro che occupa il "fuoco".

Questi punti sono:

- **Afelio:** punto dell'orbita di un pianeta che si trova alla massima distanza dal Sole.
- **Perielio:** punto di massima vicinanza di un pianeta al Sole.
- **Apogeo:** punto dell'orbita lunare più lontano alla Terra, che è il "fuoco" dell'orbita.
- **Perigeo:** punto dell'orbita lunare più vicino alla Terra.
- **Passo:** è la distanza che un pianeta percorre in 24 ore. Le effemeridi indicano le posizioni giornaliere di tutti i pianeti, calcolate per mezzanotte o mezzogiorno. La differenza tra due posizioni successive costituisce il passo del pianeta. Quello della Luna oscilla tra i 12 e i 15 gradi, quello del Sole è di 1 grado circa e quello dei pianeti lenti di pochi minuti primi.
- **Passo giornaliero:** è l'arco d'eclittica percorso da un pianeta in venti ore circa. Il passo giornaliero serve per calcolare la previsione esatta dei pianeti al momento della nascita.

Vi sono molte teorie relative alla Luna Nera. Inizialmente si dava questo nome a un pianeta ipotetico considerato come secondo satellite della Terra, malgrado non se ne fosse mai dimostrata la sua esistenza effettiva. In seguito il termine "Luna Nera" venne impiegato per indicare il "fuoco" dell'orbita lunare.
Non tutti gli esperti prendono in considerazione, in un tema natale, le posizioni della Luna Nera, proprio perché essa non è un corpo planetario di cui sia certa l'esistenza, tuttavia vi sono degli astrologi che continuano a tenerne conto. In astrologia la si considera un'immagine virtuale della Luna. Essa simboleggia l'attaccamento alle cose materiali che, secondo le varie religioni, l'uomo deve combattere o vincere per raggiungere uno stato spirituale che lo renda degno figlio di Dio.
Nel cattolicesimo l'operazione avviene attraverso la pratica della carità e del sacrificio, nella religione ebraica attraverso l'annullamento del proprio ego nell'adorazione del Dio unico; nel Buddhismo attraverso il desiderio di vincere la sofferenza deter-

minata dall'attaccamento alle cose materiali. Secondo alcuni scritti ebraici, la Luna Nera, chiamata anche Lilith, ha sostituito Eva accanto ad Adamo, dopo la caduta, con tutte le caratteristiche umane. Eva è simbolicamente la Luna. La Luna Nera è l'altra faccia della Luna, quella che non si riesce a vedere; essa contiene una forza sessuale che rende Eva la tentatrice di Adamo, la generatrice di demoni, il simbolo della lussuria. La Luna Nera simboleggia le prove umane, le azioni, la sessualità, l'aspetto oscuro e inconscio della personalità. Rappresenta anche l'energia sessuale nei suoi aspetti creativi e vitali, ai quali è affidata la continuità della vita.
La posizione potrà rivelare gli aspetti nascosti della personalità umana, ciò che l'individuo mantiene nascosto dentro di sé. Nel paragrafo successivo si parla della Luna Nera nei segni e nelle Case dello zodiaco e dei suoi aspetti: sapendo in quale Casa e in quale segno si trova Lilith, si può scoprire come sfruttare bene l'energia che proviene dall'influenza di questo simbolo astrologico.
Alcuni astrologi trascurano questi calcoli nei temi natali, altri invece li ritengono estremamente importanti. Sono state anche create delle effemeridi relative alla Luna Nera, ma in assenza di queste, le posizioni del pianeta si possono calcolare mediante la tabella della longitudine della Luna Nera, quella del passo mensile e del passo giornaliero.

Per rendere più agevole la ricerca della posizione di Lilith nel momento che ci interessa forniamo al lettore una tabella, che offre questo dato a partire dal 1950 al 2020.

TABELLA DELLA POSIZIONE di LILITH

ANNO	GIORNO e MESE		SEGNO ZODIACALE
	dal	al	
1950	1 gen.	12 gen.	ARIETE
	13 gen.	7 ott.	TORO
	8 ott.	31 dic.	GEMELLI
1951	1 gen.	3 lug.	GEMELLI
	4 lug.	31 dic.	CANCRO
1952	1 gen.	28 mar.	CANCRO
	29 mar.	23 dic.	LEONE
	24 dic.	31 dic.	VERGINE
1953	1 gen.	18 set.	VERGINE
	19 set.	31 dic.	BILANCIA
1954	1 gen.	2 mag.	BILANCIA
	3 mag.	31 dic.	SCORPIONE

ANNO	GIORNO e MESE		SEGNO ZODIACALE
	dal	al	
1955	1 gen.	10 mar.	SCORPIONE
	11 mar.	5 dic.	SAGITTARIO
	6 dic.	31 dic.	CAPRICORNO
1956	1 gen.	30 ago.	CAPRICORNO
	31 ago.	31 dic.	ACQUARIO
1957	1 gen.	26 mag.	ACQUARIO
	27 mag.	31 dic.	PESCI
1958	1 gen.	20 feb.	PESCI
	21 feb.	16 nov.	ARIETE
	17 nov.	31 dic.	TORO
1959	1 gen.	12 ago.	TORO
	13 ago.	31 dic.	GEMELLI

ANNO	GIORNO e MESE		SEGNO ZODIACALE
	dal	al	
1960	1 gen.	7 mag.	GEMELLI
	8 mag.	31 dic.	CANCRO
1961	1 gen.	1 feb.	CANCRO
	2 feb.	28 ott.	LEONE
	29 ott.	31 dic.	VERGINE
1962	1 gen.	24 lug.	VERGINE
	25 lug.	31 dic.	BILANCIA
1963	1 gen.	20 apr.	BILANCIA
	21 apr.	31 dic.	SCORPIONE
1964	1 gen.	14 gen.	SCORPIONE
	15 gen.	9 ott.	SAGITTARIO
	10 ott.	31 dic.	CAPRICORNO
1965	1 gen.	6 lug.	CAPRICORNO
	7 lug.	31 dic.	ACQUARIO
1966	1 gen.	1 apr.	ACQUARIO
	2 apr.	26 dic.	PESCI
	27 dic.	31 dic.	ARIETE
1967	1 gen.	21 set.	ARIETE
	22 set.	31 dic.	TORO
1968	1 gen.	17 giu.	TORO
	18 giu.	1 dic.	GEMELLI
1969	1 gen.	13 mar.	GEMELLI
	14 mar.	7 dic.	CANCRO
	8 dic.	31 dic.	LEONE
1970	1 gen.	3 set.	LEONE
	4 set.	31 dic.	VERGINE
1971	1 gen.	15 apr.	VERGINE
	16 apr.	31 dic.	BILANCIA
1972	1 gen.	23 feb.	BILANCIA
	24 feb.	18 nov.	SCORPIONE
	19 nov.	31 dic.	SAGITTARIO
1973	1 gen.	15 ago.	SAGITTARIO
	16 ago.	31 dic.	CAPRICORNO

ANNO	GIORNO e MESE		SEGNO ZODIACALE
	dal	al	
1974	1 gen.	11 mag.	CAPRICORNO
	12 mag.	31 dic.	ACQUARIO
1975	1 gen.	4 feb.	ACQUARIO
	5 feb.	1 nov.	PESCI
	2 nov.	31 dic.	ARIETE
1976	1 gen.	27 lug.	ARIETE
	28 lug.	31 dic.	TORO
1977	1 gen.	22 apr.	TORO
	23 apr.	31 dic.	GEMELLI
1978	1 gen.	16 gen.	GEMELLI
	17 gen.	13 ott.	CANCRO
	14 ott.	31 dic.	LEONE
1979	1 gen.	9 lug.	LEONE
	10 lug.	31 dic.	VERGINE
1980	1 gen.	3 apr.	VERGINE
	4 apr.	29 dic.	BILANCIA
	30 dic.	31 dic.	SCORPIONE
1981	1 gen.	24 set.	SCORPIONE
	25 set.	31 dic.	SAGITTARIO
1982	1 gen.	20 giu.	SAGITTARIO
	21 giu.	31 dic.	CAPRICORNO
1983	1 gen.	16 mar.	CAPRICORNO
	17 mar.	11 dic.	ACQUARIO
	12 dic.	31 dic.	PESCI
1984	1 gen.	5 set.	PESCI
	6 set.	31 dic.	ARIETE
1985	1 gen.	1 giu.	ARIETE
	2 giu.	31 dic.	TORO
1986	1 gen.	26 feb.	TORO
	27 feb.	22 nov.	GEMELLI
	23 nov.	31 dic.	CANCRO
1987	1 gen.	18 ago.	CANCRO
	19 ago.	31 dic.	LEONE

ANNO	GIORNO e MESE		SEGNO ZODIACALE
	dal	al	
1988	1 gen.	14 mag.	LEONE
	15 mag.	31 dic.	VERGINE
1989	1 gen.	7 feb.	VERGINE
	8 feb.	3 nov.	BILANCIA
	4 nov.	31 dic.	SCORPIONE
1990	1 gen.	30 lug.	SCORPIONE
	31 lug.	31 dic.	SAGITTARIO
1991	1 gen.	26 apr.	SAGITTARIO
	27 apr.	31 dic.	CAPRICORNO
1992	1 gen.	20 gen.	CAPRICORNO
	21 gen.	15 ott.	ACQUARIO
	16 ott.	31 dic.	PESCI
1993	1 nov.	12 lug.	PESCI
	13 lug.	31 dic.	ARIETE
1994	1 gen.	7 apr.	ARIETE
	8 apr.	31 dic.	TORO
1995	1 gen.	2 gen.	TORO
	3 gen.	27 set.	GEMELLI
	28 set.	31 dic.	CANCRO
1996	1 gen.	23 giu.	CANCRO
	24 giu.	31 dic.	LEONE
1997	1 gen.	19 mar.	LEONE
	20 mar.	14 dic.	VERGINE
	15 dic.	31 dic.	BILANCIA
1998	1 gen.	10 set.	BILANCIA
	11 set.	31 dic.	SCORPIONE
1999	1 gen.	5 giu.	SCORPIONE
	6 giu.	31 dic.	SAGITTARIO
2000	1 gen.	29 feb	SAGITTARIO
	1 mar.	25 nov.	CAPRICORNO
	26 nov.	31 dic.	ACQUARIO
2001	1 gen.	22 ago.	ACQUARIO
	23 ago.	31 dic.	PESCI

ANNO	GIORNO e MESE		SEGNO ZODIACALE
	dal	al	
2002	1 gen.	17 mag.	PESCI
	18 mag.	31 dic.	ARIETE
2003	1 gen.	9 feb.	ARIETE
	10 feb.	7 nov.	TORO
	8 nov.	31 dic.	GEMELLI
2004	1 gen.	3 ago.	GEMELLI
	4 ago.	31 dic.	CANCRO
2005	1 gen.	28 apr.	CANCRO
	29 apr.	31 dic.	LEONE
2006	1 gen.	22 gen.	LEONE
	23 gen.	20 ott.	VERGINE
	21 ott.	31 dic.	BILANCIA
2007	1 gen.	17 lug.	BILANCIA
	18 lug.	31 dic.	SCORPIONE
2008	1 gen.	10 apr.	SCORPIONE
	11 apr.	31 dic.	SAGITTARIO
2009	1 gen.	3 gen.	SAGITTARIO
	4 gen.	30 ott.	CAPRICORNO
	31 ott.	31 dic.	ACQUARIO
2010	1 gen.	28 giu.	ACQUARIO
	29 giu.	31 dic.	PESCI
2011	1 gen.	23 mar.	PESCI
	24 mar.	16 dic.	ARIETE
	17 dic.	31 dic.	TORO
2012	1 gen.	12 set.	TORO
	13 set.	31 dic.	GEMELLI
2013	1 gen.	9 giu.	GEMELLI
	10 giu.	31 dic.	CANCRO
2014	1 gen.	4 mar.	CANCRO
	5 mar.	27 nov.	LEONE
	28 nov.	31 dic.	VERGINE
2015	1 gen.	25 ago.	VERGINE
	26 ago.	31 dic.	BILANCIA

ANNO	GIORNO e MESE		SEGNO ZODIACALE
	dal	al	
2016	1 gen.	21 mag.	BILANCIA
	22 mag.	31 dic.	SCORPIONE
2017	1 gen.	14 feb.	SCORPIONE
	15 feb.	9 nov.	SAGITTARIO
	10 nov.	31 dic.	CAPRICORNO
2018	1 gen.	30 ago.	CAPRICORNO
	31 ago.	31 dic.	ACQUARIO

ANNO	GIORNO e MESE		SEGNO ZODIACALE
	dal	al	
2019	1 gen.	3 mag.	ACQUARIO
	4 mag.	31 dic.	PESCI
2020	1 gen.	27 gen.	PESCI
	28 gen.	21 ott.	ARIETE
	22 ott.	31 dic.	TORO

LA LUNA NERA NELLE CASE

- **1ª casa:** debolezza fisica.
- **2ª casa:** sacrificio legato al possesso di beni materiali.
- **3ª casa:** mancanza di un ideale e tendenza a esprimere giudizi critici sulle azioni altrui.
- **4ª casa:** amore per la solitudine, diffidenza.
- **5ª casa:** importanza data alla vita sentimentale.
- **6ª casa:** importanza attribuita alla salute; controllo dell'alimentazione.
- **7ª casa:** sviluppo delle relazioni pubbliche.
- **8ª casa:** sublimazione della sessualità.
- **9ª casa:** ricerca spirituale in tutte le azioni della vita.
- **10ª casa:** tendenza alla passività determinata da una concezione fatalistica della vita.
- **11ª casa:** forte carisma spirituale.
- **12ª casa:** liberazione delle tendenze inconsce e cambiamento della personalità.

LA LUNA NERA NEI SEGNI DELLO ZODIACO

- **Ariete:** sensibilità molto attiva. Estroversione. Passionalità. La realizzazione si osserva in base alla posizione di Marte, del Sole e di Plutone.
- **Toro:** sensualità, possessività e tenacia. La realizzazione si osserva in base alla posizione di Venere e della Luna.
- **Gemelli:** intelligenza. Molteplicità di interessi che produce talora effetti dispersivi. La realizzazione si osserva in base alla posizione di Mercurio.
- **Cancro:** ricerca della realizzazione dei propri ideali attraverso la vita in gruppo. La realizzazione si osserva in base alla posizione della Luna e di Giove.
- **Leone:** creatività artistica. Amore per i figli. La realizzazione si osserva controllando la posizione del Sole.

- **Vergine:** tendenza a reprimere gli istinti sessuali. Ricerca dell'equilibrio. La realizzazione si osserva controllando la posizione e gli aspetti di Mercurio.
- **Bilancia:** prove ed esperienze relative all'unione amorosa. La realizzazione si osserva in base alla posizione di Saturno e Venere.
- **Scorpione:** sessualità molto forte e passionale. La realizzazione si osserva in base alla posizione e gli aspetti di Urano, Marte e Plutone.
- **Sagittario:** ricerca di rinnovamento e raggiungimento della maturità. La realizzazione si osserva in base alla posizione e agli aspetti di Giove.
- **Capricorno:** cambiamenti possibili nella mentalità, in età matura. Conflitto sessuale. La realizzazione si osserva in base alle posizioni e agli aspetti di Saturno.
- **Acquario:** sensualità e istinti sessuali che si esprimono in modo anticonformista, potrebbe trattarsi di una sublimazione dei sensi. La realizzazione si osserva in base alle posizioni e aspetti di Saturno e Urano.
- **Pesci:** sensualità segreta che sfocia spesso nell'estasi o nell'illusione. La realizzazione si osserva in base alle posizioni e gli aspetti di Venere, Giove e Nettuno.

GLI ASPETTI DELLA LUNA NERA

Gli aspetti della Luna Nera si classificano in favorevoli e sfavorevoli a seconda delle combinazioni d'influenze planetarie che si fondono positivamente o negativamente tra loro.

Consideriamo ora gli influssi della Luna Nera a seconda dei suoi aspetti con i seguenti corpi celesti:

Sole:
- Favorevole: incontro proficuo tra volontà e creatività atto a esprimere un proprio universo.
- Sfavorevole: difficoltà nell'applicare la propria volontà e nel realizzare l'amore.

Luna:
- Favorevole: realizzazione del proprio ideale tramite il lavoro con un gruppo.
- Sfavorevole: possibilità di sfruttamento da parte del gruppo di lavoro.

Mercurio:
- Favorevole: realizzazione solo attraverso l'azione e la comunicatività.
- Sfavorevole: le mete che si vorrebbero raggiungere sono soltanto vagheggiate con il pensiero, che non trova mai la forza per trasformarsi in azione.

Venere:
- Favorevole: raggiungimento della serenità attraverso un'unione sentimentale e matrimoniale adatta.
- Sfavorevole: difficoltà nel matrimonio, discussioni.

Marte:
- Favorevole: capacità di lottare per affermarsi nella battaglia della vita.
- Sfavorevole: scarsa volontà a lottare per superare gli ostacoli della vita.

Giove:
- Favorevole: elevazione spirituale per mezzo della fede religiosa.
- Sfavorevole: mancanza di obiettività che rallenta il processo di crescita spirituale.

Saturno:
- Favorevole: l'età matura aiuta l'individuo a ritrovare il proprio centro intimo, fonte di benessere.
- Sfavorevole: solitudine e tristezza. Vecchiaia difficile.

Urano:
- Favorevole: il contatto con gli altri permette di accrescere la conoscenza, quindi la mente.
- Sfavorevole: tendenza a chiudersi e a vivere solo una dimensione introspettiva.

Nettuno:
- Favorevole: interesse per la politica, che diventa una delle ragioni di vita dell'individuo.
- Sfavorevole: tendenze depressive che spesso sfociano nell'abuso di sostanze pericolose.

Plutone:
- Favorevole: sviluppato istinto sessuale, che non preclude il raggiungimento dell'evoluzione dello spirito.
- Sfavorevole: le pulsioni sessuali si esauriscono nella sola sfera dell'erotismo.

La Luna Nera assume grande importanza quando è congiunta con il Sole. La congiunzione esalta la capacità di un individuo di agire attivamente nella materia, per elevarsi spiritualmente.

Esaminiamo ora gli influssi che essa esercita quando è posta fra il Sole e i seguenti pianeti:
- **Luna:** indica spesso un ostacolo nella coppia, per esempio l'adulterio.
- **Mercurio:** l'adolescenza è perturbata da un problema sessuale.
- **Venere:** difficoltà nelle unioni.
- **Marte:** relazioni sentimentali illegittime; azioni politiche non chiare.
- **Giove:** dedizione al prossimo; attitudine all'insegnamento o all'attività medica.
- **Saturno:** problemi ereditari di salute.
- **Urano:** in un oroscopo femminile indica l'innamoramento per un divorziato; in un tema maschile segnala una sessualità non conforme alle regole sociali.

- **Nettuno:** le tendenze idealistiche della personalità possono essere ingannate da illusioni o sfociare nell'assunzione di droghe.
- **Plutone:** relazione profonda tra l'amore e la possibilità di rigenerarsi; un nuovo amore, una passione possono essere di massima importanza a un certo punto della vita.

Questi sono invece gli influssi della Luna Nera quando si trova fra la Luna e i seguenti pianeti:

- **Mercurio:** individua il rapporto quotidiano che un individuo ha con l'alimentazione, con le persone di sesso femminile, con la madre, con le sorelle. Questa posizione segnala la difficoltà di scindere il mondo immaginativo dalla realtà.
- **Venere:** complessi nella personalità legati alla sfera sessuale.
- **Marte:** tendenza alla competitività con la figura materna.
- **Giove:** conflitti familiari che si risolvono con molta facilità; ricerca della verità.
- **Saturno:** scelte non approvate dalla famiglia. Tendenza alla frustrazione.
- **Urano:** rottura nella vita familiare e facile irritabilità.
- **Nettuno:** conversione a un ideale politico o religioso. Tendenza a evadere dalle abitudini per amore della novità.
- **Plutone:** prestigio personale derivante dalla capacità di persuadere gli altri.

Vediamo ora cosa accade quando la Luna Nera si trova tra Mercurio e i seguenti pianeti:

- **Venere:** l'individuo comunica facilmente con le persona cui è legato sentimentalmente. A livello fisico indica una probabile infezione alla bocca.
- **Marte:** aggressività e irascibilità. Sotto il profilo fisico indica un problema di circolazione cerebrale.
- **Saturno:** ostacoli nella realizzazione delle proprie capacità intellettive. Può indicare una malattia agli arti nel periodo senile.
- **Urano:** mancanza di fiducia in se stessi. Tendenza ad avere incidenti.
- **Nettuno:** psiche fragile e temperamento nervoso; ha la tendenza a cancellare il passato.
- **Plutone:** senso critico accentuato. Tendenza a scegliere una via iniziatica.

Gli influssi della Luna Nera quando si trova fra Venere e i seguenti pianeti:

- **Marte:** si riferisce alla vita della coppia, alle sue amicizie, ai suoi incontri, ai suoi amori; il soggetto talora nasconde al partner un suo intimo desiderio.
- **Giove:** sorgente d'ispirazione per l'arte.
- **Saturno:** ricerca della solitudine per esplorare se stessi. Può indicare una vedovanza.
- **Urano:** numerose avventure sessuali. Tendenza a scegliere professioni legate alla politica.
- **Plutone:** trasformazione e catarsi.

Gli influssi della Luna Nera quando si trova fra Marte e i seguenti pianeti:

- **Giove:** vita sociale costellata di alti e bassi, dove impera l'illusione.
- **Saturno:** instabilità nel carattere.
- **Urano:** possibilità di incidenti, di rotture in un matrimonio; la libertà può essere frenata da altri.
- **Nettuno:** tendenza verso le più svariate forme di estremismo.
- **Plutone:** angoscia ed errori che portano l'individuo in una situazione di "non ritorno".

Gli influssi della Luna Nera quando si trova fra Giove e i seguenti pianeti:

- **Saturno:** in un tema natale, rivela la possibilità dell'individuo di guidare altri in una via spirituale, alla ricerca di se stessi; e allo stesso tempo segnala delle difficoltà nel percorso.
- **Urano:** predisposizione alla lotta per raggiungere la propria indipendenza.
- **Nettuno:** il soggetto è pronto a sacrificare il proprio ego per condurre una ricerca spirituale in grado di trasformare e innalzare la sua anima.
- **Plutone:** predisposizione ad affermarsi in attività competitive e nell'insegnamento.

Gli influssi della Luna Nera quando si trova fra Saturno e i seguenti pianeti:

- **Urano:** influisce sul destino della persona, anche nel campo sociale; si può prevedere un fallimento dovuto ai propri errori. Questo aspetto indica a livello fisico un probabile intervento chirurgico in età avanzata.
- **Nettuno:** durante la vecchiaia si avrà probabilmente un risveglio spirituale, un avvicinamento alla fede.
- **Plutone:** sessualità limitata dalle credenze religiose.

La Luna Nera, quando si trova fra Urano e Nettuno, indica che la persona si sentirà tradita dalle amicizie che coltiva da tempo. Per la salute suggerisce di stare attenti agli incidenti agli arti inferiori. Quando il pianeta si trova fra Urano e Plutone, indica una possibile operazione agli organi genitali oppure un problema di carattere psichico legato alla sessualità.
Se la Luna Nera si trova fra Nettuno e Plutone, segnala la difficoltà di ritrovare la via dopo aver abbandonato tutto. Troppa angoscia nasconde la luce.

Come si traccia l'oroscopo

Terminologia

- **Ascensione retta** (AR): è l'angolo compreso tra l'equatore celeste e il punto vernale.
- **Coordinate:** elementi necessari per definire la posizione di un punto nello spazio. Le coordinate usate in astrologia sono la longitudine, l'ASC, la declinazione, la latitudine, la distanza meridiana e la distanza delle cuspidi. Le prime tre sono rilevabili dalle effemeridi, le altre si calcolano.
- **Declinazione:** è la distanza calcolata in gradi di un pianeta dall'equatore celeste o orizzonte.
- **Domificazione:** è l'operazione adatta a collocare, nel grafico del tema natale, le dodici Case.
- **Interpolazione:** è l'operazione matematica d'inserimento di dati tra altri già esistenti. In astrologia si usa questo termine quando non si trovano le latitudini che servono nelle tavole delle Case e si devono, pertanto, svolgere le operazioni per calcolare la posizione delle Case e dei pianeti in un grafico.
- **Meridiano:** sono i circoli immaginari che fanno il giro della Terra passando per i poli. I meridiani sono tutti uguali, pertanto si attribuisce convenzionalmente a quello passante per Greenwich il carattere di meridiano iniziale (o fondamentale, o di grado zero).
- **Orizzonte:** in astrologia il termine indica la linea che divide il grafico del tema natale in due metà. La parte superiore corrisponde al percorso del Sole sopra l'orizzonte e si chiama diurna, l'altra metà è relativa al percorso durante la notte, pertanto si dice notturna.
- **Zenit:** è il punto più alto della sfera celeste situato sul prolungamento della verticale del luogo di nascita. Nessun pianeta può passare allo Zenit alle nostre latitudini; il Sole vi passa a partire da 23 gradi e 27 primi di latitudine nord fino a 23 gradi e 27 primi di latitudine sud; In astrologia il termine Zenit indica il Mezzo Cielo o MC.
- **Transiti:** il termine indica i passaggi reali nel cielo dei pianeti riportati nel tema natale. I pianeti che compiono il loro moto di rivoluzione percorrendo la fascia zodiacale, secondo la loro velocità di spostamento, formano continuamente nuove

configurazioni, rispetto al quadro planetario determinato al momento della nascita. Tra i pianeti in transito e quelli natali si può stabilire armonia o tensione ed è su questa base che si può procedere a una previsione del futuro.

Prima di tracciare il grafico di un tema natale, si ritiene necessario accennare ai concetti che ogni astrologo utilizza e che provengono dall'astronomia. Gli astronomi, per stabilire la posizione degli astri, sono soliti tracciare su un grafico che rappresenta la sfera celeste, un reticolato fatto da meridiani (graficamente rappresentati da cerchi che passano dai poli Nord e Sud) e paralleli (circoli disegnati in senso orizzontale, di cui il più importante è l'equatore); tale reticolo viene definito "sistema di riferimento".
Per calcolare la posizione di un punto sulla superficie della Terra, occorre determinarne le coordinate, ossia la distanza in gradi dal meridiano zero, quello di Greenwich, e dall'equatore. Quest'ultimo divide l'emisfero in due parti. Le coordinate terrestri e geografiche sono la longitudine (long. da 0 a 180 gradi, partendo dal meridiano di Greenwich), la latitudine (lat., da 0 a 90 gradi partendo dall'equatore e andando verso i poli Nord e Sud). Lo stesso vale per le coordinate celesti. S'immagina la sfera celeste sulla quale si proietterà per analogia l'equatore celeste, che si chiama orizzonte, e si tracciano meridiani e paralleli, che sono le proiezioni di quelli terrestri. I meridiani passano tutti per lo zenit della località di nascita; da questo punto si tracciano orizzontalmente altre linee fino ad incontrare quella dell'orizzonte, descrivendo un arco di 90 gradi.
Le coordinate celesti, usate in astrologia, sono l'ascensione retta (AR) e la declinazione. Sulla sfera celeste si disegna un circonferenza (l'eclittica) che rappresenta la traiettoria apparente del Sole descritta in un anno attorno alla Terra.
L'eclittica interseca l'orizzonte in due punti equinoziali nei quali il Sole, nel suo moto apparente, transita il 21 marzo e il 23 settembre di ogni anno. Il 21 marzo il Sole varca l'orizzonte, dando inizio alla primavera; si ha, dunque, in questo giorno, l'equinozio di primavera o punto vernale; in esso la durata del giorno è uguale a quella della notte. Il punto vernale costituisce il punto d'origine, da cui si parte per determinare le ascensioni rette che si misurano da 0 a 360 gradi o da 0 a 24 ore. Esso si chiama anche punto d'Ariete, in quanto, nell'oroscopo, si collega al segno zodiacale dell'Ariete e perché 2000 anni fa si trovava nella costellazione zodiacale dello stesso segno. Oggi si trova nell'Acquario. Lo si chiama, ancora, punto Gamma, in quanto il simbolo grafico dell'Ariete è simile alla lettera gamma minuscola dell'alfabeto greco.
Il 23 settembre si ha l'equinozio d'autunno. In questo giorno il Sole passa dall'emisfero boreale a quello australe, attraversando l'orizzonte o equatore celeste. Nel grafico lo si trova al grado iniziale zero della Bilancia.
Per tracciare il grafico di un oroscopo si disegna il cerchio dello schema allegato e lo si divide in dodici settori di 30 gradi ciascuno. Si inizia dal grado zero in Ariete

(il punto vernale o equinozio di primavera) fino al grado zero nella Bilancia (equinozio d'autunno). Si consideri che l'est e il polo Sud, nel disegno, sono a sinistra, mentre l'ovest e il polo Nord sono a destra; pertanto si riuniscono i due punti e si ottiene una linea che divide il cerchio e che rappresenta la direzione dell'ascendente (ASC), punto in cui sorge il Sole e del Discendente (DISC), che è il punto opposto. Essi sono le cuspidi o inizi della prima e settima Casa. Un'altra linea importante è quella che parte dal mezzo cielo (MC), punto in cui il Sole si trova a mezzogiorno per giungere al fondo cielo (FC), punto del cielo in cui il Sole si trova a mezzanotte. Il MC è posto nella cuspide della decima Casa, il FC è in quella della quarta Casa. I settori formati da tali linee prendono il nome di "segno".
Per fare i calcoli delle posizioni planetarie da collocare sul grafico, occorre munirsi delle apposite tavole: le effemeridi, che riportano le posizioni dei pianeti e le tavole delle Case dove si trovano le posizioni dell'ASC e delle cuspidi delle Case.

LE EFFEMERIDI

Le effemeridi sono tavole astronomiche che forniscono le longitudini dei pianeti, la loro posizione sullo zodiaco per ogni giorno dell'anno. La posizione indicata è quella del meridiano di Greenwich, longitudine zero, che, in alcune effemeridi, è relativa alla mezzanotte, in altre al mezzogiorno.
È indispensabile sapere che il GMT ("Greenwich Mean Time", "tempo medio di Greenwich") è il riferimento orario universale. Esso è necessario per la stesura dell'oroscopo e per la rilevazione dei transiti planetari nel corso dell'anno. Le effemeridi non sono difficili da consultare. In questo testo vi sono delle tavole "semplificate", ciò significa che esse riportano le coordinate planetarie a gruppi di cinque giorni, più il giorno che conclude il mese.

Come consultare le effemeridi

Le effemeridi che qui si consultano (vedi sezione TAVOLE, p. 153)) sono calcolate sull'ora zero di Greenwich, per ogni cinque giorni dal gennaio 1953 al dicembre del 2020. La prima operazione da compiere è la ricerca del mese e del giorno di nascita. La tavola relativa a questi dati presenta 13 colonne: la prima riporta i giorni del mese, la seconda il tempo siderale (TS) espresso in ore, minuti e secondi. Dalla terza alla tredicesima colonna sono indicate le longitudini del Sole (in gradi, minuti e secondi), degli altri pianeti e del Nodo lunare (in gradi e minuti) con accanto il simbolo del segno zodiacale. I pianeti sono rappresentati con i loro simboli.

LE TAVOLE DELLE CASE

Le tavole delle Case sono tabelle numeriche che indicano, per ogni ora di nascita e per ogni latitudine terrestre, la posizione delle Case astrologiche. Queste tavole sono valide per tutti gli anni di nascita. Per tracciare un tema natale e collocarvi le Case (domificazione), è necessario conoscere l'ora siderale di nascita (TS) e le latitudini, per le quali le tavole sono stabilite. Se la latitudine del luogo di nascita non corrisponde a quella segnalata dalle tavole si fa un'interpolazione tra i dati forniti dalla latitudine superiore e da quella inferiore.

COME CONSULTARE LE TAVOLE DELLE CASE

Con l'aiuto delle tavole delle Case si opera la domificazione, e cioè la collocazione dei segni dello zodiaco nelle Case.
Si prende la tavola delle Case e si consultano le pagine che riguardano la latitudine del luogo di nascita; se non si trova precisamente quella che si cerca, ci si riferisce a quella più vicina. Per esempio la latitudine di una nascita avvenuta a Torino il giorno 8 giugno 1996 è di 45°04 N, che non si trova nelle tavole allegate, pertanto si consulta quella più vicina che è di 45°28 N. Ci si riferisce al tempo siderale che si trova nella prima colonna e che si è precedentemente calcolato. Si noti, nelle colonne successive, accanto al TS, i segni che occupano la decima Casa (MC), la undicesima, la dodicesima, la prima Casa o ASC, la seconda e la terza. Essendo le Case opposte a due a due, partendo da quelle segnate, si stabiliscono le altre sei Case, loro corrispondenti: alla prima corrisponde la settima, alla seconda la ottava, alla terza la nona, alla quinta la seconda, alla sesta la dodicesima Casa.

GLI ELEMENTI E LE COORDINATE ASTRONOMICHE PER DETERMINARE LA POSIZIONE GEOGRAFICA DI NASCITA

Come si è visto, la posizione di qualsiasi punto della superficie terrestre può essere determinata mediante le sue coordinate geografiche, che sono la longitudine e la latitudine, che si calcolano sugli atlanti, lungo i meridiani e i paralleli. I meridiani e i paralleli celesti, in astrologia, si chiamano rispettivamente ascensione retta (AR) e declinazione.

LA LONGITUDINE E L'ASCENSIONE RETTA

La longitudine è la distanza angolare di un punto della superficie terrestre rispetto al meridiano fondamentale. Essa si calcola quindi a partire dal meridiano fondamentale, quello di Greenwich, e in direzione est oppure in direzione ovest. Si può misurare sia in gradi, da 0 a 180 gradi est e ovest, sia in tempo, da 0 ore a 12 ore, sempre est o ovest. Una volta trovata la longitudine del luogo che interessa, la si deve sommare al GMT e al tempo siderale (TS) per ottenere il tempo siderale di nascita (TS). La longitudine celeste o ascensione retta (AR), invece, è la posizione dei pianeti sulla fascia zodiacale, espressa in gradi e segnata nelle effemeridi. È l'angolo formato dall'equatore celeste con il punto vernale.
Dato che la Terra, nella rotazione su se stessa, trascina in 24 ore tutto ciò che si trova sulla sua superficie, anche i meridiani si spostano. La loro posizione, in rapporto

allo zodiaco e ai pianeti, varia in continuazione. La Terra è divisa in 24 fusi orari che hanno ciascuno 15 gradi di longitudine e che segnano ciascuno un'ora diversa. Tutti i paesi compresi in un medesimo fuso orario dovrebbero avere la stessa ora legale, e attualmente è così in quasi tutti i paesi. Il primo fuso ha per meridiano centrale quello di Greenwich. Inoltre il piano di ogni meridiano interseca l'eclittica in un punto chiamato mezzo cielo (MC) al fondo cielo (FC) come si può vedere nel grafico dell'oroscopo.

LA LATITUDINE E LA DECLINAZIONE

La latitudine geografica di un punto è la distanza angolare di questo dall'equatore, e corrisponde alla misura in gradi dell'arco di meridiano compreso tra il parallelo del luogo e l'equatore. Poiché il piano che passa attraverso la Terra all'altezza dell'equatore forma con l'asse di rotazione terrestre un angolo di 180 gradi, la latitudine verrà calcolata da 0 a 90 gradi a nord dell'equatore e da 0 a 90 gradi a sud dell'equatore. È importante conoscere la latitudine per trovare la posizione delle Case.
La latitudine celeste, chiamata anche declinazione, è la distanza esistente tra un pianeta e il piano dell'eclittica, a seconda che il pianeta si trovi al di sopra o al di sotto dell'eclittica. Essa potrà essere calcolata da 0 a 30 gradi nord.
Nella pratica astrologica viene usata molto raramente; serve per calcolare le eclissi, dal momento che esse si determinano quando la Luna ha una latitudine nord o sud, rispetto all'eclittica, inferiore a 1 grado.
La posizione di un qualsiasi punto della Terra è determinata in via assoluta dall'incrocio di un parallelo con un meridiano e si può capire quindi come tutti i punti che si trovano su di uno stesso meridiano abbiano la stessa latitudine; ma come soltanto un punto possa avere contemporaneamente una data latitudine e una data longitudine.

IL TEMPO IN ASTROLOGIA

La Terra ruota sul proprio asse compiendo un moto reale. Per determinare la velocità di tale rotazione e, di conseguenza, controllare lo spostamento degli astri, si fissano un punto di riferimento sulla Terra e uno sulla sfera celeste.
La rotazione completa della Terra rispetto al cielo si ha quando, per il punto di riferimento scelto, vi sono due passaggi consecutivi di uno stesso oggetto celeste. Il punto di riferimento è il meridiano di un luogo, detto punto vernale. È un semicerchio che unisce il polo Nord a quello Sud, passando per lo zenit del luogo stesso. Due passaggi consecutivi del Sole nel punto di riferimento definiscono il giorno solare, che si suddivide in 24 ore (solari); ogni ora è formata da 60 minuti e un minuto da 60 secondi. Il giorno solare, come l'ora solare, non ha sempre la stessa durata e non coincide con l'orologio costruito dall'uomo.
In alcuni periodi dell'anno, il Sole sembra correre più veloce, in altri più lentamente. Questo fenomeno è legato all'inclinazione dell'eclittica rispetto all'equatore ce-

leste. Per accordare le ore dell'orologio a quelle del Sole, si è creato il giorno solare medio, di durata costante. Significa che immaginiamo un Sole ipotetico che precede o segue, nel corso dell'anno, il Sole reale.

LE ORE ASTROLOGICHE

Esistono diversi tipi di ore, alcuni dei quali interessano l'astrologia per il calcolo della domificazione e per la ricerca della longitudine dei pianeti.

- **L'ora vera:** è la ventiquattresima parte del giorno solare che corrisponde a due passaggi successivi del Sole sul meridiano. È l'ora data dai quadranti solari, che varia a seconda del movimento apparente del Sole sull'eclittica (da 57'12" a 60'10").
- **L'ora astronomica:** è la ventiquattresima parte del giorno medio; si conta da un mezzogiorno all'altro.
- **L'ora legale:** è un'ora convenzionale fissata dalla legge per motivi di convenienza economica; per ottenerla si aggiungono 60 minuti all'ora solare.
- **L'ora planetaria:** è la dodicesima parte del tempo impiegato da un pianeta per percorrere il suo arco diurno o notturno. Per il Sole è la dodicesima parte del giorno o della notte.
- **L'ora solare:** è la ventiquattresima parte del giorno medio. È quella ufficialmente adottata nei vari paesi e quella che segnano gli orologi.
- **L'ora locale:** è quella del luogo di nascita. Si calcola secondo la longitudine del luogo in cui si nasce. Si ottiene aggiungendo o sottraendo questa longitudine all'ora solare. Per effettuare tali calcoli si considera il tempo medio di Greenwich (GMT) e si controlla se il luogo di nascita si trova a est o a ovest del meridiano iniziale.
- **L'ora siderale:** è la ventiquattresima parte del giorno siderale che corrisponde al tempo impiegato dalla Terra per effettuare un giro completo su se stessa. L'ora siderale è indicata nelle effemeridi per ogni giorno all'ora zero o a mezzogiorno secondo i casi. Essa è indispensabile all'astrologo per determinare il tempo siderale di nascita, il TS.

IL GIORNO SIDERALE

Il giorno siderale è caratterizzato dal moto apparente delle stelle, o più precisamente dal moto di rotazione della Terra con riferimento alle stelle. Questo giorno è definito dall'intervallo di tempo che separa due passaggi consecutivi che vanno dal punto vernale al meridiano del luogo che si prende in considerazione.

Il giorno siderale risulta più breve del giorno solare di circa 4 minuti. Per esempio, si supponga di proiettare, a mezzogiorno del 21 marzo, il meridiano del luogo di nascita, al centro del Sole, che si trova a zero gradi dell'Ariete.

Il meridiano farà un giro completo nello stesso tempo in cui lo farà la Terra e, 24 ore siderali dopo, la sua proiezione ritornerà nuovamente al grado zero dell'Ariete.

Il meridiano ha compiuto un giorno siderale, ma in quel momento è il mezzogiorno del 22 marzo e il Sole reale non è più a zero gradi dell'Ariete, ma a un grado da esso.
Per percorrere il grado in più impiega quattro minuti circa. Ecco perché il giorno solare è più lungo di quattro minuti del giorno medio e siderale, e l'ora siderale è più corta dell'ora media di dieci secondi circa.

IL TEMPO SIDERALE

Ogni giorno dell'anno ha il suo tempo siderale, che è semplicemente lo sfasamento che si è accumulato a quella data. Il tempo siderale è dunque l'angolo orario che forma il punto vernale rispetto alla posizione zodiacale del Sole. Il tempo siderale, insieme a quello solare, è indispensabile per orientare lo zodiaco. Pertanto nei calcoli di un tema natale, all'ora reale della nascita si aggiunge l'ora siderale che si trova consultando la tabella, e che corrisponde al mese e giorno di nascita. Per i luoghi situati a est del meridiano di Greenwich, la differenza di ore del fuso orario deve essere tolta al tempo siderale (TS) di Greenwich; mentre per i luoghi ad ovest si fa un'addizione.

GMT – TEMPO MEDIO DI GREENWICH

Il GMT è un tempo utile per trovare il tempo siderale di nascita (TS) e per calcolare le posizioni planetarie al momento della nascita. È l'ora universale adottata per la misura del tempo. La superficie terrestre è stata divisa in 24 fusi orari, ciascuno di 15 gradi di longitudine che segnano ognuno un'ora diversa.
A ogni fuso successivo, andando verso est, si ha un'ora in più, andando verso ovest, un'ora in meno. Il fuso orario dell'Italia ha un'ora in più rispetto a quello di Greenwich (una in più rispetto al GMT). Per i calcoli delle località italiane, al GMT delle effemeridi, si sottrae un'ora da quella data, oppure due, se nel periodo preso in esame vige l'ora legale.

I FATTORI FONDAMENTALI PER TRACCIARE UN OROSCOPO

Il passaggio del Sole nei vari segni zodiacali varia: a volte si verifica un giorno prima, a volte un giorno dopo le date già segnalate nel capitolo precedente. Ogni meridiano, a causa del movimento della Terra, percorre tutto lo zodiaco in 24 ore; perciò, essendo dodici i segni zodiacali viene percorso in due ore, e ogni grado dell'eclittica in quattro minuti di tempo. Il piano del meridiano taglia l'eclittica in un punto importante per la formulazione dell'oroscopo che si chiama cuspide o punto di regresso o punta della decima Casa o mezzo cielo: questa è la posizione del Sole a mezzogiorno. Il punto opposto si chiama fondo cielo o punta della quarta Casa, è il punto del cielo in cui il Sole si trova a mezzanotte.

Un elemento fondamentale da prendere in considerazione è il luogo astronomico in cui il Sole sorge, che viene detto ascendente (ASC). Il suo punto opposto è Discendente (DISC). Essi sono le cuspidi o inizi della prima e della settima Casa.

L'ASCENDENTE

L'ascendente è il segno dello zodiaco che sorge all'orizzonte al momento della nascita. È il punto d'incontro tra l'orizzonte e l'eclittica. Il grafico a pag. 26 mostra che l'ascendente è posto sulla sinistra; questo perché, per effetto dell'apparente movimento della sfera celeste in senso contrario a quello del Sole, l'Oriente si ritrova nella parte opposta. Il segno dell'ascendente è uno degli elementi fondamentali per determinare un oroscopo.

La posizione dell'ascendente dipende dalla latitudine del luogo e dall'ora di nascita.

È molto importante determinare a quale dei dodici segni zodiacali appartiene l'ASC

L'ascendente indica la formazione della personalità, l'aspetto esterno dell'individuo, l'impressione che egli suscita nel prossimo, e pertanto fornisce notizie sulle sue caratteristiche fisiche, sull'impostazione mentale e sul modo di agire. Ne rivelerà i particolari del temperamento, le basi della personalità e quelle doti dello spirito che devono essere lo strumento su cui l'azione cosciente deve contare, se vuole svilupparsi e realizzarsi. Si può dire che l'ascendente esprime le forze del segno che è sorto nel cielo nel momento della nascita; può modificare il valore del segno solare rafforzandone o attenuandone le caratteristiche.

È per questo motivo che si mette il segno dell'ascendente in relazione con quello del Sole. Per un'interpretazione più accurata si può inoltre considerare l'influsso degli elementi, Fuoco, Aria, Terra e Acqua, sull'ASC Se esso è nei segni di Fuoco (Ariete, Leone e Sagittario), l'individuo saprà affrontare la vita con coraggio, fiducia e indipendenza.

Se il segno è tra quelli dell'Aria (Gemelli, Bilancia e Acquario) la persona avrà un carattere gentile, comprensivo, riflessivo, ma forte e resistente; avrà inoltre grande capacità d'intuizione che rivolge ad aspirazioni spirituali elevate. Se l'ASC è nei segni di Terra, (Toro, Vergine e Capricorno), caratterizzerà una natura pratica, laboriosa e conservatrice. L'individuo sarà in grado, con perseveranza, di costruirsi una vita comoda e indipendente.

Se l'ASC è nei segni d'Acqua (Cancro, Scorpione e Pesci), ci si trova di fronte a individui sognatori, simpatici e fedeli.

La presenza di uno o più pianeti nell'ascendente fa risaltare particolarmente determinati aspetti del carattere; molti individui si riconoscono di più nel segno dell'ascendente che in quello del Sole.

Le influenze dell'ASC possono essere positive o negative e per ogni segno zodiacale sono state definite alcune caratteristiche di base. Nel tema natale di un soggetto della **Vergine**, l'ASC in **Capricorno** indica meticolosità e rigidezza, se invece si trova nella **Vergine**, nella carta del cielo di un **Capricorno**, queste due caratteristiche si trasformano in ordine e pulizia.

Si può affermare, pertanto, che le influenze determinate dall'ASC in questi due segni non sono del tutto positive in quanto **Capricorno** e **Vergine** sono entrambi segni di Terra che appesantiscono le caratteristiche principali di un tema natale.
L'ASC **Vergine** nell'oroscopo di un soggetto **Ariete**, segno di Fuoco, ha un'influenza positiva. Il temperamento logico della **Vergine** bilancia l'esuberanza dell'**Ariete.**
Positivo è l'abbinamento tra la **Bilancia**, segno d'Aria, e l'ASC **Leone**, segno di Fuoco. Il primo si caratterizza per la sensibilità e le innate capacità artistiche; il secondo aggiunge al temperamento del soggetto una buona dose di energia e spirito d'iniziativa.

COME TROVARE L'ASCENDENTE

L'ASC delimita la prima delle dodici Case in cui si suddivide il cerchio zodiacale; per calcolarlo bisogna conoscere l'ora esatta, il giorno, il mese, l'anno e il luogo della nascita, consultare le effemeridi e la tavola delle Case. Si trasforma l'ora di nascita in ora di Greenwich, si cerca la longitudine oraria del luogo di nascita che si aggiungerà all'ora ottenuta. In base a questa, si cerca nelle effemeridi il tempo siderale in corrispondenza al giorno che interessa e con una somma si ottiene il tempo siderale di nascita. Infine si consulta la tabella dell'ascendente per trovare il segno in cui esso è collocato.

Per facilitare i calcoli si può consultare la tabella seguente che indica l'ora siderale, dato importante da aggiungere all'ora di nascita. Nella tabella i dati corrispondono al mese e al giorno di nascita.

TABELLA PER LA RICERCA DELL'ORA SIDERALE

GIORNO 1:				
gennaio	6	h	36	m
febbraio	8	h	38	m
marzo	10	h	33	m
aprile	12	h	36	m
maggio	14	h	33	m
giugno	16	h	36	m
luglio	18	h	34	m
agosto	20	h	37	m
settembre	22	h	39	m
ottobre	0	h	37	m
novembre	2	h	39	m
dicembre	4	h	38	m

GIORNO 2:				
gennaio	6	h	40	m
febbraio	8	h	42	m
marzo	10	h	37	m
aprile	12	h	40	m
maggio	14	h	37	m
giugno	16	h	40	m
luglio	18	h	38	m
agosto	20	h	41	m
settembre	22	h	43	m
ottobre	0	h	41	m
novembre	2	h	43	m
dicembre	4	h	42	m

GIORNO 3:				
gennaio	6	h	44	m
febbraio	8	h	46	m
marzo	10	h	40	m
aprile	12	h	44	m
maggio	14	h	41	m
giugno	16	h	43	m
luglio	18	h	42	m
agosto	20	h	45	m
settembre	22	h	47	m
ottobre	0	h	45	m
novembre	2	h	47	m
dicembre	4	h	46	m

GIORNO 4:				
gennaio	6	h	48	m
febbraio	8	h	50	m
marzo	10	h	44	m
aprile	12	h	48	m
maggio	14	h	45	m
giugno	16	h	47	m
luglio	18	h	46	m
agosto	20	h	49	m
settembre	22	h	51	m
ottobre	0	h	49	m
novembre	2	h	51	m
dicembre	4	h	50	m

GIORNO 5:				
gennaio	6	h	52	m
febbraio	8	h	54	m
marzo	10	h	48	m
aprile	12	h	52	m
maggio	14	h	49	m
giugno	16	h	51	m
luglio	18	h	50	m
agosto	20	h	53	m
settembre	22	h	55	m
ottobre	0	h	53	m
novembre	2	h	55	m
dicembre	4	h	54	m

GIORNO 6:				
gennaio	6	h	56	m
febbraio	8	h	58	m
marzo	10	h	52	m
aprile	12	h	55	m
maggio	14	h	53	m
giugno	16	h	55	m
luglio	18	h	54	m
agosto	20	h	57	m
settembre	22	h	59	m
ottobre	0	h	57	m
novembre	2	h	59	m
dicembre	4	h	57	m

GIORNO 7:				
gennaio	7	h	00	m
febbraio	9	h	02	m
marzo	10	h	56	m
aprile	12	h	58	m
maggio	14	h	57	m
giugno	16	h	59	m
luglio	18	h	58	m
agosto	21	h	00	m
settembre	23	h	03	m
ottobre	1	h	01	m
novembre	3	h	03	m
dicembre	5	h	01	m.

GIORNO 8:				
gennaio	7	h	04	m
febbraio	9	h	06	m
marzo	11	h	00	m
aprile	13	h	02	m
maggio	15	h	01	m
giugno	17	h	03	m
luglio	19	h	02	m
agosto	21	h	04	m
settembre	23	h	07	m
ottobre	1	h	05	m
novembre	3	h	07	m
dicembre	5	h	05	m

GIORNO 9:				
gennaio	7	h	08	m
febbraio	9	h	10	m
marzo	11	h	04	m
aprile	13	h	06	m
maggio	15	h	05	m
giugno	17	h	07	m
luglio	19	h	06	m
agosto	21	h	08	m
settembre	23	h	11	m
ottobre	1	h	09	m
novembre	3	h	11	m
dicembre	5	h	09	m

GIORNO 10:				
gennaio	7	h	12	m
febbraio	9	h	14	m
marzo	11	h	08	m
aprile	13	h	10	m
maggio	15	h	09	m
giugno	17	h	11	m
luglio	19	h	10	m
agosto	21	h	12	m
settembre	23	h	14	m
ottobre	1	h	13	m
novembre	3	h	15	m
dicembre	5	h	13	m

GIORNO 11:				
gennaio	7	h	15	m
febbraio	9	h	18	m
marzo	11	h	12	m
aprile	13	h	14	m
maggio	15	h	13	m
giugno	17	h	15	m
luglio	19	h	14	m
agosto	21	h	16	m
settembre	23	h	18	m
ottobre	1	h	17	m
novembre	3	h	19	m
dicembre	5	h	17	m

GIORNO 12:				
gennaio	7	h	19	m
febbraio	9	h	22	m
marzo	11	h	16	m
aprile	13	h	18	m
maggio	15	h	17	m
giugno	17	h	19	m
luglio	19	h	18	m
agosto	21	h	20	m
settembre	23	h	22	m
ottobre	1	h	21	m
novembre	3	h	23	m
dicembre	5	h	21	m

GIORNO 13:

gennaio	7	h	23	m
febbraio	9	h	26	
marzo	11	h	20	m
aprile	13	h	22	m
maggio	15	h	21	m
giugno	17	h	23	m
luglio	19	h	22	m
agosto	21	h	24	m
settembre	23	h	26	m
ottobre	1	h	25	m
novembre	3	h	27	m
dicembre	5	h	25	m

GIORNO 14:

gennaio	7	h	27	m
febbraio	9	h	30	m
marzo	11	h	24	m
aprile	13	h	26	m
maggio	15	h	24	m
giugno	17	h	27	m
luglio	19	h	26	m
agosto	21	h	28	m
settembre	23	h	30	m
ottobre	1	h	29	m
novembre	3	h	31	m
dicembre	5	h	29	m

GIORNO 15:

gennaio	7	h	31	m
febbraio	9	h	33	m
marzo	11	h	28	m
aprile	13	h	30	m
maggio	15	h	28	m
giugno	17	h	31	m
luglio	19	h	30	m
agosto	21	h	32	m
settembre	23	h	34	m
ottobre	1	h	32	m
novembre	3	h	35	m
dicembre	5	h	33	m

GIORNO 16:

gennaio	7	h	35	m
febbraio	9	h	37	m
marzo	11	h	32	m
aprile	13	h	34	m
maggio	15	h	32	m
giugno	17	h	34	m
luglio	19	h	34	m
agosto	21	h	36	m
settembre	23	h	38	m
ottobre	1	h	36	m
novembre	3	h	39	m
dicembre	5	h	37	m

GIORNO 17:

gennaio	7	h	39	m
febbraio	9	h	41	m
marzo	11	h	36	m
aprile	13	h	38	m
maggio	15	h	36	m
giugno	17	h	38	m
luglio	19	h	38	m
agosto	21	h	40	m
settembre	23	h	42	m
ottobre	1	h	40	m
novembre	3	h	43	m
dicembre	5	h	41	m

GIORNO 18:				
gennaio	7	h	43	m
febbraio	9	h	45	m
marzo	11	h	40	m
aprile	13	h	42	m
maggio	15	h	40	m
giugno	17	h	42	m
luglio	19	h	42	m
agosto	21	h	44	m
settembre	23	h	46	m
ottobre	1	h	44	m
novembre	3	h	47	m
dicembre	5	h	45	m

GIORNO 19:				
gennaio	7	h	47	m
febbraio	9	h	49	m
marzo	11	h	44	m
aprile	13	h	46	m
maggio	15	h	44	m
giugno	17	h	46	m
luglio	19	h	46	m
agosto	21	h	48	m
settembre	23	h	50	m
ottobre	1	h	48	m
novembre	3	h	50	m
dicembre	5	h	49	m

GIORNO 20:				
gennaio	7	h	51	m
febbraio	9	h	53	m
marzo	11	h	48	m
aprile	13	h	50	m
maggio	15	h	48	m
giugno	17	h	50	m
luglio	19	h	49	m
agosto	21	h	52	m
settembre	23	h	54	m
ottobre	1	h	52	m
novembre	3	h	54	m
dicembre	5	h	53	m

GIORNO 21:				
gennaio	7	h	55	m
febbraio	9	h	57	m
marzo	11	h	52	m
aprile	13	h	54	m
maggio	15	h	52	m
giugno	17	h	54	m
luglio	19	h	53	m
agosto	21	h	56	m
settembre	23	h	58	m
ottobre	1	h	56	m
novembre	3	h	58	m
dicembre	5	h	57	m

GIORNO 22:				
gennaio	7	h	59	m
febbraio	10	h	01	m
marzo	11	h	55	m
aprile	13	h	58	m
maggio	15	h	56	m
giugno	17	h	58	m
luglio	10	h	57	m
agosto	22	h	00	m
settembre	0	h	02	m
ottobre	2	h	00	m
novembre	4	h	02	m
dicembre	6	h	01	m

GIORNO 23:				
gennaio	8	h	03	m
febbraio	10	h	05	m
marzo	11	h	58	m
aprile	14	h	02	m
maggio	16	h	00	m
giugno	18	h	02	m
luglio	20	h	02	m
agosto	22	h	04	m
settembre	0	h	06	m
ottobre	2	h	04	m
novembre	4	h	06	m
dicembre	6	h	05	m

GIORNO 24:				
gennaio	8	h	07	m
febbraio	10	h	09	m
marzo	12	h	02	m
aprile	14	h	06	m
maggio	16	h	04	m
giugno	18	h	06	m
luglio	20	h	06	m
agosto	22	h	08	m
settembre	0	h	10	m
ottobre	2	h	06	m
novembre	4	h	10	m
dicembre	6	h	09	m

GIORNO 25:				
gennaio	8	h	11	m
febbraio	10	h	13	m
marzo	12	h	06	m
aprile	14	h	10	m
maggio	16	h	08	m
giugno	18	h	10	m
luglio	20	h	10	m
agosto	22	h	12	m
settembre	0	h	14	m
ottobre	2	h	12	m
novembre	4	h	14	m
dicembre	6	h	13	m

GIORNO 26:				
gennaio	8	h	15	m
febbraio	10	h	17	m
marzo	12	h	10	m
aprile	14	h	10	m
maggio	16	h	12	m
giugno	18	h	14	m
luglio	20	h	14	m
agosto	22	h	16	m
settembre	0	h	18	m
ottobre	2	h	16	m
novembre	4	h	18	m
dicembre	6	h	17	m

GIORNO 27:				
gennaio	8	h	19	m
febbraio	10	h	21	m
marzo	12	h	14	m
aprile	14	h	18	m
maggio	16	h	16	m
giugno	18	h	18	m
luglio	20	h	18	m
agosto	22	h	20	m
settembre	0	h	23	m
ottobre	2	h	20	m
novembre	4	h	22	m
dicembre	6	h	21	m

GIORNO 28:				
gennaio	8	h	23	m
febbraio	10	h	25	m
marzo	12	h	18	m
aprile	14	h	22	m
maggio	16	h	20	m
giugno	18	h	22	m
luglio	20	h	22	m
agosto	22	h	24	m
settembre	0	h	26	m
ottobre	2	h	24	m
novembre	4	h	26	m
dicembre	6	h	24	m

GIORNO 29:				
gennaio	8	h	26	m
febbraio	10	h	29	m
marzo	12	h	22	m
aprile	14	h	26	m
maggio	16	h	24	m
giugno	18	h	26	m
luglio	20	h	26	m
agosto	22	h	27	m
settembre	0	h	30	m
ottobre	2	h	28	m
novembre	4	h	30	m
dicembre	6	h	28	m

GIORNO 30:				
gennaio	8	h	30	m
marzo	12	h	26	m
aprile	14	h	29	m
maggio	16	h	28	m
giugno	18	h	30	m
luglio	20	h	30	m
agosto	22	h	31	m
settembre	0	h	34	m
ottobre	2	h	32	m
novembre	4	h	34	m
dicembre	6	h	32	m

GIORNO 31:				
gennaio	8	h	34	m
marzo	12	h	30	m
maggio	16	h	32	m
luglio	20	h	33	m
agosto	22	h	35	m
ottobre	2	h	36	m
dicembre	6	h	36	m

TABELLA PER LA RICERCA DEL SEGNO ASCENDENTE

ORE	GRADO	SEGNO
00h 11m	25°	CANCRO
00h 35m	0°	LEONE
00h 58m	25°	SCORPIONE
01h 02m	5°	LEONE
01h 29m	10°	LEONE
01h 56m	15°	LEONE
02h 23m	20°	LEONE
02h 50m	25°	LEONE
03h 18m	0°	VERGINE
03h 44m	5°	VERGINE
04h 11m	10°	VERGINE
04h 38m	15°	VERGINE
05h 05m	20°	VERGINE
05h 32m	25°	VERGINE
06h 00m	0°	BILANCIA
06h 27m	5°	BILANCIA
06h 54m	10°	BILANCIA
07h 21m	15°	BILANCIA
07h 48m	20°	BILANCIA
08h 15m	25°	BILANCIA
08h 42m	0°	SCORPIONE
09h 10m	5°	SCORPIONE
09h 37m	10°	SCORPIONE
10h 04m	15°	SCORPIONE
10h 31m	20°	SCORPIONE
11h 25m	0°	SAGITTARIO
11h 50m	5°	SAGITTARIO
12h 15m	10°	SAGITTARIO
12h 40m	15°	SAGITTARIO
12h 54m	0°	CAPRICORNO
13h 05m	20°	SAGITTARIO
13h 30m	25°	SAGITTARIO
14h 12m	5°	CAPRICORNO
14h 30m	10°	CAPRICORNO
14h 49m	15°	CAPRICORNO
15h 08m	20°	CAPRICORNO

ORE	GRADO	SEGNO
15h 26m	25°	CAPRICORNO
15h 44m	0°	ACQUARIO
15h 57m	5°	ACQUARIO
16h 10m	10°	ACQUARIO
16h 23m	15°	ACQUARIO
16h 36m	20°	ACQUARIO
16h 49m	25°	ACQUARIO
17h 01m	0°	PESCI
17h 11m	5°	PESCI
17h 21m	10°	PESCI
17h 31m	15°	PESCI
17h 41m	20°	PESCI
17h 51m	25°	PESCI
18h 01m	0°	ARIETE
18h 11m	5°	ARIETE
18h 21m	10°	ARIETE
18h 31m	15°	ARIETE
18h 41m	20°	ARIETE
18h 51m	25°	ARIETE
19h 01m	0°	TORO
19h 14m	5°	TORO
19h 27m	10°	TORO
19h 40m	15°	TORO
19h 53m	20°	TORO
20h 06m	25°	TORO
20h 18m	0°	GEMELLI
20h 37m	5°	GEMELLI
20h 56m	10°	GEMELLI
21h 15m	15°	GEMELLI
21h 33m	20°	GEMELLI
21h 51m	25°	GEMELLI
22h 09m	0°	CANCRO
22h 34m	5°	CANCRO
22h 58m	10°	CANCRO
23h 22m	15°	CANCRO
23h 46m	20°	CANCRO

IL MEZZO CIELO

La posizione del MC dipende dall'ora di nascita. Tutti i punti di uno stesso meridiano hanno per una stessa ora il medesimo MC. È il segno posto alla sommità dell'oroscopo (punto di mezzogiorno). Fornisce indicazioni circa l'obiettivo che un individuo deve raggiungere e individua le caratteristiche che il soggetto avrà nella vita.
Le posizioni del MC e dell'ASC si trovano attraverso le tavole delle Case. L'asse che unisce il MC e il FC, punti situati in segni opposti, divide lo schema orizzontalmente in parti uguali. La parte superiore, che corrisponde al percorso del Sole sopra l'orizzonte, si definisce diurna, quella inferiore corrisponde al percorso notturno del Sole.
Nello schema riprodotto a pag. 26 si può notare l'asse ASC– DISC: nella parte dell'ASC il Sole si trova a Oriente (parte orientale). La parte DISC è Occidente.
I due assi MC–FC, ASC–DISC, dividono il grafico in quattro settori, detti quadranti. A loro volta sono divisi in tre parti per cui si ottengono dodici settori chiamati Case (non bisogna confonderle con i 12 segni dello zodiaco). Le Case si succedono nel senso inverso a quello delle lancette dell'orologio. L'ASC è posto sulla punta della prima Casa, seguono la seconda, poi la terza che termina nella parte inferiore dell'asse MC–FC ed è la punta della quarta Casa; seguono la quinta e la sesta che sono collocate nella parte occidentale della linea dell'orizzonte dove si trova anche la settima Casa. L'ottava e poi la nona terminano sulla parte superiore della linea MC–FC, dove si trova la decima Casa. L'undicesima e la dodicesima si allacciano all'ASC.

Le case si possono raggruppare come segue:
- **Le Case 1–2–3** formano il primo quadrante e sono notturne e orientali.
- **Le Case 4–5–6** formano il secondo quadrante e sono notturne e occidentali.
- **Le Case 7–8–9** formano il terzo quadrante e sono diurne e occidentali.
- **Le Case 10–11–12** formano il quarto quadrante e sono diurne e orientali.

Un'altra suddivisione ci mostra:
- **Le Case 1–4–7–10** angolari e potenti.
- **Le Case 2–5–8–11** case succedenti e di minore importanza.
- **Le Case 3–6–9–12** case cadenti e di potenza ancora inferiore.

Oltre a questa ripartizione in case e punti (ASC–DISC–MC–FC) si aggiungono i punti sensitivi: il punto di fortuna (punto d'intersezione fra il Sole e la Luna) e il punto di morte (punto d'intersezione tra Marte e Saturno), vedi p. 146.

Come redigere l'oroscopo

Dopo aver appreso quali siano gli elementi fondamentali, possiamo adesso costruire la carta del cielo. Abbiamo visto che il grafico è rappresentato da un cerchio nel quale vengono posti i segni dello zodiaco, i pianeti, le dodici Case, i rapporti fra i pianeti, i loro aspetti in relazione a un momento preciso nel tempo e a un punto localizzato nello spazio. Per la costruzione di una carta del cielo è necessario avere alcuni strumenti e fare una serie di operazioni. Gli strumenti sono le tavole delle effemeridi, la tavola delle Case, la tabella per ottenere l'ora locale e quella che indica l'ora legale, infine la tabella per calcolare il segno ascendente. L'operazione che serve per collocare le Case e posizionare i pianeti è il calcolo dell'ora locale e del tempo siderale, conoscendo l'ora solare. Un elemento assai importante è dunque la conoscenza precisa del luogo, della data e dell'ora di nascita dell'individuo.
Con questi dati si procede ai calcoli che sono ripartiti in quattro operazioni principali:

1) La ricerca del tempo siderale di nascita

Questa ricerca richiede:

a) la trasformazione dell'ora di nascita in ora di Greenwich, sottraendo una o due ore, come vedremo dettagliamente più avanti.
b) a questo risultato si somma la longitudine del luogo di nascita;
c) infine si somma il tempo siderale corrispondente al giorno di nascita per ottenere il tempo siderale di nascita (TSN).

2) La posizione delle case

Sulla tavola delle Case si cerca quella relativa alla latitudine che interessa (nell'esempio che si prende in considerazione nel testo, si utilizza la tavola dell'Italia del nord, in quanto si parla di una nascita avvenuta a Torino). In corrispondenza del tempo siderale di nascita si trovano le posizioni delle Case che interessano per redigere la carta del cielo.
Per la localizzazione delle Case o domificazione nei segni, occorre consultare la tavola delle Case e cercare la latitudine che più si avvicina a quella del luogo di nascita (raramente si trova la latitudine corrispondente). Trovata la latitudine, bisogna cer-

care nella colonna "tempo siderale" l'ora che più si avvicina al tempo siderale trovato. Ottenuto il TS di nascita si calcolano le posizioni delle cuspidi (delle Case 10-11-12-1-2-3) in gradi e primi. Le Case intermedie si trovano dividendo in tre porzioni l'intervallo tra ognuna delle cuspidi cardinali. Le Case nelle latitudini sud si trovano adoperando le stesse tavole che servono per le latitudini nord, sostituendo mentalmente alle intestazioni delle Case 10, 11, 12, 1, 2, 3 le intestazioni 4, 5, 6, 7, 8, 9.

3) La posizione dei pianeti

Il calcolo della posizione dei pianeti si fa secondo il tempo siderale al momento della nascita. Si aprono le effemeridi nell'anno e nel mese che interessano e si cerca il giorno. Nell'esempio da noi preso in considerazione, la nascita avviene l'8 giugno del 1996; le effemeridi allegate non riportano il giorno 8, pertanto si fa un'interpolazione tra il giorno 5 e il 10 del mese di giugno 1996.

Si ricordi che:

a) per le nascite che avvengono in Italia, il tempo medio di Greenwich (GMT) si ottiene sottraendo sempre un'ora da quella locale di nascita, mentre nei periodi estivi, nei quali vige l'ora legale, occorre sottrarre due ore. Per gli altri paesi si terrà conto del fuso orario al quale appartengono. Ricapitolando, nei fusi orari a est di Greenwich (come l'Italia) si sottrae la differenza di ore, mentre a ovest si aggiungerà la stessa all'ora locale di nascita;
b) a volte è necessario trasformare la longitudine geografica in tempo (h, m, s). Questa operazione si effettua moltiplicando ogni grado di longitudine geografica per 4 minuti e ogni primo per 4 secondi. Quando il luogo geografico è a est di Greenwich, la longitudine si aggiunge agli altri dati, mentre quando è a ovest, si sottrae.
c) il tempo siderale: per trovare il TS in una data località bisogna usare le effemeridi e controllare se esse riportano dati relativi al mezzogiorno o alla mezzanotte.

4) Gli aspetti planetari

I pianeti, collocati in un tema natale, come si è precedentemente visto, formano tra loro degli aspetti. Per riconoscerli occorre tirare una linea tra un pianeta e l'altro. A seconda che si tratti di un trigono, di una quadratura, di una opposizione, di un sestile ecc., si porrà sulla linea il simbolo di riconoscimento che è un triangolo, un quadrato, una linea tratteggiata (per l'opposizione), un asterisco (per il sestile).

IL CALCOLO DELL'ORA LOCALE

Per consentire al lettore di comprendere con più facilità i calcoli relativi alla stesura di un oroscopo, verrà ora effettuato un esempio pratico riferito a una persona vivente, che è Siria Maddalena, la bimba cui è dedicato il presente volume.

Si prende in considerazione la data e il luogo della sua nascita: Torino, 08/06/1996 alle ore 9.30. Torino è posta alla Lat. di 45°04' N e alla Long. di 0h 31m.

Prima operazione: si calcola l'ora locale trasformando l'ora di nascita, le 9h 30m in GMT. L'ora di nascita si sottrae alla differenza fra il fuso orario di Torino e quello di Greenwich ottenendo l'ora locale come segue:

9h 30m - 1h = 8h 30m

Nel mese di giugno in Italia è in vigore l'ora legale, pertanto, al risultato precedente, si sottrae un'ora:

8h 30m - 1h 00m = 7h 30m

A questa ora si aggiunge la Long. oraria del luogo di nascita, che si trova nella tabella dell'ora locale.
Si cerca la città di Torino e si legge, alla voce Long., 0h 31m E (questo dato è già tradotto in tempo. Si ricorda che se la Long. fosse in gradi, è necessario tradurla in tempo moltiplicando i gradi per 4 minuti e i secondi per 4 secondi).

Ora locale **7h 30m** + Long. **0h 31m** = Ora locale **8h 01m** antimeridiane.

Seconda operazione: si calcola il TS (tempo siderale) per l'ora locale trovata, **8h 01m**.

Si prendono le effemeridi, si cercano l'anno (il 1996), il mese (giugno) e il giorno di nascita (8) e si legge, accanto al giorno, il TS Essendo le effemeridi a gruppi di cinque giorni, è necessario fare un'interpolazione e cioè calcolare il valore di un punto compreso tra due altri che sono fissi, come segue:

il giorno di nascita, l'8, sulle effemeridi è compreso tra il 5 e il 10, perciò si deve sottrarre il tempo maggiore, relativo al giorno 10, a quello minore del giorno 5.

il TS del 05/06:	**16**	**h**	**54'**	**47"**	**-**
il TS del 10/06:	**17**	**h**	**14'**	**30"**	**=**
	0	**h**	**19'**	**43"**	

in cinque giorni il Sole è avanzato di **0h 19' 43"** in media al giorno. Per agevolare i calcoli si traduce questo tempo in secondi:
19' x 60 = 1040 s. + 43" = 1063 s.

si divide per i 5 giorni di raggruppamento delle effemeridi:
1063 : 5 = 212 s al giorno.

Tra il 5/6 e l'8/6 vi sono tre giorni di differenza, in cui ogni giorno è percorso dal Sole in 212 secondi:
212s x 3gg = 636s
che, tradotto in tempo, risulta **10' 36"**. Il tempo ottenuto si aggiunge al TS più basso delle effemeridi e si ottiene il tempo siderale del 8/6/1996:
16h 54' 47" + 10' 36" = 17h 05' 23" (TS)

Adesso si somma il TS ottenuto all'ora locale:
17h 05' 23" + 8h 01' 00" = 25h 06' 23"

Il risultato supera le 24 ore pertanto bisogna detrargliele:
25h 06' 23" - 24h 00' 00" = 01h 06' 23"

Il tempo così ottenuto è il **TSN**, tempo siderale di nascita che indica in quale segno zodiacale si trova l'ASCENDENTE.
Si consulta la tabella apposita e si vede che: **01h 06' 23"** corrisponde al segno del Leone; pertanto il nascituro ha l'**ASC in Leone.**

Anche qui, per trovare le posizioni delle cuspidi si deve fare un'interpolazione.
Data nascita = 08/06/1996
TSN = 01h 06' 23"
Lat. = 45° 28' N.
Si tenga sempre presente l'interpolazione tra le 01h 00m e 1h 15m che si trovano nella tavola delle Case.

Si calcolano, ora, le varie cuspidi:

MC (10ª Casa)
Alle 01h 15m MC è **20° 18'** in Ariete
alle 01h 00m MC è **16° 17'** in Ariete
si sottraggono i due MC e si ottiene il tempo di 4° **01'**
essendo l'intervallo tra ogni TS di 4 minuti, si traduce il risultato:
4° x 4m = 16m
16m + 1m = 17m
17m x 4s = 68s = 1' 08"

Questo dato si aggiunge al MC più basso:
16° 17' 00" + 1' 08" = 16° 18' 08" in Ariete
MC è a 16° 18' 08" in Ariete.

IL CALCOLO IN GRADI DELL'ASCENDENTE

Il metodo applicato è uguale a quello del MC.

06° 27" (Leone) - 03° 36' (Leone) = 02° 51'

02° x 4m = 8m + 51m = 59m
59m x 4s = 236s = 3' 56"

03° 56' 00" + 03' 56" = 03° 59' 56" in Leone
L'ASC è a 03° 59' 56" in Leone.

Il calcolo delle case

11ª CASA
28° 08' (Toro) – 24° 08' (Toro) = 04° 00' in Toro
04° x 4m = 16m x 4S = 64s = 1' 04"
24° 08' 00" + 01' 04" = 24° 09' 04" in Toro

12ª CASA
05° 35' (Cancro) – 02° 13' (Cancro) = 03° 22' in Cancro
03° x 4m = 12m + 22m = 34m
34m x 4s = 136s = 2' 16"
02° 13' 00" + 02' 16" = 02° 15' 16" in Cancro

2ª CASA
25° 32'(Leone) – 22° 27' (Leone) = 03° 05' in Leone
03° x 4m = 12m + 05m = 17m
17m x 4s = 68s = 1' 08"
22° 27' 00" + 01° 08" = 22° 28' 08" in Leone

3ª CASA
19° 19'(Vergine) – 15° 47'(Vergine) = 03° 32' in Vergine
3° x 4m = 12m + 32m = 44m
44m x 4s = 176s = 2' 56"
15° 47' 00" + 02' 56" = 15° 49' 56" in Vergine

4ª CASA opposta alla 10ª (MC) è a 16° 18' 08" in Scorpione.
5ª CASA opposta alla 11ª è a 24° 09' 04" in Sagittario.
6ª CASA opposta alla 12ª è a 2° 15' 16" in Capricorno.
7ª CASA opposta alla 1ª (ASC) è a 03° 39' 56" in Acquario.
8ª CASA opposta alla 2ª è a 22° 28' 08" in Pesci.
9ª CASA opposta alla 3ª è a 15° 49' 56" in Ariete.

IL CALCOLO DELLE POSIZIONI DEI PIANETI NEL TEMA NATALE

Come si è già affermato, dato che le effemeridi allegate non riportano il TS di ogni giorno, occorre fare un'interpolazione tra il giorno 5 e il 10 del mese di giugno 1996.

SOLE ☉

05/06 = 14° 36' 46" in Gemelli
10/06 = 19° 23' 43" in Gemelli

Sottraendo il dato inferiore a quello superiore si ottiene nei 5 giorni un avanzamento del Sole pari a 4° 46' 57". Si trasforma in tempo il dato ottenuto:
4° x 60m = 240m + 46m = 286m
Per conoscere l'avanzamento giornaliero del Sole si divide 286m per i cinque giorni e si ottiene 57'; dal 5/6 al 8/6 vi sono tre giorni:
57' x 3 = 171' = 2° 51'
Il risultato si addiziona alla posizione in gradi del Sole del giorno 5:
14° 36' 46" + 02° 51' = 17° 27' 46" in Gemelli

LUNA ☾

05/06 = 28° 18' in Capricorno
10/06 = 08° 41' in Ariete
28° 18' - 08° 41' = 19° 37'
19° x 60m = 1140m + 37m = 1177m
1177m : 5 gg: = 235m
235m x 3 = 705' = 11° 45'
28° 18' + 11° 45' = 40° 03' = 10° 03' in Pesci
I 40° 03' sono diventati 10° 03' in quanto ogni settore del grafico che comprende un segno zodiacale è formato da 30 gradi, pertanto nel nostro caso la Luna supera i 30° del Capricorno e raggiunge i 10° dei Pesci.

MERCURIO ☿

05/06 = 22° 09' in Toro
10/06 = 25° 57' in Toro
risultato = 03° 48'
3° x 60m = 180m + 48m = 228m
228m : 5gg. = 45m
45m x 3gg = 135m = 2° 15'
22° 09' + 02° 15' = 24° 24' in Toro

VENERE ♀

05/06 = 23° 30′ R in Gemelli
10/06 = 20° 29′ R in Gemelli
La differenza tra i due dati è 3° 01′
3° x 60m = 180m + 1m = 181m
181m : 5gg. = 36m
36m x 3gg. = 108m
108m = 1° 48′
Essendo retrogrado si somma il risultato al TS più basso:
20° 29′ R + 01° 48′ = 22° 17′ R in Gemelli

MARTE ♂

05/06 = 24° 32′ in Toro
10/06 = 28° 08′ in Toro
La differenza è di 3° 36′
3° x 60m = 180m
180m + 36m = 216m
216m : 5gg. = 43m
43m x 3gg. = 129m
129m = 2° 09′
24° 32′ + 02° 09′ = 26° 41′ in Toro

GIOVE ♃

05/06 = 16° 10′ R in Capricorno
10/06 = 15° 41′ R in Capricorno
La differenza è di 0° 29′
29m : 5gg. = 5m
5m x 3gg. = 15m
15° 41′ R + 00° 15′= 15° 56′ R in Capricorno

SATURNO ♄

05/06 = 5° 49′ in Ariete
10/06 = 6° 09′ in Ariete
La differenza è di 0° 20′
20m : 5gg. = 4m
4m x 3gg. = 12m
5° 49′ + 0° 12′ = 6° 01′ in Ariete

URANO ♅

05/06 = 4° 17′ R in Acquario
10/06 = 4° 10′ R in Acquario
La differenza è di 0° 7′
7m : 5gg. = 1m
1m x 3gg. = 3m
4° 10′ R + 0° 03′ = 4° 13′ R in Acquario

NETTUNO ♆

05/06 = 27° 25′ R in Capricorno
10/06 = 27° 19′ R in Capricorno
La differenza è di 0° 6′
6m : 5gg. = 1m
1m x 3gg. = 3m
27° 19′ R + 0° 03′ = 27° 22′ R in Capricorno

PLUTONE ♇

05/06 = 1° 23′ R in Sagittario
10/06 = 1° 15′ R in Sagittario
La differenza è di 0° 08′
8m : 5gg: = 1m
1m x 3gg. = 3m
1° 15′ R + 0° 03′ = 1° 18′ R in Sagittario

NODO LUNARE ☊

05/06 = 14° 10′ in Bilancia
10/06 = 13° 54′ in Bilancia
La differenza è di 0° 16′
16m : 5gg. = 3m
3m x 3gg. = 9m
13° 54′ + 0° 09′ = 14° 03′ in Bilancia

IL CALCOLO DEI PUNTI: FORTUNA E MORTE

Per stabilire la posizione dei due punti sensitivi si procede come segue:
a) Serve la posizione zero gradi dell'Ariete che corrisponde al grado zero di tutto lo zodiaco (per fare questi calcoli si utilizza il grafico qui riportato).

b) Servono le posizioni del Sole e della Luna, di Marte e Saturno che sono da esprimere in gradi da 0 a 360, partendo dal segno che si trova a zero gradi, cioè dall'Ariete. Per esempio se la Luna è a 10 gradi nei Pesci si fa il giro, in senso antiorario, dello zodiaco partendo dall'Ariete, e si procede fino ad arrivare ai 10° dei Pesci; sono esattamente 340°.

IL PUNTO DI FORTUNA

Se il Sole si trova sopra l'orizzonte (nascite diurne) il calcolo è il seguente (**Luna + ASC**) = (X-Sole).

posizione Luna 8° 23′ in Pesci = 338,23 +
posizione ASC 3° 39′ 56″ in Leone = 123,39
338,23 + 123,39 = 461,62
Sole 17° 27′ 46″ in Gemelli = 77,27
461,62 - 77,27 = 384,35

Al risultato si tolgono 360° (quando esso supera questo numero):
384,35 - 360° = 24° 35′ in Ariete

Se il Sole si trova sotto l'orizzonte (nascite notturne), il calcolo avviene nel seguente modo rispettando le regole sopra esposte:
Sole + ASC = X
X - Luna = Punto di Fortuna

IL PUNTO DI MORTE

Marte + ASC = X
X - Saturno = Punto di Morte
Marte 26° 38′ in Pesci = 356,38
ASC 3° 39′ 56″ in Leone = 123,39
356,38 + 123,39 = 479,77
Saturno 6° 01′ in Ariete = 6,01
479,77 - 6,01 = 473,76 - 360 = 113,76
113,76 = 24° 26′ in Cancro

Se il Sole si trova sotto l'orizzonte (nascite notturne):
PUNTO DI MORTE=
Saturno + ASC = X
X - MARTE = Punto di Morte

Una volta ricavate tutte le posizioni, si collocano i pianeti nel grafico e si rilevano gli aspetti che formano tra loro; nel caso preso in esame, sono:

Sole in **congiunzione** con Venere nei Gemelli.
Mercurio in **congiunzione** con Marte nel Toro e in **opposizione** con Plutone.
Urano in **congiunzione** con Nettuno tra Capricorno e Acquario, e in **sestile** con Plutone che è in Sagittario.
Nettuno è in **sestile** con Plutone.
Giove è in **sestile** con la Luna che si trova nei Pesci.
Marte è in **opposizione** a Plutone.

Adesso, sul foglio che rappresenta il grafico si scrivono tutti i dati come segue:

SIRIA MADDALENA
Torino, 08/06/1996 alle ore 9,30.
Ora siderale di nascita: 01h 06m 23s.
GMT è 17h 05m 23s.

Su un altro foglio riportare le posizioni delle Case, dei pianeti e dei punti virtuali.

Sole	**17°**	**27′**	**46″**	**Gemelli**
Luna	**10°**	**03′**		**Pesci**
Mercurio	**24°**	**24′**		**Toro**
Venere	**22°**	**17′**	**R**	**Gemelli**
Marte	**26°**	**41′**		**Toro**
Giove	**15°**	**56′**	**R**	**Capricorno**
Saturno	**6°**	**01′**		**Ariete**
Urano	**4°**	**13′**	**R**	**Acquario**
Nettuno	**27°**	**22′**	**R**	**Capricorno**
Plutone	**1°**	**18′**	**R**	**Sagittario**
Nodo lunare	**14°**	**03′**		**Bilancia**
P.Fortuna	**24°**	**35′**		**Ariete**
P.Morte	**24°**	**36′**		**Cancro**

I dati che si trovano tra le parentesi indicano di quanti gradi la Casa occupa il segno:

1ª Casa (ASC)	03° 39′ 56″	Leone	(26° circa Leone)
2ª Casa	22° 28′ 08″	Leone	(8° Leone – 14° Vergine)
3ª Casa	15° 49′ 56″	Vergine	(14° Vergine – 16° Bilancia)
4ª Casa	16° 18′ 08″	Bilancia	(14° Bilancia – 16° Scorpione)
5ª Casa	24° 09′ 04″	Scorpione	(6° Scorpione – 24° Sagittario)
6ª Casa	02° 15′ 16″	Capricorno	(28° Capricorno – 2° Acquario)

7ª Casa (DISC)	3° 39′ 56″	Acquario	(16° Acquario)
8ª Casa	22° 28′ 08″	Acquario	(14° Acquario – 8° Pesci)
9ª Casa	15° 49′ 56″	Pesci	(14° Pesci – 16° Ariete)
10ª Casa (MC)	16°18′08″	Ariete	(14° Ariete – 16° Toro)
11ª Casa	24° 09′ 04″	Toro	(6° Toro – 24° Gemelli)
12ª Casa	02° 15′ 16″	Cancro	(28° Cancro – 2° Leone)

OCCUPAZIONE DEI PIANETI:

Cardinali	**4**
Fissi	**3**
Labili	**4**
Fuoco	**2**
Terra	**4**
Aria	**4**
Acqua	**1**

Si inizia ora l'interpretazione.

INTERPRETAZIONE DEL TEMA NATALE DI SIRIA MADDALENA

Dopo avere riportato tutti i dati sia sul grafico che sulla tabella, s'inizia la lettura interpretativa dei pianeti, delle Case, degli aspetti ecc. Le loro configurazioni tracciano quelle che si possono definire le "vie" da percorrere per riconoscere e realizzare le capacità dell'individuo, quelle acquisite alla nascita in un determinato ambiente, in una specifica famiglia e quelle che si possono imparare durante il percorso di vita.

Il segno zodiacale e l'asse principale tra l'ASC e il MC danno un'idea di massima sulle tendenze di un oroscopo: il segno zodiacale è quello nel quale si trova il Sole al momento della nascita (Gemelli) e fornisce indicazioni sulla personalità dell'individuo, sul suo modo di interpretare i vari ruoli nella vita.

Siria è una grande pensatrice, dotata di una vivace creatività sia sul piano intellettuale che su quello pratico. Attraverso lo studio riuscirà a soddisfare la sua sete di sapere.

Il temperamento irrequieto le impedisce di accettare soluzioni di compromesso e la porta a cercare continui cambiamenti; ha in compenso un certo spirito di adattamento. Ricerca sempre il confronto con gli altri, ricavandone preziosi insegnamenti.

Diventerà una persona molto loquace e comunicativa.

L'ASC nel Leone indica il ruolo che Siria impersonerà nella vita. La sua realizzazione sarà compiuta quando avrà raggiunto la piena libertà, obiettivo che essa

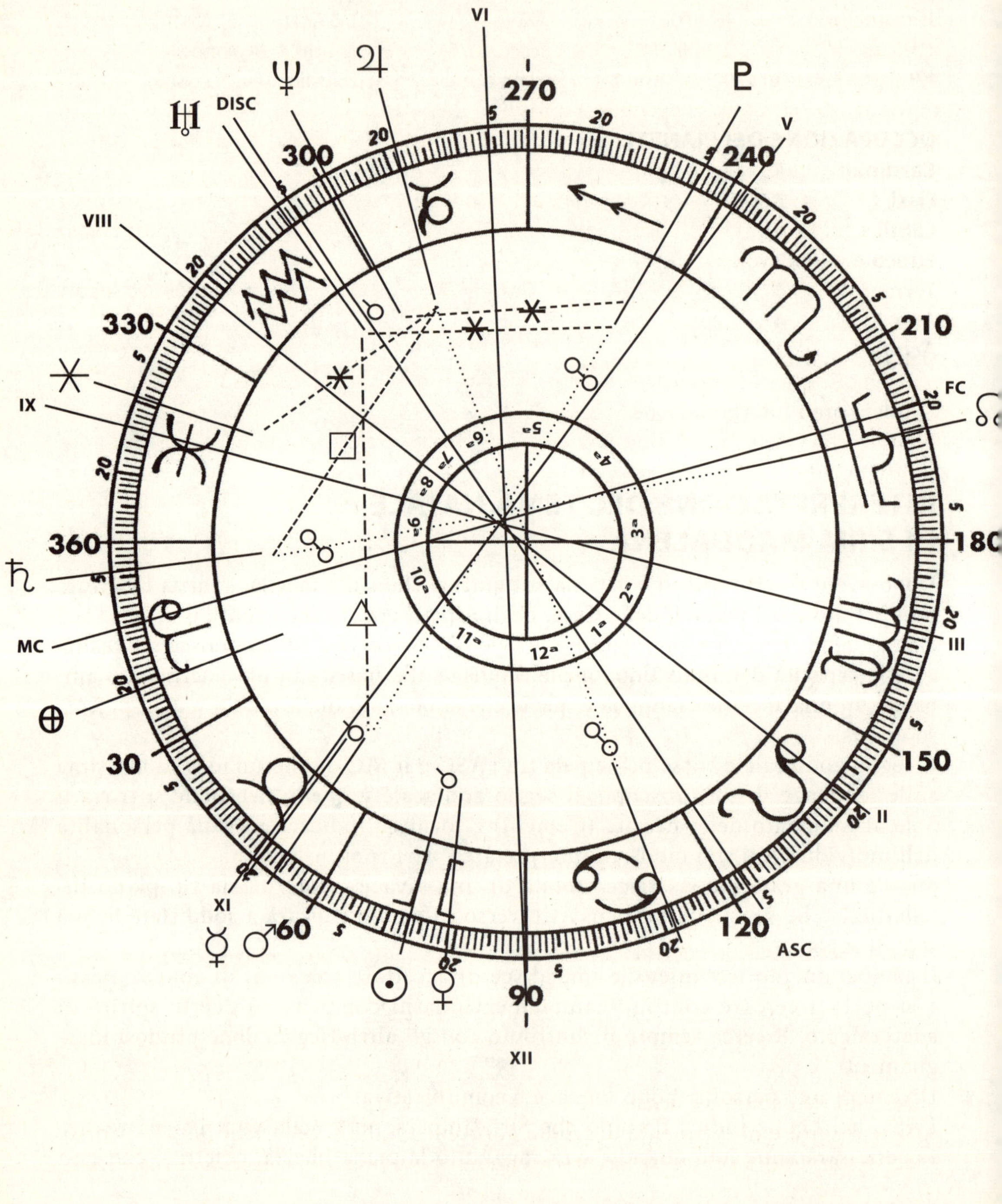
VI
270
DISC
300
240
V
VIII
330
210
FC
IX
360
180
MC
III
30
150
II
XI
60
120
ASC
90
XII
1ª
2ª
3ª
4ª
5ª
6ª
7ª
8ª
9ª
10ª
11ª
12ª

continuerà a perseguire con tenacia per tutto il corso della sua esistenza. Malgrado il grande interesse per la filosofia, non verrà mai meno in lei un forte senso pratico. L'ASC in Leone con il Sole nei Gemelli aiuta Siria a scegliere, al momento opportuno, una via spirituale che la porterà a svolgere un'attività educativa e a dedicare le proprie energie al raggiungimento di finalità umanitarie.
Se si osserva il grafico si vede che l'ASC è collocato in 1ª **Casa** senza pianeti, questo significa che Siria avrà ingegno mutevole e dovrà guardarsi dal pericolo di vedere la sua opera ostacolata da una incostanza che potrà allontanarla dal cammino intrapreso prima di aver raggiunto la meta.

- La 2ª **Casa**, collocata tra il segno del Leone e quello della Vergine, è anch'essa senza pianeti, il che indica una natura molto loquace e comunicativa, particolarmente atta a svolgere la professione d'insegnante.
- La 3ª **Casa**, nella quale è posto il Nodo Lunare, è compresa in parte nel segno della Vergine, in parte in quello della Bilancia. Questa configurazione conferma l'inclinazione all'insegnamento e anche al giornalismo, che spingerà Siria a viaggiare continuamente. I frequenti cambiamenti saranno per lei fonte di fortuna.
- La 4ª **Casa** (il FC), tra Bilancia e Scorpione, non contiene nessun pianeta, pertanto, si può affermare che Siria avrà qualche difficoltà a vivere la casa paterna e, forse, avrà problemi a crearsi una famiglia unita e compatta, perché, anche se si sposa, sarà più portata a dedicarsi al lavoro e agli altri che non ai suoi familiari.
- La 5ª **Casa** è nel Sagittario e ospita il pianeta Plutone, il che indica il forte ascendente che Siria eserciterà sugli altri.
- La 6ª **Casa** è nel Capricorno, in essa vi sono ospiti Giove e Nettuno. Essendo la Casa che determina l'accettazione o il rifiuto dell'ambiente di lavoro, Giove indica un atteggiamento severo e freddo da parte di Siria nei confronti dei collaboratori e dei sottoposti.

  Questa Casa ci fornisce anche delle indicazioni sulle condizioni di salute del corpo; in particolare ci avverte che, amando la buona tavola, il soggetto potrebbe avere problemi al fegato dovuti agli eccessi alimentari. Nettuno fa scaturire un conflitto tra le scelte puramente materialistiche e la voglia di fuggirle per esprimere la propria spiritualità; tale conflitto provoca un dispendio di energia che abbassa la resistenza fisica.
- La 7ª **Casa**, relativa alle società per affari e al matrimonio, è nell'Acquario e ospita il pianeta Urano. Quest'ultimo è indizio di una possibile separazione o divorzio nel matrimonio o in qualsiasi legame contratto.
- La 8ª **Casa**, riferita alla morte e alle eredità, definisce la capacità di reazione dell'individuo di fronte agli eventi negativi e alle perdite materiali. Tale Casa è nei Pesci e ospita la Luna.

  Siria reagirà emotivamente di fronte ai problemi che si presenteranno nel corso della sua vita, e spesso si lascerà prendere dalla pigrizia. L'eccessiva suscettibilità e la facilità con cui si sente offesa sono alla base di un suo comportamento che potrebbe essere giudicato asociale.

- La 9ª **Casa**, che ci dà notizie su eventuali viaggi a scopo esplorativo e conoscitivo, è posta nel segno dell'Ariete e ospita il pianeta Saturno. Questa combinazione ci dice che Siria ricercherà la sua intima evoluzione spirituale anche attraverso i viaggi all'estero, che le permetteranno lo studio di ogni forma di civiltà. Avrà modo di comprendere l'enorme trasformazione sociale e materiale che il mondo vivrà all'inizio del terzo millennio. La riservatezza, che Saturno le conferisce, può, in un certo senso, procurare degli ostacoli nelle relazioni sociali.
- La **10ª Casa** (il MC), riferita alla posizione sociale, al rapporto con gli altri e alla possibilità di successo, è posta tra L'Ariete e il Toro e ospita il Punto di Fortuna (nell'Ariete) e Marte e Mercurio (nel Toro). I rapporti con gli stranieri e la spiccata e vivace intelligenza daranno un sicuro successo.
- La **11ª Casa**, quella delle relazioni mondane e delle amicizie, è posta nei Gemelli e ospita il Sole e Venere. Questa combinazione renderà Siria guardinga nei confronti dei presunti amici. Desiderosa di essere amica di tutti, cercherà l'amicizia di persone di pari livello intellettuale con le quali poter scambiare conversazioni piacevoli. Nella sfera sentimentale ed emotiva eviterà relazioni permanenti.
- La **12ª Casa**, relativa alle risorse spirituali, alla capacità di superare limiti che la vita impone, è collocata nel segno del Cancro e ospita il Punto di Morte. Tale combinazione indica l'attaccamento di Siria alle tradizioni familiari e ai ricordi, che saranno un serbatoio di ricchezza per la sua immaginazione. Questo le permetterà, nell'età matura, di rendere partecipi gli altri, attraverso lo scritto, delle innumerevoli esperienze vissute.

Un altro elemento importante per una buona interpretazione è l'osservazione degli aspetti che i pianeti formano tra loro. Nel caso di Siria, il Sole in congiunzione con Venere conferma il successo sociale dovuto alla simpatia che essa suscita negli altri. Mercurio in congiunzione con Marte denota un carattere arrogante, mentre l'opposizione che forma con Plutone afferma che il soggetto non sopporta il giudizio altrui. Anche Marte si trova in opposizione a Plutone, il che indica la volontà di Siria di appianare tutti gli ostacoli che possono sorgere nei rapporti interpersonali anche a costo di dover accettare delle rinunce. Un consiglio che le si può dare è di evitare l'eccessivo scetticismo e il sarcasmo.
Giove in sestile con la Luna testimonia la comprensione, l'equilibrio e il grande calore che il soggetto mette a disposizione degli altri. Nel campo alimentare c'è un accentuato gusto per i cibi e, come si è già visto, questo può fare sorgere problemi al fegato.
Urano in congiunzione con Nettuno e in sestile con Plutone indica che Siria evidenzia una notevole attitudine agli studi, soprattutto scientifici, e che potrebbe de-

dicare la propria esistenza alla ricerca di soluzione dei problemi ambientali ed ecologici che affliggono l'umanità.
Nettuno in sestile con Plutone indica tenacia, costanza e mobilità di spirito, elementi necessari per raggiungere gli obiettivi prefissati. Tutti gli altri aspetti - Nettuno in trigono con Mercurio e Marte, Giove in trigono con Plutone e il Nodo Lunare in opposizione a Saturno - confermano le precedenti interpretazioni.
A Siria Maddalena si vuole fare dono di un sentiero tracciato dai pianeti che transitavano al momento della sua nascita, alle porte del 2000, la nuova era della quale essa è protagonista. A lei il compito di confermare le brillanti previsioni autorizzate dagli astri, poiché anche grazie al suo piccolo contributo il mondo potrà divenire migliore.

Tavole

Tavola delle Case per la latitudine di 38°N (Agrigento, Cagliari, Caltanisetta, Catania, Catanzaro, Cosenza, Enna, Messina, Palermo, Ragusa, Reggio Calabria, Siracusa, Trapani)

T. sider.	M.C.	11ª	12ª	ASC	2ª	3ª	T. sider.	M.C.	11ª	12ª	ASC	2ª	3ª
00h15m	♈04°05'	♉10°10'	♊17°43'	♋20°27'	♌10°51'	♍04°30'	06h15m	♋03°26'	♌06°29'	♍06°47'	♎03°03'	♎29°46'	♐00°19'
00h30m	♈08°10'	♉14°20'	♊21°21'	♋23°33'	♌14°04'	♍08°06'	06h30m	♋06°53'	♌09°55'	♍10°05'	♎06°06'	♏03°01'	♐03°42'
00h45m	♈12°14'	♉18°26'	♊24°54'	♋26°36'	♌17°16'	♍11°43'	06h45m	♋10°21'	♌13°21'	♍13°23'	♎09°09'	♏06°16'	♐07°04'
01h00m	♈16°17'	♉22°27'	♊28°24'	♋29°39'	♌20°30'	♍15°21'	07h00m	♋13°49'	♌16°49'	♍16°42'	♎12°11'	♏09°30'	♐10°27'
01h15m	♈20°18'	♉26°24'	♋ 1°50'	♌02°40'	♌23°44'	♍19°00'	07h15m	♋17°18'	♌20°19'	♍20°01'	♎15°14'	♏12°44'	♐13°49'
01h30m	♈24°18'	♊00°16'	♋05°14'	♌05°41'	♌26°59'	♍22°40'	07h30m	♋20°48'	♌23°49'	♍23°20'	♎18°16'	♏15°56'	♐17°11'
01h45m	♈28°16'	♊04°05'	♋08°34'	♌08°41'	♍00°14'	♍26°20'	07h45m	♋24°21'	♌27°22'	♍26°40'	♎21°17'	♏19°09'	♐20°34'
02h00m	♉02°11'	♊07°49'	♋11°53'	♌11°41'	♍03°30'	♎00°00'	08h00m	♋27°55'	♍00°55'	♎00°00'	♎24°19'	♏22°21'	♐23°57'
02h15m	♉06°04'	♊11°30'	♋15°09'	♌14°40'	♍06°47'	♎03°40'	08h15m	♌01°30'	♍04°30'	♎03°20'	♎27°20'	♏25°33'	♐27°22'
02h30m	♉09°55'	♊15°08'	♋18°24'	♌17°40'	♍10°05'	♎07°20'	08h30m	♌05°09'	♍08°06'	♎06°40'	♏00°20'	♏28°44'	♑00°48'
02h45m	♉13°43'	♊18°43'	♋21°38'	♌20°39'	♍13°23'	♎10°60'	08h45m	♌08°49'	♍11°43'	♎09°59'	♏03°21'	♐01°56'	♑04°16'
03h00m	♉17°28'	♊22°15'	♋24°51'	♌23°39'	♍16°42'	♎14°39'	09h00m	♌12°32'	♍15°21'	♎13°18'	♏06°21'	♐05°09'	♑07°45'
03h15m	♉21°11'	♊25°44'	♋28°04'	♌26°39'	♍20°01'	♎18°17'	09h15m	♌16°17'	♍19°00'	♎16°37'	♏09°21'	♐08°22'	♑11°17'
03h30m	♉24°51'	♊29°12'	♌01°16'	♌29°40'	♍23°20'	♎21°54'	09h30m	♌20°05'	♍22°40'	♎19°55'	♏12°20'	♐11°36'	♑14°52'
03h45m	♉28°30'	♋02°38'	♌04°27'	♍02°40'	♍26°40'	♎25°30'	09h45m	♌23°56'	♍26°20	♎23°13'	♏15°20'	♐14°51'	♑18°30'
04h00m	♊02°05'	♋06°03'	♌07°39'	♍05°41'	♎00°00	♎29°05'	10h00m	♌27°49'	♎00°00'	♎26°30'	♏18°20'	♐18°07'	♑22°11'
04h15m	♊05°39'	♋09°26'	♌10°51'	♍08°43'	♎03°20'	♏02°38'	10h15m	♍01°44'	♎03°40'	♎29°46'	♏21°19'	♐21°26'	♑25°55'
04h30m	♊09°12'	♋12°49'	♌14°04'	♍11°44'	♎06°40'	♏06°11'	10h30m	♍05°42'	♎07°20'	♏03°01'	♏24°19'	♐24°46'	♑29°44'
04h45m	♊12°42'	♋16°11'	♌17°16'	♍14°46'	♎09°59'	♏09°41'	10h45m	♍09°42'	♎10°60'	♏06°16'	♏27°20'	♐28°10'	♒03°36'
05h00m	♊16°11'	♋19°33'	♌20°30'	♍17°49'	♎13°18'	♏13°11'	11h00m	♍13°43'	♎14°39'	♏09°30'	♐00°21'	♑01°36'	♒07°33'
05h15m	♊19°39'	♋22°56'	♌23°44'	♍20°51'	♎16°37'	♏16°39'	11h15m	♍17°46'	♎18°17'	♏12°44'	♐03°24'	♑05°06'	♒11°34'
05h30m	♊23°07'	♋26°18'	♌26°59'	♍23°54'	♎19°55'	♏20°05'	11h30m	♍21°50'	♎21°54'	♏15°56'	♐06°27'	♑08°39'	♒15°40'
05h45m	♊26°34'	♋29°41'	♍00°14'	♍26°57'	♎23°13'	♏23°31'	11h45m	♍25°55'	♎25°30'	♏19°09'	♐09°33'	♑12°17'	♒19°50'
06h00m	♋00°00'	♌03°04'	♍03°30'	♎00°00'	♎26°30'	♏26°56'	12h00m	♎00°00'	♎29°05'	♏22°21'	♐12°40'	♑16°00'	♒24°04'

Tavola delle Case per la latitudine di 38°N (Agrigento, Cagliari, Caltanisetta, Catania, Catanzaro, Cosenza, Enna, Messina, Palermo, Ragusa, Reggio Calabria, Siracusa, Trapani)

T. sider.	M.C.	11ª	12ª	ASC	2ª	3ª	T. sider.	M.C.	11ª	12ª	ASC	2ª	3ª
12^h15^m	♎04°05'	♏02°39'	♏25°33'	♐15°49'	♑19°49'	♒28°23'	18^h15^m	♑03°26'	♑25°55'	♒24°14'	♈06°11'	♉15°06'	♊11°30'
12^h30^m	♎08°10'	♏06°11'	♏28°44'	♐19°01'	♑23°43'	♓02°45'	18^h30^m	♑06°53'	♑29°44'	♒29°05'	♈12°20'	♉19°35'	♊15°08'
12^h45^m	♎12°14'	♏09°41'	♐01°56'	♐22°16'	♑27°43'	♓07°12'	18^h45^m	♑10°21'	♒03°36'	♓04°02'	♈18°22'	♉23°56'	♊18°43'
13^h00^m	♎16°17'	♏13°11'	♐05°09'	♐25°34'	♒01°50'	♓11°41'	19^h00^m	♑13°49'	♒07°33'	♓09°06'	♈24°16'	♉28°10'	♊22°15'
13^h15^m	♎20°18'	♏16°39'	♐08°22'	♐28°57'	♒06°04'	♓16°13'	19^h15^m	♑17°18'	♒11°34'	♓14°15'	♉00°01'	♊02°17'	♊25°44'
13^h30^m	♎24°18'	♏20°05'	♐11°36'	♑02°25'	♒10°25'	♓20°48'	19^h30^m	♑20°48'	♒15°40'	♓19°27'	♉05°33'	♊06°17'	♊29°12'
13^h45^m	♎28°16'	♏23°31'	♐14°51'	♑05°57'	♒14°54'	♓25°23'	19^h45^m	♑24°21'	♒19°50'	♓24°43'	♉10°54'	♊10°11'	♋02°38'
14^h00^m	♏02°11'	♏26°56'	♐18°07'	♑09°36'	♒19°30'	♈00°00'	20^h00^m	♑27°55'	♒24°04'	♈00°00'	♉16°02'	♊13°60'	♋06°03'
14^h15^m	♏06°04'	♐00°19'	♐21°26'	♑13°22'	♒24°14'	♈04°37'	20^h15^m	♒01°30'	♒28°23'	♈05°17'	♉20°57'	♊17°43'	♋09°26'
14^h30^m	♏09°55'	♐03°42'	♐24°46'	♑17°15'	♒29°05'	♈09°12'	20^h30^m	♒05°09'	♓02°45'	♈10°33'	♉25°41'	♊21°21'	♋12°49'
14^h45^m	♏13°43'	♐07°04'	♐28°10'	♑21°16'	♓04°02'	♈13°47'	20^h45^m	♒08°49'	♓07°12'	♈15°45'	♊00°12'	♊24°54'	♋16°11'
15^h00^m	♏17°28'	♐10°27'	♑01°36'	♑25°27'	♓09°06'	♈18°19'	21^h00^m	♒12°32'	♓11°41'	♈20°54'	♊04°33'	♊28°24'	♋19°33'
15^h15^m	♏21°11'	♐13°49'	♑05°06'	♑29°48'	♓14°15'	♈22°48'	21^h15^m	♒16°17'	♓16°13'	♈25°58'	♊08°44'	♋01°50'	♋22°56'
15^h30^m	♏24°51'	♐17°11'	♑08°39'	♒04°19'	♓19°27'	♈27°15'	21^h30^m	♒20°05'	♓20°48'	♉00°55'	♊12°45'	♋05°14'	♋26°18'
15^h45^m	♏28°30'	♐20°34'	♑12°17'	♒09°03'	♓24°43'	♉01°37'	21^h45^m	♒23°56'	♓25°24'	♉05°46'	♊16°38'	♋08°34'	♋29°41'
16^h00^m	♐02°05'	♐23°57'	♑16°00'	♒13°58'	♈00°00	♉05°56'	22^h00^m	♒27°49'	♈00°00'	♉10°30'	♊20°24'	♋11°53'	♌03°04'
16^h15^m	♐05°39'	♐27°22'	♑19°49'	♒19°06'	♈05°17'	♉10°10'	22^h15^m	♓01°44'	♈04°37'	♉15°06'	♊24°03'	♋15°09'	♌06°29'
16^h30^m	♐09°12'	♑00°48'	♑23°43'	♒24°27'	♈10°33'	♉14°20'	22^h30^m	♓05°42'	♈09°12'	♉19°35'	♊27°36'	♋18°24	♌09°55'
16^h45^m	♐12°42'	♑04°16'	♑27°43'	♒29°59'	♈15°45'	♉18°26'	22^h45^m	♓09°42'	♈13°47'	♉23°56'	♋01°03'	♋21°38'	♌13°21'
17^h00^m	♐16°11'	♑07°45'	♒01°50'	♓05°44'	♈20°54'	♉22°27'	23^h00^m	♓13°43'	♈18°19'	♉28°10'	♋04°26'	♋24°51'	♌16°49'
17^h15^m	♐19°40'	♑11°17'	♒06°04'	♓11°38'	♈25°58'	♉26°24'	23^h15^m	♓17°46'	♈22°48'	♊02°17'	♋07°44'	♋28°04'	♌20°19'
17^h30^m	♐23°07'	♑14°52'	♒10°25'	♓17°40'	♉00°55'	♊00°16'	23^h30^m	♓21°50'	♈27°15'	♊06°17'	♋10°59'	♌01°16'	♌23°49'
17^h45^m	♐26°34'	♑18°30'	♒14°54'	♓23°49'	♉05°46'	♊04°05'	23^h45^m	♓25°55	♈01°37'	♊10°11'	♋14°11'	♌04°27'	♌27°22'
18^h00^m	♑00°00'	♑22°11'	♒19°30'	♈00°00'	♉10°30'	♊07°49'	00^h00^m	♓00°00	♉05°56'	♊13°60'	♋17°20'	♌07°39'	♍00°55'

Tavola delle Case per la latitudine di 40°52' N (Avellino, Bari, Benevento, Brindisi, Caserta, Lecce, Matera, Napoli, Nuoro, Potenza, Salerno, Sassari, Taranto)

T. sider.	M.C.	11ª	12ª	ASC	2ª	3ª	T. sider.	M.C.	11ª	12ª	ASC	2ª	3ª
00h15m	♈04°05'	♉10°39'	♊19°04'	♋22°03'	♌11°42'	♍04°45'	06h15m	♋03°26'	♌06°58'	♍07°13'	♎02°58'	♎29°14'	♏29°47'
00h30m	♈08°10'	♉14°51'	♊22°42'	♋25°05'	♌14°51'	♍08°19'	06h30m	♋06°53'	♌10°22'	♍10°27'	♎05°57'	♏02°26'	♐03°09'
00h45m	♈12°14'	♉18°58'	♊26°15'	♋28°05'	♌18°01'	♍11°54'	06h45m	♋10°21'	♌13°48'	♍13°41'	♎08°55'	♏05°37'	♐06°30'
01h00m	♈16°17'	♉23°01'	♊29°43'	♌01°04'	♌21°12'	♍15°30'	07h00m	♋13°49'	♌17°14'	♍16°56'	♎11°53'	♏08°48'	♐09°51'
01h15m	♈20°18'	♉26°59'	♋03°08'	♌04°01'	♌24°23'	♍19°07'	07h15m	♋17°18'	♌20°42'	♍20°12'	♎14°51'	♏11°59'	♐13°12'
01h30m	♈24°18'	♊00°53'	♋06°30'	♌06°58'	♌27°34'	♍22°44'	07h30m	♋20°48'	♌24°11'	♍23°28'	♎17°48'	♏15°09'	♐16°34'
01h45m	♈28°16'	♊04°42'	♋09°49'	♌09°54'	♍00°46'	♍26°22'	07h45m	♋24°21'	♌27°41'	♍26°44'	♎20°45'	♏18°18'	♐19°56'
02h00m	♉02°11'	♊08°28'	♋13°05'	♌12°50'	♍03°59'	♎00°00'	08h00m	♋27°55'	♍01°12'	♎00°00'	♎23°42'	♏21°27'	♐23°19'
02h15m	♉06°04'	♊12°09'	♋16°20'	♌15°46'	♍07°13'	♎03°38'	08h15m	♌01°30'	♍04°45'	♎03°16'	♎26°39'	♏24°36'	♐26°43'
02h30m	♉09°55'	♊15°47'	♋19°33'	♌18°42'	♍10°27'	♎07°16'	08h30m	♌05°09'	♍08°19'	♎06°32'	♎29°35'	♏27°46'	♑00°08'
02h45m	♉13°43'	♊19°22'	♋22°45'	♌21°37'	♍13°41'	♎10°53'	08h45m	♌08°49'	♍11°54'	♎09°48'	♏02°31'	♐00°55'	♑03°36'
03h00m	♉17°28'	♊22°55'	♋25°55'	♌24°33'	♍16°56'	♎14°30'	09h00m	♌12°32'	♍15°30'	♎13°04'	♏05°27'	♐04°05'	♑07°05'
03h15m	♉21°11'	♊26°24'	♋29°05'	♌27°29'	♍20°12'	♎18°06'	09h15m	♌16°17'	♍19°07'	♎16°19'	♏08°23'	♐07°15'	♑10°38'
03h30m	♉24°51'	♊29°52'	♌02°15'	♍00°25'	♍23°28'	♎21°41'	09h30m	♌20°05	♍22°44'	♎19°33'	♏11°19'	♐10°27'	♑14°13'
03h45m	♉28°30'	♋03°17'	♌05°24'	♍03°21'	♍26°44'	♎25°15'	09h45m	♌23°56'	♍26°22'	♎22°47'	♏14°14'	♐13°40'	♑17°51'
04h00m	♊02°05'	♋06°41'	♌08°33'	♍06°18'	♎00°00'	♎28°48'	10h00m	♌27°49'	♎00°00'	♎26°01'	♏17°10'	♐16°55'	♑21°32'
04h15m	♊05°39'	♋10°04'	♌11°42'	♍09°15'	♎03°16'	♏02°19'	10h15m	♍01°44'	♎03°38'	♎29°14'	♏20°06'	♐20°11'	♑25°18'
04h30m	♊09°12'	♋13°26'	♌14°51'	♍12°12'	♎06°32'	♏05°49'	10h30m	♍05°42'	♎07°16'	♏02°26'	♏23°02'	♐23°30'	♑29°07'
04h45m	♊12°42'	♋16°48'	♌18°01'	♍15°10'	♎09°48'	♏09°18'	10h45m	♍09°42'	♎10°53'	♏05°37'	♏25°59'	♐26°52'	♒03°01'
05h00m	♊16°11'	♋20°09'	♌21°12'	♍18°07'	♎13°04'	♏12°46'	11h00m	♍13°43'	♎14°30'	♏08°48'	♏28°56'	♑00°17'	♒06°59'
05h15m	♊19°39'	♋23°30'	♌24°23'	♍21°05'	♎16°19'	♏16°12'	11h15m	♍17°46'	♎18°06'	♏11°59'	♐01°55'	♑03°45'	♒11°02'
05h30m	♊23°07'	♋26°51'	♌27°34'	♍24°03'	♎19°33'	♏19°38'	11h30m	♍21°50'	♎21°41'	♏15°09'	♐04°55'	♑07°18'	♒15°09'
05h45m	♊26°34'	♌00°13'	♍00°46'	♍27°02'	♎22°47'	♏23°02'	11h45m	♍25°55'	♎25°15'	♏18°18'	♐07°57'	♑10°56'	♒19°21'
06h00m	♋00°00'	♌03°35'	♍03°59'	♎00°00'	♎26°01'	♏26°25'	12h00m	♎00°00'	♎28°48'	♏21°27'	♐11°00'	♑14°38'	♒23°38'

Tavola delle Case per la latitudine di 40°52' N (Avellino, Bari, Benevento, Brindisi, Caserta, Lecce, Matera, Napoli, Nuoro, Potenza, Salerno, Sassari, Taranto)

T. sider.	M.C.	11ª	12ª	ASC	2ª	3ª	T. sider.	M.C.	11ª	12ª	ASC	2ª	3ª
$12^{h}15^{m}$	♎04°05'	♏02°19'	♏24°36'	♐14°06'	♑18°27'	♒27°59'	$18^{h}15^{m}$	♑03°26'	♑25°18'	♒23°15'	♈06°32'	♉16°15'	♊12°09'
$12^{h}30^{m}$	♎08°10'	♏05°49'	♏27°46'	♐17°14'	♑22°21'	♓02°25'	$18^{h}30^{m}$	♑06°53'	♑29°07'	♒28°12'	♈13°00'	♉20°48'	♊15°47'
$12^{h}45^{m}$	♎12°14'	♏09°18'	♐00°55'	♐20°26'	♑26°23'	♓06°54'	$18^{h}45^{m}$	♑10°21'	♒03°01'	♓03°17'	♈19°21'	♉25°12'	♊19°22'
$13^{h}00^{m}$	♎16°17'	♏12°46'	♐04°05'	♐23°41'	♒00°32'	♓11°27'	$19^{h}00^{m}$	♑13°49'	♒06°59'	♓08°29'	♈25°32	♉29°28'	♊22°55'
$13^{h}15^{m}$	♎20°18'	♏16°12'	♐07°15'	♐27°01'	♒04°48'	♓16°03'	$19^{h}15^{m}$	♑17°18'	♒11°02'	♓13°46'	♉01°30'	♊03°37'	♊26°24'
$13^{h}30^{m}$	♎24°18'	♏19°38'	♐10°27'	♑00°25'	♒09°12'	♓20°40'	$19^{h}30^{m}$	♑20°48'	♒15°09'	♓19°08'	♉07°15'	♊07°39'	♊29°52'
$13^{h}45^{m}$	♎28°16'	♏23°02'	♐13°40'	♑03°55'	♒13°45'	♓25°20'	$19^{h}45^{m}$	♑24°21'	♒19°21'	♓24°33'	♉12°45'	♊11°33'	♋03°17'
$14^{h}00^{m}$	♏02°11'	♏26°25'	♐16°55'	♑07°31'	♒18°26'	♈00°00'	$20^{h}00^{m}$	♑27°55'	♒23°38'	♈00°00'	♉18°00'	♊15°22'	♋06°41'
$14^{h}15^{m}$	♏06°04'	♏29°47'	♐20°11'	♑11°15'	♒23°15'	♈04°40'	$20^{h}15^{m}$	♒01°30'	♒27°59'	♈05°27'	♉23°01'	♊19°04'	♋10°04'
$14^{h}30^{m}$	♏09°55'	♐03°09'	♐23°30'	♑15°06'	♒28°12'	♈09°20'	$20^{h}30^{m}$	♒05°09'	♓02°25'	♈10°52'	♉27°47'	♊22°42'	♋13°26'
$14^{h}45^{m}$	♏13°43'	♐06°30'	♐26°52'	♑19°07'	♓03°17'	♈13°58'	$20^{h}45^{m}$	♒08°49'	♓06°54'	♈16°14'	♊02°21'	♊26°15'	♋16°48'
$15^{h}00^{m}$	♏17°28'	♐09°51'	♑00°17'	♑23°17'	♓08°29'	♈18°33'	$21^{h}00^{m}$	♒12°32'	♓11°27'	♈21°31'	♊06°43'	♊29°43'	♋20°09'
$15^{h}15^{m}$	♏21°11'	♐13°12'	♑03°45'	♑27°39'	♓13°46'	♈23°06'	$21^{h}15^{m}$	♒16°17'	♓16°03'	♈26°43'	♊10°53'	♋03°08'	♋23°30'
$15^{h}30^{m}$	♏24°51'	♐16°34'	♑07°18'	♒02°13'	♓19°08'	♈27°35'	$21^{h}30^{m}$	♒20°05'	♓20°40'	♉01°48'	♊14°54'	♋06°30'	♋26°51'
$15^{h}45^{m}$	♏28°30'	♐19°56'	♑10°56'	♒06°59'	♓24°33'	♉02°01'	$21^{h}45^{m}$	♒23°56'	♓25°20'	♉06°45'	♊18°45'	♋09°49'	♌00°13'
$16^{h}00^{m}$	♐02°05'	♐23°19'	♑14°38'	♒11°60'	♈00°00'	♉06°22'	$22^{h}00^{m}$	♒27°49'	♈00°00'	♉11°34'	♊22°29'	♋13°05'	♌03°35'
$16^{h}15^{m}$	♐05°39'	♐26°43'	♑18°27'	♒17°15'	♈05°27'	♉10°39'	$22^{h}15^{m}$	♓01°44'	♈04°40'	♉16°15'	♊26°05'	♋16°20'	♌06°58'
$16^{h}30^{m}$	♐09°12'	♑00°08'	♑22°21'	♒22°45'	♈10°52'	♉14°51'	$22^{h}30^{m}$	♓05°42'	♈09°20'	♉20°48'	♊29°35'	♋19°33'	♌10°22'
$16^{h}45^{m}$	♐12°42'	♑03°36'	♑26°23'	♒28°30'	♈16°14'	♉18°59'	$22^{h}45^{m}$	♓09°42'	♈13°58'	♉25°12'	♋02°59'	♋22°45'	♌13°48'
$17^{h}00^{m}$	♐16°11'	♑07°05	♒00°32'	♓04°28'	♈21°31'	♉23°01'	$23^{h}00^{m}$	♓13°43'	♈18°33'	♉29°28'	♋06°19'	♋25°55'	♌17°14'
$17^{h}15^{m}$	♐19°40'	♑10°38'	♒04°48'	♓10°39'	♈26°43'	♉26°59'	$23^{h}15^{m}$	♓17°46'	♈23°06'	♊03°37'	♋09°34'	♋29°05'	♌20°42'
$17^{h}30^{m}$	♐23°07'	♑14°13'	♒09°12'	♓16°60'	♉01°48'	♊00°53'	$23^{h}30^{m}$	♓21°50'	♈27°35'	♊07°39'	♋12°46'	♌02°15'	♌24°11'
$17^{h}45^{m}$	♐26°34'	♑17°51'	♒13°45'	♓23°28'	♉06°45'	♊04°42'	$23^{h}45^{m}$	♓25°55'	♉02°01'	♊11°33'	♋15°54'	♌05°24'	♌27°41'
$18^{h}00^{m}$	♑00°00'	♑21°32'	♒18°26'	♈00°00'	♉11°34'	♊08°28'	$00^{h}00^{m}$	♈00°00'	♉06°22'	♊15°22'	♋18°60'	♌08°33'	♍01°12'

Tavola delle Case per la latitudine di 41°54' N (Campobasso, Chieti, Foggia, Frosinone, Isernia, L'Aquila, Latina, Pescara, Rieti, Roma, Teramo, Terni, Viterbo)

T. sider.	M.C.	11ª	12ª	ASC	2ª	3ª	T. sider.	M.C.	11ª	12ª	ASC	2ª	3ª
00^{h}15^{m}	♈04°05'	♉10°50'	♊19°37'	♋22°41'	♌12°02'	♍04°51'	06^{h}15^{m}	♋03°26'	♌07°10'	♍07°23'	♎02°57'	♎29°01'	♏29°34'
00^{h}30^{m}	♈08°10'	♉15°03'	♊23°14'	♋25°41'	♌15°10'	♍08°24'	06^{h}30^{m}	♋06°53'	♌10°33'	♍10°35'	♎05°53'	♏02°12'	♐02°56'
00^{h}45^{m}	♈12°14'	♉19°12'	♊26°47'	♋28°39'	♌18°19'	♍11°59'	06^{h}45^{m}	♋10°21'	♌13°58'	♍13°48'	♎08°49'	♏05°22'	♐06°16'
01^{h}00^{m}	♈16°17'	♉23°15'	♋00°15'	♌01°37'	♌21°28'	♍15°34'	07^{h}00^{m}	♋13°49'	♌17°24'	♍17°02'	♎11°46'	♏08°32'	♐09°37'
01^{m}15^{h}	♈20°18'	♉27°14'	♋03°39'	♌04°33'	♌24°38'	♍19°10'	07^{h}15^{m}	♋17°18'	♌20°21'	♍20°16'	♎14°42'	♏11°41'	♐12°58'
01^{m}30^{h}	♈24°18'	♊01°08'	♋07°00'	♌07°28'	♌27°48'	♍22°46'	07^{h}30^{m}	♋20°48'	♌24°19'	♍23°31'	♎17°37'	♏14°50'	♐16°19'
01^{h}45^{m}	♈28°16'	♊04°58'	♋10°18'	♌10°23'	♍00°59'	♍26°23'	07^{h}45^{m}	♋24°21'	♌27°48'	♍26°45'	♎20°33'	♏17°58'	♐19°41'
02^{h}00^{m}	♉02°11'	♊08°43'	♋13°34'	♌13°17'	♍04°10'	♎00°00'	08^{h}00^{m}	♋27°55'	♍01°19'	♎00°00'	♎23°28'	♏21°06'	♐23°03'
02^{h}15^{m}	♉06°04'	♊15°25'	♋16°48'	♌16°11'	♍07°23'	♎03°37'	08^{h}15^{m}	♌01°30'	♍04°51'	♎03°15'	♎26°23'	♏24°14'	♐26°27'
02^{h}30^{m}	♉09°55'	♊16°03'	♋19°60'	♌19°05	♍10°35'	♎07°14'	08^{h}30^{m}	♌05°09'	♍08°24'	♎06°29'	♎29°18'	♏27°22'	♐29°53'
02^{h}45^{m}	♉13°43'	♊19°38'	♋23°11'	♌21°59'	♍13°48'	♎10°50'	08^{h}45^{m}	♌08°49'	♍11°59'	♎09°44'	♏02°12'	♐00°31'	♑03°20'
03^{h}00^{m}	♉17°28'	♊23°11'	♋26°20'	♌24°53'	♍17°02'	♎14°26'	09^{h}00^{m}	♌12°32'	♍15°34'	♎12°58'	♏05°07'	♐03°40'	♑06°50'
03^{h}15^{m}	♉21°11'	♊26°40'	♋29°29'	♌27°48'	♍20°16'	♎18°01'	09^{h}15^{m}	♌16°17'	♍19°10'	♎16°12'	♏08°01'	♐06°49'	♑10°22'
03^{h}30^{m}	♉24°51'	♋00°07'	♌02°38'	♍00°42'	♍23°31'	♎21°36'	09^{h}30^{m}	♌20°05'	♍22°46'	♎19°25'	♏10°55'	♐10°00'	♑13°57'
03^{h}45^{m}	♉28°30'	♋03°33'	♌05°46'	♍03°37'	♍26°45'	♎25°09'	09^{h}45^{m}	♌23°56'	♍26°23'	♎22°37'	♏13°49'	♐13°12'	♑17°35'
04^{h}00^{m}	♊02°05'	♋06°57'	♌08°54'	♍06°32'	♎00°00'	♎28°41'	10^{h}00^{m}	♌27°49'	♎00°00'	♎25°50'	♏16°43'	♐16°26'	♑21°17'
04^{h}15^{m}	♊05°39'	♋10°19'	♌12°02'	♍09°27'	♎03°15'	♏02°12'	10^{h}15^{m}	♍01°44'	♎03°37'	♎29°01'	♏19°37'	♐19°42'	♑25°02'
04^{h}30^{m}	♊09°12'	♋13°41'	♌15°10'	♍12°23'	♎06°29'	♏05°41'	10^{h}30^{m}	♍05°42'	♎07°14'	♏02°12'	♏22°32'	♐22°60'	♑28°52'
04^{h}45^{m}	♊12°42'	♋17°02'	♌18°19'	♍15°18'	♎09°44'	♏09°09'	10^{h}45^{m}	♍09°42'	♎10°50'	♏05°22'	♏25°27'	♐26°21'	♒02°46'
05^{h}00^{m}	♊16°11'	♋20°23'	♌21°28'	♍18°14'	♎12°58'	♏12°36'	11^{h}00^{m}	♍13°43'	♎14°26'	♏08°32'	♏28°23'	♐29°45'	♒06°45'
05^{h}15^{m}	♊19°39'	♋23°44'	♌24°38'	♍21°11'	♎16°12'	♏16°02'	11^{h}15^{m}	♍17°46'	♎18°01'	♏11°41'	♐01°21'	♑03°13'	♒10°48'
05^{h}30^{m}	♊23°07'	♋27°04'	♌27°48'	♍24°07'	♎19°25'	♏19°27'	11^{h}30^{m}	♍21°50'	♎21°36'	♏14°50'	♐04°19'	♑06°46'	♒14°57'
05^{h}45^{m}	♊26°34'	♌00°26'	♍00°59'	♍27°03'	♎22°37'	♏22°50'	11^{h}45^{m}	♍25°55'	♎25°09'	♏17°58'	♐07°19'	♑10°23'	♒19°10'
06^{h}00^{m}	♋00°00	♌03°47'	♍04°10'	♎00°00'	♎25°50'	♏26°13'	12^{h}00^{m}	♎00°00'	♎28°41'	♏21°06'	♐10°21'	♑14°05'	♒23°27'

Tavola delle Case per la latitudine di 41°54' N (Campobasso, Chieti, Foggia, Frosinone, Isernia, L'Aquila, Latina, Pescara, Rieti, Roma, Teramo, Terni, Viterbo)

T. sider.	M.C.	11ª	12ª	ASC	2ª	3ª	T. sider.	M.C.	11ª	12ª	ASC	2ª	3ª
$12^{h}15^{m}$	♎04°05'	♏02°12'	♏24°14'	♐13°25'	♑17°54'	♒27°50'	$18^{h}15^{m}$	♑03°26'	♑25°02'	♒22°51'	♈06°41'	♉16°44'	♊12°25'
$12^{h}30^{m}$	♎08°10'	♏05°41'	♏27°22'	♐16°32'	♑21°49'	♓02°16'	$18^{h}30^{m}$	♑06°53'	♑28°52'	♒27°51'	♈13°18'	♉21°18'	♊16°03'
$12^{h}45^{m}$	♎12°14'	♏09°09'	♐00°31'	♐19°43'	♑25°50'	♓06°47'	$18^{h}45^{m}$	♑10°21'	♒02°46'	♓02°58'	♈19°46'	♉25°43'	♊19°38'
$13^{h}00^{m}$	♎16°17'	♏12°36'	♐03°40'	♐22°56'	♑29°60'	♓11°21'	$19^{h}00^{m}$	♑13°49'	♒06°45'	♓08°13'	♈26°04'	♊00°00	♊23°11'
$13^{h}15^{m}$	♎20°18'	♏16°02'	♐06°49'	♐26°15'	♒04°17'	♓15°58'	$19^{h}15^{m}$	♑17°18'	♒10°48'	♓13°34'	♉02°08'	♊04°10'	♊26°40'
$13^{h}30^{m}$	♎24°18'	♏19°27'	♐10°00'	♐29°38'	♒08°42'	♓20°37'	$19^{h}30^{m}$	♑20°48'	♒14°57'	♓18°60'	♉07°58'	♊08°11'	♋00°07'
$13^{h}45^{m}$	♎28°16'	♏22°50'	♐13°12'	♑03°06'	♒13°16'	♓25°18'	$19^{h}45^{m}$	♑24°21'	♒19°10'	♓24°29'	♉13°31'	♊12°06'	♋03°33'
$14^{h}00^{m}$	♏02°11'	♏26°13'	♐16°26'	♑06°42'	♒17°59'	♈00°00'	$20^{h}00^{m}$	♑27°55'	♒23°27'	♈00°00'	♉18°49'	♊15°55'	♋06°57'
$14^{h}15^{m}$	♏06°04'	♏29°34'	♐19°42'	♑10°24'	♒22°51'	♈04°42'	$20^{h}15^{m}$	♒01°30'	♒27°50'	♈05°31'	♉23°52'	♊19°37'	♋10°19'
$14^{h}30^{m}$	♏09°55'	♐02°56'	♐22°60'	♑14°15'	♒27°51'	♈09°23'	$20^{h}30^{m}$	♒05°09'	♓02°16'	♈11°00'	♉28°39'	♊23°14'	♋13°41'
$14^{h}45^{m}$	♏13°43'	♐06°16'	♐26°21'	♑18°15'	♓02°58'	♈14°02'	$20^{h}45^{m}$	♒08°49'	♓06°47'	♈16°26'	♊03°14'	♊26°47'	♋17°02'
$15^{h}00^{m}$	♏17°28'	♐09°37'	♐29°45'	♑22°25'	♓08°13'	♈18°39'	$21^{h}00^{m}$	♒12°32'	♓11°21'	♈21°47'	♊07°35'	♋00°15'	♋20°23'
$15^{h}15^{m}$	♏21°11'	♐12°58'	♑03°13'	♑26°46'	♓13°34'	♈23°13'	$21^{h}15^{m}$	♒16°17'	♓15°58'	♈27°02'	♊11°45'	♋03°39'	♋23°44'
$15^{h}30^{m}$	♏24°51'	♐16°19'	♑06°46'	♒01°21'	♓18°60'	♈27°44'	$21^{h}30^{m}$	♒20°05'	♓20°37'	♉02°09'	♊15°45'	♋07°00'	♋27°04'
$15^{h}45^{m}$	♏28°30'	♐19°41'	♑10°23'	♒06°08'	♓24°29'	♉02°10'	$21^{h}45^{m}$	♒23°56'	♓25°18'	♉07°09'	♊19°36'	♋10°18'	♌00°26'
$16^{h}00^{m}$	♐02°05'	♐23°03'	♑14°05'	♒11°11'	♈00°00'	♉06°33'	$22^{h}00^{m}$	♒27°49'	♈00°00'	♉12°01'	♊23°18'	♋13°34'	♌03°47'
$16^{h}15^{m}$	♐05°39'	♐26°27'	♑17°54'	♒16°29'	♈05°31'	♉10°50'	$22^{h}15^{m}$	♓01°44'	♈04°42'	♉16°44'	♊26°54'	♋16°48'	♌07°10'
$16^{h}30^{m}$	♐09°12'	♐29°53'	♑21°49'	♒22°02'	♈11°00'	♉15°03'	$22^{h}30^{m}$	♓05°42'	♈09°23'	♉21°18'	♋00°22'	♋19°60'	♌10°34'
$16^{h}45^{m}$	♐12°42'	♑03°20'	♑25°50'	♒27°52'	♈16°26'	♉19°12'	$22^{h}45^{m}$	♓09°42'	♈14°02'	♉25°43'	♋03°45'	♋23°11'	♌13°58'
$17^{h}00^{m}$	♐16°11'	♑06°50'	♑29°60'	♓03°56'	♈21°47'	♉23°15'	$23^{h}00^{m}$	♓13°43'	♈18°39'	♊00°00'	♋07°04'	♋26°20'	♌17°24'
$17^{h}15^{m}$	♐19°40'	♑10°22'	♒04°17'	♓10°14'	♈27°02'	♉27°14'	$23^{h}15^{m}$	♓17°46'	♈23°13'	♊04°10'	♋10°17'	♋29°29'	♌20°51'
$17^{h}30^{m}$	♐23°07'	♑13°57'	♒08°42'	♓16°42'	♉02°09'	♊01°08'	$23^{h}30^{m}$	♓21°50'	♈27°44'	♊08°11'	♋13°28'	♌02°38'	♌24°19'
$17^{h}45^{m}$	♐26°34'	♑17°35'	♒13°16'	♓23°19'	♉07°09'	♊04°58'	$23^{h}45^{m}$	♓25°55'	♉02°10'	♊12°06'	♋16°35'	♌05°46'	♌27°48'
$18^{h}00^{m}$	♑00°00'	♑21°17'	♒17°59'	♈00°00'	♉12°01'	♊08°43'	$00^{h}00^{m}$	♈00°00'	♉06°33'	♊15°55'	♋19°39'	♌08°54'	♍01°19'

Tavola delle Case per la latitudine di 43°48' N (Ancona, Arezzo, Ascoli Piceno, Firenze, Grosseto, Imperia, La Spezia, Livorno, Lucca, Macerata, Massa Carrara, Perugia, Pesaro, Pisa, Pistoia, Siena)

T. sider.	M.C.	11ª	12ª	ASC	2ª	3ª	T. sider.	M.C.	11ª	12ª	ASC	2ª	3ª
00^h15^m	♈04°05'	♉11°13'	♊20°41'	♋23°52'	♌12°40'	♍05°03'	06^h15^m	♋03°26'	♌07°32'	♍07°41'	♎02°53'	♎28°37'	♏29°10'
00^h30^m	♈08°10'	♉15°28'	♊24°18'	♋26°50'	♌15°46'	♍08°34'	06^h30^m	♋06°53'	♌10°55'	♍10°51'	♎05°46'	♏01°46'	♐02°30'
00^h45^m	♈12°14'	♉19°37'	♊27°49'	♋29°45'	♌18°52'	♍12°07'	06^h45^m	♋10°21'	♌14°18'	♍14°02'	♎08°39'	♏04°54'	♐05°50'
01^h00^m	♈16°17'	♉23°42'	♋01°16'	♌02°39'	♌21°59'	♍15°40'	07^h00^m	♋13°49'	♌17°42'	♍17°13'	♎11°32'	♏08°01'	♐09°10'
01^h15^m	♈20°18'	♉27°42'	♋04°39'	♌05°33'	♌25°06'	♍19°15'	07^h15^m	♋17°18'	♌21°08'	♍20°24'	♎14°25'	♏11°08'	♐12°30'
01^h30^m	♈24°18'	♊01°37'	♋07°59'	♌08°25'	♌28°14'	♍22°49'	07^h30^m	♋20°48'	♌24°35'	♍23°36'	♎17°18'	♏14°14'	♐15°50'
01^h45^m	♈28°16'	♊05°27'	♋11°15'	♌11°17'	♍01°23'	♍26°25'	07^h45^m	♋24°21'	♌28°03'	♍26°48'	♎20°10'	♏17°20'	♐19°11'
02^h00^m	♉02°11'	♊09°14'	♋14°30'	♌14°08'	♍04°32'	♎00°00'	08^h00^m	♋27°55'	♍01°32'	♎00°00'	♎23°02'	♏20°26'	♐22°33'
02^h15^m	♉06°04'	♊12°56'	♋17°42'	♌16°59'	♍07°41'	♎03°35'	08^h15^m	♌01°30'	♍05°03'	♎03°12'	♎25°54'	♏23°32'	♐25°57'
02^h30^m	♉09°55'	♊16°34'	♋20°52'	♌19°50'	♍10°51'	♎07°11'	08^h30^m	♌05°09'	♍08°34'	♎06°24'	♎28°45'	♏26°38'	♐29°22'
02^h45^m	♉13°43'	♊20°09'	♋24°01'	♌22°41'	♍14°02'	♎10°45'	08^h45^m	♌08°49'	♍12°07'	♎09°36'	♏01°37'	♏29°45'	♑02°49'
03^h00^m	♉17°28'	♊23°42'	♋27°08'	♌25°32'	♍17°13'	♎14°20'	09^h00^m	♌12°32'	♏15°40'	♎12°47'	♏04°28'	♐02°52'	♑06°18'
03^h15^m	♉21°11'	♊27°11'	♌00°15'	♌28°23'	♍20°24'	♎17°53'	09^h15^m	♌16°17'	♍19°15'	♎15°58'	♏07°19'	♐05°59'	♑09°51'
03^h30^m	♉24°51'	♋00°38'	♌03°22'	♍01°15'	♍23°36'	♎21°26'	09^h30^m	♌20°05'	♍22°49'	♎19°09'	♏10°10'	♐09°08'	♑13°26'
03^h45^m	♉28°30'	♋04°03'	♌06°28'	♍04°06'	♍26°48'	♎24°57'	09^h45^m	♌23°56'	♍26°25'	♎22°19'	♏13°01'	♐12°18'	♑17°04'
04^h00^m	♊02°05'	♋07°27'	♌09°34'	♍06°58'	♎00°00'	♎28°28'	10^h00^m	♌27°49'	♎00°00'	♎25°28'	♏15°52'	♐15°30'	♑20°46'
04^h15^m	♊05°39'	♋10°49'	♌12°40'	♍09°50'	♎03°12'	♏01°57'	10^h15^m	♍01°44'	♎03°35'	♎28°37'	♏18°43'	♐18°45'	♑24°33'
04^h30^m	♊09°12'	♋14°10'	♌15°46'	♍12°42'	♎06°24'	♏05°25'	10^h30^m	♍05°42'	♎07°11'	♏01°46'	♏21°35'	♐22°01'	♑28°23'
04^h45^m	♊12°42'	♋17°30'	♌18°52'	♍15°35'	♎09°36'	♏08°52'	10^h45^m	♍09°42'	♎10°45'	♏04°54'	♏24°27'	♐25°21'	♒02°18'
05^h00^m	♊16°11'	♋20°50'	♌21°59'	♍18°28'	♎12°47'	♏12°18'	11^h00^m	♍13°43'	♎14°20'	♏08°01'	♏27°21'	♐28°44'	♒06°18'
05^h15^m	♊19°39'	♋24°10'	♌25°06'	♍21°21'	♎15°58'	♏15°42'	11^h15^m	♍17°46'	♎17°53'	♏11°08'	♐00°15'	♑02°11'	♒10°23'
05^h30^m	♊23°07'	♋27°30'	♌28°14'	♍24°14'	♎19°09'	♏19°05'	11^h30^m	♍21°50'	♎21°26'	♏14°14'	♐03°10'	♑05°42'	♒14°32'
05^h45^m	♊26°34'	♌00°50'	♍01°23'	♍27°07'	♎22°19'	♏22°28'	11^h45^m	♍25°55'	♎24°57'	♏17°20'	♐06°08'	♑09°19'	♒18°47'
06^h00^m	♋00°00'	♌04°11'	♍04°32'	♎00°00'	♎25°28'	♏25°49'	12^h00^m	♎00°00'	♎28°28'	♏20°26'	♐09°07'	♑13°01'	♒23°07'

Tavola delle Case per la latitudine di 43°48' N (Ancona, Arezzo, Ascoli Piceno, Firenze, Grosseto, Imperia, La Spezia, Livorno, Lucca, Macerata, Massa Carrara, Perugia, Pesaro, Pisa, Pistoia, Siena)

T. sider.	M.C.	11ª	12ª	ASC	2ª	3ª	T. sider.	M.C.	11ª	12ª	ASC	2ª	3ª
12^h15^m	♎04°05'	♏01°57'	♏23°32'	♐12°08'	♑16°49'	♒27°31'	18^h15^m	♑03°26'	♑24°33'	♒22°03'	♈06°59'	♉17°40'	♊12°56'
12^h30^m	♎08°10'	♏05°25'	♏26°38'	♐15°12'	♑20°44'	♓02°00'	18^h30^m	♑06°53'	♑28°23'	♒27°07'	♈13°53'	♉22°17'	♊16°34'
12^h45^m	♎12°14'	♏08°52'	♏29°45'	♐18°20'	♑24°47'	♓06°33'	18^h45^m	♑10°21'	♒02°18'	♓02°21'	♈20°38'	♉26°44'	♊20°09'
13^h00^m	♎16°17'	♏12°18'	♐02°52'	♐21°31'	♑28°57'	♓11°10'	19^h00^m	♑13°49'	♒06°18'	♓07°42'	♈27°09'	♊01°03'	♊23°42'
13^h15^m	♎20°18'	♏15°42'	♐05°59'	♐24°46'	♒03°16'	♓15°50'	19^h15^m	♑17°18'	♒10°23'	♓13°10'	♉03°25'	♊05°13'	♊27°11'
13^h30^m	♎24°18'	♏19°05'	♐09°08'	♐28°06'	♒07°43'	♓20°32'	19^h30^m	♑20°48'	♒14°32'	♓18°44'	♉09°24'	♊09°16'	♋00°38'
13^h45^m	♎28°16'	♏22°28'	♐12°18'	♑01°33'	♒12°20'	♓25°15'	19^h45^m	♑24°21'	♒18°47'	♓24°21'	♉15°04'	♊13°11'	♋04°03'
14^h00^m	♏02°11'	♏25°49'	♐15°30'	♑05°05'	♒17°07'	♈00°00'	20^h00^m	♑27°55'	♒23°07'	♈00°00'	♉20°47'	♊16°59'	♋07°27'
14^h15^m	♏06°04'	♏29°10'	♐18°45'	♑08°45'	♒22°03'	♈04°45'	20^h15^m	♒01°30'	♒27°31'	♈05°39'	♉25°33'	♊20°41'	♋10°49'
14^h30^m	♏09°55'	♐02°30'	♐22°01'	♑12°34'	♒27°07'	♈09°28'	20^h30^m	♒05°09'	♓02°00'	♈11°16'	♊00°22'	♊24°18'	♋14°10'
14^h45^m	♏13°43'	♐05°50'	♐25°21'	♑16°32'	♓02°21'	♈14°11'	20^h45^m	♒08°49'	♓06°33'	♈16°50'	♊04°57'	♊27°49'	♋17°30'
15^h00^m	♏17°28'	♐09°10'	♐28°44'	♑20°42'	♓07°42'	♈18°50'	21^h00^m	♒12°32'	♓11°10'	♈22°18'	♊09°18'	♋01°16'	♋20°50'
15^h15^m	♏21°11'	♐12°30'	♑02°11'	♑25°03'	♓13°10'	♈23°27'	21^h15^m	♒16°17'	♓15°50'	♈27°39'	♊13°28'	♋04°39'	♋24°10'
15^h30^m	♏24°51'	♐15°50'	♑05°42'	♑29°38'	♓18°44'	♈27°60'	21^h30^m	♒20°05'	♓20°32'	♉02°53'	♊17°26'	♋07°59'	♋27°30'
15^h45^m	♏28°30'	♐19°11'	♑09°19'	♒04°27'	♓24°21'	♉02°29'	21^h45^m	♒23°56'	♓25°15'	♉07°57'	♊21°15'	♋11°15'	♌00°50'
16^h00^m	♐02°05'	♐22°33'	♑13°01'	♒09°33'	♈00°00	♉06°53'	22^h00^m	♒27°49'	♈00°00'	♉12°53'	♊24°55'	♋14°30'	♌04°11'
16^h15^m	♐05°39'	♐25°57'	♑16°49'	♒14°56'	♈05°39'	♉11°13'	22^h15^m	♓01°44'	♈04°45'	♉17°40'	♊28°28'	♋17°42'	♌07°32'
16^h30^m	♐09°12'	♐29°22'	♑20°44'	♒20°36'	♈11°16'	♉15°28'	22^h30^m	♓05°42'	♈09°28'	♉22°17'	♋01°54'	♋20°52'	♌10°55'
16^h45^m	♐12°42'	♑02°49'	♑24°47'	♒26°35'	♈16°50'	♉19°37'	22^h45^m	♓09°42'	♈14°11'	♉26°44'	♋05°14'	♋24°01'	♌14°18'
17^h00^m	♐16°11'	♑06°18'	♑28°57'	♓02°51'	♈22°18'	♉23°42'	23^h00^m	♓13°43'	♈18°50'	♊01°03'	♋08°29'	♋27°08'	♌17°42'
17^h15^m	♐19°40'	♑09°51'	♒03°16'	♓09°22'	♈27°39'	♉27°42'	23^h15^m	♓17°46'	♈23°27'	♊05°13'	♋11°40'	♌00°15'	♌21°08'
17^h30^m	♐23°07'	♑13°26'	♒07°43'	♓16°07'	♉02°53'	♊01°37'	23^h30^m	♓21°50'	♈28°00'	♊09°16'	♋14°48'	♌03°22'	♌24°35'
17^h45^m	♐26°34'	♑17°04'	♒12°20'	♓23°01'	♉07°57'	♊05°27'	23^h45^m	♓25°55'	♉02°29'	♊13°11'	♋17°52'	♌06°28'	♌28°03'
18^h00^m	♑00°00'	♑20°46'	♒17°07'	♈00°00'	♉12°53'	♊09°14'	00^h00^m	♈00°00'	♉06°53'	♊16°59'	♋20°53'	♌09°34'	♍01°32'

Tavola delle Case per la latitudine di 44°30' N (Bologna, Cuneo, Ferrara, Forlì, Genova, Modena, Parma, Ravenna, Reggio Emilia, Savona)

T. sider.	M.C.	11ª	12ª	ASC	2ª	3ª	T. sider.	M.C.	11ª	12ª	ASC	2ª	3ª
00h15m	♈04°05'	♉11°22'	♊21°06'	♋24°19'	♌12°54'	♍05°07'	06h15m	♋03°26'	♌07°41'	♍07°48'	♎02°52'	♎28°28'	♏29°00'
00h30m	♈08°10'	♉15°37'	♊24°42'	♋27°15'	♌15°59'	♍08°38'	06h30m	♋06°53'	♌11°03'	♍10°57'	♎05°44'	♏01°36'	♐02°20'
00h45m	♈12°14'	♉19°47'	♊28°13'	♌00°10'	♌19°05'	♍12°10'	06h45m	♋10°21'	♌14°26'	♍14°07'	♎08°36'	♏04°43'	♐05°40'
01h00m	♈16°17'	♉23°53'	♋01°40'	♌03°03'	♌22°11'	♍15°43'	07h00m	♋13°49'	♌17°50'	♍17°17'	♎11°27'	♏07°49'	♐08°59'
01h15m	♈20°18'	♉27°53'	♋05°02'	♌05°55'	♌25°17'	♍19°17'	17h15m	♋17°18'	♌21°15'	♍20°27'	♎14°19'	♏10°55'	♐12°19'
01h30m	♈24°18'	♊01°48'	♋08°21'	♌08°46'	♌28°24'	♍22°51'	07h30m	♋20°48'	♌24°41'	♍23°38'	♎17°10'	♏14°01'	♐15°39'
01h45m	♈28°16'	♊05°39'	♋11°37'	♌11°37'	♍01°32'	♍26°25'	07h45m	♋24°21'	♌28°09'	♍26°49'	♎20°01'	♏17°06'	♐18°60'
02h00m	♉02°11'	♊09°25'	♋14°51'	♌14°27'	♍04°40'	♎00°00'	08h00m	♋27°55'	♍01°37'	♎00°00'	♎22°52'	♏20°11'	♐22°22'
02h15m	♉06°04'	♊13°08'	♋18°02'	♌17°17'	♍07°48'	♎03°35'	08h15m	♌01°30'	♍05°07'	♎03°11'	♎25°43'	♏23°16'	♐25°45'
02h30m	♉09°55'	♊16°46'	♋21°12'	♌20°07'	♍10°57'	♎07°09'	08h30m	♌05°09'	♍08°38'	♎06°22'	♎28°33'	♏26°21'	♐29°10'
02h45m	♉13°43'	♊20°22'	♋24°20'	♌22°57'	♍14°07'	♎10°43'	08h45m	♌08°49'	♍12°10'	♎09°33'	♏01°23'	♏29°27'	♑02°37'
03h00m	♉17°28'	♊23°54'	♋27°27'	♌25°47'	♍17°17'	♎14°17'	09h00m	♌12°32'	♍15°43'	♎12°43'	♏04°13'	♐02°33'	♑06°06'
03h15m	♉21°11'	♊27°23'	♌00°33'	♌28°37'	♍20°27'	♎17°50'	09h15m	♌16°17'	♍19°17'	♎15°53'	♏07°03'	♐05°40'	♑09°38'
03h30m	♉24°51'	♋00°50'	♌03°39'	♍01°27'	♍23°38'	♎21°22'	09h30m	♌20°05'	♍22°51'	♎19°03'	♏09°53'	♐08°48'	♑13°14'
03h45m	♉28°30'	♋04°15'	♌06°44'	♍04°17'	♍26°49'	♎24°53'	09h45m	♌23°56'	♍26°25'	♎22°12'	♏12°43'	♐11°58'	♑16°52'
04h00m	♊02°05'	♋07°38'	♌09°49'	♍07°08'	♎00°00'	♎28°23'	10h00m	♌27°49'	♎00°00'	♎25°20'	♏15°33'	♐15°09'	♑20°35'
04h15m	♊05°39'	♋11°00'	♌12°54'	♍09°59'	♎03°11'	♏01°51'	10h15m	♍01°44'	♎03°55'	♎28°28'	♏18°23'	♐18°23'	♑24°21'
04h30m	♊09°12'	♋14°21'	♌15°59'	♍12°50'	♎06°22'	♏05°19'	10h30m	♍05°42'	♎07°09'	♏01°36'	♏21°14'	♐21°39'	♑28°12'
04h45m	♊12°42'	♋17°41'	♌19°05'	♍15°41'	♎09°33'	♏08°45'	10h45m	♍09°42'	♎10°43'	♏04°43'	♏21°05'	♐24°58'	♒02°07'
05h00m	♊16°11'	♋21°01'	♌22°11'	♍18°33'	♎12°43'	♏12°10'	11h00m	♍13°43'	♎14°17'	♏07°49'	♏26°57'	♐28°20'	♒06°07'
05h15m	♊19°39'	♋24°20'	♌25°17'	♍21°24'	♎15°53'	♏15°34'	11h15m	♍17°46'	♎17°50'	♏10°55'	♏29°50'	♑01°47'	♒10°13'
05h30m	♊23°07'	♋27°40'	♌28°24'	♍24°16'	♎19°03'	♏18°57'	11h30m	♍21°50'	♎21°22'	♏14°01'	♐02°45'	♑05°18'	♒14°23'
05h45m	♊26°34'	♌00°60'	♍01°32'	♍27°08'	♎22°12'	♏22°19'	11h45m	♍25°55'	♎24°53'	♏17°06'	♐05°41'	♑08°54'	♒18°38'
06h00m	♋00°00'	♌04°20'	♍04°40'	♎00°00'	♎25°20'	♏25°40'	12h00m	♎00°00'	♎28°23'	♏20°11'	♐08°38'	♑12°36'	♒22°59'

Tavola delle Case per la latitudine di 44°30' N (Bologna, Cuneo, Ferrara, Forlì, Genova, Modena, Parma, Ravenna, Reggio Emilia, Savona)

T. sider.	M.C.	11a	12a	ASC	2a	3a	T. sider.	M.C.	11a	12a	ASC	2a	3a
12h15m	♎04°05'	♏01°51'	♏23°16'	♐11°39'	♑16°24'	♒27°24'	18h15m	♑03°26'	♑24°21'	♒21°44'	♈07°07'	♉18°02'	♊13°08'
12h30m	♎08°10'	♏05°19'	♏26°21'	♐14°42'	♑20°19'	♓01°54'	18h30m	♑06°53'	♑28°12'	♒26°50'	♈14°08'	♉22°40'	♊16°46'
12h45m	♎12°14'	♏08°45'	♏29°27'	♐17°48'	♑24°22'	♓06°28'	18h45m	♑10°21'	♒02°07'	♓02°06'	♈20°59'	♉27°08'	♊20°22'
13h00m	♎16°17'	♏12°10'	♐02°33'	♐20°58'	♑28°32'	♓11°05'	19h00m	♑13°49'	♒06°07'	♓07°30'	♈27°36'	♊01°28'	♊23°54'
13h15m	♎20°18'	♏15°34'	♐05°40'	♐24°12'	♒02°52'	♓15°46'	19h15m	♑17°18'	♒10°13'	♓13°01'	♉03°56'	♊05°38'	♊27°23'
13h30m	♎24°18'	♏18°57'	♐08°48'	♐27°31'	♒07°20'	♓20°29'	19h30m	♑20°48'	♒14°23'	♓18°37'	♉09°58'	♊09°41'	♋00°50'
13h45m	♎28°16'	♏22°19'	♐11°58'	♑00°56'	♒11°58'	♓25°14'	19h45m	♑24°21'	♒18°38'	♓24°18'	♉15°42'	♊13°36'	♋04°15'
14h00m	♏02°11'	♏25°40'	♐15°09'	♑04°28'	♒16°46'	♈00°00'	20h00m	♑27°55'	♒22°59'	♈00°00'	♉21°06'	♊17°24'	♋07°38'
14h15m	♏06°04'	♏29°01'	♐18°23'	♑08°07'	♒21°44'	♈04°46'	20h15m	♒01°30'	♒27°24'	♈05°42'	♉26°13'	♊21°06'	♋11°00'
14h30m	♏09°55'	♐02°20'	♐21°39'	♑11°55'	♒26°50'	♈09°31'	20h30m	♒05°09'	♓01°54'	♈11°23'	♊01°03'	♊24°42'	♋14°21'
14h45m	♏13°43'	♐05°40'	♐24°58'	♑15°53'	♓02°06'	♈14°14'	20h45m	♒08°49'	♓06°28'	♈16°59'	♊05°38'	♊28°13'	♋17°41'
15h00m	♏17°28'	♐08°59'	♐28°20'	♑20°01'	♓07°30'	♈18°55'	21h00m	♒12°32'	♓11°05'	♈22°30'	♊09°59'	♋01°40'	♋21°01'
15h15m	♏21°11'	♐12°19'	♑01°47'	♑24°22'	♓13°01'	♈23°32'	21h15m	♒16°17'	♓15°46'	♈27°54'	♊14°07'	♋0502'	♋24°20'
15h30m	♏24°51'	♐15°39'	♑05°18'	♑28°57'	♓18°37'	♈28°06'	21h30m	♒20°05'	♓20°29'	♉03°10'	♊18°05'	♋08°21'	♋27°40'
15h45m	♏28°30'	♐18°60'	♑08°54'	♒03°47'	♓24°18'	♉02°36'	21h45m	♒23°56'	♓25°14'	♉08°17'	♊21°53'	♋11°37'	♌00°60'
16h00m	♐02°05'	♐22°22'	♑12°36'	♒08°54'	♈00°00'	♉07°01'	22h00m	♒27°49'	♈00°00'	♉13°14'	♊25°32'	♋14°51'	♌04°20'
16h15m	♐05°39'	♐25°45'	♑16°24'	♒14°19'	♈05°42'	♉11°22'	22h15m	♓01°44'	♈04°46'	♉18°02'	♊29°04'	♋18°02'	♌07°41'
16h30m	♐09°12'	♐29°10'	♑20°19'	♒20°02'	♈11°23'	♉15°37'	22h30m	♓05°42'	♈09°31'	♉22°40'	♋02°29'	♋21°12'	♌11°03'
16h45m	♐12°42'	♑02°37'	♑24°22'	♒26°04'	♈16°59'	♉19°47'	22h45m	♓09°42'	♈14°14'	♉27°08'	♋05°48'	♋24°20'	♌14°26'
17h00m	♐16°11'	♑06°06'	♑28°32'	♓02°24'	♈22°30'	♉23°53'	23h00m	♓13°43'	♈18°55'	♊01°28'	♋09°02'	♋27°27'	♌17°50'
17h15m	♐19°40'	♑09°38'	♒02°52'	♓09°01'	♈27°54'	♉27°53'	23h15m	♓17°46'	♈23°32'	♊05°38'	♋12°12'	♌00°33'	♌21°15'
17h30m	♐23°07'	♑13°14'	♒07°20'	♓15°52'	♉03°10'	♊01°48'	23h30m	♓21°50'	♈28°06'	♊09°41'	♋15°18'	♌03°39'	♌24°41'
17h45m	♐26°34'	♑16°52'	♒11°58'	♓22°53'	♉08°17'	♊05°39'	23h45m	♓25°55'	♉02°36'	♊13°36'	♋18°21'	♌06°44'	♌28°09'
18h00m	♑00°00'	♑20°35'	♒16°46'	♈00°00'	♉13°14'	♊09°25'	00h00m	♈00°00	♉07°01'	♊17°24'	♋21°22'	♌09°49'	♍01°37'

Tavola delle Case per la latitudine di 45°28' N (Alessandria, Aosta, Asti, Belluno, Bergamo, Bolzano, Brescia, Como, Cremona, Gorizia, Mantova, Milano, Novara, Padova, Pavia, Piacenza, Pordenone, Rovigo, Sondrio, Torino, Trento, Treviso, Trieste, Udine, Varese, Venezia, Vercelli, Verona, Vicenza)

T. sider.	M.C.	11ª	12ª	ASC	2ª	3ª	T. sider.	M.C.	11ª	12ª	ASC	2ª	3ª
00h15m	♈04°05'	♉11°34'	♊21°42'	♋24°58'	♌13°14'	♍05°13'	06h15m	♋03°26'	♌07°53'	♍07°58'	♎02°50'	♎28°16	♏28°47'
00h30m	♈08°10'	♉15°51'	♊25°17'	♋27°52'	♌16°18'	♍08°44'	06h30m	♋06°53'	♌11°14'	♍11°06'	♎05°40'	♏01°22'	♐02°06'
00h45m	♈12°14'	♉20°02'	♊28°48'	♌00°45'	♌19°23'	♍12°15'	06h45m	♋10°21'	♌14°36'	♍14°14'	♎08°30'	♏04°28'	♐05°25'
01h00m	♈16°17'	♉24°08'	♋02°13'	♌03°36'	♌22°27'	♍15°47'	07h00m	♋13°49'	♌17°60'	♍17°23'	♎11°20'	♏07°33'	♐08°44'
01h15m	♈20°18'	♉28°08'	♋05°35'	♌06°27'	♌25°32'	♍19°19'	07h15m	♋17°18'	♌21°24'	♍20°32'	♎14°10'	♏10°37'	♐12°04'
01h30m	♈24°18'	♊02°04'	♋08°53'	♌09°17'	♌28°38'	♍22°53'	07h30m	♋20°48'	♌24°50'	♍23°41'	♎16°60'	♏13°42'	♐15°23'
01h45m	♈28°16'	♊05°56'	♋12°08'	♌12°06'	♍01°44'	♍26°26'	07h45m	♋24°21'	♌28°16'	♍26°50'	♎19°49'	♏16°46'	♐18°44'
02h00m	♉02°11'	♊09°42'	♋15°21'	♌14°54'	♍04°51'	♎00°00'	08h00m	♋27°55'	♍01°44'	♎00°00'	♎22°38'	♏19°50'	♐22°05'
02h15m	♉06°04'	♊13°25'	♋18°31'	♌17°43'	♍07°58'	♎03°34'	08h15m	♌01°30'	♍05°13'	♎03°10'	♎25°27'	♏22°54'	♐25°28'
02h30m	♉09°55'	♊17°04'	♋21°40'	♌20°31'	♍11°06'	♎07°07'	08h30m	♌05°09'	♍08°44'	♎06°19'	♎28°16'	♏25°58'	♐28°53'
02h45m	♉13°43'	♊20°39'	♋24°47'	♌23°19'	♍14°14'	♎10°41'	08h45m	♌08°49'	♍12°15'	♎09°28'	♏01°04'	♏29°02'	♑02°20'
03h00m	♉17°28'	♊24°11'	♋27°53'	♌26°07'	♍17°23'	♎14°13'	09h00m	♌12°32'	♍15°47'	♎12°37'	♏03°53'	♐02°07'	♑05°49'
03h15m	♉21°11'	♊27°40'	♌00°58'	♌28°56'	♍20°32'	♎17°45'	09h15m	♌16°17'	♍19°19'	♎15°46'	♏06°41'	♐05°13'	♑09°21'
03h30m	♉24°51'	♋01°07'	♌04°02'	♍01°44'	♍23°41'	♎21°16'	09h30m	♌20°05'	♍22°53'	♎18°54'	♏09°29'	♐08°20'	♑12°56'
03h45m	♉28°30'	♋04°32'	♌07°06'	♍04°33'	♍26°50'	♎24°47'	09h45m	♌23°56'	♍26°26'	♎22°02'	♏12°17'	♐11°29	♑16°35'
04h00m	♊02°05'	♋07°55'	♌10°10'	♍07°22'	♎00°00'	♎28°16'	10h00m	♌27°49'	♎00°00'	♎25°09'	♏15°06'	♐14°39'	♑20°18'
04h15m	♊05°39'	♋11°16'	♌13°14'	♍10°11'	♎03°10'	♏01°44'	10h15m	♍01°44'	♎03°34'	♎28°16'	♏17°54'	♐17°52'	♑24°04'
04h30m	♊09°12'	♋14°37'	♌16°18'	♍13°00'	♎06°19'	♏05°10'	10h30m	♍05°42'	♎07°07'	♏01°22'	♏20°43'	♐21°07'	♑27°56'
04h45m	♊12°42'	♋17°56'	♌19°23'	♍15°50'	♎09°28'	♏08°36'	10h45m	♍09°42'	♎10°41'	♏04°28'	♏23°33'	♐24°25'	♒01°52'
05h00m	♊16°11'	♋21°16'	♌22°27'	♍18°40'	♎12°37'	♏12°00'	11h00m	♍13°43'	♎14°13'	♏07°33'	♏26°24'	♐27°47'	♒05°52'
05h15m	♊19°39'	♋24°35'	♌25°32'	♍21°30'	♎15°46'	♏15°24'	11h15m	♍17°46'	♎17°45'	♏10°37'	♏29°15'	♑01°12'	♒09°58'
05h30m	♊23°07'	♋27°54'	♌28°38'	♍24°20'	♎18°54'	♏18°46'	11h30m	♍21°50'	♎21°16'	♏13°42'	♐02°08'	♑04°43'	♒14°09'
05h45m	♊26°34'	♌01°13'	♍01°44'	♍27°10'	♎22°02'	♏22°07'	11h45m	♍25°55'	♎24°47'	♏16°46'	♐05°02'	♑08°18'	♒18°26'
06h00m	♋00°00'	♌04°33'	♍04°51'	♎00°00'	♎25°09'	♏25°27'	12h00m	♎00°00'	♎28°16'	♍19°50'	♐07°59'	♑11°60'	♒22°47'

Tavola delle Case per la latitudine di 45°28' N (Alessandria, Aosta, Asti, Belluno, Bergamo, Bolzano, Brescia, Como, Cremona, Gorizia, Mantova, Milano, Novara, Padova, Pavia, Piacenza, Pordenone, Rovigo, Sondrio, Torino, Trento, Treviso, Trieste, Udine, Varese, Venezia, Vercelli, Verona, Vicenza)

T. sider.	M.C.	11ª	12ª	ASC	2ª	3ª	T. sider.	M.C.	11ª	12ª	ASC	2ª	3ª
12^h15^m	♎04°05'	♏01°44'	♏22°54'	♐10°57'	♑15°48'	♒27°13'	18^h15^m	♑03°26'	♑24°04'	♒21°16'	♈07°18'	♉18°34'	♊13°25'
12^h30^m	♎08°10'	♏05°10'	♏25°58'	♐13°59'	♑19°43'	♓01°45'	18^h30^m	♑06°53'	♑27°56'	♒26°26'	♈14°29'	♉23°13'	♊17°04'
12^h45^m	♎12°14'	♏08°36'	♏29°02'	♐17°03'	♑23°46'	♓06°20'	18^h45^m	♑10°21'	♒01°52'	♓01°45'	♈21°30'	♉27°43'	♊20°39'
13^h00^m	♎16°17'	♏12°00'	♐02°07'	♐20°11'	♑27°57'	♓10°59'	19^h00^m	♑13°49'	♒05°52'	♓07°12'	♈28°15'	♊02°03'	♊24°11'
13^h15^m	♎20°18'	♏15°24'	♐05°13'	♐23°24'	♒02°17'	♓15°41'	19^h15^m	♑17°18'	♒09°58'	♓12°47'	♉04°42'	♊06°14'	♊27°40'
13^h30^m	♎24°18'	♏18°46'	♐08°20'	♐26°41'	♒06°47'	♓20°26'	19^h30^m	♑20°48'	♒14°09'	♓18°28'	♉10°49'	♊10°17'	♋01°07'
13^h45^m	♎28°16'	♏22°07'	♐11°29'	♑00°05'	♒11°26'	♓25°13'	19^h45^m	♑24°21'	♒18°26'	♓24°13'	♉16°36'	♊14°12'	♋04°32'
14^h00^m	♏02°11'	♏25°27'	♐14°39'	♑03°35'	♒16°16'	♈00°00'	20^h00^m	♑27°55'	♒22°47'	♈00°00'	♉22°03'	♊18°00'	♋07°55'
14^h15^m	♏06°04'	♏28°47'	♐17°52'	♑07°13'	♒21°16'	♈04°47'	20^h15^m	♒01°30'	♒27°13'	♈05°47'	♉27°11'	♊21°42'	♋11°16'
14^h30^m	♏09°55'	♐02°06'	♐21°07'	♑10°59'	♒26°26'	♈09°34'	20^h30^m	♒05°09'	♓01°45'	♈11°32'	♊02°02'	♊25°17'	♋14°37'
14^h45^m	♏13°43'	♐05°25'	♐24°25'	♑14°56'	♓01°45'	♈14°19'	20^h45^m	♒08°49'	♓06°20'	♈17°13'	♊06°36'	♊28°48'	♋17°56'
15^h00^m	♏17°28'	♐08°44'	♐27°47'	♑19°03	♓07°12'	♈19°01'	21^h00^m	♒12°32'	♓10°59'	♈22°48'	♊10°57'	♋02°13'	♋21°16'
15^h45^m	♏21°11'	♐12°04'	♑01°12'	♑23°24'	♓12°47'	♈23°40'	21^h15^m	♒16°17'	♓15°41'	♈28°15'	♊15°04'	♋05°35'	♋24°35'
15^h30^m	♏24°51'	♐15°23'	♑04°43'	♑27°59'	♓18°28'	♈28°15'	21^h30^m	♒20°05'	♓20°26'	♉03°34'	♊19°01'	♋08°53'	♋27°54'
15^h45^m	♏28°30'	♐18°44'	♑08°18'	♒02°49'	♓24°13'	♈02°47'	21^h45^m	♒23°56'	♓25°13'	♉08°44'	♊22°47'	♋12°08'	♌01°13'
16^h00^m	♐02°05'	♐22°05'	♑11°60'	♒07°57'	♈00°00'	♉07°13'	22^h00^m	♒27°49'	♈00°00	♉13°44'	♊26°25'	♋15°21'	♌04°33'
16^h15^m	♐05°39'	♐25°28'	♑15°48'	♒13°24'	♈05°47'	♉11°34'	22^h15^m	♓01°44'	♈04°47'	♉18°34'	♊29°55'	♋18°31'	♌07°53'
16^h30^m	♐09°12'	♐28°53'	♑19°43'	♒19°11'	♈11°32'	♉15°51'	22^h30^m	♓05°42'	♈09°34'	♉23°13'	♋03°19'	♋21°40'	♌11°14'
16^h45^m	♐12°42'	♑02°20'	♑23°46'	♒25°18'	♈17°13'	♉20°02'	22^h45^m	♓09°42'	♈14°19'	♉27°43'	♋06°36'	♋24°47'	♌14°36'
17^h00^m	♐16°11'	♑05°49'	♑27°57'	♓01°45'	♈22°48'	♉24°08'	23^h00^m	♓13°43'	♈19°01'	♊02°03'	♋09°49'	♋27°53'	♌17°60'
17^h15^m	♐19°40'	♑09°21'	♒02°17'	♓08°30'	♈28°15'	♉28°08'	23^h15^m	♓17°46'	♈23°40'	♊06°14'	♋12°57'	♌00°58'	♌21°24'
17^h30^m	♐23°07'	♑12°56'	♒06°47'	♓15°31'	♉03°34'	♊02°04'	23^h30^m	♓21°50'	♈28°15'	♊10°17'	♋16°01'	♌04°02'	♌24°50'
17^h45^m	♐26°34'	♑16°35'	♒11°26'	♓22°42'	♉08°44'	♊05°56'	23^h45^m	♓25°55'	♉02°47'	♊14°12'	♋19°03'	♌07°06'	♌28°16'
18^h00^m	♑00°00'	♑20°18'	♒16°16'	♈00°00'	♉13°44'	♊09°42'	00^h00^m	♈00°00'	♉07°13'	♊18°00'	♋22°01'	♌10°10'	♍01°44'

Località	*Nazione*	*Latitudine in gradi e minuti*	*Longitudine in gradi e minuti*	*Longitudine in tempo*	*Fuso orario*	*Ore e minuti da aggiungere o sottrarre all'ora di nascita per ottenere il GMT*	*Minuti da aggiungere o sottrarre all'ora di nascita per ottenere l'ora locale*
Acapulco	Messico	16°51' N	99°55' W	+ 6^h40^m W	+ 7	+ 7^h	+20
Addis Abeba	Etiopia	9°00' N	38°50' E	— 2^h35^m E	— 3	— 3^h	—25
Adua	Etiopia	14°10' N	38°55' E	— 2^h36^m E	— 3	— 3^h	—24
Albacete	Spagna	38°59' N	1°51' W	+ 0^h07^m W	— 1	— 1^h	—67
Alessandria	Egitto	31°12' N	29°54' E	— 2^h00^m E	— 2	— 2^h	0
Algeri	Algeria	36°42' N	3°08' E	— 0^h13^m E	0	0	+13
Amburgo	Germania	53°33' N	9°59' E	— 0^h40^m E	— 1	— 1^h	—20
Amman	Giordania	31°57' N	35°56' E	— 2^h24^m E	— 2	— 2^h	+24
Amsterdam	Olanda	52°22' N	4°54' E	— 0^h20^m E	— 1	— 1^h	—40
Anchorage	Usa	61°13' N	149°53' W	+10^h00^m W	+10	+10^h	0
Ankara	Turchia	39°56' N	32°52' E	— 2^h11^m E	— 2	— 2^h	+11
Arhus	Danimarca	56°09' N	10°13' E	— 0^h41^m E	— 1	— 1^h	—19
Asmara	Eritrea	15°20' N	38°55' E	— 2^h36^m E	— 3	— 3^h	—24
Asuncion	Argentina	25°16' S	57°40' W	+ 3^h51^m W	+ 4	+ 4^h	— 9
Atene	Grecia	37°58' N	23°43' E	— 1^h35^m E	— 2	— 2^h	—25
Atlanta	USA	33°45' N	84°23' W	+ 5^h38^m E	+ 5	+ 5^h	—38
Badgad	Iraq	33°21' N	44°25' E	— 2^h58^m E	— 3	— 3^h	— 2
Bakù	Azerbaigian	40°23' N	49°51' E	— 3^h19^m E	— 4	— 4^h	—41
Baltimora	USA	39°17' N	76°37' W	+ 5^h06^m W	+ 5	+ 5^h	— 6
Bangkok	Thailandia	13°45' N	100°31' E	— 6^h42^m E	— 7	— 7^h	—18
Barcellona	Spagna	41°23' N	2°11' E	— 0^h09^m E	— 1	— 1^h	—51
Basilea	Svizzera	47°33' N	7°35' E	— 0^h30^m E	— 1	— 1^h	—30
Brasilia	Brasile	16°12' S	44°26' W	+ 2^h58^m	+ 4	+ 4^h	+62
Beirut	Libano	33°53' N	35°30' E	— 2^h22^m E	— 2	— 2^h	+22
Belfort	Francia	47°38' N	6°55' E	— 0^h28^m E	— 1	— 1^h	—32

Località	*Nazione*	*Latitudine in gradi e minuti*	*Longitudine in gradi e minuti*	*Longitudine in tempo*	*Fuso orario*	*Ore e minuti da aggiungere o sottrarre all'ora di nascita per ottenere il GMT*	*Minuti da aggiungere o sottrarre all'ora di nascita per ottenere l'ora locale*
Belgrado	Serbia	44°50' N	20°30' E	— 1^h22^m E	— 1	— 1^h	+22
Benares	India	25°20' N	83°00' E	— 5^h32^m E	— 5.30	— 5^h30^m	+ 2
Bengasi	Libia	32°07' N	20°04' E	— 1^h20^m E	— 2	— 2^h	—40
Bergen	Norvegia	50°27' N	3°26' E	— 0^h14^m E	— 1	— 1^h	—46
Berlino	Germania	52°30' N	13°22' E	— 0^h53^m E	— 1	— 1^h	— 7
Berna	Svizzera	46°57' N	7°26' E	— 0^h30^m E	— 1	— 1^h	—30
Bilbao	Spagna	43°15' N	2°58' W	+ 0^h12^m W	— 1	— 1^h	—72
Birminghan	Gran Bretagna	52°30' N	1°50' W	+ 0^h07^m W	0	0	— 7
Biserta	Tunisia	37°10' N	9°50' E	— 0^h39^m E	— 1	— 1^h	—21
Bogotà	Colombia	43°64' N	74°05' W	+ 4^h56^m W	+ 5	+ 5^h	+ 4
Bombay	India	19°11' N	72°50' E	— 4^h51^m E	— 5.30	— 5^h30^m	—39
Bonn	Germania	50°44' N	7°05' E	— 0^h28^m E	— 1	— 1^h	—32
Boston	USA	42°21' N	71°04' W	+ 4^h44^m W	+ 5	+ 5^h	+16
Bordeaux	Francia	44°50' N	0°34' W	+ 0^h02^m W	— 1	— 1^h	—62
Bratislava	Slovacchia	48°09' N	17°07' E	— 1^h08^m E	— 1	— 1^h	+ 8
Brema	Germania	53°04' N	8°49' E	— 0^h35^m E	— 1	— 1^h	—25
Breslavia	Polonia	51°06' N	17°00' E	— 1^h08^m E	— 1	— 1^h	+ 8
Brest	Francia	48°24' N	4°29' W	+ 0^h18^m W	— 1	— 1^h	—78
Brisbane	Australia	27°28' S	153°02' E	—10^h12^m E	—10	—10^h	+12
Bristol	Gran Bretagna	51°27' N	2°35' W	+ 0^h10^m W	0	0^h	—10
Brno	Repubblica Ceca	49°12' N	16°37' E	— 1^h06^m E	— 1	— 1^h	+ 6
Bruxelles	Belgio	50°50' N	4°20' E	— 0^h17^m E	— 1	— 1^h	—43
Bucarest	Romania	44°26' N	26°06' E	— 1^h44^m E	— 2	— 2^h	—16
Budapest	Ungheria	47°30' N	19°05' E	— 1^h16^m E	— 2	— 2^h	—44
Buenos Aires	Argentina	34°36' S	58°27' W	+ 3^h54^m W	+ 3	+ 3^h	—54

Località	*Nazione*	*Latitudine in gradi e minuti*	*Longitudine in gradi e minuti*	*Longitudine in tempo*	*Fuso orario*	*Ore e minuti da aggiungere o sottrarre all'ora di nascita per ottenere il GMT*	*Minuti da aggiungere o sottrarre all'ora di nascita per ottenere l'ora locale*
Buffalo	USA	40°53' N	86°45' W	+ 5^h47^m W	+ 5	+ 5^h	—47
Cairo	Egitto	30°03' N	31°15' E	— 2^h05^m E	— 2	— 2^h	+ 5
Calais	Francia	50°57' N	1°50' E	— 0^h07^m E	— 1	— 1^h	—53
Calcutta	India	22°34' N	88°20' E	— 5^h53^m E	— 5.30	— $5^h30'$	+23
Candia	Grecia	35°20' N	25°09' E	— 1^h41^m E	— 2	— 2^h	—19
Canton	Cina	23°06' N	113°16' E	— 7^h33^m E	— 8	— 8^h	—27
Caracas	Venezuela	10°30' N	66°56' W	+ 4^h28^m W	+ 4	+ 4^h	—28
Caraci	Pakistan	25°40' N	65°00' E	— 4^h20^m E	— 5	— 5^h	—40
Cardiff	Gran Bretagna	51°29' N	3°13' W	+ 0^h13^m W	0	0	—13
Cartagena	Spagna	37°36' N	0°59' W	+ 0^h04^m W	— 1	— 1^h	—64
Casablanca	Marocco	33°39' N	7°35' W	+ 0^h30^m W	0	0	—30
Chicago	USA	41°53' N	87°38' W	+ 5^h51^m W	+ 6	+ 6^h	+ 9
Cincinnati	USA	39°06' N	84°31' W	+ 5^h38^m W	+ 5	+ 5^h	—38
Cipro	Grecia	35°00' N	33°00' E	— 2^h12^m E	— 2	— 2^h	+12
Città del Capo	Rep. Sudafricana	33°55' S	18°22' E	— 1^h13^m E	— 2	— 2^h	—47
Città del Messico	Messico	19°24' N	99°09' W	+ 6^h37^m W	+ 6	+ 6^h	—37
Clermont Ferrand	Francia	49°23' N	2°24' E	— 0^h10^m E	— 1	— 1^h	—50
Colombo	Sri Lanka	6°56' N	79°51' E	— 5^h19^m E	— 5.30	— 5^h30^m	—11
Colonia	Germania	50°56' N	6°59' E	— 0^h28^m E	— 1	— 1^h	—32
Concepcion	Cile	36°50' S	73°03' W	+ 4^h52^m W	+ 4	+ 4^h	—52
Copenaghen	Danimarca	55°40' N	12°35' E	— 0^h50^m E	— 1	— 1^h	—10
Cordova	Spagna	37°53' N	4°46' W	+ 0^h19^m W	— 1	— 1^h	—79
Corfù	Grecia	39°36' N	19°56' E	— 1^h20^m E	— 2	— 2^h	—50
Corpus Christi	USA	27°48' N	97°24' W	+ 6^h30^m W	+ 6	+ 6^h	—30
Cracovia	Polonia	50°03' N	19°58' E	— 1^h20^m E	— 1	— 1^h	+20

Località	*Nazione*	*Latitudine in gradi e minuti*	*Longitudine in gradi e minuti*	*Longitudine in tempo*	*Fuso orario*	*Ore e minuti da aggiungere o sottrarre all'ora di nascita per ottenere il GMT*	*Minuti da aggiungere o sottrarre all'ora di nascita per ottenere l'ora locale*
Dakar	Senegal	14°40' N	17°26' W	+ $1^{h}10^{m}$ W	0	0	—70
Dallas	USA	32°47' N	96°48' W	+ $6^{h}27^{m}$ W	+ 6	+ 6^{h}	—27
Damasco	Siria	33°30' N	36°18' E	— $2^{h}25^{m}$ E	— 2	— 2^{h}	+25
Danzica	Polonia	54°40' N	19°15' E	— $1^{h}17^{m}$ E	— 1	— 1^{h}	+17
Delhi	India	28°37' N	77°10' E	— $5^{h}09^{m}$ E	— 5.30	— $5^{h}30^{m}$	—21
Denver	USA	39°43' N	105°01' W	+ $7^{h}00^{m}$ W	+ 7	+ 7^{h}	0
Detroit	USA	42°20' N	83°03' W	+ $5^{h}32^{m}$ W	+ 5	+ 5^{h}	—32
Dover	Gran Bretagna	51°08' N	1°19' E	— $0^{h}05^{m}$ E	0	0	+ 5
Dresda	Germania	51°03' N	13°44' E	— $0^{h}55^{m}$ E	— 1	— 1^{h}	— 5
Dublino	Irlanda	53°20' N	6°15' W	+ $0^{h}25^{m}$ W	0	0	—25
Dundee	Gran Bretagna	56°28' N	3°00' W	+ $0^{h}12^{m}$ W	0	0	—12
Edimburgo	Gran Bretagna	55°57' N	3°13' W	+ $0^{h}13^{m}$ W	0	0	—13
El Paso	USA	31°45' N	106°29' W	+ $7^{h}06^{m}$ W	+ 7	+ 7^{h}	— 6
Essen	Germania	52°43' N	7°57' E	— $0^{h}32^{m}$ E	— 1	—14^{h}	—28
Filadelfia	USA	39°57' N	75°07' W	+ $5^{h}00^{m}$ W	+ 5	+ 5^{h}	0
Fiume	Croazia	45°20' N	14°27' E	— $0^{h}58^{m}$ E	— 1	— 1^{h}	— 2
Francoforte	Germania	50°07' N	8°40' E	— $0^{h}35^{m}$ E	— 1	— 1^{h}	—25
Gerusalemme	Israele	31°46' N	35°13' E	— $2^{h}21^{m}$ E	— 2	— 2^{h}	+21
Giacarta	Sumatra	6°10' S	106°48' E	— $7^{h}07^{m}$ E	— 7	— 7^{h}	+ 7
Ginevra	Svizzera	46°12' N	6°09' E	— $0^{h}25^{m}$ E	— 1	— 1^{h}	—35
Glasgow	Scozia	55°53' N	4°15' W	+ $0^{h}17^{m}$ W	0	0	—17
Gorki	Russia	56°20' N	44°00' E	— $2^{h}56^{m}$ E	— 4	— 4^{h}	—64
Granada	Spagna	37°13' N	3°41' W	+ $0^{h}15^{m}$ W	— 1	— 1^{h}	—75
Graz	Austria	47°05' N	15°27' E	— $1^{h}02^{m}$ E	— 1	— 1^{h}	+ 2
Groninga	Olanda	53°13' N	6°33' E	— $0^{h}26^{m}$ E	— 1	— 1^{h}	—34

Località	*Nazione*	*Latitudine in gradi e minuti*	*Longitudine in gradi e minuti*	*Longitudine in tempo*	*Fuso orario*	*Ore e minuti da aggiungere o sottrarre all'ora di nascita per ottenere il GMT*	*Minuti da aggiungere o sottrarre all'ora di nascita per ottenere l'ora locale*
Guatemala	Guatemala	14°38' N	90°31' W	— 6^h02^m E	+ 6	+ 6^h	— 2
Hannover	Germania	52°24' N	9°44' E	— 0^h39^m E	— 1	— 1^h	—21
Hanoi	Vietnam	21°02' N	105°51'	— 7^h03^m E	— 7	— 7^h	+ 3
Helsinki	Finlandia	60°10' N	24°58' E	— 1^h40^m E	— 2	— 2^h	—20
Hiroshima	Giappone	34°30' N	133°00' E	— 8^h52^m E	— 9	— 9^h	— 8
Hong Kong	Cina	25°15' N	114°10' E	— 7^h37^m E	— 8	— 8^h	—23
Honolulu	Hawaii	21°19' N	157°52' W	+10^h31^m E	+10	+10^h	—31
Houston	USA	31°20' N	95°20' W	+ 6^h21^m W	+ 6	+ 6^h	—21
Innsbruck	Austria	47°16' N	11°24' E	— 0^h46^m E	— 1	— 1^h	—14
Istanbul	Turchia	41°01' N	28°58' E	— 1^h56^m E	— 2	— 2^h	— 4
Kabul	Afghanistan	34°30' N	69°00' E	— 4^h36^m E	— 4	— 4^h	+36
Kiel	Germania	54°20' N	10°08' E	— 0^h41^m E	— 1	— 1^h	—19
Kiev	Ucraina	50°26' N	30°31' E	— 2^h02^m E	— 3	— 3^h	—58
Kuwait	Kuwait	29°30' N	47°45' E	— 3^h11^m E	— 3	— 3^h	+11
Kyoto	Giappone	35°00' N	135°45' E	— 9^h03^m E	— 9	— 9^h	+ 3
La Coruña	Spagna	43°22' N	8°23' W	+ 0^h34^m W	— 1	— 1^h	—94
L'Aja	Olanda	52°06' N	4°18' E	— 0^h17^m E	— 1	— 1^h	—43
La Paz	Bolivia	16°30' S	68°09' W	+ 4^h33^m W	+ 4	+ 4^h	—33
La Plata	Argentina	34°55' S	58°04' W	+ 3^h52^m W	+ 4	+ 4^h	+ 8
Las Vegas	USA	36°11'N	115°08' W	+ 7^h41^m W	+ 8	+ 8^h	+19
L'Avana	Cuba	23°08' N	82°22' W	+ 5^h29^m W	+ 5	+ 5^h	— 29
Leeds	Gran Bretagna	53°50' N	1°35' W	+ 0^h06^m W	0	0	— 6
Le Mans	Francia	48°00' N	0°12' E	— 0^h01^m E	— 1	— 1^h	—59
Le Havre	Francia	49°30' N	0°08' E	— 0^h01^m E	— 1	— 1^h	—59

Località	*Nazione*	*Latitudine in gradi e minuti*	*Longitudine in gradi e minuti*	*Longitudine in tempo*	*Fuso orario*	*Ore e minuti da aggiungere o sottrarre all'ora di nascita per ottenere il GMT*	*Minuti da aggiungere o sottrarre all'ora di nascita per ottenere l'ora locale*
Lichtenstein	Lichtenstein	48°24' N	9°15' E	— 0^h37^m E	— 1	— 1^h	—23
Lille	Francia	50°38' N	3°04' E	— 0^h12^m E	— 1	— 1^h	—48
Lima	Perù	12°03' S	77°03' W	+ 5^h08^m W	+ 5	+ 5^h	— 8
Limoges	Francia	45°50' N	1°16' E	— 0^h05^m E	— 1	— 1^h	—55
Linz	Austria	48°18' N	14°18' E	— 0^h57^m E	— 1	— 1^h	— 3
Lione	Francia	45°45' N	4°51' E	— 0^h19^m E	— 1	— 1^h	—41
Lipsia	Germania	51°19' N	12°20' E	— 0^h49^m E	— 1	— 1^h	—11
Lisbona	Portogallo	38°43' N	9°08' W	+ 0^h37^m W	— 1	— 1^h	—97
Liegi	Belgio	50°38' N	5°34' E	— 0^h22^m E	— 1	— 1^h	—38
Liverpool	Gran Bretagna	53°25' N	2°55' W	+ 0^h12^m W	0	0	—12
Londra	Gran Bretagna	51°30' N	0°10' W	+ 0^h01^m W	0	0	— 1
Los Angeles	USA	34°03' N	118°15' W	+ 7^h53^m W	+ 8	+ 8^h	+ 7
Lourdes	Francia	43°06' N	0°03' W	+ 0^h W	— 1	— 1^h	—60
Luanda	Angola	8°30' S	13°20' E	— 0^h53^m E	— 1	— 1^h	— 7
Lubiana	Slovenia	46°03' N	14°31' E	— 0^h58^m E	— 1	— 1^h	— 2
Lublino	Polonia	51°15' N	22°35' E	— 1^h30^m E	— 1	— 1^h	+30
Lusaka	Zambia	15°25' S	28°17' E	— 1^h53^m E	— 2	— 2^h	— 7
Lussemburgo	Lussemburgo	49°45' N	6°05' E	— 0^h24^m E	— 1	— 1^h	—36
Madras	India	11°00' N	78°15' E	— 5^h13^m E	— 5.30	— 5^h30^m	—17
Madrid	Spagna	40°24' N	3°41' W	+ 0^h15^m W	— 1	— 1^h	—75
Malaga	Spagna	36°43' N	4°25' W	+ 0^h18^m W	— 1	— 1^h	—78
Malmö	Svezia	55°36' N	13°00' E	— 0^h52^m E	— 1	— 1^h	— 8
Malta	Malta	35°50' N	14°35' E	— 0^h58^m E	— 1	— 1^h	— 2
Managua	Nicaragua	12°09' N	86°17' W	+ 5^h45^m W	+ 6	+ 6^h	+15

Località	*Nazione*	*Latitudine in gradi e minuti*	*Longitudine in gradi e minuti*	*Longitudine in tempo*	*Fuso orario*	*Ore e minuti da aggiungere o sottrarre all'ora di nascita per ottenere il GMT*	*Minuti da aggiungere o sottrarre all'ora di nascita per ottenere l'ora locale*
Manchester	Gran Bretagna	53°30' N	2°15' W	+ 0^{h}09^{m} W	0	0	— 9
Manila	Filippine	14°35' N	120°59' E	— 8^{h}04^{m} E	— 8	— 8^{h}	+ 4
Marrakech	Marocco	31°49' N	8°00' W	+ 0^{h}32^{m} W	0	0	—32
Marsiglia	Francia	43°18' N	5°24' E	— 0^{h}22^{m} E	— 1	— 1^{h}	—48
Massaua	Eritrea	15°38' N	39°28' E	— 2^{h}38^{m} E	— 3	— 3^{h}	—22
Mecca	Arabia Saudita	21°27' N	39°49' E	— 2^{h}39^{m} E	— 3	— 3^{h}	—21
Medina	Arabia Saudita	24°28' N	39°36' E	— 2^{h}38^{m} E	— 3	— 3^{h}	—22
Melbourne	Australia	37°49' S	144°58' E	— 9^{h}40^{m} E	— 9.30	— 9^{h}30^{m}	+10
Memphis	USA	35°08' N	90°03' W	+ 6^{h}00^{m} W	+ 6	+ 6^{h}	0
Miami	USA	25°46' N	80°12' W	+ 5^{h}21^{m} W	+ 5	+ 5^{h}	—21
Minneapolis	USA	44°59' N	93°13' W	+ 6^{h}13^{m} W	+ 6	+ 6^{h}	—13
Minsk	Bielorussia	54°30' N	28°00' E	— 1^{h}52^{m} E	— 3	— 3^{h}	—68
Misurata	Libia	32°23' N	15°06' E	— 1^{h} E	— 2	— 2^{h}	—60
Mogadiscio	Somalia	2°01' N	45°20' E	— 3^{h}01^{m} E	— 3	— 3^{h}	+ 1
Monaco	Monaco	43°42' N	7°23' E	— 0^{h}30^{m} E	— 1	— 1^{h}	—30
Monaco	Germania	48°08' N	11°34' E	— 0^{h}46^{m} E	— 1	— 1^{h}	—14
Montevideo	Uruguay	34°53' S	56°11' W	+ 3^{h}45^{m} W	+ 3	+ 3^{h}	—45
Montreal	Canada	45°31' N	73°34' W	+ 4^{h}54^{m} W	+ 5	+ 5^{h}	+ 6
Mosca	Russia	55°45' N	37°35' E	— 2^{h}30^{m} E	— 3	— 3^{h}	—30
Murcia	Spagna	37°59' N	1°07' W	— 0^{h}04^{m} E	— 1	— 1^{h}	—67
Nagasaki	Giappone	32°48' N	129°55' E	— 8^{h}40^{m} E	— 9	— 9^{h}	—20
Nairobi	Kenya	1°17' S	36°49' E	— 2^{h}27^{m} E	— 3	— 3^{h}	—33
Nanchino	Cina	32°03' N	118°47' E	— 7^{h}55^{m} E	— 8	— 8^{h}	— 5
Nancy	Francia	48°41' N	6°12' E	— 0^{h}25^{m} E	— 1	— 1^{h}	—25
Nantes	Francia	47°13' N	1°33' W	+ 0^{h}06^{m} W	— 1	— 1^{h}	—66

Località	*Nazione*	*Latitudine in gradi e minuti*	*Longitudine in gradi e minuti*	*Longitudine in tempo*	*Fuso orario*	*Ore e minuti da aggiungere o sottrarre all'ora di nascita per ottenere il GMT*	*Minuti da aggiungere o sottrarre all'ora di nascita per ottenere l'ora locale*
Newcastle	Gran Bretagna	52°26' N	3°06"W	+ 0^h12^m W	0	0	—12
New Orleans	USA	29°58' N	90°07' W	+ 6^h00^m W	+ 6	+ 6^h	0
New York	USA	40°43' N	74°01' W	+ 4^h56^m W	+ 5	+ 5^h	+ 4
Nizza	Francia	43°42' N	7°15' E	— 0^h29^m E	— 1	— 1^h	—29
Norimberga	Germania	49°27' N	11°04' E	— 0^h44^m E	— 1	— 1^h	—16
Norwich	Gran Bretagna	52°38' N	1°18' E	— 0^h05^m E	0	0	+ 5
Odense	Danimarca	55°25' N	10°10' E	— 0^h41^m E	— 1	— 1^h	—19
Odessa	Ucraina	46°28' N	30°44' E	— 2^h03^m E	— 3	— 3^h	—57
Omsk	Russia	55°00' N	73°24' E	— 4^h54^m E	— 6	— 6^h	—66
Orense	Spagna	42°20' N	7°51' W	+ 0^h31^m W	— 1	— 1^h	—91
Osaka	Giappone	34°40' N	135°30' E	— 9^h02^m E	— 9	— 9^h	+ 2
Oslo	Norvegia	59°55' N	10°45' E	— 0^h43^m E	— 1	— 1^h	—17
Ottawa	Canada	45°25' N	75°42' W	+ 5^h03^m W	+ 5	+ 5^h	— 3
Panama	Panama	9°00' N	80°00' W	+ 5^h20^m W	+ 5	+ 5^h	—20
Parigi	Francia	48°52' N	2°20' E	— 0^h09^m E	— 1	— 1^h	
Patrasso	Grecia	38°15' N	21°44' E	— 1^h27^m E	— 2	— 2^h	—33
Pechino	Cina	39°55' N	116°25' E	— 7^h46^m E	— 8	— 8^h	—14
Ponenix	USA	33°27' N	112°05' W	+ 7^h28^m W	+ 7	+ 7^h	—28
Plymouth	Gran Bretagna	50°23' N	4°10' W	+ 0^h17^m W	0	0	—17
Porto	Portogallo	41°11' N	8°36' W	+ 0^h34^m W	— 1	— 1^h	—94
Porto Alegre	Brasile	30°04' S	51°11' W	+ 3^h25^m W	+ 3	+ 3^h	—25
Portsmouth	Gran Bretagna	50°48' N	1°05' W	+ 0^h04^m W	0	0	— 4
Praga	Rep. Ceca	50°05' N	14°26' E	— 0^h58^m E	— 1	— 1^h	— 2
Pretoria	Rep. Sudafricana	25°45' S	28°10' E	— 1^h53^m E	— 2	— 2^h	— 7
Québec	Canada	35°49' N	85°34' W	+ 5^h42^m W	— 6	— 6^h	+18

Località	*Nazione*	*Latitudine in gradi e minuti*	*Longitudine in gradi e minuti*	*Longitudine in tempo*	*Fuso orario*	*Ore e minuti da aggiungere o sottrarre all'ora di nascita per ottenere il GMT*	*Minuti da aggiungere o sottrarre all'ora di nascita per ottenere l'ora locale*
Quito	Ecuador	0°13' S	78°30' W	+ 5h14m W	+ 5	+ 5h	—14
Reykjavik	Islanda	64°09' N	21°51' W	+ 1h27m W	+ 1	+ 1h	—27
Rennes	Francia	48°05' N	1°41' W	+ 0h07m W	— 1	— 1h	—67
Rio de Janeiro	Brasile	22°54' S	43°15' W	+ 2h53m W	+ 3	+ 3h	+ 7
Riga	Lettonia	56°57' N	24°06' E	— 1h36m E	— 3	— 3h	—84
Rodi	Grecia	36°26' N	28°13' E	— 1h53m E	— 2	— 2h	— 7
Rouen	Francia	49°26' N	1°05' E	— 0h04m E	— 1	— 1h	—56
Rostock	Germania	54°05' N	12°07' E	— 0h48m E	— 1	— 1h	—12
Rostov	Russia	57°11' N	39°25' E	— 2h38m E	— 3	— 3h	—22
Rotterdam	Olanda	51°55' N	4°28' E	— 0h18m E	— 1	— 1h	—42
Saigon	Vietnam	10°45' N	106°40' E	— 7h07m E	— 8	— 8h	—53
Salamanca	Spagna	40°58' N	5°39' W	— 0h23m E	— 1	— 1h	—37
Salisbury (Harare)	Rhodesia	17°50' S	31°03' E	— 2h04m E	— 2	— 2h	+ 4
Salonicco	Grecia	40°38' N	22°56' E	— 1h32m E	— 2	— 2h	—28
San Pietroburgo	Russia	59°55' N	30°15' E	— 2h01m E	— 3	— 3h	—59
Santander	Spagna	43°28' N	3°48' W	+ 0h15m W	— 1	— 1h	—75
Santiago	Cile	33°27' S	70°40' W	+ 4h43m W	+ 4	+ 4h	—43
S. Antonio	USA	28°20' N	82°17' W	+ 5h29m W	+ 6	+ 6h	+31
S. Diego	USA	32°46' N	117°13' W	+ 7h49m W	+ 8	+ 8h	+11
S. Domingo	Rep. Dominicana	18°28' N	69°54' W	+ 4h40m W	+ 5	+ 5h	+20
S. Francisco	USA	37°48' N	122°24' W	+ 8h10m W	+ 8	+ 8h	—10
S. Paolo	Brasile	23°32' S	46°37' W	+ 3h06m W	+ 3	+ 3h	— 6
Saragozza	Spagna	41°38' N	0°53' W	+ 0h04m W	— 1	— 1h	—64
Schangai	Cina	31°14' N	121°28' E	— 8h06m E	— 8	— 8h	+ 8
Seattle	USA	47°41' N	122°15' W	+ 8h09m W	+ 8	+ 8h	— 9

Località	*Nazione*	*Latitudine in gradi e minuti*	*Longitudine in gradi e minuti*	*Longitudine in tempo*	*Fuso orario*	*Ore e minuti da aggiungere o sottrarre all'ora di nascita per ottenere il GMT*	*Minuti da aggiungere o sottrarre all'ora di nascita per ottenere l'ora locale*
Seul	Corea del Sud	37°33' N	126°58' E	— 8^h28^m E	— 9	— 9^h	—32
Siviglia	Spagna	37°23' N	5°59' W	+ 0^h24^m W	— 1	— 1^h	—84
Sydney	Australia	33°52' S	151°12' E	—10^h05^m E	—10	—10^h	+ 5
Smirne	Turchia	38°25' N	27°09' E	— 1^h49^m E	— 2	— 2^h	—11
Sofia	Bulgaria	42°41' N	23°19' E	— 1^h33^m E	— 2	— 2^h	—27
Spalato	Croazia	43°31' N	16°27' E	— 1^h06^m E	— 1	— 1^h	+ 6
Stettino	Polonia	53°24' N	14°32' E	— 0^h58^m E	— 1	— 1^h	— 2
Stoccarda	Germania	48°46' N	9°11' E	— 0^h37^m E	— 1	— 1^h	—23
Stoccolma	Svezia	59°20' N	18°03' E	— 1^h12^m E	— 1	— 1^h	+12
Strasburgo	Francia	48°35' N	7°45' E	— 0^h31^m E	— 1	— 1^h	—29
Suez	Egitto	29°58' N	32°33' E	— 2^h10^m E	— 2	— 2^h	+10
Tai Pei	Taiwan	25°03' N	121°30' E	— 8^h06^m E	— 8	— 8^h	+ 6
Tampere	Finlandia	61°30' N	23°45' E	— 1^h35^m E	— 2	— 2^h	—25
Tananarive	Madagascar	18°55' S	47°31' E	— 3^h10^m E	— 3	— 3^h	+10
Tangeri	Marocco	35°48' N	5°45' W	+ 0^h23^m W	0	0	—23
Teheran	Iran	35°40' N	51°26' E	— 3^h26^m E	— 3.30	— 3^h30^m	— 4
Tel Aviv	Israele	32°07' N	34°45' E	— 2^h19^m E	— 2	— 2^h	+19
Tirana	Albania	41°20' N	19°50' E	— 1^h19^m E	— 1	— 1^h	+19
Tobruch	Libia	32°05' N	23°59' E	— 1^h36^m E	— 2	— 2	—24
Tokyo	Giappone	35°42' N	139°46' E	— 9^h19^m E	— 9	— 9^h	+19
Toronto	Canada	43°39' N	79°23' W	+ 5^h18^m W	+ 5	+ 5^h	—18
Tripoli	Libia	32°54' N	13°11' E	— 0^h53^m E	— 2	— 2^h	— 7
Tucson	USA	32°13' N	110°58' W	+ 7^h24^m W	+ 7	+ 7^h	—24
Tucuman	Argentina	27°00' S	65°30' W	+ 4^h22^m W	+ 4	+ 4^h	—22

Località	*Nazione*	*Latitudine in gradi e minuti*	*Longitudine in gradi e minuti*	*Longitudine in tempo*	*Fuso orario*	*Ore e minuti da aggiungere o sottrarre all'ora di nascita per ottenere il GMT*	*Minuti da aggiungere o sottrarre all'ora di nascita per ottenere l'ora locale*
Tunisi	Tunisia	36°48' N	10°11' E	— 0^h41^m E	— 1	— 1^h	—19
Turku	Finlandia	60°27' N	22°17' E	— 1^h29^m E	— 2	— 2^h	—31
Ulan Bator	Mongolia	47°55' N	106°53' E	— 7^h08^m E	— 8	— 8^h	—52
Uppsala	Svezia	59°52' N	17°38' E	— 1^h11^m E	— 1	— 1^h	+11
Valenza	Spagna	39°28' N	0°22' W	+ 0^h01^m W	— 1	— 1^h	— 61
Valladolid	Spagna	41°39' N	4°43' W	+ 0^h19^m W	— 1	— 1^h	—79
Vera Cruz	Messico	32°25' N	115°05' W	+ 7^h40^m W	+ 8	+ 8^h	+20
Vichy	Francia	46°08' N	3°26' E	— 0^h14^m E	— 1	— 1^h	—46
Vienna	Austria	48°13' N	16°20' E	— 1^h05^m E	— 1	— 1^h	+ 5
Vigo	Spagna	42°14' N	8°43' W	+ 0^h35^m W	— 1	— 1^h	—95
Volgograd	Russia	48°44' N	44°25' E	— 2^h58^m E	— 4	— 4^h	—62
Washington	USA	38°54' N	77°01' W	+ 5^h08^m W	+ 5	+ 5^h	— 8
Waterloo	Belgio	50°43' N	4°23' E	— 0^h18^m E	— 1	— 1^h	—42
Zagabria	Croazia	45°48' N	15°58' E	— 1^h04^m E	— 1	— 1^h	+ 4
Zurigo	Svizzera	47°23' N	8°32' E	— 0^h34^m E	— 1	— 1^h	—26

	Lat.	*Long.*	*minuti da sottrarre o aggiungere all'ora di nascita per ottenere l'ora locale*
Agrigento	37°19' N	0h54' E	— 6'
Alessandria	44°55' N	0h34' E	—26'
Ancona	43°37' N	0h54' E	— 6'
Aosta	45°44' N	0h29' E	—31'
Arezzo	43°28' N	0h48' E	—12'
Ascoli Piceno	42°51' N	0h54' E	— 6'
Asti	44°54' N	0h33' E	—27'
Avellino	40°55' N	0h59' E	— 1'
Bari	41°08' N	1h08' E	+ 8'
Belluno	46°08' N	0h49' E	—11'
Benevento	41°08' N	0h59' E	— 1'
Bergamo	45°42' N	0h39' E	—21'
Bologna	44°30' N	0h45' E	—15'
Bolzano	46°30' N	0h45' E	—15'
Brescia	45°33' N	0h41' E	—19'
Brindisi	40°39' N	1h11' E	+11'
Cagliari	39°13' N	0h36' E	—24'
Caltanissetta	37°29' N	0h56' E	— 4'
Campobasso	41°34' N	0h59' E	— 1'
Caserta	41°04' N	0h57' E	— 3'
Catania	37°30' N	1h00' E	0'
Catanzaro	38°54' N	1h06' E	+ 6'
Chieti	42°21' N	0h57' E	— 3'
Como	45°48' N	0h36' E	—24'
Cosenza	39°17' N	1h05' E	+ 5'
Cremona	45°08' N	0h40' E	—20'
Cuneo	44°24' N	0h30' E	—30'
Enna	37°34' N	0h57' E	— 3'
Ferrara	44°51' N	0h46' E	—14'
Firenze	43°45' N	0h45' E	—15'
Foggia	41°28' N	1h02' E	+ 2'
Forlí	44°13' N	0h48' E	—12'
Frosinone	41°38' N	0h53' E	— 7'
Genova	44°25' N	0h36' E	—24'
Gorizia	45°56' N	0h54' E	— 6'
Grosseto	42°46' N	0h44' E	—16'
Imperia	43°52' N	0h32' E	—28'
Isernia	41°36' N	0h57' E	— 3'
L'Aquila	42°21' N	0h54' E	— 6'
La Spezia	44°05' N	0h39' E	—21'
Latina	41°28' N	0h52' E	— 8'
Lecce	40°21' N	1h13' E	+13'
Livorno	43°32' N	0h41' E	—19'

Lucca	43°51' N	0h42' E	—18'
Macerata	43°18' N	0h54' E	— 6'
Mantova	45°10' N	0h43' E	—17'
Massa Carrara	44°01' N	0h41' E	—19'
Matera	40°40' N	1h06' E	+ 6'
Messina	38°12' N	1h02' E	+ 2'
Milano	45°28' N	0h37' E	—23'
Modena	44°39' N	0h44' E	—16'
Napoli	40°52' N	0h57' E	— 3'
Novara	45°27' N	0h34' E	—26'
Nuoro	40°19' N	0h37' E	—23'
Padova	45°24' N	0h47' E	—13'
Palermo	38°07' N	0h53' E	— 7'
Parma	44°48' N	0h41' E	—19'
Pavia	45°10' N	0h37' E	—23'
Perugia	43°07' N	0h50' E	—10'
Pesaro	43°55' N	0h52' E	— 8'
Pescara	42°28' N	0h57' E	— 3'
Piacenza	45°03' N	0h39' E	—21'
Pisa	43°43' N	0h42' E	—18'
Pistoia	43°56' N	0h44' E	—16'
Pordenone	45°57' N	0h51' E	— 9'
Potenza	40°38' N	1h03' E	+ 3'
Ragusa	36°55' N	0h59' E	— 1'
Ravenna	44°25' N	0h49' E	—11'
Reggio Calabria	38°06' N	1h03' E	+ 3'
Reggio Emilia	44°42' N	0h43' E	—17'
Rieti	42°24' N	0h51' E	— 9'
Roma	41°55' N	0h50' E	—10'
Rovigo	45°04' N	0h47' E	—13'
Salerno	40°41' N	0h59' E	— 1'
Sassari	40°43' N	0h34' E	—26'
Savona	44°18' N	0h34' E	—26'
Siena	43°19' N	0h45' E	—15'
Siracusa	37°04' N	1h01' E	+ 1'
Sondrio	46°10' N	0h39' E	—21'
Taranto	40°28' N	1h09' E	+ 9'
Teramo	42°39' N	0h55' E	— 5'
Terni	42°34' N	0h51' E	— 9'
Torino	45°04' N	0h31' E	—29'
Trapani	38°01' N	0h50' E	—10'
Trento	46°04' N	0h44' E	—16'
Treviso	45°40' N	0h49' E	—11'
Trieste	45°39' N	0h55' E	— 5'
Udine	46°04' N	0h53' E	— 7'
Varese	45°49' N	0h35' E	—25'
Venezia	45°26' N	0h49' E	—11'
Vercelli	45°20' N	0h34' E	—26'
Verona	45°27' N	0h44' E	—16'
Vicenza	45°33' N	0h46' E	—14'
Viterbo	42°25' N	0h48' E	—12'

Tavole delle Effemeridi

GIORNO	TEMPO SIDERALE	☉	☽	☿	♀	♂	♃	♄	♅	♆	♇	☊	1953
1	6 41 22	10 ♑ 17 7	19 ♋ 12	21 ♐ 58	24 ♒ 54	0 ♓ 51	11 ♉ 0R	26 ♎ 14	16 ♋ 45R	23 ♎ 43	22 ♌ 57R	14 ♒ 4	GENNAIO
5	6 57 9	14 ♑ 21 41	7 ♍ 2	27 ♐ 43	29 ♒ 28	3 ♓ 56	10 ♉ 58R	26 ♎ 27	16 ♋ 35R	23 ♎ 46	22 ♌ 53R	13 ♒ 52	
10	7 16 51	19 ♑ 27 26	7 ♏ 30	5 ♑ 8	5 ♓ 8	7 ♓ 47	11 ♉ 1	26 ♎ 42	16 ♋ 22R	23 ♎ 49	22 ♌ 47R	13 ♒ 36	
15	7 36 34	24 ♑ 33 10	16 ♑ 26	12 ♑ 46	10 ♓ 42	11 ♓ 38	11 ♉ 8	26 ♎ 54	16 ♋ 9R	23 ♎ 52	22 ♌ 41R	13 ♒ 20	
20	7 56 17	29 ♑ 38 43	0 ♈ 31	20 ♑ 37	16 ♓ 10	15 ♓ 28	11 ♉ 21	27 ♎ 4	15 ♋ 56R	23 ♎ 53	22 ♌ 34R	13 ♒ 4	
25	8 15 60	4 ♒ 43 55	8 ♊ 24	28 ♑ 41	21 ♓ 30	19 ♓ 18	11 ♉ 38	27 ♎ 11	15 ♋ 44R	23 ♎ 53R	22 ♌ 28R	12 ♒ 48	
31	8 39 39	10 ♒ 49 33	21 ♌ 49	8 ♒ 43	26 ♓ 44	23 ♓ 53	12 ♉ 5	27 ♎ 16	15 ♋ 30R	23 ♎ 53R	22 ♌ 19R	12 ♒ 29	
1	8 43 36	11 ♒ 50 26	3 ♍ 39	10 ♒ 26	28 ♓ 45	24 ♓ 39	12 ♉ 10	27 ♎ 17	15 ♋ 28R	23 ♎ 52R	22 ♌ 18R	12 ♒ 26	FEBBRAIO
5	8 59 22	15 ♒ 53 48	21 ♎ 11	17 ♒ 24	2 ♈ 44	27 ♓ 41	12 ♉ 33	27 ♎ 18	15 ♋ 19R	23 ♎ 51R	22 ♌ 12R	12 ♒ 13	
10	9 19 5	20 ♒ 57 40	25 ♐ 37	26 ♒ 22	7 ♈ 32	1 ♈ 29	13 ♉ 5	27 ♎ 17R	15 ♋ 9R	23 ♎ 49R	22 ♌ 5R	11 ♒ 57	
15	9 38 47	26 ♒ 1 3	9 ♓ 32	5 ♓ 30	12 ♈ 5	5 ♈ 16	13 ♉ 40	27 ♎ 13R	14 ♋ 59R	23 ♎ 46R	21 ♌ 57R	11 ♒ 41	
20	9 58 30	1 ♓ 3 48	21 ♉ 58	14 ♓ 31	16 ♈ 20	9 ♈ 2	14 ♉ 20	27 ♎ 6R	14 ♋ 51R	23 ♎ 42R	21 ♌ 50R	11 ♒ 26	
25	10 18 13	6 ♓ 5 46	24 ♋ 58	22 ♓ 47	20 ♈ 15	12 ♈ 47	15 ♉ 3	26 ♎ 57R	14 ♋ 44R	23 ♎ 38R	21 ♌ 43R	11 ♒ 10	
28	10 30 3	9 ♓ 6 35	0 ♍ 34	26 ♓ 57	22 ♈ 23	15 ♈ 1	15 ♉ 31	26 ♎ 51R	14 ♋ 40R	21 ♎ 35R	21 ♌ 39R	11 ♒ 0	
1	10 33 59	10 ♓ 6 47	12 ♍ 22	28 ♓ 8	23 ♈ 4	15 ♈ 46	15 ♉ 40	26 ♎ 48R	14 ♋ 39R	23 ♎ 33R	21 ♌ 37R	10 ♒ 57	MARZO
5	10 49 45	14 ♓ 7 20	0 ♏ 15	1 ♈ 42	25 ♈ 34	18 ♈ 44	16 ♉ 19	26 ♎ 38R	14 ♋ 35R	23 ♎ 29R	21 ♌ 32R	10 ♒ 44	
10	11 9 28	19 ♓ 7 24	4 ♑ 26	2 ♈ 57R	28 ♈ 10	22 ♈ 27	17 ♉ 10	26 ♎ 23R	14 ♋ 30R	23 ♎ 23R	21 ♌ 25R	10 ♒ 28	
15	11 29 11	24 ♓ 6 46	17 ♓ 32	0 ♈ 41R	0 ♉ 4	26 ♈ 8	18 ♉ 4	26 ♎ 6R	14 ♋ 28R	23 ♎ 16R	21 ♌ 19R	10 ♒ 13	
20	11 48 54	29 ♓ 5 20	0 ♊ 48	26 ♓ 21R	1 ♉ 9	29 ♈ 48	19 ♉ 0	25 ♎ 48R	14 ♋ 26R	23 ♎ 9R	21 ♌ 13R	9 ♒ 57	
25	12 8 36	4 ♈ 2 57	3 ♌ 52	22 ♓ 13R	1 ♉ 17R	3 ♉ 26	19 ♉ 58	25 ♎ 28R	14 ♋ 26	23 ♎ 2R	21 ♌ 8R	9 ♒ 41	
31	12 32 16	9 ♈ 58 52	15 ♎ 6	19 ♓ 51R	0 ♉ 5R	7 ♉ 48	21 ♉ 11	25 ♎ 3R	14 ♋ 28	22 ♎ 52R	21 ♌ 3R	9 ♒ 22	
1	12 36 12	10 ♈ 58 4	27 ♎ 17	19 ♓ 47R	29 ♈ 45R	8 ♉ 31	21 ♉ 23	24 ♎ 58R	14 ♋ 28	22 ♎ 51R	21 ♌ 2R	9 ♒ 19	APRILE
5	12 51 58	14 ♈ 54 32	17 ♐ 41	20 ♓ 27	28 ♈ 1R	11 ♉ 24	22 ♉ 14	24 ♎ 40R	14 ♋ 31	22 ♎ 44R	20 ♌ 58R	9 ♒ 6	
10	13 11 41	19 ♈ 49 28	26 ♒ 27	23 ♓ 3	25 ♈ 12R	14 ♉ 59	23 ♉ 18	24 ♎ 18R	14 ♋ 35	22 ♎ 36R	20 ♌ 55R	8 ♒ 50	
15	13 31 24	24 ♈ 43 39	10 ♉ 41	27 ♓ 13	22 ♈ 5R	18 ♉ 33	24 ♉ 23	23 ♎ 54R	14 ♋ 40	22 ♎ 28R	20 ♌ 52R	8 ♒ 34	
20	13 51 7	29 ♈ 36 59	18 ♋ 1	2 ♈ 37	19 ♈ 8R	22 ♉ 6	25 ♉ 30	23 ♎ 31R	14 ♋ 47	22 ♎ 19R	20 ♌ 50R	8 ♒ 18	
25	14 10 50	4 ♉ 29 25	17 ♍ 46	9 ♈ 1	16 ♈ 49R	25 ♉ 37	26 ♉ 37	23 ♎ 9R	14 ♋ 55	22 ♎ 11R	20 ♌ 49R	8 ♒ 2	
30	14 30 32	9 ♉ 20 59	18 ♏ 53	16 ♈ 16	15 ♈ 24R	29 ♉ 8	27 ♉ 46	22 ♎ 47R	15 ♋ 4	22 ♎ 4R	20 ♌ 48R	7 ♒ 46	
1	14 34 29	10 ♉ 19 13	1 ♐ 41	17 ♈ 49	15 ♈ 14R	29 ♉ 50	27 ♉ 60	22 ♎ 42R	15 ♋ 6	22 ♎ 2R	20 ♌ 48R	7 ♒ 43	MAGGIO
5	14 50 15	14 ♉ 11 52	24 ♑ 45	24 ♈ 19	14 ♈ 59	2 ♊ 37	28 ♉ 55	22 ♎ 26R	15 ♋ 14	21 ♎ 56R	20 ♌ 48	7 ♒ 30	
10	15 9 58	19 ♉ 2 9	5 ♈ 34	3 ♉ 10	15 ♈ 33	6 ♊ 5	0 ♊ 5	22 ♎ 6R	15 ♋ 26	21 ♎ 49R	20 ♌ 48	7 ♒ 15	
15	15 29 41	23 ♉ 51 51	17 ♊ 1	12 ♉ 47	16 ♈ 59	9 ♊ 32	1 ♊ 15	23 ♎ 47R	15 ♋ 38	21 ♎ 42R	20 ♌ 50	6 ♒ 59	
20	15 49 23	28 ♉ 40 54	20 ♌ 19	23 ♉ 9	19 ♈ 8	12 ♊ 58	2 ♊ 25	21 ♎ 31R	15 ♋ 51	21 ♎ 35R	20 ♌ 52	6 ♒ 43	
25	16 9 6	3 ♊ 29 17	19 ♎ 58	4 ♊ 1	21 ♈ 55	16 ♊ 23	3 ♊ 36	21 ♎ 16R	16 ♋ 5	21 ♎ 29R	20 ♌ 55	6 ♒ 27	
31	16 32 45	9 ♊ 14 35	7 ♑ 46	17 ♊ 5	25 ♈ 54	20 ♊ 28	5 ♊ 0	21 ♎ 1R	16 ♋ 23	21 ♎ 23R	20 ♌ 59	6 ♒ 8	
1	16 36 42	10 ♊ 12 4	21 ♑ 29	19 ♊ 12	26 ♈ 37	21 ♊ 9	5 ♊ 14	20 ♎ 58R	16 ♋ 26	21 ♎ 22R	20 ♌ 60	6 ♒ 5	GIUGNO
5	16 52 28	14 ♊ 1 54	17 ♓ 33	27 ♊ 22	29 ♈ 40	23 ♊ 51	6 ♊ 10	20 ♎ 50R	16 ♋ 39	21 ♎ 19R	21 ♌ 3	5 ♒ 52	
10	17 12 11	18 ♊ 48 58	28 ♉ 14	6 ♋ 45	3 ♉ 45	27 ♊ 13	7 ♊ 20	20 ♎ 42R	16 ♋ 55	21 ♎ 15R	21 ♌ 8	5 ♒ 36	
15	17 31 54	23 ♊ 35 44	3 ♌ 54	15 ♋ 6	8 ♉ 7	0 ♋ 34	8 ♊ 30	20 ♎ 37R	17 ♋ 12	21 ♎ 12R	21 ♌ 13	5 ♒ 20	
20	17 51 36	28 ♊ 22 11	3 ♎ 50	22 ♋ 21	12 ♉ 42	3 ♋ 54	9 ♊ 38	20 ♎ 34R	17 ♋ 29	21 ♎ 9R	21 ♌ 19	5 ♒ 4	
25	28 11 19	3 ♋ 8 20	6 ♐ 7	28 ♋ 27	17 ♉ 29	7 ♋ 13	10 ♊ 46	20 ♎ 33	17 ♋ 47	21 ♎ 7R	21 ♌ 26	4 ♒ 48	
30	18 31 2	7 ♋ 54 20	15 ♒ 33	3 ♌ 17	22 ♉ 25	10 ♋ 32	11 ♊ 53	20 ♎ 35	18 ♋ 5	21 ♎ 7R	21 ♌ 33	4 ♒ 33	

1953	GIORNO	TEMPO SIDERALE	☉	☽	☿	♀	♂	♃	♄	♅	♆	♇	☊
LUGLIO	1	18 34 59	8 ♋ 51 31	29 ♒ 55	4 ♌ 5	23 ♉ 25	11 ♋ 11	12 ♊ 6	20 ♎ 36	18 ♋ 8	21 ♎ 7R	21 ♌ 34	4 ♒ 29
	5	18 50 45	12 ♋ 40 19	26 ♈ 51	6 ♌ 38	27 ♉ 29	13 ♋ 50	12 ♊ 59	20 ♎ 39	18 ♋ 23	21 ♎ 7	21 ♌ 40	4 ♒ 17
	10	19 10 28	17 ♋ 26 26	4 ♋ 22	8 ♌ 16	2 ♊ 41	17 ♋ 7	14 ♊ 4	20 ♎ 46	18 ♋ 41	21 ♎ 7	21 ♌ 48	4 ♒ 1
	15	19 30 10	22 ♋ 12 39	6 ♍ 14	7 ♌ 57R	7 ♊ 58	20 ♋ 23	15 ♊ 7	20 ♎ 55	18 ♋ 59	21 ♎ 9	21 ♌ 56	3 ♒ 45
	20	19 49 53	26 ♋ 58 56	5 ♏ 57	5 ♌ 47R	13 ♊ 21	23 ♋ 38	16 ♊ 8	21 ♎ 7	19 ♋ 17	21 ♎ 11	22 ♌ 5	3 ♒ 29
	25	20 9 36	1 ♌ 45 19	11 ♑ 31	2 ♌ 25R	18 ♊ 49	26 ♋ 53	17 ♊ 8	21 ♎ 21	19 ♋ 35	21 ♎ 14	22 ♌ 14	3 ♒ 13
	31	20 33 15	7 ♌ 29 19	9 ♈ 9	28 ♋ 41R	25 ♊ 28	0 ♌ 46	18 ♊ 18	21 ♎ 40	19 ♋ 57	21 ♎ 19	22 ♌ 25	3 ♒ 54
AGOSTO	1	20 37 12	8 ♌ 26 42	23 ♈ 32	28 ♋ 16R	26 ♊ 35	1 ♌ 25	18 ♊ 29	21 ♎ 44	20 ♋ 0	21 ♎ 20	22 ♌ 27	2 ♒ 51
	5	20 52 58	12 ♌ 16 27	18 ♊ 8	27 ♋ 30	1 ♋ 5	4 ♌ 0	19 ♊ 13	21 ♎ 59	20 ♋ 14	21 ♎ 24	22 ♌ 34	2 ♒ 38
	10	21 12 41	17 ♌ 4 5	20 ♌ 42	28 ♋ 57	6 ♋ 45	7 ♌ 13	20 ♊ 6	22 ♎ 20	20 ♋ 31	21 ♎ 30	22 ♌ 44	2 ♒ 22
	15	21 32 23	21 ♌ 52 12	20 ♎ 11	3 ♌ 12	12 ♋ 28	10 ♌ 26	20 ♊ 57	22 ♎ 42	20 ♋ 48	21 ♎ 36	22 ♌ 53	2 ♒ 6
	20	21 52 6	26 ♌ 40 44	22 ♐ 17	9 ♌ 56	18 ♋ 15	13 ♌ 38	21 ♊ 45	23 ♎ 6	21 ♋ 4	21 ♎ 43	23 ♌ 3	1 ♒ 51
	25	22 11 49	1 ♍ 29 44	3 ♓ 38	18 ♌ 32	24 ♋ 4	16 ♌ 49	22 ♊ 30	23 ♎ 32	21 ♋ 19	21 ♎ 50	23 ♌ 12	1 ♒ 35
	31	22 35 28	7 ♍ 17 24	1 ♊ 39	0 ♍ 5	1 ♌ 6	20 ♌ 39	23 ♊ 19	24 ♎ 6	21 ♋ 36	22 ♎ 0	23 ♌ 23	1 ♒ 16
SETTEMBRE	1	22 39 25	8 ♍ 15 27	15 ♊ 4	2 ♍ 3	2 ♌ 17	21 ♌ 17	23 ♊ 27	24 ♎ 11	21 ♋ 39	22 ♎ 2	23 ♌ 25	1 ♒ 12
	5	22 55 11	12 ♍ 7 58	5 ♌ 33	9 ♍ 52	7 ♌ 1	23 ♌ 50	23 ♊ 57	24 ♎ 35	21 ♋ 50	22 ♎ 9	23 ♌ 33	0 ♒ 60
	10	23 14 54	16 ♍ 59 19	5 ♎ 12	19 ♍ 21	12 ♌ 58	26 ♌ 60	24 ♊ 31	25 ♎ 5	22 ♋ 3	22 ♎ 18	23 ♌ 42	0 ♒ 44
	15	23 34 37	21 ♍ 51 24	5 ♐ 24	28 ♍ 24	18 ♌ 57	0 ♍ 10	25 ♊ 1	25 ♎ 37	22 ♋ 14	22 ♎ 28	23 ♌ 50	0 ♒ 28
	20	23 54 19	26 ♍ 44 10	12 ♒ 10	7 ♎ 1	24 ♌ 58	3 ♍ 19	25 ♊ 27	26 ♎ 10	22 ♋ 25	22 ♎ 38	23 ♌ 59	0 ♒ 12
	25	0 14 2	1 ♎ 37 39	27 ♈ 39	15 ♎ 12	1 ♍ 1	6 ♍ 28	25 ♊ 49	26 ♎ 43	22 ♋ 34	22 ♎ 48	24 ♌ 7	29 ♑ 56
	30	0 33 45	6 ♎ 32 1	7 ♋ 36	23 ♎ 1	7 ♍ 6	9 ♍ 37	26 ♊ 6	27 ♎ 18	22 ♋ 43	22 ♎ 59	24 ♌ 14	29 ♑ 40
OTTOBRE	1	0 37 41	7 ♎ 3 10	20 ♋ 15	24 ♎ 32	8 ♍ 19	10 ♍ 25	26 ♊ 9	27 ♎ 15	22 ♋ 44	23 ♎ 1	24 ♌ 16	29 ♑ 37
	5	0 53 28	11 ♎ 27 20	8 ♍ 34	0 ♏ 27	13 ♍ 13	12 ♍ 53	26 ♊ 18	27 ♎ 46	22 ♋ 50	23 ♎ 10	24 ♌ 22	29 ♑ 24
	10	1 13 10	16 ♎ 23 34	8 ♏ 3	7 ♏ 30	19 ♍ 21	15 ♍ 29	26 ♊ 26	28 ♎ 54	22 ♋ 56	23 ♎ 21	24 ♌ 28	29 ♑ 8
	15	1 32 53	21 ♎ 20 36	10 ♑ 18	14 ♏ 7	25 ♍ 30	19 ♍ 4	26 ♊ 29	29 ♎ 2	23 ♋ 1	23 ♎ 32	24 ♌ 35	28 ♑ 53
	20	1 52 36	26 ♎ 18 23	20 ♓ 18	20 ♏ 10	1 ♎ 41	22 ♍ 41	26 ♊ 26R	29 ♎ 9	23 ♋ 4	23 ♎ 43	24 ♌ 40	28 ♑ 37
	25	2 12 19	1 ♏ 16 56	5 ♊ 23	25 ♏ 22	7 ♎ 52	25 ♍ 17	26 ♊ 19R	0 ♍ 17	23 ♋ 6	23 ♎ 55	24 ♌ 45	28 ♑ 21
	31	2 35 58	7 ♏ 16 20	23 ♌ 29	29 ♏ 43	15 ♎ 20	29 ♍ 1	26 ♊ 3R	1 ♍ 1	23 ♋ 6R	24 ♎ 8	24 ♌ 50	28 ♑ 2
NOVEMBRE	1	2 39 55	8 ♏ 16 22	5 ♍ 25	0 ♐ 8	16 ♎ 34	29 ♍ 38	26 ♊ 0R	1 ♏ 8	23 ♋ 6R	24 ♎ 10	24 ♌ 51	27 ♑ 59
	5	2 55 41	12 ♏ 16 50	22 ♎ 53	0 ♐ 36R	21 ♎ 33	2 ♎ 7	25 ♊ 45R	1 ♏ 37	23 ♋ 5R	24 ♎ 19	24 ♌ 54	27 ♑ 46
	10	3 15 24	17 ♏ 18 7	24 ♐ 31	27 ♏ 47R	27 ♎ 48	5 ♎ 13	25 ♊ 23R	2 ♏ 12	23 ♋ 3R	24 ♎ 29	24 ♌ 57	27 ♑ 30
	15	3 35 6	22 ♏ 20 3	0 ♓ 60	21 ♏ 40R	4 ♏ 3	8 ♎ 19	24 ♊ 55R	2 ♏ 48	22 ♋ 59R	24 ♎ 40	24 ♌ 59	27 ♑ 14
	20	3 54 49	27 ♏ 22 33	14 ♉ 6	16 ♏ 5R	10 ♏ 19	11 ♎ 24	24 ♊ 25R	3 ♏ 22	22 ♋ 54R	24 ♎ 50	25 ♌ 0	26 ♑ 58
	25	4 14 32	2 ♐ 25 37	24 ♋ 15	14 ♏ 41	16 ♏ 35	14 ♎ 29	23 ♊ 50R	3 ♏ 56	22 ♋ 48R	24 ♎ 59	25 ♌ 1	26 ♑ 42
	30	4 34 15	7 ♐ 29 21	25 ♍ 31	17 ♏ 25	22 ♏ 52	17 ♎ 33	23 ♊ 14R	4 ♏ 29	22 ♋ 40R	25 ♎ 8	25 ♌ 1R	26 ♑ 26
DICEMBRE	1	4 38 11	8 ♐ 30 10	7 ♎ 21	18 ♏ 19	24 ♏ 7	18 ♎ 9	23 ♊ 6R	4 ♏ 36	22 ♋ 39R	25 ♎ 10	25 ♌ 1R	26 ♑ 23
	5	4 53 57	12 ♐ 33 41	25 ♏ 46	22 ♏ 39	29 ♏ 8	20 ♎ 36	22 ♊ 35R	5 ♏ 1	22 ♋ 32R	25 ♎ 17	25 ♌ 0R	26 ♑ 11
	10	5 13 40	17 ♐ 38 29	0 ♒ 34	29 ♏ 9	5 ♐ 25	23 ♎ 39	21 ♊ 54R	5 ♏ 32	22 ♋ 22R	25 ♎ 25	24 ♌ 58R	25 ♑ 55
	15	5 33 23	22 ♐ 43 34	10 ♈ 2	6 ♐ 15	11 ♐ 43	26 ♎ 42	21 ♊ 13R	6 ♏ 1	22 ♋ 12R	25 ♎ 32	24 ♌ 56R	25 ♑ 39
	20	5 53 6	27 ♐ 48 51	21 ♊ 31	13 ♐ 38	18 ♐ 0	29 ♎ 43	20 ♊ 33R	6 ♏ 29	22 ♋ 1R	25 ♎ 39	24 ♌ 53R	25 ♑ 23
	25	6 12 49	2 ♑ 54 19	27 ♌ 14	21 ♐ 12	24 ♐ 17	2 ♏ 44	19 ♊ 53R	6 ♏ 55	21 ♋ 49R	25 ♎ 45	24 ♌ 50R	25 ♑ 7
	31	6 36 28	9 ♑ 1 11	9 ♏ 10	0 ♑ 26	1 ♑ 50	6 ♏ 20	19 ♊ 8R	7 ♏ 24	21 ♋ 34R	25 ♎ 51	24 ♌ 44R	24 ♑ 48

GIORNO	TEMPO SIDERALE	☉	☽	☿	♀	♂	♃	♄	♅	♆	♇	☊	1954
1	6 40 24	10 ♑ 2 22	21 ♏ 23	1 ♑ 60	3 ♑ 6	6 ♏ 56	19 ♊ 1R	7 ♏ 29	21 ♋ 32R	25 ♎ 52	24 ♌ 43R	24 ♑ 45	GENNAIO
5	6 56 11	14 ♑ 7 4	12 ♑ 54	8 ♑ 17	8 ♑ 8	9 ♏ 19	18 ♊ 34R	7 ♏ 46	21 ♋ 21R	25 ♎ 55	24 ♌ 39R	24 ♑ 32	
10	7 15 53	19 ♑ 12 55	22 ♓ 37	16 ♑ 16	14 ♑ 25	12 ♏ 16	18 ♊ 2R	8 ♏ 6	21 ♋ 8R	25 ♎ 59	24 ♌ 34R	24 ♑ 16	
15	7 35 36	24 ♑ 18 33	3 ♊ 11	24 ♑ 27	20 ♑ 43	15 ♏ 13	17 ♊ 34R	8 ♏ 24	20 ♋ 55R	26 ♎ 1	24 ♌ 28R	24 ♑ 0	
20	7 55 19	29 ♑ 23 54	9 ♌ 58	2 ♒ 50	26 ♑ 60	18 ♏ 8	17 ♊ 11R	8 ♏ 40	20 ♋ 42R	26 ♎ 3	24 ♌ 22R	23 ♑ 44	
25	8 15 2	4 ♒ 29 0	11 ♎ 10	11 ♒ 26	3 ♒ 17	21 ♏ 2	16 ♊ 52R	8 ♏ 53	20 ♋ 30R	26 ♎ 4	24 ♌ 15R	23 ♑ 29	
31	8 38 41	10 ♒ 34 48	24 ♐ 20	21 ♒ 53	10 ♒ 49	24 ♏ 28	16 ♊ 36R	9 ♏ 6	20 ♋ 15R	26 ♎ 4R	24 ♌ 7R	23 ♑ 9	
1	8 42 38	11 ♒ 35 44	7 ♑ 28	23 ♒ 37	12 ♒ 4	25 ♏ 3	16 ♊ 34R	9 ♏ 7	20 ♋ 13R	26 ♋ 4R	24 ♌ 5R	23 ♑ 6	FEBBRAIO
5	8 58 24	15 ♒ 39 15	3 ♓ 36	0 ♓ 25	17 ♒ 6	27 ♏ 18	16 ♊ 28R	9 ♏ 13	20 ♋ 3R	26 ♋ 3R	23 ♌ 59R	22 ♑ 54	
10	9 18 7	20 ♒ 43 11	16 ♉ 7	8 ♓ 6	23 ♒ 22	0 ♐ 7	16 ♊ 25R	9 ♏ 18	19 ♋ 52R	26 ♋ 1R	23 ♌ 52R	22 ♑ 38	
15	9 37 49	25 ♒ 46 26	23 ♋ 17	13 ♓ 48	29 ♒ 38	2 ♐ 53	16 ♊ 27	9 ♏ 21	19 ♋ 42R	25 ♋ 58R	23 ♌ 45R	22 ♑ 22	
20	9 57 32	0 ♓ 49 1	25 ♍ 22	16 ♓ 7	5 ♓ 54	5 ♐ 36	16 ♊ 34	9 ♏ 21R	19 ♋ 33R	25 ♋ 55R	23 ♌ 37R	22 ♑ 6	
25	10 17 15	5 ♓ 50 59	24 ♏ 58	14 ♓ 22R	12 ♓ 9	8 ♐ 17	16 ♊ 46	9 ♏ 18R	19 ♋ 25R	25 ♋ 50R	23 ♌ 30R	21 ♑ 50	
28	10 29 4	8 ♓ 51 53	2 ♑ 9	11 ♓ 44R	15 ♓ 54	9 ♐ 52	16 ♊ 56	9 ♏ 15R	19 ♋ 20R	25 ♋ 48R	23 ♌ 26R	21 ♑ 41	
1	10 33 1	9 ♓ 52 8	15 ♑ 15	10 ♓ 43R	17 ♓ 9	10 ♐ 24	16 ♊ 59	9 ♏ 14R	19 ♋ 19R	25 ♎ 47R	23 ♌ 24R	21 ♑ 37	MARZO
5	10 48 47	13 ♓ 52 51	12 ♓ 1	6 ♓ 36R	22 ♓ 9	12 ♐ 29	17 ♊ 15	9 ♏ 8R	19 ♋ 14R	25 ♎ 42R	23 ♌ 19R	21 ♑ 25	
10	11 8 30	18 ♓ 53 3	26 ♉ 23	2 ♓ 51R	28 ♓ 23	15 ♐ 1	17 ♊ 39	8 ♏ 59R	19 ♋ 8R	25 ♎ 36R	23 ♌ 12R	21 ♑ 9	
15	11 28 13	23 ♓ 52 22	2 ♌ 60	1 ♓ 43	4 ♈ 36	17 ♐ 30	18 ♊ 7	8 ♏ 48R	19 ♋ 4R	25 ♎ 30R	23 ♌ 6R	20 ♑ 53	
20	11 47 56	28 ♓ 50 46	4 ♎ 0	3 ♓ 4	10 ♈ 49	19 ♐ 54	18 ♊ 40	8 ♏ 34R	19 ♋ 2R	25 ♎ 23R	22 ♌ 60R	20 ♑ 37	
25	12 7 38	3 ♈ 48 20	3 ♐ 32	6 ♓ 20	17 ♈ 1	22 ♐ 13	19 ♊ 16	8 ♏ 18R	19 ♋ 0R	25 ♎ 16R	22 ♌ 54R	20 ♑ 21	
31	12 31 18	9 ♈ 44 26	20 ♒ 53	12 ♓ 6	24 ♈ 27	24 ♐ 53	20 ♊ 3	7 ♏ 57R	19 ♋ 0	25 ♎ 7R	22 ♌ 48R	20 ♑ 2	
1	12 35 14	10 ♈ 43 41	5 ♓ 17	13 ♓ 13	25 ♈ 41	25 ♐ 19	20 ♊ 12	7 ♏ 53R	19 ♋ 0	25 ♎ 5R	22 ♌ 48R	19 ♑ 59	APRILE
5	12 51	14 ♈ 40 20	5 ♉ 54	18 ♓ 3	0 ♉ 38	26 ♐ 60	20 ♊ 47	7 ♏ 38R	19 ♋ 2	24 ♎ 59R	22 ♌ 44R	19 ♑ 46	
10	13 10 43	19 ♈ 35 21	17 ♋ 1	24 ♓ 50	6 ♉ 48	28 ♐ 59	21 ♊ 33	7 ♏ 17R	19 ♋ 5	24 ♎ 51R	22 ♌ 40R	19 ♑ 30	
15	13 30 26	24 ♈ 29 25	19 ♍ 4	2 ♈ 22	12 ♉ 57	0 ♑ 50	22 ♊ 22	6 ♏ 56R	19 ♋ 9	24 ♎ 42R	22 ♌ 37R	19 ♑ 14	
20	13 50 9	29 ♈ 22 36	18 ♏ 35	10 ♈ 34	19 ♉ 5	2 ♑ 32	23 ♊ 14	6 ♏ 33R	19 ♋ 14	24 ♎ 34R	22 ♌ 35R	18 ♑ 58	
25	14 9 51	4 ♉ 15 1	19 ♑ 46	19 ♈ 28	25 ♉ 13	4 ♑ 4	24 ♊ 8	6 ♏ 11R	19 ♋ 21	24 ♎ 26R	22 ♌ 33R	18 ♑ 43	
30	14 29 34	9 ♉ 6 47	28 ♓ 40	29 ♈ 3	1 ♊ 20	5 ♑ 24	25 ♊ 4	5 ♏ 48R	19 ♋ 29	24 ♎ 18R	22 ♌ 32R	18 ♑ 27	
1	14 33 33	10 ♉ 5 4	13 ♈ 41	1 ♉ 3	2 ♊ 33	5 ♑ 39	25 ♊ 16	5 ♏ 43R	19 ♋ 31	24 ♎ 16R	22 ♌ 32R	18 ♑ 24	MAGGIO
5	14 49 19	13 ♉ 57 53	14 ♊ 7	9 ♉ 19	7 ♊ 25	6 ♑ 32	26 ♊ 2	5 ♏ 25R	19 ♋ 38	24 ♎ 10R	22 ♌ 32	18 ♑ 11	
10	15 9 2	18 ♉ 48 13	21 ♌ 33	20 ♉ 4	13 ♊ 30	7 ♑ 26	27 ♊ 2	5 ♏ 3R	19 ♋ 49	24 ♎ 3R	22 ♌ 32	17 ♑ 55	
15	15 28 45	23 ♉ 37 48	21 ♎ 44	0 ♊ 54	19 ♊ 34	8 ♑ 4	28 ♊ 4	4 ♏ 42R	20 ♋ 0	23 ♎ 56R	22 ♌ 33	17 ♑ 39	
20	15 48 28	28 ♉ 26 42	21 ♐ 52	11 ♊ 16	25 ♊ 38	8 ♑ 26	29 ♊ 7	4 ♏ 21R	20 ♋ 12	23 ♎ 49R	22 ♌ 35	17 ♑ 23	
25	16 8 10	3 ♊ 15 5	25 ♒ 57	20 ♊ 43	1 ♋ 40	8 ♑ 29R	0 ♋ 11	4 ♏ 2R	20 ♋ 26	23 ♎ 43R	22 ♌ 38	17 ♑ 7	
31	16 31 50	9 ♊ 0 38	22 ♉ 43	0 ♋ 29	8 ♋ 53	8 ♑ 9R	1 ♋ 29	3 ♏ 42R	20 ♋ 43	23 ♎ 36R	22 ♌ 42	16 ♑ 48	
1	16 35 46	9 ♊ 58 10	7 ♊ 38	1 ♋ 56	10 ♋ 4	8 ♑ 2R	1 ♋ 42	3 ♏ 38R	20 ♋ 46	23 ♎ 35R	22 ♌ 42	16 ♑ 45	GIUGNO
5	16 51 32	13 ♊ 48 8	4 ♌ 8	7 ♋ 13	14 ♋ 52	7 ♑ 31R	2 ♋ 35	3 ♏ 26R	20 ♋ 58	23 ♎ 31R	22 ♌ 46	16 ♑ 32	
10	17 11 15	18 ♊ 35 10	6 ♎ 29	12 ♋ 34	20 ♋ 50	6 ♑ 35R	3 ♋ 42	3 ♏ 13R	21 ♋ 13	23 ♎ 27R	22 ♌ 50	16 ♑ 16	
15	17 30 58	23 ♊ 21 46	6 ♐ 16	16 ♋ 23	26 ♋ 47	5 ♑ 24R	4 ♋ 49	3 ♏ 1R	21 ♋ 30	23 ♎ 24R	22 ♌ 55	16 ♑ 1	
20	17 50 41	28 ♊ 8 6	9 ♒ 36	18 ♋ 29	2 ♌ 43	4 ♑ 1R	5 ♋ 57	2 ♏ 52R	21 ♋ 47	23 ♎ 21R	23 ♌ 1	15 ♑ 45	
25	18 10 23	2 ♋ 54 18	18 ♈ 30	18 ♋ 42R	8 ♌ 36	2 ♑ 30R	7 ♋ 5	2 ♏ 45R	22 ♋ 4	23 ♎ 19R	23 ♌ 8	15 ♑ 29	
30	18 30 6	7 ♋ 40 30	0 ♋ 50	17 ♋ 8R	14 ♌ 29	0 ♑ 57R	8 ♋ 13	2 ♏ 41R	22 ♋ 22	23 ♎ 18R	23 ♌ 15	15 ♑ 13	

1954	GIORNO	TEMPO SIDERALE	☉	☽	☿	♀	♂	♃	♄	♅	♆	♇	☊
LUGLIO	1	18 34 3	8 ♋ 37 44	14 ♋ 56	16 ♋ 39R	15 ♌ 39	0 ♑ 39R	8 ♋ 26	2 ♏ 40R	22 ♋ 25	23 ♎ 17R	23 ♌ 16	15 ♑ 10
	5	18 49 49	12 ♋ 26 38	7 ♍ 57	14 ♋ 20R	20 ♌ 19	29 ♐ 28R	9 ♋ 21	2 ♏ 39R	22 ♋ 40	23 ♎ 17R	23 ♌ 22	14 ♑ 57
	10	19 9 32	17 ♋ 12 42	8 ♏ 23	11 ♋ 23R	26 ♌ 7	28 ♐ 7R	10 ♋ 29	2 ♏ 39	22 ♋ 58	23 ♎ 18	23 ♌ 30	14 ♑ 41
	15	19 29 14	21 ♋ 58 44	9 ♓ 43	9 ♋ 31R	1 ♍ 53	27 ♐ 1R	11 ♋ 36	2 ♏ 42	23 ♋ 16	23 ♎ 19	23 ♌ 38	14 ♑ 25
	20	19 48 57	26 ♋ 44 53	17 ♓ 3	9 ♋ 38	7 ♍ 36	26 ♐ 12R	12 ♋ 44	2 ♏ 47	23 ♋ 34	23 ♎ 21	23 ♌ 46	14 ♑ 9
	25	20 8 40	1 ♌ 31 20	27 ♉ 55	12 ♋ 5	13 ♍ 17	25 ♐ 42R	13 ♋ 50	2 ♏ 55	23 ♋ 53	23 ♎ 23	23 ♌ 55	13 ♑ 53
	31	20 32 19	7 ♌ 15 33	20 ♌ 22	18 ♋ 7	20 ♍ 1	25 ♐ 34	15 ♋ 9	3 ♏ 8	24 ♋ 14	23 ♎ 28	24 ♌ 6	13 ♑ 34
AGOSTO	1	20 36 16	8 ♌ 12 58	3 ♍ 18	19 ♋ 25	21 ♍ 8	25 ♐ 36	15 ♋ 22	3 ♏ 10	24 ♋ 18	23 ♎ 29	24 ♌ 8	13 ♑ 31
	5	20 52 2	12 ♌ 2 45	22 ♎ 32	25 ♋ 28	25 ♍ 35	25 ♐ 50	16 ♋ 14	3 ♏ 20	24 ♋ 32	23 ♎ 32	24 ♌ 16	13 ♑ 18
	10	21 11 45	16 ♌ 50 16	22 ♐ 33	4 ♌ 27	1 ♎ 4	26 ♐ 27	17 ♋ 18	3 ♏ 36	24 ♋ 50	23 ♎ 37	24 ♌ 25	13 ♑ 3
	15	21 31 28	21 ♌ 38 10	28 ♒ 39	14 ♌ 23	6 ♎ 28	27 ♐ 23	18 ♋ 20	3 ♏ 53	25 ♋ 7	23 ♎ 43	24 ♌ 35	12 ♑ 47
	20	21 51 10	26 ♌ 26 36	10 ♉ 30	24 ♌ 32	11 ♎ 48	28 ♐ 37	19 ♋ 21	4 ♏ 12	25 ♋ 23	23 ♎ 50	24 ♌ 44	12 ♑ 31
	25	22 10 53	1 ♍ 15 42	19 ♋ 49	4 ♍ 25	17 ♎ 1	0 ♑ 7	20 ♋ 21	4 ♏ 33	25 ♋ 39	23 ♎ 57	24 ♌ 54	12 ♑ 15
	31	22 34 33	7 ♍ 3 33	6 ♎ 31	15 ♍ 39	23 ♎ 8	2 ♑ 14	21 ♋ 30	5 ♏ 1	25 ♋ 58	24 ♎ 7	25 ♌ 5	11 ♑ 56
SETTEMBRE	1	22 38 29	8 ♍ 1 36	18 ♎ 38	17 ♍ 27	24 ♎ 8	2 ♑ 37	21 ♋ 41	5 ♏ 6	26 ♋ 1	24 ♎ 8	25 ♌ 7	11 ♑ 53
	5	22 54 15	11 ♍ 54 7	6 ♐ 11	24 ♍ 25	28 ♎ 5	4 ♑ 15	22 ♋ 25	5 ♏ 26	26 ♋ 12	24 ♎ 15	25 ♌ 15	11 ♑ 40
	10	23 13 58	16 ♍ 45 17	9 ♒ 12	2 ♎ 42	2 ♏ 52	6 ♑ 27	23 ♋ 19	5 ♏ 53	26 ♋ 26	24 ♎ 24	25 ♌ 24	11 ♑ 24
	15	23 33 41	21 ♍ 37 8	21 ♈ 29	10 ♎ 30	7 ♏ 27	8 ♑ 50	24 ♋ 10	6 ♏ 21	26 ♋ 39	24 ♎ 34	25 ♌ 33	11 ♑ 8
	20	23 53 24	26 ♍ 29 50	3 ♋ 17	17 ♎ 50	11 ♏ 49	11 ♑ 22	24 ♋ 58	6 ♏ 51	26 ♋ 50	24 ♎ 44	25 ♌ 41	10 ♑ 52
	25	0 13 6	1 ♎ 23 26	8 ♍ 16	24 ♎ 42	15 ♏ 53	14 ♑ 2	25 ♋ 43	7 ♏ 22	27 ♋ 1	24 ♎ 54	25 ♌ 50	10 ♑ 36
	30	0 32 49	6 ♎ 17 56	8 ♏ 59	1 ♏ 0	19 ♏ 38	16 ♑ 50	26 ♋ 26	7 ♏ 54	27 ♋ 11	25 ♎ 4	25 ♌ 58	10 ♑ 21
OTTOBRE	1	0 36 46	7 ♎ 16 55	20 ♏ 48	2 ♏ 11	20 ♏ 20	17 ♑ 24	26 ♋ 34	8 ♏ 0	27 ♋ 12	25 ♎ 7	25 ♌ 59	10 ♑ 17
	5	0 52 32	11 ♎ 13 12	8 ♑ 37	6 ♏ 35	22 ♏ 57	19 ♑ 45	27 ♋ 5	8 ♏ 27	27 ♋ 19	25 ♎ 15	26 ♌ 5	10 ♑ 5
	10	1 12 15	16 ♎ 9 13	15 ♓ 17	11 ♏ 8	25 ♏ 47	22 ♑ 45	27 ♋ 41	9 ♏ 1	27 ♋ 26	25 ♎ 26	26 ♌ 12	9 ♑ 49
	15	1 31 57	21 ♎ 6 2	0 ♊ 31	14 ♏ 6	27 ♏ 59	25 ♑ 50	28 ♋ 13	9 ♏ 35	27 ♋ 32	25 ♎ 37	26 ♌ 19	9 ♑ 33
	20	1 51 40	26 ♎ 3 45	9 ♌ 58	14 ♏ 35R	29 ♏ 27	29 ♑ 1	28 ♋ 41	10 ♏ 10	27 ♋ 37	25 ♎ 49	26 ♌ 25	9 ♑ 17
	25	2 11 23	1 ♏ 2 25	11 ♎ 58	11 ♏ 39R	0 ♐ 3	2 ♒ 15	29 ♋ 5	10 ♏ 46	27 ♋ 40	25 ♎ 60	26 ♌ 30	9 ♑ 1
	31	2 35 2	7 ♏ 1 57	23 ♐ 13	4 ♏ 30R	29 ♏ 30R	6 ♒ 13	29 ♋ 28	11 ♏ 29	27 ♋ 42	26 ♎ 13	26 ♌ 35	8 ♑ 42
NOVEMBRE	1	2 38 59	8 ♏ 1 58	5 ♑ 13	3 ♏ 17R	29 ♏ 16R	6 ♒ 53	29 ♋ 31	11 ♏ 36	27 ♋ 42	26 ♎ 15	26 ♌ 36	8 ♑ 39
	5	2 54 45	12 ♏ 2 20	25 ♒ 45	29 ♎ 43R	27 ♏ 56R	9 ♒ 34	29 ♋ 42	12 ♏ 5	27 ♋ 42R	26 ♎ 24	26 ♌ 39	8 ♑ 26
	10	3 14 28	17 ♏ 3 23	8 ♉ 24	29 ♎ 19	25 ♏ 31R	12 ♒ 58	29 ♋ 52	12 ♏ 41	27 ♋ 41R	26 ♎ 35	26 ♌ 42	8 ♑ 10
	15	3 34 11	22 ♏ 5 8	22 ♋ 32	2 ♏ 54	22 ♏ 36R	16 ♒ 25	29 ♋ 56	13 ♏ 17	27 ♋ 39R	26 ♎ 45	26 ♌ 45	7 ♑ 54
	20	3 53 53	27 ♏ 7 38	26 ♍ 57	8 ♏ 50	19 ♏ 37R	19 ♒ 53	29 ♋ 56R	13 ♏ 52	27 ♋ 35R	26 ♎ 56	26 ♌ 47	7 ♑ 39
	25	4 13 36	2 ♐ 10 53	26 ♏ 32	15 ♏ 53	17 ♏ 6R	23 ♒ 23	29 ♋ 51R	14 ♏ 27	27 ♋ 30R	27 ♎ 5	26 ♌ 48	7 ♑ 23
	30	4 33 19	7 ♐ 14 42	26 ♑ 44	23 ♏ 24	15 ♏ 23R	26 ♒ 55	29 ♋ 40R	15 ♏ 2	27 ♋ 24R	27 ♎ 15	26 ♌ 48R	7 ♑ 7
DICEMBRE	1	4 37 15	8 ♐ 15 31	9 ♒ 14	24 ♏ 56	15 ♏ 10R	27 ♒ 37	29 ♋ 38R	15 ♏ 9	27 ♋ 22R	27 ♎ 16	26 ♌ 48R	7 ♑ 4
	5	4 53 2	12 ♐ 18 56	2 ♈ 35	1 ♐ 6	14 ♏ 41R	0 ♓ 28	29 ♋ 25R	15 ♏ 36	27 ♋ 16R	27 ♎ 24	26 ♌ 47R	6 ♑ 51
	10	5 12 44	17 ♐ 23 31	16 ♊ 50	8 ♐ 51	15 ♏ 0	4 ♓ 1	29 ♋ 5R	16 ♏ 9	27 ♋ 8R	27 ♎ 32	26 ♌ 46R	6 ♑ 35
	15	5 32 27	22 ♐ 28 28	27 ♌ 52	16 ♐ 38	16 ♏ 15	7 ♓ 36	28 ♋ 41R	16 ♏ 41	26 ♋ 58R	27 ♎ 39	26 ♌ 44R	6 ♑ 19
	20	5 52 10	27 ♐ 33 48	29 ♎ 38	24 ♐ 28	18 ♏ 19	11 ♓ 11	28 ♋ 13R	17 ♏ 12	26 ♋ 48R	27 ♎ 46	26 ♌ 41R	6 ♑ 3
	25	6 11 53	2 ♑ 39 29	29 ♐ 9	2 ♑ 22	21 ♏ 4	14 ♓ 46	27 ♋ 41R	17 ♏ 42	26 ♋ 36R	27 ♎ 53	26 ♌ 38R	5 ♑ 47
	31	6 35 32	8 ♑ 46 28	15 ♓ 22	11 ♑ 59	25 ♏ 6	19 ♓ 4	26 ♋ 59R	18 ♏ 15	26 ♋ 22R	27 ♎ 59	26 ♌ 33R	5 ♑ 28

GIORNO	TEMPO SIDERALE	☉	☾	☿	♀	♂	♃	♄	♅	♆	♇	☊	1955
1	6 39 29	9 ♑ 47 37	28 ♓ 54	13 ♑ 36	25 ♏ 50	19 ♓ 48	26 ♋ 51R	18 ♏ 21	26 ♋ 20R	28 ♎ 0	26 ♌ 32R	5 ♑ 25	GENNAIO
5	6 55 15	13 ♑ 52 14	25 ♉ 41	20 ♑ 8	28 ♏ 57	22 ♓ 40	26 ♋ 21R	18 ♏ 41	26 ♋ 10R	28 ♎ 4	26 ♌ 28R	5 ♑ 12	
10	7 14 58	18 ♑ 57 54	8 ♌ 25	28 ♑ 24	3 ♐ 10	26 ♓ 16	25 ♋ 42R	19 ♏ 6	25 ♋ 57R	28 ♎ 8	26 ♌ 23R	4 ♑ 56	
15	7 34 40	24 ♑ 3 30	13 ♎ 47	6 ♒ 42	7 ♐ 41	29 ♓ 51	25 ♋ 1R	19 ♏ 29	25 ♋ 44R	28 ♎ 11	26 ♌ 17R	4 ♑ 41	
20	7 54 23	29 ♑ 9 1	13 ♐ 21	14 ♒ 48	12 ♐ 27	3 ♈ 26	24 ♋ 21R	19 ♏ 49	25 ♋ 31R	28 ♎ 13	26 ♌ 11R	4 ♑ 25	
25	8 14 6	4 ♒ 14 21	15 ♒ 36	22 ♒ 8	17 ♐ 24	7 ♈ 1	23 ♋ 42R	20 ♏ 8	25 ♋ 18R	28 ♎ 14	26 ♌ 4R	4 ♑ 9	
31	8 37 45	10 ♒ 20 14	7 ♉ 33	28 ♒ 20	23 ♐ 35	11 ♈ 18	22 ♋ 56R	20 ♏ 27	25 ♋ 3R	28 ♎ 14R	25 ♌ 56R	3 ♑ 50	
1	8 41 42	11 ♒ 21 9	21 ♉ 41	28 ♒ 55	24 ♐ 38	12 ♈ 0	22 ♋ 49R	20 ♏ 30	25 ♋ 0R	28 ♎ 14R	25 ♌ 55R	3 ♑ 47	FEBBRAIO
5	8 57 28	15 ♒ 24 35	18 ♋ 34	29 ♒ 32R	28 ♐ 53	14 ♈ 51	22 ♋ 20R	20 ♏ 41	24 ♋ 50R	28 ♎ 14R	25 ♌ 49R	3 ♑ 34	
10	9 17 11	20 ♒ 28 23	26 ♍ 30	26 ♒ 23R	4 ♑ 17	18 ♈ 24	21 ♋ 47R	20 ♏ 52	24 ♋ 39R	28 ♎ 12R	25 ♌ 42R	3 ♑ 18	
15	9 36 53	25 ♒ 31 41	27 ♏ 29	20 ♒ 46R	9 ♑ 47	21 ♈ 57	21 ♋ 18R	21 ♏ 0	24 ♋ 28R	28 ♎ 10R	25 ♌ 34R	3 ♑ 2	
20	9 56 36	0 ♓ 34 30	28 ♑ 6	16 ♒ 7R	15 ♑ 22	25 ♈ 28	20 ♋ 53R	21 ♏ 6	24 ♋ 18R	28 ♎ 7R	25 ♌ 27R	2 ♑ 46	
25	10 16 19	5 ♓ 36 42	5 ♈ 49	14 ♒ 22R	21 ♑ 1	28 ♈ 59	20 ♋ 31R	21 ♏ 10	24 ♋ 8R	28 ♎ 3R	25 ♌ 19R	2 ♑ 30	
28	10 28 9	8 ♓ 37 40	18 ♉ 32	14 ♒ 42	24 ♑ 26	1 ♉ 5	20 ♋ 21R	21 ♏ 11	24 ♋ 3R	28 ♎ 1R	25 ♌ 15R	2 ♑ 21	
1	10 32 5	9 ♓ 37 55	2 ♊ 42	15 ♒ 1	25 ♑ 35	1 ♉ 47	20 ♋ 18R	21 ♏ 11	24 ♋ 2R	27 ♎ 60R	25 ♌ 14R	2 ♑ 18	MARZO
5	10 47 51	13 ♓ 38 35	28 ♋ 24	17 ♒ 7	0 ♒ 11	4 ♉ 35	20 ♋ 7R	21 ♏ 10R	23 ♋ 56R	27 ♎ 56R	25 ♌ 8R	2 ♑ 5	
10	11 7 34	18 ♓ 38 40	4 ♎ 36	21 ♒ 13	5 ♒ 58	8 ♉ 4	19 ♋ 58R	21 ♏ 7R	23 ♋ 49R	27 ♎ 50R	25 ♌ 1R	1 ♑ 49	
15	11 27 17	23 ♓ 37 58	5 ♐ 18	26 ♒ 32	11 ♒ 47	11 ♉ 32	19 ♋ 53R	21 ♏ 1R	23 ♋ 44R	27 ♎ 44R	24 ♌ 54R	1 ♑ 33	
20	11 46 60	28 ♓ 36 33	5 ♒ 57	2 ♓ 45	17 ♒ 38	14 ♉ 59	19 ♋ 54	20 ♏ 53R	23 ♋ 40R	27 ♎ 37R	24 ♌ 48R	1 ♑ 17	
25	12 6 42	3 ♈ 34 23	15 ♈ 1	9 ♓ 40	23 ♒ 31	18 ♉ 26	19 ♋ 60	20 ♏ 43R	23 ♋ 37R	27 ♎ 30R	24 ♌ 43R	1 ♑ 1	
31	12 30 22	9 ♈ 30 37	11 ♋ 34	18 ♓ 49	0 ♓ 37	22 ♉ 32	20 ♋ 12	20 ♏ 27R	23 ♋ 36R	27 ♎ 21R	24 ♌ 36R	0 ♑ 42	
1	12 34 18	10 ♈ 29 51	25 ♋ 17	20 ♓ 25	1 ♓ 48	23 ♉ 13	20 ♋ 15	20 ♏ 24R	23 ♋ 36R	27 ♎ 20R	24 ♌ 35R	0 ♑ 39	APRILE
5	12 50 5	14 ♈ 26 24	18 ♍ 3	27 ♓ 5	6 ♓ 33	25 ♉ 57	20 ♋ 28	20 ♏ 12R	23 ♋ 36	27 ♎ 13R	24 ♌ 32R	0 ♑ 26	
10	13 9 47	19 ♈ 21 18	19 ♏ 45	5 ♈ 58	12 ♓ 30	29 ♉ 20	20 ♋ 48	19 ♏ 55R	23 ♋ 38	27 ♎ 5R	24 ♌ 28R	0 ♑ 11	
15	13 29 30	24 ♈ 15 25	19 ♑ 7	15 ♈ 28	18 ♓ 28	2 ♊ 43	21 ♋ 12	19 ♏ 37R	23 ♋ 40	26 ♎ 57R	24 ♌ 24R	29 ♐ 55	
20	13 49 13	29 ♈ 8 49	24 ♓ 22	25 ♈ 33	24 ♓ 27	6 ♊ 6	21 ♋ 41	19 ♏ 17R	23 ♋ 45	26 ♎ 49R	24 ♌ 22R	29 ♐ 39	
25	14 8 56	4 ♉ 1 27	8 ♊ 28	6 ♉ 7	0 ♈ 26	9 ♊ 27	22 ♋ 13	18 ♏ 56R	23 ♋ 50	26 ♎ 41R	24 ♌ 20R	29 ♐ 23	
30	14 28 38	8 ♉ 53 16	19 ♌ 3	16 ♉ 48	6 ♈ 26	12 ♊ 47	22 ♋ 48	18 ♏ 34R	23 ♋ 57	26 ♎ 33R	24 ♌ 18R	29 ♐ 7	
1	14 32 35	9 ♉ 51 31	2 ♍ 11	18 ♉ 54	7 ♈ 38	13 ♊ 27	22 ♋ 56	18 ♏ 30R	23 ♋ 59	26 ♎ 31R	24 ♌ 18R	29 ♐ 4	MAGGIO
5	14 48 21	13 ♉ 44 13	22 ♎ 23	27 ♉ 1	12 ♈ 27	16 ♊ 7	23 ♋ 27	18 ♏ 12R	24 ♋ 5	26 ♎ 25R	24 ♌ 18R	28 ♐ 51	
10	15 8 4	18 ♉ 34 25	21 ♐ 58	6 ♊ 14	18 ♈ 28	19 ♊ 26	24 ♋ 9	17 ♏ 49R	24 ♋ 14	26 ♎ 17R	24 ♌ 18	28 ♐ 35	
15	15 27 47	23 ♉ 24 2	22 ♒ 33	14 ♊ 5	24 ♈ 29	22 ♊ 45	24 ♋ 54	17 ♏ 27R	24 ♋ 25	26 ♎ 10R	24 ♌ 19	28 ♐ 19	
20	15 47 29	28 ♉ 13 8	1 ♉ 44	20 ♊ 23	0 ♉ 31	26 ♊ 2	25 ♋ 41	17 ♏ 5R	24 ♋ 36	26 ♎ 3R	24 ♌ 20	28 ♐ 3	
25	16 7 12	3 ♊ 1 42	16 ♋ 53	25 ♊ 3	6 ♉ 34	29 ♊ 19	26 ♋ 31	16 ♏ 43R	24 ♋ 49	25 ♎ 57R	24 ♌ 23	27 ♐ 48	
31	16 30 52	8 ♊ 47 12	7 ♎ 12	28 ♊ 14	13 ♉ 49	3 ♋ 15	27 ♋ 34	16 ♏ 19R	25 ♋ 5	25 ♎ 50R	24 ♌ 26	27 ♐ 29	
1	16 34 48	9 ♊ 44 42	19 ♎ 28	28 ♊ 30	15 ♉ 1	3 ♋ 54	27 ♋ 45	16 ♏ 15R	25 ♋ 7	25 ♎ 49R	24 ♌ 27	27 ♐ 25	GIUGNO
5	16 50 34	13 ♊ 34 31	7 ♐ 11	28 ♊ 48R	19 ♉ 52	6 ♋ 30	28 ♋ 29	15 ♏ 59R	25 ♋ 19	25 ♎ 44R	24 ♌ 30	27 ♐ 13	
10	17 10 17	18 ♊ 21 26	6 ♒ 51	27 ♊ 34R	25 ♉ 56	9 ♋ 46	29 ♋ 25	15 ♏ 41R	25 ♋ 34	25 ♎ 40R	24 ♌ 34	26 ♐ 57	
15	17 29 60	23 ♊ 8 6	11 ♈ 47	25 ♊ 4R	1 ♊ 59	13 ♋ 0	0 ♌ 24	15 ♏ 25R	25 ♋ 50	25 ♎ 36R	24 ♌ 39	26 ♐ 41	
20	17 49 43	27 ♊ 54 37	25 ♊ 26	22 ♊ 20R	8 ♊ 4	16 ♋ 14	1 ♌ 23	15 ♏ 11R	26 ♋ 6	25 ♎ 33R	24 ♌ 45	26 ♐ 25	
25	18 9 25	2 ♋ 40 56	7 ♍ 40	20 ♊ 29R	14 ♊ 9	19 ♋ 28	2 ♌ 24	14 ♏ 58R	26 ♋ 23	25 ♎ 30R	24 ♌ 51	26 ♐ 9	
30	18 29 8	7 ♋ 27 1	10 ♏ 27	20 ♊ 19	20 ♊ 14	22 ♋ 41	3 ♌ 27	14 ♏ 48R	26 ♋ 41	25 ♎ 29R	24 ♌ 58	25 ♐ 53	

1955	GIORNO	TEMPO SIDERALE	☉	☽	☿	♀	♂	♃	♄	♅	♆	♇	☊
LUGLIO	1	18 33 5	8 ♋ 24 13	22 ♏ 20	20 ♊ 31	21 ♊ 27	23 ♋ 20	3 ♌ 39	14 ♏ 46R	26 ♋ 44	25 ♎ 29R	24 ♌ 59	25 ♐ 50
	5	18 48 51	12 ♋ 12 57	9 ♑ 42	22 ♊ 9	26 ♊ 19	25 ♋ 54	4 ♌ 30	14 ♏ 40R	26 ♋ 58	25 ♎ 28R	25 ♌ 5	25 ♐ 37
	10	19 8 34	16 ♋ 58 52	11 ♓ 40	26 ♊ 1	2 ♋ 26	29 ♋ 7	5 ♌ 34	14 ♏ 34R	27 ♋ 16	25 ♎ 28	25 ♌ 13	25 ♐ 21
	15	19 28 16	21 ♋ 44 58	19 ♉ 54	1 ♋ 47	8 ♋ 33	2 ♌ 19	6 ♌ 39	14 ♏ 31R	27 ♋ 35	25 ♎ 29	25 ♌ 21	25 ♐ 6
	20	19 47 59	26 ♋ 31 17	3 ♌ 38	9 ♋ 20	14 ♋ 40	5 ♌ 31	7 ♌ 44	14 ♏ 30	27 ♋ 53	25 ♎ 30	25 ♌ 30	24 ♐ 50
	25	20 7 42	1 ♌ 17 48	12 ♎ 12	18 ♋ 24	20 ♋ 48	8 ♌ 42	8 ♌ 50	14 ♏ 32	28 ♋ 11	25 ♎ 33	25 ♌ 38	24 ♐ 34
	31	20 31 21	7 ♌ 1 50	24 ♐ 24	0 ♌ 35	28 ♋ 10	12 ♌ 32	10 ♌ 9	14 ♏ 37	28 ♋ 33	25 ♎ 37	25 ♌ 49	24 ♐ 15
AGOSTO	1	20 35 19	7 ♌ 59 12	6 ♑ 18	2 ♌ 40	29 ♋ 24	13 ♌ 10	10 ♌ 22	14 ♏ 38	28 ♋ 37	25 ♎ 37	25 ♌ 51	24 ♐ 12
	5	20 51 5	11 ♌ 48 49	25 ♒ 41	11 ♌ 2	4 ♌ 19	15 ♌ 43	11 ♌ 15	14 ♏ 44	28 ♋ 51	25 ♎ 41	25 ♌ 59	23 ♐ 59
	10	21 10 48	16 ♌ 36 14	2 ♉ 16	21 ♌ 12	10 ♌ 29	18 ♌ 55	12 ♌ 21	14 ♏ 53	29 ♋ 9	25 ♎ 45	26 ♌ 8	23 ♐ 43
	15	21 30 31	21 ♌ 24 13	13 ♋ 22	0 ♍ 51	16 ♌ 39	22 ♌ 6	13 ♌ 27	15 ♏ 5	29 ♋ 27	25 ♎ 51	26 ♌ 18	23 ♐ 27
	20	21 50 14	26 ♌ 12 47	24 ♍ 7	9 ♍ 54	22 ♌ 50	25 ♌ 17	14 ♌ 33	15 ♏ 18	29 ♋ 44	25 ♎ 57	26 ♌ 28	23 ♐ 11
	25	22 9 56	1 ♍ 1 54	26 ♏ 60	18 ♍ 22	29 ♌ 2	28 ♌ 28	15 ♌ 38	15 ♏ 35	0 ♌ 1	26 ♎ 4	26 ♌ 37	22 ♐ 55
	31	22 33 36	6 ♍ 49 30	9 ♒ 1	27 ♍ 46	6 ♍ 28	2 ♍ 17	16 ♌ 55	15 ♏ 56	0 ♌ 20	26 ♎ 13	26 ♌ 49	22 ♐ 36
SETTEMBRE	1	22 37 32	7 ♍ 47 30	21 ♒ 43	29 ♍ 15	7 ♍ 42	2 ♍ 55	17 ♌ 8	16 ♏ 0	0 ♌ 23	26 ♎ 15	26 ♌ 51	22 ♐ 33
	5	22 53 18	11 ♍ 39 50	15 ♈ 11	4 ♎ 60	12 ♍ 40	5 ♍ 28	17 ♌ 59	16 ♏ 17	0 ♌ 35	26 ♎ 22	26 ♌ 58	22 ♐ 20
	10	23 13 1	16 ♍ 30 58	25 ♊ 17	11 ♎ 38	18 ♍ 53	8 ♍ 39	19 ♌ 1	16 ♏ 39	0 ♌ 50	26 ♎ 30	27 ♌ 8	22 ♐ 4
	15	23 32 44	21 ♍ 22 57	5 ♍ 25	17 ♎ 34	25 ♍ 6	11 ♍ 50	20 ♌ 3	17 ♏ 4	1 ♌ 3	26 ♎ 40	27 ♌ 17	21 ♐ 49
	20	23 52 27	26 ♍ 15 45	10 ♏ 43	22 ♎ 38	1 ♎ 19	15 ♍ 1	21 ♌ 3	17 ♏ 29	1 ♌ 16	26 ♎ 49	27 ♌ 26	21 ♐ 33
	25	0 12 9	1 ♎ 9 18	10 ♑ 22	26 ♎ 28	7 ♎ 32	18 ♍ 12	22 ♌ 1	17 ♏ 57	1 ♌ 28	26 ♎ 59	27 ♌ 34	21 ♐ 17
	30	0 31 52	6 ♎ 3 34	13 ♓ 6	28 ♎ 30	13 ♎ 46	21 ♍ 24	22 ♌ 58	18 ♏ 26	1 ♌ 39	27 ♎ 10	27 ♌ 42	21 ♐ 1
OTTOBRE	1	0 35 49	7 ♎ 2 31	26 ♓ 41	28 ♎ 37	15 ♎ 1	22 ♍ 2	23 ♌ 9	18 ♏ 31	1 ♌ 41	27 ♎ 12	27 ♌ 44	20 ♐ 58
	5	0 51 35	10 ♎ 58 38	23 ♉ 25	27 ♎ 56R	19 ♎ 60	24 ♍ 35	23 ♌ 53	18 ♏ 56	1 ♌ 48	27 ♎ 21	27 ♌ 50	20 ♐ 45
	10	1 11 18	15 ♎ 54 37	4 ♌ 13	24 ♎ 12R	26 ♎ 14	27 ♍ 47	24 ♌ 46	19 ♏ 27	1 ♌ 57	27 ♎ 32	27 ♌ 58	20 ♐ 29
	15	1 31	20 ♎ 51 34	11 ♎ 15	18 ♎ 23R	2 ♏ 28	0 ♎ 59	25 ♌ 37	19 ♏ 59	2 ♌ 4	27 ♎ 43	28 ♌ 4	20 ♐ 13
	20	1 50 43	25 ♎ 49 24	12 ♐ 51	13 ♎ 54R	8 ♏ 42	4 ♎ 11	26 ♌ 25	20 ♏ 32	2 ♌ 10	27 ♎ 54	28 ♌ 11	19 ♐ 57
	25	2 10 26	0 ♏ 47 59	12 ♒ 24	13 ♎ 36	14 ♏ 56	7 ♎ 24	27 ♌ 11	21 ♏ 6	2 ♌ 14	28 ♎ 5	28 ♌ 16	19 ♐ 41
	31	2 34 5	6 ♏ 47 14	3 ♉ 20	18 ♎ 28	22 ♏ 25	11 ♎ 15	28 ♌ 2	21 ♏ 48	2 ♌ 18	28 ♎ 18	28 ♌ 22	19 ♐ 22
NOVEMBRE	1	2 38 2	7 ♏ 47 13	18 ♉ 2	19 ♎ 40	23 ♏ 40	11 ♎ 54	28 ♌ 10	21 ♏ 55	2 ♌ 19	28 ♎ 21	28 ♌ 23	19 ♐ 19
	5	2 53 48	11 ♏ 47 28	16 ♋ 46	25 ♎ 4	28 ♏ 39	14 ♎ 28	28 ♌ 41	22 ♏ 23	2 ♌ 20	28 ♎ 29	28 ♌ 26	19 ♐ 7
	10	3 13 31	16 ♏ 48 34	25 ♍ 0	2 ♏ 39	4 ♐ 53	17 ♎ 41	29 ♌ 16	22 ♏ 59	2 ♌ 20R	28 ♎ 40	28 ♌ 30	18 ♐ 51
	15	3 33 14	21 ♏ 50 28	27 ♏ 21	10 ♏ 35	11 ♐ 7	20 ♎ 55	29 ♌ 48	23 ♏ 34	2 ♌ 19R	28 ♎ 51	28 ♌ 33	18 ♐ 35
	20	3 52 56	26 ♏ 53 4	26 ♑ 33	18 ♏ 35	17 ♐ 21	24 ♎ 9	0 ♍ 16	24 ♏ 10	2 ♌ 16R	29 ♎ 1	28 ♌ 35	18 ♐ 19
	25	4 12 39	1 ♐ 56 10	28 ♓ 60	26 ♏ 32	23 ♐ 35	27 ♎ 23	0 ♍ 39	24 ♏ 46	2 ♌ 13R	29 ♎ 11	28 ♌ 36	18 ♐ 3
	30	4 32 22	6 ♐ 59 44	11 ♊ 12	4 ♐ 26	29 ♐ 49	0 ♏ 37	0 ♍ 59	25 ♏ 21	2 ♌ 8R	29 ♎ 21	28 ♌ 36	17 ♐ 47
DICEMBRE	1	4 36 19	8 ♐ 0 33	26 ♊ 22	6 ♐ 1	1 ♑ 3	1 ♏ 16	1 ♍ 2	25 ♏ 28	2 ♌ 6R	29 ♎ 23	28 ♌ 37R	17 ♐ 44
	5	4 52 5	12 ♐ 3 53	24 ♌ 54	12 ♐ 18	6 ♑ 2	3 ♏ 52	1 ♍ 14	25 ♏ 56	2 ♌ 1R	29 ♎ 30	28 ♌ 36R	17 ♐ 31
	10	5 11 47	17 ♐ 8 33	0 ♏ 0	20 ♐ 9	12 ♑ 15	7 ♏ 6	1 ♍ 24	26 ♏ 31	1 ♌ 54R	29 ♎ 39	28 ♌ 35R	17 ♐ 15
	15	5 31 30	22 ♐ 13 40	29 ♐ 48	28 ♐ 1	18 ♑ 28	10 ♏ 21	1 ♍ 30	27 ♏ 5	1 ♌ 45R	29 ♎ 47	28 ♌ 34R	16 ♐ 59
	20	5 51 13	27 ♐ 19 6	29 ♒ 28	5 ♑ 56	24 ♑ 41	13 ♏ 37	1 ♍ 30R	27 ♏ 38	1 ♌ 36R	29 ♎ 54	28 ♌ 31R	16 ♐ 44
	25	6 10 56	2 ♑ 24 39	4 ♉ 56	13 ♑ 52	0 ♒ 53	16 ♏ 52	1 ♍ 26R	28 ♏ 10	1 ♌ 25R	0 ♏ 0	28 ♌ 28R	16 ♐ 28
	31	6 34 35	8 ♑ 31 24	4 ♌ 38	23 ♑ 20	8 ♒ 19	20 ♏ 47	1 ♍ 15R	28 ♏ 47	1 ♌ 11R	0 ♏ 7	28 ♌ 23R	16 ♐ 9

GIORNO	TEMPO SIDERALE	☉	☽	☿	♀	♂	♃	♄	♅	♆	♇	☊	1956
1	6 38 32	9 ♑ 3232	19 ♌ 26	24 ♑ 53	9 ♒ 33	21 ♏ 27	1 ♍ 12R	28 ♏ 53	1 ♌ 9R	0 ♏ 9	28 ♌ 23R	16 ♐ 5	GENNAIO
5	6 54 18	13 ♑ 378	14 ♎ 16	0 ♒ 54	14 ♒ 30	24 ♏ 3	0 ♍ 60R	29 ♏ 17	0 ♌ 59R	0 ♏ 12	28 ♌ 19R	15 ♐ 53	
10	7 14 1	18 ♑ 4257	15 ♐ 0	7 ♒ 35	20 ♒ 40	27 ♏ 20	0 ♍ 41R	29 ♏ 45	0 ♌ 47R	0 ♏ 17	28 ♌ 14R	15 ♐ 37	
15	7 33 43	23 ♑ 4844	14 ♒ 22	12 ♒ 15	26 ♒ 49	0 ♐ 36	0 ♍ 17R	0 ♐ 12	0 ♌ 34R	0 ♏ 20	28 ♌ 8R	15 ♐ 21	
20	7 53 26	28 ♑ 5418	17 ♈ 8	13 ♒ 16R	2 ♓ 57	3 ♐ 53	29 ♌ 49R	0 ♐ 37	0 ♌ 21R	0 ♏ 23	28 ♌ 2R	15 ♐ 5	
25	8 13 9	3 ♒ 5929	27 ♊ 18	9 ♒ 43R	9 ♓ 3	7 ♐ 9	29 ♌ 18R	0 ♐ 60	0 ♌ 8R	0 ♏ 24	27 ♌ 56R	14 ♐ 49	
31	8 36 48	10 ♒ 512	26 ♍ 1	2 ♒ 27R	16 ♓ 21	11 ♐ 5	28 ♌ 37R	1 ♐ 25	29 ♋ 52R	0 ♏ 25	27 ♌ 47R	14 ♐ 30	
1	8 40 45	11 ♒ 67	9 ♎ 38	1 ♒ 23R	17 ♓ 34	11 ♐ 45	28 ♌ 30R	1 ♐ 29	29 ♋ 50R	0 ♏ 25	27 ♌ 46R	14 ♐ 27	FEBBRAIO
5	8 56 31	15 ♒ 935	29 ♏ 53	28 ♑ 24R	22 ♓ 24	14 ♐ 22	27 ♌ 60R	1 ♐ 44	29 ♋ 40R	0 ♏ 25R	27 ♌ 40R	14 ♐ 14	
10	9 16 14	20 ♒ 1336	29 ♑ 4	27 ♑ 43	28 ♓ 25	17 ♐ 39	27 ♌ 21R	2 ♐ 0	29 ♋ 28R	0 ♏ 24R	27 ♌ 33R	13 ♐ 58	
15	9 35 57	25 ♒ 176	1 ♈ 10	29 ♑ 49	4 ♈ 23	20 ♐ 56	26 ♌ 42R	2 ♐ 14	29 ♋ 16R	0 ♏ 22R	27 ♌ 25R	13 ♐ 42	
20	9 55 39	0 ♓ 1955	8 ♊ 12	3 ♒ 49	10 ♈ 20	24 ♐ 13	26 ♌ 2R	2 ♐ 26	29 ♋ 5R	0 ♏ 19R	27 ♌ 18R	13 ♐ 27	
25	10 15 22	5 ♓ 2158	20 ♌ 47	9 ♒ 4	16 ♈ 13	27 ♐ 30	25 ♌ 23R	2 ♐ 36	28 ♋ 55R	0 ♏ 16R	27 ♌ 10R	13 ♐ 11	
29	10 31 8	9 ♓ 235	17 ♎ 29	13 ♒ 54	20 ♈ 53	0 ♑ 8	24 ♌ 53R	2 ♐ 41	28 ♋ 47R	0 ♏ 13R	27 ♌ 5R	12 ♐ 58	
1	10 35 5	10 ♓ 2318	0 ♏ 40	15 ♒ 11	22 ♈ 3	0 ♑ 47	24 ♌ 46R	2 ♐ 43	28 ♋ 45R	0 ♏ 12R	27 ♌ 3R	12 ♐ 55	MARZO
5	10 50 51	14 ♓ 2353	19 ♐ 53	20 ♒ 34	26 ♈ 41	3 ♑ 24	24 ♌ 17R	2 ♐ 46	28 ♋ 39R	0 ♏ 8R	26 ♌ 57R	12 ♐ 42	
10	11 10 34	19 ♓ 240	19 ♒ 33	27 ♒ 49	2 ♉ 24	6 ♑ 41	23 ♌ 43R	2 ♐ 49	28 ♋ 31R	0 ♏ 2R	26 ♌ 50R	12 ♐ 26	
15	11 30 17	24 ♓ 2323	24 ♈ 5	5 ♓ 35	8 ♉ 3	9 ♑ 57	23 ♌ 12R	2 ♐ 49R	28 ♋ 25R	29 ♎ 56R	26 ♌ 44R	12 ♐ 10	
20	11 49 59	29 ♓ 2152	3 ♋ 3	13 ♓ 52	13 ♉ 37	13 ♑ 13	22 ♌ 44R	2 ♐ 46R	28 ♋ 20R	29 ♎ 50R	26 ♌ 38R	11 ♐ 54	
25	12 9 42	4 ♈ 1924	14 ♍ 15	22 ♓ 40	19 ♉ 5	16 ♑ 28	22 ♌ 21R	2 ♐ 41R	28 ♋ 16R	29 ♎ 43R	26 ♌ 32R	11 ♐ 39	
31	12 33 21	10 ♈ 1516	3 ♐ 37	3 ♈ 57	25 ♉ 30	20 ♑ 22	21 ♌ 58R	2 ♐ 31R	28 ♋ 14R	29 ♎ 34R	26 ♌ 25R	11 ♐ 19	
1	12 37 18	11 ♈ 1428	15 ♐ 46	5 ♈ 55	26 ♉ 33	21 ♑ 1	21 ♌ 55R	2 ♐ 29R	28 ♋ 13R	29 ♎ 33R	26 ♌ 24R	11 ♐ 16	APRILE
5	12 53 4	15 ♈ 1059	3 ♒ 17	13 ♈ 56	0 ♊ 43	23 ♑ 36	21 ♌ 44R	2 ♐ 21R	28 ♋ 13R	29 ♎ 26R	26 ♌ 21R	11 ♐ 4	
10	13 12 47	20 ♈ 557	6 ♈ 12	24 ♈ 19	5 ♊ 47	26 ♑ 49	21 ♌ 35R	2 ♐ 9R	28 ♋ 14	29 ♎ 18R	26 ♌ 16R	10 ♐ 48	
15	13 32 30	25 ♈ 05	15 ♊ 38	4 ♉ 43	10 ♊ 40	0 ♒ 2	21 ♌ 30R	1 ♐ 54R	28 ♋ 15	29 ♎ 10R	26 ♌ 13R	10 ♐ 32	
20	13 52 13	29 ♈ 5319	26 ♌ 21	14 ♉ 33	15 ♊ 22	3 ♒ 13	21 ♌ 30	1 ♐ 38R	28 ♋ 19	29 ♎ 2R	26 ♌ 10R	10 ♐ 16	
25	14 11 55	4 ♉ 4538	3 ♏ 55	23 ♉ 8	19 ♊ 49	6 ♒ 23	21 ♌ 34	1 ♐ 20R	28 ♋ 23	28 ♎ 54R	26 ♌ 8R	10 ♐ 0	
30	14 31 38	9 ♉ 3711	5 ♑ 35	0 ♊ 4	23 ♊ 60	9 ♒ 32	21 ♌ 44	1 ♐ 0R	28 ♋ 29	28 ♎ 46R	26 ♌ 6R	9 ♐ 44	
1	14 35 35	10 ♉ 3525	17 ♑ 26	1 ♊ 14	24 ♊ 47	10 ♒ 9	21 ♌ 46	0 ♐ 56R	28 ♋ 30	28 ♎ 44R	26 ♌ 6R	9 ♐ 41	MAGGIO
5	14 51 21	14 ♉ 285	5 ♓ 32	5 ♊ 5	27 ♊ 50	12 ♒ 38	21 ♌ 57	0 ♐ 40R	28 ♋ 36	28 ♎ 38R	26 ♌ 6R	9 ♐ 28	
10	15 11 4	19 ♉ 1823	12 ♉ 3	8 ♊ 2	1 ♋ 15	15 ♒ 43	22 ♌ 15	0 ♐ 18R	28 ♋ 45	28 ♎ 30R	26 ♌ 6	9 ♐ 12	
15	15 30 46	24 ♉ 81	24 ♋ 40	8 ♊ 52R	4 ♋ 11	18 ♒ 46	22 ♌ 37	29 ♏ 56R	28 ♋ 54	28 ♎ 23R	26 ♌ 6	8 ♐ 56	
20	15 50 29	28 ♉ 5657	4 ♎ 12	7 ♊ 45R	6 ♋ 32	21 ♒ 45	23 ♌ 3	29 ♏ 34R	29 ♋ 5	28 ♎ 16R	26 ♌ 8	8 ♐ 41	
25	16 10 12	3 ♊ 4513	7 ♐ 47	5 ♊ 17R	8 ♋ 10	24 ♒ 42	23 ♌ 32	29 ♏ 12R	29 ♋ 16	28 ♎ 9R	26 ♌ 10	8 ♐ 25	
31	16 33 51	9 ♊ 3030	19 ♒ 23	2 ♊ 4R	9 ♋ 1	28 ♒ 9	24 ♌ 13	28 ♏ 45R	29 ♋ 32	28 ♎ 2R	26 ♌ 13	8 ♐ 6	
1	16 37 48	10 ♊ 280	1 ♓ 26	1 ♊ 38R	9 ♋ 1R	28 ♒ 43	24 ♌ 20	28 ♏ 41R	29 ♋ 34	28 ♎ 1R	26 ♌ 14	8 ♐ 2	GIUGNO
5	16 53 34	14 ♊ 1751	22 ♈ 25	0 ♊ 26R	8 ♋ 40R	0 ♓ 57	24 ♌ 50	28 ♏ 24R	29 ♋ 45	27 ♎ 57R	26 ♌ 17	7 ♐ 50	
10	17 13 17	19 ♊ 454	4 ♋ 34	0 ♊ 30	7 ♋ 20R	3 ♓ 40	25 ♌ 30	28 ♏ 3R	29 ♋ 60	27 ♎ 52R	26 ♌ 21	7 ♐ 34	
15	17 32 60	23 ♊ 5136	17 ♍ 31	2 ♊ 25	5 ♋ 5R	6 ♓ 17	26 ♌ 13	27 ♏ 44R	0 ♌ 15	27 ♎ 48R	26 ♌ 26	7 ♐ 18	
20	17 52 42	28 ♊ 3757	22 ♏ 23	6 ♊ 8	2 ♋ 12R	8 ♓ 48	26 ♌ 59	27 ♏ 26R	0 ♌ 31	27 ♎ 45R	26 ♌ 32	7 ♐ 2	
25	18 12 25	3 ♋ 241	22 ♑ 23	11 ♊ 29	29 ♊ 5R	11 ♓ 11	27 ♌ 47	27 ♏ 9R	0 ♌ 48	27 ♎ 42R	26 ♌ 38	6 ♐ 46	
30	18 32 8	8 ♋ 101	22 ♓ 22	18 ♊ 23	26 ♊ 14R	13 ♓ 26	28 ♌ 37	26 ♏ 54R	1 ♌ 5	27 ♎ 40R	26 ♌ 45	6 ♐ 30	

1956	GIORNO	TEMPO SIDERALE	☉	☽	☿	♀	♂	♃	♄	♅	♆	♇	☊
LUGLIO	1	18 36 4	9 ♋ 7 13	4 ♈ 52	19 ♊ 56	25 ♊ 44R	13 ♓ 52	28 ♌ 48	26 ♏ 52R	1 ♌ 8	27 ♎ 40R	26 ♌ 46	6 ♐ 27
	5	18 51 51	12 ♋ 56 3	28 ♉ 33	26 ♊ 42	24 ♊ 4R	15 ♓ 32	29 ♌ 30	26 ♏ 41R	1 ♌ 22	27 ♎ 39R	26 ♌ 52	6 ♐ 14
	10	19 11 33	17 ♋ 42 11	13 ♌ 28	6 ♋ 16	22 ♊ 48R	17 ♓ 26	0 ♍ 24	26 ♏ 31R	1 ♌ 40	27 ♎ 39	26 ♌ 60	5 ♐ 59
	15	19 31 16	22 ♋ 28 21	24 ♎ 6	16 ♋ 42	22 ♊ 32	19 ♓ 8	1 ♍ 21	26 ♏ 22R	1 ♌ 58	27 ♎ 39	27 ♌ 8	5 ♐ 43
	20	19 50 59	27 ♋ 14 32	25 ♐ 42	27 ♋ 23	23 ♊ 12	20 ♓ 37	2 ♍ 18	26 ♏ 16R	2 ♌ 17	27 ♎ 41	27 ♌ 16	5 ♐ 27
	25	20 10 42	2 ♌ 0 53	25 ♒ 5	7 ♌ 49	24 ♊ 42	21 ♓ 49	3 ♍ 18	26 ♏ 12R	2 ♌ 35	27 ♎ 43	27 ♌ 25	5 ♐ 11
	31	20 34 21	7 ♌ 44 57	10 ♉ 3	19 ♌ 34	27 ♊ 27	22 ♓ 54	4 ♍ 30	26 ♏ 10	2 ♌ 57	27 ♎ 46	27 ♌ 36	4 ♐ 52
AGOSTO	1	20 38 18	8 ♌ 42 21	23 ♉ 32	21 ♌ 26	27 ♊ 60	23 ♓ 2	4 ♍ 43	26 ♏ 10	3 ♌ 1	27 ♎ 47	27 ♌ 38	4 ♐ 49
	5	20 54 4	12 ♌ 32 9	21 ♋ 29	28 ♌ 37	0 ♋ 23	23 ♓ 27	5 ♍ 32	26 ♏ 11	3 ♌ 15	27 ♎ 50	27 ♌ 46	4 ♐ 36
	10	21 13 46	17 ♌ 19 50	5 ♎ 59	7 ♍ 1	3 ♋ 47	23 ♓ 40	6 ♍ 35	26 ♏ 15	3 ♌ 34	27 ♎ 55	27 ♌ 55	4 ♐ 20
	15	21 33 29	22 ♌ 7 53	10 ♐ 40	14 ♍ 45	7 ♋ 35	23 ♓ 33R	7 ♍ 38	26 ♏ 21	3 ♌ 52	28 ♎ 0	28 ♌ 5	4 ♐ 4
	20	21 53 12	26 ♌ 56 23	10 ♒ 5	21 ♍ 49	11 ♋ 43	23 ♓ 6R	8 ♍ 42	26 ♏ 30	4 ♌ 9	28 ♎ 6	28 ♌ 15	3 ♐ 48
	25	22 12 55	1 ♍ 45 24	11 ♈ 13	28 ♍ 11	16 ♋ 7	22 ♓ 20R	9 ♍ 47	26 ♏ 41	4 ♌ 26	28 ♎ 13	28 ♌ 24	3 ♐ 32
	31	22 36 34	7 ♍ 33 11	1 ♋ 16	4 ♎ 41	21 ♋ 43	21 ♓ 3R	11 ♍ 4	26 ♏ 57	4 ♌ 46	28 ♎ 22	28 ♌ 36	3 ♐ 13
SETTEMBRE	1	22 40 31	8 ♍ 31 15	15 ♋ 44	5 ♎ 38	22 ♋ 41	20 ♓ 49R	11 ♍ 17	26 ♏ 60	4 ♌ 49	28 ♎ 23	28 ♌ 38	3 ♐ 10
	5	22 56 17	12 ♍ 23 51	15 ♍ 18	8 ♎ 53	26 ♋ 36	19 ♓ 47R	12 ♍ 9	27 ♏ 13	5 ♌ 2	28 ♎ 30	28 ♌ 46	2 ♐ 57
	10	23 15 60	17 ♍ 15 15	24 ♏ 20	11 ♎ 33	1 ♌ 38	18 ♓ 25R	13 ♍ 14	27 ♏ 31	5 ♌ 17	28 ♎ 39	28 ♌ 55	2 ♐ 42
	15	23 35 42	22 ♍ 7 18	24 ♑ 50	12 ♎ 5R	6 ♌ 50	17 ♓ 3R	14 ♍ 19	27 ♏ 51	5 ♌ 32	28 ♎ 48	29 ♌ 4	2 ♐ 26
	20	23 55 25	27 ♍ 0 3	25 ♓ 24	9 ♎ 53R	12 ♌ 9	15 ♓ 47R	15 ♍ 24	28 ♏ 12	5 ♌ 45	28 ♎ 57	29 ♌ 14	2 ♐ 10
	25	0 15 8	1 ♎ 53 36	0 ♊ 19	5 ♎ 9R	17 ♌ 34	14 ♓ 43R	16 ♍ 28	28 ♏ 36	5 ♌ 58	29 ♎ 7	29 ♌ 22	1 ♐ 54
	30	0 34 51	6 ♎ 48 6	10 ♌ 20	29 ♍ 54R	23 ♌ 6	13 ♓ 53R	17 ♍ 31	29 ♏ 1	6 ♌ 9	29 ♎ 18	29 ♌ 31	1 ♐ 38
OTTOBRE	1	0 38 47	7 ♎ 47 6	24 ♌ 53	29 ♍ 5R	24 ♌ 13	13 ♓ 45R	17 ♍ 44	29 ♏ 7	6 ♌ 12	29 ♎ 20	29 ♌ 32	1 ♐ 35
	5	0 54 33	11 ♎ 43 31	22 ♎ 21	27 ♍ 18R	28 ♌ 43	13 ♓ 22R	18 ♍ 34	29 ♏ 28	6 ♌ 20	29 ♎ 28	29 ♌ 39	1 ♐ 22
	10	1 14 16	16 ♎ 39 47	27 ♐ 4	28 ♍ 56	4 ♍ 25	13 ♓ 10R	19 ♍ 36	29 ♏ 56	6 ♌ 29	29 ♎ 39	29 ♌ 46	1 ♐ 6
	15	1 33 59	21 ♎ 36 48	26 ♒ 46	4 ♎ 6	10 ♍ 11	13 ♓ 18	20 ♍ 37	0 ♐ 26	6 ♌ 38	29 ♎ 50	29 ♌ 53	0 ♐ 50
	20	1 53 42	26 ♎ 34 34	29 ♈ 56	11 ♎ 19	16 ♍ 0	13 ♓ 45	21 ♍ 36	0 ♐ 57	6 ♌ 45	0 ♏ 1	29 ♌ 59	0 ♐ 34
	25	2 13 25	1 ♏ 33 11	8 ♋ 32	19 ♎ 25	21 ♍ 53	14 ♓ 31	22 ♍ 34	1 ♐ 29	6 ♌ 50	0 ♏ 13	0 ♍ 5	0 ♐ 19
	31	2 37 4	7 ♏ 32 44	3 ♎ 24	29 ♎ 25	29 ♍ 1	15 ♓ 49	23 ♍ 41	2 ♐ 8	6 ♌ 55	0 ♏ 26	0 ♍ 11	29 ♏ 60
NOVEMBRE	1	2 41	8 ♏ 32 47	17 ♎ 15	1 ♏ 5	0 ♎ 13	16 ♓ 4	23 ♍ 52	2 ♐ 15	6 ♌ 56	0 ♏ 28	0 ♍ 12	29 ♏ 56
	5	2 56 47	12 ♏ 33 19	10 ♐ 7	7 ♏ 42	5 ♎ 1	17 ♓ 10	24 ♍ 35	2 ♐ 42	6 ♌ 58	0 ♏ 37	0 ♍ 16	29 ♏ 44
	10	3 16 29	17 ♏ 34 36	10 ♒ 43	15 ♏ 50	11 ♎ 3	18 ♓ 45	25 ♍ 27	3 ♐ 17	6 ♌ 59	0 ♏ 48	0 ♍ 20	29 ♏ 28
	15	3 36 12	22 ♏ 36 29	11 ♈ 52	23 ♏ 50	17 ♎ 7	20 ♓ 32	26 ♍ 16	3 ♐ 52	6 ♌ 59R	0 ♏ 59	0 ♍ 23	29 ♏ 12
	20	3 55 55	27 ♏ 38 59	20 ♊ 15	1 ♐ 43	23 ♎ 13	22 ♓ 30	27 ♍ 3	4 ♐ 27	6 ♌ 58R	1 ♏ 9	0 ♍ 25	28 ♏ 56
	25	4 15 38	2 ♐ 42 8	2 ♍ 2	9 ♐ 31	29 ♎ 20	24 ♓ 38	27 ♍ 47	5 ♐ 2	6 ♌ 55R	1 ♏ 19	0 ♍ 26	28 ♏ 40
	30	4 35 20	7 ♐ 45 58	10 ♏ 6	17 ♐ 16	5 ♏ 29	26 ♓ 53	28 ♍ 28	5 ♐ 38	6 ♌ 51R	1 ♏ 29	0 ♍ 27	28 ♏ 24
DICEMBRE	1	4 39 17	8 ♐ 46 48	23 ♏ 4	18 ♐ 48	6 ♏ 43	27 ♓ 21	28 ♍ 36	5 ♐ 45	6 ♌ 50R	1 ♏ 31	0 ♍ 27	28 ♏ 21
	5	4 55 3	12 ♐ 50 21	12 ♑ 53	24 ♐ 57	11 ♏ 39	29 ♓ 16	29 ♍ 6	6 ♐ 14	6 ♌ 46R	1 ♏ 38	0 ♍ 27R	28 ♏ 8
	10	5 14 46	17 ♐ 55 8	12 ♓ 28	2 ♑ 35	17 ♏ 50	1 ♈ 46	29 ♍ 41	6 ♐ 49	6 ♌ 39R	1 ♏ 47	0 ♍ 26R	27 ♏ 52
	15	5 34 29	23 ♐ 0 9	16 ♉ 3	10 ♑ 1	24 ♏ 2	4 ♈ 21	0 ♎ 11	7 ♐ 24	6 ♌ 31R	1 ♏ 55	0 ♍ 25R	27 ♏ 37
	20	5 54 12	28 ♐ 5 25	28 ♋ 38	17 ♑ 2	0 ♐ 15	7 ♈ 1	0 ♎ 38	7 ♐ 58	6 ♌ 22R	2 ♏ 3	0 ♍ 22R	27 ♏ 21
	25	6 13 54	3 ♑ 10 57	10 ♎ 28	23 ♑ 1	6 ♐ 29	9 ♈ 45	1 ♎ 1	8 ♐ 32	6 ♌ 12R	2 ♏ 9	0 ♍ 19R	27 ♏ 5
	31	6 37 34	9 ♑ 17 55	27 ♐ 9	27 ♑ 12	13 ♐ 57	13 ♈ 7	1 ♎ 23	9 ♐ 12	5 ♌ 60R	2 ♏ 17	0 ♍ 15R	26 ♏ 46

GIORNO	TEMPO SIDERALE	☉	☽	☿	♀	♂	♃	♄	♅	♆	♇	☊	1957
1	6 41 31	10 ♑ 196	9 ♑ 17	27 ♑ 24	15 ♐ 12	13 ♈ 41	1 ♎ 26	9 ♐ 18	5 ♌ 57R	2 ♏ 18	0 ♍ 14R	26 ♏ 43	GENNAIO
5	6 57 17	14 ♑ 2349	26 ♒ 60	26 ♑ 16R	20 ♐ 12	15 ♈ 58	1 ♎ 36	9 ♐ 44	5 ♌ 48R	2 ♏ 22	0 ♍ 10R	26 ♏ 30	
10	7 16 60	19 ♑ 2936	27 ♈ 38	20 ♑ 59R	26 ♐ 26	18 ♈ 53	1 ♎ 44	10 ♐ 14	5 ♌ 36R	2 ♏ 26	0 ♍ 5R	26 ♏ 14	
15	7 36 43	24 ♑ 3510	6 ♋ 45	14 ♑ 45R	2 ♑ 41	21 ♈ 49	1 ♎ 48	10 ♐ 44	5 ♌ 23R	2 ♏ 30	29 ♌ 60R	25 ♏ 58	
20	7 56 26	29 ♑ 4031	22 ♍ 14	11 ♑ 30R	8 ♑ 56	24 ♈ 48	1 ♎ 47R	11 ♐ 12	5 ♌ 10R	2 ♏ 33	29 ♌ 54R	25 ♏ 42	
25	8 16 8	4 ♒ 4540	29 ♏ 33	11 ♑ 53	15 ♑ 11	27 ♈ 49	1 ♎ 41R	11 ♐ 39	4 ♌ 57R	2 ♏ 35	29 ♌ 47R	25 ♏ 26	
31	8 39 48	10 ♒ 5132	12 ♒ 2	15 ♑ 46	22 ♑ 41	1 ♉ 27	1 ♎ 28R	12 ♐ 9	4 ♌ 41R	2 ♏ 36	29 ♌ 39R	25 ♏ 7	
1	8 43 44	11 ♒ 5228	23 ♒ 54	16 ♑ 39	23 ♑ 56	2 ♉ 4	1 ♎ 25R	12 ♐ 13	4 ♌ 39R	2 ♏ 36	29 ♌ 38R	25 ♏ 4	FEBBRAIO
5	8 59 30	15 ♒ 5558	11 ♈ 44	20 ♑ 43	28 ♑ 56	4 ♉ 31	1 ♎ 11R	12 ♐ 31	4 ♌ 29R	2 ♏ 36R	29 ♌ 32R	24 ♏ 51	
10	9 19 13	20 ♒ 5948	16 ♊ 5	26 ♑ 38	5 ♒ 11	7 ♉ 36	0 ♎ 51R	12 ♐ 52	4 ♌ 16R	2 ♏ 35R	29 ♌ 25R	24 ♏ 35	
15	9 38 56	26 ♒ 259	0 ♍ 27	3 ♒ 14	11 ♒ 26	10 ♉ 41	0 ♎ 26R	13 ♐ 11	4 ♌ 4R	2 ♏ 33R	29 ♌ 17R	24 ♏ 20	
20	9 58 39	1 ♓ 534	12 ♏ 56	10 ♒ 20	17 ♒ 41	13 ♉ 47	29 ♍ 58R	13 ♐ 28	3 ♌ 52R	2 ♏ 31R	29 ♌ 10R	24 ♏ 4	
25	10 18 21	6 ♓ 735	15 ♑ 17	17 ♒ 54	23 ♒ 56	16 ♉ 54	29 ♍ 26R	13 ♐ 42	3 ♌ 41R	2 ♏ 28R	29 ♌ 2R	23 ♏ 48	
28	10 30 11	9 ♓ 831	20 ♒ 53	22 ♒ 38	27 ♒ 41	18 ♉ 47	29 ♍ 6R	13 ♐ 50	3 ♌ 35R	2 ♏ 25R	28 ♌ 58R	23 ♏ 38	
1	10 34 8	10 ♓ 846	2 ♓ 46	24 ♒ 15	28 ♒ 55	19 ♉ 24	28 ♍ 59R	13 ♐ 52	3 ♌ 33R	2 ♏ 25R	28 ♌ 56R	23 ♏ 35	MARZO
5	10 49 54	14 ♓ 929	21 ♈ 4	0 ♓ 52	3 ♓ 55	21 ♉ 54	28 ♍ 30R	14 ♐ 1	3 ♌ 26R	2 ♏ 21R	28 ♌ 50R	23 ♏ 22	
10	11 9 37	19 ♓ 935	25 ♊ 33	9 ♓ 34	10 ♓ 9	25 ♉ 2	27 ♍ 53R	14 ♐ 9	3 ♌ 17R	2 ♏ 16R	28 ♌ 43R	23 ♏ 6	
15	11 29 19	24 ♓ 848	8 ♍ 38	18 ♓ 44	16 ♓ 23	28 ♉ 10	27 ♍ 14R	14 ♐ 15	3 ♌ 10R	2 ♏ 10R	28 ♌ 36R	22 ♏ 51	
20	11 49 2	29 ♓ 710	21 ♏ 11	28 ♓ 22	22 ♓ 36	1 ♊ 19	26 ♍ 35R	14 ♐ 18	3 ♌ 4R	2 ♏ 4R	28 ♌ 30R	22 ♏ 35	
25	12 8 45	4 ♈ 446	23 ♑ 54	8 ♈ 24	28 ♓ 49	4 ♊ 27	25 ♍ 57R	14 ♐ 19R	2 ♌ 59R	1 ♏ 57R	28 ♌ 24R	22 ♏ 19	
31	12 32 24	10 ♈ 054	5 ♈ 38	20 ♈ 32	6 ♈ 17	8 ♊ 14	25 ♍ 12R	14 ♐ 16R	2 ♌ 55R	1 ♏ 49R	28 ♌ 17R	21 ♏ 60	
1	12 36 21	11 ♈ 08	17 ♈ 57	22 ♈ 30	7 ♈ 31	8 ♊ 51	25 ♍ 5R	14 ♐ 15R	2 ♌ 54R	1 ♏ 47R	28 ♌ 16R	21 ♏ 57	APRILE
5	12 52 7	14 ♈ 5645	9 ♊ 0	0 ♉ 2	12 ♈ 29	11 ♊ 22	24 ♍ 36R	14 ♐ 11R	2 ♌ 53R	1 ♏ 41R	28 ♌ 12R	21 ♏ 44	
10	13 11 50	19 ♈ 5139	18 ♌ 19	8 ♉ 10	18 ♈ 41	14 ♊ 31	24 ♍ 3R	14 ♐ 4R	2 ♌ 52R	1 ♏ 33R	28 ♌ 8R	21 ♏ 28	
15	13 31 33	24 ♈ 4537	1 ♏ 20	14 ♉ 19	24 ♈ 52	17 ♊ 39	23 ♍ 33R	13 ♐ 55R	2 ♌ 52	1 ♏ 25R	28 ♌ 4R	21 ♏ 12	
20	13 51 15	29 ♈ 3846	7 ♑ 44	18 ♉ 7	1 ♉ 4	20 ♊ 48	23 ♍ 6R	13 ♐ 43R	2 ♌ 54	1 ♏ 17R	28 ♌ 1R	20 ♏ 56	
25	14 10 58	4 ♉ 3114	7 ♓ 45	19 ♉ 27	7 ♉ 14	23 ♊ 56	22 ♍ 42R	13 ♐ 30R	2 ♌ 58	1 ♏ 9R	27 ♌ 58R	20 ♏ 40	
30	14 30 41	9 ♉ 230	9 ♉ 26	18 ♉ 28R	13 ♉ 35	27 ♊ 5	22 ♍ 23R	13 ♐ 14R	2 ♌ 3	1 ♏ 1R	27 ♌ 57R	20 ♏ 24	
1	14 34 37	10 ♉ 2116	22 ♉ 26	18 ♉ 3R	14 ♉ 39	27 ♊ 43	22 ♍ 20R	13 ♐ 11R	3 ♌ 3	0 ♏ 59R	27 ♌ 56R	20 ♏ 21	MAGGIO
5	14 50 24	14 ♉ 142	16 ♋ 38	15 ♉ 52R	19 ♉ 35	0 ♋ 13	22 ♍ 8R	12 ♐ 57R	3 ♌ 8	0 ♏ 53R	27 ♌ 56R	20 ♏ 9	
10	15 10 6	19 ♉ 415	27 ♍ 38	12 ♉ 49R	25 ♉ 44	3 ♋ 21	21 ♍ 58R	12 ♐ 38R	3 ♌ 15	0 ♏ 45R	27 ♌ 55	19 ♏ 53	
15	15 29 49	23 ♉ 5343	7 ♐ 6	10 ♉ 36R	1 ♊ 54	6 ♋ 30	21 ♍ 52R	12 ♐ 18R	3 ♌ 24	0 ♏ 37R	27 ♌ 56	19 ♏ 37	
20	15 49 32	28 ♉ 4235	9 ♒ 57	10 ♉ 2	8 ♊ 2	9 ♋ 38	21 ♍ 50	11 ♐ 58R	3 ♌ 33	0 ♏ 30R	27 ♌ 57	19 ♏ 21	
25	16 9 15	3 ♊ 310	9 ♈ 52	11 ♉ 20	14 ♊ 11	12 ♋ 46	21 ♍ 53	11 ♐ 36R	3 ♌ 44	0 ♏ 23R	27 ♌ 59	19 ♏ 5	
31	16 32 54	9 ♊ 1632	28 ♊ 46	15 ♉ 11	21 ♊ 3	16 ♋ 31	21 ♍ 33	11 ♐ 9R	3 ♌ 58	0 ♏ 16R	28 ♌ 2	18 ♏ 46	
1	16 36 51	10 ♊ 144	12 ♋ 54	16 ♉ 3	22 ♊ 46	17 ♋ 9	22 ♍ 5	11 ♐ 5R	4 ♌ 0	0 ♏ 15R	28 ♌ 2	18 ♏ 43	GIUGNO
5	16 52 37	14 ♊ 357	10 ♍ 6	20 ♉ 5	27 ♊ 41	19 ♋ 39	22 ♍ 16	10 ♐ 47R	4 ♌ 11	0 ♏ 10R	28 ♌ 5	18 ♏ 30	
10	17 12 20	18 ♊ 5052	19 ♏ 22	26 ♉ 19	3 ♋ 48	22 ♋ 47	22 ♍ 33	10 ♐ 25R	4 ♌ 24	0 ♏ 5R	28 ♌ 9	18 ♏ 14	
15	17 32 2	23 ♊ 3724	23 ♑ 40	3 ♊ 47	9 ♋ 55	25 ♋ 55	22 ♍ 54	10 ♐ 4R	4 ♌ 39	0 ♏ 1R	28 ♌ 14	17 ♏ 58	
20	17 51 45	28 ♊ 2343	23 ♓ 39	12 ♊ 27	16 ♋ 2	29 ♋ 3	23 ♍ 19	9 ♐ 43R	4 ♌ 54	29 ♎ 57R	28 ♌ 19	17 ♏ 42	
25	18 11 28	3 ♋ 958	26 ♉ 2	22 ♊ 13	22 ♋ 8	2 ♌ 11	23 ♍ 47	9 ♐ 23R	5 ♌ 10	29 ♎ 54R	28 ♌ 25	17 ♏ 27	
30	18 31 11	7 ♋ 569	7 ♌ 3	2 ♋ 46	28 ♋ 14	5 ♌ 19	24 ♍ 20	9 ♐ 4R	5 ♌ 27	29 ♎ 52R	28 ♌ 32	17 ♏ 11	

1957	GIORNO	TEMPO SIDERALE	☉	☾	☿	♀	♂	♃	♄	♅	♆	♇	☊
LUGLIO	1	18 35 7	8 ♋ 53 22	21 ♌ 48	4 ♋ 56	29 ♋ 28	5 ♌ 57	24 ♍ 26	9 ♐ 1R	5 ♌ 30	29 ♎ 51R	28 ♌ 33	17 ♏ 7
	5	18 50 53	12 ♋ 42 13	19 ♎ 4	13 ♋ 38	4 ♌ 20	8 ♌ 27	24 ♍ 55	8 ♐ 47R	5 ♌ 44	29 ♎ 50R	28 ♌ 39	16 ♏ 55
	10	19 10 36	17 ♋ 28 10	24 ♐ 57	24 ♋ 16	10 ♌ 25	11 ♌ 35	25 ♍ 34	8 ♐ 31R	6 ♌ 2	29 ♎ 50R	28 ♌ 47	16 ♏ 39
	15	19 30 19	22 ♋ 1 49	26 ♒ 15	4 ♌ 17	16 ♌ 30	14 ♌ 44	26 ♍ 15	8 ♐ 18R	6 ♌ 20	29 ♎ 50	28 ♌ 55	16 ♏ 23
	20	19 50 2	27 ♋ 0 20	25 ♈ 56	13 ♌ 35	22 ♌ 34	17 ♌ 52	26 ♍ 60	8 ♐ 6R	6 ♌ 38	29 ♎ 51	29 ♌ 3	16 ♏ 7
	25	20 9 44	1 ♌ 46 51	1 ♋ 44	22 ♌ 7	28 ♌ 38	21 ♌ 1	27 ♍ 46	7 ♐ 56R	6 ♌ 56	29 ♎ 52	29 ♌ 12	15 ♏ 51
	31	20 33 24	7 ♌ 31 4	1 ♎ 1	1 ♍ 22	5 ♍ 54	24 ♌ 48	28 ♍ 46	7 ♐ 48R	7 ♌ 18	29 ♎ 55	29 ♌ 23	15 ♏ 32
AGOSTO	1	20 37 20	8 ♌ 28 29	15 ♎ 24	2 ♍ 48	7 ♍ 6	25 ♌ 26	28 ♍ 56	7 ♐ 47R	7 ♌ 22	29 ♎ 56	29 ♌ 25	15 ♏ 29
	5	20 53 7	12 ♌ 18 13	9 ♐ 16	8 ♍ 13	11 ♍ 56	27 ♌ 58	29 ♍ 38	7 ♐ 43R	7 ♌ 37	29 ♎ 59	29 ♌ 32	15 ♏ 16
	10	21 12 49	17 ♌ 5 41	11 ♒ 3	14 ♍ 13	17 ♍ 57	1 ♍ 7	0 ♎ 31	7 ♐ 41R	7 ♌ 55	0 ♏ 3	29 ♌ 42	15 ♏ 0
	15	21 32 32	21 ♌ 53 35	10 ♈ 30	19 ♍ 13	23 ♍ 58	4 ♍ 17	1 ♎ 27	7 ♐ 41	8 ♌ 13	0 ♏ 8	29 ♌ 51	14 ♏ 44
	20	21 52 15	26 ♌ 42 6	12 ♊ 35	22 ♍ 56	29 ♍ 58	7 ♍ 28	2 ♎ 24	7 ♐ 44	8 ♌ 31	0 ♏ 14	0 ♍ 1	14 ♏ 29
	25	22 11 58	1 ♍ 31 18	24 ♌ 37	25 ♍ 0	5 ♎ 57	10 ♍ 38	3 ♎ 23	7 ♐ 49	8 ♌ 49	0 ♏ 20	0 ♍ 11	14 ♏ 13
	31	22 35 37	7 ♍ 19 10	22 ♏ 41	24 ♍ 35R	13 ♎ 6	14 ♍ 28	4 ♎ 35	7 ♐ 59	9 ♌ 10	0 ♏ 29	0 ♍ 23	13 ♏ 54
SETTEMBRE	1	22 39 33	8 ♍ 17 13	5 ♐ 58	24 ♍ 10R	14 ♎ 18	15 ♍ 6	4 ♎ 47	8 ♐ 0	9 ♌ 13	0 ♏ 30	0 ♍ 25	13 ♏ 50
	5	22 55 20	12 ♍ 9 42	26 ♑ 3	21 ♍ 31R	19 ♎ 3	17 ♍ 39	5 ♎ 37	8 ♐ 9	9 ♌ 26	0 ♏ 37	0 ♍ 33	13 ♏ 38
	10	23 15 2	17 ♍ 0 51	25 ♓ 40	16 ♍ 44R	24 ♎ 58	20 ♍ 52	6 ♎ 39	8 ♐ 21	9 ♌ 42	0 ♏ 45	0 ♍ 43	13 ♏ 22
	15	23 34 45	21 ♍ 52 47	26 ♉ 6	12 ♍ 29R	0 ♏ 52	24 ♍ 4	7 ♎ 42	8 ♐ 36	9 ♌ 57	0 ♏ 54	0 ♍ 52	13 ♏ 6
	20	23 54 28	26 ♍ 45 37	3 ♌ 18	11 ♍ 13	6 ♏ 45	27 ♍ 18	8 ♎ 46	8 ♐ 53	10 ♌ 12	1 ♏ 3	1 ♍ 1	12 ♏ 50
	25	0 14 11	1 ♎ 39 20	18 ♎ 30	13 ♍ 51	12 ♏ 35	0 ♎ 31	9 ♎ 50	9 ♐ 12	10 ♌ 26	1 ♏ 13	1 ♍ 10	12 ♏ 34
	30	0 33 54	6 ♎ 33 51	27 ♐ 52	19 ♍ 44	18 ♏ 25	3 ♎ 46	10 ♎ 55	9 ♐ 33	10 ♌ 38	1 ♏ 23	1 ♍ 19	12 ♏ 18
OTTOBRE	1	0 37 50	7 ♎ 32 51	10 ♑ 31	21 ♍ 11	19 ♏ 34	4 ♎ 25	11 ♎ 8	9 ♐ 38	10 ♌ 41	1 ♏ 25	1 ♍ 20	12 ♏ 15
	5	0 53 36	11 ♎ 29 7	28 ♒ 52	27 ♍ 32	24 ♏ 12	7 ♎ 1	11 ♎ 60	9 ♐ 56	10 ♌ 50	1 ♏ 34	1 ♍ 27	12 ♏ 2
	10	1 13 19	16 ♎ 25 9	28 ♈ 35	6 ♎ 8	29 ♏ 56	10 ♎ 17	13 ♎ 5	10 ♐ 21	11 ♌ 0	1 ♏ 45	1 ♍ 35	11 ♏ 47
	15	1 33 2	21 ♎ 22 3	1 ♋ 42	14 ♎ 52	5 ♐ 38	13 ♎ 33	14 ♎ 10	10 ♐ 47	11 ♌ 10	1 ♏ 56	1 ♍ 42	11 ♏ 31
	20	1 52 45	26 ♎ 19 55	12 ♍ 0	23 ♎ 29	11 ♐ 17	16 ♎ 50	15 ♎ 14	11 ♐ 15	11 ♌ 18	2 ♏ 7	1 ♍ 49	11 ♏ 15
	25	2 12 27	1 ♏ 18 42	25 ♏ 34	1 ♏ 53	16 ♐ 53	20 ♎ 8	16 ♎ 18	11 ♐ 44	11 ♌ 25	2 ♏ 18	1 ♍ 55	10 ♏ 59
	31	2 36 7	7 ♏ 18 15	13 ♒ 25	11 ♏ 39	23 ♐ 30	24 ♎ 6	17 ♎ 35	12 ♐ 20	11 ♌ 32	2 ♏ 31	2 ♍ 1	10 ♏ 40
NOVEMBRE	1	2 40 3	8 ♏ 18 17	25 ♒ 23	13 ♏ 15	24 ♐ 36	24 ♎ 45	17 ♎ 47	12 ♐ 26	11 ♌ 33	2 ♏ 34	2 ♍ 2	10 ♏ 37
	5	2 55 49	12 ♏ 18 38	12 ♈ 58	19 ♏ 34	28 ♐ 56	27 ♎ 25	18 ♎ 37	12 ♐ 52	11 ♌ 36	2 ♏ 43	2 ♍ 6	10 ♏ 24
	10	3 15 32	17 ♏ 19 42	15 ♊ 31	27 ♏ 19	4 ♑ 16	0 ♏ 45	19 ♎ 39	13 ♐ 24	11 ♌ 39	2 ♏ 54	2 ♍ 10	10 ♏ 8
	15	3 35 15	22 ♏ 21 34	23 ♌ 27	4 ♐ 56	9 ♑ 28	4 ♏ 6	20 ♎ 39	13 ♐ 58	11 ♌ 40	3 ♏ 4	2 ♍ 14	9 ♏ 52
	20	3 54 58	27 ♏ 24 11	5 ♏ 13	12 ♐ 25	14 ♑ 33	7 ♏ 27	21 ♎ 38	14 ♐ 32	11 ♌ 40R	3 ♏ 15	2 ♍ 16	9 ♏ 36
	25	4 14 40	2 ♐ 27 29	13 ♑ 57	19 ♐ 43	19 ♑ 27	10 ♏ 50	22 ♎ 36	15 ♐ 7	11 ♌ 38R	3 ♏ 25	2 ♍ 18	9 ♏ 20
	30	4 34 23	7 ♐ 31 17	15 ♓ 13	26 ♐ 43	24 ♑ 9	14 ♏ 13	23 ♎ 32	15 ♐ 42	11 ♌ 36R	3 ♏ 35	2 ♍ 19	9 ♏ 5
DICEMBRE	1	4 38 20	8 ♐ 32 6	27 ♓ 4	28 ♐ 4	25 ♑ 3	14 ♏ 54	23 ♎ 43	15 ♐ 49	11 ♌ 35R	3 ♏ 37	2 ♍ 19	9 ♏ 1
	5	4 54 6	12 ♐ 35 29	15 ♉ 9	3 ♑ 38	28 ♑ 36	17 ♏ 37	24 ♎ 26	16 ♐ 17	11 ♌ 31R	3 ♏ 45	2 ♍ 19R	8 ♏ 49
	10	5 13 49	17 ♐ 40 4	22 ♋ 24	8 ♑ 13	2 ♒ 45	21 ♏ 1	25 ♎ 18	16 ♐ 53	11 ♌ 26R	3 ♏ 54	2 ♍ 19R	8 ♏ 33
	15	5 33 32	22 ♐ 45 5	2 ♎ 21	11 ♑ 43	6 ♒ 31	24 ♏ 27	26 ♎ 7	17 ♐ 28	11 ♌ 19R	4 ♏ 2	2 ♍ 18R	8 ♏ 17
	20	5 53 14	27 ♐ 50 31	12 ♐ 21R	10 ♑ 13	9 ♒ 50	27 ♏ 53	26 ♎ 54	18 ♐ 3	11 ♌ 12R	4 ♏ 10	2 ♍ 16R	8 ♏ 1
	25	6 12 57	2 ♑ 56 12	16 ♒ 58R	4 ♑ 58	12 ♒ 36	1 ♐ 20	27 ♎ 38	18 ♐ 38	11 ♌ 3R	4 ♏ 17	2 ♍ 13R	7 ♏ 45
	31	6 36 36	9 ♑ 36	28 ♈ 35R	27 ♐ 41	15 ♒ 0	5 ♐ 30	28 ♎ 27	19 ♐ 20	10 ♌ 51R	4 ♏ 25	2 ♍ 9R	7 ♏ 26

GIORNO	TEMPO SIDERALE	☉	☽	☿	♀	♂	♃	♄	♅	♆	♇	☊	1958
1	6 40 33	10 ♑ 4 15	10 ♉ 54	26 ♐ 47R	15 ♒ 18	6 ♐ 12	28 ♎ 35	19 ♐ 26	10 ♌ 49R	4 ♏ 26	2 ♍ 8R	7 ♏ 23	GENNAIO
5	6 56 19	14 ♑ 8 48	3 ♋ 15	25 ♐ 15R	16 ♒ 6	8 ♐ 59	29 ♎ 5	19 ♐ 53	10 ♌ 40R	4 ♏ 30	2 ♍ 5R	7 ♏ 10	
10	7 16 2	19 ♑ 14 27	15 ♍ 7	26 ♐ 40	16 ♒ 14R	12 ♐ 29	29 ♎ 38	20 ♐ 26	10 ♌ 28R	4 ♏ 35	1 ♍ 60R	6 ♏ 54	
15	7 35 45	24 ♑ 20 5	25 ♏ 3	0 ♑ 32	15 ♒ 19R	15 ♐ 59	0 ♏ 8	20 ♐ 58	10 ♌ 16R	4 ♏ 39	1 ♍ 55R	6 ♏ 38	
20	7 55 27	29 ♑ 25 38	0 ♒ 20	5 ♑ 53	13 ♒ 25R	19 ♐ 31	0 ♏ 34	21 ♐ 30	10 ♌ 3R	4 ♏ 42	1 ♍ 49R	6 ♏ 22	
25	8 15 10	4 ♒ 30 55	0 ♈ 57	12 ♑ 5	10 ♒ 44R	23 ♐ 3	0 ♏ 56	21 ♐ 59	9 ♌ 50R	4 ♏ 45	1 ♍ 42R	6 ♏ 7	
31	8 38 50	10 ♒ 36 41	14 ♊ 2	20 ♑ 16	7 ♒ 4R	27 ♐ 18	1 ♏ 17	22 ♐ 33	9 ♌ 35R	4 ♏ 46	1 ♍ 34R	5 ♏ 48	
1	8 42 46	11 ♒ 37 34	27 ♊ 21	21 ♑ 42	6 ♒ 28R	28 ♐ 1	1 ♏ 20	22 ♐ 39	9 ♌ 32R	4 ♏ 47	1 ♍ 33R	5 ♏ 44	FEBBRAIO
5	8 58 32	15 ♒ 40 56	24 ♌ 54	27 ♑ 32	4 ♒ 14R	0 ♑ 52	1 ♏ 29	23 ♐ 0	9 ♌ 22R	4 ♏ 47R	1 ♍ 27R	5 ♏ 32	
10	9 18 15	20 ♒ 44 43	8 ♏ 10	5 ♒ 10	2 ♒ 6R	4 ♑ 27	1 ♏ 37	23 ♐ 25	9 ♌ 9R	4 ♏ 46R	1 ♍ 20R	5 ♏ 16	
15	9 37 58	25 ♒ 48 3	14 ♑ 24	13 ♒ 8	0 ♒ 54R	8 ♑ 2	1 ♏ 40	23 ♐ 48	8 ♌ 56R	4 ♏ 45R	1 ♍ 12R	4 ♏ 60	
20	9 57 41	0 ♓ 50 52	15 ♓ 39	21 ♒ 27	0 ♒ 45	11 ♑ 38	1 ♏ 38R	24 ♐ 10	8 ♌ 44R	4 ♏ 43R	1 ♍ 5R	4 ♏ 44	
25	10 17 23	5 ♓ 52 59	14 ♉ 51	0 ♓ 10	1 ♒ 33	15 ♑ 15	1 ♏ 31R	24 ♐ 29	8 ♌ 32R	4 ♏ 40R	0 ♍ 57R	4 ♏ 28	
28	10 29 13	8 ♓ 53 52	22 ♊ 11	5 ♓ 35	2 ♒ 28	17 ♑ 25	1 ♏ 25R	24 ♐ 40	8 ♌ 26R	4 ♏ 38R	0 ♍ 53R	4 ♏ 19	
1	10 33 10	9 ♓ 54 6	5 ♋ 24	7 ♓ 26	2 ♒ 50	18 ♑ 9	1 ♏ 23R	24 ♐ 43	8 ♌ 24R	4 ♏ 37R	0 ♍ 51R	4 ♏ 15	MARZO
5	10 48 56	13 ♓ 54 41	2 ♍ 59	14 ♓ 57	4 ♒ 35	21 ♑ 3	1 ♏ 11R	24 ♐ 56	8 ♌ 15R	4 ♏ 34R	0 ♍ 45R	4 ♏ 3	
10	11 8 39	18 ♓ 54 43	17 ♏ 45	24 ♓ 39	7 ♒ 21	24 ♑ 41	0 ♏ 53R	25 ♐ 10	8 ♌ 6R	4 ♏ 29R	0 ♍ 38R	3 ♏ 47	
15	11 28 21	23 ♓ 54 2	24 ♑ 4	4 ♈ 25	10 ♒ 39	28 ♑ 20	0 ♏ 31R	25 ♐ 21	7 ♌ 58R	4 ♏ 24R	0 ♍ 31R	3 ♏ 31	
20	11 48 4	28 ♓ 52 39	24 ♓ 27	13 ♈ 43	14 ♒ 23	1 ♒ 59	0 ♏ 4R	25 ♐ 30	7 ♌ 50R	4 ♏ 18R	0 ♍ 24R	3 ♏ 15	
25	12 7 47	3 ♈ 50 26	23 ♉ 46	21 ♈ 41	18 ♒ 28	5 ♒ 39	29 ♎ 35R	25 ♐ 37	7 ♌ 44R	4 ♏ 11R	0 ♍ 18R	2 ♏ 59	
31	12 31 26	9 ♈ 46 31	11 ♌ 51	28 ♈ 17	23 ♒ 45	10 ♒ 3	28 ♎ 55R	25 ♐ 41	7 ♌ 38R	4 ♏ 3R	0 ♍ 11R	2 ♏ 40	
1	12 35 23	10 ♈ 45 44	26 ♌ 18	29 ♈ 0	24 ♒ 40	10 ♒ 47	28 ♎ 48R	25 ♐ 42	7 ♌ 37R	4 ♏ 2R	0 ♍ 10R	2 ♏ 37	APRILE
5	12 51 9	14 ♈ 42 14	26 ♎ 41	0 ♉ 42	28 ♒ 25	13 ♒ 44	28 ♎ 20R	25 ♐ 43R	7 ♌ 35R	3 ♏ 56R	0 ♍ 6R	2 ♏ 24	
10	13 10 52	19 ♈ 37 7	7 ♑ 44	0 ♉ 13R	3 ♓ 16	17 ♒ 25	27 ♎ 43R	25 ♐ 41R	7 ♌ 33R	3 ♏ 48R	0 ♍ 1R	2 ♏ 8	
15	13 30 35	24 ♈ 31 17	9 ♓ 37	27 ♈ 32R	8 ♓ 16	21 ♒ 6	27 ♎ 5R	25 ♐ 37R	7 ♌ 32R	3 ♏ 40R	29 ♌ 57R	1 ♏ 52	
20	13 50 17	29 ♈ 24 42	8 ♉ 49	23 ♈ 58R	13 ♓ 25	24 ♒ 47	26 ♎ 26R	25 ♐ 31R	7 ♌ 33	3 ♏ 32R	29 ♌ 54R	1 ♏ 37	
25	14 10	4 ♉ 17 17	10 ♋ 51	21 ♈ 7R	18 ♓ 40	28 ♒ 28	25 ♎ 48R	25 ♐ 23R	7 ♌ 35	3 ♏ 24R	29 ♌ 51R	1 ♏ 21	
30	14 29 43	9 ♉ 8 59	20 ♍ 5	19 ♈ 60R	24 ♓ 1	2 ♓ 9	25 ♎ 11R	25 ♐ 12R	7 ♌ 38	3 ♏ 15R	29 ♌ 49R	1 ♏ 5	
1	14 33 39	10 ♉ 7 14	4 ♎ 53	20 ♈ 1	25 ♓ 6	2 ♓ 53	25 ♎ 4R	25 ♐ 10R	7 ♌ 39	3 ♏ 14R	29 ♌ 48R	1 ♏ 2	MAGGIO
5	14 49 26	13 ♉ 59 53	4 ♐ 25	20 ♈ 53	29 ♓ 27	5 ♓ 50	24 ♎ 36R	24 ♐ 59R	7 ♌ 42	3 ♏ 7R	29 ♌ 47R	0 ♏ 49	
10	15 9 8	18 ♉ 50 6	11 ♒ 52	23 ♈ 35	4 ♈ 58	9 ♓ 30	24 ♎ 2R	24 ♐ 45R	7 ♌ 48	2 ♏ 59R	29 ♌ 47R	0 ♏ 33	
15	15 28 51	23 ♉ 39 46	11 ♈ 48	27 ♈ 50	10 ♈ 32	13 ♓ 10	23 ♎ 32R	24 ♐ 28R	7 ♌ 55	2 ♏ 52R	29 ♌ 47	0 ♏ 17	
20	15 48 34	28 ♉ 28 54	12 ♊ 19	3 ♉ 23	16 ♈ 9	16 ♓ 49	23 ♎ 5R	24 ♐ 10R	8 ♌ 4	2 ♏ 44R	29 ♌ 48	0 ♏ 1	
25	16 8 17	3 ♊ 17 25	17 ♌ 55	10 ♉ 3	21 ♈ 48	20 ♓ 27	22 ♎ 41R	23 ♐ 51R	8 ♌ 13	2 ♏ 37R	29 ♌ 49	29 ♎ 45	
31	16 31 56	9 ♊ 2 49	13 ♏ 40	19 ♉ 26	28 ♈ 39	24 ♓ 48	22 ♎ 18R	23 ♐ 26R	8 ♌ 26	2 ♏ 30R	29 ♌ 52	29 ♎ 26	
1	16 35 53	10 ♊ 0 18	28 ♏ 15	21 ♉ 8	29 ♈ 48	25 ♓ 31	22 ♎ 14R	23 ♐ 22R	8 ♌ 29	2 ♏ 28R	29 ♌ 53	29 ♎ 23	GIUGNO
5	16 51 39	13 ♊ 50 6	24 ♑ 12	28 ♉ 20	4 ♉ 24	28 ♓ 24	22 ♎ 3R	23 ♐ 5R	8 ♌ 38	2 ♏ 24R	29 ♌ 55	29 ♎ 10	
10	17 11 21	18 ♊ 37 3	26 ♓ 22	8 ♊ 12	10 ♉ 11	1 ♈ 59	21 ♎ 53R	22 ♐ 43R	8 ♌ 51	2 ♏ 18R	29 ♌ 59	28 ♎ 54	
15	17 31 4	23 ♊ 23 48	26 ♉ 7	18 ♊ 49	15 ♉ 60	5 ♈ 31	21 ♎ 47R	22 ♐ 21R	9 ♌ 5	2 ♏ 14R	0 ♍ 4	28 ♎ 39	
20	17 50 47	28 ♊ 10 19	1 ♌ 5	29 ♊ 47	21 ♉ 50	9 ♈ 2	21 ♎ 45	21 ♐ 59R	9 ♌ 19	2 ♏ 10R	0 ♍ 9	28 ♎ 23	
25	18 10 30	2 ♋ 56 35	10 ♎ 46	10 ♋ 32	27 ♉ 41	12 ♈ 31	21 ♎ 48	21 ♐ 37R	9 ♌ 35	2 ♏ 6R	0 ♍ 15	28 ♎ 7	
30	18 30 13	7 ♋ 42 36	21 ♐ 35	20 ♋ 41	3 ♊ 34	15 ♈ 57	21 ♎ 56	21 ♐ 16R	9 ♌ 51	2 ♏ 4R	0 ♍ 21	27 ♎ 51	

1958	GIORNO	TEMPO SIDERALE	☉	☽	☿	♀	♂	♃	♄	♅	♆	♇	☊
LUGLIO	1	18 34 9	8 ♋ 39 47	5 ♑ 26	22 ♉ 37	4 ♊ 45	16 ♈ 38	21 ♎ 58	21 ♐ 12R	9 ♌ 54	2 ♏ 3R	0 ♍ 22	27 ♎ 48
	5	18 49 55	12 ♋ 28 30	27 ♒ 57	0 ♌ 1	9 ♊ 29	19 ♈ 21	22 ♎ 8	20 ♐ 56R	10 ♌ 7	2 ♏ 2R	0 ♍ 28	27 ♎ 35
	10	19 9 38	17 ♋ 14 30	27 ♈ 57	8 ♌ 30	15 ♊ 25	22 ♈ 42	22 ♎ 24	20 ♐ 36R	10 ♌ 25	2 ♏ 1R	0 ♍ 35	27 ♎ 19
	15	19 29 21	22 ♋ 0 40	29 ♊ 51	16 ♌ 7	21 ♊ 22	25 ♈ 59	22 ♎ 44	20 ♐ 19R	10 ♌ 42	2 ♏ 0	0 ♍ 43	27 ♎ 3
	20	19 49 4	26 ♋ 47 0	9 ♍ 5	22 ♌ 50	27 ♊ 20	29 ♈ 12	23 ♎ 8	20 ♐ 2R	11 ♌ 0	2 ♏ 1	0 ♍ 51	26 ♎ 47
	25	20 8 46	1 ♌ 33 27	19 ♏ 54	28 ♌ 34	3 ♋ 19	2 ♉ 21	23 ♎ 36	19 ♐ 48R	11 ♌ 18	2 ♏ 2	1 ♍ 0	26 ♎ 32
	31	20 32 26	7 ♌ 17 26	10 ♒ 53	3 ♍ 54	10 ♋ 32	6 ♉ 2	24 ♎ 14	19 ♐ 33R	11 ♌ 41	2 ♏ 5	1 ♍ 11	26 ♎ 12
AGOSTO	1	20 36 23	8 ♌ 14 48	23 ♒ 38	4 ♍ 36	11 ♋ 45	6 ♉ 38	24 ♎ 21	19 ♐ 31R	11 ♌ 44	2 ♏ 5	1 ♍ 13	26 ♎ 9
	5	20 52 9	12 ♌ 4 26	12 ♈ 16	6 ♍ 44	16 ♋ 34	8 ♉ 59	24 ♎ 50	19 ♐ 23R	11 ♌ 59	2 ♏ 8	1 ♍ 20	25 ♎ 57
	10	21 11 52	16 ♌ 51 57	12 ♊ 13	7 ♍ 42R	22 ♋ 38	11 ♉ 51	25 ♎ 29	19 ♐ 15R	12 ♌ 18	2 ♏ 12	1 ♍ 30	25 ♎ 41
	15	21 31 35	21 ♌ 40 1	19 ♌ 40	6 ♍ 28R	28 ♋ 42	14 ♉ 36	26 ♎ 10	19 ♐ 10R	12 ♌ 36	2 ♏ 16	1 ♍ 40	25 ♎ 25
	20	21 51 18	26 ♌ 28 36	2 ♏ 29	3 ♍ 8R	4 ♌ 48	17 ♉ 14	26 ♎ 55	19 ♐ 7R	12 ♌ 54	2 ♏ 22	1 ♍ 50	25 ♎ 9
	25	22 11	1 ♍ 17 39	11 ♑ 16	28 ♌ 47R	10 ♌ 55	19 ♉ 43	27 ♎ 42	19 ♐ 6	13 ♌ 12	2 ♏ 28	1 ♍ 60	24 ♎ 53
	31	22 34 40	7 ♍ 5 14	26 ♓ 43	25 ♌ 3R	18 ♌ 16	22 ♉ 30	28 ♎ 42	19 ♐ 8	13 ♌ 34	2 ♏ 36	2 ♍ 12	24 ♎ 34
SETTEMBRE	1	22 38 36	8 ♍ 3 15	8 ♈ 39	24 ♌ 48R	19 ♌ 30	22 ♉ 56	28 ♎ 52	19 ♐ 9	13 ♌ 37	2 ♏ 38	2 ♍ 14	24 ♎ 31
	5	22 54 22	11 ♍ 55 39	25 ♉ 57	25 ♌ 12	24 ♌ 25	24 ♉ 37	29 ♎ 34	19 ♐ 13	13 ♌ 51	2 ♏ 44	2 ♍ 22	24 ♎ 18
	10	23 14 5	16 ♍ 46 53	29 ♋ 36	28 ♌ 50	0 ♍ 35	26 ♉ 33	0 ♏ 29	19 ♐ 20	14 ♌ 8	2 ♏ 52	2 ♍ 32	24 ♎ 2
	15	23 33 48	21 ♍ 38 57	12 ♎ 41	5 ♍ 22	6 ♍ 46	28 ♉ 15	1 ♏ 25	19 ♐ 29	14 ♌ 24	3 ♏ 0	2 ♍ 41	23 ♎ 46
	20	23 53 31	26 ♍ 31 46	24 ♐ 48	13 ♍ 42	12 ♍ 58	29 ♉ 43	2 ♏ 23	19 ♐ 41	14 ♌ 39	3 ♏ 10	2 ♍ 51	23 ♎ 30
	25	0 13 13	1 ♎ 25 16	29 ♒ 12	22 ♍ 46	19 ♍ 10	0 ♊ 54	3 ♏ 22	19 ♐ 55	14 ♌ 53	3 ♏ 19	2 ♍ 60	23 ♎ 15
	30	0 32 56	6 ♎ 19 33	29 ♈ 2	1 ♎ 55	25 ♍ 24	1 ♊ 47	4 ♏ 23	20 ♐ 11	15 ♌ 7	3 ♏ 29	3 ♍ 9	22 ♎ 59
OTTOBRE	1	0 36 53	7 ♎ 18 30	10 ♉ 49	3 ♎ 43	26 ♍ 38	1 ♊ 56	4 ♏ 35	20 ♐ 14	15 ♌ 10	3 ♏ 31	3 ♍ 10	22 ♎ 55
	5	0 52 39	11 ♎ 14 42	28 ♊ 57	10 ♎ 51	1 ♎ 37	2 ♊ 21	5 ♏ 25	20 ♐ 29	15 ♌ 20	3 ♏ 40	3 ♍ 17	22 ♎ 43
	10	1 12 22	16 ♎ 10 49	6 ♍ 7	19 ♎ 28	7 ♎ 52	2 ♊ 34	6 ♏ 28	20 ♐ 49	15 ♌ 31	3 ♏ 50	3 ♍ 25	22 ♎ 27
	15	1 32 4	21 ♎ 7 50	21 ♏ 15	27 ♎ 46	14 ♎ 7	2 ♊ 25R	7 ♏ 32	21 ♐ 11	15 ♌ 42	4 ♏ 1	3 ♍ 33	22 ♎ 11
	20	1 51 47	26 ♎ 5 40	1 ♒ 2	5 ♏ 48	20 ♎ 22	1 ♊ 53R	8 ♏ 36	21 ♐ 35	15 ♌ 52	4 ♏ 12	3 ♍ 40	21 ♎ 55
	25	2 11 30	1 ♏ 4 14	2 ♈ 23	13 ♏ 34	26 ♎ 38	0 ♊ 60R	9 ♏ 42	22 ♐ 1	15 ♌ 60	4 ♏ 23	3 ♍ 46	21 ♎ 39
	31	2 35 9	7 ♏ 3 31	13 ♊ 37	21 ♏ 35	4 ♏ 9	29 ♉ 29R	11 ♏ 0	22 ♐ 34	16 ♌ 8	4 ♏ 37	3 ♍ 53	21 ♎ 20
NOVEMBRE	1	2 39 6	8 ♏ 3 31	25 ♊ 49	24 ♏ 3	5 ♏ 25	29 ♉ 12R	11 ♏ 13	22 ♐ 39	16 ♌ 9	4 ♏ 39	3 ♍ 54	21 ♎ 17
	5	2 54 52	12 ♏ 3 51	17 ♌ 3	29 ♏ 51	10 ♏ 26	27 ♉ 56R	12 ♏ 6	23 ♐ 3	16 ♌ 14	4 ♏ 48	3 ♍ 58	21 ♎ 4
	10	3 14 35	17 ♏ 53	29 ♎ 3	6 ♐ 49	16 ♏ 42	26 ♉ 12R	13 ♏ 12	23 ♐ 33	16 ♌ 18	4 ♏ 59	4 ♍ 3	20 ♎ 48
	15	3 34 18	22 ♏ 71	13 ♑ 1	13 ♐ 23	22 ♏ 59	24 ♉ 22R	14 ♏ 18	24 ♐ 4	16 ♌ 20	5 ♏ 10	4 ♍ 6	20 ♎ 32
	20	3 54	27 ♏ 9 34	17 ♓ 19	19 ♐ 13	29 ♏ 16	22 ♉ 33R	15 ♏ 23	24 ♐ 36	16 ♌ 22	5 ♏ 21	4 ♍ 9	20 ♎ 17
	25	4 13 43	2 ♐ 12 39	16 ♉ 31	23 ♐ 41	5 ♐ 33	20 ♉ 52R	16 ♏ 28	25 ♐ 9	16 ♌ 22R	5 ♏ 31	4 ♍ 12	20 ♎ [illegible]
	30	4 33 26	7 ♐ 16 15	17 ♋ 53	25 ♐ 42	11 ♐ 50	19 ♉ 24R	17 ♏ 33	25 ♐ 43	16 ♌ 20R	5 ♏ 41	4 ♍ 13	19 ♎ 45
DICEMBRE	1	4 37 23	8 ♐ 17 3	0 ♌ 42	25 ♐ 40R	13 ♐ 5	19 ♉ 8R	17 ♏ 46	25 ♐ 50	16 ♌ 20R	5 ♏ 43	4 ♍ 13	19 ♎ 42
	5	4 53 9	12 ♐ 20 27	24 ♍ 25	23 ♐ 44R	18 ♐ 7	18 ♉ 12R	18 ♏ 36	26 ♐ 18	16 ♌ 17R	5 ♏ 51	4 ♍ 14	19 ♎ 29
	10	5 12 51	17 ♐ 25 12	7 ♐ 25	17 ♐ 47R	24 ♐ 24	17 ♉ 20R	19 ♏ 39	26 ♐ 53	16 ♌ 13R	6 ♏ 0	4 ♍ 13R	19 ♎ 13
	15	5 32 34	22 ♐ 30 21	18 ♒ 4	11 ♐ 41R	0 ♑ 41	16 ♉ 48R	20 ♏ 40	27 ♐ 28	16 ♌ 8R	6 ♏ 9	4 ♍ 13R	18 ♎ 57
	20	5 52 17	27 ♐ 35 43	19 ♈ 23	9 ♐ 25R	6 ♑ 58	16 ♉ 36R	21 ♏ 41	28 ♐ 3	16 ♌ 1R	6 ♏ 17	4 ♍ 11R	18 ♎ 41
	25	6 11 60	2 ♑ 41 12	19 ♊ 18	11 ♐ 9	13 ♑ 15	16 ♉ 45	22 ♏ 39	28 ♐ 39	15 ♌ 53R	6 ♏ 24	4 ♍ 9R	18 ♎ 25
	31	6 35 39	8 ♑ 47 57	7 ♍ 31	16 ♐ 30	20 ♑ 47	17 ♉ 19	23 ♏ 47	29 ♐ 21	15 ♌ 42R	6 ♏ 33	4 ♍ 5R	18 ♎ [illegible]

GIORNO	TEMPO SIDERALE	☉	☽	☿	♀	♂	♃	♄	♅	♆	♇	☊	1959
1	6 39 36	9 ♑ 496	21 ♍ 10	17 ♐ 37	22 ♑ 2	17 ♉ 27	23 ♏ 58	29 ♐ 28	15 ♌ 40R	6 ♏ 34	4 ♍ 4R	18 ≏ 3	GENNAIO
5	6 55 22	13 ♑ 5345	17 ♏ 26	22 ♐ 25	27 ♑ 4	18 ♉ 6	24 ♏ 42	29 ♐ 56	15 ♌ 32R	6 ♏ 39	4 ♍ 1R	17 ≏ 50	
10	7 15 5	18 ♑ 5936	28 ♑ 55	29 ♐ 2	3 ♒ 20	19 ♉ 9	25 ♏ 34	0 ♑ 31	15 ♌ 21R	6 ♏ 44	3 ♍ 56R	17 ≏ 35	
15	7 34 47	24 ♑ 521	3 ♈ 27	6 ♑ 5	9 ♒ 36	20 ♉ 25	26 ♏ 24	1 ♑ 5	15 ♌ 10R	6 ♏ 48	3 ♍ 51R	17 ≏ 19	
20	7 54 30	29 ♑ 1049	2 ♊ 53	13 ♑ 27	15 ♒ 52	21 ♉ 53	27 ♏ 11	1 ♑ 38	14 ♌ 57R	6 ♏ 52	3 ♍ 45R	17 ≏ 3	
25	8 14 13	4 ♒ 1555	6 ♌ 34	21 ♑ 4	22 ♒ 7	23 ♉ 31	27 ♏ 56	2 ♑ 10	14 ♌ 45R	6 ♏ 54	3 ♍ 39R	16 ≏ 47	
31	8 37 52	10 ♒ 2138	29 ≏ 56	0 ♒ 34	29 ♒ 37	25 ♉ 42	28 ♏ 45	2 ♑ 47	14 ♌ 29R	6 ♏ 57	3 ♍ 31R	16 ≏ 28	
1	8 41 49	11 ♒ 2233	14 ♏ 2	2 ♒ 11	0 ♓ 52	26 ♉ 5	28 ♏ 53	2 ♑ 53	14 ♌ 27R	6 ♏ 57	3 ♍ 30R	16 ≏ 25	FEBBRAIO
5	8 57 35	15 ♒ 263	10 ♑ 9	8 ♒ 47	5 ♓ 51	27 ♉ 40	29 ♏ 22	3 ♑ 17	14 ♌ 16R	6 ♏ 58	3 ♍ 24R	16 ≏ 12	
10	9 17 18	20 ♒ 303	16 ♓ 35	17 ♒ 19	12 ♓ 5	29 ♉ 45	29 ♏ 56	3 ♑ 46	14 ♌ 3R	6 ♏ 58R	3 ♍ 17R	15 ≏ 56	
15	9 37 1	25 ♒ 3328	16 ♉ 50	26 ♒ 11	18 ♓ 17	1 ♊ 57	0 ♐ 26	4 ♑ 13	13 ♌ 50R	6 ♏ 57R	3 ♍ 9R	15 ≏ 40	
20	9 56 43	0 ♓ 3610	18 ♋ 8	5 ♓ 22	24 ♓ 30	4 ♊ 14	0 ♐ 53	4 ♑ 38	13 ♌ 37R	6 ♏ 55R	3 ♍ 2R	15 ≏ 24	
25	10 16 26	5 ♓ 389	27 ♍ 18	14 ♓ 45	0 ♈ 41	6 ♊ 36	1 ♐ 15	5 ♑ 2	13 ♌ 25R	6 ♏ 53R	2 ♍ 54R	15 ≏ 8	
28	10 28 16	8 ♓ 391	10 ♏ 39	20 ♓ 21	4 ♈ 23	8 ♊ 3	1 ♐ 26	5 ♑ 16	13 ♌ 18R	6 ♏ 51R	2 ♍ 50R	14 ≏ 59	
1	10 32 12	9 ♓ 3915	24 ♏ 56	22 ♓ 11	5 ♈ 37	8 ♊ 33	1 ♐ 29	5 ♑ 20	13 ♌ 16R	6 ♏ 50R	2 ♍ 48R	14 ≏ 56	MARZO
5	10 47 59	13 ♓ 3957	20 ♑ 22	29 ♓ 11	10 ♈ 32	10 ♊ 32	1 ♐ 41	5 ♑ 36	13 ♌ 7R	6 ♏ 47R	2 ♍ 42R	14 ≏ 43	
10	11 7 41	18 ♓ 4014	24 ♓ 55	6 ♈ 35	16 ♈ 41	13 ♊ 4	1 ♐ 52	5 ♑ 55	12 ♌ 57R	6 ♏ 43R	2 ♍ 35R	14 ≏ 27	
15	11 27 24	23 ♓ 3942	24 ♉ 49	11 ♈ 27	22 ♈ 48	15 ♊ 39	1 ♐ 58	6 ♑ 12	12 ♌ 47R	6 ♏ 37R	2 ♍ 27R	14 ≏ 11	
20	11 47 7	28 ♓ 3815	25 ♋ 60	13 ♈ 1R	28 ♈ 53	18 ♊ 18	1 ♐ 59R	6 ♑ 26	12 ♌ 39R	6 ♏ 32R	2 ♍ 21R	13 ≏ 55	
25	12 6 50	3 ♈ 3553	5 ≏ 52	11 ♈ 20R	4 ♉ 58	20 ♊ 58	1 ♐ 56R	6 ♑ 39	12 ♌ 32R	6 ♏ 25R	2 ♍ 14R	13 ≏ 39	
31	12 30 29	9 ♈ 3156	3 ♑ 35	6 ♈ 39R	12 ♉ 12	24 ♊ 14	1 ♐ 46R	6 ♑ 50	12 ♌ 24R	6 ♏ 17R	2 ♍ 7R	13 ≏ 20	
1	12 34 25	10 ♈ 3111	17 ♑ 19	5 ♈ 49R	13 ♉ 25	24 ♊ 47	1 ♐ 43R	6 ♑ 52	12 ♌ 23R	6 ♏ 16R	2 ♍ 6R	13 ≏ 17	APRILE
5	12 50 12	14 ♈ 2750	9 ♓ 12	2 ♈ 52R	18 ♉ 13	26 ♊ 59	1 ♐ 32R	6 ♑ 57	12 ♌ 20R	6 ♏ 10R	2 ♍ 1R	13 ≏ 4	
10	13 9 54	19 ♈ 2257	9 ♉ 37	0 ♈ 50R	24 ♉ 12	29 ♊ 46	1 ♐ 14R	7 ♑ 2	12 ♌ 16R	6 ♏ 2R	1 ♍ 56R	12 ≏ 49	
15	13 29 37	24 ♈ 1712	9 ♋ 14	1 ♈ 0	0 ♊ 8	2 ♋ 35	0 ♐ 52R	7 ♑ 4	12 ♌ 14R	5 ♏ 55R	1 ♍ 52R	12 ≏ 33	
20	13 49 20	29 ♈ 1030	14 ♍ 49	3 ♈ 12	6 ♊ 3	5 ♋ 25	0 ♐ 27R	7 ♑ 3R	12 ♌ 13R	5 ♏ 47R	1 ♍ 48R	12 ≏ 17	
25	14 9 3	4 ♉ 257	29 ♏ 23	7 ♈ 2	11 ♊ 55	8 ♋ 16	29 ♏ 57R	7 ♑ 0R	12 ♌ 14	5 ♏ 38R	1 ♍ 45R	12 ≏ 1	
30	14 28 46	8 ♉ 5440	10 ♒ 37	12 ♈ 11	17 ♊ 45	11 ♋ 9	29 ♏ 25R	6 ♑ 55R	12 ♌ 16	5 ♏ 30R	1 ♍ 43R	11 ≏ 45	
1	14 32 42	9 ♉ 5256	23 ♒ 38	13 ♈ 21	18 ♊ 54	11 ♋ 44	29 ♏ 19R	6 ♑ 54R	12 ♌ 16	5 ♏ 29R	1 ♍ 42R	11 ≏ 42	MAGGIO
5	14 48 28	13 ♉ 4545	12 ♈ 51	18 ♈ 24	23 ♊ 31	14 ♋ 3	28 ♏ 51R	6 ♑ 48R	12 ♌ 19	5 ♏ 22R	1 ♍ 41R	11 ≏ 29	
10	15 8 11	18 ♉ 3611	12 ♊ 4	25 ♈ 34	29 ♊ 15	16 ♋ 57	28 ♏ 14R	6 ♑ 38R	12 ♌ 24	5 ♏ 14R	1 ♍ 40R	11 ≏ 13	
15	15 27 54	23 ♉ 2554	13 ♌ 21	3 ♉ 36	4 ♋ 55	19 ♋ 53	27 ♏ 37R	6 ♑ 26R	12 ♌ 30	5 ♏ 6R	1 ♍ 40	10 ≏ 57	
20	15 47 37	28 ♉ 1454	22 ≏ 18	12 ♉ 29	10 ♋ 32	22 ♋ 49	26 ♏ 59R	6 ♑ 12R	12 ♌ 37	4 ♏ 59R	1 ♍ 40	10 ≏ 42	
25	16 7 19	3 ♊ 316	7 ♑ 46	22 ♉ 14	16 ♋ 4	25 ♋ 47	26 ♏ 20R	5 ♑ 56R	12 ♌ 45	4 ♏ 52R	1 ♍ 42	10 ≏ 26	
31	16 30 59	8 ♊ 48	27 ♓ 49	4 ♊ 53	22 ♋ 36	29 ♋ 20	25 ♏ 36R	5 ♑ 35R	12 ♌ 57	4 ♏ 44R	1 ♍ 44	10 ≏ 7	
1	16 34 55	9 ♊ 4614	9 ♈ 54	7 ♊ 4	23 ♋ 41	29 ♋ 56	25 ♏ 29R	5 ♑ 31R	12 ♌ 59	4 ♏ 42R	1 ♍ 45	10 ≏ 3	GIUGNO
5	16 50 41	13 ♊ 3612	27 ♉ 14	15 ♊ 51	27 ♋ 57	2 ♌ 19	25 ♏ 0R	5 ♑ 16R	13 ♌ 8	4 ♏ 37R	1 ♍ 47	9 ≏ 51	
10	17 10 24	18 ♊ 2320	27 ♋ 45	26 ♊ 40	3 ♌ 11	5 ♌ 19	24 ♏ 27R	4 ♑ 56R	13 ♌ 20	4 ♏ 32R	1 ♍ 51	9 ≏ 35	
15	17 30 7	23 ♊ 103	3 ≏ 2	6 ♋ 51	8 ♌ 18	8 ♌ 20	23 ♏ 56R	4 ♑ 35R	13 ♌ 32	4 ♏ 27R	1 ♍ 55	9 ≏ 19	
20	17 49 50	27 ♊ 5623	16 ♐ 11	16 ♋ 10	13 ♌ 17	11 ♌ 21	23 ♏ 29R	4 ♑ 13R	13 ♌ 46	4 ♏ 22R	1 ♍ 60	9 ≏ 3	
25	18 9 32	2 ♋ 4230	28 ♒ 15	24 ♋ 29	18 ♌ 5	14 ♌ 23	23 ♏ 5R	3 ♑ 51R	14 ♌ 1	4 ♏ 19R	2 ♍ 5	8 ≏ 47	
30	18 29 15	7 ♋ 2834	0 ♉ 24	1 ♌ 49	22 ♌ 42	17 ♌ 25	22 ♏ 45R	3 ♑ 29R	14 ♌ 16	4 ♏ 16R	2 ♍ 12	8 ≏ 31	

1959	GIORNO	TEMPO SIDERALE	☉	☽	☿	♀	♂	♃	♄	♅	♆	♇	☊
LUGLIO	1	18 33 12	8 ♋ 25 47	12 ♉ 13	3 ♌ 10	23 ♌ 36	18 ♌ 2	22 ♏ 41R	3 ♑ 25R	14 ♌ 19	4 ♏ 15R	2 ♍ 13	8 ♎ 28
	5	18 48 58	12 ♋ 14 40	29 ♊ 58	8 ♌ 6	27 ♌ 5	20 ♌ 29	22 ♏ 29R	3 ♑ 7R	14 ♌ 32	4 ♏ 13R	2 ♍ 18	8 ♎ 15
	10	19 8 41	17 ♋ 0 47	3 ♍ 8	13 ♌ 13	1 ♍ 12	23 ♌ 33	22 ♏ 17R	2 ♑ 46R	14 ♌ 49	4 ♏ 12R	2 ♍ 26	7 ♎ 59
	15	19 28 24	21 ♋ 46 53	11 ♏ 30	16 ♌ 57	4 ♍ 59	26 ♌ 37	22 ♏ 10R	2 ♑ 25R	15 ♌ 6	4 ♏ 11R	2 ♍ 33	7 ♎ 44
	20	19 48 6	26 ♋ 3 30	24 ♑ 33	19 ♌ 2	8 ♍ 22	29 ♌ 43	22 ♏ 7R	2 ♑ 6R	15 ♌ 24	4 ♏ 11	2 ♍ 42	7 ♎ 28
	25	20 7 49	1 ♌ 19 19	2 ♈ 9	19 ♌ 11R	11 ♍ 16	2 ♍ 49	22 ♏ 9	1 ♑ 47R	15 ♌ 42	4 ♏ 12	2 ♍ 50	7 ♎ 12
	31	20 31 28	7 ♌ 3 22	14 ♊ 12	16 ♌ 43R	13 ♍ 59	6 ♍ 33	22 ♏ 18	1 ♑ 27R	16 ♌ 4	4 ♏ 14	3 ♍ 1	6 ♎ 53
AGOSTO	1	20 35 25	8 ♌ 0 46	26 ♊ 15	16 ♌ 4R	14 ♍ 20	7 ♍ 11	22 ♏ 20	1 ♑ 24R	16 ♌ 8	4 ♏ 15	3 ♍ 3	6 ♎ 50
	5	20 51 11	11 ♌ 50 32	16 ♌ 34	13 ♌ 6R	15 ♍ 28	9 ♍ 41	22 ♏ 29	1 ♑ 12R	16 ♌ 22	4 ♏ 17	3 ♍ 11	6 ♎ 37
	10	21 10 54	16 ♌ 38 6	24 ♎ 11	9 ♌ 34R	16 ♍ 6	12 ♍ 49	22 ♏ 46	0 ♑ 60R	16 ♌ 41	4 ♏ 21	3 ♍ 20	6 ♎ 21
	15	21 30 37	21 ♌ 26 1	5 ♑ 11	7 ♌ 44R	15 ♍ 48R	15 ♍ 59	23 ♏ 6	0 ♑ 49R	16 ♌ 60	4 ♏ 25	3 ♍ 30	6 ♎ 5
	20	21 50 19	26 ♌ 14 21	14 ♓ 26	8 ♌ 42	14 ♍ 30R	19 ♍ 9	23 ♏ 30	0 ♑ 40R	17 ♌ 18	4 ♏ 30	3 ♍ 40	5 ♎ 49
	25	22 10 2	1 ♍ 3 17	16 ♉ 30	12 ♌ 44	12 ♍ 19R	22 ♍ 20	23 ♏ 59	0 ♑ 33R	17 ♌ 36	4 ♏ 36	3 ♍ 50	5 ♎ 33
	31	22 33 42	6 ♍ 50 58	29 ♋ 10	21 ♌ 1	8 ♍ 52R	26 ♍ 10	24 ♏ 38	0 ♑ 29R	17 ♌ 58	4 ♏ 43	4 ♍ 2	5 ♎ 14
SETTEMBRE	1	22 37 38	7 ♍ 49 2	12 ♌ 3	22 ♌ 41	8 ♍ 14R	26 ♍ 49	24 ♏ 44	0 ♑ 28R	18 ♌ 2	4 ♏ 45	4 ♍ 4	5 ♎ 11
	5	22 53 24	11 ♍ 41 31	6 ♎ 27	29 ♌ 48	5 ♍ 47R	29 ♍ 23	25 ♏ 14	0 ♑ 28R	18 ♌ 16	4 ♏ 51	4 ♍ 12	4 ♎ 58
	10	23 13 7	16 ♍ 32 44	17 ♐ 35	9 ♍ 18	3 ♍ 4R	2 ♎ 37	25 ♏ 53	0 ♑ 29	18 ♌ 33	4 ♏ 58	4 ♍ 22	4 ♎ 42
	15	23 32 50	21 ♍ 24 36	26 ♒ 43	18 ♍ 51	1 ♍ 4R	5 ♎ 52	26 ♏ 36	0 ♑ 32	18 ♌ 50	5 ♏ 7	4 ♍ 32	4 ♎ 27
	20	23 52 33	26 ♍ 17 10	0 ♉ 24	28 ♍ 6	0 ♍ 1R	9 ♎ 7	27 ♏ 21	0 ♑ 38	19 ♌ 6	5 ♏ 16	4 ♍ 42	4 ♎ 11
	25	0 12 15	1 ♎ 10 37	0 ♋ 5	6 ♎ 57	29 ♌ 58	12 ♎ 24	28 ♏ 9	0 ♑ 47	19 ♌ 21	5 ♏ 25	4 ♍ 51	3 ♎ 55
	30	0 31 58	6 ♎ 50	3 ♍ 20	15 ♎ 25	0 ♍ 32	15 ♎ 42	29 ♏ 0	0 ♑ 58	19 ♌ 36	5 ♏ 35	5 ♍ 0	3 ♎ 39
OTTOBRE	1	0 35 55	7 ♎ 3 59	17 ♍ 2	17 ♎ 4	1 ♍ 9	16 ♎ 22	29 ♏ 11	1 ♑ 0	19 ♌ 39	5 ♏ 37	5 ♍ 2	3 ♎ 36
	5	0 51 41	11 ♎ 0 17	14 ♏ 45	23 ♎ 31	2 ♍ 36	19 ♎ 1	29 ♏ 53	1 ♑ 11	19 ♌ 50	5 ♏ 45	5 ♍ 9	3 ♎ 23
	10	1 11 24	15 ♎ 56 21	26 ♑ 27	1 ♏ 16	5 ♍ 3	22 ♎ 20	0 ♐ 49	1 ♑ 26	20 ♌ 2	5 ♏ 56	5 ♍ 17	3 ♎ 7
	15	1 31 6	20 ♎ 53 10	1 ♈ 55	8 ♏ 43	8 ♍ 5	25 ♎ 41	1 ♐ 46	1 ♑ 44	20 ♌ 14	6 ♏ 6	5 ♍ 25	2 ♎ 51
	20	1 50 49	25 ♎ 50 47	2 ♊ 38	15 ♏ 49	11 ♍ 38	29 ♎ 3	2 ♐ 45	2 ♑ 3	20 ♌ 25	6 ♏ 17	5 ♍ 32	2 ♎ 35
	25	2 10 32	0 ♏ 49 19	2 ♌ 32	22 ♏ 34	15 ♍ 34	2 ♏ 26	3 ♐ 46	2 ♑ 25	20 ♌ 34	6 ♏ 29	5 ♍ 39	2 ♎ 20
	31	2 34 11	6 ♏ 48 46	23 ♎ 40	29 ♏ 56	20 ♍ 45	6 ♏ 31	5 ♐ 0	2 ♑ 53	20 ♌ 44	6 ♏ 42	5 ♍ 47	2 ♎ 0
NOVEMBRE	1	2 38 8	7 ♏ 48 48	8 ♏ 35	1 ♐ 4	21 ♍ 40	7 ♏ 12	5 ♐ 13	2 ♑ 58	20 ♌ 46	6 ♏ 44	5 ♍ 48	1 ♎ 57
	5	2 53 54	11 ♏ 49 13	8 ♑ 29	5 ♐ 8	25 ♍ 23	9 ♏ 56	6 ♐ 4	3 ♑ 19	20 ♌ 51	6 ♏ 53	5 ♍ 52	1 ♎ 45
	10	3 13 37	16 ♏ 50 21	16 ♓ 19	8 ♐ 48	0 ♎ 15	13 ♏ 23	7 ♐ 9	3 ♑ 46	20 ♌ 56	7 ♏ 4	5 ♍ 57	1 ♎ 29
	15	3 33 20	21 ♏ 52 5	17 ♉ 27	9 ♐ 49R	5 ♎ 18	16 ♏ 51	8 ♐ 14	4 ♑ 14	21 ♌ 0	7 ♏ 15	6 ♍ 1	1 ♎ 13
	20	3 53 2	26 ♏ 54 30	16 ♋ 55	6 ♐ 57R	10 ♎ 31	20 ♏ 19	9 ♐ 20	4 ♑ 44	21 ♌ 3	7 ♏ 26	6 ♍ 4	0 ♎ 57
	25	4 12 45	1 ♐ 57 38	19 ♍ 28	0 ♐ 40R	15 ♎ 53	23 ♏ 49	10 ♐ 27	5 ♑ 15	21 ♌ 4	7 ♏ 37	6 ♍ 7	0 ♎ 41
	30	4 32 28	7 ♐ 1 26	1 ♐ 47	25 ♏ 7R	21 ♎ 22	27 ♏ 20	11 ♐ 35	5 ♑ 47	21 ♌ 4R	7 ♏ 47	6 ♍ 8	0 ♎ 25
DICEMBRE	1	4 36 24	8 ♐ 2 15	17 ♐ 8	24 ♏ 28R	22 ♎ 28	28 ♏ 3	11 ♐ 48	5 ♑ 53	21 ♌ 4R	7 ♏ 49	6 ♍ 9	0 ♎ 22
	5	4 52 11	12 ♐ 5 45	16 ♒ 12	23 ♏ 48	26 ♎ 57	0 ♐ 53	12 ♐ 42	6 ♑ 20	21 ♌ 3R	7 ♏ 57	6 ♍ 9	0 ♎ 9
	10	5 11 53	17 ♐ 10 26	20 ♈ 29	26 ♏ 28	2 ♏ 38	4 ♐ 26	13 ♐ 50	6 ♑ 53	21 ♌ 0R	8 ♏ 7	6 ♍ 10R	29 ♍ 53
	15	5 31 36	22 ♐ 15 23	20 ♊ 4	1 ♐ 31	8 ♏ 23	8 ♐ 1	14 ♐ 58	7 ♑ 28	20 ♌ 56R	8 ♏ 15	6 ♍ 9R	29 ♍ 37
	20	5 51 19	27 ♐ 20 39	20 ♌ 24	7 ♐ 48	14 ♏ 12	11 ♐ 36	16 ♐ 5	8 ♑ 3	20 ♌ 50R	8 ♏ 24	6 ♍ 8R	29 ♍ 22
	25	6 11 2	2 ♑ 26 14	25 ♎ 52	14 ♐ 44	20 ♏ 4	15 ♐ 13	17 ♐ 12	8 ♑ 38	20 ♌ 44R	8 ♏ 32	6 ♍ 6R	29 ♍ 6
	31	6 34 41	8 ♑ 33 15	25 ♑ 30	23 ♐ 28	27 ♏ 11	19 ♐ 34	18 ♐ 31	9 ♑ 20	20 ♌ 34R	8 ♏ 40	6 ♍ 2R	28 ♍ 47

GIORNO	TEMPO SIDERALE	☉	☽	☿	♀	♂	♃	♄	♅	♆	♇	☊	1960
1	6 38 38	9 ♑ 34 26	10 ♒ 16	24 ♐ 57	28 ♏ 22	20 ♐ 18	18 ♐ 44	9 ♑ 27	20 ♌ 32R	8 ♏ 42	6 ♍ 2R	28 ♍ 43	GENNAIO
5	6 54 24	13 ♑ 39 8	4 ♈ 35	0 ♑ 59	3 ♐ 9	23 ♐ 14	19 ♐ 36	9 ♑ 56	20 ♌ 25R	8 ♏ 47	5 ♍ 59R	28 ♍ 31	
10	7 14 7	18 ♑ 44 54	5 ♊ 3	8 ♑ 40	9 ♐ 9	26 ♐ 54	20 ♐ 41	10 ♑ 31	20 ♌ 15R	8 ♏ 52	5 ♍ 54R	28 ♍ 15	
15	7 33 49	23 ♑ 50 29	5 ♌ 7	16 ♑ 32	15 ♐ 11	0 ♑ 35	21 ♐ 44	11 ♑ 6	20 ♌ 4R	8 ♏ 57	5 ♍ 49R	27 ♍ 59	
20	7 53 32	28 ♑ 55 55	8 ♎ 38	24 ♑ 37	21 ♐ 15	4 ♑ 17	22 ♐ 46	11 ♑ 41	19 ♌ 52R	9 ♏ 1	5 ♍ 44R	27 ♍ 43	
25	8 13 15	4 ♒ 1 12	18 ♐ 52	2 ♒ 55	27 ♐ 19	8 ♑ 0	23 ♐ 46	12 ♑ 15	19 ♌ 40R	9 ♏ 4	5 ♍ 38R	27 ♍ 27	
31	8 36 54	10 ♒ 7 10	16 ♓ 14	13 ♒ 13	4 ♑ 38	12 ♑ 29	24 ♐ 56	12 ♑ 55	19 ♌ 25R	9 ♏ 7	5 ♍ 30R	27 ♍ 8	
1	8 40 51	11 ♒ 8 7	29 ♓ 38	14 ♒ 58	5 ♑ 51	13 ♑ 14	25 ♐ 7	13 ♑ 1	19 ♌ 22R	9 ♏ 7	5 ♍ 29R	27 ♍ 5	FEBBRAIO
5	8 56 37	15 ♒ 11 39	19 ♉ 34	22 ♒ 3	10 ♑ 45	16 ♑ 14	25 ♐ 52	13 ♑ 27	19 ♌ 12R	9 ♏ 8	5 ♍ 23R	26 ♍ 52	
10	9 16 20	20 ♒ 15 31	19 ♋ 14	1 ♓ 1	16 ♑ 52	20 ♑ 0	26 ♐ 46	13 ♑ 59	18 ♌ 58R	9 ♏ 8R	5 ♍ 16R	26 ♍ 36	
15	9 36 3	25 ♒ 18 48	22 ♍ 21	9 ♓ 47	22 ♑ 60	23 ♑ 47	27 ♐ 37	14 ♑ 29	18 ♌ 45R	9 ♏ 8R	5 ♍ 8R	26 ♍ 20	
20	9 55 45	0 ♓ 21 32	0 ♐ 28	17 ♓ 37	29 ♑ 8	27 ♑ 35	28 ♐ 26	14 ♑ 58	18 ♌ 32R	9 ♏ 7R	5 ♍ 1R	26 ♍ 5	
25	10 15 28	5 ♓ 23 44	12 ♒ 14	23 ♓ 23	5 ♒ 17	1 ♒ 23	29 ♐ 12	15 ♑ 25	18 ♌ 20R	9 ♏ 5R	4 ♍ 53R	25 ♍ 49	
29	10 31 14	9 ♓ 25 1	7 ♈ 22	25 ♓ 39	10 ♒ 12	4 ♒ 26	29 ♐ 47	15 ♑ 46	18 ♌ 10R	9 ♏ 2R	4 ♍ 47R	25 ♍ 36	
1	10 35 11	10 ♓ 25 15	20 ♈ 20	25 ♓ 50	11 ♒ 26	5 ♒ 12	29 ♐ 56	15 ♑ 51	18 ♌ 8R	9 ♏ 2R	4 ♍ 45R	25 ♍ 33	MARZO
5	10 50 57	14 ♓ 25 54	9 ♊ 24	24 ♓ 60R	16 ♒ 21	8 ♒ 16	0 ♑ 28	16 ♑ 11	17 ♌ 58R	8 ♏ 59R	4 ♍ 39R	25 ♍ 20	
10	11 10 40	19 ♓ 25 55	9 ♌ 33	21 ♓ 10R	22 ♒ 31	12 ♒ 5	1 ♑ 5	16 ♑ 34	17 ♌ 47R	8 ♏ 55R	4 ♍ 32R	25 ♍ 4	
15	11 30 23	24 ♓ 25 4	15 ♎ 10	16 ♓ 24R	28 ♒ 40	15 ♒ 56	1 ♑ 38	16 ♑ 55	17 ♌ 37R	8 ♏ 50R	4 ♍ 24R	24 ♍ 48	
20	11 50 5	29 ♓ 23 26	25 ♐ 42	13 ♓ 2R	4 ♓ 50	19 ♒ 47	2 ♑ 8	17 ♑ 14	17 ♌ 28R	8 ♏ 44R	4 ♍ 17R	24 ♍ 32	
25	12 9 48	4 ♈ 21 5	5 ♓ 40	12 ♓ 7	10 ♓ 59	23 ♒ 37	2 ♑ 34	17 ♑ 31	17 ♌ 20R	8 ♏ 38R	4 ♍ 11R	24 ♍ 17	
31	12 33 27	10 ♈ 17 12	23 ♉ 9	14 ♓ 3	18 ♓ 22	28 ♒ 15	2 ♑ 59	17 ♑ 49	17 ♌ 11R	8 ♏ 30R	4 ♍ 3R	23 ♍ 58	
1	12 37 24	11 ♈ 16 25	5 ♊ 16	14 ♓ 39	19 ♓ 36	29 ♒ 1	3 ♑ 3	17 ♑ 51	17 ♌ 10R	8 ♏ 29R	4 ♍ 2R	23 ♍ 54	APRILE
5	12 53 10	15 ♈ 12 57	22 ♋ 57	17 ♓ 39	24 ♓ 32	2 ♓ 6	3 ♑ 15	18 ♑ 1	17 ♌ 6R	8 ♏ 23R	3 ♍ 58R	23 ♍ 42	
10	13 12 53	20 ♈ 7 44	26 ♍ 16	22 ♓ 35	0 ♈ 41	5 ♓ 58	3 ♑ 27	18 ♑ 11	17 ♌ 1R	8 ♏ 15R	3 ♍ 53R	23 ♍ 26	
15	13 32 36	25 ♈ 1 40	7 ♐ 32	28 ♓ 34	6 ♈ 50	9 ♓ 49	3 ♑ 35	18 ♑ 18	16 ♌ 58R	8 ♏ 8R	3 ♍ 48R	23 ♍ 10	
20	13 52 18	29 ♈ 54 51	18 ♒ 43	5 ♈ 25	12 ♈ 60	13 ♓ 40	3 ♑ 37	18 ♑ 23	16 ♌ 56R	7 ♏ 60R	3 ♍ 44R	22 ♍ 54	
25	14 12 1	4 ♉ 47 21	24 ♈ 19	13 ♈ 3	19 ♈ 8	17 ♓ 31	3 ♑ 35R	18 ♑ 25	16 ♌ 56	7 ♏ 52R	3 ♍ 41R	22 ♍ 38	
30	14 31 44	9 ♉ 39 6	25 ♊ 21	21 ♈ 26	25 ♈ 17	21 ♓ 21	3 ♑ 28R	18 ♑ 26R	16 ♌ 57	7 ♏ 43R	3 ♍ 38R	22 ♍ 22	
1	14 35 41	10 ♉ 37 21	7 ♋ 14	23 ♈ 12	26 ♈ 31	22 ♓ 7	3 ♑ 26R	18 ♑ 25R	16 ♌ 57	7 ♏ 42R	3 ♍ 38R	22 ♍ 19	MAGGIO
5	14 51 27	14 ♉ 30 1	25 ♌ 20	0 ♉ 34	1 ♉ 26	25 ♓ 11	3 ♑ 17R	18 ♑ 23R	16 ♌ 59	7 ♏ 35R	3 ♍ 37R	22 ♍ 6	
10	15 11 10	19 ♉ 20 9	2 ♏ 20	10 ♉ 26	7 ♉ 35	29 ♓ 0	3 ♑ 1R	18 ♑ 18R	17 ♌ 2	7 ♏ 27R	3 ♍ 35R	21 ♍ 50	
15	15 30 53	24 ♉ 9 35	16 ♑ 46	20 ♉ 58	13 ♉ 43	2 ♈ 49	2 ♑ 40R	18 ♑ 11R	17 ♌ 7	7 ♏ 19R	3 ♍ 35	21 ♍ 35	
20	15 50 36	28 ♉ 58 30	25 ♓ 44	1 ♊ 52	19 ♉ 52	6 ♈ 37	2 ♑ 16R	18 ♑ 2R	17 ♌ 13	7 ♏ 12R	3 ♍ 35	21 ♍ 19	
25	16 10 18	3 ♊ 46 58	28 ♉ 2	12 ♊ 40	25 ♉ 60	10 ♈ 24	1 ♑ 48R	17 ♑ 50R	17 ♌ 21	7 ♏ 4R	3 ♍ 36	21 ♍ 3	
31	16 33 58	9 ♊ 32 27	9 ♌ 31	24 ♊ 45	3 ♊ 22	14 ♈ 55	1 ♑ 11R	17 ♑ 34R	17 ♌ 31	6 ♏ 56R	3 ♍ 39	20 ♍ 44	
1	16 37 54	10 ♊ 29 58	21 ♌ 33	26 ♊ 37	4 ♊ 36	15 ♈ 39	1 ♑ 4R	17 ♑ 31R	17 ♌ 33	6 ♏ 55R	3 ♍ 39	20 ♍ 41	GIUGNO
5	16 53 40	14 ♊ 19 47	12 ♎ 29	3 ♋ 42	9 ♊ 30	18 ♈ 39	0 ♑ 37R	17 ♑ 18R	17 ♌ 41	6 ♏ 50R	3 ♍ 42	20 ♍ 28	
10	17 13 23	19 ♊ 6 37	25 ♐ 40	11 ♋ 33	15 ♊ 39	22 ♈ 22	0 ♑ 1R	17 ♑ 1R	17 ♌ 52	6 ♏ 44R	3 ♍ 45	20 ♍ 12	
15	17 33 6	23 ♊ 53 10	9 ♓ 2	18 ♋ 11	21 ♊ 47	26 ♈ 4	29 ♐ 23R	16 ♑ 42R	18 ♌ 4	6 ♏ 39R	3 ♍ 49	19 ♍ 56	
20	17 52 49	28 ♊ 39 33	12 ♉ 60	23 ♋ 33	27 ♊ 55	29 ♈ 44	28 ♐ 45R	16 ♑ 22R	18 ♌ 18	6 ♏ 34R	3 ♍ 54	19 ♍ 40	
25	18 12 31	3 ♋ 25 51	12 ♋ 46	27 ♋ 29	4 ♋ 4	3 ♉ 22	28 ♐ 7R	16 ♑ 1R	18 ♌ 32	6 ♏ 30R	3 ♍ 59	19 ♍ 24	
30	18 32 14	8 ♋ 11 59	12 ♍ 50	29 ♋ 45	10 ♋ 13	6 ♉ 59	27 ♐ 29R	15 ♑ 40R	18 ♌ 46	6 ♏ 27R	4 ♍ 6	19 ♍ 8	

1960	GIORNO	TEMPO SIDERALE	☉	☽	☿	♀	♂	♃	♄	♅	♆	♇	☊
LUGLIO	1	18 36 11	9 ♋ 9 12	25 ♍ 21	29 ♋ 59	11 ♋ 26	7 ♉ 42	27 ♐ 22R	15 ♑ 35R	18 ♌ 49	6 ♏ 27R	4 ♍ 7	19 ♍ 5
	5	18 51 57	12 ♋ 57 58	19 ♏ 15	0 ♌ 10R	16 ♋ 22	10 ♉ 33	26 ♐ 53R	15 ♑ 18R	19 ♌ 2	6 ♏ 25R	4 ♍ 12	18 ♍ 52
	10	19 11 40	17 ♋ 43 52	4 ♒ 35	28 ♋ 41R	22 ♋ 30	14 ♉ 6	26 ♐ 18R	14 ♑ 56R	19 ♌ 18	6 ♏ 23R	4 ♍ 19	18 ♍ 37
	15	19 31 22	22 ♋ 29 53	14 ♈ 44	25 ♋ 47R	28 ♋ 40	17 ♉ 36	25 ♐ 46R	14 ♑ 34R	19 ♌ 35	6 ♏ 22R	4 ♍ 27	18 ♍ 21
	20	19 51 5	27 ♋ 16 8	16 ♊ 5	22 ♋ 32R	4 ♌ 49	21 ♉ 4	25 ♐ 17R	14 ♑ 12R	19 ♌ 52	6 ♏ 22	4 ♍ 35	18 ♍ 5
	25	20 10 48	2 ♌ 2 41	15 ♌ 36	20 ♋ 20R	10 ♌ 58	24 ♉ 30	24 ♐ 52R	13 ♑ 51R	20 ♌ 10	6 ♏ 23	4 ♍ 44	17 ♍ 49
	31	20 34 27	7 ♌ 46 51	1 ♏ 10	20 ♋ 30	18 ♌ 21	28 ♉ 33	24 ♐ 26R	13 ♑ 28R	20 ♌ 32	6 ♏ 25	4 ♍ 55	17 ♍ 30
AGOSTO	1	20 38 24	8 ♌ 44 15	14 ♏ 46	20 ♋ 53	19 ♌ 35	29 ♉ 13	24 ♐ 23R	13 ♑ 24R	20 ♌ 35	6 ♏ 25	4 ♍ 57	17 ♍ 27
	5	20 54 10	12 ♌ 33 56	12 ♑ 50	23 ♋ 28	24 ♌ 31	1 ♊ 52	24 ♐ 10R	13 ♑ 9R	20 ♌ 50	6 ♏ 27	5 ♍ 4	17 ♍ 14
	10	21 13 53	17 ♌ 21 21	26 ♓ 20	28 ♋ 59	0 ♍ 41	5 ♊ 8	23 ♐ 57R	12 ♑ 52R	21 ♌ 9	6 ♏ 30	5 ♍ 14	16 ♍ 58
	15	21 33 36	22 ♌ 9 19	0 ♊ 46	6 ♌ 40	6 ♍ 50	8 ♊ 21	23 ♐ 50R	12 ♑ 37R	21 ♌ 28	6 ♏ 34	5 ♍ 24	16 ♍ 42
	20	21 53 18	26 ♌ 57 54	0 ♌ 21	15 ♌ 52	12 ♍ 60	11 ♊ 30	23 ♐ 47R	12 ♑ 24R	21 ♌ 46	6 ♏ 39	5 ♍ 34	16 ♍ 26
	25	22 13 1	1 ♍ 47 7	2 ♎ 3	25 ♌ 45	19 ♍ 9	14 ♊ 36	23 ♐ 48	12 ♑ 12R	22 ♌ 5	6 ♏ 45	5 ♍ 44	16 ♍ 10
	31	22 36 41	7 ♍ 34 55	23 ♐ 20	7 ♍ 36	26 ♍ 32	18 ♊ 13	23 ♐ 57	12 ♑ 2R	22 ♌ 27	6 ♏ 52	5 ♍ 56	15 ♍ 51
SETTEMBRE	1	22 40 37	8 ♍ 32 58	7 ♑ 44	9 ♍ 32	27 ♍ 46	18 ♊ 48	23 ♐ 59	12 ♑ 0R	22 ♌ 30	6 ♏ 53	5 ♍ 58	15 ♍ 48
	5	22 56 23	12 ♍ 25 23	6 ♓ 7	17 ♍ 5	2 ♎ 42	21 ♊ 8	24 ♐ 9	11 ♑ 55R	22 ♌ 45	6 ♏ 59	6 ♍ 6	15 ♍ 36
	10	23 16 6	17 ♍ 16 33	14 ♉ 6	26 ♍ 5	8 ♎ 51	23 ♊ 59	24 ♐ 25	11 ♑ 51R	23 ♌ 2	7 ♏ 7	6 ♍ 16	15 ♍ 20
	15	23 35 49	22 ♍ 8 33	14 ♋ 45	4 ♎ 36	14 ♎ 60	26 ♊ 45	24 ♐ 46	11 ♑ 49R	23 ♌ 20	7 ♏ 15	6 ♍ 26	15 ♍ 4
	20	23 55 32	27 ♍ 1 26	15 ♍ 35	12 ♎ 41	21 ♎ 8	29 ♊ 24	25 ♐ 11	11 ♑ 50	23 ♌ 36	7 ♏ 24	6 ♍ 36	14 ♍ 48
	25	0 15 14	1 ♎ 55 10	22 ♏ 4	20 ♎ 21	27 ♎ 17	1 ♋ 57	25 ♐ 40	11 ♑ 53	23 ♌ 52	7 ♏ 33	6 ♍ 46	14 ♍ 32
	30	0 34 57	6 ♎ 49 37	2 ♒ 38	27 ♎ 36	3 ♏ 25	4 ♋ 23	26 ♐ 13	11 ♑ 59	24 ♌ 8	7 ♏ 43	6 ♍ 55	14 ♍ 16
OTTOBRE	1	0 38 54	7 ♎ 48 36	16 ♒ 52	29 ♎ 0	4 ♏ 39	4 ♋ 51	26 ♐ 20	12 ♑ 0	24 ♌ 11	7 ♏ 45	6 ♍ 57	14 ♍ 13
	5	0 54 40	11 ♎ 44 50	12 ♈ 39	4 ♏ 25	9 ♏ 33	6 ♋ 41	26 ♐ 49	12 ♑ 7	24 ♌ 22	7 ♏ 53	7 ♍ 4	14 ♍ 0
	10	1 14 23	16 ♎ 40 53	16 ♊ 47	10 ♏ 43	15 ♏ 40	8 ♋ 51	27 ♐ 29	12 ♑ 18	24 ♌ 36	8 ♏ 3	7 ♍ 12	13 ♍ 44
	15	1 34 5	21 ♎ 37 52	16 ♌ 28	16 ♏ 19	21 ♏ 48	10 ♋ 51	28 ♐ 13	12 ♑ 31	24 ♌ 48	8 ♏ 14	7 ♍ 21	13 ♍ 28
	20	1 53 48	26 ♎ 35 49	20 ♎ 14	20 ♏ 49	27 ♏ 54	12 ♋ 40	28 ♐ 59	12 ♑ 46	24 ♌ 60	8 ♏ 25	7 ♍ 28	13 ♍ 13
	25	2 13 31	1 ♏ 34 36	0 ♑ 55	23 ♏ 36	4 ♐ 1	14 ♋ 17	29 ♐ 49	13 ♑ 3	25 ♌ 10	8 ♏ 36	7 ♍ 35	12 ♍ 57
	31	2 37 10	7 ♏ 34 6	24 ♓ 50	23 ♏ 11R	11 ♐ 20	15 ♋ 57	0 ♑ 51	13 ♑ 26	25 ♌ 21	8 ♏ 50	7 ♍ 43	12 ♍ 38
NOVEMBRE	1	2 41 7	8 ♏ 36 6	8 ♈ 17	22 ♏ 35R	12 ♐ 33	16 ♋ 12	1 ♑ 2	13 ♑ 31	25 ♌ 23	8 ♏ 52	7 ♍ 44	12 ♍ 34
	5	2 56 53	12 ♏ 34 27	0 ♊ 8	18 ♏ 45R	17 ♐ 25	17 ♋ 4	1 ♑ 46	13 ♑ 48	25 ♌ 29	9 ♏ 1	7 ♍ 48	12 ♍ 22
	10	3 16 36	17 ♏ 35 35	0 ♌ 30	12 ♏ 21R	23 ♐ 29	17 ♋ 54	2 ♑ 43	14 ♑ 12	25 ♌ 36	9 ♏ 12	7 ♍ 53	12 ♍ 6
	15	3 36 19	22 ♏ 37 32	1 ♎ 33	8 ♏ 20R	29 ♐ 33	18 ♋ 27	3 ♑ 43	14 ♑ 37	25 ♌ 41	9 ♏ 23	7 ♍ 58	11 ♍ 50
	20	3 56 1	27 ♏ 40 14	11 ♐ 28	8 ♏ 53	5 ♑ 36	18 ♋ 40	4 ♑ 44	15 ♑ 4	25 ♌ 45	9 ♏ 34	8 ♍ 1	11 ♍ 34
	25	4 15 44	2 ♐ 43 32	24 ♒ 17	12 ♏ 60	11 ♑ 38	18 ♋ 33R	5 ♑ 47	15 ♑ 32	25 ♌ 47	9 ♏ 45	8 ♍ 4	11 ♍ 18
	30	4 35 27	7 ♐ 47 18	1 ♉ 4	19 ♏ 2	17 ♑ 38	18 ♋ 4R	6 ♑ 51	16 ♑ 2	25 ♌ 48	9 ♏ 55	8 ♍ 6	11 ♍ 2
DICEMBRE	1	4 39 23	8 ♐ 48 6	13 ♉ 48	20 ♏ 23	18 ♑ 50	17 ♋ 56R	7 ♑ 4	16 ♑ 8	25 ♌ 48	9 ♏ 57	8 ♍ 6	10 ♍ 59
	5	4 55 10	12 ♐ 51 29	3 ♋ 4	26 ♏ 0	23 ♑ 37	17 ♋ 14R	7 ♑ 56	16 ♑ 33	25 ♌ 48R	10 ♏ 5	8 ♍ 7	10 ♍ 46
	10	5 14 52	17 ♐ 56 9	2 ♍ 23	3 ♐ 23	29 ♑ 35	16 ♋ 3R	9 ♑ 3	17 ♑ 5	25 ♌ 46R	10 ♏ 15	8 ♍ 8R	10 ♍ 30
	15	5 34 35	23 ♐ 1 17	6 ♏ 10	10 ♐ 57	5 ♒ 30	14 ♋ 34R	10 ♑ 11	17 ♑ 38	25 ♌ 43R	10 ♏ 24	8 ♍ 7R	10 ♍ 15
	20	5 54 18	28 ♐ 6 47	20 ♑ 4	18 ♐ 38	11 ♒ 23	12 ♋ 50R	11 ♑ 19	18 ♑ 12	25 ♌ 39R	10 ♏ 32	8 ♍ 6R	9 ♍ 59
	25	6 14 1	3 ♑ 12 28	1 ♈ 55	26 ♐ 23	17 ♒ 13	10 ♋ 55R	12 ♑ 28	18 ♑ 46	25 ♌ 33R	10 ♏ 40	8 ♍ 4R	9 ♍ 43
	31	6 37 40	9 ♑ 19 19	17 ♊ 46	5 ♑ 50	24 ♒ 8	8 ♋ 32R	13 ♑ 52	19 ♑ 28	25 ♌ 24R	10 ♏ 49	8 ♍ 1R	9 ♍ 24

GIORNO	TEMPO SIDERALE	☉	☽	☿	♀	♂	♃	♄	♅	♆	♇	☊	1961
1	6 41 37	10 ♑ 20 28	29 ♊ 49	7 ♑ 25	25 ♒ 17	8 ♋ 9R	14 ♑ 6	19 ♑ 35	25 ♌ 23R	10 ♏ 50	8 ♍ 0R	9 ♍ 21	GENNAIO
5	6 57 23	14 ♑ 25 2	17 ♌ 16	13 ♑ 50	29 ♒ 50	6 ♋ 36R	15 ♑ 1	20 ♑ 3	25 ♌ 16R	10 ♏ 55	7 ♍ 57R	9 ♍ 8	
10	7 17 6	19 ♑ 30 46	18 ♎ 1	22 ♑ 1	5 ♓ 27	4 ♋ 48R	16 ♑ 11	20 ♑ 39	25 ♌ 7R	11 ♏ 1	7 ♍ 53R	8 ♍ 52	
15	7 36 49	24 ♑ 36 30	27 ♐ 41	0 ♒ 21	10 ♓ 58	3 ♋ 14R	17 ♑ 21	21 ♑ 14	24 ♌ 56R	11 ♏ 6	7 ♍ 48R	8 ♍ 36	
20	7 56 32	29 ♑ 42 5	13 ♓ 8	8 ♒ 51	16 ♓ 23	1 ♋ 56R	18 ♑ 30	21 ♑ 50	24 ♌ 45R	11 ♏ 10	7 ♍ 43R	8 ♍ 20	
25	8 16 14	4 ♒ 47 20	20 ♉ 16	17 ♒ 23	21 ♓ 40	0 ♋ 58R	19 ♑ 40	22 ♑ 25	24 ♌ 33R	11 ♏ 14	7 ♍ 37R	8 ♍ 4	
31	8 39 54	10 ♒ 53 2	2 ♌ 25	27 ♒ 10	27 ♓ 49	0 ♋ 15R	21 ♑ 2	23 ♑ 7	24 ♌ 18R	11 ♏ 17	7 ♍ 29R	7 ♍ 45	
1	8 43 50	11 ♒ 53 55	14 ♌ 15	28 ♒ 41	28 ♓ 48	0 ♋ 10R	21 ♑ 15	23 ♑ 14	24 ♌ 16R	11 ♏ 17	7 ♍ 28R	7 ♍ 42	FEBBRAIO
5	8 59 36	15 ♒ 57 18	2 ♎ 19	4 ♓ 4	2 ♈ 43	0 ♋ 1R	22 ♑ 9	23 ♑ 41	24 ♌ 6R	11 ♏ 18	7 ♍ 22R	7 ♍ 29	
10	9 19 19	21 ♒ 1 9	7 ♐ 29	8 ♓ 24	7 ♈ 25	0 ♋ 6	23 ♑ 16	24 ♑ 14	23 ♌ 52R	11 ♏ 19	7 ♍ 15R	7 ♍ 14	
15	9 39 2	26 ♒ 4 33	21 ♒ 16	8 ♓ 49R	11 ♈ 50	0 ♋ 29	24 ♑ 21	24 ♑ 47	23 ♌ 39R	11 ♏ 19R	7 ♍ 8R	6 ♍ 58	
20	9 58 45	1 ♓ 7 20	3 ♉ 9	5 ♓ 13R	15 ♈ 57	1 ♋ 8	25 ♑ 25	25 ♑ 18	23 ♌ 26R	11 ♏ 18R	7 ♍ 0R	6 ♍ 42	
25	10 18 27	6 ♓ 9 22	5 ♋ 33	29 ♒ 50R	19 ♈ 40	2 ♋ 3	26 ♑ 27	25 ♑ 49	23 ♌ 13R	11 ♏ 16R	6 ♍ 52R	6 ♍ 26	
28	10 30 17	9 ♓ 10 12	11 ♌ 3	27 ♒ 4R	21 ♈ 41	2 ♋ 42	27 ♑ 4	26 ♑ 7	23 ♌ 6R	11 ♏ 14R	6 ♍ 48R	6 ♍ 16	
1	10 34 14	10 ♓ 10 25	22 ♌ 55	26 ♒ 20R	22 ♈ 19	2 ♋ 56	27 ♑ 16	26 ♑ 12	23 ♌ 3R	11 ♏ 14R	6 ♍ 46R	6 ♍ 13	MARZO
5	10 49 60	14 ♓ 10 58	11 ♎ 46	24 ♒ 33R	24 ♈ 36	3 ♋ 57	28 ♑ 4	26 ♑ 35	22 ♌ 53R	11 ♏ 11R	6 ♍ 40R	6 ♍ 0	
10	11 9 43	19 ♓ 11 1	17 ♐ 36	24 ♒ 48	26 ♈ 54	5 ♋ 23	29 ♑ 1	27 ♑ 2	22 ♌ 42R	11 ♏ 7R	6 ♍ 32R	5 ♍ 45	
15	11 29 25	24 ♓ 10 23	29 ♒ 44	27 ♒ 18	28 ♈ 26	6 ♋ 59	29 ♑ 57	27 ♑ 27	22 ♌ 31R	11 ♏ 3R	6 ♍ 25R	5 ♍ 29	
20	11 49 8	29 ♓ 8 58	11 ♉ 5	1 ♓ 27	29 ♈ 5	8 ♋ 44	0 ♒ 50	27 ♑ 51	22 ♌ 21R	10 ♏ 58R	6 ♍ 18R	5 ♍ 13	
25	12 8 51	4 ♈ 6 38	13 ♋ 48	6 ♓ 47	28 ♈ 44R	10 ♋ 37	1 ♒ 40	28 ♑ 13	22 ♌ 11R	10 ♏ 52R	6 ♍ 11R	4 ♍ 57	
31	12 32 30	10 ♈ 2 35	25 ♍ 39	14 ♓ 23	26 ♈ 58R	13 ♋ 1	2 ♒ 37	28 ♑ 36	22 ♌ 2R	10 ♏ 44R	6 ♍ 3R	4 ♍ 38	
1	12 36 27	11 ♈ 1 47	8 ♎ 12	15 ♓ 46	26 ♈ 32R	13 ♋ 26	2 ♒ 46	28 ♑ 40	22 ♌ 0R	10 ♏ 43R	6 ♍ 2R	4 ♍ 35	APRILE
5	12 52 13	14 ♈ 58 15	0 ♐ 48	21 ♓ 33	24 ♈ 31R	15 ♋ 8	3 ♒ 21	28 ♑ 54	21 ♌ 55R	10 ♏ 37R	5 ♍ 57R	4 ♍ 22	
10	13 11 56	19 ♈ 53 9	10 ♒ 38	29 ♓ 22	21 ♈ 30R	17 ♋ 21	4 ♒ 1	29 ♑ 9	21 ♌ 49R	10 ♏ 30R	5 ♍ 52R	4 ♍ 6	
15	13 31 39	24 ♈ 47 18	21 ♈ 45	7 ♈ 49	18 ♈ 23R	19 ♋ 38	4 ♒ 39	29 ♑ 22	21 ♌ 45R	10 ♏ 22R	5 ♍ 47R	3 ♍ 50	
20	13 51 21	29 ♈ 40 39	27 ♊ 31	16 ♈ 57	15 ♈ 41R	22 ♋ 0	5 ♒ 12	29 ♑ 33	21 ♌ 42R	10 ♏ 14R	5 ♍ 43R	3 ♍ 34	
25	14 11 4	4 ♉ 33 7	27 ♌ 15	26 ♈ 43	13 ♈ 46R	24 ♋ 26	5 ♒ 42	29 ♑ 41	21 ♌ 40R	10 ♏ 6R	5 ♍ 39R	3 ♍ 18	
30	14 30 47	9 ♉ 24 42	29 ♎ 45	7 ♉ 6	12 ♈ 50R	26 ♋ 55	6 ♒ 7	29 ♑ 47	21 ♌ 39	9 ♏ 58R	5 ♍ 36R	3 ♍ 3	
1	14 34 43	10 ♉ 22 56	13 ♏ 10	9 ♉ 14	12 ♈ 46R	27 ♋ 25	6 ♒ 12	29 ♑ 48	21 ♌ 39	9 ♏ 56R	5 ♍ 36R	2 ♍ 59	MAGGIO
5	14 50 30	14 ♉ 15 33	9 ♑ 4	17 ♉ 52	12 ♈ 54	29 ♋ 28	6 ♒ 29	29 ♑ 50	21 ♌ 40	9 ♏ 50R	5 ♍ 34R	2 ♍ 47	
10	15 10 12	19 ♉ 5 47	19 ♓ 36	28 ♉ 34	13 ♈ 53	2 ♌ 3	6 ♒ 46	29 ♑ 52R	21 ♌ 42	9 ♏ 42R	5 ♍ 33R	2 ♍ 31	
15	15 29 55	23 ♉ 55 28	27 ♉ 31	8 ♊ 36	15 ♈ 41	4 ♌ 41	6 ♒ 58	29 ♑ 50R	21 ♌ 46	9 ♏ 34R	5 ♍ 32R	2 ♍ 15	
20	15 49 38	28 ♉ 44 32	29 ♋ 38	17 ♊ 34	18 ♈ 9	7 ♌ 22	7 ♒ 6	29 ♑ 46R	21 ♌ 51	9 ♏ 26R	5 ♍ 32	1 ♍ 59	
25	16 9 21	3 ♊ 32 56	29 ♍ 20	25 ♊ 13	21 ♈ 11	10 ♌ 5	7 ♒ 9	29 ♑ 40R	21 ♌ 57	9 ♏ 19R	5 ♍ 33	1 ♍ 43	
31	16 32 60	9 ♊ 18 14	20 ♐ 7	2 ♋ 31	25 ♈ 25	13 ♌ 24	7 ♒ 7R	29 ♑ 30R	22 ♌ 6	9 10R	5 ♍ 35	1 ♍ 24	
1	16 36 57	10 ♊ 15 43	4 ♑ 39	3 ♋ 32	26 ♈ 10	13 ♌ 57	7 ♒ 6R	29 ♑ 28R	22 ♌ 8	9 ♏ 9R	5 ♍ 35	1 ♍ 21	GIUGNO
5	16 52 43	14 ♊ 5 31	2 ♓ 27	6 ♋ 55	29 ♈ 20	16 ♌ 11	6 ♒ 60R	29 ♑ 19R	22 ♌ 15	9 ♏ 4R	5 ♍ 37	1 ♍ 8	
10	17 12 26	18 ♊ 52 31	10 ♉ 40	9 ♋ 37	3 ♉ 34	19 ♌ 1	6 ♒ 48R	29 ♑ 6R	22 ♌ 25	8 ♏ 58R	5 ♍ 40	0 ♍ 52	
15	17 32 8	23 ♊ 39 17	13 ♊ 51	10 ♋ 27R	8 ♉ 3	21 ♌ 52	6 ♒ 31R	28 ♑ 51R	22 ♌ 36	8 ♏ 52R	5 ♍ 44	0 ♍ 36	
20	17 51 51	28 ♊ 25 45	13 ♍ 13	9 ♋ 27R	12 ♉ 44	24 ♌ 45	6 ♒ 10R	28 ♑ 34R	22 ♌ 48	8 ♏ 47R	5 ♍ 49	0 ♍ 20	
25	18 11 34	3 ♋ 11 56	16 ♏ 9	7 ♋ 2R	17 ♉ 35	27 ♌ 39	5 ♒ 45R	28 ♑ 16R	23 ♌ 1	8 ♏ 43R	5 ♍ 54	0 ♍ 5	
30	18 31 17	7 ♋ 57 54	28 ♑ 34	4 ♋ 8R	22 ♉ 35	0 ♍ 35	5 ♒ 17R	27 ♑ 56R	23 ♌ 15	8 ♏ 39R	6 ♍ 0	29 ♌ 49	

1961	GIORNO	TEMPO SIDERALE	☉	☽	☿	♀	♂	♃	♄	♅	♆	♇	☊
LUGLIO	1	18 35 13	8 ♋ 55 5	13 ♒ 29	3 ♋ 36R	23 ♉ 36	1 ♍ 11	5 ♒ 11R	27 ♑ 52R	23 ♌ 18	8 ♏ 39R	6 ♍ 1	29 ♌ 46
	5	18 50 59	12 ♋ 43 51	10 ♈ 51	1 ♋ 56R	27 ♉ 43	3 ♍ 33	4 ♒ 45R	27 ♑ 36R	23 ♌ 30	8 ♏ 36R	6 ♍ 7	29 ♌ 33
	10	19 10 42	17 ♋ 29 56	16 ♊ 0	1 ♋ 25	2 ♊ 58	6 ♍ 32	4 ♒ 11R	27 ♑ 14R	23 ♌ 45	8 ♏ 34R	6 ♍ 14	29 ♌ 17
	15	19 30 25	22 ♋ 16 9	16 ♌ 18	3 ♋ 1	8 ♊ 18	9 ♍ 33	3 ♒ 34R	26 ♑ 52R	24 ♌ 2	8 ♏ 33R	6 ♍ 21	29 ♌ 1
	20	19 50 8	27 ♋ 2 27	15 ♎ 53	6 ♋ 50	13 ♊ 43	12 ♍ 35	2 ♒ 57R	26 ♑ 30R	24 ♌ 18	8 ♏ 33R	6 ♍ 29	28 ♌ 45
	25	20 9 50	1 ♌ 48 51	22 ♐ 27	12 ♋ 46	19 ♊ 13	15 ♍ 38	2 ♒ 18R	26 ♑ 8R	24 ♌ 36	8 ♏ 33	6 ♍ 38	28 ♌ 29
	31	20 33 30	7 ♌ 32 50	22 ♓ 10	22 ♋ 21	25 ♊ 54	19 ♍ 20	1 ♒ 31R	25 ♑ 42R	24 ♌ 57	8 ♏ 34	6 ♍ 49	28 ♌ 10
AGOSTO	1	20 37 26	8 ♌ 30 13	6 ♈ 37	24 ♋ 10	27 ♊ 1	19 ♍ 57	1 ♒ 24R	25 ♑ 38R	25 ♌ 1	8 ♏ 35	6 ♍ 50	28 ♌ 7
	5	20 53 13	12 ♌ 19 56	0 ♊ 30	1 ♌ 53	1 ♋ 32	22 ♍ 26	0 ♒ 53R	25 ♑ 21R	25 ♌ 15	8 ♏ 36	6 ♍ 58	27 ♌ 54
	10	21 12 55	17 ♌ 7 32	1 ♌ 29	12 ♌ 6	7 ♋ 14	25 ♍ 34	0 ♒ 17R	25 ♑ 1R	25 ♌ 34	8 ♏ 39	7 ♍ 8	27 ♌ 38
	15	21 32 38	21 ♌ 55 39	0 ♎ 38	22 ♌ 20	12 ♋ 58	28 ♍ 43	29 ♑ 42R	24 ♑ 42R	25 ♌ 52	8 ♏ 43	7 ♍ 17	27 ♌ 23
	20	21 52 21	26 ♌ 44 12	3 ♐ 29	2 ♍ 11	18 ♋ 46	1 ♎ 53	29 ♑ 11R	24 ♑ 24R	26 ♌ 11	8 ♏ 47	7 ♍ 28	27 ♌ 7
	25	22 12 4	1 ♍ 33 14	15 ♒ 25	11 ♍ 30	24 ♋ 36	5 ♎ 5	28 ♑ 42R	24 ♑ 8R	26 ♌ 30	8 ♏ 52	7 ♍ 38	26 ♌ 51
	31	22 35 43	7 ♍ 20 51	13 ♉ 26	21 ♍ 58	1 ♌ 40	8 ♎ 57	28 ♑ 13R	23 ♑ 51R	26 ♌ 52	8 ♏ 59	7 ♍ 50	26 ♌ 32
SETTEMBRE	1	22 39 39	8 ♍ 18 53	26 ♉ 48	23 ♍ 38	2 ♌ 50	9 ♎ 35	28 ♑ 8R	23 ♑ 49R	26 ♌ 56	9 ♏ 1	7 ♍ 52	26 ♌ 29
	5	22 55 26	12 ♍ 11 22	16 ♋ 37	0 ♎ 6	7 ♌ 35	12 ♎ 11	27 ♑ 53R	23 ♑ 40R	27 ♌ 11	9 ♏ 6	8 ♍ 0	26 ♌ 16
	10	23 15 8	17 ♍ 2 43	15 ♍ 45	7 ♎ 43	13 ♌ 33	15 ♎ 27	27 ♑ 37R	23 ♑ 30R	27 ♌ 29	9 ♏ 13	8 ♍ 11	25 ♌ 60
	15	23 34 51	21 ♍ 54 48	17 ♏ 8	14 ♎ 51	19 ♌ 33	18 ♎ 45	27 ♑ 26R	23 ♑ 22R	27 ♌ 46	9 ♏ 21	8 ♍ 21	25 ♌ 44
	20	23 54 34	26 ♍ 47 34	24 ♑ 46	21 ♎ 25	25 ♌ 34	22 ♎ 4	27 ♑ 20R	23 ♑ 17R	28 ♌ 4	9 ♏ 30	8 ♍ 31	25 ♌ 28
	25	0 14 17	1 ♎ 41 4	8 ♈ 53	27 ♎ 20	1 ♍ 38	25 ♎ 24	27 ♑ 19	23 ♑ 15R	28 ♌ 20	9 ♏ 39	8 ♍ 40	25 ♌ 12
	30	0 33 60	6 ♎ 35 23	18 ♊ 16	2 ♏ 23	7 ♍ 43	28 ♎ 46	27 ♑ 23	23 ♑ 15	28 ♌ 37	9 ♏ 48	8 ♍ 50	24 ♌ 56
OTTOBRE	1	0 37 56	7 ♎ 34 21	0 ♋ 52	3 ♏ 15	8 ♍ 57	29 ♎ 26	27 ♑ 24	23 ♑ 15	28 ♌ 40	9 ♏ 50	8 ♍ 52	24 ♌ 53
	5	0 53 42	11 ♎ 30 38	18 ♌ 49	6 ♏ 9	13 ♍ 50	2 ♏ 9	27 ♑ 32	23 ♑ 17	28 ♌ 52	9 ♏ 58	8 ♍ 59	24 ♌ 40
	10	1 13 25	16 ♎ 26 50	18 ♎ 53	7 ♏ 58	19 ♍ 59	5 ♏ 33	27 ♑ 45	23 ♑ 22	29 ♌ 6	10 ♏ 9	9 ♍ 8	24 ♌ 25
	15	1 33 8	21 ♎ 23 53	23 ♐ 35	6 ♏ 57R	26 ♍ 8	8 ♏ 59	28 ♑ 3	23 ♑ 29	29 ♌ 20	10 ♏ 19	9 ♍ 16	24 ♌ 9
	20	1 52 51	26 ♎ 21 40	3 ♓ 31	2 ♏ 34R	2 ♎ 19	12 ♏ 26	28 ♑ 26	23 ♑ 39	29 ♌ 33	10 ♏ 30	9 ♍ 24	23 ♌ 53
	25	2 12 33	1 ♏ 20 12	15 ♉ 55	26 ♎ 28R	8 ♎ 31	15 ♏ 55	28 ♑ 53	23 ♑ 51	29 ♌ 44	10 ♏ 41	9 ♍ 32	23 ♌ 37
	31	2 36 13	7 ♏ 19 33	3 ♌ 15	22 ♎ 22R	15 ♎ 59	20 ♏ 7	29 ♑ 31	24 ♑ 8	29 ♌ 57	10 ♏ 55	9 ♍ 40	23 ♌ 18
NOVEMBRE	1	2 40 9	8 ♏ 19 34	15 ♌ 7	22 ♎ 19	17 ♎ 14	20 ♏ 49	29 ♑ 38	24 ♑ 12	29 ♌ 59	10 ♏ 57	9 ♍ 41	23 ♌ 15
	5	2 55 55	12 ♏ 19 59	2 ♎ 41	23 ♎ 53	22 ♎ 13	23 ♏ 39	0 ♒ 7	24 ♑ 26	0 ♍ 6	11 ♏ 6	9 ♍ 46	23 ♌ 2
	10	3 15 38	17 ♏ 21 15	6 ♐ 47	28 ♎ 46	28 ♎ 27	27 ♏ 12	0 ♒ 46	24 ♑ 45	0 ♍ 14	11 ♏ 17	9 ♍ 51	22 ♌ 46
	15	3 35 21	22 ♏ 23 11	15 ♒ 45	5 ♏ 27	4 ♏ 43	0 ♐ 47	1 ♒ 30	25 ♑ 6	0 ♍ 20	11 ♏ 28	9 ♍ 56	22 ♌ 30
	20	3 55 4	27 ♏ 25 41	26 ♈ 27	12 ♏ 55	10 ♏ 59	4 ♐ 23	2 ♒ 16	25 ♑ 29	0 ♍ 26	11 ♏ 39	9 ♍ 60	22 ♌ 14
	25	4 14 46	2 ♐ 28 45	4 ♋ 5	20 ♏ 40	17 ♏ 15	8 ♐ 0	3 ♒ 6	25 ♑ 54	0 ♍ 29	11 ♏ 50	10 ♍ 3	21 ♌ 58
	30	4 34 29	7 ♐ 32 25	4 ♍ 42	28 ♏ 30	23 ♏ 31	11 ♐ 39	3 ♒ 58	26 ♑ 21	0 ♍ 32	12 ♏ 1	10 ♍ 5	21 ♌ 43
DICEMBRE	1	4 38 26	8 ♐ 33 14	16 ♍ 31	0 ♐ 4	24 ♏ 47	12 ♐ 23	4 ♒ 9	26 ♑ 26	0 ♍ 32	12 ♏ 3	10 ♍ 5	21 ♌ 39
	5	4 54 12	12 ♐ 36 42	5 ♏ 35	6 ♐ 21	29 ♏ 48	15 ♐ 19	4 ♒ 53	26 ♑ 49	0 ♍ 33	12 ♏ 11	10 ♍ 7	21 ♌ 27
	10	5 13 55	17 ♐ 41 30	13 ♑ 51	14 ♐ 11	6 ♐ 6	19 ♐ 0	5 ♒ 51	27 ♑ 18	0 ♍ 32R	12 ♏ 21	10 ♍ 7	21 ♌ 11
	15	5 33 38	22 ♐ 46 36	24 ♓ 54	22 ♐ 2	12 ♐ 23	22 ♐ 43	6 ♒ 50	27 ♑ 49	0 ♍ 31R	12 ♏ 30	10 ♍ 7R	20 ♌ 55
	20	5 53 20	27 ♐ 51 54	3 ♊ 26	29 ♐ 56	18 ♐ 40	26 ♐ 27	7 ♒ 52	28 ♑ 21	0 ♍ 28R	12 ♏ 39	10 ♍ 7R	20 ♌ 39
	25	6 13 3	2 ♑ 57 22	6 ♌ 52	7 ♑ 54	24 ♐ 58	0 ♑ 12	8 ♒ 56	28 ♑ 54	0 ♍ 23R	12 ♏ 47	10 ♍ 5R	20 ♌ 23
	31	6 36 42	9 ♑ 4 11	18 ♎ 20	17 ♑ 35	2 ♑ 31	4 ♑ 43	10 ♒ 14	29 ♑ 34	0 ♍ 16R	12 ♏ 56	10 ♍ 2R	20 ♌ 4

GIORNO	TEMPO SIDERALE	☉	☽	☿	♀	♂	♃	♄	♅	♆	♇	☊	1962
1	6 40 39	10 ♑ 5 21	0 ♏ 40	19 ♑ 13	3 ♑ 46	5 ♑ 29	10 ♒ 28	29 ♑ 41	0 ♍ 15R	12 ♏ 57	10 ♍ 2R	20 ♌ 1	GENNAIO
5	6 56 25	14 ♑ 10 3	23 ♐ 51	25 ♑ 44	8 ♑ 48	8 ♑ 31	11 ♒ 21	0 ♒ 9	0 ♍ 9R	13 ♏ 3	9 ♍ 59R	19 ♌ 48	
10	7 16 8	19 ♑ 15 55	6 ♓ 46	3 ♒ 48	15 ♑ 6	12 ♑ 19	12 ♒ 30	0 ♒ 44	0 ♍ 0R	13 ♏ 9	9 ♍ 55R	19 ♌ 32	
15	7 35 51	24 ♑ 21 36	16 ♉ 55	11 ♒ 29	21 ♑ 23	16 ♑ 9	13 ♒ 39	1 ♒ 19	29 ♌ 51R	13 ♏ 14	9 ♍ 50R	19 ♌ 16	
20	7 55 33	29 ♑ 26 59	20 ♋ 55	18 ♒ 3	27 ♑ 40	19 ♑ 59	14 ♒ 49	1 ♒ 55	29 ♌ 41R	13 ♏ 19	9 ♍ 45R	19 ♌ 1	
25	8 15 16	4 ♒ 32 5	20 ♍ 43	22 ♒ 11	3 ♒ 57	23 ♑ 50	15 ♒ 60	2 ♒ 30	29 ♌ 30R	13 ♏ 23	9 ♍ 40R	18 ♌ 45	
31	8 38 56	10 ♒ 37 52	4 ♐ 23	21 ♒ 46R	11 ♒ 29	28 ♑ 29	17 ♒ 25	3 ♒ 13	29 ♌ 15R	13 ♏ 26	9 ♍ 32R	18 ♌ 26	
1	8 42 52	11 ♒ 38 48	17 ♐ 48	21 ♒ 3R	12 ♒ 45	29 ♑ 15	17 ♒ 40	3 ♒ 20	29 ♌ 13R	13 ♏ 27	9 ♍ 31R	18 ♌ 22	FEBBRAIO
5	8 58 38	15 ♒ 42 20	15 ♒ 36	16 ♒ 56R	17 ♒ 46	2 ♒ 22	18 ♒ 37	3 ♒ 49	29 ♌ 3R	13 ♏ 28	9 ♍ 25R	18 ♌ 10	
10	9 18 21	20 ♒ 46 19	29 ♈ 39	11 ♒ 11R	24 ♒ 2	6 ♒ 15	19 ♒ 49	4 ♒ 24	28 ♌ 50R	13 ♏ 29	9 ♍ 18R	17 ♌ 54	
15	9 38 4	25 ♒ 49 38	5 ♋ 32	7 ♒ 46R	0 ♓ 18	10 ♒ 9	21 ♒ 0	4 ♒ 58	28 ♌ 37R	13 ♏ 30R	9 ♍ 11R	17 ♌ 38	
20	9 57 47	0 ♓ 52 15	5 ♍ 41	7 ♒ 30	6 ♓ 34	14 ♒ 3	22 ♒ 12	5 ♒ 32	28 ♌ 24R	13 ♏ 29R	9 ♍ 3R	17 ♌ 22	
25	10 17 29	5 ♓ 54 14	5 ♏ 16	9 ♒ 47	12 ♓ 49	17 ♒ 58	23 ♒ 23	6 ♒ 5	28 ♌ 11R	13 ♏ 27R	8 ♍ 55R	17 ♌ 6	
28	10 29 19	8 ♓ 55 8	12 ♐ 60	12 ♒ 3	16 ♓ 34	20 ♒ 19	24 ♒ 6	6 ♒ 24	28 ♌ 3R	13 ♏ 26R	8 ♍ 51R	16 ♌ 57	
1	10 33 16	9 ♓ 55 23	26 ♐ 15	12 ♒ 55	17 ♓ 49	21 ♒ 6	24 ♒ 20	6 ♒ 31	28 ♌ 0R	13 ♏ 26R	8 ♍ 49R	16 ♌ 53	MARZO
5	10 49 2	13 ♓ 56 7	23 ♒ 31	16 ♒ 53	22 ♓ 49	24 ♒ 15	25 ♒ 16	6 ♒ 56	27 ♌ 50R	13 ♏ 23R	8 ♍ 43R	16 ♌ 41	
10	11 8 45	18 ♓ 56 22	8 ♉ 39	22 ♒ 43	29 ♓ 3	28 ♒ 10	26 ♒ 26	7 ♒ 26	27 ♌ 38R	13 ♏ 20R	8 ♍ 35R	16 ♌ 25	
15	11 28 27	23 ♓ 55 45	14 ♋ 51	29 ♒ 19	5 ♈ 16	2 ♓ 5	27 ♒ 34	7 ♒ 55	27 ♌ 26R	13 ♏ 16R	8 ♍ 28R	16 ♌ 9	
20	11 48 10	28 ♓ 54 12	14 ♍ 28	6 ♓ 33	11 ♈ 29	6 ♓ 1	28 ♒ 42	8 ♒ 23	27 ♌ 15R	13 ♏ 11R	8 ♍ 20R	15 ♌ 53	
25	12 7 53	3 ♈ 51 47	14 ♏ 32	14 ♓ 21	17 ♈ 41	9 ♓ 56	29 ♒ 48	8 ♒ 49	27 ♌ 5R	13 ♏ 5R	8 ♍ 13R	15 ♌ 37	
31	12 31 32	9 ♈ 47 53	3 ♒ 5	24 ♓ 27	25 ♈ 6	14 ♓ 38	1 ♓ 6	9 ♒ 18	26 ♌ 54R	12 ♏ 58R	8 ♍ 5R	15 ♌ 18	
1	12 35 29	10 ♈ 47 7	17 ♒ 22	26 ♓ 13	26 ♈ 21	15 ♓ 25	1 ♓ 18	9 ♒ 22	26 ♌ 52R	12 ♏ 57R	8 ♍ 4R	15 ♌ 15	APRILE
5	12 51 15	14 ♈ 43 47	17 ♈ 14	3 ♈ 30	1 ♉ 17	18 ♓ 33	2 ♓ 9	9 ♒ 40	26 ♌ 46R	12 ♏ 51R	7 ♍ 59R	15 ♌ 2	
10	13 18 58	19 ♈ 38 51	28 ♊ 15	13 ♈ 8	7 ♉ 27	22 ♓ 27	3 ♓ 10	10 ♒ 0	26 ♌ 39R	12 ♏ 44R	7 ♍ 53R	14 ♌ 46	
15	13 30 41	24 ♈ 32 59	29 ♌ 32	23 ♈ 19	13 ♉ 36	26 ♓ 20	4 ♓ 9	10 ♒ 19	26 ♌ 34R	12 ♏ 36R	7 ♍ 48R	14 ♌ 30	
20	13 50 23	29 ♈ 26 11	29 ♎ 10	3 ♉ 53	19 ♉ 44	0 ♈ 13	5 ♓ 5	10 ♒ 35	26 ♌ 29R	12 ♏ 29R	7 ♍ 44R	14 ♌ 15	
25	14 10 6	4 ♉ 18 37	2 ♑ 33	14 ♉ 23	25 ♉ 52	4 ♈ 6	5 ♓ 60	10 ♒ 49	26 ♌ 26R	12 ♏ 21R	7 ♍ 40R	13 ♌ 59	
30	14 29 49	9 ♉ 10 21	11 ♓ 35	24 ♉ 14	1 ♊ 58	7 ♈ 57	6 ♓ 52	11 ♒ 1	26 ♌ 24R	12 ♏ 13R	7 ♍ 37R	13 ♌ 43	
1	14 33 45	10 ♉ 8 38	26 ♓ 11	26 ♉ 4	3 ♊ 11	8 ♈ 43	7 ♓ 2	11 ♒ 3	26 ♌ 24R	12 ♏ 11R	7 ♍ 36R	13 ♌ 40	MAGGIO
5	14 49 32	14 ♉ 1 27	25 ♉ 4	2 ♊ 51	8 ♊ 4	11 ♈ 48	7 ♓ 41	11 ♒ 10	26 ♌ 24	12 ♏ 4R	7 ♍ 34R	13 ♌ 27	
10	15 9 14	18 ♉ 51 49	1 ♌ 45	9 ♊ 56	14 ♊ 8	15 ♈ 38	8 ♓ 27	11 ♒ 17	26 ♌ 24	11 ♏ 56R	7 ♍ 32R	13 ♌ 11	
15	15 28 57	23 ♉ 41 26	1 ♎ 28	15 ♊ 17	20 ♊ 12	19 ♈ 26	9 ♓ 10	11 ♒ 22	26 ♌ 27	11 ♏ 48R	7 ♍ 31R	12 ♌ 55	
20	15 48 40	28 ♉ 30 20	3 ♐ 11	18 ♊ 47	26 ♊ 15	23 ♈ 14	9 ♓ 49	11 ♒ 24	26 ♌ 30	11 ♏ 40R	7 ♍ 31	12 ♌ 39	
25	16 8 23	3 ♊ 18 42	10 ♒ 0	20 ♊ 20	2 ♋ 16	27 ♈ 0	10 ♓ 25	11 ♒ 24R	26 ♌ 35	11 ♏ 33R	7 ♍ 31	12 ♌ 23	
31	16 32 2	9 ♊ 4 12	5 ♉ 14	19 ♊ 38R	9 ♋ 29	1 ♉ 30	11 ♓ 3	11 ♒ 20R	26 ♌ 43	11 ♏ 24R	7 ♍ 33	12 ♌ 4	
1	16 35 59	10 ♊ 1 44	19 ♉ 33	19 ♊ 17R	10 ♋ 41	2 ♉ 15	11 ♓ 9	11 ♒ 19R	26 ♌ 44	11 ♏ 23R	7 ♍ 33	12 ♌ 1	GIUGNO
5	16 51 45	13 ♊ 51 42	14 ♋ 20	17 ♊ 24R	15 ♋ 28	5 ♉ 13	11 ♓ 31	11 ♒ 15R	26 ♌ 50	11 ♏ 17R	7 ♍ 35	11 ♌ 48	
10	17 11 28	18 ♊ 38 45	15 ♍ 46	14 ♊ 39R	21 ♋ 25	8 ♉ 56	11 ♓ 54	11 ♒ 7R	26 ♌ 59	11 ♏ 11R	7 ♍ 38	11 ♌ 33	
15	17 31 11	23 ♊ 25 23	16 ♏ 10	12 ♊ 31R	27 ♋ 22	12 ♉ 36	12 ♓ 13	10 ♒ 57R	27 ♌ 9	11 ♏ 5R	7 ♍ 42	11 ♌ 17	
20	17 50 54	28 ♊ 11 41	22 ♑ 34	11 ♊ 52	3 ♌ 16	16 ♉ 15	12 ♓ 27	10 ♒ 44R	27 ♌ 20	10 ♏ 60R	7 ♍ 46	11 ♌ 1	
25	18 10 36	2 ♋ 57 51	3 ♈ 7	13 ♊ 6	9 ♌ 9	19 ♉ 53	12 ♓ 36	10 ♒ 30R	27 ♌ 32	10 ♏ 55R	7 ♍ 51	10 ♌ 45	
30	18 30 19	7 ♋ 43 59	13 ♊ 2	16 ♊ 15	15 ♌ 1	23 ♉ 29	12 ♓ 41	10 ♒ 14R	27 ♌ 45	10 ♏ 51R	7 ♍ 57	10 ♌ 29	

1962	GIORNO	TEMPO SIDERALE	☉	☽	☿	♀	♂	♃	♄	♅	♆	♇	☊
LUGLIO	1	18 34 16	8 ♋ 41 13	26 ♊ 30	17 ♊ 7	16 ♌ 11	24 ♉ 12	12 ♓ 41	10 ♒ 11R	27 ♌ 48	10 ♏ 51R	7 ♍ 58	10 ♌ 26
	5	18 50 2	12 ♋ 30 7	17 ♌ 39	21 ♊ 15	20 ♌ 50	27 ♉ 3	12 ♓ 41R	9 ♒ 57R	27 ♌ 59	10 ♏ 48R	8 ♍ 3	10 ♌ 13
	10	19 9 45	17 ♋ 16 12	17 ♎ 26	27 ♊ 58	26 ♌ 37	0 ♊ 35	12 ♓ 36R	9 ♒ 38R	28 ♌ 14	10 ♏ 46R	8 ♍ 10	9 ♌ 57
	15	19 29 27	22 ♋ 2 14	20 ♐ 9	6 ♋ 15	2 ♍ 22	4 ♊ 6	12 ♓ 26R	9 ♒ 17R	28 ♌ 30	10 ♏ 44R	8 ♍ 17	9 ♌ 41
	20	19 49 10	26 ♋ 48 22	0 ♓ 36	15 ♋ 50	8 ♍ 4	7 ♊ 35	12 ♓ 12R	8 ♒ 56R	28 ♌ 46	10 ♏ 43R	8 ♍ 25	9 ♌ 25
	25	20 8 53	1 ♌ 34 46	12 ♉ 16	26 ♋ 13	13 ♍ 43	11 ♊ 2	11 ♓ 53R	8 ♒ 34R	29 ♌ 3	10 ♏ 43	8 ♍ 34	9 ♌ 10
	31	20 32 32	7 ♌ 18 56	1 ♌ 23	8 ♌ 51	20 ♍ 25	15 ♊ 7	11 ♓ 24R	8 ♒ 8R	29 ♌ 24	10 ♏ 44	8 ♍ 44	8 ♌ 51
AGOSTO	1	20 36 29	8 ♌ 16 21	13 ♌ 47	10 ♌ 55	21 ♍ 32	15 ♊ 48	11 ♓ 19R	8 ♒ 3R	29 ♌ 27	10 ♏ 44	8 ♍ 46	8 ♌ 47
	5	20 52 15	12 ♌ 6 9	1 ♎ 50	18 ♌ 59	25 ♍ 56	18 ♊ 30	10 ♓ 56R	7 ♒ 46R	29 ♌ 42	10 ♏ 46	8 ♍ 54	8 ♌ 35
	10	21 11 58	16 ♌ 53 41	2 ♐ 12	28 ♌ 31	1 ♎ 23	21 ♊ 50	10 ♓ 25R	7 ♒ 24R	29 ♌ 60	10 ♏ 48	9 ♍ 3	8 ♌ 19
	15	21 31 40	21 ♌ 41 35	10 ♒ 9	7 ♍ 25	6 ♎ 45	25 ♊ 8	9 ♓ 50R	7 ♒ 2R	0 ♍ 18	10 ♏ 51	9 ♍ 13	8 ♌ 3
	20	21 51 23	26 ♌ 29 59	24 ♈ 21	15 ♍ 42	12 ♎ 2	28 ♊ 24	9 ♓ 13R	6 ♒ 41R	0 ♍ 37	10 ♏ 55	9 ♍ 23	7 ♌ 47
	25	22 11 6	1 ♍ 19 2	2 ♋ 55	23 ♍ 23	17 ♎ 12	1 ♋ 37	8 ♓ 35R	6 ♒ 22R	0 ♍ 56	11 ♏ 0	9 ♍ 33	7 ♌ 31
	31	22 34 45	7 ♍ 6 51	16 ♍ 38	1 ♎ 48	23 ♎ 14	5 ♋ 26	7 ♓ 48R	5 ♒ 60R	1 ♍ 18	11 ♏ 7	9 ♍ 46	7 ♌ 12
SETTEMBRE	1	22 38 42	8 ♍ 4 55	28 ♍ 31	3 ♎ 7	24 ♎ 13	6 ♋ 3	7 ♓ 40R	5 ♒ 56R	1 ♍ 22	11 ♏ 8	9 ♍ 48	7 ♌ 9
	5	22 54 28	11 ♍ 57 26	16 ♏ 5	8 ♎ 6	28 ♎ 5	8 ♋ 33	7 ♓ 8R	5 ♒ 43R	1 ♍ 37	11 ♏ 13	9 ♍ 56	6 ♌ 56
	10	23 14 11	16 ♍ 48 37	19 ♑ 54	13 ♎ 34	2 ♏ 47	11 ♋ 38	6 ♓ 29R	5 ♒ 28R	1 ♍ 55	11 ♏ 20	10 ♍ 7	6 ♌ 40
	15	23 33 54	21 ♍ 40 28	3 ♈ 28	17 ♎ 60	7 ♏ 15	14 ♋ 40	5 ♓ 52R	5 ♒ 16R	2 ♍ 13	11 ♏ 28	10 ♍ 17	6 ♌ 24
	20	23 53 36	26 ♍ 33 7	16 ♊ 26	20 ♎ 56	11 ♏ 28	17 ♋ 38	5 ♓ 16R	5 ♒ 5R	2 ♍ 31	11 ♏ 36	10 ♍ 27	6 ♌ 8
	25	0 13 19	1 ♎ 26 41	19 ♌ 45	21 ♎ 44R	15 ♏ 23	20 ♋ 33	4 ♓ 43R	4 ♒ 57R	2 ♍ 49	11 ♏ 45	10 ♍ 37	5 ♌ 53
	30	0 33 2	6 ♎ 21 10	19 ♎ 11	19 ♎ 41R	18 ♏ 55	23 ♋ 25	4 ♓ 14R	4 ♒ 51R	2 ♍ 5	11 ♏ 54	10 ♍ 47	5 ♌ 37
OTTOBRE	1	0 36 59	7 ♎ 20 9	1 ♏ 5	18 ♎ 55R	19 ♏ 35	23 ♋ 59	4 ♓ 9R	4 ♒ 50R	3 ♍ 9	11 ♏ 56	10 ♍ 49	5 ♌ 34
	5	0 52 45	11 ♎ 16 27	19 ♐ 42	14 ♎ 50R	22 ♏ 0	26 ♋ 13	3 ♓ 48R	4 ♒ 47R	3 ♍ 21	12 ♏ 4	10 ♍ 56	5 ♌ 21
	10	1 12 27	16 ♎ 12 29	26 ♒ 41	9 ♎ 18R	24 ♏ 32	28 ♋ 56	3 ♓ 27R	4 ♒ 46	3 ♍ 37	12 ♏ 14	11 ♍ 5	5 ♌ 5
	15	1 32 10	21 ♎ 9 17	12 ♉ 10	6 ♎ 33R	26 ♏ 23	1 ♌ 35	3 ♓ 10R	4 ♒ 47	3 ♍ 51	12 ♏ 25	11 ♍ 14	4 ♌ 49
	20	1 51 53	26 ♎ 6 57	21 ♋ 50	8 ♎ 10	27 ♏ 26	4 ♌ 9	2 ♓ 58R	4 ♒ 51	4 ♍ 5	12 ♏ 35	11 ♍ 22	4 ♌ 33
	25	2 11 36	1 ♏ 5 34	22 ♍ 30	13 ♎ 18	27 ♏ 34R	6 ♌ 38	2 ♓ 51R	4 ♒ 58	4 ♍ 18	12 ♏ 46	11 ♍ 30	4 ♌ 17
	31	2 35 15	7 ♏ 5 5	4 ♐ 26	21 ♎ 53	26 ♏ 24R	9 ♌ 28	2 ♓ 49	5 ♒ 9	4 ♍ 32	12 ♏ 60	11 ♍ 38	3 ♌ 58
NOVEMBRE	1	2 39 12	8 ♏ 5 6	16 ♐ 47	23 ♎ 27	26 ♏ 4R	9 ♌ 56	2 ♓ 50	5 ♒ 11	4 ♍ 34	13 ♏ 2	11 ♍ 39	3 ♌ 55
	5	2 54 58	12 ♏ 5 29	8 ♒ 19	29 ♎ 50	24 ♏ 24R	11 ♌ 43	2 ♓ 53	5 ♒ 21	4 ♍ 42	13 ♏ 11	11 ♍ 45	3 ♌ 42
	10	3 14 41	17 ♏ 6 32	20 ♈ 5	7 ♏ 58	21 ♏ 40R	13 ♌ 51	3 ♓ 3	5 ♒ 35	4 ♍ 51	13 ♏ 22	11 ♍ 50	3 ♌ 26
	15	3 34 23	22 ♏ 8 15	3 ♋ 34	16 ♏ 4	18 ♏ 39R	15 ♌ 50	3 ♓ 17	5 ♒ 51	4 ♍ 59	13 ♏ 33	11 ♍ 55	3 ♌ 11
	20	3 54 6	27 ♏ 10 43	7 ♍ 15	24 ♏ 5	15 ♏ 50R	17 ♌ 41	3 ♓ 36	6 ♒ 10	5 ♍ 6	13 ♏ 44	11 ♍ 60	2 ♌ 55
	25	4 13 49	2 ♐ 13 54	6 ♏ 44	2 ♐ 0	13 ♏ 41R	19 ♌ 21	3 ♓ 60	6 ♒ 31	5 ♍ 11	13 ♏ 55	12 ♍ 3	2 ♌ 39
	30	4 33 32	7 ♐ 17 42	9 ♑ 5	9 ♐ 52	12 ♏ 27R	20 ♌ 51	4 ♓ 28	6 ♒ 53	5 ♍ 15	14 ♏ 6	12 ♍ 6	2 ♌ 23
DICEMBRE	1	4 37 28	8 ♐ 18 32	22 ♑ 5	11 ♐ 26	12 ♏ 20R	21 ♌ 8	4 ♓ 34	6 ♒ 58	5 ♍ 15	14 ♏ 8	12 ♍ 6	2 ♌ 20
	5	4 53 14	12 ♐ 21 57	16 ♓ 15	17 ♐ 42	12 ♏ 16	22 ♌ 8	5 ♓ 0	7 ♒ 18	5 ♍ 17	14 ♏ 16	12 ♍ 8	2 ♌ 7
	10	5 12 57	17 ♐ 26 33	28 ♉ 42	25 ♐ 31	13 ♏ 3	23 ♌ 12	5 ♓ 37	7 ♒ 44	5 ♍ 18	14 ♏ 26	12 ♍ 9	1 ♌ 51
	15	5 32 40	22 ♐ 31 28	7 ♌ 57	3 ♑ 20	14 ♏ 43	24 ♌ 1	6 ♓ 17	8 ♒ 12	5 ♍ 18R	14 ♏ 36	12 ♍ 10R	1 ♌ 35
	20	5 52 23	27 ♐ 36 45	9 ♎ 3	11 ♑ 8	17 ♏ 8	24 ♌ 33	7 ♓ 1	8 ♒ 41	5 ♍ 16R	14 ♏ 45	12 ♍ 9R	1 ♌ 19
	25	6 12 6	2 ♑ 42 23	9 ♐ 36	18 ♑ 48	20 ♏ 10	24 ♌ 47	7 ♓ 49	9 ♒ 12	5 ♍ 13R	14 ♏ 53	12 ♍ 8R	1 ♌ 3
	31	6 35 45	8 ♑ 49 22	29 ♒ 13	27 ♑ 24	24 ♏ 29	24 ♌ 39R	8 ♓ 50	9 ♒ 50	5 ♍ 7R	15 ♏ 3	12 ♍ 5R	0 ♌ 44

GIORNO	TEMPO SIDERALE	☉	☽	☿	♀	♂	♃	♄	♅	♆	♇	☊	1963
1	6 39 41	9 ♑ 50 32	13 ♓ 8	28 ♑ 42	25 ♏ 16	24 ♌ 35R	9 ♓ 0	9 ♒ 56	5 ♍ 6R	15 ♏ 4	12 ♍ 5R	0 ♌ 41	GENNAIO
5	6 55 28	13 ♑ 55 10	9 ♉ 45	3 ♒ 15	28 ♏ 31	24 ♌ 10R	9 ♓ 44	10 ♒ 23	5 ♍ 1R	15 ♏ 10	12 ♍ 2R	0 ♌ 29	
10	7 15 10	19 ♑ 0 51	19 ♋ 27	6 ♒ 30	2 ♐ 54	23 ♌ 21R	10 ♓ 41	10 ♒ 57	4 ♍ 54R	15 ♏ 17	11 ♍ 59R	0 ♌ 13	
15	7 34 53	24 ♑ 6 25	22 ♍ 57	5 ♒ 30R	7 ♐ 32	22 ♌ 11R	11 ♓ 40	11 ♒ 31	4 ♍ 46R	15 ♏ 22	11 ♍ 55R	29 ♋ 57	
20	7 54 36	29 ♑ 11 53	22 ♏ 42	0 ♒ 16R	12 ♐ 24	20 ♌ 44R	12 ♓ 41	12 ♒ 6	4 ♍ 36R	15 ♏ 27	11 ♍ 50R	29 ♋ 41	
25	8 14 19	4 ♒ 17 12	27 ♑ 0	24 ♑ 13R	17 ♐ 27	19 ♌ 2R	13 ♓ 44	12 ♒ 42	4 ♍ 26R	15 ♏ 32	11 ♍ 44R	29 ♋ 25	
31	8 37 58	10 ♒ 23 8	22 ♈ 19	20 ♑ 46R	23 ♐ 43	16 ♌ 45R	15 ♓ 2	13 ♒ 25	4 ♍ 12R	15 ♏ 35	11 ♍ 37R	29 ♋ 6	
1	8 41 55	11 ♒ 24 4	6 ♉ 34	20 ♑ 41R	24 ♐ 47	16 ♌ 21R	15 ♓ 16	13 ♒ 32	4 ♍ 10R	15 ♏ 36	11 ♍ 35R	29 ♋ 3	FEBBRAIO
5	8 57 41	15 ♒ 27 31	1 ♋ 52	21 ♑ 35	29 ♐ 4	14 ♌ 45R	16 ♓ 9	14 ♒ 1	4 ♍ 1R	15 ♏ 38	11 ♍ 30R	28 ♋ 50	
10	9 17 24	20 ♒ 31 20	6 ♍ 26	24 ♑ 48	4 ♑ 32	12 ♌ 46R	17 ♓ 17	14 ♒ 37	3 ♍ 48R	15 ♏ 39	11 ♍ 23R	28 ♋ 34	
15	9 37 6	25 ♒ 34 38	6 ♏ 36	29 ♑ 33	10 ♑ 5	10 ♌ 55R	18 ♓ 27	15 ♒ 12	3 ♍ 35R	15 ♏ 40	11 ♍ 16R	28 ♋ 18	
20	9 56 49	0 ♓ 37 26	8 ♑ 3	5 ♒ 20	15 ♑ 42	9 ♌ 14R	19 ♓ 37	15 ♒ 48	3 ♍ 22R	15 ♏ 40R	11 ♍ 8R	28 ♋ 2	
25	10 16 32	5 ♓ 39 39	18 ♓ 11	11 ♒ 50	21 ♑ 23	7 ♌ 50R	20 ♓ 48	16 ♒ 23	3 ♍ 9R	15 ♏ 39R	11 ♍ 0R	27 ♋ 46	
28	10 28 22	8 ♓ 40 39	2 ♉ 39	16 ♒ 1	24 ♑ 50	7 ♌ 7R	21 ♓ 31	16 ♒ 43	3 ♍ 1R	15 ♏ 38R	10 ♍ 56R	27 ♋ 37	
1	10 32 18	9 ♓ 40 55	17 ♉ 10	17 ♒ 27	25 ♑ 59	6 ♌ 55R	21 ♓ 46	16 ♒ 50	2 ♍ 58R	15 ♏ 37R	10 ♍ 54R	27 ♋ 34	MARZO
5	10 48 4	13 ♓ 41 38	12 ♋ 4	23 ♒ 23	0 ♒ 36	6 ♌ 12R	22 ♓ 43	17 ♒ 17	2 ♍ 48R	15 ♏ 35R	10 ♍ 48R	27 ♋ 21	
10	11 7 47	18 ♓ 41 45	15 ♍ 3	1 ♓ 15	6 ♒ 24	5 ♌ 37R	23 ♓ 56	17 ♒ 50	2 ♍ 35R	15 ♏ 32R	10 ♍ 40R	27 ♋ 5	
15	11 27 30	23 ♓ 41 4	14 ♏ 54	9 ♓ 35	12 ♒ 15	5 ♌ 21R	25 ♓ 9	18 ♒ 22	2 ♍ 23R	15 ♏ 28R	10 ♍ 32R	26 ♋ 49	
20	11 47 13	28 ♓ 39 39	16 ♑ 5	18 ♓ 24	18 ♒ 7	5 ♌ 24	26 ♓ 21	18 ♒ 53	2 ♍ 12R	15 ♏ 24R	10 ♍ 25R	26 ♋ 33	
25	12 6 55	3 ♈ 37 30	26 ♓ 27	27 ♓ 45	24 ♒ 2	5 ♌ 44	27 ♓ 34	19 ♒ 23	2 ♍ 1R	15 ♏ 18R	10 ♍ 18R	26 ♋ 17	
31	12 30 35	9 ♈ 33 48	25 ♊ 18	9 ♈ 38	1 ♓ 8	6 ♌ 30	29 ♓ 1	19 ♒ 57	1 ♍ 48R	15 ♏ 11R	10 ♍ 9R	25 ♋ 58	
1	12 34 31	10 ♈ 33 3	8 ♋ 53	11 ♈ 40	2 ♓ 20	6 ♌ 40	29 ♓ 15	20 ♒ 2	1 ♍ 47R	15 ♏ 10R	10 ♍ 8R	25 ♋ 55	APRILE
5	12 50 17	14 ♈ 29 40	29 ♌ 49	19 ♈ 55	7 ♓ 5	7 ♌ 25	0 ♈ 12	20 ♒ 24	1 ♍ 39R	15 ♏ 5R	10 ♍ 3R	25 ♋ 43	
10	13 10	19 ♈ 24 36	29 ♎ 53	0 ♉ 10	13 ♓ 3	8 ♌ 32	1 ♈ 24	20 ♒ 48	1 ♍ 31R	14 ♏ 58R	9 ♍ 57R	25 ♋ 27	
15	13 29 43	24 ♈ 18 43	29 ♐ 46	9 ♉ 43	19 ♓ 2	9 ♌ 51	2 ♈ 34	21 ♒ 12	1 ♍ 25R	14 ♏ 51R	9 ♍ 52R	25 ♋ 11	
20	13 49 26	29 ♈ 12 7	5 ♓ 21	17 ♉ 54	25 ♓ 1	11 ♌ 21	3 ♈ 43	21 ♒ 33	1 ♍ 19R	14 ♏ 43R	9 ♍ 47R	24 ♋ 55	
25	14 9 8	4 ♉ 4 47	20 ♉ 29	24 ♉ 15	1 ♈ 1	13 ♌ 1	4 ♈ 52	21 ♒ 52	1 ♍ 14R	14 ♏ 35R	9 ♍ 43R	24 ♋ 39	
30	14 28 51	8 ♉ 56 39	1 ♌ 24	28 ♉ 28	7 ♈ 2	14 ♌ 49	5 ♈ 59	22 ♒ 10	1 ♍ 11R	14 ♏ 27R	9 ♍ 39R	24 ♋ 23	
1	14 32 48	9 ♉ 54 56	14 ♌ 16	29 ♉ 3	8 ♈ 14	15 ♌ 11	6 ♈ 12	22 ♒ 13	1 ♍ 11R	14 ♏ 25R	9 ♍ 38R	24 ♋ 20	MAGGIO
5	14 48 34	13 ♉ 47 40	3 ♎ 8	0 ♊ 27	13 ♈ 3	16 ♌ 44	7 ♈ 5	22 ♒ 25	1 ♍ 9R	14 ♏ 19R	9 ♍ 36R	24 ♋ 7	
10	15 8 17	18 ♉ 37 54	2 ♐ 38	0 ♊ 14R	19 ♈ 4	18 ♌ 47	8 ♈ 9	22 ♒ 38	1 ♍ 9	14 ♏ 11R	9 ♍ 34R	23 ♋ 51	
15	15 27 60	23 ♉ 27 30	4 ♒ 21	28 ♉ 14R	25 ♈ 6	20 ♌ 55	9 ♈ 12	22 ♒ 48	1 ♍ 10	14 ♏ 3R	9 ♍ 33R	23 ♋ 35	
20	15 47 42	28 ♉ 16 35	13 ♈ 34	25 ♉ 23R	1 ♉ 8	23 ♌ 10	10 ♈ 13	22 ♒ 57	1 ♍ 12	13 ♏ 55R	9 ♍ 32R	23 ♋ 20	
25	16 7 25	3 ♊ 5 10	28 ♊ 30	22 ♉ 54R	7 ♉ 11	25 ♌ 29	11 ♈ 11	23 ♒ 3	1 ♍ 15	13 ♏ 47R	9 ♍ 32	23 ♋ 4	
31	16 31 4	8 ♊ 50 44	17 ♍ 50	21 ♉ 43	14 ♉ 26	28 ♌ 23	12 ♈ 18	23 ♒ 6	1 ♍ 21	13 ♏ 38R	9 ♍ 33	22 ♋ 45	
1	16 35 1	9 ♊ 48 14	29 ♍ 55	21 ♉ 47	15 ♉ 39	28 ♌ 52	12 ♈ 29	23 ♒ 7	1 ♍ 22	13 ♏ 37R	9 ♍ 34	22 ♋ 41	GIUGNO
5	16 50 47	13 ♊ 38 4	17 ♏ 31	22 ♉ 44	20 ♉ 30	0 ♍ 52	13 ♈ 12	23 ♒ 7R	1 ♍ 28	13 ♏ 31R	9 ♍ 35	22 ♋ 29	
10	17 10 30	18 ♊ 24 59	18 ♑ 40	25 ♉ 34	26 ♉ 34	3 ♍ 25	14 ♈ 3	23 ♒ 5R	1 ♍ 35	13 ♏ 24R	9 ♍ 38	22 ♋ 13	
15	17 30 13	23 ♊ 11 37	24 ♓ 52	0 ♊ 2	2 ♊ 38	6 ♍ 2	14 ♈ 50	23 ♒ 0R	1 ♍ 44	13 ♏ 18R	9 ♍ 41	21 ♋ 57	
20	17 49 55	27 ♊ 58 6	7 ♊ 33	5 ♊ 59	8 ♊ 42	8 ♍ 42	15 ♈ 35	22 ♒ 54R	1 ♍ 54	13 ♏ 13R	9 ♍ 45	21 ♋ 41	
25	18 9 38	2 ♋ 44 25	18 ♌ 6	13 ♊ 20	14 ♊ 47	11 ♍ 25	16 ♈ 17	22 ♒ 45R	2 ♍ 5	13 ♏ 8R	9 ♍ 50	21 ♋ 25	
30	18 29 21	7 ♋ 30 32	20 ♎ 11	21 ♊ 59	20 ♊ 53	14 ♍ 11	16 ♈ 55	22 ♒ 33R	2 ♍ 17	13 ♏ 4R	9 ♍ 55	21 ♋ 9	

1963	GIORNO	TEMPO SIDERALE	☉	☽	☿	♀	♂	♃	♄	♅	♆	♇	☊
LUGLIO	1	18 33 18	8 ♋ 27 44	2 ♏ 5	23 ♊ 52	22 ♊ 6	14 ♍ 45	17 ♈ 2	22 ♒ 31R	2 ♍ 20	13 ♏ 3R	9 ♍ 56	21 ♋ 6
	5	18 49 4	12 ♋ 16 28	20 ♐ 10	1 ♋ 47	26 ♊ 59	17 ♍ 0	17 ♈ 29	22 ♒ 20R	2 ♍ 30	13 ♏ 0R	10 ♍ 1	20 ♋ 53
	10	19 8 47	17 ♋ 2 22	24 ♒ 27	12 ♋ 21	3 ♋ 5	19 ♍ 52	17 ♈ 59	22 ♒ 5R	2 ♍ 44	12 ♏ 57R	10 ♍ 8	20 ♋ 38
	15	19 28 29	21 ♋ 48 25	4 ♉ 1	23 ♋ 7	9 ♋ 12	22 ♍ 46	18 ♈ 26	21 ♒ 48R	2 ♍ 59	12 ♏ 55R	10 ♍ 15	20 ♋ 22
	20	19 48 12	26 ♋ 34 41	15 ♋ 25	3 ♌ 34	15 ♋ 20	25 ♍ 42	18 ♈ 48	21 ♒ 29R	3 ♍ 15	12 ♏ 54R	10 ♍ 23	20 ♋ 6
	25	20 7 55	1 ♌ 21 12	21 ♍ 43	13 ♌ 25	21 ♋ 28	28 ♍ 41	19 ♈ 5	21 ♒ 10R	3 ♍ 31	12 ♏ 53R	10 ♍ 31	19 ♋ 50
	31	20 31 34	7 ♌ 5 15	3 ♐ 56	24 ♌ 18	28 ♋ 50	2 ♎ 19	19 ♈ 20	20 ♒ 44R	3 ♍ 51	12 ♏ 54	10 ♍ 42	19 ♋ 31
AGOSTO	1	20 35 31	8 ♌ 2 37	16 ♐ 2	26 ♌ 1	0 ♌ 4	2 ♎ 55	19 ♈ 22	20 ♒ 40R	3 ♍ 55	12 ♏ 54	10 ♍ 44	19 ♋ 28
	5	20 51 17	11 ♌ 52 13	6 ♒ 56	2 ♍ 36	4 ♌ 60	5 ♎ 22	19 ♈ 27	20 ♒ 23R	4 ♍ 9	12 ♏ 55	10 ♍ 51	19 ♋ 15
	10	21 10 60	16 ♌ 39 36	16 ♈ 32	10 ♍ 12	11 ♌ 9	8 ♎ 28	19 ♈ 29R	20 ♒ 0R	4 ♍ 27	12 ♏ 57	11 ♍ 1	18 ♋ 59
	15	21 30 42	21 ♌ 27 31	27 ♊ 18	17 ♍ 5	17 ♌ 20	11 ♎ 36	19 ♈ 26R	19 ♒ 38R	4 ♍ 45	12 ♏ 60	11 ♍ 11	18 ♋ 43
	20	21 50 25	26 ♌ 16 4	4 ♍ 29	23 ♍ 12	23 ♌ 31	14 ♎ 46	19 ♈ 18R	19 ♒ 15R	5 ♍ 3	13 ♏ 4	11 ♍ 21	18 ♋ 27
	25	22 10 8	1 ♍ 5 10	6 ♏ 8	28 ♍ 22	29 ♌ 42	17 ♎ 58	19 ♈ 6R	18 ♒ 54R	5 ♍ 22	13 ♏ 8	11 ♍ 31	18 ♋ 11
	31	22 33 47	6 ♍ 52 47	18 ♑ 51	2 ♎ 58	7 ♍ 8	21 ♎ 51	18 ♈ 44R	18 ♒ 28R	5 ♍ 45	13 ♏ 14	11 ♍ 43	17 ♋ 52
SETTEMBRE	1	22 37 44	7 ♍ 50 48	1 ♒ 51	3 ♎ 31	8 ♍ 23	22 ♎ 30	18 ♈ 40R	18 ♒ 24R	5 ♍ 49	13 ♏ 15	11 ♍ 45	17 ♋ 49
	5	22 53 30	11 ♍ 43 7	27 ♓ 39	4 ♎ 57	13 ♍ 20	25 ♎ 7	18 ♈ 21R	18 ♒ 8R	6 ♍ 4	13 ♏ 20	11 ♍ 54	17 ♋ 36
	10	23 13 13	16 ♍ 34 11	10 ♊ 11	4 ♎ 40R	19 ♍ 33	28 ♎ 25	17 ♈ 54R	17 ♒ 49R	6 ♍ 22	13 ♏ 27	12 ♍ 4	17 ♋ 21
	15	23 32 56	21 ♍ 26 7	17 ♌ 45	1 ♎ 42R	25 ♍ 46	1 ♏ 45	17 ♈ 23R	17 ♒ 32R	6 ♍ 41	13 ♏ 34	12 ♍ 15	17 ♋ 5
	20	23 52 38	26 ♍ 18 55	20 ♎ 23	26 ♍ 43R	1 ♎ 59	5 ♏ 6	16 ♈ 50R	17 ♒ 16R	6 ♍ 59	13 ♏ 42	12 ♍ 25	16 ♋ 49
	25	0 12 21	1 ♎ 12 28	19 ♐ 51	22 ♍ 6R	8 ♎ 13	8 ♏ 30	16 ♈ 13R	17 ♒ 2R	7 ♍ 17	13 ♏ 51	12 ♍ 35	16 ♋ 33
	30	0 32 4	6 ♎ 6 45	23 ♒ 13	20 ♍ 35	14 ♎ 26	11 ♏ 55	15 ♈ 34R	16 ♒ 51R	7 ♍ 34	13 ♏ 60	12 ♍ 45	16 ♋ 17
OTTOBRE	1	0 36	7 ♎ 5 41	7 ♓ 9	20 ♍ 47	15 ♎ 41	12 ♏ 36	15 ♈ 26R	16 ♒ 48R	7 ♍ 38	14 ♏ 2	12 ♍ 47	16 ♋ 14
	5	0 51 47	11 ♎ 1 48	6 ♉ 23	23 ♍ 11	20 ♎ 40	15 ♏ 22	14 ♈ 54R	16 ♒ 41R	7 ♍ 51	14 ♏ 9	12 ♍ 55	16 ♋ 1
	10	1 11 29	15 ♎ 57 44	18 ♋ 20	29 ♍ 1	26 ♎ 54	18 ♏ 51	14 ♈ 14R	16 ♒ 34R	8 ♍ 7	14 ♏ 19	13 ♍ 4	15 ♋ 45
	15	1 31 12	20 ♎ 54 39	22 ♍ 37	6 ♎ 40	3 ♏ 8	22 ♏ 22	13 ♈ 34R	16 ♒ 29R	8 ♍ 23	14 ♏ 30	13 ♍ 13	15 ♋ 29
	20	1 50 55	25 ♎ 52 28	22 ♏ 50	15 ♎ 2	9 ♏ 22	25 ♏ 54	12 ♈ 55R	16 ♒ 27R	8 ♍ 37	14 ♏ 40	13 ♍ 22	15 ♋ 13
	25	2 18 38	0 ♏ 51 5	22 ♑ 34	23 ♎ 33	15 ♏ 36	29 ♏ 28	12 ♈ 17R	16 ♒ 28	8 ♍ 51	14 ♏ 51	13 ♍ 30	14 ♋ 58
	31	2 34 17	6 ♏ 50 21	14 ♈ 24	3 ♏ 37	23 ♏ 4	3 ♐ 47	11 ♈ 36R	16 ♒ 32	9 ♍ 6	15 ♏ 4	13 ♍ 39	14 ♋ 39
NOVEMBRE	1	2 38 14	7 ♏ 50 19	29 ♈ 33	5 ♏ 16	24 ♏ 19	4 ♐ 31	11 ♈ 30R	16 ♒ 33	9 ♍ 8	15 ♏ 7	13 ♍ 40	14 ♋ 35
	5	2 53 60	11 ♏ 50 33	29 ♊ 55	11 ♏ 49	29 ♏ 18	7 ♐ 25	11 ♈ 5R	16 ♒ 38	9 ♍ 18	15 ♏ 16	13 ♍ 45	14 ♋ 23
	10	3 13 43	16 ♏ 51 36	7 ♍ 15	19 ♏ 50	5 ♐ 32	11 ♐ 4	10 ♈ 38R	16 ♒ 46	9 ♍ 28	15 ♏ 27	13 ♍ 51	14 ♋ 7
	15	3 33 25	21 ♏ 53 29	7 ♏ 57	27 ♏ 43	11 ♐ 46	14 ♐ 45	10 ♈ 15R	16 ♒ 57	9 ♍ 37	15 ♏ 38	13 ♍ 57	13 ♋ 51
	20	3 53 8	26 ♏ 56 4	7 ♑ 17	5 ♐ 29	17 ♐ 60	18 ♐ 27	9 ♈ 57R	17 ♒ 11	9 ♍ 45	15 ♏ 49	14 ♍ 2	13 ♋ 35
	25	4 12 51	1 ♐ 59 12	10 ♓ 13	13 ♐ 10	24 ♐ 14	22 ♐ 11	9 ♈ 44R	17 ♒ 26	9 ♍ 52	16 ♏ 0	14 ♍ 6	13 ♋ 19
	30	4 32 34	7 ♐ 2 48	22 ♉ 50	20 ♐ 45	0 ♑ 27	25 ♐ 56	9 ♈ 35R	17 ♒ 44	9 ♍ 57	16 ♏ 11	14 ♍ 9	13 ♋ 3
DICEMBRE	1	4 36 30	8 ♐ 3 35	8 ♊ 7	22 ♐ 15	1 ♑ 42	26 ♐ 41	9 ♈ 34R	17 ♒ 48	9 ♍ 58	16 ♏ 13	14 ♍ 9	13 ♋ 0
	5	4 52 16	12 ♐ 6 53	6 ♌ 47	28 ♐ 13	6 ♑ 40	29 ♐ 43	9 ♈ 32R	18 ♒ 5	10 ♍ 1	16 ♏ 22	14 ♍ 11	12 ♋ 47
	10	5 11 59	17 ♐ 11 30	10 ♎ 59	5 ♑ 25	12 ♑ 53	3 ♑ 30	9 ♈ 34	18 ♒ 27	10 ♍ 3	16 ♏ 32	14 ♍ 13	12 ♋ 31
	15	5 31 42	22 ♐ 16 36	10 ♐ 25	12 ♑ 5	19 ♑ 6	7 ♑ 19	9 ♈ 42	18 ♒ 51	10 ♍ 4	16 ♏ 42	14 ♍ 13	12 ♋ 16
	20	5 51 25	27 ♐ 22 1	11 ♒ 10	17 ♑ 32	25 ♑ 18	11 ♑ 10	9 ♈ 54	19 ♒ 17	10 ♍ 4R	16 ♏ 51	14 ♍ 13R	11 ♋ 60
	25	6 11 8	2 ♑ 27 36	17 ♈ 32	20 ♑ 34	1 ♒ 30	15 ♑ 1	10 ♈ 12	19 ♒ 44	10 ♍ 2R	16 ♏ 60	14 ♍ 13R	11 ♋ 44
	31	6 34 47	8 ♑ 34 21	15 ♋ 58	18 ♑ 42R	8 ♒ 56	19 ♑ 40	10 ♈ 39	20 ♒ 19	9 ♍ 58R	17 ♏ 10	14 ♍ 11R	11 ♋ 25

GIORNO	TEMPO SIDERALE	☉	☽	☿	♀	♂	♃	♄	♅	♆	♇	☊	1964
1	6 38 45	9 ♑ 35 39	0 ♌ 30	17 ♑ 44R	10 ♒ 10	20 ♑ 26	10 ♈ 44	20 ♒ 25	9 ♍ 57R	17 ♏ 11	14 ♍ 10R	11 ♋ 22	GENNAIO
5	6 54 31	13 ♑ 40 2	24 ♍ 39	12 ♑ 43R	15 ♒ 6	23 ♑ 33	11 ♈ 7	20 ♒ 50	9 ♍ 53R	17 ♏ 17	14 ♍ 8R	11 ♋ 9	
10	7 14 14	18 ♑ 45 49	25 ♏ 10	6 ♑ 51R	21 ♒ 16	27 ♑ 27	11 ♈ 39	21 ♒ 22	9 ♍ 47R	17 ♏ 24	14 ♍ 5R	10 ♋ 53	
15	7 33 57	23 ♑ 51 35	25 ♑ 25	4 ♑ 31R	27 ♒ 24	1 ♒ 22	12 ♈ 15	21 ♒ 55	9 ♍ 40R	17 ♏ 30	14 ♍ 1R	10 ♋ 37	
20	7 53 40	28 ♑ 57 9	0 ♈ 28	5 ♑ 47	3 ♓ 32	5 ♒ 17	12 ♈ 55	22 ♒ 28	9 ♍ 32R	17 ♏ 35	13 ♍ 56R	10 ♋ 21	
25	8 13 22	4 ♒ 2 22	10 ♊ 45	9 ♑ 27	9 ♓ 38	9 ♒ 13	13 ♈ 39	23 ♒ 3	9 ♍ 22R	17 ♏ 40	13 ♍ 51R	10 ♋ 5	
31	8 37 2	10 ♒ 8 5	6 ♍ 9	15 ♑ 45	16 ♓ 55	13 ♒ 57	14 ♈ 36	23 ♒ 45	9 ♍ 10R	17 ♏ 44	13 ♍ 43R	9 ♋ 46	
1	8 40 58	11 ♒ 8 59	19 ♍ 29	16 ♑ 56	18 ♓ 7	14 ♒ 44	14 ♈ 46	23 ♒ 53	9 ♍ 8R	17 ♏ 45	13 ♍ 42R	9 ♋ 43	FEBBRAIO
5	8 56 44	15 ♒ 12 26	9 ♏ 26	21 ♑ 57	22 ♓ 57	17 ♒ 54	15 ♈ 27	24 ♒ 21	8 ♍ 59R	17 ♏ 47	13 ♍ 37R	9 ♋ 30	
10	9 16 27	20 ♒ 16 25	8 ♑ 59	28 ♑ 44	28 ♓ 57	21 ♒ 51	16 ♈ 20	24 ♒ 57	8 ♍ 47R	17 ♏ 49	13 ♍ 30R	9 ♋ 14	
15	9 36 10	25 ♒ 19 55	13 ♓ 21	5 ♒ 59	4 ♈ 55	25 ♒ 48	17 ♈ 16	25 ♒ 33	8 ♍ 34R	17 ♏ 50	13 ♍ 23R	8 ♋ 59	
20	9 55 53	0 ♓ 22 46	23 ♉ 3	13 ♒ 37	10 ♈ 50	29 ♒ 45	18 ♈ 15	26 ♒ 10	8 ♍ 21R	17 ♏ 50R	13 ♍ 15R	8 ♋ 43	
25	10 15 35	5 ♓ 24 51	3 ♌ 22	21 ♒ 39	16 ♈ 42	3 ♓ 42	19 ♈ 16	26 ♒ 46	8 ♍ 8R	17 ♏ 50R	13 ♍ 8R	8 ♋ 27	
29	10 31 22	9 ♓ 25 59	27 ♍ 25	28 ♒ 22	21 ♈ 21	6 ♓ 52	20 ♈ 6	27 ♒ 15	7 ♍ 58R	17 ♏ 48R	13 ♍ 1R	8 ♋ 14	
1	10 35 18	10 ♓ 26 11	10 ♎ 17	0 ♓ 5	22 ♈ 31	7 ♓ 39	20 ♈ 19	27 ♒ 22	7 ♍ 55R	17 ♏ 48R	12 ♍ 60R	8 ♋ 11	MARZO
5	10 51 4	14 ♓ 26 45	29 ♏ 7	7 ♓ 9	27 ♈ 7	10 ♓ 49	21 ♈ 10	27 ♒ 50	7 ♍ 45R	17 ♏ 46R	12 ♍ 53R	7 ♋ 58	
10	11 10 47	19 ♓ 26 52	29 ♑ 10	16 ♓ 23	2 ♉ 49	14 ♓ 45	22 ♈ 16	28 ♒ 25	7 ♍ 32R	17 ♏ 43R	12 ♍ 46R	7 ♋ 42	
15	11 30 30	24 ♓ 26 15	6 ♈ 21	26 ♓ 3	8 ♉ 26	18 ♓ 41	23 ♈ 23	28 ♒ 59	7 ♍ 19R	17 ♏ 40R	12 ♍ 38R	7 ♋ 26	
20	11 50 13	29 ♓ 24 47	18 ♊ 9	6 ♈ 1	13 ♉ 57	22 ♓ 36	24 ♈ 31	29 ♒ 33	7 ♍ 7R	17 ♏ 35R	12 ♍ 30R	7 ♋ 11	
25	12 9 55	4 ♈ 22 22	26 ♌ 50	15 ♈ 55	19 ♉ 23	26 ♓ 31	25 ♈ 41	0 ♓ 5	6 ♍ 55R	17 ♏ 30R	12 ♍ 23R	6 ♋ 55	
31	12 33 35	10 ♈ 18 16	13 ♏ 11	26 ♈ 48	25 ♉ 44	1 ♈ 11	27 ♈ 5	0 ♓ 43	6 ♍ 43R	17 ♏ 23R	12 ♍ 15R	6 ♋ 36	
1	12 37 31	11 ♈ 17 28	25 ♏ 12	28 ♈ 24	26 ♉ 47	1 ♈ 58	27 ♈ 19	0 ♓ 49	6 ♍ 40R	17 ♏ 22R	12 ♍ 13R	6 ♋ 32	APRILE
5	12 53 18	15 ♈ 13 59	12 ♑ 35	4 ♉ 3	0 ♊ 53	5 ♈ 5	28 ♈ 16	1 ♓ 13	6 ♍ 33R	17 ♏ 17R	12 ♍ 8R	6 ♋ 20	
10	13 13	20 ♈ 8 57	16 ♓ 29	9 ♉ 1	5 ♊ 53	8 ♈ 57	29 ♈ 27	1 ♓ 42	6 ♍ 24R	17 ♏ 10R	12 ♍ 2R	6 ♋ 4	
15	13 32 43	25 ♈ 3 7	29 ♉ 19	11 ♉ 20	10 ♊ 41	12 ♈ 48	0 ♉ 39	2 ♓ 9	6 ♍ 16R	17 ♏ 3R	11 ♍ 56R	5 ♋ 48	
20	13 52 26	29 ♈ 56 25	10 ♌ 24	11 ♉ 4R	15 ♊ 17	16 ♈ 38	1 ♉ 51	2 ♓ 35	6 ♍ 9R	16 ♏ 55R	11 ♍ 51R	5 ♋ 32	
25	14 12 9	4 ♉ 48 48	15 ♎ 5	8 ♉ 43R	19 ♊ 37	20 ♈ 27	3 ♉ 3	2 ♓ 59	6 ♍ 4R	16 ♏ 48R	11 ♍ 47R	5 ♋ 16	
30	14 31 51	9 ♉ 40 22	15 ♐ 24	5 ♉ 29R	23 ♊ 39	24 ♈ 15	4 ♉ 15	3 ♓ 21	5 ♍ 60R	16 ♏ 40R	11 ♍ 43R	5 ♋ 0	
1	14 35 48	10 ♉ 38 36	27 ♐ 12	4 ♉ 51R	24 ♊ 25	25 ♈ 1	4 ♉ 29	3 ♓ 25	5 ♍ 59R	16 ♏ 38R	11 ♍ 42R	4 ♋ 57	MAGGIO
5	14 51 34	14 ♉ 31 16	15 ♒ 19	2 ♉ 44R	27 ♊ 18	28 ♈ 2	5 ♉ 27	3 ♓ 41	5 ♍ 57R	16 ♏ 32R	11 ♍ 40R	4 ♋ 44	
10	15 11 17	19 ♉ 21 34	23 ♈ 8	1 ♉ 32R	0 ♋ 31	1 ♉ 48	6 ♉ 38	3 ♓ 59	5 ♍ 55R	16 ♏ 23R	11 ♍ 38R	4 ♋ 28	
15	15 30 60	24 ♉ 11 15	8 ♋ 4	2 ♉ 14	3 ♋ 12	5 ♉ 32	7 ♉ 49	4 ♓ 15	5 ♍ 55	16 ♏ 15R	11 ♍ 36R	4 ♋ 13	
20	15 50 42	29 ♉ 0 15	16 ♍ 53	4 ♉ 46	5 ♋ 14	9 ♉ 15	8 ♉ 59	4 ♓ 29	5 ♍ 56	16 ♏ 7R	11 ♍ 35R	3 ♋ 57	
25	16 10 25	3 ♊ 48 35	18 ♏ 34	8 ♉ 53	6 ♋ 30	12 ♉ 57	10 ♉ 8	4 ♓ 40	5 ♍ 58	15 ♏ 59R	11 ♍ 35	3 ♋ 41	
31	16 34 5	9 ♊ 33 52	29 ♑ 43	15 ♉ 36	6 ♋ 50R	17 ♉ 21	11 ♉ 29	4 ♓ 51	6 ♍ 3	15 ♏ 50R	11 ♍ 36	3 ♋ 22	
1	16 38 1	10 ♊ 31 22	11 ♒ 51	16 ♉ 54	6 ♋ 45R	18 ♉ 5	11 ♉ 43	4 ♓ 53	6 ♍ 4	15 ♏ 49R	11 ♍ 37	3 ♋ 19	GIUGNO
5	16 53 47	14 ♊ 21 13	3 ♈ 22	22 ♉ 32	6 ♋ 1R	21 ♉ 0	12 ♉ 36	4 ♓ 57	6 ♍ 8	15 ♏ 43R	11 ♍ 38	3 ♋ 6	
10	17 13 30	19 ♊ 8 16	16 ♊ 32	0 ♊ 35	4 ♋ 15R	24 ♉ 37	13 ♉ 41	5 ♓ 1	6 ♍ 15	15 ♏ 37R	11 ♍ 40	2 ♋ 50	
15	17 33 13	23 ♊ 55 1	29 ♌ 44	9 ♊ 44	1 ♋ 39R	28 ♉ 13	14 ♉ 45	5 ♓ 2	6 ♍ 23	15 ♏ 30R	11 ♍ 43	2 ♋ 34	
20	17 52 56	28 ♊ 41 24	3 ♏ 37	19 ♊ 51	28 ♊ 36R	1 ♊ 48	15 ♉ 48	5 ♓ 1R	6 ♍ 32	15 ♏ 25R	11 ♍ 47	2 ♋ 18	
25	18 12 38	3 ♋ 27 30	2 ♑ 56	0 ♋ 37	25 ♊ 33R	5 ♊ 21	16 ♉ 48	4 ♓ 58R	6 ♍ 42	15 ♏ 20R	11 ♍ 52	2 ♋ 2	
30	18 32 21	8 ♋ 13 28	3 ♓ 42	11 ♋ 30	22 ♊ 58R	8 ♊ 52	17 ♉ 47	4 ♓ 52R	6 ♍ 53	15 ♏ 15R	11 ♍ 57	1 ♋ 46	

1964	GIORNO	TEMPO SIDERALE	☉	☽	☿	♀	♂	♃	♄	♅	♆	♇	☊
LUGLIO	1	18 36 18	9 ♋ 10 40	16 ♓ 27	13 ♋ 39	22 ♊ 33R	9 ♊ 34	17 ♉ 58	4 ♓ 50R	6 ♍ 56	15 ♏ 14R	11 ♍ 58	1 ♋ 43
	5	18 52 4	12 ♋ 59 29	10 ♉ 48	22 ♋ 1	21 ♊ 12R	12 ♊ 22	18 ♉ 43	4 ♓ 43R	7 ♍ 6	15 ♏ 11R	12 ♍ 3	1 ♋ 31
	10	19 11 47	17 ♋ 45 36	25 ♋ 2	1 ♌ 51	20 ♊ 24R	15 ♊ 50	19 ♉ 37	4 ♓ 33R	7 ♍ 19	15 ♏ 8R	12 ♍ 10	1 ♋ 15
	15	19 31 29	22 ♋ 31 47	5 ♎ 3	10 ♌ 54	20 ♊ 35	19 ♊ 17	20 ♉ 28	4 ♓ 20R	7 ♍ 33	15 ♏ 6R	12 ♍ 17	0 ♋ 59
	20	19 51 12	27 ♋ 18 1	6 ♐ 10	19 ♌ 9	21 ♊ 39	22 ♊ 43	21 ♉ 17	4 ♓ 5R	7 ♍ 48	15 ♏ 5R	12 ♍ 25	0 ♋ 43
	25	20 10 55	2 ♌ 4 21	5 ♒ 51	26 ♌ 36	23 ♊ 30	26 ♊ 7	22 ♉ 2	3 ♓ 49R	8 ♍ 4	15 ♏ 4R	12 ♍ 33	0 ♋ 27
	31	20 34 34	7 ♌ 48 22	23 ♈ 10	4 ♍ 26	26 ♊ 35	0 ♋ 10	22 ♉ 53	3 ♓ 27R	8 ♍ 23	15 ♏ 4	12 ♍ 43	0 ♋ 8
AGOSTO	1	20 38 31	8 ♌ 45 45	6 ♉ 53	5 ♍ 37	27 ♊ 11	0 ♋ 50	23 ♉ 1	3 ♓ 23R	8 ♍ 27	15 ♏ 4	12 ♍ 45	0 ♋ 5
	5	20 54 17	12 ♌ 35 32	4 ♋ 8	9 ♍ 54	29 ♊ 45	3 ♋ 30	23 ♉ 31	3 ♓ 7R	8 ♍ 40	15 ♏ 5	12 ♍ 53	29 ♊ 52
	10	21 13 60	17 ♌ 23 11	16 ♍ 28	14 ♍ 13	3 ♋ 21	6 ♋ 49	24 ♉ 6	2 ♓ 46R	8 ♍ 58	15 ♏ 7	13 ♍ 2	29 ♊ 36
	15	21 33 43	22 ♌ 11 15	20 ♏ 39	17 ♍ 2	7 ♋ 18	10 ♋ 6	24 ♉ 36	2 ♓ 24R	9 ♍ 16	15 ♏ 9	13 ♍ 12	29 ♊ 20
	20	21 53 25	26 ♌ 59 45	20 ♑ 4	17 ♍ 57R	11 ♋ 34	13 ♋ 22	25 ♉ 3	2 ♓ 2R	9 ♍ 34	15 ♏ 13	13 ♍ 22	29 ♊ 4
	25	22 13 8	1 ♍ 48 45	23 ♓ 13	16 ♍ 34R	16 ♋ 5	16 ♋ 36	25 ♉ 25	1 ♓ 39R	9 ♍ 53	15 ♏ 17	13 ♍ 33	28 ♊ 49
	31	22 36 47	7 ♍ 36 27	15 ♊ 41	12 ♍ 1R	21 ♋ 47	20 ♋ 27	25 ♉ 46	1 ♓ 12R	10 ♍ 16	15 ♏ 23	13 ♍ 45	28 ♊ 29
SETTEMBRE	1	22 40 44	8 ♍ 34 31	29 ♊ 52	11 ♍ 4R	22 ♋ 46	21 ♋ 5	25 ♉ 49	1 ♓ 8R	10 ♍ 19	15 ♏ 24	13 ♍ 47	28 ♊ 26
	5	22 56 30	12 ♍ 27 5	26 ♌ 56	7 ♍ 24R	26 ♋ 45	23 ♋ 37	25 ♉ 58	0 ♓ 50R	10 ♍ 34	15 ♏ 29	13 ♍ 56	28 ♊ 14
	10	23 16 13	17 ♍ 18 27	4 ♏ 2	4 ♍ 31	1 ♌ 51	26 ♋ 45	26 ♉ 6	0 ♓ 28R	10 ♍ 53	15 ♏ 35	14 ♍ 6	27 ♊ 58
	15	23 35 56	22 ♍ 10 31	4 ♑ 11	5 ♍ 7	7 ♌ 6	29 ♋ 52	26 ♉ 8R	0 ♓ 8R	11 ♍ 12	15 ♏ 42	14 ♍ 17	27 ♊ 42
	20	23 55 39	27 ♍ 3 16	5 ♓ 44	9 ♍ 21	12 ♌ 28	2 ♌ 56	26 ♉ 5R	29 ♒ 48R	11 ♍ 30	15 ♏ 50	14 ♍ 27	27 ♊ 26
	25	0 15 21	1 ♎ 56 47	14 ♉ 13	16 ♍ 17	17 ♌ 56	5 ♌ 59	25 ♉ 57R	29 ♒ 30R	11 ♍ 49	15 ♏ 59	14 ♍ 38	27 ♊ 10
	30	0 35 4	6 ♎ 51 13	24 ♋ 49	24 ♍ 40	23 ♌ 30	8 ♌ 59	25 ♉ 45R	29 ♒ 14R	12 ♍ 6	16 ♏ 8	14 ♍ 48	26 ♊ 54
OTTOBRE	1	0 39 1	7 ♎ 50 13	8 ♌ 48	26 ♍ 26	24 ♌ 37	9 ♌ 35	25 ♉ 42R	29 ♒ 11R	12 ♍ 10	16 ♏ 9	14 ♍ 50	26 ♊ 51
	5	0 54 47	11 ♎ 46 36	3 ♎ 28	3 ♎ 34	29 ♌ 8	11 ♌ 58	25 ♉ 27R	28 ♒ 59R	12 ♍ 24	16 ♏ 17	14 ♍ 58	26 ♊ 38
	10	1 14 30	16 ♎ 42 51	6 ♐ 30	12 ♎ 27	4 ♍ 52	14 ♌ 54	25 ♉ 5R	28 ♒ 47R	12 ♍ 40	16 ♏ 27	15 ♍ 7	26 ♊ 22
	15	1 34 12	21 ♎ 39 53	5 ♒ 54	21 ♎ 7	10 ♍ 39	17 ♌ 47	24 ♉ 38R	28 ♒ 37R	12 ♍ 57	16 ♏ 37	15 ♍ 16	26 ♊ 6
	20	1 53 55	26 ♎ 37 40	10 ♈ 53	29 ♎ 30	16 ♍ 30	20 ♌ 38	24 ♉ 8R	28 ♒ 29R	13 ♍ 12	16 ♏ 48	15 ♍ 25	25 ♊ 51
	25	2 13 38	1 ♏ 36 15	22 ♊ 60	7 ♏ 39	22 ♍ 24	23 ♌ 26	23 ♉ 34R	28 ♒ 24R	13 ♍ 26	16 ♏ 58	15 ♍ 33	25 ♊ 35
	31	2 37 17	7 ♏ 35 44	16 ♍ 34	17 ♏ 7	29 ♍ 33	26 ♌ 43	22 ♉ 50R	28 ♒ 21R	13 ♍ 43	17 ♏ 12	15 ♍ 42	25 ♊ 16
NOVEMBRE	1	2 41 14	8 ♏ 35 47	29 ♍ 47	18 ♏ 40	0 ♎ 45	27 ♌ 16	22 ♉ 42R	28 ♒ 21R	13 ♍ 45	17 ♏ 14	15 ♍ 44	25 ♊ 12
	5	2 56 60	12 ♏ 36 17	20 ♏ 30	24 ♏ 47	5 ♎ 34	29 ♌ 24	22 ♉ 11R	28 ♒ 21	13 ♍ 55	17 ♏ 23	15 ♍ 49	24 ♊ 60
	10	3 16 43	17 ♏ 37 35	20 ♑ 4	2 ♐ 18	11 ♎ 37	2 ♍ 1	21 ♉ 31R	28 ♒ 24	14 ♍ 6	17 ♏ 34	15 ♍ 56	24 ♊ 44
	15	3 36 26	22 ♏ 39 30	21 ♓ 36	9 ♐ 37	17 ♎ 41	4 ♍ 34	20 ♉ 50R	28 ♒ 30	14 ♍ 16	17 ♏ 45	16 ♍ 1	24 ♊ 28
	20	3 56 8	27 ♏ 42 0	2 ♊ 30	16 ♐ 41	23 ♎ 48	7 ♍ 3	20 ♉ 9R	28 ♒ 38	14 ♍ 25	17 ♏ 56	16 ♍ 6	24 ♊ 12
	25	4 15 51	2 ♐ 45 7	16 ♌ 4	23 ♐ 19	29 ♎ 56	9 ♍ 27	19 ♉ 30R	28 ♒ 49	14 ♍ 33	18 ♏ 7	16 ♍ 11	23 ♊ 56
	30	4 35 34	7 ♐ 48 55	22 ♎ 26	29 ♐ 10	6 ♏ 5	11 ♍ 46	18 ♉ 52R	29 ♒ 2	14 ♍ 39	18 ♏ 18	16 ♍ 14	23 ♊ 40
DICEMBRE	1	4 39 30	8 ♐ 49 44	4 ♏ 54	0 ♑ 11	7 ♏ 19	12 ♍ 14	18 ♉ 45R	29 ♒ 5	14 ♍ 40	18 ♏ 20	16 ♍ 15	23 ♊ 37
	5	4 55 17	12 ♐ 53 17	23 ♐ 9	3 ♑ 27	12 ♏ 16	13 ♍ 60	18 ♉ 17R	29 ♒ 17	14 ♍ 44	18 ♏ 29	16 ♍ 17	23 ♊ 24
	10	5 14 59	17 ♐ 58 5	22 ♒ 24	4 ♑ 50R	18 ♏ 27	16 ♍ 6	17 ♉ 45R	29 ♒ 35	14 ♍ 48	18 ♏ 39	16 ♍ 19	23 ♊ 9
	15	5 34 42	23 ♐ 3 8	26 ♈ 46	1 ♑ 52R	24 ♏ 40	18 ♍ 6	17 ♉ 17R	29 ♒ 55	14 ♍ 50	18 ♏ 49	16 ♍ 20	22 ♊ 53
	20	5 54 25	28 ♐ 8 24	10 ♋ 46	25 ♐ 25R	0 ♐ 53	19 ♍ 58	16 ♉ 53R	0 ♓ 17	14 ♍ 51	18 ♏ 59	16 ♍ 20R	22 ♊ 37
	25	6 14 8	3 ♑ 13 55	23 ♍ 16	19 ♐ 59R	7 ♐ 6	21 ♍ 41	16 ♉ 34R	0 ♓ 41	14 ♍ 50R	19 ♏ 8	16 ♍ 19R	22 ♊ 21
	31	6 37 47	9 ♑ 20 50	8 ♐ 16	18 ♐ 51	14 ♐ 35	23 ♍ 32	16 ♉ 18R	1 ♓ 12	14 ♍ 48R	19 ♏ 18	16 ♍ 17R	22 ♊ 2

GIORNO	TEMPO SIDERALE	☉	☽	☿	♀	♂	♃	♄	♅	♆	♇	☊	1965
1	6 41 44	10 ♑ 22 0	20 ♐ 7	19 ♐ 11	15 ♐ 50	23 ♍ 49	16 ♉ 16R	1 ♓ 17	14 ♍ 47R	19 ♏ 19	16 ♍ 17R	21 ♊ 59	GENNAIO
5	6 57 30	14 ♑ 26 44	7 ♒ 24	21 ♐ 38	20 ♐ 50	24 ♍ 52	16 ♉ 9R	1 ♓ 40	14 ♍ 44R	19 ♏ 25	16 ♍ 15R	21 ♊ 46	
10	7 17 12	19 ♑ 32 33	8 ♈ 60	26 ♐ 24	27 ♐ 5	26 ♍ 0	16 ♉ 6R	2 ♓ 9	14 ♍ 39R	19 ♏ 32	16 ♍ 12R	21 ♊ 30	
15	7 36 55	24 ♑ 38 8	18 ♊ 24	2 ♑ 18	3 ♑ 20	26 ♍ 55	16 ♉ 8	2 ♓ 40	14 ♍ 33R	19 ♏ 39	16 ♍ 8R	21 ♊ 14	
20	7 56 38	29 ♑ 43 28	3 ♍ 43	8 ♑ 53	9 ♑ 35	27 ♍ 34	16 ♉ 16	3 ♓ 12	14 ♍ 25R	19 ♏ 44	16 ♍ 3R	20 ♊ 58	
25	8 16 21	4 ♒ 48 35	10 ♏ 58	15 ♑ 55	15 ♑ 50	27 ♍ 57	16 ♉ 28	3 ♓ 45	14 ♍ 17R	19 ♏ 49	15 ♍ 58R	20 ♊ 42	
31	8 40	10 ♒ 54 25	22 ♑ 25	24 ♑ 48	23 ♑ 21	27 ♍ 1R	16 ♉ 49	4 ♓ 26	14 ♍ 5R	19 ♏ 54	15 ♍ 51R	20 ♊ 23	
1	8 43 57	11 ♒ 55 21	4 ♒ 19	26 ♑ 19	24 ♑ 36	27 ♍ 59R	16 ♉ 54	4 ♓ 33	14 ♍ 3R	19 ♏ 54	15 ♍ 50R	20 ♊ 20	FEBBRAIO
5	8 59 43	15 ♒ 58 51	23 ♓ 18	2 ♒ 33	29 ♑ 36	27 ♍ 44R	17 ♉ 12	5 ♓ 1	13 ♍ 54R	19 ♏ 57	15 ♍ 45R	20 ♊ 7	
10	9 19 26	21 ♒ 2 43	29 ♉ 4	10 ♒ 37	5 ♒ 51	27 ♍ 7R	17 ♉ 40	5 ♓ 36	13 ♍ 43R	19 ♏ 59	15 ♍ 38R	19 ♊ 52	
15	9 39 8	26 ♒ 5 56	11 ♌ 55	19 ♒ 1	12 ♒ 6	26 ♍ 10R	18 ♉ 11	6 ♓ 12	13 ♍ 31R	20 ♏ 0	15 ♍ 31R	19 ♊ 36	
20	9 58 51	1 ♓ 8 30	23 ♎ 32	27 ♒ 47	18 ♒ 21	24 ♍ 55R	18 ♉ 47	6 ♓ 49	13 ♍ 18R	20 ♏ 1R	15 ♍ 23R	19 ♊ 20	
25	10 18 34	6 ♓ 10 29	25 ♐ 26	6 ♓ 55	24 ♒ 36	23 ♍ 23R	19 ♉ 26	7 ♓ 25	13 ♍ 5R	20 ♏ 0R	15 ♍ 16R	19 ♊ 4	
28	10 30 24	9 ♓ 11 24	0 ♒ 52	12 ♓ 34	28 ♒ 20	22 ♍ 21R	19 ♉ 52	7 ♓ 47	12 ♍ 58R	19 ♏ 59R	15 ♍ 11R	18 ♊ 54	
1	10 34 20	10 ♓ 11 39	12 ♒ 52	14 ♓ 29	29 ♒ 35	21 ♍ 60R	20 ♉ 0	7 ♓ 55	12 ♍ 55R	19 ♏ 59R	15 ♍ 9R	18 ♊ 51	MARZO
5	10 50 6	14 ♓ 12 22	2 ♈ 49	22 ♓ 10	4 ♓ 35	20 ♍ 30R	20 ♉ 36	8 ♓ 24	12 ♍ 44R	19 ♏ 58R	15 ♍ 3R	18 ♊ 38	
10	11 9 49	19 ♓ 12 31	9 ♊ 36	1 ♈ 41	10 ♓ 49	18 ♍ 33R	21 ♉ 24	9 ♓ 0	12 ♍ 31R	19 ♏ 55R	14 ♍ 55R	18 ♊ 23	
15	11 29 32	24 ♓ 11 45	20 ♌ 57	10 ♈ 27	17 ♓ 3	16 ♍ 35R	22 ♉ 15	9 ♓ 36	12 ♍ 18R	19 ♏ 52R	14 ♍ 47R	18 ♊ 7	
20	11 49 15	29 ♓ 10 7	1 ♏ 22	17 ♈ 29	23 ♓ 16	14 ♍ 42R	23 ♉ 9	10 ♓ 12	12 ♍ 6R	19 ♏ 48R	14 ♍ 40R	17 ♊ 51	
25	12 8 57	4 ♈ 7 42	3 ♑ 24	21 ♈ 55	29 ♓ 29	13 ♍ 0R	24 ♉ 4	10 ♓ 47	11 ♍ 54R	19 ♏ 43R	14 ♍ 32R	17 ♊ 35	
31	12 32 37	10 ♈ 3 49	15 ♓ 54	23 ♈ 9R	6 ♈ 57	11 ♍ 16R	25 ♉ 14	11 ♓ 28	11 ♍ 40R	19 ♏ 37R	14 ♍ 23R	17 ♊ 16	
1	12 36 33	11 ♈ 3 4	28 ♓ 45	22 ♈ 56R	8 ♈ 11	11 ♍ 1R	25 ♉ 26	11 ♓ 35	11 ♍ 38R	19 ♏ 35R	14 ♍ 22R	17 ♊ 13	APRILE
5	12 52 20	14 ♈ 59 41	22 ♉ 33	21 ♈ 3R	13 ♈ 9	10 ♍ 9R	26 ♉ 15	12 ♓ 1	11 ♍ 29R	19 ♏ 31R	14 ♍ 17R	16 ♊ 60	
10	13 12 2	19 ♈ 54 39	2 ♌ 43	17 ♈ 23R	19 ♈ 21	9 ♍ 21R	27 ♉ 17	12 ♓ 33	11 ♍ 20R	19 ♏ 24R	14 ♍ 10R	16 ♊ 44	
15	13 31 45	24 ♈ 48 39	12 ♎ 48	13 ♈ 54R	25 ♈ 33	8 ♍ 52R	28 ♉ 21	13 ♓ 4	11 ♍ 11R	19 ♏ 17R	14 ♍ 4R	16 ♊ 28	
20	13 51 28	29 ♈ 41 49	17 ♐ 13	11 ♈ 58R	1 ♉ 44	8 ♍ 43	29 ♉ 26	13 ♓ 34	11 ♍ 3R	19 ♏ 10R	13 ♍ 59R	16 ♊ 12	
25	14 11 11	4 ♉ 34 16	16 ♒ 51	12 ♈ 6	7 ♉ 54	8 ♍ 53	0 ♊ 32	14 ♓ 2	10 ♍ 56R	19 ♏ 2R	13 ♍ 54R	15 ♊ 56	
30	14 30 53	9 ♉ 26 2	20 ♈ 19	14 ♈ 11	14 ♉ 5	9 ♍ 20	1 ♊ 39	14 ♓ 29	10 ♍ 51R	18 ♏ 54R	13 ♍ 50R	15 ♊ 41	
1	14 34 50	10 ♉ 24 19	3 ♉ 59	14 ♈ 49	15 ♉ 19	9 ♍ 27	1 ♊ 53	14 ♓ 34	10 ♍ 50R	18 ♏ 52R	13 ♍ 50R	15 ♊ 37	MAGGIO
5	14 50 36	14 ♉ 17 6	0 ♋ 48	17 ♈ 56	20 ♉ 15	10 ♍ 3	2 ♊ 47	14 ♓ 54	10 ♍ 47R	18 ♏ 46R	13 ♍ 47R	15 ♊ 25	
10	15 10 19	19 ♉ 7 23	11 ♍ 42	23 ♈ 1	26 ♉ 24	11 ♍ 0	3 ♊ 56	15 ♓ 18	10 ♍ 44R	18 ♏ 38R	13 ♍ 44R	15 ♊ 9	
15	15 30 2	23 ♉ 56 54	18 ♏ 10	29 ♈ 15	2 ♊ 34	12 ♍ 11	5 ♊ 6	15 ♓ 39	10 ♍ 42R	18 ♏ 30R	13 ♍ 42R	14 ♊ 53	
20	15 49 44	28 ♉ 45 47	19 ♑ 13	6 ♉ 29	8 ♊ 42	13 ♍ 34	6 ♊ 15	15 ♓ 59	10 ♍ 42	18 ♏ 21R	13 ♍ 41R	14 ♊ 37	
25	16 9 27	3 ♊ 34 12	19 ♓ 18	14 ♉ 40	14 ♊ 51	15 ♍ 9	7 ♊ 25	16 ♓ 16	10 ♍ 43	18 ♏ 14R	13 ♍ 41R	14 ♊ 21	
31	16 33 7	9 ♊ 19 45	10 ♊ 55	25 ♉ 43	22 ♊ 13	17 ♍ 15	8 ♊ 49	16 ♓ 34	10 ♍ 46	18 ♏ 4R	13 ♍ 41	14 ♊ 2	
1	16 37 3	10 ♊ 17 17	25 ♊ 37	27 ♉ 41	23 ♊ 26	17 ♍ 37	9 ♊ 3	16 ♓ 37	10 ♍ 46	18 ♏ 3R	13 ♍ 41	13 ♊ 59	GIUGNO
5	16 52 49	14 ♊ 7 13	24 ♌ 19	5 ♊ 53	28 ♊ 20	19 ♍ 9	9 ♊ 59	16 ♓ 47	10 ♍ 50	17 ♏ 57R	13 ♍ 43	13 ♊ 46	
10	17 12 32	18 ♊ 54 12	2 ♏ 6	16 ♊ 41	4 ♋ 28	21 ♍ 12	11 ♊ 9	16 ♓ 57	10 ♍ 55	17 ♏ 50R	13 ♍ 45	13 ♊ 30	
15	17 32 15	23 ♊ 40 46	3 ♑ 49	27 ♊ 39	10 ♋ 35	23 ♍ 22	12 ♊ 19	17 ♓ 5	11 ♍ 2	17 ♏ 44R	13 ♍ 47	13 ♊ 14	
20	17 51 58	28 ♊ 27 6	3 ♓ 15	8 ♋ 16	16 ♋ 41	25 ♍ 38	13 ♊ 28	17 ♓ 10	11 ♍ 9	17 ♏ 38R	13 ♍ 51	12 ♊ 59	
25	18 11 40	3 ♋ 13 20	6 ♉ 35	18 ♋ 10	22 ♋ 47	28 ♍ 1	14 ♊ 36	17 ♓ 13	11 ♍ 18	17 ♏ 32R	13 ♍ 55	12 ♊ 43	
30	18 31 23	7 ♋ 59 32	19 ♋ 17	27 ♋ 12	28 ♋ 53	0 ♎ 29	15 ♊ 44	17 ♓ 13R	11 ♍ 28	17 ♏ 28R	14 ♍ 0	12 ♊ 27	

1965	GIORNO	TEMPO SIDERALE	☉	☽	☿	♀	♂	♃	♄	♅	♆	♇	☊
LUGLIO	1	18 35 20	8 ♋ 56 46	4 ♌ 25	28 ♋ 54	0 ♌ 6	0 ♎ 59	15 ♊ 57	17 ♓ 13R	11 ♍ 31	17 ♏ 27R	14 ♍ 1	12 ♊ 24
	5	18 51 6	12 ♋ 45 38	2 ♎ 27	5 ♌ 19	4 ♌ 59	3 ♎ 2	16 ♊ 50	17 ♓ 11R	11 ♍ 40	17 ♏ 24R	14 ♍ 6	12 ♊ 11
	10	19 10 49	17 ♋ 31 39	6 ♐ 40	12 ♌ 31	11 ♌ 4	5 ♎ 40	17 ♊ 56	17 ♓ 6R	11 ♍ 52	17 ♏ 20R	14 ♍ 12	11 ♊ 55
	15	19 30 31	22 ♋ 17 39	6 ♒ 21	18 ♌ 44	17 ♌ 8	8 ♎ 22	19 ♊ 0	16 ♓ 59R	12 ♍ 5	17 ♏ 17R	14 ♍ 19	11 ♊ 39
	20	19 50 14	27 ♋ 3 49	6 ♈ 35	23 ♌ 50	23 ♌ 12	11 ♎ 9	20 ♊ 3	16 ♓ 50R	12 ♍ 19	17 ♏ 15R	14 ♍ 27	11 ♊ 23
	25	20 9 57	1 ♌ 50 18	13 ♊ 4	27 ♌ 36	29 ♌ 15	13 ♎ 59	21 ♊ 4	16 ♓ 38R	12 ♍ 34	17 ♏ 14R	14 ♍ 35	11 ♊ 7
	31	20 33 36	7 ♌ 34 22	13 ♍ 6	29 ♌ 56	6 ♍ 30	17 ♎ 28	22 ♊ 16	16 ♓ 22R	12 ♍ 53	17 ♏ 14	14 ♍ 45	10 ♊ 48
AGOSTO	1	20 37 33	8 ♌ 31 57	27 ♍ 40	0 ♍ 3	7 ♍ 43	18 ♎ 4	22 ♊ 27	16 ♓ 19R	12 ♍ 56	17 ♏ 14	14 ♍ 47	10 ♊ 45
	5	20 53 19	12 ♌ 21 43	21 ♏ 16	29 ♌ 41R	12 ♍ 32	20 ♎ 27	23 ♊ 13	16 ♓ 6R	13 ♍ 10	17 ♏ 15	14 ♍ 54	10 ♊ 32
	10	21 13 2	17 ♌ 9 11	21 ♑ 32	27 ♌ 18R	18 ♍ 33	23 ♎ 28	24 ♊ 8	15 ♓ 48R	13 ♍ 27	17 ♏ 16	15 ♍ 4	10 ♊ 16
	15	21 32 45	21 ♌ 57 5	21 ♓ 21	23 ♌ 24R	24 ♍ 33	26 ♎ 33	25 ♊ 1	15 ♓ 29R	13 ♍ 44	17 ♏ 18	15 ♍ 14	10 ♊ 1
	20	21 52 27	26 ♌ 45 33	24 ♉ 46	19 ♌ 33R	0 ♎ 33	29 ♎ 40	25 ♊ 51	15 ♓ 8R	14 ♍ 3	17 ♏ 21	15 ♍ 24	9 ♊ 45
	25	22 12 10	1 ♍ 34 42	6 ♌ 15	17 ♌ 39R	6 ♎ 31	2 ♏ 51	26 ♊ 39	14 ♓ 47R	14 ♍ 21	17 ♏ 25	15 ♍ 34	9 ♊ 29
	31	22 35 49	7 ♍ 22 34	3 ♏ 60	19 ♌ 31	13 ♎ 40	6 ♏ 43	27 ♊ 32	14 ♓ 20R	14 ♍ 43	17 ♏ 31	15 ♍ 47	9 ♊ 10
SETTEMBRE	1	22 39 47	8 ♍ 20 38	17 ♏ 13	20 ♌ 17	14 ♎ 51	7 ♏ 22	27 ♊ 40	14 ♓ 15R	14 ♍ 47	17 ♏ 32	15 ♍ 49	9 ♊ 7
	5	22 55 33	12 ♍ 13 7	6 ♑ 32	24 ♌ 36	19 ♎ 35	9 ♏ 60	28 ♊ 13	13 ♓ 57R	15 ♍ 2	17 ♏ 36	15 ♍ 57	8 ♊ 54
	10	23 15 16	17 ♍ 4 16	6 ♓ 4	2 ♍ 6	25 ♎ 30	13 ♏ 19	28 ♊ 50	13 ♓ 34R	15 ♍ 21	17 ♏ 42	16 ♍ 8	8 ♊ 38
	15	23 34 59	21 ♍ 56 9	8 ♉ 37	10 ♍ 58	1 ♏ 23	16 ♏ 40	29 ♊ 24	13 ♓ 11R	15 ♍ 40	17 ♏ 49	16 ♍ 19	8 ♊ 22
	20	23 54 42	26 ♍ 48 55	16 ♋ 26	20 ♍ 18	7 ♏ 14	20 ♏ 4	29 ♊ 54	12 ♓ 49R	15 ♍ 59	17 ♏ 57	16 ♍ 30	8 ♊ 6
	25	0 14 24	1 ♎ 42 35	29 ♍ 50	29 ♍ 34	13 ♏ 4	23 ♏ 31	0 ♋ 19	12 ♓ 28R	16 ♍ 17	18 ♏ 5	16 ♍ 40	7 ♊ 50
	30	0 34 7	6 ♎ 37 6	8 ♐ 8	8 ♎ 31	18 ♏ 52	26 ♏ 59	0 ♋ 41	12 ♓ 7R	16 ♍ 35	18 ♏ 13	16 ♍ 50	7 ♊ 34
OTTOBRE	1	0 38 4	7 ♎ 36 6	20 ♐ 36	10 ♎ 16	20 ♏ 1	27 ♏ 41	0 ♋ 44	12 ♓ 3R	16 ♍ 39	18 ♏ 15	16 ♍ 52	7 ♊ 31
	5	0 53 50	11 ♎ 32 22	8 ♒ 29	17 ♎ 7	24 ♏ 37	0 ♐ 30	0 ♋ 57	11 ♓ 48R	16 ♍ 53	18 ♏ 23	17 ♍ 0	7 ♊ 19
	10	1 13 33	16 ♎ 28 23	9 ♈ 30	25 ♎ 23	0 ♐ 21	4 ♐ 3	1 ♋ 9	11 ♓ 31R	17 ♍ 10	18 ♏ 32	17 ♍ 10	7 ♊ 3
	15	1 33 15	21 ♎ 25 15	15 ♊ 26	3 ♏ 20	6 ♐ 1	7 ♐ 38	1 ♋ 17	11 ♓ 15R	17 ♍ 27	18 ♏ 42	17 ♍ 20	6 ♊ 47
	20	1 52 58	26 ♎ 23 3	25 ♌ 40	10 ♏ 60	11 ♐ 38	11 ♐ 14	1 ♋ 19R	11 ♓ 2R	17 ♍ 43	18 ♏ 53	17 ♍ 29	6 ♊ 31
	25	2 12 41	1 ♏ 21 47	6 ♏ 33	18 ♏ 24	17 ♐ 11	14 ♐ 53	1 ♋ 16R	10 ♓ 50R	17 ♍ 59	19 ♏ 3	17 ♍ 37	6 ♊ 15
	31	2 36 20	7 ♏ 21 20	22 ♑ 38	26 ♏ 56	23 ♐ 45	19 ♐ 18	1 ♋ 6R	10 ♓ 40R	18 ♍ 16	19 ♏ 16	17 ♍ 47	5 ♊ 56
NOVEMBRE	1	2 40 17	8 ♏ 21 21	4 ♒ 32	28 ♏ 18	24 ♐ 50	20 ♐ 2	1 ♋ 4R	10 ♓ 38R	18 ♍ 19	19 ♏ 19	17 ♍ 48	5 ♊ 53
	5	2 56 3	12 ♏ 21 43	22 ♓ 34	3 ♐ 38	29 ♐ 8	23 ♐ 1	0 ♋ 53R	10 ♓ 34R	18 ♍ 29	19 ♏ 28	17 ♍ 54	5 ♊ 40
	10	3 15 46	17 ♏ 22 47	27 ♉ 46	9 ♐ 46	4 ♑ 24	26 ♐ 45	0 ♋ 34R	10 ♓ 30R	18 ♍ 42	19 ♏ 39	18 ♍ 1	5 ♊ 24
	15	3 35 28	22 ♏ 24 35	8 ♌ 10	14 ♐ 56	9 ♑ 32	0 ♑ 31	0 ♋ 11R	10 ♓ 29	18 ♍ 53	19 ♏ 50	18 ♍ 7	5 ♊ 8
	20	3 55 11	27 ♏ 27 10	18 ♎ 19	18 ♐ 22	14 ♑ 32	4 ♑ 18	29 ♊ 44R	10 ♓ 31	19 ♍ 3	20 ♏ 1	18 ♍ 12	4 ♊ 52
	25	4 14 54	2 ♐ 30 27	23 ♐ 54	18 ♐ 46R	19 ♑ 20	8 ♑ 7	29 ♊ 13R	10 ♓ 36	19 ♍ 12	20 ♏ 12	18 ♍ 17	4 ♊ 37
	30	4 34 37	7 ♐ 34 16	24 ♒ 14	14 ♐ 56R	23 ♑ 54	11 ♑ 57	28 ♊ 38R	10 ♓ 43	19 ♍ 20	20 ♏ 23	18 ♍ 21	4 ♊ 21
DICEMBRE	1	4 38 33	8 ♐ 35 5	6 ♓ 7	13 ♐ 43R	24 ♑ 47	12 ♑ 43	28 ♊ 31R	10 ♓ 44	19 ♍ 21	20 ♏ 26	18 ♍ 22	4 ♊ 17
	5	4 54 20	12 ♐ 38 29	25 ♈ 33	8 ♐ 19R	28 ♑ 13	15 ♑ 48	28 ♊ 1R	10 ♓ 52	19 ♍ 26	20 ♏ 34	18 ♍ 24	4 ♊ 5
	10	5 14 2	17 ♐ 43 4	4 ♋ 53	3 ♐ 33R	2 ♒ 11	19 ♑ 40	27 ♊ 22R	11 ♓ 4	19 ♍ 31	20 ♏ 45	18 ♍ 26	3 ♊ 49
	15	5 33 45	22 ♐ 48 3	17 ♍ 27	3 ♐ 11	5 ♒ 45	23 ♑ 33	26 ♊ 42R	11 ♓ 19	19 ♍ 35	20 ♏ 55	18 ♍ 28	3 ♊ 33
	20	5 53 28	27 ♐ 53 26	24 ♏ 39	6 ♐ 19	8 ♒ 48	27 ♑ 27	26 ♊ 1R	11 ♓ 36	19 ♍ 37	21 ♏ 4	18 ♍ 28	3 ♊ 17
	25	6 13 11	2 ♑ 59 7	26 ♑ 38	11 ♐ 30	11 ♒ 15	1 ♒ 22	25 ♊ 21R	11 ♓ 55	19 ♍ 38	21 ♏ 14	18 ♍ 28R	3 ♊ 1
	31	6 36 50	9 ♑ 6 4	8 ♈ 16	19 ♐ 5	13 ♒ 11	6 ♒ 5	24 ♊ 34R	12 ♓ 21	19 ♍ 37R	21 ♏ 24	18 ♍ 27R	2 ♊ 42

1966

MESE	GIORNO	TEMPO SIDERALE	☉	☽	☿	♀	♂	♃	♄	♅	♆	♇	☊
GENNAIO	1	6 40 47	10 ♑ 7 13	20 ♈ 38	20 ♐ 26	13 ♒ 24	6 ♒ 52	24 ♊ 26R	12 ♓ 26	19 ♍ 337R	21 ♏ 26	18 ♍ 26R	2 ♊ 39
	5	6 56 33	14 ♑ 11 47	13 ♊ 56	26 ♐ 1	13 ♒ 50	10 ♒ 1	23 ♊ 57R	12 ♓ 45	19 ♍ 35R	21 ♏ 32	18 ♍ 25R	2 ♊ 26
	10	7 16 15	19 ♑ 17 26	28 ♌ 24	3 ♑ 17	13 ♒ 27R	13 ♒ 58	23 ♊ 22R	13 ♓ 11	19 ♍ 31R	21 ♏ 39	18 ♍ 22R	2 ♊ 10
	15	7 35 58	24 ♑ 23 3	8 ♏ 44	10 ♑ 47	12 ♒ 3R	17 ♒ 54	22 ♊ 51R	13 ♓ 38	19 ♍ 26R	21 ♏ 46	18 ♍ 18R	1 ♊ 54
	20	7 55 41	29 ♑ 28 34	11 ♑ 15	18 ♑ 30	9 ♒ 43R	21 ♒ 51	22 ♊ 23R	14 ♓ 7	19 ♍ 20R	21 ♏ 52	18 ♍ 14R	1 ♊ 39
	25	8 15 24	4 ♒ 33 52	10 ♓ 53	26 ♑ 28	6 ♒ 48R	25 ♒ 48	22 ♊ 0R	14 ♓ 38	19 ♍ 12R	21 ♏ 57	18 ♍ 9R	1 ♊ 23
	31	8 39 3	10 ♒ 39 41	24 ♉ 38	6 ♒ 21	3 ♒ 10R	0 ♓ 33	21 ♊ 38R	15 ♓ 16	19 ♍ 2R	22 ♏ 2	18 ♍ 2R	1 ♊ 4
FEBBRAIO	1	8 42 60	11 ♒ 40 35	8 ♊ 0	8 ♒ 2	2 ♒ 36R	1 ♓ 20	21 ♊ 35R	15 ♓ 22	19 ♍ 0R	22 ♏ 3	18 ♍ 1R	1 ♊ 0
	5	8 58 46	15 ♒ 43 58	6 ♌ 12	14 ♒ 55	0 ♒ 38R	4 ♓ 30	21 ♊ 26R	15 ♓ 49	18 ♍ 52R	22 ♏ 6	17 ♍ 56R	0 ♊ 48
	10	9 18 29	20 ♒ 47 44	21 ♎ 9	23 ♒ 46	28 ♑ 57R	8 ♓ 26	21 ♊ 18R	16 ♓ 23	18 ♍ 42R	22 ♏ 8	17 ♍ 50R	0 ♊ 32
	15	9 38 11	25 ♒ 51 2	26 ♐ 13	2 ♓ 53	28 ♑ 16R	12 ♓ 22	21 ♊ 15R	16 ♓ 58	18 ♍ 30R	22 ♏ 10	17 ♍ 43R	0 ♊ 16
	20	9 57 54	0 ♓ 53 50	25 ♒ 60	12 ♓ 6	28 ♑ 36	16 ♓ 18	21 ♊ 17R	17 ♓ 34	18 ♍ 18R	22 ♏ 11	17 ♍ 35R	0 ♊ 0
	25	10 17 37	5 ♓ 55 59	25 ♈ 58	20 ♓ 56	29 ♑ 51	20 ♓ 13	21 ♊ 24R	18 ♓ 10	18 ♍ 6R	22 ♏ 11R	17 ♍ 28R	29 ♉ 44
	28	10 29 27	8 ♓ 56 54	3 ♊ 46	25 ♓ 44	0 ♒ 59	22 ♓ 34	21 ♊ 31R	18 ♓ 32	17 ♍ 58R	22 ♏ 10R	17 ♍ 23R	29 ♉ 35
MARZO	1	10 33 23	9 ♓ 57 8	17 ♊ 1	27 ♓ 12	1 ♒ 26	23 ♓ 21	21 ♊ 34	18 ♓ 39	17 ♍ 55R	22 ♏ 10R	17 ♍ 21R	29 ♉ 32
	5	10 49 9	13 ♓ 57 45	14 ♌ 23	2 ♈ 5	3 ♒ 27	26 ♓ 28	21 ♊ 46	19 ♓ 9	17 ♍ 45R	22 ♏ 9R	17 ♍ 15R	29 ♉ 19
	10	11 8 52	18 ♓ 57 46	29 ♎ 32	5 ♈ 26	6 ♒ 30	0 ♈ 21	22 ♊ 6	19 ♓ 46	17 ♍ 32R	22 ♏ 7R	17 ♍ 7R	29 ♉ 3
	15	11 28 35	23 ♓ 57 4	5 ♑ 9	5 ♈ 10R	10 ♒ 1	4 ♈ 13	22 ♊ 30	20 ♓ 23	17 ♍ 19R	22 ♏ 4R	16 ♍ 59R	28 ♉ 47
	20	11 48 18	28 ♓ 55 40	4 ♓ 47	1 ♈ 52R	13 ♒ 57	8 ♈ 5	22 ♊ 58	20 ♓ 60	17 ♍ 6R	22 ♏ 0R	16 ♍ 51R	28 ♉ 31
	25	12 8	3 ♈ 53 27	5 ♉ 25	27 ♓ 26R	18 ♒ 11	11 ♈ 55	23 ♊ 30	21 ♓ 36	16 ♍ 53R	21 ♏ 56R	16 ♍ 43R	28 ♉ 15
	31	12 31 40	9 ♈ 49 36	24 ♋ 33	23 ♓ 34R	23 ♒ 37	16 ♈ 31	24 ♊ 13	22 ♓ 20	16 ♍ 39R	21 ♏ 50R	16 ♍ 35R	27 ♉ 56
APRILE	1	12 35 36	10 ♈ 48 49	8 ♌ 52	23 ♓ 13R	24 ♒ 33	17 ♈ 16	24 ♊ 21	22 ♓ 27	16 ♍ 37R	21 ♏ 49R	16 ♍ 33R	27 ♉ 53
	5	12 51 23	14 ♈ 45 20	8 ♎ 17	22 ♓ 46	28 ♒ 23	20 ♈ 19	24 ♊ 53	22 ♓ 55	16 ♍ 27R	21 ♏ 44R	16 ♍ 28R	27 ♉ 40
	10	13 11 5	19 ♈ 40 13	18 ♐ 16	24 ♓ 12	3 ♓ 19	24 ♈ 6	25 ♊ 37	23 ♓ 30	16 ♍ 17R	21 ♏ 38R	16 ♍ 21R	27 ♉ 24
	15	13 30 48	24 ♈ 34 20	19 ♒ 31	27 ♓ 27	8 ♓ 24	27 ♈ 51	26 ♊ 23	24 ♓ 4	16 ♍ 7R	21 ♏ 31R	16 ♍ 15R	27 ♉ 9
	20	13 50 31	29 ♈ 27 45	19 ♈ 38	2 ♈ 7	13 ♓ 37	1 ♉ 36	27 ♊ 12	24 ♓ 37	15 ♍ 58R	21 ♏ 24R	16 ♍ 9R	26 ♉ 53
	25	14 10 14	4 ♉ 20 22	23 ♊ 57	7 ♈ 56	18 ♓ 55	5 ♉ 19	28 ♊ 3	25 ♓ 9	15 ♍ 50R	21 ♏ 16R	16 ♍ 4R	26 ♉ 37
	30	14 29 56	9 ♉ 12 8	3 ♍ 42	14 ♈ 41	24 ♓ 19	9 ♉ 1	28 ♊ 57	25 ♓ 40	15 ♍ 44R	21 ♏ 8R	15 ♍ 60R	26 ♉ 21
MAGGIO	1	14 33 53	10 ♉ 10 22	18 ♍ 11	16 ♈ 8	25 ♓ 35	9 ♉ 45	29 ♊ 8	25 ♓ 46	15 ♍ 43R	21 ♏ 7R	15 ♍ 59R	26 ♉ 18
	5	14 49 39	14 ♉ 3 3	15 ♏ 40	22 ♈ 16	29 ♓ 48	12 ♉ 42	29 ♊ 53	26 ♓ 10	15 ♍ 38R	21 ♏ 0R	15 ♍ 56R	26 ♉ 5
	10	15 9 22	18 ♉ 53 16	21 ♑ 23	0 ♉ 41	5 ♈ 20	16 ♉ 21	0 ♋ 51	26 ♓ 38	15 ♍ 34R	20 ♏ 52R	15 ♍ 53R	25 ♉ 49
	15	15 29 5	23 ♉ 42 55	21 ♓ 22	9 ♉ 53	10 ♈ 56	19 ♉ 60	1 ♋ 50	27 ♓ 4	15 ♍ 31R	20 ♏ 44R	15 ♍ 51R	25 ♉ 33
	20	15 48 47	28 ♉ 32 2	23 ♉ 36	19 ♉ 53	16 ♈ 35	23 ♉ 36	2 ♋ 52	27 ♓ 29	15 ♍ 29R	20 ♏ 36R	15 ♍ 49R	25 ♉ 17
	25	16 8 30	3 ♊ 20 36	1 ♌ 59	0 ♊ 33	22 ♈ 16	27 ♉ 12	3 ♋ 54	27 ♓ 52	15 ♍ 29	20 ♏ 28R	15 ♍ 48R	25 ♉ 1
	31	16 32 10	9 ♊ 6 4	26 ♎ 59	13 ♊ 42	29 ♈ 8	1 ♊ 29	5 ♋ 11	28 ♓ 17	15 ♍ 30	20 ♏ 19R	15 ♍ 49	24 ♉ 42
GIUGNO	1	16 36 6	10 ♊ 3 34	10 ♏ 52	15 ♊ 52	0 ♉ 17	2 ♊ 11	5 ♋ 23	28 ♓ 21	15 ♍ 31	20 ♏ 17R	15 ♍ 49	24 ♉ 39
	5	16 51 52	13 ♊ 53 22	4 ♑ 12	24 ♊ 21	4 ♉ 54	5 ♊ 1	6 ♋ 15	28 ♓ 36	15 ♍ 33	20 ♏ 11R	15 ♍ 50	24 ♉ 26
	10	17 11 35	18 ♊ 40 20	5 ♓ 29	4 ♋ 15	10 ♉ 42	8 ♊ 33	7 ♋ 21	28 ♓ 52	15 ♍ 37	20 ♏ 4R	15 ♍ 51	24 ♉ 11
	15	17 31 18	23 ♊ 27 4	6 ♉ 1	13 ♋ 10	16 ♉ 32	12 ♊ 3	8 ♋ 28	29 ♓ 6	15 ♍ 42	19 ♏ 57R	15 ♍ 54	23 ♉ 55
	20	17 51 1	28 ♊ 13 37	13 ♋ 31	21 ♋ 3	22 ♉ 23	15 ♊ 31	9 ♋ 35	29 ♓ 18	15 ♍ 49	19 ♏ 51R	15 ♍ 57	23 ♉ 39
	25	18 10 43	2 ♋ 59 55	25 ♍ 38	27 ♋ 50	28 ♉ 15	18 ♊ 59	10 ♋ 42	29 ♓ 28	15 ♍ 56	19 ♏ 45R	15 ♍ 1	23 ♉ 23
	30	18 30 26	7 ♋ 45 59	4 ♐ 7	3 ♌ 28	4 ♊ 9	22 ♊ 25	11 ♋ 50	29 ♓ 35	16 ♍ 5	19 ♏ 40R	16 ♍ 6	23 ♉ 7

1966	GIORNO	TEMPO SIDERALE	☉	☽	☿	♀	♂	♃	♄	♅	♆	♇	☊
LUGLIO	1	18 34 23	8 ♋ 43 11	17 ♐ 12	4 ♌ 26	5 ♊ 20	23 ♊ 6	12 ♋ 3	29 ♓ 36	16 ♍ 7	19 ♏ 39R	16 ♍ 7	23 ♉ 4
	5	18 50 9	12 ♋ 31 56	7 ♒ 32	7 ♌ 46	10 ♊ 4	25 ♊ 50	12 ♋ 58	29 ♓ 39	16 ♍ 15	19 ♏ 36R	16 ♍ 11	22 ♉ 51
	10	19 9 52	17 ♋ 17 54	7 ♈ 18	10 ♌ 30	16 ♊ 0	29 ♊ 14	14 ♋ 5	29 ♓ 41	16 ♍ 27	19 ♏ 32R	16 ♍ 17	22 ♉ 35
	15	19 29 34	22 ♋ 4 4	10 ♊ 3	11 ♌ 25R	21 ♊ 58	2 ♋ 37	15 ♋ 13	29 ♓ 41R	16 ♍ 39	19 ♏ 29R	16 ♍ 24	22 ♉ 19
	20	19 49 17	26 ♋ 50 25	22 ♌ 3	10 ♌ 22R	27 ♊ 56	5 ♋ 58	16 ♋ 20	29 ♓ 38R	16 ♍ 52	19 ♏ 27R	16 ♍ 31	22 ♉ 4
	25	20 8 60	1 ♌ 36 56	4 ♏ 16	7 ♌ 35R	3 ♋ 56	9 ♋ 18	17 ♋ 27	29 ♓ 32R	17 ♍ 6	19 ♏ 25R	16 ♍ 39	21 ♉ 48
	31	20 32 39	7 ♌ 20 58	21 ♑ 47	3 ♌ 20R	11 ♋ 10	13 ♋ 17	18 ♋ 47	29 ♓ 22R	17 ♍ 24	19 ♏ 24R	16 ♍ 49	21 ♉ 29
AGOSTO	1	20 36 36	8 ♌ 18 20	4 ♒ 3	2 ♌ 42R	12 ♋ 22	13 ♋ 57	18 ♋ 60	29 ♓ 21R	17 ♍ 27	19 ♏ 24R	16 ♍ 51	21 ♉ 25
	5	20 52 22	12 ♌ 7 58	21 ♓ 59	0 ♌ 49R	17 ♋ 12	16 ♋ 35	19 ♋ 52	29 ♓ 12R	17 ♍ 40	19 ♏ 25	16 ♍ 58	21 ♉ 13
	10	21 12 5	16 ♌ 55 27	22 ♉ 15	0 ♌ 34	23 ♋ 16	19 ♋ 51	20 ♋ 56	28 ♓ 59R	17 ♍ 57	19 ♏ 26	17 ♍ 8	20 ♉ 57
	15	21 31 48	21 ♌ 43 30	0 ♌ 43	3 ♌ 9	29 ♋ 21	23 ♋ 7	21 ♋ 60	28 ♓ 44R	18 ♍ 14	19 ♏ 27	17 ♍ 18	20 ♉ 41
	20	21 51 30	26 ♌ 32 6	15 ♎ 58	8 ♌ 31	5 ♌ 27	26 ♋ 21	23 ♋ 2	28 ♓ 27R	18 ♍ 31	19 ♏ 30	17 ♍ 28	20 ♉ 25
	25	22 11 13	1 ♍ 21 12	23 ♐ 53	16 ♌ 10	11 ♌ 34	29 ♋ 35	24 ♋ 3	28 ♓ 8R	18 ♍ 49	19 ♏ 34	17 ♍ 38	20 ♉ 9
	31	22 34 52	7 ♍ 8 48	7 ♓ 2	27 ♌ 12	18 ♌ 56	3 ♌ 25	25 ♋ 13	27 ♓ 44R	19 ♍ 11	19 ♏ 39	17 ♍ 51	19 ♉ 50
SETTEMBRE	1	22 38 49	8 ♍ 6 49	18 ♓ 55	29 ♌ 8	20 ♌ 9	4 ♌ 3	25 ♋ 25	27 ♓ 40R	19 ♍ 15	19 ♏ 40	17 ♍ 53	19 ♉ 47
	5	22 54 35	11 ♍ 59 11	6 ♉ 31	6 ♍ 57	25 ♌ 5	6 ♌ 36	26 ♋ 10	27 ♓ 23R	19 ♍ 30	19 ♏ 44	18 ♍ 1	19 ♉ 34
	10	23 14 18	16 ♍ 50 22	10 ♋ 32	16 ♍ 34	1 ♍ 15	9 ♌ 46	27 ♋ 5	27 ♓ 1R	19 ♍ 49	19 ♏ 30	18 ♍ 12	19 ♉ 18
	15	23 34 1	21 ♍ 42 25	24 ♍ 33	25 ♍ 48	7 ♍ 26	12 ♌ 54	27 ♋ 58	26 ♓ 38R	20 ♍ 8	19 ♏ 56	18 ♍ 23	19 ♉ 2
	20	23 53 43	26 ♍ 35 14	7 ♐ 9	4 ♎ 37	13 ♍ 38	16 ♌ 2	28 ♋ 49	26 ♓ 14R	20 ♍ 27	20 ♏ 3	18 ♍ 34	18 ♉ 47
	25	0 13 26	1 ♎ 28 45	10 ♒ 10	13 ♎ 0	19 ♍ 51	19 ♌ 8	29 ♋ 37	25 ♓ 51R	20 ♍ 46	20 ♏ 11	18 ♍ 44	18 ♉ 31
	30	0 33 9	6 ♎ 23 0	9 ♈ 40	21 ♎ 0	26 ♍ 4	22 ♌ 13	0 ♌ 22	25 ♓ 28R	21 ♍ 4	20 ♏ 19	18 ♍ 55	18 ♉ 15
OTTOBRE	1	0 37 6	7 ♎ 21 57	21 ♈ 36	22 ♎ 34	27 ♍ 19	22 ♌ 50	0 ♌ 30	25 ♓ 24R	21 ♍ 8	20 ♏ 21	18 ♍ 57	18 ♉ 12
	5	0 52 52	11 ♎ 18 7	10 ♊ 35	28 ♎ 38	2 ♎ 18	25 ♌ 17	1 ♌ 4	25 ♓ 6R	21 ♍ 22	20 ♏ 28	19 ♍ 5	17 ♉ 59
	10	1 12 35	16 ♎ 14 10	18 ♌ 8	5 ♏ 55	8 ♎ 32	28 ♌ 19	1 ♌ 42	24 ♓ 45R	21 ♍ 40	20 ♏ 38	19 ♍ 15	17 ♉ 43
	15	1 32 17	21 ♎ 11 9	2 ♏ 52	12 ♏ 49	14 ♎ 47	1 ♍ 20	2 ♌ 18	24 ♓ 25R	21 ♍ 58	20 ♏ 48	19 ♍ 25	17 ♉ 27
	20	1 52	26 ♎ 8 59	11 ♑ 54	19 ♏ 14	21 ♎ 3	4 ♍ 20	2 ♌ 49	24 ♓ 6R	22 ♍ 14	20 ♏ 58	19 ♍ 34	17 ♉ 11
	25	2 11 43	1 ♏ 7 33	12 ♓ 41	25 ♏ 1	27 ♎ 19	7 ♍ 19	3 ♌ 17	23 ♓ 49R	22 ♍ 31	21 ♏ 9	19 ♍ 43	16 ♉ 55
	31	2 35 22	7 ♏ 6 47	25 ♉ 4	0 ♐ 31	4 ♏ 50	10 ♍ 50	3 ♌ 44	23 ♓ 32R	22 ♍ 49	21 ♏ 22	19 ♍ 53	16 ♉ 36
NOVEMBRE	1	2 39 19	8 ♏ 6 47	7 ♊ 38	1 ♐ 12	6 ♏ 5	11 ♍ 26	3 ♌ 48	23 ♓ 29R	22 ♍ 52	21 ♏ 24	19 ♍ 55	16 ♉ 33
	5	2 55 5	12 ♏ 7 4	0 ♌ 13	3 ♐ 2	11 ♏ 6	13 ♍ 45	4 ♌ 2	23 ♓ 20R	23 ♍ 3	21 ♏ 33	20 ♍ 1	16 ♉ 20
	10	3 14 48	17 ♏ 8 13	11 ♎ 41	2 ♐ 26R	17 ♏ 23	16 ♍ 38	4 ♌ 16	23 ♓ 10R	23 ♍ 17	21 ♏ 44	20 ♍ 8	16 ♉ 4
	15	3 34 30	22 ♏ 10 9	23 ♐ 27	27 ♏ 53R	23 ♏ 40	19 ♍ 29	4 ♌ 25	23 ♓ 2R	23 ♍ 29	21 ♏ 55	20 ♍ 14	15 ♉ 49
	20	3 54 13	27 ♏ 12 42	27 ♒ 3	21 ♏ 21R	29 ♏ 57	22 ♍ 18	4 ♌ 29	22 ♓ 57R	23 ♍ 41	22 ♏ 6	20 ♍ 20	15 ♉ 33
	25	4 13 56	2 ♐ 15 47	26 ♈ 39	17 ♏ 24R	6 ♐ 13	25 ♍ 5	4 ♌ 28R	22 ♓ 55R	23 ♍ 51	22 ♏ 17	20 ♍ 25	15 ♉ 17
	30	4 33 39	7 ♐ 19 22	0 ♋ 6	18 ♏ 0	12 ♐ 30	27 ♍ 49	4 ♌ 22R	22 ♓ 56	23 ♍ 60	22 ♏ 29	20 ♍ 30	15 ♉ 1
DICEMBRE	1	4 37 35	8 ♐ 20 9	13 ♋ 30	18 ♏ 35	13 ♐ 46	28 ♍ 22	4 ♌ 20R	22 ♓ 56	24 ♍ 1	22 ♏ 31	20 ♍ 30	14 ♉ 58
	5	4 53 22	12 ♐ 23 31	8 ♍ 55	22 ♏ 0	18 ♐ 47	0 ♎ 31	4 ♌ 11R	22 ♓ 59	24 ♍ 7	22 ♏ 39	20 ♍ 33	14 ♉ 45
	10	5 13 4	17 ♐ 28 13	19 ♏ 54	27 ♏ 51	25 ♐ 4	3 ♎ 10	3 ♌ 55R	23 ♓ 5	24 ♍ 14	22 ♏ 50	20 ♍ 36	14 ♉ 29
	15	5 32 47	22 ♐ 33 21	27 ♑ 42	4 ♐ 37	1 ♑ 21	5 ♎ 46	3 ♌ 35R	23 ♓ 13	24 ♍ 19	23 ♏ 0	20 ♍ 38	14 ♉ 13
	20	5 52 30	27 ♐ 38 44	28 ♓ 41	11 ♐ 49	7 ♑ 38	8 ♎ 18	3 ♌ 10R	23 ♓ 24	24 ♍ 22	23 ♏ 10	20 ♍ 39	13 ♉ 57
	25	6 12 13	2 ♑ 44 14	29 ♉ 21	19 ♐ 16	13 ♑ 55	10 ♎ 46	2 ♌ 41R	23 ♓ 38	24 ♍ 25	23 ♏ 20	20 ♍ 39R	13 ♉ 42
	31	6 35 52	8 ♑ 50 58	21 ♌ 20	28 ♐ 24	21 ♑ 27	13 ♎ 39	2 ♌ 2R	23 ♓ 57	24 ♍ 25R	23 ♏ 30	20 ♍ 38R	13 ♉ 22

GIORNO	TEMPO SIDERALE	☉	☽	☿	♀	♂	♃	♄	♅	♆	♇	☊	1967
1	6 39 48	9 ♑ 52 7	5 ♍ 37	29 ♐ 57	22 ♑ 42	14 ♎ 7	1 ♌ 55R	24 ♓ 1	24 ♍ 25R	23 ♏ 32	20 ♍ 38R	13 ♉ 19	GENNAIO
5	6 55 35	13 ♑ 56 44	2 ♏ 10	6 ♑ 10	27 ♑ 44	15 ♎ 58	1 ♌ 26R	24 ♓ 16	24 ♍ 25R	23 ♏ 39	20 ♍ 36R	13 ♉ 7	
10	7 15 17	19 ♑ 2 34	9 ♑ 58	14 ♑ 5	3 ♒ 60	18 ♎ 11	0 ♌ 49R	24 ♓ 37	24 ♍ 22R	23 ♏ 46	20 ♍ 34R	12 ♉ 51	
15	7 35	24 ♑ 8 20	12 ♓ 44	22 ♑ 11	10 ♒ 16	20 ♎ 19	0 ♌ 9R	25 ♓ 0	24 ♍ 19R	23 ♏ 53	20 ♍ 31R	12 ♉ 35	
20	7 54 43	29 ♑ 13 50	12 ♉ 11	0 ♒ 29	16 ♒ 31	22 ♎ 21	29 ♋ 29R	25 ♓ 25	24 ♍ 14R	23 ♏ 60	20 ♍ 27R	12 ♉ 19	
25	8 14 26	4 ♒ 18 58	17 ♋ 20	9 ♒ 1	22 ♒ 47	24 ♎ 15	28 ♋ 49R	25 ♓ 52	24 ♍ 7R	24 ♏ 5	20 ♍ 22R	12 ♉ 3	
31	8 38 5	10 ♒ 24 41	14 ♎ 45	19 ♒ 29	0 ♓ 16	26 ♎ 21	28 ♋ 2R	26 ♓ 27	23 ♍ 58R	24 ♏ 11	20 ♍ 16R	11 ♉ 44	
1	8 42 2	11 ♒ 25 35	28 ♎ 59	21 ♒ 15	1 ♓ 31	26 ♎ 41	27 ♋ 54R	26 ♓ 33	23 ♍ 57R	24 ♏ 12	20 ♍ 15R	11 ♉ 41	FEBBRAIO
5	8 57 48	15 ♒ 29 4	23 ♐ 21	28 ♒ 14	6 ♓ 30	27 ♎ 56	27 ♋ 24R	26 ♓ 57	23 ♍ 49R	24 ♏ 15	20 ♍ 10R	11 ♉ 28	
10	9 17 31	20 ♒ 33 5	26 ♒ 47	6 ♓ 34	12 ♓ 44	29 ♎ 22	26 ♋ 49R	27 ♓ 29	23 ♍ 40R	24 ♏ 17	20 ♍ 4R	11 ♉ 12	
15	9 37 13	25 ♒ 36 32	26 ♈ 24	13 ♓ 35	18 ♓ 56	0 ♏ 35	26 ♋ 16R	28 ♓ 2	23 ♍ 29R	24 ♏ 20	19 ♍ 57R	10 ♉ 56	
20	9 56 56	0 ♓ 39 17	27 ♊ 54	17 ♓ 58	25 ♓ 8	1 ♏ 37	25 ♋ 48R	28 ♓ 36	23 ♍ 18R	24 ♏ 21	19 ♍ 49R	10 ♉ 40	
25	10 16 39	5 ♓ 41 17	9 ♍ 22	18 ♓ 32R	1 ♈ 19	2 ♏ 24	25 ♋ 23R	29 ♓ 11	23 ♍ 6R	24 ♏ 21R	19 ♍ 42R	10 ♉ 25	
28	10 28 29	8 ♓ 42 9	24 ♎ 24	16 ♓ 59R	5 ♈ 1	2 ♏ 45	25 ♋ 10R	29 ♓ 32	23 ♍ 58R	24 ♏ 21R	19 ♍ 37R	10 ♉ 15	
1	10 32 25	9 ♓ 42 23	8 ♏ 57	16 ♓ 12R	6 ♈ 15	2 ♏ 51	25 ♋ 6R	29 ♓ 39	22 ♍ 56R	24 ♏ 21R	19 ♍ 35R	10 ♉ 12	MARZO
5	10 48 11	13 ♓ 43 4	3 ♑ 28	12 ♓ 20R	11 ♈ 10	3 ♏ 7	24 ♋ 51R	0 ♈ 8	22 ♍ 46R	24 ♏ 20R	19 ♍ 29R	9 ♉ 59	
10	11 7 54	18 ♓ 43 20	5 ♓ 41	7 ♓ 35R	17 ♈ 18	3 ♏ 11R	24 ♋ 38R	0 ♈ 45	22 ♍ 33R	24 ♏ 18R	19 ♍ 21R	9 ♉ 43	
15	11 27 37	23 ♓ 42 51	4 ♉ 58	4 ♓ 54R	23 ♈ 25	2 ♏ 57R	24 ♋ 29R	1 ♈ 22	22 ♍ 20R	24 ♏ 16R	19 ♍ 13R	9 ♉ 27	
20	11 47 20	28 ♓ 41 27	6 ♋ 23	4 ♓ 50	29 ♈ 30	2 ♏ 24R	24 ♋ 26R	1 ♈ 59	22 ♍ 6R	24 ♏ 13R	19 ♍ 5R	9 ♉ 11	
25	12 7 2	3 ♈ 39 6	17 ♍ 25	6 ♓ 60	5 ♉ 34	1 ♏ 32R	24 ♋ 27	2 ♈ 37	21 ♍ 54R	24 ♏ 9R	18 ♍ 57R	8 ♉ 56	
31	12 30 42	9 ♈ 35 9	16 ♐ 19	11 ♓ 49	12 ♉ 48	0 ♏ 5R	24 ♋ 34	3 ♈ 21	21 ♍ 39R	24 ♏ 3R	18 ♍ 48R	8 ♉ 36	
1	12 34 38	10 ♈ 34 23	29 ♐ 54	12 ♓ 48	14 ♉ 0	29 ♎ 48R	24 ♋ 36	3 ♈ 29	21 ♍ 36R	24 ♏ 2R	18 ♍ 47R	8 ♉ 33	APRILE
5	12 50 24	14 ♈ 31 2	20 ♒ 41	17 ♓ 10	18 ♉ 48	28 ♎ 34R	24 ♋ 46	3 ♈ 58	21 ♍ 27R	23 ♏ 57R	18 ♍ 41R	8 ♉ 21	
10	13 10 7	19 ♈ 26 9	20 ♈ 11	23 ♓ 29	24 ♉ 46	26 ♎ 51R	25 ♋ 2	4 ♈ 35	21 ♍ 15R	23 ♏ 51R	18 ♍ 34R	8 ♉ 5	
15	13 29 50	24 ♈ 20 26	20 ♊ 17	0 ♈ 35	0 ♊ 42	25 ♎ 0R	25 ♋ 22	5 ♈ 12	21 ♍ 5R	23 ♏ 45R	18 ♍ 28R	7 ♉ 49	
20	13 49 33	29 ♈ 13 47	26 ♌ 36	8 ♈ 24	6 ♊ 35	23 ♎ 6R	25 ♋ 46	5 ♈ 47	20 ♍ 55R	23 ♏ 38R	18 ♍ 22R	7 ♉ 33	
25	14 9 16	4 ♉ 6 15	11 ♏ 7	16 ♈ 56	12 ♊ 27	21 ♎ 15R	26 ♋ 15	6 ♈ 22	20 ♍ 46R	23 ♏ 30R	18 ♍ 17R	7 ♉ 17	
30	14 28 58	8 ♉ 57 57	21 ♑ 55	26 ♈ 10	18 ♊ 15	19 ♎ 32R	26 ♋ 47	6 ♈ 57	20 ♍ 38R	23 ♏ 23R	18 ♍ 12R	7 ♉ 1	
1	14 32 55	9 ♉ 56 12	4 ♒ 49	28 ♈ 5	19 ♊ 24	19 ♎ 13R	26 ♋ 54	7 ♈ 3	20 ♍ 37R	23 ♏ 21R	18 ♍ 11R	6 ♉ 58	MAGGIO
5	14 48 41	13 ♉ 49 0	23 ♓ 31	6 ♉ 6	24 ♊ 1	18 ♎ 1R	27 ♋ 23	7 ♈ 30	20 ♍ 32R	23 ♏ 15R	18 ♍ 8R	6 ♉ 45	
10	15 8 24	18 ♉ 39 27	22 ♉ 51	16 ♉ 38	29 ♋ 43	16 ♎ 47R	28 ♋ 1	8 ♈ 2	20 ♍ 26R	23 ♏ 7R	18 ♍ 4R	6 ♉ 29	
15	15 28 7	23 ♉ 29 12	25 ♋ 42	27 ♉ 31	5 ♋ 22	15 ♎ 52R	28 ♋ 43	8 ♈ 32	20 ♍ 22R	22 ♏ 58R	18 ♍ 2R	6 ♉ 14	
20	15 47 49	28 ♉ 18 14	5 ♎ 8	8 ♊ 13	10 ♋ 56	15 ♎ 16R	29 ♋ 28	9 ♈ 2	20 ♍ 19R	22 ♏ 50R	17 ♍ 60R	5 ♉ 58	
25	16 7 32	3 ♊ 6 37	18 ♐ 44	18 ♊ 13	16 ♋ 26	15 ♎ 0R	0 ♌ 16	9 ♈ 30	20 ♍ 17R	22 ♏ 42R	17 ♍ 59R	5 ♉ 42	
31	16 31 11	8 ♊ 52 3	7 ♓ 60	28 ♊ 48	22 ♋ 56	15 ♎ 8	1 ♌ 16	10 ♈ 1	20 ♍ 17	22 ♏ 33R	17 ♍ 58	5 ♉ 23	
1	16 35 8	9 ♊ 49 34	20 ♓ 2	0 ♋ 24	23 ♋ 60	15 ♎ 12	1 ♌ 26	10 ♈ 6	20 ♍ 17	22 ♏ 31R	17 ♍ 58	5 ♉ 20	GIUGNO
5	16 50 54	13 ♊ 39 31	7 ♉ 24	6 ♋ 17	28 ♋ 14	15 ♎ 34	2 ♌ 9	10 ♈ 25	20 ♍ 18	22 ♏ 25R	17 ♍ 59	5 ♉ 7	
10	17 10 37	18 ♊ 26 39	9 ♋ 31	12 ♋ 29	3 ♌ 25	16 ♎ 18	3 ♌ 3	10 ♈ 48	20 ♍ 21	22 ♏ 18R	18 ♍ 0	4 ♉ 51	
15	17 30 20	23 ♊ 13 25	17 ♍ 7	17 ♋ 16	8 ♌ 28	17 ♎ 18	3 ♌ 60	11 ♈ 8	20 ♍ 24	22 ♏ 11R	18 ♍ 2	4 ♉ 35	
20	17 50 3	27 ♊ 59 48	28 ♏ 36	20 ♋ 29	13 ♌ 22	18 ♎ 33	4 ♌ 58	11 ♈ 26	20 ♍ 30	22 ♏ 5R	18 ♍ 5	4 ♉ 19	
25	18 9 45	2 ♋ 45 56	8 ♒ 11	21 ♋ 55	18 ♌ 5	20 ♎ 1	5 ♌ 57	11 ♈ 42	20 ♍ 36	21 ♏ 59R	18 ♍ 9	4 ♉ 3	
30	18 29 28	7 ♋ 31 59	9 ♈ 57	21 ♋ 28R	22 ♌ 36	21 ♎ 41	6 ♌ 58	11 ♈ 56	20 ♍ 44	21 ♏ 53R	18 ♍ 13	3 ♉ 47	

1967	GIORNO	TEMPO SIDERALE	☉	☽	☿	♀	♂	♃	♄	♅	♆	♇	☊
LUGLIO	1	18 33 25	8 ♋ 29 12	21 ♈ 46	21 ♋ 10R	23 ♌ 28	22 ♎ 2	7 ♌ 11	11 ♈ 58	20 ♍ 46	21 ♏ 52R	18 ♍ 14	3 ♉ 44
	5	18 49 11	12 ♋ 18 5	9 ♊ 58	19 ♋ 21R	26 ♌ 52	23 ♎ 32	8 ♌ 0	12 ♈ 7	20 ♍ 53	21 ♏ 49R	18 ♍ 19	3 ♉ 31
	10	19 8 54	17 ♋ 4 13	16 ♌ 1	16 ♋ 17R	0 ♍ 50	25 ♎ 33	9 ♌ 3	12 ♈ 16	21 ♍ 3	21 ♏ 44R	18 ♍ 24	3 ♉ 16
	15	19 28 36	21 ♋ 50 22	26 ♎ 17	13 ♋ 32R	4 ♍ 26	27 ♎ 43	10 ♌ 7	12 ♈ 23	21 ♍ 14	21 ♏ 41R	18 ♍ 31	2 ♉ 60
	20	19 48 19	26 ♋ 36 32	6 ♑ 19	12 ♋ 16R	7 ♍ 36	0 ♏ 2	11 ♌ 12	12 ♈ 27	21 ♍ 26	21 ♏ 38R	18 ♍ 38	2 ♉ 44
	25	20 8 2	1 ♌ 22 52	11 ♓ 44	13 ♋ 13	10 ♍ 15	2 ♏ 28	12 ♌ 17	12 ♈ 28	21 ♍ 39	21 ♏ 36R	18 ♍ 46	2 ♉ 28
	31	20 31 41	7 ♌ 6 53	23 ♉ 27	17 ♋ 34	12 ♍ 34	5 ♏ 32	13 ♌ 36	12 ♈ 26R	21 ♍ 56	21 ♏ 35R	18 ♍ 56	2 ♉ 9
AGOSTO	1	20 35 38	8 ♌ 4 17	5 ♊ 35	18 ♋ 38	12 ♍ 51	6 ♏ 4	13 ♌ 49	12 ♈ 25R	21 ♍ 59	21 ♏ 35R	18 ♍ 57	2 ♉ 6
	5	20 51 24	11 ♌ 54 4	27 ♋ 27	23 ♋ 45	13 ♍ 40	8 ♏ 13	14 ♌ 42	12 ♈ 22R	22 ♍ 11	21 ♏ 35	19 ♍ 5	1 ♉ 53
	10	21 11 7	16 ♌ 41 40	8 ♎ 40	1 ♌ 54	13 ♍ 52R	10 ♏ 59	15 ♌ 48	12 ♈ 15R	22 ♍ 27	21 ♏ 36	19 ♍ 14	1 ♉ 37
	15	21 30 50	21 ♌ 29 38	19 ♐ 3	11 ♌ 23	13 ♍ 6R	13 ♏ 51	16 ♌ 54	12 ♈ 6R	22 ♍ 44	21 ♏ 37	19 ♍ 24	1 ♉ 21
	20	21 50 32	26 ♌ 18 0	25 ♒ 6	21 ♌ 27	11 ♍ 21R	16 ♏ 48	17 ♌ 59	11 ♈ 54R	23 ♍ 1	21 ♏ 39	19 ♍ 34	1 ♉ 5
	25	22 10 15	1 ♍ 6 56	25 ♈ 54	1 ♍ 28	8 ♍ 49R	19 ♏ 49	19 ♌ 5	11 ♈ 41R	23 ♍ 18	21 ♏ 42	19 ♍ 44	0 ♉ 49
	31	22 33 54	6 ♍ 54 36	8 ♋ 48	12 ♍ 57	5 ♍ 11R	23 ♏ 32	20 ♌ 22	11 ♈ 22R	23 ♍ 40	21 ♏ 47	19 ♍ 57	0 ♉ 30
SETTEMBRE	1	22 37 51	7 ♍ 52 39	22 ♋ 0	14 ♍ 48	4 ♍ 34R	24 ♏ 10	20 ♌ 35	11 ♈ 18R	23 ♍ 44	21 ♏ 48	19 ♍ 59	0 ♉ 27
	5	22 53 37	11 ♍ 45 9	18 ♍ 51	21 ♍ 58	2 ♍ 13R	26 ♏ 43	21 ♌ 27	11 ♈ 4R	23 ♍ 59	21 ♏ 52	20 ♍ 7	0 ♉ 14
	10	23 13 20	16 ♍ 36 24	1 ♐ 57	0 ♎ 29	29 ♌ 47R	29 ♏ 58	22 ♌ 30	10 ♈ 44R	24 ♍ 17	21 ♏ 57	20 ♍ 18	29 ♈ 59
	15	23 33 3	21 ♍ 28 18	9 ♒ 2	8 ♎ 32	28 ♌ 13R	3 ♐ 16	23 ♌ 32	10 ♈ 23R	24 ♍ 36	22 ♏ 3	20 ♍ 29	29 ♈ 43
	20	23 52 45	26 ♍ 20 53	10 ♈ 35	16 ♎ 7	27 ♌ 39R	6 ♐ 37	24 ♌ 33	10 ♈ 1R	24 ♍ 55	22 ♏ 10	20 ♍ 40	29 ♈ 27
	25	0 12 28	1 ♎ 14 18	9 ♊ 47	23 ♎ 16	28 ♌ 3	10 ♐ 1	25 ♌ 33	9 ♈ 38R	25 ♍ 14	22 ♏ 18	20 ♍ 51	29 ♈ 11
	30	0 32 11	6 ♎ 8 38	13 ♌ 46	29 ♎ 54	29 ♌ 21	13 ♐ 29	26 ♌ 31	9 ♈ 15R	25 ♍ 33	22 ♏ 26	21 ♍ 2	28 ♈ 55
OTTOBRE	1	0 36 8	7 ♎ 7 37	27 ♌ 50	1 ♏ 10	29 ♌ 43	14 ♐ 11	26 ♌ 43	9 ♈ 10R	25 ♍ 37	22 ♏ 28	21 ♍ 4	28 ♈ 59
	5	0 51 54	11 ♎ 3 55	27 ♎ 20	5 ♏ 57	1 ♍ 26	16 ♐ 59	27 ♌ 28	8 ♈ 51R	25 ♍ 51	22 ♏ 35	21 ♍ 12	28 ♈ 39
	10	1 11 37	16 ♎ 0 0	9 ♑ 40	11 ♏ 11	4 ♍ 10	20 ♐ 32	28 ♌ 22	8 ♈ 28R	26 ♍ 10	22 ♏ 44	21 ♍ 22	28 ♈ 23
	15	1 31 19	20 ♎ 56 50	13 ♓ 27	15 ♏ 11	7 ♍ 27	24 ♐ 7	29 ♌ 15	8 ♈ 5R	26 ♍ 28	22 ♏ 53	21 ♍ 32	28 ♈ 7
	20	1 51 2	25 ♎ 54 27	12 ♉ 56	17 ♏ 15	11 ♍ 11	27 ♐ 44	0 ♍ 5	7 ♈ 43R	26 ♍ 45	23 ♏ 3	21 ♍ 42	27 ♈ 52
	25	2 10 45	0 ♏ 52 55	13 ♋ 11	16 ♏ 21R	15 ♍ 17	1 ♑ 24	0 ♍ 53	7 ♈ 22R	27 ♍ 2	23 ♏ 14	21 ♍ 51	27 ♈ 36
	31	2 34 24	6 ♏ 52 19	5 ♎ 14	10 ♏ 38R	20 ♍ 38	5 ♑ 50	1 ♍ 47	6 ♈ 58R	27 ♍ 21	23 ♏ 27	21 ♍ 2	27 ♈ 17
NOVEMBRE	1	2 38 21	7 ♏ 52 20	20 ♎ 14	9 ♏ 21R	21 ♍ 33	6 ♑ 35	1 ♍ 55	6 ♈ 54R	27 ♍ 24	23 ♏ 29	22 ♍ 3	27 ♈ 13
	5	2 54 7	11 ♏ 52 45	20 ♐ 30	4 ♏ 30R	25 ♍ 22	9 ♑ 34	2 ♍ 28	6 ♈ 40R	27 ♍ 36	23 ♏ 38	22 ♍ 10	27 ♈ 1
	10	3 13 50	16 ♏ 53 53	28 ♒ 4	1 ♏ 29R	0 ♎ 19	13 ♑ 20	3 ♍ 7	6 ♈ 24R	27 ♍ 51	23 ♏ 49	22 ♍ 17	26 ♈ 45
	15	3 33 32	21 ♏ 55 37	28 ♈ 6	3 ♏ 2	5 ♎ 27	17 ♑ 6	3 ♍ 41	6 ♈ 11R	28 ♍ 4	24 ♏ 0	22 ♍ 24	26 ♈ 29
	20	3 53 15	26 ♏ 58 0	27 ♊ 51	7 ♏ 49	10 ♎ 44	20 ♑ 55	4 ♍ 12	5 ♈ 59R	28 ♍ 17	24 ♏ 11	22 ♍ 30	26 ♈ 13
	25	4 12 58	2 ♐ 1 4	1 ♍ 49	14 ♏ 18	16 ♎ 9	24 ♑ 44	4 ♍ 40	5 ♈ 50R	28 ♍ 28	24 ♏ 23	22 ♍ 36	25 ♈ 57
	30	4 32 41	7 ♐ 4 49	13 ♏ 34	21 ♏ 34	21 ♎ 41	28 ♑ 35	5 ♍ 3	5 ♈ 44R	28 ♍ 38	24 ♏ 34	22 ♍ 40	25 ♈ 41
DICEMBRE	1	4 36 37	8 ♐ 5 38	28 ♏ 38	23 ♏ 3	22 ♎ 48	29 ♑ 21	5 ♍ 7	5 ♈ 43R	28 ♍ 40	24 ♏ 36	22 ♍ 41	25 ♈ 38
	5	4 52 23	12 ♐ 9 7	27 ♑ 9	29 ♏ 8	27 ♎ 18	2 ♒ 26	5 ♍ 21	5 ♈ 40R	28 ♍ 47	24 ♏ 45	22 ♍ 44	25 ♈ 25
	10	5 12 6	17 ♐ 13 48	1 ♈ 8	6 ♐ 49	3 ♏ 1	6 ♒ 18	5 ♍ 36	5 ♈ 39	28 ♍ 55	24 ♏ 56	22 ♍ 47	25 ♈ 9
	15	5 31 49	22 ♐ 18 46	0 ♊ 21	14 ♐ 34	8 ♏ 48	10 ♒ 11	5 ♍ 45	5 ♈ 41	29 ♍ 1	25 ♏ 6	22 ♍ 50	24 ♈ 54
	20	5 51 32	27 ♐ 23 59	2 ♌ 30	22 ♐ 22	14 ♏ 39	14 ♒ 5	5 ♍ 50	5 ♈ 45	29 ♍ 6	25 ♏ 16	22 ♍ 51	24 ♈ 38
	25	6 11 15	2 ♑ 29 31	9 ♎ 35	0 ♑ 14	20 ♏ 33	17 ♒ 58	5 ♍ 50R	5 ♈ 52	29 ♍ 10	25 ♏ 26	22 ♍ 52	24 ♈ 22
	31	6 34 54	8 ♑ 36 29	6 ♑ 33	9 ♑ 48	27 ♏ 41	22 ♒ 39	5 ♍ 43R	6 ♈ 4	29 ♍ 13	25 ♏ 37	22 ♍ 51R	24 ♈ 3

GIORNO	TEMPO SIDERALE	☉	☽	☿	♀	♂	♃	♄	♅	♆	♇	☊	1968
1	6 38 50	9 ♑ 37 39	20 ♑ 56	11 ♑ 24	28 ♏ 52	23 ♒ 26	5 ♍ 41R	6 ♈ 7	29 ♍ 13	25 ♏ 38	22 ♍ 51R	23 ♈ 60	GENNAIO
5	6 54 37	13 ♑ 42 22	14 ♓ 38	17 ♑ 54	3 ♐ 40	26 ♒ 33	5 ♍ 32R	6 ♈ 17	29 ♍ 13R	25 ♏ 45	22 ♍ 50R	23 ♈ 47	
10	7 14 19	18 ♑ 48 9	14 ♉ 43	26 ♑ 9	9 ♐ 41	0 ♓ 27	5 ♍ 17R	6 ♈ 33	29 ♍ 12R	25 ♏ 53	22 ♍ 48R	23 ♈ 31	
15	7 34 2	23 ♑ 53 45	15 ♋ 52	4 ♒ 31	15 ♐ 44	4 ♓ 21	4 ♍ 57R	6 ♈ 50	29 ♍ 10R	26 ♏ 1	22 ♍ 45R	23 ♈ 15	
20	7 53 45	28 ♑ 59 9	22 ♍ 39	12 ♒ 50	21 ♐ 48	8 ♓ 15	4 ♍ 33R	7 ♈ 10	29 ♍ 6R	26 ♏ 7	22 ♍ 42R	22 ♈ 59	
25	8 13 28	4 ♒ 4 23	2 ♐ 43	20 ♒ 44	27 ♐ 53	12 ♓ 8	4 ♍ 4R	7 ♈ 33	29 ♍ 1R	26 ♏ 13	22 ♍ 37R	22 ♈ 43	
31	8 37 7	10 ♒ 10 21	26 ♒ 33	28 ♒ 33	5 ♑ 13	16 ♓ 47	3 ♍ 26R	8 ♈ 2	28 ♍ 54R	26 ♏ 19	22 ♍ 31R	22 ♈ 24	
1	8 41 4	11 ♒ 11 18	9 ♓ 38	29 ♒ 31	6 ♑ 26	17 ♓ 33	3 ♍ 19R	8 ♈ 7	28 ♍ 52R	26 ♏ 20	22 ♍ 30R	22 ♈ 21	FEBBRAIO
5	8 56 50	15 ♒ 14 51	28 ♈ 53	2 ♓ 1	11 ♑ 20	20 ♓ 39	2 ♍ 51R	8 ♈ 29	28 ♍ 46R	26 ♏ 23	22 ♍ 26R	22 ♈ 8	
10	9 16 33	20 ♒ 18 46	28 ♊ 40	1 ♓ 18R	17 ♑ 28	24 ♓ 30	2 ♍ 14R	8 ♈ 57	28 ♍ 37R	26 ♏ 27	22 ♍ 20R	21 ♈ 52	
15	9 36 15	25 ♒ 22 4	4 ♍ 36	26 ♒ 44R	23 ♑ 36	28 ♓ 21	1 ♍ 35R	9 ♈ 27	28 ♍ 27R	26 ♏ 29	22 ♍ 13R	21 ♈ 37	
20	9 55 58	0 ♓ 24 47	15 ♏ 23	21 ♒ 13R	29 ♑ 45	2 ♈ 11	0 ♍ 56R	9 ♈ 58	28 ♍ 17R	26 ♏ 31	22 ♍ 6R	21 ♈ 21	
25	10 15 41	5 ♓ 26 57	25 ♑ 7	17 ♒ 45R	5 ♒ 54	5 ♈ 60	0 ♍ 17R	10 ♈ 31	28 ♍ 5R	26 ♏ 32	21 ♍ 58R	21 ♈ 5	
29	10 31 27	9 ♓ 28 14	17 ♓ 50	17 ♒ 7	10 ♒ 49	9 ♈ 2	29 ♌ 45R	10 ♈ 58	27 ♍ 56R	26 ♏ 32R	21 ♍ 52R	20 ♈ 52	
1	10 35 24	10 ♓ 28 30	0 ♈ 23	17 ♒ 14	12 ♒ 3	9 ♈ 48	29 ♌ 38R	11 ♈ 5	27 ♍ 54R	26 ♏ 32R	21 ♍ 50R	20 ♈ 49	MARZO
5	10 51 10	14 ♓ 29 11	18 ♉ 32	18 ♒ 40	16 ♒ 59	12 ♈ 49	29 ♌ 8R	11 ♈ 32	27 ♍ 44R	26 ♏ 31R	21 ♍ 44R	20 ♈ 36	
10	11 10 53	19 ♓ 29 14	19 ♋ 1	22 ♒ 10	23 ♒ 9	16 ♈ 35	28 ♌ 32R	12 ♈ 8	27 ♍ 31R	26 ♏ 30R	21 ♍ 36R	20 ♈ 20	
15	11 30 35	24 ♓ 28 25	27 ♍ 21	27 ♒ 2	29 ♒ 18	20 ♈ 20	27 ♌ 52R	12 ♈ 44	27 ♍ 18R	26 ♏ 27R	21 ♍ 28R	20 ♈ 4	
20	11 50 18	29 ♓ 26 46	10 ♐ 14	2 ♓ 55	5 ♓ 28	24 ♈ 4	27 ♌ 28R	13 ♈ 21	27 ♍ 5R	26 ♏ 24R	21 ♍ 20R	19 ♈ 49	
25	12 10 1	4 ♈ 24 24	18 ♒ 33	9 ♓ 35	11 ♓ 38	27 ♈ 47	27 ♌ 1R	13 ♈ 58	26 ♍ 52R	26 ♏ 20R	21 ♍ 12R	19 ♈ 33	
31	12 33 40	10 ♈ 20 32	3 ♉ 1	18 ♓ 27	19 ♓ 1	2 ♉ 12	26 ♌ 34R	14 ♈ 43	26 ♍ 36R	26 ♏ 15R	21 ♍ 3R	19 ♈ 14	
1	12 37 39	11 ♈ 19 46	14 ♉ 54	20 ♓ 1	20 ♓ 15	2 ♉ 57	26 ♌ 30R	14 ♈ 51	26 ♍ 34R	26 ♏ 14R	21 ♍ 1R	19 ♈ 10	APRILE
5	12 53 25	15 ♈ 16 20	2 ♋ 24	26 ♓ 32	25 ♓ 11	5 ♉ 53	26 ♌ 16R	15 ♈ 21	26 ♍ 24R	26 ♏ 10R	20 ♍ 55R	18 ♈ 58	
10	13 13 8	20 ♈ 11 11	6 ♍ 51	5 ♈ 12	1 ♈ 20	9 ♉ 31	26 ♌ 3R	15 ♈ 59	26 ♍ 12R	26 ♏ 4R	20 ♍ 48R	18 ♈ 42	
15	13 32 51	25 ♈ 5 7	20 ♏ 23	14 ♈ 31	7 ♈ 30	13 ♉ 9	25 ♌ 54R	16 ♈ 37	26 ♍ 1R	25 ♏ 57R	20 ♍ 42R	18 ♈ 26	
20	13 52 34	29 ♈ 58 18	2 ♒ 16	24 ♈ 27	13 ♈ 39	16 ♉ 45	25 ♌ 50R	17 ♈ 14	25 ♍ 51R	25 ♏ 50R	20 ♍ 36R	18 ♈ 10	
25	14 12 16	4 ♉ 50 46	5 ♈ 48	4 ♉ 55	19 ♈ 48	20 ♉ 21	25 ♌ 50	17 ♈ 51	25 ♍ 41R	25 ♏ 43R	20 ♍ 30R	17 ♈ 54	
30	14 31 59	9 ♉ 42 32	5 ♊ 19	15 ♉ 38	25 ♈ 57	23 ♉ 55	25 ♌ 56	18 ♈ 27	25 ♍ 32R	25 ♏ 35R	20 ♍ 25R	17 ♈ 38	
1	14 35 56	10 ♉ 40 48	17 ♊ 10	17 ♉ 46	27 ♈ 11	24 ♉ 37	25 ♌ 57	18 ♈ 35	25 ♍ 31R	25 ♏ 34R	20 ♍ 24R	17 ♈ 35	MAGGIO
5	14 51 42	14 ♉ 33 31	5 ♌ 47	26 ♉ 6	2 ♉ 6	27 ♉ 27	26 ♌ 5	19 ♈ 3	25 ♍ 25R	25 ♏ 28R	20 ♍ 21R	17 ♈ 22	
10	15 11 25	19 ♉ 23 40	13 ♎ 37	5 ♊ 44	8 ♉ 15	0 ♊ 59	26 ♌ 19	19 ♈ 38	25 ♍ 18R	25 ♏ 20R	20 ♍ 17R	17 ♈ 7	
15	15 31 7	24 ♉ 13 7	29 ♐ 3	14 ♊ 6	14 ♉ 23	4 ♊ 29	26 ♌ 38	20 ♈ 12	25 ♍ 13R	25 ♏ 11R	20 ♍ 15R	16 ♈ 51	
20	15 50 50	29 ♉ 2 1	8 ♓ 5	21 ♊ 2	20 ♉ 32	7 ♊ 58	26 ♌ 60	20 ♈ 45	25 ♍ 9R	25 ♏ 3R	20 ♍ 12R	16 ♈ 35	
25	16 10 33	3 ♊ 50 27	8 ♉ 44	26 ♊ 23	26 ♉ 40	11 ♊ 26	27 ♌ 26	21 ♈ 17	25 ♍ 6R	24 ♏ 55R	20 ♍ 11R	16 ♈ 19	
31	16 34 12	9 ♊ 35 58	20 ♋ 19	0 ♋ 33	4 ♊ 2	15 ♊ 35	28 ♌ 3	21 ♈ 54	25 ♍ 5R	24 ♏ 44R	20 ♍ 10R	15 ♈ 60	
1	16 38 9	10 ♊ 33 29	2 ♌ 38	0 ♋ 59	5 ♊ 16	16 ♊ 16	28 ♌ 9	21 ♈ 59	25 ♍ 4R	24 ♏ 44R	20 ♍ 10	15 ♈ 57	GIUGNO
5	16 53 55	14 ♊ 23 20	24 ♍ 24	1 ♋ 58	10 ♊ 11	19 ♊ 0	28 ♌ 37	22 ♈ 22	25 ♍ 5	24 ♏ 38R	20 ♍ 11	15 ♈ 44	
10	17 13 38	19 ♊ 10 12	7 ♐ 9	1 ♋ 31R	16 ♊ 19	22 ♊ 25	29 ♌ 14	22 ♈ 50	25 ♍ 6	24 ♏ 31R	20 ♍ 12	15 ♈ 28	
15	17 33 20	23 ♊ 56 44	20 ♒ 36	29 ♊ 29R	22 ♊ 28	25 ♊ 48	29 ♌ 55	23 ♈ 15	25 ♍ 9	24 ♏ 24R	20 ♍ 14	15 ♈ 12	
20	17 53 3	28 ♊ 43 6	23 ♈ 50	26 ♊ 41R	28 ♊ 36	29 ♊ 11	0 ♍ 38	23 ♈ 39	25 ♍ 13	24 ♏ 17R	20 ♍ 17	14 ♈ 56	
25	18 12 46	3 ♋ 29 22	23 ♊ 7	24 ♊ 17R	4 ♋ 45	2 ♋ 32	1 ♍ 24	24 ♈ 0	25 ♍ 18	24 ♏ 11R	20 ♍ 20	14 ♈ 40	
30	18 32 29	8 ♋ 15 32	24 ♌ 57	23 ♊ 15R	10 ♋ 53	5 ♋ 53	2 ♍ 12	24 ♈ 20	25 ♍ 25	24 ♏ 5R	20 ♍ 24	14 ♈ 24	

1968	GIORNO	TEMPO SIDERALE	☉	☽	☿	♀	♂	♃	♄	♅	♆	♇	☊
LUGLIO	1	18 36 25	9 ♋ 12 45	7 ♍ 51	23 ♊ 17	12 ♋ 7	6 ♋ 33	2 ♍ 22	24 ♈ 24	25 ♍ 27	24 ♏ 4R	20 ♍ 25	14 ♈ 21
	5	18 52 12	13 ♋ 1 34	2 ♏ 9	24 ♊ 10	17 ♋ 2	9 ♋ 13	3 ♍ 3	24 ♈ 38	25 ♍ 33	24 ♏ 1R	20 ♍ 29	14 ♈ 9
	10	19 11 54	17 ♋ 47 30	15 ♑ 53	27 ♊ 10	23 ♋ 11	12 ♋ 31	3 ♍ 56	24 ♈ 53	25 ♍ 42	23 ♏ 56R	20 ♍ 35	13 ♈ 53
	15	19 31 37	22 ♋ 33 29	25 ♓ 18	2 ♋ 11	29 ♋ 20	15 ♋ 49	4 ♍ 50	25 ♈ 6	25 ♍ 52	23 ♏ 53R	20 ♍ 41	13 ♈ 37
	20	19 51 20	27 ♋ 19 44	25 ♉ 57	9 ♋ 5	5 ♌ 29	19 ♋ 6	5 ♍ 47	25 ♈ 16	26 ♍ 4	23 ♏ 50R	20 ♍ 48	13 ♈ 21
	25	20 11 3	2 ♌ 6 16	26 ♋ 23	17 ♋ 38	11 ♌ 39	22 ♋ 23	6 ♍ 44	25 ♈ 24	26 ♍ 16	23 ♏ 48R	20 ♍ 56	13 ♈ 5
	31	20 34 42	7 ♌ 50 29	14 ♎ 57	29 ♋ 28	19 ♌ 2	26 ♋ 17	7 ♍ 56	25 ♈ 31	26 ♍ 32	23 ♏ 46R	21 ♍ 6	12 ♈ 46
AGOSTO	1	20 38 39	8 ♌ 47 53	28 ♎ 44	1 ♌ 32	20 ♌ 16	26 ♋ 56	8 ♍ 8	25 ♈ 31	26 ♍ 35	23 ♏ 46R	21 ♍ 8	12 ♈ 43
	5	20 54 25	12 ♌ 37 36	25 ♐ 47	9 ♌ 53	25 ♌ 11	29 ♋ 32	8 ♍ 56	25 ♈ 33	26 ♍ 46	23 ♏ 46R	21 ♍ 15	12 ♈ 30
	10	21 14 7	17 ♌ 25 3	6 ♓ 57	20 ♌ 8	1 ♍ 21	2 ♌ 46	9 ♍ 58	25 ♈ 33R	27 ♍ 2	23 ♏ 46	21 ♍ 24	12 ♈ 14
	15	21 33 50	22 ♌ 13 0	10 ♉ 15	29 ♌ 56	7 ♍ 30	5 ♌ 59	11 ♍ 1	25 ♈ 30R	27 ♍ 18	23 ♏ 47	21 ♍ 34	11 ♈ 58
	20	21 53 33	27 ♌ 1 34	9 ♋ 59	9 ♍ 9	13 ♍ 40	9 ♌ 12	12 ♍ 4	25 ♈ 25R	27 ♍ 34	23 ♏ 49	21 ♍ 44	11 ♈ 42
	25	22 13 16	1 ♍ 50 48	14 ♍ 16	17 ♍ 47	19 ♍ 49	12 ♌ 24	13 ♍ 9	25 ♈ 17R	27 ♍ 51	23 ♏ 52	21 ♍ 54	11 ♈ 27
	31	22 36 55	7 ♍ 38 39	7 ♐ 52	27 ♍ 24	27 ♍ 12	16 ♌ 14	14 ♍ 26	25 ♈ 4R	28 ♍ 13	23 ♏ 56	22 ♍ 7	11 ♈ 8
SETTEMBRE	1	22 40 52	8 ♍ 36 43	22 ♐ 5	28 ♍ 56	28 ♍ 26	16 ♌ 52	14 ♍ 39	25 ♈ 2R	28 ♍ 16	23 ♏ 57	22 ♍ 9	11 ♈ 4
	5	22 56 38	12 ♍ 29 10	18 ♒ 21	4 ♎ 50	3 ♎ 21	19 ♌ 24	15 ♍ 31	24 ♈ 51R	28 ♍ 31	24 ♏ 1	22 ♍ 17	10 ♈ 52
	10	23 16 21	17 ♍ 20 20	23 ♈ 47	11 ♎ 42	9 ♎ 30	22 ♌ 34	16 ♍ 36	24 ♈ 36R	28 ♍ 49	24 ♏ 6	22 ♍ 28	10 ♈ 36
	15	23 36 3	22 ♍ 12 19	23 ♊ 47	17 ♎ 56	15 ♎ 39	25 ♌ 44	17 ♍ 41	24 ♈ 19R	29 ♍ 8	24 ♏ 12	22 ♍ 39	10 ♈ 20
	20	23 55 46	27 ♍ 5 12	25 ♌ 60	23 ♎ 23	21 ♎ 47	28 ♌ 53	18 ♍ 46	23 ♈ 60R	29 ♍ 27	24 ♏ 19	22 ♍ 50	10 ♈ 4
	25	0 15 29	1 ♎ 58 57	5 ♏ 37	27 ♎ 46	27 ♎ 55	2 ♍ 1	19 ♍ 50	23 ♈ 39R	29 ♍ 46	24 ♏ 26	23 ♍ 1	9 ♈ 48
	30	0 35 12	6 ♎ 53 27	17 ♑ 10	0 ♏ 36	4 ♏ 3	5 ♍ 9	20 ♍ 54	23 ♈ 17R	0 ♎ 5	24 ♏ 34	23 ♍ 12	9 ♈ 32
OTTOBRE	1	0 39 8	7 ♎ 52 26	1 ♒ 2	0 ♏ 55	5 ♏ 17	5 ♍ 47	21 ♍ 7	23 ♈ 13R	0 ♎ 9	24 ♏ 36	23 ♍ 14	9 ♈ 29
	5	0 54 54	11 ♎ 48 42	24 ♓ 20	1 ♏ 7R	10 ♏ 10	8 ♍ 16	21 ♍ 57	22 ♈ 54R	0 ♎ 24	24 ♏ 43	23 ♍ 23	9 ♈ 16
	10	1 14 37	16 ♎ 44 44	26 ♉ 9	28 ♎ 33R	16 ♏ 18	11 ♍ 23	22 ♍ 60	22 ♈ 31R	0 ♎ 42	24 ♏ 52	23 ♍ 33	9 ♈ 0
	15	1 34 20	21 ♎ 41 42	25 ♋ 51	23 ♎ 9R	22 ♏ 24	14 ♍ 29	24 ♍ 2	22 ♈ 7R	1 ♎ 1	25 ♏ 1	23 ♍ 44	8 ♈ 45
	20	1 54 3	26 ♎ 39 37	1 ♎ 7	17 ♎ 41R	28 ♏ 31	17 ♍ 35	25 ♍ 2	21 ♈ 43R	1 ♎ 18	25 ♏ 11	23 ♍ 53	8 ♈ 29
	25	2 13 46	1 ♏ 38 25	14 ♐ 32	15 ♎ 44	4 ♐ 37	20 ♍ 40	26 ♍ 1	21 ♈ 20R	1 ♎ 36	25 ♏ 22	24 ♍ 3	8 ♈ 13
	31	2 37 25	7 ♏ 37 57	8 ♓ 14	19 ♎ 6	11 ♐ 55	24 ♍ 21	27 ♍ 10	20 ♈ 52R	1 ♎ 56	25 ♏ 34	24 ♍ 13	7 ♈ 54
NOVEMBRE	1	2 41 21	8 ♏ 37 58	21 ♓ 6	20 ♎ 8	13 ♐ 8	24 ♍ 58	27 ♍ 21	20 ♈ 48R	1 ♎ 59	25 ♏ 37	24 ♍ 15	7 ♈ 51
	5	2 57 8	12 ♏ 38 19	10 ♉ 36	25 ♎ 3	17 ♐ 60	27 ♍ 24	28 ♍ 5	20 ♈ 31R	2 ♎ 12	25 ♏ 45	24 ♍ 22	7 ♈ 38
	10	3 16 50	17 ♏ 39 25	10 ♋ 10	2 ♏ 20	24 ♐ 4	0 ♎ 27	28 ♍ 59	20 ♈ 10R	2 ♎ 27	25 ♏ 56	24 ♍ 30	7 ♈ 22
	15	3 36 33	22 ♏ 41 20	11 ♍ 53	10 ♏ 7	0 ♑ 7	3 ♎ 29	29 ♍ 50	19 ♈ 52R	2 ♎ 41	26 ♏ 8	24 ♍ 37	7 ♈ 6
	20	3 56 16	27 ♏ 44 0	22 ♏ 59	18 ♏ 3	6 ♑ 9	6 ♎ 30	0 ♎ 39	19 ♈ 35R	2 ♎ 54	26 ♏ 19	24 ♍ 43	6 ♈ 50
	25	4 15 59	2 ♐ 47 19	7 ♒ 42	25 ♏ 60	12 ♑ 10	9 ♎ 31	1 ♎ 26	19 ♈ 20R	3 ♎ 6	26 ♏ 30	24 ♍ 49	6 ♈ 34
	30	4 35 41	7 ♐ 51 5	13 ♈ 15	3 ♐ 53	18 ♑ 10	12 ♎ 30	2 ♎ 10	19 ♈ 7R	3 ♎ 18	26 ♏ 41	24 ♍ 54	6 ♈ 18
DICEMBRE	1	4 39 38	8 ♐ 51 53	25 ♈ 28	5 ♐ 28	19 ♑ 21	13 ♎ 6	2 ♎ 18	19 ♈ 5R	3 ♎ 20	26 ♏ 44	24 ♍ 55	6 ♈ 15
	5	4 55 24	12 ♐ 55 16	13 ♊ 19	11 ♐ 45	24 ♑ 8	15 ♎ 29	2 ♎ 50	18 ♈ 57R	3 ♎ 28	26 ♏ 52	24 ♍ 58	6 ♈ 2
	10	5 15 7	17 ♐ 59 53	13 ♌ 5	19 ♐ 36	0 ♒ 4	18 ♎ 26	3 ♎ 27	18 ♈ 49R	3 ♎ 36	27 ♏ 3	25 ♍ 1	5 ♈ 47
	15	5 34 50	23 ♐ 4 57	17 ♎ 24	27 ♐ 29	5 ♒ 58	21 ♎ 22	4 ♎ 1	18 ♈ 44R	3 ♎ 44	27 ♏ 14	25 ♍ 4	5 ♈ 31
	20	5 54 33	28 ♐ 10 25	1 ♍ 34	5 ♑ 25	11 ♒ 49	24 ♎ 17	4 ♎ 31	18 ♈ 42R	3 ♎ 50	27 ♏ 24	25 ♍ 6	5 ♈ 15
	25	6 14 15	3 ♑ 16 6	14 ♓ 10	13 ♑ 23	17 ♒ 38	27 ♎ 11	4 ♎ 58	18 ♈ 43	3 ♎ 55	27 ♏ 34	25 ♍ 7	4 ♈ 59
	31	6 37 55	9 ♑ 22 58	28 ♉ 25	22 ♑ 58	24 ♒ 31	0 ♏ 37	5 ♎ 23	18 ♈ 47	3 ♎ 59	27 ♏ 45	25 ♍ 7R	4 ♈ 40

GIORNO	TEMPO SIDERALE	☉	☽	☿	♀	♂	♃	♄	♅	♆	♇	☊	1969
1	6 41 51	10 ♑ 24 6	10 ♊ 16	24 ♑ 32	25 ♒ 39	1 ♏ 11	5 ♎ 27	18 ♈ 48	3 ♎ 59	27 ♏ 47	25 ♍ 7R	4 ♈ 37	GENNAIO
5	6 57 37	14 ♑ 28 39	28 ♋ 2	0 ♒ 44	0 ♓ 11	3 ♏ 27	5 ♎ 40	18 ♈ 54	4 ♎ 0	27 ♏ 54	25 ♍ 6R	4 ♈ 24	
10	7 17 20	19 ♑ 34 21	0 ♎ 15	7 ♒ 53	5 ♓ 45	6 ♏ 15	5 ♎ 53	19 ♈ 3	4 ♎ 0R	28 ♏ 2	25 ♍ 4R	4 ♈ 8	
15	7 37 3	24 ♑ 40 2	9 ♐ 36	13 ♒ 29	11 ♓ 14	9 ♏ 1	6 ♎ 0	19 ♈ 15	3 ♎ 59R	28 ♏ 9	25 ♍ 1R	3 ♈ 52	
20	7 56 46	29 ♑ 45 36	24 ♒ 24	16 ♒ 1	16 ♓ 35	11 ♏ 45	6 ♎ 3	19 ♈ 30	3 ♎ 57R	28 ♏ 16	24 ♍ 58R	3 ♈ 36	
25	8 16 28	4 ♒ 50 51	0 ♉ 55	14 ♒ 5R	21 ♓ 49	14 ♏ 26	6 ♎ 1R	19 ♈ 47	3 ♎ 53R	28 ♏ 22	24 ♍ 54R	3 ♈ 20	
31	8 40 8	10 ♒ 56 34	12 ♋ 38	7 ♒ 15R	27 ♓ 51	17 ♏ 36	5 ♎ 53R	20 ♈ 10	3 ♎ 46R	28 ♏ 29	24 ♍ 48R	3 ♈ 1	
1	8 44 4	11 ♒ 57 27	24 ♋ 41	6 ♒ 3R	28 ♓ 50	18 ♏ 7	5 ♎ 51R	20 ♈ 14	3 ♎ 45R	28 ♏ 30	24 ♍ 47R	2 ♈ 58	FEBBRAIO
5	8 59 51	16 ♒ 0 48	14 ♍ 25	2 ♒ 10R	2 ♈ 40	20 ♏ 11	5 ♎ 40R	20 ♈ 32	3 ♎ 40R	28 ♏ 33	24 ♍ 42R	2 ♈ 46	
10	9 19 33	21 ♒ 4 37	20 ♏ 60	0 ♒ 16R	7 ♈ 15	22 ♏ 43	5 ♎ 24R	20 ♈ 56	3 ♎ 32R	28 ♏ 37	24 ♍ 36R	2 ♈ 30	
15	9 39 16	26 ♒ 7 59	3 ♒ 21	1 ♒ 24	11 ♈ 32	25 ♏ 10	5 ♎ 2R	21 ♈ 22	3 ♎ 23R	28 ♏ 39	24 ♍ 30R	2 ♈ 14	
20	9 58 59	1 ♓ 10 47	13 ♈ 23	4 ♒ 45	15 ♈ 28	27 ♏ 34	4 ♎ 37R	21 ♈ 50	3 ♎ 13R	28 ♏ 41	24 ♍ 23R	1 ♈ 58	
25	10 18 42	6 ♓ 12 51	15 ♊ 4	9 ♒ 32	18 ♈ 59	29 ♏ 53	4 ♎ 8R	22 ♈ 20	3 ♎ 2R	28 ♏ 42	24 ♍ 15R	1 ♈ 42	
28	10 30 31	9 ♓ 13 42	20 ♋ 49	12 ♒ 55	20 ♈ 52	1 ♐ 13	3 ♎ 50R	22 ♈ 38	2 ♎ 55R	28 ♏ 43	24 ♍ 11R	1 ♈ 32	
1	10 34 28	10 ♓ 13 55	2 ♌ 57	14 ♒ 7	21 ♈ 26	1 ♐ 40	3 ♎ 43R	22 ♈ 44	2 ♎ 53R	28 ♏ 43R	24 ♍ 9R	1 ♈ 29	MARZO
5	10 50 14	14 ♓ 14 28	23 ♍ 38	19 ♒ 12	23 ♈ 30	3 ♐ 24	3 ♎ 16R	23 ♈ 10	2 ♎ 44R	28 ♏ 42R	24 ♍ 3R	1 ♈ 17	
10	11 9 57	19 ♓ 14 30	1 ♐ 52	26 ♒ 7	25 ♈ 28	5 ♐ 27	2 ♎ 40R	23 ♈ 43	2 ♎ 31R	28 ♏ 41R	23 ♍ 55R	1 ♈ 1	
15	11 29 40	24 ♓ 13 50	12 ♒ 56	3 ♓ 36	26 ♈ 36	7 ♐ 24	2 ♎ 2R	24 ♈ 17	2 ♎ 19R	28 ♏ 39R	23 ♍ 47R	0 ♈ 45	
20	11 49 22	29 ♓ 12 26	21 ♈ 14	11 ♓ 37	26 ♈ 47R	9 ♐ 13	1 ♎ 24R	24 ♈ 53	2 ♎ 6R	28 ♏ 37R	23 ♍ 39R	0 ♈ 29	
25	12 9 5	4 ♈ 10 9	22 ♊ 55	20 ♓ 8	25 ♈ 58R	10 ♐ 53	0 ♎ 45R	25 ♈ 29	1 ♎ 53R	28 ♏ 33R	23 ♍ 31R	0 ♈ 13	
31	12 32 44	10 ♈ 6 9	5 ♍ 54	1 ♈ 6	23 ♈ 39R	12 ♐ 40	29 ♍ 59R	26 ♈ 13	1 ♎ 37R	28 ♏ 28R	23 ♍ 21R	29 ♓ 54	
1	12 36 41	11 ♈ 5 21	18 ♍ 53	3 ♈ 0	23 ♈ 9R	12 ♐ 56	29 ♍ 51R	26 ♈ 20	1 ♎ 34R	28 ♏ 27R	23 ♍ 20R	29 ♓ 51	APRILE
5	12 52 27	15 ♈ 1 49	13 ♏ 56	10 ♈ 51	20 ♈ 53R	13 ♐ 57	29 ♍ 22R	26 ♈ 50	1 ♎ 24R	28 ♏ 23R	23 ♍ 14R	29 ♓ 38	
10	13 12 10	19 ♈ 56 42	25 ♑ 26	21 ♈ 5	17 ♈ 46R	15 ♐ 1	28 ♍ 47R	27 ♈ 28	1 ♎ 12R	28 ♏ 17R	23 ♍ 6R	29 ♓ 22	
15	13 31 53	24 ♈ 50 51	3 ♈ 43	1 ♉ 35	14 ♈ 47R	15 ♐ 51	28 ♍ 14R	28 ♈ 6	1 ♎ 0R	28 ♏ 11R	22 ♍ 59R	29 ♓ 6	
20	13 51 35	29 ♈ 44 14	6 ♊ 51	11 ♉ 50	12 ♈ 26R	16 ♐ 25	27 ♍ 44R	28 ♈ 45	0 ♎ 49R	28 ♏ 5R	22 ♍ 53R	28 ♓ 50	
25	14 11 18	4 ♉ 36 44	6 ♌ 34	21 ♉ 12	10 ♈ 58R	16 ♐ 43	27 ♍ 18R	29 ♈ 23	0 ♎ 38R	27 ♏ 57R	22 ♍ 47R	28 ♓ 35	
30	14 31 1	9 ♉ 28 22	10 ♎ 18	29 ♉ 7	10 ♈ 30	16 ♐ 43R	26 ♍ 55R	0 ♉ 1	0 ♎ 29R	27 ♏ 50R	22 ♍ 42R	28 ♓ 19	
1	14 34 58	10 ♉ 26 36	24 ♎ 11	0 ♊ 30	10 ♈ 32	16 ♐ 41R	26 ♍ 51R	0 ♉ 8	0 ♎ 27R	27 ♏ 49R	22 ♍ 41R	28 ♓ 15	MAGGIO
5	14 50 44	14 ♉ 19 13	22 ♐ 38	5 ♊ 17	11 ♈ 1	16 ♐ 24R	26 ♍ 37R	01 ♉ 38	0 ♎ 20R	27 ♏ 42R	22 ♍ 37R	28 ♓ 3	
10	15 10 27	19 ♉ 9 27	3 ♓ 55	9 ♊ 31	12 ♈ 25	15 ♐ 47R	26 ♍ 22R	1 ♉ 16	0 ♎ 13R	27 ♏ 34R	22 ♍ 33R	27 ♓ 47	
15	15 30 9	23 ♉ 59 7	8 ♉ 36	11 ♊ 42	14 ♈ 33	14 ♐ 50R	26 ♍ 12R	1 ♉ 52	0 ♎ 6R	27 ♏ 26R	22 ♍ 30R	27 ♓ 31	
20	15 49 52	28 ♉ 48 12	9 ♋ 9	11 ♊ 50R	17 ♈ 18	13 ♐ 37R	26 ♍ 7R	2 ♉ 28	0 ♎ 1R	27 ♏ 18R	22 ♍ 28R	27 ♓ 15	
25	16 9 35	3 ♊ 36 39	9 ♍ 12	10 ♊ 11R	20 ♈ 33	12 ♐ 10R	26 ♍ 6	3 ♉ 4	29 ♍ 57R	27 ♏ 10R	22 ♍ 26R	26 ♓ 59	
31	16 33 14	9 ♊ 21 59	1 ♐ 33	6 ♊ 58R	25 ♈ 1	10 ♐ 13R	26 ♍ 11	3 ♉ 45	29 ♍ 53R	27 ♏ 0R	22 ♍ 25R	26 ♓ 40	
1	16 37 11	10 ♊ 19 28	16 ♐ 38	6 ♊ 25R	25 ♈ 48	9 ♐ 53R	26 ♍ 13	3 ♉ 51	29 ♍ 53R	26 ♏ 59R	22 ♍ 25R	26 ♓ 37	GIUGNO
5	16 52 57	14 ♊ 9 16	16 ♒ 19	4 ♊ 33R	29 ♈ 6	8 ♐ 31R	26 ♍ 20	4 ♉ 17	29 ♍ 52R	26 ♏ 53R	22 ♍ 25	26 ♓ 24	
10	17 12 40	18 ♊ 56 15	23 ♈ 10	3 ♊ 27R	3 ♉ 27	6 ♐ 51R	26 ♍ 34	4 ♉ 49	29 ♍ 52	26 ♏ 45R	22 ♍ 26	26 ♓ 8	
15	17 32 22	23 ♊ 43 0	24 ♊ 6	4 ♊ 8	8 ♉ 2	5 ♐ 18R	26 ♍ 51	5 ♉ 20	29 ♍ 54	26 ♏ 38R	22 ♍ 27	25 ♓ 52	
20	17 52 5	28 ♊ 29 30	23 ♌ 32	6 ♊ 42	12 ♉ 48	3 ♐ 58R	27 ♍ 13	5 ♉ 48	29 ♍ 56	26 ♏ 31R	22 ♍ 29	25 ♓ 37	
25	18 11 48	3 ♋ 15 43	26 ♎ 51	11 ♊ 2	17 ♉ 44	2 ♐ 55R	27 ♍ 38	6 ♉ 16	0 ♎ 1	26 ♏ 25R	22 ♍ 33	25 ♓ 21	
30	18 31 31	8 ♋ 1 42	10 ♑ 23	17 ♊ 1	22 ♉ 48	2 ♐ 10R	28 ♍ 8	6 ♉ 41	0 ♎ 6	26 ♏ 19R	22 ♍ 37	25 ♓ 5	

1969	GIORNO	TEMPO SIDERALE	☉	☽	☿	♀	♂	♃	♄	♅	♆	♇	☊
LUGLIO	1	18 35 27	8 ♋ 58 53	25 ♑ 41	18 ♊ 24	23 ♉ 50	2 ♐ 4R	28 ♍ 14	6 ♉ 46	0 ♎ 7	26 ♏ 18R	22 ♍ 37	25 ♓ 2
	5	18 51 14	12 ♋ 47 38	23 ♓ 39	24 ♊ 31	27 ♉ 59	1 ♐ 46R	28 ♍ 40	7 ♉ 5	0 ♎ 12	26 ♏ 14R	22 ♍ 41	24 ♓ 49
	10	19 10 56	17 ♋ 33 40	27 ♉ 13	3 ♋ 25	3 ♊ 17	1 ♐ 43	29 ♍ 16	7 ♉ 26	0 ♎ 20	26 ♏ 9R	22 ♍ 47	24 ♓ 33
	15	19 30 39	22 ♋ 19 53	26 ♋ 47	13 ♋ 26	8 ♊ 39	2 ♐ 1	29 ♍ 55	7 ♉ 46	0 ♎ 29	26 ♏ 5R	22 ♍ 53	24 ♓ 17
	20	19 50 22	27 ♋ 6 13	27 ♍ 13	24 ♋ 2	14 ♊ 7	2 ♐ 38	0 ♎ 37	8 ♉ 3	0 ♎ 40	26 ♏ 2R	22 ♍ 59	24 ♓ 1
	25	20 10 5	1 ♌ 52 39	4 ♐ 5	4 ♌ 38	19 ♊ 38	3 ♐ 35	1 ♎ 22	8 ♉ 18	0 ♎ 51	25 ♏ 59R	23 ♍ 7	23 ♓ 45
	31	20 33 44	7 ♌ 36 38	3 ♓ 58	16 ♌ 44	26 ♊ 21	5 ♐ 4	2 ♎ 19	8 ♉ 33	1 ♎ 6	25 ♏ 57R	23 ♍ 16	23 ♓ 26
AGOSTO	1	20 37 40	8 ♌ 34 1	18 ♓ 23	18 ♌ 40	27 ♊ 29	5 ♐ 22	2 ♎ 29	8 ♉ 36	1 ♎ 8	25 ♏ 57R	23 ♍ 18	23 ♓ 23
	5	20 53 27	12 ♌ 23 42	11 ♉ 36	26 ♌ 7	2 ♋ 1	6 ♐ 36	3 ♎ 9	8 ♉ 43	1 ♎ 19	25 ♏ 57R	23 ♍ 25	23 ♓ 10
	10	21 13 9	17 ♌ 11 17	11 ♋ 52	4 ♍ 50	7 ♋ 44	8 ♐ 22	4 ♎ 1	8 ♉ 50	1 ♎ 34	25 ♏ 57	23 ♍ 34	22 ♓ 55
	15	21 32 52	21 ♌ 59 24	11 ♍ 57	12 ♍ 55	13 ♋ 30	10 ♐ 21	4 ♎ 55	8 ♉ 55	1 ♎ 49	25 ♏ 57	23 ♍ 44	22 ♓ 39
	20	21 52 35	26 ♌ 48 0	16 ♏ 10	20 ♍ 22	19 ♋ 18	12 ♐ 31	5 ♎ 51	8 ♉ 57	2 ♎ 5	25 ♏ 59	23 ♍ 54	22 ♓ 23
	25	22 12 18	1 ♍ 37 4	27 ♑ 46	27 ♍ 9	25 ♋ 9	14 ♐ 51	6 ♎ 49	8 ♉ 56R	2 ♎ 21	26 ♏ 1	24 ♍ 4	22 ♓ 7
	31	22 35 57	7 ♍ 24 41	24 ♈ 1	4 ♎ 17	2 ♌ 14	17 ♐ 52	7 ♎ 60	8 ♉ 52R	2 ♎ 42	26 ♏ 5	24 ♍ 17	21 ♓ 48
SETTEMBRE	1	22 39 54	8 ♍ 22 43	7 ♉ 9	5 ♎ 21	3 ♌ 25	18 ♐ 24	8 ♎ 12	8 ♉ 51R	2 ♎ 45	26 ♏ 6	24 ♍ 19	21 ♓ 45
	5	22 55 40	12 ♍ 15 11	26 ♊ 33	9 ♎ 12	8 ♌ 10	20 ♐ 32	9 ♎ 0	8 ♉ 46R	2 ♎ 60	26 ♏ 9	24 ♍ 27	21 ♓ 32
	10	23 15 23	17 ♍ 6 30	26 ♌ 16	12 ♎ 52	14 ♌ 9	23 ♐ 19	10 ♎ 2	8 ♉ 37R	3 ♎ 18	26 ♏ 14	24 ♍ 38	21 ♓ 16
	15	23 35 5	21 ♍ 58 37	29 ♎ 46	14 ♎ 44	20 ♌ 9	26 ♐ 13	11 ♎ 4	8 ♉ 25R	3 ♎ 36	26 ♏ 20	24 ♍ 49	21 ♓ 0
	20	23 54 48	26 ♍ 51 27	8 ♑ 45	14 ♎ 11R	26 ♌ 11	29 ♐ 14	12 ♎ 8	8 ♉ 12R	3 ♎ 55	26 ♏ 26	25 ♍ 0	20 ♓ 44
	25	0 14 31	1 ♎ 44 58	20 ♓ 38	10 ♎ 47R	2 ♍ 15	2 ♑ 19	13 ♎ 12	7 ♉ 56R	4 ♎ 14	26 ♏ 33	25 ♍ 12	20 ♓ 28
	30	0 34 14	6 ♎ 39 17	27 ♉ 51	5 ♎ 23R	8 ♍ 21	5 ♑ 30	14 ♎ 16	7 ♉ 38R	4 ♎ 33	26 ♏ 41	25 ♍ 23	20 ♓ 13
OTTOBRE	1	0 38 10	7 ♎ 38 16	10 ♊ 19	4 ♎ 18R	9 ♍ 35	6 ♑ 8	14 ♎ 29	7 ♉ 34R	4 ♎ 37	26 ♏ 43	25 ♍ 25	20 ♓ 9
	5	0 53 56	11 ♎ 34 32	28 ♋ 18	0 ♎ 53R	14 ♍ 29	8 ♑ 45	15 ♎ 21	7 ♉ 18R	4 ♎ 52	26 ♏ 49	25 ♍ 33	19 ♓ 57
	10	1 13 39	16 ♎ 30 43	29 ♍ 34	0 ♎ 5	20 ♍ 37	12 ♑ 4	16 ♎ 26	6 ♉ 57R	5 ♎ 11	26 ♏ 58	25 ♍ 44	19 ♓ 41
	15	1 33 22	21 ♎ 27 48	7 ♐ 16	3 ♎ 25	26 ♍ 47	15 ♑ 27	17 ♎ 31	6 ♉ 35R	5 ♎ 29	27 ♏ 7	25 ♍ 55	19 ♓ 25
	20	1 53 5	26 ♎ 25 38	18 ♒ 2	9 ♎ 39	2 ♎ 58	18 ♑ 53	18 ♎ 36	6 ♉ 12R	5 ♎ 48	27 ♏ 17	26 ♍ 5	19 ♓ 9
	25	2 12 48	1 ♏ 24 12	26 ♈ 55	17 ♎ 19	9 ♎ 11	22 ♑ 22	19 ♎ 41	5 ♉ 48R	6 ♎ 5	27 ♏ 27	26 ♍ 14	18 ♓ 53
	31	2 36 27	4 ♏ 23 32	12 ♋ 24	27 ♎ 10	16 ♎ 39	26 ♑ 36	20 ♎ 58	5 ♉ 19R	6 ♎ 26	27 ♏ 40	26 ♍ 25	18 ♓ 34
NOVEMBRE	1	2 40 23	8 ♏ 23 33	24 ♋ 17	28 ♎ 50	17 ♎ 53	27 ♑ 18	21 ♎ 10	5 ♉ 14R	6 ♎ 29	27 ♏ 42	26 ♍ 27	18 ♓ 31
	5	2 56 10	12 ♏ 23 57	12 ♍ 12	5 ♏ 27	22 ♎ 53	0 ♒ 10	22 ♎ 1	4 ♉ 55R	6 ♎ 43	27 ♏ 51	26 ♍ 34	18 ♓ 18
	10	3 15 52	17 ♏ 25 13	18 ♏ 24	13 ♏ 38	29 ♎ 8	3 ♒ 46	23 ♎ 4	4 ♉ 31R	6 ♎ 59	28 ♏ 2	26 ♍ 42	18 ♓ 2
	15	3 35 35	22 ♏ 27 11	0 ♒ 40	21 ♏ 40	5 ♏ 23	7 ♒ 24	24 ♎ 5	4 ♉ 9R	7 ♎ 14	28 ♏ 13	26 ♍ 50	17 ♓ 46
	20	3 55 18	27 ♏ 29 44	9 ♈ 44	29 ♏ 36	11 ♏ 39	11 ♒ 3	25 ♎ 6	3 ♉ 47R	7 ♎ 28	28 ♏ 24	26 ♍ 57	17 ♓ 30
	25	4 15 1	2 ♐ 32 48	14 ♊ 4	7 ♐ 27	17 ♏ 55	14 ♒ 43	26 ♎ 5	3 ♉ 27R	7 ♎ 41	28 ♏ 36	27 ♍ 3	17 ♓ 15
	30	4 34 43	7 ♐ 36 27	14 ♌ 5	15 ♐ 14	24 ♏ 12	18 ♒ 25	27 ♎ 2	3 ♉ 8R	7 ♎ 54	28 ♏ 47	27 ♍ 8	16 ♓ 59
DICEMBRE	1	4 38 40	8 ♐ 37 16	25 ♌ 55	16 ♐ 47	25 ♏ 28	19 ♒ 9	27 ♎ 14	3 ♉ 5R	7 ♎ 56	28 ♏ 49	27 ♍ 9	16 ♓ 56
	5	4 54 26	12 ♐ 40 43	15 ♎ 18	22 ♐ 58	0 ♐ 29	22 ♒ 7	27 ♎ 58	2 ♉ 52R	8 ♎ 5	28 ♏ 58	27 ♍ 13	16 ♓ 43
	10	5 14 9	17 ♐ 45 30	26 ♐ 2	0 ♑ 41	6 ♐ 46	25 ♒ 50	28 ♎ 52	2 ♉ 37R	8 ♎ 15	29 ♏ 9	27 ♍ 17	16 ♓ 27
	15	5 33 52	22 ♐ 50 37	9 ♓ 26	8 ♑ 18	13 ♐ 4	29 ♒ 33	29 ♎ 43	2 ♉ 25R	8 ♎ 23	29 ♏ 20	27 ♍ 20	16 ♓ 11
	20	5 53 34	27 ♐ 55 57	15 ♉ 38	15 ♑ 39	19 ♐ 21	3 ♓ 17	0 ♏ 32	2 ♉ 16R	8 ♎ 31	29 ♏ 30	27 ♍ 22	15 ♓ 55
	25	6 13 17	3 ♑ 1 25	16 ♋ 57	22 ♑ 22	25 ♐ 39	7 ♓ 1	1 ♏ 19	2 ♉ 9R	8 ♎ 37	29 ♏ 40	27 ♍ 23	15 ♓ 39
	31	6 36 57	9 ♑ 8 11	28 ♍ 19	28 ♑ 23	3 ♑ 12	11 ♓ 30	2 ♏ 11	2 ♉ 4R	8 ♎ 43	29 ♏ 51	27 ♍ 24R	15 ♓ 20

GIORNO	TEMPO SIDERALE	☉	☽	☿	♀	♂	♃	♄	♅	♆	♇	☊	1970
1	6 40 53	10 ♑ 9 21	10 ♎ 42	29 ♑ 1	4 ♑ 27	12 ♓ 14	2 ♏ 19	2 ♉ 4R	8 ♎ 43	29 ♏ 53	27 ♍ 24R	15 ♓ 17	GENNAIO
5	6 56 39	14 ♑ 14 1	4 ♐ 27	29 ♑ 58R	9 ♑ 29	15 ♓ 13	2 ♏ 51	2 ♉ 4	8 ♎ 46	0 ♐ 0	27 ♍ 23R	15 ♓ 4	
10	7 16 22	19 ♑ 19 52	19 ♒ 41	26 ♑ 55R	15 ♑ 47	18 ♓ 57	3 ♏ 28	2 ♉ 6	8 ♎ 47	0 ♐ 9	27 ♍ 22R	14 ♓ 48	
15	7 36 5	24 ♑ 25 34	29 ♈ 49	20 ♑ 39R	22 ♑ 4	22 ♓ 40	4 ♏ 1	2 ♉ 11	8 ♎ 47R	0 ♐ 17	27 ♍ 20R	14 ♓ 33	
20	7 55 48	29 ♑ 30 58	1 ♋ 53	15 ♑ 28R	28 ♑ 21	26 ♓ 23	4 ♏ 31	2 ♉ 18	8 ♎ 46R	0 ♐ 24	27 ♍ 17R	14 ♓ 17	
25	8 15 30	4 ♒ 36 3	1 ♍ 13	13 ♑ 52	4 ♒ 38	0 ♈ 5	4 ♏ 56	2 ♉ 28	8 ♎ 44R	0 ♐ 30	27 ♍ 13R	14 ♓ 1	
31	8 39 10	10 ♒ 41 47	15 ♏ 26	16 ♑ 8	12 ♒ 10	4 ♈ 30	5 ♏ 21	2 ♉ 44	8 ♎ 39R	0 ♐ 37	27 ♍ 8R	13 ♓ 42	
1	8 43 6	11 ♒ 42 41	28 ♏ 57	16 ♑ 50	13 ♒ 26	5 ♈ 15	5 ♏ 25	2 ♉ 47	8 ♎ 38R	0 ♐ 38	27 ♍ 7R	13 ♓ 39	FEBBRAIO
5	8 58 52	15 ♒ 46 12	27 ♑ 15	20 ♑ 17	18 ♒ 27	8 ♈ 11	5 ♏ 37	3 ♉ 0	8 ♎ 33R	0 ♐ 42	27 ♍ 2R	13 ♓ 26	
10	9 18 35	20 ♒ 50 11	11 ♈ 41	25 ♑ 40	24 ♒ 43	11 ♈ 51	5 ♏ 49	3 ♉ 19	8 ♎ 27R	0 ♐ 46	26 ♍ 56R	13 ♓ 10	
15	9 38 18	25 ♒ 53 31	16 ♊ 45	1 ♒ 52	0 ♓ 59	15 ♈ 30	5 ♏ 56	3 ♉ 39	8 ♎ 19R	0 ♐ 49	26 ♍ 50R	12 ♓ 54	
20	9 58 1	0 ♓ 56 9	16 ♌ 18	8 ♒ 41	7 ♓ 15	19 ♈ 8	5 ♏ 58R	4 ♉ 2	8 ♎ 10R	0 ♐ 51	26 ♍ 43R	12 ♓ 38	
25	10 17 44	5 ♓ 58 6	16 ♎ 41	15 ♒ 60	13 ♓ 30	22 ♈ 46	5 ♏ 56R	4 ♉ 27	8 ♎ 0R	0 ♐ 53	26 ♍ 36R	12 ♓ 22	
28	10 29 33	8 ♓ 58 58	25 ♏ 12	20 ♒ 36	17 ♓ 15	24 ♈ 55	5 ♏ 52R	4 ♉ 43	7 ♎ 54R	0 ♐ 53	26 ♍ 31R	12 ♓ 13	
1	10 33 30	9 ♓ 59 12	8 ♐ 38	22 ♒ 10	18 ♓ 30	25 ♈ 39	5 ♏ 50R	4 ♉ 49	7 ♎ 52R	0 ♐ 53	26 ♍ 30R	12 ♓ 10	MARZO
5	10 49 16	13 ♓ 59 55	5 ♒ 49	28 ♒ 37	23 ♓ 29	28 ♈ 31	5 ♏ 42R	5 ♉ 11	7 ♎ 43R	0 ♐ 53R	26 ♍ 23R	11 ♓ 57	
10	11 8 59	19 ♓ 0 10	19 ♈ 39	7 ♓ 4	29 ♓ 43	2 ♉ 6	5 ♏ 27R	5 ♉ 41	7 ♎ 31R	0 ♐ 53R	26 ♍ 16R	11 ♓ 41	
15	11 28 42	23 ♓ 59 34	25 ♊ 16	16 ♓ 1	5 ♈ 57	5 ♉ 40	5 ♏ 9R	6 ♉ 12	7 ♎ 19R	0 ♐ 51R	26 ♍ 7R	11 ♓ 25	
20	11 48 24	28 ♓ 58 3	24 ♌ 48	25 ♓ 26	12 ♈ 9	9 ♉ 13	4 ♏ 46R	6 ♉ 44	7 ♎ 6R	0 ♐ 49R	25 ♍ 59R	11 ♓ 9	
25	12 8 7	3 ♈ 55 38	26 ♎ 10	5 ♈ 20	18 ♈ 21	12 ♉ 45	4 ♏ 19R	7 ♉ 18	6 ♎ 53R	0 ♐ 46R	25 ♍ 51R	10 ♓ 53	
31	12 31 46	9 ♈ 51 41	16 ♑ 54	17 ♈ 33	25 ♈ 47	16 ♉ 57	3 ♏ 43R	8 ♉ 0	6 ♎ 37R	0 ♐ 41R	25 ♍ 42R	10 ♓ 34	
1	12 35 43	10 ♈ 50 55	1 ♏ 6	19 ♈ 34	27 ♈ 1	17 ♉ 39	3 ♏ 36R	8 ♉ 7	6 ♎ 35R	0 ♐ 40R	25 ♍ 40R	10 ♓ 31	APRILE
5	12 51 29	14 ♈ 47 35	29 ♓ 4	27 ♈ 30	1 ♉ 57	20 ♉ 27	3 ♏ 9R	8 ♉ 36	6 ♎ 24R	0 ♐ 36R	25 ♍ 34R	10 ♓ 18	
10	13 11 12	19 ♈ 42 40	8 ♊ 8	6 ♉ 30	8 ♉ 7	23 ♉ 55	2 ♏ 34R	9 ♉ 13	6 ♎ 12R	0 ♐ 31R	25 ♍ 26R	10 ♓ 2	
15	13 30 55	24 ♈ 36 50	9 ♌ 14	13 ♉ 51	14 ♉ 16	27 ♉ 23	1 ♏ 56R	9 ♉ 50	5 ♎ 59R	0 ♐ 25R	25 ♍ 19R	9 ♓ 47	
20	13 50 37	29 ♈ 30 4	9 ♎ 34	19 ♉ 5	20 ♉ 24	0 ♊ 50	1 ♏ 18R	10 ♉ 28	5 ♎ 48R	0 ♐ 19R	25 ♍ 13R	9 ♓ 31	
25	14 10 20	4 ♉ 22 29	15 ♐ 51	21 ♉ 56	26 ♉ 31	4 ♊ 15	0 ♏ 40R	11 ♉ 6	5 ♎ 36R	0 ♐ 12R	25 ♍ 7R	9 ♓ 15	
30	14 30 3	9 ♉ 14 13	26 ♒ 5	22 ♉ 23R	2 ♊ 37	7 ♊ 40	0 ♏ 2R	11 ♉ 45	5 ♎ 26R	0 ♐ 5R	25 ♍ 1R	8 ♓ 59	
1	14 33 60	10 ♉ 12 29	10 ♓ 15	22 ♉ 13R	3 ♊ 50	8 ♊ 21	29 ♎ 54R	11 ♉ 53	5 ♎ 24R	0 ♐ 3R	24 ♍ 60R	8 ♓ 56	MAGGIO
5	14 49 46	14 ♉ 5 18	6 ♉ 15	20 ♉ 46R	8 ♊ 42	11 ♊ 4	29 ♎ 25R	12 ♉ 23	5 ♎ 16R	29 ♏ 57R	24 ♍ 56R	8 ♓ 43	
10	15 9 29	18 ♉ 55 42	11 ♋ 12	17 ♉ 54R	14 ♊ 47	14 ♊ 26	28 ♎ 50R	13 ♉ 2	5 ♎ 8R	29 ♏ 49R	24 ♍ 52R	8 ♓ 27	
15	15 29 11	23 ♉ 45 22	10 ♍ 48	15 ♉ 4R	20 ♊ 50	17 ♊ 48	28 ♎ 17R	13 ♉ 40	5 ♎ 0R	29 ♏ 41R	24 ♍ 48R	8 ♓ 11	
20	15 48 54	28 ♉ 34 18	13 ♏ 56	13 ♉ 24R	26 ♊ 52	21 ♊ 9	27 ♎ 47R	14 ♉ 18	4 ♎ 54R	29 ♏ 33R	24 ♍ 45R	7 ♓ 55	
25	16 8237	3 ♊ 22 40	24 ♑ 22	13 ♉ 29	2 ♋ 54	24 ♊ 30	27 ♎ 20R	14 ♉ 56	4 ♎ 48R	29 ♏ 25R	24 ♍ 43R	7 ♓ 39	
31	16 32 16	9 ♊ 8 8	18 ♈ 39	16 ♉ 1	10 ♋ 5	28 ♊ 29	26 ♎ 53R	15 ♉ 40	4 ♎ 43R	29 ♏ 15R	24 ♍ 41R	7 ♓ 20	
1	16 36 15	10 ♊ 5 40	2 ♉ 13	16 ♉ 41	11 ♋ 17	29 ♊ 9	26 ♎ 49R	15 ♉ 47	4 ♎ 43R	29 ♏ 14R	24 ♍ 41R	7 ♓ 17	GIUGNO
5	16 52 1	13 ♊ 55 38	24 ♊ 32	19 ♉ 58	16 ♋ 4	1 ♋ 47	26 ♎ 34R	16 ♉ 16	4 ♎ 41R	29 ♏ 7R	24 ♍ 41R	7 ♓ 5	
10	17 11 44	18 ♊ 42 44	25 ♌ 4	25 ♉ 23	22 ♋ 1	5 ♋ 5	26 ♎ 20R	16 ♉ 51	4 ♎ 40R	28 ♏ 60R	24 ♍ 41	6 ♓ 49	
15	17 31 27	23 ♊ 29 24	25 ♎ 41	2 ♊ 7	27 ♋ 56	8 ♋ 22	26 ♎ 11R	17 ♉ 26	4 ♎ 40	28 ♏ 52R	24 ♍ 43	6 ♓ 33	
20	17 51 10	28 ♊ 15 43	4 ♑ 49	10 ♊ 6	3 ♌ 50	11 ♋ 39	26 ♎ 5R	17 ♉ 59	4 ♎ 41	28 ♏ 45R	24 ♍ 44	6 ♓ 17	
25	18 10 52	3 ♋ 1 51	17 ♓ 47	19 ♊ 16	9 ♌ 43	14 ♋ 55	26 ♎ 4	18 ♉ 30	4 ♎ 44	28 ♏ 39R	24 ♍ 47	6 ♓ 1	
30	18 30 35	7 ♋ 47 58	25 ♉ 28	29 ♊ 26	15 ♌ 33	18 ♋ 10	26 ♎ 8	19 ♉ 1	4 ♎ 48	28 ♏ 33R	24 ♍ 51	5 ♓ 45	

1970	GIORNO	TEMPO SIDERALE	☉	☽	☿	♀	♂	♃	♄	♅	♆	♇	☊
LUGLIO	1	18 34 32	8 ♋ 45 12	8 ♊ 19	1 ♋ 34	16 ♌ 43	18 ♋ 49	26 ♎ 9	19 ♉ 7	4 ♎ 49	28 ♏ 32R	24 ♍ 52	5 ♓ 42
	5	18 50 18	12 ♋ 34 6	27 ♋ 47	10 ♋ 12	21 ♌ 21	21 ♋ 25	26 ♎ 16	19 ♉ 30	4 ♎ 53	28 ♏ 27R	24 ♍ 55	5 ♓ 29
	10	19 10 1	17 ♋ 20 13	26 ♍ 59	20 ♋ 59	27 ♌ 7	24 ♋ 39	26 ♎ 29	19 ♉ 57	4 ♎ 59	28 ♏ 22R	25 ♍ 0	5 ♓ 13
	15	19 29 43	22 ♋ 6 17	0 ♐ 19	1 ♌ 20	2 ♍ 51	27 ♋ 53	26 ♎ 45	20 ♉ 23	5 ♎ 7	28 ♏ 18R	25 ♍ 6	4 ♓ 57
	20	19 49 26	26 ♋ 52 25	13 ♒ 21	11 ♌ 0	8 ♍ 31	1 ♌ 6	27 ♎ 6	20 ♉ 46	5 ♎ 16	28 ♏ 14R	25 ♍ 12	4 ♓ 42
	25	20 9 9	1 ♌ 38 46	25 ♈ 51	19 ♌ 56	14 ♍ 8	4 ♌ 19	27 ♎ 31	21 ♉ 8	5 ♎ 26	28 ♏ 11R	25 ♍ 20	4 ♓ 26
	31	20 32 48	7 ♌ 22 54	12 ♋ 36	29 ♌ 40	20 ♍ 49	8 ♌ 10	28 ♎ 6	21 ♉ 31	5 ♎ 40	28 ♏ 9R	25 ♍ 29	4 ♓ 7
AGOSTO	1	20 36 45	8 ♌ 20 19	24 ♋ 39	1 ♍ 11	21 ♍ 55	8 ♌ 49	28 ♎ 12	21 ♉ 35	5 ♎ 42	28 ♏ 9R	25 ♍ 31	4 ♓ 3
	5	20 52 31	12 ♌ 10 7	11 ♍ 59	6 ♍ 57	26 ♍ 18	11 ♌ 22	28 ♎ 38	21 ♉ 48	5 ♎ 52	28 ♏ 8R	25 ♍ 37	3 ♓ 51
	10	21 12 14	16 ♌ 54 41	12 ♏ 36	13 ♍ 28	1 ♎ 42	14 ♌ 34	29 ♎ 15	22 ♉ 3	6 ♎ 6	28 ♏ 7R	25 ♍ 46	3 ♓ 35
	15	21 31 56	21 ♌ 45 36	21 ♑ 35	19 ♍ 5	7 ♎ 1	17 ♌ 46	29 ♎ 54	22 ♉ 15	6 ♎ 20	28 ♏ 8	25 ♍ 56	3 ♓ 19
	20	21 51 39	26 ♌ 33 59	6 ♈ 51	23 ♍ 37	12 ♎ 15	20 ♌ 57	0 ♏ 36	22 ♉ 25	6 ♎ 35	28 ♏ 9	26 ♍ 5	3 ♓ 3
	25	22 11 22	1 ♍ 23 0	14 ♊ 57	26 ♍ 45	17 ♎ 21	24 ♌ 8	1 ♏ 21	22 ♉ 32	6 ♎ 51	28 ♏ 11	26 ♍ 16	2 ♓ 47
	31	22 35 1	7 ♍ 10 47	27 ♌ 15	27 ♍ 60R	23 ♎ 18	27 ♌ 57	2 ♏ 19	22 ♉ 36	7 ♎ 11	28 ♏ 14	26 ♍ 28	2 ♓ 28
SETTEMBRE	1	22 38 58	8 ♍ 8 51	9 ♍ 2	27 ♍ 32R	24 ♎ 16	28 ♌ 26	2 ♏ 29	22 ♉ 37	7 ♎ 15	28 ♏ 15	26 ♍ 30	2 ♓ 25
	5	22 54 44	12 ♍ 1 22	26 ♎ 58	26 ♍ 22R	28 ♎ 4	1 ♍ 8	3 ♏ 9	22 ♉ 38R	7 ♎ 28	28 ♏ 18	26 ♍ 39	2 ♓ 12
	10	23 14 27	16 ♍ 52 36	1 ♑ 48	22 ♍ 21R	2 ♏ 39	4 ♍ 19	4 ♏ 2	22 ♉ 36R	7 ♎ 46	28 ♏ 23	26 ♍ 50	1 ♓ 56
	15	23 34 10	21 ♍ 44 28	15 ♓ 9	17 ♍ 23R	6 ♏ 60	7 ♍ 30	4 ♏ 57	22 ♉ 32R	8 ♎ 4	28 ♏ 28	27 ♍ 1	1 ♓ 40
	20	23 53 52	26 ♍ 37 6	27 ♉ 44	14 ♍ 6R	11 ♏ 4	10 ♍ 40	5 ♏ 53	22 ♉ 25R	8 ♎ 23	28 ♏ 34	27 ♍ 12	1 ♓ 25
	25	0 13 35	1 ♎ 30 38	0 ♌ 32	14 ♍ 30	14 ♏ 48	13 ♍ 50	6 ♏ 52	22 ♉ 16R	8 ♎ 42	28 ♏ 41	27 ♍ 24	1 ♓ 9
	30	0 33 18	6 ♎ 25 5	29 ♍ 43	18 ♍ 43	18 ♏ 7	17 ♍ 1	7 ♏ 51	22 ♉ 4R	9 ♎ 1	28 ♏ 48	27 ♍ 35	0 ♓ 53
OTTOBRE	1	0 37 15	7 ♎ 24 5	11 ♎ 48	19 ♍ 55	18 ♏ 43	17 ♍ 39	8 ♏ 4	22 ♉ 1R	9 ♎ 4	28 ♏ 50	27 ♍ 37	0 ♓ 50
	5	0 53 1	11 ♎ 20 24	1 ♐ 52	25 ♍ 35	20 ♏ 56	20 ♍ 11	8 ♏ 53	21 ♉ 49R	9 ♎ 20	28 ♏ 56	27 ♍ 46	0 ♓ 37
	10	1 12 43	16 ♎ 16 28	9 ♒ 48	3 ♎ 47	23 ♏ 8	23 ♍ 22	9 ♏ 55	21 ♉ 33R	9 ♎ 38	29 ♏ 5	27 ♍ 57	0 ♓ 21
	15	1 32 26	21 ♎ 13 18	23 ♈ 18	12 ♎ 27	24 ♏ 36	26 ♍ 32	10 ♏ 58	21 ♉ 15R	9 ♎ 57	29 ♏ 14	28 ♍ 7	0 ♓ 5
	20	1 52 9	26 ♎ 10 58	2 ♋ 8	21 ♎ 6	25 ♏ 12	29 ♍ 43	12 ♏ 2	20 ♉ 55R	10 ♎ 16	29 ♏ 23	28 ♍ 18	29 ♒ 49
	25	2 11 52	1 ♏ 9 34	2 ♍ 29	29 ♎ 34	24 ♏ 51R	2 ♎ 53	13 ♏ 7	20 ♉ 33R	10 ♎ 34	29 ♏ 33	28 ♍ 28	29 ♒ 33
	31	2 35 31	7 ♏ 9 5	15 ♏ 44	9 ♏ 26	23 ♏ 6R	6 ♎ 42	14 ♏ 26	20 ♉ 5R	10 ♎ 55	29 ♏ 46	28 ♍ 39	29 ♒ 14
NOVEMBRE	1	2 39 28	8 ♏ 9 7	28 ♏ 41	11 ♏ 3	22 ♏ 41R	7 ♎ 20	14 ♏ 39	20 ♉ 1R	10 ♎ 59	29 ♏ 48	28 ♍ 41	29 ♒ 11
	5	2 55 14	12 ♏ 9 32	22 ♑ 25	17 ♏ 27	20 ♏ 42R	9 ♎ 52	15 ♏ 32	19 ♉ 42R	11 ♎ 13	29 ♏ 56	28 ♍ 48	28 ♒ 58
	10	3 14 57	17 ♏ 10 38	3 ♈ 5	25 ♏ 17	17 ♏ 46R	13 ♎ 3	16 ♏ 38	19 ♉ 17R	11 ♎ 29	0 ♐ 7	28 ♍ 57	28 ♒ 43
	15	3 34 39	22 ♏ 12 22	13 ♊ 46	2 ♐ 59	14 ♏ 47R	16 ♎ 13	17 ♏ 44	18 ♉ 53R	11 ♎ 45	0 ♐ 18	29 ♍ 5	28 ♒ 27
	20	3 54 22	27 ♏ 14 49	16 ♌ 45	10 ♐ 33	12 ♏ 15R	19 ♎ 24	18 ♏ 50	18 ♉ 29R	12 ♎ 0	0 ♐ 30	29 ♍ 12	28 ♒ 11
	25	4 14 5	2 ♐ 18 0	16 ♎ 19	17 ♐ 60	10 ♏ 31R	22 ♎ 34	19 ♏ 56	18 ♉ 5R	12 ♎ 14	0 ♐ 41	29 ♍ 18	27 ♒ 55
	30	4 33 48	7 ♐ 21 49	21 ♐ 21	25 ♐ 14	9 ♏ 48R	25 ♎ 45	21 ♏ 1	17 ♉ 42R	12 ♎ 28	0 ♐ 52	29 ♍ 24	27 ♒ 39
DICEMBRE	1	4 37 44	8 ♐ 22 39	5 ♑ 8	26 ♐ 39	9 ♏ 46R	26 ♎ 23	21 ♏ 14	17 ♉ 38R	12 ♎ 30	0 ♐ 55	29 ♍ 25	27 ♒ 36
	5	4 53 30	12 ♐ 26 7	1 ♓ 13	2 ♑ 6	10 ♏ 5	28 ♎ 55	22 ♏ 5	17 ♉ 21R	12 ♎ 40	1 ♐ 3	29 ♍ 29	27 ♒ 23
	10	5 13 13	17 ♐ 30 45	11 ♉ 21	8 ♑ 10	11 ♏ 19	2 ♏ 6	23 ♏ 9	17 ♉ 1R	12 ♎ 51	1 ♐ 14	29 ♍ 34	27 ♒ 7
	15	5 32 56	22 ♐ 35 42	17 ♋ 52	12 ♑ 38	13 ♏ 22	5 ♏ 16	24 ♏ 12	16 ♉ 43R	13 ♎ 1	1 ♐ 25	29 ♍ 37	26 ♒ 51
	20	5 52 39	27 ♐ 40 58	18 ♍ 10	14 ♑ 3R	16 ♏ 6	8 ♏ 27	25 ♏ 13	16 ♉ 27R	13 ♎ 10	1 ♐ 36	29 ♍ 40	26 ♒ 35
	25	6 12 22	2 ♑ 46 35	19 ♏ 21	10 ♑ 57R	19 ♏ 25	11 ♏ 37	26 ♏ 13	16 ♉ 13R	13 ♎ 17	1 ♐ 46	29 ♍ 42	26 ♒ 20
	31	6 36 1	8 ♑ 53 36	13 ♒ 2	3 ♑ 12R	23 ♏ 59	15 ♏ 25	27 ♏ 24	15 ♉ 59R	13 ♎ 24	1 ♐ 58	29 ♍ 43	26 ♒ 1

GIORNO	TEMPO SIDERALE	☉	☽	☿	♀	♂	♃	♄	♅	♆	♇	☊	1971
1	6 39 57	9 ♑ 54 46	27 ♒ 31	1 ♑ 60R	24 ♏ 47	16 ♏ 3	27 ♏ 35	15 ♉ 57R	13 ♎ 25	1 ♐ 60	29 ♍ 43	25 ♒ 57	GENNAIO
5	6 55 44	13 ♑ 59 27	24 ♈ 14	28 ♐ 37R	28 ♏ 11	18 ♏ 35	28 ♏ 20	15 ♉ 51R	13 ♎ 29	2 ♐ 7	29 ♍ 43R	25 ♒ 45	
10	7 15 26	19 ♑ 5 9	0 ♋ 59	28 ♐ 2	2 ♐ 42	21 ♏ 45	29 ♏ 14	15 ♉ 45R	13 ♎ 32	2 ♐ 16	29 ♍ 42R	25 ♒ 29	
15	7 35 9	24 ♑ 10 43	2 ♍ 30	0 ♑ 39	7 ♐ 28	24 ♏ 55	0 ♐ 6	15 ♉ 42R	13 ♎ 34	2 ♐ 24	29 ♍ 40R	25 ♒ 13	
20	7 54 52	29 ♑ 16 10	2 ♏ 0	5 ♑ 13	12 ♐ 26	28 ♏ 4	0 ♐ 56	15 ♉ 42	13 ♎ 34R	2 ♐ 31	29 ♍ 37R	24 ♒ 57	
25	8 14 35	4 ♒ 21 28	7 ♑ 54	10 ♑ 56	17 ♐ 34	1 ♐ 13	1 ♐ 43	15 ♉ 45	13 ♎ 33R	2 ♐ 38	29 ♍ 34R	24 ♒ 41	
31	8 38 14	10 ♒ 27 25	6 ♈ 19	18 ♑ 45	23 ♐ 54	4 ♐ 59	2 ♐ 36	15 ♉ 52	13 ♎ 29R	2 ♐ 45	29 ♍ 29R	24 ♒ 22	
1	8 42 11	11 ♒ 28 20	20 ♈ 42	20 ♑ 7	24 ♐ 59	5 ♐ 37	2 ♐ 44	15 ♉ 54	13 ♎ 29R	2 ♐ 46	29 ♍ 28R	24 ♒ 19	FEBBRAIO
5	8 57 57	15 ♒ 31 50	14 ♊ 59	25 ♑ 47	29 ♐ 19	8 ♐ 7	3 ♐ 16	16 ♉ 1	13 ♎ 25R	2 ♐ 51	29 ♍ 24R	24 ♒ 6	
10	9 17 40	20 ♒ 35 39	17 ♌ 5	3 ♒ 12	4 ♑ 50	11 ♐ 15	3 ♐ 54	16 ♉ 13	13 ♎ 20R	2 ♐ 55	29 ♍ 18R	23 ♒ 50	
15	9 37 22	25 ♒ 38 56	16 ♎ 22	10 ♒ 59	10 ♑ 25	14 ♐ 22	4 ♐ 27	16 ♉ 27	13 ♎ 13R	2 ♐ 59	29 ♍ 12R	23 ♒ 34	
20	9 57 5	0 ♓ 41 41	18 ♐ 28	19 ♒ 8	16 ♑ 5	17 ♐ 28	4 ♐ 57	16 ♉ 44	13 ♎ 5R	3 ♐ 1	29 ♍ 6R	23 ♒ 18	
25	10 16 48	5 ♓ 43 53	29 ♒ 56	27 ♒ 39	21 ♑ 48	20 ♐ 33	5 ♐ 23	17 ♉ 3	12 ♎ 56R	3 ♐ 3	28 ♍ 58R	23 ♒ 3	
28	10 28 38	8 ♓ 44 53	15 ♈ 20	2 ♓ 58	25 ♑ 15	22 ♐ 24	5 ♐ 36	17 ♉ 16	12 ♎ 51R	3 ♐ 4	28 ♍ 54R	22 ♒ 53	
1	10 32 34	9 ♓ 45 9	0 ♉ 3	4 ♓ 46	26 ♑ 24	23 ♐ 1	5 ♐ 41	17 ♉ 20	12 ♎ 49R	3 ♐ 4	28 ♍ 52R	22 ♒ 50	MARZO
5	10 48 20	13 ♓ 45 53	24 ♊ 47	12 ♓ 10	1 ♒ 3	25 ♐ 28	5 ♐ 56	17 ♉ 39	12 ♎ 40R	3 ♐ 4	28 ♍ 46R	22 ♒ 37	
10	11 8 3	18 ♓ 46 1	25 ♌ 58	21 ♓ 45	6 ♒ 53	28 ♐ 31	6 ♐ 10	18 ♉ 3	12 ♎ 29R	3 ♐ 4R	28 ♍ 38R	22 ♒ 21	
15	11 27 46	23 ♓ 45 19	25 ♎ 14	1 ♈ 35	12 ♒ 44	1 ♑ 33	6 ♐ 21	18 ♉ 30	12 ♎ 17R	3 ♐ 3R	28 ♍ 30R	22 ♒ 5	
20	11 47 29	28 ♓ 43 52	27 ♐ 28	11 ♈ 16	18 ♒ 38	4 ♑ 34	6 ♐ 26	18 ♉ 59	12 ♎ 5R	3 ♐ 1R	28 ♍ 22R	21 ♒ 50	
25	12 7 11	3 ♈ 41 40	8 ♓ 1	20 ♈ 7	24 ♒ 33	7 ♑ 33	6 ♐ 27R	19 ♉ 29	11 ♎ 52R	2 ♐ 58R	28 ♍ 14R	21 ♒ 34	
31	12 30 51	9 ♈ 37 58	7 ♊ 8	28 ♈ 23	1 ♓ 41	11 ♑ 6	6 ♐ 22R	20 ♉ 7	11 ♎ 37R	2 ♐ 54R	28 ♍ 4R	21 ♒ 15	
1	12 34 47	10 ♈ 37 14	20 ♊ 44	29 ♈ 26	2 ♓ 52	11 ♑ 41	6 ♐ 21R	20 ♉ 13	11 ♎ 34R	2 ♐ 53R	28 ♍ 2R	21 ♒ 11	APRILE
5	12 50 33	14 ♈ 33 52	11 ♌ 2	2 ♉ 30	7 ♓ 39	14 ♑ 1	6 ♐ 13R	20 ♉ 40	11 ♎ 24R	2 ♐ 50R	27 ♍ 56R	20 ♒ 59	
10	13 10 16	19 ♈ 28 48	10 ♎ 15	3 ♉ 45R	13 ♓ 37	16 ♑ 54	5 ♐ 59R	21 ♉ 15	11 ♎ 11R	2 ♐ 45R	27 ♍ 49R	20 ♒ 43	
15	13 29 59	24 ♈ 22 54	11 ♐ 30	2 ♉ 22R	19 ♓ 36	19 ♑ 45	5 ♐ 41R	21 ♉ 50	10 ♎ 58R	2 ♐ 39R	27 ♍ 41R	20 ♒ 27	
20	13 49 42	29 ♈ 16 15	18 ♒ 3	29 ♈ 14R	25 ♓ 36	22 ♑ 32	5 ♐ 18R	22 ♉ 27	10 ♎ 46R	2 ♐ 33R	27 ♍ 34R	20 ♒ 11	
25	14 9 24	40 ♉ 8 55	1 ♉ 48	25 ♈ 51R	1 ♈ 37	25 ♑ 17	4 ♐ 52R	23 ♉ 4	10 ♎ 34R	2 ♐ 26R	27 ♍ 28R	19 ♒ 55	
30	14 29 7	9 ♉ 0 48	12 ♋ 14	23 ♈ 37R	7 ♈ 38	27 ♑ 58	4 ♐ 23R	23 ♉ 41	10 ♎ 23R	2 ♐ 19R	27 ♍ 22R	19 ♒ 39	
1	14 33 4	9 ♉ 59 4	25 ♋ 0	23 ♈ 23R	8 ♈ 50	28 ♑ 30	4 ♐ 16R	23 ♉ 49	10 ♎ 21R	2 ♐ 18R	27 ♍ 21R	19 ♒ 36	MAGGIO
5	14 48 50	13 ♉ 51 51	13 ♍ 17	23 ♈ 15	13 ♈ 39	0 ♒ 35	3 ♐ 50R	24 ♉ 20	10 ♎ 13R	2 ♐ 12R	27 ♍ 17R	19 ♒ 23	
10	15 8 33	18 ♉ 42 5	13 ♏ 16	24 ♈ 49	19 ♈ 41	3 ♒ 7	3 ♐ 16R	24 ♉ 58	10 ♎ 3R	2 ♐ 4R	27 ♍ 12R	19 ♒ 7	
15	15 28 16	23 ♉ 31 40	17 ♑ 31	28 ♈ 7	25 ♈ 44	5 ♒ 34	2 ♐ 39R	25 ♉ 37	9 ♎ 54R	1 ♐ 56R	27 ♍ 8R	18 ♒ 52	
20	15 47 58	28 ♉ 20 43	26 ♓ 52	2 ♉ 52	1 ♉ 46	7 ♒ 55	2 ♐ 1R	26 ♉ 16	9 ♎ 47R	1 ♐ 48R	27 ♍ 5R	18 ♒ 36	
25	16 7 41	3 ♊ 9 17	9 ♊ 29	8 ♉ 52	7 ♉ 49	10 ♒ 9	1 ♐ 23R	26 ♉ 54	9 ♎ 40R	1 ♐ 40R	27 ♍ 2R	18 ♒ 20	
31	16 31 20	8 ♊ 54 53	27 ♌ 36	17 ♉ 30	15 ♉ 5	12 ♒ 39	0 ♐ 38R	27 ♉ 41	9 ♎ 34R	1 ♐ 30R	27 ♍ 0R	18 ♒ 1	
1	16 35 17	9 ♊ 52 24	9 ♍ 33	19 ♉ 5	16 ♉ 18	13 ♒ 3	0 ♐ 30R	27 ♉ 48	9 ♎ 33R	1 ♐ 29R	26 ♍ 60R	17 ♒ 58	GIUGNO
5	16 51 3	13 ♊ 42 16	27 ♎ 10	25 ♉ 21	21 ♉ 9	14 ♒ 35	0 ♐ 1R	28 ♉ 19	9 ♎ 30R	1 ♐ 22R	26 ♍ 59R	17 ♒ 45	
10	17 10 46	18 ♊ 29 11	0 ♑ 41	5 ♊ 12	27 ♉ 13	16 ♒ 20	29 ♏ 25R	28 ♉ 56	9 ♎ 27R	1 ♐ 15R	26 ♍ 59	17 ♒ 29	
15	17 30 29	23 ♊ 15 47	9 ♓ 20	15 ♊ 28	3 ♊ 17	17 ♒ 53	28 ♏ 52R	29 ♉ 33	9 ♎ 26R	1 ♐ 7R	26 ♍ 60	17 ♒ 13	
20	17 50 11	28 ♊ 2 15	20 ♉ 21	26 ♊ 18	9 ♊ 22	19 ♒ 14	28 ♏ 22R	0 ♊ 10	9 ♎ 26	0 ♐ 60R	27 ♍ 2	16 ♒ 57	
25	18 9 54	2 ♋ 48 34	28 ♋ 17	7 ♋ 13	15 ♊ 27	20 ♒ 20	27 ♏ 55R	0 ♊ 45	9 ♎ 27	0 ♐ 53R	27 ♍ 4	16 ♒ 41	
30	18 29 37	7 ♋ 34 43	29 ♍ 19	17 ♋ 42	21 ♊ 33	21 ♒ 10	27 ♏ 31R	1 ♊ 20	9 ♎ 30	0 ♐ 47R	27 ♍ 7	16 ♒ 25	

1971	GIORNO	TEMPO SIDERALE	☉	☽	☿	♀	♂	♃	♄	♅	♆	♇	☊
LUGLIO	1	18 33 34	8 ♋ 31 55	11 ♎ 11	19 ♋ 43	22 ♊ 46	21 ♒ 18	27 ♏ 27R	1 ♊ 26	9 ♎ 31	0 ♐ 45R	27 ♍ 8	16 ♒ 22
	5	18 49 20	12 ♋ 20 41	0 ♐ 0	27 ♋ 28	27 ♊ 39	21 ♒ 43	27 ♏ 11R	1 ♊ 53	9 ♎ 34	0 ♐ 41R	27 ♍ 11	16 ♒ 10
	10	19 9 3	17 ♋ 6 35	7 ♒ 21	6 ♌ 24	3 ♋ 46	21 ♒ 57	26 ♏ 56R	2 ♊ 25	9 ♎ 39	0 ♐ 36R	27 ♍ 16	15 ♒ 54
	15	19 28 45	21 ♋ 52 35	18 ♈ 41	14 ♌ 30	9 ♋ 53	21 ♒ 52R	26 ♏ 45R	2 ♊ 56	9 ♎ 46	0 ♐ 31R	27 ♍ 21	15 ♒ 38
	20	19 48 28	26 ♋ 38 50	27 ♊ 48	21 ♌ 44	16 ♋ 1	21 ♒ 28R	26 ♏ 38R	3 ♊ 25	9 ♎ 53	0 ♐ 27R	27 ♍ 27	15 ♒ 22
	25	20 8 11	1 ♌ 25 21	1 ♍ 26	28 ♌ 4	22 ♋ 9	20 ♒ 46R	26 ♏ 36	3 ♊ 52	10 ♎ 2	0 ♐ 24R	27 ♍ 34	15 ♒ 6
	31	20 31 50	7 ♌ 9 26	13 ♏ 8	4 ♍ 17	29 ♋ 31	19 ♒ 35R	26 ♏ 39	4 ♊ 23	10 ♎ 15	0 ♐ 21R	27 ♍ 43	14 ♒ 47
AGOSTO	1	20 35 47	8 ♌ 6 48	25 ♏ 25	5 ♍ 9	0 ♌ 45	19 ♒ 21R	26 ♏ 41	4 ♊ 28	10 ♎ 17	0 ♐ 20R	27 ♍ 45	14 ♒ 44
	5	20 51 33	11 ♌ 56 25	17 ♑ 51	8 ♍ 4	5 ♌ 41	18 ♒ 23R	26 ♏ 47	4 ♊ 46	10 ♎ 26	0 ♐ 19R	27 ♍ 52	14 ♒ 31
	10	21 11 16	16 ♌ 43 46	0 ♈ 20	10 ♍ 13	11 ♌ 51	17 ♒ 5R	26 ♏ 60	5 ♊ 7	10 ♎ 38	0 ♐ 18R	28 ♍ 0	14 ♒ 15
	15	21 30 58	21 ♌ 31 39	11 ♊ 15	10 ♍ 21R	18 ♌ 1	15 ♒ 45R	27 ♏ 16	5 ♊ 27	10 ♎ 52	0 ♐ 18	28 ♍ 9	13 ♒ 59
	20	21 50 41	26 ♌ 20 10	15 ♌ 34	8 ♍ 12R	24 ♌ 12	14 ♒ 31R	27 ♏ 37	5 ♊ 43	11 ♎ 6	0 ♐ 19	28 ♍ 19	13 ♒ 43
	25	22 10 24	1 ♍ 9 16	15 ♎ 36	4 ♍ 12R	0 ♍ 23	13 ♒ 27R	28 ♏ 2	5 ♊ 58	11 ♎ 21	0 ♐ 21	28 ♍ 29	13 ♒ 28
	31	22 34 3	6 ♍ 56 54	28 ♐ 58	29 ♌ 12R	7 ♍ 50	12 ♒ 30R	28 ♏ 37	6 ♊ 12	11 ♎ 40	0 ♐ 24	28 ♍ 42	13 ♒ 8
SETTEMBRE	1	22 37 60	7 ♍ 54 55	12 ♑ 12	28 ♌ 36R	9 ♍ 4	12 ♒ 23R	28 ♏ 44	6 ♊ 14	11 ♎ 44	0 ♐ 24	28 ♍ 44	13 ♒ 5
	5	22 53 46	11 ♍ 47 14	9 ♓ 25	27 ♌ 22R	14 ♍ 2	12 ♒ 2R	29 ♏ 11	6 ♊ 21	11 ♎ 57	0 ♐ 27	28 ♍ 53	12 ♒ 53
	10	23 13 29	16 ♍ 38 17	23 ♉ 51	29 ♌ 1	20 ♍ 15	11 ♒ 53	29 ♏ 47	6 ♊ 27	12 ♎ 14	0 ♐ 31	29 ♍ 4	12 ♒ 37
	15	23 33 12	21 ♍ 30 10	0 ♌ 11	4 ♍ 2	26 ♍ 27	12 ♒ 5	0 ♐ 27	6 ♊ 31	12 ♎ 32	0 ♐ 36	29 ♍ 15	12 ♒ 21
	20	23 52 54	26 ♍ 22 56	0 ♎ 36	11 ♍ 29	2 ♎ 41	12 ♒ 37	1 ♐ 10	6 ♊ 32R	12 ♎ 50	0 ♐ 42	29 ♍ 26	12 ♒ 5
	25	0 12 37	1 ♎ 16 30	0 ♐ 8	20 ♍ 12	8 ♎ 54	13 ♒ 28	1 ♐ 56	6 ♊ 30R	13 ♎ 9	0 ♐ 48	29 ♍ 37	11 ♒ 49
	30	0 32 20	6 ♎ 10 48	4 ♒ 12	29 ♍ 18	15 ♎ 7	14 ♒ 36	2 ♐ 45	6 ♊ 25R	13 ♎ 27	0 ♐ 55	29 ♍ 49	11 ♒ 33
OTTOBRE	1	0 36 16	7 ♎ 9 45	18 ♒ 12	1 ♎ 7	16 ♎ 22	14 ♒ 51	2 ♐ 55	6 ♊ 24R	13 ♎ 31	0 ♐ 57	29 ♍ 51	11 ♒ 30
	5	0 52 3	11 ♎ 5 51	18 ♈ 4	8 ♎ 19	21 ♎ 21	16 ♒ 0	3 ♐ 36	6 ♊ 18R	13 ♎ 46	1 ♐ 3	29 ♍ 60	11 ♒ 17
	10	1 11 45	16 ♎ 1 46	1 ♋ 1	17 ♎ 3	27 ♎ 35	17 ♒ 39	4 ♐ 30	6 ♊ 8R	14 ♎ 5	1 ♐ 11	0 ♎ 11	11 ♒ 1
	15	1 31 28	20 ♎ 58 38	3 ♍ 52	25 ♎ 30	3 ♏ 49	19 ♒ 31	5 ♐ 26	5 ♊ 56R	14 ♎ 24	1 ♐ 20	0 ♎ 22	10 ♒ 45
	20	1 51 11	25 ♎ 56 26	3 ♏ 13	3 ♏ 39	10 ♏ 2	21 ♒ 34	6 ♐ 23	5 ♊ 41R	14 ♎ 43	1 ♐ 29	0 ♎ 32	10 ♒ 30
	25	2 10 44	0 ♏ 55 4	4 ♑ 8	11 ♏ 32	16 ♏ 16	23 ♒ 48	7 ♐ 23	5 ♊ 25R	15 ♎ 2	1 ♐ 39	0 ♎ 43	10 ♒ 14
	31	2 34 33	6 ♏ 54 23	25 ♓ 60	20 ♏ 43	23 ♏ 45	26 ♒ 40	8 ♐ 36	5 ♊ 2R	15 ♎ 23	1 ♐ 51	0 ♎ 54	9 ♒ 55
NOVEMBRE	1	2 38 30	7 ♏ 54 22	11 ♈ 0	22 ♏ 13	24 ♏ 60	27 ♒ 10	8 ♐ 49	4 ♊ 58R	15 ♎ 27	1 ♐ 54	0 ♎ 56	9 ♒ 51
	5	2 54 16	11 ♏ 54 36	11 ♊ 24	28 ♏ 8	29 ♏ 59	29 ♒ 13	9 ♐ 39	4 ♊ 41R	15 ♎ 41	2 ♐ 2	1 ♎ 4	9 ♒ 39
	10	3 13 59	16 ♏ 55 37	18 ♌ 25	5 ♐ 18	6 ♐ 12	1 ♓ 51	10 ♐ 43	4 ♊ 19R	15 ♎ 58	2 ♐ 13	1 ♎ 13	9 ♒ 23
	15	3 33 41	21 ♏ 57 28	18 ♎ 12	12 ♐ 10	12 ♐ 26	4 ♓ 36	11 ♐ 48	3 ♊ 55R	16 ♎ 15	2 ♐ 24	1 ♎ 21	9 ♒ 7
	20	3 53 24	27 ♏ 0 4	18 ♐ 44	18 ♐ 30	18 ♐ 40	7 ♓ 26	12 ♐ 54	3 ♊ 31R	16 ♎ 31	2 ♐ 35	1 ♎ 29	8 ♒ 51
	25	4 13 7	2 ♐ 3 15	23 ♒ 18	23 ♐ 54	24 ♐ 53	10 ♓ 21	14 ♐ 1	3 ♊ 7R	16 ♎ 46	2 ♐ 46	1 ♎ 36	8 ♒ 35
	30	4 32 50	7 ♐ 6 54	4 ♉ 52	27 ♐ 31	1 ♑ 6	13 ♓ 19	15 ♐ 8	2 ♊ 42R	17 ♎ 0	2 ♐ 58	1 ♎ 42	8 ♒ 19
DICEMBRE	1	4 36 46	8 ♐ 7 41	19 ♉ 48	27 ♐ 55	2 ♑ 21	13 ♓ 55	15 ♐ 22	2 ♊ 37R	17 ♎ 3	3 ♐ 0	1 ♎ 43	8 ♒ 16
	5	4 52 32	12 ♐ 11 1	17 ♋ 31	27 ♐ 57R	7 ♑ 19	16 ♓ 21	16 ♐ 16	2 ♊ 18R	17 ♎ 13	3 ♐ 9	1 ♎ 47	8 ♒ 3
	10	5 12 15	17 ♐ 15 37	20 ♍ 54	23 ♐ 60R	13 ♑ 32	19 ♓ 25	17 ♐ 24	1 ♊ 54R	17 ♎ 26	3 ♐ 20	1 ♎ 52	7 ♒ 48
	15	5 31 58	22 ♐ 20 42	20 ♏ 31	17 ♐ 19R	19 ♑ 45	22 ♓ 32	18 ♐ 32	1 ♊ 31R	17 ♎ 37	3 ♐ 31	1 ♎ 56	7 ♒ 32
	20	5 51 41	27 ♐ 26 10	23 ♑ 40	12 ♐ 40R	25 ♑ 57	25 ♓ 42	19 ♐ 40	1 ♊ 10R	17 ♎ 47	3 ♐ 42	1 ♎ 59	7 ♒ 16
	25	6 11 24	2 ♑ 31 48	1 ♈ 40	12 ♐ 19	2 ♒ 8	28 ♓ 53	20 ♐ 47	0 ♊ 50R	17 ♎ 55	3 ♐ 52	2 ♎ 2	6 ♒ 60
	31	6 35 3	8 ♑ 38 37	27 ♊ 38	16 ♐ 11	9 ♒ 33	2 ♈ 44	22 ♐ 8	0 ♊ 29R	18 ♎ 4	4 ♐ 4	2 ♎ 3	6 ♒ 41

GIORNO	TEMPO SIDERALE	☉	☾	☿	♀	♂	♃	♄	♅	♆	♇	☊	1972
1	6 38 59	9 ♑ 39 45	11 ♋ 37	17 ♐ 8	10 ♒ 47	3 ♈ 23	22 ♐ 21	0 ♊ 26R	18 ♎ 5	4 ♐ 6	2 ♎ 3	6 ♒ 38	GENNAIO
5	6 54 46	13 ♑ 44 19	4 ♍ 16	21 ♐ 26	15 ♒ 43	5 ♈ 59	23 ♐ 14	0 ♊ 14R	18 ♎ 10	4 ♐ 14	2 ♎ 4R	6 ♒ 25	
10	7 14 28	18 ♑ 50 5	4 ♏ 26	27 ♐ 40	21 ♒ 52	9 ♈ 14	24 ♐ 19	0 ♊ 1R	18 ♎ 14	4 ♐ 23	2 ♎ 3R	6 ♒ 9	
15	7 34 11	23 ♑ 55 52	6 ♑ 14	4 ♑ 27	28 ♒ 1	12 ♈ 30	25 ♐ 24	29 ♉ 50R	18 ♎ 17	4 ♐ 31	2 ♎ 2R	5 ♒ 53	
20	7 53 54	29 ♑ 1 29	14 ♓ 20	11 ♑ 38	4 ♓ 7	15 ♈ 47	26 ♐ 27	29 ♉ 42R	18 ♎ 19	4 ♐ 39	1 ♎ 60R	5 ♒ 37	
25	8 13 37	4 ♒ 6 46	25 ♉ 10	19 ♑ 6	10 ♓ 13	19 ♈ 4	27 ♐ 29	29 ♉ 37R	18 ♎ 19R	4 ♐ 46	1 ♎ 57R	5 ♒ 21	
31	8 37 16	10 ♒ 12 31	16 ♌ 42	28 ♑ 25	17 ♓ 29	23 ♈ 1	28 ♐ 41	29 ♉ 35R	18 ♎ 18R	4 ♐ 54	1 ♎ 52R	5 ♒ 2	
1	8 41 13	11 ♒ 13 25	29 ♌ 30	0 ♒ 1	18 ♓ 41	23 ♈ 41	28 ♐ 53	29 ♉ 35	18 ♎ 17R	4 ♐ 55	1 ♎ 51R	4 ♒ 59	FEBBRAIO
5	8 56 59	15 ♒ 16 52	18 ♎ 27	6 ♒ 30	23 ♓ 30	26 ♈ 19	29 ♐ 39	29 ♉ 36	18 ♎ 15R	4 ♐ 59	1 ♎ 47R	4 ♒ 46	
10	9 16 42	20 ♒ 20 50	18 ♐ 33	14 ♒ 53	29 ♓ 30	29 ♈ 37	0 ♑ 35	29 ♉ 40	18 ♎ 11R	5 ♐ 4	1 ♎ 42R	4 ♒ 31	
15	9 36 24	25 ♒ 24 20	25 ♒ 8	23 ♒ 37	5 ♈ 26	2 ♉ 55	1 ♑ 29	29 ♉ 47	18 ♎ 5R	5 ♐ 8	1 ♎ 36R	4 ♒ 15	
20	9 56 7	0 ♓ 27 14	7 ♉ 42	2 ♓ 41	11 ♈ 20	6 ♉ 13	2 ♑ 21	29 ♉ 57	17 ♎ 59R	5 ♐ 11	1 ♎ 30R	3 ♒ 59	
25	10 15 50	5 ♓ 29 22	16 ♋ 45	12 ♓ 3	17 ♈ 11	9 ♉ 31	3 ♑ 10	0 ♊ 9	17 ♎ 51R	5 ♐ 13	1 ♎ 23R	3 ♒ 43	
29	10 31 36	9 ♓ 30 30	7 ♍ 59	19 ♓ 37	21 ♈ 49	12 ♉ 9	3 ♑ 47	0 ♊ 20	17 ♎ 44R	5 ♐ 15	1 ♎ 17R	3 ♒ 30	
1	10 35 33	10 ♓ 30 43	20 ♍ 20	21 ♓ 29	22 ♈ 59	12 ♉ 49	3 ♑ 56	0 ♊ 24	17 ♎ 42R	5 ♐ 15	1 ♎ 15R	3 ♒ 27	MARZO
5	10 51 19	14 ♓ 31 16	8 ♏ 24	28 ♓ 46	27 ♈ 34	15 ♉ 27	4 ♑ 31	0 ♊ 37	17 ♎ 34R	5 ♐ 15	1 ♎ 9R	3 ♒ 14	
10	11 11 2	19 ♓ 31 21	8 ♑ 60	6 ♈ 50	3 ♉ 13	18 ♉ 44	5 ♑ 11	0 ♊ 57	17 ♎ 24R	5 ♐ 15R	1 ♎ 1R	2 ♒ 58	
15	11 30 44	24 ♓ 30 43	17 ♓ 49	12 ♈ 45	8 ♉ 48	22 ♉ 1	5 ♑ 48	1 ♊ 18	17 ♎ 12R	5 ♐ 14R	0 ♎ 53R	2 ♒ 43	
20	11 50 27	29 ♓ 29 17	2 ♊ 16	15 ♈ 38	14 ♉ 18	25 ♉ 18	6 ♑ 22	1 ♊ 42	17 ♎ 1R	5 ♐ 13R	0 ♎ 45R	2 ♒ 27	
25	12 10 10	4 ♈ 26 54	9 ♌ 43	15 ♈ 11R	19 ♉ 40	28 ♉ 34	6 ♑ 51	2 ♊ 7	16 ♎ 48R	5 ♐ 10R	0 ♎ 37R	2 ♒ 11	
31	12 33 49	10 ♈ 22 48	23 ♎ 9	11 ♈ 17R	25 ♉ 58	2 ♊ 29	7 ♑ 21	2 ♊ 41	16 ♎ 33R	5 ♐ 6R	0 ♎ 27R	1 ♒ 52	
1	12 37 46	11 ♈ 22 0	5 ♏ 3	10 ♈ 27R	26 ♉ 60	3 ♊ 8	7 ♑ 26	2 ♊ 46	16 ♎ 30R	5 ♐ 5R	0 ♎ 25R	1 ♒ 49	APRILE
5	12 53 32	15 ♈ 18 28	22 ♐ 44	7 ♈ 15R	1 ♊ 3	5 ♊ 45	7 ♑ 42	3 ♊ 10	16 ♎ 20R	5 ♐ 2R	0 ♎ 19R	1 ♒ 36	
10	13 13 15	20 ♈ 13 24	27 ♒ 6	4 ♈ 26R	5 ♊ 58	8 ♊ 60	7 ♑ 58	3 ♊ 41	16 ♎ 7R	4 ♐ 57R	0 ♎ 11R	1 ♒ 20	
15	13 32 57	25 ♈ 7 34	11 ♉ 32	3 ♈ 43	10 ♊ 41	12 ♊ 15	8 ♑ 10	4 ♊ 14	15 ♎ 54R	4 ♐ 52R	0 ♎ 4R	1 ♒ 4	
20	13 52 40	0 ♉ 0 53	23 ♋ 31	5 ♈ 6	15 ♊ 10	15 ♊ 29	8 ♑ 17	4 ♊ 48	15 ♎ 42R	4 ♐ 46R	29 ♍ 57R	0 ♒ 48	
25	14 12 23	4 ♉ 53 17	26 ♍ 12	8 ♈ 17	19 ♊ 22	18 ♊ 43	8 ♑ 19R	5 ♊ 23	15 ♎ 30R	4 ♐ 39R	29 ♍ 50R	0 ♒ 32	
30	14 32 6	9 ♉ 44 51	25 ♏ 46	12 ♈ 54	23 ♊ 15	21 ♊ 56	8 ♑ 17R	5 ♊ 59	15 ♎ 18R	4 ♐ 32R	29 ♍ 44R	0 ♒ 16	
1	14 36 2	10 ♉ 43 4	7 ♐ 42	13 ♈ 58	23 ♊ 58	22 ♊ 35	8 ♑ 16R	6 ♊ 6	15 ♎ 16R	4 ♐ 31R	29 ♍ 43R	0 ♒ 13	MAGGIO
5	14 51 49	14 ♉ 35 42	26 ♑ 31	18 ♈ 42	26 ♊ 43	25 ♊ 9	8 ♑ 10R	6 ♊ 35	15 ♎ 7R	4 ♐ 25R	29 ♍ 38R	0 ♒ 0	
10	15 11 31	19 ♉ 25 58	4 ♈ 31	25 ♈ 30	29 ♊ 42	28 ♊ 22	7 ♑ 58R	7 ♊ 13	14 ♎ 57R	4 ♐ 17R	29 ♍ 33R	29 ♑ 45	
15	15 31 14	24 ♉ 15 38	20 ♊ 3	3 ♉ 12	2 ♋ 5	1 ♋ 34	7 ♑ 42R	7 ♊ 51	14 ♎ 47R	4 ♐ 10R	29 ♍ 29R	29 ♑ 29	
20	15 50 57	29 ♉ 4 39	28 ♌ 27	11 ♉ 47	3 ♋ 47	4 ♋ 46	7 ♑ 22R	8 ♊ 29	14 ♎ 39R	4 ♐ 1R	29 ♍ 26R	29 ♑ 13	
25	16 10 40	3 ♊ 53 0	29 ♎ 0	21 ♉ 15	4 ♋ 39	7 ♋ 58	6 ♑ 58R	9 ♊ 8	14 ♎ 31R	3 ♐ 53R	29 ♍ 23R	28 ♑ 57	
31	16 34 19	9 ♊ 38 16	11 ♑ 8	3 ♊ 39	4 ♋ 27R	11 ♋ 47	6 ♑ 24R	9 ♊ 55	14 ♎ 24R	3 ♐ 44R	29 ♍ 20R	28 ♑ 38	
1	16 38 15	10 ♊ 35 46	23 ♑ 34	5 ♊ 48	4 ♋ 16R	12 ♋ 26	6 ♑ 18R	10 ♊ 3	14 ♎ 23R	3 ♐ 42R	29 ♍ 20R	28 ♑ 35	GIUGNO
5	16 54 2	14 ♊ 25 35	15 ♓ 49	14 ♊ 34	3 ♋ 11R	14 ♋ 58	5 ♑ 52R	10 ♊ 34	14 ♎ 19R	3 ♐ 36R	29 ♍ 19R	28 ♑ 22	
10	17 13 44	19 ♊ 12 36	28 ♉ 29	25 ♊ 29	0 ♋ 60R	18 ♋ 9	5 ♑ 18R	11 ♊ 13	14 ♎ 15R	3 ♐ 28R	29 ♍ 19	28 ♑ 6	
15	17 33 27	23 ♊ 59 21	10 ♌ 44	5 ♋ 55	28 ♊ 8R	21 ♋ 20	4 ♑ 42R	11 ♊ 51	14 ♎ 13R	3 ♐ 20R	29 ♍ 20	27 ♑ 50	
20	17 53 10	28 ♊ 45 46	13 ♎ 45	15 ♋ 32	25 ♊ 1R	24 ♋ 30	4 ♑ 4R	12 ♊ 30	14 ♎ 12R	3 ♐ 13R	29 ♍ 21	27 ♑ 34	
25	18 12 53	3 ♋ 31 53	13 ♐ 25	24 ♋ 12	22 ♊ 8R	27 ♋ 40	3 ♑ 26R	13 ♊ 7	14 ♎ 12	3 ♐ 6R	29 ♍ 23	27 ♑ 18	
30	18 32 36	8 ♋ 17 51	16 ♒ 6	1 ♌ 54	19 ♊ 54R	0 ♌ 50	2 ♑ 47R	13 ♊ 44	14 ♎ 13	2 ♐ 59R	29 ♍ 26	27 ♑ 3	

1972	GIORNO	TEMPO SIDERALE	☉	☾	☿	♀	♂	♃	♄	♅	♆	♇	☊
LUGLIO	1	18 36 32	9 ♋ 15 2	29 ♒ 16	3 ♌ 20	19 ♊ 34R	1 ♌ 28	2 ♑ 40R	13 ♊ 52	14 ♎ 14	2 ♐ 58R	29 ♍ 27	26 ♑ 59
	5	18 52 18	13 ♋ 3 49	24 ♈ 23	8 ♌ 36	18 ♊ 34R	4 ♌ 0	2 ♑ 10R	14 ♊ 21	14 ♎ 16	2 ♐ 54R	29 ♍ 30	26 ♑ 47
	10	19 12 1	17 ♋ 49 55	6 ♋ 55	14 ♌ 12	18 ♊ 14	7 ♌ 10	1 ♑ 33R	14 ♊ 56	14 ♎ 20	2 ♐ 48R	29 ♍ 34	26 ♑ 31
	15	19 31 44	22 ♋ 36 6	14 ♍ 56	18 ♌ 33	18 ♊ 50	10 ♌ 20	0 ♑ 59R	15 ♊ 30	14 ♎ 26	2 ♐ 43R	29 ♍ 40	26 ♑ 15
	20	19 51 27	27 ♋ 22 22	15 ♏ 44	21 ♌ 22	20 ♊ 17	13 ♌ 30	0 ♑ 27R	16 ♊ 4	14 ♎ 33	2 ♐ 39R	29 ♍ 46	25 ♑ 59
	25	20 11 9	2 ♌ 8 43	16 ♑ 35	22 ♌ 21R	22 ♊ 28	16 ♌ 40	29 ♐ 58R	16 ♊ 36	14 ♎ 41	2 ♐ 36R	29 ♍ 52	25 ♑ 43
	31	20 34 49	7 ♌ 52 42	7 ♈ 5	20 ♌ 51R	25 ♊ 52	20 ♌ 28	29 ♐ 28R	17 ♊ 12	14 ♎ 52	2 ♐ 32R	0 ♎ 1	25 ♑ 24
AGOSTO	1	20 38 45	8 ♌ 50 5	21 ♈ 10	20 ♌ 19R	26 ♊ 30	21 ♌ 6	29 ♐ 24R	17 ♊ 18	14 ♎ 54	2 ♐ 32R	0 ♎ 3	25 ♑ 21
	5	20 54 31	12 ♌ 39 50	18 ♊ 2	17 ♌ 36R	29 ♊ 14	23 ♌ 38	29 ♐ 8R	17 ♊ 41	15 ♎ 2	2 ♐ 31R	0 ♎ 9	25 ♑ 8
	10	21 14 14	17 ♌ 27 28	27 ♌ 2	13 ♌ 45R	3 ♋ 0	26 ♌ 48	28 ♐ 51R	18 ♊ 7	15 ♎ 14	2 ♐ 30R	0 ♎ 18	24 ♑ 52
	15	21 33 57	22 ♌ 15 33	29 ♎ 50	10 ♌ 58R	7 ♋ 7	29 ♌ 58	28 ♐ 39R	18 ♊ 32	15 ♎ 26	2 ♐ 29	0 ♎ 27	24 ♑ 36
	20	21 53 40	27 ♌ 4 4	29 ♐ 41	10 ♌ 43	11 ♋ 30	3 ♍ 9	28 ♐ 32R	18 ♊ 56	15 ♎ 40	2 ♐ 30	0 ♎ 37	24 ♑ 21
	25	22 13 23	1 ♍ 53 4	4 ♓ 54	13 ♌ 36	16 ♋ 7	6 ♍ 20	28 ♐ 29R	19 ♊ 16	15 ♎ 54	2 ♐ 31	0 ♎ 47	24 ♑ 5
	31	22 37 2	7 ♍ 40 44	0 ♊ 38	20 ♌ 50	21 ♋ 55	10 ♍ 9	28 ♐ 32	19 ♊ 39	16 ♎ 13	2 ♐ 34	0 ♎ 59	23 ♑ 46
SETTEMBRE	1	22 40 58	8 ♍ 38 47	14 ♊ 46	22 ♌ 22	22 ♋ 55	10 ♍ 47	28 ♐ 33	19 ♊ 42	16 ♎ 16	2 ♐ 34	1 ♎ 1	23 ♑ 42
	5	22 56 45	12 ♍ 31 18	9 ♌ 32	29 ♌ 8	26 ♋ 56	13 ♍ 20	28 ♐ 40	19 ♊ 55	16 ♎ 29	2 ♐ 37	1 ♎ 10	23 ♑ 30
	10	23 16 27	17 ♍ 22 40	13 ♎ 38	8 ♍ 26	2 ♌ 7	16 ♍ 32	28 ♐ 52	20 ♊ 8	16 ♎ 45	2 ♐ 41	1 ♎ 21	23 ♑ 14
	15	23 36 10	22 ♍ 14 45	13 ♐ 28	17 ♍ 57	7 ♌ 24	19 ♍ 44	29 ♐ 9	20 ♊ 19	17 ♎ 3	2 ♐ 46	1 ♎ 32	22 ♑ 58
	20	23 55 53	27 ♍ 7 30	15 ♒ 46	27 ♍ 16	12 ♌ 49	22 ♍ 56	29 ♐ 30	20 ♊ 27	17 ♎ 21	2 ♐ 51	1 ♎ 43	22 ♑ 42
	25	0 15 36	2 ♎ 1 0	27 ♈ 14	6 ♎ 13	18 ♌ 19	26 ♍ 9	29 ♐ 56	20 ♊ 33	17 ♎ 39	2 ♐ 57	1 ♎ 55	22 ♑ 26
	30	0 35 18	6 ♎ 55 23	9 ♋ 27	14 ♎ 46	23 ♌ 55	29 ♍ 22	0 ♑ 25	20 ♊ 36	17 ♎ 57	3 ♐ 4	2 ♎ 6	22 ♑ 10
OTTOBRE	1	0 39 15	7 ♎ 54 22	23 ♋ 3	16 ♎ 26	25 ♌ 3	0 ♎ 1	0 ♑ 32	20 ♊ 36	18 ♎ 1	3 ♐ 6	2 ♎ 8	22 ♑ 7
	5	0 55 1	11 ♎ 50 43	15 ♍ 6	22 ♎ 58	29 ♌ 36	2 ♎ 36	0 ♑ 59	20 ♊ 36R	18 ♎ 16	3 ♐ 12	2 ♎ 18	21 ♑ 54
	10	1 14 44	16 ♎ 46 57	16 ♏ 14	0 ♏ 50	5 ♍ 21	5 ♎ 50	1 ♑ 36	20 ♊ 33R	18 ♎ 35	3 ♐ 20	2 ♎ 29	21 ♑ 38
	15	1 34 27	21 ♎ 44 0	15 ♑ 41	8 ♏ 23	11 ♍ 9	9 ♎ 5	2 ♑ 16	20 ♊ 28R	18 ♎ 54	3 ♐ 28	2 ♎ 40	21 ♑ 23
	20	1 54 10	26 ♎ 41 47	21 ♓ 21	15 ♏ 38	17 ♍ 2	12 ♎ 20	2 ♑ 60	20 ♊ 20R	19 ♎ 13	3 ♐ 38	2 ♎ 51	21 ♑ 7
	25	2 13 52	1 ♏ 40 21	6 ♊ 14	22 ♏ 32	22 ♍ 57	15 ♎ 36	3 ♑ 47	20 ♊ 9R	19 ♎ 31	3 ♐ 47	3 ♎ 1	20 ♑ 51
	31	2 37 32	7 ♏ 39 47	29 ♌ 28	0 ♐ 14	0 ♎ 7	19 ♎ 31	4 ♑ 47	19 ♊ 53R	19 ♎ 54	3 ♐ 59	3 ♎ 13	20 ♑ 32
NOVEMBRE	1	2 41 31	8 ♏ 39 49	12 ♍ 9	1 ♐ 26	1 ♎ 19	20 ♎ 10	4 ♑ 57	19 ♊ 50R	19 ♎ 57	4 ♐ 2	3 ♎ 15	20 ♑ 29
	5	2 57 17	12 ♏ 40 18	1 ♏ 7	5 ♐ 51	6 ♎ 8	22 ♎ 48	5 ♑ 40	19 ♊ 37R	20 ♎ 12	4 ♐ 10	3 ♎ 23	20 ♑ 16
	10	3 16 60	17 ♏ 41 36	0 ♑ 24	10 ♐ 14	12 ♎ 12	26 ♎ 5	6 ♑ 35	19 ♊ 19R	20 ♎ 29	4 ♐ 21	3 ♎ 32	19 ♑ 60
	15	3 36 43	22 ♏ 43 33	2 ♓ 13	12 ♐ 24	18 ♎ 17	29 ♎ 23	7 ♑ 33	18 ♊ 59R	20 ♎ 46	4 ♐ 32	3 ♎ 40	19 ♑ 44
	20	3 56 26	27 ♏ 46 3	13 ♉ 59	11 ♐ 2R	24 ♎ 24	2 ♏ 42	8 ♑ 33	18 ♊ 37R	21 ♎ 3	4 ♐ 43	3 ♎ 48	19 ♑ 28
	25	4 16 8	2 ♐ 49 10	28 ♋ 43	5 ♐ 39R	0 ♏ 33	6 ♏ 1	9 ♑ 34	18 ♊ 15R	21 ♎ 19	4 ♐ 54	3 ♎ 56	19 ♑ 12
	30	4 35 51	7 ♐ 52 55	3 ♎ 58	29 ♏ 14R	6 ♏ 43	9 ♏ 21	10 ♑ 37	17 ♊ 51R	21 ♎ 33	5 ♐ 5	4 ♎ 2	18 ♑ 56
DICEMBRE	1	4 39 48	8 ♐ 53 45	16 ♎ 8	28 ♏ 17R	7 ♏ 57	10 ♏ 1	10 ♑ 50	17 ♊ 46R	21 ♎ 36	5 ♐ 8	4 ♎ 3	18 ♑ 53
	5	5 55 34	12 ♐ 57 17	3 ♐ 45	26 ♏ 17R	12 ♏ 54	12 ♏ 41	11 ♑ 42	17 ♊ 26R	21 ♎ 48	5 ♐ 17	4 ♎ 8	18 ♑ 41
	10	5 15 17	18 ♐ 2 6	3 ♒ 37	27 ♏ 41	19 ♏ 6	16 ♏ 2	12 ♑ 48	17 ♊ 2R	22 ♎ 1	5 ♐ 28	4 ♎ 13	18 ♑ 25
	15	5 39 59	23 ♐ 7 12	8 ♈ 38	2 ♐ 0	25 ♏ 18	19 ♏ 24	13 ♑ 55	16 ♊ 37R	22 ♎ 13	5 ♐ 39	4 ♎ 17	18 ♑ 9
	20	5 54 42	28 ♐ 12 30	22 ♊ 28	7 ♐ 53	1 ♐ 32	22 ♏ 46	15 ♑ 3	16 ♊ 13R	22 ♎ 23	5 ♐ 50	4 ♎ 21	17 ♑ 53
	25	6 14 25	3 ♑ 18 1	4 ♍ 27	14 ♐ 35	7 ♐ 46	26 ♏ 9	16 ♑ 12	15 ♊ 49R	22 ♎ 33	6 ♐ 0	4 ♎ 23	17 ♑ 37
	31	6 38 4	9 ♑ 24 55	18 ♏ 45	23 ♐ 9	15 ♐ 15	0 ♐ 13	17 ♑ 35	15 ♊ 23R	22 ♎ 43	6 ♐ 12	4 ♎ 25	17 ♑ 18

GIORNO	TEMPO SIDERALE	☉	☽	☿	♀	♂	♃	♄	♅	♆	♇	☊	1973
1	6 42 1	10 ♑ 26 6	0 ♐ 34	24 ♐ 37	16 ♐ 30	0 ♐ 54	17 ♑ 49	15 ♊ 18R	22 ♎ 45	6 ♐ 14	4 ♎ 26	17 ♑ 15	GENNAIO
5	6 57 47	14 ♑ 30 50	18 ♑ 21	0 ♑ 35	21 ♐ 30	3 ♐ 38	18 ♑ 45	15 ♊ 2R	22 ♎ 50	6 ♐ 22	4 ♎ 26	17 ♑ 2	
10	7 17 30	19 ♑ 36 42	21 ♓ 41	8 ♑ 12	27 ♐ 45	7 ♐ 3	19 ♑ 55	14 ♊ 43R	22 ♎ 55	6 ♐ 31	4 ♎ 26R	16 ♑ 46	
15	7 37 12	24 ♑ 42 21	1 ♊ 24	16 ♑ 1	3 ♑ 60	10 ♐ 28	21 ♑ 5	14 ♊ 26R	22 ♎ 60	6 ♐ 40	4 ♎ 25R	16 ♑ 30	
20	7 56 55	29 ♑ 47 44	14 ♌ 34	24 ♑ 1	10 ♑ 15	13 ♐ 54	22 ♑ 15	14 ♊ 12R	23 ♎ 2	6 ♐ 48	4 ♎ 23R	16 ♑ 14	
25	8 16 38	4 ♒ 52 52	20 ♎ 53	2 ♒ 16	16 ♑ 30	17 ♐ 21	23 ♑ 25	13 ♊ 60R	23 ♎ 4	6 ♐ 55	4 ♎ 20R	15 ♑ 59	
31	8 40 17	10 ♒ 58 42	2 ♑ 33	12 ♒ 30	24 ♑ 1	21 ♐ 30	24 ♑ 48	13 ♊ 49R	23 ♎ 3R	7 ♐ 3	4 ♎ 16R	15 ♑ 34	
1	8 44 14	11 ♒ 59 38	14 ♑ 38	14 ♒ 15	25 ♑ 16	22 ♐ 11	25 ♑ 2	13 ♊ 47R	23 ♎ 3R	7 ♐ 4	4 ♎ 15R	15 ♑ 36	FEBBRAIO
5	9 0	16 ♒ 3 10	5 ♓ 15	21 ♒ 20	0 ♒ 16	24 ♐ 58	25 ♑ 56	13 ♊ 42R	23 ♎ 2R	7 ♐ 9	4 ♎ 11R	15 ♑ 24	
10	9 19 43	21 ♒ 7 6	13 ♉ 27	0 ♓ 20	6 ♒ 32	28 ♐ 26	27 ♑ 4	13 ♊ 39R	22 ♎ 59R	7 ♐ 14	4 ♎ 6R	15 ♑ 8	
15	9 39 26	26 ♒ 10 23	24 ♋ 32	9 ♓ 17	12 ♒ 47	1 ♑ 56	28 ♑ 11	13 ♊ 38	22 ♎ 54R	7 ♐ 18	4 ♎ 0R	14 ♑ 52	
20	9 59 8	1 ♓ 12 58	3 ♎ 17	17 ♓ 37	19 ♒ 2	5 ♑ 25	29 ♑ 16	13 ♊ 41	22 ♎ 48R	7 ♐ 21	3 ♎ 54R	14 ♑ 36	
25	10 18 51	6 ♓ 14 58	4 ♐ 49	24 ♓ 18	25 ♒ 16	8 ♑ 55	0 ♒ 20	13 ♊ 46	22 ♎ 51R	7 ♐ 24	3 ♎ 47R	14 ♑ 20	
28	10 30 41	9 ♓ 15 52	10 ♑ 26	26 ♓ 60	29 ♒ 1	11 ♑ 2	0 ♒ 58	13 ♊ 50	22 ♎ 37R	7 ♐ 25	3 ♎ 43R	14 ♑ 10	
1	10 34 37	10 ♊ 16 7	22 ♑ 36	27 ♓ 37	0 ♓ 16	11 ♑ 44	1 ♒ 11	13 ♊ 52	22 ♎ 35R	7 ♐ 25	3 ♎ 42R	14 ♑ 4	MARZO
5	10 50 24	14 ♊ 16 52	14 ♓ 13	28 ♓ 34R	5 ♓ 16	14 ♑ 33	1 ♒ 60	13 ♊ 60	22 ♎ 28R	7 ♐ 26	3 ♎ 35R	13 ♑ 55	
10	11 10 6	19 ♊ 17 4	24 ♉ 22	26 ♓ 27R	11 ♓ 30	18 ♑ 4	2 ♒ 59	14 ♊ 12	22 ♎ 19R	7 ♐ 26R	3 ♎ 28R	13 ♑ 39	
15	11 29 49	24 ♊ 16 22	4 ♌ 32	22 ♓ 0R	17 ♓ 44	21 ♑ 36	3 ♒ 57	14 ♊ 26	22 ♎ 8R	7 ♐ 26R	3 ♎ 20R	13 ♑ 23	
20	11 49 32	29 ♊ 14 46	11 ♎ 26	17 ♓ 40R	23 ♓ 57	25 ♑ 8	4 ♒ 53	14 ♊ 44	21 ♎ 57R	7 ♐ 25R	3 ♎ 11R	13 ♑ 7	
25	12 9 15	4 ♈ 12 20	12 ♐ 39	15 ♓ 17R	0 ♈ 11	28 ♑ 40	5 ♒ 46	15 ♊ 3	21 ♎ 45R	7 ♐ 22R	3 ♎ 3R	12 ♑ 51	
31	12 32 54	10 ♈ 8 26	25 ♒ 41	15 ♓ 37	7 ♈ 38	2 ♒ 56	6 ♒ 46	15 ♊ 30	21 ♎ 30R	7 ♐ 19R	2 ♎ 53R	12 ♑ 32	
1	12 36 51	11 ♈ 7 41	8 ♓ 54	15 ♓ 59	8 ♈ 52	3 ♒ 38	6 ♒ 56	15 ♊ 34	21 ♎ 28R	7 ♐ 18R	2 ♎ 52R	12 ♑ 29	APRILE
5	12 52 37	15 ♈ 4 19	5 ♉ 29	18 ♓ 11	13 ♈ 50	6 ♒ 29	7 ♒ 33	15 ♊ 54	21 ♎ 18R	7 ♐ 15R	2 ♎ 45R	12 ♑ 16	
10	13 12 20	19 ♈ 59 19	17 ♋ 34	22 ♓ 20	20 ♈ 2	10 ♒ 2	8 ♒ 17	16 ♊ 20	21 ♎ 5R	7 ♐ 11R	2 ♎ 37R	12 ♑ 0	
15	13 32 2	24 ♈ 53 22	24 ♍ 43	27 ♓ 42	26 ♈ 14	13 ♒ 35	8 ♒ 58	16 ♊ 48	20 ♎ 52R	7 ♐ 5R	2 ♎ 30R	11 ♑ 44	
20	13 51 45	29 ♈ 46 31	26 ♏ 59	4 ♈ 3	2 ♉ 25	17 ♒ 8	9 ♒ 36	17 ♊ 18	20 ♎ 39R	6 ♐ 60R	2 ♎ 22R	11 ♑ 28	
25	14 11 28	4 ♉ 38 56	26 ♑ 18	11 ♈ 15	8 ♉ 36	20 ♒ 41	10 ♒ 9	17 ♊ 50	20 ♎ 27R	6 ♐ 53R	2 ♎ 15R	11 ♑ 13	
30	14 31 11	9 ♉ 30 41	0 ♈ 38	19 ♈ 13	14 ♉ 46	24 ♒ 13	10 ♒ 39	18 ♊ 22	20 ♎ 14R	6 ♐ 47R	2 ♎ 9R	10 ♑ 57	
1	14 35 7	10 ♉ 28 57	14 ♈ 48	20 ♈ 54	16 ♉ 0	24 ♒ 56	10 ♒ 45	18 ♊ 29	20 ♎ 12R	6 ♐ 45R	2 ♎ 8R	10 ♑ 54	MAGGIO
5	14 50 53	14 ♉ 21 45	14 ♊ 11	27 ♈ 56	20 ♉ 56	27 ♒ 46	11 ♒ 5	18 ♊ 56	20 ♎ 3R	6 ♐ 40R	2 ♎ 3R	10 ♑ 41	
10	15 10 36	19 ♉ 12 3	25 ♌ 25	7 ♉ 25	27 ♉ 5	1 ♓ 17	11 ♒ 27	19 ♊ 31	19 ♎ 52R	6 ♐ 32R	1 ♎ 58R	10 ♑ 25	
15	15 30 19	24 ♉ 1 35	29 ♎ 24	17 ♉ 38	3 ♊ 15	4 ♓ 48	11 ♒ 44	20 ♊ 7	19 ♎ 41R	6 ♐ 24R	1 ♎ 53R	10 ♑ 9	
20	15 50 2	28 ♉ 50 27	29 ♐ 16	28 ♉ 25	9 ♊ 23	8 ♓ 18	11 ♒ 56	20 ♊ 44	19 ♎ 32R	6 ♐ 16R	1 ♎ 49R	9 ♑ 53	
25	16 9 44	3 ♊ 38 49	29 ♒ 25	9 ♊ 21	15 ♊ 32	11 ♓ 47	12 ♒ 4	21 ♊ 22	19 ♎ 24R	6 ♐ 8R	1 ♎ 46R	9 ♑ 37	
31	16 33 24	9 ♊ 24 20	22 ♉ 32	21 ♊ 56	22 ♊ 53	15 ♓ 56	12 ♒ 8R	21 ♊ 8	19 ♎ 15R	5 ♐ 59R	1 ♎ 43R	9 ♑ 18	
1	16 37 20	10 ♊ 21 52	7 ♊ 39	23 ♊ 55	24 ♊ 7	16 ♓ 37	12 ♒ 8R	22 ♊ 15	19 ♎ 13R	5 ♐ 57R	1 ♎ 43R	9 ♑ 15	GIUGNO
5	16 53 7	14 ♊ 11 48	7 ♌ 19	1 ♋ 28	29 ♊ 1	19 ♓ 22	12 ♒ 5R	22 ♊ 46	19 ♎ 9R	5 ♐ 51R	1 ♎ 42R	9 ♑ 2	
10	17 12 49	18 ♊ 58 48	14 ♎ 6	9 ♋ 56	5 ♋ 8	22 ♓ 45	11 ♒ 58R	23 ♊ 25	19 ♎ 4R	5 ♐ 43R	1 ♎ 41R	8 ♑ 46	
15	17 32 32	23 ♊ 45 22	14 ♐ 27	17 ♋ 17	11 ♋ 15	26 ♓ 7	11 ♒ 46R	24 ♊ 4	18 ♎ 60R	5 ♐ 35R	1 ♎ 41	8 ♑ 31	
20	17 52 15	28 ♊ 31 40	13 ♒ 54	23 ♋ 26	17 ♋ 21	29 ♓ 26	11 ♒ 30R	24 ♊ 43	18 ♎ 57R	5 ♐ 27R	1 ♎ 42	8 ♑ 15	
25	18 11 58	3 ♋ 17 51	18 ♈ 3	28 ♋ 17	23 ♋ 27	2 ♈ 42	11 ♒ 9R	25 ♊ 22	18 ♎ 56R	5 ♐ 20R	1 ♎ 44	7 ♑ 59	
30	18 31 40	8 ♋ 4 1	1 ♋ 10	1 ♌ 38	29 ♋ 33	5 ♈ 54	10 ♒ 44R	26 ♊ 1	18 ♎ 56	5 ♐ 14R	1 ♎ 46	7 ♑ 43	

1973	GIORNO	TEMPO SIDERALE	☉	☽	☿	♀	♂	♃	♄	♅	♆	♇	☊
LUGLIO	1	18 35 37	9 ♋ 1 15	16 ♋ 18	2 ♌ 6	0 ♌ 46	6 ♈ 32	10 ♒ 39R	26 ♊ 9	18 ♎ 57	5 ♐ 12R	1 ♎ 47	7 ♑ 40
	5	18 51 23	12 ♋ 50 8	14 ♍ 9	3 ♌ 14	5 ♌ 38	9 ♈ 3	10 ♒ 16R	26 ♊ 39	18 ♎ 58	5 ♐ 7R	1 ♎ 50	7 ♑ 27
	10	19 11 6	17 ♋ 36 9	17 ♏ 40	2 ♌ 56R	11 ♌ 43	12 ♈ 7	9 ♒ 44R	27 ♊ 17	19 ♎ 1	4 ♐ 2R	1 ♎ 54	7 ♑ 11
	15	19 30 49	22 ♋ 22 10	16 ♑ 54	0 ♌ 48R	17 ♌ 47	15 ♈ 7	9 ♒ 10R	27 ♊ 54	19 ♎ 5	4 ♐ 56R	1 ♎ 59	6 ♑ 55
	20	19 50 31	27 ♋ 8 18	18 ♓ 19	27 ♋ 34R	23 ♌ 50	18 ♈ 0	8 ♒ 33R	28 ♊ 31	19 ♎ 10	4 ♐ 52R	2 ♎ 4	6 ♑ 39
	25	20 10 14	1 ♌ 54 4	25 ♉ 50	24 ♋ 28R	29 ♌ 53	20 ♈ 48	7 ♒ 55R	29 ♊ 6	19 ♎ 17	4 ♐ 48R	2 ♎ 11	6 ♑ 23
	31	20 33 54	7 ♌ 38 56	24 ♌ 14	22 ♋ 52	7 ♍ 8	23 ♈ 59	7 ♒ 8R	29 ♊ 47	19 ♎ 26	4 ♐ 44R	2 ♎ 19	6 ♑ 4
AGOSTO	1	20 37 50	8 ♌ 36 21	8 ♍ 34	22 ♋ 55	8 ♍ 20	24 ♈ 30	7 ♒ 1R	29 ♊ 54	19 ♎ 28	4 ♐ 44R	2 ♎ 21	6 ♑ 1
	5	20 53 36	12 ♌ 26 8	1 ♏ 46	24 ♋ 14	13 ♍ 9	26 ♈ 29	6 ♒ 30R	0 ♋ 20	19 ♎ 36	4 ♐ 42R	2 ♎ 27	5 ♑ 48
	10	21 13 19	17 ♌ 13 38	1 ♑ 43	28 ♋ 16	19 ♍ 10	28 ♈ 50	5 ♒ 52R	0 ♋ 52	19 ♎ 46	4 ♐ 41R	2 ♎ 35	5 ♑ 33
	15	21 33 2	22 ♌ 1 30	2 ♓ 30	4 ♌ 47	25 ♍ 10	1 ♉ 1	5 ♒ 15R	1 ♋ 22	19 ♎ 58	4 ♐ 40R	2 ♎ 44	5 ♑ 17
	20	21 52 45	26 ♌ 49 56	8 ♉ 23	13 ♌ 13	1 ♎ 8	2 ♉ 59	4 ♒ 40R	1 ♋ 51	20 ♎ 10	4 ♐ 40	2 ♎ 54	5 ♑ 1
	25	22 12 27	1 ♍ 39 3	19 ♋ 12	22 ♌ 47	7 ♎ 6	4 ♉ 45	4 ♒ 9R	2 ♋ 18	20 ♎ 24	4 ♐ 41	3 ♎ 4	4 ♑ 45
	31	22 36 7	7 ♍ 26 54	14 ♎ 6	4 ♍ 40	14 ♎ 13	6 ♉ 31	3 ♒ 35R	2 ♋ 48	20 ♎ 41	4 ♐ 43	3 ♎ 16	4 ♑ 26
SETTEMBRE	1	22 40 3	8 ♍ 24 58	27 ♎ 10	6 ♍ 37	15 ♎ 24	6 ♉ 47	3 ♒ 30R	2 ♋ 52	20 ♎ 44	4 ♐ 44	3 ♎ 18	4 ♑ 23
	5	22 55 49	12 ♍ 17 27	16 ♐ 12	14 ♍ 19	20 ♎ 8	7 ♉ 42	3 ♒ 11R	3 ♋ 10	20 ♎ 56	4 ♐ 46	3 ♎ 27	4 ♑ 10
	10	23 15 32	17 ♍ 8 38	16 ♒ 3	23 ♍ 31	26 ♎ 2	8 ♉ 34	2 ♒ 51R	3 ♋ 31	21 ♎ 13	4 ♐ 50	3 ♎ 38	3 ♑ 54
	15	23 35 15	22 ♍ 0 30	21 ♈ 26	2 ♎ 16	1 ♏ 54	9 ♉ 6	2 ♒ 35R	3 ♋ 49	21 ♎ 29	4 ♐ 54	3 ♎ 49	3 ♑ 38
	20	23 54 58	26 ♍ 53 12	1 ♋ 10	10 ♎ 34	7 ♏ 44	9 ♉ 16R	2 ♒ 24R	4 ♋ 5	21 ♎ 47	4 ♐ 59	4 ♎ 0	3 ♑ 22
	25	0 14 40	1 ♎ 46 50	11 ♍ 39	18 ♎ 27	13 ♏ 33	9 ♉ 5R	2 ♒ 18R	4 ♋ 18	22 ♎ 4	5 ♐ 5	4 ♎ 12	3 ♑ 6
	30	0 34 23	6 ♎ 41 20	17 ♏ 47	25 ♎ 55	19 ♏ 19	8 ♉ 31R	2 ♒ 17	4 ♋ 29	22 ♎ 23	5 ♐ 11	4 ♎ 23	2 ♑ 51
OTTOBRE	1	0 38 20	7 ♎ 40 20	0 ♐ 6	27 ♎ 22	20 ♏ 28	8 ♉ 22R	2 ♒ 18	4 ♋ 31	22 ♎ 26	5 ♐ 13	4 ♎ 25	2 ♑ 47
	5	0 54 6	11 ♎ 36 37	17 ♑ 41	3 ♏ 0	25 ♏ 3	7 ♉ 37R	2 ♒ 21	4 ♋ 37	22 ♎ 41	5 ♐ 19	4 ♎ 35	2 ♑ 35
	10	1 13 49	16 ♎ 32 38	19 ♓ 43	9 ♏ 38	0 ♐ 45	6 ♉ 24R	2 ♒ 30	4 ♋ 43	22 ♎ 60	5 ♐ 27	4 ♎ 46	2 ♑ 19
	15	1 33 32	21 ♎ 29 28	29 ♉ 19	15 ♏ 42	6 ♐ 23	4 ♉ 56R	2 ♒ 44	4 ♋ 45	23 ♎ 19	5 ♐ 35	4 ♎ 57	2 ♑ 3
	20	1 53 14	26 ♎ 27 12	10 ♌ 14	20 ♏ 55	11 ♐ 58	3 ♉ 19R	3 ♒ 2	4 ♋ 45R	23 ♎ 38	5 ♐ 44	5 ♎ 8	1 ♑ 47
	25	2 12 57	1 ♏ 25 53	17 ♎ 53	24 ♏ 50	17 ♐ 29	1 ♉ 38R	3 ♒ 25	4 ♋ 42R	23 ♎ 56	5 ♐ 53	5 ♎ 19	1 ♑ 31
	31	2 36 36	7 ♏ 25 26	1 ♑ 59	26 ♏ 35R	23 ♐ 60	29 ♈ 41R	3 ♒ 58	4 ♋ 35R	24 ♎ 19	6 ♐ 5	5 ♎ 31	1 ♑ 12
NOVEMBRE	1	2 40 33	8 ♏ 25 28	13 ♑ 47	26 ♏ 26R	25 ♐ 4	29 ♈ 23R	4 ♒ 4	4 ♋ 33R	24 ♎ 23	6 ♐ 7	5 ♎ 33	1 ♑ 9
	5	2 56 19	12 ♏ 25 50	1 ♓ 51	24 ♏ 16R	29 ♐ 19	28 ♈ 14R	4 ♒ 30	4 ♋ 26R	24 ♎ 37	6 ♐ 16	5 ♎ 41	0 ♑ 56
	10	3 16 2	17 ♏ 26 53	9 ♉ 18	18 ♏ 29R	4 ♑ 31	27 ♈ 2R	5 ♒ 7	4 ♋ 14R	24 ♎ 55	6 ♐ 26	5 ♎ 51	0 ♑ 40
	15	3 35 45	22 ♏ 28 39	22 ♋ 37	12 ♏ 35R	9 ♑ 35	26 ♈ 8R	5 ♒ 46	4 ♋ 0R	25 ♎ 13	6 ♐ 37	5 ♎ 60	0 ♑ 24
	20	3 55 27	27 ♏ 31 11	1 ♎ 30	10 ♏ 35	14 ♑ 28	25 ♈ 33R	6 ♒ 30	3 ♋ 44R	25 ♎ 30	6 ♐ 48	6 ♎ 8	0 ♑ 9
	25	4 15 10	2 ♐ 34 26	4 ♐ 28	12 ♏ 54	19 ♑ 10	25 ♈ 19R	7 ♒ 17	3 ♋ 26R	25 ♎ 46	6 ♐ 60	6 ♎ 16	29 ♐ 53
	30	4 34 53	7 ♐ 38 15	3 ♒ 47	17 ♏ 59	23 ♑ 37	25 ♈ 25	8 ♒ 7	3 ♋ 6R	26 ♎ 2	7 ♐ 11	6 ♎ 23	29 ♐ 37
DICEMBRE	1	4 38 50	8 ♐ 39 4	15 ♒ 40	19 ♏ 12	24 ♑ 28	25 ♈ 29	8 ♒ 17	3 ♋ 1R	26 ♎ 5	7 ♐ 13	6 ♎ 24	29 ♐ 34
	5	4 54 36	12 ♐ 42 29	5 ♈ 33	24 ♏ 29	27 ♑ 46	25 ♈ 50	8 ♒ 59	2 ♋ 44R	26 ♎ 17	7 ♐ 22	6 ♎ 29	29 ♐ 21
	10	5 14 19	17 ♐ 47 4	16 ♊ 51	1 ♐ 37	1 ♒ 32	26 ♈ 33	9 ♒ 55	2 ♋ 21R	26 ♎ 31	7 ♐ 33	6 ♎ 34	29 ♐ 5
	15	5 34 1	22 ♐ 52 1	0 ♍ 58	9 ♐ 3	4 ♒ 52	27 ♈ 32	10 ♒ 53	1 ♋ 57R	26 ♎ 44	7 ♐ 44	6 ♎ 39	28 ♐ 49
	20	5 53 44	27 ♐ 57 22	6 ♏ 54	16 ♐ 39	7 ♒ 38	28 ♈ 46	11 ♒ 53	1 ♋ 32R	26 ♎ 56	7 ♐ 55	6 ♎ 43	28 ♐ 33
	25	6 13 27	3 ♑ 3 3	7 ♑ 2	24 ♐ 21	9 ♒ 44	0 ♉ 13	12 ♒ 55	1 ♋ 7R	27 ♎ 7	8 ♐ 6	6 ♎ 46	28 ♐ 17
	31	6 37 6	9 ♑ 10 1	18 ♓ 45	3 ♑ 43	11 ♒ 10	2 ♉ 12	14 ♒ 12	0 ♋ 38R	27 ♎ 18	8 ♐ 18	6 ♎ 49	27 ♐ 58

GIORNO	TEMPO SIDERALE	☉	☽	☿	♀	♂	♃	♄	♅	♆	♇	☊	1974
1	6 41 3	10 ♑ 11 11	1 ♈ 17	5 ♑ 17	11 ♒ 17	2 ♉ 33	14 ♒ 25	0 ♋ 33R	27 ♎ 20	8 ♐ 20	6 ♎ 49	27 ♐ 55	GENNAIO
5	6 56 49	14 ♑ 15 47	25 ♉ 11	11 ♑ 40	11 ♒ 19R	4 ♉ 2	15 ♒ 17	0 ♋ 14R	27 ♎ 26	8 ♐ 28	6 ♎ 50	27 ♐ 42	
10	7 16 32	19 ♑ 21 27	10 ♌ 18	19 ♑ 46	10 ♒ 26R	6 ♉ 1	16 ♒ 25	29 ♊ 51R	27 ♎ 33	8 ♐ 37	6 ♎ 50R	27 ♐ 26	
15	7 36 14	24 ♑ 27 2	20 ♎ 56	28 ♑ 3	8 ♒ 33R	8 ♉ 8	17 ♒ 33	29 ♊ 29R	27 ♎ 39	8 ♐ 46	6 ♎ 49R	27 ♐ 11	
20	7 55 57	29 ♑ 32 33	22 ♐ 14	6 ♒ 31	5 ♒ 53R	10 ♉ 21	18 ♒ 42	29 ♊ 8R	27 ♎ 43	8 ♐ 55	6 ♎ 48R	26 ♐ 55	
25	8 15 40	4 ♒ 37 53	21 ♒ 27	15 ♒ 7	2 ♒ 50R	12 ♉ 41	19 ♒ 53	28 ♊ 50R	27 ♎ 45	9 ♐ 2	6 ♎ 46R	26 ♐ 39	
31	8 39 19	10 ♒ 43 46	6 ♉ 47	25 ♒ 17	29 ♑ 24R	15 ♉ 35	21 ♒ 18	28 ♊ 30R	27 ♎ 47	9 ♐ 10	6 ♎ 42R	26 ♐ 20	
1	8 43 16	11 ♒ 44 40	20 ♉ 17	26 ♒ 55	28 ♑ 54R	16 ♉ 5	21 ♒ 32	28 ♊ 27R	27 ♎ 47R	9 ♐ 12	6 ♎ 41R	26 ♐ 17	FEBBRAIO
5	8 59 2	15 ♒ 48 5	17 ♋ 55	3 ♓ 3	27 ♑ 15R	18 ♉ 5	22 ♒ 29	28 ♊ 17R	27 ♎ 46R	9 ♐ 17	6 ♎ 38R	26 ♐ 4	
10	9 18 45	20 ♒ 51 53	2 ♎ 15	9 ♓ 2	26 ♑ 3R	20 ♉ 39	23 ♒ 41	28 ♊ 5R	27 ♎ 45R	9 ♐ 22	6 ♎ 33R	25 ♐ 48	
15	9 38 28	25 ♒ 55 12	7 ♐ 4	11 ♓ 47	25 ♑ 53	23 ♉ 17	24 ♒ 53	27 ♊ 57R	27 ♎ 42R	9 ♐ 27	6 ♎ 28R	25 ♐ 32	
20	9 58 10	0 ♊ 58 1	6 ♒ 16	10 ♓ 22R	26 ♑ 41	25 ♉ 57	26 ♒ 5	27 ♊ 51R	27 ♎ 37R	9 ♐ 30	6 ♎ 22R	25 ♐ 16	
25	10 17 53	6 ♊ 0 13	7 ♈ 49	5 ♓ 42R	28 ♑ 21	28 ♉ 40	27 ♒ 17	27 ♊ 48R	27 ♎ 31R	9 ♐ 33	6 ♎ 15R	25 ♐ 0	
28	10 29 43	9 ♊ 1 10	16 ♉ 59	2 ♓ 30R	29 ♑ 42	0 ♊ 19	27 ♒ 60	27 ♊ 47	27 ♎ 27R	9 ♐ 35	6 ♎ 11R	24 ♐ 51	
1	10 33 39	10 ♓ 1 25	0 ♊ 28	1 ♓ 31R	0 ♒ 13	0 ♊ 53	28 ♒ 14	27 ♊ 47	27 ♎ 26R	9 ♐ 35	6 ♎ 9R	24 ♐ 48	MARZO
5	10 49 26	14 ♓ 2 5	27 ♋ 3	28 ♒ 29R	2 ♒ 28	3 ♊ 6	29 ♒ 11	27 ♊ 49	27 ♎ 20R	9 ♐ 36	6 ♎ 3R	24 ♐ 35	
10	11 9 8	19 ♓ 2 9	10 ♎ 8	27 ♒ 9	5 ♒ 46	5 ♊ 55	0 ♓ 21	27 ♊ 53	27 ♎ 11R	9 ♐ 37	5 ♎ 56R	24 ♐ 19	
15	11 28 51	24 ♓ 1 28	15 ♐ 11	28 ♒ 23	9 ♒ 31	8 ♊ 45	1 ♓ 31	28 ♊ 0	27 ♎ 2R	9 ♐ 37R	5 ♎ 48R	24 ♐ 3	
20	11 48 34	29 ♓ 0 4	14 ♒ 34	1 ♓ 36	13 ♒ 36	11 ♊ 37	2 ♓ 40	28 ♊ 10	26 ♎ 51R	9 ♐ 36R	5 ♎ 40R	23 ♐ 47	
25	12 8 17	3 ♈ 57 54	17 ♈ 15	6 ♓ 15	17 ♒ 59	14 ♊ 31	3 ♓ 48	28 ♊ 22	26 ♎ 40R	9 ♐ 34R	5 ♎ 31R	23 ♐ 31	
31	12 31 56	9 ♈ 54 7	8 ♋ 57	13 ♓ 14	23 ♒ 34	18 ♊ 0	5 ♓ 7	28 ♊ 41	26 ♎ 26R	9 ♐ 31R	5 ♎ 21R	23 ♐ 12	
1	12 35 53	10 ♈ 53 21	23 ♋ 4	14 ♓ 31	24 ♒ 31	18 ♊ 35	5 ♓ 20	28 ♊ 44	26 ♎ 23R	9 ♐ 31R	5 ♎ 20R	23 ♐ 9	APRILE
5	12 51 39	14 ♈ 49 55	20 ♍ 19	19 ♓ 58	28 ♒ 25	20 ♊ 56	6 ♓ 12	28 ♊ 59	26 ♎ 14R	9 ♐ 28R	5 ♎ 13R	22 ♐ 56	
10	13 11 21	19 ♈ 44 49	28 ♏ 10	27 ♓ 25	3 ♓ 26	23 ♊ 52	7 ♓ 15	29 ♊ 19	26 ♎ 1R	9 ♐ 24R	5 ♎ 5R	22 ♐ 41	
15	13 31 4	24 ♈ 38 57	28 ♑ 44	5 ♈ 32	8 ♓ 35	26 ♊ 50	8 ♓ 16	29 ♊ 41	25 ♎ 48R	9 ♐ 19R	4 ♎ 57R	22 ♐ 25	
20	13 50 47	29 ♈ 32 21	29 ♓ 49	14 ♈ 18	13 ♓ 51	29 ♊ 48	9 ♓ 15	0 ♋ 6	25 ♎ 35R	9 ♐ 13R	4 ♎ 50R	22 ♐ 9	
25	14 10 30	4 ♉ 25 0	7 ♊ 28	23 ♈ 44	19 ♓ 13	2 ♋ 47	10 ♓ 12	0 ♋ 32	25 ♎ 22R	9 ♐ 7R	4 ♎ 42R	21 ♐ 53	
30	14 30 13	9 ♉ 16 49	18 ♌ 15	3 ♉ 51	24 ♓ 39	5 ♋ 46	11 ♓ 7	1 ♋ 0	25 ♎ 10R	9 ♐ 1R	4 ♎ 36R	21 ♐ 37	
1	14 34 10	10 ♉ 15 4	2 ♍ 20	5 ♉ 56	25 ♓ 45	6 ♋ 22	11 ♓ 17	1 ♋ 6	25 ♎ 7R	8 ♐ 60R	4 ♎ 34R	21 ♐ 34	MAGGIO
5	14 49 56	14 ♉ 7 46	27 ♎ 22	14 ♉ 29	0 ♈ 10	8 ♋ 46	11 ♓ 59	1 ♋ 30	24 ♎ 58R	8 ♐ 54R	4 ♎ 30R	21 ♐ 21	
10	15 9 39	18 ♉ 57 59	0 ♑ 53	25 ♉ 18	5 ♈ 44	11 ♋ 47	12 ♓ 48	2 ♋ 2	24 ♎ 46R	8 ♐ 47R	4 ♎ 24R	21 ♐ 5	
15	15 29 22	23 ♉ 47 36	0 ♓ 28	5 ♊ 46	11 ♈ 22	14 ♋ 48	13 ♓ 34	2 ♋ 34	24 ♎ 35R	8 ♐ 39R	4 ♎ 19R	20 ♐ 49	
20	15 49 5	28 ♉ 36 43	4 ♉ 26	15 ♊ 22	17 ♈ 2	17 ♋ 49	14 ♓ 17	3 ♋ 8	24 ♎ 25R	8 ♐ 31R	4 ♎ 15R	20 ♐ 33	
25	16 8 47	3 ♊ 25 17	15 ♋ 56	23 ♊ 46	22 ♈ 45	20 ♋ 51	14 ♓ 57	3 ♋ 43	24 ♎ 15R	8 ♐ 23R	4 ♎ 11R	20 ♐ 18	
31	16 32 27	9 ♊ 10 47	10 ♎ 34	2 ♋ 6	29 ♈ 39	24 ♋ 29	15 ♓ 40	4 ♋ 27	24 ♎ 5R	8 ♐ 13R	4 ♎ 8R	19 ♐ 58	
1	16 36 23	10 ♊ 8 18	23 ♎ 53	3 ♋ 18	0 ♉ 48	25 ♋ 6	15 ♓ 47	4 ♋ 34	24 ♎ 4R	8 ♐ 12R	4 ♎ 7R	19 ♐ 55	GIUGNO
5	16 52 9	13 ♊ 58 6	14 ♐ 50	7 ♋ 29	5 ♉ 26	27 ♋ 32	16 ♓ 12	5 ♋ 4	23 ♎ 58R	8 ♐ 5R	4 ♎ 6R	19 ♐ 43	
10	17 11 52	18 ♊ 45 1	14 ♒ 47	11 ♋ 16	11 ♉ 15	0 ♌ 35	16 ♓ 40	5 ♋ 41	23 ♎ 52R	7 ♐ 57R	4 ♎ 5R	19 ♐ 27	
15	17 31 35	23 ♊ 31 42	15 ♈ 55	13 ♋ 19	17 ♉ 5	3 ♌ 39	17 ♓ 3	6 ♋ 20	23 ♎ 47R	7 ♐ 49R	4 ♎ 4	19 ♐ 11	
20	17 51 18	28 ♊ 18 13	25 ♊ 27	13 ♋ 29R	22 ♉ 57	6 ♌ 43	17 ♓ 22	6 ♋ 58	23 ♎ 43R	7 ♐ 42R	4 ♎ 5	18 ♐ 55	
25	18 11	3 ♋ 4 32	9 ♍ 30	11 ♋ 54R	28 ♉ 50	9 ♌ 47	17 ♓ 36	7 ♋ 37	23 ♎ 41R	7 ♐ 35R	4 ♎ 6	18 ♐ 39	
30	18 30 43	7 ♋ 50 38	16 ♏ 45	9 ♋ 8R	4 ♊ 44	12 ♌ 52	17 ♓ 46	8 ♋ 16	23 ♎ 40R	7 ♐ 28R	4 ♎ 8	18 ♐ 23	

1974	GIORNO	TEMPO SIDERALE	☉	☽	☿	♀	♂	♃	♄	♅	♆	♇	☊
LUGLIO	1	18 34 40	8 ♋ 47 49	29 ♏ 18	8 ♋ 32R	5 ♊ 55	13 ♌ 29	17 ♓ 48	8 ♋ 24	23 ♎ 40R	7 ♐ 26R	4 ♎ 9	18 ♐ 20
	5	18 50 26	12 ♋ 36 33	17 ♑ 47	6 ♋ 18R	10 ♊ 40	15 ♌ 57	17 ♓ 51	8 ♋ 55	23 ♎ 40	7 ♐ 21R	4 ♎ 11	18 ♐ 7
	10	19 10 9	17 ♋ 22 29	17 ♓ 15	4 ♋ 35R	16 ♊ 37	19 ♌ 3	17 ♓ 51R	9 ♋ 34	23 ♎ 41	7 ♐ 15R	4 ♎ 15	17 ♐ 51
	15	19 29 51	22 ♋ 8 35	20 ♉ 52	4 ♋ 46	22 ♊ 35	22 ♌ 9	17 ♓ 47R	10 ♋ 13	23 ♎ 44	7 ♐ 10R	4 ♎ 19	17 ♐ 36
	20	19 49 34	26 ♋ 54 55	3 ♌ 59	7 ♋ 12	28 ♊ 34	25 ♌ 16	17 ♓ 37R	10 ♋ 51	23 ♎ 48	7 ♐ 5R	4 ♎ 25	17 ♐ 20
	25	20 9 17	1 ♌ 41 25	17 ♎ 15	11 ♋ 53	4 ♋ 34	28 ♌ 23	17 ♓ 23R	11 ♋ 29	23 ♎ 53	7 ♐ 1R	4 ♎ 31	17 ♐ 4
	31	20 32 56	7 ♌ 25 28	2 ♑ 54	20 ♋ 14	11 ♋ 48	2 ♍ 8	16 ♓ 60R	12 ♋ 13	24 ♎ 1	6 ♐ 57R	4 ♎ 39	16 ♐ 45
AGOSTO	1	20 36 33	8 ♌ 22 50	14 ♑ 48	21 ♋ 53	13 ♋ 1	2 ♍ 46	16 ♓ 55R	12 ♋ 21	24 ♎ 3	6 ♐ 56R	4 ♎ 40	16 ♐ 42
	5	20 52 39	12 ♌ 12 27	2 ♓ 16	29 ♋ 4	17 ♋ 51	5 ♍ 17	16 ♓ 36R	12 ♋ 50	24 ♎ 9	6 ♐ 54R	4 ♎ 46	16 ♐ 29
	10	21 12 22	16 ♌ 59 52	3 ♉ 36	8 ♌ 58	23 ♋ 55	8 ♍ 25	16 ♓ 8R	13 ♋ 25	24 ♎ 19	6 ♐ 52R	4 ♎ 55	16 ♐ 13
	15	21 32 5	21 ♌ 47 52	12 ♋ 16	19 ♌ 13	0 ♌ 0	11 ♍ 35	15 ♓ 36R	13 ♋ 59	24 ♎ 29	6 ♐ 51R	5 ♎ 3	15 ♐ 57
	20	21 51 47	26 ♌ 36 27	27 ♍ 42	29 ♌ 15	6 ♌ 7	14 ♍ 45	15 ♓ 2R	14 ♋ 32	24 ♎ 41	6 ♐ 51	5 ♎ 12	15 ♐ 41
	25	22 11 30	1 ♍ 25 33	5 ♐ 27	8 ♍ 50	12 ♌ 14	17 ♍ 56	14 ♓ 25R	15 ♋ 4	24 ♎ 53	6 ♐ 51	5 ♎ 22	15 ♐ 25
	31	22 35 10	7 ♍ 13 10	17 ♒ 20	19 ♍ 36	19 ♌ 36	21 ♍ 46	13 ♓ 39R	15 ♋ 40	25 ♎ 9	6 ♐ 53	5 ♎ 34	15 ♐ 6
SETTEMBRE	1	22 39 6	8 ♍ 11 11	29 ♒ 15	21 ♍ 19	20 ♌ 50	22 ♍ 24	13 ♓ 31R	15 ♋ 46	25 ♎ 12	6 ♐ 54	5 ♎ 37	15 ♐ 3
	5	22 54 52	12 ♍ 3 31	18 ♈ 3	27 ♍ 60	25 ♌ 45	24 ♍ 58	12 ♓ 59R	16 ♋ 8	25 ♎ 24	6 ♐ 55	5 ♎ 45	14 ♐ 50
	10	23 14 35	16 ♍ 54 39	23 ♊ 15	5 ♎ 53	1 ♍ 56	28 ♍ 12	12 ♓ 20R	16 ♋ 35	25 ♎ 39	6 ♐ 59	5 ♎ 56	14 ♐ 34
	15	23 34 18	21 ♍ 46 39	6 ♍ 8	13 ♎ 17	8 ♍ 7	1 ♎ 25	11 ♓ 41R	16 ♋ 59	25 ♎ 55	7 ♐ 3	6 ♎ 7	14 ♐ 19
	20	23 54 1	26 ♍ 39 28	18 ♏ 5	20 ♎ 11	14 ♍ 19	4 ♎ 40	11 ♓ 3R	17 ♋ 22	26 ♎ 12	7 ♐ 7	6 ♎ 18	14 ♐ 3
	25	0 13 43	1 ♎ 33 0	20 ♑ 18	26 ♎ 31	20 ♍ 32	7 ♎ 56	10 ♓ 27R	17 ♋ 42	26 ♎ 29	7 ♐ 13	6 ♎ 30	13 ♐ 47
	30	0 33 26	6 ♎ 27 16	20 ♓ 3	2 ♏ 7	26 ♍ 45	11 ♎ 12	9 ♓ 54R	18 ♋ 0	26 ♎ 47	7 ♐ 19	6 ♎ 42	13 ♐ 31
OTTOBRE	1	0 37 23	7 ♎ 26 13	2 ♈ 21	3 ♏ 8	28 ♍ 0	11 ♎ 51	9 ♓ 48R	18 ♋ 4	26 ♎ 51	7 ♐ 20	6 ♎ 44	13 ♐ 28
	5	0 53 9	11 ♎ 22 20	23 ♉ 24	6 ♏ 43	2 ♎ 59	14 ♎ 29	9 ♓ 25R	18 ♋ 16	27 ♎ 5	7 ♐ 26	6 ♎ 53	13 ♐ 15
	10	1 12 52	16 ♎ 18 20	1 ♌ 45	9 ♏ 48	9 ♎ 14	17 ♎ 47	8 ♓ 59R	18 ♋ 29	27 ♎ 24	7 ♐ 33	7 ♎ 5	12 ♐ 59
	15	1 32 34	21 ♎ 15 17	14 ♎ 22	10 ♏ 33R	15 ♎ 29	21 ♎ 6	8 ♓ 37R	18 ♋ 40	27 ♎ 42	7 ♐ 41	7 ♎ 16	12 ♐ 43
	20	1 52 17	26 ♎ 13 7	21 ♐ 50	8 ♏ 2R	21 ♎ 44	24 ♎ 26	8 ♓ 20R	18 ♋ 47	28 ♎ 1	7 ♐ 50	7 ♎ 27	12 ♐ 27
	25	2 11 60	1 ♏ 11 41	22 ♒ 5	2 ♏ 28R	28 ♎ 0	27 ♎ 47	8 ♓ 8R	18 ♋ 53	28 ♎ 20	7 ♐ 59	7 ♎ 38	12 ♐ 11
	31	2 35 39	7 ♏ 10 56	6 ♉ 31	26 ♎ 4R	5 ♏ 31	1 ♏ 49	8 ♓ 0R	18 ♋ 55	28 ♎ 43	8 ♐ 11	7 ♎ 51	11 ♐ 52
NOVEMBRE	1	2 39 36	8 ♏ 10 54	19 ♉ 44	25 ♎ 29R	6 ♏ 47	2 ♏ 30	7 ♓ 60R	18 ♋ 55R	28 ♎ 46	8 ♐ 13	7 ♎ 53	11 ♐ 49
	5	2 55 22	12 ♏ 11 10	14 ♋ 29	25 ♎ 4	11 ♏ 48	5 ♏ 12	7 ♓ 59	18 ♋ 54R	29 ♎ 1	8 ♐ 21	8 ♎ 1	11 ♐ 36
	10	3 15 5	17 ♏ 12 15	25 ♍ 17	28 ♎ 16	18 ♏ 4	8 ♏ 36	8 ♓ 3	18 ♋ 50R	29 ♎ 20	8 ♐ 32	8 ♎ 11	11 ♐ 21
	15	3 34 48	22 ♏ 14 9	4 ♐ 2	4 ♏ 5	24 ♏ 21	12 ♏ 1	8 ♓ 13	18 ♋ 43R	29 ♎ 38	8 ♐ 43	8 ♎ 20	11 ♐ 5
	20	3 54 30	27 ♏ 16 43	6 ♒ 9	11 ♏ 8	0 ♐ 38	15 ♏ 27	8 ♓ 27	18 ♋ 34R	29 ♎ 55	8 ♐ 54	8 ♎ 29	10 ♐ 49
	25	4 14 13	2 ♐ 19 48	6 ♈ 10	18 ♏ 43	6 ♐ 55	18 ♏ 54	8 ♓ 46	18 ♋ 22R	0 ♏ 12	9 ♐ 5	8 ♎ 37	10 ♐ 33
	30	4 33 56	7 ♐ 23 23	12 ♊ 8	26 ♏ 28	13 ♐ 12	22 ♏ 22	9 ♓ 9	18 ♋ 8R	0 ♏ 29	9 ♐ 16	8 ♎ 44	10 ♐ 17
DICEMBRE	1	4 37 52	8 ♐ 24 9	26 ♊ 13	28 ♏ 2	14 ♐ 27	23 ♏ 4	9 ♓ 15	18 ♋ 5R	0 ♏ 32	9 ♐ 18	8 ♎ 46	10 ♐ 14
	5	4 53 39	12 ♐ 27 29	23 ♌ 38	4 ♐ 17	19 ♐ 29	25 ♏ 51	9 ♓ 38	17 ♋ 51R	0 ♏ 44	9 ♐ 27	8 ♎ 51	10 ♐ 1
	10	5 13 21	17 ♐ 32 8	3 ♏ 14	12 ♐ 6	25 ♐ 46	29 ♏ 21	10 ♓ 10	17 ♋ 33R	0 ♏ 59	9 ♐ 39	8 ♎ 57	9 ♐ 45
	15	5 33 4	22 ♐ 37 14	7 ♑ 44	19 ♐ 56	2 ♑ 2	2 ♐ 52	10 ♓ 47	17 ♋ 12R	1 ♏ 13	9 ♐ 50	9 ♎ 2	9 ♐ 29
	20	5 52 47	27 ♐ 42 38	7 ♓ 48	27 ♐ 48	8 ♑ 19	6 ♐ 25	11 ♓ 27	16 ♋ 50R	1 ♏ 26	10 ♐ 1	9 ♎ 7	9 ♐ 14
	25	6 12 30	2 ♑ 48 9	9 ♉ 16	5 ♑ 45	14 ♑ 36	9 ♐ 58	12 ♓ 11	16 ♋ 27R	1 ♏ 38	10 ♐ 12	9 ♎ 10	8 ♐ 58
	31	6 36 9	8 ♑ 54 53	4 ♌ 17	15 ♑ 25	22 ♑ 8	14 ♐ 15	13 ♓ 9	15 ♋ 58R	1 ♏ 51	10 ♐ 24	9 ♎ 13	8 ♐ 39

GIORNO	TEMPO SIDERALE	☉	☽	☿	♀	♂	♃	♄	♅	♆	♇	☊	1975
1	6 40 6	9 ♑ 56 1	19 ♌ 11	17 ♑ 3	23 ♑ 23	14 ♐ 58	13 ♓ 19	15 ♋ 53R	1 ♏ 53	10 ♐ 26	9 ♎ 14	8 ♐ 35	GENNAIO
5	6 55 52	14 ♑ 0 36	16 ♎ 37	23 ♑ 35	28 ♑ 24	17 ♐ 50	13 ♓ 60	15 ♋ 33R	2 ♏ 0	10 ♐ 34	9 ♎ 15	8 ♐ 23	
10	7 15 35	19 ♑ 6 24	21 ♐ 44	1 ♒ 47	4 ♒ 40	21 ♐ 26	14 ♓ 54	15 ♋ 8R	2 ♏ 8	10 ♐ 44	9 ♎ 16	8 ♐ 7	
15	7 35 17	24 ♑ 12 10	22 ♒ 23	9 ♒ 48	10 ♒ 56	25 ♐ 4	15 ♓ 51	14 ♋ 44R	2 ♏ 15	10 ♐ 53	9 ♎ 16R	7 ♐ 51	
20	7 55	29 ♑ 17 42	22 ♈ 6	17 ♒ 10	17 ♒ 12	28 ♐ 42	16 ♓ 50	14 ♋ 20R	2 ♏ 20	11 ♐ 1	9 ♎ 15R	7 ♐ 35	
25	8 14 43	4 ♒ 22 52	27 ♊ 60	22 ♒ 53	23 ♒ 27	2 ♑ 21	17 ♓ 51	13 ♋ 57R	2 ♏ 24	11 ♐ 9	9 ♎ 13R	7 ♐ 19	
31	8 38 22	10 ♒ 28 34	28 ♍ 1	25 ♒ 25R	0 ♓ 56	6 ♑ 46	19 ♓ 7	13 ♋ 31R	2 ♏ 27	11 ♐ 18	9 ♎ 9R	7 ♐ 0	
1	8 42 19	11 ♒ 29 28	12 ♎ 32	25 ♒ 14R	2 ♓ 11	7 ♑ 30	19 ♓ 20	13 ♋ 27R	2 ♏ 28	11 ♐ 19	9 ♎ 9R	6 ♐ 57	FEBBRAIO
5	8 58 5	15 ♒ 32 56	6 ♐ 17	22 ♒ 40R	7 ♓ 10	10 ♑ 27	20 ♓ 13	13 ♋ 11R	2 ♏ 28	11 ♐ 24	9 ♎ 6R	6 ♐ 44	
10	9 17 48	20 ♒ 36 57	7 ♒ 20	17 ♒ 1R	13 ♓ 23	14 ♑ 9	21 ♓ 20	12 ♋ 54R	2 ♏ 28R	11 ♐ 30	9 ♎ 1R	6 ♐ 28	
15	9 37 30	25 ♒ 40 26	6 ♈ 46	12 ♒ 3R	19 ♓ 36	17 ♑ 52	22 ♓ 28	12 ♋ 38R	2 ♏ 26R	11 ♐ 35	8 ♎ 56R	6 ♐ 12	
20	9 57 13	0 ♓ 43 14	8 ♊ 56	10 ♒ 0R	25 ♓ 47	21 ♑ 36	23 ♓ 37	12 ♋ 25R	2 ♏ 23R	11 ♐ 39	8 ♎ 50R	5 ♐ 57	
25	10 16 56	5 ♓ 45 17	20 ♌ 39	10 ♒ 54	1 ♈ 58	25 ♑ 20	24 ♓ 47	12 ♋ 14R	2 ♏ 19R	11 ♐ 43	8 ♎ 44R	5 ♐ 41	
28	10 28 46	8 ♓ 46 9	6 ♎ 29	12 ♒ 32	5 ♈ 40	27 ♑ 35	25 ♓ 30	12 ♋ 9R	2 ♏ 15R	11 ♐ 44	8 ♎ 40R	5 ♐ 31	
1	10 32 42	9 ♓ 46 24	21 ♎ 15	13 ♒ 13	6 ♈ 53	28 ♑ 20	25 ♓ 44	12 ♋ 7R	2 ♏ 14R	11 ♐ 45	8 ♎ 39R	5 ♐ 28	MARZO
5	10 48 28	13 ♓ 47 5	15 ♐ 34	16 ♒ 35	11 ♈ 48	1 ♒ 20	26 ♓ 42	12 ♋ 2R	2 ♏ 9R	11 ♐ 46	8 ♎ 33R	5 ♐ 15	
10	11 8 11	18 ♓ 47 21	16 ♒ 15	21 ♒ 51	17 ♈ 56	5 ♒ 7	27 ♓ 54	11 ♋ 58R	2 ♏ 1R	11 ♐ 47	8 ♎ 25R	4 ♐ 59	
15	11 27 54	23 ♓ 46 54	15 ♈ 53	28 ♒ 1	24 ♈ 2	8 ♒ 53	29 ♓ 6	11 ♋ 57	1 ♏ 53R	11 ♐ 48R	8 ♎ 18R	4 ♐ 43	
20	11 47 37	28 ♓ 45 34	18 ♊ 27	4 ♓ 54	0 ♉ 7	12 ♒ 40	0 ♈ 19	11 ♋ 59	1 ♏ 43R	11 ♐ 47R	8 ♎ 9R	4 ♐ 28	
25	12 7 19	3 ♈ 43 18	29 ♌ 9	12 ♓ 23	6 ♉ 10	16 ♒ 28	1 ♈ 31	12 ♋ 3	1 ♏ 33R	11 ♐ 46R	8 ♎ 1R	4 ♐ 12	
31	12 30 59	9 ♈ 39 23	27 ♏ 38	22 ♓ 7	13 ♉ 24	21 ♒ 2	2 ♈ 58	12 ♋ 13	1 ♏ 19R	11 ♐ 43R	7 ♎ 51R	3 ♐ 53	
1	12 34 55	10 ♈ 38 38	11 ♐ 5	23 ♓ 49	14 ♉ 36	21 ♒ 47	3 ♈ 13	12 ♋ 14	1 ♏ 17R	11 ♐ 43R	7 ♎ 50R	3 ♐ 49	APRILE
5	12 50 42	14 ♈ 35 16	1 ♒ 7	0 ♈ 52	19 ♉ 23	24 ♒ 50	4 ♈ 11	12 ♋ 23	1 ♏ 8R	11 ♐ 40R	7 ♎ 43R	3 ♐ 37	
10	13 10 24	19 ♈ 30 25	0 ♈ 38	10 ♈ 13	25 ♉ 20	28 ♒ 38	5 ♈ 22	12 ♋ 36	0 ♏ 55R	11 ♐ 36R	7 ♎ 35R	3 ♐ 21	
15	13 30 7	24 ♈ 24 45	2 ♊ 32	20 ♈ 9	1 ♊ 15	2 ♓ 27	6 ♈ 34	12 ♋ 52	0 ♏ 43R	11 ♐ 32R	7 ♎ 27R	3 ♐ 5	
20	13 49 50	29 ♈ 18 10	9 ♌ 49	0 ♉ 35	7 ♊ 8	6 ♓ 15	7 ♈ 44	13 ♋ 10	0 ♏ 30R	11 ♐ 27R	7 ♎ 19R	2 ♐ 49	
25	14 9 33	4 ♉ 10 42	22 ♎ 54	11 ♉ 13	12 ♊ 58	10 ♓ 4	8 ♈ 54	13 ♋ 30	0 ♏ 17R	11 ♐ 21R	7 ♎ 11R	2 ♐ 33	
30	14 29 15	9 ♉ 2 25	2 ♑ 4	21 ♉ 31	18 ♊ 46	13 ♓ 52	10 ♈ 2	13 ♋ 53	0 ♏ 4R	11 ♐ 15R	7 ♎ 4R	2 ♐ 17	
1	14 33 12	10 ♉ 0 40	14 ♑ 46	23 ♉ 29	19 ♊ 55	14 ♓ 37	10 ♈ 16	13 ♋ 57	0 ♏ 2R	11 ♐ 14R	7 ♎ 3R	2 ♐ 14	MAGGIO
5	14 48 58	13 ♉ 53 28	3 ♓ 11	0 ♊ 53	24 ♊ 30	17 ♓ 40	11 ♈ 9	14 ♋ 17	29 ♎ 52R	11 ♐ 8R	6 ♎ 58R	2 ♐ 1	
10	15 8 41	18 ♉ 43 55	3 ♉ 36	8 ♊ 53	0 ♋ 11	21 ♓ 27	12 ♈ 15	14 ♋ 43	29 ♎ 40R	11 ♐ 1R	6 ♎ 52R	1 ♐ 46	
15	15 28 24	23 ♉ 33 43	8 ♋ 58	15 ♊ 16	5 ♋ 48	25 ♓ 14	13 ♈ 19	15 ♋ 12	29 ♎ 28R	10 ♐ 53R	6 ♎ 47R	1 ♐ 30	
20	15 48 6	28 ♉ 22 49	19 ♍ 11	19 ♊ 56	11 ♋ 20	29 ♓ 0	14 ♈ 22	15 ♋ 41	29 ♎ 17R	10 ♐ 46R	6 ♎ 42R	1 ♐ 14	
25	16 7 49	3 ♊ 11 14	0 ♐ 5	22 ♊ 45	16 ♋ 48	2 ♈ 45	15 ♈ 23	16 ♋ 13	29 ♎ 7R	10 ♐ 38R	6 ♎ 38R	0 ♐ 58	
31	16 31 29	8 ♊ 56 39	17 ♒ 14	23 ♊ 32R	23 ♋ 15	7 ♈ 15	16 ♈ 33	16 ♋ 52	28 ♎ 56R	10 ♐ 28R	6 ♎ 34R	0 ♐ 39	
1	16 35 25	9 ♊ 54 10	29 ♒ 14	23 ♊ 24R	24 ♋ 18	7 ♈ 59	16 ♈ 44	16 ♋ 59	28 ♎ 54R	10 ♐ 26R	6 ♎ 34R	0 ♐ 36	GIUGNO
5	16 51 11	13 ♊ 44 6	17 ♈ 3	22 ♊ 12R	28 ♋ 30	10 ♈ 58	17 ♈ 29	17 ♋ 26	28 ♎ 48R	10 ♐ 20R	6 ♎ 32R	0 ♐ 23	
10	17 10 54	18 ♊ 31 14	21 ♊ 14	19 ♊ 40R	3 ♌ 37	14 ♈ 39	18 ♈ 22	18 ♋ 1	28 ♎ 40R	10 ♐ 12R	6 ♎ 30R	0 ♐ 7	
15	17 30 37	23 ♊ 18 2	1 ♍ 40	16 ♊ 60R	8 ♌ 36	18 ♈ 20	19 ♈ 13	18 ♋ 37	28 ♎ 34R	10 ♐ 4R	6 ♎ 29R	29 ♏ 51	
20	17 50 20	28 ♊ 4 27	12 ♏ 5	15 ♊ 16R	13 ♌ 26	21 ♈ 59	20 ♈ 1	19 ♋ 14	28 ♎ 29R	9 ♐ 56R	6 ♎ 29	29 ♏ 35	
25	18 10 2	2 ♋ 50 34	18 ♑ 12	15 ♊ 14	18 ♌ 3	25 ♈ 36	20 ♈ 46	19 ♋ 52	28 ♎ 25R	9 ♐ 49R	6 ♎ 30	29 ♏ 19	
30	18 29 45	7 ♋ 36 35	19 ♓ 6	17 ♊ 9	22 ♌ 27	29 ♈ 11	21 ♈ 28	20 ♋ 30	28 ♎ 23R	9 ♐ 42R	6 ♎ 32	29 ♏ 3	

1975	GIORNO	TEMPO SIDERALE	☉	☽	☿	♀	♂	♃	♄	♅	♆	♇	☊
LUGLIO	1	18 33 42	8 ♋ 33 47	0 ♈ 58	17 ♊ 46	23 ♌ 18	29 ♈ 54	21 ♈ 36	20 ♋ 37	28 ♎ 23R	9 ♐ 40R	6 ♎ 32	29 ♏ 0
	5	18 49 28	12 ♋ 22 38	19 ♉ 49	21 ♊ 0	26 ♌ 35	2 ♉ 44	22 ♈ 6	21 ♋ 8	28 ♎ 22R	9 ♐ 35R	6 ♎ 35	28 ♏ 48
	10	19 9 11	17 ♋ 8 45	28 ♋ 16	26 ♊ 41	0 ♍ 23	6 ♉ 15	22 ♈ 41	21 ♋ 47	28 ♎ 22	9 ♐ 29R	6 ♎ 38	28 ♏ 32
	15	19 28 53	21 ♋ 54 55	11 ♎ 5	4 ♋ 5	3 ♍ 48	9 ♉ 43	23 ♈ 11	22 ♋ 26	28 ♎ 23	9 ♐ 23R	6 ♎ 42	28 ♏ 16
	20	19 48 36	26 ♋ 41 5	18 ♐ 50	12 ♋ 59	6 ♍ 44	13 ♉ 9	23 ♈ 38	23 ♋ 5	28 ♎ 26	9 ♐ 18R	6 ♎ 47	27 ♏ 60
	25	20 8 19	1 ♌ 27 23	21 ♒ 28	23 ♋ 0	9 ♍ 5	16 ♉ 32	23 ♈ 60	23 ♋ 44	28 ♎ 30	9 ♐ 13R	6 ♎ 53	27 ♏ 44
	31	20 31 58	7 ♌ 11 21	3 ♉ 4	5 ♌ 37	10 ♍ 60	20 ♉ 31	24 ♈ 20	24 ♋ 30	28 ♎ 36	9 ♐ 9R	7 ♎ 0	27 ♏ 25
AGOSTO	1	20 35 55	8 ♌ 8 44	15 ♉ 19	7 ♌ 42	11 ♍ 12	21 ♉ 10	24 ♈ 23	24 ♋ 37	28 ♎ 38	9 ♐ 8R	7 ♎ 2	27 ♏ 22
	5	20 51 41	11 ♌ 58 28	7 ♋ 57	15 ♌ 56	11 ♍ 41	23 ♉ 46	24 ♈ 32	25 ♋ 8	28 ♎ 43	9 ♐ 6R	7 ♎ 8	27 ♏ 9
	10	21 11 24	16 ♌ 46 2	22 ♍ 1	25 ♌ 46	11 ♍ 26R	26 ♉ 58	24 ♈ 40	25 ♋ 45	28 ♎ 51	9 ♐ 4R	7 ♎ 15	26 ♏ 53
	15	21 31 7	21 ♌ 34 1	2 ♐ 46	4 ♍ 58	10 ♍ 11R	0 ♊ 5	24 ♈ 42R	26 ♋ 22	29 ♎ 0	9 ♐ 2R	7 ♎ 24	26 ♏ 37
	20	21 50 49	26 ♌ 22 23	6 ♒ 2	13 ♍ 34	8 ♍ 2R	3 ♊ 8	24 ♈ 39R	26 ♋ 58	29 ♎ 11	9 ♐ 1R	7 ♎ 33	26 ♏ 21
	25	22 10 32	1 ♍ 11 17	5 ♈ 54	21 ♍ 34	5 ♍ 13R	6 ♊ 7	24 ♈ 32R	27 ♋ 34	29 ♎ 22	9 ♐ 2	7 ♎ 43	26 ♏ 6
	31	22 34 11	6 ♍ 58 52	19 ♊ 11	0 ♎ 23	1 ♍ 32R	9 ♊ 33	24 ♈ 16R	28 ♋ 14	29 ♎ 37	9 ♐ 3	7 ♎ 55	25 ♏ 46
SETTEMBRE	1	22 38 8	7 ♍ 56 54	2 ♋ 29	1 ♎ 47	0 ♍ 56R	10 ♊ 7	24 ♈ 13R	28 ♋ 21	29 ♎ 40	9 ♐ 3	7 ♎ 57	25 ♏ 43
	5	22 53 54	11 ♍ 49 22	0 ♍ 19	7 ♎ 5	28 ♌ 46R	12 ♊ 19	23 ♈ 58R	28 ♋ 47	29 ♎ 51	9 ♐ 5	8 ♎ 5	25 ♏ 31
	10	23 13 37	16 ♍ 40 36	15 ♏ 7	13 ♎ 4	26 ♌ 43R	14 ♊ 59	23 ♈ 35R	29 ♋ 18	0 ♏ 5	9 ♐ 8	8 ♎ 16	25 ♏ 15
	15	23 33 20	21 ♍ 32 30	20 ♑ 51	18 ♎ 10	25 ♌ 37R	17 ♊ 31	23 ♈ 8R	29 ♋ 48	0 ♏ 21	9 ♐ 11	8 ♎ 27	24 ♏ 59
	20	23 53 3	26 ♍ 25 5	21 ♓ 3	22 ♎ 3	25 ♌ 30	19 ♊ 55	22 ♈ 37R	0 ♌ 16	0 ♏ 37	9 ♐ 15	8 ♎ 38	24 ♏ 23
	25	0 12 45	1 ♎ 18 27	20 ♉ 42	24 ♎ 13	26 ♌ 20	22 ♊ 10	22 ♈ 3R	0 ♌ 42	0 ♏ 53	9 ♐ 21	8 ♎ 50	24 ♏ 27
	30	0 32 28	6 ♎ 12 44	25 ♋ 9	23 ♎ 54R	28 ♌ 1	24 ♊ 16	21 ♈ 27R	1 ♌ 7	1 ♏ 11	9 ♐ 26	9 ♎ 1	24 ♏ 11
OTTOBRE	1	0 36 25	7 ♎ 11 43	9 ♌ 15	23 ♎ 28R	28 ♌ 27	24 ♊ 40	21 ♈ 19R	1 ♌ 11	1 ♏ 14	9 ♐ 28	9 ♎ 4	24 ♏ 8
	5	0 52 11	11 ♎ 7 58	9 ♎ 7	20 ♎ 32R	0 ♍ 25	26 ♊ 11	20 ♈ 48R	1 ♌ 29	1 ♏ 28	9 ♐ 33	9 ♎ 13	23 ♏ 55
	10	1 11 54	16 ♎ 4 4	21 ♐ 26	14 ♎ 55R	3 ♍ 25	27 ♊ 54	20 ♈ 8R	1 ♌ 49	1 ♏ 46	9 ♐ 40	9 ♎ 25	23 ♏ 39
	15	1 31 36	21 ♎ 0 55	24 ♒ 11	10 ♎ 10R	6 ♍ 54	29 ♊ 23	19 ♈ 28R	2 ♌ 7	2 ♏ 5	9 ♐ 48	9 ♎ 36	23 ♏ 24
	20	1 51 19	25 ♎ 58 31	23 ♈ 38	9 ♎ 19	10 ♍ 49	0 ♋ 38	18 ♈ 48R	2 ♌ 22	2 ♏ 24	9 ♐ 56	9 ♎ 48	23 ♏ 8
	25	2 11 2	0 ♏ 56 57	25 ♊ 12	12 ♎ 40	15 ♍ 5	1 ♋ 36	18 ♈ 8R	2 ♌ 35	2 ♏ 42	10 ♐ 5	9 ♎ 59	22 ♏ 52
	31	2 34 41	6 ♏ 56 17	17 ♍ 42	20 ♎ 12	20 ♍ 34	2 ♋ 23	17 ♈ 24R	2 ♌ 47	3 ♏ 5	10 ♐ 17	10 ♎ 12	22 ♏ 33
NOVEMBRE	1	2 38 38	7 ♏ 56 18	2 ♎ 31	21 ♎ 40	21 ♍ 31	2 ♋ 28	17 ♈ 17R	2 ♌ 48	3 ♏ 9	10 ♐ 19	10 ♎ 14	22 ♏ 30
	5	2 54 24	11 ♏ 56 41	1 ♐ 41	27 ♎ 49	25 ♍ 24	2 ♋ 39	16 ♈ 49R	2 ♌ 54	3 ♏ 24	10 ♐ 27	10 ♎ 22	22 ♏ 17
	10	3 14 7	16 ♏ 57 50	8 ♒ 20	5 ♏ 50	0 ♎ 26	2 ♋ 35R	16 ♈ 18R	2 ♌ 58	3 ♏ 42	10 ♐ 37	10 ♎ 32	22 ♏ 1
	15	3 33 50	21 ♏ 59 35	8 ♈ 15	13 ♏ 55	5 ♎ 38	2 ♋ 9R	15 ♈ 51R	2 ♌ 59R	4 ♏ 1	10 ♐ 48	10 ♎ 42	21 ♏ 45
	20	3 53 32	27 ♏ 1 57	9 ♊ 19	21 ♏ 56	10 ♎ 59	1 ♋ 22R	15 ♈ 28R	2 ♌ 58R	4 ♏ 19	10 ♐ 59	10 ♎ 51	21 ♏ 29
	25	4 13 15	2 ♐ 4 58	15 ♌ 29	29 ♏ 53	16 ♎ 27	0 ♋ 13R	15 ♈ 10R	2 ♌ 53R	4 ♏ 36	11 ♐ 10	10 ♎ 60	21 ♏ 13
	30	4 32 58	7 ♐ 8 40	26 ♎ 36	7 ♐ 46	22 ♎ 1	28 ♊ 45R	14 ♈ 56R	2 ♌ 46R	4 ♏ 53	11 ♐ 21	11 ♎ 7	20 ♏ 57
DICEMBRE	1	4 36 54	8 ♐ 9 29	11 ♏ 5	9 ♐ 20	23 ♎ 9	28 ♊ 26R	14 ♈ 54R	2 ♌ 45R	4 ♏ 56	11 ♐ 23	11 ♎ 9	20 ♏ 54
	5	4 52 41	12 ♐ 12 58	7 ♑ 22	15 ♐ 37	27 ♎ 41	27 ♊ 3R	14 ♈ 48R	2 ♌ 37R	5 ♏ 9	11 ♐ 32	11 ♎ 15	20 ♏ 41
	10	5 12 23	17 ♐ 17 40	10 ♓ 37	23 ♐ 27	3 ♏ 26	25 ♊ 10R	14 ♈ 45R	2 ♌ 24R	5 ♏ 25	11 ♐ 44	11 ♎ 21	20 ♏ 26
	15	5 32 6	22 ♐ 22 38	10 ♉ 16	1 ♑ 18	9 ♏ 15	23 ♊ 13R	14 ♈ 47	2 ♌ 9R	5 ♏ 40	11 ♐ 55	11 ♎ 27	20 ♏ 10
	20	5 51 49	27 ♐ 27 50	14 ♋ 39	9 ♑ 10	15 ♏ 7	21 ♊ 18R	14 ♈ 54	1 ♌ 53R	5 ♏ 54	12 ♐ 6	11 ♎ 32	19 ♏ 54
	25	6 11 32	2 ♑ 33 19	24 ♍ 25	16 ♑ 58	21 ♏ 2	19 ♊ 30R	15 ♈ 6	1 ♌ 34R	6 ♏ 7	12 ♐ 17	11 ♎ 36	19 ♏ 38
	31	6 35 11	8 ♑ 40 14	18 ♐ 29	26 ♑ 1	28 ♏ 11	17 ♊ 39R	15 ♈ 28	1 ♌ 9R	6 ♏ 21	12 ♐ 30	11 ♎ 39	19 ♏ 19

GIORNO	TEMPO SIDERALE	☉	☽	☿	♀	♂	♃	♄	♅	♆	♇	☊	1976
1	6 39 8	9 ♑ 41 25	2 ♑ 6	27 ♑ 27	29 ♏ 23	17 ♊ 23R	15 ♈ 32	1 ♌ 4R	6 ♏ 23	12 ♐ 32	11 ♎ 40	19 ♏ 16	GENNAIO
5	6 54 54	13 ♑ 46 8	24 ♒ 2	2 ♒ 45	4 ♐ 12	16 ♊ 26R	15 ♈ 51	0 ♌ 46R	6 ♏ 31	12 ♐ 40	11 ♎ 41	19 ♏ 3	
10	7 14 37	18 ♑ 51 56	23 ♈ 58	7 ♒ 42	10 ♐ 14	15 ♊ 32R	16 ♈ 18	0 ♌ 23R	6 ♏ 41	12 ♐ 50	11 ♎ 43	18 ♏ 47	
15	7 34 19	23 ♑ 57 32	26 ♊ 6	9 ♒ 15R	16 ♐ 17	14 ♊ 58R	16 ♈ 50	29 ♋ 58R	6 ♏ 49	12 ♐ 59	11 ♎ 43R	18 ♏ 31	
20	7 54 2	29 ♑ 2 55	6 ♍ 23	6 ♒ 12R	22 ♐ 22	14 ♊ 45R	17 ♈ 26	29 ♋ 34R	6 ♏ 55	13 ♐ 8	11 ♎ 43R	18 ♏ 15	
25	8 13 45	4 ♒ 8 7	17 ♏ 30	0 ♒ 5R	28 ♐ 28	14 ♊ 51	18 ♈ 6	29 ♋ 9R	7 ♏ 1	13 ♐ 16	11 ♎ 41R	17 ♏ 59	
31	8 37 24	10 ♒ 14 3	7 ♒ 9	24 ♑ 24R	5 ♑ 48	15 ♊ 22	18 ♈ 59	28 ♋ 40R	7 ♏ 5	13 ♐ 25	11 ♎ 38R	17 ♏ 40	
1	8 41 22	11 ♒ 14 59	19 ♒ 46	23 ♑ 55R	7 ♑ 2	15 ♊ 29	19 ♈ 8	28 ♋ 35R	7 ♏ 6	13 ♐ 27	11 ♎ 38R	17 ♏ 37	FEBBRAIO
5	8 57 8	15 ♒ 18 34	8 ♈ 15	23 ♑ 24	11 ♑ 56	16 ♊ 6	19 ♈ 47	28 ♋ 16R	7 ♏ 8	13 ♐ 32	11 ♎ 35R	17 ♏ 24	
10	9 16 51	20 ♒ 22 31	8 ♊ 6	25 ♑ 20	18 ♑ 4	17 ♊ 5	20 ♈ 37	27 ♋ 54R	7 ♏ 9	13 ♐ 38	11 ♎ 31R	17 ♏ 9	
15	9 36 34	25 ♒ 25 49	15 ♌ 53	29 ♑ 15	24 ♑ 13	18 ♊ 17	21 ♈ 31	27 ♋ 33R	7 ♏ 8R	13 ♐ 43	11 ♎ 26R	16 ♏ 53	
20	9 56 17	0 ♒ 28 31	29 ♎ 51	4 ♒ 27	0 ♒ 22	19 ♊ 40	22 ♈ 27	27 ♋ 14R	7 ♏ 6R	13 ♐ 48	11 ♎ 21R	16 ♏ 37	
25	10 15 59	5 ♓ 30 40	8 ♑ 13	10 ♒ 33	6 ♒ 32	21 ♊ 15	23 ♈ 25	26 ♋ 56R	7 ♏ 3R	13 ♐ 52	11 ♎ 15R	16 ♏ 21	
29	10 31 45	9 ♓ 31 57	28 ♒ 37	15 ♒ 54	11 ♒ 27	22 ♊ 37	24 ♈ 14	26 ♋ 44R	6 ♏ 60R	13 ♐ 54	11 ♎ 10R	16 ♏ 8	
1	10 35 42	10 ♓ 32 12	10 ♓ 48	17 ♒ 18	12 ♒ 41	22 ♊ 58	24 ♈ 26	26 ♋ 41R	6 ♏ 59R	13 ♐ 55	11 ♎ 8R	16 ♏ 5	MARZO
5	10 51 28	14 ♓ 32 55	28 ♈ 22	23 ♒ 6	17 ♒ 37	24 ♊ 27	25 ♈ 16	26 ♋ 30R	6 ♏ 54R	13 ♐ 56	11 ♎ 3R	15 ♏ 52	
10	11 11 11	19 ♓ 33 1	28 ♊ 56	0 ♓ 47	23 ♒ 47	26 ♊ 24	26 ♈ 20	26 ♋ 20R	6 ♏ 48R	13 ♐ 58	10 ♎ 55R	15 ♏ 36	
15	11 30 54	24 ♓ 32 14	8 ♍ 42	8 ♓ 58	29 ♒ 57	28 ♊ 29	27 ♈ 25	26 ♋ 11R	6 ♏ 40R	13 ♐ 58	10 ♎ 47R	15 ♏ 21	
20	11 50 37	29 ♓ 30 36	23 ♏ 42	17 ♓ 39	6 ♓ 7	0 ♋ 39	28 ♈ 32	26 ♋ 5R	6 ♏ 31R	13 ♐ 58R	10 ♎ 39R	15 ♏ 5	
25	12 10 19	4 ♈ 28 13	0 ♒ 53	26 ♓ 51	12 ♓ 17	2 ♋ 54	29 ♈ 40	26 ♋ 3R	6 ♏ 21R	13 ♐ 57R	10 ♎ 31R	14 ♏ 49	
31	12 33 59	10 ♈ 24 22	13 ♈ 30	8 ♈ 35	19 ♓ 41	5 ♋ 42	1 ♉ 3	26 ♋ 3	6 ♏ 9R	13 ♐ 55R	10 ♎ 21R	14 ♏ 30	
1	12 37 55	11 ♈ 23 37	25 ♈ 18	10 ♈ 36	20 ♓ 55	6 ♋ 11	1 ♉ 17	26 ♋ 3	6 ♏ 7R	13 ♐ 54R	10 ♎ 19R	14 ♏ 27	APRILE
5	12 53 41	15 ♈ 20 14	12 ♊ 57	18 ♈ 50	25 ♓ 51	8 ♋ 7	2 ♉ 13	26 ♋ 6	5 ♏ 57R	13 ♐ 52R	10 ♎ 13R	14 ♏ 14	
10	13 13 24	20 ♈ 15 8	17 ♌ 58	29 ♈ 11	2 ♈ 0	10 ♋ 36	3 ♉ 24	26 ♋ 12	5 ♏ 45R	13 ♐ 48R	10 ♎ 4R	13 ♏ 58	
15	13 33 7	25 ♈ 9 7	2 ♏ 22	9 ♉ 6	8 ♈ 10	13 ♋ 7	4 ♉ 35	26 ♋ 20	5 ♏ 33R	13 ♐ 44R	9 ♎ 56R	13 ♏ 42	
20	13 52 50	0 ♉ 2 18	14 ♑ 17	17 ♉ 51	14 ♈ 19	15 ♋ 42	5 ♉ 47	26 ♋ 31	5 ♏ 21R	13 ♐ 39R	9 ♎ 48R	13 ♏ 26	
25	14 12 32	4 ♉ 54 47	16 ♓ 49	24 ♉ 56	20 ♈ 28	18 ♋ 19	6 ♉ 59	26 ♋ 45	5 ♏ 8R	13 ♐ 33R	9 ♎ 41R	13 ♏ 10	
30	14 32 15	9 ♉ 46 35	15 ♉ 59	0 ♊ 2	26 ♈ 37	20 ♋ 59	8 ♉ 10	27 ♋ 1	4 ♏ 55R	13 ♐ 27R	9 ♎ 34R	12 ♏ 54	
1	14 36 12	10 ♉ 44 51	27 ♉ 57	0 ♊ 48	27 ♈ 51	21 ♋ 31	8 ♉ 25	27 ♋ 5	4 ♏ 52R	13 ♐ 26R	9 ♎ 32R	12 ♏ 51	MAGGIO
5	14 51 58	14 ♉ 37 37	17 ♋ 28	2 ♊ 58	2 ♉ 46	23 ♋ 41	9 ♉ 22	27 ♋ 20	4 ♏ 42R	13 ♐ 21R	9 ♎ 27R	12 ♏ 39	
10	15 11 41	19 ♉ 27 51	25 ♍ 56	3 ♊ 42R	8 ♉ 55	26 ♋ 25	10 ♉ 33	27 ♋ 40	4 ♏ 30R	13 ♐ 14R	9 ♎ 21R	12 ♏ 23	
15	15 31 24	24 ♉ 17 20	10 ♐ 25	2 ♊ 27R	15 ♉ 4	29 ♋ 11	11 ♉ 45	28 ♋ 3	4 ♏ 18R	13 ♐ 6R	9 ♎ 15R	12 ♏ 7	
20	15 51 6	29 ♉ 6 14	18 ♒ 50	29 ♉ 54R	21 ♉ 13	1 ♌ 59	12 ♉ 55	28 ♋ 28	4 ♏ 7R	12 ♐ 59R	9 ♎ 10R	11 ♏ 51	
25	16 10 49	3 ♊ 54 40	19 ♈ 7	27 ♉ 7R	27 ♉ 21	4 ♌ 48	14 ♉ 5	28 ♋ 55	3 ♏ 56R	12 ♐ 51R	9 ♎ 6R	11 ♏ 35	
31	16 34 28	9 ♊ 40 14	1 ♋ 45	25 ♉ 6R	4 ♊ 43	8 ♌ 14	15 ♉ 27	29 ♋ 29	3 ♏ 44R	12 ♐ 41R	9 ♎ 2R	11 ♏ 16	
1	16 38 25	10 ♊ 37 45	14 ♋ 30	24 ♉ 59R	5 ♊ 57	8 ♌ 48	15 ♉ 41	29 ♋ 35	3 ♏ 42R	12 ♐ 39R	9 ♎ 1R	11 ♏ 13	GIUGNO
5	16 54 11	14 ♊ 27 39	7 ♍ 49	25 ♉ 16	10 ♊ 52	11 ♌ 6	16 ♉ 35	29 ♋ 59	3 ♏ 35R	12 ♐ 33R	8 ♎ 59R	11 ♏ 0	
10	17 13 54	19 ♊ 14 34	19 ♏ 32	27 ♉ 17	17 ♊ 0	14 ♌ 0	17 ♉ 42	0 ♌ 31	3 ♏ 27R	12 ♐ 25R	8 ♎ 57R	10 ♏ 44	
15	17 33 37	24 ♊ 1 7	0 ♒ 50	1 ♊ 3	23 ♊ 9	16 ♌ 56	18 ♉ 47	1 ♌ 4	3 ♏ 20R	12 ♐ 17R	8 ♎ 56R	10 ♏ 28	
20	17 53 19	28 ♊ 47 28	3 ♈ 42	6 ♊ 24	29 ♊ 17	19 ♌ 52	19 ♉ 51	1 ♌ 38	3 ♏ 14R	12 ♐ 9R	8 ♎ 56	10 ♏ 12	
25	18 13 2	3 ♋ 33 43	3 ♊ 14	13 ♊ 12	5 ♋ 26	22 ♌ 50	20 ♉ 53	2 ♌ 13	3 ♏ 9R	12 ♐ 1R	8 ♎ 57	9 ♏ 57	
30	18 32 45	8 ♋ 19 54	7 ♌ 26	21 ♊ 23	11 ♋ 35	25 ♌ 49	21 ♉ 53	2 ♌ 49	3 ♏ 5R	11 ♐ 54R	8 ♎ 58	9 ♏ 41	

1976	GIORNO	TEMPO SIDERALE	☉	☾	☿	♀	♂	♃	♄	♅	♆	♇	☊
LUGLIO	1	18 36 42	9 ♋ 17 8	20 ♌ 59	23 ♊ 10	12 ♋ 48	26 ♌ 25	22 ♉ 5	2 ♌ 56	3 ♏ 5R	11 ♐ 53R	8 ♎ 58	9 ♏ 37
	5	18 52 28	13 ♋ 5 58	16 ♎ 40	0 ♋ 48	17 ♋ 43	28 ♌ 49	22 ♉ 52	3 ♌ 26	3 ♏ 3R	11 ♐ 47R	9 ♎ 0	9 ♏ 25
	10	19 12 11	17 ♋ 51 55	27 ♐ 45	11 ♋ 9	23 ♋ 52	1 ♍ 50	23 ♉ 48	4 ♌ 3	3 ♏ 2R	11 ♐ 41R	9 ♎ 3	9 ♏ 9
	15	19 31 53	22 ♋ 37 55	4 ♓ 58	21 ♋ 54	0 ♌ 1	4 ♍ 52	24 ♉ 42	4 ♌ 41	3 ♏ 2	11 ♐ 35R	9 ♎ 7	8 ♏ 53
	20	19 51 36	27 ♋ 24 6	5 ♉ 19	2 ♌ 28	6 ♌ 10	7 ♍ 56	25 ♉ 33	5 ♌ 20	3 ♏ 4	11 ♐ 30R	9 ♎ 12	8 ♏ 37
	25	20 11 19	2 ♌ 10 36	6 ♋ 37	12 ♌ 30	12 ♌ 20	11 ♍ 0	26 ♉ 22	5 ♌ 58	3 ♏ 7	11 ♐ 25R	9 ♎ 17	8 ♏ 21
	31	20 34 58	7 ♌ 54 49	29 ♍ 16	23 ♌ 38	19 ♌ 43	14 ♍ 43	27 ♉ 16	6 ♌ 45	3 ♏ 12	11 ♐ 20R	9 ♎ 25	8 ♏ 2
AGOSTO	1	20 38 55	8 ♌ 52 14	13 ♎ 29	25 ♌ 24	20 ♌ 57	15 ♍ 20	27 ♉ 24	6 ♌ 52	3 ♏ 13	11 ♐ 20R	9 ♎ 26	7 ♏ 59
	5	20 54 41	12 ♌ 41 57	9 ♐ 51	2 ♍ 9	25 ♌ 52	17 ♍ 50	27 ♉ 57	7 ♌ 23	3 ♏ 18	11 ♐ 17R	9 ♎ 32	7 ♏ 46
	10	21 14 24	17 ♌ 29 24	17 ♒ 37	9 ♍ 60	2 ♍ 1	20 ♍ 58	28 ♉ 36	8 ♌ 2	3 ♏ 25	11 ♐ 15R	9 ♎ 40	7 ♏ 30
	15	21 34 6	22 ♌ 17 17	19 ♈ 36	17 ♍ 9	8 ♍ 11	24 ♍ 7	29 ♉ 10	8 ♌ 40	3 ♏ 33	11 ♐ 13R	9 ♎ 48	7 ♏ 14
	20	21 53 49	27 ♌ 5 48	19 ♊ 17	23 ♍ 34	14 ♍ 20	27 ♍ 18	29 ♉ 41	9 ♌ 18	3 ♏ 43	11 ♐ 12R	9 ♎ 57	6 ♏ 59
	25	22 13 32	1 ♍ 54 59	25 ♌ 48	29 ♍ 8	20 ♍ 29	0 ♎ 29	0 ♊ 8	9 ♌ 55	3 ♏ 53	11 ♐ 12	10 ♎ 6	6 ♏ 43
	31	22 37 11	7 ♍ 42 50	22 ♏ 39	4 ♎ 23	27 ♍ 52	4 ♎ 20	0 ♊ 34	10 ♌ 39	4 ♏ 7	11 ♐ 13	10 ♎ 18	6 ♏ 24
SETTEMBRE	1	22 41 8	8 ♍ 40 53	6 ♐ 44	5 ♎ 4	29 ♍ 6	4 ♎ 59	0 ♊ 37	10 ♌ 46	4 ♏ 10	11 ♐ 13	10 ♎ 20	6 ♏ 20
	5	22 56 54	12 ♍ 33 20	0 ♒ 54	7 ♎ 7	4 ♎ 1	7 ♎ 34	0 ♊ 50	11 ♌ 14	4 ♏ 20	11 ♐ 15	10 ♎ 29	6 ♏ 8
	10	23 16 37	17 ♍ 24 29	3 ♈ 53	7 ♎ 48R	10 ♎ 9	10 ♎ 50	1 ♊ 3	11 ♌ 48	4 ♏ 34	11 ♐ 17	10 ♎ 39	5 ♏ 52
	15	23 36 20	22 ♍ 16 24	3 ♊ 12	5 ♎ 52R	16 ♎ 18	14 ♎ 6	1 ♊ 10	12 ♌ 22	4 ♏ 48	11 ♐ 20	10 ♎ 51	5 ♏ 36
	20	23 56 2	27 ♍ 9 13	6 ♌ 3	1 ♎ 24R	22 ♎ 26	17 ♎ 24	1 ♊ 12R	12 ♌ 54	5 ♏ 4	11 ♐ 25	11 ♎ 2	5 ♏ 20
	25	0 15 45	2 ♎ 2 55	18 ♎ 25	26 ♍ 12R	28 ♎ 33	20 ♎ 43	1 ♊ 9R	13 ♌ 24	5 ♏ 20	11 ♐ 29	11 ♎ 13	5 ♏ 4
	30	0 35 28	6 ♎ 57 25	1 ♑ 1	23 ♍ 16R	4 ♏ 41	24 ♎ 3	1 ♊ 2R	13 ♌ 54	5 ♏ 37	11 ♐ 35	11 ♎ 25	4 ♏ 48
OTTOBRE	1	0 39 24	7 ♎ 56 25	14 ♑ 37	23 ♍ 9R	5 ♏ 54	24 ♎ 43	0 ♊ 59R	13 ♌ 59	5 ♏ 40	11 ♐ 36	11 ♎ 27	4 ♏ 45
	5	0 55 11	11 ♎ 52 40	6 ♓ 8	24 ♍ 24	10 ♏ 48	27 ♎ 24	0 ♊ 49R	14 ♌ 21	5 ♏ 54	11 ♐ 41	11 ♎ 37	4 ♏ 32
	10	1 14 53	16 ♎ 48 41	6 ♉ 18	29 ♍ 13	16 ♏ 55	0 ♏ 47	0 ♊ 31R	14 ♌ 46	6 ♏ 12	11 ♐ 48	11 ♎ 49	4 ♏ 17
	15	1 34 36	21 ♎ 45 35	5 ♋ 25	6 ♎ 20	23 ♏ 1	4 ♏ 11	0 ♊ 9R	15 ♌ 10	6 ♏ 30	11 ♐ 56	12 ♎ 0	4 ♏ 1
	20	1 54 19	26 ♎ 43 26	12 ♍ 7	14 ♎ 29	29 ♏ 7	7 ♏ 36	29 ♉ 42R	15 ♌ 31	6 ♏ 48	12 ♐ 4	12 ♎ 12	3 ♏ 45
	25	2 14 2	1 ♏ 42 12	26 ♏ 59	22 ♎ 55	5 ♐ 13	11 ♏ 2	29 ♉ 12R	15 ♌ 50	7 ♏ 7	12 ♐ 13	12 ♎ 23	3 ♏ 29
	31	2 37 41	7 ♏ 41 45	20 ♒ 35	2 ♏ 60	12 ♐ 30	15 ♏ 12	28 ♉ 31R	16 ♌ 10	7 ♏ 30	12 ♐ 24	12 ♎ 36	3 ♏ 10
NOVEMBRE	1	2 41 38	8 ♏ 41 46	3 ♓ 10	4 ♏ 39	13 ♐ 43	15 ♏ 54	28 ♉ 24R	16 ♌ 13	7 ♏ 33	12 ♐ 26	12 ♎ 38	3 ♏ 7
	5	2 57 24	12 ♏ 42 7	21 ♈ 26	11 ♏ 13	18 ♐ 34	18 ♏ 41	27 ♉ 54R	16 ♌ 24	7 ♏ 48	12 ♐ 34	12 ♎ 47	2 ♏ 54
	10	3 17 7	17 ♏ 43 11	20 ♊ 42	19 ♏ 17	24 ♐ 38	22 ♏ 12	27 ♉ 15R	16 ♌ 35	8 ♏ 7	12 ♐ 45	12 ♎ 57	2 ♏ 38
	15	3 36 49	22 ♏ 45 2	23 ♌ 26	27 ♏ 12	0 ♑ 40	25 ♏ 44	26 ♉ 34R	16 ♌ 44	8 ♏ 26	12 ♐ 55	13 ♎ 7	2 ♏ 22
	20	3 56 32	27 ♏ 47 41	4 ♏ 41	4 ♐ 60	6 ♑ 42	29 ♏ 17	25 ♉ 54R	16 ♌ 50	8 ♏ 44	13 ♐ 6	13 ♎ 16	2 ♏ 6
	25	4 16 15	2 ♐ 50 58	19 ♑ 13	12 ♐ 43	12 ♑ 42	2 ♐ 52	25 ♉ 13R	16 ♌ 53	9 ♏ 2	13 ♐ 17	13 ♎ 25	1 ♏ 50
	30	4 35 58	7 ♐ 54 46	24 ♓ 27	20 ♐ 22	18 ♑ 41	6 ♐ 28	24 ♉ 34R	16 ♌ 53R	9 ♏ 19	13 ♐ 28	13 ♎ 33	1 ♏ 35
DICEMBRE	1	4 39 54	8 ♐ 55 35	6 ♈ 29	21 ♐ 53	19 ♑ 52	7 ♐ 11	24 ♉ 26R	16 ♌ 53R	9 ♏ 23	13 ♐ 31	13 ♎ 35	1 ♏ 31
	5	4 55 40	12 ♐ 58 37	23 ♉ 44	27 ♐ 55	24 ♑ 38	10 ♐ 5	23 ♉ 56R	16 ♌ 50R	9 ♏ 36	13 ♐ 40	13 ♎ 41	1 ♏ 19
	10	5 15 23	18 ♐ 3 33	24 ♋ 38	5 ♑ 18	0 ♒ 33	13 ♐ 43	23 ♉ 21R	16 ♌ 45R	9 ♏ 52	13 ♐ 51	13 ♎ 48	1 ♏ 3
	15	5 35 6	23 ♐ 8 35	0 ♎ 27	12 ♑ 16	6 ♒ 26	17 ♐ 23	22 ♉ 49R	16 ♌ 37R	10 ♏ 7	14 ♐ 2	13 ♎ 54	0 ♏ 47
	20	5 54 49	28 ♐ 14 1	13 ♐ 7	18 ♑ 19	12 ♒ 15	21 ♐ 4	22 ♉ 21R	16 ♌ 26R	10 ♏ 22	14 ♐ 13	13 ♎ 59	0 ♏ 31
	25	6 14 31	3 ♑ 19 42	24 ♒ 42	22 ♑ 26	18 ♒ 2	24 ♐ 46	21 ♉ 57R	16 ♌ 13R	10 ♏ 36	14 ♐ 24	14 ♎ 3	0 ♏ 15
	31	6 38 11	9 ♑ 26 36	8 ♉ 29	22 ♑ 34R	24 ♒ 53	29 ♐ 13	21 ♉ 35R	15 ♌ 54R	10 ♏ 51	14 ♐ 37	14 ♎ 7	29 ♎ 56

GIORNO	TEMPO SIDERALE	☉	☽	☿	♀	♂	♃	♄	♅	♆	♇	☊	1977
1	6 42 8	10 ♑ 27 44	20 ♉ 16	21 ♑ 55R	26 ♒ 1	29 ♐ 58	21 ♉ 32R	15 ♌ 50R	10 ♏ 53	14 ♐ 39	14 ♎ 8	29 ♎ 53	GENNAIO
5	6 57 54	14 ♑ 32 17	8 ♋ 41	17 ♑ 41R	0 ♓ 31	2 ♑ 58	21 ♉ 21R	15 ♌ 36R	11 ♏ 2	14 ♐ 47	14 ♎ 10	29 ♎ 40	
10	7 17 37	19 ♑ 37 57	13 ♍ 43	11 ♑ 15R	6 ♓ 2	6 ♑ 44	21 ♉ 13R	15 ♌ 16R	11 ♏ 12	14 ♐ 57	14 ♎ 11	29 ♎ 24	
15	7 37 20	24 ♑ 43 35	23 ♏ 13	7 ♑ 30R	11 ♓ 28	10 ♑ 30	21 ♉ 10R	14 ♌ 54R	11 ♏ 21	15 ♐ 7	14 ♎ 12	29 ♎ 8	
20	7 57 3	29 ♑ 49 8	5 ♒ 9	7 ♑ 34	16 ♓ 46	14 ♑ 18	21 ♉ 12	14 ♌ 31R	11 ♏ 29	15 ♐ 16	14 ♎ 12R	28 ♎ 52	
25	8 16 45	4 ♒ 54 25	10 ♈ 37	10 ♑ 27	21 ♓ 55	18 ♑ 6	21 ♉ 20	14 ♌ 8R	11 ♏ 35	15 ♐ 24	14 ♎ 11R	28 ♎ 37	
31	8 40 25	11 ♒ 0 10	22 ♊ 10	16 ♑ 10	27 ♓ 51	22 ♑ 42	21 ♉ 35	13 ♌ 39R	11 ♏ 41	15 ♐ 34	14 ♎ 8R	28 ♎ 18	
1	8 44 21	12 ♒ 1 3	4 ♋ 28	17 ♑ 17	28 ♓ 49	23 ♑ 28	21 ♉ 38	13 ♌ 34R	11 ♏ 42	15 ♐ 35	14 ♎ 8R	28 ♎ 14	FEBBRAIO
5	9 0 7	16 ♒ 4 24	26 ♌ 27	22 ♑ 4	2 ♈ 34	26 ♑ 32	21 ♉ 53	13 ♌ 14R	11 ♏ 45	15 ♐ 41	14 ♎ 5R	28 ♎ 2	
10	9 19 50	21 ♒ 8 10	5 ♏ 49	28 ♑ 38	7 ♈ 1	0 ♒ 23	22 ♉ 16	12 ♌ 50R	11 ♏ 47	15 ♐ 47	14 ♎ 1R	27 ♎ 46	
15	9 39 33	26 ♒ 11 30	16 ♑ 14	5 ♒ 42	11 ♈ 9	4 ♒ 15	22 ♉ 43	12 ♌ 26R	11 ♏ 47R	15 ♐ 52	13 ♎ 57R	27 ♎ 30	
20	9 59 16	1 ♓ 14 18	23 ♓ 28	13 ♒ 12	14 ♈ 54	8 ♒ 7	23 ♉ 15	12 ♌ 3R	11 ♏ 47R	15 ♐ 57	13 ♎ 52R	27 ♎ 14	
25	10 18 58	6 ♓ 16 24	24 ♉ 10	21 ♒ 6	18 ♈ 12	11 ♒ 60	23 ♉ 50	11 ♌ 41R	11 ♏ 44R	16 ♐ 1	13 ♎ 46R	26 ♎ 58	
28	10 30 48	9 ♓ 17 16	29 ♊ 59	26 ♒ 3	19 ♈ 55	14 ♒ 20	24 ♉ 13	11 ♌ 29R	11 ♏ 43R	16 ♐ 3	13 ♎ 42R	26 ♎ 49	
1	10 34 45	10 ♓ 17 29	12 ♋ 18	27 ♒ 43	20 ♈ 26	15 ♒ 6	24 ♉ 21	11 ♌ 25R	11 ♏ 42R	16 ♐ 4	13 ♎ 41R	26 ♎ 45	MARZO
5	10 50 31	14 ♓ 18 3	4 ♍ 59	4 ♓ 37	22 ♈ 15	18 ♒ 13	24 ♉ 54	11 ♌ 10R	11 ♏ 38R	16 ♐ 6	13 ♎ 35R	26 ♎ 33	
10	11 10 14	19 ♓ 18 4	16 ♏ 26	13 ♓ 38	23 ♈ 51	22 ♒ 7	25 ♉ 39	10 ♌ 52R	11 ♏ 33R	16 ♐ 8	13 ♎ 28R	26 ♎ 17	
15	11 29 56	24 ♓ 17 22	26 ♑ 396	23 ♓ 7	24 ♈ 33	26 ♒ 1	26 ♉ 27	10 ♌ 37R	11 ♏ 26R	16 ♐ 9	13 ♎ 20R	26 ♎ 1	
20	11 49 39	29 ♓ 15 58	1 ♈ 53	3 ♈ 0	24 ♈ 16R	29 ♒ 55	27 ♉ 17	10 ♌ 24R	11 ♏ 19R	16 ♐ 9R	13 ♎ 12R	25 ♎ 45	
25	12 9 22	4 ♈ 13 43	2 ♊ 8	13 ♈ 4	22 ♈ 57R	3 ♓ 49	28 ♉ 11	10 ♌ 14R	11 ♏ 10R	16 ♐ 8R	13 ♎ 4R	25 ♎ 29	
31	12 33 1	10 ♈ 9 46	15 ♌ 48	24 ♈ 37	20 ♈ 10R	8 ♓ 30	29 ♉ 18	10 ♌ 4R	10 ♏ 58R	16 ♐ 6R	12 ♎ 54R	25 ♎ 10	
1	12 36 58	11 ♈ 8 58	29 ♌ 11	26 ♈ 25	19 ♈ 36R	9 ♓ 17	29 ♉ 29	10 ♌ 3R	10 ♏ 56R	16 ♐ 6R	12 ♎ 53R	25 ♎ 7	APRILE
5	12 52 44	15 ♈ 5 27	26 ♎ 29	2 ♉ 56	17 ♈ 10R	12 ♓ 24	0 ♊ 16	9 ♌ 60R	10 ♏ 47R	16 ♐ 4R	12 ♎ 46R	24 ♎ 54	
10	13 12 27	20 ♈ 0 19	9 ♑ 37	9 ♉ 17	14 ♈ 3R	16 ♓ 18	1 ♊ 16	9 ♌ 58R	10 ♏ 36R	16 ♐ 1R	12 ♎ 38R	24 ♎ 38	
15	13 32 10	24 ♈ 54 28	16 ♓ 1	13 ♉ 12	11 ♈ 19R	20 ♓ 11	2 ♊ 18	9 ♌ 58	10 ♏ 24R	15 ♐ 57R	12 ♎ 29R	24 ♎ 22	
20	13 51 52	29 ♈ 47 52	16 ♉ 52	14 ♉ 31	9 ♈ 22R	24 ♓ 4	3 ♊ 21	10 ♌ 2	10 ♏ 12R	15 ♐ 52R	12 ♎ 21R	24 ♎ 7	
25	14 11 35	4 ♉ 40 26	16 ♋ 19	13 ♉ 26R	8 ♈ 22R	27 ♓ 57	4 ♊ 26	10 ♌ 8	9 ♏ 59R	15 ♐ 47R	12 ♎ 13R	23 ♎ 51	
30	14 31 18	9 ♉ 32 7	21 ♍ 3	10 ♉ 40R	8 ♈ 23	1 ♈ 48	5 ♊ 32	10 ♌ 17	9 ♏ 47R	15 ♐ 41R	12 ♎ 6R	23 ♎ 35	
1	14 35 14	10 ♉ 30 21	5 ♎ 14	10 ♉ 2R	8 ♈ 31	2 ♈ 35	5 ♊ 45	10 ♌ 19	9 ♏ 44R	15 ♐ 40R	12 ♎ 5R	23 ♎ 32	MAGGIO
5	14 51 1	14 ♉ 23 0	5 ♐ 4	7 ♉ 31R	9 ♈ 20	5 ♈ 39	6 ♊ 39	10 ♌ 28	9 ♏ 34R	15 ♐ 34R	11 ♎ 59R	23 ♎ 19	
10	15 10 43	19 ♉ 13 13	17 ♒ 5	5 ♉ 17R	11 ♈ 6	9 ♈ 30	7 ♊ 47	10 ♌ 42	9 ♏ 21R	15 ♐ 28R	11 ♎ 53R	23 ♎ 3	
15	15 30 26	24 ♉ 2 53	19 ♈ 59	4 ♉ 46	13 ♈ 33	13 ♈ 19	8 ♊ 55	10 ♌ 58	9 ♏ 9R	15 ♐ 20R	11 ♎ 47R	22 ♎ 47	
20	15 50 9	28 ♉ 52 1	19 ♊ 18	6 ♉ 8	16 ♈ 33	17 ♈ 7	10 ♊ 4	11 ♌ 16	8 ♏ 57R	15 ♐ 13R	11 ♎ 41R	22 ♎ 31	
25	16 9 52	3 ♊ 40 32	20 ♌ 7	9 ♉ 16	20 ♈ 1	20 ♈ 54	11 ♊ 14	11 ♌ 37	8 ♏ 46R	15 ♐ 5R	11 ♎ 37R	22 ♎ 15	
31	16 33 31	9 ♊ 25 56	13 ♏ 2	14 ♉ 59	24 ♈ 41	25 ♈ 25	12 ♊ 37	12 ♌ 4	8 ♏ 33R	14 ♐ 55R	11 ♎ 32R	21 ♎ 56	
1	16 37 28	10 ♊ 23 26	28 ♏ 9	16 ♉ 7	25 ♈ 30	26 ♈ 10	12 ♊ 51	12 ♌ 9	8 ♏ 31R	14 ♐ 54R	11 ♎ 31R	21 ♎ 53	GIUGNO
5	16 53 14	14 ♊ 13 14	28 ♑ 21	21 ♉ 11	28 ♈ 54	29 ♈ 10	13 ♊ 47	12 ♌ 29	8 ♏ 23R	14 ♐ 47R	11 ♎ 29R	21 ♎ 40	
10	17 12 57	19 ♊ 0 12	4 ♈ 51	28 ♉ 35	3 ♉ 23	2 ♉ 53	14 ♊ 57	12 ♌ 56	8 ♏ 14R	14 ♐ 39R	11 ♎ 27R	21 ♎ 24	
15	17 32 39	23 ♊ 46 58	4 ♊ 30	7 ♊ 7	8 ♉ 3	6 ♉ 35	16 ♊ 6	13 ♌ 25	8 ♏ 6R	14 ♐ 31R	11 ♎ 25R	21 ♎ 9	
20	17 52 22	28 ♊ 33 31	4 ♌ 40	16 ♊ 44	12 ♉ 55	10 ♉ 15	17 ♊ 15	13 ♌ 55	7 ♏ 59R	14 ♐ 23R	11 ♎ 24R	20 ♎ 53	
25	18 12 5	3 ♋ 19 47	9 ♎ 15	27 ♊ 12	17 ♉ 55	13 ♉ 53	18 ♊ 24	14 ♌ 26	7 ♏ 53R	14 ♐ 16R	11 ♎ 25	20 ♎ 37	
30	18 31 48	8 ♋ 5 49	21 ♐ 55	8 ♋ 5	23 ♉ 2	17 ♉ 30	19 ♊ 32	14 ♌ 59	7 ♏ 48R	14 ♐ 8R	11 ♎ 26	20 ♎ 21	

1977	GIORNO	TEMPO SIDERALE	☉	☽	☿	♀	♂	♃	♄	♅	♆	♇	☊
LUGLIO	1	18 35 44	9 ♋ 3 1	7 ♑ 3	10 ♋ 15	24 ♉ 5	18 ♉ 13	19 ♊ 46	15 ♌ 6	7 ♏ 47R	14 ♐ 7R	11 ♎ 26	20 ♎ 18
	5	18 51 30	12 ♋ 51 46	4 ♓ 49	18 ♋ 50	28 ♉ 17	21 ♉ 5	20 ♊ 39	15 ♌ 33	7 ♏ 45R	14 ♐ 1R	11 ♎ 27	20 ♎ 5
	10	19 11 13	17 ♋ 37 47	7 ♉ 41	29 ♋ 1	3 ♊ 36	24 ♉ 39	21 ♊ 46	16 ♌ 8	7 ♏ 42R	13 ♐ 55R	11 ♎ 30	19 ♎ 49
	15	19 30 56	22 ♋ 23 59	7 ♋ 7	8 ♌ 29	9 ♊ 1	28 ♉ 10	22 ♊ 51	16 ♌ 44	7 ♏ 41R	13 ♐ 48R	11 ♎ 34	19 ♎ 33
	20	19 50 39	27 ♋ 10 21	9 ♍ 41	7 ♌ 9	14 ♊ 31	1 ♊ 39	23 ♊ 55	17 ♌ 20	7 ♏ 42	13 ♐ 43R	11 ♎ 38	19 ♎ 17
	25	20 10 21	1 ♌ 56 50	17 ♏ 25	25 ♌ 3	20 ♊ 4	5 ♊ 6	24 ♊ 58	17 ♌ 57	7 ♏ 43	13 ♐ 38R	11 ♎ 43	19 ♎ 1
	31	20 34 1	7 ♌ 40 50	15 ♒ 2	3 ♍ 28	26 ♊ 49	9 ♊ 12	26 ♊ 11	18 ♌ 43	7 ♏ 47	13 ♐ 33R	11 ♎ 50	18 ♎ 42
AGOSTO	1	20 37 57	8 ♌ 38 13	29 ♒ 11	4 ♍ 45	27 ♊ 57	9 ♊ 53	26 ♊ 23	18 ♌ 50	7 ♏ 48	13 ♐ 32R	11 ♎ 51	18 ♎ 39
	5	20 53 44	12 ♌ 27 53	21 ♈ 40	9 ♍ 31	2 ♋ 30	12 ♊ 34	27 ♊ 10	19 ♌ 21	7 ♏ 51	13 ♐ 29R	11 ♎ 57	18 ♎ 27
	10	21 13 26	17 ♌ 15 25	21 ♊ 30	14 ♍ 34	8 ♋ 14	15 ♊ 54	28 ♊ 7	19 ♌ 59	7 ♏ 57	13 ♐ 26R	12 ♎ 4	18 ♎ 11
	15	21 33 9	22 ♌ 3 31	23 ♌ 17	18 ♍ 20	14 ♋ 1	19 ♊ 11	29 ♊ 2	20 ♌ 37	8 ♏ 4	13 ♐ 24R	12 ♎ 12	17 ♎ 55
	20	21 52 52	26 ♌ 52 7	0 ♏ 14	20 ♍ 28	19 ♋ 51	22 ♊ 25	29 ♊ 54	21 ♌ 16	8 ♏ 12	13 ♐ 23R	12 ♎ 21	17 ♎ 39
	25	22 12 35	1 ♍ 41 12	11 ♑ 4	20 ♍ 30R	25 ♋ 43	25 ♊ 37	0 ♋ 44	21 ♌ 54	8 ♏ 22	13 ♐ 22R	12 ♎ 30	17 ♎ 23
	31	22 36 14	7 ♍ 28 48	4 ♈ 14	17 ♍ 21R	2 ♌ 48	29 ♊ 23	1 ♋ 41	22 ♌ 39	8 ♏ 34	13 ♐ 23	12 ♎ 42	17 ♎ 4
SETTEMBRE	1	22 40 10	8 ♍ 26 49	17 ♈ 3	16 ♍ 32R	3 ♌ 60	0 ♋ 0	0 ♋ 50	22 ♌ 47	8 ♏ 37	13 ♐ 23	12 ♎ 44	17 ♎ 1
	5	22 55 57	12 ♍ 19 14	5 ♊ 43	12 ♍ 47R	8 ♌ 45	2 ♋ 28	2 ♋ 25	23 ♌ 17	8 ♏ 46	13 ♐ 24	12 ♎ 52	16 ♎ 48
	10	23 15 39	17 ♍ 10 30	6 ♌ 8	8 ♍ 31R	14 ♌ 44	5 ♋ 29	5 ♋ 5	23 ♌ 53	8 ♏ 59	13 ♐ 26	13 ♎ 2	16 ♎ 32
	15	23 35 22	22 ♍ 2 35	12 ♎ 36	6 ♍ 57	20 ♌ 45	8 ♋ 26	8 ♋ 42	24 ♌ 29	9 ♏ 13	13 ♐ 29	13 ♎ 13	16 ♎ 16
	20	23 55 5	26 ♍ 55 24	23 ♐ 27	9 ♍ 11	26 ♌ 48	11 ♋ 20	11 ♋ 15	25 ♌ 4	9 ♏ 27	13 ♐ 33	13 ♎ 25	16 ♎ 0
	25	0 14 48	1 ♎ 48 55	3 ♓ 6	14 ♍ 45	2 ♍ 53	14 ♋ 10	14 ♋ 45	25 ♌ 38	9 ♏ 43	13 ♐ 37	13 ♎ 36	15 ♎ 45
	30	0 34 31	6 ♎ 43 12	7 ♉ 31	22 ♍ 26	8 ♍ 59	16 ♋ 54	16 ♋ 10	26 ♌ 11	9 ♏ 59	13 ♐ 43	13 ♎ 48	15 ♎ 29
OTTOBRE	1	0 38 27	7 ♎ 42 9	19 ♉ 42	24 ♍ 7	10 ♍ 13	17 ♋ 27	5 ♋ 15	26 ♌ 18	10 ♏ 2	13 ♐ 44	13 ♎ 50	15 ♎ 25
	5	0 54 13	11 ♎ 38 22	7 ♋ 22	1 ♎ 5	15 ♍ 7	19 ♋ 34	5 ♋ 31	26 ♌ 43	10 ♏ 15	13 ♐ 49	13 ♎ 60	15 ♎ 13
	10	1 13 56	16 ♎ 34 29	9 ♍ 53	9 ♎ 57	21 ♍ 16	22 ♋ 9	5 ♋ 48	27 ♌ 13	10 ♏ 33	13 ♐ 55	14 ♎ 11	14 ♎ 57
	15	1 33 39	21 ♎ 31 32	20 ♏ 33	18 ♎ 41	27 ♍ 26	24 ♋ 37	5 ♋ 59	27 ♌ 41	10 ♏ 50	14 ♐ 3	14 ♎ 23	14 ♎ 41
	20	1 53 22	26 ♎ 29 22	2 ♒ 32	27 ♎ 12	3 ♎ 38	26 ♋ 59	6 ♋ 6	28 ♌ 8	11 ♏ 9	14 ♐ 11	14 ♎ 35	14 ♎ 25
	25	2 13 4	1 ♏ 27 55	8 ♈ 43	5 ♏ 26	9 ♎ 50	29 ♋ 14	6 ♋ 8R	28 ♌ 33	11 ♏ 27	14 ♐ 19	14 ♎ 46	14 ♎ 9
	31	2 36 44	7 ♏ 27 12	21 ♊ 46	15 ♏ 2	17 ♎ 18	1 ♌ 46	6 ♋ 4R	29 ♌ 0	11 ♏ 49	14 ♐ 30	14 ♎ 60	13 ♎ 50
NOVEMBRE	1	2 40 40	8 ♏ 27 12	3 ♋ 37	16 ♏ 36	18 ♎ 33	2 ♌ 10	6 ♋ 3R	29 ♌ 5	11 ♏ 53	14 ♐ 32	15 ♎ 2	13 ♎ 47
	5	2 56 26	12 ♏ 27 32	21 ♌ 58	22 ♏ 48	23 ♎ 33	3 ♌ 42	5 ♋ 55R	29 ♌ 21	12 ♏ 8	14 ♐ 40	15 ♎ 11	13 ♎ 34
	10	3 16 9	17 ♏ 28 45	29 ♎ 34	0 ♐ 25	29 ♎ 48	5 ♌ 29	5 ♋ 41R	29 ♌ 39	12 ♏ 27	14 ♐ 50	15 ♎ 21	13 ♎ 18
	15	3 35 52	22 ♏ 30 42	14 ♑ 18	7 ♐ 52	6 ♏ 3	7 ♌ 4	5 ♋ 22R	29 ♌ 54	12 ♏ 46	15 ♐ 0	15 ♎ 32	13 ♎ 2
	20	3 55 35	27 ♏ 33 15	22 ♓ 58	15 ♐ 7	12 ♏ 19	8 ♌ 28	4 ♋ 59R	0 ♍ 7	13 ♏ 4	15 ♐ 11	15 ♎ 41	12 ♎ 47
	25	4 15 17	2 ♐ 36 19	24 ♉ 36	22 ♐ 5	18 ♏ 36	9 ♌ 37	4 ♋ 31R	0 ♍ 18	13 ♏ 22	15 ♐ 22	15 ♎ 50	12 ♎ 31
	30	4 35	7 ♐ 39 55	24 ♋ 5	28 ♐ 30	24 ♏ 53	10 ♌ 32	4 ♋ 60R	0 ♍ 26	13 ♏ 40	15 ♐ 33	15 ♎ 59	12 ♎ 15
DICEMBRE	1	4 38 57	8 ♐ 40 43	6 ♌ 3	29 ♐ 41	26 ♏ 8	10 ♌ 41	3 ♋ 53R	0 ♍ 27	13 ♏ 43	15 ♐ 36	16 ♎ 1	12 ♎ 12
	5	4 54 43	12 ♐ 44 7	25 ♍ 59	3 ♑ 51	1 ♐ 10	11 ♌ 11	3 ♋ 25R	0 ♍ 31	13 ♏ 57	15 ♐ 45	16 ♎ 7	11 ♎ 59
	10	5 14 26	17 ♐ 48 52	7 ♐ 22	7 ♑ 5	7 ♐ 27	11 ♌ 31	2 ♋ 48R	0 ♍ 33	14 ♏ 14	15 ♐ 56	16 ♎ 14	11 ♎ 43
	15	5 34 9	22 ♐ 54 0	22 ♒ 20	6 ♑ 40R	13 ♐ 44	11 ♌ 33R	2 ♋ 9R	0 ♍ 32R	14 ♏ 30	16 ♐ 7	16 ♎ 21	11 ♎ 27
	20	5 53 51	27 ♐ 59 21	27 ♈ 30	1 ♑ 46R	20 ♐ 2	11 ♌ 14R	1 ♋ 29R	0 ♍ 29R	14 ♏ 45	16 ♐ 18	16 ♎ 26	11 ♎ 11
	25	6 13 34	3 ♑ 4 49	27 ♊ 17	25 ♐ 10R	26 ♐ 19	10 ♌ 34R	0 ♋ 48R	0 ♍ 23R	14 ♏ 60	16 ♐ 30	16 ♎ 31	10 ♎ 55
	31	6 37 13	9 ♑ 11 35	9 ♍ 40	21 ♐ 13R	3 ♑ 52	9 ♌ 19	29 ♊ 60R	0 ♍ 12R	15 ♏ 16	16 ♐ 43	16 ♎ 36	10 ♎ 36

GIORNO	TEMPO SIDERALE	☉	☽	☿	♀	♂	♃	♄	♅	♆	♇	☊	1978
1	6 41 10	10 ♑ 12 42	22 ♍ 15	21 ♐ 9	5 ♑ 8	9 ♌ 4R	29 ♊ 52R	0 ♍ 10R	15 ♏ 19	16 ♐ 45	16 ♎ 36	10 ♎ 33	GENNAIO
5	6 56 56	14 ♑ 17 20	16 ♏ 2	22 ♐ 17	10 ♑ 10	7 ♌ 56R	29 ♊ 21R	0 ♍ 0R	15 ♏ 28	16 ♐ 53	16 ♎ 39	10 ♎ 20	
10	7 16 39	19 ♑ 23 11	1 ♒ 12	26 ♐ 2	16 ♑ 27	6 ♌ 17R	28 ♊ 44R	29 ♌ 46R	15 ♏ 40	17 ♐ 3	16 ♎ 41	10 ♎ 5	
15	7 36 22	24 ♑ 28 54	11 ♈ 22	1 ♑ 20	22 ♑ 45	4 ♌ 25R	28 ♊ 10R	29 ♌ 30R	15 ♏ 50	17 ♐ 13	16 ♎ 42	9 ♎ 49	
20	7 56 4	29 ♑ 34 20	12 ♊ 18	7 ♑ 31	29 ♑ 2	2 ♌ 26R	27 ♊ 39R	29 ♌ 11R	15 ♏ 59	17 ♐ 22	16 ♎ 42R	9 ♎ 33	
25	8 15 47	4 ♒ 39 25	12 ♌ 7	14 ♑ 18	5 ♒ 19	0 ♌ 26R	27 ♊ 11R	28 ♌ 51R	16 ♏ 6	17 ♐ 31	16 ♎ 42R	9 ♎ 17	
31	8 39 27	10 ♒ 45 7	28 ♎ 17	22 ♑ 57	12 ♒ 51	28 ♋ 9R	26 ♊ 45R	28 ♌ 25R	16 ♏ 14	17 ♐ 40	16 ♎ 40R	8 ♎ 58	
1	8 43 23	11 ♒ 46 1	11 ♏ 50	24 ♑ 26	14 ♒ 6	27 ♋ 48R	26 ♊ 41	28 ♌ 20R	16 ♏ 15	17 ♐ 42	16 ♎ 39R	8 ♎ 55	FEBBRAIO
5	8 59 9	15 ♒ 49 31	9 ♑ 23	0 ♒ 31	19 ♒ 8	26 ♋ 27R	26 ♊ R27R	28 ♌ 2R	16 ♏ 19	17 ♐ 48	16 ♎ 37R	8 ♎ 42	
10	9 18 52	20 ♒ 53 30	22 ♓ 35	8 ♒ 25	25 ♒ 24	24 ♋ 59R	26 ♊ 14R	27 ♌ 38R	16 ♏ 22	17 ♐ 54	16 ♎ 34R	8 ♎ 26	
15	9 38 35	25 ♒ 56 52	26 ♉ 47	16 ♒ 39	1 ♓ 40	23 ♋ 49R	26 ♊ 7R	27 ♌ 14R	16 ♏ 24	18 ♐ 0	16 ♎ 30R	8 ♎ 10	
20	9 58 18	0 ♓ 59 32	26 ♋ 23	25 ♒ 15	7 ♓ 56	22 ♋ 59R	26 ♊ 4R	26 ♌ 50R	16 ♏ 24R	18 ♐ 5	16 ♎ 25R	7 ♎ 54	
25	10 18	6 ♓ 1 29	28 ♍ 53	4 ♓ 14	14 ♓ 11	22 ♋ 28R	26 ♊ 7	26 ♌ 25R	16 ♏ 24R	18 ♐ 10	16 ♎ 19R	7 ♎ 38	
28	10 29 50	9 ♓ 2 20	8 ♏ 45	9 ♓ 48	17 ♓ 55	22 ♋ 19R	26 ♊ 11	26 ♌ 11R	16 ♏ 23R	18 ♐ 12	16 ♎ 16R	7 ♎ 29	
1	10 33 47	10 ♓ 2 34	22 ♏ 28	11 ♓ 41	19 ♓ 10	22 ♋ 18R	26 ♊ 12	26 ♌ 7R	16 ♏ 22R	18 ♐ 13	16 ♎ 15R	7 ♎ 26	MARZO
5	10 49 33	14 ♓ 3 15	19 ♑ 13	19 ♓ 21	24 ♓ 10	22 ♋ 20	26 ♊ 21	25 ♌ 48R	16 ♏ 20R	18 ♐ 15	16 ♎ 9R	7 ♎ 13	
10	11 9 16	19 ♓ 3 30	0 ♈ 29	29 ♓ 2	0 ♈ 24	22 ♋ 38	26 ♊ 36	25 ♌ 27R	16 ♏ 15R	18 ♐ 17	16 ♎ 2R	6 ♎ 57	
15	11 28 58	24 ♓ 2 56	4 ♊ 39	8 ♈ 21	6 ♈ 37	23 ♋ 13	26 ♊ 55	25 ♌ 6R	16 ♏ 10R	18 ♐ 19	15 ♎ 55R	6 ♎ 41	
20	11 48 41	29 ♓ 1 27	4 ♌ 25	16 ♈ 30	12 ♈ 49	24 ♋ 2	27 ♊ 19	24 ♌ 48R	16 ♏ 3R	18 ♐ 19	15 ♎ 47R	6 ♎ 25	
25	12 8 24	3 ♈ 59 2	7 ♎ 55	22 ♈ 31	19 ♈ 1	25 ♋ 6	27 ♊ 48	24 ♌ 31R	15 ♏ 56R	18 ♐ 19R	15 ♎ 39R	6 ♎ 9	
31	11 32 3	9 ♈ 55 4	1 ♑ 32	25 ♈ 58	26 ♈ 27	26 ♋ 38	28 ♊ 27	24 ♌ 13R	15 ♏ 55R	18 ♐ 18R	15 ♎ 29R	5 ♎ 50	
1	12 35 60	10 ♈ 54 18	15 ♑ 45	26 ♈ 7	27 ♈ 41	26 ♋ 55	28 ♊ 34	24 ♌ 11R	15 ♏ 43R	18 ♐ 17R	15 ♎ 27R	5 ♎ 47	APRILE
5	12 51 46	14 ♈ 50 57	11 ♓ 54	25 ♈ 31R	2 ♉ 37	28 ♋ 6	29 ♊ 3	24 ♌ 2R	15 ♏ 35R	18 ♐ 16R	15 ♎ 21R	5 ♎ 34	
10	13 11 29	19 ♈ 46 2	17 ♉ 50	22 ♈ 42R	8 ♉ 46	29 ♋ 44	29 ♊ 43	23 ♌ 52R	15 ♏ 25R	18 ♐ 13R	15 ♎ 12R	5 ♎ 19	
15	13 31 12	24 ♈ 40 15	18 ♋ 20	18 ♈ 59R	14 ♉ 55	1 ♌ 31	0 ♋ 26	23 ♌ 45R	15 ♏ 13R	18 ♐ 9R	15 ♎ 4R	5 ♎ 3	
20	13 50 54	29 ♈ 33 31	19 ♍ 41	16 ♈ 1R	21 ♉ 3	3 ♌ 25	1 ♋ 12	23 ♌ 41R	15 ♏ 1R	18 ♐ 5R	14 ♎ 56R	4 ♎ 47	
25	14 10 37	4 ♉ 25 57	28 ♏ 47	14 ♈ 52R	27 ♉ 10	5 ♌ 26	2 ♋ 1	23 ♌ 39R	14 ♏ 49R	17 ♐ 60R	14 ♎ 48R	4 ♎ 31	
30	14 30 20	9 ♉ 17 39	10 ♒ 54	15 ♈ 46	3 ♊ 16	7 ♌ 34	2 ♋ 52	23 ♌ 40	14 ♏ 37R	17 ♐ 54R	14 ♎ 40R	4 ♎ 15	
1	14 34 16	10 ♉ 15 55	24 ♒ 50	16 ♈ 1	4 ♊ 29	7 ♌ 60	3 ♋ 3	23 ♌ 41	14 ♏ 34R	17 ♐ 53R	14 ♎ 39R	4 ♎ 12	MAGGIO
5	14 50 3	14 ♉ 8 44	18 ♈ 17	18 ♈ 30	9 ♊ 21	9 ♌ 46	3 ♋ 46	23 ♌ 44	14 ♏ 24R	17 ♐ 58R	14 ♎ 33R	3 ♎ 59	
10	15 9 45	18 ♉ 59 9	20 ♊ 39	22 ♈ 47	15 ♊ 25	12 ♌ 4	4 ♋ 42	23 ♌ 50	14 ♏ 11R	17 ♐ 42R	14 ♎ 26R	3 ♎ 43	
15	15 29 28	23 ♉ 48 52	20 ♌ 16	28 ♈ 19	21 ♊ 28	14 ♌ 27	5 ♋ 39	23 ♌ 59	13 ♏ 59R	17 ♐ 35R	14 ♎ 20R	3 ♎ 27	
20	15 49 11	28 ♉ 37 51	24 ♎ 23	4 ♉ 57	27 ♊ 30	16 ♌ 53	6 ♋ 39	24 ♌ 11	13 ♏ 47R	17 ♐ 27R	14 ♎ 14R	3 ♎ 12	
25	16 8 54	3 ♊ 26 13	7 ♑ 41	12 ♉ 35	3 ♋ 30	19 ♌ 23	7 ♋ 40	24 ♌ 25	13 ♏ 35R	17 ♐ 19R	14 ♎ 9R	2 ♎ 56	
31	16 32 33	9 ♊ 11 40	2 ♈ 15	23 ♉ 1	10 ♋ 41	22 ♌ 28	8 ♋ 54	24 ♌ 45	13 ♏ 21R	17 ♐ 10R	14 ♎ 4R	2 ♎ 37	
1	16 36 30	10 ♊ 9 12	15 ♈ 14	24 ♉ 53	11 ♋ 53	22 ♌ 60	9 ♋ 7	24 ♌ 48	13 ♏ 19R	17 ♐ 8R	14 ♎ 3R	2 ♎ 33	GIUGNO
5	16 52 16	13 ♊ 59 11	5 ♊ 8	2 ♊ 44	16 ♋ 39	25 ♌ 6	9 ♋ 58	25 ♌ 3	13 ♏ 10R	17 ♐ 2R	14 ♎ 0R	2 ♎ 21	
10	17 11 58	18 ♊ 46 19	4 ♌ 52	13 ♊ 14	22 ♋ 36	27 ♌ 46	11 ♋ 3	25 ♌ 25	13 ♏ 1R	16 ♐ 54R	13 ♎ 58R	2 ♎ 5	
15	17 31 41	23 ♊ 33 3	5 ♎ 54	24 ♊ 11	28 ♋ 31	0 ♍ 30	12 ♋ 8	25 ♌ 48	12 ♏ 52R	16 ♐ 46R	13 ♎ 56R	1 ♎ 49	
20	17 51 24	28 ♊ 19 25	16 ♐ 9	5 ♋ 2	4 ♌ 24	3 ♍ 16	13 ♋ 14	26 ♌ 13	12 ♏ 44R	16 ♐ 38R	13 ♎ 55R	1 ♎ 33	
25	18 11 7	3 ♋ 5 34	1 ♓ 13	15 ♋ 20	10 ♌ 15	6 ♍ 4	14 ♋ 21	26 ♌ 39	12 ♏ 37R	16 ♐ 30R	13 ♎ 54	1 ♎ 17	
30	18 30 50	7 ♋ 51 40	7 ♉ 39	24 ♋ 50	16 ♌ 5	8 ♍ 55	15 ♋ 28	27 ♌ 8	12 ♏ 31R	16 ♐ 22R	13 ♎ 55	1 ♎ 1	

1978	GIORNO	TEMPO SIDERALE	☉	☽	☿	♀	♂	♃	♄	♅	♆	♇	☊
LUGLIO	1	18 34 46	8 ♋ 48 53	20 ♉ 1	26 ♋ 38	17 ♌ 14	9 ♍ 29	15 ♋ 42	27 ♌ 13	12 ♏ 30R	16 ♐ 21R	13 ♎ 55	0 ♎ 58
	5	18 50 52	12 ♋ 37 48	8 ♋ 9	3 ♌ 27	21 ♌ 52	11 ♍ 47	16 ♋ 36	27 ♌ 37	12 ♏ 26R	16 ♐ 15R	13 ♎ 56	0 ♎ 45
	10	19 10 15	17 ♋ 23 58	7 ♍ 38	11 ♌ 10	27 ♌ 36	14 ♍ 42	17 ♋ 43	28 ♌ 9	12 ♏ 22R	16 ♐ 8R	13 ♎ 58	0 ♎ 29
	15	19 29 58	22 ♋ 10 5	11 ♏ 23	17 ♌ 58	3 ♍ 18	17 ♍ 39	18 ♋ 51	28 ♌ 41	12 ♏ 20R	16 ♐ 2R	14 ♎ 1	0 ♎ 14
	20	19 49 41	26 ♋ 56 15	25 ♑ 5	23 ♌ 45	8 ♍ 57	20 ♍ 38	19 ♋ 58	29 ♌ 15	12 ♏ 19R	15 ♐ 56R	14 ♎ 5	29 ♍ 58
	25	20 9 23	1 ♌ 42 37	8 ♈ 6	28 ♌ 22	14 ♍ 33	23 ♍ 39	21 ♋ 5	29 ♌ 49	12 ♏ 19	15 ♐ 51R	14 ♎ 10	29 ♍ 42
	31	20 33 3	7 ♌ 26 44	23 ♊ 19	1 ♍ 59	21 ♍ 11	27 ♍ 18	22 ♋ 25	0 ♍ 32	12 ♏ 21	15 ♐ 45R	14 ♎ 17	29 ♍ 23
AGOSTO	1	20 36 59	8 ♌ 24 8	5 ♋ 12	2 ♍ 21	22 ♍ 17	27 ♍ 56	22 ♋ 38	0 ♍ 39	12 ♏ 22	15 ♐ 44R	14 ♎ 18	29 ♍ 20
	5	20 52 45	12 ♌ 13 57	22 ♌ 45	3 ♍ 1R	26 ♍ 38	0 ♎ 24	23 ♋ 31	1 ♍ 9	12 ♏ 25	15 ♐ 41R	14 ♎ 23	29 ♍ 7
	10	21 12 28	17 ♌ 1 33	24 ♎ 29	1 ♍ 53R	1 ♎ 60	3 ♎ 30	24 ♋ 36	1 ♍ 46	12 ♏ 29	15 ♐ 38R	14 ♎ 30	28 ♍ 51
	15	21 32 11	21 ♌ 49 31	3 ♑ 39	28 ♌ 44R	7 ♎ 16	6 ♎ 39	25 ♋ 40	2 ♍ 23	12 ♏ 35	15 ♐ 36R	14 ♎ 38	28 ♍ 35
	20	21 51 54	26 ♌ 37 54	18 ♓ 21	24 ♌ 33R	12 ♎ 25	9 ♎ 49	26 ♋ 43	3 ♍ 1	12 ♏ 42	15 ♐ 34R	14 ♎ 46	28 ♍ 19
	25	22 11 37	1 ♍ 26 53	25 ♉ 53	21 ♌ 12R	17 ♎ 28	13 ♎ 1	27 ♋ 45	3 ♍ 39	12 ♏ 50	15 ♐ 33R	14 ♎ 55	28 ♍ 3
	31	22 35 16	7 ♍ 14 38	7 ♌ 36	20 ♌ 43	23 ♎ 19	16 ♎ 53	28 ♋ 57	4 ♍ 24	13 ♏ 1	15 ♐ 33	15 ♎ 6	27 ♍ 44
SETTEMBRE	1	22 39 12	8 ♍ 12 41	19 ♌ 33	21 ♌ 7	24 ♎ 16	17 ♎ 32	29 ♋ 9	4 ♍ 32	13 ♏ 3	15 ♐ 33	15 ♎ 8	27 ♍ 41
	5	22 54 59	12 ♍ 5 13	8 ♎ 47	24 ♌ 1	27 ♎ 59	20 ♎ 9	29 ♋ 56	5 ♍ 2	13 ♏ 12	15 ♐ 34	15 ♎ 16	27 ♍ 28
	10	23 14 41	16 ♍ 56 28	15 ♐ 8	0 ♍ 17	2 ♏ 27	23 ♎ 26	0 ♌ 53	5 ♍ 40	13 ♏ 24	15 ♐ 36	15 ♎ 27	27 ♍ 12
	15	23 34 24	21 ♍ 48 20	27 ♒ 27	8 ♍ 30	6 ♏ 40	26 ♎ 45	1 ♌ 47	6 ♍ 17	13 ♏ 36	15 ♐ 38	15 ♎ 38	26 ♍ 57
	20	23 54 7	26 ♍ 40 57	7 ♉ 57	17 ♍ 37	10 ♏ 34	0 ♏ 6	2 ♌ 40	6 ♍ 54	13 ♏ 50	15 ♐ 41	15 ♎ 49	26 ♍ 41
	25	0 13 50	1 ♎ 34 25	10 ♋ 12	26 ♍ 53	14 ♏ 6	3 ♏ 28	3 ♌ 30	7 ♍ 30	14 ♏ 5	15 ♐ 46	16 ♎ 0	26 ♍ 25
	30	0 33 32	6 ♎ 28 49	10 ♍ 5	5 ♎ 58	17 ♏ 11	6 ♏ 52	4 ♌ 17	8 ♍ 6	14 ♏ 20	15 ♐ 50	16 ♎ 12	26 ♍ 9
OTTOBRE	1	0 37 29	7 ♎ 27 49	22 ♍ 30	7 ♎ 45	17 ♏ 44	7 ♏ 33	4 ♌ 26	8 ♍ 13	14 ♏ 23	15 ♐ 52	16 ♎ 14	26 ♍ 6
	5	0 53 15	11 ♎ 24 7	14 ♏ 36	14 ♎ 43	19 ♏ 42	10 ♏ 17	5 ♌ 2	8 ♍ 40	14 ♏ 36	15 ♐ 56	16 ♎ 24	25 ♍ 53
	10	1 12 58	16 ♎ 20 11	24 ♑ 14	23 ♎ 8	21 ♏ 33	13 ♏ 44	5 ♌ 43	9 ♍ 14	14 ♏ 53	16 ♐ 2	16 ♎ 36	25 ♍ 37
	15	1 32 41	21 ♎ 17 0	5 ♈ 11	1 ♏ 14	22 ♏ 36	17 ♏ 13	6 ♌ 22	9 ♍ 46	15 ♏ 10	16 ♐ 10	16 ♎ 48	25 ♍ 21
	20	1 52 24	26 ♎ 14 37	11 ♊ 34	9 ♏ 2	22 ♏ 44R	20 ♏ 44	6 ♌ 56	10 ♍ 17	15 ♏ 28	16 ♐ 17	16 ♎ 59	25 ♍ 5
	25	2 12 6	1 ♏ 13 8	11 ♌ 49	16 ♏ 36	21 ♏ 53R	24 ♏ 16	7 ♌ 27	10 ♍ 47	15 ♏ 46	16 ♐ 26	17 ♎ 11	24 ♍ 50
	31	2 35 46	7 ♏ 12 35	26 ♎ 42	25 ♏ 20	19 ♏ 35R	28 ♏ 32	7 ♌ 59	11 ♍ 20	16 ♏ 8	16 ♐ 36	17 ♎ 25	24 ♍ 30
NOVEMBRE	1	2 39 42	8 ♏ 12 36	10 ♏ 16	26 ♏ 45	19 ♏ 5R	29 ♏ 15	8 ♌ 4	11 ♍ 25	16 ♏ 12	16 ♐ 38	17 ♎ 27	24 ♍ 27
	5	2 55 28	12 ♏ 13 1	6 ♑ 45	2 ♐ 17	16 ♏ 52R	2 ♐ 7	8 ♌ 21	11 ♍ 46	16 ♏ 26	16 ♐ 46	17 ♎ 36	24 ♍ 15
	10	3 15 11	17 ♏ 14 6	17 ♓ 18	8 ♐ 49	13 ♏ 50R	5 ♐ 44	8 ♌ 39	12 ♍ 9	16 ♏ 45	16 ♐ 56	17 ♎ 47	23 ♍ 59
	15	3 34 54	22 ♏ 15 49	24 ♉ 15	14 ♐ 40	11 ♏ 1R	9 ♐ 23	8 ♌ 52	12 ♍ 31	17 ♏ 4	17 ♐ 6	17 ♎ 57	23 ♍ 43
	20	3 54 37	27 ♏ 18 12	25 ♋ 58	19 ♐ 15	8 ♏ 51R	13 ♐ 3	9 ♌ 0	12 ♍ 50	17 ♏ 23	17 ♐ 16	18 ♎ 7	23 ♍ 27
	25	4 14 19	2 ♐ 21 19	25 ♍ 47	21 ♐ 34	7 ♏ 36R	16 ♐ 44	9 ♌ 3	13 ♍ 8	17 ♏ 41	17 ♐ 27	18 ♎ 17	23 ♍ 11
	30	4 34 2	7 ♐ 25 5	2 ♐ 45	20 ♐ 10R	7 ♏ 23	20 ♐ 27	9 ♌ 2R	13 ♍ 22	17 ♏ 59	17 ♐ 38	18 ♎ 26	22 ♍ 55
DICEMBRE	1	4 37 59	8 ♐ 25 54	17 ♐ 17	19 ♐ 21R	7 ♏ 27	21 ♐ 12	9 ♌ 1R	13 ♍ 25	18 ♏ 3	17 ♐ 41	18 ♎ 28	22 ♍ 52
	5	4 53 45	12 ♐ 29 22	15 ♒ 58	14 ♐ 38R	8 ♏ 9	24 ♐ 11	8 ♌ 55R	13 ♍ 34	18 ♏ 17	17 ♐ 50	18 ♎ 34	22 ♍ 39
	10	5 13 28	17 ♐ 34 1	24 ♈ 37	8 ♐ 15R	9 ♏ 47	27 ♐ 56	8 ♌ 44R	13 ♍ 44	18 ♏ 34	18 ♐ 1	18 ♎ 42	22 ♍ 23
	15	5 33 11	22 ♐ 38 56	28 ♊ 3	5 ♐ 24R	12 ♏ 11	1 ♑ 43	8 ♌ 27R	13 ♍ 51	18 ♏ 51	18 ♐ 12	18 ♎ 49	22 ♍ 7
	20	5 52 54	27 ♐ 44 10	27 ♌ 45	6 ♐ 45	15 ♏ 13	5 ♑ 31	8 ♌ 7R	13 ♍ 55	19 ♏ 7	18 ♐ 24	18 ♎ 55	21 ♍ 52
	25	6 12 36	2 ♑ 49 43	29 ♎ 9	10 ♐ 54	18 ♏ 45	9 ♑ 20	7 ♌ 41R	13 ♍ 56R	19 ♏ 22	18 ♐ 35	19 ♎ 0	21 ♍ 36
	31	6 36 16	8 ♑ 56 42	25 ♑ 39	17 ♐ 50	23 ♏ 33	13 ♑ 56	7 ♌ 6R	13 ♍ 54R	19 ♏ 39	18 ♐ 48	19 ♎ 5	21 ♍ 17

Mese	GIORNO	TEMPO SIDERALE	☉	☾	☿	♀	♂	♃	♄	♅	♆	♇	☊
1979 GENNAIO	1	6 40 12	9 ♑ 57 52	10 ♒ 45	19 ♐ 7	24 ♏ 24	14 ♑ 42	6 ♌ 60R	13 ♍ 53R	19 ♏ 42	18 ♐ 50	19 ♎ 6	21 ♍ 13
	5	6 55 58	14 ♑ 2 33	8 ♈ 10	24 ♐ 28	27 ♏ 55	17 ♑ 47	6 ♌ 33R	13 ♍ 49R	19 ♏ 52	18 ♐ 59	19 ♎ 9	21 ♍ 1
	10	7 15 41	19 ♑ 8 17	12 ♊ 33	1 ♑ 31	2 ♐ 34	21 ♑ 40	5 ♌ 57R	13 ♍ 42R	20 ♏ 5	19 ♐ 9	19 ♎ 11	20 ♍ 45
	15	7 35 24	24 ♑ 13 50	12 ♌ 42	8 ♑ 53	7 ♐ 26	25 ♑ 33	5 ♌ 19R	13 ♍ 32R	20 ♏ 16	19 ♐ 19	19 ♎ 13	20 ♍ 29
	20	7 55 7	29 ♑ 19 15	12 ♎ 20	16 ♑ 29	12 ♐ 29	29 ♑ 27	4 ♌ 40R	13 ♍ 19R	20 ♏ 26	19 ♐ 28	19 ♎ 14	20 ♍ 13
	25	8 14 49	4 ♒ 24 31	18 ♐ 45	24 ♑ 19	17 ♐ 41	3 ♒ 21	3 ♌ 59R	13 ♍ 5R	20 ♏ 35	19 ♐ 37	19 ♎ 14R	19 ♍ 57
	31	8 38 29	10 ♒ 30 28	18 ♓ 59	4 ♒ 3	24 ♐ 7	8 ♒ 3	3 ♌ 12R	12 ♍ 44R	20 ♏ 44	19 ♐ 47	19 ♎ 12R	19 ♍ 38
FEBBRAIO	1	8 42 25	11 ♒ 31 24	3 ♈ 27	5 ♒ 43	25 ♐ 12	8 ♒ 50	3 ♌ 4R	12 ♍ 40R	20 ♏ 45	19 ♐ 49	19 ♎ 12R	19 ♍ 35
	5	8 58 12	15 ♒ 34 55	27 ♉ 5	12 ♒ 29	29 ♐ 35	11 ♒ 59	2 ♌ 33R	12 ♍ 25R	20 ♏ 50	19 ♐ 55	19 ♎ 10R	19 ♍ 22
	10	9 17 54	20 ♒ 38 46	27 ♋ 49	21 ♒ 13	5 ♑ 8	15 ♒ 55	1 ♌ 55R	12 ♍ 4R	20 ♏ 54	20 ♐ 2	19 ♎ 8R	19 ♍ 6
	15	9 37 37	25 ♒ 42 2	27 ♍ 10	0 ♓ 15	10 ♑ 46	19 ♒ 51	1 ♌ 20R	11 ♍ 42R	20 ♏ 58	20 ♐ 8	19 ♎ 4R	18 ♍ 50
	20	9 57 20	0 ♓ 44 46	0 ♐ 5	9 ♓ 31	16 ♑ 27	23 ♒ 48	0 ♌ 48R	11 ♍ 19R	20 ♏ 60	20 ♐ 14	18 ♎ 59R	18 ♍ 35
	25	10 17 3	5 ♓ 46 57	11 ♒ 46	18 ♓ 41	22 ♑ 12	27 ♒ 45	0 ♌ 20R	10 ♍ 55R	21 ♏ 0R	20 ♐ 18	18 ♎ 54R	18 ♍ 19
	28	10 28 52	8 ♓ 47 57	26 ♓ 59	23 ♓ 55	25 ♑ 40	0 ♓ 7	0 ♌ 5R	10 ♍ 41R	20 ♏ 60R	20 ♐ 21	18 ♎ 51R	18 ♍ 9
MARZO	1	10 32 49	9 ♓ 48 14	11 ♈ 36	25 ♓ 34	26 ♑ 50	0 ♓ 54	29 ♋ 60R	10 ♍ 36R	20 ♏ 60R	20 ♐ 22	18 ♎ 50R	18 ♍ 6
	5	10 48 35	13 ♓ 49 0	5 ♊ 53	1 ♈ 30	1 ♒ 30	4 ♓ 3	29 ♋ 43R	10 ♍ 17R	20 ♏ 58R	20 ♐ 24	18 ♎ 45R	17 ♍ 53
	10	11 8 18	18 ♓ 49 11	6 ♌ 30	6 ♈ 41	7 ♒ 21	7 ♓ 60	29 ♋ 25R	9 ♍ 53R	20 ♏ 55R	20 ♐ 27	18 ♎ 38R	17 ♍ 37
	15	11 28 1	23 ♓ 48 29	6 ♎ 15	8 ♈ 31	13 ♒ 14	11 ♓ 56	29 ♋ 12R	9 ♍ 30R	20 ♏ 51R	20 ♐ 29	18 ♎ 31R	17 ♍ 22
	20	11 47 43	28 ♓ 47 0	10 ♐ 10	6 ♈ 55R	19 ♒ 8	15 ♓ 52	29 ♋ 4R	9 ♍ 8R	20 ♏ 45R	20 ♐ 30	18 ♎ 23R	17 ♍ 6
	25	12 7 26	3 ♈ 44 48	20 ♒ 44	2 ♈ 59R	25 ♒ 5	19 ♓ 48	29 ♋ 0R	8 ♍ 46R	20 ♏ 39R	20 ♐ 30R	18 ♎ 15R	16 ♍ 50
	31	12 31 5	9 ♈ 41 7	17 ♉ 35	28 ♓ 7R	2 ♓ 13	24 ♓ 30	29 ♋ 3	8 ♍ 23R	20 ♏ 29R	20 ♐ 29R	18 ♎ 5R	16 ♍ 31
APRILE	1	12 35 2	10 ♈ 40 23	1 ♊ 1	27 ♓ 31R	3 ♓ 25	25 ♓ 16	29 ♋ 4	8 ♍ 19R	20 ♏ 28R	20 ♐ 29R	18 ♎ 4R	16 ♍ 27
	5	12 50 48	14 ♈ 37 3	21 ♋ 4	25 ♓ 57R	8 ♓ 12	28 ♓ 24	29 ♋ 10	8 ♍ 5R	20 ♏ 20R	20 ♐ 27R	17 ♎ 57R	16 ♍ 15
	10	13 10 31	19 ♈ 32 1	20 ♍ 30	26 ♓ 4§	14 ♓ 11	2 ♈ 17	29 ♋ 22	7 ♍ 49R	20 ♏ 11R	20 ♐ 25R	17 ♎ 49R	15 ♍ 59
	15	13 30 14	24 ♈ 26 7	23 ♏ 44	28 ♓ 15	20 ♓ 11	6 ♈ 10	29 ♋ 38	7 ♍ 36R	20 ♏ 0R	20 ♐ 22R	17 ♎ 40R	15 ♍ 43
	20	13 49 56	29 ♈ 19 27	2 ♒ 19	2 ♈ 4	26 ♓ 11	10 ♈ 2	29 ♋ 58	7 ♍ 24R	19 ♏ 49R	20 ♐ 18R	17 ♎ 32R	15 ♍ 27
	25	14 9 39	4 ♉ 12 5	13 ♈ 47	7 ♈ 12	2 ♈ 12	13 ♈ 53	0 ♌ 23	7 ♍ 16R	19 ♏ 37R	20 ♐ 13R	17 ♎ 24R	15 ♍ 11
	30	14 29 22	9 ♉ 3 59	21 ♊ 57	13 ♈ 24	8 ♈ 14	17 ♈ 43	0 ♌ 52	7 ♍ 9R	19 ♏ 25R	20 ♐ 8R	17 ♎ 16R	14 ♍ 55
MAGGIO	1	14 33 19	10 ♉ 2 16	4 ♋ 36	14 ♈ 45	9 ♈ 26	18 ♈ 29	0 ♌ 58	7 ♍ 8R	19 ♏ 22R	20 ♐ 7R	17 ♎ 14R	14 ♍ 52
	5	14 49 5	13 ♉ 55 5	22 ♌ 46	20 ♈ 30	14 ♈ 16	21 ♈ 32	1 ♌ 24	7 ♍ 6R	19 ♏ 12R	20 ♐ 2R	17 ♎ 8R	14 ♍ 39
	10	15 8 48	18 ♉ 45 21	23 ♎ 29	28 ♈ 27	20 ♈ 18	25 ♈ 19	1 ♌ 60	7 ♍ 4	18 ♏ 60R	19 ♐ 56R	17 ♎ 1R	14 ♍ 24
	15	15 28 30	23 ♉ 34 55	0 ♑ 55	7 ♉ 13	26 ♈ 21	29 ♉ 6	2 ♌ 39	7 ♍ 6	18 ♏ 47R	19 ♐ 49R	16 ♎ 55R	14 ♍ 8
	20	15 48 13	28 ♉ 23 57	11 ♓ 34	16 ♉ 49	2 ♉ 24	2 ♉ 51	3 ♌ 21	7 ♍ 10	18 ♏ 35R	19 ♐ 41R	16 ♎ 49R	13 ♍ 52
	25	16 7 56	3 ♊ 12 31	20 ♉ 48	27 ♉ 10	8 ♉ 27	6 ♉ 35	4 ♌ 6	7 ♍ 17	18 ♏ 23R	19 ♐ 34R	16 ♎ 43R	13 ♍ 36
	31	16 31 35	8 ♊ 58 8	6 ♌ 56	10 ♊ 14	15 ♉ 43	11 ♉ 2	5 ♌ 3	7 ♍ 28	18 ♏ 8R	19 ♐ 25R	16 ♎ 38R	13 ♍ 17
GIUGNO	1	16 35 32	9 ♊ 55 40	18 ♌ 50	12 ♊ 26	16 ♉ 56	11 ♉ 47	5 ♌ 13	7 ♍ 30	18 ♏ 6R	19 ♐ 23R	16 ♎ 37R	13 ♍ 14
	5	16 51 18	13 ♊ 45 34	6 ♎ 29	21 ♊ 7	21 ♉ 47	14 ♉ 44	5 ♌ 53	7 ♍ 40	17 ♏ 57R	19 ♐ 17R	16 ♎ 34R	13 ♍ 1
	10	17 11 1	18 ♊ 32 30	12 ♐ 0	1 ♋ 27	27 ♉ 52	18 ♉ 23	6 ♌ 46	7 ♍ 55	17 ♏ 47R	19 ♐ 8R	16 ♎ 31R	12 ♍ 45
	15	17 30 43	23 ♊ 19 7	24 ♒ 3	10 ♋ 55	3 ♊ 56	22 ♉ 1	7 ♌ 41	8 ♍ 12	17 ♏ 37R	19 ♐ 0R	16 ♎ 28R	12 ♍ 29
	20	17 50 26	28 ♊ 5 33	3 ♉ 46	19 ♋ 23	10 ♊ 1	25 ♉ 38	8 ♌ 37	8 ♍ 31	17 ♏ 28R	18 ♐ 52R	16 ♎ 27R	12 ♍ 13
	25	18 10 9	2 ♋ 51 53	8 ♋ 39	26 ♋ 48	16 ♊ 7	29 ♉ 13	9 ♌ 35	8 ♍ 52	17 ♏ 20R	18 ♐ 44R	16 ♎ 26R	11 ♍ 57
	30	18 29 52	7 ♋ 38 4	8 ♍ 43	3 ♌ 8	22 ♊ 13	2 ♊ 47	10 ♌ 34	9 ♍ 15	17 ♏ 13R	18 ♐ 37R	16 ♎ 26	11 ♍ 42

1979	GIORNO	TEMPO SIDERALE	☉	☽	☿	♀	♂	♃	♄	♅	♆	♇	☊
LUGLIO	1	18 33 48	8 ♋ 35 17	20 ♍ 31	4 ♌ 16	23 ♊ 26	3 ♊ 29	10 ♌ 46	9 ♍ 20	17 ♏ 11R	18 ♐ 35R	16 ♎ 26	11 ♍ 38
	5	18 49 35	12 ♋ 24 6	9 ♏ 36	8 ♌ 17	28 ♊ 19	6 ♊ 19	11 ♌ 35	9 ♍ 40	17 ♏ 7R	18 ♐ 29R	16 ♎ 27	11 ♍ 26
	10	19 9 17	17 ♋ 10 1	19 ♑ 28	12 ♌ 1	4 ♋ 26	9 ♊ 49	12 ♌ 37	10 ♍ 7	17 ♏ 2R	18 ♐ 22R	16 ♎ 29	11 ♍ 10
	15	19 29	21 ♋ 56 1	2 ♈ 59	14 ♌ 7	10 ♋ 33	13 ♊ 18	13 ♌ 40	10 ♍ 35	16 ♏ 59R	18 ♐ 16R	16 ♎ 31	10 ♍ 54
	20	19 48 43	26 ♋ 42 15	10 ♊ 11	14 ♌ 17R	16 ♋ 41	16 ♊ 45	14 ♌ 44	11 ♍ 5	16 ♏ 56R	18 ♐ 9R	16 ♎ 35	10 ♍ 38
	25	20 8 26	1 ♌ 28 47	11 ♌ 43	12 ♌ 29R	22 ♋ 49	20 ♊ 11	15 ♌ 48	11 ♍ 36	16 ♏ 55R	18 ♐ 4R	16 ♎ 39	10 ♍ 22
	31	20 32 5	7 ♌ 12 55	22 ♎ 57	8 ♌ 27R	0 ♌ 12	24 ♊ 15	17 ♌ 6	12 ♍ 15	16 ♏ 56	17 ♐ 58R	16 ♎ 45	10 ♍ 3
AGOSTO	1	20 36 1	8 ♌ 10 19	5 ♏ 18	7 ♌ 43R	1 ♌ 26	24 ♊ 56	17 ♌ 20	12 ♍ 21	16 ♏ 56	17 ♐ 57R	16 ♎ 46	9 ♍ 60
	5	20 51 48	11 ♌ 58 59	28 ♐ 35	5 ♌ 2R	6 ♌ 21	27 ♊ 37	18 ♌ 12	12 ♍ 48	16 ♏ 58	17 ♐ 54R	16 ♎ 51	9 ♍ 47
	10	21 11 30	16 ♌ 47 20	13 ♓ 9	3 ♌ 14R	12 ♌ 31	0 ♋ 57	19 ♌ 18	13 ♍ 23	17 ♏ 1	17 ♐ 50R	16 ♎ 58	9 ♍ 31
	15	21 31 13	21 ♌ 35 12	24 ♉ 8	4 ♌ 4R	18 ♌ 42	4 ♋ 15	20 ♌ 23	13 ♍ 58	17 ♏ 5	17 ♐ 47R	17 ♎ 5	9 ♍ 15
	20	21 50 56	26 ♌ 23 42	26 ♋ 46	7 ♌ 51	24 ♌ 53	7 ♋ 31	21 ♌ 29	14 ♍ 34	17 ♏ 11	17 ♐ 45R	17 ♎ 13	8 ♍ 60
	25	22 10 39	1 ♍ 12 50	25 ♍ 56	14 ♌ 17	1 ♍ 4	10 ♋ 46	22 ♌ 35	15 ♍ 11	17 ♏ 18	17 ♐ 44R	17 ♎ 22	8 ♍ 44
	31	22 34 18	7 ♍ 0 32	9 ♐ 58	24 ♌ 31	8 ♍ 30	14 ♋ 36	23 ♌ 53	15 ♍ 56	17 ♏ 28	17 ♐ 43	17 ♎ 33	8 ♍ 25
SETTEMBRE	1	22 38 15	7 ♍ 58 33	23 ♐ 23	26 ♌ 23	9 ♍ 45	15 ♋ 15	24 ♌ 6	16 ♍ 3	17 ♏ 30	17 ♐ 44	17 ♎ 35	8 ♍ 21
	5	22 54 1	11 ♍ 50 53	21 ♒ 8	4 ♍ 3	14 ♍ 43	17 ♋ 46	24 ♌ 57	16 ♍ 33	17 ♏ 37	17 ♐ 44	17 ♎ 43	8 ♍ 9
	10	23 13 44	16 ♍ 41 56	5 ♉ 50	13 ♍ 43	20 ♍ 55	20 ♋ 54	26 ♌ 1	17 ♍ 11	17 ♏ 48	17 ♐ 45	17 ♎ 53	7 ♍ 53
	15	23 33 26	21 ♍ 33 47	11 ♋ 38	23 ♍ 8	27 ♍ 8	23 ♋ 60	27 ♌ 4	17 ♍ 48	17 ♏ 60	17 ♐ 47	18 ♎ 4	7 ♍ 37
	20	23 53 9	26 ♍ 26 32	11 ♍ 10	2 ♎ 8	3 ♎ 21	27 ♋ 3	28 ♌ 6	18 ♍ 26	18 ♏ 12	17 ♐ 50	18 ♎ 15	7 ♍ 21
	25	0 12 52	1 ♎ 20 7	11 ♏ 21	10 ♎ 43	9 ♎ 34	0 ♌ 40	29 ♌ 7	19 ♍ 3	18 ♏ 26	17 ♐ 54	18 ♎ 26	7 ♍ 5
	30	0 32 35	6 ♎ 14 26	16 ♑ 40	18 ♎ 54	15 ♎ 48	3 ♌ 2	0 ♍ 7	19 ♍ 40	18 ♏ 41	17 ♐ 59	18 ♎ 38	6 ♍ 49
OTTOBRE	1	0 36 31	7 ♎ 13 24	8 ♒ 42	20 ♎ 30	17 ♎ 2	3 ♌ 37	0 ♍ 18	19 ♍ 47	18 ♏ 44	17 ♐ 60	18 ♎ 40	6 ♍ 46
	5	0 52 17	11 ♎ 9 30	29 ♓ 42	26 ♎ 43	22 ♎ 1	5 ♌ 58	1 ♍ 5	20 ♍ 16	18 ♏ 56	18 ♐ 4	18 ♎ 49	6 ♍ 33
	10	1 12	16 ♎ 5 23	11 ♊ 52	4 ♏ 12	28 ♎ 15	8 ♌ 50	2 ♍ 1	20 ♍ 52	19 ♏ 12	18 ♐ 10	19 ♎ 1	6 ♍ 17
	15	1 31 43	21 ♎ 2 12	14 ♌ 20	11 ♏ 20	4 ♏ 29	11 ♌ 40	2 ♍ 55	21 ♍ 27	19 ♏ 29	18 ♐ 17	19 ♎ 13	6 ♍ 2
	20	1 51 26	25 ♎ 59 58	13 ♎ 39	18 ♏ 4	10 ♏ 42	14 ♌ 26	3 ♍ 47	22 ♍ 1	19 ♏ 46	18 ♐ 24	19 ♎ 25	5 ♍ 46
	25	2 11 8	0 ♏ 58 36	16 ♐ 41	24 ♏ 17	16 ♏ 56	17 ♌ 8	4 ♍ 37	22 ♍ 34	20 ♏ 3	18 ♐ 32	19 ♎ 37	5 ♍ 30
	31	2 34 48	6 ♏ 57 55	9 ♓ 17	0 ♐ 40	24 ♏ 24	20 ♌ 18	5 ♍ 34	23 ♍ 11	20 ♏ 25	18 ♐ 42	19 ♎ 51	5 ♍ 11
NOVEMBRE	1	2 38 44	7 ♏ 57 54	23 ♓ 49	1 ♐ 34	25 ♏ 39	20 ♌ 49	5 ♍ 43	23 ♍ 17	20 ♏ 29	18 ♐ 44	19 ♎ 53	5 ♍ 8
	5	2 54 31	11 ♏ 58 7	22 ♉ 5	4 ♐ 27	0 ♐ 38	22 ♌ 52	6 ♍ 18	23 ♍ 41	20 ♏ 44	18 ♐ 52	20 ♎ 2	4 ♍ 55
	10	3 14 13	16 ♏ 59 5	28 ♋ 20	5 ♐ 48R	6 ♐ 52	25 ♌ 21	6 ♍ 59	24 ♍ 9	21 ♏ 2	19 ♐ 1	20 ♎ 13	4 ♍ 38
	15	3 33 56	22 ♏ 0 52	27 ♍ 53	3 ♐ 27R	13 ♐ 5	27 ♌ 45	7 ♍ 36	24 ♍ 36	21 ♏ 21	19 ♐ 11	20 ♎ 24	4 ♍ 23
	20	3 53 39	27 ♏ 3 25	0 ♐ 2	27 ♏ 31R	19 ♐ 18	0 ♍ 3	8 ♍ 11	25 ♍ 1	21 ♏ 40	19 ♐ 22	20 ♎ 34	4 ♍ 7
	25	4 13 22	2 ♐ 6 36	7 ♒ 43	21 ♏ 36R	25 ♐ 32	2 ♍ 15	8 ♍ 41	25 ♍ 24	21 ♏ 58	19 ♐ 33	20 ♎ 44	3 ♍ 51
	30	4 33 4	7 ♐ 10 14	18 ♈ 12	19 ♏ 41	1 ♑ 45	4 ♍ 20	9 ♍ 8	25 ♍ 44	22 ♏ 16	19 ♐ 44	20 ♎ 54	3 ♍ 35
DICEMBRE	1	4 37 1	8 ♐ 11 1	2 ♉ 25	19 ♏ 51	2 ♑ 59	4 ♍ 44	9 ♍ 13	25 ♍ 48	22 ♏ 20	19 ♐ 46	20 ♎ 55	3 ♍ 32
	5	4 52 47	12 ♐ 14 19	27 ♊ 46	21 ♏ 58	7 ♑ 58	6 ♍ 17	9 ♍ 30	26 ♍ 3	22 ♏ 34	19 ♐ 55	21 ♎ 2	3 ♍ 20
	10	5 12 30	17 ♐ 18 51	0 ♍ 13	26 ♏ 54	14 ♑ 10	8 ♍ 6	9 ♍ 48	26 ♍ 19	22 ♏ 52	20 ♐ 6	21 ♎ 10	3 ♍ 4
	15	5 32 13	22 ♐ 23 52	29 ♎ 56	3 ♐ 10	20 ♑ 22	9 ♍ 46	10 ♍ 2	26 ♍ 32	23 ♏ 9	20 ♐ 18	21 ♎ 18	2 ♍ 48
	20	5 51 55	27 ♐ 29 17	5 ♑ 50	10 ♐ 7	26 ♑ 34	11 ♍ 15	10 ♍ 17	26 ♍ 43	23 ♏ 26	20 ♐ 29	21 ♎ 24	2 ♍ 32
	25	6 11 38	2 ♑ 34 55	16 ♓ 39	17 ♐ 25	2 ♒ 45	12 ♍ 32	10 ♍ 14	26 ♍ 52	23 ♏ 42	20 ♐ 40	21 ♎ 30	2 ♍ 16
	31	6 35 18	8 ♑ 41 44	9 ♊ 49	26 ♐ 26	10 ♒ 10	13 ♍ 48	10 ♍ 13R	26 ♍ 58	23 ♏ 60	20 ♐ 53	21 ♎ 36	1 ♍ 57

GIORNO	TEMPO SIDERALE	☉	☽	☿	♀	♂	♃	♄	♅	♆	♇	☊	1980
1	6 39 14	9 ♑ 42 52	23 ♊ 9	27 ♐ 57	11 ♒ 24	13 ♍ 58	10 ♍ 12R	26 ♍ 59	24 ♏ 3	20 ♐ 55	21 ♎ 37	1 ♍ 54	GENNAIO
5	6 55	13 ♑ 47 24	13 ♌ 59	4 ♑ 7	16 ♒ 19	14 ♍ 35	10 ♍ 6R	27 ♍ 1	24 ♏ 14	21 ♐ 4	21 ♎ 40	1 ♍ 41	
10	7 14 43	18 ♑ 53 7	13 ♎ 30	11 ♑ 57	22 ♒ 28	15 ♍ 6	9 ♍ 55R	27 ♍ 0R	24 ♏ 27	21 ♐ 15	21 ♎ 43	1 ♍ 25	
15	7 34 26	23 ♑ 58 50	16 ♐ 23	19 ♑ 57	28 ♒ 36	15 ♍ 20	9 ♍ 39R	26 ♍ 57R	24 ♏ 39	21 ♐ 25	21 ♎ 45	1 ♍ 9	
20	7 54 9	29 ♑ 4 26	27 ♒ 49	28 ♑ 10	4 ♓ 42	15 ♍ 15R	9 ♍ 18R	26 ♍ 52R	24 ♏ 51	21 ♐ 34	21 ♎ 47	0 ♍ 53	
25	8 13 51	4 ♒ 9 44	9 ♉ 31	6 ♒ 37	10 ♓ 47	14 ♍ 51R	8 ♍ 53R	26 ♍ 43R	25 ♏ 1	21 ♐ 44	21 ♎ 47R	0 ♍ 38	
31	8 37 31	10 ♒ 15 30	27 ♋ 51	17 ♒ 3	18 ♓ 2	13 ♍ 56R	8 ♍ 18R	26 ♍ 30R	25 ♏ 11	21 ♐ 54	21 ♎ 46R	0 ♍ 18	
1	8 41 27	11 ♒ 16 24	10 ♌ 10	18 ♒ 48	19 ♓ 14	13 ♍ 44R	8 ♍ 12R	26 ♍ 27R	25 ♏ 12	21 ♐ 56	21 ♎ 46R	0 ♍ 15	FEBBRAIO
5	8 57 13	15 ♒ 19 49	27 ♍ 60	25 ♒ 53	24 ♓ 3	12 ♍ 48R	7 ♍ 46R	26 ♍ 16R	25 ♏ 18	22 ♐ 2	21 ♎ 45R	0 ♍ 3	
10	9 16 56	20 ♒ 23 44	28 ♏ 15	4 ♓ 35	0 ♈ 1	11 ♍ 23R	7 ♍ 11R	26 ♍ 0R	25 ♏ 24	22 ♐ 9	21 ♎ 42R	29 ♌ 47	
15	9 36 39	25 ♒ 27 13	6 ♒ 29	12 ♓ 31	5 ♈ 57	9 ♍ 42R	6 ♍ 33R	25 ♍ 43R	25 ♏ 29	22 ♐ 16	21 ♎ 39R	29 ♌ 31	
20	9 56 22	0 ♓ 30 8	21 ♈ 10	18 ♓ 34	11 ♈ 50	7 ♍ 51R	5 ♍ 55R	25 ♍ 23R	25 ♏ 32	22 ♐ 22	21 ♎ 35R	29 ♌ 15	
25	10 16 5	5 ♓ 32 18	29 ♊ 41	21 ♓ 25	17 ♈ 39	5 ♍ 53R	5 ♍ 15R	25 ♍ 2R	25 ♏ 34	22 ♐ 27	21 ♎ 30R	28 ♌ 59	
29	10 31 51	9 ♓ 33 28	19 ♌ 5	20 ♓ 49R	22 ♈ 16	4 ♍ 17R	4 ♍ 44R	24 ♍ 44R	25 ♏ 34	22 ♐ 30	21 ♎ 26R	28 ♌ 46	
1	10 35 47	10 ♓ 33 40	1 ♍ 3	20 ♓ 17R	23 ♈ 25	3 ♍ 54R	4 ♍ 36R	24 ♍ 40R	25 ♏ 34R	22 ♐ 31	21 ♎ 25R	28 ♌ 43	MARZO
5	10 51 34	14 ♓ 34 13	19 ♎ 24	17 ♓ 2R	27 ♈ 59	2 ♍ 22R	4 ♍ 5R	24 ♍ 22R	25 ♏ 34R	22 ♐ 34	21 ♎ 20R	28 ♌ 30	
10	11 11 16	19 ♓ 34 16	18 ♐ 39	12 ♓ 5R	3 ♉ 36	0 ♍ 36R	3 ♍ 28R	23 ♍ 58R	25 ♏ 32R	22 ♐ 37	21 ♎ 13R	28 ♌ 15	
15	11 30 59	24 ♓ 33 38	29 ♒ 15	8 ♓ 30R	9 ♉ 9	29 ♌ 4R	2 ♍ 52R	23 ♍ 34R	25 ♏ 28R	22 ♐ 39	21 ♎ 6R	27 ♌ 59	
20	11 50 42	29 ♓ 32 13	14 ♉ 36	7 ♓ 25	14 ♉ 36	27 ♌ 48R	2 ♍ 19R	23 ♍ 11R	25 ♏ 24R	22 ♐ 40	20 ♎ 59R	27 ♌ 43	
25	12 10 25	4 ♈ 29 52	21 ♋ 47	8 ♓ 45	19 ♉ 56	26 ♌ 50R	1 ♍ 49R	22 ♍ 47R	25 ♏ 18R	22 ♐ 41R	20 ♎ 51R	27 ♌ 27	
31	12 34 4	10 ♈ 25 49	3 ♎ 32	12 ♓ 49	26 ♉ 9	26 ♌ 7R	1 ♍ 18R	22 ♍ 20R	25 ♏ 10R	22 ♐ 40R	20 ♎ 41R	27 ♌ 8	
1	12 38	11 ♈ 25 1	15 ♎ 23	13 ♓ 42	27 ♉ 10	26 ♌ 3R	1 ♍ 14R	22 ♍ 16R	25 ♏ 8R	22 ♐ 40R	20 ♎ 40R	27 ♌ 5	APRILE
5	12 53 47	15 ♈ 21 28	3 ♐ 49	17 ♓ 43	1 ♊ 10	25 ♌ 53R	0 ♍ 57R	21 ♍ 59R	25 ♏ 2R	22 ♐ 39R	20 ♎ 33R	26 ♌ 52	
10	13 13 29	20 ♈ 16 23	9 ♒ 11	23 ♓ 40	5 ♊ 60	25 ♌ 57	0 ♍ 39R	21 ♍ 39R	24 ♏ 53R	22 ♐ 36R	20 ♎ 25R	26 ♌ 36	
15	13 33 12	25 ♈ 10 33	22 ♈ 56	0 ♈ 29	10 ♊ 37	26 ♌ 19	0 ♍ 27R	21 ♍ 21R	24 ♏ 43R	22 ♐ 33R	20 ♎ 16R	26 ♌ 20	
20	13 52 55	0 ♉ 3 53	4 ♋ 54	8 ♈ 3	14 ♊ 59	26 ♌ 57	0 ♍ 18R	21 ♍ 4R	24 ♏ 32R	22 ♐ 30R	20 ♎ 8R	26 ♌ 4	
25	14 12 38	4 ♉ 56 20	6 ♍ 49	16 ♈ 19	19 ♊ 2	27 ♌ 50	0 ♍ 15R	20 ♍ 50R	24 ♏ 21R	22 ♐ 25R	19 ♎ 60R	25 ♌ 48	
30	14 32 21	9 ♉ 47 55	6 ♏ 15	25 ♈ 19	22 ♊ 44	28 ♌ 56	0 ♍ 16	20 ♍ 37R	24 ♏ 9R	22 ♐ 20R	19 ♎ 52R	25 ♌ 32	
1	14 36 17	10 ♉ 46 9	18 ♏ 28	27 ♈ 12	23 ♊ 26	29 ♌ 11	0 ♍ 16	20 ♍ 35R	24 ♏ 6R	22 ♐ 19R	19 ♎ 50R	25 ♌ 29	MAGGIO
5	14 52 3	14 ♉ 38 46	9 ♑ 2	5 ♉ 2	25 ♊ 60	0 ♍ 15	0 ♍ 21	20 ♍ 27R	23 ♏ 57R	22 ♐ 14R	19 ♎ 44R	25 ♌ 17	
10	15 11 46	19 ♉ 29 0	17 ♓ 26	15 ♉ 25	28 ♊ 43	1 ♍ 45	0 ♍ 31	20 ♍ 19R	23 ♏ 44R	22 ♐ 8R	19 ♎ 37R	25 ♌ 1	
15	15 31 29	24 ♉ 18 41	1 ♊ 8	26 ♉ 16	0 ♋ 49	3 ♍ 24	0 ♍ 46	20 ♍ 14R	23 ♏ 32R	22 ♐ 1R	19 ♎ 30R	24 ♌ 45	
20	15 51 12	29 ♉ 7 44	8 ♌ 49	7 ♊ 6	2 ♋ 9	5 ♍ 13	1 ♍ 5	20 ♍ 12R	23 ♏ 19R	21 ♐ 54R	19 ♎ 24R	24 ♌ 29	
25	16 10 54	3 ♊ 56 7	8 ♎ 47	17 ♊ 23	2 ♋ 35R	7 ♍ 9	1 ♍ 27	20 ♍ 12	23 ♏ 7R	21 ♐ 47R	19 ♎ 18R	24 ♌ 13	
31	16 34 34	9 ♊ 41 24	22 ♐ 49	28 ♊ 27	1 ♋ 50R	9 ♍ 39	1 ♍ 60	20 ♍ 15	22 ♏ 52R	21 ♐ 38R	19 ♎ 12R	23 ♌ 54	
1	16 38 30	10 ♊ 38 53	5 ♑ 52	0 ♋ 8	1 ♋ 34R	10 ♍ 5	2 ♍ 6	20 ♍ 16	22 ♏ 50R	21 ♐ 36R	19 ♎ 11R	23 ♌ 51	GIUGNO
5	16 54 16	14 ♊ 28 41	29 ♒ 54	6 ♋ 24	0 ♋ 7R	11 ♍ 51	2 ♍ 31	20 ♍ 21	22 ♏ 41R	21 ♐ 30R	19 ♎ 8R	23 ♌ 38	
10	17 13 59	19 ♊ 15 41	11 ♉ 9	13 ♋ 7	27 ♊ 35R	14 ♍ 8	3 ♍ 5	20 ♍ 29	22 ♏ 29R	21 ♐ 22R	19 ♎ 4R	23 ♌ 22	
15	17 33 42	24 ♊ 2 26	21 ♋ 5	18 ♋ 30	24 ♊ 33R	16 ♍ 32	3 ♍ 43	20 ♍ 40	22 ♏ 19R	21 ♐ 14R	19 ♎ 2R	23 ♌ 6	
20	17 53 25	28 ♊ 48 54	23 ♍ 7	22 ♋ 25	21 ♊ 29R	18 ♍ 60	4 ♍ 24	20 ♍ 53	22 ♏ 9R	21 ♐ 5R	18 ♎ 60R	22 ♌ 50	
25	18 13 8	3 ♋ 35 3	23 ♏ 12	24 ♋ 40	18 ♊ 51R	21 ♍ 32	5 ♍ 7	21 ♍ 8	22 ♏ 1R	20 ♐ 58R	18 ♎ 59R	22 ♌ 35	
30	18 32 50	8 ♋ 21 1	28 ♑ 49	25 ♋ 2R	17 ♊ 1R	24 ♍ 10	5 ♍ 53	21 ♍ 25	21 ♏ 53R	20 ♐ 50R	18 ♎ 59	22 ♌ 19	

1980	GIORNO	TEMPO SIDERALE	☉	☽	☿	♀	♂	♃	♄	♅	♆	♇	☊
LUGLIO	1	18 36 48	9 ♋ 18 12	12 ♒ 38	24 ♋ 53R	16 ♊ 46R	24 ♍ 41	6 ♍ 3	21 ♍ 29	21 ♏ 51R	20 ♐ 48R	18 ♎ 59	22 ♌ 16
	5	18 52 34	13 ♋ 6 58	8 ♈ 60	23 ♋ 34R	16 ♊ 9R	26 ♍ 51	6 ♍ 42	21 ♍ 45	21 ♏ 46R	20 ♐ 42R	18 ♎ 59	22 ♌ 3
	10	19 12 17	17 ♋ 53 2	19 ♊ 20	20 ♋ 45R	16 ♊ 15	29 ♍ 35	7 ♍ 32	22 ♍ 7	21 ♏ 41R	20 ♐ 35R	19 ♎ 1	21 ♌ 47
	15	19 31 60	22 ♋ 39 15	24 ♌ 45	17 ♋ 38R	17 ♊ 16	2 ♎ 24	8 ♍ 25	22 ♍ 30	21 ♏ 36R	20 ♐ 28R	19 ♎ 3	21 ♌ 31
	20	19 51 43	27 ♋ 25 33	24 ♎ 45	15 ♋ 32R	19 ♊ 4	5 ♎ 15	9 ♍ 20	22 ♍ 56	21 ♏ 33R	20 ♐ 22R	19 ♎ 6	21 ♌ 15
	25	20 11 25	2 ♌ 11 57	26 ♐ 50	15 ♋ 28	21 ♊ 32	8 ♎ 10	10 ♍ 16	23 ♍ 23	21 ♏ 31R	20 ♐ 16R	19 ♎ 10	20 ♌ 59
	31	20 35 5	7 ♌ 55 56	20 ♓ 60	18 ♋ 37	25 ♊ 13	11 ♎ 44	11 ♍ 26	23 ♍ 57	21 ♏ 30	20 ♐ 10R	19 ♎ 16	20 ♌ 40
AGOSTO	1	20 39 1	8 ♌ 53 19	5 ♈ 29	19 ♋ 30	25 ♊ 54	12 ♎ 20	11 ♍ 38	24 ♍ 3	21 ♏ 30	20 ♐ 9R	19 ♎ 17	20 ♌ 37
	5	20 54 47	12 ♌ 43 3	2 ♊ 12	23 ♋ 56	28 ♊ 47	14 ♎ 45	12 ♍ 26	24 ♍ 27	21 ♏ 31	20 ♐ 6R	19 ♎ 21	20 ♌ 24
	10	21 14 30	17 ♌ 30 40	8 ♌ 15	1 ♌ 25	2 ♋ 43	17 ♎ 49	13 ♍ 27	24 ♍ 59	21 ♏ 33	20 ♐ 2R	19 ♎ 28	20 ♌ 8
	15	21 34 13	22 ♌ 18 48	9 ♎ 8	10 ♌ 29	6 ♋ 57	20 ♎ 55	14 ♍ 28	25 ♍ 32	21 ♏ 36	19 ♐ 59R	19 ♎ 35	19 ♌ 53
	20	21 53 56	27 ♌ 7 22	9 ♐ 12	20 ♌ 24	11 ♋ 27	24 ♎ 4	15 ♍ 31	26 ♍ 5	21 ♏ 41	19 ♐ 57R	19 ♎ 43	19 ♌ 37
	25	22 13 38	1 ♍ 56 25	16 ♒ 13	0 ♍ 26	16 ♋ 10	27 ♎ 16	16 ♍ 35	26 ♍ 40	21 ♏ 47	19 ♐ 55R	19 ♎ 51	19 ♌ 21
	31	22 37 18	7 ♍ 44 4	14 ♉ 43	12 ♍ 3	22 ♋ 4	1 ♏ 9	17 ♍ 52	27 ♍ 22	21 ♏ 56	19 ♐ 54R	20 ♎ 2	19 ♌ 2
SETTEMBRE	1	22 41 14	8 ♍ 42 7	28 ♉ 55	13 ♍ 55	23 ♋ 4	1 ♏ 48	18 ♍ 5	27 ♍ 29	21 ♏ 57	19 ♐ 54	20 ♎ 4	18 ♌ 59
	5	22 57 1	12 ♍ 34 38	22 ♋ 24	21 ♍ 12	27 ♋ 9	4 ♏ 26	18 ♍ 56	27 ♍ 58	22 ♏ 4	19 ♐ 55	20 ♎ 12	18 ♌ 46
	10	23 16 43	17 ♍ 26 0	23 ♍ 51	29 ♍ 52	2 ♌ 22	7 ♏ 45	20 ♍ 1	28 ♍ 35	22 ♏ 14	19 ♐ 56	20 ♎ 22	18 ♌ 30
	15	23 36 26	22 ♍ 18 7	23 ♏ 15	8 ♎ 3	7 ♌ 43	11 ♏ 6	21 ♍ 6	29 ♍ 12	22 ♏ 25	19 ♐ 57	20 ♎ 33	18 ♌ 14
	20	23 56 9	27 ♍ 10 56	26 ♑ 19	15 ♎ 47	13 ♌ 10	14 ♏ 29	22 ♍ 11	29 ♍ 49	22 ♏ 37	20 ♐ 0	20 ♎ 44	17 ♌ 58
	25	0 15 52	2 ♎ 4 27	9 ♈ 7	23 ♎ 5	18 ♌ 43	17 ♏ 55	23 ♍ 16	0 ♎ 26	22 ♏ 50	20 ♐ 4	20 ♎ 55	17 ♌ 42
	30	0 35 34	6 ♎ 58 49	22 ♊ 44	29 ♎ 56	24 ♌ 20	21 ♏ 23	24 ♍ 20	1 ♎ 4	23 ♏ 3	20 ♐ 8	21 ♎ 7	17 ♌ 26
OTTOBRE	1	0 39 31	7 ♎ 57 48	6 ♋ 16	1 ♏ 14	25 ♌ 29	22 ♏ 4	24 ♍ 33	1 ♎ 11	23 ♏ 6	20 ♐ 9	21 ♎ 9	17 ♌ 23
	5	0 55 17	11 ♎ 54 7	26 ♌ 48	6 ♏ 15	0 ♍ 3	24 ♏ 52	25 ♍ 24	1 ♎ 41	23 ♏ 18	20 ♐ 13	21 ♎ 18	17 ♌ 10
	10	1 14 60	16 ♎ 50 22	26 ♎ 25	11 ♏ 51	5 ♍ 49	28 ♏ 24	26 ♍ 27	2 ♎ 17	23 ♏ 34	20 ♐ 19	21 ♎ 30	16 ♌ 55
	15	1 34 43	21 ♎ 47 27	26 ♐ 34	16 ♏ 25	11 ♍ 39	1 ♐ 57	27 ♍ 30	2 ♎ 53	23 ♏ 50	20 ♐ 25	21 ♎ 42	16 ♌ 39
	20	1 54 25	26 ♎ 45 16	2 ♓ 39	19 ♏ 20	17 ♍ 33	5 ♐ 33	28 ♍ 31	3 ♎ 29	24 ♏ 6	20 ♐ 33	21 ♎ 54	16 ♌ 23
	25	2 14 8	1 ♏ 43 50	17 ♉ 53	19 ♏ 40R	23 ♍ 29	9 ♐ 10	29 ♍ 31	4 ♎ 4	24 ♏ 24	20 ♐ 40	22 ♎ 6	16 ♌ 7
	31	2 37 48	7 ♏ 43 14	11 ♌ 19	15 ♏ 23R	0 ♎ 40	13 ♐ 33	0 ♎ 42	4 ♎ 45	24 ♏ 45	20 ♐ 51	22 ♎ 20	15 ♌ 48
NOVEMBRE	1	2 41 44	8 ♏ 43 15	23 ♌ 44	14 ♏ 12R	1 ♎ 52	14 ♐ 17	0 ♎ 53	4 ♎ 51	24 ♏ 49	20 ♐ 52	22 ♎ 23	15 ♌ 45
	5	2 57 30	12 ♏ 43 43	11 ♎ 34	9 ♏ 5R	6 ♎ 42	17 ♐ 14	1 ♎ 39	5 ♎ 17	25 ♏ 3	20 ♐ 60	22 ♎ 32	15 ♌ 32
	10	3 17 13	17 ♏ 45 0	11 ♐ 25	4 ♏ 34R	12 ♎ 46	20 ♐ 57	2 ♎ 34	5 ♎ 49	25 ♏ 22	21 ♐ 9	22 ♎ 43	15 ♌ 16
	15	3 36 56	22 ♏ 46 58	14 ♒ 38	4 ♏ 33	18 ♎ 52	24 ♐ 41	3 ♎ 27	6 ♎ 19	25 ♏ 40	21 ♐ 19	22 ♎ 54	15 ♌ 0
	20	3 56 39	27 ♏ 49 29	25 ♈ 42	8 ♏ 22	24 ♎ 60	28 ♐ 27	4 ♎ 18	6 ♎ 47	25 ♏ 59	21 ♐ 30	23 ♎ 5	14 ♌ 44
	25	4 16 21	2 ♐ 52 34	9 ♋ 51	14 ♏ 20	1 ♏ 9	2 ♑ 14	5 ♎ 7	7 ♎ 14	26 ♏ 17	21 ♐ 40	23 ♎ 15	14 ♌ 28
	30	4 36 4	7 ♐ 56 16	14 ♍ 26	21 ♏ 19	7 ♏ 19	6 ♑ 2	5 ♎ 53	7 ♎ 40	26 ♏ 36	21 ♐ 51	23 ♎ 24	14 ♌ 13
DICEMBRE	1	4 40 1	8 ♐ 57 5	26 ♍ 25	22 ♏ 47	8 ♏ 33	6 ♑ 48	6 ♎ 2	7 ♎ 44	26 ♏ 40	21 ♐ 54	23 ♎ 26	14 ♌ 9
	5	4 55 47	13 ♐ 0 34	13 ♏ 55	28 ♏ 45	13 ♏ 31	9 ♑ 52	6 ♎ 36	8 ♎ 3	26 ♏ 54	22 ♐ 3	23 ♎ 33	13 ♌ 57
	10	5 15 30	18 ♐ 5 22	15 ♑ 43	6 ♐ 22	19 ♏ 43	13 ♑ 43	7 ♎ 16	8 ♎ 24	27 ♏ 12	22 ♐ 14	23 ♎ 42	13 ♌ 41
	15	5 35 12	23 ♐ 10 29	22 ♓ 13	14 ♐ 5	25 ♏ 56	17 ♑ 35	7 ♎ 53	8 ♎ 43	27 ♏ 30	22 ♐ 25	23 ♎ 49	13 ♌ 25
	20	5 54 55	28 ♐ 15 46	4 ♊ 29	21 ♐ 51	2 ♐ 10	21 ♑ 28	8 ♎ 26	8 ♎ 60	27 ♏ 47	22 ♐ 36	23 ♎ 56	13 ♌ 9
	25	6 14 38	3 ♑ 21 14	14 ♌ 41	29 ♐ 41	8 ♐ 24	25 ♑ 22	8 ♎ 56	9 ♎ 14	28 ♏ 3	22 ♐ 48	24 ♎ 2	12 ♌ 53
	31	6 38 17	9 ♑ 28 4	28 ♎ 13	9 ♑ 13	15 ♐ 53	0 ♒ 4	9 ♎ 26	9 ♎ 28	28 ♏ 22	23 ♐ 1	24 ♎ 8	12 ♌ 34

GIORNO	TEMPO SIDERALE	☉	☽	☿	♀	♂	♃	♄	♅	♆	♇	☊	1981
1	6 42 14	10 ♑ 29 14	10 ♏ 6	10 ♑ 50	17 ♐ 8	0 ♒ 51	9 ♎ 30	9 ♎ 30	28 ♏ 25	23 ♐ 3	24 ♎ 9	12 ♌ 31	GENNAIO
5	6 58	14 ♑ 33 55	29 ♐ 6	17 ♑ 19	22 ♐ 8	3 ♒ 59	9 ♎ 46	9 ♎ 37	28 ♏ 36	23 ♐ 12	24 ♎ 13	12 ♌ 18	
10	7 17 43	19 ♑ 39 47	5 ♓ 18	25 ♑ 33	28 ♐ 23	7 ♒ 55	10 ♎ 3	9 ♎ 43	28 ♏ 50	23 ♐ 22	24 ♎ 16	12 ♌ 2	
15	7 37 26	24 ♑ 45 26	15 ♉ 34	3 ♒ 56	4 ♑ 39	11 ♒ 52	10 ♎ 14	9 ♎ 46	29 ♏ 3	23 ♐ 33	24 ♎ 19	11 ♌ 46	
20	7 57 8	29 ♑ 50 48	25 ♋ 51	12 ♒ 21	10 ♑ 54	15 ♒ 49	10 ♎ 21	9 ♎ 47R	29 ♏ 15	23 ♐ 43	24 ♎ 20	11 ♌ 31	
25	8 16 51	4 ♒ 55 52	0 ♎ 7	20 ♒ 32	17 ♑ 10	19 ♒ 46	10 ♎ 23R	9 ♎ 45R	29 ♏ 26	23 ♐ 52	24 ♎ 21	11 ♌ 15	
31	8 40 30	11 ♒ 1 38	12 ♐ 3	29 ♒ 8	24 ♑ 40	24 ♒ 31	10 ♎ 20R	9 ♎ 39R	29 ♏ 37	24 ♐ 2	24 ♎ 21R	10 ♌ 56	
1	8 44 27	12 ♒ 2 33	24 ♐ 26	0 ♓ 18	25 ♑ 55	25 ♒ 18	10 ♎ 18R	9 ♎ 37R	29 ♏ 39	24 ♐ 4	24 ♎ 21R	10 ♌ 52	FEBBRAIO
5	9 0 13	16 ♒ 6 5	17 ♒ 2	3 ♓ 50	0 ♒ 56	28 ♒ 28	10 ♎ 11R	9 ♎ 31R	29 ♏ 45	24 ♐ 11	24 ♎ 20R	10 ♌ 40	
10	0 19 56	21 ♒ 10 1	28 ♈ 6	4 ♓ 44R	7 ♒ 11	2 ♓ 25	9 ♎ 58R	9 ♎ 21R	29 ♏ 52	24 ♐ 18	24 ♎ 17R	10 ♌ 24	
15	9 39 39	26 ♒ 13 18	8 ♋ 6	1 ♓ 24R	13 ♒ 26	6 ♓ 22	9 ♎ 41R	9 ♎ 8R	29 ♏ 58	24 ♐ 25	24 ♎ 15R	10 ♌ 8	
20	9 59 21	1 ♓ 15 53	13 ♍ 23	25 ♒ 54R	19 ♒ 41	10 ♓ 19	9 ♎ 19R	8 ♎ 53R	0 ♐ 2	24 ♐ 31	24 ♎ 11R	9 ♌ 52	
25	10 19 4	6 ♓ 17 50	13 ♏ 54	21 ♒ 29R	25 ♒ 56	14 ♓ 15	8 ♎ 53R	8 ♎ 36R	0 ♐ 5	24 ♐ 36	24 ♎ 6R	9 ♌ 36	
28	10 30 54	9 ♓ 18 43	19 ♐ 51	20 ♒ 9R	29 ♒ 41	16 ♓ 37	8 ♎ 36R	8 ♎ 25R	0 ♐ 6	24 ♐ 39	24 ♎ 3R	9 ♌ 27	
1	10 34 50	10 ♓ 18 57	2 ♑ 11	19 ♒ 57R	0 ♓ 56	10 ♓ 24	8 ♎ 30R	8 ♎ 21R	0 ♐ 6	24 ♐ 40	24 ♎ 2R	9 ♌ 23	MARZO
5	10 50 37	14 ♓ 19 40	25 ♒ 10	20 ♒ 14	5 ♓ 56	20 ♓ 33	8 ♎ 5R	8 ♎ 6R	0 ♐ 7R	24 ♐ 43	23 ♎ 58R	9 ♌ 11	
10	11 10 19	19 ♓ 19 53	8 ♉ 22	22 ♒ 38	12 ♓ 10	24 ♓ 27	7 ♎ 31R	7 ♎ 45R	0 ♐ 6R	24 ♐ 47	23 ♎ 51R	8 ♌ 55	
15	11 30 2	24 ♓ 19 13	18 ♋ 27	26 ♒ 44	18 ♓ 24	28 ♓ 22	6 ♎ 55R	7 ♎ 23R	0 ♐ 4R	24 ♐ 49	23 ♎ 45R	8 ♌ 39	
20	11 49 45	29 ♓ 17 37	22 ♍ 5	2 ♓ 2	24 ♓ 37	2 ♈ 15	6 ♎ 17R	6 ♎ 60R	0 ♐ 1R	24 ♐ 51	23 ♎ 37R	8 ♌ 23	
25	12 9 28	4 ♈ 15 11	22 ♏ 10	8 ♓ 15	0 ♈ 51	6 ♈ 8	5 ♎ 39R	6 ♎ 36R	29 ♏ 56R	24 ♐ 51	23 ♎ 30R	8 ♌ 7	
31	12 33 7	10 ♈ 11 15	5 ♒ 50	16 ♓ 41	8 ♈ 18	10 ♈ 45	4 ♎ 52R	6 ♎ 8R	29 ♏ 49R	24 ♐ 51R	23 ♎ 20R	7 ♌ 48	
1	12 37 4	11 ♈ 10 29	19 ♒ 14	18 ♓ 11	9 ♈ 33	11 ♈ 32	4 ♎ 45R	6 ♎ 4R	29 ♏ 48R	24 ♐ 51R	23 ♎ 18R	7 ♌ 45	APRILE
5	12 52 50	15 ♈ 7 8	17 ♈ 17	24 ♓ 25	14 ♈ 30	14 ♈ 36	4 ♎ 14R	5 ♎ 45R	29 ♏ 42R	24 ♐ 50R	23 ♎ 12R	7 ♌ 32	
10	13 12 33	20 ♈ 2 9	1 ♋ 25	2 ♈ 46	20 ♈ 42	18 ♈ 25	3 ♎ 37R	5 ♎ 22R	29 ♏ 34R	24 ♐ 48R	23 ♎ 3R	7 ♌ 16	
15	13 32 15	24 ♈ 56 15	6 ♍ 45	11 ♈ 45	26 ♈ 54	22 ♈ 14	3 ♎ 3R	5 ♎ 1R	29 ♏ 25R	24 ♐ 46R	22 ♎ 55R	7 ♌ 0	
20	13 51 58	29 ♈ 49 25	7 ♏ 7	21 ♈ 23	3 ♉ 5	26 ♈ 1	2 ♎ 30R	4 ♎ 40R	29 ♏ 15R	24 ♐ 42R	22 ♎ 47R	6 ♌ 45	
25	14 11 41	4 ♉ 41 49	6 ♑ 48	1 ♉ 37	9 ♉ 16	29 ♈ 47	2 ♎ 1R	4 ♎ 21R	29 ♏ 4R	24 ♐ 38R	22 ♎ 38R	6 ♌ 29	
30	14 31 24	9 ♉ 33 33	11 ♓ 32	12 ♉ 17	15 ♉ 26	3 ♉ 31	1 ♎ 35R	4 ♎ 3R	28 ♏ 53R	24 ♐ 34R	22 ♎ 30R	6 ♌ 13	
1	14 35 20	10 ♉ 31 49	25 ♓ 46	14 ♉ 26	16 ♉ 40	4 ♉ 16	1 ♎ 30R	3 ♎ 60R	28 ♏ 51R	24 ♐ 33R	22 ♎ 29R	6 ♌ 10	MAGGIO
5	14 51 6	14 ♉ 24 37	26 ♉ 10	22 ♉ 59	21 ♉ 36	7 ♉ 15	1 ♎ 13R	3 ♎ 47R	28 ♏ 41R	24 ♐ 28R	22 ♎ 22R	5 ♌ 57	
10	15 10 49	19 ♉ 14 58	7 ♌ 59	3 ♊ 9	27 ♉ 46	10 ♉ 57	0 ♎ 55R	3 ♎ 34R	28 ♏ 29R	24 ♐ 22R	22 ♎ 15R	5 ♌ 41	
15	15 30 32	24 ♉ 4 32	10 ♎ 19	12 ♊ 15	3 ♊ 55	14 ♉ 37	0 ♎ 41R	3 ♎ 22R	28 ♏ 17R	24 ♐ 16R	22 ♎ 8R	5 ♌ 25	
20	15 50 15	28 ♉ 53 25	9 ♐ 49	20 ♊ 2	10 ♊ 3	18 ♉ 17	0 ♎ 32R	3 ♎ 13R	28 ♏ 4R	24 ♐ 9R	22 ♎ 1R	5 ♌ 9	
25	16 9 57	3 ♊ 41 46	11 ♒ 2	26 ♊ 21	16 ♊ 12	21 ♉ 55	0 ♎ 27R	3 ♎ 6R	27 ♏ 52R	24 ♐ 2R	21 ♎ 55R	4 ♌ 53	
31	16 33 37	9 ♊ 27 15	4 ♉ 15	1 ♋ 49	23 ♊ 33	26 ♉ 15	0 ♎ 28	3 ♎ 1R	27 ♏ 37R	23 ♐ 53R	21 ♎ 49R	4 ♌ 34	
1	16 37 33	10 ♊ 24 47	19 ♉ 21	2 ♋ 29	24 ♊ 46	26 ♉ 58	0 ♎ 28	3 ♎ 1R	27 ♏ 34R	23 ♐ 51R	21 ♎ 48R	4 ♌ 31	GIUGNO
5	16 53 20	14 ♊ 14 44	19 ♋ 0	4 ♋ 27	29 ♊ 40	29 ♉ 50	0 ♎ 33	2 ♎ 60R	27 ♏ 25R	23 ♐ 45R	21 ♎ 44R	4 ♌ 18	
10	17 13 2	19 ♊ 1 46	24 ♍ 56	5 ♋ 12R	5 ♋ 47	3 ♊ 24	0 ♎ 42	3 ♎ 1	27 ♏ 13R	23 ♐ 37R	21 ♎ 40R	4 ♌ 3	
15	17 32 45	23 ♊ 48 23	24 ♏ 46	4 ♋ 8R	11 ♋ 54	6 ♊ 56	0 ♎ 56	3 ♎ 5	27 ♏ 2R	23 ♐ 29R	21 ♎ 37R	3 ♌ 47	
20	17 52 28	28 ♊ 34 40	25 ♑ 30	1 ♋ 43R	18 ♋ 0	10 ♊ 28	1 ♎ 14	3 ♎ 11	26 ♏ 52R	23 ♐ 20R	21 ♎ 35R	3 ♌ 31	
25	18 12 11	3 ♋ 20 50	0 ♈ 58	28 ♊ 53R	24 ♋ 6	13 ♊ 57	1 ♎ 36	3 ♎ 20	26 ♏ 42R	23 ♐ 12R	21 ♎ 33R	3 ♌ 15	
30	18 31 53	8 ♋ 6 58	13 ♊ 23	26 ♊ 50R	0 ♌ 11	17 ♊ 26	2 ♎ 2	3 ♎ 31	26 ♏ 34R	23 ♐ 5R	21 ♎ 32R	2 ♌ 59	

1981	GIORNO	TEMPO SIDERALE	☉	☽	☿	♀	♂	♃	♄	♅	♆	♇	☊
LUGLIO	1	18 35 50	9 ♋ 4 12	28 ♊ 11	26 ♊ 36R	1 ♌ 25	18 ♊ 7	2 ♎ 8	3 ♎ 33	26 ♏ 32R	23 ♐ 3R	21 ♎ 32R	2 ♌ 56
	5	18 51 36	12 ♋ 53 6	24 ♌ 46	26 ♊ 26	6 ♌ 16	20 ♊ 53	2 ♎ 32	3 ♎ 44	26 ♏ 26R	22 ♐ 57R	21 ♎ 33	2 ♌ 43
	10	19 11 19	17 ♋ 39 10	27 ♎ 29	28 ♊ 5	12 ♌ 21	24 ♊ 18	3 ♎ 5	4 ♎ 0	26 ♏ 19R	22 ♐ 50R	21 ♎ 34	2 ♌ 27
	15	19 31 2	22 ♋ 25 12	27 ♐ 17	1 ♋ 52	18 ♌ 25	27 ♊ 43	3 ♎ 41	4 ♎ 18	26 ♏ 14R	22 ♐ 43R	21 ♎ 35	2 ♌ 11
	20	19 50 44	27 ♋ 11 19	0 ♓ 52	7 ♋ 40	24 ♌ 28	1 ♋ 6	4 ♎ 21	4 ♎ 38	26 ♏ 9R	22 ♐ 36R	21 ♎ 38	1 ♌ 55
	25	20 10 27	1 ♌ 57 43	9 ♉ 52	15 ♋ 18	0 ♍ 30	4 ♋ 28	5 ♎ 3	4 ♎ 60	26 ♏ 6R	22 ♐ 30R	21 ♎ 42	1 ♌ 40
	31	20 34 7	7 ♌ 41 54	5 ♌ 37	26 ♋ 26	7 ♍ 44	8 ♋ 28	5 ♎ 57	5 ♎ 29	26 ♏ 4R	22 ♐ 24R	21 ♎ 47	1 ♌ 20
AGOSTO	1	20 38 3	8 ♌ 39 19	19 ♌ 22	28 ♋ 26	8 ♍ 57	9 ♋ 8	6 ♎ 7	5 ♎ 34	26 ♏ 3R	22 ♐ 23R	21 ♎ 48	1 ♌ 17
	5	20 53 49	12 ♌ 29 8	11 ♎ 14	6 ♌ 39	13 ♍ 45	11 ♋ 47	6 ♎ 45	5 ♎ 54	26 ♏ 3	22 ♐ 19R	21 ♎ 52	1 ♌ 5
	10	21 13 32	17 ♌ 16 40	11 ♐ 14	17 ♌ 0	19 ♍ 45	15 ♋ 5	7 ♎ 36	6 ♎ 22	26 ♏ 4	22 ♐ 15R	21 ♎ 58	0 ♌ 49
	15	21 33 15	22 ♌ 4 34	13 ♒ 34	27 ♌ 2	25 ♍ 44	18 ♋ 21	8 ♎ 28	6 ♎ 51	26 ♏ 6	22 ♐ 11R	22 ♎ 5	0 ♌ 33
	20	21 52 58	26 ♌ 52 59	22 ♈ 27	6 ♍ 31	1 ♎ 42	21 ♋ 36	9 ♎ 23	7 ♎ 21	26 ♏ 9	22 ♐ 9R	22 ♎ 12	0 ♌ 17
	25	22 12 40	1 ♍ 42 4	3 ♋ 20	15 ♍ 26	7 ♎ 39	24 ♋ 50	10 ♎ 19	7 ♎ 53	26 ♏ 14	22 ♐ 7R	22 ♎ 21	0 ♌ 1
	31	22 36 20	7 ♍ 29 55	24 ♍ 8	25 ♍ 24	14 ♎ 46	28 ♋ 40	11 ♎ 28	8 ♎ 32	26 ♏ 21	22 ♐ 5R	22 ♎ 31	29 ♋ 42
SETTEMBRE	1	22 40 16	8 ♍ 28 0	6 ♎ 48	26 ♍ 59	15 ♎ 57	29 ♋ 19	11 ♎ 40	8 ♎ 39	26 ♏ 23	22 ♐ 5R	22 ♎ 33	29 ♋ 39
	5	22 56 2	12 ♍ 20 32	25 ♏ 21	3 ♎ 7	20 ♎ 40	1 ♌ 51	12 ♎ 28	9 ♎ 6	26 ♏ 29	22 ♐ 5	22 ♎ 41	29 ♋ 26
	10	23 15 45	17 ♍ 11 45	25 ♑ 46	10 ♎ 18	26 ♎ 33	5 ♌ 0	13 ♎ 28	9 ♎ 40	26 ♏ 37	22 ♐ 6	22 ♎ 51	29 ♋ 10
	15	23 35 28	22 ♍ 3 38	3 ♈ 38	16 ♎ 54	2 ♏ 24	8 ♌ 8	14 ♎ 30	10 ♎ 16	26 ♏ 47	22 ♐ 7	23 ♎ 1	28 ♋ 54
	20	23 55 11	26 ♍ 56 20	16 ♊ 6	22 ♎ 51	8 ♏ 13	11 ♌ 15	15 ♎ 33	10 ♎ 52	26 ♏ 58	22 ♐ 10	23 ♎ 12	28 ♋ 38
	25	0 14 54	1 ♎ 49 56	24 ♌ 17	27 ♎ 56	14 ♏ 0	14 ♌ 20	16 ♎ 37	11 ♎ 28	27 ♏ 10	22 ♐ 13	23 ♎ 23	28 ♋ 23
	30	0 34 36	6 ♎ 44 27	27 ♎ 31	1 ♏ 46	19 ♏ 45	17 ♌ 24	17 ♎ 41	11 ♎ 5	27 ♏ 23	22 ♐ 17	23 ♎ 34	28 ♋ 7
OTTOBRE	1	0 38 33	7 ♎ 43 28	9 ♏ 38	2 ♏ 20	20 ♏ 54	18 ♌ 0	17 ♎ 54	12 ♎ 12	27 ♏ 25	22 ♐ 18	23 ♎ 37	28 ♋ 4
	5	0 54 19	11 ♎ 39 47	27 ♐ 7	3 ♏ 45	25 ♏ 28	20 ♌ 26	18 ♎ 45	12 ♎ 41	27 ♏ 36	22 ♐ 22	23 ♎ 46	27 ♋ 51
	10	1 14 2	16 ♎ 35 51	29 ♒ 41	3 ♏ 2R	1 ♐ 7	23 ♌ 26	19 ♎ 50	13 ♎ 18	27 ♏ 51	22 ♐ 27	23 ♎ 58	27 ♋ 35
	15	1 33 45	21 ♎ 32 42	12 ♉ 4	29 ♎ 3R	6 ♐ 44	26 ♌ 25	20 ♎ 55	13 ♎ 55	28 ♏ 7	22 ♐ 33	24 ♎ 10	27 ♋ 19
	20	1 53 27	26 ♎ 30 26	24 ♋ 34	23 ♎ 5R	12 ♐ 16	29 ♌ 22	22 ♎ 1	14 ♎ 31	28 ♏ 23	22 ♐ 40	24 ♎ 22	27 ♋ 3
	25	2 13 10	1 ♏ 29 6	29 ♍ 30	18 ♎ 48R	17 ♐ 45	2 ♍ 17	23 ♎ 6	15 ♎ 8	28 ♏ 39	22 ♐ 48	24 ♎ 34	26 ♋ 47
	31	2 36 49	7 ♏ 28 41	11 ♐ 55	19 ♎ 25	24 ♐ 11	5 ♍ 44	24 ♎ 23	15 ♎ 50	29 ♏ 0	22 ♐ 57	24 ♎ 48	26 ♋ 28
NOVEMBRE	1	2 40 46	8 ♏ 28 43	23 ♐ 43	20 ♎ 6	25 ♐ 15	6 ♍ 18	24 ♎ 36	15 ♎ 57	29 ♏ 4	22 ♐ 59	24 ♎ 51	26 ♋ 25
	5	2 56 32	12 ♏ 29 7	11 ♒ 56	24 ♎ 1	29 ♐ 27	8 ♍ 34	25 ♎ 27	16 ♎ 25	29 ♏ 18	23 ♐ 6	25 ♎ 0	26 ♋ 12
	10	3 16 15	17 ♏ 30 13	20 ♈ 11	0 ♏ 39	4 ♑ 35	11 ♍ 22	26 ♎ 31	16 ♎ 59	29 ♏ 36	23 ♐ 16	25 ♎ 12	25 ♋ 56
	15	3 35 58	22 ♏ 31 59	5 ♋ 46	8 ♏ 9	9 ♑ 33	14 ♍ 7	27 ♎ 33	17 ♎ 32	29 ♏ 54	23 ♐ 25	25 ♎ 23	25 ♋ 41
	20	3 55 41	27 ♏ 34 29	14 ♍ 1	15 ♏ 59	14 ♑ 21	16 ♍ 50	28 ♎ 35	18 ♎ 4	0 ♐ 13	23 ♐ 36	25 ♎ 34	25 ♋ 25
	25	4 15 23	2 ♐ 37 43	15 ♏ 9	23 ♏ 53	18 ♑ 56	19 ♍ 29	29 ♎ 35	18 ♎ 34	0 ♐ 32	23 ♐ 46	25 ♎ 44	25 ♋ 9
	30	4 35 6	7 ♐ 41 33	14 ♑ 25	1 ♐ 47	23 ♑ 14	22 ♍ 5	0 ♏ 34	19 ♎ 3	0 ♐ 50	23 ♐ 57	25 ♎ 54	24 ♋ 53
DICEMBRE	1	4 39 3	8 ♐ 42 22	26 ♑ 24	3 ♐ 21	24 ♑ 3	22 ♍ 36	0 ♏ 45	19 ♎ 9	0 ♐ 54	23 ♐ 59	25 ♎ 56	24 ♋ 50
	5	4 54 49	12 ♐ 45 49	16 ♓ 37	9 ♐ 39	27 ♑ 12	24 ♍ 38	1 ♏ 31	19 ♎ 31	1 ♐ 8	24 ♐ 8	26 ♎ 3	24 ♋ 37
	10	5 14 32	17 ♐ 50 25	28 ♉ 24	17 ♐ 30	0 ♒ 46	27 ♍ 7	2 ♏ 27	19 ♎ 57	1 ♐ 27	24 ♐ 19	26 ♎ 12	24 ♋ 21
	15	5 34 14	22 ♐ 55 22	12 ♌ 59	25 ♐ 22	3 ♒ 49	29 ♍ 31	3 ♏ 20	20 ♎ 21	1 ♐ 44	24 ♐ 31	26 ♎ 20	23 ♋ 5
	20	5 53 57	28 ♐ 0 40	18 ♎ 4	3 ♑ 17	6 ♒ 17	1 ♎ 51	4 ♏ 11	20 ♎ 43	2 ♐ 2	24 ♐ 42	26 ♎ 27	23 ♋ 49
	25	6 13 40	3 ♑ 6 18	17 ♐ 38	11 ♑ 16	7 ♒ 60	4 ♎ 5	5 ♏ 0	21 ♎ 3	2 ♐ 19	24 ♐ 53	26 ♎ 34	23 ♋ 33
	31	6 37 19	9 ♑ 13 17	0 ♓ 31	20 ♑ 55	8 ♒ 53	6 ♎ 38	5 ♏ 55	21 ♎ 24	2 ♐ 38	25 ♐ 7	26 ♎ 41	23 ♋ 14

GIORNO	TEMPO SIDERALE	☉	☽	☿	♀	♂	♃	♄	♅	♆	♇	☊	1982
1	6 41 16	10 ♑ 14 27	13 ♓ 18	22 ♑ 31	8 ♒ 54R	7 ♎ 3	6 ♏ 4	21 ♎ 27	2 ♐ 41	25 ♐ 9	26 ♎ 42	23 ♋ 11	GENNAIO
5	6 57 2	14 ♑ 19 4	7 ♉ 40	28 ♑ 54	8 ♒ 32R	8 ♎ 39	6 ♏ 38	21 ♎ 39	2 ♐ 54	25 ♐ 18	26 ♎ 46	22 ♋ 58	
10	7 16 45	19 ♑ 24 44	21 ♋ 47	6 ♒ 32	7 ♒ 9R	10 ♎ 32	7 ♏ 18	21 ♎ 51	3 ♐ 8	25 ♐ 28	26 ♎ 49	22 ♋ 43	
15	7 36 28	24 ♑ 30 17	1 ♎ 27	13 ♒ 12	4 ♒ 51R	12 ♎ 17	7 ♏ 54	22 ♎ 1	3 ♐ 22	25 ♐ 39	26 ♎ 53	22 ♋ 27	
20	7 56 10	29 ♑ 35 44	2 ♐ 27	17 ♒ 41	1 ♒ 56R	13 ♎ 53	8 ♏ 27	22 ♎ 8	3 ♐ 35	25 ♐ 49	26 ♎ 55	22 ♋ 11	
25	8 15 53	4 ♒ 41 2	2 ♒ 21	18 ♒ 21R	28 ♑ 53R	15 ♎ 18	8 ♏ 56	22 ♎ 13	3 ♐ 47	25 ♐ 58	26 ♎ 56	21 ♋ 55	
31	8 39 32	10 ♒ 46 55	20 ♈ 14	13 ♒ 22R	25 ♑ 46R	16 ♎ 46	9 ♏ 25	22 ♎ 15	3 ♐ 59	26 ♐ 9	26 ♎ 56R	21 ♋ 36	
1	8 43 29	11 ♒ 47 50	3 ♉ 60	12 ♒ 9R	25 ♑ 21R	16 ♎ 59	9 ♏ 29	22 ♎ 15R	4 ♐ 1	26 ♐ 11	26 ♎ 56R	21 ♋ 33	FEBBRAIO
5	8 59 15	15 ♒ 51 15	1 ♋ 1	7 ♒ 25R	24 ♑ 5R	17 ♎ 45	9 ♏ 45	22 ♎ 14R	4 ♐ 9	26 ♐ 18	26 ♎ 56R	21 ♋ 20	
10	9 18 58	20 ♒ 55 1	12 ♍ 34	3 ♒ 37R	23 ♑ 23R	18 ♎ 29	10 ♏ 1	22 ♎ 10R	4 ♐ 17	26 ♐ 26	26 ♎ 54R	21 ♋ 4	
15	9 38 41	25 ♒ 58 17	16 ♏ 40	3 ♒ 5	23 ♑ 43	18 ♎ 58	10 ♏ 12	22 ♎ 3R	4 ♐ 23	26 ♐ 33	26 ♎ 51R	20 ♋ 48	
20	9 58 23	1 ♓ 1 3	16 ♑ 9	5 ♒ 14	24 ♑ 58	19 ♎ 10	10 ♏ 18	21 ♎ 54R	4 ♐ 29	26 ♐ 39	26 ♎ 48R	20 ♋ 32	
25	10 18 6	6 ♓ 3 13	19 ♓ 43	9 ♒ 14	27 ♑ 0	19 ♎ 3T	10 ♏ 20R	21 ♎ 43R	4 ♐ 33	26 ♐ 45	26 ♎ 44R	20 ♋ 16	
28	10 29 56	9 ♓ 4 11	0 ♉ 51	12 ♒ 15	28 ♑ 34	18 ♎ 50T	10 ♏ 18R	21 ♎ 35R	4 ♐ 35	26 ♐ 48	26 ♎ 41R	20 ♋ 7	
1	10 33 52	10 ♓ 4 26	14 ♉ 51	13 ♒ 20	29 ♑ 7	18 ♎ 45R	10 ♏ 17R	21 ♎ 32R	4 ♐ 35	26 ♐ 49	26 ♎ 40R	20 ♋ 4	MARZO
5	10 49 39	14 ♓ 5 6	11 ♋ 17	18 ♒ 3	1 ♒ 36	18 ♎ 13R	10 ♏ 12R	21 ♎ 20R	4 ♐ 37	26 ♐ 53	26 ♎ 36R	19 ♋ 51	
10	11 9 21	19 ♓ 5 10	20 ♍ 46	24 ♒ 36	5 ♒ 8	17 ♎ 17R	10 ♏ 2R	21 ♎ 4R	4 ♐ 38R	26 ♐ 56	26 ♎ 30R	19 ♋ 35	
15	11 29 4	24 ♓ 4 27	24 ♏ 27	1 ♓ 47	9 ♒ 4	16 ♎ 2R	9 ♏ 47R	20 ♎ 45R	4 ♐ 37R	26 ♐ 59	26 ♎ 24R	19 ♋ 19	
20	11 48 47	29 ♓ 3 0	23 ♑ 58	9 ♓ 30	13 ♒ 19	14 ♎ 31R	9 ♏ 27R	20 ♎ 25R	4 ♐ 35R	27 ♐ 1	26 ♎ 17R	19 ♋ 3	
25	12 8 30	4 ♈ 0 48	28 ♓ 29	17 ♓ 45	17 ♒ 50	12 ♎ 47R	9 ♏ 4R	20 ♎ 4R	4 ♐ 31R	27 ♐ 2	26 ♎ 9R	18 ♋ 47	
31	12 32 9	9 ♈ 57 3	23 ♊ 60	28 ♓ 23	23 ♒ 32	10 ♎ 31R	8 ♏ 31R	19 ♎ 37R	4 ♐ 26R	27 ♐ 3R	25 ♎ 60R	18 ♋ 28	
1	12 36 6	10 ♈ 56 17	8 ♋ 8	0 ♓ 14	24 ♒ 30	10 ♎ 8R	8 ♏ 25R	19 ♎ 33R	4 ♐ 25R	27 ♐ 3R	25 ♎ 58R	18 ♋ 25	APRILE
5	12 51 52	14 ♈ 52 52	3 ♍ 11	7 ♓ 52	28 ♒ 29	8 ♎ 35R	7 ♏ 60R	19 ♎ 14R	4 ♐ 20R	27 ♐ 2R	25 ♎ 52R	18 ♋ 13	
10	13 11 35	19 ♈ 47 46	8 ♏ 2	17 ♓ 54	3 ♓ 34	6 ♎ 42R	7 ♏ 26R	18 ♎ 51R	4 ♐ 13R	27 ♐ 1R	25 ♎ 43R	17 ♋ 57	
15	13 31 17	24 ♈ 41 51	8 ♑ 1	28 ♓ 20	8 ♓ 47	4 ♎ 58R	6 ♏ 51R	18 ♎ 28R	4 ♐ 5R	26 ♐ 58R	25 ♎ 35R	17 ♋ 41	
20	13 51	29 ♈ 35 14	9 ♓ 33	8 ♉ 50	14 ♓ 6	3 ♎ 27R	6 ♏ 13R	18 ♎ 5R	3 ♐ 56R	26 ♐ 55R	25 ♎ 26R	17 ♋ 25	
25	14 10 43	4 ♉ 27 53	20 ♉ 14	18 ♉ 47	19 ♓ 31	2 ♎ 12R	5 ♏ 35R	17 ♎ 43R	3 ♐ 46R	26 ♐ 52R	25 ♎ 18R	17 ♋ 9	
30	14 30 26	9 ♉ 19 44	2 ♌ 49	27 ♉ 34	24 ♓ 60	1 ♎ 16R	4 ♏ 57R	17 ♎ 22R	3 ♐ 35R	26 ♐ 47R	25 ♎ 10R	16 ♋ 53	
1	14 34 22	10 ♉ 18 0	16 ♌ 36	29 ♉ 8	26 ♓ 6	1 ♎ 7R	4 ♏ 49R	17 ♎ 18R	3 ♐ 33R	26 ♐ 46R	25 ♎ 8R	16 ♋ 50	MAGGIO
5	14 50 8	14 ♉ 10 43	9 ♎ 19	4 ♊ 47	0 ♈ 32	0 ♎ 40R	4 ♏ 19R	17 ♎ 2R	3 ♐ 24R	26 ♐ 42R	25 ♎ 2R	16 ♋ 37	
10	15 9 51	19 ♉ 0 56	10 ♐ 50	10 ♊ 12	6 ♈ 9	0 ♎ 23R	3 ♏ 42R	16 ♎ 44R	3 ♐ 12R	26 ♐ 36R	24 ♎ 54R	16 ♋ 21	
15	15 29 34	23 ♉ 50 32	10 ♒ 8	13 ♊ 41	11 ♈ 48	0 ♎ 26	3 ♏ 8R	16 ♎ 27R	2 ♐ 60R	26 ♐ 30R	24 ♎ 47R	16 ♋ 5	
20	15 49 17	28 ♉ 39 37	14 ♈ 54	15 ♊ 8	17 ♈ 29	0 ♎ 47	2 ♏ 35R	16 ♎ 12R	2 ♐ 48R	26 ♐ 24R	24 ♎ 40R	15 ♋ 50	
25	16 8 59	3 ♊ 28 12	28 ♊ 58	14 ♊ 36R	23 ♈ 13	1 ♎ 25	2 ♏ 5R	15 ♎ 59R	2 ♐ 35R	26 ♐ 16R	24 ♎ 33R	15 ♋ 34	
31	16 32 39	9 ♊ 13 45	23 ♍ 29	11 ♊ 59R	0 ♉ 9	2 ♎ 32	1 ♏ 34R	15 ♎ 47R	2 ♐ 20R	26 ♐ 8R	24 ♎ 27R	15 ♋ 15	
1	16 36 35	10 ♊ 11 16	6 ♎ 23	11 ♊ 26R	1 ♉ 18	2 ♎ 45	1 ♏ 29R	15 ♎ 45R	2 ♐ 18R	26 ♐ 6R	24 ♎ 26R	15 ♋ 11	GIUGNO
5	16 52 22	14 ♊ 1 6	25 ♏ 44	9 ♊ 14R	5 ♉ 57	3 ♎ 43	1 ♏ 12R	15 ♎ 39R	2 ♐ 8R	25 ♐ 60R	24 ♎ 22R	14 ♋ 59	
10	17 12 4	18 ♊ 48 0	24 ♑ 59	7 ♊ 11R	11 ♉ 46	5 ♎ 8	0 ♏ 54R	15 ♎ 34R	1 ♐ 56R	25 ♐ 52R	24 ♎ 17R	14 ♋ 43	
15	17 31 47	23 ♊ 34 40	26 ♓ 32	6 ♊ 40	17 ♉ 37	6 ♎ 44	0 ♏ 41R	15 ♎ 31R	1 ♐ 44R	25 ♐ 44R	24 ♎ 14R	14 ♋ 27	
20	17 51 30	28 ♊ 21 10	7 ♊ 8	8 ♊ 0	23 ♉ 30	8 ♎ 30	0 ♏ 31R	15 ♎ 30	1 ♐ 34R	25 ♐ 36R	24 ♎ 11R	14 ♋ 11	
25	18 11 13	3 ♋ 7 30	21 ♌ 57	11 ♊ 13	29 ♉ 24	10 ♎ 27	0 ♏ 27R	15 ♎ 32	1 ♐ 23R	25 ♐ 28R	24 ♎ 9R	13 ♋ 55	
30	18 30 55	7 ♋ 53 37	28 ♎ 26	16 ♊ 11	5 ♊ 19	12 ♎ 32	0 ♏ 26	15 ♎ 37	1 ♐ 14R	25 ♐ 20R	24 ♎ 8R	13 ♋ 39	

1982	GIORNO	TEMPO SIDERALE	☉	☾	☿	♀	♂	♃	♄	♅	♆	♇	☊
LUGLIO	1	18 34 52	8 ♋ 50 49	10 ♏ 43	17 ♊ 27	6 ♊ 30	12 ♎ 58	0 ♏ 27	15 ♎ 38	1 ♐ 12R	25 ♐ 18R	24 ♎ 8R	13 ♋ 36
	5	18 50 38	12 ♋ 39 34	28 ♐ 24	22 ♊ 47	11 ♊ 15	14 ♎ 45	0 ♏ 31	15 ♎ 44	1 ♐ 5R	25 ♐ 12R	24 ♎ 7	13 ♋ 23
	10	19 10 21	17 ♋ 25 30	28 ♒ 10	0 ♋ 55	17 ♊ 13	17 ♎ 5	0 ♏ 39	15 ♎ 53	0 ♐ 57R	25 ♐ 4R	24 ♎ 8	12 ♋ 8
	15	19 30 4	22 ♋ 11 34	2 ♉ 51	10 ♋ 22	23 ♊ 11	19 ♎ 32	0 ♏ 52	16 ♎ 5	0 ♐ 51R	24 ♐ 57R	24 ♎ 9	12 ♋ 52
	20	19 49 46	26 ♋ 57 52	15 ♋ 49	20 ♋ 42	29 ♊ 11	22 ♎ 5	1 ♏ 10	16 ♎ 19	0 ♐ 45R	24 ♐ 51R	24 ♎ 11	12 ♋ 36
	25	20 9 29	1 ♌ 44 24	28 ♍ 26	1 ♌ 20	5 ♋ 12	24 ♎ 44	1 ♏ 31	16 ♎ 35	0 ♐ 41R	24 ♐ 44R	24 ♎ 14	12 ♋ 20
	31	20 33 9	7 ♌ 28 28	13 ♐ 28	13 ♌ 44	12 ♋ 26	28 ♎ 1	2 ♏ 2	16 ♎ 58	0 ♐ 37R	24 ♐ 37R	24 ♎ 19	12 ♋ 1
AGOSTO	1	20 37 5	8 ♌ 25 51	25 ♐ 17	15 ♌ 43	13 ♋ 39	28 ♎ 35	2 ♏ 7	17 ♎ 2	0 ♐ 36R	24 ♐ 36R	24 ♎ 20	11 ♋ 58
	5	20 52 51	12 ♌ 15 28	12 ♒ 55	23 ♌ 26	18 ♋ 29	0 ♏ 51	2 ♏ 31	17 ♎ 18	0 ♐ 35R	24 ♐ 32R	24 ♎ 24	11 ♋ 45
	10	21 12 34	17 ♌ 2 52	16 ♈ 7	2 ♍ 29	24 ♋ 34	3 ♏ 46	3 ♏ 5	17 ♎ 41	0 ♐ 35	24 ♐ 28R	24 ♎ 30	11 ♋ 29
	15	21 32 17	21 ♌ 50 49	25 ♊ 21	10 ♍ 54	0 ♌ 39	6 ♏ 45	3 ♏ 41	18 ♎ 5	0 ♐ 35	24 ♐ 24R	24 ♎ 36	11 ♋ 13
	20	21 51 60	26 ♌ 39 24	8 ♍ 38	18 ♍ 41	6 ♌ 46	9 ♏ 47	4 ♏ 21	18 ♎ 32	0 ♐ 37	24 ♐ 21R	24 ♎ 43	10 ♋ 57
	25	22 11 42	1 ♍ 28 31	15 ♏ 37	25 ♍ 51	12 ♌ 53	12 ♏ 54	5 ♏ 4	18 ♎ 59	0 ♐ 41	24 ♐ 19R	24 ♎ 51	10 ♋ 41
	31	22 35 22	7 ♍ 16 10	27 ♑ 18	3 ♎ 32	20 ♌ 15	16 ♏ 42	5 ♏ 59	19 ♎ 34	0 ♐ 47	24 ♐ 17R	25 ♎ 1	10 ♋ 22
SETTEMBRE	1	22 39 18	8 ♍ 14 11	9 ♏ 21	4 ♎ 43	21 ♌ 29	17 ♏ 21	6 ♏ 8	19 ♎ 41	0 ♐ 48	24 ♐ 17R	25 ♎ 3	10 ♋ 19
	5	22 55 4	12 ♍ 6 31	29 ♓ 47	9 ♎ 3	26 ♌ 25	19 ♏ 57	6 ♏ 47	20 ♎ 5	0 ♐ 53	24 ♐ 17R	25 ♎ 10	10 ♋ 6
	10	23 14 47	16 ♍ 57 37	7 ♊ 33	13 ♎ 31	2 ♍ 36	23 ♏ 14	7 ♏ 38	20 ♎ 37	1 ♐ 0	24 ♐ 17	25 ♎ 20	9 ♋ 51
	15	23 34 30	21 ♍ 49 35	18 ♌ 41	16 ♎ 32	8 ♍ 47	26 ♏ 34	8 ♏ 31	21 ♎ 10	1 ♐ 9	24 ♐ 18	25 ♎ 30	9 ♋ 35
	20	23 54 13	26 ♍ 42 24	28 ♎ 4	17 ♎ 30R	14 ♍ 59	29 ♏ 58	9 ♏ 26	21 ♎ 44	1 ♐ 19	24 ♐ 20	25 ♎ 41	9 ♋ 19
	25	0 13 56	1 ♎ 35 59	29 ♐ 44	15 ♎ 45R	21 ♍ 12	3 ♐ 24	10 ♏ 23	22 ♎ 18	1 ♐ 29	24 ♐ 22	25 ♎ 52	9 ♋ 3
	30	0 33 38	6 ♎ 30 17	29 ♒ 50	11 ♎ 13R	27 ♍ 26	6 ♐ 52	11 ♏ 22	22 ♎ 54	1 ♐ 41	24 ♐ 26	26 ♎ 3	8 ♋ 47
OTTOBRE	1	0 37 35	7 ♎ 29 14	12 ♓ 31	10 ♎ 6R	29 ♍ 40	7 ♐ 34	11 ♏ 34	23 ♎ 1	1 ♐ 44	24 ♐ 27	26 ♎ 5	8 ♋ 44
	5	0 53 21	11 ♎ 25 22	6 ♉ 16	5 ♎ 43R	3 ♎ 40	10 ♐ 23	12 ♏ 22	23 ♎ 29	1 ♐ 54	24 ♐ 30	26 ♎ 15	8 ♋ 31
	10	1 13 4	16 ♎ 21 20	16 ♋ 39	2 ♎ 34R	9 ♎ 54	13 ♐ 57	13 ♏ 24	24 ♎ 5	2 ♐ 8	24 ♐ 35	26 ♎ 27	8 ♋ 15
	15	1 32 47	21 ♎ 18 17	26 ♍ 22	3 ♎ 40	16 ♎ 9	17 ♐ 33	14 ♏ 26	24 ♎ 42	2 ♐ 23	24 ♐ 41	26 ♎ 39	7 ♋ 59
	20	1 52 29	26 ♎ 16 7	1 ♐ 31	8 ♎ 28	22 ♎ 25	21 ♐ 11	15 ♏ 30	25 ♎ 18	2 ♐ 38	24 ♐ 48	26 ♎ 51	7 ♋ 43
	25	2 12 12	1 ♏ 14 45	1 ♒ 11	15 ♎ 26	28 ♎ 41	24 ♐ 51	16 ♏ 34	25 ♎ 55	2 ♐ 54	24 ♐ 55	27 ♎ 3	7 ♋ 28
	31	2 35 51	7 ♏ 14 2	17 ♈ 12	24 ♎ 59	6 ♏ 12	29 ♐ 17	17 ♏ 53	26 ♎ 38	3 ♐ 14	25 ♐ 5	27 ♎ 17	7 ♋ 8
NOVEMBRE	1	2 39 48	8 ♏ 14 1	1 ♉ 8	26 ♎ 38	7 ♏ 27	0 ♑ 2	18 ♏ 6	26 ♎ 46	3 ♐ 18	25 ♐ 6	27 ♎ 19	7 ♋ 5
	5	2 55 34	12 ♏ 14 17	28 ♊ 48	3 ♏ 13	12 ♏ 28	3 ♑ 1	18 ♏ 58	27 ♎ 14	3 ♐ 31	25 ♐ 13	27 ♎ 29	6 ♋ 53
	10	3 15 17	17 ♏ 15 21	9 ♍ 19	11 ♏ 25	18 ♏ 45	6 ♑ 47	20 ♏ 5	27 ♎ 50	3 ♐ 49	25 ♐ 22	27 ♎ 41	6 ♋ 37
	15	3 34 60	22 ♏ 17 15	15 ♏ 0	19 ♏ 30	25 ♏ 1	10 ♑ 34	21 ♏ 11	28 ♎ 24	4 ♐ 7	25 ♐ 32	27 ♎ 52	6 ♋ 21
	20	3 54 43	27 ♏ 19 52	15 ♑ 36	27 ♏ 28	1 ♐ 18	14 ♑ 22	22 ♏ 17	28 ♎ 59	4 ♐ 26	25 ♐ 42	28 ♎ 3	6 ♋ 5
	25	4 14 25	2 ♐ 23 1	15 ♓ 34	5 ♐ 21	7 ♐ 35	18 ♑ 12	23 ♏ 23	29 ♎ 32	4 ♐ 44	25 ♐ 52	28 ♎ 14	5 ♋ 49
	30	4 34 8	7 ♐ 26 38	23 ♉ 31	13 ♐ 10	13 ♐ 52	22 ♑ 3	24 ♏ 29	0 ♏ 4	5 ♐ 3	26 ♐ 3	28 ♎ 24	5 ♋ 33
DICEMBRE	1	4 38 5	8 ♐ 27 24	8 ♊ 15	14 ♐ 43	15 ♐ 7	22 ♑ 49	24 ♏ 42	0 ♏ 10	5 ♐ 6	26 ♐ 5	28 ♎ 26	5 ♋ 30
	5	4 53 51	12 ♐ 30 44	7 ♌ 38	20 ♐ 56	20 ♐ 9	25 ♑ 55	25 ♏ 34	0 ♏ 35	5 ♐ 21	26 ♐ 14	28 ♎ 34	5 ♋ 17
	10	5 13 34	17 ♐ 35 22	16 ♎ 19	28 ♐ 42	26 ♐ 26	29 ♑ 48	26 ♏ 39	1 ♏ 4	5 ♐ 39	26 ♐ 25	28 ♎ 43	5 ♋ 1
	15	5 33 16	22 ♐ 40 29	18 ♐ 25	6 ♑ 26	2 ♑ 42	3 ♒ 42	27 ♏ 43	1 ♏ 32	5 ♐ 57	26 ♐ 36	28 ♎ 51	4 ♋ 46
	20	5 52 59	27 ♐ 45 55	17 ♒ 36	14 ♑ 1	8 ♑ 59	7 ♒ 36	28 ♏ 45	1 ♏ 58	6 ♐ 15	26 ♐ 48	28 ♎ 59	4 ♋ 30
	25	6 12 42	2 ♑ 51 29	19 ♈ 36	21 ♑ 13	15 ♑ 16	11 ♒ 31	29 ♏ 47	2 ♏ 23	6 ♐ 33	26 ♐ 59	29 ♎ 6	4 ♋ 14
	31	6 36 21	8 ♑ 58 15	16 ♋ 20	28 ♑ 32	22 ♑ 48	16 ♒ 13	0 ♐ 59	2 ♏ 50	6 ♐ 53	27 ♐ 13	29 ♎ 13	3 ♋ 55

GIORNO	TEMPO SIDERALE	☉	☽	☿	♀	♂	♃	♄	♅	♆	♇	☊	1983
1	6 40 18	9 ♑ 59 23	1 ♌ 32	29 ♑ 30	24 ♑ 3	17 ♒ 0	1 ♐ 10	2 ♏ 54	6 ♐ 56	27 ♐ 15	29 ♎ 15	3 ♋ 52	GENNAIO
5	6 56 4	14 ♑ 3 57	29 ♍ 34	2 ♒ 10	29 ♑ 4	20 ♒ 9	1 ♐ 57	3 ♏ 10	7 ♐ 9	27 ♐ 24	29 ♎ 19	3 ♋ 39	
10	7 15 47	19 ♑ 9 44	3 ♐ 25	1 ♒ 46R	5 ♒ 20	24 ♒ 5	2 ♐ 53	3 ♏ 28	7 ♐ 24	27 ♐ 35	29 ♎ 23	3 ♋ 23	
15	7 35 29	24 ♑ 15 30	2 ♒ 44	26 ♑ 54R	11 ♒ 36	28 ♒ 0	3 ♐ 47	3 ♏ 44	7 ♐ 39	27 ♐ 45	29 ♎ 27	3 ♋ 7	
20	7 55 12	29 ♑ 21 4	3 ♈ 2	20 ♑ 38R	17 ♒ 51	1 ♓ 56	4 ♐ 39	3 ♏ 57	7 ♐ 52	27 ♐ 55	29 ♎ 29	2 ♋ 51	
25	8 14 55	4 ♒ 26 16	9 ♊ 38	16 ♑ 56R	24 ♒ 6	5 ♓ 51	5 ♐ 29	4 ♏ 8	8 ♐ 5	28 ♐ 5	29 ♎ 31	2 ♋ 35	
31	8 38 34	10 ♒ 31 58	9 ♍ 34	17 ♑ 12	1 ♓ 35	10 ♓ 33	6 ♐ 25	4 ♏ 18	8 ♐ 19	28 ♐ 16	29 ♎ 32	2 ♋ 16	
1	8 42 32	11 ♒ 32 52	24 ♍ 10	17 ♑ 39	2 ♓ 50	11 ♓ 20	6 ♐ 34	4 ♏ 19	8 ♐ 21	28 ♐ 18	29 ♎ 32	2 ♋ 13	FEBBRAIO
5	8 58 18	15 ♒ 36 18	17 ♏ 52	20 ♑ 17	7 ♓ 49	14 ♓ 28	7 ♐ 8	4 ♏ 23	8 ♐ 29	28 ♐ 25	29 ♎ 32R	2 ♋ 0	
10	9 18 1	20 ♒ 40 16	17 ♑ 53	24 ♑ 59	14 ♓ 2	18 ♓ 22	7 ♐ 48	4 ♏ 26	8 ♐ 38	28 ♐ 33	29 ♎ 31R	1 ♋ 44	
15	9 37 44	25 ♒ 43 45	17 ♓ 45	0 ♒ 44	20 ♓ 14	22 ♓ 15	8 ♐ 25	4 ♏ 26R	8 ♐ 46	28 ♐ 41	29 ♎ 29R	1 ♋ 29	
20	9 57 27	0 ♓ 46 35	21 ♉ 39	7 ♒ 12	26 ♓ 25	26 ♓ 8	8 ♐ 58	4 ♏ 23R	8 ♐ 53	28 ♐ 47	29 ♎ 26R	1 ♋ 13	
25	10 17 9	5 ♓ 48 38	2 ♌ 37	14 ♒ 14	2 ♈ 35	29 ♓ 60	9 ♐ 28	4 ♏ 18R	8 ♐ 58	28 ♐ 54	29 ♎ 22R	0 ♋ 57	
28	10 28 59	8 ♓ 49 30	17 ♍ 29	18 ♒ 41	6 ♈ 17	2 ♈ 19	9 ♐ 43	4 ♏ 14R	9 ♐ 1	28 ♐ 57	29 ♎ 20R	0 ♋ 47	
1	10 32 55	9 ♓ 49 44	2 ♎ 6	20 ♒ 12	7 ♈ 31	3 ♈ 5	9 ♐ 48	4 ♏ 12R	9 ♐ 2	28 ♐ 58	29 ♎ 19R	0 ♋ 44	MARZO
5	10 48 42	13 ♓ 50 23	26 ♏ 12	26 ♒ 28	12 ♈ 26	6 ♈ 9	10 ♐ 6	4 ♏ 5R	9 ♐ 4	29 ♐ 2	29 ♎ 15R	0 ♋ 31	
10	11 8 24	18 ♓ 50 37	26 ♑ 19	4 ♓ 42	18 ♈ 33	9 ♈ 59	10 ♐ 25	3 ♏ 53R	9 ♐ 6	29 ♐ 6	29 ♎ 9R	0 ♋ 15	
15	11 28 7	23 ♓ 50 8	26 ♓ 51	13 ♓ 24	24 ♈ 39	13 ♈ 47	10 ♐ 40	3 ♏ 39R	9 ♐ 7R	29 ♐ 9	29 ♎ 3R	29 ♊ 60	
20	11 47 50	28 ♓ 48 48	2 ♊ 3	22 ♓ 36	0 ♉ 43	17 ♈ 34	10 ♐ 49	3 ♏ 24R	9 ♐ 6R	29 ♐ 12	28 ♎ 57R	29 ♊ 44	
25	12 7 33	3 ♈ 46 33	12 ♌ 12	2 ♈ 17	6 ♉ 45	21 ♈ 21	10 ♐ 54	3 ♏ 6R	9 ♐ 4R	29 ♐ 13	28 ♎ 49R	29 ♊ 28	
31	12 31 12	9 ♈ 42 37	7 ♏ 57	14 ♈ 27	13 ♉ 58	25 ♈ 51	10 ♐ 54R	2 ♏ 43R	8 ♐ 60R	29 ♐ 14	28 ♎ 40R	29 ♊ 9	
1	12 35 9	10 ♈ 41 51	21 ♏ 12	16 ♈ 30	15 ♉ 10	26 ♈ 36	10 ♐ 54R	2 ♏ 39R	8 ♐ 59R	29 ♐ 14R	28 ♎ 39R	29 ♊ 6	APRILE
5	12 50 55	14 ♈ 38 27	10 ♑ 43	24 ♈ 39	19 ♉ 57	29 ♈ 34	10 ♐ 49R	2 ♏ 23R	8 ♐ 55R	29 ♐ 14R	28 ♎ 32R	28 ♊ 53	
10	13 10 38	19 ♈ 33 33	10 ♓ 25	4 ♉ 18	25 ♉ 53	3 ♉ 17	10 ♐ 39R	2 ♏ 1R	8 ♐ 49R	29 ♐ 13R	28 ♎ 24R	28 ♊ 37	
15	13 30 20	24 ♈ 27 52	15 ♉ 6	12 ♉ 40	1 ♊ 48	6 ♉ 58	10 ♐ 25R	1 ♏ 39R	8 ♐ 42R	29 ♐ 11R	28 ♎ 15R	28 ♊ 21	
20	13 50 3	29 ♈ 21 18	24 ♋ 26	19 ♉ 10	7 ♊ 39	10 ♉ 38	10 ♐ 7R	1 ♏ 16R	8 ♐ 33R	29 ♐ 8R	28 ♎ 7R	28 ♊ 5	
25	14 9 46	4 ♉ 13 50	5 ♎ 13	23 ♉ 28	13 ♊ 29	14 ♉ 17	9 ♐ 44R	0 ♏ 53R	8 ♐ 24R	29 ♐ 5R	27 ♎ 59R	27 ♊ 49	
30	14 29 29	9 ♉ 5 32	11 ♐ 56	25 ♉ 25	19 ♊ 15	17 ♉ 54	9 ♐ 17R	0 ♏ 30R	8 ♐ 15R	29 ♐ 1R	27 ♎ 50R	27 ♊ 33	
1	14 33 25	10 ♉ 3 48	24 ♐ 22	25 ♉ 32	20 ♊ 23	18 ♉ 30	9 ♐ 12R	0 ♑ 26R	8 ♐ 12R	28 ♐ 60R	27 ♎ 49R	27 ♊ 30	MAGGIO
5	14 49 11	13 ♉ 56 33	12 ♒ 15	25 ♉ 6R	24 ♊ 57	21 ♉ 31	8 ♐ 48R	0 ♑ 8R	8 ♐ 4R	28 ♐ 56R	27 ♎ 42R	27 ♊ 18	
10	15 8 54	18 ♉ 46 58	13 ♈ 43	22 ♉ 57R	0 ♋ 37	25 ♉ 5	8 ♐ 15R	29 ♎ 47R	7 ♐ 53R	28 ♐ 51R	27 ♎ 34R	27 ♊ 2	
15	15 28 37	23 ♉ 36 46	22 ♊ 22	20 ♉ 1R	6 ♋ 12	28 ♉ 39	7 ♐ 40R	29 ♎ 26R	7 ♐ 41R	28 ♐ 45R	27 ♎ 27R	26 ♊ 46	
20	15 48 20	28 ♉ 25 53	3 ♍ 45	17 ♉ 31R	11 ♋ 43	2 ♊ 12	7 ♐ 3R	29 ♎ 7R	7 ♐ 29R	28 ♐ 38R	27 ♎ 19R	26 ♊ 30	
25	16 8 3	3 ♊ 14 20	11 ♏ 57	16 ♉ 26R	17 ♋ 8	5 ♊ 43	6 ♐ 26R	28 ♎ 49R	7 ♐ 17R	28 ♐ 31R	27 ♎ 13R	26 ♊ 14	
31	16 31 42	8 ♊ 59 43	26 ♑ 32	17 ♉ 32	23 ♋ 31	9 ♊ 55	5 ♐ 40R	28 ♎ 31R	7 ♐ 2R	28 ♐ 23R	27 ♎ 5R	25 ♊ 55	
1	16 35 38	9 ♊ 57 14	8 ♒ 24	17 ♉ 59	24 ♋ 34	10 ♊ 37	5 ♐ 32R	28 ♎ 28R	6 ♐ 59R	28 ♐ 21R	27 ♎ 4R	25 ♊ 52	GIUGNO
5	16 51 25	13 ♊ 47 8	26 ♓ 23	20 ♉ 26	28 ♋ 43	13 ♊ 23	5 ♐ 2R	28 ♎ 17R	6 ♐ 49R	28 ♐ 15R	27 ♎ 0R	25 ♊ 39	
10	17 11 7	18 ♊ 34 15	2 ♊ 34	24 ♉ 56	3 ♌ 47	16 ♊ 51	4 ♐ 25R	28 ♎ 6R	6 ♐ 37R	28 ♐ 7R	26 ♎ 55R	25 ♊ 23	
15	17 30 50	23 ♊ 21 3	15 ♌ 42	0 ♊ 52	8 ♌ 42	20 ♊ 17	3 ♐ 50R	27 ♎ 57R	6 ♐ 25R	27 ♐ 59R	26 ♎ 51R	25 ♊ 7	
20	17 50 33	28 ♊ 7 31	25 ♎ 36	8 ♊ 7	13 ♌ 26	23 ♊ 42	3 ♐ 17R	27 ♎ 50R	6 ♐ 14R	27 ♐ 51R	26 ♎ 48R	24 ♊ 51	
25	18 10 16	2 ♋ 53 39	28 ♐ 55	16 ♊ 38	17 ♌ 58	27 ♊ 6	2 ♐ 47R	27 ♎ 46R	6 ♐ 3R	27 ♐ 43R	26 ♎ 46R	24 ♊ 35	
30	18 29 58	7 ♋ 39 39	28 ♒ 35	26 ♊ 17	22 ♌ 14	0 ♋ 29	2 ♐ 20R	27 ♎ 44R	5 ♐ 53R	27 ♐ 35R	26 ♎ 44R	24 ♊ 20	

1983	GIORNO	TEMPO SIDERALE	☉	☽	☿	♀	♂	♃	♄	♅	♆	♇	☊
LUGLIO	1	18 33 55	8 ♋ 36 51	10 ♓ 29	28 ♊ 20	23 ♌ 4	1 ♋ 9	2 ♐ 15R	27 ♎ 43R	5 ♐ 51R	27 ♐ 33R	26 ♎ 44R	24 ♊ 16
	5	18 49 41	12 ♋ 25 39	29 ♈ 57	6 ♋ 47	26 ♌ 13	3 ♋ 51	1 ♐ 57R	27 ♎ 44	5 ♐ 43R	27 ♐ 27R	26 ♎ 43R	24 ♊ 4
	10	19 9 24	17 ♋ 11 46	9 ♋ 59	17 ♋ 36	29 ♌ 51	7 ♋ 12	1 ♐ 38R	27 ♎ 47	5 ♐ 34R	27 ♐ 20R	26 ♎ 43	23 ♊ 48
	15	19 29 7	21 ♋ 57 56	24 ♍ 33	28 ♋ 12	3 ♍ 3	10 ♋ 32	1 ♐ 23R	27 ♎ 52	5 ♐ 27R	27 ♐ 12R	26 ♎ 44	23 ♊ 32
	20	19 48 50	26 ♋ 44 9	1 ♐ 17	8 ♌ 13	5 ♍ 43	13 ♋ 51	1 ♐ 12R	28 ♎ 0	5 ♐ 20R	27 ♐ 5R	26 ♎ 46	23 ♊ 16
	25	20 8 32	1 ♌ 30 28	1 ♒ 45	17 ♌ 31	7 ♍ 46	17 ♋ 9	1 ♐ 6R	28 ♎ 11	5 ♐ 15R	26 ♐ 59R	26 ♎ 48	23 ♊ 0
	31	20 32 12	7 ♌ 14 23	13 ♈ 33	27 ♌ 43	9 ♍ 14	21 ♋ 5	1 ♐ 4	28 ♎ 26	5 ♐ 9R	26 ♐ 52R	26 ♎ 52	22 ♊ 41
AGOSTO	1	20 36 8	8 ♌ 11 46	25 ♈ 59	29 ♌ 19	9 ♍ 21	21 ♋ 44	1 ♐ 5	28 ♎ 29	5 ♐ 9R	26 ♐ 50R	26 ♎ 53	22 ♊ 38
	5	20 51 54	12 ♌ 1 28	19 ♊ 10	5 ♍ 26	9 ♍ 29R	24 ♋ 21	1 ♐ 8	28 ♎ 41	5 ♐ 6R	26 ♐ 46R	26 ♎ 57	22 ♊ 25
	10	21 11 37	16 ♌ 49 2	3 ♍ 55	12 ♍ 24	8 ♍ 45R	27 ♋ 36	1 ♐ 17	28 ♎ 58	5 ♐ 5R	26 ♐ 41R	27 ♎ 2	22 ♊ 9
	15	21 31 20	21 ♌ 37 1	15 ♏ 12	18 ♍ 33	7 ♍ 4R	0 ♌ 50	1 ♐ 29	29 ♎ 18	5 ♐ 4	26 ♐ 37R	27 ♎ 8	21 ♊ 53
	20	21 51 3	26 ♌ 25 25	16 ♑ 56	23 ♍ 46	4 ♍ 33R	4 ♌ 4	1 ♐ 47	29 ♎ 39	5 ♐ 5	26 ♐ 34R	27 ♎ 15	21 ♊ 38
	25	22 10 45	1 ♍ 14 19	16 ♓ 21	27 ♍ 48	1 ♍ 33R	7 ♌ 16	2 ♐ 8	0 ♏ 2	5 ♐ 7	26 ♐ 31R	27 ♎ 22	21 ♊ 22
	31	22 34 25	7 ♍ 1 51	1 ♊ 12	0 ♎ 31	27 ♌ 57R	11 ♌ 6	2 ♐ 39	0 ♏ 33	5 ♐ 11	26 ♐ 29R	27 ♎ 32	21 ♊ 3
SETTEMBRE	1	22 38 21	7 ♍ 59 53	14 ♊ 34	0 ♎ 41	27 ♌ 24R	11 ♌ 45	2 ♐ 45	0 ♏ 38	5 ♐ 12	26 ♐ 29R	27 ♎ 34	20 ♊ 59
	5	22 54 8	11 ♍ 52 19	11 ♌ 57	0 ♎ 23R	25 ♌ 29R	14 ♌ 17	3 ♐ 9	0 ♏ 60	5 ♐ 16	26 ♐ 28R	27 ♎ 41	20 ♊ 47
	10	23 13 50	16 ♍ 43 33	26 ♎ 39	27 ♍ 40R	23 ♌ 51R	17 ♌ 27	3 ♐ 43	1 ♏ 28	5 ♐ 23	26 ♐ 28	27 ♎ 50	20 ♊ 31
	15	23 33 33	21 ♍ 35 29	1 ♑ 44	22 ♍ 55R	23 ♌ 13R	20 ♌ 36	4 ♐ 20	1 ♏ 58	5 ♐ 30	26 ♐ 29	27 ♎ 60	20 ♊ 15
	20	23 53 16	26 ♍ 28 4	1 ♓ 14	18 ♍ 16R	23 ♌ 33	23 ♌ 45	5 ♐ 1	2 ♏ 29	5 ♐ 39	26 ♐ 30	28 ♎ 10	19 ♊ 59
	25	0 12 59	1 ♎ 21 26	2 ♉ 31	16 ♍ 23	24 ♌ 48	26 ♌ 53	5 ♐ 44	3 ♏ 1	5 ♐ 48	26 ♐ 32	28 ♎ 21	19 ♊ 43
	30	0 32 41	6 ♎ 15 41	8 ♋ 21	18 ♍ 32	26 ♌ 49	29 ♌ 60	6 ♐ 31	3 ♏ 34	5 ♐ 59	26 ♐ 36	28 ♎ 32	19 ♊ 27
OTTOBRE	1	0 36 38	7 ♎ 14 38	22 ♋ 20	19 ♍ 24	27 ♌ 19	0 ♍ 37	6 ♐ 40	3 ♏ 40	6 ♐ 1	26 ♐ 36	28 ♎ 35	19 ♊ 24
	5	0 52 24	11 ♎ 10 53	20 ♍ 54	24 ♍ 4	29 ♌ 31	3 ♍ 6	7 ♐ 20	4 ♏ 8	6 ♐ 11	26 ♐ 39	28 ♎ 44	19 ♊ 11
	10	1 12 7	16 ♎ 6 58	2 ♐ 1	1 ♎ 38	2 ♍ 45	6 ♍ 11	8 ♐ 12	4 ♏ 42	6 ♐ 24	26 ♐ 44	28 ♎ 56	18 ♊ 56
	15	1 31 50	21 ♎ 3 51	3 ♒ 57	10 ♎ 4	6 ♍ 27	9 ♍ 16	9 ♐ 6	5 ♏ 17	6 ♐ 38	26 ♐ 50	29 ♎ 8	18 ♊ 40
	20	1 52 32	26 ♎ 1 29	3 ♈ 57	18 ♎ 41	10 ♍ 31	12 ♍ 19	10 ♐ 2	5 ♏ 53	6 ♐ 52	26 ♐ 56	29 ♎ 20	18 ♊ 24
	25	2 11 15	0 ♏ 59 55	8 ♊ 12	27 ♎ 13	14 ♍ 55	15 ♍ 22	10 ♐ 60	6 ♏ 29	7 ♐ 8	27 ♐ 3	29 ♎ 32	18 ♊ 8
	31	2 34 55	6 ♏ 59 12	1 ♍ 27	7 ♏ 11	20 ♍ 32	18 ♍ 60	12 ♐ 12	7 ♏ 12	7 ♐ 27	27 ♐ 12	29 ♎ 46	17 ♊ 49
NOVEMBRE	1	2 38 51	7 ♏ 59 13	15 ♍ 51	8 ♏ 49	21 ♍ 30	19 ♍ 36	12 ♐ 24	7 ♏ 20	7 ♐ 30	27 ♐ 14	29 ♎ 49	17 ♊ 46
	5	2 54 37	11 ♏ 59 37	12 ♏ 52	15 ♏ 17	25 ♍ 28	22 ♍ 0	13 ♐ 14	7 ♏ 49	7 ♐ 44	27 ♐ 20	29 ♎ 58	17 ♊ 33
	10	3 14 20	17 ♏ 0 47	17 ♑ 48	23 ♏ 12	0 ♎ 34	24 ♍ 60	14 ♐ 17	8 ♏ 25	8 ♐ 1	27 ♐ 29	0 ♏ 10	17 ♊ 17
	15	3 34 3	22 ♏ 2 36	17 ♓ 34	0 ♐ 58	5 ♎ 50	27 ♍ 58	15 ♐ 21	9 ♏ 0	8 ♐ 19	27 ♐ 39	0 ♏ 22	17 ♊ 1
	20	3 53 46	27 ♏ 4 59	20 ♉ 39	8 ♐ 38	11 ♎ 14	0 ♎ 55	16 ♐ 27	9 ♏ 36	8 ♐ 37	27 ♐ 48	0 ♏ 33	16 ♊ 45
	25	4 13 28	2 ♐ 8 1	29 ♋ 48	16 ♐ 10	16 ♎ 45	3 ♎ 51	17 ♐ 33	10 ♏ 11	8 ♐ 55	27 ♐ 59	0 ♏ 44	16 ♊ 29
	30	4 33 11	7 ♐ 11 42	10 ♎ 32	23 ♐ 35	22 ♎ 22	6 ♎ 45	18 ♐ 40	10 ♏ 45	9 ♐ 14	28 ♐ 9	0 ♏ 54	16 ♊ 13
DICEMBRE	1	4 37 8	8 ♐ 12 31	24 ♎ 26	25 ♐ 2	23 ♎ 30	7 ♎ 20	18 ♐ 54	10 ♏ 51	9 ♐ 17	28 ♐ 11	0 ♏ 56	16 ♊ 10
	5	4 52 54	12 ♐ 16 0	18 ♐ 2	0 ♑ 44	28 ♎ 4	9 ♎ 38	19 ♐ 48	11 ♏ 18	9 ♐ 32	28 ♐ 20	1 ♏ 4	15 ♊ 58
	10	5 12 37	17 ♐ 20 45	19 ♒ 40	7 ♑ 23	3 ♏ 51	12 ♎ 29	20 ♐ 56	11 ♏ 50	9 ♐ 50	28 ♐ 31	1 ♏ 14	15 ♊ 42
	15	5 32 19	22 ♐ 25 47	19 ♈ 45	12 ♑ 56	9 ♏ 41	15 ♎ 19	22 ♐ 4	12 ♏ 21	10 ♐ 9	28 ♐ 42	1 ♏ 23	15 ♊ 26
	20	5 52 2	27 ♐ 31 2	26 ♊ 24	16 ♑ 17	15 ♏ 35	18 ♎ 6	23 ♐ 12	12 ♏ 51	10 ♐ 27	28 ♐ 54	1 ♏ 31	15 ♊ 10
	25	6 11 45	2 ♑ 36 31	9 ♍ 1	15 ♑ 49R	21 ♏ 31	20 ♎ 52	24 ♐ 20	13 ♏ 19	10 ♐ 44	29 ♐ 5	1 ♏ 38	14 ♊ 54
	31	6 35 24	8 ♑ 43 26	1 ♐ 13	9 ♑ 29R	28 ♏ 42	24 ♎ 7	25 ♐ 41	13 ♏ 51	11 ♐ 5	29 ♐ 19	1 ♏ 46	14 ♊ 35

GIORNO	TEMPO SIDERALE	☉	☾	☿	♀	♂	♃	♄	♅	♆	♇	☊	1984
1	6 39 21	9 ♑ 44 37	14 ♐ 6	8 ♑ 7R	29 ♏ 54	24 ♎ 39	25 ♐ 54	13 ♏ 56	11 ♐ 8	29 ♐ 21	1 ♏ 48	14 ♊ 32	GENNAIO
5	6 55 7	13 ♑ 49 21	3 ♒ 47	3 ♑ 17R	4 ♐ 43	26 ♎ 47	26 ♐ 48	14 ♏ 16	11 ♐ 22	29 ♐ 30	1 ♏ 52	14 ♊ 19	
10	7 14 50	18 ♑ 55 13	3 ♈ 21	0 ♑ 27R	10 ♐ 46	29 ♎ 24	27 ♐ 55	14 ♏ 39	11 ♐ 37	29 ♐ 41	1 ♏ 57	14 ♊ 3	
15	7 34 33	24 ♑ 0 53	6 ♊ 20	1 ♑ 25	16 ♐ 50	1 ♏ 58	29 ♐ 0	14 ♏ 60	11 ♐ 53	29 ♐ 51	2 ♏ 1	13 ♊ 47	
20	7 54 15	29 ♑ 6 17	18 ♌ 56	4 ♑ 57	22 ♐ 56	4 ♏ 29	0 ♑ 5	15 ♏ 19	12 ♐ 7	0 ♑ 2	2 ♏ 4	13 ♊ 31	
25	8 13 58	4 ♒ 11 29	1 ♏ 40	10 ♑ 3	29 ♐ 2	6 ♏ 55	1 ♑ 8	15 ♏ 35	12 ♐ 21	0 ♑ 12	2 ♏ 7	13 ♊ 16	
31	8 37 37	10 ♒ 17 25	18 ♑ 18	17 ♑ 23	6 ♑ 23	9 ♏ 46	2 ♑ 22	15 ♏ 52	12 ♐ 36	0 ♑ 23	2 ♏ 8	12 ♊ 56	
1	8 41 34	11 ♒ 19 22	0 ♒ 24	18 ♑ 42	7 ♑ 37	10 ♏ 14	2 ♑ 34	15 ♏ 54	12 ♐ 38	0 ♑ 25	2 ♏ 8	12 ♊ 53	FEBBRAIO
5	8 57 20	15 ♒ 21 58	18 ♓ 6	24 ♑ 9	12 ♑ 31	12 ♏ 2	3 ♑ 22	16 ♏ 3	12 ♐ 47	0 ♑ 32	2 ♏ 9R	12 ♊ 41	
10	9 17 3	20 ♒ 25 58	18 ♉ 30	1 ♒ 21	18 ♑ 40	14 ♏ 14	4 ♑ 20	16 ♏ 12	12 ♐ 57	0 ♑ 41	2 ♏ 8R	12 ♊ 25	
15	9 36 46	25 ♒ 29 19	26 ♋ 48	8 ♒ 56	24 ♑ 49	16 ♏ 19	5 ♑ 16	16 ♏ 18	13 ♐ 6	0 ♑ 49	2 ♏ 6R	12 ♊ 9	
20	9 56 28	0 ♓ 31 2	12 ♎ 38	16 ♒ 54	0 ♒ 59	18 ♏ 18	6 ♑ 10	16 ♏ 22	13 ♐ 14	0 ♑ 56	2 ♏ 4R	11 ♊ 53	
25	10 16 11	5 ♓ 34 9	20 ♐ 43	25 ♒ 14	7 ♒ 9	20 ♏ 9	7 ♑ 1	16 ♏ 23R	13 ♐ 21	1 ♑ 2	2 ♏ 1R	11 ♊ 37	
29	10 31 57	9 ♓ 35 25	9 ♒ 26	2 ♓ 12	12 ♒ 4	21 ♏ 32	7 ♑ 41	16 ♏ 22R	13 ♐ 25	1 ♑ 7	1 ♏ 58R	11 ♊ 24	
1	10 35 54	10 ♓ 35 40	21 ♒ 20	3 ♓ 59	13 ♒ 18	21 ♏ 52	7 ♑ 50	16 ♏ 21R	13 ♐ 26	1 ♑ 8	1 ♏ 57R	11 ♊ 21	MARZO
5	10 51 40	14 ♓ 36 23	8 ♈ 53	11 ♓ 17	18 ♒ 15	23 ♏ 7	8 ♑ 27	16 ♏ 18R	13 ♐ 29	1 ♑ 12	1 ♏ 53R	11 ♊ 8	
10	11 11 23	19 ♓ 36 32	10 ♊ 21	20 ♓ 47	24 ♒ 25	24 ♏ 32	9 ♑ 11	16 ♏ 12R	13 ♐ 32	1 ♑ 16	1 ♏ 48R	10 ♊ 53	
15	11 31 6	24 ♓ 35 46	20 ♌ 4	0 ♈ 37	0 ♓ 35	25 ♏ 46	9 ♑ 51	16 ♏ 4R	13 ♐ 34	1 ♑ 20	1 ♏ 42R	10 ♊ 37	
20	11 50 49	29 ♓ 34 8	5 ♏ 34	10 ♈ 29	6 ♓ 45	26 ♏ 47	10 ♑ 28	15 ♏ 53R	13 ♐ 34R	1 ♑ 22	1 ♏ 35R	10 ♊ 21	
25	12 10 31	4 ♈ 31 42	12 ♑ 10	19 ♈ 45	12 ♓ 55	27 ♏ 33	11 ♑ 1	15 ♏ 40R	13 ♐ 33R	1 ♑ 24	1 ♏ 28R	10 ♊ 5	
31	12 34 11	10 ♈ 27 49	23 ♓ 55	28 ♈ 57	20 ♓ 19	28 ♏ 9	11 ♑ 36	15 ♏ 22R	13 ♐ 30R	1 ♑ 25	1 ♏ 19R	9 ♊ 46	
1	12 38 7	11 ♈ 27 4	5 ♈ 52	0 ♉ 11	21 ♓ 33	28 ♏ 13	11 ♑ 41	15 ♏ 18R	13 ♐ 29R	1 ♑ 26	1 ♏ 18R	9 ♊ 43	APRILE
5	12 53 53	15 ♈ 23 41	24 ♉ 43	4 ♉ 5	26 ♓ 29	28 ♏ 20	12 ♑ 1	15 ♏ 4R	13 ♐ 26R	1 ♑ 25R	1 ♏ 12R	9 ♊ 30	
10	13 13 36	20 ♈ 18 37	0 ♌ 34	6 ♉ 30	2 ♈ 39	28 ♏ 13R	12 ♑ 21	14 ♏ 46R	13 ♐ 21R	1 ♑ 25R	1 ♏ 3R	9 ♊ 14	
15	13 33 19	25 ♈ 12 36	14 ♎ 4	6 ♉ 11R	8 ♈ 49	27 ♏ 46R	12 ♑ 37	14 ♏ 26R	13 ♐ 14R	1 ♑ 23R	0 ♏ 55R	8 ♊ 58	
20	13 53 2	0 ♉ 5 45	24 ♐ 60	3 ♉ 43R	14 ♈ 58	27 ♏ 1R	12 ♑ 49	14 ♏ 4R	13 ♐ 7R	1 ♑ 21R	0 ♏ 47R	8 ♊ 42	
25	14 12 44	4 ♉ 58 10	26 ♒ 49	0 ♉ 19R	21 ♈ 8	25 ♏ 57R	12 ♑ 55	13 ♏ 42R	12 ♐ 59R	1 ♑ 18R	0 ♏ 38R	8 ♊ 26	
30	14 32 27	9 ♉ 49 56	26 ♈ 40	27 ♈ 31R	27 ♈ 17	24 ♏ 37R	12 ♑ 58R	13 ♏ 20R	12 ♐ 49R	1 ♑ 14R	0 ♏ 30R	8 ♊ 11	
1	14 36 24	10 ♉ 48 12	9 ♉ 0	27 ♈ 7R	28 ♈ 31	24 ♏ 19R	12 ♑ 57R	13 ♏ 15R	12 ♐ 47R	1 ♑ 13R	0 ♏ 28R	8 ♊ 7	MAGGIO
5	14 52 10	14 ♉ 40 58	0 ♋ 18	26 ♈ 19R	3 ♉ 26	23 ♏ 3R	12 ♑ 55R	12 ♏ 57R	12 ♐ 39R	1 ♑ 9R	0 ♏ 21R	7 ♊ 55	
10	15 11 53	19 ♉ 31 13	9 ♍ 32	27 ♈ 3	9 ♉ 35	21 ♏ 19R	12 ♑ 48R	12 ♏ 35R	12 ♐ 29R	1 ♑ 4R	0 ♏ 13R	7 ♊ 39	
15	15 31 36	24 ♉ 20 42	21 ♏ 53	29 ♈ 38	15 ♉ 44	19 ♏ 31R	12 ♑ 36R	12 ♏ 13R	12 ♐ 17R	0 ♑ 58R	0 ♏ 6R	7 ♊ 23	
20	15 51 18	29 ♉ 9 34	28 ♑ 29	3 ♉ 47	21 ♉ 53	17 ♏ 44R	12 ♑ 20R	11 ♏ 51R	12 ♐ 6R	0 ♑ 52R	29 ♎ 58R	7 ♊ 7	
25	16 11 1	3 ♊ 57 57	28 ♓ 40	9 ♉ 16	28 ♉ 1	16 ♏ 4R	11 ♑ 59R	11 ♏ 31R	11 ♐ 53R	0 ♑ 45R	29 ♎ 51R	6 ♊ 51	
31	16 34 40	9 ♊ 43 29	13 ♊ 22	17 ♉ 23	5 ♊ 23	14 ♏ 19R	11 ♑ 29R	11 ♏ 8R	11 ♐ 39R	0 ♑ 36R	29 ♎ 44R	6 ♊ 32	
1	16 38 37	10 ♊ 41 0	26 ♊ 41	18 ♉ 54	6 ♊ 37	14 ♏ 4R	11 ♑ 24R	11 ♏ 4R	11 ♐ 36R	0 ♑ 35R	29 ♎ 43R	6 ♊ 29	GIUGNO
5	16 54 23	14 ♊ 30 55	22 ♌ 3	25 ♉ 21	11 ♊ 32	13 ♏ 10R	11 ♑ 0R	10 ♏ 50R	11 ♐ 26R	0 ♑ 29R	29 ♎ 38R	6 ♊ 16	
10	17 14 6	19 ♊ 17 51	3 ♏ 2	4 ♊ 21	17 ♊ 40	12 ♏ 20R	10 ♑ 29R	10 ♏ 34R	11 ♐ 14R	0 ♑ 21R	29 ♎ 33R	6 ♊ 0	
15	17 33 49	24 ♊ 4 24	11 ♑ 1	14 ♊ 19	23 ♊ 49	11 ♏ 50R	9 ♑ 54R	10 ♏ 20R	11 ♐ 2R	0 ♑ 13R	29 ♎ 29R	5 ♊ 44	
20	17 53 31	28 ♊ 50 42	12 ♓ 49	25 ♊ 1	29 ♊ 58	11 ♏ 41	9 ♑ 18R	10 ♏ 8R	10 ♐ 50R	0 ♑ 5R	29 ♎ 25R	5 ♊ 29	
25	18 13 14	3 ♋ 36 55	13 ♉ 2	5 ♋ 57	6 ♋ 6	11 ♏ 52	8 ♑ 40R	9 ♏ 58R	10 ♐ 39R	29 ♐ 57R	29 ♎ 23R	5 ♊ 13	
30	18 32 57	8 ♋ 23 5	19 ♋ 38	16 ♋ 37	12 ♋ 15	12 ♏ 23	8 ♑ 2R	9 ♏ 51R	10 ♐ 28R	29 ♐ 49R	29 ♎ 21R	4 ♊ 57	

1984	GIORNO	TEMPO SIDERALE	☉	☽	☿	♀	♂	♃	♄	♅	♆	♇	☊
LUGLIO	1	18 36 54	9 ♋ 20 19	3 ♌ 52	18 ♋ 40	13 ♋ 29	12 ♏ 31	7 ♑ 54R	9 ♏ 49R	10 ♐ 26R	29 ♐ 47R	29 ♎ 20R	4 ♊ 54
	5	18 52 40	13 ♋ 9 10	1 ♎ 31	26 ♋ 37	18 ♋ 24	13 ♏ 11	7 ♑ 24R	9 ♏ 45R	10 ♐ 18R	29 ♐ 41R	29 ♎ 20R	4 ♊ 41
	10	19 12 22	17 ♋ 55 9	10 ♐ 34	5 ♌ 49	24 ♋ 33	14 ♏ 17	6 ♑ 46R	9 ♏ 42R	10 ♐ 9R	29 ♐ 33R	29 ♎ 19	4 ♊ 25
	15	19 32 5	22 ♋ 41 8	14 ♒ 39	14 ♌ 12	0 ♌ 42	15 ♏ 38	6 ♑ 10R	9 ♏ 42	10 ♐ 0R	29 ♐ 26R	29 ♎ 20	4 ♊ 9
	20	19 51 48	27 ♋ 27 17	14 ♈ 37	21 ♌ 45	6 ♌ 51	17 ♏ 14	5. ♑ 35R	9 ♏ 44	9 ♐ 53R	29 ♐ 19R	29 ♎ 21	3 ♊ 53
	25	20 11 31	2 ♌ 13 46	16 ♊ 40	28 ♌ 26	12 ♌ 60	19 ♏ 2	5 ♑ 3R	9 ♏ 49	9 ♐ 46R	29 ♐ 12R	29 ♎ 23	3 ♊ 37
	31	20 35 10	7 ♌ 57 58	12 ♍ 43	5 ♍ 11	20 ♌ 23	21 ♏ 27	4 ♑ 29R	9 ♏ 57	9 ♐ 40R	29 ♐ 5R	29 ♎ 27	3 ♊ 18
AGOSTO	1	20 39 7	8 ♌ 55 23	27 ♍ 31	6 ♍ 9	21 ♌ 37	21 ♏ 52	4 ♑ 24R	9 ♏ 59	9 ♐ 39R	29 ♐ 4R	29 ♎ 28	3 ♊ 15
	5	20 54 53	12 ♌ 45 8	24 ♏ 6	9 ♍ 32	26 ♌ 32	23 ♏ 39	4 ♑ 5R	10 ♏ 7	9 ♐ 36R	28 ♐ 59R	29 ♎ 31	3 ♊ 2
	10	21 14 36	17 ♌ 32 36	28 ♑ 44	12 ♍ 24	2 ♍ 41	26 ♏ 1	3 ♑ 45R	10 ♏ 19	9 ♐ 34R	28 ♐ 54R	29 ♎ 36	2 ♊ 46
	15	21 34 18	22 ♌ 20 29	29 ♓ 16	13 ♍ 24R	8 ♍ 50	28 ♏ 31	3 ♑ 28R	10 ♏ 34	9 ♐ 32R	28 ♐ 50R	29 ♎ 42	2 ♊ 31
	20	21 54 1	27 ♌ 8 57	29 ♉ 12	12 ♍ 9R	14 ♍ 59	1 ♐ 9	3 ♑ 17R	10 ♏ 50	9 ♐ 32	28 ♐ 46R	29 ♎ 48	2 ♊ 15
	25	22 13 44	1 ♍ 58 6	6 ♌ 40	8 ♍ 43R	21 ♍ 8	3 ♐ 54	3 ♑ 10R	11 ♏ 9	9 ♐ 33	28 ♐ 43R	29 ♎ 55	1 ♊ 59
	31	22 37 23	7 ♍ 45 57	6 ♏ 23	3 ♍ 21R	28 ♍ 31	7 ♐ 21	3 ♑ 8	11 ♏ 34	9 ♐ 36	28 ♐ 41R	0 ♏ 5	1 ♊ 40
SETTEMBRE	1	22 41 20	8 ♍ 44 1	20 ♏ 31	2 ♍ 34R	29 ♍ 44	7 ♐ 56	3 ♑ 8	11 ♏ 38	9 ♐ 37	28 ♐ 41R	0 ♏ 7	1 ♊ 37
	5	22 57 6	12 ♍ 36 29	13 ♑ 17	0 ♍ 22R	4 ♎ 39	10 ♐ 19	3 ♑ 11	11 ♏ 56	9 ♐ 40	28 ♐ 40R	0 ♏ 13	1 ♊ 24
	10	23 16 49	17 ♍ 27 38	14 ♓ 15	0 ♍ 38	10 ♎ 48	13 ♐ 23	3 ♑ 19	12 ♏ 21	9 ♐ 45	28 ♐ 39	0 ♏ 23	1 ♊ 8
	15	23 36 32	22 ♍ 19 32	13 ♉ 38	4 ♍ 29	16 ♎ 56	16 ♐ 32	3 ♑ 32	12 ♏ 47	9 ♐ 52	28 ♐ 40	0 ♏ 32	0 ♊ 52
	20	23 56 14	27 ♍ 12 18	16 ♋ 51	11 ♍ 11	23 ♎ 4	19 ♐ 45	3 ♑ 49	13 ♏ 15	9 ♐ 59	28 ♐ 41	0 ♏ 43	0 ♊ 36
	25	0 15 57	2 ♎ 5 58	0 ♍ 11	19 ♍ 32	29 ♎ 11	23 ♐ 3	4 ♑ 11	13 ♏ 44	10 ♐ 8	28 ♐ 43	0 ♏ 53	0 ♊ 20
	30	0 35 40	7 ♎ 0 29	13 ♐ 34	28 ♍ 31	5 ♏ 18	26 ♐ 24	4 ♑ 36	14 ♏ 14	10 ♐ 18	28 ♐ 46	1 ♏ 5	0 ♊ 4
OTTOBRE	1	0 39 36	7 ♎ 59 29	26 ♐ 60	0 ♎ 19	6 ♏ 32	27 ♐ 5	4 ♑ 42	14 ♏ 21	10 ♐ 20	28 ♐ 47	1 ♏ 7	0 ♊ 1
	5	0 55 23	11 ♎ 55 45	17 ♒ 18	7 ♎ 32	11 ♏ 25	29 ♐ 49	5 ♑ 6	14 ♏ 46	10 ♐ 29	28 ♐ 50	1 ♏ 16	29 ♉ 49
	10	1 15 5	16 ♎ 51 46	16 ♈ 52	16 ♎ 20	17 ♏ 31	3 ♑ 17	5 ♑ 40	15 ♏ 18	10 ♐ 41	28 ♐ 54	1 ♏ 28	29 ♉ 33
	15	1 34 48	21 ♎ 48 38	17 ♊ 22	24 ♎ 50	23 ♏ 37	6 ♑ 48	6 ♑ 18	15 ♏ 52	10 ♐ 54	28 ♐ 60	1 ♏ 40	29 ♉ 17
	20	1 54 31	26 ♎ 46 27	24 ♌ 2	3 ♏ 3	29 ♏ 43	10 ♑ 21	6 ♑ 59	16 ♏ 26	11 ♐ 8	29 ♐ 6	1 ♏ 52	29 ♉ 1
	25	2 14 14	1 ♏ 45 12	8 ♏ 40	11 ♏ 1	5 ♐ 48	13 ♑ 57	7 ♑ 43	17 ♏ 1	11 ♐ 23	29 ♐ 12	2 ♏ 4	28 ♉ 45
	31	2 37 53	7 ♏ 44 46	1 ♒ 27	20 ♏ 17	13 ♐ 5	18 ♑ 19	8 ♑ 40	17 ♏ 43	11 ♐ 42	29 ♐ 21	2 ♏ 18	28 ♉ 26
NOVEMBRE	1	2 41 50	8 ♏ 44 47	13 ♒ 53	21 ♏ 48	14 ♐ 18	19 ♑ 3	8 ♑ 50	17 ♏ 50	11 ♐ 45	29 ♐ 23	2 ♏ 21	28 ♉ 23
	5	2 57 36	12 ♏ 45 9	1 ♈ 48	27 ♏ 47	19 ♐ 8	21 ♑ 60	9 ♑ 31	18 ♏ 19	11 ♐ 58	29 ♐ 29	2 ♏ 30	28 ♉ 10
	10	3 17 19	17 ♏ 46 14	1 ♊ 58	5 ♐ 5	25 ♐ 11	25 ♑ 42	10 ♑ 24	18 ♏ 55	12 ♐ 15	29 ♐ 38	2 ♏ 42	27 ♉ 54
	15	3 37 1	22 ♏ 48 3	6 ♌ 24	12 ♐ 6	1 ♑ 13	29 ♑ 25	11 ♑ 20	19 ♏ 31	12 ♐ 32	29 ♐ 47	2 ♏ 54	27 ♉ 38
	20	3 56 44	27 ♏ 50 39	17 ♎ 23	18 ♐ 43	7 ♑ 13	3 ♒ 10	12 ♑ 18	20 ♏ 7	12 ♐ 50	29 ♐ 57	3 ♏ 5	27 ♉ 22
	25	4 16 27	2 ♐ 53 58	29 ♐ 50	24 ♐ 35	13 ♑ 13	6 ♒ 56	13 ♑ 18	20 ♏ 42	13 ♐ 8	0 ♑ 7	3 ♏ 16	27 ♉ 7
	30	4 36 10	7 ♐ 57 48	4 ♓ 16	29 ♐ 1	19 ♑ 10	10 ♒ 43	14 ♑ 20	21 ♏ 17	13 ♐ 27	0 ♑ 18	3 ♏ 27	26 ♉ 51
DICEMBRE	1	4 40 6	8 ♐ 58 37	16 ♓ 17	29 ♐ 39	20 ♑ 22	1 ♒ 29	14 ♑ 33	21 ♏ 24	13 ♐ 30	0 ♑ 20	3 ♏ 29	26 ♉ 47
	5	4 55 52	13 ♐ 2 2	3 ♉ 49	0 ♑ 49R	25 ♑ 6	14 ♒ 31	15 ♑ 24	21 ♏ 52	13 ♐ 45	0 ♑ 28	3 ♏ 37	26 ♉ 35
	10	5 15 35	18 ♐ 6 38	6 ♋ 34	28 ♐ 27R	1 ♒ 0	18 ♒ 20	16 ♑ 29	22 ♏ 26	14 ♐ 3	0 ♑ 39	3 ♏ 47	26 ♉ 19
	15	5 35 18	23 ♐ 11 39	14 ♍ 47	22 ♐ 15R	6 ♒ 52	22 ♒ 8	17 ♑ 35	22 ♏ 59	14 ♐ 22	0 ♑ 51	3 ♏ 56	26 ♉ 3
	20	5 55 1	28 ♐ 17 4	25 ♏ 52	16 ♐ 24R	12 ♒ 40	25 ♒ 58	18 ♑ 42	23 ♏ 31	14 ♐ 40	1 ♑ 2	4 ♏ 5	25 ♉ 47
	25	6 14 43	3 ♑ 22 47	4 ♒ 28	14 ♐ 31	18 ♒ 25	29 ♒ 47	19 ♑ 50	24 ♏ 2	14 ♐ 58	1 ♑ 13	4 ♏ 12	25 ♉ 31
	31	6 38 23	9 ♑ 29 45	17 ♈ 50	17 ♐ 10	25 ♒ 14	4 ♓ 22	21 ♑ 13	24 ♏ 38	15 ♐ 18	1 ♑ 27	4 ♏ 21	25 ♉ 12

GIORNO	TEMPO SIDERALE	☉	☽	☿	♀	♂	♃	♄	♅	♆	♇	☊	1985
1	6 42 21	10 ♑ 30 55	29 ♈ 42	17 ♐ 58	26 ♒ 21	5 ♓ 8	21 ♑ 27	24 ♏ 44	15 ♐ 22	1 ♑ 29	4 ♏ 22	25 ♉ 9	GENNAIO
5	6 58 7	14 ♑ 35 30	18 ♊ 58	21 ♐ 51	0 ♓ 49	8 ♓ 11	22 ♑ 23	25 ♏ 6	15 ♐ 35	1 ♑ 38	4 ♏ 27	24 ♉ 56	
10	7 17 50	19 ♑ 41 11	27 ♌ 14	27 ♐ 44	6 ♓ 18	12 ♓ 0	23 ♑ 33	25 ♏ 33	15 ♐ 52	1 ♑ 49	4 ♏ 32	24 ♉ 40	
15	7 37 33	24 ♑ 46 50	8 ♏ 6	4 ♑ 19	11 ♓ 40	15 ♓ 49	24 ♑ 44	25 ♏ 57	16 ♐ 7	2 ♑ 0	4 ♏ 36	24 ♉ 24	
20	7 57 16	29 ♑ 52 23	16 ♑ 28	11 ♑ 21	16 ♓ 54	19 ♓ 37	25 ♑ 54	26 ♏ 20	16 ♐ 22	2 ♑ 11	4 ♏ 40	24 ♉ 9	
25	8 16 58	4 ♒ 57 23	19 ♓ 56	18 ♑ 42	21 ♓ 58	23 ♓ 24	27 ♑ 4	26 ♏ 41	16 ♐ 37	2 ♑ 21	4 ♏ 43	23 ♉ 53	
31	8 40 38	11 ♒ 3 33	1 ♊ 31	27 ♑ 55	27 ♓ 48	27 ♓ 56	28 ♑ 28	27 ♏ 4	16 ♐ 52	2 ♑ 32	4 ♏ 45	23 ♉ 34	
1	8 44 34	12 ♒ 4 27	13 ♊ 57	29 ♑ 29	28 ♓ 44	28 ♓ 42	28 ♑ 42	27 ♏ 7	16 ♐ 55	2 ♑ 34	4 ♏ 45	23 ♉ 30	FEBBRAIO
5	9 0 20	16 ♒ 7 51	7 ♌ 38	5 ♒ 54	2 ♈ 24	1 ♈ 43	29 ♑ 37	27 ♏ 20	17 ♐ 4	2 ♑ 41	4 ♏ 45	23 ♉ 18	
10	9 20 3	21 ♒ 11 38	20 ♎ 31	14 ♒ 12	6 ♈ 43	5 ♈ 28	0 ♒ 46	27 ♏ 34	17 ♐ 15	2 ♑ 50	4 ♏ 45R	23 ♉ 2	
15	9 39 46	26 ♒ 14 58	29 ♐ 45	22 ♒ 51	10 ♈ 41	9 ♈ 12	1 ♒ 54	27 ♏ 46	17 ♐ 25	2 ♑ 58	4 ♏ 44R	22 ♉ 46	
20	9 59 29	1 ♓ 17 47	3 ♓ 48	1 ♓ 51	14 ♈ 14	12 ♈ 56	3 ♒ 0	27 ♏ 55	17 ♐ 34	3 ♑ 5	4 ♏ 42R	22 ♉ 30	
25	10 19 11	6 ♓ 19 57	3 ♉ 42	11 ♓ 11	17 ♈ 17	16 ♈ 38	4 ♒ 6	28 ♏ 2	17 ♐ 41	3 ♑ 12	4 ♏ 39R	22 ♉ 14	
28	10 31 1	9 ♓ 20 52	9 ♊ 30	16 ♓ 53	18 ♈ 49	18 ♈ 51	4 ♒ 45	28 ♏ 4	17 ♐ 45	3 ♑ 16	4 ♏ 37R	22 ♉ 5	
1	10 34 58	10 ♓ 21 6	21 ♊ 52	18 ♓ 47	19 ♈ 17	19 ♈ 35	4 ♒ 57	28 ♏ 5	17 ♐ 46	3 ♑ 17	4 ♏ 36R	22 ♉ 1	MARZO
5	10 50 44	14 ♓ 21 42	15 ♌ 36	26 ♓ 20	20 ♈ 49	22 ♈ 32	5 ♒ 48	28 ♏ 7	17 ♐ 51	3 ♑ 21	4 ♏ 33R	21 ♉ 49	
10	11 10 27	19 ♓ 21 44	0 ♏ 7	5 ♈ 10	22 ♈ 1	26 ♈ 12	6 ♒ 50	28 ♏ 7R	17 ♐ 55	3 ♑ 26	4 ♏ 28R	21 ♉ 33	
15	11 30 9	24 ♓ 21 2	9 ♑ 58	12 ♈ 26	22 ♈ 16R	29 ♈ 51	7 ♒ 49	28 ♏ 5R	17 ♐ 57	3 ♑ 30	4 ♏ 22R	21 ♉ 17	
20	11 49 52	29 ♓ 19 37	12 ♓ 47	17 ♈ 9	21 ♈ 30R	3 ♉ 28	8 ♒ 47	27 ♏ 59R	17 ♐ 59	3 ♑ 33	4 ♏ 16R	21 ♉ 1	
25	12 9 35	4 ♈ 17 25	12 ♉ 13	18 ♈ 39R	19 ♈ 44R	7 ♉ 5	9 ♒ 43	27 ♏ 52R	17 ♐ 59R	3 ♑ 35	4 ♏ 9R	20 ♉ 45	
31	12 33 14	10 ♈ 13 21	26 ♋ 10	16 ♈ 26R	16 ♈ 31R	11 ♉ 23	10 ♒ 46	27 ♏ 40R	17 ♐ 57R	3 ♑ 37	4 ♏ 0R	20 ♉ 26	
1	12 37 11	11 ♈ 12 44	9 ♌ 43	15 ♈ 45R	15 ♈ 55R	12 ♉ 6	10 ♒ 56	27 ♏ 38R	17 ♐ 57R	3 ♑ 37	3 ♏ 59R	20 ♉ 23	APRILE
5	12 52 57	15 ♈ 9 14	8 ♎ 17	12 ♈ 37R	13 ♈ 24R	14 ♉ 57	11 ♒ 36	27 ♏ 28R	17 ♐ 55R	3 ♑ 37R	3 ♏ 53R	20 ♉ 10	
10	13 12 40	20 ♈ 4 6	22 ♐ 30	8 ♈ 58R	10 ♈ 25R	18 ♉ 30	12 ♒ 23	27 ♏ 13R	17 ♐ 51R	3 ♑ 37R	3 ♏ 45R	19 ♉ 54	
15	13 32 23	24 ♈ 58 13	27 ♒ 41	6 ♈ 56R	8 ♈ 1R	22 ♉ 2	13 ♒ 7	26 ♏ 57R	17 ♐ 46R	3 ♑ 36R	3 ♏ 36R	19 ♉ 39	
20	13 52 5	29 ♈ 51 36	27 ♈ 26	7 ♈ 3	6 ♈ 30R	25 ♉ 33	13 ♒ 48	26 ♏ 39R	17 ♐ 39R	3 ♑ 34R	3 ♏ 28R	19 ♉ 23	
25	14 11 48	4 ♉ 44 11	27 ♊ 12	9 ♈ 9	5 ♈ 60R	29 ♉ 2	14 ♒ 26	26 ♏ 19R	17 ♐ 32R	3 ♑ 31R	3 ♏ 20R	19 ♉ 7	
30	14 31 31	9 ♉ 35 54	2 ♍ 41	12 ♈ 54	6 ♈ 28	2 ♊ 31	14 ♒ 59	25 ♏ 59R	17 ♐ 24R	3 ♑ 27R	3 ♏ 11R	18 ♉ 51	
1	14 35 27	10 ♉ 34 9	16 ♍ 57	13 ♈ 50	6 ♈ 41	3 ♊ 12	15 ♒ 6	25 ♏ 55R	17 ♐ 22R	3 ♑ 26R	3 ♏ 9R	18 ♉ 48	MAGGIO
5	14 51 14	14 ♉ 26 47	16 ♏ 42	17 ♈ 60	7 ♈ 50	5 ♊ 58	15 ♒ 29	25 ♏ 37R	17 ♐ 14R	3 ♑ 23R	3 ♏ 3R	18 ♉ 35	
10	15 10 56	19 ♉ 16 58	28 ♑ 32	24 ♈ 12	9 ♈ 56	9 ♊ 25	15 ♒ 55	25 ♏ 15R	17 ♐ 4R	3 ♑ 18R	2 ♏ 55R	18 ♉ 19	
15	15 30 39	24 ♉ 6 36	0 ♈ 46	1 ♉ 23	12 ♈ 40	12 ♊ 50	16 ♒ 17	24 ♏ 53R	16 ♐ 54R	3 ♑ 13R	2 ♏ 47R	18 ♉ 3	
20	15 50 22	28 ♉ 55 42	29 ♉ 59	9 ♉ 28	15 ♈ 54	16 ♊ 14	16 ♒ 34	24 ♏ 31R	16 ♐ 42R	3 ♑ 7R	2 ♏ 39R	17 ♉ 47	
25	16 10 5	3 ♊ 44 13	2 ♌ 13	18 ♉ 27	19 ♈ 34	19 ♊ 38	16 ♒ 46	24 ♏ 8R	16 ♐ 31R	3 ♑ 0R	2 ♏ 32R	17 ♉ 31	
31	16 33 44	9 ♊ 29 38	25 ♎ 37	0 ♊ 22	24 ♈ 25	23 ♊ 41	16 ♒ 55	23 ♏ 42R	16 ♐ 16R	2 ♑ 52R	2 ♏ 24R	17 ♉ 12	
1	16 37 41	10 ♊ 27 8	10 ♏ 25	2 ♊ 28	25 ♈ 16	24 ♊ 21	16 ♒ 56	23 ♏ 38R	16 ♐ 14R	2 ♑ 50R	2 ♏ 23R	17 ♉ 9	GIUGNO
5	16 53 27	14 ♊ 16 55	9 ♑ 12	11 ♊ 4	28 ♈ 46	27 ♊ 2	16 ♒ 58R	23 ♏ 22R	16 ♐ 4R	2 ♑ 44R	2 ♏ 18R	16 ♉ 56	
10	17 13 10	19 ♊ 3 51	15 ♓ 9	22 ♊ 4	3 ♉ 21	0 ♋ 22	16 ♒ 55R	23 ♏ 2R	15 ♐ 51R	2 ♑ 37R	2 ♏ 13R	16 ♉ 41	
15	17 32 52	23 ♊ 50 33	14 ♉ 41	2 ♋ 48	8 ♉ 7	3 ♋ 42	16 ♒ 48R	22 ♏ 44R	15 ♐ 39R	2 ♑ 29R	2 ♏ 8R	16 ♉ 25	
20	17 52 35	28 ♊ 37 5	16 ♋ 12	12 ♋ 51	13 ♉ 3	7 ♋ 1	16 ♒ 36R	22 ♏ 27R	15 ♐ 27R	2 ♑ 21R	2 ♏ 4R	16 ♉ 9	
25	18 12 18	3 ♋ 23 22	23 ♍ 8	22 ♋ 2	18 ♉ 7	10 ♋ 19	16 ♒ 20R	22 ♏ 12R	15 ♐ 15R	2 ♑ 13R	2 ♏ 1R	15 ♉ 53	
30	18 32 1	8 ♋ 9 25	4 ♐ 31	0 ♌ 17	23 ♉ 18	13 ♋ 36	15 ♒ 59R	21 ♏ 59R	15 ♐ 4R	2 ♑ 4R	1 ♏ 58R	15 ♉ 37	

1985	GIORNO	TEMPO SIDERALE	☉	☽	☿	♀	♂	♃	♄	♅	♆	♇	☊
LUGLIO	1	18 35 57	9 ♋ 6 36	18 ♐ 59	1 ♌ 49	24 ♉ 21	14 ♋ 16	15 ♒ 54R	21 ♏ 57R	15 ♐ 2R	2 ♑ 3R	1 ♏ 58R	15 ♉ 34
	5	18 51 43	12 ♋ 55 20	14 ♒ 53	7 ♌ 34	28 ♉ 35	16 ♋ 53	15 ♒ 34R	21 ♏ 49R	14 ♐ 53R	1 ♑ 57R	1 ♏ 57R	15 ♉ 21
	10	19 11 26	17 ♋ 41 18	17 ♈ 18	13 ♌ 51	3 ♊ 57	20 ♋ 9	15 ♒ 5R	21 ♏ 40R	14 ♐ 43R	1 ♑ 49R	1 ♏ 56R	14 ♉ 5
	15	19 31 9	22 ♋ 27 27	17 ♊ 2	18 ♌ 59	9 ♊ 24	23 ♋ 25	14 ♒ 34R	21 ♏ 33R	14 ♐ 34R	1 ♑ 41R	1 ♏ 56	14 ♉ 49
	20	19 50 52	27 ♋ 13 48	22 ♌ 16	22 ♌ 46	14 ♊ 56	26 ♋ 39	13 ♒ 59R	21 ♏ 29R	14 ♐ 26R	1 ♑ 34R	1 ♏ 57	14 ♉ 34
	25	20 10 34	2 ♌ 0 18	2 ♏ 11	24 ♌ 56	20 ♊ 31	29 ♋ 54	13 ♒ 22R	21 ♏ 28R	14 ♐ 18R	1 ♑ 27R	1 ♏ 58	14 ♉ 18
	31	20 34 14	7 ♌ 44 19	26 ♑ 20	24 ♌ 57R	27 ♊ 17	3 ♌ 46	12 ♒ 37R	21 ♏ 29	14 ♐ 11R	1 ♑ 19R	2 ♏ 2	13 ♉ 59
AGOSTO	1	20 38 10	8 ♌ 41 42	9 ♒ 54	24 ♌ 39R	28 ♊ 26	4 ♌ 25	12 ♒ 29R	21 ♏ 30	14 ♐ 10R	1 ♑ 18R	2 ♏ 2	13 ♉ 55
	5	20 53 57	12 ♌ 31 20	1 ♈ 10	22 ♌ 41R	2 ♋ 60	6 ♌ 59	11 ♒ 58R	21 ♏ 33	14 ♐ 6R	1 ♑ 13R	2 ♏ 5	13 ♉ 43
	10	21 13 39	17 ♌ 18 50	0 ♊ 44	18 ♌ 57R	8 ♋ 45	10 ♌ 12	11 ♒ 19R	21 ♏ 39	14 ♐ 2R	1 ♑ 8R	2 ♏ 10	13 ♉ 27
	15	21 33 22	22 ♌ 6 53	3 ♌ 57	15 ♌ 13R	14 ♋ 33	13 ♌ 24	10 ♒ 41R	21 ♏ 47	13 ♐ 59R	1 ♑ 4R	2 ♏ 15	13 ♉ 11
	20	21 53 5	26 ♌ 55 30	14 ♎ 32	13 ♌ 16R	20 ♋ 24	16 ♌ 36	10 ♒ 4R	21 ♏ 58	13 ♐ 58R	0 ♑ 60R	2 ♏ 21	12 ♉ 55
	25	22 12 48	1 ♍ 44 36	25 ♐ 10	14 ♌ 16	26 ♋ 16	19 ♌ 47	9 ♒ 30R	22 ♏ 12	13 ♐ 58	0 ♑ 56R	2 ♏ 28	12 ♉ 39
	31	22 36 27	7 ♍ 32 12	14 ♓ 37	19 ♌ 38	3 ♌ 23	23 ♌ 36	8 ♒ 52R	22 ♏ 30	13 ♐ 59	0 ♑ 53R	2 ♏ 37	12 ♉ 20
SETTEMBRE	1	22 40 23	8 ♍ 14	27 ♓ 4	20 ♌ 55	4 ♌ 34	24 ♌ 15	8 ♒ 46R	22 ♏ 34	13 ♐ 60	0 ♑ 53R	2 ♏ 38	12 ♉ 17
	5	22 56 10	12 ♍ 37	15 ♉ 1	26 ♌ 55	9 ♌ 21	26 ♌ 47	8 ♒ 24R	22 ♏ 48	14 ♐ 2	0 ♑ 52R	2 ♏ 45	12 ♉ 4
	10	23 15 52	17 ♍ 50	15 ♋ 37	5 ♍ 44	15 ♌ 20	29 ♌ 58	7 ♒ 60R	23 ♏ 8	14 ♐ 6	0 ♑ 51R	2 ♏ 54	11 ♉ 48
	15	23 35 35	22 ♍ 53	24 ♍ 45	15 ♍ 9	21 ♌ 22	3 ♍ 8	7 ♒ 40R	23 ♏ 30	14 ♐ 11	0 ♑ 51	3 ♏ 3	11 ♉ 32
	20	23 55 18	26 ♍ 43	7 ♐ 56	24 ♍ 33	27 ♌ 25	6 ♍ 18	7 ♒ 25R	23 ♏ 53	14 ♐ 18	0 ♑ 52	3 ♏ 13	11 ♉ 17
	25	0 15 1	1 ♎ 16	15 ♒ 40	3 ♎ 39	3 ♍ 30	9 ♍ 27	7 ♒ 14R	24 ♏ 19	14 ♐ 25	0 ♑ 54	3 ♏ 24	11 ♉ 1
	30	0 34 44	6 ♎ 32	17 ♈ 47	12 ♎ 23	9 ♍ 37	12 ♍ 37	7 ♒ 8R	24 ♏ 46	14 ♐ 34	0 ♑ 56	3 ♏ 35	10 ♉ 45
OTTOBRE	1	0 38 40	7 ♎ 45 29	29 ♈ 43	14 ♎ 5	10 ♍ 50	13 ♍ 15	7 ♒ 8R	24 ♏ 51	14 ♐ 36	0 ♑ 57	3 ♏ 37	10 ♉ 42
	5	0 54 26	11 ♎ 41 40	16 ♊ 58	20 ♎ 45	15 ♍ 45	15 ♍ 46	7 ♒ 7	25 ♏ 14	14 ♐ 44	0 ♑ 59	3 ♏ 46	10 ♉ 29
	10	1 14 9	16 ♎ 37 45	20 ♌ 8	28 ♎ 46	21 ♍ 54	18 ♍ 55	7 ♒ 12	25 ♏ 44	14 ♐ 55	1 ♑ 3	3 ♏ 58	10 ♉ 13
	15	1 33 52	21 ♎ 34 46	3 ♏ 0	6 ♏ 29	28 ♍ 5	22 ♍ 4	7 ♒ 21	26 ♏ 15	15 ♐ 7	1 ♑ 8	4 ♏ 9	9 ♉ 57
	20	1 53 35	26 ♎ 32 36	15 ♑ 56	13 ♏ 55	4 ♎ 17	25 ♍ 12	7 ♒ 35	26 ♏ 46	15 ♐ 20	1 ♑ 14	4 ♏ 21	9 ♉ 41
	25	2 13 17	1 ♏ 31 11	20 ♓ 28	21 ♏ 2	10 ♎ 30	28 ♍ 21	7 ♒ 53	27 ♏ 19	15 ♐ 34	1 ♑ 20	4 ♏ 33	9 ♉ 25
	31	2 36 57	7 ♏ 30 27	1 ♊ 58	29 ♏ 6	17 ♎ 58	2 ♎ 7	8 ♒ 21	27 ♏ 60	15 ♐ 52	1 ♑ 29	4 ♏ 48	9 ♉ 6
NOVEMBRE	1	2 40 53	8 ♏ 30 26	13 ♊ 48	0 ♐ 23	19 ♎ 13	2 ♎ 44	8 ♒ 27	28 ♏ 7	15 ♐ 55	1 ♑ 30	4 ♏ 50	9 ♉ 3
	5	2 56 39	12 ♏ 30 45	2 ♌ 36	5 ♐ 14	24 ♎ 12	5 ♎ 14	8 ♒ 50	28 ♏ 34	16 ♐ 8	1 ♑ 37	5 ♏ 0	8 ♉ 50
	10	3 16 22	17 ♏ 31 55	11 ♎ 1	10 ♐ 27	0 ♏ 28	8 ♎ 22	9 ♒ 22	29 ♏ 9	16 ♐ 24	1 ♑ 45	5 ♏ 12	8 ♉ 34
	15	3 36 5	22 ♏ 33 52	26 ♐ 23	14 ♐ 3	6 ♏ 43	11 ♎ 30	9 ♒ 59	29 ♏ 45	16 ♐ 41	1 ♑ 54	5 ♏ 24	8 ♉ 19
	20	3 55 48	27 ♏ 36 26	4 ♓ 55	14 ♐ 52R	12 ♏ 59	14 ♎ 37	10 ♒ 39	0 ♐ 20	16 ♐ 58	2 ♑ 4	5 ♏ 36	8 ♉ 3
	25	4 15 30	2 ♐ 39 31	5 ♉ 21	11 ♐ 36R	19 ♏ 16	17 ♎ 44	11 ♒ 23	0 ♐ 56	17 ♐ 16	2 ♑ 14	5 ♏ 47	7 ♉ 47
	30	4 35 13	7 ♐ 43 7	4 ♋ 51	5 ♐ 9R	25 ♏ 33	20 ♎ 50	12 ♒ 10	1 ♐ 32	17 ♐ 34	2 ♑ 24	5 ♏ 58	7 ♉ 31
DICEMBRE	1	4 39 10	8 ♐ 43 54	17 ♋ 4	3 ♐ 50R	26 ♏ 48	21 ♎ 27	12 ♒ 20	1 ♐ 39	17 ♐ 38	2 ♑ 26	5 ♏ 60	7 ♉ 28
	5	4 54 56	12 ♐ 47 16	8 ♍ 8	29 ♏ 53R	1 ♐ 50	23 ♎ 56	13 ♒ 0	2 ♐ 7	17 ♐ 52	2 ♑ 35	6 ♏ 8	7 ♉ 15
	10	5 14 39	17 ♐ 51 59	19 ♏ 12	28 ♏ 58	8 ♐ 7	27 ♎ 2	13 ♒ 53	2 ♐ 42	18 ♐ 11	2 ♑ 46	6 ♏ 18	6 ♉ 59
	15	5 34 22	22 ♐ 57 8	3 ♒ 23	1 ♐ 49	14 ♐ 25	0 ♏ 8	14 ♒ 49	3 ♐ 17	18 ♐ 29	2 ♑ 57	6 ♏ 28	6 ♉ 43
	20	5 54 4	28 ♐ 2 31	8 ♈ 18	6 ♐ 54	20 ♐ 42	3 ♏ 12	15 ♒ 47	3 ♐ 51	18 ♐ 47	3 ♑ 8	6 ♏ 37	6 ♉ 27
	25	6 13 47	3 ♑ 8 1	7 ♊ 32	13 ♐ 10	26 ♐ 60	6 ♏ 17	16 ♒ 47	4 ♐ 24	19 ♐ 5	3 ♑ 19	6 ♏ 45	6 ♉ 11
	31	6 37 26	9 ♑ 14 45	21 ♌ 60	21 ♐ 27	4 ♑ 33	9 ♏ 57	18 ♒ 2	5 ♐ 3	19 ♐ 26	3 ♑ 33	6 ♏ 54	5 ♉ 52

GIORNO	TEMPO SIDERALE	☉	☽	☿	♀	♂	♃	♄	♅	♆	♇	☊	1986
1	6 41 23	10 ♑ 15 53	5 ♍ 4	22 ♐ 53	5 ♑ 48	10 ♏ 34	18 ♒ 15	5 ♐ 9	19 ♐ 30	3 ♑ 35	6 ♏ 55	5 ♉ 49	GENNAIO
5	6 57 9	14 ♑ 20 31	29 ♎ 33	28 ♐ 43	10 ♑ 50	13 ♏ 1	19 ♒ 7	5 ♐ 34	19 ♐ 44	3 ♑ 44	7 ♏ 0	5 ♉ 37	
10	7 16 52	19 ♑ 26 21	12 ♑ 26	6 ♑ 13	17 ♑ 8	16 ♏ 3	20 ♒ 13	6 ♐ 4	19 ♐ 1	3 ♑ 55	7 ♏ 6	5 ♉ 21	
15	7 36 35	24 ♑ 32 7	21 ♓ 32	13 ♑ 55	23 ♑ 25	19 ♏ 5	21 ♒ 20	6 ♐ 32	20 ♐ 17	4 ♑ 6	7 ♏ 11	5 ♉ 5	
20	7 56 17	29 ♑ 37 37	22 ♉ 2	21 ♑ 50	29 ♑ 42	22 ♏ 5	22 ♒ 29	6 ♐ 59	20 ♐ 32	4 ♑ 17	7 ♏ 15	4 ♉ 49	
25	8 16	4 ♒ 42 44	22 ♋ 40	29 ♑ 58	5 ♒ 59	25 ♏ 5	23 ♒ 39	7 ♐ 24	20 ♐ 47	4 ♑ 27	7 ♏ 18	4 ♉ 33	
31	8 39 40	10 ♒ 48 26	12 ♎ 29	10 ♒ 4	13 ♒ 32	28 ♏ 39	25 ♒ 3	7 ♐ 52	21 ♐ 4	4 ♑ 39	7 ♏ 21	4 ♉ 14	
1	8 43 36	11 ♒ 49 21	26 ♎ 20	11 ♒ 47	14 ♒ 47	29 ♏ 15	25 ♒ 18	7 ♐ 57	21 ♐ 7	4 ♑ 41	7 ♏ 21	4 ♉ 11	FEBBRAIO
5	8 59 22	15 ♒ 52 51	22 ♐ 49	18 ♒ 48	19 ♒ 48	1 ♐ 36	26 ♒ 15	8 ♐ 13	21 ♐ 17	4 ♑ 49	7 ♏ 22	3 ♉ 58	
10	9 19 5	20 ♒ 56 51	3 ♓ 4	27 ♒ 47	26 ♒ 4	4 ♐ 32	27 ♒ 26	8 ♐ 33	21 ♐ 29	4 ♑ 57	7 ♏ 22R	3 ♉ 42	
15	9 38 48	26 ♒ 0 18	6 ♉ 10	6 ♓ 52	2 ♓ 20	7 ♐ 27	28 ♒ 38	8 ♐ 50	21 ♐ 40	5 ♑ 6	7 ♏ 21R	3 ♉ 26	
20	9 58 31	1 ♓ 3 2	5 ♋ 46	15 ♓ 42	8 ♓ 36	10 ♐ 20	29 ♒ 50	9 ♐ 4	21 ♐ 49	5 ♑ 13	7 ♏ 20R	3 ♉ 10	
25	10 18 13	6 ♓ 5 2	10 ♍ 49	23 ♓ 29	14 ♓ 51	13 ♐ 11	1 ♓ 2	9 ♐ 17	21 ♐ 58	5 ♑ 20	7 ♏ 17R	2 ♉ 55	
28	10 30 3	9 ♓ 5 54	22 ♎ 51	27 ♓ 10	18 ♓ 36	14 ♐ 52	1 ♓ 45	9 ♐ 23	22 ♐ 2	5 ♑ 24	7 ♏ 16R	2 ♉ 45	
1	10 33 60	10 ♓ 6 8	7 ♏ 2	28 ♓ 11	19 ♓ 51	15 ♐ 26	1 ♓ 60	9 ♐ 25	22 ♐ 4	5 ♑ 25	7 ♏ 15R	2 ♉ 42	MARZO
5	10 49 46	14 ♓ 6 49	3 ♑ 32	0 ♈ 51	24 ♓ 50	17 ♐ 40	2 ♓ 57	9 ♐ 31	22 ♐ 9	5 ♑ 30	7 ♏ 12R	2 ♉ 29	
10	11 9 29	19 ♓ 7 6	11 ♓ 40	0 ♈ 50R	1 ♈ 4	20 ♐ 25	4 ♓ 8	9 ♐ 37	22 ♐ 14	5 ♑ 35	7 ♏ 7R	2 ♉ 13	
15	11 29 11	24 ♓ 6 35	13 ♉ 59	27 ♓ 34R	7 ♈ 17	23 ♐ 7	5 ♓ 19	9 ♐ 41	22 ♐ 18	5 ♑ 39	7 ♏ 2R	1 ♉ 57	
20	11 48 54	29 ♓ 5 1	13 ♋ 35	22 ♓ 58R	13 ♈ 29	25 ♐ 47	6 ♓ 29	9 ♐ 42R	22 ♐ 21	5 ♑ 43	6 ♏ 56R	1 ♉ 41	
25	12 8 37	4 ♈ 2 50	19 ♍ 9	19 ♓ 20R	19 ♈ 41	28 ♐ 23	7 ♓ 37	9 ♐ 40R	22 ♐ 22	5 ♑ 46	6 ♏ 50R	1 ♉ 26	
31	12 32 16	9 ♈ 58 53	16 ♐ 4	17 ♓ 57	27 ♈ 6	1 ♑ 26	8 ♓ 59	9 ♐ 35R	22 ♐ 22R	5 ♑ 48	6 ♏ 42R	1 ♉ 6	
1	12 36 13	10 ♈ 58 7	0 ♑ 20	18 ♓ 3	28 ♈ 20	1 ♑ 55	9 ♓ 12	9 ♐ 34R	22 ♐ 22R	5 ♐ 48	6 ♏ 40R	1 ♉ 3	APRILE
5	12 51 59	14 ♈ 54 46	25 ♒ 2	19 ♓ 20	3 ♉ 16	3 ♑ 53	10 ♓ 5	9 ♐ 28R	22 ♐ 21R	5 ♐ 49	6 ♏ 34R	0 ♉ 51	
10	13 11 42	19 ♈ 49 53	28 ♈ 10	22 ♓ 33	9 ♉ 26	6 ♑ 15	11 ♓ 9	9 ♐ 19R	22 ♐ 18R	5 ♐ 49R	6 ♏ 26R	0 ♉ 35	
15	13 31 25	24 ♈ 44 9	27 ♊ 40	26 ♓ 13	15 ♉ 34	8 ♑ 32	12 ♓ 12	9 ♐ 7R	22 ♐ 14R	5 ♐ 48R	6 ♏ 18R	0 ♉ 19	
20	13 51 7	29 ♈ 37 29	29 ♌ 46	7 ♈ 59	21 ♉ 42	10 ♑ 43	13 ♓ 14	8 ♐ 54R	22 ♐ 8R	5 ♐ 46R	6 ♏ 10R	0 ♉ 3	
25	14 10 50	4 ♉ 29 56	11 ♏ 2	29 ♈ 41	27 ♉ 48	12 ♑ 47	14 ♓ 13	8 ♐ 38R	22 ♐ 2R	5 ♐ 44R	6 ♏ 1R	29 ♈ 47	
30	14 30 33	9 ♉ 21 38	24 ♑ 42	17 ♈ 13	3 ♊ 54	14 ♑ 43	15 ♓ 10	8 ♐ 21R	21 ♐ 55R	5 ♐ 41R	5 ♏ 53R	29 ♈ 31	
1	14 34 29	10 ♉ 19 53	8 ♒ 33	18 ♈ 49	5 ♊ 7	15 ♑ 5	15 ♓ 21	8 ♐ 18R	21 ♐ 53R	5 ♑ 40R	5 ♏ 51R	29 ♈ 28	MAGGIO
5	14 50 16	14 ♉ 12 41	0 ♈ 30	25 ♈ 31	9 ♊ 59	16 ♑ 30	16 ♓ 5	8 ♐ 3R	21 ♐ 46R	5 ♑ 37R	5 ♏ 44R	29 ♈ 15	
10	15 9 58	19 ♉ 3 7	0 ♊ 46	4 ♉ 36	16 ♊ 2	18 ♑ 7	16 ♓ 57	7 ♐ 43R	21 ♐ 37R	5 ♑ 32R	5 ♏ 36R	28 ♈ 59	
15	15 29 41	23 ♉ 52 52	0 ♌ 22	14 ♉ 27	22 ♊ 5	19 ♑ 33	17 ♓ 46	7 ♐ 22R	21 ♐ 27R	5 ♑ 27R	5 ♏ 28R	28 ♈ 44	
20	15 49 24	28 ♉ 41 53	5 ♎ 24	24 ♉ 58	28 ♊ 6	20 ♑ 47	18 ♓ 33	7 ♐ 0R	21 ♐ 16R	5 ♑ 21R	5 ♏ 20R	28 ♈ 28	
25	16 9 7	3 ♊ 30 15	19 ♐ 43	5 ♊ 54	4 ♋ 7	21 ♑ 46	19 ♓ 16	6 ♐ 38R	21 ♐ 5R	5 ♑ 15R	5 ♏ 13R	28 ♈ 12	
31	16 32 46	9 ♊ 15 40	14 ♓ 49	18 ♊ 50	11 ♋ 17	22 ♑ 37	20 ♓ 3	6 ♐ 11R	20 ♐ 51R	5 ♑ 7R	5 ♏ 5R	27 ♈ 53	
1	16 36 43	10 ♊ 3 11	27 ♓ 32	20 ♊ 55	12 ♋ 29	22 ♑ 43	20 ♓ 11	6 ♐ 7R	20 ♐ 49R	5 ♑ 5R	5 ♏ 3R	27 ♈ 49	GIUGNO
5	16 52 29	14 ♊ 3 8	15 ♉ 59	28 ♊ 53	17 ♋ 14	23 ♑ 0	20 ♓ 39	5 ♐ 49R	20 ♐ 39R	4 ♑ 60R	4 ♏ 58R	27 ♈ 37	
10	17 12 11	18 ♊ 50 16	15 ♋ 18	7 ♋ 57	23 ♋ 10	23 ♑ 6R	21 ♓ 11	5 ♐ 27R	20 ♐ 27R	4 ♑ 52R	4 ♏ 53R	27 ♈ 21	
15	17 31 54	23 ♊ 37 0	17 ♍ 31	15 ♋ 57	29 ♋ 4	22 ♑ 53R	21 ♓ 38	5 ♐ 6R	20 ♐ 14R	4 ♑ 44R	4 ♏ 47R	27 ♈ 5	
20	17 51 37	28 ♊ 23 23	27 ♏ 45	22 ♋ 49	4 ♌ 57	22 ♑ 21R	22 ♓ 2	4 ♐ 46R	20 ♐ 2R	4 ♑ 36R	4 ♏ 43R	26 ♈ 49	
25	18 11 20	3 ♋ 9 30	12 ♒ 51	28 ♋ 28	10 ♌ 47	21 ♑ 32R	22 ♓ 21	4 ♐ 28R	19 ♐ 50R	4 ♑ 28R	4 ♏ 39R	26 ♈ 33	
30	18 31 3	7 ♋ 55 33	18 ♈ 55	2 ♌ 47	16 ♌ 36	20 ♑ 27R	22 ♓ 36	4 ♐ 10R	19 ♐ 38R	4 ♑ 20R	4 ♏ 36R	26 ♈ 17	

1986	GIORNO	TEMPO SIDERALE	☉	☽	☿	♀	♂	♃	♄	♅	♆	♇	☊
LUGLIO	1	18 34 59	8 ♋ 52 46	1 ♉ 3	3 ♌ 28	17 ♌ 45	20 ♑ 12R	22 ♓ 38	4 ♐ 7R	19 ♐ 36R	4 ♑ 18R	4 ♏ 36R	26 ♈ 14
	5	18 50 45	12 ♋ 41 38	18 ♊ 26	5 ♌ 31	22 ♌ 22	19 ♑ 10R	22 ♓ 45	3 ♐ 55	19 ♐ 27R	4 ♑ 12R	4 ♏ 34R	26 ♈ 1
	10	19 10 28	17 ♋ 27 47	19 ♌ 5	6 ♌ 25R	28 ♌ 5	17 ♑ 45R	22 ♓ 51	3 ♐ R41R	19 ♐ 17R	4 ♑ 4R	4 ♏ 33R	25 ♈ 46
	15	19 30 11	22 ♋ 13 55	24 ♎ 16	5 ♌ 24R	3 ♍ 46	16 ♑ 18R	22 ♓ 51R	3 ♐ 29R	19 ♐ 7R	3 ♑ 56R	4 ♏ 32R	25 ♈ 30
	20	19 49 54	27 ♋ 0 5	6 ♑ 46	2 ♌ 42R	9 ♍ 23	14 ♑ 54R	22 ♓ 46R	3 ♐ 19R	18 ♐ 57R	3 ♑ 49R	4 ♏ 33	25 ♈ 14
	25	20 9 36	1 ♌ 46 24	18 ♓ 56	29 ♋ 16R	14 ♍ 57	13 ♑ 39R	22 ♓ 37R	3 ♐ 12R	18 ♐ 49R	3 ♑ 42R	4 ♏ 34	24 ♈ 58
	31	20 33 16	7 ♌ 30 26	3 ♊ 17	26 ♋ 12R	21 ♍ 32	12 ♑ 28R	22 ♓ 19R	3 ♐ 6R	18 ♐ 40R	3 ♑ 34R	4 ♏ 37	24 ♈ 39
AGOSTO	1	20 37 12	8 ♌ 27 50	15 ♊ 7	25 ♋ 57R	22 ♍ 37	12 ♑ 18R	22 ♓ 15R	3 ♐ 5R	18 ♐ 39R	3 ♑ 33R	4 ♏ 37	24 ♈ 36
	5	20 52 58	12 ♌ 17 37	3 ♌ 22	25 ♋ 56	26 ♍ 56	11 ♑ 48R	21 ♓ 59R	3 ♐ 4R	18 ♐ 34R	3 ♑ 28R	4 ♏ 40	24 ♈ 23
	10	21 12 41	17 ♌ 5 13	7 ♎ 42	28 ♋ 22	2 ♎ 15	11 ♑ 27R	21 ♓ 35R	3 ♐ 4	18 ♐ 29R	3 ♑ 22R	4 ♏ 44	24 ♈ 7
	15	21 32 24	21 ♌ 53 11	17 ♐ 6	3 ♌ 30	7 ♎ 28	11 ♑ 28	21 ♓ 7R	3 ♐ 6	18 ♐ 26R	3 ♑ 17R	4 ♏ 49	23 ♈ 51
	20	21 52 7	26 ♌ 41 34	29 ♒ 29	10 ♌ 56	12 ♎ 34	11 ♑ 49	20 ♓ 36R	3 ♐ 11	18 ♐ 23R	3 ♑ 13R	4 ♏ 54	23 ♈ 35
	25	22 11 50	1 ♍ 30 31	5 ♉ 21	19 ♌ 57	17 ♎ 32	12 ♑ 31	20 ♓ 2R	3 ♐ 19	18 ♐ 22R	3 ♑ 9R	5 ♏ 0	23 ♈ 19
	31	22 35 29	7 ♍ 18 11	17 ♋ 11	1 ♍ 41	23 ♎ 17	13 ♑ 45	19 ♓ 17R	3 ♐ 31	18 ♐ 22	3 ♑ 6R	5 ♏ 9	23 ♈ 0
SETTEMBRE	1	22 39 25	8 ♍ 16 15	29 ♋ 24	3 ♍ 40	24 ♎ 13	14 ♑ 0	19 ♓ 9R	3 ♐ 33	18 ♐ 22	3 ♑ 6R	5 ♏ 10	22 ♈ 57
	5	22 55 12	12 ♍ 8 45	20 ♍ 45	11 ♍ 27	27 ♎ 52	15 ♑ 6	18 ♓ 38R	3 ♐ 43	18 ♐ 23	3 ♑ 4R	5 ♏ 17	22 ♈ 44
	10	23 14 54	17 ♍ 0 1	29 ♏ 36	20 ♍ 52	2 ♏ 12	16 ♑ 43	17 ♓ 59R	3 ♐ 58	18 ♐ 26	3 ♑ 3R	5 ♏ 25	22 ♈ 29
	15	23 34 37	21 ♍ 51 54	10 ♒ 31	29 ♍ 49	6 ♏ 16	18 ♑ 34	17 ♓ 19R	4 ♐ 15	18 ♐ 30	3 ♑ 2	5 ♏ 35	21 ♈ 13
	20	23 54 20	26 ♍ 44 30	18 ♈ 9	8 ♎ 19	9 ♏ 59	20 ♑ 37	16 ♓ 40R	4 ♐ 34	18 ♐ 35	3 ♑ 3	5 ♏ 44	21 ♈ 57
	25	0 14 3	1 ♎ 37 56	19 ♊ 15	16 ♎ 24	13 ♏ 18	22 ♑ 52	16 ♓ 2R	4 ♐ 55	18 ♐ 42	3 ♑ 4	5 ♏ 54	21 ♈ 41
	30	0 33 45	6 ♎ 32 17	19 ♌ 53	24 ♎ 6	16 ♏ 7	25 ♑ 16	15 ♓ 26R	5 ♐ 18	18 ♐ 49	3 ♑ 6	6 ♏ 5	21 ♈ 25
OTTOBRE	1	0 37 42	7 ♎ 31 16	2 ♍ 43	25 ♎ 36	16 ♏ 36	25 ♑ 47	15 ♓ 19R	5 ♐ 22	18 ♐ 51	3 ♑ 7	6 ♏ 7	21 ♈ 22
	5	0 53 28	11 ♎ 27 34	27 ♎ 17	1 ♏ 25	18 ♏ 19	27 ♑ 50	14 ♓ 53R	5 ♐ 42	18 ♐ 58	3 ♑ 9	6 ♏ 16	21 ♈ 9
	10	1 13 11	16 ♎ 23 39	8 ♑ 59	8 ♏ 19	19 ♏ 47	0 ♒ 32	14 ♓ 24R	6 ♐ 8	19 ♐ 8	3 ♑ 13	6 ♏ 28	20 ♈ 53
	15	1 32 54	21 ♎ 20 29	17 ♓ 49	14 ♏ 45	20 ♏ 23	3 ♒ 20	13 ♓ 58R	6 ♐ 36	19 ♐ 19	3 ♑ 17	6 ♏ 39	20 ♈ 37
	20	1 52 37	26 ♎ 18 6	21 ♉ 17	20 ♏ 32	20 ♏ 2R	6 ♒ 14	13 ♓ 36R	7 ♐ 5	19 ♐ 31	3 ♑ 23	6 ♏ 51	20 ♈ 22
	25	2 12 19	1 ♏ 16 34	20 ♋ 58	25 ♏ 19	18 ♏ 41R	9 ♒ 14	13 ♓ 19R	7 ♐ 35	19 ♐ 45	3 ♑ 29	7 ♏ 3	20 ♈ 6
	31	2 35 59	7 ♏ 15 58	7 ♎ 23	28 ♏ 49	15 ♏ 54R	12 ♒ 57	13 ♓ 5R	8 ♐ 13	20 ♐ 1	3 ♑ 37	7 ♏ 18	19 ♈ 47
NOVEMBRE	1	2 39 55	8 ♏ 16 0	21 ♎ 26	29 ♏ 3	15 ♏ 20R	13 ♒ 34	13 ♓ 4R	8 ♐ 20	20 ♐ 4	3 ♑ 38	7 ♏ 20	19 ♈ 43
	5	2 55 41	12 ♏ 16 24	20 ♐ 15	28 ♏ 37R	12 ♏ 58R	16 ♒ 6	12 ♓ 59R	8 ♐ 46	20 ♐ 16	3 ♑ 44	7 ♏ 30	19 ♈ 31
	10	3 15 24	17 ♏ 17 31	1 ♓ 24	24 ♏ 35R	9 ♏ 59R	19 ♒ 19	12 ♓ 58	9 ♐ 19	20 ♐ 32	3 ♑ 53	7 ♏ 42	19 ♈ 15
	15	3 35 7	22 ♏ 19 15	5 ♉ 26	18 ♏ 7R	7 ♏ 25R	22 ♒ 35	13 ♓ 3	9 ♐ 54	20 ♐ 48	4 ♑ 1	7 ♏ 54	18 ♈ 59
	20	3 54 50	27 ♏ 21 37	5 ♋ 33	13 ♏ 38R	5 ♏ 41R	25 ♒ 54	13 ♓ 12	10 ♐ 28	21 ♐ 5	4 ♑ 11	8 ♏ 6	18 ♈ 43
	25	4 14 32	2 ♐ 24 41	5 ♍ 50	13 ♏ 41	4 ♏ 56R	29 ♒ 15	13 ♓ 26	11 ♐ 3	21 ♐ 22	4 ♑ 20	8 ♏ 17	18 ♈ 27
	30	4 34 15	7 ♐ 28 25	13 ♏ 46	17 ♏ 24	5 ♏ 12	2 ♓ 38	13 ♓ 45	11 ♐ 39	21 ♐ 40	4 ♑ 30	8 ♏ 28	18 ♈ 11
DICEMBRE	1	4 38 12	8 ♐ 29 14	28 ♏ 39	18 ♏ 26	5 ♏ 22	3 ♓ 19	13 ♓ 50	11 ♐ 46	21 ♐ 44	4 ♑ 33	8 ♏ 31	18 ♈ 8
	5	4 53 58	12 ♐ 32 43	29 ♑ 8	23 ♏ 11	6 ♏ 25	6 ♓ 2	14 ♓ 9	12 ♐ 14	21 ♐ 58	4 ♑ 41	8 ♏ 39	17 ♈ 55
	10	5 13 41	17 ♐ 37 23	7 ♈ 33	29 ♏ 58	8 ♏ 26	9 ♓ 28	14 ♓ 38	12 ♐ 50	22 ♐ 16	4 ♑ 52	8 ♏ 49	17 ♈ 39
	15	5 33 24	22 ♐ 42 19	8 ♊ 37	7 ♐ 13	11 ♏ 9	12 ♓ 55	15 ♓ 10	13 ♐ 25	22 ♐ 34	5 ♑ 3	8 ♏ 59	17 ♈ 24
	20	5 53 6	27 ♐ 47 32	8 ♌ 6	14 ♐ 42	14 ♏ 27	16 ♓ 23	15 ♓ 47	14 ♐ 0	22 ♐ 53	5 ♑ 14	9 ♏ 8	17 ♈ 8
	25	6 12 49	2 ♑ 53 3	10 ♎ 15	22 ♐ 20	18 ♏ 12	19 ♓ 52	16 ♓ 28	14 ♐ 35	23 ♐ 11	5 ♑ 25	9 ♏ 17	16 ♈ 52
	31	6 36 28	9 ♑ 0 0	7 ♑ 6	1 ♑ 37	23 ♏ 13	24 ♓ 3	17 ♓ 21	15 ♐ 16	23 ♐ 32	5 ♑ 39	9 ♏ 26	16 ♈ 33

Mese	GIORNO	TEMPO SIDERALE	☉	☽	☿	♀	♂	♃	♄	♅	♆	♇	☊
1987 GENNAIO	1	6 40 25	10 ♑ 1 11	22 ♑ 27	3 ♑ 11	24 ♏ 5	24 ♓ 45	17 ♓ 31	15 ♐ 23	23 ♐ 36	5 ♑ 41	9 ♏ 28	16 ♈ 30
	5	6 56 11	14 ♑ 5 53	20 ♓ 35	9 ♑ 30	27 ♏ 43	27 ♓ 32	18 ♓ 9	15 ♐ 49	23 ♐ 50	5 ♑ 50	9 ♏ 33	16 ♈ 17
	10	7 15 54	19 ♑ 11 39	23 ♉ 41	17 ♑ 32	2 ♐ 29	1 ♈ 2	19 ♓ 1	16 ♐ 21	24 ♐ 7	6 ♑ 2	9 ♏ 40	16 ♈ 1
	15	7 35 37	24 ♑ 17 13	23 ♋ 8	25 ♑ 44	7 ♐ 27	4 ♈ 32	19 ♓ 55	16 ♐ 53	24 ♐ 24	6 ♑ 13	9 ♏ 45	15 ♈ 45
	20	7 55 19	29 ♑ 22 37	24 ♍ 8	4 ♒ 9	12 ♐ 35	8 ♈ 1	20 ♓ 52	17 ♐ 23	24 ♐ 40	6 ♑ 23	9 ♏ 50	15 ♈ 29
	25	8 15 2	4 ♒ 27 52	0 ♐ 50	12 ♒ 45	17 ♐ 51	11 ♈ 31	21 ♓ 51	17 ♐ 51	24 ♐ 55	6 ♑ 34	9 ♏ 53	15 ♈ 13
	31	8 38 42	10 ♒ 33 50	0 ♓ 21	23 ♒ 8	24 ♐ 21	15 ♈ 42	23 ♓ 5	18 ♐ 24	25 ♐ 13	6 ♑ 46	9 ♏ 56	14 ♈ 54
FEBBRAIO	1	8 42 38	11 ♒ 34 46	14 ♓ 47	24 ♒ 50	25 ♐ 26	16 ♈ 24	23 ♓ 17	18 ♐ 29	25 ♐ 16	6 ♑ 48	9 ♏ 57	14 ♈ 51
	5	8 58 24	15 ♒ 38 20	7 ♉ 54	1 ♓ 26	29 ♐ 52	19 ♈ 11	24 ♓ 9	18 ♐ 49	25 ♐ 27	6 ♑ 56	9 ♏ 58	14 ♈ 38
	10	9 18 7	20 ♒ 42 14	7 ♋ 56	8 ♓ 36	5 ♑ 28	22 ♈ 39	25 ♓ 14	19 ♐ 13	25 ♐ 39	7 ♑ 5	9 ♏ 59	14 ♈ 22
	15	9 37 50	25 ♒ 45 32	8 ♍ 34	13 ♓ 22	11 ♑ 8	26 ♈ 7	26 ♓ 21	19 ♐ 34	25 ♐ 51	7 ♑ 13	9 ♏ 59R	14 ♈ 7
	20	9 57 33	0 ♓ 48 16	13 ♏ 21	14 ♓ 21R	16 ♑ 51	29 ♈ 34	27 ♓ 29	19 ♐ 54	26 ♐ 2	7 ♑ 21	9 ♏ 58R	13 ♈ 51
	25	10 17 15	5 ♓ 50 27	24 ♑ 22	11 ♓ 21R	22 ♑ 38	3 ♉ 1	28 ♓ 39	20 ♐ 12	26 ♐ 11	7 ♑ 29	9 ♏ 56R	13 ♈ 35
	28	10 29 5	8 ♓ 51 28	8 ♓ 23	8 ♓ 19R	26 ♑ 7	5 ♉ 5	29 ♓ 21	20 ♐ 21	26 ♐ 17	7 ♑ 33	9 ♏ 54R	13 ♈ 25
MARZO	1	10 33 2	9 ♓ 51 45	22 ♓ 38	7 ♓ 15R	27 ♑ 17	5 ♉ 46	29 ♓ 35	20 ♐ 24	26 ♐ 18	7 ♑ 34	9 ♏ 54R	13 ♈ 22
	5	10 48 48	13 ♓ 52 34	15 ♉ 51	3 ♓ 20R	1 ♒ 57	8 ♉ 31	0 ♈ 32	20 ♐ 35	26 ♐ 24	7 ♑ 39	9 ♏ 51R	13 ♈ 9
	10	11 8 31	18 ♓ 52 49	16 ♋ 7	0 ♓ 24R	7 ♒ 50	11 ♉ 56	1 ♈ 43	20 ♐ 47	26 ♐ 31	7 ♑ 44	9 ♏ 47R	12 ♈ 54
	15	11 28 13	23 ♓ 52 11	17 ♍ 21	0 ♓ 11	13 ♒ 44	15 ♉ 20	2 ♈ 55	20 ♐ 56	26 ♐ 36	7 ♑ 49	9 ♏ 42R	12 ♈ 38
	20	11 47 56	28 ♓ 50 43	23 ♏ 55	2 ♓ 16	19 ♒ 40	18 ♉ 44	4 ♈ 8	21 ♐ 3	26 ♐ 40	7 ♑ 53	9 ♏ 37R	12 ♈ 22
	25	12 7 39	3 ♈ 48 31	4 ♒ 35	6 ♓ 6	25 ♒ 37	22 ♉ 7	5 ♈ 20	21 ♐ 8	26 ♐ 42	7 ♑ 56	9 ♏ 31R	12 ♈ 6
	31	12 31 18	9 ♈ 44 53	27 ♈ 56	12 ♓ 22	2 ♓ 46	26 ♉ 10	6 ♈ 47	21 ♐ 9	26 ♐ 44	7 ♑ 59	9 ♏ 22R	11 ♈ 47
APRILE	1	12 35 15	10 ♈ 44 9	10 ♉ 56	13 ♓ 33	3 ♓ 58	26 ♉ 51	7 ♈ 2	21 ♐ 9R	26 ♐ 44	7 ♑ 59	9 ♏ 21R	11 ♈ 44
	5	12 51 1	14 ♈ 40 53	0 ♋ 13	18 ♓ 38	8 ♓ 45	29 ♉ 32	7 ♈ 60	21 ♐ 8R	26 ♐ 43R	7 ♑ 60	9 ♏ 15R	11 ♈ 31
	10	13 10 44	19 ♈ 35 56	0 ♍ 16	25 ♓ 40	14 ♓ 45	2 ♊ 53	9 ♈ 12	21 ♐ 5R	26 ♐ 42R	8 ♑ 0R	9 ♏ 8R	11 ♈ 15
	15	13 30 26	24 ♈ 30 4	5 ♏ 56	3 ♈ 25	20 ♓ 46	6 ♊ 13	10 ♈ 24	20 ♐ 59R	26 ♐ 39R	7 ♑ 60R	8 ♏ 60R	10 ♈ 59
	20	13 50 9	29 ♈ 23 25	17 ♑ 5	11 ♈ 49	26 ♓ 47	9 ♊ 32	11 ♈ 35	20 ♐ 50R	26 ♐ 35R	7 ♑ 59R	8 ♏ 51R	10 ♈ 43
	25	14 9 52	4 ♉ 16 4	26 ♓ 48	20 ♈ 55	2 ♈ 48	12 ♊ 51	12 ♈ 45	20 ♐ 40R	26 ♐ 29R	7 ♑ 57R	8 ♏ 43R	10 ♈ 27
	30	14 29 35	9 ♉ 8 0	1 ♊ 42	0 ♉ 42	8 ♈ 50	16 ♊ 9	13 ♈ 55	20 ♐ 27R	26 ♐ 23R	7 ♑ 54R	8 ♏ 34R	10 ♈ 11
MAGGIO	1	14 33 31	10 ♉ 6 18	14 ♊ 1	2 ♉ 44	10 ♈ 3	16 ♊ 49	14 ♈ 8	20 ♐ 24R	26 ♐ 22R	7 ♑ 53R	8 ♏ 33R	10 ♈ 8
	5	14 49 18	13 ♉ 59 10	1 ♌ 55	11 ♉ 6	14 ♈ 53	19 ♊ 27	15 ♈ 3	20 ♐ 12R	26 ♐ 16R	7 ♑ 50R	8 ♏ 26R	9 ♈ 56
	10	15 9	18 ♉ 49 30	3 ♎ 32	21 ♉ 55	20 ♈ 55	22 ♊ 44	16 ♈ 10	19 ♐ 56R	26 ♐ 7R	7 ♑ 46R	8 ♏ 18R	9 ♈ 40
	15	15 28 43	23 ♉ 39 6	13 ♐ 37	2 ♊ 40	26 ♈ 58	26 ♊ 0	17 ♈ 16	19 ♐ 38R	25 ♐ 58R	7 ♑ 41R	8 ♏ 9R	9 ♈ 24
	20	15 48 26	28 ♉ 28 7	26 ♒ 16	12 ♊ 47	3 ♉ 2	29 ♊ 16	18 ♈ 20	19 ♐ 19R	25 ♐ 48R	7 ♑ 36R	8 ♏ 2R	9 ♈ 8
	25	16 8 9	3 ♊ 16 40	2 ♉ 50	21 ♊ 53	9 ♉ 5	2 ♋ 31	19 ♈ 23	18 ♐ 58R	25 ♐ 37R	7 ♑ 30R	7 ♏ 54R	8 ♈ 52
	31	16 31 48	9 ♊ 2 19	16 ♋ 26	1 ♋ 9	16 ♉ 22	6 ♋ 25	20 ♈ 36	18 ♐ 33R	25 ♐ 24R	7 ♑ 22R	7 ♏ 45R	8 ♈ 33
GIUGNO	1	16 35 44	9 ♊ 59 52	28 ♋ 18	2 ♋ 30	17 ♉ 35	7 ♋ 3	20 ♈ 47	18 ♐ 28R	25 ♐ 21R	7 ♑ 20R	7 ♏ 44R	8 ♈ 30
	5	16 51 31	13 ♊ 49 48	16 ♍ 15	7 ♋ 24	22 ♉ 26	9 ♋ 39	21 ♈ 34	18 ♐ 11R	25 ♐ 12R	7 ♑ 15R	7 ♏ 39R	8 ♈ 17
	10	17 11 13	18 ♊ 36 46	22 ♏ 47	12 ♋ 12	28 ♉ 31	12 ♋ 52	22 ♈ 30	17 ♐ 48R	24 ♐ 60R	7 ♑ 7R	7 ♏ 33R	8 ♈ 1
	15	17 30 56	23 ♊ 23 22	7 ♒ 36	15 ♋ 22	4 ♊ 36	16 ♋ 6	23 ♈ 23	17 ♐ 26R	24 ♐ 47R	6 ♑ 60R	7 ♏ 27R	7 ♈ 45
	20	17 50 39	28 ♊ 9 46	17 ♈ 4	16 ♋ 45	10 ♊ 41	19 ♋ 18	24 ♈ 14	17 ♐ 4R	24 ♐ 35R	6 ♑ 52R	7 ♏ 22R	7 ♈ 29
	25	18 10 22	2 ♋ 56 4	19 ♊ 17	16 ♋ 16R	16 ♊ 47	22 ♋ 31	25 ♈ 2	16 ♐ 43R	24 ♐ 23R	6 ♑ 44R	7 ♏ 18R	7 ♈ 14
	30	18 30 5	7 ♋ 42 15	18 ♌ 49	14 ♋ 8R	22 ♊ 53	25 ♋ 43	25 ♈ 47	16 ♐ 23R	24 ♐ 11R	6 ♑ 36R	7 ♏ 15R	6 ♈ 58

1987	GIORNO	TEMPO SIDERALE	☉	☽	☿	♀	♂	♃	♄	♅	♆	♇	☊
LUGLIO	1	18 34 1	8 ♋ 39 28	0 ♍ 42	13 ♋ 35R	24 ♊ 6	26 ♋ 21	25 ♈ 56	16 ♐ 19R	24 ♐ 9R	6 ♑ 34R	7 ♏ 14R	6 ♈ 54
	5	18 49 47	12 ♋ 28 18	20 ♎ 7	11 ♋ 10R	28 ♊ 59	28 ♋ 55	26 ♈ 29	16 ♐ 4R	23 ♐ 59R	6 ♑ 28R	7 ♏ 12R	6 ♈ 42
	10	19 9 30	17 ♋ 14 13	0 ♑ 48	8 ♋ 33R	5 ♋ 6	2 ♌ 6	27 ♈ 7	15 ♐ 46R	23 ♐ 48R	6 ♑ 20R	7 ♏ 10R	6 ♈ 26
	15	19 29 13	22 ♋ 0 11	15 ♓ 57	7 ♋ 24R	11 ♋ 14	5 ♌ 18	27 ♈ 42	15 ♐ 29R	23 ♐ 38R	6 ♑ 12R	7 ♏ 9R	6 ♈ 10
	20	19 48 56	26 ♋ 46 22	22 ♉ 1	8 ♋ 24	17 ♋ 21	8 ♌ 29	28 ♈ 13	15 ♐ 15R	23 ♐ 28R	6 ♑ 4R	7 ♏ 9	5 ♈ 54
	25	20 8 38	1 ♌ 32 50	22 ♋ 11	11 ♋ 42	23 ♋ 30	11 ♌ 40	28 ♈ 39	15 ♐ 2R	23 ♐ 19R	5 ♑ 57R	7 ♏ 10	5 ♈ 38
	31	20 32 18	7 ♌ 16 59	4 ♎ 6	18 ♋ 38	0 ♌ 53	15 ♌ 29	29 ♈ 5	14 ♐ 50R	23 ♐ 9R	5 ♑ 49R	7 ♏ 12	5 ♈ 19
AGOSTO	1	20 36 14	8 ♌ 14 22	16 ♎ 35	20 ♋ 5	2 ♌ 7	16 ♌ 7	29 ♈ 9	14 ♐ 48R	23 ♐ 7R	5 ♑ 47R	7 ♏ 12	5 ♈ 16
	5	20 52	12 ♌ 4 1	10 ♐ 5	26 ♋ 35	7 ♌ 2	18 ♌ 40	29 ♈ 22	14 ♐ 42R	23 ♐ 2R	5 ♑ 42R	7 ♏ 15	5 ♈ 3
	10	21 11 43	16 ♌ 51 22	24 ♒ 58	5 ♌ 58	13 ♌ 12	21 ♌ 51	29 ♈ 34	14 ♐ 36R	22 ♐ 56R	5 ♑ 36R	7 ♏ 18	4 ♈ 47
	15	21 31 26	21 ♌ 39 11	5 ♉ 40	16 ♌ 4	19 ♌ 23	25 ♌ 1	29 ♈ 41	14 ♐ 33R	22 ♐ 51R	5 ♑ 31R	7 ♏ 22	4 ♈ 32
	20	21 51 9	26 ♌ 27 37	7 ♋ 17	26 ♌ 13	25 ♌ 34	28 ♌ 12	29 ♈ 44R	14 ♐ 32	22 ♐ 47R	5 ♑ 27R	7 ♏ 27	4 ♈ 16
	25	22 10 52	1 ♍ 16 42	6 ♍ 49	6 ♍ 1	1 ♍ 45	1 ♍ 23	29 ♈ 41R	14 ♐ 33	22 ♐ 45R	5 ♑ 23R	7 ♏ 33	3 ♈ 60
	31	22 34 31	7 ♍ 4 24	22 ♏ 28	17 ♍ 6	9 ♍ 12	5 ♍ 12	29 ♈ 31R	14 ♐ 38	22 ♐ 43R	5 ♑ 19R	7 ♏ 41	3 ♈ 41
SETTEMBRE	1	22 38 27	8 ♍ 2 26	6 ♐ 1	18 ♍ 52	10 ♍ 26	5 ♍ 50	29 ♈ 29R	14 ♐ 39	22 ♐ 43R	5 ♑ 18R	7 ♏ 43	3 ♈ 37
	5	22 54 14	11 ♍ 54 46	3 ♒ 29	25 ♍ 44	15 ♍ 24	8 ♍ 23	29 ♈ 18R	14 ♐ 45	22 ♐ 43	5 ♑ 16R	7 ♏ 49	3 ♈ 25
	10	23 13 56	16 ♍ 45 47	16 ♈ 49	3 ♎ 53	21 ♍ 36	11 ♍ 34	28 ♈ 60R	14 ♐ 54	22 ♐ 45	5 ♑ 15R	7 ♏ 57	3 ♈ 9
	15	23 33 39	21 ♍ 37 34	21 ♊ 44	11 ♎ 33	27 ♍ 49	14 ♍ 46	28 ♈ 37R	15 ♐ 6	22 ♐ 48	5 ♑ 14R	8 ♏ 6	2 ♈ 53
	20	23 53 22	26 ♍ 30 16	21 ♌ 23	18 ♎ 44	4 ♎ 2	17 ♍ 57	28 ♈ 10R	15 ♐ 20	22 ♐ 52	5 ♑ 14	8 ♏ 15	2 ♈ 37
	25	0 13 5	1 ♎ 23 49	23 ♎ 15	25 ♎ 25	10 ♎ 15	21 ♍ 9	27 ♈ 39R	15 ♐ 36	22 ♐ 57	5 ♑ 15	8 ♏ 25	2 ♈ 21
	30	0 32 47	6 ♎ 18 10	0 ♑ 30	1 ♏ 29	16 ♎ 29	24 ♍ 21	27 ♈ 5R	15 ♐ 54	23 ♐ 4	5 ♑ 17	8 ♏ 36	2 ♈ 5
OTTOBRE	1	0 36 44	7 ♎ 17 7	14 ♑ 36	2 ♏ 37	17 ♎ 43	24 ♍ 60	26 ♈ 58R	15 ♐ 58	23 ♐ 5	5 ♑ 17	8 ♏ 38	2 ♈ 2
	5	0 52 30	11 ♎ 13 14	12 ♓ 16	6 ♏ 45	22 ♎ 42	27 ♍ 33	26 ♈ 28R	16 ♐ 14	23 ♐ 11	5 ♑ 19	8 ♏ 46	1 ♈ 49
	10	1 12 13	16 ♎ 9 6	21 ♉ 49	10 ♏ 49	28 ♎ 55	0 ♎ 46	25 ♈ 50R	16 ♐ 36	23 ♐ 20	5 ♑ 22	8 ♏ 58	1 ♈ 34
	15	1 31 56	21 ♎ 5 52	23 ♋ 47	13 ♏ 3	5 ♏ 9	3 ♎ 59	25 ♈ 10R	16 ♐ 60	23 ♐ 30	5 ♑ 27	9 ♏ 9	1 ♈ 18
	20	1 51 39	26 ♎ 3 36	23 ♍ 50	12 ♏ 29R	11 ♏ 23	7 ♎ 12	24 ♈ 29R	17 ♐ 25	23 ♐ 41	5 ♑ 31	9 ♏ 21	1 ♈ 2
	25	2 11 21	1 ♏ 2 13	29 ♏ 27	8 ♏ 27R	17 ♏ 36	10 ♎ 26	23 ♈ 49R	17 ♐ 53	23 ♐ 54	5 ♑ 37	9 ♏ 33	0 ♈ 46
	31	2 35 1	7 ♏ 1 34	23 ♒ 55	1 ♏ 7R	25 ♏ 4	14 ♎ 18	23 ♈ 2R	18 ♐ 27	24 ♐ 9	5 ♑ 45	9 ♏ 48	0 ♈ 27
NOVEMBRE	1	2 38 57	8 ♏ 1 33	8 ♓ 1	0 ♏ 5R	26 ♏ 19	14 ♎ 57	22 ♈ 54R	18 ♐ 33	24 ♐ 12	5 ♑ 46	9 ♏ 50	0 ♈ 24
	5	2 54 43	12 ♏ 1 46	3 ♉ 21	27 ♎ 34R	1 ♐ 18	17 ♎ 33	22 ♈ 25R	18 ♐ 57	24 ♐ 24	5 ♑ 52	9 ♏ 60	0 ♈ 11
	10	3 14 26	17 ♏ 2 43	7 ♋ 34	28 ♎ 35	7 ♐ 31	20 ♎ 47	21 ♈ 50R	19 ♐ 28	24 ♐ 38	5 ♑ 60	10 ♏ 12	29 ♓ 55
	15	3 34 9	22 ♏ 4 28	7 ♍ 13	3 ♏ 7	13 ♐ 44	24 ♎ 2	21 ♈ 19R	20 ♐ 0	24 ♐ 54	6 ♑ 8	10 ♏ 24	29 ♓ 39
	20	3 53 52	27 ♏ 6 59	10 ♏ 46	9 ♏ 33	19 ♐ 58	27 ♎ 18	20 ♈ 52R	20 ♐ 34	25 ♐ 10	6 ♑ 17	10 ♏ 36	29 ♓ 23
	25	4 13 34	2 ♐ 10 10	22 ♑ 2	16 ♏ 51	26 ♐ 11	0 ♏ 34	20 ♈ 29R	21 ♐ 7	25 ♐ 27	6 ♑ 27	10 ♏ 47	29 ♓ 7
	30	4 33 17	7 ♐ 13 51	2 ♈ 30	24 ♏ 29	2 ♑ 23	3 ♏ 50	20 ♈ 11R	21 ♐ 42	25 ♐ 44	6 ♑ 37	10 ♏ 59	28 ♓ 52
DICEMBRE	1	4 37 14	8 ♐ 14 38	16 ♈ 2	26 ♏ 2	3 ♑ 38	4 ♏ 29	20 ♈ 8R	21 ♐ 49	25 ♐ 48	6 ♑ 39	11 ♏ 1	28 ♓ 48
	5	4 52 60	12 ♐ 17 56	8 ♊ 24	2 ♐ 14	8 ♑ 36	7 ♏ 7	19 ♈ 57R	22 ♐ 17	26 ♐ 2	6 ♑ 47	11 ♏ 10	28 ♓ 36
	10	5 12 43	17 ♐ 22 27	9 ♌ 34	10 ♐ 1	14 ♑ 48	10 ♏ 24	19 ♈ 49R	22 ♐ 52	26 ♐ 20	6 ♑ 58	11 ♏ 20	28 ♓ 20
	15	5 32 25	22 ♐ 27 26	9 ♎ 25	17 ♐ 50	21 ♑ 0	13 ♏ 41	19 ♈ 46R	23 ♐ 28	26 ♐ 38	7 ♑ 9	11 ♏ 30	28 ♓ [illegible]
	20	5 52 8	27 ♐ 32 50	17 ♐ 2	25 ♐ 41	27 ♑ 12	16 ♏ 59	19 ♈ 48	24 ♐ 3	26 ♐ 56	7 ♑ 20	11 ♏ 40	27 ♓ 48
	25	6 11 51	2 ♑ 38 29	1 ♓ 6	3 ♑ 36	3 ♒ 23	20 ♏ 17	19 ♈ 55	24 ♐ 39	27 ♐ 14	7 ♑ 31	11 ♏ 49	27 ♓ 32
	31	6 35 30	8 ♑ 45 20	22 ♉ 19	13 ♑ 14	10 ♒ 47	24 ♏ 16	20 ♈ 11	25 ♐ 21	27 ♐ 36	7 ♑ 45	11 ♏ 59	27 ♓ 13

GIORNO	TEMPO SIDERALE	☉	☽	☿	♀	♂	♃	♄	♅	♆	♇	☊	1988
1	6 39 30	9 ♑ 46 28	4 ♊ 60	14 ♑ 51	12 ♒ 1	24 ♏ 55	20 ♈ 14	25 ♐ 28	27 ♐ 40	7 ♑ 47	12 ♏ 0	27 ♓ 10	GENNAIO
5	6 55 16	13 ♑ 51 1	24 ♋ 7	21 ♑ 23	16 ♒ 56	27 ♏ 35	20 ♈ 29	25 ♐ 55	27 ♐ 54	7 ♑ 56	12 ♏ 6	26 ♓ 57	
10	7 14 59	18 ♑ 56 42	23 ♍ 22	29 ♑ 38	23 ♒ 4	0 ♐ 54	20 ♈ 52	26 ♐ 29	28 ♐ 11	8 ♑ 8	12 ♏ 13	26 ♓ 41	
15	7 34 42	24 ♑ 2 23	26 ♏ 34	7 ♒ 51	29 ♒ 11	4 ♐ 14	21 ♈ 20	27 ♐ 3	28 ♐ 29	8 ♑ 19	12 ♏ 19	26 ♓ 25	
20	7 54 25	29 ♑ 7 59	10 ♒ 8	15 ♒ 43	5 ♓ 17	7 ♐ 34	21 ♈ 52	27 ♐ 35	28 ♐ 45	8 ♑ 30	12 ♏ 24	26 ♓ 10	
25	8 14 7	4 ♒ 13 19	22 ♈ 54	22 ♒ 34	11 ♓ 21	10 ♐ 55	22 ♈ 28	28 ♐ 7	29 ♐ 1	8 ♑ 40	12 ♏ 28	25 ♓ 54	
31	8 37 47	10 ♒ 19 8	8 ♋ 59	27 ♒ 36	18 ♓ 35	14 ♐ 56	23 ♈ 16	28 ♐ 43	29 ♐ 19	8 ♑ 53	12 ♏ 32	25 ♓ 35	
1	8 41 43	11 ♒ 20 2	20 ♋ 60	27 ♒ 55R	19 ♓ 48	15 ♐ 36	23 ♈ 25	28 ♐ 49	29 ♐ 22	8 ♑ 55	12 ♏ 32	25 ♓ 31	FEBBRAIO
5	8 57 29	15 ♒ 23 28	8 ♍ 25	27 ♒ 23R	24 ♓ 35	18 ♐ 17	24 ♈ 1	29 ♐ 12	29 ♐ 34	9 ♑ 2	12 ♏ 34	25 ♓ 19	
10	9 17 12	20 ♒ 27 21	9 ♏ 4	23 ♒ 2R	0 ♈ 33	21 ♐ 38	24 ♈ 48	0 ♐ 39	29 ♐ 47	9 ♑ 12	12 ♏ 35	25 ♓ 3	
15	9 36 55	25 ♒ 30 49	17 ♑ 53	17 ♒ 19R	6 ♈ 27	24 ♐ 60	25 ♈ 39	0 ♑ 5	29 ♐ 60	9 ♑ 21	12 ♏ 35R	24 ♓ 47	
20	9 56 38	0 ♓ 33 45	3 ♈ 19	13 ♒ 31R	12 ♈ 19	28 ♐ 22	26 ♈ 32	0 ♑ 29	0 ♑ 12	9 ♑ 29	12 ♏ 35R	24 ♓ 31	
25	10 16 20	5 ♓ 35 58	11 ♊ 19	12 ♒ 46	18 ♈ 7	1 ♑ 44	27 ♈ 28	0 ♑ 51	0 ♑ 22	9 ♑ 37	12 ♏ 34R	24 ♓ 15	
29	10 32 7	9 ♓ 37 10	29 ♋ 54	14 ♒ 6	22 ♈ 43	4 ♑ 26	28 ♈ 15	1 ♑ 7	0 ♑ 30	9 ♑ 42	12 ♏ 32	24 ♓ 2	
1	10 36 3	10 ♓ 37 23	11 ♌ 44	14 ♒ 39	23 ♈ 51	5 ♑ 6	28 ♈ 27	1 ♑ 11	0 ♑ 32	9 ♑ 44	12 ♏ 31R	23 ♓ 59	MARZO
5	10 51 49	14 ♓ 37 57	29 ♍ 13	17 ♒ 32	28 ♈ 23	7 ♑ 48	29 ♈ 15	1 ♑ 26	0 ♑ 38	9 ♑ 49	12 ♏ 29R	23 ♓ 47	
10	11 11 32	19 ♓ 37 59	1 ♐ 38	22 ♒ 21	3 ♉ 59	11 ♑ 10	0 ♉ 17	1 ♑ 43	0 ♑ 45	9 ♑ 54	12 ♏ 25R	23 ♓ 31	
15	11 31 15	24 ♓ 37 21	11 ♒ 32	28 ♒ 11	9 ♉ 29	14 ♑ 33	1 ♉ 21	1 ♑ 57	0 ♑ 52	9 ♑ 59	12 ♏ 21R	23 ♓ 15	
20	11 50 58	29 ♓ 35 57	25 ♈ 46	4 ♓ 48	14 ♉ 53	17 ♑ 56	2 ♉ 26	2 ♑ 9	0 ♑ 56	10 ♑ 3	12 ♏ 15R	22 ♓ 59	
25	12 10 40	4 ♈ 33 41	2 ♋ 20	12 ♓ 4	20 ♉ 10	21 ♑ 18	3 ♉ 33	2 ♑ 19	0 ♑ 60	10 ♑ 7	12 ♏ 9R	22 ♓ 43	
31	12 34 20	10 ♈ 29 41	13 ♍ 56	21 ♓ 35	26 ♉ 19	25 ♑ 21	4 ♉ 54	2 ♑ 27	1 ♑ 2	10 ♑ 10	12 ♏ 2R	22 ♓ 24	
1	12 38 16	11 ♈ 28 54	25 ♍ 55	23 ♓ 15	27 ♉ 19	26 ♑ 1	5 ♉ 8	2 ♑ 28	1 ♑ 2	10 ♑ 10	12 ♏ 0R	22 ♓ 21	APRILE
5	12 54 3	15 ♈ 25 23	15 ♏ 40	0 ♈ 9	1 ♊ 15	28 ♑ 43	6 ♉ 4	2 ♑ 31	1 ♑ 3R	10 ♑ 11	11 ♏ 55R	22 ♓ 8	
10	13 13 45	20 ♈ 20 17	22 ♑ 51	9 ♈ 18	5 ♊ 60	2 ♒ 5	7 ♉ 14	2 ♑ 33	1 ♑ 2R	10 ♑ 12	11 ♏ 47R	21 ♓ 52	
15	13 33 28	25 ♈ 14 28	4 ♈ 59	19 ♈ 5	10 ♊ 30	5 ♒ 26	8 ♉ 24	2 ♑ 32R	1 ♑ 0R	10 ♑ 12R	11 ♏ 39R	21 ♓ 36	
20	13 53 11	0 ♉ 7 51	14 ♊ 54	29 ♈ 24	14 ♊ 44	8 ♒ 47	9 ♉ 35	2 ♑ 29R	0 ♑ 57R	10 ♑ 11R	11 ♏ 31R	21 ♓ 20	
25	14 12 54	5 ♉ 0 23	16 ♌ 35	10 ♉ 4	18 ♊ 39	12 ♒ 7	10 ♉ 47	2 ♑ 23R	0 ♑ 52R	10 ♑ 9R	11 ♏ 23R	21 ♓ 4	
30	14 32 36	9 ♉ 52 1	16 ♎ 33	20 ♉ 34	22 ♊ 9	15 ♒ 26	11 ♉ 58	2 ♑ 16R	0 ♑ 47R	10 ♑ 6R	11 ♏ 14R	20 ♓ 49	
1	14 36 33	10 ♉ 50 15	29 ♎ 7	22 ♉ 36	22 ♊ 48	16 ♒ 6	12 ♉ 13	2 ♑ 14R	0 ♑ 46R	10 ♑ 6R	11 ♏ 13R	20 ♓ 45	MAGGIO
5	14 52 19	14 ♉ 42 54	22 ♐ 2	0 ♊ 20	25 ♊ 11	18 ♒ 44	13 ♉ 10	2 ♑ 5R	0 ♑ 40R	10 ♑ 3R	11 ♏ 6R	20 ♓ 33	
10	15 12 2	19 ♉ 33 8	1 ♓ 58	8 ♊ 52	27 ♊ 38	22 ♒ 1	14 ♉ 21	1 ♑ 53R	0 ♑ 33R	9 ♑ 59R	10 ♏ 57R	20 ♓ 17	
15	15 31 45	24 ♉ 22 50	12 ♉ 33	15 ♊ 53	29 ♊ 23	25 ♒ 17	15 ♉ 33	1 ♑ 39R	0 ♑ 24R	9 ♑ 54R	10 ♏ 49R	20 ♓ 1	
20	15 51 27	29 ♉ 11 56	18 ♋ 19	21 ♊ 17	0 ♋ 19	28 ♒ 31	16 ♉ 44	1 ♑ 23R	0 ♑ 15R	9 ♑ 49R	10 ♏ 41R	19 ♓ 45	
25	16 11 10	4 ♊ 0 23	18 ♍ 8	24 ♊ 54	0 ♋ 20R	1 ♓ 42	17 ♉ 54	1 ♑ 5R	0 ♑ 4R	9 ♑ 43R	10 ♏ 33R	19 ♓ 29	
31	16 34 50	9 ♊ 45 43	3 ♐ 59	26 ♊ 45	29 ♊ 1R	5 ♓ 29	19 ♉ 17	0 ♑ 42R	29 ♐ 51R	9 ♑ 35R	10 ♏ 25R	19 ♓ 10	
1	16 38 46	10 ♊ 43 13	17 ♐ 45	26 ♊ 47R	28 ♊ 40R	6 ♓ 7	19 ♉ 31	0 ♑ 38R	29 ♐ 49R	9 ♑ 34R	10 ♏ 23R	19 ♓ 7	GIUGNO
5	16 54 32	14 ♊ 33 0	14 ♒ 33	26 ♊ 11R	26 ♊ 54R	8 ♓ 35	20 ♉ 26	0 ♑ 22R	29 ♐ 40R	9 ♑ 28R	10 ♏ 18R	18 ♓ 54	
10	17 14 15	19 ♊ 20 0	24 ♈ 49	24 ♊ 6R	24 ♊ 4R	11 ♓ 38	21 ♉ 34	0 ♑ 1R	29 ♐ 28R	9 ♑ 21R	10 ♏ 12R	18 ♓ 38	
15	17 33 58	24 ♊ 6 46	1 ♋ 25	21 ♊ 20R	20 ♊ 57R	14 ♓ 37	22 ♉ 40	29 ♐ 39R	29 ♐ 16R	9 ♑ 14R	10 ♏ 6R	18 ♓ 22	
20	17 53 41	28 ♊ 53 16	2 ♍ 26	19 ♊ 2R	18 ♊ 2R	17 ♓ 31	23 ♉ 45	29 ♐ 17R	29 ♐ 4R	9 ♑ 6R	10 ♏ 1R	18 ♓ 7	
25	18 13 23	3 ♋ 39 28	2 ♏ 38	18 ♊ 9	15 ♊ 45R	20 ♓ 21	24 ♉ 49	28 ♐ 55R	28 ♐ 51R	8 ♑ 58R	9 ♏ 56R	17 ♓ 51	
30	18 33 6	8 ♋ 25 27	10 ♑ 48	19 ♊ 10	14 ♊ 21R	23 ♓ 5	25 ♉ 51	28 ♐ 33R	28 ♐ 39R	8 ♑ 50R	9 ♏ 53R	17 ♓ 35	

1988	GIORNO	TEMPO SIDERALE	☉	☽	☿	♀	♂	♃	♄	♅	♆	♇	☊
LUGLIO	1	18 37 3	9 ♋ 22 38	25 ♑ 24	19 ♊ 37	14 ♊ 11R	23 ♓ 37	26 ♉ 3	28 ♐ 28R	28 ♐ 37R	8 ♑ 48R	9 ♏ 52R	17 ♓ 32
	5	18 52 49	13 ♋ 11 23	23 ♓ 42	22 ♊ 11	13 ♊ 56	25 ♓ 42	26 ♉ 51	28 ♐ 11R	28 ♐ 28R	8 ♑ 41R	9 ♏ 50R	17 ♓ 19
	10	19 12 32	17 ♋ 57 25	2 ♊ 2	27 ♊ 8	14 ♊ 29	28 ♓ 11	27 ♉ 49	27 ♐ 51R	28 ♐ 16R	8 ♑ 33R	9 ♏ 48R	17 ♓ 3
	15	19 32 14	22 ♋ 43 37	4 ♌ 57	3 ♋ 53	15 ♊ 52	0 ♈ 32	28 ♉ 46	27 ♐ 31R	28 ♐ 5R	8 ♑ 26R	9 ♏ 46R	16 ♓ 47
	20	19 51 57	27 ♋ 29 56	4 ♎ 16	12 ♋ 17	17 ♊ 60	2 ♈ 44	29 ♉ 39	27 ♐ 13R	27 ♐ 55R	8 ♑ 18R	9 ♏ 46R	16 ♓ 31
	25	20 11 40	2 ♌ 16 21	6 ♐ 50	21 ♋ 57	20 ♊ 44	4 ♈ 44	0 ♊ 30	26 ♐ 56R	27 ♐ 45R	8 ♑ 11R	9 ♏ 46	16 ♓ 15
	31	20 35 19	8 ♌ 0 19	4 ♓ 8	4 ♌ 26	24 ♊ 41	6 ♈ 51	1 ♊ 28	26 ♐ 39R	27 ♐ 34R	8 ♑ 2R	9 ♏ 48	15 ♓ 56
AGOSTO	1	20 39 17	8 ♌ 57 42	19 ♓ 2	6 ♌ 32	25 ♊ 24	7 ♈ 11	1 ♊ 37	26 ♐ 36R	27 ♐ 33R	8 ♑ 1R	9 ♏ 48	15 ♓ 53
	5	20 55 3	12 ♌ 47 23	15 ♉ 44	14 ♌ 50	28 ♊ 26	8 ♈ 22	2 ♊ 13	26 ♐ 26R	27 ♐ 27R	7 ♑ 56R	9 ♏ 50	15 ♓ 40
	10	21 14 46	17 ♌ 34 57	19 ♋ 39	24 ♌ 48	2 ♋ 30	9 ♈ 36	2 ♊ 54	26 ♐ 15R	27 ♐ 20R	7 ♑ 50R	9 ♏ 53	15 ♓ 25
	15	21 34 29	22 ♌ 23 3	19 ♍ 16	4 ♍ 11	6 ♋ 52	10 ♈ 33	3 ♊ 33	26 ♐ 7R	27 ♐ 14R	7 ♑ 44R	9 ♏ 57	15 ♓ 9
	20	21 54 12	27 ♌ 11 38	19 ♏ 26	12 ♍ 58	11 ♋ 28	11 ♈ 11	4 ♊ 7	26 ♐ 1R	27 ♐ 9R	7 ♑ 39R	10 ♏ 2	14 ♓ 53
	25	22 13 54	2 ♍ 0 40	27 ♑ 29	21 ♍ 9	16 ♋ 16	11 ♈ 28	4 ♊ 38	25 ♐ 57R	27 ♐ 6R	7 ♑ 35R	10 ♏ 8	14 ♓ 37
	31	22 37 34	7 ♍ 48 16	27 ♈ 22	0 ♎ 13	22 ♋ 15	11 ♈ 21R	5 ♊ 9	25 ♐ 56	27 ♐ 3R	7 ♑ 31R	10 ♏ 15	14 ♓ 18
SETTEMBRE	1	22 41 30	8 ♍ 46 18	11 ♉ 35	1 ♎ 39	23 ♋ 16	11 ♈ 17R	5 ♊ 13	25 ♐ 56	27 ♐ 3R	7 ♑ 30R	10 ♏ 17	14 ♓ 15
	5	22 57 16	12 ♍ 38 45	4 ♋ 22	7 ♎ 8	27 ♋ 24	10 ♈ 52R	5 ♊ 30	25 ♐ 57	27 ♐ 3R	7 ♑ 28R	10 ♏ 23	14 ♓ 2
	10	23 16 19	17 ♍ 30 4	4 ♍ 31	13 ♎ 25	2 ♌ 40	10 ♈ 3R	5 ♊ 47	26 ♐ 1	27 ♐ 3	7 ♑ 27R	10 ♏ 31	13 ♓ 46
	15	23 36 42	22 ♍ 22 10	3 ♏ 59	18 ♎ 54	8 ♌ 4	8 ♈ 57R	5 ♊ 59	26 ♐ 7	27 ♐ 5	7 ♑ 26R	10 ♏ 39	13 ♓ 30
	20	23 56 25	27 ♍ 14 59	8 ♑ 2	23 ♎ 20	13 ♌ 33	7 ♈ 38R	6 ♊ 6	26 ♐ 16	27 ♐ 8	7 ♑ 25	10 ♏ 48	13 ♓ 14
	25	0 16 7	2 ♎ 8 29	20 ♓ 50	26 ♎ 16	19 ♌ 8	6 ♈ 11R	6 ♊ 8R	26 ♐ 27	27 ♐ 12	7 ♑ 26	10 ♏ 58	12 ♓ 58
	30	0 35 50	7 ♎ 2 48	4 ♊ 11	26 ♎ 60R	24 ♌ 47	4 ♈ 43R	6 ♊ 5R	26 ♐ 41	27 ♐ 18	7 ♑ 27	11 ♏ 8	12 ♓ 42
OTTOBRE	1	0 39 47	8 ♎ 1 46	17 ♊ 40	26 ♎ 48R	25 ♌ 56	4 ♈ 25R	6 ♊ 4R	26 ♐ 44	27 ♐ 19	7 ♑ 28	11 ♏ 10	12 ♓ 39
	5	0 55 33	11 ♎ 58 2	7 ♌ 45	24 ♎ 46R	0 ♍ 31	3 ♈ 18R	5 ♊ 57R	26 ♐ 56	27 ♐ 25	7 ♑ 30	11 ♏ 19	12 ♓ 27
	10	1 15 16	16 ♎ 54 14	6 ♎ 54	19 ♎ 41R	6 ♍ 19	2 ♈ 4R	5 ♊ 44R	27 ♐ 14	27 ♐ 33	7 ♑ 33	11 ♏ 30	12 ♓ 11
	15	1 34 58	21 ♎ 51 18	8 ♐ 29	14 ♎ 7R	12 ♍ 10	1 ♈ 4R	5 ♊ 26R	27 ♐ 34	27 ♐ 42	7 ♑ 37	11 ♏ 41	11 ♓ 55
	20	1 54 41	26 ♎ 49 7	15 ♒ 41	11 ♎ 39R	18 ♍ 5	0 ♈ 21R	5 ♊ 4R	27 ♐ 56	27 ♐ 53	7 ♑ 41	11 ♏ 53	11 ♓ 39
	25	2 14 24	1 ♏ 47 41	29 ♈ 9	13 ♎ 37	24 ♍ 2	29 ♓ 58R	4 ♊ 37R	28 ♐ 19	28 ♐ 4	7 ♑ 47	12 ♏ 5	11 ♓ 23
	31	2 38 3	7 ♏ 47 2	21 ♋ 42	20 ♎ 13	1 ♎ 14	29 ♓ 57	3 ♊ 60R	28 ♐ 50	28 ♐ 19	7 ♑ 54	12 ♏ 20	11 ♓ 4
NOVEMBRE	1	2 41 60	8 ♏ 47 3	4 ♌ 3	21 ♎ 35	2 ♎ 27	29 ♓ 60	3 ♊ 53R	28 ♐ 55	28 ♐ 22	7 ♑ 56	12 ♏ 22	11 ♓ 1
	5	2 57 46	12 ♏ 47 27	21 ♍ 35	27 ♎ 29	7 ♎ 17	0 ♈ 18	3 ♊ 25R	29 ♐ 17	28 ♐ 32	8 ♑ 1	12 ♏ 32	10 ♓ 48
	10	3 17 29	17 ♏ 48 44	22 ♏ 30	5 ♏ 21	13 ♎ 22	0 ♈ 57	2 ♊ 48R	29 ♐ 46	28 ♐ 47	8 ♑ 9	12 ♏ 44	10 ♓ 32
	15	3 37 12	22 ♏ 50 42	28 ♑ 30	13 ♏ 22	19 ♎ 29	1 ♈ 53	2 ♊ 9R	0 ♑ 16	29 ♐ 2	8 ♑ 17	12 ♏ 56	10 ♓ 16
	20	3 56 54	27 ♏ 53 14	8 ♈ 52	21 ♏ 23	25 ♎ 37	3 ♈ 5	1 ♊ 28R	0 ♑ 47	29 ♐ 18	8 ♑ 26	13 ♏ 8	10 ♓ [illegible]
	25	4 16 37	2 ♐ 56 19	20 ♊ 12	29 ♏ 20	1 ♏ 46	4 ♈ 31	0 ♊ 48R	1 ♑ 19	29 ♐ 34	8 ♑ 36	13 ♏ 20	9 ♓ 45
	30	4 36 20	7 ♐ 59 59	24 ♌ 2	7 ♐ 13	7 ♏ 57	6 ♈ 10	0 ♊ 7R	1 ♑ 52	29 ♐ 51	8 ♑ 45	13 ♏ 31	9 ♓ 29
DICEMBRE	1	4 40 17	9 ♐ 0 47	5 ♍ 56	8 ♐ 48	9 ♏ 11	6 ♈ 31	29 ♉ 59R	1 ♑ 59	29 ♐ 54	8 ♑ 47	13 ♏ 33	9 ♓ 26
	5	4 56 3	13 ♐ 4 15	23 ♎ 27	15 ♐ 5	14 ♏ 9	7 ♈ 59	29 ♉ 28R	2 ♑ 26	0 ♑ 8	8 ♑ 56	13 ♏ 42	9 ♓ 13
	10	5 15 45	18 ♐ 9 3	27 ♐ 40	22 ♐ 55	20 ♏ 21	9 ♈ 59	28 ♉ 50R	3 ♑ 0	0 ♑ 26	9 ♑ 6	13 ♏ 53	8 ♓ [illegible]
	15	5 35 28	23 ♐ 14 11	7 ♓ 5	0 ♑ 48	26 ♏ 35	12 ♈ 7	28 ♉ 15R	3 ♑ 35	0 ♑ 44	9 ♑ 17	14 ♏ 3	8 ♓ 41
	20	5 55 11	28 ♐ 19 30	17 ♉ 24	8 ♑ 42	2 ♐ 48	14 ♈ 22	27 ♉ 43R	4 ♑ 10	1 ♑ 2	9 ♑ 28	14 ♏ 13	8 ♓ [illegible]
	25	6 14 54	3 ♑ 24 59	24 ♋ 43	16 ♑ 35	9 ♐ 3	16 ♈ 44	27 ♉ 15R	4 ♑ 46	1 ♑ 20	9 ♑ 40	14 ♏ 22	8 ♓ [illegible]
	31	6 38 33	9 ♑ 31 46	7 ♎ 18	25 ♑ 52	16 ♐ 33	19 ♈ 43	26 ♉ 48R	5 ♑ 28	1 ♑ 42	9 ♑ 53	14 ♏ 32	7 ♓ [illegible]

GIORNO	TEMPO SIDERALE	☉	☽	☿	♀	♂	♃	♄	♅	♆	♇	☊	1989
1	6 42 30	10 ♑ 32 56	19 ♎ 11	27 ♑ 21	17 ♐ 48	20 ♈ 13	26 ♉ 44R	5 ♑ 35	1 ♑ 45	9 ♑ 55	14 ♏ 34	7 ♓ 47	GENNAIO
5	6 58 16	14 ♑ 37 37	9 ♐ 7	3 ♒ 1	22 ♐ 48	22 ♈ 17	26 ♉ 30R	6 ♑ 4	1 ♑ 60	10 ♑ 5	14 ♏ 40	7 ♓ 34	
10	7 17 59	19 ♑ 43 28	18 ♒ 51	8 ♒ 48	29 ♐ 3	24 ♈ 55	26 ♉ 16R	6 ♑ 39	2 ♑ 17	10 ♑ 16	14 ♏ 47	7 ♓ 18	
15	7 37 41	24 ♑ 49 10	0 ♉ 13	11 ♒ 47	5 ♑ 19	27 ♈ 37	26 ♉ 8R	7 ♑ 13	2 ♑ 34	10 ♑ 27	14 ♏ 53	7 ♓ 3	
20	7 57 24	29 ♑ 54 34	7 ♋ 37	10 ♒ 24R	11 ♑ 34	0 ♉ 23	26 ♉ 5R	7 ♑ 48	2 ♑ 51	10 ♑ 38	14 ♏ 58	6 ♓ 47	
25	8 17 7	4 ♒ 59 39	9 ♍ 44	5 ♒ 1R	17 ♑ 50	3 ♉ 11	26 ♉ 8	8 ♑ 21	3 ♑ 8	10 ♑ 49	15 ♏ 3	6 ♓ 31	
31	8 40 46	11 ♒ 5 23	21 ♏ 23	28 ♑ 18R	25 ♑ 21	6 ♉ 36	26 ♉ 17	8 ♑ 60	3 ♑ 27	11 ♑ 1	15 ♏ 7	6 ♓ 12	
1	8 44 43	12 ♒ 6 17	3 ♐ 58	27 ♑ 34R	26 ♑ 36	7 ♉ 11	26 ♉ 20	9 ♑ 6	3 ♑ 30	11 ♑ 3	15 ♏ 8	6 ♓ 9	FEBBRAIO
5	9 0 29	16 ♒ 9 48	28 ♑ 17	26 ♑ 2R	1 ♒ 36	9 ♉ 30	26 ♉ 31	9 ♑ 31	3 ♑ 41	11 ♑ 11	15 ♏ 9	5 ♓ 56	
10	9 20 12	21 ♒ 13 46	12 ♈ 4	26 ♑ 58R	7 ♒ 52	12 ♉ 25	26 ♉ 49	10 ♑ 1	3 ♑ 55	11 ♑ 21	15 ♏ 11	5 ♓ 40	
15	9 39 55	26 ♒ 17 6	21 ♊ 29	0 ♒ 12	14 ♒ 7	15 ♉ 22	27 ♉ 12	10 ♑ 30	4 ♑ 9	11 ♑ 30	15 ♏ 12	5 ♓ 24	
20	9 59 37	1 ♓ 19 43	24 ♌ 11	4 ♒ 57	20 ♒ 22	18 ♉ 20	27 ♉ 39	10 ♑ 58	4 ♑ 21	11 ♑ 38	15 ♏ 12R	5 ♓ 8	
25	10 19 20	6 ♓ 21 39	23 ♎ 35	10 ♒ 43	26 ♒ 37	21 ♉ 20	28 ♉ 10	11 ♑ 24	4 ♑ 32	11 ♑ 46	15 ♏ 10R	4 ♓ 52	
28	10 31 10	9 ♓ 22 31	29 ♏ 45	14 ♒ 33	0 ♓ 22	23 ♉ 8	28 ♉ 31	11 ♑ 38	4 ♑ 38	11 ♑ 50	15 ♏ 9R	4 ♓ 43	
1	10 35 6	10 ♓ 22 46	12 ♐ 15	15 ♒ 52	1 ♓ 37	23 ♉ 44	28 ♉ 38	11 ♑ 43	4 ♑ 40	11 ♑ 52	15 ♏ 9R	4 ♓ 40	MARZO
5	10 50 53	14 ♓ 23 28	6 ♒ 10	21 ♒ 25	6 ♓ 36	26 ♉ 9	29 ♉ 9	12 ♑ 2	4 ♑ 48	11 ♑ 57	15 ♏ 7R	4 ♓ 27	
10	11 10 35	19 ♓ 23 42	21 ♈ 2	28 ♒ 50	12 ♓ 51	29 ♉ 11	29 ♉ 50	12 ♑ 23	4 ♑ 56	12 ♑ 3	15 ♏ 4R	4 ♓ 11	
15	11 30 18	24 ♓ 23 5	1 ♋ 23	6 ♓ 45	19 ♓ 5	2 ♊ 13	0 ♊ 35	12 ♑ 42	5 ♑ 3	12 ♑ 8	14 ♏ 60R	3 ♓ 55	
20	11 50 1	29 ♓ 21 32	3 ♍ 9	15 ♓ 11	25 ♓ 18	5 ♊ 16	1 ♊ 22	12 ♑ 59	5 ♑ 9	12 ♑ 13	14 ♏ 55R	3 ♓ 39	
25	12 9 44	4 ♈ 19 6	2 ♏ 24	24 ♓ 7	1 ♈ 32	8 ♊ 20	2 ♊ 13	13 ♑ 15	5 ♑ 14	12 ♑ 17	14 ♏ 49R	3 ♓ 23	
31	12 33 23	10 ♈ 15 9	17 ♑ 11	5 ♈ 34	8 ♈ 59	12 ♊ 1	3 ♊ 17	13 ♑ 30	5 ♑ 18	12 ♑ 20	14 ♏ 42R	3 ♓ 4	
1	12 37 19	11 ♈ 14 23	0 ♒ 42	7 ♈ 33	10 ♈ 14	12 ♊ 37	3 ♊ 28	13 ♑ 32	5 ♑ 18	12 ♑ 20	14 ♏ 41R	3 ♓ 1	APRILE
5	12 53 6	15 ♈ 11 2	28 ♓ 49	15 ♈ 39	15 ♈ 11	15 ♊ 5	4 ♊ 13	13 ♑ 40	5 ♑ 20	12 ♑ 22	14 ♏ 35R	2 ♓ 48	
10	13 12 48	20 ♈ 63 6	13 ♊ 22	26 ♈ 3	21 ♈ 23	18 ♊ 10	5 ♊ 11	13 ♑ 47	5 ♑ 20R	12 ♑ 23	14 ♏ 28R	2 ♓ 32	
15	13 32 31	25 ♈ 0 15	18 ♌ 10	6 ♉ 19	27 ♈ 35	21 ♊ 15	6 ♊ 11	13 ♑ 52	5 ♑ 19R	12 ♑ 23R	14 ♏ 20R	2 ♓ 17	
20	13 52 14	29 ♈ 53 28	17 ♎ 28	15 ♉ 49	3 ♉ 46	24 ♊ 20	7 ♊ 12	13 ♑ 55	5 ♑ 17R	12 ♑ 23R	14 ♏ 12R	2 ♓ 1	
25	14 11 57	4 ♉ 45 53	18 ♐ 17	23 ♉ 54	9 ♉ 57	27 ♊ 25	8 ♊ 16	13 ♑ 55R	5 ♑ 14R	12 ♑ 21R	14 ♏ 4R	1 ♓ 45	
30	14 31 40	9 ♉ 37 36	24 ♒ 7	0 ♊ 11	16 ♉ 7	0 ♋ 30	9 ♊ 20	13 ♑ 53R	5 ♑ 9R	12 ♑ 19R	13 ♏ 56R	1 ♓ 29	
1	14 35 36	10 ♉ 35 52	8 ♓ 15	1 ♊ 13	17 ♉ 21	1 ♋ 7	9 ♊ 33	13 ♑ 52R	5 ♑ 8R	12 ♑ 19R	13 ♏ 54R	1 ♓ 26	MAGGIO
5	14 51 22	14 ♉ 28 41	7 ♉ 34	4 ♊ 28	22 ♉ 17	3 ♋ 36	10 ♊ 26	13 ♑ 48R	5 ♑ 4R	12 ♑ 16R	13 ♏ 47R	1 ♓ 13	
10	15 11 5	19 ♉ 19 5	18 ♋ 57	6 ♊ 36	28 ♉ 26	6 ♋ 41	11 ♊ 33	13 ♑ 41R	4 ♑ 57R	12 ♑ 12R	13 ♏ 39R	0 ♓ 57	
15	15 30 48	24 ♉ 8 44	20 ♍ 35	6 ♊ 37R	4 ♊ 35	9 ♋ 47	12 ♊ 40	13 ♑ 32R	4 ♑ 49R	12 ♑ 8R	13 ♏ 30R	0 ♓ 41	
20	15 50 31	28 ♉ 57 40	20 ♏ 18	4 ♊ 50R	10 ♊ 44	12 ♋ 53	13 ♊ 48	13 ♑ 21R	4 ♑ 41R	12 ♑ 3R	13 ♏ 22R	0 ♓ 25	
25	16 10 13	3 ♊ 46 1	23 ♑ 55	2 ♉ 6R	16 ♊ 52	15 ♋ 59	14 ♊ 57	13 ♑ 7R	4 ♑ 31R	11 ♑ 58R	13 ♏ 14R	0 ♓ 9	
31	16 33 53	9 ♊ 31 30	17 ♈ 12	29 ♉ 10R	24 ♊ 13	19 ♋ 42	16 ♊ 20	12 ♑ 49R	4 ♑ 19R	11 ♑ 50R	13 ♏ 5R	29 ♒ 50	
1	16 37 49	10 ♊ 29 2	1 ♉ 50	28 ♉ 50R	25 ♊ 27	20 ♋ 19	16 ♊ 34	12 ♑ 45R	4 ♑ 17R	11 ♑ 49R	13 ♏ 4R	29 ♒ 47	GIUGNO
5	16 53 35	14 ♊ 19 1	29 ♊ 50	28 ♉ 10R	0 ♋ 21	22 ♋ 48	17 ♊ 30	12 ♑ 31R	4 ♑ 8R	11 ♑ 43R	12 ♏ 58R	29 ♒ 35	
10	17 13 18	19 ♊ 6 7	4 ♍ 49	28 ♉ 58	6 ♋ 28	25 ♋ 55	18 ♊ 39	12 ♑ 13R	3 ♑ 56R	11 ♑ 36R	12 ♏ 52R	29 ♒ 19	
15	17 33 1	23 ♊ 52 47	4 ♏ 24	1 ♊ 37	12 ♋ 34	29 ♋ 1	19 ♊ 49	11 ♑ 53R	3 ♑ 45R	11 ♑ 29R	12 ♏ 46R	29 ♒ 3	
20	17 52 44	28 ♊ 39 7	7 ♑ 15	5 ♊ 58	18 ♋ 40	2 ♌ 7	20 ♊ 58	11 ♑ 32R	3 ♑ 33R	11 ♑ 21R	12 ♏ 40R	28 ♒ 47	
25	18 12 26	3 ♋ 25 16	15 ♓ 18	11 ♊ 54	24 ♋ 46	5 ♌ 14	22 ♊ 7	11 ♑ 10R	3 ♑ 20R	11 ♑ 13R	12 ♏ 35R	28 ♒ 31	
30	18 32 9	8 ♋ 11 24	26 ♉ 21	19 ♊ 17	0 ♌ 51	8 ♌ 21	23 ♊ 16	10 ♑ 48R	3 ♑ 8R	11 ♑ 5R	12 ♏ 31R	28 ♒ 15	

1989	GIORNO	TEMPO SIDERALE	☉	☽	☿	♀	♂	♃	♄	♅	♆	♇	☊
LUGLIO	1	18 36 6	9 ♋ 8 38	10 ♊ 33	20 ♊ 56	2 ♌ 4	8 ♌ 59	23 ♊ 29	10 ♑ 44R	3 ♑ 6R	11 ♑ 3R	12 ♏ 30R	28 ♒ 12
	5	18 51 52	12 ♋ 57 33	5 ♌ 6	28 ♊ 2	6 ♌ 55	11 ♌ 28	24 ♊ 23	10 ♑ 26R	2 ♑ 56R	10 ♑ 57R	12 ♏ 28R	27 ♒ 59
	10	19 11 35	17 ♋ 43 40	6 ♎ 41	7 ♋ 55	12 ♌ 60	14 ♌ 36	25 ♊ 30	10 ♑ 4R	2 ♑ 44R	10 ♑ 49R	12 ♏ 25R	27 ♒ 43
	15	19 31 18	22 ♋ 29 44	7 ♐ 0	18 ♋ 31	19 ♌ 3	17 ♌ 43	26 ♊ 37	9 ♑ 42R	2 ♑ 33R	10 ♑ 41R	12 ♏ 23R	27 ♒ 27
	20	19 51	27 ♋ 15 52	13 ♒ 31	29 ♋ 12	25 ♌ 6	20 ♌ 51	27 ♊ 42	9 ♑ 22R	2 ♑ 22R	10 ♑ 33R	12 ♏ 23R	27 ♒ 12
	25	20 10 43	2 ♌ 2 15	24 ♈ 34	9 ♌ 31	1 ♍ 8	23 ♌ 59	28 ♊ 45	9 ♑ 2R	2 ♑ 12R	10 ♑ 26R	12 ♏ 22	26 ♒ 56
	31	20 34 22	7 ♌ 46 24	17 ♋ 35	21 ♌ 4	8 ♍ 21	27 ♌ 46	0 ♋ 0	8 ♑ 39R	2 ♑ 0R	10 ♑ 17R	12 ♏ 23	26 ♒ 37
AGOSTO	1	20 38 19	8 ♌ 43 49	0 ♌ 42	22 ♌ 54	9 ♍ 34	28 ♌ 23	0 ♋ 12	8 ♑ 36R	1 ♑ 58R	10 ♑ 16R	12 ♏ 24	26 ♒ 33
	5	20 54 5	12 ♌ 43 38	20 ♍ 45	29 ♌ 56	14 ♍ 22	0 ♍ 55	1 ♋ 1	8 ♑ 22R	1 ♑ 51R	10 ♑ 10R	12 ♏ 25	26 ♒ 21
	10	21 13 48	17 ♌ 21 12	20 ♏ 22	8 ♍ 8	20 ♍ 21	4 ♍ 4	1 ♋ 59	8 ♑ 7R	1 ♑ 44R	10 ♑ 4R	12 ♏ 28	26 ♒ 5
	15	21 33 31	22 ♌ 9 7	24 ♑ 16	15 ♍ 40	26 ♍ 20	7 ♍ 14	2 ♋ 56	7 ♑ 53R	1 ♑ 37R	9 ♑ 58R	12 ♏ 31	25 ♒ 49
	20	21 53 13	26 ♌ 57 30	6 ♈ 8	22 ♍ 31	2 ♎ 17	10 ♍ 24	3 ♋ 51	7 ♑ 42R	1 ♑ 31R	9 ♑ 53R	12 ♏ 36	25 ♒ 33
	25	22 12 56	1 ♍ 46 32	17 ♊ 29	28 ♍ 36	8 ♎ 13	13 ♍ 35	4 ♋ 43	7 ♑ 32R	1 ♑ 27R	9 ♑ 48R	12 ♏ 41	25 ♒ 17
	31	22 36 36	7 ♍ 34 20	4 ♍ 52	4 ♎ 41	15 ♎ 19	17 ♍ 24	5 ♋ 43	7 ♑ 24R	1 ♑ 23R	9 ♑ 44R	12 ♏ 48	24 ♒ 54
SETTEMBRE	1	22 40 32	8 ♍ 32 24	17 ♍ 3	5 ♎ 32	16 ♎ 30	18 ♍ 3	5 ♋ 52	7 ♑ 23R	1 ♑ 22R	9 ♑ 43R	12 ♏ 49	24 ♒ 55
	5	22 56 18	12 ♍ 24 56	4 ♏ 44	8 ♎ 24	21 ♎ 12	20 ♍ 36	6 ♋ 29	7 ♑ 20R	1 ♑ 21R	9 ♑ 41R	12 ♏ 55	24 ♒ 42
	10	23 16 1	17 ♍ 16 9	5 ♑ 44	10 ♎ 23	27 ♎ 4	23 ♍ 49	7 ♋ 13	7 ♑ 18R	1 ♑ 20R	9 ♑ 39R	13 ♏ 2	24 ♒ 26
	15	23 35 44	22 ♍ 8 1	15 ♓ 14	10 ♎ 2R	2 ♏ 54	27 ♍ 2	7 ♋ 53	7 ♑ 19	1 ♑ 21	9 ♑ 37R	13 ♏ 10	24 ♒ 10
	20	23 55 27	27 ♍ 0 39	29 ♉ 50	6 ♎ 55R	8 ♏ 42	0 ♎ 16	8 ♋ 29	7 ♑ 22	1 ♑ 23	9 ♑ 37R	13 ♏ 19	23 ♒ 55
	25	0 15 9	1 ♎ 54 12	6 ♌ 60	1 ♎ 45R	14 ♏ 27	3 ♎ 30	9 ♋ 2	7 ♑ 27	1 ♑ 26	9 ♑ 37	13 ♏ 29	23 ♒ 39
	30	0 34 52	6 ♎ 48 40	7 ♎ 49	27 ♍ 6R	20 ♏ 11	6 ♎ 45	9 ♋ 32	7 ♑ 35	1 ♑ 30	9 ♑ 38	13 ♏ 39	23 ♒ 23
OTTOBRE	1	0 38 49	7 ♎ 47 39	19 ♎ 41	26 ♍ 31R	21 ♏ 19	7 ♎ 24	9 ♋ 37	7 ♑ 37	1 ♑ 31	9 ♑ 38	13 ♏ 41	23 ♒ 20
	5	0 54 35	11 ♎ 43 58	7 ♐ 15	25 ♍ 50	25 ♏ 52	10 ♎ 1	9 ♋ 57	7 ♑ 45	1 ♑ 36	9 ♑ 40	13 ♏ 49	23 ♒ 7
	10	1 14 18	16 ♎ 40 2	10 ♒ 32	28 ♍ 43	1 ♐ 30	13 ♎ 17	10 ♋ 17	7 ♑ 58	1 ♑ 43	9 ♑ 42	13 ♏ 60	22 ♒ 51
	15	1 34	21 ♎ 36 51	23 ♈ 41	4 ♎ 43	7 ♐ 4	16 ♎ 34	10 ♋ 33	8 ♑ 13	1 ♑ 51	9 ♑ 46	14 ♏ 11	22 ♒ 35
	20	1 53 43	26 ♎ 34 31	7 ♋ 23	12 ♎ 22	12 ♐ 34	19 ♎ 52	10 ♋ 45	8 ♑ 30	2 ♑ 0	9 ♑ 50	14 ♏ 23	22 ♒ 19
	25	2 13 26	1 ♏ 33 8	10 ♍ 59	20 ♎ 38	17 ♐ 59	23 ♎ 11	10 ♋ 51	8 ♑ 49	2 ♑ 11	9 ♑ 55	14 ♏ 34	22 ♒ 3
	31	2 37 5	7 ♏ 32 38	22 ♏ 20	0 ♏ 42	24 ♐ 22	27 ♎ 11	10 ♋ 52R	9 ♑ 15	2 ♑ 25	10 ♑ 2	14 ♏ 49	21 ♒ 44
NOVEMBRE	1	2 41 2	8 ♏ 32 40	4 ♐ 18	2 ♏ 22	25 ♐ 25	27 ♎ 51	10 ♋ 52R	9 ♑ 19	2 ♑ 27	10 ♑ 4	14 ♏ 51	21 ♒ 41
	5	2 56 48	12 ♏ 33 5	23 ♑ 31	8 ♏ 59	29 ♐ 34	0 ♏ 31	10 ♋ 48R	9 ♑ 38	2 ♑ 37	10 ♑ 9	15 ♏ 1	21 ♒ 28
	10	3 16 31	17 ♏ 34 11	1 ♈ 45	17 ♏ 6	4 ♑ 37	3 ♏ 53	10 ♋ 38R	10 ♑ 3	2 ♑ 51	10 ♑ 17	15 ♏ 13	21 ♒ 13
	15	3 36 14	22 ♏ 35 55	17 ♊ 18	25 ♏ 4	9 ♑ 30	7 ♏ 15	10 ♋ 24R	10 ♑ 30	3 ♑ 5	10 ♑ 25	15 ♏ 25	20 ♒ 57
	20	3 55 56	27 ♏ 38 21	25 ♌ 23	2 ♐ 56	14 ♑ 11	10 ♏ 38	10 ♋ 5R	10 ♑ 58	3 ♑ 20	10 ♑ 33	15 ♏ 37	20 ♒ 41
	25	4 15 39	2 ♐ 41 32	25 ♎ 27	10 ♐ 42	18 ♑ 38	14 ♏ 2	9 ♋ 41R	11 ♑ 28	3 ♑ 36	10 ♑ 42	15 ♏ 49	20 ♒ 25
	30	4 35 22	7 ♐ 45 21	25 ♐ 39	18 ♐ 24	22 ♑ 46	17 ♏ 27	9 ♋ 13R	11 ♑ 59	3 ♑ 52	10 ♑ 52	16 ♏ 1	20 ♒ 9
DICEMBRE	1	4 39 18	8 ♐ 46 10	8 ♑ 3	19 ♐ 56	23 ♑ 34	18 ♏ 8	9 ♋ 7R	12 ♑ 5	3 ♑ 56	10 ♑ 54	16 ♏ 3	20 ♒ 6
	5	4 55 5	12 ♐ 49 38	29 ♒ 33	26 ♐ 3	26 ♑ 33	20 ♏ 53	8 ♋ 42R	12 ♑ 31	4 ♑ 9	11 ♑ 2	16 ♏ 12	19 ♒ 53
	10	5 14 47	17 ♐ 54 15	10 ♉ 31	3 ♑ 36	29 ♑ 53	24 ♏ 19	8 ♋ 7R	13 ♑ 3	4 ♑ 27	11 ♑ 12	16 ♏ 23	19 ♒ 37
	15	5 34 30	22 ♐ 59 11	23 ♋ 51	10 ♑ 53	2 ♒ 39	27 ♏ 47	7 ♋ 29R	13 ♑ 37	4 ♑ 44	11 ♑ 23	16 ♏ 34	19 ♒ 21
	20	5 54 13	28 ♐ 4 27	28 ♍ 7	17 ♑ 36	4 ♒ 45	1 ♐ 15	6 ♋ 50R	14 ♑ 11	5 ♑ 2	11 ♑ 34	16 ♏ 44	19 ♒ 5
	25	6 13 56	3 ♑ 10 4	27 ♏ 40	23 ♑ 1	6 ♒ 4	4 ♐ 45	6 ♋ 10R	14 ♑ 46	5 ♑ 20	11 ♑ 45	16 ♏ 53	18 ♒ 50
	31	6 37 35	9 ♑ 17 3	13 ♒ 16	25 ♑ 54R	6 ♒ 23R	8 ♐ 57	5 ♋ 21R	15 ♑ 29	5 ♑ 42	11 ♑ 59	17 ♏ 4	18 ♒ 30

GIORNO	TEMPO SIDERALE	☉	☽	☿	♀	♂	♃	♄	♅	♆	♇	☊	1990
1	6 41 32	10 ♑ 18 13	26 ♒ 33	25 ♑ 48R	6 ♒ 17R	9 ♐ 39	5 ♋ 13R	15 ♑ 36	5 ♑ 45	12 ♑ 1	17 ♏ 5	18 ♒ 27	GENNAIO
5	6 57 18	14 ♑ 22 52	21 ♈ 39	23 ♑ 27R	5 ♒ 31R	12 ♐ 28	4 ♋ 41R	16 ♑ 4	5 ♑ 60	12 ♑ 10	17 ♏ 12	18 ♒ 15	
10	7 17 1	19 ♑ 28 33	3 ♋ 39	17 ♑ 19R	3 ♒ 39R	16 ♐ 0	4 ♋ 2R	16 ♑ 40	6 ♑ 18	12 ♑ 22	17 ♏ 19	17 ♒ 59	
15	7 36 43	24 ♑ 34 6	11 ♍ 13	11 ♑ 44R	1 ♒ 0R	19 ♐ 34	3 ♋ 25R	17 ♑ 15	6 ♑ 35	12 ♑ 33	17 ♏ 26	17 ♒ 43	
20	7 56 26	29 ♑ 39 32	11 ♏ 44	9 ♑ 42R	27 ♑ 58R	23 ♐ 7	2 ♋ 52R	17 ♑ 50	6 ♑ 52	12 ♑ 44	17 ♏ 31	17 ♒ 27	
25	8 16 9	4 ♒ 44 49	12 ♑ 58	11 ♑ 7	25 ♑ 3R	26 ♐ 42	2 ♋ 21R	18 ♑ 25	7 ♑ 9	12 ♑ 55	17 ♏ 36	17 ♒ 11	
31	8 39 48	10 ♒ 50 45	4 ♈ 21	15 ♑ 45	22 ♑ 22R	1 ♑ 1	1 ♋ 49R	19 ♑ 6	7 ♑ 28	13 ♑ 8	17 ♏ 41	16 ♒ 52	
1	8 43 45	11 ♒ 51 40	18 ♈ 29	16 ♑ 44	22 ♑ 3R	1 ♑ 44	1 ♋ 44R	19 ♑ 13	7 ♑ 32	13 ♑ 10	17 ♏ 42	16 ♒ 49	FEBBRAIO
5	8 59 31	15 ♒ 55 8	15 ♊ 9	21 ♑ 6	21 ♑ 10R	4 ♑ 38	1 ♋ 27R	19 ♑ 40	7 ♑ 44	13 ♑ 18	17 ♏ 44	16 ♒ 36	
10	9 19 14	20 ♒ 58 56	23 ♌ 22	27 ♑ 17	20 ♑ 59	8 ♑ 15	1 ♋ 10R	20 ♑ 13	7 ♑ 59	13 ♑ 27	17 ♏ 46	16 ♒ 20	
15	9 38 57	26 ♒ 2 11	25 ♎ 44	4 ♒ 4	21 ♑ 47	11 ♑ 53	0 ♋ 58R	20 ♑ 44	8 ♑ 13	13 ♑ 37	17 ♏ 47	16 ♒ 4	
20	9 58 39	1 ♓ 4 56	25 ♐ 37	11 ♒ 20	23 ♑ 27	15 ♑ 32	0 ♋ 51R	21 ♑ 15	8 ♑ 26	13 ♑ 45	17 ♏ 48R	15 ♒ 48	
25	10 18 22	6 ♓ 7 7	1 ♓ 16	19 ♒ 1	25 ♑ 51	19 ♑ 12	0 ♋ 49	21 ♑ 44	8 ♑ 38	13 ♑ 54	17 ♏ 47R	15 ♒ 33	
28	10 30 12	9 ♓ 8 5	14 ♈ 22	23 ♒ 50	27 ♑ 34	21 ♑ 24	0 ♋ 50	22 ♑ 1	8 ♑ 44	13 ♑ 58	17 ♏ 46R	15 ♒ 23	
1	10 34 8	10 ♓ 8 21	28 ♈ 57	25 ♒ 28	28 ♑ 12	22 ♑ 8	0 ♋ 50	22 ♑ 7	8 ♑ 47	13 ♑ 60	17 ♏ 46R	15 ♒ 20	MARZO
5	10 49 54	14 ♓ 9 4	25 ♊ 57	2 ♓ 11	0 ♒ 53	25 ♑ 5	0 ♋ 55	22 ♑ 28	8 ♑ 55	14 ♑ 5	17 ♏ 44R	15 ♒ 7	
10	11 9 37	19 ♓ 9 11	2 ♍ 14	10 ♓ 59	4 ♒ 37	28 ♑ 46	1 ♋ 6	22 ♑ 54	9 ♑ 4	14 ♑ 12	17 ♏ 42R	14 ♒ 51	
15	11 29 20	24 ♓ 8 28	3 ♏ 47	20 ♓ 16	8 ♒ 43	2 ♒ 28	1 ♋ 21	23 ♑ 18	9 ♑ 12	14 ♑ 17	17 ♏ 38R	14 ♒ 35	
20	11 49 3	29 ♓ 7 0	3 ♑ 33	29 ♓ 60	13 ♒ 7	6 ♒ 11	1 ♋ 41	23 ♑ 40	9 ♑ 19	14 ♑ 22	17 ♏ 34R	14 ♒ 19	
25	12 18 46	4 ♈ 4 48	9 ♓ 17	10 ♈ 3	17 ♒ 45	9 ♒ 54	2 ♋ 5	23 ♑ 60	9 ♑ 25	14 ♑ 26	17 ♏ 28R	14 ♒ 4	
31	12 32 25	10 ♈ 1 5	8 ♊ 6	22 ♈ 2	23 ♒ 34	14 ♒ 22	2 ♋ 39	24 ♑ 21	9 ♑ 30	14 ♑ 30	17 ♏ 22R	13 ♒ 45	
1	12 36 21	11 ♈ 0 20	22 ♊ 28	23 ♈ 57	24 ♒ 33	15 ♒ 7	2 ♋ 46	24 ♑ 24	9 ♑ 31	14 ♑ 31	17 ♏ 20R	13 ♒ 41	APRILE
5	12 52 8	14 ♈ 56 57	16 ♌ 22	1 ♉ 10	28 ♒ 35	18 ♒ 6	3 ♋ 12	24 ♑ 36	9 ♑ 33	14 ♑ 32	17 ♏ 15R	13 ♒ 29	
10	13 11 50	19 ♈ 51 53	18 ♎ 20	8 ♉ 43	3 ♓ 45	21 ♒ 50	3 ♋ 49	24 ♑ 50	9 ♑ 35	14 ♑ 34	17 ♏ 8R	13 ♒ 13	
15	13 31 33	24 ♈ 45 58	17 ♐ 55	14 ♉ 6	9 ♓ 1	25 ♒ 34	4 ♋ 29	25 ♑ 1	9 ♑ 35R	14 ♑ 35	17 ♏ 1R	12 ♒ 57	
20	13 51 16	29 ♈ 39 20	19 ♒ 58	17 ♉ 0	14 ♓ 24	29 ♒ 18	5 ♋ 12	25 ♑ 9	9 ♑ 34R	14 ♑ 34R	16 ♏ 53R	12 ♒ 41	
25	14 10 59	4 ♉ 32 0	1 ♉ 52	17 ♉ 24R	19 ♓ 51	3 ♓ 3	5 ♋ 58	25 ♑ 15	9 ♑ 32R	14 ♑ 33R	16 ♏ 45R	12 ♒ 25	
30	14 30 41	9 ♉ 23 53	16 ♋ 11	15 ♉ 38R	25 ♓ 22	6 ♓ 47	6 ♋ 47	25 ♑ 19	9 ♑ 29R	14 ♑ 32R	16 ♏ 37R	12 ♒ 9	
1	14 34 38	10 ♉ 22 29	29 ♋ 55	15 ♉ 5R	26 ♓ 28	7 ♓ 32	6 ♋ 57	25 ♑ 19	9 ♑ 28R	14 ♑ 31R	16 ♏ 35R	12 ♒ 6	MAGGIO
5	14 50 24	14 ♉ 14 56	21 ♍ 6	12 ♉ 38R	0 ♈ 57	10 ♓ 31	7 ♋ 38	25 ♑ 20R	9 ♑ 24R	14 ♑ 29R	16 ♏ 28R	11 ♒ 53	
10	15 10 7	19 ♉ 5 11	21 ♏ 7	9 ♉ 44R	6 ♈ 35	14 ♓ 14	8 ♋ 31	25 ♑ 19R	9 ♑ 19R	14 ♑ 26R	16 ♏ 20R	11 ♒ 37	
15	15 29 50	23 ♉ 54 46	21 ♑ 0	8 ♉ 5R	12 ♈ 15	17 ♓ 57	9 ♋ 27	25 ♑ 15R	9 ♑ 12R	14 ♑ 22R	16 ♏ 11R	11 ♒ 22	
20	15 49 33	28 ♉ 43 51	26 ♓ 9	8 ♉ 15	17 ♈ 58	21 ♓ 40	10 ♋ 24	25 ♑ 9R	9 ♑ 4R	14 ♑ 17R	16 ♏ 3R	11 ♒ 6	
25	16 9 15	3 ♊ 32 26	10 ♊ 48	10 ♉ 16	23 ♈ 43	25 ♓ 22	11 ♋ 24	25 ♑ 1R	8 ♑ 55R	14 ♑ 12R	15 ♏ 55R	10 ♒ 50	
31	16 32 55	9 ♊ 18 3	5 ♍ 17	14 ♉ 52	0 ♉ 40	29 ♓ 46	12 ♋ 37	24 ♑ 48R	8 ♑ 44R	14 ♑ 5R	15 ♏ 46R	10 ♒ 31	
1	16 36 53	10 ♊ 15 35	17 ♍ 54	15 ♉ 50	1 ♉ 50	0 ♈ 30	12 ♋ 49	24 ♑ 46R	8 ♑ 42R	14 ♑ 3R	15 ♏ 44R	10 ♒ 28	GIUGNO
5	16 52 39	14 ♊ 5 27	6 ♏ 15	20 ♉ 17	6 ♉ 29	3 ♈ 26	13 ♋ 39	24 ♑ 35R	8 ♑ 33R	13 ♑ 58R	15 ♏ 38R	10 ♒ 15	
10	17 12 22	18 ♊ 52 24	5 ♑ 56	26 ♉ 58	12 ♉ 20	7 ♈ 4	14 ♋ 42	24 ♑ 20R	8 ♑ 23R	13 ♑ 51R	15 ♏ 32R	9 ♒ 59	
15	17 32 5	23 ♊ 39 3	8 ♓ 43	4 ♊ 50	18 ♉ 11	10 ♈ 40	15 ♋ 47	24 ♑ 3R	8 ♑ 11R	13 ♑ 44R	15 ♏ 25R	9 ♒ 43	
20	17 51 48	28 ♊ 25 33	19 ♉ 14	13 ♊ 52	24 ♉ 5	14 ♈ 15	16 ♋ 52	23 ♑ 45R	7 ♑ 59R	13 ♑ 36R	15 ♏ 19R	9 ♒ 27	
25	18 11 30	3 ♋ 11 54	3 ♌ 18	23 ♊ 54	29 ♉ 59	17 ♈ 48	17 ♋ 58	23 ♑ 26R	7 ♑ 47R	13 ♑ 28R	15 ♏ 14R	9 ♒ 11	
30	18 31 13	7 ♋ 58 5	8 ♎ 51	4 ♋ 38	5 ♊ 55	21 ♈ 19	19 ♋ 5	23 ♑ 5R	7 ♑ 35R	13 ♑ 20R	15 ♏ 10R	8 ♒ 55	

1990	GIORNO	TEMPO SIDERALE	☉	☽	☿	♀	♂	♃	♄	♅	♆	♇	☊
LUGLIO	1	18 35 10	8 ♋ 55 18	20 ♎ 59	6 ♋ 48	7 ♊ 6	22 ♈ 1	19 ♋ 18	23 ♑ 1R	7 ♑ 33R	13 ♑ 19R	15 ♏ 9R	8 ♒ 52
	5	18 50 56	12 ♋ 44 5	8 ♐ 38	15 ♋ 30	11 ♊ 52	24 ♈ 47	20 ♋ 12	22 ♑ 44R	7 ♑ 23R	13 ♑ 12R	15 ♏ 6R	8 ♒ 40
	10	19 10 39	17 ♋ 30 2	9 ♒ 55	25 ♋ 59	17 ♊ 50	28 ♈ 13	21 ♋ 19	22 ♑ 22R	7 ♑ 11R	13 ♑ 4R	15 ♏ 3R	8 ♒ 24
	15	19 30 21	22 ♋ 16 5	16 ♈ 15	5 ♌ 50	23 ♊ 49	1 ♉ 36	22 ♋ 26	21 ♑ 60R	6 ♑ 59R	12 ♑ 56R	15 ♏ 1R	8 ♒ 8
	20	19 50 4	27 ♋ 2 23	28 ♊ 20	14 ♌ 55	29 ♊ 49	4 ♉ 55	23 ♋ 34	21 ♑ 38R	6 ♑ 48R	12 ♑ 48R	14 ♏ 59R	7 ♒ 52
	25	20 9 47	1 ♌ 48 56	8 ♍ 45	23 ♌ 13	5 ♋ 50	8 ♉ 11	24 ♋ 41	21 ♑ 16R	6 ♑ 37R	12 ♑ 41R	14 ♏ 59R	7 ♒ 36
	31	20 33 26	7 ♌ 33 4	23 ♏ 4	2 ♍ 11	13 ♋ 5	12 ♉ 1	26 ♋ 1	20 ♑ 50R	6 ♑ 25R	12 ♑ 32R	14 ♏ 59	7 ♒ 17
AGOSTO	1	20 37 23	8 ♌ 30 27	4 ♐ 57	3 ♍ 34	14 ♋ 18	12 ♉ 39	26 ♋ 14	20 ♑ 46R	6 ♑ 23R	12 ♑ 30R	14 ♏ 59	7 ♒ 14
	5	20 53 9	12 ♌ 20 6	23 ♑ 32	8 ♍ 46	19 ♋ 9	15 ♉ 8	27 ♋ 7	20 ♑ 30R	6 ♑ 15R	12 ♑ 25R	15 ♏ 0	7 ♒ 1
	10	21 12 52	17 ♌ 7 29	29 ♓ 18	14 ♍ 26	25 ♋ 13	18 ♉ 9	28 ♋ 13	20 ♑ 11R	6 ♑ 7R	12 ♑ 18R	15 ♏ 2	6 ♒ 45
	15	21 32 34	21 ♌ 55 25	9 ♊ 41	19 ♍ 1	1 ♌ 19	21 ♉ 5	29 ♋ 18	19 ♑ 53R	5 ♑ 59R	12 ♑ 12R	15 ♏ 5	6 ♒ 29
	20	21 52 17	26 ♌ 43 58	20 ♌ 4	22 ♍ 12	7 ♌ 26	23 ♉ 55	0 ♌ 21	19 ♑ 37R	5 ♑ 52R	12 ♑ 7R	15 ♏ 9	6 ♒ 13
	25	22 12	1 ♍ 33 7	24 ♎ 56	23 ♍ 33	13 ♌ 33	26 ♉ 39	1 ♌ 24	19 ♑ 23R	5 ♑ 47R	12 ♑ 2R	15 ♏ 14	5 ♒ 57
	31	22 35 39	7 ♍ 20 47	6 ♑ 52	22 ♍ 7R	20 ♌ 56	29 ♉ 45	2 ♌ 38	19 ♑ 8R	5 ♑ 41R	11 ♑ 57R	15 ♏ 20	5 ♒ 38
SETTEMBRE	1	22 39 36	8 ♍ 18 49	19 ♑ 7	21 ♍ 31R	22 ♌ 10	0 ♊ 15	2 ♌ 50	19 ♑ 6R	5 ♑ 41R	11 ♑ 56R	15 ♏ 22	5 ♒ 35
	5	22 55 22	12 ♍ 11 9	11 ♓ 15	18 ♍ 20R	27 ♌ 6	2 ♊ 11	3 ♌ 38	18 ♑ 58R	5 ♑ 38R	11 ♑ 54R	15 ♏ 27	5 ♒ 23
	10	23 15 5	17 ♍ 2 13	22 ♉ 11	13 ♍ 30R	3 ♍ 17	4 ♊ 28	4 ♌ 36	18 ♑ 51R	5 ♑ 37R	11 ♑ 51R	15 ♏ 34	5 ♒ 7
	15	23 34 48	21 ♍ 54 8	2 ♌ 21	10 ♍ 5R	9 ♍ 28	6 ♊ 34	5 ♌ 32	18 ♑ 45R	5 ♑ 36	11 ♑ 49R	15 ♏ 42	4 ♒ 51
	20	23 54 30	26 ♍ 46 55	8 ♎ 10	10 ♍ 5	15 ♍ 40	8 ♊ 29	6 ♌ 27	18 ♑ 43R	5 ♑ 37	11 ♑ 48R	15 ♏ 50	4 ♒ 35
	25	0 14 13	1 ♎ 40 29	8 ♐ 57	13 ♍ 53	21 ♍ 53	10 ♊ 11	7 ♌ 19	18 ♑ 42	5 ♑ 39	11 ♑ 48	15 ♏ 59	4 ♒ 19
	30	0 33 56	6 ♎ 34 47	9 ♒ 30	20 ♍ 32	28 ♍ 7	11 ♊ 38	8 ♌ 9	18 ♑ 44	5 ♑ 42	11 ♑ 49	16 ♏ 9	4 ♒ 3
OTTOBRE	1	0 37 53	7 ♎ 33 44	22 ♒ 25	22 ♍ 5	29 ♍ 22	11 ♊ 54	8 ♌ 18	18 ♑ 45	5 ♑ 43	11 ♑ 49	16 ♏ 11	3 ♒ 60
	5	0 53 39	11 ♎ 29 51	18 ♈ 17	28 ♍ 43	4 ♎ 21	12 ♊ 50	8 ♌ 56	18 ♑ 49	5 ♑ 46	11 ♑ 50	16 ♏ 19	3 ♒ 47
	10	1 13 21	16 ♎ 25 45	1 ♋ 29	7 ♎ 28	10 ♎ 36	13 ♊ 44	9 ♌ 40	18 ♑ 56	5 ♑ 52	11 ♑ 52	16 ♏ 30	3 ♒ 31
	15	1 33 4	21 ♎ 22 38	9 ♍ 9	16 ♎ 15	16 ♎ 51	14 ♊ 19	10 ♌ 21	19 ♑ 5	5 ♑ 59	11 ♑ 55	16 ♏ 41	3 ♒ 15
	20	1 52 47	26 ♎ 20 25	11 ♏ 27	24 ♎ 50	23 ♎ 6	14 ♊ 33	10 ♌ 59	19 ♑ 17	6 ♑ 7	11 ♑ 59	16 ♏ 52	2 ♒ 60
	25	2 12 30	1 ♏ 19 2	10 ♑ 50	3 ♏ 11	29 ♎ 22	14 ♊ 26R	11 ♌ 33	19 ♑ 32	6 ♑ 17	12 ♑ 4	17 ♏ 4	2 ♒ 44
	31	2 36 9	7 ♏ 18 19	27 ♓ 30	12 ♏ 54	6 ♏ 53	13 ♊ 48R	12 ♌ 9	19 ♑ 52	6 ♑ 29	12 ♑ 11	17 ♏ 18	2 ♒ 25
NOVEMBRE	1	2 40 6	8 ♏ 18 18	11 ♈ 49	14 ♏ 29	8 ♏ 9	13 ♊ 38R	12 ♌ 15	19 ♑ 55	6 ♑ 32	12 ♑ 12	17 ♏ 20	2 ♒ 21
	5	2 55 52	12 ♏ 18 31	11 ♊ 54	20 ♏ 46	13 ♏ 10	12 ♊ 52R	12 ♌ 35	20 ♑ 10	6 ♑ 41	12 ♑ 17	17 ♏ 30	2 ♒ 9
	10	3 15 35	17 ♏ 19 31	22 ♌ 58	28 ♏ 28	19 ♏ 26	11 ♊ 36R	12 ♌ 56	20 ♑ 31	6 ♑ 54	12 ♑ 24	17 ♏ 42	1 ♒ 53
	15	3 35 17	22 ♏ 21 21	26 ♎ 7	6 ♐ 2	25 ♏ 43	10 ♊ 3R	13 ♌ 13	20 ♑ 54	7 ♑ 7	12 ♑ 32	17 ♏ 54	1 ♒ 37
	20	3 55	27 ♏ 23 55	25 ♐ 48	13 ♐ 26	1 ♐ 59	8 ♊ 18R	13 ♌ 26	21 ♑ 19	7 ♑ 22	12 ♑ 40	18 ♏ 6	1 ♒ 21
	25	4 14 33	2 ♐ 27 3	26 ♒ 2	20 ♐ 37	8 ♐ 16	6 ♊ 25R	13 ♌ 33	21 ♑ 45	7 ♑ 37	12 ♑ 49	18 ♏ 18	1 ♒ 5
	30	4 34 26	7 ♐ 30 40	4 ♉ 33	27 ♐ 26	14 ♐ 33	4 ♊ 32R	13 ♌ 36	22 ♑ 13	7 ♑ 53	12 ♑ 59	18 ♏ 30	0 ♒ 49
DICEMBRE	1	4 38 22	8 ♐ 31 26	19 ♉ 35	28 ♑ 44	15 ♐ 48	4 ♊ 10R	13 ♌ 36R	22 ♑ 19	7 ♑ 56	13 ♑ 1	18 ♏ 32	0 ♒ 46
	5	4 54 8	12 ♐ 34 44	20 ♋ 16	3 ♑ 32	20 ♐ 50	2 ♊ 45R	13 ♌ 34R	22 ♑ 43	8 ♑ 9	13 ♑ 8	18 ♏ 41	0 ♒ 33
	10	5 13 51	17 ♐ 39 18	28 ♍ 25	8 ♑ 10	27 ♐ 7	1 ♊ 10R	13 ♌ 26R	23 ♑ 13	8 ♑ 26	13 ♑ 19	18 ♏ 52	0 ♒ 18
	15	5 33 34	22 ♐ 44 22	29 ♏ 8	10 ♑ 1R	3 ♑ 23	29 ♉ 50R	13 ♌ 14R	23 ♑ 45	8 ♑ 43	13 ♑ 29	19 ♏ 3	0 ♒ 2
	20	5 53 17	27 ♐ 49 47	28 ♑ 30	7 ♑ 32R	9 ♑ 40	28 ♉ 49R	12 ♌ 57R	24 ♑ 18	9 ♑ 1	13 ♑ 40	19 ♏ 14	29 ♑ 4
	25	6 12 60	2 ♑ 55 22	1 ♈ 14	1 ♑ 18R	15 ♑ 57	28 ♉ 8R	12 ♌ 36R	24 ♑ 51	9 ♑ 19	13 ♑ 51	19 ♏ 23	29 ♑ 30
	31	6 36 39	9 ♑ 2 8	28 ♊ 4	24 ♐ 51R	23 ♑ 28	27 ♉ 46R	12 ♌ 5R	25 ♑ 33	9 ♑ 40	14 ♑ 5	19 ♏ 34	29 ♑ 1

1991

Mese	GIORNO	TEMPO SIDERALE	☉	☽	☿	♀	♂	♃	♄	♅	♆	♇	☊
GENNAIO	1	6 40 35	10 ♑ 3 16	13 ♋ 13	24 ♐ 19R	24 ♑ 44	27 ♉ 45R	11 ♌ 59R	25 ♑ 40	9 ♑ 44	14 ♑ 7	19 ♏ 36	29 ♑ 8
	5	6 56 22	14 ♑ 7 48	10 ♍ 55	23 ♐ 50	29 ♑ 44	27 ♉ 50	11 ♌ 35R	26 ♑ 8	9 ♑ 58	14 ♑ 16	19 ♏ 43	28 ♑ 55
	10	7 16 4	19 ♑ 13 33	14 ♏ 5	26 ♐ 12	6 ♒ 0	28 ♉ 12	11 ♌ 1R	26 ♑ 43	10 ♑ 16	14 ♑ 28	19 ♏ 50	28 ♑ 39
	15	7 35 47	24 ♑ 19 18	13 ♑ 23	0 ♑ 41	12 ♒ 16	28 ♉ 51	10 ♌ 25R	27 ♑ 18	10 ♑ 34	14 ♑ 39	19 ♏ 57	28 ♑ 23
	20	7 55 30	29 ♑ 24 53	15 ♓ 8	6 ♑ 23	18 ♒ 31	29 ♉ 47	9 ♌ 47R	27 ♑ 54	10 ♑ 51	14 ♑ 50	20 ♏ 4	28 ♑ 7
	25	8 15 13	4 ♒ 30 7	22 ♉ 46	12 ♑ 50	24 ♒ 46	0 ♊ 56	9 ♌ 7R	28 ♑ 30	11 ♑ 8	15 ♑ 1	20 ♏ 9	27 ♑ 51
	31	8 38 52	10 ♒ 35 50	20 ♌ 37	21 ♑ 12	2 ♓ 15	2 ♊ 35	8 ♌ 19R	29 ♑ 12	11 ♑ 28	15 ♑ 14	20 ♏ 14	27 ♑ 32
FEBBRAIO	1	8 42 49	11 ♒ 36 44	4 ♍ 51	22 ♑ 39	3 ♓ 30	2 ♊ 54	8 ♌ 11R	29 ♑ 19	11 ♑ 31	15 ♑ 16	20 ♏ 15	27 ♑ 29
	5	8 58 35	15 ♒ 40 10	27 ♎ 54	28 ♑ 35	8 ♓ 28	4 ♊ 10	7 ♌ 39R	29 ♑ 47	11 ♑ 44	15 ♑ 24	20 ♏ 18	27 ♑ 16
	10	9 18 18	20 ♒ 44 7	27 ♐ 54	6 ♒ 19	14 ♓ 41	5 ♊ 55	7 ♌ 1R	0 ♒ 22	11 ♑ 59	15 ♑ 34	20 ♏ 21	27 ♑ 1
	15	9 38	25 ♒ 47 36	28 ♒ 56	14 ♒ 23	20 ♓ 53	7 ♊ 48	6 ♌ 24R	0 ♒ 56	12 ♑ 14	15 ♑ 44	20 ♏ 22	26 ♑ 45
	20	9 57 43	0 ♓ 50 28	5 ♉ 30	22 ♒ 48	27 ♓ 4	9 ♊ 48	5 ♌ 49R	1 ♒ 29	12 ♑ 28	15 ♑ 53	20 ♏ 23	26 ♑ 29
	25	10 17 26	5 ♓ 52 35	16 ♋ 7	1 ♓ 36	3 ♈ 14	11 ♊ 55	5 ♌ 18R	2 ♒ 1	12 ♑ 41	16 ♑ 1	20 ♏ 23R	26 ♑ 13
	28	10 29 16	8 ♓ 53 28	28 ♌ 55	7 ♓ 5	6 ♈ 56	13 ♊ 15	5 ♌ 1R	2 ♒ 20	12 ♑ 48	16 ♑ 6	20 ♏ 23R	26 ♑ 3
MARZO	1	10 33 12	9 ♓ 53 42	12 ♍ 53	8 ♓ 56	8 ♈ 9	13 ♊ 41	4 ♌ 55R	2 ♒ 26	12 ♑ 50	16 ♑ 7	20 ♏ 22R	26 ♑ 0
	5	10 48 58	13 ♓ 54 22	5 ♏ 42	16 ♓ 31	13 ♈ 4	15 ♊ 31	4 ♌ 35R	2 ♒ 50	12 ♑ 59	16 ♑ 13	20 ♏ 21R	25 ♑ 47
	10	11 8 41	18 ♓ 54 34	5 ♑ 48	26 ♓ 13	19 ♈ 10	17 ♊ 51	4 ♌ 13R	3 ♒ 19	13 ♑ 10	16 ♑ 20	20 ♏ 19R	25 ♑ 32
	15	11 28 24	23 ♓ 54 5	7 ♓ 27	5 ♈ 52	25 ♈ 16	20 ♊ 17	3 ♌ 56R	3 ♒ 47	13 ♑ 19	16 ♑ 26	20 ♏ 16R	25 ♑ 16
	20	11 48 7	28 ♓ 52 49	16 ♉ 3	14 ♈ 49	1 ♉ 20	22 ♊ 45	3 ♌ 44R	4 ♒ 13	13 ♑ 27	16 ♑ 31	20 ♏ 12R	24 ♑ 60
	25	12 7 49	3 ♈ 50 36	26 ♋ 39	22 ♈ 10	7 ♉ 22	25 ♊ 18	3 ♌ 36R	4 ♒ 38	13 ♑ 34	16 ♑ 36	20 ♏ 7R	24 ♑ 44
	31	12 31 29	9 ♈ 46 43	18 ♎ 11	27 ♈ 41	14 ♉ 34	28 ♊ 24	3 ♌ 33	5 ♒ 5	13 ♑ 40	16 ♑ 40	20 ♏ 0R	24 ♑ 25
APRILE	1	12 35 25	10 ♈ 45 57	1 ♏ 3	28 ♈ 11	15 ♉ 45	28 ♊ 56	3 ♌ 33	5 ♒ 9	13 ♑ 41	16 ♑ 41	19 ♏ 59R	24 ♑ 22
	5	12 51 11	14 ♈ 42 33	19 ♐ 58	29 ♈ 2R	20 ♉ 32	1 ♋ 3	3 ♌ 36	5 ♒ 25	13 ♑ 44	16 ♑ 43	19 ♏ 54R	24 ♑ 9
	10	13 10 54	19 ♈ 37 38	19 ♒ 52	27 ♈ 35R	26 ♉ 27	3 ♋ 44	3 ♌ 43	5 ♒ 44	13 ♑ 47	16 ♑ 45	19 ♏ 48R	23 ♑ 53
	15	13 30 37	24 ♈ 31 58	26 ♈ 57	24 ♈ 18R	2 ♊ 21	6 ♋ 26	3 ♌ 55	6 ♒ 0	13 ♑ 49	16 ♑ 46	19 ♏ 40	23 ♑ 37
	20	13 50 20	29 ♈ 25 27	9 ♋ 22	20 ♈ 47R	8 ♊ 11	9 ♋ 11	4 ♌ 12	6 ♒ 14	13 ♑ 49R	16 ♑ 46R	19 ♏ R33R	23 ♑ 21
	25	14 10 2	4 ♉ 18 2	18 ♍ 8	18 ♈ 28R	13 ♊ 59	11 ♋ 58	4 ♌ 33	6 ♒ 26	13 ♑ 48R	16 ♑ 45R	19 ♏ 25R	23 ♑ 5
	30	14 29 45	9 ♉ 9 46	22 ♏ 0	18 ♈ 6	19 ♊ 44	14 ♋ 46	4 ♌ 58	6 ♒ 36	13 ♑ 46R	16 ♑ 44R	19 ♏ 17R	22 ♑ 50
MAGGIO	1	14 33 42	10 ♉ 8 1	4 ♐ 11	18 ♈ 16	20 ♊ 53	15 ♋ 20	5 ♌ 3	6 ♒ 37	13 ♑ 45R	16 ♑ 44R	19 ♏ 15R	22 ♑ 46
	5	14 49 28	14 ♉ 0 46	21 ♑ 40	19 ♈ 42	25 ♊ 26	17 ♋ 36	5 ♌ 27	6 ♒ 43	13 ♑ 42R	16 ♑ 42R	19 ♏ 9R	22 ♑ 34
	10	15 9 11	18 ♉ 51 10	23 ♓ 33	23 ♈ 2	1 ♋ 3	20 ♋ 27	5 ♌ 59	6 ♒ 48	13 ♑ 37R	16 ♑ 39R	19 ♏ 0R	22 ♑ 18
	15	15 28 54	23 ♉ 40 58	4 ♊ 57	27 ♈ 48	6 ♋ 36	23 ♋ 19	6 ♌ 35	6 ♒ 50	13 ♑ 32R	16 ♑ 35R	18 ♏ 52R	22 ♑ 2
	20	15 48 36	28 ♉ 30 8	17 ♌ 56	3 ♉ 47	12 ♋ 5	26 ♋ 13	7 ♌ 14	6 ♒ 50R	13 ♑ 25R	16 ♑ 31R	18 ♏ 43R	21 ♑ 46
	25	16 8 19	3 ♊ 18 38	23 ♎ 53	10 ♉ 49	17 ♋ 28	29 ♋ 7	7 ♌ 56	6 ♒ 47R	13 ♑ 17R	16 ♑ 26R	18 ♏ 35R	21 ♑ 30
	31	16 31 58	9 ♊ 4 2	6 ♑ 33	20 ♉ 36	23 ♋ 48	2 ♌ 38	8 ♌ 50	6 ♒ 41R	13 ♑ 6R	16 ♑ 19R	18 ♏ 26R	21 ♑ 11
GIUGNO	1	16 35 55	10 ♊ 1 32	18 ♑ 20	22 ♉ 22	24 ♋ 50	3 ♌ 13	8 ♌ 60	6 ♒ 40R	13 ♑ 5R	16 ♑ 18R	18 ♏ 24R	21 ♑ 8
	5	16 51 41	13 ♊ 51 26	6 ♓ 22	29 ♉ 49	28 ♋ 56	5 ♌ 35	9 ♌ 38	6 ♒ 33R	12 ♑ 57R	16 ♑ 13R	18 ♏ 18R	20 ♑ 55
	10	17 11 24	18 ♊ 38 32	13 ♉ 38	9 ♊ 55	3 ♌ 56	8 ♌ 32	10 ♌ 29	6 ♒ 23R	12 ♑ 46R	16 ♑ 6R	18 ♏ 11R	20 ♑ 39
	15	17 31 7	23 ♊ 25 22	28 ♋ 39	20 ♊ 42	8 ♌ 46	11 ♌ 31	11 ♌ 21	6 ♒ 11R	12 ♑ 35R	15 ♑ 59R	18 ♏ 5R	20 ♑ 23
	20	17 50 49	28 ♊ 11 52	8 ♎ 9	1 ♋ 40	13 ♌ 25	14 ♌ 30	12 ♌ 16	5 ♒ 57R	12 ♑ 24R	15 ♑ 52R	17 ♏ 58R	20 ♑ 7
	25	18 10 32	2 ♋ 58 4	9 ♐ 50	12 ♋ 17	17 ♌ 50	17 ♌ 31	13 ♌ 12	5 ♒ 41R	12 ♑ 12R	15 ♑ 44R	17 ♏ 53R	19 ♑ 52
	30	18 30 15	7 ♋ 44 4	9 ♒ 1	22 ♋ 13	21 ♌ 59	20 ♌ 32	14 ♌ 10	5 ♒ 23R	12 ♑ 0R	15 ♑ 36R	17 ♏ 48R	19 ♑ 36

1991	GIORNO	TEMPO SIDERALE	☉	☽	☿	♀	♂	♃	♄	♅	♆	♇	☊
LUGLIO	1	18 34 12	8 ♋ 41 15	20 ♒ 59	24 ♋ 6	22 ♌ 46	21 ♌ 8	14 ♌ 22	5 ♒ 20R	11 ♑ 58R	15 ♑ 34R	17 ♏ 47R	19 ♑ 33
	5	18 49 58	12 ♋ 30 3	11 ♈ 3	1 ♌ 18	25 ♌ 48	23 ♌ 34	15 ♌ 10	5 ♒ 4R	11 ♑ 48R	15 ♑ 28R	17 ♏ 44R	19 ♑ 20
	10	19 9 41	17 ♋ 16 9	21 ♊ 48	9 ♌ 31	29 ♌ 14	26 ♌ 37	16 ♌ 11	4 ♒ 44R	11 ♑ 36R	15 ♑ 20R	17 ♏ 40R	19 ♑ 4
	15	19 29 23	22 ♋ 2 21	6 ♍ 28	16 ♌ 51	2 ♍ 12	29 ♌ 41	17 ♌ 12	4 ♒ 23R	11 ♑ 24R	15 ♑ 12R	17 ♏ 38R	18 ♑ 48
	20	19 49 6	26 ♋ 48 37	12 ♏ 38	23 ♌ 15	4 ♍ 35	2 ♍ 45	18 ♌ 15	4 ♒ 1R	11 ♑ 12R	15 ♑ 4R	17 ♏ 36R	18 ♑ 32
	25	20 8 49	1 ♌ 34 58	12 ♑ 19	28 ♌ 35	6 ♍ 18	5 ♍ 51	19 ♌ 19	3 ♒ 39R	11 ♑ 1R	14 ♑ 56R	17 ♏ 35R	18 ♑ 16
	31	20 32 28	7 ♌ 18 54	25 ♓ 4	3 ♍ 20	7 ♍ 17	9 ♍ 35	20 ♌ 36	3 ♒ 12R	10 ♑ 48R	14 ♑ 47R	17 ♏ 34	17 ♑ 57
AGOSTO	1	20 36 25	8 ♌ 16 17	7 ♈ 49	3 ♍ 55	7 ♍ 19	10 ♍ 12	20 ♌ 49	3 ♒ 8R	10 ♑ 46R	14 ♑ 45R	17 ♏ 34	17 ♑ 54
	5	20 52 11	12 ♌ 5 58	1 ♊ 49	5 ♍ 32	7 ♍ 5R	12 ♍ 42	21 ♌ 41	2 ♒ 50R	10 ♑ 38R	14 ♑ 40R	17 ♏ 35	17 ♑ 41
	10	21 11 54	16 ♌ 53 32	15 ♌ 27	5 ♍ 44R	5 ♍ 54R	15 ♍ 50	22 ♌ 47	2 ♒ 29R	10 ♑ 29R	14 ♑ 33R	17 ♏ 37	17 ♑ 25
	15	21 31 36	21 ♌ 41 34	25 ♎ 54	3 ♍ 44R	3 ♍ 47R	18 ♍ 59	23 ♌ 52	2 ♒ 8R	10 ♑ 20R	14 ♑ 27R	17 ♏ 39	17 ♑ 10
	20	21 51 19	26 ♌ 30 0	27 ♐ 15	29 ♌ 55R	0 ♍ 59R	22 ♍ 9	24 ♌ 58	1 ♒ 48R	10 ♑ 12R	14 ♑ 21R	17 ♏ 43	16 ♑ 54
	25	22 11 2	1 ♍ 18 55	26 ♒ 59	25 ♌ 44R	27 ♌ 54R	25 ♍ 20	26 ♌ 4	1 ♒ 30R	10 ♑ 6R	14 ♑ 16R	17 ♏ 47	16 ♑ 38
	31	22 34 41	7 ♍ 6 26	14 ♉ 34	23 ♌ 5R	24 ♌ 30R	29 ♍ 11	27 ♌ 22	1 ♒ 10R	9 ♑ 59R	14 ♑ 10R	17 ♏ 53	16 ♑ 19
SETTEMBRE	1	22 38 38	8 ♍ 4 28	28 ♉ 15	23 ♌ 4	24 ♌ 1R	29 ♍ 50	27 ♌ 35	1 ♒ 7R	9 ♑ 59R	14 ♑ 10R	17 ♏ 54	16 ♑ 16
	5	22 54 24	11 ♍ 56 53	25 ♋ 0	24 ♌ 25	22 ♌ 24R	2 ♎ 24	28 ♌ 27	0 ♒ 55R	9 ♑ 55R	14 ♑ 7R	17 ♏ 59	16 ♑ 3
	10	23 14 7	16 ♍ 48 7	7 ♎ 3	29 ♌ 5	21 ♌ 14R	5 ♎ 38	29 ♌ 31	0 ♒ 42R	9 ♑ 52R	14 ♑ 4R	18 ♏ 5	15 ♑ 47
	15	23 33 50	21 ♍ 40 4	11 ♐ 34	6 ♍ 20	21 ♌ 3	8 ♎ 54	0 ♍ 35	0 ♒ 31R	9 ♑ 51R	14 ♑ 2R	18 ♏ 13	15 ♑ 31
	20	23 53 32	26 ♍ 32 42	10 ♒ 59	15 ♍ 2	21 ♌ 50	12 ♎ 10	1 ♍ 38	0 ♒ 23R	9 ♑ 50	14 ♑ 0R	18 ♏ 21	15 ♑ 15
	25	0 13 15	1 ♎ 26 3	14 ♈ 19	24 ♍ 13	23 ♌ 27	15 ♎ 27	2 ♍ 40	0 ♒ 16R	9 ♑ 51	13 ♑ 59R	18 ♏ 29	14 ♑ 59
	30	0 32 58	6 ♎ 20 16	22 ♊ 59	3 ♎ 23	25 ♌ 48	18 ♎ 46	3 ♍ 40	0 ♒ 13R	9 ♑ 53	13 ♑ 60	18 ♏ 39	14 ♑ 43
OTTOBRE	1	0 36 54	7 ♎ 19 13	7 ♋ 2	5 ♎ 11	26 ♌ 21	19 ♎ 25	3 ♍ 52	0 ♒ 12R	9 ♑ 54	13 ♑ 60	18 ♏ 41	14 ♑ 40
	5	0 52 41	11 ♎ 15 25	3 ♍ 41	12 ♎ 16	28 ♌ 45	22 ♎ 5	4 ♍ 39	0 ♒ 11R	9 ♑ 56	14 ♑ 1	18 ♏ 49	14 ♑ 28
	10	1 12 23	16 ♎ 11 30	12 ♏ 0	20 ♎ 49	2 ♍ 12	25 ♎ 26	5 ♍ 37	0 ♒ 12	10 ♑ 1	14 ♑ 3	18 ♏ 59	14 ♑ 12
	15	1 32 6	21 ♎ 8 24	13 ♑ 14	29 ♎ 3	6 ♍ 5	28 ♎ 48	6 ♍ 33	0 ♒ 16	10 ♑ 7	14 ♑ 5	19 ♏ 10	13 ♑ 56
	20	1 51 49	26 ♎ 6 2	13 ♓ 35	7 ♏ 0	10 ♍ 18	2 ♏ 10	7 ♍ 27	0 ♒ 22	10 ♑ 14	14 ♑ 9	19 ♏ 21	13 ♑ 40
	25	2 11 32	1 ♏ 4 26	21 ♉ 2	14 ♏ 42	14 ♍ 50	5 ♏ 35	8 ♍ 19	0 ♒ 31	10 ♑ 22	14 ♑ 13	19 ♏ 32	13 ♑ 24
	31	2 35 11	7 ♏ 3 39	16 ♌ 11	23 ♏ 37	20 ♍ 34	9 ♏ 41	9 ♍ 18	0 ♒ 45	10 ♑ 34	14 ♑ 19	19 ♏ 46	13 ♑ 5
NOVEMBRE	1	2 39 8	8 ♏ 3 39	0 ♍ 7	25 ♏ 5	21 ♍ 33	10 ♏ 22	9 ♍ 27	0 ♒ 47	10 ♑ 36	14 ♑ 20	19 ♏ 49	13 ♑ 2
	5	2 54 54	12 ♏ 4 0	24 ♎ 26	0 ♐ 47	25 ♍ 35	13 ♏ 8	10 ♍ 4	0 ♒ 59	10 ♑ 44	14 ♑ 25	19 ♏ 58	12 ♑ 49
	10	3 14 37	17 ♏ 5 9	27 ♐ 22	7 ♐ 37	0 ♎ 45	16 ♏ 36	10 ♍ 48	1 ♒ 15	10 ♑ 56	14 ♑ 32	20 ♏ 10	12 ♑ 33
	15	3 34 19	22 ♏ 6 57	26 ♒ 41	13 ♐ 56	6 ♎ 5	20 ♏ 5	11 ♍ 28	1 ♒ 33	11 ♑ 9	14 ♑ 40	20 ♏ 22	12 ♑ 17
	20	3 54 2	27 ♏ 9 20	1 ♉ 15	19 ♐ 22	11 ♎ 32	23 ♏ 35	12 ♍ 5	1 ♒ 54	11 ♑ 22	14 ♑ 48	20 ♏ 35	12 ♑ 1
	25	4 13 45	2 ♐ 12 18	13 ♋ 49	23 ♐ 10	17 ♎ 6	27 ♏ 6	12 ♍ 39	2 ♒ 16	11 ♑ 37	14 ♑ 56	20 ♏ 47	11 ♑ 45
	30	4 33 28	7 ♐ 15 55	24 ♍ 30	24 ♐ 3R	22 ♎ 45	0 ♐ 39	13 ♍ 9	2 ♒ 40	11 ♑ 52	15 ♑ 5	20 ♏ 58	11 ♑ 30
DICEMBRE	1	4 37 24	8 ♐ 16 43	7 ♎ 54	23 ♐ 45R	23 ♎ 54	1 ♐ 22	13 ♍ 14	2 ♒ 45	11 ♑ 55	15 ♑ 7	21 ♏ 1	11 ♑ 26
	5	4 53 10	12 ♐ 20 9	29 ♏ 12	20 ♐ 41R	28 ♎ 29	4 ♐ 13	13 ♍ 35	3 ♒ 6	12 ♑ 8	15 ♑ 15	21 ♏ 10	11 ♑ 14
	10	5 12 53	17 ♐ 24 53	29 ♑ 17	14 ♐ 8R	4 ♏ 18	7 ♐ 48	13 ♍ 26	3 ♒ 34	12 ♑ 24	15 ♑ 25	21 ♏ 21	10 ♑ 58
	15	5 32 36	22 ♐ 29 54	29 ♓ 25	8 ♐ 58R	10 ♏ 9	11 ♐ 24	14 ♍ 14	4 ♒ 3	12 ♑ 41	15 ♑ 36	21 ♏ 32	10 ♑ 42
	20	5 52 19	27 ♐ 35 8	7 ♊ 41	8 ♐ 6	16 ♏ 4	15 ♐ 2	14 ♍ 26	4 ♒ 34	12 ♑ 58	15 ♑ 46	21 ♏ 43	10 ♑ 26
	25	6 12 2	2 ♑ 40 35	22 ♌ 29	10 ♐ 50	22 ♏ 2	18 ♐ 40	14 ♍ 34	5 ♒ 5	13 ♑ 16	15 ♑ 57	21 ♏ 53	10 ♑ 10
	31	6 35 41	8 ♑ 47 25	13 ♏ 43	16 ♐ 52	29 ♏ 14	23 ♐ 4	14 ♍ 38R	5 ♒ 44	13 ♑ 37	16 ♑ 11	22 ♏ 4	9 ♑ 51

GIORNO	TEMPO SIDERALE	☉	☽	☿	♀	♂	♃	♄	♅	♆	♇	☊	1992
1	6 39 37	9 ♑ 48 35	26 ♏ 9	18 ♐ 3	0 ♐ 26	23 ♐ 48	14 ♍ 38R	5 ♒ 51	13 ♑ 41	16 ♑ 13	22 ♏ 6	9 ♑ 48	GENNAIO
5	6 55 24	13 ♑ 53 17	14 ♑ 16	23 ♐ 5	5 ♐ 16	26 ♐ 45	14 ♍ 35R	6 ♒ 18	13 ♑ 55	16 ♑ 22	22 ♏ 13	9 ♑ 35	
10	7 15 6	18 ♑ 59 9	13 ♓ 32	29 ♐ 54	11 ♐ 20	0 ♑ 27	14 ♍ 28R	6 ♒ 53	14 ♑ 13	16 ♑ 34	22 ♏ 21	9 ♑ 19	
15	7 34 49	24 ♑ 4 50	17 ♉ 18	7 ♑ 4	17 ♐ 25	4 ♑ 10	14 ♍ 16R	7 ♒ 28	14 ♑ 31	16 ♑ 45	22 ♏ 28	9 ♑ 3	
20	7 54 32	29 ♑ 10 14	0 ♌ 40	14 ♑ 32	23 ♐ 31	7 ♑ 54	13 ♍ 59R	8 ♒ 3	14 ♑ 48	16 ♑ 56	22 ♏ 35	8 ♑ 48	
25	8 14 15	4 ♒ 15 23	14 ♎ 4	22 ♑ 14	29 ♐ 38	11 ♑ 39	13 ♍ 38R	8 ♒ 39	15 ♑ 6	17 ♑ 7	22 ♏ 41	8 ♑ 32	
31	8 37 54	10 ♒ 21 16	29 ♐ 26	1 ♒ 49	6 ♑ 59	16 ♑ 11	13 ♍ 7R	9 ♒ 22	15 ♑ 26	17 ♑ 20	22 ♏ 47	8 ♑ 13	
1	8 41 51	11 ♒ 22 12	11 ♑ 16	3 ♒ 27	8 ♑ 13	16 ♑ 56	13 ♍ 1R	9 ♒ 29	15 ♑ 29	17 ♑ 22	22 ♏ 48	8 ♑ 9	FEBBRAIO
5	8 57 37	15 ♒ 25 48	28 ♒ 35	10 ♒ 6	13 ♑ 8	19 ♑ 58	12 ♍ 37R	9 ♒ 58	15 ♑ 43	17 ♑ 31	22 ♏ 51	7 ♑ 57	
10	9 17 20	20 ♒ 29 50	0 ♉ 12	18 ♒ 42	19 ♑ 17	23 ♑ 46	12 ♍ 4R	10 ♒ 33	15 ♑ 58	17 ♑ 41	22 ♏ 54	7 ♑ 41	
15	9 37 2	25 ♒ 33 13	8 ♋ 46	27 ♒ 38	25 ♑ 27	27 ♑ 34	11 ♍ 29R	11 ♒ 9	16 ♑ 14	17 ♑ 51	22 ♏ 56	7 ♑ 25	
20	9 56 45	0 ♓ 35 55	23 ♍ 50	6 ♓ 51	1 ♒ 37	1 ♒ 24	10 ♍ 51R	11 ♒ 44	16 ♑ 28	17 ♑ 60	22 ♏ 58	7 ♑ 9	
25	10 16 28	5 ♓ 38 1	1 ♐ 51	16 ♓ 11	7 ♒ 47	5 ♒ 14	10 ♍ 13R	12 ♒ 18	16 ♑ 42	18 ♑ 9	22 ♏ 58R	6 ♑ 53	
29	10 32 14	9 ♓ 39 16	19 ♑ 55	23 ♓ 28	12 ♒ 43	8 ♒ 18	9 ♍ 41R	12 ♒ 45	16 ♑ 52	18 ♑ 15	22 ♏ 58R	6 ♑ 40	
1	10 36 11	10 ♓ 39 31	1 ♒ 41	25 ♓ 12	13 ♒ 57	9 ♒ 4	9 ♍ 33R	12 ♒ 52	16 ♑ 54	18 ♑ 17	22 ♏ 58R	6 ♑ 37	MARZO
5	10 51 57	14 ♓ 40 15	19 ♓ 39	1 ♈ 40	18 ♒ 53	12 ♒ 9	9 ♍ 2R	13 ♒ 18	17 ♑ 4	18 ♑ 23	22 ♏ 57R	6 ♑ 25	
10	11 11 40	19 ♓ 40 26	23 ♉ 19	7 ♈ 51	25 ♒ 4	16 ♒ 1	8 ♍ 23R	13 ♒ 50	17 ♑ 15	18 ♑ 30	22 ♏ 54R	6 ♑ 9	
15	11 31 22	24 ♓ 39 44	2 ♌ 49	11 ♈ 1	1 ♓ 14	19 ♒ 52	7 ♍ 46R	14 ♒ 20	17 ♑ 25	18 ♑ 36	22 ♏ 52R	5 ♑ 53	
20	11 51 5	29 ♓ 38 7	16 ♎ 19	10 ♈ 43R	7 ♓ 25	23 ♒ 45	7 ♍ 11R	14 ♒ 50	17 ♑ 34	18 ♑ 41	22 ♏ 48R	5 ♑ 37	
25	12 10 48	4 ♈ 35 41	22 ♐ 20	7 ♈ 34R	13 ♓ 35	27 ♒ 37	6 ♍ 39R	15 ♒ 18	17 ♑ 41	18 ♑ 46	22 ♏ 44R	5 ♑ 21	
31	12 34 27	10 ♈ 31 47	3 ♓ 49	2 ♈ 32R	20 ♓ 59	2 ♓ 16	6 ♍ 4R	15 ♒ 50	17 ♑ 49	18 ♑ 51	22 ♏ 37R	5 ♑ 2	
1	12 38 24	11 ♈ 31 2	15 ♓ 60	1 ♈ 48R	22 ♓ 13	3 ♓ 3	5 ♍ 58R	15 ♒ 55	17 ♑ 50	18 ♑ 51	22 ♏ 36R	4 ♑ 59	APRILE
5	12 54 10	15 ♈ 27 40	6 ♉ 56	29 ♓ 34R	27 ♓ 9	6 ♓ 9	5 ♍ 39R	16 ♒ 15	17 ♑ 54	18 ♑ 54	22 ♏ 31R	4 ♑ 46	
10	13 13 53	20 ♈ 22 40	14 ♋ 53	28 ♓ 45	3 ♈ 19	10 ♓ 1	5 ♍ 18R	16 ♒ 37	17 ♑ 57	18 ♑ 56	22 ♏ 25R	4 ♑ 30	
15	13 33 35	25 ♈ 16 42	26 ♍ 18	0 ♈ 7	9 ♈ 29	13 ♓ 53	5 ♍ 1R	16 ♒ 59	17 ♑ 60	18 ♑ 57	22 ♏ §18R	4 ♑ 14	
20	13 53 18	0 ♉ 9 52	5 ♐ 2	3 ♈ 18	15 ♈ 39	17 ♓ 45	4 ♍ 49R	17 ♒ 18	18 ♑ 1	18 ♑ 58	22 ♏ 11R	3 ♑ 58	
25	14 13 1	5 ♉ 2 17	6 ♒ 5	7 ♈ 55	21 ♈ 48	21 ♓ 37	4 ♍ 41R	17 ♒ 35	18 ♑ 1R	18 ♑ 57R	22 ♏ 3R	3 ♑ 43	
30	14 32 44	9 ♉ 54 2	6 ♈ 42	13 ♈ 42	27 ♈ 58	25 ♓ 28	4 ♍ 38R	17 ♒ 49	17 ♑ 59R	18 ♑ 56R	21 ♏ 55R	3 ♑ 27	
1	14 36 40	10 ♉ 52 18	19 ♈ 32	14 ♈ 58	29 ♈ 12	26 ♓ 14	4 ♍ 38	17 ♒ 52	17 ♑ 59R	18 ♑ 56R	21 ♏ 53R	3 ♑ 23	MAGGIO
5	14 52 27	14 ♉ 45 6	13 ♊ 34	20 ♈ 27	4 ♉ 7	29 ♓ 19	4 ♍ 40	18 ♒ 2	17 ♑ 57R	18 ♑ 54R	21 ♏ 47R	3 ♑ 11	
10	15 12 9	19 ♉ 35 24	24 ♌ 8	28 ♈ 5	10 ♉ 16	3 ♈ 9	4 ♍ 46	18 ♒ 12	17 ♑ 53R	18 ♑ 51R	21 ♏ 38R	2 ♑ 55	
15	15 31 52	24 ♉ 24 56	3 ♏ 48	6 ♉ 34	16 ♉ 25	6 ♈ 58	4 ♍ 56	18 ♒ 20	17 ♑ 48R	18 ♑ 48R	21 ♏ 30R	2 ♑ 39	
20	15 51 35	29 ♉ 13 48	8 ♑ 4	15 ♉ 53	22 ♉ 34	10 ♈ 46	5 ♍ 11	18 ♒ 25	17 ♑ 42R	18 ♑ 44R	21 ♏ 22R	2 ♑ 23	
25	16 11 18	4 ♊ 2 10	7 ♓ 45	26 ♉ 0	28 ♉ 42	14 ♈ 33	5 ♍ 30	18 ♒ 28	17 ♑ 35R	18 ♑ 39R	21 ♏ 13R	2 ♑ 7	
31	16 34 57	9 ♊ 47 41	24 ♉ 36	8 ♊ 57	6 ♊ 5	19 ♈ 5	5 ♍ 59	18 ♒ 29R	17 ♑ 25R	18 ♑ 33R	21 ♏ 4R	1 ♑ 48	
1	16 38 53	10 ♊ 45 13	8 ♊ 35	11 ♊ 9	7 ♊ 18	19 ♈ 50	6 ♍ 4	18 ♒ 28R	17 ♑ 23R	18 ♑ 31R	21 ♏ 2R	1 ♑ 45	GIUGNO
5	16 54 40	14 ♊ 35 9	6 ♌ 17	19 ♊ 55	12 ♊ 13	22 ♈ 49	6 ♍ 26	18 ♒ 26R	17 ♑ 16R	18 ♑ 26R	20 ♏ 56R	1 ♑ 32	
10	17 14 22	19 ♊ 22 8	16 ♎ 50	0 ♋ 28	18 ♊ 22	26 ♈ 33	6 ♍ 58	18 ♒ 21R	17 ♑ 6R	18 ♑ 20R	20 ♏ 49R	1 ♑ 16	
15	17 34 5	24 ♊ 8 42	21 ♐ 50	10 ♋ 15	24 ♊ 30	0 ♉ 15	7 ♍ 32	18 ♒ 14R	16 ♑ 55R	18 ♑ 13R	20 ♏ 42R	1 ♑ 1	
20	17 53 48	28 ♊ 55 0	22 ♒ 6	19 ♋ 4	0 ♋ 39	3 ♉ 55	8 ♍ 10	18 ♒ 5R	16 ♑ 44R	18 ♑ 5R	20 ♏ 36R	0 ♑ 45	
25	18 13 31	3 ♋ 41 12	22 ♈ 47	26 ♋ 52	6 ♋ 48	7 ♉ 34	8 ♍ 51	17 ♒ 53R	16 ♑ 33R	17 ♑ 58R	20 ♏ 30R	0 ♑ 29	
30	18 33 14	8 ♋ 27 22	1 ♋ 23	3 ♌ 39	12 ♋ 56	11 ♉ 11	9 ♍ 35	17 ♒ 40R	16 ♑ 21R	17 ♑ 50R	20 ♏ 25R	0 ♑ 13	

1992	GIORNO	TEMPO SIDERALE	☉	☽	☿	♀	♂	♃	♄	♅	♆	♇	☊
LUGLIO	1	18 37 10	9 ♋ 24 36	16 ♋ 10	4 ♌ 52	14 ♋ 10	11 ♉ 54	9 ♍ 44	17 ♒ 37R	16 ♑ 19R	17 ♑ 48R	20 ♏ 24R	0 ♑ 10
	5	18 52 56	13 ♋ 13 29	15 ♍ 26	9 ♌ 17	19 ♋ 5	14 ♉ 46	10 ♍ 21	17 ♒ 24R	16 ♑ 9R	17 ♑ 42R	20 ♏ 20R	29 ♐ 57
	10	19 12 39	17 ♋ 59 31	23 ♏ 28	13 ♌ 39	25 ♋ 14	18 ♉ 20	11 ♍ 10	17 ♒ 7R	15 ♑ 57R	17 ♑ 34R	20 ♏ 17R	29 ♐ 41
	15	19 32 22	22 ♋ 45 31	24 ♑ 60	16 ♌ 28	1 ♌ 23	21 ♉ 51	12 ♍ 1	16 ♒ 48R	15 ♑ 45R	17 ♑ 26R	20 ♏ 14R	29 ♐ 25
	20	19 52 5	27 ♋ 31 39	24 ♓ 25	17 ♌ 29	7 ♌ 32	25 ♉ 20	12 ♍ 54	16 ♒ 28R	15 ♑ 33R	17 ♑ 18R	20 ♏ 11R	29 ♐ 9
	25	20 11 47	2 ♌ 18 6	27 ♉ 20	16 ♌ 29R	13 ♌ 41	28 ♉ 46	13 ♍ 49	16 ♒ 7R	15 ♑ 21R	17 ♑ 10R	20 ♏ 10R	28 ♐ 53
	31	20 35 27	8 ♌ 2 19	24 ♌ 55	12 ♌ 57R	21 ♌ 4	2 ♊ 51	14 ♍ 57	15 ♒ 41R	15 ♑ 8R	17 ♑ 1R	20 ♏ 9	28 ♐ 34
AGOSTO	1	20 39 23	8 ♌ 59 44	10 ♍ 3	12 ♌ 12R	22 ♌ 17	3 ♊ 31	15 ♍ 8	15 ♒ 37R	15 ♑ 6R	16 ♑ 59R	20 ♏ 9	28 ♐ 31
	5	20 55 9	12 ♌ 49 32	7 ♏ 10	9 ♌ 13R	27 ♌ 13	6 ♊ 12	15 ♍ 55	15 ♒ 19R	14 ♑ 57R	16 ♑ 53R	20 ♏ 10	28 ♐ 18
	10	21 14 52	17 ♌ 37 2	10 ♑ 3	6 ♌ 31R	3 ♍ 22	9 ♊ 30	16 ♍ 55	14 ♒ 56R	14 ♑ 48R	16 ♑ 47R	20 ♏ 11	28 ♐ 3
	15	21 34 35	22 ♌ 24 56	9 ♓ 28	6 ♌ 11	9 ♍ 31	12 ♊ 45	17 ♍ 56	14 ♒ 34R	14 ♑ 39R	16 ♑ 40R	20 ♏ 13	27 ♐ 47
	20	21 54 18	27 ♌ 13 23	10 ♉ 21	8 ♌ 50	15 ♍ 40	15 ♊ 57	18 ♍ 58	14 ♒ 12R	14 ♑ 30R	16 ♑ 34R	20 ♏ 16	27 ♐ 31
	25	22 14 1	2 ♍ 2 31	18 ♋ 9	14 ♌ 20	21 ♍ 48	19 ♊ 5	20 ♍ 1	13 ♒ 51R	14 ♑ 23R	16 ♑ 29R	20 ♏ 20	27 ♐ 15
	31	22 37 40	7 ♍ 50 23	18 ♎ 18	23 ♌ 52	29 ♍ 11	22 ♊ 46	21 ♍ 17	13 ♒ 27R	14 ♑ 16R	16 ♑ 23R	20 ♏ 26	26 ♐ 56
SETTEMBRE	1	22 41 36	8 ♍ 48 27	2 ♏ 32	25 ♌ 40	0 ♎ 24	23 ♊ 23	21 ♍ 30	13 ♒ 23R	14 ♑ 15R	16 ♑ 22R	20 ♏ 27	26 ♐ 53
	5	22 57 23	12 ♍ 40 58	24 ♐ 50	3 ♍ 10	5 ♎ 19	25 ♊ 46	22 ♍ 21	13 ♒ 8R	14 ♑ 11R	16 ♑ 19R	20 ♏ 31	26 ♐ 40
	10	23 17 5	17 ♍ 32 9	24 ♒ 35	12 ♍ 48	11 ♎ 27	28 ♊ 42	23 ♍ 26	12 ♒ 51R	14 ♑ 7R	16 ♑ 16R	20 ♏ 38	26 ♐ 24
	15	23 36 48	22 ♍ 24 3	24 ♈ 56	22 ♍ 16	17 ♎ 35	1 ♋ 33	24 ♍ 30	12 ♒ 36R	14 ♑ 4R	16 ♑ 14R	20 ♏ 45	26 ♐ 8
	20	23 56 31	27 ♍ 16 48	29 ♊ 26	1 ♎ 22	23 ♎ 42	4 ♋ 19	25 ♍ 35	12 ♒ 22R	14 ♑ 3R	16 ♑ 12R	20 ♏ 53	25 ♐ 52
	25	0 16 14	2 ♎ 10 27	11 ♍ 49	10 ♎ 3	29 ♎ 49	6 ♋ 59	26 ♍ 40	12 ♒ 11R	14 ♑ 3	16 ♑ 11R	21 ♏ 1	25 ♐ 36
	30	0 35 56	7 ♎ 4 59	24 ♏ 38	18 ♎ 21	5 ♏ 56	9 ♋ 34	27 ♍ 45	12 ♒ 2R	14 ♑ 4	16 ♑ 11	21 ♏ 10	25 ♐ 21
OTTOBRE	1	0 39 53	8 ♎ 3 59	7 ♐ 58	19 ♎ 57	7 ♏ 9	10 ♋ 4	27 ♍ 58	12 ♒ 0R	14 ♑ 4	16 ♑ 11	21 ♏ 12	25 ♐ 17
	5	0 55 39	12 ♎ 0 17	27 ♑ 34	26 ♎ 16	12 ♏ 3	12 ♋ 2	28 ♍ 49	11 ♒ 55R	14 ♑ 6	16 ♑ 12	21 ♏ 20	25 ♐ 5
	10	1 15 22	16 ♎ 56 20	27 ♓ 10	3 ♏ 52	18 ♏ 8	14 ♋ 23	29 ♍ 53	11 ♒ 51R	14 ♑ 10	16 ♑ 14	21 ♏ 30	24 ♐ 49
	15	1 35 5	21 ♎ 53 11	29 ♉ 55	11 ♏ 8	24 ♏ 14	16 ♋ 36	0 ♎ 56	11 ♒ 49R	14 ♑ 15	16 ♑ 16	21 ♏ 40	24 ♐ 33
	20	1 54 48	26 ♎ 50 58	7 ♌ 36	18 ♏ 3	0 ♐ 19	18 ♋ 40	1 ♎ 58	11 ♒ 50	14 ♑ 21	16 ♑ 19	21 ♏ 51	24 ♐ 17
	25	2 14 30	1 ♏ 49 41	20 ♎ 19	24 ♏ 30	6 ♐ 23	20 ♋ 34	2 ♎ 60	11 ♒ 53	14 ♑ 29	16 ♑ 23	22 ♏ 3	24 ♐ 1
	31	2 38 10	7 ♏ 49 15	11 ♑ 20	1 ♐ 22	13 ♐ 40	22 ♋ 37	4 ♎ 11	12 ♒ 0	14 ♑ 39	16 ♑ 29	22 ♏ 17	23 ♐ 42
NOVEMBRE	1	2 42 6	8 ♏ 49 17	23 ♑ 35	2 ♐ 22	14 ♐ 52	22 ♋ 55	4 ♎ 23	12 ♒ 2	14 ♑ 41	16 ♑ 30	22 ♏ 19	23 ♐ 39
	5	2 57 52	12 ♏ 49 40	11 ♓ 17	5 ♐ 49	19 ♐ 43	24 ♋ 5	5 ♎ 10	12 ♒ 9	14 ♑ 49	16 ♑ 35	22 ♏ 29	23 ♐ 26
	10	3 17 35	17 ♏ 50 45	13 ♉ 11	8 ♐ 14	25 ♐ 45	25 ♋ 21	6 ♎ 7	12 ♒ 20	15 ♑ 0	16 ♑ 42	22 ♏ 41	23 ♐ 10
	15	3 37 18	22 ♏ 52 32	20 ♋ 29	7 ♐ 21R	1 ♑ 46	26 ♋ 21	7 ♎ 1	12 ♒ 34	15 ♑ 12	16 ♑ 49	22 ♏ 53	22 ♐ 54
	20	3 57 1	27 ♏ 55 5	1 ♎ 9	2 ♐ 27R	7 ♑ 46	27 ♋ 4	7 ♎ 54	12 ♒ 50	15 ♑ 25	16 ♑ 57	23 ♏ 5	22 ♐ 39
	25	4 16 43	2 ♐ 58 21	10 ♐ 36	25 ♏ 55R	13 ♑ 44	27 ♋ 30	8 ♎ 45	13 ♒ 8	15 ♑ 39	17 ♑ 5	23 ♏ 17	22 ♐ 23
	30	4 36 26	8 ♐ 2 11	13 ♒ 25	22 ♏ 22R	19 ♑ 41	27 ♋ 36R	9 ♎ 33	13 ♒ 28	15 ♑ 53	17 ♑ 14	23 ♏ 29	22 ♐ 7
DICEMBRE	1	4 40 23	9 ♐ 3 0	25 ♒ 21	22 ♏ 13R	20 ♑ 52	27 ♋ 35R	9 ♎ 43	13 ♒ 33	15 ♑ 56	17 ♑ 16	23 ♏ 31	22 ♐ 4
	5	4 56 9	13 ♐ 6 25	13 ♈ 15	23 ♏ 18	25 ♑ 36	27 ♋ 21R	10 ♎ 19	13 ♒ 51	16 ♑ 9	17 ♑ 24	23 ♏ 40	21 ♐ 51
	10	5 15 52	18 ♐ 11 0	18 ♊ 21	27 ♏ 25	1 ♒ 28	26 ♋ 46R	11 ♎ 1	14 ♒ 15	16 ♑ 25	17 ♑ 34	23 ♏ 52	21 ♐ 35
	15	5 35 34	23 ♐ 15 58	29 ♌ 26	3 ♐ 16	7 ♒ 18	25 ♋ 49R	11 ♎ 41	14 ♒ 41	16 ♑ 41	17 ♑ 44	24 ♏ 3	21 ♐ 19
	20	5 55 17	28 ♐ 21 19	9 ♏ 28	9 ♐ 58	13 ♒ 5	24 ♋ 32R	12 ♎ 17	15 ♒ 9	16 ♑ 58	17 ♑ 55	24 ♏ 13	21 ♐ 3
	25	6 15	3 ♑ 26 59	14 ♑ 41	17 ♐ 7	18 ♒ 48	22 ♋ 58R	12 ♎ 50	15 ♒ 38	17 ♑ 15	18 ♑ 6	24 ♏ 24	20 ♐ 47
	31	6 38 39	9 ♑ 33 57	26 ♓ 58	26 ♐ 2	25 ♒ 34	20 ♋ 47R	13 ♎ 24	16 ♒ 14	17 ♑ 37	18 ♑ 19	24 ♏ 35	20 ♐ 28

GIORNO	TEMPO SIDERALE	☉	☽	☿	♀	♂	♃	♄	♅	♆	♇	☊	1993
1	6 42 38	10 ♑ 35 6	8 ♈ 55	27 ♐ 33	26 ♒ 41	20 ♋ 24R	13 ♎ 29	16 ♒ 21	17 ♑ 40	18 ♑ 21	24 ♏ 37	20 ♐ 25	GENNAIO
5	6 58 24	14 ♑ 39 42	29 ♉ 3	3 ♑ 39	1 ♓ 6	18 ♋ 49R	13 ♎ 48	16 ♒ 46	17 ♑ 54	18 ♑ 31	24 ♏ 44	20 ♐ 12	
10	7 18 7	19 ♑ 45 20	9 ♌ 58	11 ♑ 26	6 ♓ 32	16 ♋ 50R	14 ♎ 8	17 ♒ 19	18 ♑ 12	18 ♑ 42	24 ♏ 52	19 ♐ 56	
15	7 37 50	24 ♑ 50 55	22 ♎ 41	19 ♑ 23	11 ♓ 51	14 ♋ 54R	14 ♎ 23	17 ♒ 53	18 ♑ 30	18 ♑ 53	25 ♏ 0	19 ♐ 41	
20	7 53 33	29 ♑ 56 25	28 ♐ 32	27 ♑ 33	17 ♓ 0	13 ♋ 9R	14 ♎ 34	18 ♒ 28	18 ♑ 48	19 ♑ 5	25 ♏ 7	19 ♐ 25	
25	8 17 15	5 ♒ 1 43	29 ♒ 36	5 ♒ 57	21 ♓ 60	11 ♋ 37R	14 ♎ 40	19 ♒ 3	19 ♑ 5	19 ♑ 16	25 ♏ 13	19 ♐ 9	
31	8 40 55	11 ♒ 7 33	11 ♉ 26	16 ♒ 21	27 ♓ 42	10 ♋ 11R	14 ♎ 41R	19 ♒ 46	19 ♑ 26	19 ♑ 29	25 ♏ 19	18 ♐ 50	
1	8 44 51	12 ♒ 8 28	23 ♉ 59	18 ♒ 7	28 ♓ 37	9 ♋ 59R	14 ♎ 41R	19 ♒ 53	19 ♑ 29	19 ♑ 31	25 ♏ 20	18 ♐ 47	FEBBRAIO
5	9 0 37	16 ♒ 11 51	18 ♋ 26	25 ♒ 13	2 ♈ 11	9 ♋ 21R	14 ♎ 37R	20 ♒ 22	19 ♑ 42	19 ♑ 39	25 ♏ 24	18 ♐ 34	
10	9 20 20	21 ♒ 15 36	3 ♎ 44	4 ♓ 5	6 ♈ 20	8 ♋ 50R	14 ♎ 28R	20 ♒ 58	19 ♑ 59	19 ♑ 50	25 ♏ 27	18 ♐ 18	
15	9 40 3	26 ♒ 18 53	12 ♐ 56	12 ♓ 27	10 ♈ 8	8 ♋ 40R	14 ♎ 14R	21 ♒ 34	20 ♑ 14	19 ♑ 59	25 ♏ 30	18 ♐ 2	
20	9 59 46	1 ♓ 21 40	14 ♒ 29	19 ♓ 21	13 ♈ 27	8 ♋ 48	13 ♎ 56R	22 ♒ 10	20 ♑ 29	20 ♑ 9	25 ♏ 31	17 ♐ 46	
25	10 19 28	6 ♓ 23 50	13 ♈ 56	23 ♓ 31	16 ♈ 14	9 ♋ 14	13 ♎ 34R	22 ♒ 46	20 ♑ 43	20 ♑ 18	25 ♏ 32	17 ♐ 30	
28	10 31 18	9 ♓ 24 45	20 ♉ 12	24 ♓ 13R	17 ♈ 35	9 ♋ 37	13 ♎ 19R	23 ♒ 7	20 ♑ 51	20 ♑ 23	25 ♏ 32R	17 ♐ 21	
1	10 35 15	10 ♓ 25 0	2 ♊ 41	24 ♓ 8R	17 ♈ 59	9 ♋ 46	13 ♎ 13R	23 ♒ 14	20 ♑ 54	20 ♑ 24	25 ♏ 32R	17 ♐ 18	MARZO
5	10 51 1	14 ♓ 25 37	26 ♋ 34	22 ♓ 18R	19 ♈ 14	10 ♋ 27	12 ♎ 50R	23 ♒ 42	21 ♑ 4	20 ♑ 31	25 ♏ 31R	17 ♐ 5	
10	11 10 44	19 ♓ 25 39	12 ♎ 11	17 ♓ 46R	19 ♈ 59	11 ♋ 32	12 ♎ 19R	24 ♒ 16	21 ♑ 16	20 ♑ 38	25 ♏ 30R	16 ♐ 49	
15	11 30 26	24 ♓ 24 55	22 ♐ 18	13 ♓ 13R	19 ♈ 46R	12 ♋ 48	11 ♎ 45R	24 ♒ 50	21 ♑ 27	20 ♑ 45	25 ♏ 27R	16 ♐ 33	
20	11 50 9	29 ♓ 23 29	23 ♒ 29	10 ♓ 38R	18 ♈ 31R	14 ♋ 15	11 ♎ 8R	25 ♒ 22	21 ♑ 36	20 ♑ 50	25 ♏ 24R	16 ♐ 17	
25	12 9 52	4 ♈ 21 17	22 ♈ 58	10 ♓ 34	16 ♈ 19R	15 ♋ 53	10 ♎ 30R	25 ♒ 54	21 ♑ 45	20 ♑ 55	25 ♏ 20R	16 ♐ 1	
31	12 33 31	10 ♈ 17 27	8 ♋ 8	13 ♓ 22	12 ♈ 48R	18 ♋ 0	9 ♎ 44R	26 ♒ 30	21 ♑ 54	21 ♑ 1	25 ♏ 14R	15 ♐ 42	
1	12 37 28	11 ♈ 16 40	21 ♋ 41	14 ♓ 4	12 ♈ 11R	18 ♋ 23	9 ♎ 36R	26 ♒ 36	21 ♑ 55	21 ♑ 1	25 ♏ 13R	15 ♐ 39	APRILE
5	12 53 14	15 ♈ 13 12	19 ♍ 55	17 ♓ 29	9 ♈ 41R	19 ♋ 55	9 ♎ 6R	26 ♒ 59	21 ♑ 60	21 ♑ 4	25 ♏ 9R	15 ♐ 26	
10	13 12 57	20 ♈ 8 3	3 ♐ 58	22 ♓ 50	6 ♈ 55R	21 ♋ 57	8 ♎ 28R	27 ♒ 26	22 ♑ 5	21 ♑ 7	25 ♏ 3R	15 ♐ 11	
15	13 32 40	25 ♈ 2 9	8 ♒ 18	29 ♓ 8	4 ♈ 55R	24 ♋ 4	7 ♎ 51R	27 ♒ 52	22 ♑ 8	21 ♑ 8	24 ♏ 56R	14 ♐ 55	
20	13 52 22	29 ♈ 55 32	7 ♈ 50	6 ♈ 16	3 ♈ 53R	26 ♋ 17	7 ♎ 17R	28 ♒ 16	22 ♑ 10	21 ♑ 9	24 ♏ 49R	14 ♐ 39	
25	14 12 5	4 ♉ 48 9	9 ♊ 13	14 ♈ 9	3 ♈ 52	28 ♋ 35	6 ♎ 45R	28 ♒ 38	22 ♑ 11	21 ♑ 9R	24 ♏ 42R	14 ♐ 23	
30	14 31 48	9 ♉ 39 56	15 ♌ 47	22 ♈ 45	4 ♈ 46	0 ♌ 58	6 ♎ 16R	28 ♒ 58	22 ♑ 11R	21 ♑ 8R	24 ♏ 34R	14 ♐ 7	
1	14 35 44	10 ♉ 38 11	29 ♌ 59	24 ♈ 34	5 ♈ 3	1 ♌ 26	6 ♎ 11R	29 ♒ 2	22 ♑ 11R	21 ♑ 8R	24 ♏ 32R	14 ♐ 4	MAGGIO
5	14 51 31	14 ♉ 30 51	28 ♎ 47	2 ♉ 6	6 ♈ 30	3 ♌ 24	5 ♎ 51R	29 ♒ 16	22 ♑ 10R	21 ♑ 7R	24 ♏ 26R	13 ♐ 51	
10	15 11 13	19 ♉ 21 3	8 ♑ 52	12 ♉ 10	8 ♈ 55	5 ♌ 53	5 ♎ 29R	29 ♒ 32	22 ♑ 7R	21 ♑ 5R	24 ♏ 17R	13 ♐ 35	
15	15 30 56	24 ♉ 10 39	10 ♓ 30	22 ♉ 49	11 ♈ 55	8 ♌ 27	5 ♎ 12R	29 ♒ 46	22 ♑ 3R	21 ♑ 2R	24 ♏ 9R	13 ♐ 19	
20	15 50 39	28 ♉ 59 45	10 ♉ 36	3 ♊ 45	15 ♈ 22	11 ♌ 3	4 ♎ 59R	29 ♒ 57	21 ♑ 58R	20 ♑ 58R	24 ♏ 1R	13 ♐ 3	
25	16 10 22	3 ♊ 48 18	15 ♋ 14	14 ♊ 24	19 ♈ 13	13 ♌ 41	4 ♎ 50R	0 ♓ 6	21 ♑ 52R	20 ♑ 53R	23 ♏ 52R	12 ♐ 48	
31	16 34 1	9 ♊ 33 47	9 ♎ 23	26 ♊ 8	24 ♈ 14	16 ♌ 56	4 ♎ 46R	0 ♓ 14	21 ♑ 43R	20 ♑ 47R	23 ♏ 43R	12 ♐ 28	
1	16 37 58	10 ♊ 31 17	23 ♎ 47	27 ♊ 57	25 ♈ 7	17 ♌ 28	4 ♎ 46R	0 ♓ 15	21 ♑ 41R	20 ♑ 46R	23 ♏ 41R	12 ♐ 25	GIUGNO
5	16 53 44	14 ♊ 21 6	20 ♐ 10	4 ♋ 45	28 ♉ 42	19 ♌ 40	4 ♎ 47	0 ♓ 18	21 ♑ 35R	20 ♑ 41R	23 ♏ 35R	12 ♐ 13	
10	17 13 27	19 ♊ 8 1	24 ♒ 28	12 ♋ 11	3 ♉ 23	22 ♌ 26	4 ♎ 53	0 ♓ 19	21 ♑ 26R	20 ♑ 35R	23 ♏ 27R	11 ♐ 57	
15	17 33 9	23 ♊ 54 42	24 ♈ 17	18 ♋ 24	8 ♉ 14	25 ♌ 15	5 ♎ 3	0 ♓ 18R	21 ♑ 16R	20 ♑ 28R	23 ♏ 20R	11 ♐ 41	
20	17 52 52	28 ♊ 41 14	27 ♊ 42	23 ♋ 15	13 ♉ 13	28 ♌ 6	5 ♎ 17	0 ♓ 15R	21 ♑ 5R	20 ♑ 21R	23 ♏ 14R	11 ♐ 25	
25	18 12 35	3 ♋ 27 33	7 ♍ 32	26 ♋ 35	18 ♉ 21	0 ♍ 58	5 ♎ 36	0 ♓ 9R	20 ♑ 54R	20 ♑ 13R	23 ♏ 8R	11 ♐ 9	
30	18 32 18	8 ♋ 13 38	18 ♏ 14	28 ♋ 9	23 ♉ 35	3 ♍ 52	5 ♎ 59	0 ♓ 0R	20 ♑ 42R	20 ♑ 6R	23 ♏ 2R	10 ♐ 53	

1993	GIORNO	TEMPO SIDERALE	☉	☽	☿	♀	♂	♃	♄	♅	♆	♇	☊
LUGLIO	1	18 36 14	9 ♋ 10 50	2 ♐ 0	28 ♋ 15	24 ♉ 39	4 ♍ 27	6 ♎ 4	29 ♒ 58R	20 ♑ 40R	20 ♑ 4R	23 ♏ 1R	10 ♐ 50
	5	18 52	12 ♋ 59 34	25 ♑ 5	27 ♋ 50R	28 ♉ 55	6 ♍ 48	6 ♎ 25	29 ♒ 50R	20 ♑ 31R	19 ♑ 58R	22 ♏ 57R	10 ♐ 37
	10	19 11 43	17 ♋ 45 31	26 ♓ 26	25 ♋ 45R	4 ♊ 20	9 ♍ 46	6 ♎ 55	29 ♒ 37R	20 ♑ 19R	19 ♑ 50R	22 ♏ 53R	10 ♐ 21
	15	19 31 26	22 ♋ 31 39	26 ♉ 47	22 ♋ 37R	9 ♊ 49	12 ♍ 45	7 ♎ 28	29 ♒ 22R	20 ♑ 7R	19 ♑ 41R	22 ♏ 50R	10 ♐ 6
	20	19 51 9	27 ♋ 18 0	4 ♌ 18	19 ♋ 40R	15 ♊ 22	15 ♍ 46	8 ♎ 5	29 ♒ 6R	19 ♑ 55R	19 ♑ 33R	22 ♏ 47R	9 ♐ 50
	25	20 10 51	2 ♌ 4 32	16 ♎ 60	18 ♋ 11R	20 ♊ 59	18 ♍ 49	8 ♎ 45	28 ♒ 48R	19 ♑ 43R	19 ♑ 25R	22 ♏ 45R	9 ♐ 34
	31	20 34 31	7 ♌ 48 35	8 ♑ 24	19 ♋ 28	27 ♊ 47	22 ♍ 30	9 ♎ 37	28 ♒ 24R	19 ♑ 29R	19 ♑ 16R	22 ♏ 44R	9 ♐ 15
AGOSTO	1	20 38 27	8 ♌ 45 58	21 ♑ 14	20 ♋ 3	28 ♊ 55	23 ♍ 7	9 ♎ 46	28 ♒ 20R	19 ♑ 27R	19 ♑ 15R	22 ♏ 44R	9 ♐ 11
	5	20 54 14	12 ♌ 35 36	10 ♓ 44	23 ♋ 21	3 ♋ 31	25 ♍ 35	10 ♎ 22	28 ♒ 3R	19 ♑ 18R	19 ♑ 9R	22 ♏ 44	8 ♐ 59
	10	21 13 56	17 ♌ 23 4	10 ♉ 16	29 ♋ 38	9 ♋ 17	28 ♍ 43	11 ♎ 11	27 ♒ 42R	19 ♑ 8R	19 ♑ 2R	22 ♏ 45	8 ♐ 43
	15	21 33 39	22 ♌ 11 6	14 ♋ 17	7 ♌ 54	15 ♋ 6	1 ♎ 51	12 ♎ 1	27 ♒ 19R	18 ♑ 58R	18 ♑ 55R	22 ♏ 46	8 ♐ 27
	20	21 53 22	26 ♌ 59 43	27 ♍ 45	17 ♌ 25	20 ♋ 57	5 ♎ 2	12 ♎ 54	26 ♒ 57R	18 ♑ 49R	18 ♑ 49R	22 ♏ 49	8 ♐ 11
	25	22 13 5	1 ♍ 48 51	9 ♐ 9	27 ♌ 25	26 ♋ 51	8 ♎ 13	13 ♎ 49	26 ♒ 34R	18 ♑ 41R	18 ♑ 43R	22 ♏ 52	7 ♐ 55
	31	22 36 44	7 ♍ 36 29	25 ♒ 17	9 ♍ 13	3 ♌ 58	12 ♎ 6	14 ♎ 57	26 ♒ 8R	18 ♑ 32R	18 ♑ 37R	22 ♏ 57	7 ♐ 36
SETTEMBRE	1	22 40 40	8 ♍ 34 31	7 ♓ 24	11 ♍ 8	5 ♌ 10	12 ♎ 44	15 ♎ 8	26 ♒ 3R	18 ♑ 31R	18 ♑ 36R	22 ♏ 58	7 ♐ 33
	5	22 56 27	12 ♍ 26 53	24 ♈ 59	18 ♍ 36	9 ♌ 57	15 ♎ 20	15 ♎ 55	25 ♒ 46R	18 ♑ 26R	18 ♑ 33R	23 ♏ 2	7 ♐ 20
	10	23 16 9	17 ♍ 18 5	25 ♊ 53	27 ♍ 29	15 ♌ 57	18 ♎ 37	16 ♎ 55	25 ♒ 25R	18 ♑ 21R	18 ♑ 29R	23 ♏ 8	7 ♐ 4
	15	23 35 52	22 ♍ 10 7	6 ♍ 3	5 ♎ 53	21 ♌ 59	21 ♎ 55	17 ♎ 56	25 ♒ 6R	18 ♑ 18R	18 ♑ 26R	23 ♏ 15	6 ♐ 49
	20	23 55 35	27 ♍ 2 59	21 ♏ 11	13 ♎ 51	28 ♌ 3	25 ♎ 14	18 ♎ 58	24 ♒ 48R	18 ♑ 15R	18 ♑ 24R	23 ♏ 22	6 ♐ 33
	25	0 15 18	1 ♎ 56 34	27 ♑ 45	21 ♎ 23	4 ♍ 9	28 ♎ 35	20 ♎ 1	24 ♒ 31R	18 ♑ 14R	18 ♑ 23R	23 ♏ 30	6 ♐ 17
	30	0 35 1	6 ♎ 50 52	28 ♓ 16	28 ♎ 30	10 ♍ 16	1 ♏ 58	21 ♎ 4	24 ♒ 17R	18 ♑ 14	18 ♑ 23R	23 ♏ 39	6 ♐ 1
OTTOBRE	1	0 38 57	7 ♎ 49 49	10 ♈ 8	29 ♎ 52	11 ♍ 29	2 ♏ 38	21 ♎ 17	24 ♒ 14R	18 ♑ 14	18 ♑ 23	23 ♏ 41	5 ♐ 58
	5	0 54 43	11 ♎ 45 59	27 ♉ 45	5 ♏ 9	16 ♍ 24	5 ♏ 21	22 ♎ 9	24 ♒ 5R	18 ♑ 15	18 ♑ 23	23 ♏ 48	5 ♐ 45
	10	1 14 26	16 ♎ 42 2	1 ♌ 23	11 ♏ 13	22 ♍ 34	8 ♏ 47	23 ♎ 14	23 ♒ 54R	18 ♑ 18	18 ♑ 24	23 ♏ 58	5 ♐ 29
	15	1 34 9	21 ♎ 39 3	14 ♎ 44	16 ♏ 28	28 ♍ 45	12 ♏ 14	24 ♎ 19	23 ♒ 47R	18 ♑ 21	18 ♑ 26	24 ♏ 8	5 ♐ 13
	20	1 53 52	26 ♎ 36 55	27 ♐ 54	20 ♏ 28	4 ♎ 57	15 ♏ 42	25 ♎ 24	23 ♒ 41R	18 ♑ 27	18 ♑ 29	24 ♏ 19	4 ♐ 57
	25	2 13 34	1 ♏ 35 32	1 ♓ 21	22 ♏ 27	11 ♎ 10	19 ♏ 12	26 ♎ 29	23 ♒ 38R	18 ♑ 33	18 ♑ 33	24 ♏ 30	4 ♐ 41
	31	2 37 14	7 ♏ 34 49	12 ♉ 47	20 ♏ 38R	18 ♎ 38	23 ♏ 26	27 ♎ 47	23 ♒ 38	18 ♑ 42	18 ♑ 38	24 ♏ 44	4 ♐ 22
NOVEMBRE	1	2 41 10	8 ♏ 34 49	24 ♉ 50	19 ♏ 48R	19 ♎ 53	24 ♏ 8	27 ♎ 60	23 ♒ 38	18 ♑ 44	18 ♑ 39	24 ♏ 46	4 ♐ 19
	5	2 56 56	12 ♏ 35 6	14 ♋ 40	15 ♏ 15R	24 ♎ 53	26 ♏ 59	28 ♎ 52	23 ♒ 41	18 ♑ 51	18 ♑ 44	24 ♏ 56	4 ♐ 6
	10	3 16 39	17 ♏ 36 14	23 ♍ 26	9 ♏ 9R	1 ♏ 8	0 ♐ 33	29 ♎ 56	23 ♒ 46	19 ♑ 1	18 ♑ 50	25 ♏ 8	3 ♐ 51
	15	3 36 22	22 ♏ 38 11	7 ♐ 42	6 ♏ 32R	7 ♏ 24	4 ♐ 9	0 ♏ 59	23 ♒ 54	19 ♑ 12	18 ♑ 57	25 ♏ 20	3 ♐ 35
	20	3 56 5	27 ♏ 40 47	15 ♒ 20	8 ♏ 25	13 ♏ 40	7 ♐ 46	2 ♏ 2	24 ♒ 5	19 ♑ 24	19 ♑ 5	25 ♏ 32	3 ♐ 19
	25	4 15 47	2 ♐ 43 54	15 ♈ 32	13 ♏ 19	19 ♏ 57	11 ♐ 25	3 ♏ 3	24 ♒ 17	19 ♑ 37	19 ♑ 13	25 ♏ 44	3 ♐ 3
	30	4 35 30	7 ♐ 47 29	16 ♊ 8	19 ♏ 47	26 ♏ 14	15 ♐ 5	4 ♏ 3	24 ♒ 33	19 ♑ 51	19 ♑ 22	25 ♏ 56	2 ♐ 47
DICEMBRE	1	4 39 27	8 ♐ 48 16	28 ♊ 47	21 ♏ 10	27 ♏ 29	15 ♐ 50	4 ♏ 15	24 ♒ 36	19 ♑ 54	19 ♑ 23	25 ♏ 58	2 ♐ 44
	5	4 55 13	12 ♐ 51 37	21 ♌ 34	26 ♏ 58	2 ♐ 31	18 ♐ 47	5 ♏ 2	24 ♒ 50	20 ♑ 6	19 ♑ 31	26 ♏ 7	2 ♐ 31
	10	5 14 56	17 ♐ 56 17	2 ♏ 22	4 ♐ 27	8 ♐ 48	22 ♐ 30	5 ♏ 59	25 ♒ 10	20 ♑ 21	19 ♑ 41	26 ♏ 19	2 ♐ 15
	15	5 34 39	23 ♐ 1 25	13 ♑ 48	12 ♐ 5	15 ♐ 6	26 ♐ 14	6 ♏ 54	25 ♒ 32	20 ♑ 37	19 ♑ 51	26 ♏ 30	1 ♐ 59
	20	5 54 21	28 ♐ 6 49	17 ♓ 51	19 ♐ 48	21 ♐ 23	29 ♐ 59	7 ♏ 47	25 ♒ 56	20 ♑ 53	20 ♑ 1	26 ♏ 41	1 ♐ 44
	25	6 14 4	3 ♑ 12 20	17 ♉ 25	27 ♐ 35	27 ♐ 41	3 ♑ 45	8 ♏ 38	26 ♒ 21	21 ♑ 10	20 ♑ 12	26 ♏ 51	1 ♐ 28
	31	6 37 43	9 ♑ 19 3	4 ♌ 32	7 ♑ 4	5 ♑ 14	8 ♑ 19	9 ♏ 36	26 ♒ 54	21 ♑ 31	20 ♑ 26	27 ♏ 3	1 ♐ 9

GIORNO	TEMPO SIDERALE	☉	☽	☿	♀	♂	♃	♄	♅	♆	♇	☊	1994
1	6 41 40	10 ♑ 20 11	18 ♌ 16	8 ♑ 40	6 ♑ 29	9 ♑ 4	9 ♏ 46	26 ♒ 60	21 ♑ 35	20 ♑ 28	27 ♏ 5	1 ♐ 5	GENNAIO
5	6 57 26	14 ♑ 24 45	14 ♎ 24	15 ♑ 6	11 ♑ 31	12 ♑ 8	10 ♏ 22	27 ♒ 23	21 ♑ 49	20 ♑ 37	27 ♏ 12	0 ♐ 53	
10	7 17 9	19 ♑ 30 33	24 ♐ 40	23 ♑ 18	17 ♑ 49	15 ♑ 57	11 ♏ 4	27 ♒ 54	22 ♑ 7	20 ♑ 48	27 ♏ 21	0 ♐ 37	
15	7 36 52	24 ♑ 36 18	1 ♓ 1	1 ♒ 39	24 ♑ 6	19 ♑ 48	11 ♏ 43	28 ♒ 25	22 ♑ 24	20 ♑ 60	27 ♏ 29	0 ♐ 21	
20	7 56 34	29 ♑ 41 48	1 ♉ 18	10 ♒ 8	0 ♒ 24	23 ♑ 40	12 ♏ 19	28 ♒ 58	22 ♑ 42	21 ♑ 11	27 ♏ 36	0 ♐ 5	
25	8 17 16	4 ♒ 46 56	2 ♋ 45	18 ♒ 33	6 ♒ 41	27 ♑ 33	12 ♏ 51	29 ♒ 32	22 ♑ 60	21 ♑ 22	27 ♏ 43	29 ♏ 49	
31	8 39 57	10 ♒ 52 35	26 ♍ 39	27 ♒ 60	14 ♒ 13	2 ♒ 12	13 ♏ 25	0 ♓ 14	23 ♑ 21	21 ♑ 35	27 ♏ 50	29 ♏ 30	
1	8 43 53	11 ♒ 53 29	11 ♎ 3	29 ♒ 24	15 ♒ 28	2 ♒ 59	13 ♏ 30	0 ♓ 21	23 ♑ 24	21 ♑ 38	27 ♏ 51	29 ♏ 27	FEBBRAIO
5	8 59 39	15 ♒ 56 56	7 ♐ 19	4 ♓ 13	20 ♒ 29	6 ♒ 6	13 ♏ 48	0 ♓ 49	23 ♑ 37	21 ♑ 46	27 ♏ 54	29 ♏ 14	
10	9 19 22	21 ♒ 0 53	13 ♒ 53	7 ♓ 25	26 ♒ 46	10 ♒ 1	14 ♏ 7	1 ♓ 25	23 ♑ 54	21 ♑ 56	27 ♏ 58	28 ♏ 58	
15	9 39 5	26 ♒ 4 19	15 ♈ 33	6 ♓ 25R	3 ♓ 1	13 ♒ 56	14 ♏ 22	2 ♓ 1	24 ♑ 10	22 ♑ 7	28 ♏ 1	28 ♏ 42	
20	9 58 48	1 ♓ 7 4	15 ♊ 8	1 ♓ 50R	9 ♓ 17	17 ♒ 51	14 ♏ 33	2 ♓ 38	24 ♑ 25	22 ♑ 16	28 ♏ 4	28 ♏ 27	
25	10 18 30	6 ♓ 9 4	21 ♌ 51	26 ♒ 30R	15 ♓ 32	21 ♒ 47	14 ♏ 38	3 ♓ 14	24 ♑ 40	22 ♑ 25	28 ♏ 5	28 ♏ 11	
28	10 30 20	9 ♓ 9 54	6 ♎ 8	24 ♒ 12R	19 ♓ 17	24 ♒ 9	14 ♏ 39	3 ♓ 36	24 ♑ 49	22 ♑ 30	28 ♏ 5	28 ♏ 1	
1	10 34 17	10 ♓ 10 8	20 ♎ 58	23 ♒ 39R	20 ♓ 32	24 ♒ 56	14 ♏ 39R	3 ♓ 43	24 ♑ 51	22 ♑ 32	28 ♏ 5	27 ♏ 58	MARZO
5	10 50 3	14 ♓ 10 47	17 ♐ 56	22 ♒ 38R	25 ♓ 31	28 ♒ 4	14 ♏ 38R	4 ♓ 12	25 ♑ 2	22 ♑ 49	28 ♏ 5R	27 ♏ 45	
10	11 9 46	19 ♓ 11 0	23 ♒ 9	23 ♒ 45	1 ♈ 45	2 ♓ 0	14 ♏ 31R	4 ♓ 48	25 ♑ 15	22 ♑ 46	28 ♏ 4R	27 ♏ 29	
15	11 29 28	24 ♓ 10 29	23 ♈ 52	26 ♒ 54	7 ♈ 58	5 ♓ 56	14 ♏ 20R	5 ♓ 24	25 ♑ 26	22 ♑ 53	28 ♏ 2R	27 ♏ 13	
20	11 49 11	29 ♓ 9 6	23 ♊ 21	1 ♓ 31	14 ♈ 10	9 ♓ 52	14 ♏ 4R	5 ♓ 59	25 ♑ 37	22 ♑ 59	27 ♏ 59R	26 ♏ 58	
25	12 8 54	4 ♈ 6 46	29 ♌ 51	7 ♓ 12	20 ♈ 22	13 ♓ 48	13 ♏ 44R	6 ♓ 33	25 ♑ 47	23 ♑ 5	27 ♏ 56R	26 ♏ 42	
31	12 32 33	10 ♈ 2 48	29 ♏ 34	15 ♓ 8	27 ♈ 47	18 ♓ 30	13 ♏ 15R	7 ♓ 13	25 ♑ 57	23 ♑ 10	27 ♏ 50R	26 ♏ 23	
1	12 36 30	11 ♈ 2 1	13 ♐ 56	16 ♓ 33	29 ♈ 1	19 ♓ 17	13 ♏ 10R	7 ♓ 19	25 ♑ 58	23 ♑ 11	27 ♏ 49R	26 ♏ 19	APRILE
5	12 52 16	14 ♈ 58 38	7 ♒ 37	22 ♓ 30	3 ♉ 56	22 ♓ 25	12 ♏ 47R	7 ♓ 45	26 ♑ 4	23 ♑ 14	27 ♏ 45R	26 ♏ 7	
10	13 11 59	19 ♈ 53 44	8 ♈ 53	0 ♈ 31	10 ♉ 6	26 ♓ 19	12 ♏ 16R	8 ♓ 16	26 ♑ 10	23 ♑ 17	27 ♏ 40R	25 ♏ 51	
15	13 31 42	24 ♈ 48 1	8 ♊ 1	9 ♈ 10	16 ♉ 14	0 ♈ 12	11 ♏ 42R	8 ♓ 45	26 ♑ 14	23 ♑ 19	27 ♏ 33R	25 ♏ 35	
20	13 51 24	29 ♈ 41 23	10 ♌ 35	18 ♈ 28	22 ♉ 21	4 ♈ 5	11 ♏ 6R	9 ♓ 14	26 ♑ 18	23 ♑ 21	27 ♏ 26R	25 ♏ 19	
25	14 11 7	4 ♉ 33 52	22 ♎ 49	28 ♈ 25	28 ♉ 27	7 ♈ 57	10 ♏ 28R	9 ♓ 40	26 ♑ 20	23 ♑ 21	27 ♏ 19R	25 ♏ 3	
30	14 30 50	9 ♉ 25 33	6 ♑ 59	8 ♉ 55	4 ♊ 33	11 ♈ 48	9 ♏ 50R	10 ♓ 6	26 ♑ 22	23 ♑ 21R	27 ♏ 11R	24 ♏ 47	
1	14 34 46	10 ♉ 23 48	20 ♑ 45	11 ♉ 4	5 ♊ 46	12 ♈ 34	9 ♏ 42R	10 ♓ 10	26 ♑ 21R	23 ♑ 21R	27 ♏ 10R	24 ♏ 44	MAGGIO
5	14 50 33	14 ♉ 16 35	11 ♓ 54	19 ♉ 42	10 ♊ 37	15 ♈ 38	9 ♏ 12R	10 ♓ 29	26 ♑ 20R	23 ♑ 20R	27 ♏ 3R	24 ♏ 31	
10	15 10 15	19 ♉ 7 0	11 ♉ 22	0 ♊ 15	16 ♊ 41	19 ♈ 28	8 ♏ 34R	10 ♓ 50	26 ♑ 19R	23 ♑ 18R	26 ♏ 55R	24 ♏ 16	
15	15 29 58	23 ♉ 56 47	11 ♋ 35	9 ♊ 59	22 ♊ 43	23 ♈ 16	7 ♏ 58R	11 ♓ 10	26 ♑ 16R	23 ♑ 15R	26 ♏ 47R	23 ♏ 60	
20	15 49 41	28 ♉ 45 51	17 ♍ 35	18 ♊ 32	28 ♊ 44	27 ♈ 3	7 ♏ 23R	11 ♓ 27	26 ♑ 12R	23 ♑ 12R	26 ♏ 39R	23 ♏ 44	
25	16 9 24	3 ♊ 34 15	1 ♐ 25	25 ♊ 43	4 ♋ 43	0 ♉ 48	6 ♏ 51R	11 ♓ 42	26 ♑ 6R	23 ♑ 7R	26 ♏ 30R	23 ♏ 28	
31	16 33 3	9 ♊ 19 39	25 ♒ 43	2 ♋ 23	11 ♋ 53	5 ♉ 17	6 ♏ 16R	11 ♓ 58	25 ♑ 59R	23 ♑ 2R	26 ♏ 21R	23 ♏ 9	
1	16 36 60	10 ♊ 17 10	8 ♓ 21.	3 ♋ 16	13 ♋ 5	6 ♉ 2	6 ♏ 11R	11 ♓ 60	25 ♑ 57R	23 ♑ 1R	26 ♏ 19R	23 ♏ 6	GIUGNO
5	16 52 46	14 ♊ 7 6	26 ♈ 27	6 ♋ 9	17 ♋ 50	9 ♉ 0	5 ♏ 51R	12 ♓ 8	25 ♑ 51R	22 ♑ 56R	26 ♏ 13R	22 ♏ 53	
10	17 12 28	18 ♊ 54 14	26 ♊ 13	8 ♋ 8	23 ♋ 45	12 ♉ 42	5 ♏ 30R	12 ♓ 15	25 ♑ 43R	22 ♑ 50R	26 ♏ 5R	22 ♏ 37	
15	17 32 11	23 ♊ 41 1	0 ♍ 24	8 ♋ 14R	29 ♋ 38	16 ♉ 21	5 ♏ 12R	12 ♓ 21	25 ♑ 34R	22 ♑ 43R	25 ♏ 58R	22 ♏ 21	
20	17 51 54	28 ♊ 27 26	10 ♏ 42	6 ♋ 36R	5 ♌ 30	19 ♉ 60	4 ♏ 59R	12 ♓ 23	25 ♑ 24R	22 ♑ 36R	25 ♏ 51R	22 ♏ 5	
25	18 11 37	3 ♋ 13 34	23 ♑ 30	3 ♋ 52R	11 ♌ 19	23 ♉ 37	4 ♏ 51R	12 ♓ 24R	25 ♑ 13R	22 ♑ 29R	25 ♏ 44R	21 ♏ 49	
30	18 31 20	7 ♋ 59 36	28 ♓ 55	1 ♋ 9R	17 ♌ 7	27 ♉ 12	4 ♏ 47R	12 ♓ 22R	25 ♑ 2R	22 ♑ 21R	25 ♏ 39R	21 ♏ 33	

1994	GIORNO	TEMPO SIDERALE	☉	☽	☿	♀	♂	♃	♄	♅	♆	♇	☊
LUGLIO	1	18 35 16	8 ♋ 56 49	11 ♈ 0	0 ♋ 43R	18 ♌ 16	27 ♉ 55	4 ♏ 46R	12 ♓ 21R	24 ♑ 60R	22 ♑ 20R	25 ♏ 38R	21 ♏ 30
	5	18 51 2	12 ♋ 45 40	28 ♉ 24	29 ♊ 34R	22 ♌ 51	0 ♊ 46	4 ♏ 47	12 ♓ 17R	24 ♑ 51R	22 ♑ 14R	25 ♏ 33R	21 ♏ 18
	10	19 10 45	17 ♋ 31 49	0 ♌ 41	29 ♊ 51	28 ♌ 33	4 ♊ 18	4 ♏ 52	12 ♓ 10R	24 ♑ 39R	22 ♑ 6R	25 ♏ 29R	21 ♏ 2
	15	19 30 28	22 ♋ 17 59	8 ♎ 33	2 ♋ 17	4 ♍ 12	7 ♊ 48	5 ♏ 1	12 ♓ 1R	24 ♑ 27R	21 ♑ 57R	25 ♏ 25R	20 ♏ 46
	20	19 50 11	27 ♋ 4 11	19 ♐ 34	6 ♋ 52	9 ♍ 48	11 ♊ 16	5 ♏ 15	11 ♓ 49R	24 ♑ 15R	21 ♑ 49R	25 ♏ 22R	20 ♏ 30
	25	20 9 53	1 ♌ 50 30	28 ♒ 56	13 ♋ 28	15 ♍ 20	14 ♊ 43	5 ♏ 32	11 ♓ 35R	24 ♑ 3R	21 ♑ 41R	25 ♏ 20R	20 ♏ 14
	31	20 33 33	7 ♌ 34 31	12 ♉ 42	23 ♋ 41	21 ♍ 53	18 ♊ 48	5 ♏ 59	11 ♓ 16R	23 ♑ 49R	21 ♑ 32R	25 ♏ 18R	19 ♏ 55
AGOSTO	1	20 37 29	8 ♌ 31 54	24 ♉ 31	25 ♋ 35	22 ♍ 57	19 ♊ 29	6 ♏ 4	11 ♓ 13R	23 ♑ 47R	21 ♑ 30R	25 ♏ 18R	19 ♏ 52
	5	20 53 15	12 ♌ 21 40	13 ♋ 28	3 ♌ 31	27 ♍ 14	22 ♊ 10	6 ♏ 26	10 ♓ 59R	23 ♑ 37R	21 ♑ 24R	25 ♏ 17R	19 ♏ 39
	10	21 12 58	17 ♌ 9 16	21 ♍ 6	13 ♌ 50	2 ♎ 30	25 ♊ 31	6 ♏ 56	10 ♓ 40R	23 ♑ 26R	21 ♑ 17R	25 ♏ 18	19 ♏ 23
	15	21 32 41	21 ♌ 57 16	1 ♐ 49	24 ♌ 2	7 ♎ 40	28 ♊ 49	7 ♏ 30	10 ♓ 19R	23 ♑ 16R	21 ♑ 10R	25 ♏ 19	19 ♏ 7
	20	21 52 24	26 ♌ 45 40	10 ♒ 57	3 ♍ 46	12 ♎ 42	2 ♋ 5	8 ♏ 7	9 ♓ 58R	23 ♑ 6R	21 ♑ 4R	25 ♏ 21	18 ♏ 51
	25	22 12 7	1 ♍ 34 36	14 ♈ 52	12 ♍ 58	17 ♎ 35	5 ♋ 19	8 ♏ 47	9 ♓ 35R	22 ♑ 58R	20 ♑ 58R	25 ♏ 24	18 ♏ 36
	31	22 35 46	7 ♍ 22 13	26 ♊ 25	23 ♍ 15	23 ♎ 13	9 ♋ 9	9 ♏ 39	9 ♓ 8R	22 ♑ 48R	20 ♑ 51R	25 ♏ 28	18 ♏ 16
SETTEMBRE	1	22 39 43	8 ♍ 20 16	8 ♋ 47	24 ♍ 53	24 ♎ 8	9 ♋ 47	9 ♏ 48	9 ♓ 4R	22 ♑ 46R	20 ♑ 50R	25 ♏ 29	18 ♏ 13
	5	22 55 29	12 ♍ 12 46	2 ♍ 0	1 ♎ 14	27 ♎ 41	12 ♋ 18	10 ♏ 26	8 ♓ 45R	22 ♑ 41R	20 ♑ 47R	25 ♏ 33	18 ♏ 1
	10	23 15 12	17 ♍ 4 2	14 ♏ 13	8 ♎ 43	1 ♏ 53	15 ♋ 24	11 ♏ 15	8 ♓ 23R	22 ♑ 35R	20 ♑ 43R	25 ♏ 38	17 ♏ 45
	15	23 34 55	21 ♍ 55 58	24 ♑ 0	15 ♎ 40	5 ♏ 47	18 ♋ 27	12 ♏ 6	8 ♓ 0R	22 ♑ 30R	20 ♑ 40R	25 ♏ 44	17 ♏ 29
	20	23 54 38	26 ♍ 48 34	28 ♓ 42	22 ♎ 1	9 ♏ 19	21 ♋ 28	12 ♏ 60	7 ♓ 39R	22 ♑ 27R	20 ♑ 37R	25 ♏ 51	17 ♏ 13
	25	0 14 20	1 ♎ 41 58	28 ♉ 40	27 ♎ 39	12 ♏ 23	24 ♋ 26	13 ♏ 55	7 ♓ 19R	22 ♑ 24R	20 ♑ 36R	25 ♏ 59	16 ♏ 57
	30	0 34 3	6 ♎ 36 18	29 ♋ 30	2 ♏ 18	14 ♏ 54	27 ♋ 20	14 ♏ 53	6 ♓ 60R	22 ♑ 23R	20 ♑ 35R	26 ♏ 7	16 ♏ 41
OTTOBRE	1	0 37 60	7 ♎ 35 16	12 ♌ 36	3 ♏ 4	15 ♏ 20	27 ♋ 55	15 ♏ 4	6 ♓ 56R	22 ♑ 23R	20 ♑ 35R	26 ♏ 9	16 ♏ 38
	5	0 53 46	11 ♎ 31 33	9 ♎ 15	5 ♏ 29	16 ♏ 45	0 ♌ 11	15 ♏ 52	6 ♓ 42R	22 ♑ 23	20 ♑ 35	26 ♏ 16	16 ♏ 25
	10	1 13 29	16 ♎ 27 40	23 ♐ 4	6 ♏ 27R	17 ♏ 48	2 ♌ 59	16 ♏ 52	6 ♓ 27R	22 ♑ 25	20 ♑ 35	26 ♏ 26	16 ♏ 9
	15	1 33 11	21 ♎ 24 32	0 ♓ 22	4 ♏ 20R	17 ♏ 56R	5 ♌ 42	17 ♏ 54	6 ♓ 13R	22 ♑ 28	20 ♑ 37	26 ♏ 36	15 ♏ 54
	20	1 52 54	26 ♎ 22 10	1 ♉ 42	29 ♎ 6R	17 ♏ 5R	8 ♌ 22	18 ♏ 57	6 ♓ 2R	22 ♑ 31	20 ♑ 40	26 ♏ 46	15 ♏ 38
	25	2 12 37	1 ♏ 20 37	0 ♋ 52	23 ♎ 19R	15 ♏ 16R	10 ♌ 56	20 ♏ 1	5 ♓ 53R	22 ♑ 37	20 ♑ 43	26 ♏ 57	15 ♏ 22
	31	2 36 16	7 ♏ 19 59	18 ♍ 13	20 ♎ 53	12 ♏ 5R	13 ♌ 55	21 ♏ 19	5 ♓ 45R	22 ♑ 45	20 ♑ 48	27 ♏ 10	15 ♏ 3
NOVEMBRE	1	2 40 13	8 ♏ 20 1	2 ♎ 33	21 ♎ 7	11 ♏ 30R	14 ♌ 24	21 ♏ 32	5 ♓ 44R	22 ♑ 46	20 ♑ 49	27 ♏ 13	14 ♏ 59
	5	2 55 59	12 ♏ 20 25	2 ♐ 40	23 ♎ 39	9 ♏ 4R	16 ♌ 18	22 ♏ 24	5 ♓ 42R	22 ♑ 52	20 ♑ 53	27 ♏ 22	14 ♏ 47
	10	3 15 42	17 ♏ 21 35	14 ♒ 11	29 ♎ 18	6 ♏ 14R	18 ♌ 35	23 ♏ 30	5 ♓ 41	23 ♑ 1	20 ♑ 59	27 ♏ 34	14 ♏ 31
	15	3 35 24	22 ♏ 23 21	16 ♈ 44	6 ♏ 21	4 ♏ 2R	20 ♌ 45	24 ♏ 37	5 ♓ 42	23 ♑ 12	21 ♑ 5	27 ♏ 46	14 ♏ 15
	20	3 55 7	27 ♏ 25 44	15 ♊ 55	13 ♏ 60	2 ♏ 46R	22 ♌ 47	25 ♏ 43	5 ♓ 46	23 ♑ 23	21 ♑ 13	27 ♏ 58	13 ♏ 59
	25	4 14 50	2 ♐ 28 47	16 ♌ 59	21 ♏ 50	2 ♏ 31	24 ♌ 41	26 ♏ 50	5 ♓ 53	23 ♑ 35	21 ♑ 21	28 ♏ 10	13 ♏ 43
	30	4 34 33	7 ♐ 32 30	25 ♎ 28	29 ♏ 42	3 ♏ 16	26 ♌ 26	27 ♏ 56	6 ♓ 3	23 ♑ 48	21 ♑ 29	28 ♏ 22	13 ♏ 27
DICEMBRE	1	4 38 29	8 ♐ 33 19	10 ♏ 19	1 ♐ 16	3 ♏ 31	26 ♌ 45	28 ♏ 9	6 ♓ 5	23 ♑ 51	21 ♑ 31	28 ♏ 24	13 ♏ 24
	5	4 54 16	12 ♐ 36 48	10 ♑ 43	7 ♐ 33	4 ♏ 53	28 ♌ 0	29 ♏ 2	6 ♓ 15	24 ♑ 2	21 ♑ 38	28 ♏ 33	13 ♏ 11
	10	5 13 58	17 ♐ 41 31	19 ♓ 5	15 ♐ 24	7 ♏ 16	29 ♌ 23	0 ♐ 7	6 ♓ 29	24 ♑ 17	21 ♑ 48	28 ♏ 45	12 ♏ 56
	15	5 33 41	22 ♐ 46 30	19 ♉ 11	23 ♐ 15	10 ♏ 16	0 ♍ 33	1 ♐ 12	6 ♓ 46	24 ♑ 32	21 ♑ 58	28 ♏ 56	12 ♏ 40
	20	5 53 24	27 ♐ 51 43	19 ♋ 4	1 ♑ 10	13 ♏ 48	1 ♍ 29	2 ♐ 16	7 ♓ 5	24 ♑ 48	22 ♑ 8	29 ♏ 7	12 ♏ 24
	25	6 13 7	2 ♑ 57 12	22 ♍ 60	9 ♑ 8	17 ♏ 45	2 ♍ 10	3 ♐ 18	7 ♓ 26	25 ♑ 4	22 ♑ 19	29 ♏ 18	12 ♏ 8
	31	6 36 46	9 ♑ 4 8	18 ♐ 47	18 ♑ 48	22 ♏ 57	2 ♍ 36	4 ♐ 32	7 ♓ 54	25 ♑ 25	22 ♑ 32	29 ♏ 30	11 ♏ 49

GIORNO	TEMPO SIDERALE	☉	☽	☿	♀	♂	♃	♄	♅	♆	♇	☊	1995
1	6 40 43	10 ♑ 5 19	3 ♑ 45	20 ♑ 26	23 ♏ 51	2 ♍ 38	4 ♐ 44	7 ♓ 59	25 ♑ 28	22 ♑ 34	29 ♏ 32	11 ♏ 46	GENNAIO
5	6 56 29	14 ♑ 10 2	1 ♓ 14	26 ♑ 54	27 ♏ 35	2 ♍ 38R	5 ♐ 32	8 ♓ 20	25 ♑ 42	22 ♑ 43	29 ♏ 40	11 ♏ 33	
10	7 16 11	19 ♑ 15 51	3 ♉ 58	4 ♒ 51	2 ♐ 27	2 ♍ 20R	6 ♐ 30	8 ♓ 47	25 ♑ 60	22 ♑ 55	29 ♏ 49	11 ♏ 17	
15	7 35 54	24 ♑ 21 26	3 ♋ 22	12 ♒ 13	7 ♐ 30	1 ♍ 41R	7 ♐ 26	9 ♓ 16	26 ♑ 17	23 ♑ 6	29 ♏ 57	11 ♏ 1	
20	7 55 37	29 ♑ 26 49	6 ♍ 44	18 ♒ 9	12 ♐ 43	0 ♍ 43R	8 ♐ 20	9 ♓ 46	26 ♑ 35	23 ♑ 17	0 ♐ 5	10 ♏ 45	
25	8 15 20	4 ♒ 32 2	14 ♏ 50	21 ♒ 10	18 ♐ 3	29 ♌ 26R	9 ♐ 12	10 ♓ 18	26 ♑ 53	23 ♑ 29	0 ♐ 12	10 ♏ 29	
31	8 38 59	10 ♒ 37 58	11 ♒ 17	18 ♒ 59R	24 ♐ 37	27 ♌ 31R	10 ♐ 11	10 ♓ 57	27 ♑ 14	23 ♑ 42	0 ♐ 19	10 ♏ 10	
1	8 42 56	11 ♒ 38 54	25 ♒ 20	18 ♒ 2R	25 ♐ 43	27 ♌ 10R	10 ♐ 20	11 ♓ 4	27 ♑ 17	23 ♑ 44	0 ♐ 20	10 ♏ 7	FEBBRAIO
5	8 58 42	15 ♒ 42 28	17 ♈ 43	13 ♒ 22R	0 ♑ 10	25 ♌ 41R	10 ♐ 57	11 ♓ 31	27 ♑ 31	23 ♑ 53	0 ♐ 24	9 ♏ 54	
10	9 18 25	20 ♒ 46 25	17 ♊ 23	8 ♒ 5R	5 ♑ 49	23 ♌ 44R	11 ♐ 40	12 ♓ 6	27 ♑ 48	24 ♑ 3	0 ♐ 28	9 ♏ 39	
15	9 38 7	25 ♒ 49 42	19 ♌ 36	5 ♒ 42R	11 ♑ 31	21 ♌ 44R	12 ♐ 20	12 ♓ 41	28 ♑ 4	24 ♑ 14	0 ♐ 32	9 ♏ 23	
20	9 57 50	0 ♓ 52 24	23 ♎ 43	6 ♒ 24	17 ♑ 16	19 ♌ 48R	12 ♐ 56	13 ♓ 17	28 ♑ 20	24 ♑ 23	0 ♐ 34	9 ♏ 7	
25	10 17 33	5 ♓ 54 32	8 ♑ 8	9 ♒ 23	23 ♑ 4	18 ♌ 1R	13 ♐ 29	13 ♓ 54	28 ♑ 36	24 ♑ 33	0 ♐ 36	8 ♏ 51	
28	10 29 23	8 ♓ 55 31	20 ♒ 8	11 ♒ 57	26 ♑ 34	17 ♌ 3R	13 ♐ 47	14 ♓ 16	28 ♑ 44	24 ♑ 38	0 ♐ 37	8 ♏ 41	
1	10 33 19	9 ♓ 55 48	3 ♓ 48	12 ♒ 55	27 ♑ 45	16 ♌ 44R	13 ♐ 53	14 ♓ 23	28 ♑ 47	24 ♑ 40	0 ♐ 37	8 ♏ 38	MARZO
5	10 49 5	13 ♓ 56 37	25 ♈ 29	17 ♒ 11	2 ♒ 26	15 ♌ 38R	14 ♐ 14	14 ♓ 53	28 ♑ 59	24 ♑ 47	0 ♐ 37R	8 ♏ 26	
10	11 8 48	18 ♓ 56 53	25 ♊ 11	23 ♒ 19	8 ♒ 20	14 ♌ 32R	14 ♐ 36	15 ♓ 29	29 ♑ 12	24 ♑ 55	0 ♐ 36R	8 ♏ 10	
15	11 28 31	23 ♓ 56 15	27 ♌ 49	0 ♓ 8	14 ♒ 15	13 ♌ 45R	14 ♐ 55	16 ♓ 6	29 ♑ 24	25 ♑ 2	0 ♐ 35R	7 ♏ 54	
20	11 48 14	28 ♓ 54 45	7 ♏ 51	7 ♓ 33	20 ♒ 12	13 ♌ 17R	15 ♐ 8	16 ♓ 43	29 ♑ 36	25 ♑ 8	0 ♐ 33R	7 ♏ 38	
25	12 7 56	3 ♈ 52 30	18 ♑ 57	15 ♓ 32	26 ♒ 9	13 ♌ 9	15 ♐ 18	17 ♓ 19	29 ♑ 46	25 ♑ 14	0 ♐ 30R	7 ♏ 22	
31	12 31 36	9 ♈ 48 49	8 ♈ 46	25 ♓ 49	3 ♓ 20	13 ♌ 24	15 ♐ 23	18 ♓ 1	29 ♑ 57	25 ♑ 20	0 ♐ 25R	7 ♏ 3	
1	12 35 33	10 ♈ 48 5	21 ♈ 17	27 ♓ 36	4 ♓ 32	13 ♌ 28	15 ♐ 23	18 ♓ 8	29 ♑ 59	25 ♑ 21	0 ♐ 24R	6 ♏ 60	APRILE
5	12 51 19	14 ♈ 44 49	9 ♊ 27	5 ♈ 1	9 ♓ 20	13 ♌ 54	15 ♐ 22R	18 ♓ 36	0 ♒ 5	25 ♑ 25	0 ♐ 20R	6 ♏ 47	
10	13 11 2	19 ♈ 39 53	9 ♌ 45	14 ♈ 48	15 ♓ 20	14 ♌ 40	15 ♐ 16R	19 ♓ 10	0 ♒ 12	25 ♑ 28	0 ♐ 15R	6 ♏ 31	
15	13 30 45	24 ♈ 34 1	17 ♎ 41	25 ♈ 5	21 ♓ 21	15 ♌ 40	15 ♐ 6R	19 ♓ 43	0 ♒ 18	25 ♑ 30	0 ♐ 9R	6 ♏ 15	
20	13 50 28	29 ♈ 27 20	1 ♑ 16	5 ♉ 39	27 ♓ 23	16 ♌ 52	14 ♐ 51R	20 ♓ 15	0 ♒ 23	25 ♑ 32	0 ♐ 2R	5 ♏ 59	
25	14 10 10	4 ♉ 19 56	9 ♓ 54	16 ♉ 0	3 ♈ 25	18 ♌ 16	14 ♐ 32R	20 ♓ 46	0 ♒ 26	25 ♑ 33	29 ♏ 55R	5 ♏ 43	
30	14 29 53	9 ♉ 11 51	12 ♉ 8	25 ♉ 30	9 ♈ 27	19 ♌ 50	14 ♐ 9R	21 ♓ 15	0 ♒ 28	25 ♑ 33R	29 ♏ 48R	5 ♏ 28	
1	14 33 50	10 ♉ 10 8	24 ♉ 6	27 ♉ 15	10 ♈ 40	20 ♌ 10	14 ♐ 4R	21 ♓ 21	0 ♒ 28	25 ♑ 33R	29 ♏ 46R	5 ♏ 24	MAGGIO
5	14 49 36	14 ♉ 3 1	11 ♋ 30	3 ♊ 39	15 ♈ 30	21 ♌ 34	13 ♐ 43R	21 ♓ 43	0 ♒ 28	25 ♑ 32R	29 ♏ 40R	5 ♏ 12	
10	15 9 19	18 ♉ 53 22	13 ♍ 52	10 ♊ 9	21 ♈ 33	23 ♌ 25	13 ♐ 13R	22 ♓ 9	0 ♒ 28R	25 ♑ 31R	29 ♏ 32R	4 ♏ 56	
15	15 29 1	23 ♉ 42 59	25 ♏ 35	14 ♊ 51	27 ♈ 36	25 ♌ 24	12 ♐ 40R	22 ♓ 34	0 ♒ 26R	25 ♑ 29R	29 ♏ 24R	4 ♏ 40	
20	15 48 44	28 ♉ 31 58	9 ♒ 38	17 ♊ 36	3 ♊ 40	27 ♌ 30	12 ♐ 5R	22 ♓ 57	0 ♒ 23R	25 ♑ 25R	29 ♏ 16R	4 ♏ 24	
25	16 8 27	3 ♊ 20 29	14 ♈ 54	18 ♊ 21R	9 ♊ 44	29 ♌ 42	11 ♐ 28R	23 ♓ 18	0 ♒ 19R	25 ♑ 22R	29 ♏ 7R	4 ♏ 8	
31	16 32 6	9 ♊ 6 8	26 ♊ 33	16 ♊ 49R	17 ♊ 1	2 ♍ 27	10 ♐ 42R	23 ♓ 40	0 ♒ 13R	25 ♑ 16R	28 ♏ 57R	3 ♏ 49	
1	16 36 3	10 ♊ 3 41	8 ♋ 24	16 ♊ 22R	18 ♉ 14	2 ♍ 55	10 ♐ 35R	23 ♓ 43	0 ♒ 11R	25 ♑ 15R	28 ♏ 56R	3 ♏ 46	GIUGNO
5	16 51 49	13 ♊ 53 38	26 ♌ 58	14 ♊ 15R	23 ♉ 5	4 ♍ 50	10 ♐ 4R	23 ♓ 56	0 ♒ 6R	25 ♑ 11R	28 ♏ 49R	3 ♏ 33	
10	17 11 32	18 ♊ 40 38	4 ♏ 10	11 ♊ 37R	29 ♉ 10	7 ♍ 18	9 ♐ 26R	24 ♓ 10	29 ♑ 58R	25 ♑ 5R	28 ♏ 42R	3 ♏ 17	
15	17 31 14	23 ♊ 27 14	19 ♑ 31	10 ♊ 0R	5 ♊ 15	9 ♍ 50	8 ♐ 50R	24 ♓ 22	29 ♑ 50R	24 ♑ 59R	28 ♏ 34R	3 ♏ 1	
20	17 50 57	28 ♊ 13 37	29 ♓ 12	10 ♊ 6	11 ♊ 21	12 ♍ 26	8 ♐ 15R	24 ♓ 32	29 ♑ 41R	24 ♑ 52R	28 ♏ 27R	2 ♏ 46	
25	18 10 40	2 ♋ 59 53	29 ♉ 59	12 ♊ 6	17 ♊ 27	15 ♍ 6	7 ♐ 42R	24 ♓ 38	29 ♑ 31R	24 ♑ 45R	28 ♏ 20R	2 ♏ 30	
30	18 30 23	7 ♋ 46 5	29 ♋ 29	15 ♊ 58	23 ♊ 33	17 ♍ 49	7 ♐ 12R	24 ♓ 43	29 ♑ 20R	24 ♑ 37R	28 ♏ 14R	2 ♏ 14	

1995	GIORNO	TEMPO SIDERALE	☉	☽	☿	♀	♂	♃	♄	♅	♆	♇	☊
LUGLIO	1	18 34 19	8 ♋ 43 19	11 ♌ 39	16 ♊ 57	24 ♊ 46	18 ♍ 22	7 ♐ 7R	24 ♓ 43	29 ♑ 18R	24 ♑ 36R	28 ♏ 13R	2 ♏ 11
	5	18 50 6	12 ♋ 32 10	2 ♎ 13	21 ♊ 35	29 ♊ 39	20 ♍ 35	6 ♐ 46R	24 ♓ 45	29 ♑ 9R	24 ♑ 30R	28 ♏ 9R	1 ♏ 58
	10	19 9 48	17 ♋ 18 8	12 ♐ 35	28 ♊ 51	5 ♋ 47	23 ♍ 24	6 ♐ 23R	24 ♓ 44R	28 ♑ 58R	24 ♑ 22R	28 ♏ 4R	1 ♏ 42
	15	19 29 31	22 ♋ 4 6	27 ♒ 15	7 ♋ 35	11 ♋ 54	26 ♍ 16	6 ♐ 4R	24 ♓ 41R	28 ♑ 46R	24 ♑ 14R	27 ♏ 60R	1 ♏ 26
	20	19 49 14	26 ♋ 50 14	2 ♉ 52	17 ♋ 30	18 ♋ 2	29 ♍ 11	5 ♐ 49R	24 ♓ 36R	28 ♑ 34R	24 ♑ 5R	27 ♏ 56R	1 ♏ 10
	25	20 8 57	1 ♌ 36 41	2 ♋ 20	28 ♋ 2	24 ♋ 11	2 ♎ 8	5 ♐ 39R	24 ♓ 28R	28 ♑ 22R	23 ♑ 57R	27 ♏ 53R	0 ♏ 54
	31	20 32 36	7 ♌ 20 50	16 ♍ 18	10 ♌ 37	1 ♌ 34	5 ♎ 44	5 ♐ 33R	24 ♓ 15R	28 ♑ 8R	23 ♑ 48R	27 ♏ 51R	0 ♏ 35
AGOSTO	1	20 36 33	8 ♌ 18 14	29 ♍ 14	12 ♌ 40	2 ♌ 48	6 ♎ 21	5 ♐ 32R	24 ♓ 13R	28 ♑ 5R	23 ♑ 46R	27 ♏ 51R	0 ♏ 32
	5	20 52 19	12 ♌ 7 55	23 ♏ 21	20 ♌ 37	7 ♌ 43	8 ♎ 47	5 ♐ 32	24 ♓ 2R	27 ♑ 56R	23 ♑ 40R	27 ♏ 50R	0 ♏ 19
	10	21 12 1	16 ♌ 55 17	6 ♒ 29	29 ♌ 59	13 ♌ 53	11 ♎ 52	5 ♐ 37	23 ♓ 47R	27 ♑ 45R	23 ♑ 33R	27 ♏ 50	0 ♏ 4
	15	21 31 44	21 ♌ 43 5	16 ♈ 3	8 ♍ 43	20 ♌ 4	14 ♎ 59	5 ♐ 46	23 ♓ 30R	27 ♑ 34R	23 ♑ 26R	27 ♏ 50	29 ♎ 48
	20	21 51 27	26 ♌ 31 28	16 ♊ 58	16 ♍ 50	26 ♌ 15	18 ♎ 9	5 ♐ 59	23 ♓ 12R	27 ♑ 23R	23 ♑ 19R	27 ♏ 52	29 ♎ 32
	25	22 11 10	1 ♍ 20 32	17 ♌ 26	24 ♍ 20	2 ♍ 26	21 ♎ 20	6 ♐ 17	22 ♓ 52R	27 ♑ 14R	23 ♑ 13R	27 ♏ 54	29 ♎ 16
	31	22 34 49	7 ♍ 8 14	6 ♏ 20	2 ♎ 30	9 ♍ 53	25 ♎ 13	6 ♐ 44	22 ♓ 27R	27 ♑ 3R	23 ♑ 6R	27 ♏ 58	28 ♎ 57
SETTEMBRE	1	22 38 46	8 ♍ 6 16	20 ♏ 8	3 ♎ 46	11 ♍ 7	25 ♎ 52	6 ♐ 49	22 ♓ 22R	27 ♑ 2R	23 ♑ 5R	27 ♏ 59	28 ♎ 54
	5	22 54 32	11 ♍ 58 38	16 ♑ 54	8 ♎ 32	16 ♍ 5	28 ♎ 29	7 ♐ 10	22 ♓ 4R	26 ♑ 55R	23 ♑ 1R	28 ♏ 2	28 ♎ 41
	10	23 14 15	16 ♍ 49 38	27 ♓ 37	13 ♎ 40	22 ♍ 17	1 ♏ 47	7 ♐ 41	21 ♓ 41R	26 ♑ 49R	22 ♑ 57R	28 ♏ 7	28 ♎ 25
	15	23 33 57	21 ♍ 41 24	1 ♊ 6	17 ♎ 37	28 ♍ 30	5 ♏ 8	8 ♐ 15	21 ♓ 18R	26 ♑ 43R	22 ♑ 53R	28 ♏ 13	28 ♎ 9
	20	23 53 40	26 ♍ 34 3	0 ♌ 51	19 ♎ 54	4 ♎ 43	8 ♏ 30	8 ♐ 53	20 ♓ 55R	26 ♑ 38R	22 ♑ 50R	28 ♏ 19	27 ♎ 53
	25	0 13 23	1 ♎ 27 35	5 ♎ 9	19 ♎ 48R	10 ♎ 56	11 ♏ 54	9 ♐ 34	20 ♓ 33R	26 ♑ 35R	22 ♑ 48R	28 ♏ 27	27 ♎ 37
	30	0 33 6	6 ♎ 21 56	15 ♐ 4	16 ♎ 46R	17 ♎ 9	15 ♏ 20	10 ♐ 18	20 ♓ 10R	26 ♑ 33R	22 ♑ 47R	28 ♏ 35	27 ♎ 21
OTTOBRE	1	0 37 2	7 ♎ 20 54	29 ♐ 18	15 ♎ 50R	18 ♎ 24	16 ♏ 1	10 ♐ 28	20 ♓ 6R	26 ♑ 32R	22 ♑ 47R	28 ♏ 36	27 ♎ 18
	5	0 52 48	11 ♎ 17 2	25 ♒ 37	11 ♎ 24R	23 ♎ 23	18 ♏ 48	11 ♐ 5	19 ♓ 49R	26 ♑ 32R	22 ♑ 47R	28 ♏ 43	27 ♎ 6
	10	1 12 31	16 ♎ 12 53	2 ♉ 4	6 ♎ 28R	29 ♎ 36	22 ♏ 17	11 ♐ 55	19 ♓ 29R	26 ♑ 32	22 ♑ 47	28 ♏ 52	26 ♎ 50
	15	1 32 14	21 ♎ 9 37	2 ♋ 48	5 ♎ 5	5 ♏ 49	25 ♏ 49	12 ♐ 47	19 ♓ 11R	26 ♑ 33	22 ♑ 48	29 ♏ 2	26 ♎ 34
	20	1 51 57	26 ♎ 7 18	3 ♍ 36	7 ♎ 59	12 ♏ 3	29 ♏ 22	13 ♐ 42	18 ♓ 54R	26 ♑ 36	22 ♑ 50	29 ♏ 12	26 ♎ 18
	25	2 11 40	1 ♏ 5 55	11 ♏ 52	13 ♎ 54	18 ♏ 16	2 ♐ 57	14 ♐ 38	18 ♓ 39R	26 ♑ 40	22 ♑ 53	29 ♏ 23	26 ♎ 2
	31	2 35 19	7 ♏ 5 17	8 ♒ 33	22 ♎ 56	25 ♏ 44	7 ♐ 18	15 ♐ 49	18 ♓ 24R	26 ♑ 47	22 ♑ 58	29 ♏ 36	25 ♎ 43
NOVEMBRE	1	2 39 15	8 ♏ 5 17	22 ♒ 25	24 ♎ 32	26 ♏ 59	8 ♐ 1	16 ♐ 1	18 ♓ 22R	26 ♑ 48	22 ♑ 59	29 ♏ 38	25 ♎ 40
	5	2 55 2	12 ♏ 5 31	15 ♈ 25	1 ♏ 2	1 ♐ 57	10 ♐ 56	16 ♐ 50	18 ♓ 14R	26 ♑ 54	23 ♑ 2	29 ♏ 47	25 ♎ 27
	10	3 14 44	17 ♏ 6 28	17 ♊ 7	9 ♏ 13	8 ♐ 11	14 ♐ 37	17 ♐ 52	18 ♓ 7R	27 ♑ 2	23 ♑ 8	29 ♏ 59	25 ♎ 11
	15	3 34 27	22 ♏ 8 11	16 ♌ 42	17 ♏ 19	14 ♐ 24	18 ♐ 19	18 ♐ 56	18 ♓ 2R	27 ♑ 11	23 ♑ 14	0 ♐ 11	24 ♎ 55
	20	3 54 10	27 ♏ 10 41	21 ♎ 22	25 ♏ 20	20 ♐ 37	22 ♐ 2	20 ♐ 0	17 ♓ 60R	27 ♑ 21	23 ♑ 21	0 ♐ 23	24 ♎ 39
	25	4 13 53	2 ♐ 13 53	5 ♑ 7	3 ♐ 14	26 ♐ 49	25 ♐ 47	21 ♐ 6	18 ♓ 0	27 ♑ 32	23 ♑ 29	0 ♐ 34	24 ♎ 24
	30	4 33 35	7 ♐ 17 36	16 ♓ 22	11 ♐ 5	3 ♑ 2	29 ♐ 33	22 ♐ 13	18 ♓ 3	27 ♑ 44	23 ♑ 37	0 ♐ 46	24 ♎ 8
DICEMBRE	1	4 37 32	8 ♐ 18 23	29 ♓ 32	12 ♐ 39	4 ♑ 17	0 ♑ 19	22 ♐ 26	18 ♓ 4	27 ♑ 47	23 ♑ 39	0 ♐ 49	24 ♎ 4
	5	4 53 18	12 ♐ 21 43	19 ♉ 36	18 ♐ 54	9 ♑ 14	3 ♑ 21	23 ♐ 20	18 ♓ 9	27 ♑ 58	23 ♑ 46	0 ♐ 58	23 ♎ 52
	10	5 13 1	17 ♐ 26 15	19 ♋ 25	26 ♐ 42	15 ♑ 26	7 ♑ 10	24 ♐ 28	18 ♓ 17	28 ♑ 12	23 ♑ 55	1 ♐ 10	23 ♎ 36
	15	5 32 44	22 ♐ 31 13	19 ♍ 51	4 ♑ 29	21 ♑ 38	10 ♑ 60	25 ♐ 36	18 ♓ 28	28 ♑ 26	24 ♑ 5	1 ♐ 21	23 ♎ 20
	20	5 52 27	27 ♐ 36 36	28 ♏ 0	12 ♑ 13	27 ♑ 49	14 ♑ 51	26 ♐ 45	18 ♓ 42	28 ♑ 42	24 ♑ 15	1 ♐ 33	23 ♎ 4
	25	6 12 9	2 ♑ 42 16	13 ♒ 47	19 ♑ 44	3 ♒ 60	18 ♑ 43	27 ♐ 53	18 ♓ 57	28 ♑ 58	24 ♑ 26	1 ♐ 43	22 ♎ 48
	31	6 35 49	8 ♑ 49 11	4 ♉ 27	27 ♑ 56	11 ♒ 23	23 ♑ 23	29 ♐ 15	19 ♓ 20	29 ♑ 18	24 ♑ 39	1 ♐ 56	22 ♎ 29

GIORNO	TEMPO SIDERALE	☉	☽	☿	♀	♂	♃	♄	♅	♆	♇	☊	1996
1	6 39 45	9 ♑ 50 20	16 ♉ 41	29 ♑ 8	12 ♒ 37	24 ♑ 10	29 ♐ 29	19 ♓ 24	29 ♑ 21	24 ♑ 41	1 ♐ 58	22 ♎ 26	GENNAIO
5	6 55 31	13 ♑ 54 54	4 ♋ 29	3 ♒ 6	17 ♒ 32	27 ♑ 17	0 ♑ 23	19 ♓ 40	29 ♑ 35	24 ♑ 50	2 ♐ 6	22 ♎ 13	
10	7 15 14	19 ♑ 0 35	4 ♍ 18	5 ♒ 10R	23 ♒ 40	1 ♒ 12	1 ♑ 30	20 ♓ 3	29 ♑ 52	25 ♑ 1	2 ♐ 15	21 ♎ 57	
15	7 34 57	24 ♑ 6 16	8 ♏ 9	2 ♒ 40R	29 ♒ 46	5 ♒ 8	2 ♑ 37	20 ♓ 28	0 ♒ 6	25 ♑ 12	2 ♐ 23	21 ♎ 42	
20	7 54 40	29 ♑ 11 52	21 ♑ 32	26 ♑ 39R	5 ♓ 51	9 ♒ 4	3 ♑ 43	20 ♓ 55	0 ♒ 27	25 ♑ 24	2 ♐ 31	21 ♎ 26	
25	8 14 22	4 ♒ 17 14	4 ♈ 45	21 ♑ 12R	11 ♓ 55	13 ♒ 0	4 ♑ 47	21 ♓ 23	0 ♒ 45	25 ♑ 35	2 ♐ 39	21 ♎ 10	
31	8 38 2	10 ♒ 23 6	19 ♊ 32	19 ♑ 8	19 ♓ 8	17 ♒ 45	6 ♑ 3	21 ♓ 59	1 ♒ 6	25 ♑ 49	2 ♐ 46	20 ♎ 51	
1	8 41 58	11 ♒ 24 1	1 ♋ 23	19 ♑ 16	20 ♓ 20	18 ♒ 32	6 ♑ 16	22 ♓ 6	1 ♒ 9	25 ♑ 51	2 ♐ 48	20 ♎ 48	FEBBRAIO
5	8 57 45	15 ♒ 27 27	19 ♌ 10	20 ♑ 52	25 ♓ 7	21 ♒ 42	7 ♑ 5	22 ♓ 31	1 ♒ 23	25 ♑ 60	2 ♐ 52	20 ♎ 35	
10	9 17 27	20 ♒ 31 20	21 ♎ 31	24 ♑ 42	1 ♈ 3	25 ♒ 39	8 ♑ 5	23 ♓ 4	1 ♒ 40	26 ♑ 10	2 ♐ 57	20 ♎ 19	
15	9 37 10	25 ♒ 34 47	0 ♑ 18	29 ♑ 52	6 ♈ 57	29 ♒ 36	9 ♑ 3	23 ♓ 38	1 ♒ 57	26 ♑ 21	3 ♐ 1	20 ♎ 3	
20	9 56 53	0 ♓ 37 42	14 ♓ 33	5 ♒ 56	12 ♈ 47	3 ♓ 34	9 ♑ 59	24 ♓ 12	2 ♒ 13	26 ♑ 31	3 ♐ 4	19 ♎ 47	
25	10 16 36	5 ♓ 39 58	21 ♉ 39	12 ♒ 39	18 ♈ 34	7 ♓ 31	10 ♑ 53	24 ♓ 48	2 ♒ 29	26 ♑ 40	3 ♐ 6	19 ♎ 31	
29	10 32 22	9 ♓ 41 11	9 ♋ 47	18 ♒ 24	23 ♈ 8	10 ♓ 40	11 ♑ 34	25 ♓ 17	2 ♒ 41	26 ♑ 48	3 ♐ 7	19 ♎ 19	
1	10 36 18	10 ♓ 41 25	21 ♋ 39	19 ♒ 53	24 ♈ 16	11 ♓ 27	11 ♑ 44	25 ♓ 24	2 ♒ 44	26 ♑ 50	3 ♐ 7	19 ♎ 15	MARZO
5	10 52 5	14 ♓ 41 59	10 ♍ 12	26 ♒ 1	28 ♈ 47	14 ♓ 37	12 ♑ 24	25 ♓ 53	2 ♒ 56	26 ♑ 56	3 ♐ 8	19 ♎ 3	
10	11 11 47	19 ♓ 42 0	14 ♏ 57	4 ♓ 6	4 ♉ 21	18 ♓ 33	13 ♑ 10	26 ♓ 30	3 ♒ 10	27 ♑ 5	3 ♐ 7R	18 ♎ 47	
15	11 31 30	24 ♓ 41 19	25 ♑ 0	12 ♓ 40	9 ♉ 48	22 ♓ 28	13 ♑ 54	27 ♓ 7	3 ♒ 23	27 ♑ 12	3 ♐ 6R	18 ♎ 31	
20	11 51 13	29 ♓ 39 54	6 ♈ 49	21 ♓ 44	15 ♉ 9	26 ♓ 23	14 ♑ 34	27 ♓ 45	3 ♒ 35	27 ♑ 19	3 ♐ 4R	18 ♎ 15	
25	12 10 56	4 ♈ 37 39	11 ♊ 50	1 ♈ 18	20 ♉ 22	0 ♈ 17	15 ♑ 11	28 ♓ 22	3 ♒ 46	27 ♑ 25	3 ♐ 2R	17 ♎ 59	
31	12 34 35	10 ♈ 33 41	23 ♌ 45	13 ♈ 23	26 ♉ 26	4 ♈ 57	15 ♑ 50	29 ♓ 6	3 ♒ 58	27 ♑ 31	2 ♐ 57R	17 ♎ 40	
1	12 38 32	11 ♈ 32 53	6 ♍ 3	15 ♈ 26	27 ♉ 25	5 ♈ 43	15 ♑ 56	29 ♓ 13	3 ♒ 60	27 ♑ 32	2 ♐ 56R	17 ♎ 37	APRILE
5	12 54 18	15 ♈ 29 21	27 ♎ 46	23 ♈ 40	1 ♊ 18	8 ♈ 49	16 ♑ 19	29 ♓ 43	4 ♒ 7	27 ♑ 36	2 ♐ 53R	17 ♎ 24	
10	13 14	20 ♈ 24 13	7 ♑ 23	3 ♉ 38	5 ♊ 56	12 ♈ 41	16 ♑ 43	0 ♈ 19	4 ♒ 14	27 ♑ 39	2 ♐ 48R	17 ♎ 8	
15	13 33 43	25 ♈ 18 21	18 ♓ 4	12 ♉ 33	10 ♊ 20	16 ♈ 31	17 ♑ 3	0 ♈ 54	4 ♒ 21	27 ♑ 42	2 ♐ 42R	16 ♎ 52	
20	13 53 26	0 ♉ 11 43	24 ♉ 47	19 ♉ 48	14 ♊ 26	20 ♈ 20	17 ♑ 19	1 ♈ 29	4 ♒ 26	27 ♑ 44	2 ♐ 35R	16 ♎ 36	
25	14 3 19	5 ♉ 4 15	25 ♋ 40	24 ♉ 60	18 ♊ 10	24 ♈ 8	17 ♑ 31	2 ♈ 3	4 ♒ 30	27 ♑ 45	2 ♐ 29R	16 ♎ 21	
30	14 32 52	9 ♉ 55 55	26 ♍ 33	27 ♉ 57	21 ♊ 28	27 ♈ 55	17 ♑ 37	2 ♈ 35	4 ♒ 33	27 ♑ 45R	2 ♐ 21R	16 ♎ 5	
1	14 36 48	10 ♉ 54 8	9 ♎ 29	28 ♉ 15	22 ♊ 4	28 ♈ 41	17 ♑ 38	2 ♈ 42	4 ♒ 33	27 ♑ 45R	2 ♐ 20R	16 ♎ 2	MAGGIO
5	14 52 34	14 ♉ 46 46	4 ♐ 43	28 ♉ 36R	24 ♊ 14	1 ♉ 41	17 ♑ 39R	3 ♈ 7	4 ♒ 35	27 ♑ 45R	2 ♐ 14R	15 ♎ 49	
10	15 12 17	19 ♉ 36 57	16 ♒ 50	27 ♉ 12R	26 ♊ 23	5 ♉ 26	17 ♑ 37R	3 ♈ 37	4 ♒ 35R	27 ♑ 44R	2 ♐ 6R	15 ♎ 33	
15	15 31 60	24 ♉ 26 36	24 ♈ 53	24 ♉ 31R	27 ♊ 47	9 ♉ 9	17 ♑ 29R	4 ♈ 6	4 ♒ 34R	27 ♑ 41R	1 ♐ 58R	15 ♎ 17	
20	15 51 43	29 ♉ 15 41	27 ♊ 50	21 ♉ 43R	28 ♊ 18	12 ♉ 51	17 ♑ 17R	4 ♈ 33	4 ♒ 32R	27 ♑ 39R	1 ♐ 50R	15 ♎ 1	
25	16 11 25	4 ♊ 4 9	27 ♌ 30	19 ♉ 56R	27 ♊ 51R	16 ♉ 31	17 ♑ 1R	4 ♈ 59	4 ♒ 29R	27 ♑ 35R	1 ♐ 41R	14 ♎ 45	
31	16 35 5	9 ♊ 49 30	14 ♏ 41	20 ♉ 2	25 ♊ 60R	20 ♉ 54	16 ♑ 35R	5 ♈ 28	4 ♒ 23R	27 ♑ 30R	1 ♐ 31R	14 ♎ 26	
1	16 39 1	10 ♊ 46 59	28 ♏ 57	20 ♉ 19	25 ♊ 33R	21 ♉ 38	16 ♑ 31R	5 ♈ 32	4 ♒ 22R	27 ♑ 29R	1 ♐ 30R	14 ♎ 23	GIUGNO
5	16 54 47	14 ♊ 36 46	28 ♑ 18	22 ♉ 9	23 ♊ 30R	24 ♉ 32	16 ♑ 10R	5 ♈ 49	4 ♒ 17R	27 ♑ 25R	1 ♐ 23R	14 ♎ 10	
10	17 14 30	19 ♊ 23 43	8 ♈ 41	25 ♉ 57	20 ♊ 29R	28 ♉ 8	15 ♑ 41R	6 ♈ 9	4 ♒ 10R	27 ♑ 19R	1 ♐ 15R	13 ♎ 54	
15	17 34 13	24 ♊ 10 27	12 ♊ 11	1 ♊ 17	17 ♊ 24R	1 ♊ 43	15 ♑ 9R	6 ♈ 27	4 ♒ 3R	27 ♑ 13R	1 ♐ 8R	13 ♎ 39	
20	17 53 56	28 ♊ 56 57	12 ♌ 9	8 ♊ 1	14 ♊ 44R	5 ♊ 16	14 ♑ 35R	6 ♈ 42	3 ♒ 54R	27 ♑ 6R	1 ♐ 1R	13 ♎ 23	
25	18 13 39	3 ♋ 43 11	12 ♎ 44	16 ♊ 4	12 ♊ 50R	8 ♊ 48	13 ♑ 58R	6 ♈ 55	3 ♒ 45R	26 ♑ 59R	0 ♐ 54R	13 ♎ 7	
30	18 33 21	8 ♋ 29 10	21 ♐ 59	25 ♊ 21	11 ♊ 53R	12 ♊ 18	13 ♑ 20R	7 ♈ 6	3 ♒ 34R	26 ♑ 52R	0 ♐ 48R	12 ♎ 51	

1996	GIORNO	TEMPO SIDERALE	☉	☽	☿	♀	♂	♃	♄	♅	♆	♇	☊
LUGLIO	1	18 37 18	9 ♋ 26 21	7 ♑ 4	27 ♊ 20	11 ♊ 49R	13 ♊ 0	13 ♑ 13R	7 ♈ 8	3 ♒ 32R	26 ♑ 50R	0 ♐ 46R	12 ♎ 48
	5	18 53 4	13 ♋ 15 5	7 ♓ 13	5 ♋ 36	11 ♊ 56	15 ♊ 47	12 ♑ 42R	7 ♈ 14	3 ♒ 24R	26 ♑ 44R	0 ♐ 42R	12 ♎ 35
	10	19 12 47	18 ♋ 1 5	14 ♉ 29	16 ♋ 22	12 ♊ 53	19 ♊ 15	12 ♑ 4R	7 ♈ 20	3 ♒ 12R	26 ♑ 36R	0 ♐ 37R	12 ♎ 19
	15	19 32 30	22 ♋ 47 16	15 ♋ 22	27 ♋ 3	14 ♊ 38	22 ♊ 41	11 ♑ 26R	7 ♈ 23	3 ♒ 1R	26 ♑ 28R	0 ♐ 32R	12 ♎ 3
	20	19 52 12	27 ♋ 33 36	14 ♍ 26	7 ♌ 15	17 ♊ 3	26 ♊ 6	10 ♑ 50R	7 ♈ 24R	2 ♒ 49R	26 ♑ 20R	0 ♐ 28R	11 ♎ 47
	25	20 11 55	2 ♌ 20 3	17 ♏ 45	16 ♌ 47	20 ♊ 3	29 ♊ 29	10 ♑ 15R	7 ♈ 22R	2 ♒ 37R	26 ♑ 12R	0 ♐ 25R	11 ♎ 31
	31	20 35 34	8 ♌ 4 2	16 ♒ 4	27 ♌ 15	24 ♊ 14	3 ♋ 31	9 ♑ 38R	7 ♈ 16R	2 ♒ 23R	26 ♑ 2R	0 ♐ 23R	11 ♎ 12
AGOSTO	1	20 39 31	9 ♌ 1 24	1 ♓ 14	28 ♌ 54	24 ♊ 59	4 ♋ 11	9 ♑ 32R	7 ♈ 15R	2 ♒ 20R	26 ♑ 1R	0 ♐ 22R	11 ♎ 9
	5	20 55 17	12 ♌ 51 4	28 ♈ 2	5 ♍ 12	28 ♊ 8	6 ♋ 51	9 ♑ 10R	7 ♈ 9R	2 ♒ 11R	25 ♑ 55R	0 ♐ 21R	10 ♎ 57
	10	21 15	17 ♌ 38 36	0 ♋ 31	12 ♍ 27	2 ♋ 21	10 ♋ 10	8 ♑ 45R	6 ♈ 59R	1 ♒ 59R	25 ♑ 47R	0 ♐ 21R	10 ♎ 41
	15	21 34 43	22 ♌ 26 41	29 ♌ 56	18 ♍ 55	6 ♋ 49	13 ♋ 27	8 ♑ 25R	6 ♈ 47R	1 ♒ 48R	25 ♑ 40R	0 ♐ 21	10 ♎ 25
	20	21 54 26	27 ♌ 15 17	1 ♏ 8	24 ♍ 32	11 ♋ 31	16 ♋ 42	8 ♑ 9R	6 ♈ 33R	1 ♒ 37R	25 ♑ 33R	0 ♐ 22	10 ♎ 9
	25	22 14 8	2 ♍ 4 21	9 ♑ 27	29 ♍ 5	16 ♋ 23	19 ♋ 56	7 ♑ 58R	6 ♈ 17R	1 ♒ 27R	25 ♑ 27R	0 ♐ 24	9 ♎ 53
	31	22 37 48	7 ♍ 51 57	8 ♈ 51	2 ♎ 39	22 ♋ 27	23 ♋ 47	7 ♑ 50R	5 ♈ 55R	1 ♒ 16R	25 ♑ 20R	0 ♐ 28	9 ♎ 34
SETTEMBRE	1	22 41 44	8 ♍ 49 59	22 ♈ 56	2 ♎ 60	23 ♋ 29	24 ♋ 25	7 ♑ 50R	5 ♈ 51R	1 ♒ 14R	25 ♑ 19R	0 ♐ 29	9 ♎ 31
	5	22 57 30	12 ♍ 42 24	15 ♊ 1	3 ♎ 28R	27 ♋ 40	26 ♋ 57	7 ♑ 49	5 ♈ 35R	1 ♒ 8R	25 ♑ 15R	0 ♐ 32	9 ♎ 18
	10	23 17 13	17 ♍ 33 41	14 ♌ 52	1 ♎ 45R	2 ♌ 59	0 ♌ 6	7 ♑ 53	5 ♈ 14R	1 ♒ 0R	25 ♑ 10R	0 ♐ 36	9 ♎ 2
	15	23 36 56	22 ♍ 25 46	15 ♎ 35	27 ♍ 34R	8 ♌ 25	3 ♌ 14	8 ♑ 2	4 ♈ 52R	0 ♒ 54R	25 ♑ 6R	0 ♐ 42	8 ♎ 46
	20	23 56 39	27 ♍ 18 36	21 ♐ 11	22 ♍ 28R	13 ♌ 57	6 ♌ 19	8 ♑ 15	4 ♈ 29R	0 ♒ 48R	25 ♑ 3R	0 ♐ 48	8 ♎ 30
	25	0 16 21	2 ♎ 12 7	3 ♓ 14	19 ♍ 15R	19 ♌ 33	9 ♌ 23	8 ♑ 32	4 ♈ 6R	0 ♒ 44R	25 ♑ 1R	0 ♐ 55	8 ♎ 14
	30	0 36 4	7 ♎ 6 25	14 ♉ 34	19 ♍ 54	25 ♌ 15	12 ♌ 25	8 ♑ 54	3 ♈ 43R	0 ♒ 41R	24 ♑ 60R	1 ♐ 2	7 ♎ 59
OTTOBRE	1	0 40 1	8 ♎ 5 23	27 ♉ 49	20 ♍ 32	26 ♌ 23	13 ♌ 1	8 ♑ 59	3 ♈ 38R	0 ♒ 41R	24 ♑ 59R	1 ♐ 4	7 ♎ 55
	5	0 55 47	12 ♎ 1 36	17 ♋ 30	24 ♍ 22	0 ♍ 60	15 ♌ 24	9 ♑ 21	3 ♈ 20R	0 ♒ 39R	24 ♑ 59	1 ♐ 11	7 ♎ 43
	10	1 15 30	16 ♎ 57 45	17 ♍ 11	1 ♎ 20	6 ♍ 49	18 ♌ 22	9 ♑ 51	2 ♈ 57R	0 ♒ 38	24 ♑ R59	1 ♐ 20	7 ♎ 27
	15	1 35 13	21 ♎ 54 49	20 ♏ 58	9 ♎ 30	12 ♍ 42	21 ♌ 18	10 ♑ 25	2 ♈ 35R	0 ♒ 39	24 ♑ 60	1 ♐ 29	7 ♎ 11
	20	1 54 55	26 ♎ 52 39	0 ♒ 5	18 ♎ 2	18 ♍ 37	24 ♌ 11	11 ♑ 3	2 ♈ 14R	0 ♒ 41	25 ♑ 2	1 ♐ 39	6 ♎ 55
	25	2 14 38	1 ♏ 51 14	11 ♈ 17	26 ♎ 34	24 ♍ 35	27 ♌ 2	11 ♑ 45	1 ♈ 55R	0 ♒ 44	25 ♑ 4	1 ♐ 49	6 ♎ 39
	31	2 38 17	7 ♏ 50 32	1 ♋ 4	6 ♏ 34	1 ♎ 49	0 ♍ 23	12 ♑ 39	1 ♈ 34R	0 ♒ 50	25 ♑ 9	2 ♐ 2	6 ♎ 20
NOVEMBRE	1	2 42 14	8 ♏ 50 33	13 ♋ 20	8 ♏ 13	3 ♎ 1	0 ♍ 56	12 ♑ 48	1 ♈ 31R	0 ♒ 51	25 ♑ 10	2 ♐ 5	6 ♎ 17
	5	2 58	12 ♏ 50 55	1 ♍ 1	14 ♏ 42	7 ♎ 52	3 ♍ 8	13 ♑ 27	1 ♈ 19R	0 ♒ 56	25 ♑ 13	2 ♐ 14	6 ♎ 4
	10	3 17 43	17 ♏ 52 9	3 ♏ 16	22 ♏ 40	13 ♎ 58	5 ♍ 50	14 ♑ 19	1 ♈ 5R	1 ♒ 3	25 ♑ 18	2 ♐ 25	5 ♎ 48
	15	3 37 26	22 ♏ 54 8	12 ♑ 37	0 ♐ 29	20 ♎ 5	8 ♍ 28	15 ♑ 13	0 ♈ 55R	1 ♒ 11	25 ♑ 24	2 ♐ 37	5 ♎ 32
	20	3 57 9	27 ♏ 56 42	23 ♓ 19	8 ♐ 11	26 ♎ 13	11 ♍ 2	16 ♑ 9	0 ♈ 46R	1 ♒ 21	25 ♑ 31	2 ♐ 49	5 ♎ 17
	25	4 16 51	2 ♐ 59 47	0 ♊ 54	15 ♐ 48	2 ♏ 23	13 ♍ 33	17 ♑ 7	0 ♈ 40R	1 ♒ 31	25 ♑ 39	3 ♐ 0	5 ♎ 1
	30	4 36 34	8 ♐ 3 25	3 ♌ 14	23 ♐ 18	8 ♏ 34	15 ♍ 59	18 ♑ 8	0 ♈ 37R	1 ♒ 43	25 ♑ 47	3 ♐ 12	4 ♎ 45
DICEMBRE	1	4 40 31	9 ♐ 4 13	15 ♌ 8	24 ♐ 47	9 ♏ 49	16 ♍ 27	18 ♑ 20	0 ♈ 37R	1 ♒ 45	25 ♑ 48	3 ♐ 15	4 ♎ 42
	5	4 56 17	13 ♐ 7 39	2 ♎ 51	0 ♑ 37	14 ♏ 46	18 ♍ 20	19 ♑ 10	0 ♈ 36	1 ♒ 55	25 ♑ 55	3 ♐ 24	4 ♎ 29
	10	5 15 60	18 ♐ 12 26	8 ♐ 49	7 ♑ 32	20 ♏ 59	20 ♍ 36	20 ♑ 14	0 ♈ 39	2 ♒ 9	26 ♑ 4	3 ♐ 36	4 ♎ 13
	15	5 35 42	23 ♐ 17 35	21 ♒ 45	13 ♑ 38	27 ♏ 13	22 ♍ 46	21 ♑ 19	0 ♈ 44	2 ♒ 23	26 ♑ 14	3 ♐ 47	3 ♎ 57
	20	5 55 25	28 ♐ 22 57	1 ♉ 0	18 ♑ 0	3 ♐ 27	24 ♍ 49	22 ♑ 26	0 ♈ 51	2 ♒ 38	26 ♑ 24	3 ♐ 59	3 ♎ 41
	25	6 15 8	3 ♑ 28 27	5 ♋ 2	19 ♑ 6R	9 ♐ 42	26 ♍ 45	23 ♑ 34	1 ♈ 1	2 ♒ 53	26 ♑ 35	4 ♐ 9	3 ♎ 25
	31	6 38 47	9 ♑ 35 14	16 ♍ 50	14 ♑ 24R	17 ♐ 12	28 ♍ 54	24 ♑ 56	1 ♈ 17	3 ♒ 13	26 ♑ 48	4 ♐ 22	3 ♎ 6

GIORNO	TEMPO SIDERALE	☉	☽	☿	♀	♂	♃	♄	♅	♆	♇	☊	1997
1	6 42 44	10 ♑ 36 23	28 ♍ 44	13 ♑ 7R	18 ♐ 27	29 ♍ 14	25 ♑ 10	1 ♈ 20	3 ♒ 16	26 ♑ 50	4 ♐ 24	3 ♎ 3	GENNAIO
5	6 58 30	14 ♑ 41 3	18 ♏ 59	7 ♑ 50R	23 ♐ 27	0 ♎ 31	26 ♑ 6	1 ♈ 33	3 ♒ 30	26 ♑ 59	4 ♐ 32	2 ♎ 50	
10	7 18 13	19 ♑ 46 56	1 ♒ 15	3 ♑ 35R	29 ♐ 42	1 ♎ 57	27 ♑ 16	1 ♈ 51	3 ♒ 47	27 ♑ 10	4 ♐ 41	2 ♎ 35	
15	7 37 55	24 ♑ 52 40	14 ♈ 20	3 ♑ 17	5 ♑ 58	3 ♎ 13	28 ♑ 26	2 ♈ 11	4 ♒ 4	27 ♑ 21	4 ♐ 50	2 ♎ 19	
20	7 57 38	29 ♑ 58 7	19 ♊ 27	5 ♑ 59	12 ♑ 14	4 ♎ 15	29 ♑ 37	2 ♈ 34	4 ♒ 21	27 ♑ 33	4 ♐ 58	2 ♎ 3	
25	8 17 21	5 ♒ 3 14	19 ♌ 56	10 ♑ 33	18 ♑ 30	5 ♎ 4	0 ♒ 48	2 ♈ 58	4 ♒ 39	27 ♑ 44	5 ♐ 6	1 ♎ 47	
31	8 41	11 ♒ 8 57	1 ♏ 39	17 ♑ 30	26 ♑ 0	5 ♎ 42	2 ♒ 12	3 ♈ 30	5 ♒ 0	27 ♑ 58	5 ♐ 14	1 ♎ 28	
1	8 44 57	12 ♒ 9 52	14 ♏ 17	18 ♑ 46	27 ♑ 16	5 ♎ 46	2 ♒ 26	3 ♈ 36	5 ♒ 4	27 ♑ 60	5 ♐ 15	1 ♎ 25	FEBBRAIO
5	9 0 43	16 ♒ 13 23	9 ♑ 14	24 ♑ 3	2 ♒ 16	5 ♎ 54	3 ♒ 22	3 ♈ 59	5 ♒ 18	28 ♑ 9	5 ♐ 20	1 ♎ 12	
10	9 20 26	21 ♒ 17 23	24 ♓ 46	1 ♒ 5	8 ♒ 32	5 ♎ 49R	4 ♒ 32	4 ♈ 29	5 ♒ 35	28 ♑ 20	5 ♐ 25	0 ♎ 56	
15	9 40 9	26 ♒ 20 46	3 ♊ 48	8 ♒ 32	14 ♒ 47	5 ♎ 24R	5 ♒ 41	5 ♈ 0	5 ♒ 52	28 ♑ 30	5 ♐ 29	0 ♎ 40	
20	9 59 51	1 ♓ 23 26	5 ♌ 1	16 ♒ 22	21 ♒ 2	4 ♎ 40R	6 ♒ 49	5 ♈ 33	6 ♒ 8	28 ♑ 40	5 ♐ 32	0 ♎ 24	
25	10 19 34	6 ♓ 25 24	4 ♎ 17	24 ♒ 35	27 ♒ 17	3 ♎ 36R	7 ♒ 56	6 ♈ 7	6 ♒ 24	28 ♑ 50	5 ♐ 35	0 ♎ 8	
28	10 31 24	9 ♓ 26 15	10 ♏ 52	29 ♒ 43	1 ♓ 2	2 ♎ 49R	8 ♒ 35	6 ♈ 28	6 ♒ 34	28 ♑ 56	5 ♐ 36	29 ♍ 59	
1	10 35 20	10 ♓ 26 30	23 ♏ 32	1 ♓ 28	2 ♓ 17	2 ♎ 32R	8 ♒ 48	6 ♈ 35	6 ♒ 37	28 ♑ 57	5 ♐ 36	29 ♍ 56	MARZO
5	10 51 7	14 ♓ 27 11	17 ♑ 54	8 ♓ 36	7 ♓ 17	1 ♎ 18R	9 ♒ 40	7 ♈ 3	6 ♒ 49	29 ♑ 4	5 ♐ 37	29 ♍ 43	
10	11 10 49	19 ♓ 27 26	2 ♈ 46	17 ♓ 56	13 ♓ 31	29 ♍ 34R	10 ♒ 44	7 ♈ 39	7 ♒ 3	29 ♑ 13	5 ♐ 37R	29 ♍ 27	
15	11 30 32	24 ♓ 26 52	12 ♊ 40	27 ♓ 40	19 ♓ 45	27 ♍ 40R	11 ♒ 45	8 ♈ 16	7 ♒ 17	29 ♑ 21	5 ♐ 36R	29 ♍ 11	
20	11 50 15	29 ♓ 25 22	13 ♌ 46	7 ♈ 37	25 ♓ 59	25 ♍ 43R	12 ♒ 45	8 ♈ 53	7 ♒ 30	29 ♑ 28	5 ♐ 35R	28 ♍ 55	
25	12 9 58	4 ♈ 22 57	13 ♎ 17	17 ♈ 21	2 ♈ 12	23 ♍ 47R	13 ♒ 43	9 ♈ 30	7 ♒ 42	29 ♑ 34	5 ♐ 32R	28 ♍ 39	
31	12 33 37	10 ♈ 18 59	29 ♐ 55	27 ♈ 42	9 ♈ 40	21 ♍ 38R	14 ♒ 50	10 ♈ 15	7 ♒ 55	29 ♑ 41	5 ♐ 29R	28 ♍ 20	
1	12 37 34	11 ♈ 18 13	13 ♑ 38	29 ♈ 11	10 ♈ 54	21 ♍ 18R	15 ♒ 1	10 ♈ 23	7 ♒ 57	29 ♑ 42	5 ♐ 28R	28 ♍ 17	APRILE
5	12 53 20	15 ♈ 14 51	11 ♓ 15	4 ♉ 15	15 ♈ 52	20 ♍ 4R	15 ♒ 43	10 ♈ 53	8 ♒ 5	29 ♑ 46	5 ♐ 24R	28 ♍ 4	
10	13 13 3	20 ♈ 9 55	23 ♉ 60	8 ♉ 19	22 ♈ 4	18 ♍ 46R	16 ♒ 33	11 ♈ 30	8 ♒ 13	29 ♑ 50	5 ♐ 20R	27 ♍ 49	
15	13 32 45	25 ♈ 4 6	28 ♋ 18	9 ♉ 39R	28 ♈ 16	17 ♍ 47R	17 ♒ 20	12 ♈ 7	8 ♒ 21	29 ♑ 53	5 ♐ 14R	27 ♍ 33	
20	13 52 28	29 ♈ 57 21	27 ♍ 41	8 ♉ 28R	4 ♉ 27	17 ♍ 7R	18 ♒ 5	12 ♈ 44	8 ♒ 27	29 ♑ 55	5 ♐ 8R	27 ♍ 17	
25	14 12 11	4 ♉ 49 45	0 ♐ 15	5 ♉ 33R	10 ♉ 37	16 ♍ 46R	18 ♒ 46	13 ♈ 21	8 ♒ 32	29 ♑ 57	5 ♐ 2R	27 ♍ 1	
30	14 31 54	9 ♉ 41 26	8 ♒ 15	2 ♉ 17R	16 ♉ 48	16 ♍ 45	19 ♒ 23	13 ♈ 56	8 ♒ 36	29 ♑ 58	4 ♐ 55R	26 ♍ 45	
1	14 35 50	10 ♉ 39 41	22 ♒ 23	1 ♉ 43R	18 ♉ 2	16 ♍ 47	19 ♒ 30	14 ♈ 3	8 ♒ 37	29 ♑ 58	4 ♐ 53R	26 ♍ 42	MAGGIO
5	14 51 36	14 ♉ 32 29	19 ♈ 48	0 ♉ 1R	22 ♉ 57	17 ♍ 3	19 ♒ 57	14 ♈ 31	8 ♒ 39	29 ♑ 58R	4 ♐ 47R	26 ♍ 29	
10	15 11 19	19 ♉ 22 52	28 ♊ 48	29 ♈ 32	29 ♉ 7	17 ♍ 37	20 ♒ 27	15 ♈ 5	8 ♒ 40	29 ♑ 57R	4 ♐ 40R	26 ♍ 13	
15	15 31 2	24 ♉ 12 32	0 ♍ 8	0 ♉ 58	5 ♊ 16	18 ♍ 27	20 ♒ 53	15 ♈ 37	8 ♒ 40R	29 ♑ 55R	4 ♐ 32R	25 ♍ 57	
20	15 50 45	29 ♉ 1 29	0 ♏ 25	4 ♉ 8	11 ♊ 24	19 ♍ 31	21 ♒ 15	16 ♈ 9	8 ♒ 39R	29 ♑ 52R	4 ♐ 24R	25 ♍ 41	
25	16 10 27	3 ♊ 49 49	7 ♑ 1	8 ♉ 48	17 ♊ 32	20 ♍ 48	21 ♒ 32	16 ♈ 39	8 ♒ 37R	29 ♑ 49R	4 ♐ 15R	25 ♍ 26	
31	16 34 7	9 ♊ 35 14	1 ♈ 34	16 ♉ 4	24 ♊ 53	22 ♍ 36	21 ♒ 47	17 ♈ 14	8 ♒ 33R	29 ♑ 44R	4 ♐ 5R	25 ♍ 7	
1	16 38 3	10 ♊ 32 45	15 ♈ 38	17 ♉ 27	26 ♊ 7	22 ♍ 56	21 ♒ 49	17 ♈ 19	8 ♒ 32R	29 ♑ 44R	4 ♐ 4R	25 ♍ 3	GIUGNO
5	16 53 50	14 ♊ 22 42	10 ♊ 43	23 ♉ 24	1 ♋ 0	24 ♍ 18	21 ♒ 54	17 ♈ 41	8 ♒ 28R	29 ♑ 40R	3 ♐ 57R	24 ♍ 51	
10	17 13 32	19 ♊ 9 48	14 ♌ 13	1 ♊ 49	7 ♋ 7	26 ♍ 9	21 ♒ 57	18 ♈ 6	8 ♒ 22R	29 ♑ 34R	3 ♐ 49R	24 ♍ 35	
15	17 33 15	23 ♊ 56 29	13 ♎ 41	11 ♊ 16	13 ♋ 13	28 ♍ 9	21 ♒ 54R	18 ♈ 29	8 ♒ 15R	29 ♑ 28R	3 ♐ 42R	24 ♍ 19	
20	17 52 58	28 ♊ 42 49	18 ♐ 19	21 ♊ 37	19 ♋ 19	0 ♎ 16	21 ♒ 47R	18 ♈ 51	8 ♒ 7R	29 ♑ 22R	3 ♐ 34R	24 ♍ 3	
25	18 12 41	3 ♋ 28 56	29 ♒ 54	2 ♋ 30	25 ♋ 25	2 ♎ 31	21 ♒ 35R	19 ♈ 10	7 ♒ 58R	29 ♑ 15R	3 ♐ 27R	23 ♍ 47	
30	18 32 23	8 ♋ 15 0	10 ♉ 1	13 ♋ 21	1 ♌ 29	4 ♎ 52	21 ♒ 19R	19 ♈ 27	7 ♒ 49R	29 ♑ 8R	3 ♐ 21R	23 ♍ 31	

1997	GIORNO	TEMPO SIDERALE	☉	☽	☿	♀	♂	♃	♄	♅	♆	♇	☊
LUGLIO	1	18 36 20	9 ♋ 12 13	23 ♉ 32	15 ♋ 28	2 ♌ 42	5 ♎ 21	21 ♒ 15R	19 ♈ 30	7 ♒ 47R	29 ♑ 6R	3 ♐ 19R	23 ♍ 28
	5	18 52 6	13 ♋ 1 7	15 ♋ 36	23 ♋ 42	7 ♌ 34	7 ♎ 19	20 ♒ 58R	19 ♈ 42	7 ♒ 39R	29 ♑ 0R	3 ♐ 15R	23 ♍ 15
	10	19 11 49	17 ♋ 47 14	16 ♍ 4	3 ♌ 19	13 ♌ 38	9 ♎ 52	20 ♒ 33R	19 ♈ 55	7 ♒ 28R	28 ♑ 52R	3 ♐ 9R	22 ♍ 59
	15	19 31 32	22 ♋ 33 20	16 ♏ 29	12 ♌ 8	19 ♌ 41	12 ♎ 30	20 ♒ 5R	20 ♈ 5	7 ♒ 17R	28 ♑ 44R	3 ♐ 4R	22 ♍ 44
	20	19 51 14	27 ♋ 19 28	25 ♑ 24	20 ♌ 9	25 ♌ 43	15 ♎ 12	19 ♒ 43R	20 ♈ 13	7 ♒ 5R	28 ♑ 36R	3 ♐ 0R	22 ♍ 28
	25	20 10 57	2 ♌ 5 29	8 ♈ 57	27 ♌ 20	1 ♍ 45	17 ♎ 59	18 ♒ 58R	20 ♈ 18	6 ♒ 53R	28 ♑ 28R	2 ♐ 57R	22 ♍ 12
	31	20 34 37	7 ♌ 49 55	29 ♊ 39	4 ♍ 47	8 ♍ 58	21 ♎ 25	18 ♒ 14R	20 ♈ 21	6 ♒ 39R	28 ♑ 19R	2 ♐ 53R	21 ♍ 53
AGOSTO	1	20 38 33	8 ♌ 47 19	12 ♋ 15	5 ♍ 54	10 ♍ 10	21 ♎ 60	18 ♒ 7R	20 ♈ 21	6 ♒ 36R	28 ♑ 17	2 ♐ 53R	21 ♍ 50
	5	20 54 19	12 ♌ 37 8	0 ♍ 52	9 ♍ 52	14 ♍ 57	24 ♎ 21	17 ♒ 36R	20 ♈ 21R	6 ♒ 27R	28 ♑ 11R	2 ♐ 52R	21 ♍ 37
	10	21 14 2	17 ♌ 24 43	0 ♏ 5	13 ♍ 41	20 ♍ 56	27 ♎ 20	16 ♒ 57R	20 ♈ 18R	6 ♒ 15R	28 ♑ 3R	2 ♐ 51R	21 ♍ 21
	15	21 33 45	22 ♌ 12 39	4 ♑ 49	15 ♍ 53	26 ♍ 54	0 ♏ 23	16 ♒ 18R	20 ♈ 12R	6 ♒ 4R	27 ♑ 56R	2 ♐ 50	21 ♍ 5
	20	21 53 28	27 ♌ 1 2	18 ♓ 53	16 ♍ 1R	2 ♎ 51	3 ♏ 29	15 ♒ 39R	20 ♈ 4R	5 ♒ 52R	27 ♑ 49R	2 ♐ 51	20 ♍ 49
	25	22 13 10	1 ♍ 50 2	0 ♊ 35	13 ♍ 49R	8 ♎ 46	6 ♏ 39	15 ♒ 3R	19 ♈ 54R	5 ♒ 42R	27 ♑ 42R	2 ♐ 53	20 ♍ 33
	31	22 36 50	7 ♍ 37 47	15 ♌ 54	8 ♍ 44R	15 ♎ 51	10 ♏ 30	14 ♒ 21R	19 ♈ 38R	5 ♒ 30R	27 ♑ 35R	2 ♐ 56	20 ♍ 14
SETTEMBRE	1	22 40 46	8 ♍ 35 51	27 ♌ 48	7 ♍ 48R	17 ♎ 1	11 ♏ 9	14 ♒ 15R	19 ♈ 35R	5 ♒ 28R	27 ♑ 34R	1 ♐ 56	20 ♍ 11
	5	22 56 32	12 ♍ 28 23	15 ♎ 1	4 ♍ 30R	21 ♎ 43	13 ♏ 46	13 ♒ 50R	19 ♈ 23R	5 ♒ 21R	27 ♑ 29R	2 ♐ 59	19 ♍ 58
	10	23 16 15	17 ♍ 19 37	16 ♐ 33	2 ♍ 42R	27 ♎ 34	17 ♏ 5	13 ♒ 22R	19 ♈ 6R	5 ♒ 12R	27 ♑ 25R	2 ♐ 3	19 ♍ 42
	15	23 35 58	22 ♍ 11 30	26 ♒ 52	4 ♍ 32	3 ♏ 22	20 ♏ 26	12 ♒ 58R	18 ♈ 47R	5 ♒ 5R	27 ♑ 20R	3 ♐ 8	19 ♍ 27
	20	23 55 41	27 ♍ 4 8	11 ♉ 56	9 ♍ 46	9 ♏ 9	23 ♏ 50	12 ♒ 38R	18 ♈ 26R	4 ♒ 59R	27 ♑ 17R	3 ♐ 14	19 ♍ 11
	25	0 15 23	1 ♎ 57 37	18 ♋ 39	17 ♍ 19	14 ♏ 54	27 ♏ 16	12 ♒ 23R	18 ♈ 5R	4 ♒ 53R	27 ♑ 14R	3 ♐ 20	18 ♍ 55
	30	0 35 6	6 ♎ 52 3	18 ♍ 26	25 ♍ 60	20 ♏ 35	0 ♐ 45	12 ♒ 12R	17 ♈ 42R	4 ♒ 49R	27 ♑ 12R	3 ♐ 28	18 ♍ 39
OTTOBRE	1	0 39 3	7 ♎ 51 3	0 ♎ 13	27 ♍ 47	21 ♏ 44	1 ♐ 27	12 ♒ 11R	17 ♈ 37R	4 ♒ 49R	27 ♑ 12R	3 ♐ 29	18 ♍ 36
	5	0 54 49	11 ♎ 47 22	18 ♏ 16	4 ♎ 58	26 ♏ 15	4 ♐ 16	12 ♒ 7R	17 ♈ 19R	4 ♒ 46R	27 ♑ 11R	3 ♐ 35	18 ♍ 23
	10	1 14 32	16 ♎ 43 27	22 ♑ 50	13 ♎ 51	1 ♐ 50	7 ♐ 49	12 ♒ 6	16 ♈ 55R	4 ♒ 45R	27 ♑ 11	3 ♐ 44	18 ♍ 7
	15	1 34 15	21 ♎ 40 17	5 ♈ 23	22 ♎ 28	7 ♐ 22	11 ♐ 24	12 ♒ 10	16 ♈ 31R	4 ♒ 44	27 ♑ 12	3 ♐ 53	17 ♍ 51
	20	1 53 57	26 ♎ 37 55	18 ♊ 21	0 ♏ 49	12 ♐ 50	15 ♐ 2	12 ♒ 19	16 ♈ 8R	4 ♒ 45	27 ♑ 13	4 ♐ 3	17 ♍ 35
	25	2 13 40	1 ♏ 36 28	21 ♌ 36	8 ♏ 54	18 ♐ 12	18 ♐ 41	12 ♒ 33	15 ♈ 45R	4 ♒ 47	27 ♑ 15	4 ♐ 13	17 ♍ 19
	31	2 37 19	7 ♏ 35 57	2 ♏ 54	18 ♏ 17	24 ♐ 31	23 ♐ 6	12 ♒ 57	15 ♈ 19R	4 ♒ 51	27 ♑ 19	4 ♐ 25	17 ♍ 0
NOVEMBRE	1	2 41 16	8 ♏ 35 59	15 ♏ 11	19 ♏ 50	25 ♐ 33	23 ♐ 51	13 ♒ 1	15 ♈ 15R	4 ♒ 52	27 ♑ 20	4 ♐ 28	16 ♍ 57
	5	2 57 2	12 ♏ 36 23	6 ♑ 16	25 ♏ 54	29 ♐ 38	26 ♐ 50	13 ♒ 21	14 ♈ 59R	4 ♒ 56	27 ♑ 23	4 ♐ 36	16 ♍ 45
	10	3 16 45	17 ♏ 37 30	15 ♓ 4	3 ♐ 20	4 ♑ 36	0 ♑ 35	13 ♒ 50	14 ♈ 40R	5 ♒ 2	27 ♑ 28	4 ♐ 48	16 ♍ 29
	15	3 36 28	22 ♏ 39 14	28 ♉ 9	10 ♐ 34	9 ♑ 23	4 ♑ 21	14 ♒ 22	14 ♈ 24R	5 ♒ 9	27 ♑ 34	4 ♐ 59	16 ♍ 13
	20	3 56 10	27 ♏ 41 38	5 ♌ 24	17 ♐ 29	13 ♑ 57	8 ♑ 9	14 ♒ 59	14 ♈ 9R	5 ♒ 18	27 ♑ 40	5 ♐ 11	15 ♍ 57
	25	4 15 53	2 ♐ 44 46	5 ♎ 10	23 ♐ 53	18 ♑ 15	11 ♑ 58	15 ♒ 40	13 ♈ 56R	5 ♒ 27	27 ♑ 47	5 ♐ 23	15 ♍ 41
	30	4 35 36	7 ♐ 48 33	6 ♐ 42	29 ♐ 17	22 ♑ 13	15 ♑ 49	15 ♒ 24	13 ♈ 46R	5 ♒ 38	27 ♑ 55	5 ♐ 35	15 ♍ 25
DICEMBRE	1	4 39 33	8 ♐ 49 23	19 ♐ 43	0 ♑ 11	22 ♑ 58	16 ♑ 35	16 ♒ 33	13 ♈ 45R	5 ♒ 40	27 ♑ 56	5 ♐ 37	15 ♍ 22
	5	4 55 19	12 ♐ 52 51	13 ♒ 45	2 ♑ 47	25 ♑ 47	19 ♑ 40	17 ♒ 11	13 ♈ 39R	5 ♒ 50	28 ♑ 3	5 ♐ 46	15 ♍ 9
	10	5 15 2	17 ♐ 57 29	24 ♈ 2	2 ♑ 54R	28 ♑ 51	23 ♑ 33	18 ♒ 2	13 ♈ 34R	6 ♒ 2	28 ♑ 12	5 ♐ 58	14 ♍ 53
	15	5 34 44	23 ♐ 2 25	4 ♋ 16	28 ♐ 32R	1 ♒ 18	27 ♑ 26	18 ♒ 55	13 ♈ 32R	6 ♒ 16	28 ♑ 22	6 ♐ 10	14 ♍ 37
	20	5 54 27	28 ♐ 7 39	7 ♍ 30	21 ♐ 51R	3 ♒ 2	1 ♒ 21	19 ♒ 51	13 ♈ 32	6 ♒ 30	28 ♑ 31	6 ♐ 21	14 ♍ 22
	25	6 14 10	3 ♑ 13 13	7 ♏ 1	17 ♐ 35R	3 ♒ 53	5 ♒ 16	20 ♒ 50	13 ♈ 36	6 ♒ 45	28 ♑ 42	6 ♐ 32	14 ♍ 6
	31	6 37 49	9 ♑ 20 12	25 ♑ 55	17 ♐ 57	3 ♒ 36R	9 ♒ 59	22 ♒ 3	13 ♈ 43	7 ♒ 4	28 ♑ 55	6 ♐ 45	13 ♍ 47

GIORNO	TEMPO SIDERALE	☉	☾	☿	♀	♂	♃	♄	♅	♆	♇	☊	1998
1	6 41 46	10 ♑ 21 22	9 ♒ 58	18 ♐ 29	3 ♒ 25R	10 ♒ 46	22 ♒ 15	13 ♈ 45	7 ♒ 7	28 ♑ 57	6 ♐ 47	13 ♍ 43	GENNAIO
5	6 57 32	14 ♑ 26 3	6 ♈ 38	21 ♐ 32	2 ♒ 14R	13 ♒ 55	23 ♒ 6	13 ♈ 53	7 ♒ 20	29 ♑ 6	6 ♐ 55	13 ♍ 31	
10	7 17 15	19 ♑ 31 46	16 ♊ 7	26 ♐ 46	29 ♑ 57R	17 ♒ 51	24 ♒ 10	14 ♈ 5	7 ♒ 37	29 ♑ 17	7 ♐ 4	13 ♍ 15	
15	7 36 57	24 ♑ 37 19	21 ♌ 3	2 ♑ 58	27 ♑ 3R	21 ♒ 48	25 ♒ 17	14 ♈ 19	7 ♒ 54	29 ♑ 28	7 ♐ 13	12 ♍ 59	
20	7 56 40	29 ♑ 42 44	20 ♎ 47	9 ♑ 44	24 ♑ 0R	25 ♒ 45	26 ♒ 24	14 ♈ 36	8 ♒ 11	29 ♑ 39	7 ♐ 22	12 ♍ 43	
25	8 16 23	4 ♒ 48 0	22 ♐ 56	16 ♑ 54	21 ♑ 20R	29 ♒ 41	27 ♒ 33	14 ♈ 55	8 ♒ 29	29 ♑ 51	7 ♐ 30	12 ♍ 27	
31	8 40 2	10 ♒ 53 57	18 ♓ 13	25 ♑ 54	19 ♑ 11R	4 ♓ 25	28 ♒ 57	15 ♈ 21	8 ♒ 50	0 ♒ 4	7 ♐ 38	12 ♍ 8	
1	8 43 59	11 ♒ 54 53	2 ♈ 48	27 ♑ 27	18 ♑ 58R	5 ♓ 12	29 ♒ 11	15 ♈ 26	8 ♒ 53	0 ♒ 7	7 ♐ 40	12 ♍ 5	FEBBRAIO
5	8 59 45	15 ♒ 58 23	29 ♉ 20	3 ♒ 45	18 ♑ 30R	8 ♓ 21	0 ♓ 8	15 ♈ 45	9 ♒ 7	0 ♒ 16	7 ♐ 44	11 ♍ 52	
10	9 19 28	21 ♒ 2 14	4 ♌ 44	11 ♒ 53	18 ♑ 49	12 ♓ 17	1 ♓ 19	16 ♈ 11	9 ♒ 25	0 ♒ 27	7 ♐ 50	11 ♍ 36	
15	9 39 11	26 ♒ 5 30	5 ♎ 16	20 ♒ 22	20 ♑ 4	16 ♓ 13	2 ♓ 31	16 ♈ 39	9 ♒ 42	0 ♒ 37	7 ♐ 54	11 ♍ 20	
20	9 58 53	1 ♓ 8 14	5 ♐ 11	29 ♒ 13	22 ♑ 6	20 ♓ 7	3 ♓ 43	17 ♈ 9	9 ♒ 59	0 ♒ 48	7 ♐ 58	11 ♍ 5	
25	10 18 36	6 ♓ 10 25	12 ♒ 25	8 ♓ 26	24 ♑ 49	24 ♓ 2	4 ♓ 56	17 ♈ 39	10 ♒ 15	0 ♒ 57	8 ♐ 1	10 ♍ 49	
28	10 30 26	9 ♓ 11 25	27 ♓ 2	14 ♓ 6	26 ♑ 43	26 ♓ 22	5 ♓ 39	17 ♈ 59	10 ♒ 25	1 ♒ 3	8 ♐ 2	10 ♍ 39	
1	10 34 22	10 ♓ 11 42	12 ♈ 3	16 ♓ 1	27 ♑ 23	27 ♓ 8	5 ♓ 53	18 ♈ 5	10 ♒ 28	1 ♒ 5	8 ♐ 3	10 ♍ 36	MARZO
5	10 50 9	14 ♓ 12 28	9 ♊ 38	23 ♓ 41	0 ♒ 15	0 ♈ 15	6 ♓ 51	18 ♈ 32	10 ♒ 40	1 ♒ 12	8 ♐ 4	10 ♍ 23	
10	11 9 51	19 ♓ 12 38	14 ♌ 1	3 ♈ 0	4 ♒ 11	4 ♈ 7	8 ♓ 3	19 ♈ 6	10 ♒ 55	1 ♒ 21	8 ♐ 5	10 ♍ 7	
15	11 29 34	24 ♓ 11 57	13 ♎ 48	11 ♈ 18	8 ♒ 26	7 ♈ 58	9 ♓ 14	19 ♈ 41	11 ♒ 10	1 ♒ 29	8 ♐ 4R	9 ♍ 51	
20	11 49 17	29 ♓ 10 29	13 ♐ 51	17 ♈ 35	12 ♒ 57	11 ♈ 48	10 ♓ 25	20 ♈ 17	11 ♒ 23	1 ♒ 37	8 ♐ 3R	9 ♍ 36	
25	12 8 60	4 ♈ 8 17	20 ♒ 29	20 ♈ 59	17 ♒ 42	15 ♈ 37	11 ♓ 35	20 ♈ 54	11 ♒ 36	1 ♒ 43	8 ♐ 1R	9 ♍ 20	
31	12 32 39	10 ♈ 4 37	20 ♉ 29	20 ♈ 53R	23 ♒ 37	20 ♈ 11	12 ♓ 58	21 ♈ 38	11 ♒ 50	1 ♒ 51	7 ♐ 58R	9 ♍ 1	
1	12 36 36	11 ♈ 3 52	5 ♊ 1	20 ♈ 28R	24 ♒ 38	20 ♈ 56	13 ♓ 11	21 ♈ 46	11 ♒ 52	1 ♒ 52	7 ♐ 57R	8 ♍ 57	APRILE
5	12 52 22	15 ♈ 0 33	28 ♋ 38	17 ♈ 58R	28 ♒ 43	23 ♈ 57	14 ♓ 5	22 ♈ 16	12 ♒ 0	1 ♒ 56	7 ♐ 54R	8 ♍ 45	
10	13 12 4	19 ♈ 55 31	28 ♍ 58	14 ♈ 5R	3 ♓ 57	27 ♈ 43	15 ♓ 12	22 ♈ 54	12 ♒ 10	2 ♒ 0	7 ♐ 50R	8 ♍ 29	
15	13 31 47	24 ♈ 49 37	28 ♏ 32	11 ♈ 0R	9 ♓ 16	1 ♉ 27	16 ♓ 17	23 ♈ 32	12 ♒ 18	2 ♒ 4	7 ♐ 45R	8 ♍ 13	
20	13 51 30	29 ♈ 42 58	1 ♒ 50	9 ♈ 48R	14 ♓ 41	5 ♉ 10	17 ♓ 20	24 ♈ 10	12 ♒ 26	2 ♒ 7	7 ♐ 39R	7 ♍ 57	
25	14 11 13	4 ♉ 35 37	13 ♈ 27	10 ♈ 42	20 ♓ 11	8 ♉ 52	18 ♓ 21	24 ♈ 48	12 ♒ 32	2 ♒ 8	7 ♐ 33R	7 ♍ 41	
30	14 30 56	9 ♉ 27 32	27 ♊ 42	13 ♈ 27	25 ♓ 44	12 ♉ 33	19 ♓ 21	25 ♈ 25	12 ♒ 37	2 ♒ 10	7 ♐ 26R	7 ♍ 25	
1	14 34 52	10 ♉ 25 49	11 ♋ 26	14 ♈ 12	26 ♓ 51	13 ♉ 17	19 ♓ 32	25 ♈ 33	12 ♒ 38	2 ♒ 10	7 ♐ 25R	7 ♍ 22	MAGGIO
5	14 50 38	14 ♉ 18 37	2 ♍ 7	17 ♈ 44	1 ♈ 21	16 ♉ 12	20 ♓ 18	26 ♈ 2	12 ♒ 41	2 ♒ 10R	7 ♐ 19R	7 ♍ 9	
10	15 10 21	19 ♉ 8 54	1 ♏ 24	23 ♈ 16	7 ♈ 0	19 ♉ 50	21 ♓ 13	26 ♈ 39	12 ♒ 43	2 ♒ 9R	7 ♐ 12R	6 ♍ 54	
15	15 30 4	23 ♉ 58 29	2 ♑ 49	29 ♈ 52	12 ♈ 43	23 ♉ 27	22 ♓ 5	27 ♈ 14	12 ♒ 44	2 ♒ 8R	7 ♐ 4R	6 ♍ 38	
20	15 49 47	28 ♉ 47 31	9 ♓ 12	7 ♉ 26	18 ♈ 27	27 ♉ 2	22 ♓ 55	27 ♈ 49	12 ♒ 44R	2 ♒ 6R	6 ♐ 56R	6 ♍ 22	
25	16 9 29	3 ♊ 36 5	22 ♉ 18	15 ♉ 55	24 ♈ 13	0 ♊ 36	23 ♓ 42	28 ♈ 23	12 ♒ 43R	2 ♒ 3R	6 ♐ 48R	6 ♍ 6	
31	16 33 9	9 ♊ 21 43	15 ♌ 47	27 ♉ 17	1 ♉ 11	4 ♊ 51	24 ♓ 33	29 ♈ 3	12 ♒ 40R	1 ♒ 59R	6 ♐ 38R	5 ♍ 47	
1	16 37 5	10 ♊ 19 15	28 ♌ 17	29 ♉ 18	2 ♉ 21	5 ♊ 33	24 ♓ 42	29 ♈ 9	12 ♒ 39R	1 ♒ 58R	6 ♐ 36R	5 ♍ 44	GIUGNO
5	16 52 51	14 ♊ 9 8	16 ♎ 6	7 ♊ 40	7 ♉ 1	8 ♊ 22	25 ♓ 13	29 ♈ 34	12 ♒ 36R	1 ♒ 54R	6 ♐ 30R	5 ♍ 31	
10	17 12 34	18 ♊ 56 5	16 ♐ 50	18 ♊ 34	12 ♉ 52	11 ♊ 52	25 ♓ 49	0 ♉ 4	12 ♒ 31R	1 ♒ 49R	6 ♐ 22R	5 ♍ 15	
15	17 32 17	23 ♊ 42 41	22 ♒ 19	29 ♊ 30	18 ♉ 45	15 ♊ 21	26 ♓ 21	0 ♉ 32	12 ♒ 25R	1 ♒ 44R	6 ♐ 14R	4 ♍ 59	
20	17 51 60	28 ♊ 29 8	2 ♉ 31	9 ♋ 57	24 ♉ 39	18 ♊ 49	26 ♓ 49	0 ♉ 59	12 ♒ 18R	1 ♒ 38R	6 ♐ 6R	4 ♍ 43	
25	18 11 43	3 ♋ 15 28	14 ♋ 8	19 ♋ 36	0 ♊ 34	22 ♊ 15	27 ♓ 13	1 ♉ 24	12 ♒ 10R	1 ♒ 31R	5 ♐ 59R	4 ♍ 27	
30	18 31 25	8 ♋ 1 39	18 ♍ 27	28 ♋ 22	6 ♊ 30	25 ♊ 40	27 ♓ 32	1 ♉ 48	12 ♒ 2R	1 ♒ 24R	5 ♐ 52R	4 ♍ 12	

1998	GIORNO	TEMPO SIDERALE	☉	☽	☿	♀	♂	♃	♄	♅	♆	♇	☊
LUGLIO	1	18 35 22	8 ♋ 58 52	0 ♎ 27	0 ♌ 0	7 ♊ 42	26 ♊ 21	27 ♓ 36	1 ♉ 52	11 ♒ 60R	1 ♒ 22R	5 ♐ 51R	4 ♍ 8
	5	18 51 8	12 ♋ 47 39	18 ♏ 6	6 ♌ 12	12 ♊ 28	29 ♊ 4	27 ♓ 47	2 ♉ 9	11 ♒ 52R	1 ♒ 16R	5 ♐ 46R	3 ♍ 56
	10	19 10 51	17 ♋ 33 35	21 ♑ 40	13 ♌ 4	18 ♊ 26	2 ♋ 27	27 ♓ 57	2 ♉ 28	11 ♒ 42R	1 ♒ 9R	5 ♐ 40R	3 ♍ 40
	15	19 30 34	22 ♋ 19 35	0 ♈ 44	18 ♌ 54	24 ♊ 26	5 ♋ 48	28 ♓ 3	2 ♉ 45	11 ♒ 31R	1 ♒ 1R	5 ♐ 35R	3 ♍ 24
	20	19 50 16	27 ♋ 5 49	11 ♊ 34	23 ♌ 33	0 ♋ 26	9 ♋ 9	28 ♓ 3R	3 ♉ 0	11 ♒ 20R	0 ♒ 53R	5 ♐ 30R	3 ♍ 8
	25	20 9 59	1 ♌ 52 20	19 ♌ 7	26 ♌ 46	6 ♋ 28	12 ♋ 29	27 ♓ 59R	3 ♉ 13	11 ♒ 8R	0 ♒ 45R	5 ♐ 27R	2 ♍ 52
	31	20 33 38	7 ♌ 36 29	2 ♏ 6	28 ♌ 16	13 ♋ 43	16 ♋ 26	27 ♓ 47R	3 ♉ 24	10 ♒ 54R	0 ♒ 35R	5 ♐ 23R	2 ♍ 33
AGOSTO	1	20 37 35	8 ♌ 33 52	14 ♏ 0	28 ♌ 14R	14 ♋ 56	17 ♋ 6	27 ♓ 45R	3 ♉ 26	10 ♒ 51R	0 ♒ 33R	5 ♐ 22R	2 ♍ 30
	5	20 53 21	12 ♌ 23 31	3 ♑ 36	27 ♌ 14R	19 ♋ 47	19 ♋ 44	27 ♓ 32R	3 ♉ 31	10 ♒ 42R	0 ♒ 27R	5 ♐ 21R	2 ♍ 17
	10	21 13 4	17 ♌ 10 53	12 ♓ 28	24 ♌ 14R	25 ♋ 52	22 ♋ 60	27 ♓ 13R	3 ♉ 35	10 ♒ 30R	0 ♒ 19R	5 ♐ 19R	2 ♍ 1
	15	21 32 47	21 ♌ 58 45	24 ♉ 16	20 ♌ 12R	1 ♌ 58	26 ♋ 15	26 ♓ 49R	3 ♉ 37	10 ♒ 18R	0 ♒ 12R	5 ♐ 19R	1 ♍ 45
	20	21 52 30	26 ♌ 47 16	2 ♌ 9	16 ♌ 54R	8 ♌ 5	29 ♋ 29	26 ♓ 21R	3 ♉ 36R	10 ♒ 7R	0 ♒ 4R	5 ♐ 19	1 ♍ 29
	25	22 12 12	1 ♍ 36 23	4 ♎ 29	16 ♌ 2	14 ♌ 13	2 ♌ 42	25 ♓ 50R	3 ♉ 33R	9 ♒ 56R	29 ♑ 58R	5 ♐ 20	1 ♍ 14
	31	22 35 52	7 ♍ 24 5	16 ♐ 16	19 ♌ 14	21 ♌ 36	6 ♌ 32	25 ♓ 8R	3 ♉ 25R	9 ♒ 43R	29 ♑ 50R	5 ♐ 22	0 ♍ 55
SETTEMBRE	1	22 39 48	8 ♍ 22 6	28 ♐ 44	20 ♌ 13	22 ♌ 50	7 ♌ 11	25 ♓ 1R	3 ♉ 23R	9 ♒ 41R	29 ♑ 49R	5 ♐ 23	0 ♍ 51
	5	22 55 34	12 ♍ 14 26	22 ♒ 22	25 ♌ 12	27 ♌ 46	9 ♌ 43	24 ♓ 31R	3 ♉ 16R	9 ♒ 33R	29 ♑ 44R	5 ♐ 25	0 ♍ 39
	10	23 15 17	17 ♍ 5 29	5 ♉ 59	3 ♍ 17	3 ♍ 57	12 ♌ 53	23 ♓ 52R	3 ♉ 4R	9 ♒ 24R	29 ♑ 39R	5 ♐ 29	0 ♍ 23
	15	23 34 60	21 ♍ 57 21	15 ♋ 58	12 ♍ 25	10 ♍ 8	16 ♌ 2	23 ♓ 12R	2 ♉ 51R	9 ♒ 16R	29 ♑ 35R	5 ♐ 33	0 ♍ 7
	20	23 54 43	26 ♍ 50 6	18 ♍ 57	21 ♍ 49	16 ♍ 21	19 ♌ 10	22 ♓ 33R	2 ♉ 35R	9 ♒ 9R	29 ♑ 31R	5 ♐ 39	29 ♌ 51
	25	0 14 25	1 ♎ 43 41	18 ♏ 34	1 ♎ 3	22 ♍ 34	22 ♌ 17	21 ♓ 53R	2 ♉ 17R	9 ♒ 2R	29 ♑ 28R	5 ♐ 45	29 ♌ 35
	30	0 34 8	6 ♎ 38 0	19 ♑ 43	9 ♎ 56	28 ♍ 47	25 ♌ 23	21 ♓ 15R	1 ♉ 57R	8 ♒ 57R	29 ♑ 25R	5 ♐ 51	29 ♌ 19
OTTOBRE	1	0 38 5	7 ♎ 36 57	2 ♒ 49	11 ♎ 40	0 ♎ 2	25 ♌ 60	21 ♓ 8R	1 ♉ 53R	8 ♒ 56R	29 ♑ 25R	5 ♐ 53	29 ♌ 16
	5	0 53 51	11 ♎ 33 4	29 ♓ 39	18 ♎ 27	5 ♎ 2	28 ♌ 27	20 ♓ 39R	1 ♉ 36R	8 ♒ 53R	29 ♑ 24R	5 ♐ 59	29 ♌ 3
	10	1 13 34	16 ♎ 28 57	14 ♊ 46	26 ♎ 38	11 ♎ 16	1 ♍ 31	20 ♓ 6R	1 ♉ 14R	8 ♒ 51R	29 ♑ 23R	6 ♐ 7	28 ♌ 47
	15	1 33 17	21 ♎ 25 46	21 ♌ 28	4 ♏ 30	17 ♎ 31	4 ♍ 33	19 ♓ 36R	0 ♉ 51R	8 ♒ 49R	29 ♑ 23	6 ♐ 16	28 ♌ 32
	20	1 52 59	26 ♎ 23 33	21 ♎ 47	12 ♏ 6	23 ♎ 47	7 ♍ 55	19 ♓ 10R	0 ♉ 27R	8 ♒ 49	29 ♑ 24	6 ♐ 25	28 ♌ 16
	25	2 12 42	1 ♏ 22 10	21 ♐ 21	19 ♏ 24	0 ♏ 3	10 ♍ 35	18 ♓ 48R	0 ♉ 3R	8 ♒ 49	29 ♑ 26	6 ♐ 35	27 ♌ 60
	31	2 36 21	7 ♏ 21 28	8 ♓ 42	27 ♏ 46	7 ♏ 34	14 ♍ 9	18 ♓ 29R	29 ♈ 35R	8 ♒ 52	29 ♑ 30	6 ♐ 47	27 ♌ 41
NOVEMBRE	1	2 40 18	8 ♏ 21 27	23 ♓ 0	29 ♏ 7	8 ♏ 49	14 ♍ 45	18 ♓ 26R	29 ♈ 30R	8 ♒ 53	29 ♑ 30	6 ♐ 49	27 ♌ 38
	5	2 56 4	12 ♏ 21 40	23 ♉ 31	4 ♐ 17	13 ♏ 50	17 ♍ 6	18 ♓ 17R	29 ♈ 11R	8 ♒ 56	29 ♑ 33	6 ♐ 58	27 ♌ 25
	10	3 15 47	17 ♏ 22 38	5 ♌ 12	10 ♐ 7	20 ♏ 7	20 ♍ 2	18 ♓ 11R	28 ♈ 49R	9 ♒ 1	29 ♑ 38	7 ♐ 9	27 ♌ 9
	15	3 35 30	22 ♏ 24 25	6 ♎ 57	14 ♐ 48	26 ♏ 23	22 ♍ 55	18 ♓ 10	28 ♈ 27R	9 ♒ 7	29 ♑ 43	7 ♐ 20	26 ♌ 53
	20	3 55 12	27 ♏ 26 58	6 ♐ 23	17 ♐ 24	2 ♐ 40	25 ♍ 48	18 ♓ 14	28 ♈ 7R	9 ♒ 15	29 ♑ 49	7 ♐ 32	26 ♌ 37
	25	4 14 55	2 ♐ 30 8	8 ♒ 6	16 ♐ 31R	8 ♐ 57	28 ♍ 38	18 ♓ 23	27 ♈ 49R	9 ♒ 23	29 ♑ 56	7 ♐ 43	26 ♌ 21
	30	4 34 38	7 ♐ 33 45	16 ♈ 29	11 ♐ 28R	15 ♐ 13	1 ♎ 26	18 ♓ 38	27 ♈ 33R	9 ♒ 33	0 ♒ 3	7 ♐ 55	26 ♌ 5
DICEMBRE	1	4 38 35	8 ♐ 34 32	1 ♉ 19	10 ♐ 7R	16 ♐ 29	1 ♎ 60	18 ♓ 41	27 ♈ 30R	9 ♒ 35	0 ♒ 5	7 ♐ 58	26 ♌ 2
	5	4 54 21	12 ♐ 37 49	1 ♋ 33	4 ♐ 54R	21 ♐ 30	4 ♎ 12	18 ♓ 57	27 ♈ 18R	9 ♒ 44	0 ♒ 11	8 ♐ 7	25 ♌ 50
	10	5 14 4	17 ♐ 42 21	9 ♍ 15	1 ♐ 27R	27 ♐ 47	6 ♎ 56	19 ♓ 21	27 ♈ 7R	9 ♒ 56	0 ♒ 20	8 ♐ 19	25 ♌ 34
	15	5 33 46	22 ♐ 47 22	9 ♏ 14	2 ♐ 23	4 ♑ 3	9 ♎ 37	19 ♓ 49	26 ♈ 57R	10 ♒ 8	0 ♒ 29	8 ♐ 30	25 ♌ 18
	20	5 53 29	27 ♐ 52 46	9 ♑ 52	6 ♐ 21	10 ♑ 20	12 ♎ 16	20 ♓ 22	26 ♈ 51R	10 ♒ 22	0 ♒ 39	8 ♐ 42	25 ♌ 2
	25	6 13 12	2 ♑ 58 23	14 ♓ 6	11 ♐ 60	16 ♑ 36	14 ♎ 51	20 ♓ 59	26 ♈ 47R	10 ♒ 36	0 ♒ 49	8 ♐ 53	24 ♌ 46
	31	6 36 51	9 ♑ 5 10	14 ♊ 13	19 ♐ 53	24 ♑ 8	17 ♎ 33	21 ♓ 48	26 ♈ 46	10 ♒ 54	1 ♒ 2	9 ♐ 6	24 ♌ 27

GIORNO	TEMPO SIDERALE	☉	☽	☿	♀	♂	♃	♄	♅	♆	♇	☊	1999
1	6 40 48	10 ♑ 6 18	24 ♊ 57	21 ♐ 16	25 ♑ 23	18 ♎ 23	21 ♓ 56	26 ♈ 46	10 ♒ 57	1 ♒ 4	9 ♐ 8	24 ♌ 24	GENNAIO
5	6 56 34	14 ♑ 10 49	21 ♌ 18	26 ♐ 58	0 ♒ 24	20 ♎ 20	22 ♓ 33	26 ♈ 48	11 ♒ 10	1 ♒ 12	9 ♐ 16	24 ♌ 11	
10	7 16 17	19 ♑ 16 31	23 ♎ 39	4 ♑ 19	6 ♒ 40	22 ♎ 43	23 ♓ 21	26 ♈ 53	11 ♒ 26	1 ♒ 24	9 ♐ 26	23 ♌ 55	
15	7 35 59	24 ♑ 22 14	23 ♐ 34	11 ♑ 54	12 ♒ 55	25 ♎ 2	24 ♓ 12	27 ♈ 0	11 ♒ 43	1 ♒ 35	9 ♐ 35	23 ♌ 39	
20	7 55 42	29 ♑ 27 49	27 ♒ 56	19 ♑ 42	19 ♒ 10	27 ♎ 15	25 ♓ 7	27 ♈ 11	12 ♒ 0	1 ♒ 46	9 ♐ 44	23 ♌ 23	
25	8 15 25	4 ♒ 33 6	7 ♉ 9	27 ♑ 43	25 ♒ 25	29 ♎ 22	26 ♓ 3	27 ♈ 24	12 ♒ 17	1 ♒ 58	9 ♐ 52	23 ♌ 7	
31	8 39 4	10 ♒ 38 51	2 ♌ 8	7 ♒ 41	2 ♓ 54	1 ♏ 47	27 ♓ 15	27 ♈ 43	12 ♒ 38	2 ♒ 11	10 ♐ 1	22 ♌ 48	
1	8 43 1	11 ♒ 39 45	15 ♌ 46	9 ♒ 23	4 ♓ 8	2 ♏ 10	27 ♓ 27	27 ♈ 46	12 ♒ 42	2 ♒ 13	10 ♐ 2	22 ♌ 45	FEBBRAIO
5	8 58 47	15 ♒ 43 10	7 ♎ 15	16 ♒ 18	9 ♓ 7	3 ♏ 39	28 ♓ 17	28 ♈ 1	12 ♒ 56	2 ♒ 22	10 ♐ 7	22 ♌ 33	
10	9 18 30	20 ♒ 47 5	7 ♐ 9	25 ♒ 12	15 ♓ 20	5 ♏ 23	29 ♓ 20	28 ♈ 22	13 ♒ 13	2 ♒ 33	10 ♐ 13	22 ♌ 17	
15	9 38 13	25 ♒ 50 34	9 ♒ 54	4 ♓ 19	21 ♓ 31	6 ♏ 58	0 ♈ 26	28 ♈ 45	13 ♒ 31	2 ♒ 44	10 ♐ 18	22 ♌ 1	
20	9 57 55	0 ♓ 53 28	19 ♈ 33	13 ♓ 25	27 ♓ 42	8 ♏ 23	1 ♈ 33	29 ♈ 10	13 ♒ 48	2 ♒ 55	10 ♐ 22	21 ♌ 45	
25	10 17 38	5 ♓ 55 38	0 ♋ 29	21 ♓ 57	3 ♈ 52	9 ♏ 36	2 ♈ 41	29 ♈ 36	14 ♒ 4	3 ♒ 5	10 ♐ 26	21 ♌ 29	
28	10 29 28	8 ♓ 56 33	11 ♌ 18	26 ♓ 25	7 ♈ 33	10 ♏ 14	3 ♈ 22	29 ♈ 53	14 ♒ 14	3 ♒ 11	10 ♐ 27	21 ♌ 19	
1	10 33 24	9 ♓ 56 47	24 ♌ 31	27 ♓ 44	8 ♈ 46	10 ♏ 26	3 ♈ 36	29 ♈ 59	14 ♒ 17	3 ♒ 13	10 ♐ 28	21 ♌ 16	MARZO
5	10 49 11	13 ♓ 57 27	15 ♎ 9	1 ♈ 54	13 ♈ 41	11 ♏ 7	4 ♈ 32	0 ♉ 23	14 ♒ 30	3 ♒ 20	10 ♐ 29	21 ♌ 4	
10	11 8 53	18 ♓ 57 39	14 ♐ 59	4 ♈ 3	19 ♈ 47	11 ♏ 45	5 ♈ 43	0 ♉ 54	14 ♒ 46	3 ♒ 29	10 ♐ 30	20 ♌ 48	
15	11 28 36	23 ♓ 57 10	17 ♒ 47	2 ♈ 35R	25 ♈ 52	12 ♏ 6	6 ♈ 55	1 ♉ 26	15 ♒ 1	3 ♒ 38	10 ♐ 31R	20 ♌ 32	
20	11 48 19	28 ♓ 55 56	29 ♈ 17	28 ♓ 34R	1 ♉ 55	12 ♏ 10R	8 ♈ 7	2 ♉ 0	15 ♒ 15	3 ♒ 45	10 ♐ 30R	20 ♌ 16	
25	12 8 2	3 ♈ 53 47	11 ♋ 12	24 ♓ 12R	7 ♉ 56	11 ♏ 55R	9 ♈ 19	2 ♉ 35	15 ♒ 28	3 ♒ 52	10 ♐ 29R	20 ♌ 0	
31	12 31 41	9 ♈ 49 58	29 ♍ 3	21 ♓ 9R	15 ♉ 8	11 ♏ 12R	10 ♈ 46	3 ♉ 18	15 ♒ 43	4 ♒ 0	10 ♐ 26R	19 ♌ 41	
1	12 35 37	10 ♈ 49 12	11 ♎ 22	20 ♓ 58R	16 ♉ 19	11 ♏ 2R	11 ♈ 1	3 ♉ 25	15 ♒ 45	4 ♒ 1	10 ♐ 25R	19 ♌ 38	APRILE
5	12 51 24	14 ♈ 45 49	29 ♏ 26	21 ♓ 11	21 ♉ 5	10 ♏ 16R	11 ♈ 59	3 ♉ 54	15 ♒ 54	4 ♒ 6	10 ♐ 23R	19 ♌ 25	
10	13 11 6	19 ♈ 40 53	29 ♑ 47	23 ♓ 20	26 ♉ 60	9 ♏ 1R	13 ♈ 11	4 ♉ 32	16 ♒ 5	4 ♒ 10	10 ♐ 19R	19 ♌ 9	
15	13 30 49	24 ♈ 35 14	8 ♈ 4	27 ♓ 9	2 ♊ 52	7 ♏ 31R	14 ♈ 24	5 ♉ 9	16 ♒ 14	4 ♒ 14	10 ♐ 14R	18 ♌ 53	
20	13 50 32	29 ♈ 28 46	23 ♊ 5	2 ♈ 16	8 ♊ 42	5 ♏ 48R	15 ♈ 35	5 ♉ 47	16 ♒ 23	4 ♒ 18	10 ♐ 9R	18 ♌ 37	
25	14 10 15	4 ♉ 21 25	1 ♍ 1	8 ♈ 25	14 ♊ 29	3 ♏ 58R	16 ♈ 46	6 ♉ 26	16 ♒ 30	4 ♒ 20	10 ♐ 3R	18 ♌ 22	
30	14 29 58	9 ♉ 13 11	2 ♏ 23	15 ♈ 28	20 ♊ 12	2 ♏ 6R	17 ♈ 57	7 ♉ 4	16 ♒ 36	4 ♒ 21	9 ♐ 56R	18 ♌ 6	
1	14 33 54	10 ♉ 11 27	14 ♏ 20	16 ♈ 59	21 ♊ 20	1 ♏ 43R	18 ♈ 11	7 ♉ 12	16 ♒ 37	4 ♒ 22	9 ♐ 55R	18 ♌ 2	MAGGIO
5	14 49 40	14 ♉ 4 12	1 ♑ 53	23 ♈ 20	25 ♊ 52	0 ♏ 16R	19 ♈ 6	7 ♉ 42	16 ♒ 40	4 ♒ 22	9 ♐ 49R	17 ♌ 50	
10	15 9 23	18 ♉ 54 35	4 ♓ 15	1 ♉ 59	1 ♋ 28	28 ♎ 36R	20 ♈ 15	8 ♉ 20	16 ♒ 44	4 ♒ 22R	9 ♐ 42R	17 ♌ 34	
15	15 29 6	23 ♉ 44 24	16 ♉ 30	11 ♉ 26	6 ♋ 59	27 ♎ 9R	21 ♈ 22	8 ♉ 58	16 ♒ 46	4 ♒ 21R	9 ♐ 35R	17 ♌ 18	
20	15 48 49	28 ♉ 33 37	0 ♌ 47	21 ♉ 38	12 ♋ 25	25 ♎ 59R	22 ♈ 28	9 ♉ 36	16 ♒ 47	4 ♒ 20R	9 ♐ 27R	17 ♌ 2	
25	16 8 31	3 ♊ 22 9	5 ♎ 21	2 ♊ 25	17 ♋ 46	25 ♎ 7R	23 ♈ 32	10 ♉ 12	16 ♒ 47R	4 ♒ 17R	9 ♐ 19R	16 ♌ 46	
31	16 32 11	9 ♊ 7 35	17 ♐ 1	15 ♊ 33	24 ♋ 2	24 ♎ 32R	24 ♈ 47	10 ♉ 55	16 ♒ 46R	4 ♒ 13R	9 ♐ 9R	16 ♌ 27	
1	16 36 7	10 ♊ 5 5	28 ♐ 57	17 ♊ 41	25 ♋ 3	24 ♎ 29R	24 ♈ 60	11 ♉ 2	16 ♒ 45R	4 ♒ 12R	9 ♐ 7R	16 ♌ 24	GIUGNO
5	16 51 53	13 ♊ 54 57	17 ♒ 47	26 ♊ 1	29 ♋ 6	24 ♎ 25	25 ♈ 48	11 ♉ 30	16 ♒ 43R	4 ♒ 9R	9 ♐ 1R	16 ♌ 11	
10	17 11 36	18 ♊ 42 2	25 ♈ 17	5 ♋ 38	4 ♌ 2	24 ♎ 38	26 ♈ 46	12 ♉ 4	16 ♒ 39R	4 ♒ 4R	8 ♐ 53R	15 ♌ 55	
15	17 31 19	23 ♊ 28 52	10 ♋ 27	14 ♋ 14	8 ♌ 47	25 ♎ 9	27 ♈ 42	12 ♉ 37	16 ♒ 34R	3 ♒ 59R	8 ♐ 45R	15 ♌ 40	
20	17 51 2	28 ♊ 15 23	19 ♍ 24	21 ♋ 45	13 ♌ 20	25 ♎ 58	28 ♈ 36	13 ♉ 8	16 ♒ 28R	3 ♒ 53R	8 ♐ 37R	15 ♌ 24	
25	18 10 45	3 ♋ 1 36	20 ♏ 11	28 ♋ 9	17 ♌ 38	27 ♎ 3	29 ♈ 27	13 ♉ 39	16 ♒ 21R	3 ♒ 47R	8 ♐ 30R	15 ♌ 8	
30	18 30 27	7 ♋ 47 36	20 ♑ 6	3 ♌ 19	21 ♌ 38	28 ♎ 23	0 ♉ 15	14 ♉ 7	16 ♒ 12R	3 ♒ 40R	8 ♐ 23R	14 ♌ 52	

1999	GIORNO	TEMPO SIDERALE	☉	☾	☿	♀	♂	♃	♄	♅	♆	♇	☊
LUGLIO	1	18 34 25	8 ♋ 44 47	2 ♒ 24	4 ♌ 11	22 ♌ 23	28 ♎ 40	0 ♉ 25	14 ♉ 13	16 ♒ 11R	3 ♒ 38R	8 ♐ 21R	14 ♌ 49
	5	18 50 11	12 ♋ 33 33	23 ♓ 39	7 ♌ 3	25 ♌ 17	29 ♎ 55	1 ♉ 0	14 ♉ 34	16 ♒ 4R	3 ♒ 33R	8 ♐ 16R	14 ♌ 36
	10	19 9 54	17 ♋ 19 36	4 ♊ 18	9 ♌ 8	28 ♌ 30	1 ♏ 40	1 ♉ 42	14 ♉ 59	15 ♒ 54R	3 ♒ 25R	8 ♐ 10R	14 ♌ 20
	15	19 29 37	22 ♋ 5 47	17 ♌ 32	9 ♌ 20R	1 ♍ 13	3 ♏ 36	2 ♉ 21	15 ♉ 23	15 ♒ 44R	3 ♒ 17R	8 ♐ 4R	14 ♌ 4
	20	19 49 20	26 ♋ 52 3	22 ♎ 39	7 ♌ 35R	3 ♍ 18	5 ♏ 42	2 ♉ 56	15 ♉ 44	15 ♒ 33R	3 ♒ 9R	7 ♐ 59R	13 ♌ 48
	25	20 9 2	1 ♌ 38 25	22 ♐ 25	4 ♌ 24R	4 ♍ 39	7 ♏ 57	3 ♉ 27	16 ♉ 3	15 ♒ 21R	3 ♒ 1R	7 ♐ 55R	13 ♌ 32
	31	20 32 42	7 ♌ 22 18	7 ♓ 22	0 ♌ 25R	5 ♍ 7R	10 ♏ 50	3 ♉ 58	16 ♉ 23	15 ♒ 7R	2 ♒ 51R	7 ♐ 51R	13 ♌ 13
AGOSTO	1	20 36 38	8 ♌ 19 40	20 ♓ 36	29 ♋ 54R	5 ♍ 4R	11 ♏ 20	4 ♉ 3	16 ♉ 26	15 ♒ 5R	2 ♒ 50R	7 ♐ 50R	13 ♌ 10
	5	20 52 24	12 ♌ 9 18	15 ♉ 45	28 ♋ 39R	4 ♍ 27R	13 ♏ 23	4 ♉ 20	16 ♉ 37	14 ♒ 56R	2 ♒ 43R	7 ♐ 48R	12 ♌ 57
	10	21 12 7	16 ♌ 56 49	27 ♋ 39	29 ♋ 25	2 ♍ 48R	16 ♏ 2	4 ♉ 37	16 ♉ 49	14 ♒ 44R	2 ♒ 35R	7 ♐ 47R	12 ♌ 42
	15	21 31 50	21 ♌ 44 49	5 ♎ 41	2 ♌ 58	0 ♍ 20R	18 ♏ 48	4 ♉ 49	16 ♉ 58	14 ♒ 32R	2 ♒ 28R	7 ♐ 45R	12 ♌ 26
	20	21 51 33	26 ♌ 33 17	6 ♐ 40	9 ♌ 10	27 ♌ 21R	21 ♏ 39	4 ♉ 57	17 ♉ 5	14 ♒ 20R	2 ♒ 20R	7 ♐ 45	12 ♌ 10
	25	22 11 15	1 ♍ 22 11	7 ♒ 26	17 ♌ 23	24 ♌ 17R	24 ♏ 36	4 ♉ 59	17 ♉ 9	14 ♒ 8R	2 ♒ 13R	7 ♐ 46	11 ♌ 54
	31	22 34 55	7 ♍ 9 39	28 ♈ 25	28 ♌ 45	21 ♌ 12R	28 ♏ 14	4 ♉ 56R	17 ♉ 10R	13 ♒ 55R	2 ♒ 5R	7 ♐ 48	11 ♌ 35
SETTEMBRE	1	22 38 51	8 ♍ 7 40	12 ♉ 34	0 ♍ 43	20 ♌ 47R	28 ♏ 52	4 ♉ 55R	17 ♉ 10R	13 ♒ 53R	2 ♒ 4R	7 ♐ 48	11 ♌ 32
	5	22 54 38	12 ♍ 0 2	9 ♋ 18	8 ♍ 33	19 ♌ 31R	1 ♐ 22	4 ♉ 47R	17 ♉ 8R	13 ♒ 45R	1 ♒ 59R	7 ♐ 50	11 ♌ 19
	10	23 14 20	16 ♍ 51 14	17 ♍ 51	18 ♍ 7	18 ♌ 49R	4 ♐ 33	4 ♉ 34R	17 ♉ 4R	13 ♒ 35R	1 ♒ 54R	7 ♐ 53	11 ♌ 3
	15	23 34 3	21 ♍ 43 11	20 ♏ 44	27 ♍ 16	19 ♌ 5	7 ♐ 49	4 ♉ 16R	16 ♉ 57R	13 ♒ 26R	1 ♒ 49R	7 ♐ 57	10 ♌ 47
	20	23 53 46	26 ♍ 35 49	20 ♑ 27	5 ♎ 59	20 ♌ 16	11 ♐ 8	3 ♉ 53R	16 ♉ 47R	13 ♒ 18R	1 ♒ 45R	8 ♐ 2	10 ♌ 31
	25	0 13 29	1 ♎ 29 10	25 ♓ 35	14 ♎ 16	22 ♌ 15	14 ♐ 30	3 ♉ 27R	16 ♉ 35R	13 ♒ 11R	1 ♒ 41R	8 ♐ 8	10 ♌ 15
	30	0 33 11	6 ♎ 23 20	7 ♊ 37	22 ♎ 10	24 ♌ 53	17 ♐ 56	2 ♉ 56R	16 ♉ 21R	13 ♒ 5R	1 ♒ 39R	8 ♐ 14	9 ♌ 60
OTTOBRE	1	0 37 8	7 ♎ 22 17	21 ♊ 59	23 ♎ 42	25 ♌ 29	18 ♐ 37	2 ♉ 49R	16 ♉ 18R	13 ♒ 4R	1 ♒ 38R	8 ♐ 15	9 ♌ 56
	5	0 52 54	11 ♎ 18 26	17 ♌ 23	29 ♎ 41	28 ♌ 5	21 ♐ 25	2 ♉ 22R	16 ♉ 4R	12 ♒ 60R	1 ♒ 37R	8 ♐ 21	9 ♌ 44
	10	1 12 37	16 ♎ 14 29	22 ♎ 13	6 ♏ 50	1 ♍ 44	24 ♐ 56	1 ♉ 45R	15 ♉ 46R	12 ♒ 56R	1 ♒ 36R	8 ♐ 29	9 ♌ 28
	15	1 32 20	21 ♎ 11 24	22 ♐ 35	13 ♏ 35	5 ♍ 47	28 ♐ 30	1 ♉ 6R	15 ♉ 26R	12 ♒ 53R	1 ♒ 35	8 ♐ 37	9 ♌ 12
	20	1 52 2	26 ♎ 9 3	23 ♒ 14	19 ♏ 47	10 ♍ 8	2 ♑ 7	0 ♉ 26R	15 ♉ 4R	12 ♒ 52R	1 ♒ 36	8 ♐ 46	8 ♌ 56
	25	2 11 45	1 ♏ 7 27	2 ♉ 49	25 ♏ 14	14 ♍ 46	5 ♑ 46	29 ♈ 46R	14 ♉ 41R	12 ♒ 52	1 ♒ 37	8 ♐ 55	8 ♌ 40
	31	2 35 25	7 ♏ 6 38	0 ♌ 41	0 ♐ 6	20 ♍ 38	10 ♑ 11	28 ♈ 57R	14 ♉ 13R	12 ♒ 53	1 ♒ 40	9 ♐ 7	8 ♌ 21
NOVEMBRE	1	2 39 21	8 ♏ 6 38	14 ♌ 22	0 ♐ 39	21 ♍ 38	10 ♑ 55	28 ♈ 49R	14 ♉ 8R	12 ♒ 54	1 ♒ 41	9 ♐ 9	8 ♌ 18
	5	2 55 7	12 ♏ 6 57	6 ♎ 20	1 ♐ 44	25 ♍ 43	13 ♑ 54	28 ♈ 18R	13 ♉ 49R	12 ♒ 56	1 ♒ 44	9 ♐ 18	8 ♌ 5
	10	3 14 50	17 ♏ 8 5	7 ♐ 19	29 ♏ 53R	0 ♎ 58	17 ♑ 38	27 ♈ 41R	13 ♉ 25R	12 ♒ 60	1 ♒ 48	9 ♐ 19	7 ♌ 49
	15	3 34 33	22 ♏ 9 55	6 ♒ 38	24 ♏ 20R	6 ♎ 21	21 ♑ 24	27 ♈ 6R	13 ♉ 1R	13 ♒ 5	1 ♒ 52	9 ♐ 40	7 ♌ 33
	20	3 54 16	27 ♏ 12 20	11 ♈ 39	18 ♏ 10R	11 ♎ 51	25 ♑ 12	26 ♈ 35R	12 ♉ 37R	13 ♒ 11	1 ♒ 58	9 ♐ 51	7 ♌ 17
	25	4 13 58	2 ♐ 15 17	26 ♊ 32	15 ♏ 38R	17 ♎ 27	29 ♑ 1	26 ♈ 8R	12 ♉ 15R	13 ♒ 19	2 ♒ 5	10 ♐ 3	7 ♌ 2
	30	4 33 41	7 ♐ 18 52	7 ♍ 39	17 ♏ 30	23 ♎ 8	2 ♒ 50	25 ♈ 45R	11 ♉ 54R	13 ♒ 28	2 ♒ 12	10 ♐ 14	6 ♌ 46
DICEMBRE	1	4 37 38	8 ♐ 19 40	20 ♍ 41	18 ♏ 17	24 ♎ 17	3 ♒ 36	25 ♈ 40R	11 ♉ 50R	13 ♒ 29	2 ♒ 13	10 ♐ 17	6 ♌ 43
	5	4 53 24	12 ♐ 23 4	10 ♏ 18	22 ♏ 16	28 ♎ 54	6 ♒ 41	25 ♈ 26R	11 ♉ 34R	13 ♒ 37	2 ♒ 19	10 ♐ 26	6 ♌ 30
	10	5 13 7	17 ♐ 27 48	9 ♑ 44	28 ♏ 31	4 ♏ 44	10 ♒ 32	25 ♈ 12R	11 ♉ 16R	14 ♒ 48	2 ♒ 28	10 ♐ 38	6 ♌ 14
	15	5 32 49	22 ♐ 32 51	10 ♓ 17	5 ♐ 30	10 ♏ 37	14 ♒ 24	25 ♈ 4R	10 ♉ 60R	14 ♒ 0	2 ♒ 37	10 ♐ 49	5 ♌ 58
	20	5 52 32	27 ♐ 38 7	18 ♉ 59	12 ♐ 50	16 ♏ 34	18 ♒ 16	25 ♈ 1R	10 ♉ 46R	14 ♒ 13	2 ♒ 46	11 ♐ 1	5 ♌ 42
	25	6 12 15	2 ♑ 43 33	4 ♌ 35	20 ♐ 22	22 ♏ 32	22 ♒ 9	25 ♈ 3	10 ♉ 35R	14 ♒ 27	2 ♒ 56	11 ♐ 12	5 ♌ 26
	31	6 35 54	8 ♑ 50 20	25 ♎ 5	29 ♐ 34	29 ♏ 45	26 ♒ 48	25 ♈ 12	10 ♉ 25R	14 ♒ 44	3 ♒ 9	11 ♐ 25	5 ♌ 7

GIORNO	TEMPO SIDERALE	☉	☾	☿	♀	♂	♃	♄	♅	♆	♇	☊	2000
1	6 39 51	9 ♑ 51 30	7 ♏ 17	1 ♑ 7	0 ♐ 58	27 ♒ 35	25 ♈ 14	10 ♉ 24R	14 ♒ 47	3 ♒ 11	11 ♐ 27	5 ♌ 4	GENNAIO
5	6 55 37	13 ♑ 56 11	24 ♐ 52	7 ♑ 22	5 ♐ 48	0 ♓ 41	25 ♈ 25	10 ♉ 20R	14 ♒ 59	3 ♒ 19	11 ♐ 36	4 ♌ 51	
10	7 15 20	19 ♑ 2 4	24 ♒ 51	15 ♑ 20	11 ♐ 53	4 ♓ 33	25 ♈ 43	10 ♉ 17R	15 ♒ 15	3 ♒ 30	11 ♐ 46	4 ♌ 35	
15	7 35 3	24 ♑ 7 46	29 ♈ 38	23 ♑ 28	17 ♐ 58	8 ♓ 26	26 ♈ 6	10 ♉ 17	15 ♒ 31	3 ♒ 41	11 ♐ 55	4 ♌ 20	
20	7 54 46	29 ♑ 13 11	12 ♋ 30	1 ♒ 48	24 ♐ 5	12 ♓ 18	26 ♈ 34	10 ♉ 20	15 ♒ 48	3 ♒ 53	12 ♐ 4	4 ♌ 4	
25	8 14 28	4 ♒ 18 19	24 ♍ 52	10 ♒ 21	0 ♑ 13	16 ♓ 9	27 ♈ 5	10 ♉ 26	16 ♒ 5	4 ♒ 4	12 ♐ 13	3 ♌ 48	
31	8 38 8	10 ♒ 24 10	9 ♐ 44	20 ♒ 48	7 ♑ 35	20 ♓ 47	27 ♈ 49	10 ♉ 37	16 ♒ 26	4 ♒ 18	12 ♐ 22	3 ♌ 29	
1	8 42 4	11 ♒ 25 6	21 ♐ 33	22 ♒ 33	8 ♑ 49	21 ♓ 33	27 ♈ 57	10 ♉ 39	16 ♒ 29	4 ♒ 20	12 ♐ 23	3 ♌ 26	FEBBRAIO
5	8 57 50	15 ♒ 28 41	9 ♒ 21	29 ♒ 26	13 ♑ 44	24 ♓ 37	28 ♈ 30	10 ♉ 48	16 ♒ 43	4 ♒ 29	12 ♐ 29	3 ♌ 13	
10	9 17 33	20 ♒ 32 44	13 ♈ 0	7 ♓ 25	19 ♑ 53	28 ♓ 26	29 ♈ 14	11 ♉ 3	17 ♒ 1	4 ♒ 40	12 ♐ 35	2 ♌ 57	
15	9 37 16	25 ♒ 36 9	22 ♊ 19	13 ♓ 44	26 ♑ 3	2 ♈ 15	0 ♉ 1	11 ♉ 20	17 ♒ 18	4 ♒ 51	12 ♐ 40	2 ♌ 41	
20	9 56 59	0 ♓ 38 53	4 ♍ 49	16 ♓ 59	2 ♒ 14	6 ♈ 3	0 ♉ 51	11 ♉ 39	17 ♒ 35	5 ♒ 2	12 ♐ 45	2 ♌ 25	
25	10 16 41	5 ♓ 40 57	11 ♏ 33	16 ♓ 12R	8 ♒ 24	9 ♈ 50	1 ♉ 45	12 ♉ 0	17 ♒ 52	5 ♒ 12	12 ♐ 49	2 ♌ 9	
29	10 32 28	9 ♓ 42 11	29 ♐ 37	13 ♓ 1R	13 ♒ 20	12 ♈ 51	2 ♉ 29	12 ♉ 19	18 ♒ 6	5 ♒ 20	12 ♐ 51	1 ♌ 57	
1	10 36 24	10 ♓ 42 26	11 ♑ 27	12 ♓ 0R	14 ♒ 34	13 ♈ 36	2 ♉ 40	12 ♉ 24	18 ♒ 9	5 ♒ 22	12 ♐ 52	1 ♌ 53	MARZO
5	10 52 10	14 ♓ 43 9	0 ♓ 15	7 ♓ 53R	19 ♒ 31	16 ♈ 36	3 ♉ 27	12 ♉ 44	18 ♒ 22	5 ♒ 30	12 ♐ 53	1 ♌ 41	
10	11 11 53	19 ♓ 43 23	6 ♉ 53	4 ♓ 2R	25 ♒ 42	20 ♈ 20	4 ♉ 27	13 ♉ 11	18 ♒ 38	5 ♒ 39	12 ♐ 55	1 ♌ 25	
15	11 31 36	24 ♓ 42 43	17 ♋ 10	2 ♓ 47	1 ♓ 52	24 ♈ 3	5 ♉ 28	13 ♉ 40	18 ♒ 53	5 ♒ 47	12 ♐ 55	1 ♌ 9	
20	11 51 19	29 ♓ 41 8	27 ♍ 11	4 ♓ 1	8 ♓ 3	27 ♈ 45	6 ♉ 32	14 ♉ 11	19 ♒ 8	5 ♒ 55	12 ♐ 55R	0 ♌ 53	
25	12 11 1	4 ♈ 38 42	1 ♐ 40	7 ♓ 13	14 ♓ 14	1 ♉ 26	7 ♉ 37	14 ♉ 43	19 ♒ 21	6 ♒ 3	12 ♐ 54R	0 ♌ 37	
31	12 34 41	10 ♈ 34 47	13 ♒ 19	12 ♓ 54	21 ♓ 38	5 ♉ 49	8 ♉ 57	15 ♉ 23	19 ♒ 37	6 ♒ 11	12 ♐ 51R	0 ♌ 18	
1	12 38 37	11 ♈ 34 2	25 ♒ 41	14 ♓ 1	22 ♓ 52	6 ♉ 33	9 ♉ 10	15 ♉ 30	19 ♒ 39	6 ♒ 12	12 ♐ 51R	0 ♌ 15	APRILE
5	12 54 24	15 ♈ 30 41	18 ♈ 37	18 ♓ 49	27 ♓ 48	9 ♉ 27	10 ♉ 5	15 ♉ 57	19 ♒ 49	6 ♒ 16	12 ♐ 48R	0 ♌ 2	
10	13 14 6	20 ♈ 25 43	29 ♊ 50	25 ♓ 34	3 ♈ 59	13 ♉ 4	11 ♉ 14	16 ♉ 33	20 ♒ 0	6 ♒ 21	12 ♐ 44R	29 ♋ 46	
15	13 33 49	25 ♈ 19 49	9 ♍ 28	3 ♈ 4	10 ♈ 9	16 ♉ 40	12 ♉ 24	17 ♉ 9	20 ♒ 10	6 ♒ 26	12 ♐ 40R	29 ♋ 30	
20	13 53 32	0 ♉ 13 0	15 ♏ 1	11 ♈ 14	16 ♈ 18	20 ♉ 14	13 ♉ 34	17 ♉ 47	20 ♒ 19	6 ♒ 29	12 ♐ 35R	29 ♋ 15	
25	14 13 15	5 ♉ 5 25	15 ♑ 22	20 ♈ 7	22 ♈ 28	23 ♉ 47	14 ♉ 45	18 ♉ 24	20 ♒ 27	6 ♒ 32	12 ♐ 29R	28 ♋ 59	
30	14 32 57	9 ♉ 57 11	16 ♓ 20	29 ♈ 41	28 ♈ 37	27 ♉ 20	15 ♉ 56	19 ♉ 2	20 ♒ 34	6 ♒ 33	12 ♐ 23R	28 ♋ 43	
1	14 36 54	10 ♉ 55 27	29 ♓ 29	1 ♉ 41	29 ♈ 51	28 ♉ 2	16 ♉ 10	19 ♉ 10	20 ♒ 35	6 ♒ 34	12 ♐ 22R	28 ♋ 40	MAGGIO
5	14 52 40	14 ♉ 48 16	26 ♉ 4	9 ♉ 55	4 ♉ 47	0 ♊ 50	17 ♉ 7	19 ♉ 41	20 ♒ 39	6 ♒ 34	12 ♐ 16R	28 ♋ 27	
10	15 12 23	19 ♉ 38 37	8 ♌ 49	20 ♉ 39	10 ♉ 56	4 ♊ 20	18 ♉ 19	20 ♉ 20	20 ♒ 44	6 ♒ 35R	12 ♐ 9R	28 ♋ 11	
15	15 32 6	24 ♉ 28 13	16 ♎ 0	1 ♊ 30	17 ♉ 5	7 ♊ 49	19 ♉ 30	20 ♉ 58	20 ♒ 47	6 ♒ 34R	12 ♐ 2R	27 ♋ 55	
20	15 51 48	29 ♉ 17 7	18 ♐ 4	11 ♊ 54	23 ♉ 14	11 ♊ 16	20 ♉ 41	21 ♉ 37	20 ♒ 49	6 ♒ 32R	11 ♐ 54R	27 ♋ 39	
25	16 11 34	4 ♊ 5 29	17 ♒ 19	21 ♊ 24	29 ♉ 22	14 ♊ 43	21 ♉ 52	22 ♉ 15	20 ♒ 49	6 ♒ 30R	11 ♐ 46R	27 ♋ 23	
31	16 35 11	9 ♊ 50 59	5 ♉ 18	1 ♋ 14	6 ♊ 45	18 ♊ 49	23 ♉ 16	23 ♉ 0	20 ♒ 49R	6 ♒ 27R	11 ♐ 36R	27 ♋ 4	
1	16 39 7	10 ♊ 48 31	19 ♉ 47	2 ♋ 42	7 ♊ 58	19 ♊ 30	23 ♉ 30	23 ♉ 8	20 ♒ 48R	6 ♒ 26R	11 ♐ 35R	27 ♋ 1	GIUGNO
5	16 54 53	14 ♊ 38 29	19 ♋ 40	8 ♋ 1	12 ♊ 53	22 ♊ 13	24 ♉ 25	23 ♉ 38	20 ♒ 47R	6 ♒ 23R	11 ♐ 28R	26 ♋ 48	
10	17 14 36	19 ♊ 25 32	0 ♎ 0	13 ♋ 26	19 ♊ 2	25 ♊ 37	25 ♉ 34	24 ♉ 14	20 ♒ 43R	6 ♒ 18R	11 ♐ 20R	26 ♋ 33	
15	17 34 19	24 ♊ 12 8	2 ♐ 52	17 ♋ 20	25 ♊ 11	28 ♊ 59	26 ♉ 41	24 ♉ 50	20 ♒ 39R	6 ♒ 13R	11 ♐ 12R	26 ♋ 17	
20	17 54 2	28 ♊ 58 26	2 ♒ 14	19 ♋ 32	1 ♋ 19	2 ♋ 20	27 ♉ 47	25 ♉ 25	20 ♒ 34R	6 ♒ 7R	11 ♐ 4R	26 ♋ 1	
25	18 13 44	3 ♋ 44 37	3 ♈ 14	19 ♋ 52R	7 ♋ 28	5 ♋ 40	28 ♉ 52	25 ♉ 59	20 ♒ 27R	6 ♒ 1R	10 ♐ 57R	25 ♋ 45	
30	18 33 27	8 ♋ 30 46	12 ♊ 57	18 ♋ 23R	13 ♋ 36	8 ♋ 60	29 ♉ 56	26 ♉ 32	20 ♒ 20R	5 ♒ 54R	10 ♐ 50R	25 ♋ 29	

2000	GIORNO	TEMPO SIDERALE	☉	☾	☿	♀	♂	♃	♄	♅	♆	♇	☊
LUGLIO	1	18 37 24	9 ♋ 27 59	27 ♊ 60	17 ♋ 54R	14 ♋ 50	9 ♋ 40	0 ♊ 9	26 ♉ 38	20 ♒ 18R	5 ♒ 53R	10 ♐ 48R	25 ♋ 26
	5	18 53 10	13 ♋ 16 53	27 ♌ 59	15 ♋ 37R	19 ♋ 45	12 ♋ 18	0 ♊ 58	27 ♉ 3	20 ♒ 12R	5 ♒ 47R	10 ♐ 43R	25 ♋ 13
	10	19 12 53	18 ♋ 2 57	5 ♏ 21	12 ♋ 38R	25 ♋ 54	15 ♋ 36	1 ♊ 58	27 ♉ 33	20 ♒ 2R	5 ♒ 40R	10 ♐ 37R	24 ♋ 57
	15	19 32 35	22 ♋ 48 58	5 ♑ 40	10 ♋ 40R	2 ♌ 3	18 ♋ 53	2 ♊ 56	28 ♉ 2	19 ♒ 53R	5 ♒ 32R	10 ♐ 31R	24 ♋ 41
	20	19 52 18	27 ♋ 35 6	5 ♓ 11	10 ♋ 40	8 ♌ 12	22 ♋ 10	3 ♊ 52	28 ♉ 28	19 ♒ 42R	5 ♒ 24R	10 ♐ 26R	24 ♋ 25
	25	20 12 1	2 ♌ 21 30	9 ♉ 8	12 ♋ 60	14 ♌ 21	25 ♋ 25	4 ♊ 46	28 ♉ 53	19 ♒ 31R	5 ♒ 16R	10 ♐ 22R	24 ♋ 10
	31	20 35 40	8 ♌ 5 40	6 ♌ 40	18 ♋ 54	21 ♌ 43	29 ♋ 19	5 ♊ 47	29 ♉ 20	19 ♒ 17R	5 ♒ 6R	10 ♐ 17R	23 ♋ 50
AGOSTO	1	20 39 37	9 ♌ 3 5	21 ♌ 40	20 ♋ 12	22 ♌ 57	29 ♋ 58	5 ♊ 57	29 ♉ 25	19 ♒ 15R	5 ♒ 4R	10 ♐ 16R	23 ♋ 47
	5	20 55 23	12 ♌ 52 53	18 ♎ 27	26 ♋ 10	27 ♌ 52	2 ♌ 33	6 ♊ 35	29 ♉ 41	19 ♒ 6R	4 ♒ 58R	10 ♐ 14R	23 ♋ 35
	10	21 15 6	17 ♌ 40 24	20 ♐ 45	5 ♌ 6	4 ♍ 1	5 ♌ 47	7 ♊ 19	29 ♉ 59	18 ♒ 54R	4 ♒ 50R	10 ♐ 12R	23 ♋ 19
	15	21 34 49	22 ♌ 28 17	20 ♒ 3	15 ♌ 1	10 ♍ 10	8 ♌ 60	8 ♊ 1	0 ♊ 15	18 ♒ 42R	4 ♒ 42R	10 ♐ 11R	23 ♋ 3
	20	21 54 31	27 ♌ 16 41	22 ♈ 36	25 ♌ 9	16 ♍ 19	12 ♌ 12	8 ♊ 39	0 ♊ 29	18 ♒ 30R	4 ♒ 35R	10 ♐ 10R	22 ♋ 47
	25	22 14 14	2 ♍ 5 45	1 ♋ 11	5 ♍ 3	22 ♍ 27	15 ♌ 24	9 ♊ 13	0 ♊ 40	18 ♒ 18R	4 ♒ 27R	10 ♐ 10	22 ♋ 31
	31	22 37 53	7 ♍ 53 35	29 ♍ 4	16 ♍ 17	29 ♍ 49	19 ♌ 13	9 ♊ 49	0 ♊ 50	18 ♒ 5R	4 ♒ 19R	10 ♐ 12	22 ♋ 12
SETTEMBRE	1	22 41 50	8 ♍ 51 39	13 ♎ 6	18 ♍ 5	1 ♎ 3	19 ♌ 52	9 ♊ 55	0 ♊ 51	18 ♒ 2R	4 ♒ 18R	10 ♐ 12	22 ♋ 9
	5	22 57 36	12 ♍ 44 9	5 ♐ 3	25 ♍ 5	5 ♎ 57	22 ♌ 24	10 ♊ 15	0 ♊ 55	17 ♒ 54R	4 ♒ 13R	10 ♐ 14	21 ♋ 56
	10	23 17 19	17 ♍ 35 21	4 ♒ 35	3 ♎ 22	12 ♎ 5	25 ♌ 34	10 ♊ 36	0 ♊ 58	17 ♒ 44R	4 ♒ 8R	10 ♐ 17	21 ♋ 40
	15	23 37 2	22 ♍ 27 12	6 ♈ 26	11 ♎ 11	18 ♎ 12	28 ♌ 44	10 ♊ 53	0 ♊ 58R	17 ♒ 34R	4 ♒ 3R	10 ♐ 20	21 ♋ 24
	20	23 56 45	27 ♍ 19 53	13 ♊ 34	18 ♎ 33	24 ♎ 20	1 ♍ 53	11 ♊ 5	0 ♊ 55R	17 ♒ 26R	3 ♒ 58R	10 ♐ 25	21 ♋ 8
	25	0 16 27	2 ♎ 13 29	24 ♌ 34	25 ♎ 26	0 ♏ 26	5 ♍ 2	11 ♊ 12	0 ♊ 50R	17 ♒ 18R	3 ♒ 55R	10 ♐ 30	20 ♋ 53
	30	0 36 10	7 ♎ 7 59	4 ♏ 44	1 ♏ 46	6 ♏ 33	8 ♍ 11	11 ♊ 14R	0 ♊ 42R	17 ♒ 11R	3 ♒ 52R	10 ♐ 36	20 ♋ 37
OTTOBRE	1	0 40 7	8 ♎ 6 59	17 ♏ 51	2 ♏ 57	7 ♏ 46	8 ♍ 48	11 ♊ 14R	0 ♊ 40R	17 ♒ 10R	3 ♒ 51R	10 ♐ 38	20 ♋ 33
	5	0 55 53	12 ♎ 3 17	7 ♑ 5	7 ♏ 23	12 ♏ 39	11 ♍ 19	11 ♊ 11R	0 ♊ 31R	17 ♒ 5R	3 ♒ 49R	10 ♐ 43	20 ♋ 21
	10	1 15 36	16 ♎ 59 20	6 ♓ 52	12 ♏ 0	18 ♏ 44	14 ♍ 26	11 ♊ 3R	0 ♊ 18R	17 ♒ 1R	3 ♒ 48R	10 ♐ 51	20 ♋ 5
	15	1 35 18	21 ♎ 56 10	12 ♉ 28	15 ♏ 3	24 ♏ 49	17 ♍ 33	10 ♊ 50R	0 ♊ 3R	16 ♒ 57R	3 ♒ 48R	10 ♐ 59	19 ♋ 49
	20	1 55 1	26 ♎ 53 53	22 ♋ 32	15 ♏ 40R	0 ♐ 54	20 ♍ 40	10 ♊ 32R	29 ♉ 46R	16 ♒ 55R	3 ♒ 48	11 ♐ 7	19 ♋ 33
	25	2 14 44	1 ♏ 52 33	2 ♎ 35	12 ♏ 54R	6 ♐ 58	23 ♍ 46	10 ♊ 10R	29 ♉ 26R	16 ♒ 54R	3 ♒ 49	11 ♐ 17	19 ♋ 17
	31	2 38 23	7 ♏ 52 7	20 ♐ 53	5 ♏ 48R	14 ♐ 13	27 ♍ 29	9 ♊ 37R	29 ♉ 1R	16 ♒ 54	3 ♒ 52	11 ♐ 28	18 ♋ 58
NOVEMBRE	1	2 42 20	8 ♏ 52 9	2 ♑ 59	4 ♏ 34R	15 ♐ 26	28 ♍ 6	9 ♊ 31R	28 ♉ 57R	16 ♒ 54	3 ♒ 52	11 ♐ 30	18 ♋ 55
	5	2 58 6	12 ♏ 52 33	20 ♒ 23	0 ♏ 52R	20 ♐ 16	0 ♎ 34	9 ♊ 6R	28 ♉ 39R	16 ♒ 56	3 ♒ 55	11 ♐ 39	18 ♋ 42
	10	3 17 49	17 ♏ 53 37	23 ♈ 38	0 ♏ 16	26 ♐ 17	3 ♎ 39	8 ♊ 31R	28 ♉ 15R	16 ♒ 59	3 ♒ 58	11 ♐ 49	18 ♋ 26
	15	3 37 32	22 ♏ 55 23	4 ♋ 36	3 ♏ 44	2 ♑ 17	6 ♎ 43	7 ♊ 54R	27 ♉ 51R	17 ♒ 3	4 ♒ 3	12 ♐ 0	18 ♋ 11
	20	3 57 14	27 ♏ 57 54	15 ♍ 26	9 ♏ 35	8 ♑ 16	9 ♎ 46	7 ♊ 15R	27 ♉ 27R	17 ♒ 9	4 ♒ 9	12 ♐ 11	17 ♋ 55
	25	4 16 57	3 ♐ 1 8	21 ♏ 47	16 ♏ 36	14 ♑ 14	12 ♎ 49	6 ♊ 34R	27 ♉ 2R	17 ♒ 16	4 ♒ 15	12 ♐ 23	17 ♋ 39
	30	4 36 40	8 ♐ 4 58	22 ♑ 54	24 ♏ 6	20 ♑ 9	15 ♎ 51	5 ♊ 53R	26 ♉ 38R	17 ♒ 24	4 ♒ 22	12 ♐ 34	17 ♋ 23
DICEMBRE	1	4 40 36	9 ♐ 5 48	4 ♒ 41	25 ♏ 37	21 ♑ 20	16 ♎ 28	5 ♊ 45R	26 ♉ 34R	17 ♒ 25	4 ♒ 23	12 ♐ 37	17 ♋ 20
	5	4 56 23	13 ♐ 9 15	22 ♓ 33	1 ♐ 46	26 ♑ 3	18 ♎ 53	5 ♊ 13R	26 ♉ 15R	17 ♒ 33	4 ♒ 29	12 ♐ 46	17 ♋ 7
	10	5 16 5	18 ♐ 13 51	29 ♉ 29	9 ♐ 31	1 ♒ 54	21 ♎ 53	4 ♊ 33R	25 ♉ 53R	17 ♒ 43	4 ♒ 37	12 ♐ 58	16 ♋ 51
	15	5 35 48	23 ♐ 18 48	13 ♌ 24	17 ♐ 18	7 ♒ 43	24 ♎ 53	3 ♊ 56R	25 ♉ 32R	17 ♒ 54	4 ♒ 46	13 ♐ 9	16 ♋ 35
	20	5 55 31	28 ♐ 24 7	22 ♎ 49	25 ♐ 8	13 ♒ 28	27 ♎ 52	3 ♊ 21R	25 ♉ 13R	18 ♒ 6	4 ♒ 56	13 ♐ 21	16 ♋ 19
	25	6 15 14	3 ♑ 29 46	25 ♐ 32	3 ♑ 2	19 ♒ 9	0 ♏ 49	2 ♊ 49R	24 ♉ 56R	18 ♒ 19	5 ♒ 5	13 ♐ 32	16 ♋ 3
	31	6 38 53	9 ♑ 36 46	6 ♓ 42	12 ♑ 39	25 ♒ 52	4 ♏ 21	2 ♊ 16R	24 ♉ 38R	18 ♒ 36	5 ♒ 18	13 ♐ 45	15 ♋ 44

GIORNO	TEMPO SIDERALE	☉	☽	☿	♀	♂	♃	♄	♅	♆	♇	☊	2001
1	6 42 52	10 ♑ 38	18 ♓ 42	14 ♑ 16	26 ♒ 58	04 ♏ 56	02 ♊ 11R	24 ♉ 35R	18 ♒ 39	05 ♒ 20	13 ♐ 46	15 ♋ 41	GENNAIO
5	6 58 38	14 ♑ 43	09 ♉ 27	20 ♑ 48	01 ♓ 21	07 ♏ 16	01 ♊ 54R	24 ♉ 26R	18 ♒ 51	05 ♒ 28	13 ♐ 54	15 ♋ 28	
10	7 18 21	19 ♑ 48	21 ♋ 55	29 ♑ 04	06 ♓ 44	10 ♏ 10	01 ♊ 36R	24 ♉ 16R	19 ♒ 06	05 ♒ 39	14 ♐ 05	15 ♋ 12	
15	7 38 03	24 ♑ 54	05 ♎ 46	07 ♒ 23	11 ♓ 58	13 ♏ 02	01 ♊ 22R	24 ♉ 09R	19 ♒ 22	05 ♒ 50	14 ♐ 14	14 ♋ 57	
20	7 57 46	29 ♑ 59	10 ♐ 26	15 ♒ 30	17 ♓ 03	15 ♏ 53	01 ♊ 14R	24 ♉ 05R	19 ♒ 39	06 ♒ 02	14 ♐ 23	14 ♋ 41	
25	8 17 29	05 ♒ 05	09 ♒ 57	22 ♒ 53	21 ♓ 57	18 ♏ 41	01 ♊ 11	24 ♉ 04	19 ♒ 55	06 ♒ 13	14 ♐ 32	14 ♋ 25	
31	8 41 08	11 ♒ 10	22 ♈ 24	29 ♒ 14	27 ♓ 32	22 ♏ 01	01 ♊ 15	24 ♉ 06	20 ♒ 16	06 ♒ 27	14 ♐ 41	14 ♋ 06	
1	8 45 05	12 ♒ 11	05 ♉ 09	29 ♒ 51	28 ♓ 25	22 ♏ 34	01 ♊ 16	24 ♉ 06	20 ♒ 19	06 ♒ 29	14 ♐ 43	14 ♋ 03	FEBBRAIO
5	9 00 51	16 ♒ 15	29 ♊ 59	00 ♓ 37R	01 ♈ 52	24 ♏ 45	01 ♊ 23	24 ♉ 10	20 ♒ 33	06 ♒ 38	14 ♐ 48	13 ♋ 50	
10	9 20 34	21 ♒ 19	15 ♍ 21	27 ♒ 38R	05 ♈ 52	27 ♏ 26	01 ♊ 36	24 ♉ 18	20 ♒ 51	06 ♒ 49	14 ♐ 55	13 ♋ 34	
15	9 40 17	26 ♒ 22	24 ♏ 42	22 ♒ 03R	09 ♈ 27	00 ♐ 05	01 ♊ 54	24 ♉ 28	21 ♒ 08	07 ♒ 00	15 ♐ 00	13 ♋ 18	
20	9 59 59	01 ♓ 25	25 ♑ 08	17 ♒ 19R	12 ♈ 32	02 ♐ 41	02 ♊ 17	24 ♉ 41	21 ♒ 25	07 ♒ 11	15 ♐ 05	13 ♋ 02	
25	10 19 42	06 ♓ 27	24 ♓ 44	15 ♒ 26R	15 ♈ 00	05 ♐ 13	02 ♊ 44	24 ♉ 57	21 ♒ 42	07 ♒ 22	15 ♐ 09	12 ♋ 46	
28	10 31 32	09 ♓ 28	02 ♉ 04	15 ♒ 42	16 ♈ 09	06 ♐ 42	03 ♊ 02	25 ♉ 07	21 ♒ 53	07 ♒ 28	15 ♐ 11	12 ♋ 37	
1	10 35 28	10 ♓ 28	14 ♉ 54	15 ♒ 60	16 ♈ 28	07 ♐ 12	03 ♊ 09	25 ♉ 11	21 ♒ 56	07 ♒ 30	15 ♐ 12	12 ♋ 34	MARZO
5	10 51 15	14 ♓ 29	09 ♋ 10	18 ♒ 01	17 ♈ 24	09 ♐ 08	03 ♊ 36	25 ♉ 27	22 ♒ 09	07 ♒ 37	15 ♐ 14	12 ♋ 21	
10	11 10 57	19 ♓ 29	23 ♍ 19	22 ♒ 03	17 ♈ 43R	11 ♐ 29	04 ♊ 13	25 ♉ 48	22 ♒ 25	07 ♒ 47	15 ♐ 16	12 ♋ 05	
15	11 30 40	24 ♓ 28	03 ♐ 04	27 ♒ 19	16 ♈ 60R	13 ♐ 45	04 ♊ 54	26 ♉ 12	22 ♒ 41	07 ♒ 56	15 ♐ 17	11 ♋ 49	
20	11 50 23	29 ♓ 26	03 ♒ 37	03 ♓ 29	15 ♈ 16R	15 ♐ 55	05 ♊ 39	26 ♉ 38	22 ♒ 56	08 ♒ 04	15 ♐ 17R	11 ♋ 33	
25	12 10 06	04 ♈ 24	03 ♈ 45	10 ♓ 23	12 ♈ 42R	17 ♐ 59	06 ♊ 26	27 ♉ 05	23 ♒ 11	08 ♒ 11	15 ♐ 16R	11 ♋ 17	
31	12 33 45	10 ♈ 20	21 ♊ 48	19 ♓ 30	09 ♈ 01R	20 ♐ 18	07 ♊ 26	27 ♉ 41	23 ♒ 27	08 ♒ 20	15 ♐ 14R	10 ♋ 58	
1	12 37 42	11 ♈ 20	05 ♋ 31	21 ♓ 06	08 ♈ 23R	20 ♐ 40	07 ♊ 37	27 ♉ 47	23 ♒ 29	08 ♒ 21	15 ♐ 13R	10 ♋ 55	APRILE
5	12 53 28	15 ♈ 16	02 ♍ 34	27 ♓ 45	06 ♈ 00R	22 ♐ 05	08 ♊ 20	28 ♉ 12	23 ♒ 40	08 ♒ 26	15 ♐ 11R	10 ♋ 42	
10	13 13 11	20 ♈ 11	14 ♏ 26	06 ♈ 36	03 ♈ 33R	23 ♐ 42	09 ♊ 15	28 ♉ 45	23 ♒ 51	08 ♒ 31	15 ♐ 08R	10 ♋ 26	
15	13 32 53	25 ♈ 05	18 ♑ 00	16 ♈ 05	02 ♈ 00R	25 ♐ 10	10 ♊ 13	29 ♉ 19	24 ♒ 02	08 ♒ 36	15 ♐ 04R	10 ♋ 11	
20	13 52 36	29 ♈ 58	17 ♓ 33	26 ♈ 09	01 ♈ 27	26 ♐ 25	11 ♊ 12	29 ♉ 53	24 ♒ 12	08 ♒ 40	14 ♐ 59R	09 ♋ 55	
25	14 12 19	04 ♉ 51	21 ♉ 29	06 ♉ 43	01 ♈ 54	27 ♐ 27	12 ♊ 14	00 ♊ 29	24 ♒ 21	08 ♒ 43	14 ♐ 54R	09 ♋ 39	
30	14 32 02	09 ♉ 43	00 ♌ 20	17 ♉ 24	03 ♈ 13	28 ♐ 15	13 ♊ 17	01 ♊ 06	24 ♒ 29	08 ♒ 45	14 ♐ 48R	09 ♋ 23	
1	14 35 58	10 ♉ 41	14 ♌ 27	19 ♉ 31	03 ♈ 35	28 ♐ 23	13 ♊ 29	01 ♊ 14	24 ♒ 30	08 ♒ 45	14 ♐ 47R	09 ♋ 20	MAGGIO
5	14 51 44	14 ♉ 34	11 ♎ 18	27 ♉ 40	05 ♈ 18	28 ♐ 47	14 ♊ 21	01 ♊ 44	24 ♒ 35	08 ♒ 46	14 ♐ 42R	09 ♋ 07	
10	15 11 27	19 ♉ 24	18 ♐ 53	06 ♊ 55	08 ♈ 00	29 ♐ 02	15 ♊ 26	02 ♊ 22	24 ♒ 41	08 ♒ 47R	14 ♐ 35R	08 ♋ 51	
15	15 31 10	24 ♉ 14	19 ♒ 36	14 ♊ 50	11 ♈ 14	28 ♐ 59R	16 ♊ 33	02 ♊ 60	24 ♒ 45	08 ♒ 47R	14 ♐ 28R	08 ♋ 35	
20	15 50 53	29 ♉ 03	20 ♈ 34	21 ♊ 13	14 ♈ 54	28 ♐ 37R	17 ♊ 40	03 ♊ 39	24 ♒ 48	08 ♒ 46R	14 ♐ 20R	08 ♋ 19	
25	16 10 36	03 ♊ 51	28 ♊ 24	25 ♊ 57	18 ♈ 54	27 ♐ 56R	18 ♊ 48	04 ♊ 18	24 ♒ 50	08 ♒ 44R	14 ♐ 12R	08 ♋ 04	
31	16 34 15	09 ♊ 37	23 ♍ 45	29 ♊ 17	24 ♈ 05	26 ♐ 43R	20 ♊ 10	05 ♊ 04	24 ♒ 50R	08 ♒ 40R	14 ♐ 03R	07 ♋ 44	
1	16 38 11	10 ♊ 34	07 ♎ 43	29 ♊ 34	24 ♈ 59	26 ♐ 29R	20 ♊ 24	05 ♊ 12	24 ♒ 50R	08 ♒ 40R	14 ♐ 01R	07 ♋ 41	GIUGNO
5	16 53 58	14 ♊ 24	01 ♐ 38	29 ♊ 56R	28 ♈ 39	25 ♐ 26R	21 ♊ 19	05 ♊ 43	24 ♒ 49R	08 ♒ 37R	13 ♐ 54R	07 ♋ 29	
10	17 13 40	19 ♊ 11	03 ♒ 49	28 ♊ 47R	03 ♉ 25	23 ♐ 57R	22 ♊ 28	06 ♊ 21	24 ♒ 47R	08 ♒ 33R	13 ♐ 46R	07 ♋ 13	
15	17 33 23	23 ♊ 58	03 ♈ 31	26 ♊ 20R	08 ♉ 21	22 ♐ 21R	23 ♊ 37	06 ♊ 59	24 ♒ 44R	08 ♒ 28R	13 ♐ 38R	06 ♋ 57	
20	17 53 06	28 ♊ 44	08 ♊ 50	23 ♊ 35R	13 ♉ 25	20 ♐ 44R	24 ♊ 47	07 ♊ 37	24 ♒ 39R	08 ♒ 22R	13 ♐ 31R	06 ♋ 41	
25	18 12 49	03 ♋ 31	21 ♌ 30	21 ♊ 40R	18 ♉ 36	19 ♐ 11R	25 ♊ 56	08 ♊ 14	24 ♒ 34R	08 ♒ 16R	13 ♐ 23R	06 ♋ 25	
30	18 32 32	08 ♋ 17	01 ♏ 58	21 ♊ 23	23 ♉ 52	17 ♐ 48R	27 ♊ 04	08 ♊ 50	24 ♒ 27R	08 ♒ 10R	13 ♐ 16R	06 ♋ 09	

2001	GIORNO	TEMPO SIDERALE	☉	☽	☿	♀	♂	♃	♄	♅	♆	♇	☊
LUGLIO	1	18 36 28	09 ♋ 14	15 ♏ 15	21 ♊ 34	24 ♉ 56	17 ♐ 33R	27 ♊ 18	08 ♊ 57	24 ♒ 26R	08 ♒ 09R	13 ♐ 14R	06 ♋ 06
	5	18 52 14	13 ♋ 03	05 ♑ 58	23 ♊ 07	29 ♉ 15	16 ♐ 39R	28 ♊ 12	09 ♊ 25	24 ♒ 20R	08 ♒ 03R	13 ♐ 09R	05 ♋ 53
	10	19 11 57	17 ♋ 49	05 ♓ 52	26 ♊ 52	04 ♊ 42	15 ♐ 48R	29 ♊ 20	09 ♊ 59	24 ♒ 11R	07 ♒ 56R	13 ♐ 02R	05 ♋ 37
	15	19 31 40	22 ♋ 35	06 ♉ 45	02 ♋ 34	10 ♊ 13	15 ♐ 17R	00 ♋ 27	10 ♊ 32	24 ♒ 02R	07 ♒ 48R	12 ♐ 56R	05 ♋ 21
	20	19 51 23	27 ♋ 21	15 ♋ 52	10 ♋ 02	15 ♊ 48	15 ♐ 07	01 ♋ 32	11 ♊ 03	23 ♒ 52R	07 ♒ 40R	12 ♐ 51R	05 ♋ 06
	25	20 11 05	02 ♌ 08	00 ♎ 31	19 ♋ 03	21 ♊ 26	15 ♐ 17	02 ♋ 37	11 ♊ 33	23 ♒ 42R	07 ♒ 32R	12 ♐ 46R	04 ♋ 50
	31	20 34 45	07 ♌ 52	20 ♐ 37	01 ♌ 11	28 ♊ 16	15 ♐ 57	03 ♋ 53	12 ♊ 07	23 ♒ 28R	07 ♒ 22R	12 ♐ 41R	04 ♋ 31
AGOSTO	1	20 38 41	08 ♌ 49	02 ♑ 55	03 ♌ 17	29 ♊ 25	16 ♐ 07	04 ♋ 06	12 ♊ 13	23 ♒ 26R	07 ♒ 21R	12 ♐ 40R	04 ♋ 27
	5	20 54 28	12 ♌ 39	20 ♒ 51	11 ♌ 38	04 ♋ 01	16 ♐ 52	04 ♋ 55	12 ♊ 34	23 ♒ 17R	07 ♒ 14R	12 ♐ 38R	04 ♋ 15
	10	21 14 10	17 ♌ 26	20 ♈ 35	21 ♌ 49	09 ♋ 48	18 ♐ 04	05 ♋ 55	12 ♊ 58	23 ♒ 05R	07 ♒ 06R	12 ♐ 35R	03 ♋ 59
	15	21 33 53	22 ♌ 14	25 ♊ 22	01 ♍ 29	15 ♋ 38	19 ♐ 32	06 ♋ 54	13 ♊ 21	22 ♒ 53R	06 ♒ 58R	12 ♐ 34R	03 ♋ 43
	20	21 53 36	27 ♌ 03	09 ♍ 37	10 ♍ 33	21 ♋ 31	21 ♐ 15	07 ♋ 50	13 ♊ 42	22 ♒ 41R	06 ♒ 51R	12 ♐ 33R	03 ♋ 27
	25	22 13 19	01 ♍ 52	21 ♏ 46	19 ♍ 02	27 ♋ 25	23 ♐ 11	08 ♋ 45	13 ♊ 60	22 ♒ 29R	06 ♒ 43R	12 ♐ 32	03 ♋ 11
	31	22 36 58	07 ♍ 40	06 ♒ 02	28 ♍ 28	04 ♌ 33	25 ♐ 47	09 ♋ 47	14 ♊ 19	22 ♒ 15R	06 ♒ 35R	12 ♐ 33	02 ♋ 52
SETTEMBRE	1	22 40 55	08 ♍ 38	17 ♒ 53	29 ♍ 58	05 ♌ 45	26 ♐ 14	09 ♋ 57	14 ♊ 22	22 ♒ 13R	06 ♒ 34R	12 ♐ 33	02 ♋ 49
	5	22 56 41	12 ♍ 30	05 ♈ 31	05 ♎ 43	10 ♌ 32	28 ♐ 08	10 ♋ 36	14 ♊ 32	22 ♒ 04R	06 ♒ 28R	12 ♐ 35	02 ♋ 36
	10	23 16 24	17 ♍ 21	07 ♊ 42	12 ♎ 23	16 ♌ 33	00 ♑ 39	11 ♋ 22	14 ♊ 42	21 ♒ 53R	06 ♒ 23R	12 ♐ 37	02 ♋ 20
	15	23 36 06	22 ♍ 13	17 ♌ 39	18 ♎ 21	22 ♌ 36	03 ♑ 18	12 ♋ 05	14 ♊ 50	21 ♒ 43R	06 ♒ 17R	12 ♐ 41	02 ♋ 04
	20	23 55 49	27 ♍ 06	02 ♏ 44	23 ♎ 28	28 ♌ 40	06 ♑ 05	12 ♋ 45	14 ♊ 55	21 ♒ 34R	06 ♒ 12R	12 ♐ 45	01 ♋ 49
	25	0 15 32	01 ♎ 60	08 ♑ 50	27 ♎ 22	04 ♍ 46	08 ♑ 58	13 ♋ 21	14 ♊ 58	21 ♒ 25R	06 ♒ 08R	12 ♐ 49	01 ♋ 33
	30	0 35 15	06 ♎ 54	08 ♓ 29	29 ♎ 30	10 ♍ 54	11 ♑ 58	13 ♋ 54	14 ♊ 58R	21 ♒ 18R	06 ♒ 05R	12 ♐ 55	01 ♋ 17
OTTOBRE	1	0 39 11	07 ♎ 53	20 ♓ 25	29 ♎ 39	12 ♍ 07	12 ♑ 35	13 ♋ 60	14 ♊ 57R	21 ♒ 16R	06 ♒ 05R	12 ♐ 56	01 ♋ 14
	5	0 54 57	11 ♎ 49	09 ♉ 19	29 ♎ 04R	17 ♍ 02	15 ♑ 04	14 ♋ 23	14 ♊ 55R	21 ♒ 11R	06 ♒ 03R	13 ♐ 01	01 ♋ 01
	10	1 14 40	16 ♎ 45	14 ♋ 27	25 ♎ 28R	23 ♍ 12	18 ♑ 14	14 ♋ 47	14 ♊ 49R	21 ♒ 05R	06 ♒ 01R	13 ♐ 08	00 ♋ 45
	15	1 34 23	21 ♎ 42	26 ♍ 36	19 ♎ 40R	29 ♍ 24	21 ♑ 28	15 ♋ 07	14 ♊ 41R	21 ♒ 01R	05 ♒ 60R	13 ♐ 16	00 ♋ 29
	20	1 54 06	26 ♎ 40	08 ♐ 37	15 ♎ 03R	05 ♎ 36	24 ♑ 47	15 ♋ 23	14 ♊ 30R	20 ♒ 57R	05 ♒ 60	13 ♐ 24	00 ♋ 13
	25	2 13 49	01 ♏ 38	11 ♒ 15	14 ♎ 34	11 ♎ 49	28 ♑ 09	15 ♋ 34	14 ♊ 16R	20 ♒ 55R	06 ♒ 01	13 ♐ 33	29 ♊ 57
	31	2 37 28	07 ♏ 38	23 ♈ 20	19 ♎ 16	19 ♎ 18	02 ♒ 15	15 ♋ 41	13 ♊ 57R	20 ♒ 54	06 ♒ 03	13 ♐ 45	29 ♊ 38
NOVEMBRE	1	2 41 24	08 ♏ 38	05 ♉ 52	20 ♎ 27	20 ♎ 33	02 ♒ 56	15 ♋ 41	13 ♊ 54R	20 ♒ 54	06 ♒ 03	13 ♐ 47	29 ♊ 35
	5	2 57 11	12 ♏ 38	27 ♊ 54	25 ♎ 48	25 ♎ 33	05 ♒ 43	15 ♋ 41R	13 ♊ 39R	20 ♒ 55	06 ♒ 05	13 ♐ 55	29 ♊ 22
	10	3 16 53	17 ♏ 39	07 ♍ 15	03 ♏ 21	01 ♏ 48	09 ♒ 13	15 ♋ 36R	13 ♊ 19R	20 ♒ 57	06 ♒ 09	14 ♐ 05	29 ♊ 07
	15	3 36 36	22 ♏ 41	19 ♏ 04	11 ♏ 16	08 ♏ 04	12 ♒ 46	15 ♋ 26R	12 ♊ 57R	21 ♒ 00	06 ♒ 13	14 ♐ 16	28 ♊ 51
	20	3 56 19	27 ♏ 44	24 ♑ 55	19 ♏ 15	14 ♏ 20	16 ♒ 20	15 ♋ 11R	12 ♊ 35R	21 ♒ 05	06 ♒ 18	14 ♐ 27	28 ♊ 35
	25	4 16 02	02 ♐ 47	24 ♓ 49	27 ♏ 12	20 ♏ 37	19 ♒ 55	14 ♋ 52R	12 ♊ 11R	21 ♒ 10	06 ♒ 24	14 ♐ 38	28 ♊ 19
	30	4 35 45	07 ♐ 50	27 ♉ 13	05 ♐ 06	26 ♏ 54	23 ♒ 32	14 ♋ 28R	11 ♊ 46R	21 ♒ 17	06 ♒ 30	14 ♐ 50	28 ♊ 03
DICEMBRE	1	4 39 41	08 ♐ 51	10 ♊ 29	06 ♐ 41	28 ♏ 09	24 ♒ 15	14 ♋ 23R	11 ♊ 42R	21 ♒ 19	06 ♒ 32	14 ♐ 52	27 ♊ 60
	5	4 55 27	12 ♐ 54	05 ♌ 42	12 ♐ 58	03 ♐ 11	27 ♒ 09	13 ♋ 60R	11 ♊ 22R	21 ♒ 26	06 ♒ 38	15 ♐ 01	27 ♊ 47
	10	5 15 10	17 ♐ 59	16 ♎ 29	20 ♐ 49	09 ♐ 28	00 ♓ 48	13 ♋ 28R	10 ♊ 57R	21 ♒ 35	06 ♒ 46	15 ♐ 13	27 ♊ 31
	15	5 34 53	23 ♐ 04	24 ♐ 41	28 ♐ 41	15 ♐ 46	04 ♓ 26	12 ♋ 53R	10 ♊ 33R	21 ♒ 45	06 ♒ 54	15 ♐ 24	27 ♊ 15
	20	5 54 36	28 ♐ 10	26 ♒ 56	06 ♑ 36	22 ♐ 04	08 ♓ 06	12 ♋ 16R	10 ♊ 10R	21 ♒ 56	07 ♒ 03	15 ♐ 36	26 ♊ 59
	25	6 14 18	03 ♑ 15	26 ♈ 48	14 ♑ 33	28 ♐ 21	11 ♓ 45	11 ♋ 37R	09 ♊ 48R	22 ♒ 09	07 ♒ 13	15 ♐ 47	26 ♊ 44
	31	6 37 58	09 ♑ 22	16 ♋ 42	24 ♑ 02	05 ♑ 54	16 ♓ 09	10 ♋ 48R	09 ♊ 23R	22 ♒ 25	07 ♒ 25	16 ♐ 00	26 ♊ 25

GIORNO	TEMPO SIDERALE	☉	☾	☿	♀	♂	♃	♄	♅	♆	♇	☊	2002
1	6 41 54	10 ♑ 23	01 ♌ 06	25 ♑ 35	07 ♑ 10	16 ♓ 53	10 ♋ 40R	09 ♊ 19R	22 ♒ 27	07 ♒ 27	16 ♐ 02	26 ♊ 21	GENNAIO
5	6 57 41	14 ♑ 28	29 ♍ 10	01 ♒ 37	12 ♑ 12	19 ♓ 48	10 ♋ 08R	09 ♊ 05R	22 ♒ 39	07 ♒ 35	16 ♐ 11	26 ♊ 09	
10	7 17 23	19 ♑ 33	07 ♐ 43	08 ♒ 22	18 ♑ 29	23 ♓ 28	09 ♋ 28R	08 ♊ 48R	22 ♒ 54	07 ♒ 46	16 ♐ 21	25 ♊ 53	
15	7 37 06	24 ♑ 39	10 ♒ 52	13 ♒ 09	24 ♑ 46	27 ♓ 07	08 ♋ 49R	08 ♊ 34R	23 ♒ 09	07 ♒ 57	16 ♐ 31	25 ♊ 37	
20	7 56 49	29 ♑ 45	10 ♈ 35	14 ♒ 22R	01 ♒ 04	00 ♈ 46	08 ♋ 12R	08 ♊ 22R	23 ♒ 25	08 ♒ 08	16 ♐ 40	25 ♊ 21	
25	8 16 32	04 ♒ 50	12 ♊ 50	10 ♒ 59R	07 ♒ 21	04 ♈ 24	07 ♋ 39R	08 ♊ 13R	23 ♒ 42	08 ♒ 20	16 ♐ 49	25 ♊ 05	
31	8 40 11	10 ♒ 55	09 ♍ 37	03 ♒ 44R	14 ♒ 53	08 ♈ 45	07 ♋ 03R	08 ♊ 06R	24 ♒ 02	08 ♒ 33	16 ♐ 59	24 ♊ 46	
1	8 44 08	11 ♒ 56	24 ♍ 35	02 ♒ 39R	16 ♒ 08	09 ♈ 29	06 ♋ 57R	08 ♊ 05R	24 ♒ 05	08 ♒ 36	17 ♐ 00	24 ♊ 43	FEBBRAIO
5	8 59 54	15 ♒ 60	21 ♏ 27	29 ♑ 32R	21 ♒ 09	12 ♈ 22	06 ♋ 37R	08 ♊ 02R	24 ♒ 19	08 ♒ 45	17 ♐ 06	24 ♊ 30	
10	9 19 37	21 ♒ 04	25 ♑ 17	28 ♑ 44	27 ♒ 25	15 ♈ 58	06 ♋ 15R	08 ♊ 02	24 ♒ 36	08 ♒ 56	17 ♐ 13	24 ♊ 14	
15	9 39 19	26 ♒ 07	25 ♓ 20	00 ♒ 43	03 ♓ 41	19 ♈ 34	05 ♋ 59R	08 ♊ 05	24 ♒ 54	09 ♒ 07	17 ♐ 19	23 ♊ 58	
20	9 59 02	01 ♓ 10	25 ♉ 24	04 ♒ 39	09 ♓ 57	23 ♈ 09	05 ♋ 47R	08 ♊ 10	25 ♒ 11	09 ♒ 18	17 ♐ 24	23 ♊ 43	
25	10 18 45	06 ♓ 12	02 ♌ 40	09 ♒ 50	16 ♓ 12	26 ♈ 43	05 ♋ 40R	08 ♊ 18	25 ♒ 28	09 ♒ 29	17 ♐ 28	23 ♊ 27	
28	10 30 35	09 ♓ 13	18 ♍ 00	13 ♒ 24	19 ♓ 56	28 ♈ 51	05 ♋ 38R	08 ♊ 24	25 ♒ 38	09 ♒ 35	17 ♐ 30	23 ♊ 17	
1	10 34 31	10 ♓ 13	03 ♎ 18	14 ♒ 39	21 ♓ 11	29 ♈ 33	05 ♋ 37R	08 ♊ 27	25 ♒ 42	09 ♒ 37	17 ♐ 31	23 ♊ 14	MARZO
5	10 50 17	14 ♓ 14	01 ♐ 10	19 ♒ 55	26 ♓ 10	02 ♉ 23	05 ♋ 39	08 ♊ 37	25 ♒ 55	09 ♒ 45	17 ♐ 34	23 ♊ 01	
10	11 10 00	19 ♓ 14	04 ♒ 34	27 ♒ 02	02 ♈ 24	05 ♉ 55	05 ♋ 44	08 ♊ 52	26 ♒ 12	09 ♒ 54	17 ♐ 36	22 ♊ 45	
15	11 29 43	24 ♓ 13	04 ♈ 10	04 ♓ 41	08 ♈ 37	09 ♉ 26	05 ♋ 55	09 ♊ 09	26 ♒ 28	10 ♒ 03	17 ♐ 37	22 ♊ 29	
20	11 49 26	29 ♓ 12	04 ♊ 28	12 ♓ 50	14 ♈ 49	12 ♉ 56	06 ♋ 10	09 ♊ 29	26 ♒ 43	10 ♒ 12	17 ♐ 38R	22 ♊ 14	
25	12 09 08	04 ♈ 10	11 ♌ 09	21 ♓ 31	21 ♈ 01	16 ♉ 24	06 ♋ 30	09 ♊ 51	26 ♒ 58	10 ♒ 20	17 ♐ 37R	21 ♊ 58	
31	12 32 48	10 ♈ 06	11 ♏ 31	02 ♈ 38	28 ♈ 25	20 ♉ 34	06 ♋ 59	10 ♊ 20	27 ♒ 15	10 ♒ 29	17 ♐ 36R	21 ♊ 39	
1	12 36 44	11 ♈ 05	25 ♏ 59	04 ♈ 34	29 ♈ 39	21 ♉ 15	07 ♋ 05	10 ♊ 25	27 ♒ 18	10 ♒ 30	17 ♐ 36R	21 ♊ 35	APRILE
5	12 52 31	15 ♈ 02	19 ♑ 07	12 ♈ 31	04 ♉ 35	24 ♉ 01	07 ♋ 28	10 ♊ 47	27 ♒ 29	10 ♒ 35	17 ♐ 34R	21 ♊ 23	
10	13 12 13	19 ♈ 57	19 ♓ 17	22 ♈ 50	10 ♉ 44	27 ♉ 27	08 ♋ 01	11 ♊ 15	27 ♒ 41	10 ♒ 41	17 ♐ 31R	21 ♊ 07	
15	13 31 56	24 ♈ 51	19 ♉ 15	03 ♉ 17	16 ♉ 52	00 ♊ 52	08 ♋ 38	11 ♊ 45	27 ♒ 53	10 ♒ 46	17 ♐ 27R	20 ♊ 51	
20	13 51 39	29 ♈ 44	23 ♋ 01	13 ♉ 18	22 ♉ 59	04 ♊ 16	09 ♋ 17	12 ♊ 16	28 ♒ 04	10 ♒ 50	17 ♐ 23R	20 ♊ 35	
25	14 11 22	04 ♉ 37	04 ♎ 46	22 ♉ 15	29 ♉ 05	07 ♊ 39	10 ♋ 00	12 ♊ 49	28 ♒ 13	10 ♒ 53	17 ♐ 18R	20 ♊ 19	
30	14 31 04	09 ♉ 29	18 ♐ 04	29 ♉ 37	05 ♊ 10	11 ♊ 02	10 ♋ 46	13 ♊ 23	28 ♒ 22	10 ♒ 56	17 ♐ 12R	20 ♊ 03	
1	14 35 01	10 ♉ 27	01 ♑ 38	00 ♊ 52	06 ♊ 23	11 ♊ 42	10 ♋ 56	13 ♊ 30	28 ♒ 24	10 ♒ 57	17 ♐ 11R	20 ♊ 00	MAGGIO
5	14 50 47	14 ♉ 20	22 ♒ 06	05 ♊ 07	11 ♊ 14	14 ♊ 23	11 ♋ 35	13 ♊ 58	28 ♒ 30	10 ♒ 58	17 ♐ 06R	19 ♊ 47	
10	15 10 30	19 ♉ 10	21 ♈ 41	08 ♊ 35	17 ♊ 17	17 ♊ 44	12 ♋ 26	14 ♊ 35	28 ♒ 36	10 ♒ 59	16 ♐ 60R	19 ♊ 31	
15	15 30 13	23 ♉ 60	23 ♊ 46	09 ♊ 58	23 ♊ 19	21 ♊ 04	13 ♋ 19	15 ♊ 11	28 ♒ 41	10 ♒ 59R	16 ♐ 53R	19 ♊ 16	
20	15 49 56	28 ♉ 49	01 ♍ 09	09 ♊ 19R	29 ♊ 20	24 ♊ 23	14 ♋ 14	15 ♊ 49	28 ♒ 45	10 ♒ 58R	16 ♐ 45R	18 ♊ 60	
25	16 09 38	03 ♊ 37	13 ♏ 34	07 ♊ 07R	05 ♋ 19	27 ♊ 42	15 ♋ 12	16 ♊ 27	28 ♒ 48	10 ♒ 57R	16 ♐ 38R	18 ♊ 44	
31	16 33 18	09 ♊ 23	05 ♒ 30	03 ♊ 48R	12 ♋ 28	01 ♋ 39	16 ♋ 22	17 ♊ 14	28 ♒ 50	10 ♒ 54R	16 ♐ 28R	18 ♊ 25	
1	16 37 14	10 ♊ 20	17 ♒ 58	03 ♊ 19R	13 ♋ 39	02 ♋ 19	16 ♋ 34	17 ♊ 21	28 ♒ 50	10 ♒ 54R	16 ♐ 26R	18 ♊ 22	GIUGNO
5	16 53 00	14 ♊ 10	06 ♈ 00	01 ♊ 50R	18 ♋ 24	04 ♋ 56	17 ♋ 23	17 ♊ 52	28 ♒ 50R	10 ♒ 51R	16 ♐ 20R	18 ♊ 09	
10	17 12 43	18 ♊ 57	07 ♊ 08	01 ♊ 25	24 ♋ 18	08 ♋ 13	18 ♋ 25	18 ♊ 31	28 ♒ 49R	10 ♒ 47R	16 ♐ 12R	17 ♊ 53	
15	17 32 26	23 ♊ 44	14 ♌ 01	02 ♊ 52	00 ♌ 11	11 ♋ 28	19 ♋ 28	19 ♊ 10	28 ♒ 47R	10 ♒ 43R	16 ♐ 04R	17 ♊ 37	
20	17 52 09	28 ♊ 31	24 ♎ 50	06 ♊ 09	06 ♌ 02	14 ♋ 44	20 ♋ 33	19 ♊ 49	28 ♒ 43R	10 ♒ 38R	15 ♐ 56R	17 ♊ 21	
25	18 11 51	03 ♋ 17	04 ♑ 28	11 ♊ 06	11 ♌ 50	17 ♋ 58	21 ♋ 38	20 ♊ 28	28 ♒ 39R	10 ♒ 32R	15 ♐ 48R	17 ♊ 05	
30	18 31 34	08 ♋ 03	08 ♓ 06	17 ♊ 37	17 ♌ 36	21 ♋ 12	22 ♋ 43	21 ♊ 06	28 ♒ 33R	10 ♒ 26R	15 ♐ 41R	16 ♊ 49	

2002	GIORNO	TEMPO SIDERALE	☉	☽	☿	♀	♂	♃	♄	♅	♆	♇	☊
LUGLIO	1	18 35 31	09 ♋ 00	20 ♓ 08	19 ♊ 06	18 ♌ 45	21 ♋ 51	22 ♋ 56	21 ♊ 13	28 ♒ 32R	10 ♒ 24R	15 ♐ 40R	16 ♊ 46
	5	18 51 17	12 ♋ 49	07 ♉ 54	25 ♊ 36	23 ♌ 20	24 ♋ 26	23 ♋ 49	21 ♊ 44	28 ♒ 26R	10 ♒ 19R	15 ♐ 34R	16 ♊ 34
	10	19 10 60	17 ♋ 35	12 ♋ 02	04 ♋ 54	29 ♌ 00	27 ♋ 39	24 ♋ 56	22 ♊ 20	28 ♒ 19R	10 ♒ 12R	15 ♐ 27R	16 ♊ 18
	15	19 30 43	22 ♋ 21	23 ♍ 00	15 ♋ 11	04 ♍ 38	00 ♌ 52	26 ♋ 03	22 ♊ 57	28 ♒ 10R	10 ♒ 04R	15 ♐ 21R	16 ♊ 02
	20	19 50 25	27 ♋ 08	03 ♐ 23	25 ♋ 52	10 ♍ 12	04 ♌ 05	27 ♋ 10	23 ♊ 32	28 ♒ 01R	09 ♒ 56R	15 ♐ 15R	15 ♊ 46
	25	20 10 08	01 ♌ 54	09 ♒ 11	06 ♌ 23	15 ♍ 42	07 ♌ 17	28 ♋ 17	24 ♊ 06	27 ♒ 51R	09 ♒ 48R	15 ♐ 10R	15 ♊ 30
	31	20 33 47	07 ♌ 38	21 ♈ 56	18 ♌ 18	22 ♍ 11	11 ♌ 07	29 ♋ 37	24 ♊ 45	27 ♒ 38R	09 ♒ 39R	15 ♐ 05R	15 ♊ 11
AGOSTO	1	20 37 44	08 ♌ 35	03 ♉ 50	20 ♌ 12	23 ♍ 15	11 ♌ 46	29 ♋ 50	24 ♊ 52	27 ♒ 36R	09 ♒ 37R	15 ♐ 04R	15 ♊ 08
	5	20 53 30	12 ♌ 25	23 ♊ 24	27 ♌ 31	27 ♍ 30	14 ♌ 19	00 ♌ 44	25 ♊ 17	27 ♒ 27R	09 ♒ 30R	15 ♐ 01R	14 ♊ 55
	10	21 13 13	17 ♌ 13	03 ♍ 39	06 ♍ 04	02 ♎ 43	17 ♌ 31	01 ♌ 49	25 ♊ 47	27 ♒ 15R	09 ♒ 22R	14 ♐ 58R	14 ♊ 39
	15	21 32 56	22 ♌ 01	16 ♏ 30	13 ♍ 57	07 ♎ 49	20 ♌ 42	02 ♌ 55	26 ♊ 15	27 ♒ 03R	09 ♒ 14R	14 ♐ 56R	14 ♊ 23
	20	21 52 39	26 ♌ 49	22 ♑ 59	21 ♍ 12	12 ♎ 47	23 ♌ 53	03 ♌ 59	26 ♊ 42	26 ♒ 51R	09 ♒ 07R	14 ♐ 55R	14 ♊ 07
	25	22 12 21	01 ♍ 38	24 ♓ 37	27 ♍ 44	17 ♎ 35	27 ♌ 04	05 ♌ 03	27 ♊ 06	26 ♒ 39R	08 ♒ 59R	14 ♐ 54R	13 ♊ 52
	31	22 36 01	07 ♍ 26	06 ♊ 14	04 ♎ 31	23 ♎ 05	00 ♍ 53	06 ♌ 18	27 ♊ 33	26 ♒ 25R	08 ♒ 50R	14 ♐ 54	13 ♊ 32
SETTEMBRE	1	22 39 57	08 ♍ 24	18 ♊ 40	05 ♎ 31	23 ♎ 58	01 ♍ 31	06 ♌ 30	27 ♊ 37	26 ♒ 23R	08 ♒ 49R	14 ♐ 54	13 ♊ 29
	5	22 55 43	12 ♍ 16	12 ♌ 41	09 ♎ 02	27 ♎ 25	04 ♍ 04	07 ♌ 19	27 ♊ 53	26 ♒ 14R	08 ♒ 44R	14 ♐ 55	13 ♊ 17
	10	23 15 26	17 ♍ 07	27 ♎ 38	12 ♎ 08	01 ♏ 29	07 ♍ 15	08 ♌ 18	28 ♊ 11	26 ♒ 03R	08 ♒ 38R	14 ♐ 57	13 ♊ 01
	15	23 35 09	21 ♍ 59	07 ♑ 11	13 ♎ 15R	05 ♏ 12	10 ♍ 26	09 ♌ 16	28 ♊ 27	25 ♒ 52R	08 ♒ 32R	15 ♐ 00	12 ♊ 45
	20	23 54 52	26 ♍ 52	09 ♓ 26	11 ♎ 45R	08 ♏ 31	13 ♍ 36	10 ♌ 12	28 ♊ 40	25 ♒ 42R	08 ♒ 27R	15 ♐ 04	12 ♊ 29
	25	0 14 35	01 ♎ 45	08 ♉ 55	07 ♎ 31R	11 ♏ 19	16 ♍ 47	11 ♌ 06	28 ♊ 50	25 ♒ 33R	08 ♒ 23R	15 ♐ 08	12 ♊ 13
	30	0 34 17	06 ♎ 40	10 ♋ 06	02 ♎ 06R	13 ♏ 31	19 ♍ 58	11 ♌ 57	28 ♊ 58	25 ♒ 24R	08 ♒ 19R	15 ♐ 13	11 ♊ 57
OTTOBRE	1	0 38 14	07 ♎ 39	23 ♋ 15	01 ♎ 09R	13 ♏ 52	20 ♍ 37	12 ♌ 07	28 ♊ 59	25 ♒ 23R	08 ♒ 18R	15 ♐ 15	11 ♊ 54
	5	0 54 00	11 ♎ 35	20 ♍ 35	28 ♍ 37R	14 ♏ 59	23 ♍ 09	12 ♌ 47	29 ♊ 03	25 ♒ 17R	08 ♒ 16R	15 ♐ 19	11 ♊ 41
	10	1 13 43	16 ♎ 31	05 ♐ 47	29 ♍ 12	15 ♏ 36	26 ♍ 21	13 ♌ 33	29 ♊ 05	25 ♒ 10R	08 ♒ 14R	15 ♐ 26	11 ♊ 25
	15	1 33 26	21 ♎ 28	12 ♒ 04	03 ♎ 39	15 ♏ 15	29 ♍ 32	14 ♌ 17	29 ♊ 04R	25 ♒ 05R	08 ♒ 12R	15 ♐ 33	11 ♊ 09
	20	1 53 08	26 ♎ 25	12 ♈ 14	10 ♎ 29	13 ♏ 54R	02 ♎ 43	14 ♌ 57	29 ♊ 01R	25 ♒ 00R	08 ♒ 12R	15 ♐ 41	10 ♊ 54
	25	2 12 51	01 ♏ 24	11 ♊ 57	18 ♎ 27	11 ♏ 40R	05 ♎ 55	15 ♌ 35	28 ♊ 55R	24 ♒ 57R	08 ♒ 12	15 ♐ 50	10 ♊ 38
	31	2 36 31	07 ♏ 23	29 ♌ 60	28 ♎ 25	08 ♏ 12R	09 ♎ 45	16 ♌ 15	28 ♊ 44R	24 ♒ 55R	08 ♒ 14	16 ♐ 01	10 ♊ 19
NOVEMBRE	1	2 40 27	08 ♏ 23	14 ♍ 21	00 ♏ 05	07 ♏ 35R	10 ♎ 23	16 ♌ 21	28 ♊ 42R	24 ♒ 55R	08 ♒ 14	16 ♐ 03	10 ♊ 15
	5	2 56 13	12 ♏ 24	14 ♏ 24	06 ♏ 43	05 ♏ 13R	12 ♎ 57	16 ♌ 44	28 ♊ 32R	24 ♒ 55	08 ♒ 16	16 ♐ 10	10 ♊ 03
	10	3 15 56	17 ♏ 25	25 ♑ 24	14 ♏ 53	02 ♏ 39R	16 ♎ 09	17 ♌ 09	28 ♊ 18R	24 ♒ 55	08 ♒ 19	16 ♐ 21	09 ♊ 47
	15	3 35 39	22 ♏ 26	27 ♓ 12	22 ♏ 55	00 ♏ 52R	19 ♎ 21	17 ♌ 29	28 ♊ 02R	24 ♒ 57	08 ♒ 23	16 ♐ 31	09 ♊ 31
	20	3 55 22	27 ♏ 29	26 ♉ 45	00 ♐ 49	00 ♏ 05R	22 ♎ 33	17 ♌ 46	27 ♊ 43R	25 ♒ 01	08 ♒ 28	16 ♐ 42	09 ♊ 15
	25	4 15 04	02 ♐ 32	29 ♋ 27	08 ♐ 38	00 ♏ 20	25 ♎ 46	17 ♌ 57	27 ♊ 23R	25 ♒ 05	08 ♒ 33	16 ♐ 53	08 ♊ 59
	30	4 34 47	07 ♐ 35	08 ♎ 28	16 ♐ 23	01 ♏ 31	28 ♎ 58	18 ♌ 04	27 ♊ 01R	25 ♒ 11	08 ♒ 39	17 ♐ 04	08 ♊ 43
DICEMBRE	1	4 38 44	08 ♐ 36	23 ♎ 05	17 ♐ 56	01 ♏ 51	29 ♎ 37	18 ♌ 05	26 ♊ 57R	25 ♒ 13	08 ♒ 41	17 ♐ 07	08 ♊ 40
	5	4 54 30	12 ♐ 40	21 ♐ 52	24 ♐ 06	03 ♏ 32	02 ♏ 11	18 ♌ 06R	26 ♊ 38R	25 ♒ 18	08 ♒ 46	17 ♐ 16	08 ♊ 27
	10	5 14 13	17 ♐ 44	29 ♒ 04	01 ♑ 45	06 ♏ 14	05 ♏ 24	18 ♌ 03R	26 ♊ 14R	25 ♒ 27	08 ♒ 54	17 ♐ 27	08 ♊ 12
	15	5 33 56	22 ♐ 49	29 ♈ 08	09 ♑ 16	09 ♏ 30	08 ♏ 37	17 ♌ 55R	25 ♊ 49R	25 ♒ 36	09 ♒ 02	17 ♐ 39	07 ♊ 56
	20	5 53 38	27 ♐ 55	00 ♋ 15	16 ♑ 25	13 ♏ 14	11 ♏ 50	17 ♌ 43R	25 ♊ 25R	25 ♒ 47	09 ♒ 11	17 ♐ 50	07 ♊ 40
	25	6 13 21	03 ♑ 00	06 ♍ 50	22 ♑ 44	17 ♏ 22	15 ♏ 03	17 ♌ 25R	25 ♊ 00R	25 ♒ 58	09 ♒ 20	18 ♐ 01	07 ♊ 24
	31	6 37 00	09 ♑ 07	01 ♐ 46	27 ♑ 47	22 ♏ 44	18 ♏ 55	16 ♌ 58R	24 ♊ 31R	26 ♒ 13	09 ♒ 32	18 ♐ 15	07 ♊ 05

GIORNO	TEMPO SIDERALE	☉	☽	☿	♀	♂	♃	♄	♅	♆	♇	☊	2003
1	6 40 57	10 ♑ 08	16 ♐ 02	28 ♑ 11	23 ♏ 40	19 ♏ 34	16 ♌ 53R	24 ♊ 27R	26 ♒ 16	09 ♒ 34	18 ♐ 17	07 ♊ 02	GENNAIO
5	6 56 43	14 ♑ 13	11 ♒ 08	27 ♑ 59R	27 ♏ 30	22 ♏ 09	16 ♌ 32R	24 ♊ 08R	26 ♒ 26	09 ♒ 42	18 ♐ 25	06 ♊ 49	
10	7 16 26	19 ♑ 19	13 ♈ 19	23 ♑ 34R	02 ♐ 27	25 ♏ 22	16 ♌ 01R	23 ♊ 47R	26 ♒ 41	09 ♒ 53	18 ♐ 36	06 ♊ 33	
15	7 36 09	24 ♑ 24	13 ♊ 13	17 ♑ 07R	07 ♐ 35	28 ♏ 36	15 ♌ 27R	23 ♊ 27R	26 ♒ 56	10 ♒ 04	18 ♐ 46	06 ♊ 17	
20	7 55 52	29 ♑ 30	19 ♌ 11	12 ♑ 58R	12 ♐ 52	01 ♐ 49	14 ♌ 51R	23 ♊ 08R	27 ♒ 11	10 ♒ 15	18 ♐ 55	06 ♊ 01	
25	8 15 34	04 ♒ 35	29 ♎ 54	12 ♑ 32	18 ♐ 16	05 ♐ 02	14 ♌ 13R	22 ♊ 52R	27 ♒ 27	10 ♒ 26	19 ♐ 04	05 ♊ 45	
31	8 39 14	10 ♒ 41	22 ♑ 54	15 ♑ 47	24 ♐ 53	08 ♐ 54	13 ♌ 25R	22 ♊ 36R	27 ♒ 47	10 ♒ 40	19 ♐ 14	05 ♊ 26	
1	8 43 10	11 ♒ 42	06 ♒ 13	16 ♑ 36	26 ♐ 00	09 ♐ 33	13 ♌ 17R	22 ♊ 33R	27 ♒ 50	10 ♒ 42	19 ♐ 16	05 ♊ 23	FEBBRAIO
5	8 58 56	15 ♒ 45	27 ♓ 05	20 ♑ 26	00 ♑ 30	12 ♐ 07	12 ♌ 45R	22 ♊ 25R	28 ♒ 04	10 ♒ 51	19 ♐ 22	05 ♊ 11	
10	9 18 39	20 ♒ 49	26 ♉ 38	26 ♑ 09	06 ♑ 10	15 ♐ 20	12 ♌ 06R	22 ♊ 17R	28 ♒ 21	11 ♒ 03	19 ♐ 29	04 ♊ 55	
15	9 38 22	25 ♒ 53	29 ♋ 57	02 ♒ 36	11 ♑ 54	18 ♐ 33	11 ♌ 27R	22 ♊ 11R	28 ♒ 38	11 ♒ 14	19 ♐ 35	04 ♊ 39	
20	9 58 05	00 ♓ 55	11 ♎ 43	09 ♒ 35	17 ♑ 41	21 ♐ 45	10 ♌ 51R	22 ♊ 08R	28 ♒ 56	11 ♒ 25	19 ♐ 41	04 ♊ 23	
25	10 17 48	05 ♓ 57	22 ♐ 33	17 ♒ 02	23 ♑ 31	24 ♐ 58	10 ♌ 16R	22 ♊ 09	29 ♒ 13	11 ♒ 36	19 ♐ 46	04 ♊ 07	
28	10 29 37	08 ♓ 58	02 ♒ 29	21 ♒ 43	27 ♑ 02	26 ♐ 53	09 ♌ 57R	22 ♊ 10	29 ♒ 23	11 ♒ 42	19 ♐ 48	03 ♊ 57	
1	10 33 34	09 ♓ 59	15 ♒ 26	23 ♒ 18	28 ♑ 12	27 ♐ 31	09 ♌ 51R	22 ♊ 11	29 ♒ 27	11 ♒ 44	19 ♐ 49	03 ♊ 54	MARZO
5	10 49 20	13 ♓ 60	05 ♈ 18	29 ♒ 51	02 ♒ 55	00 ♑ 04	09 ♌ 28R	22 ♊ 15	29 ♒ 40	11 ♒ 52	19 ♐ 51	03 ♊ 42	
10	11 09 03	18 ♓ 60	04 ♊ 38	08 ♓ 26	08 ♒ 49	03 ♑ 15	09 ♌ 03R	22 ♊ 22	29 ♒ 57	12 ♒ 02	19 ♐ 54	03 ♊ 26	
15	11 28 46	23 ♓ 59	07 ♌ 49	17 ♓ 30	14 ♒ 46	06 ♑ 26	08 ♌ 42R	22 ♊ 32	00 ♓ 13	12 ♒ 11	19 ♐ 56	03 ♊ 10	
20	11 48 28	28 ♓ 58	20 ♎ 51	27 ♓ 02	20 ♒ 43	09 ♑ 35	08 ♌ 26R	22 ♊ 45	00 ♓ 29	12 ♒ 20	19 ♐ 57	02 ♊ 54	
25	12 08 11	03 ♈ 56	02 ♑ 57	06 ♈ 59	26 ♒ 42	12 ♑ 44	08 ♌ 14R	23 ♊ 00	00 ♓ 45	12 ♒ 28	19 ♐ 57R	02 ♊ 38	
31	12 31 50	09 ♈ 52	19 ♓ 50	19 ♈ 10	03 ♓ 53	16 ♑ 30	08 ♌ 05R	23 ♊ 22	01 ♓ 03	12 ♒ 37	19 ♐ 56R	02 ♊ 19	
1	12 35 47	10 ♈ 51	01 ♈ 58	21 ♈ 10	05 ♓ 05	17 ♑ 07	08 ♌ 05R	23 ♊ 26	01 ♓ 05	12 ♒ 39	19 ♐ 56R	02 ♊ 16	APRILE
5	12 51 33	14 ♈ 48	19 ♉ 29	28 ♈ 53	09 ♓ 54	19 ♑ 36	08 ♌ 04	23 ♊ 42	01 ♓ 17	12 ♒ 44	19 ♐ 54R	02 ♊ 03	
10	13 11 16	19 ♈ 43	19 ♋ 52	07 ♉ 25	15 ♓ 55	22 ♑ 42	08 ♌ 07	24 ♊ 05	01 ♓ 30	12 ♒ 50	19 ♐ 52R	01 ♊ 47	
15	13 30 59	24 ♈ 37	28 ♍ 56	14 ♉ 06	21 ♓ 56	25 ♑ 46	08 ♌ 15	24 ♊ 30	01 ♓ 42	12 ♒ 56	19 ♐ 49R	01 ♊ 31	
20	13 50 42	29 ♈ 31	14 ♐ 13	18 ♉ 30	27 ♓ 58	28 ♑ 48	08 ♌ 27	24 ♊ 56	01 ♓ 54	13 ♒ 00	19 ♐ 45R	01 ♊ 15	
25	14 10 24	04 ♉ 23	22 ♒ 07	20 ♉ 27	04 ♈ 01	01 ♒ 48	08 ♌ 44	25 ♊ 25	02 ♓ 04	13 ♒ 04	19 ♐ 40R	00 ♊ 59	
30	14 30 07	09 ♉ 15	22 ♈ 53	20 ♉ 01R	10 ♈ 04	04 ♒ 47	09 ♌ 05	25 ♊ 55	02 ♓ 14	13 ♒ 07	19 ♐ 35R	00 ♊ 44	
1	14 34 04	10 ♉ 13	04 ♉ 42	19 ♉ 41R	11 ♈ 16	05 ♒ 22	09 ♌ 10	26 ♊ 01	02 ♓ 16	13 ♒ 08	19 ♐ 34R	00 ♊ 40	MAGGIO
5	14 49 50	14 ♉ 06	22 ♊ 06	17 ♉ 44R	16 ♈ 07	07 ♒ 42	09 ♌ 30	26 ♊ 26	02 ♓ 22	13 ♒ 09	19 ♐ 29R	00 ♊ 28	
10	15 09 33	18 ♉ 57	25 ♌ 11	14 ♉ 41R	22 ♈ 10	10 ♒ 35	09 ♌ 59	26 ♊ 59	02 ♓ 30	13 ♒ 11	19 ♐ 23R	00 ♊ 12	
15	15 29 15	23 ♉ 46	07 ♏ 25	12 ♉ 09R	28 ♈ 14	13 ♒ 24	10 ♌ 32	27 ♊ 34	02 ♓ 36	13 ♒ 11	19 ♐ 16R	29 ♉ 56	
20	15 48 58	28 ♉ 35	21 ♑ 21	11 ♉ 08	04 ♉ 18	16 ♒ 10	11 ♌ 08	28 ♊ 09	02 ♓ 41	13 ♒ 11R	19 ♐ 09R	29 ♉ 40	
25	16 08 41	03 ♊ 24	25 ♓ 58	11 ♉ 57	10 ♉ 22	18 ♒ 52	11 ♌ 47	28 ♊ 45	02 ♓ 45	13 ♒ 10R	19 ♐ 01R	29 ♉ 24	
31	16 32 20	09 ♊ 09	07 ♊ 10	15 ♉ 19	17 ♉ 39	21 ♒ 59	12 ♌ 38	29 ♊ 29	02 ♓ 48	13 ♒ 08R	18 ♐ 52R	29 ♉ 05	
1	16 36 17	10 ♊ 07	19 ♊ 09	16 ♉ 06	18 ♉ 52	22 ♒ 29	12 ♌ 47	29 ♊ 37	02 ♓ 48	13 ♒ 07R	18 ♐ 50R	29 ♉ 02	GIUGNO
5	16 52 03	13 ♊ 57	08 ♌ 49	19 ♉ 50	23 ♉ 44	24 ♒ 28	13 ♌ 23	00 ♋ 07	02 ♓ 49	13 ♒ 05R	18 ♐ 44R	28 ♉ 49	
10	17 11 46	18 ♊ 44	16 ♎ 53	25 ♉ 45	29 ♉ 49	26 ♒ 51	14 ♌ 11	00 ♋ 45	02 ♓ 49R	13 ♒ 02R	18 ♐ 36R	28 ♉ 33	
15	17 31 29	23 ♊ 31	00 ♑ 49	02 ♊ 55	05 ♊ 54	29 ♒ 06	15 ♌ 02	01 ♋ 24	02 ♓ 48R	12 ♒ 57R	18 ♐ 28R	28 ♉ 17	
20	17 51 11	28 ♊ 17	09 ♓ 41	11 ♊ 18	12 ♊ 00	01 ♓ 12	15 ♌ 54	02 ♋ 03	02 ♓ 45R	12 ♒ 53R	18 ♐ 20R	28 ♉ 02	
25	18 10 54	03 ♋ 03	10 ♉ 11	20 ♊ 49	18 ♊ 06	03 ♓ 09	16 ♌ 49	02 ♋ 42	02 ♓ 42R	12 ♒ 47R	18 ♐ 12R	27 ♉ 46	
30	18 30 37	07 ♋ 49	10 ♋ 23	01 ♋ 13	24 ♊ 13	04 ♓ 54	17 ♌ 45	03 ♋ 21	02 ♓ 37R	12 ♒ 41R	18 ♐ 05R	27 ♉ 30	

2003	GIORNO	TEMPO SIDERALE	☉	☽	☿	♀	♂	♃	♄	♅	♆	♇	☊
LUGLIO	1	18 34 34	08 ♋ 47	22 ♋ 58	03 ♋ 22	25 ♊ 26	05 ♓ 14	17 ♌ 56	03 ♋ 29	02 ♓ 36R	12 ♒ 40R	18 ♐ 03R	27 ♉ 27
	5	18 50 20	12 ♋ 36	15 ♍ 32	12 ♋ 04	00 ♋ 19	06 ♓ 27	18 ♌ 43	03 ♋ 60	02 ♓ 31R	12 ♒ 35R	17 ♐ 58R	27 ♉ 14
	10	19 10 03	17 ♋ 22	25 ♏ 53	22 ♋ 47	06 ♋ 27	07 ♓ 45	19 ♌ 42	04 ♋ 38	02 ♓ 24R	12 ♒ 28R	17 ♐ 51R	26 ♉ 58
	15	19 29 45	22 ♋ 08	07 ♒ 47	02 ♌ 58	12 ♋ 34	08 ♓ 48	20 ♌ 43	05 ♋ 17	02 ♓ 17R	12 ♒ 20R	17 ♐ 44R	26 ♉ 42
	20	19 49 28	26 ♋ 54	12 ♈ 36	12 ♌ 26	18 ♋ 42	09 ♓ 34	21 ♌ 45	05 ♋ 54	02 ♓ 08R	12 ♒ 13R	17 ♐ 38R	26 ♉ 26
	25	20 09 11	01 ♌ 40	12 ♊ 04	21 ♌ 09	24 ♋ 51	10 ♓ 01	22 ♌ 47	06 ♋ 31	01 ♓ 59R	12 ♒ 05R	17 ♐ 33R	26 ♉ 10
	31	20 32 50	07 ♌ 24	28 ♌ 36	00 ♍ 37	02 ♌ 14	10 ♓ 07R	24 ♌ 04	07 ♋ 15	01 ♓ 46R	11 ♒ 55R	17 ♐ 27R	25 ♉ 51
AGOSTO	1	20 36 47	08 ♌ 22	12 ♍ 15	02 ♍ 05	03 ♌ 28	10 ♓ 05R	24 ♌ 16	07 ♋ 22	01 ♓ 44R	11 ♒ 53R	17 ♐ 26R	25 ♉ 48
	5	20 52 33	12 ♌ 11	08 ♏ 05	07 ♍ 40	08 ♌ 24	09 ♓ 50R	25 ♌ 08	07 ♋ 50	01 ♓ 36R	11 ♒ 47R	17 ♐ 23R	25 ♉ 35
	10	21 12 16	16 ♌ 59	18 ♑ 44	13 ♍ 53	14 ♌ 34	09 ♓ 15R	26 ♌ 13	08 ♋ 24	01 ♓ 24R	11 ♒ 39R	17 ♐ 20R	25 ♉ 20
	15	21 31 59	21 ♌ 47	25 ♓ 47	19 ♍ 09	20 ♌ 45	08 ♓ 23R	27 ♌ 18	08 ♋ 56	01 ♓ 13R	11 ♒ 31R	17 ♐ 17R	25 ♉ 04
	20	21 51 41	26 ♌ 35	26 ♉ 13	23 ♍ 13	26 ♌ 56	07 ♓ 17R	28 ♌ 23	09 ♋ 28	01 ♓ 01R	11 ♒ 23R	17 ♐ 15R	24 ♉ 48
	25	22 11 24	01 ♍ 24	27 ♋ 23	25 ♍ 44	03 ♍ 07	06 ♓ 01R	29 ♌ 29	09 ♋ 58	00 ♓ 49R	11 ♒ 15R	17 ♐ 14R	24 ♉ 32
	31	22 35 03	07 ♍ 12	20 ♎ 26	26 ♍ 02R	10 ♍ 33	04 ♓ 25R	00 ♍ 47	10 ♋ 32	00 ♓ 35R	11 ♒ 06R	17 ♐ 14	24 ♉ 13
SETTEMBRE	1	22 38 60	08 ♍ 10	04 ♏ 46	25 ♍ 44R	11 ♍ 48	04 ♓ 10R	01 ♍ 00	10 ♋ 37	00 ♓ 32R	11 ♒ 05R	17 ♐ 14	24 ♉ 10
	5	22 54 46	12 ♍ 02	01 ♑ 14	23 ♍ 33R	16 ♍ 45	03 ♓ 09R	01 ♍ 52	10 ♋ 58	00 ♓ 23R	10 ♒ 59R	17 ♐ 15	23 ♉ 57
	10	23 14 29	16 ♍ 53	08 ♓ 38	19 ♍ 01R	22 ♍ 58	02 ♓ 01R	02 ♍ 57	11 ♋ 22	00 ♓ 11R	10 ♒ 53R	17 ♐ 16	23 ♉ 41
	15	23 34 12	21 ♍ 45	10 ♉ 32	14 ♍ 23R	29 ♍ 10	01 ♓ 07R	04 ♍ 01	11 ♋ 44	00 ♓ 00R	10 ♒ 47R	17 ♐ 19	23 ♉ 25
	20	23 53 55	26 ♍ 38	10 ♋ 05	12 ♍ 13	05 ♎ 23	00 ♓ 29R	05 ♍ 04	12 ♋ 04	29 ♒ 50R	10 ♒ 42R	17 ♐ 22	23 ♉ 09
	25	0 13 37	01 ♎ 31	16 ♍ 19	13 ♍ 55	11 ♎ 36	00 ♓ 09R	06 ♍ 07	12 ♋ 22	29 ♒ 40R	10 ♒ 37R	17 ♐ 26	22 ♉ 53
	30	0 33 20	06 ♎ 25	29 ♏ 25	19 ♍ 08	17 ♎ 49	00 ♓ 10	07 ♍ 08	12 ♋ 37	29 ♒ 31R	10 ♒ 33R	17 ♐ 31	22 ♉ 38
OTTOBRE	1	0 37 17	07 ♎ 24	13 ♐ 50	20 ♍ 29	19 ♎ 04	00 ♓ 13	07 ♍ 20	12 ♋ 40	29 ♒ 29R	10 ♒ 32R	17 ♐ 32	22 ♉ 34
	5	0 53 03	11 ♎ 21	09 ♒ 03	26 ♍ 35	24 ♎ 03	00 ♓ 31	08 ♍ 09	12 ♋ 50	29 ♒ 22R	10 ♒ 30R	17 ♐ 36	22 ♉ 22
	10	1 12 46	16 ♎ 16	12 ♈ 47	05 ♎ 03	00 ♏ 16	01 ♓ 11	09 ♍ 07	13 ♋ 00	29 ♒ 15R	10 ♒ 27R	17 ♐ 42	22 ♉ 06
	15	1 32 28	21 ♎ 13	12 ♊ 23	13 ♎ 47	06 ♏ 29	02 ♓ 09	10 ♍ 05	13 ♋ 08	29 ♒ 08R	10 ♒ 25R	17 ♐ 49	21 ♉ 50
	20	1 52 11	26 ♎ 11	13 ♌ 26	22 ♎ 26	12 ♏ 42	03 ♓ 23	11 ♍ 00	13 ♋ 12	29 ♒ 03R	10 ♒ 24R	17 ♐ 57	21 ♉ 34
	25	2 11 54	01 ♏ 09	23 ♎ 39	00 ♏ 53	18 ♏ 55	04 ♓ 52	11 ♍ 54	13 ♋ 14	28 ♒ 59R	10 ♒ 24	18 ♐ 05	21 ♉ 18
	31	2 35 33	07 ♏ 09	22 ♑ 07	10 ♏ 42	26 ♏ 23	06 ♓ 56	12 ♍ 55	13 ♋ 13R	28 ♒ 55R	10 ♒ 25	18 ♐ 16	20 ♉ 59
NOVEMBRE	1	2 39 30	08 ♏ 09	05 ♒ 50	12 ♏ 19	27 ♏ 38	07 ♓ 19	13 ♍ 05	13 ♋ 12R	28 ♒ 55R	10 ♒ 26	18 ♐ 17	20 ♉ 56
	5	2 55 16	12 ♏ 09	27 ♓ 24	18 ♏ 40	02 ♐ 36	08 ♓ 53	13 ♍ 43	13 ♋ 09R	28 ♒ 54R	10 ♒ 27	18 ♐ 25	20 ♉ 43
	10	3 14 59	17 ♏ 10	27 ♉ 25	26 ♏ 27	08 ♐ 49	10 ♓ 60	14 ♍ 29	13 ♋ 02R	28 ♒ 54	10 ♒ 30	18 ♐ 35	20 ♉ 27
	15	3 34 42	22 ♏ 12	27 ♋ 01	04 ♐ 06	15 ♐ 02	13 ♓ 15	15 ♍ 12	12 ♋ 52R	28 ♒ 55	10 ♒ 33	18 ♐ 45	20 ♉ 11
	20	3 54 24	27 ♏ 14	02 ♎ 31	11 ♐ 37	21 ♐ 15	15 ♓ 39	15 ♍ 52	12 ♋ 40R	28 ♒ 57	10 ♒ 37	18 ♐ 56	19 ♉ 55
	25	4 14 07	02 ♐ 17	17 ♐ 05	18 ♐ 59	27 ♐ 27	18 ♓ 10	16 ♍ 28	12 ♋ 25R	29 ♒ 01	10 ♒ 43	19 ♐ 06	19 ♉ 40
	30	4 33 50	07 ♐ 21	28 ♒ 39	26 ♐ 05	03 ♑ 40	20 ♓ 47	17 ♍ 01	12 ♋ 09R	29 ♒ 05	10 ♒ 48	19 ♐ 18	19 ♉ 24
DICEMBRE	1	4 37 47	08 ♐ 22	11 ♓ 41	27 ♐ 27	04 ♑ 54	21 ♓ 19	17 ♍ 07	12 ♋ 05R	29 ♒ 07	10 ♒ 50	19 ♐ 20	19 ♉ 21
	5	4 53 33	12 ♐ 25	00 ♉ 44	02 ♑ 42	09 ♑ 52	23 ♓ 29	17 ♍ 30	11 ♋ 50R	29 ♒ 11	10 ♒ 55	19 ♐ 29	19 ♉ 08
	10	5 13 16	17 ♐ 29	29 ♊ 54	08 ♑ 19	16 ♑ 04	26 ♓ 15	17 ♍ 55	11 ♋ 29R	29 ♒ 19	11 ♒ 02	19 ♐ 40	18 ♉ 52
	15	5 32 58	22 ♐ 34	01 ♍ 32	11 ♑ 58	22 ♑ 15	29 ♓ 06	18 ♍ 16	11 ♋ 07R	29 ♒ 27	11 ♒ 10	19 ♐ 52	18 ♉ 36
	20	5 52 41	27 ♐ 40	10 ♏ 04	12 ♑ 03R	28 ♑ 26	02 ♈ 00	18 ♍ 33	10 ♋ 44R	29 ♒ 37	11 ♒ 19	20 ♐ 03	18 ♉ 20
	25	6 12 24	02 ♑ 45	24 ♑ 58	07 ♑ 35R	04 ♒ 36	04 ♈ 57	18 ♍ 45	10 ♋ 20R	29 ♒ 47	11 ♒ 28	20 ♐ 14	18 ♉ 04
	31	6 36 03	08 ♑ 52	15 ♈ 25	29 ♐ 49R	11 ♒ 59	08 ♈ 34	18 ♍ 53	09 ♋ 50R	00 ♓ 01	11 ♒ 39	20 ♐ 28	17 ♉ 45

GIORNO	TEMPO SIDERALE	☉	☾	☿	♀	♂	♃	♄	♅	♆	♇	☊	2004
1	6 39 60	09 ♑ 53	27 ♈ 29	28 ♐ 49R	13 ♒ 13	09 ♈ 10	18 ♍ 53	09 ♋ 45R	00 ♓ 04	11 ♒ 41	20 ♐ 30	17 ♉ 42	GENNAIO
5	6 55 46	13 ♑ 58	14 ♊ 46	26 ♐ 28R	18 ♒ 07	11 ♈ 36	18 ♍ 54R	09 ♋ 25R	00 ♓ 14	11 ♒ 50	20 ♐ 38	17 ♉ 29	
10	7 15 29	19 ♑ 04	15 ♌ 51	27 ♐ 04	24 ♒ 15	14 ♈ 41	18 ♍ 51R	09 ♋ 01R	00 ♓ 28	12 ♒ 00	20 ♐ 49	17 ♉ 13	
15	7 35 12	24 ♑ 09	21 ♎ 37	00 ♑ 28	00 ♓ 20	17 ♈ 47	18 ♍ 43R	08 ♋ 37R	00 ♓ 42	12 ♒ 11	20 ♐ 59	16 ♉ 58	
20	7 54 54	29 ♑ 15	03 ♑ 26	05 ♑ 31	06 ♓ 25	20 ♈ 54	18 ♍ 30R	08 ♋ 14R	00 ♓ 57	12 ♒ 22	21 ♐ 09	16 ♉ 42	
25	8 14 37	04 ♒ 20	15 ♓ 07	11 ♑ 32	12 ♓ 28	24 ♈ 02	18 ♍ 12R	07 ♋ 53R	01 ♓ 13	12 ♒ 33	21 ♐ 18	16 ♉ 26	
31	8 38 16	10 ♒ 26	29 ♉ 21	19 ♑ 35	19 ♓ 40	27 ♈ 50	17 ♍ 45R	07 ♋ 29R	01 ♓ 32	12 ♒ 47	21 ♐ 28	16 ♉ 07	
1	8 42 13	11 ♒ 27	11 ♊ 08	20 ♑ 59	20 ♓ 52	28 ♈ 28	17 ♍ 40R	07 ♋ 26R	01 ♓ 35	12 ♒ 49	21 ♐ 30	16 ♉ 04	FEBBRAIO
5	8 57 59	15 ♒ 31	29 ♋ 33	26 ♑ 45	25 ♓ 38	01 ♉ 00	17 ♍ 19R	07 ♋ 12R	01 ♓ 49	12 ♒ 58	21 ♐ 36	15 ♉ 51	
10	9 17 42	20 ♒ 34	04 ♎ 56	04 ♒ 18	01 ♈ 33	04 ♉ 11	16 ♍ 48R	06 ♋ 56R	02 ♓ 05	13 ♒ 10	21 ♐ 43	15 ♉ 35	
15	9 37 25	25 ♒ 38	14 ♐ 23	12 ♒ 11	07 ♈ 26	07 ♉ 22	16 ♍ 15R	06 ♋ 43R	02 ♓ 23	13 ♒ 21	21 ♐ 50	15 ♉ 19	
20	9 57 07	00 ♓ 41	25 ♒ 40	20 ♒ 25	13 ♈ 14	10 ♉ 34	15 ♍ 39R	06 ♋ 33R	02 ♓ 40	13 ♒ 32	21 ♐ 56	15 ♉ 03	
25	10 16 50	05 ♓ 43	01 ♉ 16	29 ♒ 03	18 ♈ 60	13 ♉ 46	15 ♍ 02R	06 ♋ 25R	02 ♓ 57	13 ♒ 43	22 ♐ 01	14 ♉ 47	
28	10 32 36	09 ♓ 44	19 ♊ 00	06 ♓ 14	23 ♈ 33	16 ♉ 20	14 ♍ 31R	06 ♋ 20R	03 ♓ 11	13 ♒ 51	22 ♐ 05	14 ♉ 35	
1	10 36 33	10 ♓ 44	00 ♋ 53	08 ♓ 04	24 ♈ 40	16 ♉ 59	14 ♍ 23R	06 ♋ 20R	03 ♓ 14	13 ♒ 53	22 ♐ 05	14 ♉ 31	MARZO
5	10 52 19	14 ♓ 45	20 ♌ 32	15 ♓ 35	29 ♈ 09	19 ♉ 32	13 ♍ 52R	06 ♋ 18R	03 ♓ 28	14 ♒ 02	22 ♐ 08	14 ♉ 19	
10	11 12 02	19 ♓ 45	28 ♎ 47	25 ♓ 17	04 ♉ 40	22 ♉ 45	13 ♍ 13R	06 ♋ 17	03 ♓ 45	14 ♒ 12	22 ♐ 11	14 ♉ 03	
15	11 31 45	24 ♓ 44	09 ♑ 28	05 ♈ 04	10 ♉ 05	25 ♉ 57	12 ♍ 34R	06 ♋ 20	04 ♓ 02	14 ♒ 21	22 ♐ 13	13 ♉ 47	
20	11 51 28	29 ♓ 43	18 ♓ 13	14 ♈ 24	15 ♉ 23	29 ♉ 09	11 ♍ 57R	06 ♋ 26	04 ♓ 18	14 ♒ 30	22 ♐ 14	13 ♉ 31	
25	12 11 10	04 ♈ 41	21 ♉ 14	22 ♈ 27	20 ♉ 33	02 ♊ 21	11 ♍ 23R	06 ♋ 34	04 ♓ 33	14 ♒ 38	22 ♐ 15R	13 ♉ 15	
31	12 34 50	10 ♈ 37	03 ♌ 01	29 ♈ 11	26 ♉ 31	06 ♊ 12	10 ♍ 45R	06 ♋ 47	04 ♓ 52	14 ♒ 48	22 ♐ 14R	12 ♉ 56	
1	12 38 46	11 ♈ 36	15 ♌ 35	29 ♈ 56	27 ♉ 30	06 ♊ 50	10 ♍ 39R	06 ♋ 50	04 ♓ 55	14 ♒ 49	22 ♐ 14R	12 ♉ 53	APRILE
5	12 54 32	15 ♈ 33	09 ♎ 26	01 ♉ 44	01 ♊ 17	09 ♊ 24	10 ♍ 17R	07 ♋ 01	05 ♓ 06	14 ♒ 55	22 ♐ 13R	12 ♉ 40	
10	13 14 15	20 ♈ 27	21 ♐ 52	01 ♉ 24R	05 ♊ 50	12 ♊ 35	09 ♍ 52R	07 ♋ 18	05 ♓ 20	15 ♒ 01	22 ♐ 10R	12 ♉ 24	
15	13 33 58	25 ♈ 22	01 ♓ 26	28 ♈ 47R	10 ♊ 05	15 ♊ 47	09 ♍ 32R	07 ♋ 37	05 ♓ 33	15 ♒ 07	22 ♐ 07R	12 ♉ 08	
20	13 53 41	00 ♉ 15	05 ♉ 15	25 ♈ 15R	14 ♊ 02	18 ♊ 58	09 ♍ 16R	07 ♋ 58	05 ♓ 45	15 ♒ 11	22 ♐ 04R	11 ♉ 53	
25	14 13 24	05 ♉ 08	04 ♋ 57	22 ♈ 21R	17 ♊ 35	22 ♊ 09	09 ♍ 04R	08 ♋ 21	05 ♓ 56	15 ♒ 16	21 ♐ 59R	11 ♉ 37	
30	14 33 06	09 ♉ 59	06 ♍ 28	21 ♈ 08R	20 ♊ 40	25 ♊ 20	08 ♍ 57R	08 ♋ 46	06 ♓ 06	15 ♒ 19	21 ♐ 54R	11 ♉ 21	
1	14 37 03	10 ♉ 58	19 ♍ 44	21 ♈ 07	21 ♊ 12	25 ♊ 58	08 ♍ 56R	08 ♋ 51	06 ♓ 08	15 ♒ 19	21 ♐ 53R	11 ♉ 18	MAGGIO
5	14 52 49	14 ♉ 50	16 ♏ 49	21 ♈ 54	23 ♊ 10	28 ♊ 30	08 ♍ 55	09 ♋ 13	06 ♓ 15	15 ♒ 21	21 ♐ 49R	11 ♉ 05	
10	15 12 32	19 ♉ 40	00 ♒ 43	24 ♈ 31	24 ♊ 58	01 ♋ 40	08 ♍ 57	09 ♋ 42	06 ♓ 23	15 ♒ 23	21 ♐ 43R	10 ♉ 49	
15	15 32 15	24 ♉ 30	07 ♈ 20	28 ♈ 42	25 ♊ 58	04 ♋ 50	09 ♍ 04	10 ♋ 12	06 ♓ 30	15 ♒ 24	21 ♐ 36R	10 ♉ 33	
20	15 51 57	29 ♉ 19	08 ♊ 01	04 ♉ 11	26 ♊ 03R	08 ♋ 00	09 ♍ 15	10 ♋ 44	06 ♓ 36	15 ♒ 24R	21 ♐ 29R	10 ♉ 17	
25	16 11 40	04 ♊ 08	07 ♌ 28	10 ♉ 48	25 ♊ 08R	11 ♋ 10	09 ♍ 30	11 ♋ 17	06 ♓ 41	15 ♒ 23R	21 ♐ 22R	10 ♉ 01	
31	16 35 20	09 ♊ 53	25 ♎ 44	20 ♉ 07	22 ♊ 46R	14 ♋ 57	09 ♍ 54	11 ♋ 58	06 ♓ 45	15 ♒ 21R	21 ♐ 12R	09 ♉ 42	
1	16 39 16	10 ♊ 50	10 ♏ 12	21 ♉ 49	22 ♊ 16R	15 ♋ 35	09 ♍ 59	12 ♋ 05	06 ♓ 45	15 ♒ 20R	21 ♐ 11R	09 ♉ 39	GIUGNO
5	16 55 02	14 ♊ 40	10 ♑ 36	28 ♉ 60	19 ♊ 59R	18 ♋ 06	10 ♍ 19	12 ♋ 34	06 ♓ 47	15 ♒ 18R	21 ♐ 05R	09 ♉ 26	
10	17 14 45	19 ♊ 27	21 ♓ 27	08 ♊ 49	16 ♊ 52R	21 ♋ 16	10 ♍ 47	13 ♋ 10	06 ♓ 48	15 ♒ 15R	20 ♐ 57R	09 ♉ 11	
15	17 34 28	24 ♊ 14	23 ♉ 12	19 ♊ 25	13 ♊ 55R	24 ♋ 25	11 ♍ 18	13 ♋ 48	06 ♓ 47R	15 ♒ 11R	20 ♐ 49R	08 ♉ 55	
20	17 54 11	29 ♊ 00	22 ♋ 28	00 ♋ 23	11 ♊ 35R	27 ♋ 34	11 ♍ 53	14 ♋ 25	06 ♓ 46R	15 ♒ 07R	20 ♐ 41R	08 ♉ 39	
25	18 13 53	03 ♋ 47	24 ♍ 08	11 ♋ 09	10 ♊ 07R	00 ♌ 43	12 ♍ 32	15 ♋ 04	06 ♓ 43R	15 ♒ 01R	20 ♐ 33R	08 ♉ 23	
30	18 33 36	08 ♋ 33	03 ♐ 32	21 ♋ 19	09 ♊ 38	03 ♌ 52	13 ♍ 13	15 ♋ 42	06 ♓ 39R	14 ♒ 55R	20 ♐ 25R	08 ♉ 07	

2004	GIORNO	TEMPO SIDERALE	☉	☽	☿	♀	♂	♃	♄	♅	♆	♇	☊
LUGLIO	1	18 37 33	09 ♋ 30	18 ♐ 34	23 ♋ 15	09 ♊ 39	04 ♌ 29	13 ♍ 21	15 ♋ 50	06 ♓ 38R	14 ♒ 54R	20 ♐ 24R	08 ♉ 04
	5	18 53 19	13 ♋ 19	18 ♒ 55	00 ♌ 41	10 ♊ 06	07 ♌ 01	13 ♍ 57	16 ♋ 21	06 ♓ 34R	14 ♒ 49R	20 ♐ 18R	07 ♉ 51
	10	19 13 02	18 ♋ 05	25 ♈ 58	09 ♌ 12	11 ♊ 26	10 ♌ 10	14 ♍ 43	17 ♋ 00	06 ♓ 28R	14 ♒ 42R	20 ♐ 11R	07 ♉ 35
	15	19 32 45	22 ♋ 51	25 ♊ 43	16 ♌ 51	13 ♊ 32	13 ♌ 19	15 ♍ 32	17 ♋ 39	06 ♓ 20R	14 ♒ 35R	20 ♐ 05R	07 ♉ 19
	20	19 52 27	27 ♋ 37	25 ♌ 60	23 ♌ 37	16 ♊ 14	16 ♌ 28	16 ♍ 23	18 ♋ 18	06 ♓ 12R	14 ♒ 27R	19 ♐ 59R	07 ♉ 03
	25	20 12 10	02 ♌ 24	00 ♏ 29	29 ♌ 24	19 ♊ 26	19 ♌ 37	17 ♍ 16	18 ♋ 56	06 ♓ 04R	14 ♒ 20R	19 ♐ 53R	06 ♉ 48
	31	20 35 49	08 ♌ 08	27 ♑ 33	04 ♍ 48	23 ♊ 51	23 ♌ 24	18 ♍ 23	19 ♋ 42	05 ♓ 52R	14 ♒ 10R	19 ♐ 47R	06 ♉ 29
AGOSTO	1	20 39 46	09 ♌ 05	12 ♒ 30	05 ♍ 31	24 ♊ 38	24 ♌ 02	18 ♍ 34	19 ♋ 49	05 ♓ 50R	14 ♒ 08R	19 ♐ 46R	06 ♉ 25
	5	20 55 32	12 ♌ 55	08 ♈ 54	07 ♍ 43	27 ♊ 54	26 ♌ 34	19 ♍ 19	20 ♋ 19	05 ♓ 41R	14 ♒ 02R	19 ♐ 43R	06 ♉ 13
	10	21 15 15	17 ♌ 42	10 ♊ 36	08 ♍ 46R	02 ♋ 14	29 ♌ 44	20 ♍ 18	20 ♋ 56	05 ♓ 30R	13 ♒ 54R	19 ♐ 39R	05 ♉ 57
	15	21 34 58	22 ♌ 30	10 ♌ 25	07 ♍ 39R	06 ♋ 49	02 ♍ 54	21 ♍ 18	21 ♋ 32	05 ♓ 19R	13 ♒ 45R	19 ♐ 36R	05 ♉ 41
	20	21 54 41	27 ♌ 19	14 ♎ 06	04 ♍ 24R	11 ♋ 36	06 ♍ 04	22 ♍ 19	22 ♋ 06	05 ♓ 07R	13 ♒ 37R	19 ♐ 34R	05 ♉ 25
	25	22 14 23	02 ♍ 08	22 ♐ 55	00 ♍ 03R	16 ♋ 33	09 ♍ 15	23 ♍ 21	22 ♋ 40	04 ♓ 55R	13 ♒ 30R	19 ♐ 33R	05 ♉ 09
	31	22 38 03	07 ♍ 56	19 ♓ 46	26 ♌ 11R	22 ♋ 41	13 ♍ 04	24 ♍ 36	23 ♋ 19	04 ♓ 41R	13 ♒ 21R	19 ♐ 33	04 ♉ 50
SETTEMBRE	1	22 41 59	08 ♍ 54	03 ♈ 32	25 ♌ 54R	23 ♋ 43	13 ♍ 43	24 ♍ 49	23 ♋ 25	04 ♓ 39R	13 ♒ 19R	19 ♐ 33	04 ♉ 47
	5	22 57 45	12 ♍ 46	24 ♉ 44	26 ♌ 10	27 ♋ 56	16 ♍ 16	25 ♍ 40	23 ♋ 49	04 ♓ 29R	13 ♒ 14R	19 ♐ 33	04 ♉ 34
	10	23 17 28	17 ♍ 37	24 ♋ 24	29 ♌ 40	03 ♌ 19	19 ♍ 28	26 ♍ 44	24 ♋ 19	04 ♓ 17R	13 ♒ 07R	19 ♐ 34	04 ♉ 18
	15	23 37 11	22 ♍ 29	27 ♍ 18	06 ♍ 06	08 ♌ 47	22 ♍ 40	27 ♍ 48	24 ♋ 46	04 ♓ 06R	13 ♒ 01R	19 ♐ 36	04 ♉ 02
	20	23 56 54	27 ♍ 22	05 ♐ 32	14 ♍ 22	14 ♌ 21	25 ♍ 53	28 ♍ 53	25 ♋ 12	03 ♓ 55R	12 ♒ 56R	19 ♐ 39	03 ♉ 46
	25	0 16 37	02 ♎ 16	16 ♒ 30	23 ♍ 25	19 ♌ 59	29 ♍ 06	29 ♍ 58	25 ♋ 35	03 ♓ 45R	12 ♒ 51R	19 ♐ 43	03 ♉ 31
	30	0 36 19	07 ♎ 10	24 ♈ 56	02 ♎ 34	25 ♌ 42	02 ♎ 20	01 ♎ 03	25 ♋ 57	03 ♓ 35R	12 ♒ 46R	19 ♐ 47	03 ♉ 15
OTTOBRE	1	0 40 16	08 ♎ 09	07 ♉ 46	04 ♎ 22	26 ♌ 51	02 ♎ 59	01 ♎ 16	26 ♋ 01	03 ♓ 33R	12 ♒ 46R	19 ♐ 48	03 ♉ 12
	5	0 56 02	12 ♎ 05	26 ♊ 34	11 ♎ 30	01 ♍ 29	05 ♎ 34	02 ♎ 07	26 ♋ 16	03 ♓ 26R	12 ♒ 43R	19 ♐ 53	02 ♉ 59
	10	1 15 45	17 ♎ 01	26 ♌ 51	20 ♎ 08	07 ♍ 19	08 ♎ 49	03 ♎ 12	26 ♋ 33	03 ♓ 18R	12 ♒ 40R	19 ♐ 58	02 ♉ 43
	15	1 35 28	21 ♎ 58	03 ♏ 23	28 ♎ 27	13 ♍ 13	12 ♎ 05	04 ♎ 15	26 ♋ 48	03 ♓ 11R	12 ♒ 38R	20 ♐ 05	02 ♉ 27
	20	1 55 10	26 ♎ 56	14 ♑ 50	06 ♏ 28	19 ♍ 10	15 ♎ 21	05 ♎ 18	26 ♋ 60	03 ♓ 05R	12 ♒ 37R	20 ♐ 12	02 ♉ 11
	25	2 14 53	01 ♏ 55	24 ♓ 12	14 ♏ 15	25 ♍ 09	18 ♎ 38	06 ♎ 20	27 ♋ 09	03 ♓ 00R	12 ♒ 36	20 ♐ 20	01 ♉ 55
	31	2 38 33	07 ♏ 54	10 ♊ 33	23 ♏ 17	02 ♎ 23	22 ♎ 35	07 ♎ 33	27 ♋ 17	02 ♓ 56R	12 ♒ 37	20 ♐ 31	01 ♉ 36
NOVEMBRE	1	2 42 29	08 ♏ 54	22 ♊ 35	24 ♏ 45	03 ♎ 36	23 ♎ 14	07 ♎ 45	27 ♋ 18	02 ♓ 55R	12 ♒ 38	20 ♐ 32	01 ♉ 33
	5	2 58 15	12 ♏ 55	10 ♌ 12	00 ♐ 33	08 ♎ 27	25 ♎ 53	08 ♎ 33	27 ♋ 20	02 ♓ 53R	12 ♒ 39	20 ♐ 40	01 ♉ 20
	10	3 17 58	17 ♏ 56	13 ♎ 45	07 ♐ 33	14 ♎ 33	29 ♎ 12	09 ♎ 31	27 ♋ 20R	02 ♓ 52R	12 ♒ 41	20 ♐ 49	01 ♉ 04
	15	3 37 41	22 ♏ 58	25 ♐ 57	14 ♐ 08	20 ♎ 41	02 ♏ 31	10 ♎ 27	27 ♋ 18R	02 ♓ 52	12 ♒ 45	20 ♐ 60	00 ♉ 49
	20	3 57 24	28 ♏ 00	07 ♓ 37	20 ♐ 01	26 ♎ 50	05 ♏ 51	11 ♎ 22	27 ♋ 13R	02 ♓ 54	12 ♒ 49	21 ♐ 10	00 ♉ 33
	25	4 17 06	03 ♐ 03	12 ♉ 21	24 ♐ 35	03 ♏ 01	09 ♏ 12	12 ♎ 14	27 ♋ 05R	02 ♓ 57	12 ♒ 53	21 ♐ 21	00 ♉ 17
	30	4 36 49	08 ♐ 07	12 ♋ 47	26 ♐ 43	09 ♏ 12	12 ♏ 34	13 ♎ 04	26 ♋ 54R	03 ♓ 01	12 ♒ 59	21 ♐ 32	00 ♉ 01
DICEMBRE	1	4 40 46	09 ♐ 08	24 ♋ 39	26 ♐ 43R	10 ♏ 26	13 ♏ 14	13 ♎ 14	26 ♋ 52R	03 ♓ 02	13 ♒ 00	21 ♐ 34	29 ♈ 58
	5	4 56 32	13 ♐ 11	12 ♍ 46	24 ♐ 57R	15 ♏ 24	15 ♏ 56	13 ♎ 52	26 ♋ 41R	03 ♓ 06	13 ♒ 05	21 ♐ 43	29 ♈ 45
	10	5 16 15	18 ♐ 16	19 ♏ 40	19 ♐ 06R	21 ♏ 38	19 ♏ 19	14 ♎ 37	26 ♋ 26R	03 ♓ 13	13 ♒ 13	21 ♐ 54	29 ♈ 29
	15	5 35 58	23 ♐ 21	04 ♒ 52	12 ♐ 54R	27 ♏ 52	22 ♏ 43	15 ♎ 19	26 ♋ 08R	03 ♓ 20	13 ♒ 20	22 ♐ 05	29 ♈ 13
	20	5 55 40	28 ♐ 27	14 ♈ 12	10 ♐ 27	04 ♐ 06	26 ♏ 07	15 ♎ 58	25 ♋ 49R	03 ♓ 29	13 ♒ 29	22 ♐ 17	28 ♈ 57
	25	6 15 23	03 ♑ 32	15 ♊ 45	12 ♐ 03	10 ♐ 21	29 ♏ 32	16 ♎ 34	25 ♋ 28R	03 ♓ 39	13 ♒ 38	22 ♐ 28	28 ♈ 42
	31	6 39 02	09 ♑ 39	27 ♌ 13	17 ♐ 18	17 ♐ 51	03 ♐ 40	17 ♎ 11	25 ♋ 01R	03 ♓ 52	13 ♒ 49	22 ♐ 41	28 ♈ 22

GIORNO	TEMPO SIDERALE	☉	☽	☿	♀	♂	♃	♄	♅	♆	♇	☊	2005
1	6 42 59	10 ♑ 40	09 ♍ 17	18 ♐ 24	19 ♐ 06	04 ♐ 21	17 ♎ 17	24 ♋ 56R	03 ♓ 55	13 ♒ 51	22 ♐ 43	28 ♈ 19	GENNAIO
5	6 58 45	14 ♑ 45	29 ♎ 60	23 ♐ 10	24 ♐ 06	07 ♐ 06	17 ♎ 39	24 ♋ 37R	04 ♓ 04	13 ♒ 59	22 ♐ 52	28 ♈ 07	
10	7 18 28	19 ♑ 50	12 ♑ 37	29 ♐ 46	00 ♑ 22	10 ♐ 34	18 ♎ 02	24 ♋ 12R	04 ♓ 17	14 ♒ 09	23 ♐ 03	27 ♈ 51	
15	7 38 11	24 ♑ 56	26 ♓ 52	06 ♑ 48	06 ♑ 38	14 ♐ 02	18 ♎ 21	23 ♋ 48R	04 ♓ 31	14 ♒ 20	23 ♐ 13	27 ♈ 35	
20	7 57 54	00 ♒ 02	00 ♊ 48	14 ♑ 08	12 ♑ 54	17 ♐ 31	18 ♎ 36	23 ♋ 23R	04 ♓ 46	14 ♒ 31	23 ♐ 22	27 ♈ 19	
25	8 17 36	05 ♒ 07	00 ♌ 19	21 ♑ 45	19 ♑ 10	21 ♐ 01	18 ♎ 46	22 ♋ 59R	05 ♓ 01	14 ♒ 42	23 ♐ 32	27 ♈ 03	
31	8 41 16	11 ♒ 12	13 ♎ 28	01 ♒ 14	26 ♑ 40	25 ♐ 14	18 ♎ 51	22 ♋ 31R	05 ♓ 20	14 ♒ 56	23 ♐ 42	26 ♈ 44	
1	8 45 12	12 ♒ 13	26 ♎ 17	02 ♒ 51	27 ♑ 56	25 ♐ 56	18 ♎ 52	22 ♋ 26R	05 ♓ 23	14 ♒ 58	23 ♐ 44	26 ♈ 41	FEBBRAIO
5	9 00 58	16 ♒ 17	21 ♐ 07	09 ♒ 27	02 ♒ 56	28 ♐ 45	18 ♎ 51R	22 ♋ 09R	05 ♓ 36	15 ♒ 07	23 ♐ 50	26 ♈ 28	
10	9 20 41	21 ♒ 21	06 ♓ 12	17 ♒ 58	09 ♒ 12	02 ♑ 17	18 ♎ 46R	21 ♋ 48R	05 ♓ 53	15 ♒ 19	23 ♐ 58	26 ♈ 12	
15	9 40 24	26 ♒ 24	14 ♉ 49	26 ♒ 50	15 ♒ 27	05 ♑ 49	18 ♎ 36R	21 ♋ 29R	06 ♓ 10	15 ♒ 30	24 ♐ 04	25 ♈ 56	
20	10 00 07	01 ♓ 27	15 ♋ 12	06 ♓ 01	21 ♒ 43	09 ♑ 23	18 ♎ 21R	21 ♋ 13R	06 ♓ 27	15 ♒ 41	24 ♐ 11	25 ♈ 40	
25	10 19 50	06 ♓ 29	15 ♍ 28	15 ♓ 24	27 ♒ 58	12 ♑ 56	18 ♎ 03R	20 ♋ 58R	06 ♓ 44	15 ♒ 52	24 ♐ 16	25 ♈ 25	
28	10 31 39	09 ♓ 30	23 ♎ 20	21 ♓ 01	01 ♓ 43	15 ♑ 05	17 ♎ 49R	20 ♋ 51R	06 ♓ 55	15 ♒ 59	24 ♐ 19	25 ♈ 15	
1	10 35 36	10 ♓ 30	06 ♏ 20	22 ♓ 51	02 ♓ 58	15 ♑ 48	17 ♎ 44R	20 ♋ 48R	06 ♓ 58	16 ♒ 01	24 ♐ 20	25 ♈ 12	MARZO
5	10 51 22	14 ♓ 31	01 ♑ 04	29 ♓ 53	07 ♓ 57	18 ♑ 40	17 ♎ 24R	20 ♋ 40R	07 ♓ 12	16 ♒ 09	24 ♐ 23	24 ♈ 59	
10	11 11 05	19 ♓ 31	14 ♓ 20	07 ♈ 22	14 ♓ 12	22 ♑ 15	16 ♎ 55R	20 ♋ 32R	07 ♓ 29	16 ♒ 19	24 ♐ 26	24 ♈ 43	
15	11 30 48	24 ♓ 30	22 ♉ 46	12 ♈ 22	20 ♓ 26	25 ♑ 51	16 ♎ 23R	20 ♋ 26R	07 ♓ 46	16 ♒ 29	24 ♐ 28	24 ♈ 27	
20	11 50 30	29 ♓ 29	23 ♋ 25	14 ♈ 06R	26 ♓ 40	29 ♑ 27	15 ♎ 48R	20 ♋ 24R	08 ♓ 02	16 ♒ 38	24 ♐ 30	24 ♈ 11	
25	12 10 13	04 ♈ 26	24 ♍ 11	12 ♈ 33R	02 ♈ 53	03 ♒ 04	15 ♎ 12R	20 ♋ 24	08 ♓ 18	16 ♒ 47	24 ♐ 31	23 ♈ 56	
31	12 33 52	10 ♈ 22	13 ♐ 48	07 ♈ 57R	10 ♈ 20	07 ♒ 25	14 ♎ 26R	20 ♋ 28	08 ♓ 37	16 ♒ 57	24 ♐ 31R	23 ♈ 37	
1	12 37 49	11 ♈ 22	27 ♐ 46	07 ♈ 06R	11 ♈ 35	08 ♒ 08	14 ♎ 19R	20 ♋ 29	08 ♓ 40	16 ♒ 58	24 ♐ 30R	23 ♈ 33	APRILE
5	12 53 35	15 ♈ 18	24 ♒ 46	04 ♈ 07R	16 ♈ 33	11 ♒ 02	13 ♎ 48R	20 ♋ 34	08 ♓ 52	17 ♒ 04	24 ♐ 30R	23 ♈ 21	
10	13 13 18	20 ♈ 13	04 ♉ 33	01 ♈ 59R	22 ♈ 45	14 ♒ 40	13 ♎ 09R	20 ♋ 43	09 ♓ 06	17 ♒ 11	24 ♐ 28R	23 ♈ 05	
15	13 33 01	25 ♈ 08	07 ♋ 30	02 ♈ 03	28 ♈ 56	18 ♒ 18	12 ♎ 32R	20 ♋ 55	09 ♓ 20	17 ♒ 17	24 ♐ 25R	22 ♈ 49	
20	13 52 44	00 ♉ 01	07 ♍ 23	04 ♈ 09	05 ♉ 07	21 ♒ 56	11 ♎ 56R	21 ♋ 09	09 ♓ 33	17 ♒ 22	24 ♐ 22R	22 ♈ 33	
25	14 12 26	04 ♉ 53	12 ♏ 12	07 ♈ 55	11 ♉ 18	25 ♒ 33	11 ♎ 22R	21 ♋ 25	09 ♓ 45	17 ♒ 26	24 ♐ 18R	22 ♈ 17	
30	14 32 09	09 ♉ 45	22 ♑ 55	12 ♈ 60	17 ♉ 28	29 ♒ 11	10 ♎ 50R	21 ♋ 44	09 ♓ 56	17 ♒ 30	24 ♐ 13R	22 ♈ 01	
1	14 36 06	10 ♉ 43	07 ♒ 11	14 ♈ 09	18 ♉ 42	29 ♒ 55	10 ♎ 44R	21 ♋ 48	09 ♓ 58	17 ♒ 31	24 ♐ 12R	21 ♈ 58	MAGGIO
5	14 51 52	14 ♉ 36	03 ♈ 04	19 ♈ 10	23 ♉ 38	02 ♓ 49	10 ♎ 22R	22 ♋ 05	10 ♓ 06	17 ♒ 33	24 ♐ 08R	21 ♈ 45	
10	15 11 35	19 ♉ 26	08 ♊ 41	26 ♈ 18	29 ♉ 47	06 ♓ 26	09 ♎ 57R	22 ♋ 29	10 ♓ 15	17 ♒ 35	24 ♐ 02R	21 ♈ 29	
15	15 31 17	24 ♉ 16	09 ♌ 15	04 ♉ 17	05 ♊ 56	10 ♓ 02	09 ♎ 36R	22 ♋ 54	10 ♓ 23	17 ♒ 36	23 ♐ 56R	21 ♈ 14	
20	15 51 00	29 ♉ 05	10 ♎ 20	13 ♉ 09	12 ♊ 04	13 ♓ 38	09 ♎ 20R	23 ♋ 21	10 ♓ 29	17 ♒ 36R	23 ♐ 49R	20 ♈ 58	
25	16 10 43	03 ♊ 54	19 ♐ 30	22 ♉ 51	18 ♊ 12	17 ♓ 13	09 ♎ 07R	23 ♋ 49	10 ♓ 35	17 ♒ 36R	23 ♐ 42R	20 ♈ 42	
31	16 34 22	09 ♊ 39	16 ♓ 13	05 ♊ 29	25 ♊ 33	21 ♓ 29	08 ♎ 58R	24 ♋ 26	10 ♓ 40	17 ♒ 35R	23 ♐ 33R	20 ♈ 23	
1	16 38 19	10 ♊ 36	29 ♓ 55	07 ♊ 39	26 ♊ 46	22 ♓ 12	08 ♎ 58R	24 ♋ 32	10 ♓ 41	17 ♒ 34R	23 ♐ 31R	20 ♈ 20	GIUGNO
5	16 54 05	14 ♊ 26	22 ♉ 19	16 ♊ 27	01 ♋ 40	25 ♓ 01	08 ♎ 56	24 ♋ 58	10 ♓ 43	17 ♒ 32R	23 ♐ 25R	20 ♈ 07	
10	17 13 48	19 ♊ 13	23 ♋ 42	27 ♊ 17	07 ♋ 47	28 ♓ 32	08 ♎ 58	25 ♋ 31	10 ♓ 45	17 ♒ 30R	23 ♐ 17R	19 ♈ 51	
15	17 33 31	24 ♊ 00	23 ♍ 21	07 ♋ 30	13 ♋ 53	02 ♈ 01	09 ♎ 04	26 ♋ 05	10 ♓ 46R	17 ♒ 26R	23 ♐ 09R	19 ♈ 35	
20	17 53 13	28 ♊ 47	28 ♏ 57	16 ♋ 50	19 ♋ 58	05 ♈ 27	09 ♎ 15	26 ♋ 41	10 ♓ 45R	17 ♒ 22R	23 ♐ 01R	19 ♈ 19	
25	18 12 56	03 ♋ 33	13 ♒ 22	25 ♋ 12	26 ♋ 03	08 ♈ 52	09 ♎ 30	27 ♋ 17	10 ♓ 43R	17 ♒ 17R	22 ♐ 54R	19 ♈ 03	
30	18 32 39	08 ♋ 19	23 ♈ 36	02 ♌ 35	02 ♌ 08	12 ♈ 13	09 ♎ 49	27 ♋ 54	10 ♓ 40R	17 ♒ 11R	22 ♐ 46R	18 ♈ 47	

2005	GIORNO	TEMPO SIDERALE	☉	☽	☿	♀	♂	♃	♄	♅	♆	♇	☊
LUGLIO	1	18 36 36	09 ♋ 16	06 ♉ 35	03 ♌ 56	03 ♌ 21	12 ♈ 53	09 ♎ 54	28 ♋ 02	10 ♓ 40R	17 ♒ 10R	22 ♐ 44R	18 ♈ 44
	5	18 52 22	13 ♋ 05	26 ♊ 24	08 ♌ 55	08 ♌ 12	15 ♈ 32	10 ♎ 13	28 ♋ 32	10 ♓ 36R	17 ♒ 05R	22 ♐ 39R	18 ♈ 32
	10	19 12 05	17 ♋ 51	26 ♌ 04	14 ♌ 05	14 ♌ 15	18 ♈ 47	10 ♎ 40	29 ♋ 10	10 ♓ 31R	16 ♒ 58R	22 ♐ 31R	18 ♈ 16
	15	19 31 47	22 ♋ 37	26 ♎ 52	17 ♌ 54	20 ♌ 18	21 ♈ 58	11 ♎ 10	29 ♋ 48	10 ♓ 25R	16 ♒ 51R	22 ♐ 25R	17 ♈ 60
	20	19 51 30	27 ♋ 23	06 ♑ 35	20 ♌ 04	26 ♌ 20	25 ♈ 04	11 ♎ 44	00 ♌ 27	10 ♓ 18R	16 ♒ 44R	22 ♐ 18R	17 ♈ 44
	25	20 11 13	02 ♌ 10	22 ♓ 00	20 ♌ 19R	02 ♍ 21	28 ♈ 06	12 ♎ 21	01 ♌ 06	10 ♓ 09R	16 ♒ 36R	22 ♐ 13R	17 ♈ 28
	31	20 34 52	07 ♌ 54	11 ♊ 19	17 ♌ 58R	09 ♍ 34	01 ♉ 37	13 ♎ 10	01 ♌ 52	09 ♓ 59R	16 ♒ 27R	22 ♐ 06R	17 ♈ 09
AGOSTO	1	20 38 49	08 ♌ 51	23 ♊ 31	17 ♌ 20R	10 ♍ 45	02 ♉ 11	13 ♎ 19	01 ♌ 60	09 ♓ 57R	16 ♒ 25R	22 ♐ 05R	17 ♈ 06
	5	20 54 35	12 ♌ 41	11 ♌ 17	14 ♌ 23R	15 ♍ 33	04 ♉ 25	13 ♎ 54	02 ♌ 31	09 ♓ 49R	16 ♒ 18R	22 ♐ 02R	16 ♈ 53
	10	21 14 18	17 ♌ 28	11 ♎ 04	10 ♌ 47R	21 ♍ 31	07 ♉ 06	14 ♎ 40	03 ♌ 09	09 ♓ 38R	16 ♒ 10R	21 ♐ 58R	16 ♈ 37
	15	21 34 01	22 ♌ 16	16 ♐ 11	08 ♌ 50R	27 ♍ 28	09 ♉ 40	15 ♎ 29	03 ♌ 47	09 ♓ 27R	16 ♒ 02R	21 ♐ 55R	16 ♈ 21
	20	21 53 43	27 ♌ 05	00 ♓ 42	09 ♌ 39	03 ♎ 24	12 ♉ 04	16 ♎ 20	04 ♌ 24	09 ♓ 16R	15 ♒ 54R	21 ♐ 52R	16 ♈ 05
	25	22 13 26	01 ♍ 54	12 ♉ 20	13 ♌ 33	09 ♎ 19	14 ♉ 18	17 ♎ 13	05 ♌ 00	09 ♓ 04R	15 ♒ 46R	21 ♐ 51R	15 ♈ 50
	31	22 37 05	07 ♍ 42	26 ♋ 25	21 ♌ 44	16 ♎ 22	16 ♉ 44	18 ♎ 19	05 ♌ 43	08 ♓ 50R	15 ♒ 37R	21 ♐ 50R	15 ♈ 30
SETTEMBRE	1	22 41 02	08 ♍ 40	08 ♌ 16	23 ♌ 22	17 ♎ 33	17 ♉ 07	18 ♎ 30	05 ♌ 50	08 ♓ 47R	15 ♒ 36R	21 ♐ 49R	15 ♈ 27
	5	22 56 48	12 ♍ 32	26 ♍ 01	00 ♍ 28	22 ♎ 14	18 ♉ 32	19 ♎ 16	06 ♌ 17	08 ♓ 38R	15 ♒ 30R	21 ♐ 50	15 ♈ 15
	10	23 16 31	17 ♍ 23	28 ♏ 52	09 ♍ 57	28 ♎ 03	20 ♉ 05	20 ♎ 15	06 ♌ 50	08 ♓ 26R	15 ♒ 23R	21 ♐ 50	14 ♈ 59
	15	23 36 14	22 ♍ 15	09 ♒ 12	19 ♍ 29	03 ♏ 51	21 ♉ 21	21 ♎ 15	07 ♌ 22	08 ♓ 14R	15 ♒ 17R	21 ♐ 52	14 ♈ 43
	20	23 55 56	27 ♍ 08	23 ♈ 04	28 ♍ 45	09 ♏ 36	22 ♉ 21	22 ♎ 16	07 ♌ 53	08 ♓ 03R	15 ♒ 11R	21 ♐ 54	14 ♈ 27
	25	0 15 39	02 ♎ 01	28 ♊ 53	07 ♎ 37	15 ♏ 19	23 ♉ 01	23 ♎ 18	08 ♌ 22	07 ♓ 52R	15 ♒ 06R	21 ♐ 58	14 ♈ 11
	30	0 35 22	06 ♎ 56	28 ♌ 38	16 ♎ 05	20 ♏ 59	23 ♉ 21	24 ♎ 21	08 ♌ 49	07 ♓ 42R	15 ♒ 01R	22 ♐ 02	13 ♈ 55
OTTOBRE	1	0 39 19	07 ♎ 55	10 ♍ 35	17 ♎ 44	22 ♏ 07	23 ♉ 22	24 ♎ 34	08 ♌ 54	07 ♓ 40R	15 ♒ 00R	22 ♐ 03	13 ♈ 52
	5	0 55 05	11 ♎ 51	29 ♎ 58	24 ♎ 11	26 ♏ 36	23 ♉ 18R	25 ♎ 25	09 ♌ 14	07 ♓ 32R	14 ♒ 57R	22 ♐ 06	13 ♈ 39
	10	1 14 48	16 ♎ 47	06 ♑ 29	01 ♏ 58	02 ♐ 10	22 ♉ 53R	26 ♎ 30	09 ♌ 38	07 ♓ 23R	14 ♒ 54R	22 ♐ 12	13 ♈ 23
	15	1 34 30	21 ♎ 44	18 ♓ 07	09 ♏ 25	07 ♐ 40	22 ♉ 06R	27 ♎ 35	09 ♌ 59	07 ♓ 15R	14 ♒ 52R	22 ♐ 18	13 ♈ 07
	20	1 54 13	26 ♎ 42	28 ♉ 28	16 ♏ 33	13 ♐ 04	20 ♉ 59R	28 ♎ 40	10 ♌ 18	07 ♓ 08R	14 ♒ 50R	22 ♐ 25	12 ♈ 52
	25	2 13 56	01 ♏ 40	01 ♌ 05	23 ♏ 18	18 ♐ 23	19 ♉ 35R	29 ♎ 45	10 ♌ 34	07 ♓ 03R	14 ♒ 49R	22 ♐ 33	12 ♈ 36
	31	2 37 35	07 ♏ 40	13 ♎ 18	00 ♐ 43	24 ♐ 37	17 ♉ 36R	01 ♏ 04	10 ♌ 51	06 ♓ 57R	14 ♒ 50	22 ♐ 43	12 ♈ 17
NOVEMBRE	1	2 41 32	08 ♏ 40	25 ♎ 59	01 ♐ 52	25 ♐ 38	17 ♉ 15R	01 ♏ 17	10 ♌ 53	06 ♓ 56R	14 ♒ 50	22 ♐ 44	12 ♈ 13
	5	2 57 18	12 ♏ 40	19 ♐ 25	05 ♐ 58	29 ♐ 40	15 ♉ 50R	02 ♏ 09	11 ♌ 02	06 ♓ 54R	14 ♒ 51	22 ♐ 51	12 ♈ 01
	10	3 17 01	17 ♏ 41	29 ♒ 46	09 ♐ 44	04 ♑ 32	14 ♉ 05R	03 ♏ 13	11 ♌ 10	06 ♓ 51R	14 ♒ 53	23 ♐ 01	11 ♈ 45
	15	3 36 44	22 ♏ 43	09 ♉ 41	10 ♐ 54R	09 ♑ 13	12 ♉ 26R	04 ♏ 17	11 ♌ 16	06 ♓ 51R	14 ♒ 55	23 ♐ 11	11 ♈ 29
	20	3 56 26	27 ♏ 46	14 ♋ 42	08 ♐ 11R	13 ♑ 39	10 ♉ 59R	05 ♏ 21	11 ♌ 18	06 ♓ 51	14 ♒ 59	23 ♐ 21	11 ♈ 13
	25	4 16 09	02 ♐ 49	14 ♍ 29	01 ♐ 59R	17 ♑ 47	09 ♉ 49R	06 ♏ 23	11 ♌ 18R	06 ♓ 53	15 ♒ 04	23 ♐ 31	10 ♈ 57
	30	4 35 52	07 ♐ 52	17 ♏ 14	26 ♏ 18R	21 ♑ 33	08 ♉ 57R	07 ♏ 24	11 ♌ 15R	06 ♓ 55	15 ♒ 09	23 ♐ 42	10 ♈ 41
DICEMBRE	1	4 39 48	08 ♐ 53	00 ♐ 50	25 ♏ 38R	22 ♑ 16	08 ♉ 49R	07 ♏ 37	11 ♌ 14R	06 ♓ 56	15 ♒ 10	23 ♐ 44	10 ♈ 38
	5	4 55 35	12 ♐ 57	27 ♑ 49	24 ♏ 48	24 ♑ 53	08 ♉ 25R	08 ♏ 25	11 ♌ 10R	06 ♓ 60	15 ♒ 15	23 ♐ 53	10 ♈ 25
	10	5 15 17	18 ♐ 01	08 ♈ 35	27 ♏ 20	27 ♑ 40	08 ♉ 14	09 ♏ 23	11 ♌ 01R	07 ♓ 05	15 ♒ 22	24 ♐ 04	10 ♈ 10
	15	5 35 00	23 ♐ 06	15 ♊ 08	02 ♐ 18	29 ♑ 47	08 ♉ 23	10 ♏ 20	10 ♌ 50R	07 ♓ 12	15 ♒ 29	24 ♐ 15	09 ♈ 54
	20	5 54 43	28 ♐ 12	16 ♌ 50	08 ♐ 33	01 ♒ 05	08 ♉ 51	11 ♏ 15	10 ♌ 37R	07 ♓ 20	15 ♒ 37	24 ♐ 27	09 ♈ 38
	25	6 14 26	03 ♑ 17	16 ♎ 26	15 ♐ 27	01 ♒ 28R	09 ♉ 36	12 ♏ 08	10 ♌ 21R	07 ♓ 29	15 ♒ 46	24 ♐ 38	09 ♈ 22
	31	6 38 05	09 ♑ 24	07 ♑ 34	24 ♐ 10	00 ♒ 34R	10 ♉ 50	13 ♏ 08	09 ♌ 59R	07 ♓ 41	15 ♒ 57	24 ♐ 51	09 ♈ 03

GIORNO	TEMPO SIDERALE	☉	☽	☿	♀	♂	♃	♄	♅	♆	♇	☊	2006
1	6 42 02	10 ♑ 25	22 ♑ 23	25 ♐ 39	00 ♒ 17R	11 ♉ 05	13 ♏ 18	09 ♌ 55R	07 ♓ 43	15 ♒ 59	24 ♐ 53	08 ♈ 60	GENNAIO
5	6 57 48	14 ♑ 30	21 ♓ 17	01 ♑ 41	28 ♑ 44R	12 ♉ 07	13 ♏ 56	09 ♌ 39R	07 ♓ 52	16 ♒ 07	25 ♐ 02	08 ♈ 47	
10	7 17 31	19 ♑ 36	28 ♉ 56	09 ♑ 21	26 ♑ 05R	13 ♉ 37	14 ♏ 41	09 ♌ 17R	08 ♓ 05	16 ♒ 17	25 ♐ 13	08 ♈ 31	
15	7 37 13	24 ♑ 41	01 ♌ 15	17 ♑ 13	23 ♑ 03R	15 ♉ 17	15 ♏ 23	08 ♌ 55R	08 ♓ 18	16 ♒ 28	25 ♐ 23	08 ♈ 15	
20	7 56 56	29 ♑ 47	00 ♎ 35	25 ♑ 17	20 ♑ 08R	17 ♉ 07	16 ♏ 01	08 ♌ 31R	08 ♓ 32	16 ♒ 38	25 ♐ 33	07 ♈ 59	
25	8 16 39	04 ♒ 52	02 ♐ 59	03 ♒ 35	17 ♑ 49R	19 ♉ 05	16 ♏ 36	08 ♌ 06R	08 ♓ 46	16 ♒ 50	25 ♐ 42	07 ♈ 43	
31	8 40 18	10 ♒ 58	00 ♓ 55	13 ♒ 52	16 ♑ 15R	21 ♉ 37	17 ♏ 14	07 ♌ 37R	09 ♓ 05	17 ♒ 03	25 ♐ 53	07 ♈ 24	
1	8 44 15	11 ♒ 59	15 ♓ 58	15 ♒ 37	16 ♑ 08R	22 ♉ 03	17 ♏ 20	07 ♌ 32R	09 ♓ 08	17 ♒ 05	25 ♐ 55	07 ♈ 21	FEBBRAIO
5	9 00 01	16 ♒ 02	12 ♉ 42	22 ♒ 43	16 ♑ 04	23 ♉ 50	17 ♏ 41	07 ♌ 12R	09 ♓ 21	17 ♒ 15	26 ♐ 01	07 ♈ 08	
10	9 19 44	21 ♒ 06	16 ♋ 02	01 ♓ 41	16 ♑ 52	26 ♉ 09	18 ♏ 04	06 ♌ 49R	09 ♓ 37	17 ♒ 26	26 ♐ 09	06 ♈ 53	
15	9 39 27	26 ♒ 09	15 ♍ 38	10 ♓ 28	18 ♑ 31	28 ♉ 33	18 ♏ 22	06 ♌ 26R	09 ♓ 54	17 ♒ 37	26 ♐ 16	06 ♈ 37	
20	9 59 09	01 ♓ 12	15 ♏ 52	18 ♓ 22	20 ♑ 55	01 ♊ 01	18 ♏ 36	06 ♌ 04R	10 ♓ 11	17 ♒ 49	26 ♐ 22	06 ♈ 21	
25	10 18 52	06 ♓ 14	23 ♑ 41	24 ♓ 15	23 ♑ 55	03 ♊ 33	18 ♏ 46	05 ♌ 44R	10 ♓ 28	17 ♒ 60	26 ♐ 28	06 ♈ 05	
28	10 30 42	09 ♓ 15	08 ♓ 56	26 ♓ 17	25 ♑ 58	05 ♊ 06	18 ♏ 50	05 ♌ 33R	10 ♓ 38	18 ♒ 06	26 ♐ 31	05 ♈ 55	
1	10 34 38	10 ♓ 15	24 ♓ 08	26 ♓ 39	26 ♑ 41	05 ♊ 37	18 ♏ 50	05 ♌ 29R	10 ♓ 41	18 ♒ 08	26 ♐ 32	05 ♈ 52	MARZO
5	10 50 25	14 ♓ 16	21 ♉ 48	26 ♓ 34R	29 ♑ 43	07 ♊ 43	18 ♏ 52R	05 ♌ 15R	10 ♓ 55	18 ♒ 17	26 ♐ 35	05 ♈ 40	
10	11 10 07	19 ♓ 16	25 ♋ 08	23 ♓ 22R	03 ♒ 49	10 ♊ 23	18 ♏ 49R	05 ♌ 00R	11 ♓ 12	18 ♒ 27	26 ♐ 39	05 ♈ 24	
15	11 29 50	24 ♓ 16	24 ♍ 26	18 ♓ 35R	08 ♒ 13	13 ♊ 06	18 ♏ 42R	04 ♌ 48R	11 ♓ 29	18 ♒ 37	26 ♐ 42	05 ♈ 08	
20	11 49 33	29 ♓ 14	25 ♏ 22	14 ♓ 44R	12 ♒ 51	15 ♊ 50	18 ♏ 30R	04 ♌ 38R	11 ♓ 46	18 ♒ 46	26 ♐ 44	04 ♈ 52	
25	12 09 16	04 ♈ 12	02 ♒ 46	13 ♓ 12R	17 ♒ 42	18 ♊ 37	18 ♏ 14R	04 ♌ 30R	12 ♓ 03	18 ♒ 55	26 ♐ 45	04 ♈ 36	
31	12 32 55	10 ♈ 08	01 ♉ 48	14 ♓ 30	23 ♒ 43	21 ♊ 59	17 ♏ 49R	04 ♌ 24R	12 ♓ 22	19 ♒ 05	26 ♐ 45R	04 ♈ 17	
1	12 36 52	11 ♈ 08	16 ♉ 09	15 ♓ 01	24 ♒ 45	22 ♊ 33	17 ♏ 44R	04 ♌ 24R	12 ♓ 25	19 ♒ 07	26 ♐ 45R	04 ♈ 14	APRILE
5	12 52 38	15 ♈ 04	09 ♋ 20	17 ♓ 42	28 ♒ 54	24 ♊ 49	17 ♏ 23R	04 ♌ 23R	12 ♓ 37	19 ♒ 13	26 ♐ 45R	04 ♈ 01	
10	13 12 21	19 ♈ 59	09 ♍ 21	22 ♓ 20	04 ♓ 10	27 ♊ 41	16 ♏ 55R	04 ♌ 24	12 ♓ 52	19 ♒ 20	26 ♐ 43R	03 ♈ 45	
15	13 32 03	24 ♈ 53	09 ♏ 45	28 ♓ 04	09 ♓ 33	00 ♋ 33	16 ♏ 23R	04 ♌ 27	13 ♓ 06	19 ♒ 26	26 ♐ 41R	03 ♈ 29	
20	13 51 46	29 ♈ 47	15 ♑ 05	04 ♈ 44	15 ♓ 01	03 ♋ 27	15 ♏ 49R	04 ♌ 34	13 ♓ 20	19 ♒ 32	26 ♐ 38R	03 ♈ 13	
25	14 11 29	04 ♉ 39	26 ♓ 12	12 ♈ 11	20 ♓ 32	06 ♋ 22	15 ♏ 12R	04 ♌ 43	13 ♓ 32	19 ♒ 37	26 ♐ 34R	02 ♈ 57	
30	14 31 12	09 ♉ 31	08 ♊ 05	20 ♈ 23	26 ♓ 08	09 ♋ 17	14 ♏ 35R	04 ♌ 55	13 ♓ 44	19 ♒ 41	26 ♐ 30R	02 ♈ 42	
1	14 35 08	10 ♉ 30	21 ♊ 35	22 ♈ 07	27 ♓ 15	09 ♋ 53	14 ♏ 27R	04 ♌ 57	13 ♓ 46	19 ♒ 42	26 ♐ 29R	02 ♈ 38	MAGGIO
5	14 50 55	14 ♉ 22	11 ♌ 58	29 ♈ 20	01 ♈ 46	12 ♋ 14	13 ♏ 57R	05 ♌ 09	13 ♓ 55	19 ♒ 44	26 ♐ 25R	02 ♈ 26	
10	15 10 37	19 ♉ 13	11 ♎ 25	09 ♉ 02	07 ♈ 27	15 ♋ 11	13 ♏ 19R	05 ♌ 26	14 ♓ 05	19 ♒ 47	26 ♐ 19R	02 ♈ 10	
15	15 30 20	24 ♉ 02	14 ♐ 52	19 ♉ 26	13 ♈ 11	18 ♋ 09	12 ♏ 41R	05 ♌ 44	14 ♓ 14	19 ♒ 48	26 ♐ 13R	01 ♈ 54	
20	15 50 03	28 ♉ 51	23 ♒ 44	00 ♊ 17	18 ♈ 56	21 ♋ 08	12 ♏ 05R	06 ♌ 05	14 ♓ 22	19 ♒ 49	26 ♐ 07R	01 ♈ 38	
25	16 09 46	03 ♊ 40	04 ♉ 42	11 ♊ 10	24 ♈ 44	24 ♋ 07	11 ♏ 31R	06 ♌ 29	14 ♓ 28	19 ♒ 49R	25 ♐ 60R	01 ♈ 22	
31	16 33 25	09 ♊ 26	25 ♋ 23	23 ♊ 29	01 ♉ 43	27 ♋ 43	10 ♏ 53R	06 ♌ 59	14 ♓ 35	19 ♒ 48R	25 ♐ 51R	01 ♈ 03	
1	16 37 22	10 ♊ 23	07 ♌ 46	25 ♊ 24	02 ♉ 53	28 ♋ 19	10 ♏ 47R	07 ♌ 04	14 ♓ 36	19 ♒ 48R	25 ♐ 50R	00 ♈ 60	GIUGNO
5	16 53 08	14 ♊ 13	25 ♍ 29	02 ♋ 42	07 ♉ 34	00 ♌ 44	10 ♏ 25R	07 ♌ 26	14 ♓ 39	19 ♒ 46R	25 ♐ 44R	00 ♈ 47	
10	17 12 51	18 ♊ 60	27 ♏ 13	10 ♋ 49	13 ♉ 26	03 ♌ 45	10 ♏ 00R	07 ♌ 55	14 ♓ 42	19 ♒ 44R	25 ♐ 36R	00 ♈ 31	
15	17 32 33	23 ♊ 47	06 ♒ 11	17 ♋ 46	19 ♉ 19	06 ♌ 47	09 ♏ 39R	08 ♌ 25	14 ♓ 43	19 ♒ 41R	25 ♐ 28R	00 ♈ 15	
20	17 52 16	28 ♊ 33	17 ♈ 00	23 ♋ 27	25 ♉ 14	09 ♌ 50	09 ♏ 23R	08 ♌ 57	14 ♓ 44R	19 ♒ 37R	25 ♐ 20R	29 ♓ 60	
25	18 11 59	03 ♋ 19	25 ♊ 11	27 ♋ 46	01 ♊ 10	12 ♌ 53	09 ♏ 10R	09 ♌ 30	14 ♓ 43R	19 ♒ 32R	25 ♐ 12R	29 ♓ 44	
30	18 31 42	08 ♋ 06	27 ♌ 53	00 ♌ 29	07 ♊ 07	15 ♌ 56	09 ♏ 02R	10 ♌ 04	14 ♓ 41R	19 ♒ 27R	25 ♐ 05R	29 ♓ 28	

2006	GIORNO	TEMPO SIDERALE	☉	☽	☿	♀	♂	♃	♄	♅	♆	♇	☊
LUGLIO	1	18 35 38	09 ♋ 03	09 ♍ 47	00 ♌ 49	08 ♊ 18	16 ♌ 33	09 ♏ 01R	10 ♌ 11	14 ♓ 40R	19 ♒ 26R	25 ♐ 03R	29 ♓ 25
	5	18 51 24	12 ♋ 52	27 ♎ 20	01 ♌ 22R	13 ♊ 04	19 ♌ 00	08 ♏ 59R	10 ♌ 39	14 ♓ 38R	19 ♒ 21R	24 ♐ 57R	29 ♓ 12
	10	19 11 07	17 ♋ 38	02 ♑ 40	00 ♌ 21R	19 ♊ 03	22 ♌ 05	08 ♏ 60	11 ♌ 15	14 ♓ 34R	19 ♒ 14R	24 ♐ 50R	28 ♓ 56
	15	19 30 50	22 ♋ 24	15 ♓ 11	27 ♋ 43R	25 ♊ 03	25 ♌ 10	09 ♏ 05	11 ♌ 52	14 ♓ 28R	19 ♒ 08R	24 ♐ 43R	28 ♓ 40
	20	19 50 33	27 ♋ 10	25 ♉ 10	24 ♋ 25R	01 ♋ 04	28 ♌ 16	09 ♏ 15	12 ♌ 30	14 ♓ 22R	19 ♒ 00R	24 ♐ 37R	28 ♓ 24
	25	20 10 16	01 ♌ 56	29 ♋ 47	21 ♋ 49R	07 ♋ 06	01 ♍ 23	09 ♏ 30	13 ♌ 07	14 ♓ 14R	18 ♒ 53R	24 ♐ 31R	28 ♓ 08
	31	20 33 55	07 ♌ 40	11 ♎ 33	21 ♋ 16	14 ♋ 22	05 ♍ 07	09 ♏ 52	13 ♌ 53	14 ♓ 04R	18 ♒ 43R	24 ♐ 24R	27 ♓ 49
AGOSTO	1	20 37 51	08 ♌ 38	23 ♎ 26	21 ♋ 31	15 ♋ 35	05 ♍ 45	09 ♏ 57	14 ♌ 01	14 ♓ 03R	18 ♒ 42R	24 ♐ 23R	27 ♓ 46
	5	20 53 38	12 ♌ 27	13 ♐ 27	23 ♋ 35	20 ♋ 26	08 ♍ 15	10 ♏ 16	14 ♌ 32	13 ♓ 55R	18 ♒ 35R	24 ♐ 19R	27 ♓ 33
	10	21 13 20	17 ♌ 15	24 ♒ 53	28 ♋ 30	26 ♋ 31	11 ♍ 24	10 ♏ 43	15 ♌ 10	13 ♓ 45R	18 ♒ 27R	24 ♐ 15R	27 ♓ 18
	15	21 33 03	22 ♌ 03	08 ♉ 13	05 ♌ 42	02 ♌ 38	14 ♍ 33	11 ♏ 14	15 ♌ 49	13 ♓ 35R	18 ♒ 19R	24 ♐ 11R	27 ♓ 02
	20	21 52 46	26 ♌ 51	14 ♋ 12	14 ♌ 36	08 ♌ 45	17 ♍ 43	11 ♏ 48	16 ♌ 27	13 ♓ 23R	18 ♒ 11R	24 ♐ 09R	26 ♓ 46
	25	22 12 29	01 ♍ 40	14 ♍ 45	24 ♌ 24	14 ♌ 53	20 ♍ 54	12 ♏ 26	17 ♌ 05	13 ♓ 12R	18 ♒ 03R	24 ♐ 07R	26 ♓ 30
	31	22 36 08	07 ♍ 28	26 ♏ 21	06 ♍ 17	22 ♌ 16	24 ♍ 44	13 ♏ 15	17 ♌ 50	12 ♓ 58R	17 ♒ 54R	24 ♐ 05R	26 ♓ 11
SETTEMBRE	1	22 40 05	08 ♍ 26	08 ♐ 57	08 ♍ 14	23 ♌ 30	25 ♍ 23	13 ♏ 24	17 ♌ 57	12 ♓ 55R	17 ♒ 52R	24 ♐ 05R	26 ♓ 08
	5	22 55 51	12 ♍ 18	03 ♒ 28	15 ♍ 52	28 ♌ 27	27 ♍ 57	13 ♏ 60	18 ♌ 26	12 ♓ 46R	17 ♒ 46R	24 ♐ 05	25 ♓ 55
	10	23 15 34	17 ♍ 09	18 ♈ 35	24 ♍ 58	04 ♍ 37	01 ♎ 10	14 ♏ 47	19 ♌ 02	12 ♓ 34R	17 ♒ 39R	24 ♐ 05	25 ♓ 39
	15	23 35 16	22 ♍ 01	28 ♊ 26	03 ♎ 36	10 ♍ 49	04 ♎ 25	15 ♏ 36	19 ♌ 37	12 ♓ 22R	17 ♒ 33R	24 ♐ 06	25 ♓ 23
	20	23 54 59	26 ♍ 54	29 ♌ 56	11 ♎ 47	17 ♍ 02	07 ♎ 40	16 ♏ 28	20 ♌ 12	12 ♓ 10R	17 ♒ 27R	24 ♐ 08	25 ♓ 07
	25	0 14 42	01 ♎ 48	29 ♎ 03	19 ♎ 33	23 ♍ 15	10 ♎ 56	17 ♏ 22	20 ♌ 44	11 ♓ 59R	17 ♒ 21R	24 ♐ 11	24 ♓ 51
	30	0 34 25	06 ♎ 42	01 ♑ 04	26 ♎ 54	29 ♍ 29	14 ♎ 13	18 ♏ 19	21 ♌ 16	11 ♓ 48R	17 ♒ 16R	24 ♐ 15	24 ♓ 36
OTTOBRE	1	0 38 21	07 ♎ 41	14 ♑ 21	28 ♎ 19	00 ♎ 43	14 ♎ 53	18 ♏ 30	21 ♌ 22	11 ♓ 46R	17 ♒ 15R	24 ♐ 15	24 ♓ 32
	5	0 54 08	11 ♎ 37	11 ♓ 25	03 ♏ 50	05 ♎ 43	17 ♎ 31	19 ♏ 16	21 ♌ 46	11 ♓ 38R	17 ♒ 12R	24 ♐ 19	24 ♓ 20
	10	1 13 50	16 ♎ 33	26 ♉ 21	10 ♏ 17	11 ♎ 58	20 ♎ 50	20 ♏ 16	22 ♌ 14	11 ♓ 29R	17 ♒ 08R	24 ♐ 24	24 ♓ 04
	15	1 33 33	21 ♎ 30	02 ♌ 45	16 ♏ 04	18 ♎ 13	24 ♎ 10	21 ♏ 17	22 ♌ 41	11 ♓ 20R	17 ♒ 06R	24 ♐ 30	23 ♓ 48
	20	1 53 16	26 ♎ 27	02 ♎ 17	20 ♏ 54	24 ♎ 28	27 ♎ 31	22 ♏ 19	23 ♌ 06	11 ♓ 12R	17 ♒ 04R	24 ♐ 36	23 ♓ 32
	25	2 12 59	01 ♏ 26	02 ♐ 38	24 ♏ 11	00 ♏ 44	00 ♏ 53	23 ♏ 22	23 ♌ 29	11 ♓ 05R	17 ♒ 02R	24 ♐ 44	23 ♓ 16
	31	2 36 38	07 ♏ 25	21 ♒ 39	24 ♏ 44R	08 ♏ 15	04 ♏ 57	24 ♏ 40	23 ♌ 53	10 ♓ 59R	17 ♒ 02	24 ♐ 53	22 ♓ 57
NOVEMBRE	1	2 40 35	08 ♏ 25	05 ♓ 50	24 ♏ 20R	09 ♏ 30	05 ♏ 37	24 ♏ 53	23 ♌ 57	10 ♓ 58R	17 ♒ 02	24 ♐ 55	22 ♓ 54
	5	2 56 21	12 ♏ 26	04 ♉ 55	21 ♏ 11R	14 ♏ 31	08 ♏ 21	25 ♏ 45	24 ♌ 11	10 ♓ 54R	17 ♒ 03	25 ♐ 02	22 ♓ 41
	10	3 16 04	17 ♏ 27	15 ♋ 44	14 ♏ 53R	20 ♏ 48	11 ♏ 46	26 ♏ 51	24 ♌ 27	10 ♓ 51R	17 ♒ 04	25 ♐ 11	22 ♓ 25
	15	3 35 46	22 ♏ 28	17 ♍ 07	09 ♏ 56R	27 ♏ 04	15 ♏ 12	27 ♏ 57	24 ♌ 39	10 ♓ 49R	17 ♒ 07	25 ♐ 20	22 ♓ 09
	20	3 55 29	27 ♏ 31	16 ♏ 53	09 ♏ 25	03 ♐ 21	18 ♏ 40	29 ♏ 04	24 ♌ 50	10 ♓ 48	17 ♒ 10	25 ♐ 30	21 ♓ 53
	25	4 15 12	02 ♐ 34	21 ♑ 13	12 ♏ 49	09 ♐ 37	22 ♏ 09	00 ♐ 11	24 ♌ 57	10 ♓ 49	17 ♒ 14	25 ♐ 40	21 ♓ 38
	30	4 34 55	07 ♐ 38	00 ♈ 17	18 ♏ 30	15 ♐ 54	25 ♏ 38	01 ♐ 17	25 ♌ 02	10 ♓ 51	17 ♒ 19	25 ♐ 51	21 ♓ 22
DICEMBRE	1	4 38 51	08 ♐ 39	14 ♈ 38	19 ♏ 48	17 ♐ 09	26 ♏ 20	01 ♐ 31	25 ♌ 03	10 ♓ 51	17 ♒ 20	25 ♐ 53	21 ♓ 19
	5	4 54 37	12 ♐ 42	12 ♊ 28	25 ♏ 18	22 ♐ 11	29 ♏ 09	02 ♐ 24	25 ♌ 04	10 ♓ 54	17 ♒ 25	26 ♐ 02	21 ♓ 06
	10	5 14 20	17 ♐ 46	19 ♌ 01	02 ♐ 36	28 ♐ 27	02 ♐ 41	03 ♐ 30	25 ♌ 03R	10 ♓ 58	17 ♒ 31	26 ♐ 13	20 ♓ 50
	15	5 34 03	22 ♐ 51	18 ♎ 41	10 ♐ 08	04 ♑ 44	06 ♐ 14	04 ♐ 35	24 ♌ 60R	11 ♓ 04	17 ♒ 38	26 ♐ 24	20 ♓ 34
	20	5 53 46	27 ♐ 57	20 ♐ 50	17 ♐ 47	11 ♑ 00	09 ♐ 48	05 ♐ 40	24 ♌ 54R	11 ♓ 11	17 ♒ 46	26 ♐ 35	20 ♓ 18
	25	6 13 29	03 ♑ 02	28 ♒ 59	25 ♐ 31	17 ♑ 17	13 ♐ 23	06 ♐ 44	24 ♌ 45R	11 ♓ 19	17 ♒ 54	26 ♐ 46	20 ♓ 02
	31	6 37 08	09 ♑ 09	23 ♉ 24	04 ♑ 55	24 ♑ 48	17 ♐ 42	07 ♐ 59	24 ♌ 30R	11 ♓ 30	18 ♒ 05	26 ♐ 59	19 ♓ 43

GIORNO	TEMPO SIDERALE	☉	☽	☿	♀	♂	♃	♄	♅	♆	♇	☊	2007
1	6 41 04	10 ♑ 10	07 ♊ 25	06 ♑ 31	26 ♑ 03	18 ♐ 26	08 ♐ 12	24 ♌ 28R	11 ♓ 32	18 ♒ 07	27 ♐ 02	19 ♓ 40	GENNAIO
5	6 56 51	14 ♑ 15	01 ♌ 29	12 ♑ 54	01 ♒ 04	21 ♐ 20	09 ♐ 00	24 ♌ 16R	11 ♓ 41	18 ♒ 15	27 ♐ 10	19 ♓ 27	
10	7 16 33	19 ♑ 21	02 ♎ 49	21 ♑ 02	07 ♒ 20	24 ♐ 58	10 ♐ 00	23 ♌ 59R	11 ♓ 52	18 ♒ 25	27 ♐ 21	19 ♓ 11	
15	7 36 16	24 ♑ 26	03 ♐ 02	29 ♑ 20	13 ♒ 35	28 ♐ 38	10 ♐ 58	23 ♌ 41R	12 ♓ 05	18 ♒ 35	27 ♐ 31	18 ♓ 56	
20	7 55 59	29 ♑ 32	10 ♒ 26	07 ♒ 49	19 ♒ 50	02 ♑ 18	11 ♐ 54	23 ♌ 20R	12 ♓ 18	18 ♒ 46	27 ♐ 41	18 ♓ 40	
25	8 15 42	04 ♒ 37	22 ♈ 03	16 ♒ 22	26 ♒ 05	05 ♑ 59	12 ♐ 48	22 ♌ 58R	12 ♓ 32	18 ♒ 57	27 ♐ 51	18 ♓ 24	
31	8 39 21	10 ♒ 43	14 ♋ 11	26 ♒ 20	03 ♓ 33	10 ♑ 26	13 ♐ 50	22 ♌ 31R	12 ♓ 50	19 ♒ 10	28 ♐ 02	18 ♓ 05	
1	8 43 18	11 ♒ 44	27 ♋ 11	27 ♒ 54	04 ♓ 48	11 ♑ 11	13 ♐ 60	22 ♌ 26R	12 ♓ 53	19 ♒ 13	28 ♐ 04	18 ♓ 02	FEBBRAIO
5	8 59 04	15 ♒ 47	16 ♍ 55	03 ♓ 37	09 ♓ 46	14 ♑ 10	14 ♐ 38	22 ♌ 07R	13 ♓ 05	19 ♒ 22	28 ♐ 10	17 ♓ 49	
10	9 18 47	20 ♒ 51	16 ♏ 18	08 ♓ 43	15 ♓ 58	17 ♑ 54	15 ♐ 24	21 ♌ 42R	13 ♓ 21	19 ♒ 33	28 ♐ 18	17 ♓ 33	
15	9 38 29	25 ♒ 55	20 ♑ 22	10 ♓ 10R	22 ♓ 10	21 ♑ 39	16 ♐ 07	21 ♌ 18R	13 ♓ 37	19 ♒ 45	28 ♐ 26	17 ♓ 17	
20	9 58 12	00 ♓ 58	03 ♈ 01	07 ♓ 26R	28 ♓ 20	25 ♑ 25	16 ♐ 47	20 ♌ 54R	13 ♓ 54	19 ♒ 56	28 ♐ 32	17 ♓ 01	
25	10 17 55	05 ♓ 60	14 ♊ 28	02 ♓ 12R	04 ♈ 30	29 ♑ 12	17 ♐ 23	20 ♌ 30R	14 ♓ 11	20 ♒ 07	28 ♐ 38	16 ♓ 45	
28	10 29 45	09 ♓ 01	23 ♋ 55	29 ♒ 11R	08 ♈ 11	01 ♒ 28	17 ♐ 43	20 ♌ 17R	14 ♓ 21	20 ♒ 14	28 ♐ 41	16 ♓ 36	
1	10 33 41	10 ♓ 01	06 ♌ 33	28 ♒ 19R	09 ♈ 24	02 ♒ 13	17 ♐ 49	20 ♌ 12R	14 ♓ 25	20 ♒ 16	28 ♐ 42	16 ♓ 33	MARZO
5	10 49 27	14 ♓ 02	25 ♍ 19	25 ♒ 58R	14 ♈ 18	05 ♒ 16	18 ♐ 13	19 ♌ 55R	14 ♓ 39	20 ♒ 24	28 ♐ 46	16 ♓ 20	
10	11 09 10	19 ♓ 02	24 ♏ 39	25 ♒ 35	20 ♈ 24	09 ♒ 04	18 ♐ 40	19 ♌ 35R	14 ♓ 56	20 ♒ 35	28 ♐ 50	16 ♓ 04	
15	11 28 53	24 ♓ 01	28 ♑ 21	27 ♒ 35	26 ♈ 28	12 ♒ 52	19 ♐ 02	19 ♌ 16R	15 ♓ 13	20 ♒ 45	28 ♐ 53	15 ♓ 48	
20	11 48 36	28 ♓ 60	11 ♈ 33	01 ♓ 22	02 ♉ 31	16 ♒ 42	19 ♐ 20	18 ♌ 59R	15 ♓ 30	20 ♒ 55	28 ♐ 56	15 ♓ 32	
25	12 08 19	03 ♈ 58	24 ♊ 27	06 ♓ 27	08 ♉ 32	20 ♒ 31	19 ♐ 33	18 ♌ 45R	15 ♓ 47	21 ♒ 04	28 ♐ 57	15 ♓ 16	
31	12 31 58	09 ♈ 54	10 ♍ 18	13 ♓ 48	15 ♉ 42	25 ♒ 07	19 ♐ 43	18 ♌ 31R	16 ♓ 06	21 ♒ 14	28 ♐ 58	14 ♓ 57	
1	12 35 54	10 ♈ 53	22 ♍ 13	15 ♓ 09	16 ♉ 54	25 ♒ 53	19 ♐ 44	18 ♌ 29R	16 ♓ 09	21 ♒ 16	28 ♐ 58R	14 ♓ 54	APRILE
5	12 51 41	14 ♈ 50	09 ♏ 35	20 ♓ 47	21 ♉ 39	28 ♒ 57	19 ♐ 47	18 ♌ 21R	16 ♓ 22	21 ♒ 22	28 ♐ 58R	14 ♓ 41	
10	13 11 23	19 ♈ 45	10 ♑ 45	28 ♓ 27	27 ♉ 32	02 ♓ 47	19 ♐ 45R	18 ♌ 15R	16 ♓ 37	21 ♒ 30	28 ♐ 57R	14 ♓ 26	
15	13 31 06	24 ♈ 39	19 ♓ 34	06 ♈ 45	03 ♊ 24	06 ♓ 37	19 ♐ 39R	18 ♌ 11R	16 ♓ 52	21 ♒ 36	28 ♐ 55R	14 ♓ 10	
20	13 50 49	29 ♈ 33	05 ♊ 01	15 ♈ 43	09 ♊ 13	10 ♓ 28	19 ♐ 28R	18 ♌ 09	17 ♓ 06	21 ♒ 42	28 ♐ 52R	13 ♓ 54	
25	14 10 32	04 ♉ 25	12 ♌ 52	25 ♈ 21	14 ♊ 58	14 ♓ 18	19 ♐ 13R	18 ♌ 11	17 ♓ 19	21 ♒ 48	28 ♐ 49R	13 ♓ 38	
30	14 30 15	09 ♉ 17	12 ♎ 54	05 ♉ 36	20 ♊ 40	18 ♓ 07	18 ♐ 54R	18 ♌ 15	17 ♓ 32	21 ♒ 52	28 ♐ 45R	13 ♓ 22	
1	14 34 11	10 ♉ 16	24 ♎ 43	07 ♉ 43	21 ♊ 48	18 ♓ 53	18 ♐ 49R	18 ♌ 16	17 ♓ 34	21 ♒ 53	28 ♐ 44R	13 ♓ 19	MAGGIO
5	14 49 57	14 ♉ 08	12 ♐ 47	16 ♉ 19	26 ♊ 18	21 ♓ 56	18 ♐ 30R	18 ♌ 22	17 ♓ 44	21 ♒ 56	28 ♐ 40R	13 ♓ 06	
10	15 09 40	18 ♉ 59	16 ♒ 39	27 ♉ 05	01 ♋ 52	25 ♓ 45	18 ♐ 03R	18 ♌ 31	17 ♓ 54	21 ♒ 59	28 ♐ 35R	12 ♓ 50	
15	15 29 23	23 ♉ 48	28 ♈ 14	07 ♊ 20	07 ♋ 21	29 ♓ 33	17 ♐ 33R	18 ♌ 43	18 ♓ 04	22 ♒ 01	28 ♐ 29R	12 ♓ 34	
20	15 49 06	28 ♉ 38	11 ♋ 57	16 ♊ 34	12 ♋ 45	03 ♈ 21	16 ♐ 60R	18 ♌ 57	18 ♓ 13	22 ♒ 02	28 ♐ 23R	12 ♓ 18	
25	16 08 48	03 ♊ 26	15 ♍ 58	24 ♊ 33	18 ♋ 03	07 ♈ 07	16 ♐ 24R	19 ♌ 14	18 ♓ 20	22 ♒ 02R	28 ♐ 16R	12 ♓ 03	
31	16 32 28	09 ♊ 12	27 ♏ 24	02 ♋ 18	24 ♋ 15	11 ♈ 38	15 ♐ 40R	19 ♌ 37	18 ♓ 28	22 ♒ 02R	28 ♐ 08R	11 ♓ 44	
1	16 36 24	10 ♊ 09	09 ♐ 38	03 ♋ 23	25 ♋ 16	12 ♈ 22	15 ♐ 32R	19 ♌ 41	18 ♓ 29	22 ♒ 02R	28 ♐ 06R	11 ♓ 40	GIUGNO
5	16 52 10	13 ♊ 59	00 ♒ 24	07 ♋ 06	29 ♋ 16	15 ♈ 22	15 ♐ 02R	19 ♌ 58	18 ♓ 33	22 ♒ 00R	28 ♐ 01R	11 ♓ 28	
10	17 11 53	18 ♊ 46	08 ♈ 37	10 ♋ 15	04 ♌ 07	19 ♈ 05	14 ♐ 24R	20 ♌ 22	18 ♓ 37	21 ♒ 58R	27 ♐ 53R	11 ♓ 12	
15	17 31 36	23 ♊ 33	21 ♊ 43	11 ♋ 34	08 ♌ 46	22 ♈ 46	13 ♐ 46R	20 ♌ 47	18 ♓ 40	21 ♒ 55R	27 ♐ 45R	10 ♓ 56	
20	17 51 19	28 ♊ 19	29 ♌ 36	11 ♋ 01R	13 ♌ 12	26 ♈ 26	13 ♐ 09R	21 ♌ 14	18 ♓ 41	21 ♒ 52R	27 ♐ 37R	10 ♓ 40	
25	18 11 02	03 ♋ 06	29 ♎ 46	08 ♋ 53R	17 ♌ 23	00 ♉ 05	12 ♐ 35R	21 ♌ 43	18 ♓ 41R	21 ♒ 47R	27 ♐ 30R	10 ♓ 24	
30	18 30 44	07 ♋ 52	01 ♑ 01	05 ♋ 59R	21 ♌ 13	03 ♉ 41	12 ♐ 02R	22 ♌ 13	18 ♓ 40R	21 ♒ 42R	27 ♐ 22R	10 ♓ 08	

2007	GIORNO	TEMPO SIDERALE	☉	☽	☿	♀	♂	♃	♄	♅	♆	♇	☊
LUGLIO	1	18 34 41	08 ♋ 49	13 ♑ 54	05 ♋ 25R	21 ♌ 57	04 ♉ 24	11 ♐ 56R	22 ♌ 19	18 ♓ 40R	21 ♒ 41R	27 ♐ 20R	10 ♓ 05
	5	18 50 27	12 ♋ 38	07 ♓ 29	03 ♋ 29R	24 ♌ 41	07 ♉ 16	11 ♐ 33R	22 ♌ 44	18 ♓ 38R	21 ♒ 37R	27 ♐ 14R	09 ♓ 52
	10	19 10 10	17 ♋ 24	17 ♉ 56	02 ♋ 28	27 ♌ 40	10 ♉ 48	11 ♐ 07R	23 ♌ 17	18 ♓ 35R	21 ♒ 31R	27 ♐ 07R	09 ♓ 36
	15	19 29 53	22 ♋ 10	28 ♋ 27	03 ♋ 31	00 ♍ 06	14 ♉ 18	10 ♐ 44R	23 ♌ 51	18 ♓ 31R	21 ♒ 24R	26 ♐ 60R	09 ♓ 21
	20	19 49 35	26 ♋ 56	02 ♎ 03	06 ♋ 47	01 ♍ 51	17 ♉ 46	10 ♐ 26R	24 ♌ 26	18 ♓ 25R	21 ♒ 17R	26 ♐ 53R	09 ♓ 05
	25	20 09 18	01 ♌ 43	01 ♐ 46	12 ♋ 13	02 ♍ 49	21 ♉ 11	10 ♐ 11R	25 ♌ 02	18 ♓ 19R	21 ♒ 10R	26 ♐ 47R	08 ♓ 49
	31	20 32 58	07 ♌ 27	19 ♒ 46	21 ♋ 18	02 ♍ 45R	25 ♉ 13	10 ♐ 00R	25 ♌ 46	18 ♓ 10R	21 ♒ 00R	26 ♐ 40R	08 ♓ 30
AGOSTO	1	20 36 54	08 ♌ 24	03 ♓ 40	23 ♋ 02	02 ♍ 36R	25 ♉ 53	09 ♐ 59R	25 ♌ 53	18 ♓ 08R	20 ♒ 59R	26 ♐ 39R	08 ♓ 27
	5	20 52 40	12 ♌ 13	00 ♉ 26	00 ♌ 33	01 ♍ 36R	28 ♉ 32	09 ♐ 56R	26 ♌ 23	18 ♓ 01R	20 ♒ 53R	26 ♐ 35R	08 ♓ 14
	10	21 12 23	17 ♌ 01	10 ♋ 30	10 ♌ 39	29 ♌ 33R	01 ♊ 47	09 ♐ 57	27 ♌ 01	17 ♓ 52R	20 ♒ 44R	26 ♐ 30R	07 ♓ 58
	15	21 32 06	21 ♌ 49	15 ♍ 39	20 ♌ 56	26 ♌ 47R	04 ♊ 58	10 ♐ 02	27 ♌ 39	17 ♓ 42R	20 ♒ 36R	26 ♐ 27R	07 ♓ 42
	20	21 51 49	26 ♌ 37	15 ♏ 42	00 ♍ 53	23 ♌ 42R	08 ♊ 06	10 ♐ 11	28 ♌ 17	17 ♓ 31R	20 ♒ 28R	26 ♐ 23R	07 ♓ 26
	25	22 11 31	01 ♍ 26	17 ♑ 30	10 ♍ 20	20 ♌ 47R	11 ♊ 09	10 ♐ 25	28 ♌ 55	17 ♓ 20R	20 ♒ 20R	26 ♐ 21R	07 ♓ 10
	31	22 35 11	07 ♍ 14	11 ♈ 56	20 ♍ 57	18 ♌ 06R	14 ♊ 44	10 ♐ 48	29 ♌ 41	17 ♓ 06R	20 ♒ 11R	26 ♐ 19R	06 ♓ 51
SETTEMBRE	1	22 39 07	08 ♍ 12	26 ♈ 35	22 ♍ 38	17 ♌ 46R	15 ♊ 19	10 ♐ 52	29 ♌ 48	17 ♓ 03R	20 ♒ 09R	26 ♐ 19R	06 ♓ 48
	5	22 54 54	12 ♍ 04	23 ♊ 38	29 ♍ 12	16 ♌ 52R	17 ♊ 37	11 ♐ 11	00 ♍ 18	16 ♓ 54R	20 ♒ 03R	26 ♐ 18R	06 ♓ 35
	10	23 14 36	16 ♍ 55	29 ♌ 23	06 ♎ 57	16 ♌ 37	20 ♊ 24	11 ♐ 39	00 ♍ 56	16 ♓ 42R	19 ♒ 56R	26 ♐ 18	06 ♓ 19
	15	23 34 19	21 ♍ 47	00 ♏ 11	14 ♎ 12	17 ♌ 21	23 ♊ 05	12 ♐ 10	01 ♍ 33	16 ♓ 30R	19 ♒ 49R	26 ♐ 19	06 ♓ 04
	20	23 54 02	26 ♍ 40	00 ♑ 04	20 ♎ 55	18 ♌ 54	25 ♊ 40	12 ♐ 45	02 ♍ 09	16 ♓ 18R	19 ♒ 43R	26 ♐ 20	05 ♓ 48
	25	0 13 45	01 ♎ 33	06 ♓ 34	27 ♎ 00	21 ♌ 12	28 ♊ 08	13 ♐ 23	02 ♍ 45	16 ♓ 07R	19 ♒ 37R	26 ♐ 23	05 ♓ 32
	30	0 33 27	06 ♎ 27	21 ♉ 02	02 ♏ 17	24 ♌ 06	00 ♋ 27	14 ♐ 05	03 ♍ 19	15 ♓ 55R	19 ♒ 31R	26 ♐ 26	05 ♓ 16
OTTOBRE	1	0 37 24	07 ♎ 26	05 ♊ 44	03 ♏ 13	24 ♌ 45	00 ♋ 54	14 ♐ 14	03 ♍ 26	15 ♓ 53R	19 ♒ 30R	26 ♐ 27	05 ♓ 13
	5	0 53 10	11 ♎ 22	00 ♌ 50	06 ♏ 25	27 ♌ 31	02 ♋ 38	14 ♐ 50	03 ♍ 53	15 ♓ 45R	19 ♒ 27R	26 ♐ 30	05 ♓ 00
	10	1 12 53	16 ♎ 18	03 ♎ 01	08 ♏ 48	01 ♍ 22	04 ♋ 39	15 ♐ 37	04 ♍ 25	15 ♓ 35R	19 ♒ 23R	26 ♐ 35	04 ♓ 44
	15	1 32 36	21 ♎ 15	02 ♐ 29	08 ♏ 34R	05 ♍ 33	06 ♋ 29	16 ♐ 28	04 ♍ 56	15 ♓ 25R	19 ♒ 20R	26 ♐ 40	04 ♓ 28
	20	1 52 19	26 ♎ 13	03 ♒ 49	04 ♏ 57R	10 ♍ 02	08 ♋ 07	17 ♐ 21	05 ♍ 25	15 ♓ 17R	19 ♒ 17R	26 ♐ 46	04 ♓ 12
	25	2 12 01	01 ♏ 11	14 ♈ 04	28 ♎ 57R	14 ♍ 46	09 ♋ 32	18 ♐ 16	05 ♍ 53	15 ♓ 09R	19 ♒ 16R	26 ♐ 53	03 ♓ 56
	31	2 35 41	07 ♏ 11	13 ♋ 39	23 ♎ 43R	20 ♍ 44	10 ♋ 54	19 ♐ 25	06 ♍ 24	15 ♓ 01R	19 ♒ 15R	27 ♐ 02	03 ♓ 37
NOVEMBRE	1	2 39 37	08 ♏ 11	27 ♋ 19	23 ♎ 27R	21 ♍ 45	11 ♋ 05	19 ♐ 36	06 ♍ 29	15 ♓ 00R	19 ♒ 15	27 ♐ 04	03 ♓ 34
	5	2 55 23	12 ♏ 11	18 ♍ 03	24 ♎ 11	25 ♍ 54	11 ♋ 44	20 ♐ 24	06 ♍ 48	14 ♓ 56R	19 ♒ 15	27 ♐ 10	03 ♓ 22
	10	3 15 06	17 ♏ 12	17 ♏ 37	28 ♎ 25	01 ♎ 12	12 ♋ 15	21 ♐ 25	07 ♍ 10	14 ♓ 52R	19 ♒ 17	27 ♐ 19	03 ♓ 06
	15	3 34 49	22 ♏ 14	17 ♑ 48	04 ♏ 47	06 ♎ 38	12 ♋ 27R	22 ♐ 28	07 ♍ 29	14 ♓ 49R	19 ♒ 19	27 ♐ 28	02 ♓ 50
	20	3 54 32	27 ♏ 16	23 ♓ 15	12 ♏ 06	12 ♎ 11	12 ♋ 18R	23 ♐ 32	07 ♍ 46	14 ♓ 47R	19 ♒ 21	27 ♐ 38	02 ♓ 34
	25	4 14 15	02 ♐ 19	07 ♊ 58	19 ♏ 49	17 ♎ 49	11 ♋ 47R	24 ♐ 38	08 ♍ 01	14 ♓ 46	19 ♒ 25	27 ♐ 48	02 ♓ 18
	30	4 33 57	07 ♐ 23	19 ♌ 22	27 ♏ 38	23 ♎ 33	10 ♋ 55R	25 ♐ 44	08 ♍ 13	14 ♓ 47	19 ♒ 30	27 ♐ 58	02 ♓ 02
DICEMBRE	1	4 37 54	08 ♐ 24	02 ♍ 15	29 ♏ 12	24 ♎ 42	10 ♋ 42R	25 ♐ 57	08 ♍ 15	14 ♓ 47	19 ♒ 31	28 ♐ 00	01 ♓ 59
	5	4 53 40	12 ♐ 27	20 ♎ 52	05 ♐ 28	29 ♎ 21	09 ♋ 43R	26 ♐ 51	08 ♍ 22	14 ♓ 49	19 ♒ 35	28 ♐ 09	01 ♓ 46
	10	5 13 23	17 ♐ 32	20 ♐ 27	13 ♐ 18	05 ♏ 12	08 ♋ 12R	27 ♐ 59	08 ♍ 29	14 ♓ 53	19 ♒ 41	28 ♐ 20	01 ♓ 30
	15	5 33 06	22 ♐ 37	22 ♒ 48	21 ♐ 09	11 ♏ 07	06 ♋ 26R	29 ♐ 07	08 ♍ 33	14 ♓ 57	19 ♒ 48	28 ♐ 31	01 ♓ 14
	20	5 52 48	27 ♐ 42	01 ♉ 25	29 ♐ 02	17 ♏ 04	04 ♋ 31R	00 ♑ 16	08 ♍ 34R	15 ♓ 03	19 ♒ 55	28 ♐ 42	00 ♓ 59
	25	6 12 31	02 ♑ 48	15 ♋ 44	06 ♑ 59	23 ♏ 04	02 ♋ 33R	01 ♑ 25	08 ♍ 33R	15 ♓ 10	20 ♒ 03	28 ♐ 53	00 ♓ 43
	31	6 36 11	08 ♑ 54	05 ♎ 16	16 ♑ 39	00 ♐ 18	00 ♋ 15R	02 ♑ 47	08 ♍ 27R	15 ♓ 20	20 ♒ 14	29 ♐ 06	00 ♓ 24

GIORNO	TEMPO SIDERALE	☉	☽	☿	♀	♂	♃	♄	♅	♆	♇	☊	2008
1	6 40 07	09 ♑ 56	17 ♎ 19	18 ♑ 16	01 ♐ 31	29 ♊ 53R	03 ♑ 01	08 ♍ 26R	15 ♓ 22	20 ♒ 16	29 ♐ 08	00 ♓ 20	GENNAIO
5	6 55 53	14 ♑ 00	04 ♐ 52	24 ♑ 47	06 ♐ 22	28 ♊ 30R	03 ♑ 56	08 ♍ 19R	15 ♓ 30	20 ♒ 23	29 ♐ 17	00 ♓ 08	
10	7 15 36	19 ♑ 06	06 ♒ 48	02 ♒ 55	12 ♐ 27	26 ♊ 58R	05 ♑ 04	08 ♍ 09R	15 ♓ 40	20 ♒ 33	29 ♐ 28	29 ♒ 52	
15	7 35 19	24 ♑ 12	13 ♈ 32	10 ♒ 45	18 ♐ 33	25 ♊ 45R	06 ♑ 11	07 ♍ 56R	15 ♓ 52	20 ♒ 43	29 ♐ 38	29 ♒ 36	
20	7 55 02	29 ♑ 17	25 ♊ 06	17 ♒ 41	24 ♐ 41	24 ♊ 52R	07 ♑ 18	07 ♍ 41R	16 ♓ 04	20 ♒ 54	29 ♐ 48	29 ♒ 20	
25	8 14 44	04 ♒ 23	05 ♍ 04	22 ♒ 33	00 ♑ 49	24 ♊ 18R	08 ♑ 24	07 ♍ 24R	16 ♓ 18	21 ♒ 05	29 ♐ 58	29 ♒ 04	
31	8 38 24	10 ♒ 28	19 ♏ 02	23 ♒ 27R	08 ♑ 11	24 ♊ 05	09 ♑ 42	07 ♍ 01R	16 ♓ 35	21 ♒ 18	00 ♑ 09	28 ♒ 45	
1	8 42 20	11 ♒ 29	00 ♐ 55	22 ♒ 57R	09 ♑ 25	24 ♊ 05	09 ♑ 55	06 ♍ 57R	16 ♓ 38	21 ♒ 20	00 ♑ 11	28 ♒ 42	FEBBRAIO
5	8 58 07	15 ♒ 33	19 ♑ 48	19 ♒ 24R	14 ♑ 21	24 ♊ 14	10 ♑ 45	06 ♍ 40R	16 ♓ 50	21 ♒ 29	00 ♑ 18	28 ♒ 29	
10	9 17 49	20 ♒ 37	26 ♓ 21	13 ♒ 32R	20 ♑ 31	24 ♊ 41	11 ♑ 47	06 ♍ 18R	17 ♓ 05	21 ♒ 41	00 ♑ 26	28 ♒ 13	
15	9 37 32	25 ♒ 40	06 ♊ 54	09 ♒ 22R	26 ♑ 41	25 ♊ 25	12 ♑ 47	05 ♍ 55R	17 ♓ 21	21 ♒ 52	00 ♑ 33	27 ♒ 58	
20	9 57 15	00 ♓ 43	16 ♌ 33	08 ♒ 22	02 ♒ 52	26 ♊ 23	13 ♑ 46	05 ♍ 31R	17 ♓ 38	22 ♒ 04	00 ♑ 40	27 ♒ 42	
25	10 16 58	05 ♓ 45	20 ♎ 50	10 ♒ 06	09 ♒ 02	27 ♊ 35	14 ♑ 42	05 ♍ 07R	17 ♓ 55	22 ♒ 15	00 ♑ 46	27 ♒ 26	
28	10 32 44	09 ♓ 47	08 ♐ 43	12 ♒ 55	13 ♒ 59	28 ♊ 40	15 ♑ 25	04 ♍ 48R	18 ♓ 08	22 ♒ 24	00 ♑ 51	27 ♒ 13	
1	10 36 40	10 ♓ 47	20 ♐ 40	13 ♒ 46	15 ♒ 13	28 ♊ 57	15 ♑ 36	04 ♍ 43R	18 ♓ 12	22 ♒ 26	00 ♑ 52	27 ♒ 10	MARZO
5	10 52 27	14 ♓ 47	10 ♒ 34	17 ♒ 42	20 ♒ 10	00 ♋ 11	16 ♑ 17	04 ♍ 24R	18 ♓ 25	22 ♒ 34	00 ♑ 56	26 ♒ 57	
10	11 12 09	19 ♓ 48	20 ♈ 10	23 ♒ 30	26 ♒ 21	01 ♋ 52	17 ♑ 07	04 ♍ 00R	18 ♓ 42	22 ♒ 45	01 ♑ 00	26 ♒ 41	
15	11 31 52	24 ♓ 47	01 ♋ 57	00 ♓ 04	02 ♓ 32	03 ♋ 41	17 ♑ 53	03 ♍ 38R	18 ♓ 60	22 ♒ 55	01 ♑ 03	26 ♒ 25	
20	11 51 35	29 ♓ 46	08 ♍ 56	07 ♓ 16	08 ♓ 43	05 ♋ 38	18 ♑ 37	03 ♍ 17R	19 ♓ 17	23 ♒ 05	01 ♑ 06	26 ♒ 09	
25	12 11 18	04 ♈ 43	11 ♏ 00	15 ♓ 03	14 ♓ 53	07 ♋ 41	19 ♑ 17	02 ♍ 58R	19 ♓ 33	23 ♒ 14	01 ♑ 08	25 ♒ 54	
31	12 34 57	10 ♈ 39	22 ♑ 56	25 ♓ 08	22 ♓ 18	10 ♋ 16	20 ♑ 01	02 ♍ 37R	19 ♓ 53	23 ♒ 25	01 ♑ 09	25 ♒ 35	
1	12 38 54	11 ♈ 38	05 ♒ 29	26 ♓ 53	23 ♓ 32	10 ♋ 43	20 ♑ 08	02 ♍ 34R	19 ♓ 57	23 ♒ 27	01 ♑ 09	25 ♒ 31	APRILE
5	12 54 40	15 ♈ 35	29 ♓ 43	04 ♈ 09	28 ♓ 29	12 ♋ 32	20 ♑ 33	02 ♍ 22R	20 ♓ 09	23 ♒ 33	01 ♑ 09R	25 ♒ 19	
10	13 14 23	20 ♈ 30	13 ♊ 52	13 ♈ 46	04 ♈ 39	14 ♋ 52	21 ♑ 02	02 ♍ 09R	20 ♓ 25	23 ♒ 41	01 ♑ 08R	25 ♒ 03	
15	13 34 05	25 ♈ 24	22 ♌ 55	23 ♈ 57	10 ♈ 49	17 ♋ 16	21 ♑ 26	01 ♍ 58R	20 ♓ 40	23 ♒ 48	01 ♑ 06R	24 ♒ 47	
20	13 53 48	00 ♉ 17	25 ♎ 27	04 ♉ 30	16 ♈ 59	19 ♋ 43	21 ♑ 46	01 ♍ 50R	20 ♓ 55	23 ♒ 54	01 ♑ 04R	24 ♒ 31	
25	14 13 31	05 ♉ 10	25 ♐ 09	15 ♉ 01	23 ♈ 09	22 ♋ 15	22 ♑ 02	01 ♍ 44R	21 ♓ 09	23 ♒ 59	01 ♑ 01R	24 ♒ 15	
30	14 33 14	10 ♉ 01	26 ♒ 37	24 ♉ 54	29 ♈ 18	24 ♋ 49	22 ♑ 14	01 ♍ 41R	21 ♓ 22	24 ♒ 04	00 ♑ 57R	23 ♒ 59	
1	14 37 10	10 ♉ 60	09 ♓ 53	26 ♉ 45	00 ♉ 32	25 ♋ 20	22 ♑ 15	01 ♍ 41R	21 ♓ 24	24 ♒ 05	00 ♑ 56R	23 ♒ 56	MAGGIO
5	14 52 57	14 ♉ 53	07 ♉ 34	03 ♊ 35	05 ♉ 28	27 ♋ 25	22 ♑ 20	01 ♍ 41	21 ♓ 34	24 ♒ 08	00 ♑ 53R	23 ♒ 43	
10	15 12 39	19 ♉ 43	22 ♋ 18	10 ♊ 45	11 ♉ 37	00 ♌ 05	22 ♑ 22R	01 ♍ 43	21 ♓ 45	24 ♒ 11	00 ♑ 48R	23 ♒ 27	
15	15 32 22	24 ♉ 33	28 ♍ 03	16 ♊ 11	17 ♉ 46	02 ♌ 47	22 ♑ 19R	01 ♍ 48	21 ♓ 55	24 ♒ 13	00 ♑ 42R	23 ♒ 12	
20	15 52 05	29 ♉ 21	28 ♏ 21	19 ♊ 47	23 ♉ 55	05 ♌ 31	22 ♑ 12R	01 ♍ 56	22 ♓ 05	24 ♒ 15	00 ♑ 36R	22 ♒ 56	
25	16 11 48	04 ♊ 10	28 ♑ 02	21 ♊ 26	00 ♊ 03	08 ♌ 16	21 ♑ 60R	02 ♍ 06	22 ♓ 13	24 ♒ 15	00 ♑ 30R	22 ♒ 40	
31	16 35 27	09 ♊ 55	16 ♈ 28	20 ♊ 51R	07 ♊ 26	11 ♌ 38	21 ♑ 39R	02 ♍ 21	22 ♓ 22	24 ♒ 15R	00 ♑ 21R	22 ♒ 21	
1	16 39 24	10 ♊ 53	01 ♉ 02	20 ♊ 31R	08 ♊ 40	12 ♌ 12	21 ♑ 35R	02 ♍ 24	22 ♓ 23	24 ♒ 15R	00 ♑ 20R	22 ♒ 18	GIUGNO
5	16 55 10	14 ♊ 43	01 ♋ 43	18 ♊ 42R	13 ♊ 35	14 ♌ 28	21 ♑ 17R	02 ♍ 37	22 ♓ 28	24 ♒ 14R	00 ♑ 14R	22 ♒ 05	
10	17 14 53	19 ♊ 30	12 ♍ 02	15 ♊ 57R	19 ♊ 43	17 ♌ 19	20 ♑ 52R	02 ♍ 54	22 ♓ 32	24 ♒ 12R	00 ♑ 06R	21 ♒ 49	
15	17 34 35	24 ♊ 16	13 ♏ 30	13 ♊ 44R	25 ♊ 52	20 ♌ 12	20 ♑ 23R	03 ♍ 14	22 ♓ 36	24 ♒ 10R	29 ♐ 59R	21 ♒ 33	
20	17 54 18	29 ♊ 03	13 ♑ 03	12 ♊ 59	02 ♋ 00	23 ♌ 07	19 ♑ 51R	03 ♍ 36	22 ♓ 38	24 ♒ 06R	29 ♐ 51R	21 ♒ 17	
25	18 14 01	03 ♋ 49	15 ♓ 13	14 ♊ 07	08 ♋ 09	26 ♌ 03	19 ♑ 16R	03 ♍ 60	22 ♓ 39	24 ♒ 02R	29 ♐ 43R	21 ♒ 01	
30	18 33 44	08 ♋ 35	24 ♉ 60	17 ♊ 10	14 ♋ 18	29 ♌ 00	18 ♑ 39R	04 ♍ 25	22 ♓ 39R	23 ♒ 57R	29 ♐ 36R	20 ♒ 45	

2008	GIORNO	TEMPO SIDERALE	☉	☽	☿	♀	♂	♃	♄	♅	♆	♇	☊
LUGLIO	1	18 37 40	09 ♋ 32	09 ♊ 57	18 ♊ 01	15 ♋ 31	29 ♌ 36	18 ♑ 32R	04 ♍ 31	22 ♓ 39R	23 ♒ 56R	29 ♐ 34R	20 ♒ 42
	5	18 53 26	13 ♋ 21	09 ♌ 29	22 ♊ 05	20 ♋ 26	01 ♍ 59	18 ♑ 02R	04 ♍ 53	22 ♓ 38R	23 ♒ 52R	29 ♐ 28R	20 ♒ 30
	10	19 13 09	18 ♋ 07	15 ♎ 56	28 ♊ 43	26 ♋ 35	04 ♍ 59	17 ♑ 23R	05 ♍ 22	22 ♓ 35R	23 ♒ 46R	29 ♐ 21R	20 ♒ 14
	15	19 32 52	22 ♋ 53	15 ♐ 54	06 ♋ 56	02 ♌ 44	08 ♍ 00	16 ♑ 45R	05 ♍ 52	22 ♓ 32R	23 ♒ 40R	29 ♐ 13R	19 ♒ 58
	20	19 52 35	27 ♋ 39	16 ♒ 44	16 ♋ 29	08 ♌ 53	11 ♍ 03	16 ♑ 07R	06 ♍ 24	22 ♓ 27R	23 ♒ 33R	29 ♐ 07R	19 ♒ 42
	25	20 12 18	02 ♌ 26	22 ♈ 21	26 ♋ 51	15 ♌ 01	14 ♍ 06	15 ♑ 31R	06 ♍ 57	22 ♓ 21R	23 ♒ 25R	29 ♐ 00R	19 ♒ 26
	31	20 35 57	08 ♌ 10	18 ♋ 50	09 ♌ 29	22 ♌ 24	17 ♍ 49	14 ♑ 50R	07 ♍ 37	22 ♓ 13R	23 ♒ 16R	28 ♐ 53R	19 ♒ 07
AGOSTO	1	20 39 53	09 ♌ 07	03 ♌ 24	11 ♌ 33	23 ♌ 38	18 ♍ 26	14 ♑ 43R	07 ♍ 44	22 ♓ 11R	23 ♒ 15R	28 ♐ 52R	19 ♒ 04
	5	20 55 40	12 ♌ 57	28 ♍ 39	19 ♌ 37	28 ♌ 33	20 ♍ 55	14 ♑ 19R	08 ♍ 12	22 ♓ 05R	23 ♒ 08R	28 ♐ 48R	18 ♒ 51
	10	21 15 22	17 ♌ 45	00 ♐ 24	29 ♌ 10	04 ♍ 42	24 ♍ 03	13 ♑ 51R	08 ♍ 48	21 ♓ 56R	23 ♒ 00R	28 ♐ 43R	18 ♒ 35
	15	21 35 05	22 ♌ 33	00 ♒ 32	08 ♍ 05	10 ♍ 50	27 ♍ 12	13 ♑ 27R	09 ♍ 25	21 ♓ 46R	22 ♒ 52R	28 ♐ 39R	18 ♒ 19
	20	21 54 48	27 ♌ 21	05 ♈ 32	16 ♍ 23	16 ♍ 59	00 ♎ 22	13 ♑ 07R	10 ♍ 02	21 ♓ 36R	22 ♒ 44R	28 ♐ 36R	18 ♒ 03
	25	22 14 31	02 ♍ 10	15 ♊ 31	24 ♍ 06	23 ♍ 07	03 ♎ 34	12 ♑ 51R	10 ♍ 39	21 ♓ 25R	22 ♒ 36R	28 ♐ 33R	17 ♒ 48
	31	22 38 10	07 ♍ 58	10 ♍ 05	02 ♎ 33	00 ♎ 28	07 ♎ 25	12 ♑ 38R	11 ♍ 24	21 ♓ 11R	22 ♒ 26R	28 ♐ 31R	17 ♒ 28
SETTEMBRE	1	22 42 07	08 ♍ 56	23 ♍ 31	03 ♎ 53	01 ♎ 42	08 ♎ 04	12 ♑ 37R	11 ♍ 32	21 ♓ 09R	22 ♒ 25R	28 ♐ 31R	17 ♒ 25
	5	22 57 53	12 ♍ 48	14 ♏ 20	08 ♎ 53	06 ♎ 36	10 ♎ 39	12 ♑ 33R	12 ♍ 02	20 ♓ 60R	22 ♒ 18R	28 ♐ 30R	17 ♒ 13
	10	23 17 36	17 ♍ 40	14 ♑ 05	14 ♎ 24	12 ♎ 44	13 ♎ 55	12 ♑ 32	12 ♍ 40	20 ♓ 48R	22 ♒ 11R	28 ♐ 30	16 ♒ 57
	15	23 37 18	22 ♍ 31	17 ♓ 40	18 ♎ 53	18 ♎ 51	17 ♎ 12	12 ♑ 36	13 ♍ 17	20 ♓ 36R	22 ♒ 04R	28 ♐ 30	16 ♒ 41
	20	23 57 01	27 ♍ 24	28 ♉ 02	21 ♎ 54	24 ♎ 58	20 ♎ 30	12 ♑ 45	13 ♍ 55	20 ♓ 24R	21 ♒ 58R	28 ♐ 32	16 ♒ 25
	25	0 16 44	02 ♎ 18	08 ♌ 29	22 ♎ 49R	01 ♏ 04	23 ♎ 50	12 ♑ 59	14 ♍ 32	20 ♓ 12R	21 ♒ 52R	28 ♐ 34	16 ♒ 09
	30	0 36 27	07 ♎ 12	15 ♎ 01	20 ♎ 54R	07 ♏ 10	27 ♎ 11	13 ♑ 17	15 ♍ 08	20 ♓ 01R	21 ♒ 46R	28 ♐ 37	15 ♒ 53
OTTOBRE	1	0 40 23	08 ♎ 11	27 ♎ 41	20 ♎ 09R	08 ♏ 23	27 ♎ 51	13 ♑ 21	15 ♍ 15	19 ♓ 58R	21 ♒ 45R	28 ♐ 37	15 ♒ 50
	5	0 56 10	12 ♎ 07	16 ♐ 16	16 ♎ 09R	13 ♏ 16	00 ♏ 33	13 ♑ 40	15 ♍ 44	19 ♓ 50R	21 ♒ 41R	28 ♐ 40	15 ♒ 37
	10	1 15 52	17 ♎ 04	16 ♒ 26	10 ♎ 34R	19 ♏ 21	03 ♏ 56	14 ♑ 06	16 ♍ 18	19 ♓ 39R	21 ♒ 37R	28 ♐ 45	15 ♒ 21
	15	1 35 35	22 ♎ 00	24 ♈ 13	07 ♎ 38R	25 ♏ 25	07 ♏ 21	14 ♑ 37	16 ♍ 52	19 ♓ 29R	21 ♒ 34R	28 ♐ 50	15 ♒ 05
	20	1 55 18	26 ♎ 58	07 ♋ 22	09 ♎ 05	01 ♐ 29	10 ♏ 47	15 ♑ 12	17 ♍ 25	19 ♓ 20R	21 ♒ 31R	28 ♐ 56	14 ♒ 50
	25	2 15 01	01 ♏ 57	15 ♍ 32	14 ♎ 05	07 ♐ 33	14 ♏ 15	15 ♑ 51	17 ♍ 56	19 ♓ 12R	21 ♒ 30R	29 ♐ 02	14 ♒ 34
	31	2 38 40	07 ♏ 56	00 ♐ 39	22 ♎ 36	14 ♐ 48	18 ♏ 26	16 ♑ 41	18 ♍ 32	19 ♓ 03R	21 ♒ 28R	29 ♐ 11	14 ♒ 15
NOVEMBRE	1	2 42 37	08 ♏ 56	12 ♐ 37	24 ♎ 10	16 ♐ 00	19 ♏ 08	16 ♑ 50	18 ♍ 38	19 ♓ 02R	21 ♒ 28R	29 ♐ 13	14 ♒ 11
	5	2 58 23	12 ♏ 57	29 ♑ 59	00 ♏ 32	20 ♐ 49	21 ♏ 57	17 ♑ 27	19 ♍ 00	18 ♓ 57R	21 ♒ 28	29 ♐ 19	13 ♒ 59
	10	3 18 06	17 ♏ 58	03 ♈ 45	08 ♏ 39	26 ♐ 50	25 ♏ 29	18 ♑ 16	19 ♍ 26	18 ♓ 52R	21 ♒ 29	29 ♐ 28	13 ♒ 43
	15	3 37 48	22 ♏ 59	17 ♊ 32	16 ♏ 45	02 ♑ 49	29 ♏ 02	19 ♑ 08	19 ♍ 51	18 ♓ 48R	21 ♒ 31	29 ♐ 36	13 ♒ 27
	20	3 57 31	28 ♏ 02	29 ♌ 19	24 ♏ 46	08 ♑ 47	02 ♐ 37	20 ♑ 02	20 ♍ 13	18 ♓ 46R	21 ♒ 34	29 ♐ 46	13 ♒ 11
	25	4 17 14	03 ♐ 05	03 ♏ 07	02 ♐ 41	14 ♑ 44	06 ♐ 13	20 ♑ 59	20 ♍ 33	18 ♓ 44R	21 ♒ 37	29 ♐ 56	12 ♒ 55
	30	4 36 57	08 ♐ 09	03 ♑ 03	10 ♐ 33	20 ♑ 38	09 ♐ 50	21 ♑ 58	20 ♍ 51	18 ♓ 44	21 ♒ 41	00 ♑ 06	12 ♒ 39
DICEMBRE	1	4 40 53	09 ♐ 10	14 ♑ 50	12 ♐ 07	21 ♑ 49	10 ♐ 34	22 ♑ 10	20 ♍ 55	18 ♓ 45	21 ♒ 42	00 ♑ 08	12 ♒ 36
	5	4 56 39	13 ♐ 13	02 ♓ 53	18 ♐ 23	26 ♑ 31	13 ♐ 29	22 ♑ 59	21 ♍ 07	18 ♓ 46	21 ♒ 46	00 ♑ 16	12 ♒ 23
	10	5 16 22	18 ♐ 18	10 ♉ 21	26 ♐ 12	02 ♒ 21	17 ♐ 09	24 ♑ 02	21 ♍ 20	18 ♓ 48	21 ♒ 52	00 ♑ 27	12 ♒ 08
	15	5 36 05	23 ♐ 23	26 ♋ 03	04 ♑ 02	08 ♒ 07	20 ♐ 50	25 ♑ 07	21 ♍ 31	18 ♓ 52	21 ♒ 59	00 ♑ 38	11 ♒ 52
	20	5 55 48	28 ♐ 28	05 ♎ 09	11 ♑ 50	13 ♒ 50	24 ♐ 32	26 ♑ 12	21 ♍ 38	18 ♓ 57	22 ♒ 06	00 ♑ 49	11 ♒ 36
	25	6 15 30	03 ♑ 34	06 ♐ 20	19 ♑ 31	19 ♒ 29	28 ♐ 16	27 ♑ 20	21 ♍ 44	19 ♓ 03	22 ♒ 14	00 ♑ 60	11 ♒ 20
	31	6 39 10	09 ♑ 41	17 ♒ 36	28 ♑ 09	26 ♒ 09	02 ♑ 46	28 ♑ 42	21 ♍ 46	19 ♓ 12	22 ♒ 24	01 ♑ 13	11 ♒ 01

GIORNO	TEMPO SIDERALE	☉	☽	☿	♀	♂	♃	♄	♅	♆	♇	☊	2009
1	6 43 06	10 ♑ 42	29 ♒ 46	29 ♑ 28	27 ♒ 15	03 ♑ 31R	28 ♑ 55	21 ♍ 46R	19 ♓ 14	22 ♒ 26	01 ♑ 15	10 ♒ 58	GENNAIO
5	6 58 53	14 ♑ 47	21 ♈ 00	04 ♒ 05	01 ♓ 36	06 ♑ 32R	29 ♑ 51	21 ♍ 45R	19 ♓ 21	22 ♒ 34	01 ♑ 24	10 ♒ 45	
10	7 18 35	19 ♑ 52	03 ♋ 39	07 ♒ 29	06 ♓ 55	10 ♑ 19R	01 ♒ 01	21 ♍ 41R	19 ♓ 31	22 ♒ 43	01 ♑ 35	10 ♒ 29	
15	7 38 18	24 ♑ 58	17 ♍ 16	06 ♒ 42R	12 ♓ 05	14 ♑ 07R	02 ♒ 11	21 ♍ 35R	19 ♓ 42	22 ♒ 53	01 ♑ 45	10 ♒ 13	
20	7 58 01	00 ♒ 03	21 ♏ 15	01 ♒ 35R	17 ♓ 05	17 ♑ 57R	03 ♒ 22	21 ♍ 26R	19 ♓ 54	23 ♒ 04	01 ♑ 55	09 ♒ 57	
25	8 17 44	05 ♒ 09	20 ♑ 34	25 ♑ 30R	21 ♓ 53	21 ♑ 47R	04 ♒ 33	21 ♍ 15R	20 ♓ 07	23 ♒ 15	02 ♑ 05	09 ♒ 41	
31	8 41 23	11 ♒ 15	04 ♈ 36	21 ♑ 51R	27 ♓ 19	26 ♑ 24	05 ♒ 58	20 ♍ 58R	20 ♓ 23	23 ♒ 28	02 ♑ 16	09 ♒ 22	
1	8 45 20	12 ♒ 15	17 ♈ 41	21 ♑ 45	28 ♓ 11	27 ♑ 10	06 ♒ 12	20 ♍ 54R	20 ♓ 26	23 ♒ 30	02 ♑ 18	09 ♒ 19	FEBBRAIO
5	9 01 06	16 ♒ 19	12 ♊ 57	22 ♑ 33	01 ♈ 30	00 ♒ 16	07 ♒ 09	20 ♍ 41R	20 ♓ 38	23 ♒ 39	02 ♑ 25	09 ♒ 07	
10	9 20 49	21 ♒ 23	26 ♌ 34	25 ♑ 40	05 ♈ 19	04 ♒ 08	08 ♒ 19	20 ♍ 23R	20 ♓ 53	23 ♒ 51	02 ♑ 33	08 ♒ 51	
15	9 40 31	26 ♒ 26	04 ♏ 51	00 ♒ 22	08 ♈ 41	08 ♒ 01	09 ♒ 29	20 ♍ 03R	21 ♓ 09	24 ♒ 02	02 ♑ 41	08 ♒ 35	
20	10 00 14	01 ♓ 29	05 ♑ 12	06 ♒ 06	11 ♈ 30	11 ♒ 55	10 ♒ 38	19 ♍ 41R	21 ♓ 25	24 ♒ 13	02 ♑ 48	08 ♒ 19	
25	10 19 57	06 ♓ 31	05 ♓ 44	12 ♒ 35	13 ♈ 39	15 ♒ 49	11 ♒ 47	19 ♍ 19R	21 ♓ 42	24 ♒ 25	02 ♑ 54	08 ♒ 03	
28	10 31 47	09 ♓ 32	14 ♈ 35	16 ♒ 45	14 ♈ 34	18 ♒ 09	12 ♒ 27	19 ♍ 05R	21 ♓ 52	24 ♒ 31	02 ♑ 58	07 ♒ 53	
1	10 35 43	10 ♓ 32	27 ♈ 59	18 ♒ 11	14 ♈ 49	18 ♒ 56	12 ♒ 41	19 ♍ 00R	21 ♓ 55	24 ♒ 34	02 ♑ 59	07 ♒ 50	MARZO
5	10 51 29	14 ♓ 33	23 ♊ 25	24 ♒ 06	15 ♈ 24	22 ♒ 04	13 ♒ 34	18 ♍ 41R	22 ♓ 09	24 ♒ 42	03 ♑ 03	07 ♒ 38	
10	11 11 12	19 ♓ 33	04 ♍ 60	01 ♓ 56	15 ♈ 14R	25 ♒ 59	14 ♒ 39	18 ♍ 17R	22 ♓ 26	24 ♒ 53	03 ♑ 07	07 ♒ 22	
15	11 30 55	24 ♓ 32	12 ♏ 39	10 ♓ 15	14 ♈ 02R	29 ♒ 53	15 ♒ 43	17 ♍ 54R	22 ♓ 43	25 ♒ 04	03 ♑ 11	07 ♒ 06	
20	11 50 38	29 ♓ 31	13 ♑ 08	19 ♓ 04	11 ♈ 52R	03 ♓ 48	16 ♒ 45	17 ♍ 30R	23 ♓ 00	25 ♒ 14	03 ♑ 14	06 ♒ 50	
25	12 10 20	04 ♈ 29	14 ♓ 11	28 ♓ 24	09 ♈ 01R	07 ♓ 43	17 ♒ 45	17 ♍ 07R	23 ♓ 17	25 ♒ 23	03 ♑ 16	06 ♒ 34	
31	12 33 60	10 ♈ 25	06 ♊ 07	10 ♈ 16	05 ♈ 17R	12 ♓ 25	18 ♒ 55	16 ♍ 42R	23 ♓ 37	25 ♒ 34	03 ♑ 18	06 ♒ 15	
1	12 37 56	11 ♈ 24	20 ♊ 16	12 ♈ 18	04 ♈ 41R	13 ♓ 12	19 ♒ 06	16 ♍ 37R	23 ♓ 41	25 ♒ 36	03 ♑ 18	06 ♒ 12	APRILE
5	12 53 43	15 ♈ 21	16 ♌ 37	20 ♈ 33	02 ♈ 29R	16 ♓ 19	19 ♒ 50	16 ♍ 22R	23 ♓ 54	25 ♒ 43	03 ♑ 18R	05 ♒ 59	
10	13 13 25	20 ♈ 16	24 ♎ 52	00 ♉ 48	00 ♈ 26R	20 ♓ 14	20 ♒ 43	16 ♍ 03R	24 ♓ 10	25 ♒ 50	03 ♑ 18R	05 ♒ 43	
15	13 33 08	25 ♈ 10	27 ♐ 17	10 ♉ 25	29 ♓ 21R	24 ♓ 07	21 ♒ 34	15 ♍ 47R	24 ♓ 25	25 ♒ 58	03 ♑ 16R	05 ♒ 27	
20	13 52 51	00 ♉ 03	26 ♒ 57	18 ♉ 40	29 ♓ 18	28 ♓ 00	22 ♒ 21	15 ♍ 32R	24 ♓ 40	26 ♒ 04	03 ♑ 14R	05 ♒ 11	
25	14 12 34	04 ♉ 56	03 ♉ 04	25 ♉ 06	00 ♈ 10	01 ♈ 53	23 ♒ 06	15 ♍ 20R	24 ♓ 55	26 ♒ 10	03 ♑ 12R	04 ♒ 55	
30	14 32 16	09 ♉ 48	15 ♋ 12	29 ♉ 26	01 ♈ 53	05 ♈ 45	23 ♒ 47	15 ♍ 10R	25 ♓ 08	26 ♒ 15	03 ♑ 08R	04 ♒ 40	
1	14 36 13	10 ♉ 46	29 ♋ 26	00 ♊ 02	02 ♈ 18	06 ♈ 31	23 ♒ 55	15 ♍ 08R	25 ♓ 11	26 ♒ 16	03 ♑ 07R	04 ♒ 36	MAGGIO
5	14 51 59	14 ♉ 39	24 ♍ 30	01 ♊ 32	04 ♈ 16	09 ♈ 35	24 ♒ 25	15 ♍ 02R	25 ♓ 21	26 ♒ 19	03 ♑ 04R	04 ♒ 24	
10	15 11 42	19 ♉ 29	29 ♏ 03	01 ♊ 25R	07 ♈ 15	13 ♈ 25	24 ♒ 59	14 ♍ 57R	25 ♓ 33	26 ♒ 23	02 ♑ 59R	04 ♒ 08	
15	15 31 25	24 ♉ 18	28 ♑ 60	29 ♉ 30R	10 ♈ 41	17 ♈ 15	25 ♒ 30	14 ♍ 55R	25 ♓ 45	26 ♒ 26	02 ♑ 54R	03 ♒ 52	
20	15 51 08	29 ♉ 07	00 ♈ 16	26 ♉ 41R	14 ♈ 32	21 ♈ 03	25 ♒ 56	14 ♍ 55	25 ♓ 55	26 ♒ 28	02 ♑ 48R	03 ♒ 36	
25	16 10 50	03 ♊ 56	10 ♊ 45	24 ♉ 09R	18 ♈ 41	24 ♈ 49	26 ♒ 18	14 ♍ 58	26 ♓ 04	26 ♒ 29	02 ♑ 42R	03 ♒ 20	
31	16 34 30	09 ♊ 42	07 ♍ 53	22 ♉ 52	24 ♈ 01	29 ♈ 20	26 ♒ 39	15 ♍ 05	26 ♓ 14	26 ♒ 29R	02 ♑ 34R	03 ♒ 01	
1	16 38 26	10 ♊ 39	21 ♍ 29	22 ♉ 54	24 ♈ 56	00 ♉ 05	26 ♒ 41	15 ♍ 06	26 ♓ 15	26 ♒ 29R	02 ♑ 33R	02 ♒ 58	GIUGNO
5	16 54 12	14 ♊ 29	13 ♏ 16	23 ♉ 47	28 ♈ 41	03 ♉ 04	26 ♒ 51	15 ♍ 13	26 ♓ 21	26 ♒ 28R	02 ♑ 27R	02 ♒ 45	
10	17 13 55	19 ♊ 16	13 ♑ 50	26 ♉ 30	03 ♉ 31	06 ♉ 47	26 ♒ 58	15 ♍ 24	26 ♓ 26	26 ♒ 27R	02 ♑ 19R	02 ♒ 29	
15	17 33 38	24 ♊ 02	13 ♓ 24	00 ♊ 53	08 ♉ 31	10 ♉ 28	27 ♒ 01R	15 ♍ 38	26 ♓ 31	26 ♒ 24R	02 ♑ 12R	02 ♒ 13	
20	17 53 21	28 ♊ 49	19 ♉ 42	06 ♊ 47	13 ♉ 39	14 ♉ 08	26 ♒ 59R	15 ♍ 53	26 ♓ 34	26 ♒ 21R	02 ♑ 04R	01 ♒ 58	
25	18 13 04	03 ♋ 35	04 ♌ 27	14 ♊ 04	18 ♉ 53	17 ♉ 46	26 ♒ 52R	16 ♍ 11	26 ♓ 36	26 ♒ 18R	01 ♑ 57R	01 ♒ 42	
30	18 32 46	08 ♋ 21	14 ♎ 45	22 ♊ 40	24 ♉ 13	21 ♉ 22	26 ♒ 40R	16 ♍ 31	26 ♓ 37	26 ♒ 13R	01 ♑ 49R	01 ♒ 26	

2009	GIORNO	TEMPO SIDERALE	☉	☽	☿	♀	♂	♃	♄	♅	♆	♇	☊
LUGLIO	1	18 36 43	09 ♋ 19	27 ♎ 42	24 ♊ 32	25 ♉ 17	22 ♉ 06	26 ♒ 37R	16 ♍ 35	26 ♓ 37R	26 ♒ 12R	01 ♑ 47R	01 ♒ 23
	5	18 52 29	13 ♋ 07	17 ♐ 01	02 ♋ 25	29 ♉ 37	24 ♉ 57	26 ♒ 24R	16 ♍ 53	26 ♓ 37R	26 ♒ 08R	01 ♑ 41R	01 ♒ 10
	10	19 12 12	17 ♋ 53	16 ♒ 13	12 ♋ 58	05 ♊ 06	28 ♉ 30	26 ♒ 04R	17 ♍ 17	26 ♓ 35R	26 ♒ 02R	01 ♑ 34R	00 ♒ 54
	15	19 31 55	22 ♋ 39	17 ♈ 40	23 ♋ 44	10 ♊ 39	02 ♊ 01	25 ♒ 39R	17 ♍ 42	26 ♓ 33R	25 ♒ 56R	01 ♑ 27R	00 ♒ 38
	20	19 51 37	27 ♋ 26	27 ♊ 35	04 ♌ 12	16 ♊ 16	05 ♊ 31	25 ♒ 10R	18 ♍ 10	26 ♓ 29R	25 ♒ 50R	01 ♑ 20R	00 ♒ 22
	25	20 11 20	02 ♌ 12	12 ♍ 34	14 ♌ 04	21 ♊ 55	08 ♊ 58	24 ♒ 39R	18 ♍ 39	26 ♓ 24R	25 ♒ 42R	01 ♑ 13R	00 ♒ 06
	31	20 34 60	07 ♌ 56	01 ♐ 57	24 ♌ 59	28 ♊ 47	13 ♊ 04	23 ♒ 57R	19 ♍ 15	26 ♓ 17R	25 ♒ 33R	01 ♑ 06R	29 ♑ 47
AGOSTO	1	20 38 56	08 ♌ 54	14 ♐ 02	26 ♌ 42	29 ♊ 56	13 ♊ 44	23 ♒ 50R	19 ♍ 21	26 ♓ 15R	25 ♒ 32R	01 ♑ 05R	29 ♑ 44
	5	20 54 42	12 ♌ 43	01 ♒ 24	03 ♍ 18	04 ♋ 33	16 ♊ 26	23 ♒ 20R	19 ♍ 47	26 ♓ 10R	25 ♒ 26R	01 ♑ 00R	29 ♑ 31
	10	21 14 25	17 ♌ 31	01 ♈ 52	10 ♍ 56	10 ♋ 21	19 ♊ 46	22 ♒ 41R	20 ♍ 20	26 ♓ 01R	25 ♒ 18R	00 ♑ 55R	29 ♑ 16
	15	21 34 08	22 ♌ 19	07 ♊ 51	17 ♍ 51	16 ♋ 12	23 ♊ 04	22 ♒ 02R	20 ♍ 54	25 ♓ 53R	25 ♒ 09R	00 ♑ 51R	28 ♑ 60
	20	21 53 51	27 ♌ 07	21 ♌ 16	24 ♍ 00	22 ♋ 05	26 ♊ 20	21 ♒ 23R	21 ♍ 29	25 ♓ 43R	25 ♒ 01R	00 ♑ 47R	28 ♑ 44
	25	22 13 33	01 ♍ 57	02 ♏ 37	29 ♍ 13	28 ♋ 00	29 ♊ 32	20 ♒ 45R	22 ♍ 04	25 ♓ 32R	24 ♒ 53R	00 ♑ 44R	28 ♑ 28
	31	22 37 13	07 ♍ 44	16 ♑ 22	03 ♎ 54	05 ♌ 09	03 ♋ 20	20 ♒ 00R	22 ♍ 48	25 ♓ 19R	24 ♒ 43R	00 ♑ 42R	28 ♑ 09
SETTEMBRE	1	22 41 09	08 ♍ 42	28 ♑ 10	04 ♎ 28	06 ♌ 21	03 ♋ 58	19 ♒ 53R	22 ♍ 55	25 ♓ 17R	24 ♒ 42R	00 ♑ 41R	28 ♑ 06
	5	22 56 56	12 ♍ 35	16 ♓ 20	05 ♎ 59	11 ♌ 09	06 ♋ 27	19 ♒ 26R	23 ♍ 24	25 ♓ 08R	24 ♒ 36R	00 ♑ 40R	27 ♑ 53
	10	23 16 38	17 ♍ 26	20 ♉ 50	05 ♎ 49R	17 ♌ 10	09 ♋ 30	18 ♒ 55R	24 ♍ 02	24 ♓ 56R	24 ♒ 28R	00 ♑ 40R	27 ♑ 37
	15	23 36 21	22 ♍ 18	00 ♌ 48	02 ♎ 58R	23 ♌ 14	12 ♋ 31	18 ♒ 27R	24 ♍ 39	24 ♓ 44R	24 ♒ 21R	00 ♑ 40	27 ♑ 21
	20	23 56 04	27 ♍ 10	13 ♎ 21	28 ♍ 02R	29 ♌ 19	15 ♋ 28	18 ♒ 02R	25 ♍ 16	24 ♓ 32R	24 ♒ 14R	00 ♑ 41	27 ♑ 05
	25	0 15 47	02 ♎ 04	18 ♐ 46	23 ♍ 19R	05 ♍ 25	18 ♋ 21	17 ♒ 43R	25 ♍ 54	24 ♓ 20R	24 ♒ 08R	00 ♑ 42	26 ♑ 49
	30	0 35 29	06 ♎ 58	18 ♒ 14	21 ♍ 38	11 ♍ 33	21 ♋ 10	17 ♒ 27R	26 ♍ 31	24 ♓ 08R	24 ♒ 02R	00 ♑ 45	26 ♑ 34
OTTOBRE	1	0 39 26	07 ♎ 57	00 ♓ 17	21 ♍ 47	12 ♍ 47	21 ♋ 43	17 ♒ 25R	26 ♍ 38	24 ♓ 06R	24 ♒ 01R	00 ♑ 45	26 ♑ 30
	5	0 55 12	11 ♎ 53	20 ♈ 52	24 ♍ 03	17 ♍ 42	23 ♋ 55	17 ♒ 17R	27 ♍ 08	23 ♓ 57R	23 ♒ 57R	00 ♑ 48	26 ♑ 18
	10	1 14 55	16 ♎ 49	28 ♊ 57	29 ♍ 47	23 ♍ 52	26 ♋ 35	17 ♒ 11R	27 ♍ 44	23 ♓ 46R	23 ♒ 53R	00 ♑ 52	26 ♑ 02
	15	1 34 38	21 ♎ 46	09 ♍ 37	07 ♎ 22	00 ♎ 04	29 ♋ 10	17 ♒ 10	28 ♍ 20	23 ♓ 35R	23 ♒ 49R	00 ♑ 57	25 ♑ 46
	20	1 54 21	26 ♎ 44	18 ♏ 44	15 ♎ 43	06 ♎ 16	01 ♌ 40	17 ♒ 15	28 ♍ 55	23 ♓ 26R	23 ♒ 46R	01 ♑ 02	25 ♑ 30
	25	2 14 03	01 ♏ 43	20 ♑ 35	24 ♎ 13	12 ♎ 30	04 ♌ 03	17 ♒ 24	29 ♍ 29	23 ♓ 17R	23 ♒ 44R	01 ♑ 09	25 ♑ 14
	31	2 37 43	07 ♏ 42	03 ♈ 13	04 ♏ 18	19 ♎ 59	06 ♌ 46	17 ♒ 42	00 ♎ 08	23 ♓ 07R	23 ♒ 42R	01 ♑ 17	24 ♑ 55
NOVEMBRE	1	2 41 39	08 ♏ 42	16 ♈ 14	05 ♏ 57	21 ♎ 14	07 ♌ 13	17 ♒ 45	00 ♎ 15	23 ♓ 06R	23 ♒ 42R	01 ♑ 18	24 ♑ 52
	5	2 57 25	12 ♏ 42	11 ♊ 14	12 ♏ 30	26 ♎ 13	08 ♌ 54	18 ♒ 02	00 ♎ 40	23 ♓ 00R	23 ♒ 42	01 ♑ 24	24 ♑ 39
	10	3 17 08	17 ♏ 43	22 ♌ 06	20 ♏ 31	02 ♏ 29	10 ♌ 54	18 ♒ 26	01 ♎ 10	22 ♓ 54R	23 ♒ 42	01 ♑ 33	24 ♑ 23
	15	3 36 51	22 ♏ 45	00 ♏ 53	28 ♏ 24	08 ♏ 45	12 ♌ 45	18 ♒ 55	01 ♎ 39	22 ♓ 49R	23 ♒ 43	01 ♑ 41	24 ♑ 07
	20	3 56 34	27 ♏ 48	04 ♑ 33	06 ♐ 11	15 ♏ 01	14 ♌ 25	19 ♒ 28	02 ♎ 06	22 ♓ 46R	23 ♒ 46	01 ♑ 50	23 ♑ 51
	25	4 16 17	02 ♐ 51	03 ♓ 55	13 ♐ 52	21 ♏ 18	15 ♌ 54	20 ♒ 05	02 ♎ 31	22 ♓ 43R	23 ♒ 49	02 ♑ 00	23 ♑ 36
	30	4 35 59	07 ♐ 54	07 ♉ 36	21 ♐ 27	27 ♏ 35	17 ♌ 10	20 ♒ 46	02 ♎ 55	22 ♓ 42R	23 ♒ 53	02 ♑ 10	23 ♑ 20
DICEMBRE	1	4 39 56	08 ♐ 55	21 ♉ 29	22 ♐ 58	28 ♏ 51	17 ♌ 24	20 ♒ 55	02 ♎ 59	22 ♓ 42R	23 ♒ 53	02 ♑ 12	23 ♑ 17
	5	4 55 42	12 ♐ 58	19 ♋ 33	28 ♐ 56	03 ♐ 52	18 ♌ 12	21 ♒ 30	03 ♎ 16	22 ♓ 42	23 ♒ 57	02 ♑ 20	23 ♑ 04
	10	5 15 25	18 ♐ 03	00 ♎ 41	06 ♑ 10	10 ♐ 10	18 ♌ 60	22 ♒ 18	03 ♎ 35	22 ♓ 44	24 ♒ 03	02 ♑ 31	22 ♑ 48
	15	5 35 08	23 ♐ 08	06 ♐ 04	12 ♑ 52	16 ♐ 27	19 ♌ 30	23 ♒ 09	03 ♎ 52	22 ♓ 47	24 ♒ 09	02 ♑ 41	22 ♑ 32
	20	5 54 50	28 ♐ 14	06 ♒ 34	18 ♑ 24	22 ♐ 45	19 ♌ 42	24 ♒ 02	04 ♎ 06	22 ♓ 51	24 ♒ 16	02 ♑ 52	22 ♑ 16
	25	6 14 33	03 ♑ 19	06 ♈ 21	21 ♑ 34	29 ♐ 02	19 ♌ 34R	24 ♒ 59	04 ♎ 18	22 ♓ 56	24 ♒ 23	03 ♑ 03	22 ♑ 00
	31	6 38 13	09 ♑ 26	28 ♊ 17	19 ♑ 56R	06 ♑ 35	18 ♌ 58R	26 ♒ 09	04 ♎ 29	23 ♓ 04	24 ♒ 33	03 ♑ 16	21 ♑ 41

GIORNO	TEMPO SIDERALE	☉	☾	☿	♀	♂	♃	♄	♅	♆	♇	☊	2010
1	6 42 09	10 ♑ 27	13 ♋ 14	18 ♑ 60R	07 ♑ 51	18 ♌ 49R	26 ♒ 22	04 ♎ 30	23 ♓ 05	24 ♒ 35	03 ♑ 18	21 ♑ 38	GENNAIO
5	6 57 55	14 ♑ 32	12 ♍ 50	14 ♑ 03R	12 ♑ 53	18 ♌ 06R	27 ♒ 11	04 ♎ 35	23 ♓ 12	24 ♒ 42	03 ♑ 27	21 ♑ 25	
10	7 17 38	19 ♑ 37	20 ♏ 27	08 ♑ 05R	19 ♑ 10	16 ♌ 53R	28 ♒ 14	04 ♎ 38	23 ♓ 21	24 ♒ 52	03 ♑ 38	21 ♑ 09	
15	7 37 21	24 ♑ 43	21 ♑ 28	05 ♑ 35R	25 ♑ 28	15 ♌ 23R	29 ♒ 19	04 ♎ 39R	23 ♓ 31	25 ♒ 02	03 ♑ 48	20 ♑ 54	
20	7 57 04	29 ♑ 49	20 ♓ 39	06 ♑ 43	01 ♒ 45	13 ♌ 38R	00 ♓ 26	04 ♎ 37R	23 ♓ 42	25 ♒ 12	03 ♑ 58	20 ♑ 38	
25	8 16 46	04 ♒ 54	23 ♉ 39	10 ♑ 18	08 ♒ 02	11 ♌ 43R	01 ♓ 34	04 ♎ 32R	23 ♓ 54	25 ♒ 23	04 ♑ 08	20 ♑ 22	
31	8 40 26	10 ♒ 60	21 ♌ 30	16 ♑ 32	15 ♒ 34	09 ♌ 20R	02 ♓ 57	04 ♎ 23R	24 ♓ 10	25 ♒ 36	04 ♑ 20	20 ♑ 03	
1	8 44 22	12 ♒ 00	06 ♍ 41	17 ♑ 43	16 ♒ 49	08 ♌ 56R	03 ♓ 11	04 ♎ 21R	24 ♓ 13	25 ♒ 38	04 ♑ 21	19 ♑ 60	FEBBRAIO
5	9 00 09	16 ♒ 04	03 ♏ 58	22 ♑ 42	21 ♒ 50	07 ♌ 22R	04 ♓ 07	04 ♎ 13R	24 ♓ 24	25 ♒ 47	04 ♑ 28	19 ♑ 47	
10	9 19 51	21 ♒ 08	06 ♑ 37	29 ♑ 28	28 ♒ 07	05 ♌ 32R	05 ♓ 18	03 ♎ 60R	24 ♓ 38	25 ♒ 58	04 ♑ 37	19 ♑ 31	
15	9 39 34	26 ♒ 11	05 ♓ 44	06 ♒ 41	04 ♓ 22	03 ♌ 54R	06 ♓ 30	03 ♎ 45R	24 ♓ 54	26 ♒ 10	04 ♑ 45	19 ♑ 15	
20	9 59 17	01 ♓ 14	06 ♉ 53	14 ♒ 19	10 ♓ 38	02 ♌ 33R	07 ♓ 42	03 ♎ 28R	25 ♓ 09	26 ♒ 21	04 ♑ 52	18 ♑ 59	
25	10 18 60	06 ♓ 16	14 ♋ 36	22 ♒ 20	16 ♓ 53	01 ♌ 30R	08 ♓ 54	03 ♎ 09R	25 ♓ 26	26 ♒ 33	04 ♑ 59	18 ♑ 43	
28	10 30 49	09 ♓ 17	29 ♌ 26	27 ♒ 20	20 ♓ 37	01 ♌ 01R	09 ♓ 38	02 ♎ 57R	25 ♓ 36	26 ♒ 39	05 ♑ 02	18 ♑ 34	
1	10 34 46	10 ♓ 17	14 ♍ 38	29 ♒ 02	21 ♓ 52	00 ♌ 54R	09 ♓ 52	02 ♎ 53R	25 ♓ 39	26 ♒ 42	05 ♑ 03	18 ♑ 31	MARZO
5	10 50 32	14 ♓ 18	12 ♏ 32	06 ♓ 01	26 ♓ 51	00 ♌ 30R	10 ♓ 50	02 ♎ 36R	25 ♓ 52	26 ♒ 50	05 ♑ 08	18 ♑ 18	
10	11 10 15	19 ♓ 18	15 ♑ 22	15 ♓ 09	03 ♈ 05	00 ♌ 18R	12 ♓ 02	02 ♎ 13R	26 ♓ 09	27 ♒ 01	05 ♑ 13	18 ♑ 02	
15	11 29 58	24 ♓ 18	14 ♓ 34	24 ♓ 43	09 ♈ 18	00 ♌ 24	13 ♓ 14	01 ♎ 50R	26 ♓ 26	27 ♒ 12	05 ♑ 17	17 ♑ 46	
20	11 49 40	29 ♓ 16	16 ♉ 44	04 ♈ 39	15 ♈ 30	00 ♌ 48	14 ♓ 26	01 ♎ 27R	26 ♓ 44	27 ♒ 22	05 ♑ 20	17 ♑ 30	
25	12 09 23	04 ♈ 14	24 ♋ 15	14 ♈ 37	21 ♈ 41	01 ♌ 28	15 ♓ 37	01 ♎ 03R	27 ♓ 01	27 ♒ 32	05 ♑ 22	17 ♑ 14	
31	12 33 03	10 ♈ 10	22 ♎ 24	25 ♈ 49	29 ♈ 06	02 ♌ 35	17 ♓ 01	00 ♎ 35R	27 ♓ 21	27 ♒ 43	05 ♑ 24	16 ♑ 55	
1	12 36 59	11 ♈ 09	06 ♏ 40	27 ♈ 31	00 ♉ 20	02 ♌ 48	17 ♓ 15	00 ♎ 31R	27 ♓ 24	27 ♒ 45	05 ♑ 25	16 ♑ 52	APRILE
5	12 52 45	15 ♈ 06	29 ♐ 25	03 ♉ 34	05 ♉ 15	03 ♌ 45	18 ♓ 10	00 ♎ 12R	27 ♓ 38	27 ♒ 52	05 ♑ 25	16 ♑ 39	
10	13 12 28	20 ♈ 01	29 ♒ 06	09 ♉ 07	11 ♉ 24	05 ♌ 07	19 ♓ 18	29 ♍ 50R	27 ♓ 54	27 ♒ 60	05 ♑ 25R	16 ♑ 23	
15	13 32 11	24 ♈ 55	00 ♉ 34	12 ♉ 07	17 ♉ 32	06 ♌ 39	20 ♓ 25	29 ♍ 30R	28 ♓ 10	28 ♒ 08	05 ♑ 24R	16 ♑ 08	
20	13 51 54	29 ♈ 49	07 ♋ 02	12 ♉ 28R	23 ♉ 39	08 ♌ 20	21 ♓ 30	29 ♍ 10R	28 ♓ 26	28 ♒ 14	05 ♑ 23R	15 ♑ 52	
25	14 11 36	04 ♉ 42	17 ♍ 46	10 ♉ 34R	29 ♉ 44	10 ♌ 09	22 ♓ 33	28 ♍ 53R	28 ♓ 40	28 ♒ 21	05 ♑ 20R	15 ♑ 36	
30	14 31 19	09 ♉ 33	28 ♏ 32	07 ♉ 26R	05 ♊ 49	12 ♌ 06	23 ♓ 35	28 ♍ 37R	28 ♓ 55	28 ♒ 26	05 ♑ 17R	15 ♑ 20	
1	14 35 16	10 ♉ 31	11 ♐ 49	06 ♉ 46R	07 ♊ 02	12 ♌ 30	23 ♓ 47	28 ♍ 34R	28 ♓ 57	28 ♒ 27	05 ♑ 16R	15 ♑ 17	MAGGIO
5	14 51 02	14 ♉ 24	01 ♒ 33	04 ♉ 27R	11 ♊ 53	14 ♌ 09	24 ♓ 35	28 ♍ 23R	29 ♓ 08	28 ♒ 31	05 ♑ 13R	15 ♑ 04	
10	15 10 45	19 ♉ 15	01 ♈ 17	02 ♉ 48R	17 ♊ 55	16 ♌ 19	25 ♓ 32	28 ♍ 12R	29 ♓ 21	28 ♒ 35	05 ♑ 09R	14 ♑ 48	
15	15 30 28	24 ♉ 04	06 ♊ 02	03 ♉ 01	23 ♊ 57	18 ♌ 34	26 ♓ 27	28 ♍ 03R	29 ♓ 33	28 ♒ 38	05 ♑ 04R	14 ♑ 32	
20	15 50 10	28 ♉ 54	15 ♌ 50	05 ♉ 06	29 ♊ 57	20 ♌ 54	27 ♓ 20	27 ♍ 56R	29 ♓ 44	28 ♒ 40	04 ♑ 58R	14 ♑ 16	
25	16 09 53	03 ♊ 42	26 ♎ 22	08 ♉ 50	05 ♋ 55	23 ♌ 18	28 ♓ 10	27 ♍ 52R	29 ♓ 54	28 ♒ 42	04 ♑ 52R	14 ♑ 01	
31	16 33 32	09 ♊ 27	15 ♑ 12	15 ♉ 11	13 ♋ 04	26 ♌ 17	29 ♓ 06	27 ♍ 50	00 ♈ 05	28 ♒ 42	04 ♑ 45R	13 ♑ 41	
1	16 37 29	10 ♊ 25	27 ♑ 25	16 ♉ 25	14 ♋ 15	26 ♌ 47	29 ♓ 15	27 ♍ 50	00 ♈ 07	28 ♒ 42R	04 ♑ 43R	13 ♑ 38	GIUGNO
5	16 53 15	14 ♊ 15	15 ♓ 03	21 ♉ 49	18 ♋ 59	28 ♌ 50	29 ♓ 50	27 ♍ 51	00 ♈ 13	28 ♒ 42R	04 ♑ 38R	13 ♑ 26	
10	17 12 58	19 ♊ 02	17 ♉ 34	29 ♉ 36	24 ♋ 53	01 ♍ 26	00 ♈ 29	27 ♍ 55	00 ♈ 19	28 ♒ 41R	04 ♑ 30R	13 ♑ 10	
15	17 32 41	23 ♊ 49	27 ♋ 38	08 ♊ 29	00 ♌ 44	04 ♍ 06	01 ♈ 06	28 ♍ 02	00 ♈ 25	28 ♒ 39R	04 ♑ 23R	12 ♑ 54	
20	17 52 24	28 ♊ 35	09 ♎ 12	18 ♊ 24	06 ♌ 34	06 ♍ 49	01 ♈ 38	28 ♍ 11	00 ♈ 29	28 ♒ 37R	04 ♑ 15R	12 ♑ 38	
25	18 12 06	03 ♋ 21	16 ♐ 05	29 ♊ 03	12 ♌ 21	09 ♍ 34	02 ♈ 07	28 ♍ 22	00 ♈ 33	28 ♒ 33R	04 ♑ 08R	12 ♑ 22	
30	18 31 49	08 ♋ 08	17 ♒ 33	09 ♋ 57	18 ♌ 06	12 ♍ 22	02 ♈ 31	28 ♍ 36	00 ♈ 35	28 ♒ 29R	04 ♑ 00R	12 ♑ 06	

2010	GIORNO	TEMPO SIDERALE	☉	☽	☿	♀	♂	♃	♄	♅	♆	♇	☊
LUGLIO	1	18 35 46	09 ♋ 05	29 ♒ 25	12 ♋ 07	19 ♌ 15	12 ♍ 56	02 ♈ 35	28 ♍ 39	00 ♈ 35	28 ♒ 28R	03 ♑ 59R	12 ♑ 03
	5	18 51 32	12 ♋ 54	17 ♈ 19	20 ♋ 36	23 ♌ 48	15 ♍ 13	02 ♈ 51	28 ♍ 52	00 ♈ 35	28 ♒ 24R	03 ♑ 52R	11 ♑ 50
	10	19 11 15	17 ♋ 40	23 ♊ 05	00 ♌ 36	29 ♌ 28	18 ♍ 06	03 ♈ 06	29 ♍ 10	00 ♈ 35R	28 ♒ 19R	03 ♑ 45R	11 ♑ 34
	15	19 30 57	22 ♋ 26	06 ♍ 38	09 ♌ 51	05 ♍ 03	21 ♍ 01	03 ♈ 17	29 ♍ 30	00 ♈ 33R	28 ♒ 13R	03 ♑ 38R	11 ♑ 19
	20	19 50 40	27 ♋ 12	16 ♏ 59	18 ♌ 17	10 ♍ 35	23 ♍ 59	03 ♈ 23	29 ♍ 52	00 ♈ 31R	28 ♒ 06R	03 ♑ 31R	11 ♑ 03
	25	20 10 23	01 ♌ 58	20 ♑ 06	25 ♌ 56	16 ♍ 03	26 ♍ 59	03 ♈ 24R	00 ♎ 16	00 ♈ 27R	27 ♒ 60R	03 ♑ 24R	10 ♑ 47
	31	20 34 02	07 ♌ 42	01 ♈ 38	04 ♍ 01	22 ♍ 30	00 ♎ 37	03 ♈ 19R	00 ♎ 48	00 ♈ 20R	27 ♒ 51R	03 ♑ 17R	10 ♑ 28
AGOSTO	1	20 37 59	08 ♌ 40	13 ♈ 38	05 ♍ 14	23 ♍ 33	01 ♎ 14	03 ♈ 17R	00 ♎ 53	00 ♈ 19R	27 ♒ 49R	03 ♑ 15R	10 ♑ 25
	5	20 53 45	12 ♌ 29	03 ♊ 53	09 ♍ 44	27 ♍ 46	03 ♎ 41	03 ♈ 09R	01 ♎ 15	00 ♈ 14R	27 ♒ 43R	03 ♑ 11R	10 ♑ 12
	10	21 13 28	17 ♌ 17	15 ♌ 25	14 ♍ 22	02 ♎ 55	06 ♎ 47	02 ♈ 54R	01 ♎ 44	00 ♈ 07R	27 ♒ 35R	03 ♑ 06R	09 ♑ 56
	15	21 33 11	22 ♌ 05	29 ♎ 44	17 ♍ 36	07 ♎ 57	09 ♎ 55	02 ♈ 35R	02 ♎ 15	29 ♓ 58R	27 ♒ 27R	03 ♑ 01R	09 ♑ 40
	20	21 52 53	26 ♌ 54	04 ♑ 58	19 ♍ 02	12 ♎ 50	13 ♎ 05	02 ♈ 11R	02 ♎ 47	29 ♓ 49R	27 ♒ 19R	02 ♑ 57R	09 ♑ 24
	25	22 12 36	01 ♍ 42	04 ♓ 50	18 ♍ 14R	17 ♎ 33	16 ♎ 17	01 ♈ 44R	03 ♎ 20	29 ♓ 40R	27 ♒ 11R	02 ♑ 54R	09 ♑ 08
	31	22 36 15	07 ♍ 30	17 ♉ 11	14 ♍ 13R	22 ♎ 55	20 ♎ 09	01 ♈ 06R	04 ♎ 00	29 ♓ 27R	27 ♒ 01R	02 ♑ 50R	08 ♑ 49
SETTEMBRE	1	22 40 12	08 ♍ 28	29 ♉ 49	13 ♍ 19R	23 ♎ 47	20 ♎ 48	00 ♈ 59R	04 ♎ 07	29 ♓ 25R	26 ♒ 59R	02 ♑ 50R	08 ♑ 46
	5	22 55 58	12 ♍ 20	24 ♋ 05	09 ♍ 32R	27 ♎ 07	23 ♎ 25	00 ♈ 31R	04 ♎ 35	29 ♓ 16R	26 ♒ 53R	02 ♑ 49R	08 ♑ 33
	10	23 15 41	17 ♍ 12	09 ♎ 26	06 ♍ 01R	01 ♏ 01	26 ♎ 43	29 ♓ 54R	05 ♎ 11	29 ♓ 04R	26 ♒ 45R	02 ♑ 48R	08 ♑ 17
	15	23 35 24	22 ♍ 04	19 ♐ 11	05 ♍ 41	04 ♏ 32	00 ♏ 02	29 ♓ 15R	05 ♎ 47	28 ♓ 52R	26 ♒ 38R	02 ♑ 47	08 ♑ 02
	20	23 55 07	26 ♍ 56	20 ♒ 00	09 ♍ 05	07 ♏ 37	03 ♏ 23	28 ♓ 35R	06 ♎ 23	28 ♓ 40R	26 ♒ 31R	02 ♑ 48	07 ♑ 46
	25	0 14 49	01 ♎ 50	19 ♈ 41	15 ♍ 29	10 ♏ 07	06 ♏ 46	27 ♓ 55R	07 ♎ 00	28 ♓ 28R	26 ♒ 24R	02 ♑ 49	07 ♑ 30
	30	0 34 32	06 ♎ 44	22 ♊ 25	23 ♍ 37	11 ♏ 58	10 ♏ 11	27 ♓ 16R	07 ♎ 37	28 ♓ 16R	26 ♒ 18R	02 ♑ 51	07 ♑ 14
OTTOBRE	1	0 38 29	07 ♎ 43	05 ♋ 42	25 ♍ 21	12 ♏ 15	10 ♏ 52	27 ♓ 08R	07 ♎ 44	28 ♓ 14R	26 ♒ 17R	02 ♑ 52	07 ♑ 11
	5	0 54 15	11 ♎ 39	02 ♍ 28	02 ♎ 27	13 ♏ 01	13 ♏ 37	26 ♓ 38R	08 ♎ 14	28 ♓ 05R	26 ♒ 13R	02 ♑ 54	06 ♑ 58
	10	1 13 58	16 ♎ 35	17 ♏ 01	11 ♎ 21	13 ♏ 10R	17 ♏ 05	26 ♓ 01R	08 ♎ 51	27 ♓ 53R	26 ♒ 08R	02 ♑ 58	06 ♑ 42
	15	1 33 40	21 ♎ 32	22 ♑ 43	20 ♎ 04	12 ♏ 20R	20 ♏ 35	25 ♓ 28R	09 ♎ 28	27 ♓ 42R	26 ♒ 04R	03 ♑ 02	06 ♑ 26
	20	1 53 23	26 ♎ 30	22 ♓ 19	28 ♎ 32	10 ♏ 32R	24 ♏ 06	24 ♓ 58R	10 ♎ 04	27 ♓ 32R	26 ♒ 01R	03 ♑ 07	06 ♑ 10
	25	2 13 06	01 ♏ 28	23 ♉ 44	06 ♏ 43	07 ♏ 56R	27 ♏ 39	24 ♓ 31R	10 ♎ 40	27 ♓ 22R	25 ♒ 58R	03 ♑ 13	05 ♑ 54
	31	2 36 45	07 ♏ 27	13 ♌ 31	16 ♏ 14	04 ♏ 19R	01 ♐ 57	24 ♓ 06R	11 ♎ 22	27 ♓ 12R	25 ♒ 56R	03 ♑ 21	05 ♑ 35
NOVEMBRE	1	2 40 42	08 ♏ 27	27 ♌ 41	17 ♏ 48	03 ♏ 43R	02 ♐ 40	24 ♓ 02R	11 ♎ 29	27 ♓ 10R	25 ♒ 56R	03 ♑ 22	05 ♑ 32
	5	2 56 28	12 ♏ 28	26 ♎ 10	23 ♏ 58	01 ♏ 29R	05 ♐ 34	23 ♓ 49R	11 ♎ 56	27 ♓ 04R	25 ♒ 55R	03 ♑ 28	05 ♑ 19
	10	3 16 11	17 ♏ 29	05 ♑ 37	01 ♐ 31	29 ♎ 16R	09 ♐ 12	23 ♓ 38R	12 ♎ 29	26 ♓ 57R	25 ♒ 55	03 ♑ 36	05 ♑ 04
	15	3 35 54	22 ♏ 31	06 ♓ 43	08 ♐ 53	27 ♎ 58R	12 ♐ 51	23 ♓ 31R	13 ♎ 01	26 ♓ 51R	25 ♒ 56	03 ♑ 44	04 ♑ 48
	20	3 55 36	27 ♏ 33	07 ♉ 15	16 ♐ 02	27 ♎ 41	16 ♐ 33	23 ♓ 30	13 ♎ 32	26 ♓ 47R	25 ♒ 58	03 ♑ 53	04 ♑ 32
	25	4 15 19	02 ♐ 36	12 ♋ 50	22 ♐ 48	28 ♎ 23	20 ♐ 15	23 ♓ 34	14 ♎ 01	26 ♓ 43R.	26 ♒ 00	04 ♑ 03	04 ♑ 16
	30	4 35 02	07 ♐ 40	22 ♍ 42	28 ♐ 54	29 ♎ 59	23 ♐ 59	23 ♓ 43	14 ♎ 29	26 ♓ 41R	26 ♒ 04	04 ♑ 12	04 ♑ 00
DICEMBRE	1	4 38 59	08 ♐ 40	06 ♎ 59	29 ♐ 59	00 ♏ 24	24 ♐ 44	23 ♓ 45	14 ♎ 34	26 ♓ 41R	26 ♒ 05	04 ♑ 14	03 ♑ 57
	5	4 54 45	12 ♐ 44	03 ♐ 27	03 ♑ 40	02 ♏ 21	27 ♐ 44	23 ♓ 57	14 ♎ 55	26 ♓ 40R	26 ♒ 08	04 ♑ 22	03 ♑ 44
	10	5 14 28	17 ♐ 48	08 ♒ 29	05 ♑ 55	05 ♏ 21	01 ♑ 31	24 ♓ 16	15 ♎ 19	26 ♓ 41	26 ♒ 13	04 ♑ 33	03 ♑ 28
	15	5 34 10	22 ♐ 53	08 ♈ 20	04 ♑ 03R	08 ♏ 51	05 ♑ 19	24 ♓ 40	15 ♎ 41	26 ♓ 42	26 ♒ 19	04 ♑ 43	03 ♑ 12
	20	5 53 53	27 ♐ 59	11 ♊ 11	28♐ 0 7R	12 ♏ 47	09 ♑ 08	25 ♓ 08	16 ♎ 01	26 ♓ 45	26 ♒ 26	04 ♑ 54	02 ♑ 56
	25	6 13 36	03 ♑ 04	20 ♌ 54	22♐ 0 1R	17 ♏ 05	12 ♑ 58	25 ♓ 41	16 ♎ 19	26 ♓ 49	26 ♒ 33	05 ♑ 05	02 ♑ 41
	31	6 37 15	09 ♑ 11	15 ♏ 37	19 ♐ 40	22 ♏ 36	17 ♑ 36	26 ♓ 25	16 ♎ 37	26 ♓ 56	26 ♒ 43	05 ♑ 18	02 ♑ 22

GIORNO	TEMPO SIDERALE	☉	☽	☿	♀	♂	♃	♄	♅	♆	♇	☊	2011
1	6 41 12	10 ♑ 12	29 ♏ 14	19 ♐ 50	23 ♏ 34	18 ♑ 22	26 ♓ 33	16 ♎ 40	26 ♓ 57	26 ♒ 44	05 ♑ 20	02 ♑ 18	GENNAIO
5	6 56 58	14 ♑ 17	21 ♑ 33	21 ♐ 46	27 ♏ 28	21 ♑ 28	27 ♓ 06	16 ♎ 50	27 ♓ 03	26 ♒ 51	05 ♑ 28	02 ♑ 06	
10	7 16 41	19 ♑ 23	22 ♓ 23	26 ♐ 09	02 ♐ 32	25 ♑ 22	27 ♓ 51	16 ♎ 59	27 ♓ 11	27 ♒ 01	05 ♑ 39	01 ♑ 50	
15	7 36 24	24 ♑ 28	22 ♉ 53	01 ♑ 50	07 ♐ 44	29 ♑ 16	28 ♓ 40	17 ♎ 07	27 ♓ 20	27 ♒ 10	05 ♑ 50	01 ♑ 34	
20	7 56 06	29 ♑ 34	01 ♌ 02	08 ♑ 16	13 ♐ 05	03 ♒ 10	29 ♓ 31	17 ♎ 12	27 ♓ 31	27 ♒ 20	05 ♑ 60	01 ♑ 18	
25	8 15 49	04 ♒ 39	14 ♎ 29	15 ♑ 12	18 ♐ 32	07 ♒ 06	00 ♈ 25	17 ♎ 14	27 ♓ 42	27 ♒ 31	06 ♑ 10	01 ♑ 02	
31	8 39 28	10 ♒ 45	05 ♑ 16	23 ♑ 59	25 ♐ 12	11 ♒ 49	01 ♈ 33	17 ♎ 12R	27 ♓ 57	27 ♒ 44	06 ♑ 21	00 ♑ 43	
1	8 43 25	11 ♒ 46	17 ♑ 53	25 ♑ 30	26 ♐ 20	12 ♒ 36	01 ♈ 45	17 ♎ 12R	27 ♓ 59	27 ♒ 46	06 ♑ 23	00 ♑ 40	FEBBRAIO
5	8 59 11	15 ♒ 49	06 ♓ 48	01 ♒ 40	00 ♑ 51	15 ♒ 45	02 ♈ 33	17 ♎ 09R	28 ♓ 10	27 ♒ 55	06 ♑ 30	00 ♑ 27	
10	9 18 54	20 ♒ 53	06 ♉ 18	09 ♒ 39	06 ♑ 34	19 ♒ 42	03 ♈ 35	17 ♎ 02R	28 ♓ 24	28 ♒ 06	06 ♑ 39	00 ♑ 11	
15	9 38 37	25 ♒ 57	10 ♋ 21	17 ♒ 59	12 ♑ 19	23 ♒ 39	04 ♈ 39	16 ♎ 53R	28 ♓ 39	28 ♒ 18	06 ♑ 47	29 ♐ 55	
20	9 58 20	00 ♓ 59	24 ♍ 18	26 ♒ 39	18 ♑ 08	27 ♒ 36	05 ♈ 44	16 ♎ 42R	28 ♓ 54	28 ♒ 29	06 ♑ 54	29 ♐ 40	
25	10 18 02	06 ♓ 01	06 ♐ 18	05 ♓ 43	23 ♑ 59	01 ♓ 33	06 ♈ 51	16 ♎ 28R	29 ♓ 10	28 ♒ 40	07 ♑ 01	29 ♐ 24	
28	10 29 52	09 ♓ 02	14 ♑ 57	11 ♓ 20	27 ♑ 31	03 ♓ 55	07 ♈ 32	16 ♎ 19R	29 ♓ 20	28 ♒ 47	07 ♑ 05	29 ♐ 14	
1	10 33 49	10 ♓ 03	27 ♑ 19	13 ♓ 13	28 ♑ 41	04 ♓ 42	07 ♈ 45	16 ♎ 15R	29 ♓ 23	28 ♒ 49	07 ♑ 06	29 ♐ 11	MARZO
5	10 49 35	14 ♓ 04	15 ♓ 31	20 ♓ 54	03 ♒ 25	07 ♓ 52	08 ♈ 40	16 ♎ 02R	29 ♓ 36	28 ♒ 58	07 ♑ 11	28 ♐ 58	
10	11 09 18	19 ♓ 04	15 ♉ 02	00 ♈ 29	09 ♒ 21	11 ♓ 48	09 ♈ 50	15 ♎ 43R	29 ♓ 53	29 ♒ 09	07 ♑ 16	28 ♐ 42	
15	11 29 00	24 ♓ 03	18 ♋ 40	09 ♈ 31	15 ♒ 18	15 ♓ 44	11 ♈ 01	15 ♎ 23R	00 ♈ 10	29 ♒ 20	07 ♑ 20	28 ♐ 26	
20	11 48 43	29 ♓ 02	02 ♎ 31	17 ♈ 04	21 ♒ 16	19 ♓ 40	12 ♈ 13	15 ♎ 01R	00 ♈ 27	29 ♒ 31	07 ♑ 24	28 ♐ 11	
25	12 08 26	03 ♈ 60	15 ♐ 38	22 ♈ 12	27 ♒ 15	23 ♓ 35	13 ♈ 25	14 ♎ 39R	00 ♈ 44	29 ♒ 41	07 ♑ 27	27 ♐ 55	
31	12 32 05	09 ♈ 56	00 ♓ 40	24 ♈ 21R	04 ♓ 28	28 ♓ 17	14 ♈ 51	14 ♎ 12R	01 ♈ 05	29 ♒ 52	07 ♑ 29	27 ♐ 36	
1	12 36 02	10 ♈ 55	12 ♓ 34	24 ♈ 17R	05 ♓ 40	29 ♓ 04	15 ♈ 06	14 ♎ 07R	01 ♈ 08	29 ♒ 54	07 ♑ 29	27 ♐ 32	APRILE
5	12 51 48	14 ♈ 52	00 ♉ 06	22 ♈ 53R	10 ♓ 29	02 ♈ 11	16 ♈ 04	13 ♎ 48R	01 ♈ 22	00 ♓ 01	07 ♑ 30	27 ♐ 20	
10	13 11 31	19 ♈ 47	01 ♋ 35	19 ♈ 28R	16 ♓ 30	06 ♈ 04	17 ♈ 17	13 ♎ 25R	01 ♈ 38	00 ♓ 09	07 ♑ 30R	27 ♐ 04	
15	13 31 14	24 ♈ 42	10 ♍ 36	15 ♈ 47R	22 ♓ 32	09 ♈ 56	18 ♈ 29	13 ♎ 02R	01 ♈ 55	00 ♓ 17	07 ♑ 30R	26 ♐ 48	
20	13 50 56	29 ♈ 35	25 ♏ 51	13 ♈ 23R	28 ♓ 35	13 ♈ 47	19 ♈ 41	12 ♎ 40R	02 ♈ 11	00 ♓ 25	07 ♑ 29R	26 ♐ 32	
25	14 10 39	04 ♉ 27	03 ♒ 07	12 ♈ 59	04 ♈ 38	17 ♈ 37	20 ♈ 53	12 ♎ 19R	02 ♈ 26	00 ♓ 31	07 ♑ 27R	26 ♐ 16	
30	14 30 22	09 ♉ 19	03 ♈ 10	14 ♈ 37	10 ♈ 41	21 ♈ 26	22 ♈ 04	11 ♎ 59R	02 ♈ 41	00 ♓ 37	07 ♑ 24R	26 ♐ 00	
1	14 34 18	10 ♉ 18	15 ♈ 03	15 ♈ 10	11 ♈ 54	22 ♈ 12	22 ♈ 18	11 ♎ 55R	02 ♈ 44	00 ♓ 38	07 ♑ 23R	25 ♐ 57	MAGGIO
5	14 50 05	14 ♉ 11	03 ♊ 31	17 ♈ 59	16 ♈ 45	25 ♈ 15	23 ♈ 14	11 ♎ 40R	02 ♈ 55	00 ♓ 42	07 ♑ 20R	25 ♐ 44	
10	15 09 47	19 ♉ 01	08 ♌ 05	22 ♈ 46	22 ♈ 49	29 ♈ 01	24 ♈ 24	11 ♎ 23R	03 ♈ 08	00 ♓ 46	07 ♑ 16R	25 ♐ 28	
15	15 29 30	23 ♉ 51	19 ♎ 45	28 ♈ 43	28 ♈ 53	02 ♉ 47	25 ♈ 32	11 ♎ 08R	03 ♈ 21	00 ♓ 50	07 ♑ 12R	25 ♐ 13	
20	15 49 13	28 ♉ 40	02 ♑ 07	05 ♉ 43	04 ♉ 57	06 ♉ 31	26 ♈ 40	10 ♎ 56R	03 ♈ 33	00 ♓ 53	07 ♑ 06R	24 ♐ 57	
25	16 08 56	03 ♊ 28	05 ♓ 50	13 ♉ 40	11 ♉ 01	10 ♉ 14	27 ♈ 46	10 ♎ 45R	03 ♈ 44	00 ♓ 55	07 ♑ 01R	24 ♐ 41	
31	16 32 35	09 ♊ 14	17 ♉ 40	24 ♉ 27	18 ♉ 19	14 ♉ 40	29 ♈ 03	10 ♎ 35R	03 ♈ 56	00 ♓ 56	06 ♑ 53R	24 ♐ 22	
1	16 36 32	10 ♊ 11	00 ♊ 01	26 ♉ 22	19 ♉ 32	15 ♉ 24	29 ♈ 15	10 ♎ 34R	03 ♈ 58	00 ♓ 56	06 ♑ 52R	24 ♐ 19	GIUGNO
5	16 52 18	14 ♊ 01	21 ♋ 35	04 ♊ 25	24 ♉ 24	18 ♉ 20	00 ♉ 05	10 ♎ 30R	04 ♈ 04	00 ♓ 56R	06 ♑ 46R	24 ♐ 06	
10	17 12 01	18 ♊ 48	00 ♎ 53	15 ♊ 06	00 ♊ 29	21 ♉ 59	01 ♉ 06	10 ♎ 27R	04 ♈ 12	00 ♓ 55R	06 ♑ 39R	23 ♐ 50	
15	17 31 43	23 ♊ 35	12 ♐ 36	26 ♊ 05	06 ♊ 35	25 ♉ 36	02 ♉ 04	10 ♎ 27	04 ♈ 19	00 ♓ 54R	06 ♑ 32R	23 ♐ 34	
20	17 51 26	28 ♊ 21	19 ♒ 15	06 ♋ 49	12 ♊ 40	29 ♉ 12	03 ♉ 00	10 ♎ 29	04 ♈ 24	00 ♓ 51R	06 ♑ 25R	23 ♐ 18	
25	18 11 09	03 ♋ 08	19 ♈ 36	16 ♋ 55	18 ♊ 47	02 ♊ 46	03 ♉ 54	10 ♎ 34	04 ♈ 28	00 ♓ 48R	06 ♑ 17R	23 ♐ 02	
30	18 30 52	07 ♋ 54	21 ♊ 11	26 ♋ 09	24 ♊ 53	06 ♊ 19	04 ♉ 46	10 ♎ 41	04 ♈ 31	00 ♓ 45R	06 ♑ 09R	22 ♐ 46	

2011	GIORNO	TEMPO SIDERALE	☉	☽	☿	♀	♂	♃	♄	♅	♆	♇	☊
LUGLIO	1	18 34 48	08 ♋ 51	04 ♋ 16	27 ♋ 54	26 ♊ 07	07 ♊ 01	04 ♉ 56	10 ♎ 43	04 ♈ 32	00 ♓ 44R	06 ♑ 08R	22 ♐ 43
	5	18 50 35	12 ♋ 40	29 ♌ 15	04 ♌ 30	01 ♋ 00	09 ♊ 50	05 ♉ 34	10 ♎ 50	04 ♈ 33	00 ♓ 40R	06 ♑ 02R	22 ♐ 31
	10	19 10 17	17 ♋ 26	10 ♏ 17	11 ♌ 56	07 ♋ 08	13 ♊ 20	06 ♉ 19	11 ♎ 02	04 ♈ 34R	00 ♓ 35R	05 ♑ 54R	22 ♐ 15
	15	19 30 00	22 ♋ 12	18 ♑ 48	18 ♌ 23	13 ♋ 15	16 ♊ 48	07 ♉ 02	11 ♎ 17	04 ♈ 33R	00 ♓ 30R	05 ♑ 47R	21 ♐ 59
	20	19 49 43	26 ♋ 58	21 ♓ 47	23 ♌ 47	19 ♋ 24	20 ♊ 14	07 ♉ 40	11 ♎ 33	04 ♈ 31R	00 ♓ 23R	05 ♑ 40R	21 ♐ 43
	25	20 09 26	01 ♌ 45	21 ♉ 32	27 ♌ 54	25 ♋ 32	23 ♊ 39	08 ♉ 15	11 ♎ 52	04 ♈ 28R	00 ♓ 17R	05 ♑ 33R	21 ♐ 27
	31	20 33 05	07 ♌ 29	10 ♌ 24	00 ♍ 47	02 ♌ 56	27 ♊ 43	08 ♉ 52	12 ♎ 17	04 ♈ 23R	00 ♓ 08R	05 ♑ 25R	21 ♐ 08
AGOSTO	1	20 37 02	08 ♌ 26	24 ♌ 45	01 ♍ 00	04 ♌ 09	28 ♊ 24	08 ♉ 58	12 ♎ 21	04 ♈ 22R	00 ♓ 07R	05 ♑ 24R	21 ♐ 05
	5	20 52 48	12 ♌ 16	22 ♎ 52	01 ♍ 03R	09 ♌ 05	01 ♋ 05	09 ♉ 19	12 ♎ 40	04 ♈ 18R	00 ♓ 00R	05 ♑ 19R	20 ♐ 52
	10	21 12 31	17 ♌ 03	01 ♑ 51	29 ♌ 10R	15 ♌ 15	04 ♋ 24	09 ♉ 40	13 ♎ 04	04 ♈ 11R	29 ♒ 53R	05 ♑ 14R	20 ♐ 36
	15	21 32 13	21 ♌ 51	05 ♓ 42	25 ♌ 32R	21 ♌ 26	07 ♋ 42	09 ♉ 58	13 ♎ 31	04 ♈ 04R	29 ♒ 45R	05 ♑ 09R	20 ♐ 20
	20	21 51 56	26 ♌ 39	05 ♉ 37	21 ♌ 29R	27 ♌ 37	10 ♋ 58	10 ♉ 11	13 ♎ 58	03 ♈ 56R	29 ♒ 36R	05 ♑ 05R	20 ♐ 04
	25	22 11 39	01 ♍ 28	07 ♋ 19	18 ♌ 56R	03 ♍ 48	14 ♋ 13	10 ♉ 18	14 ♎ 28	03 ♈ 46R	29 ♒ 28R	05 ♑ 01R	19 ♐ 49
	31	22 35 18	07 ♍ 16	03 ♎ 29	19 ♌ 49	11 ♍ 15	18 ♋ 04	10 ♉ 21R	15 ♎ 05	03 ♈ 34R	29 ♒ 18R	04 ♑ 57R	19 ♐ 29
SETTEMBRE	1	22 39 15	08 ♍ 14	18 ♎ 25	20 ♌ 26	12 ♍ 29	18 ♋ 42	10 ♉ 21R	15 ♎ 11	03 ♈ 32R	29 ♒ 17R	04 ♑ 57R	19 ♐ 26
	5	22 55 01	12 ♍ 06	15 ♐ 26	24 ♌ 10	17 ♍ 27	21 ♋ 14	10 ♉ 18R	15 ♎ 37	03 ♈ 24R	29 ♒ 10R	04 ♑ 55R	19 ♐ 14
	10	23 14 44	16 ♍ 57	19 ♒ 60	01 ♍ 11	23 ♍ 39	24 ♋ 23	10 ♉ 10R	16 ♎ 10	03 ♈ 13R	29 ♒ 03R	04 ♑ 54R	18 ♐ 58
	15	23 34 27	21 ♍ 49	20 ♈ 25	09 ♍ 49	29 ♍ 52	27 ♋ 29	09 ♉ 57R	16 ♎ 44	03 ♈ 01R	28 ♒ 55R	04 ♑ 53R	18 ♐ 42
	20	23 54 09	26 ♍ 42	20 ♊ 10	19 ♍ 05	06 ♎ 04	00 ♌ 34	09 ♉ 39R	17 ♎ 19	02 ♈ 49R	28 ♒ 48R	04 ♑ 53	18 ♐ 26
	25	0 13 52	01 ♎ 35	27 ♌ 03	28 ♍ 23	12 ♎ 17	03 ♌ 36	09 ♉ 17R	17 ♎ 54	02 ♈ 37R	28 ♒ 41R	04 ♑ 54	18 ♐ 10
	30	0 33 35	06 ♎ 30	12 ♏ 27	07 ♎ 25	18 ♎ 30	06 ♌ 36	08 ♉ 50R	18 ♎ 30	02 ♈ 25R	28 ♒ 35R	04 ♑ 56	17 ♐ 54
OTTOBRE	1	0 37 31	07 ♎ 29	27 ♏ 10	09 ♎ 11	19 ♎ 45	07 ♌ 12	08 ♉ 44R	18 ♎ 37	02 ♈ 23R	28 ♒ 34R	04 ♑ 56	17 ♐ 51
	5	0 53 18	11 ♎ 25	21 ♑ 50	16 ♎ 06	24 ♎ 43	09 ♌ 34	08 ♉ 20R	19 ♎ 06	02 ♈ 13R	28 ♒ 29R	04 ♑ 58	17 ♐ 38
	10	1 13 00	16 ♎ 21	23 ♓ 32	24 ♎ 26	00 ♏ 56	12 ♌ 29	07 ♉ 46R	19 ♎ 43	02 ♈ 01R	28 ♒ 24R	05 ♑ 02	17 ♐ 22
	15	1 32 43	21 ♎ 17	22 ♉ 55	02 ♏ 27	07 ♏ 09	15 ♌ 21	07 ♉ 09R	20 ♎ 19	01 ♈ 50R	28 ♒ 19R	05 ♑ 06	17 ♐ 06
	20	1 52 26	26 ♎ 15	24 ♋ 29	10 ♏ 11	13 ♏ 22	18 ♌ 10	06 ♉ 30R	20 ♎ 56	01 ♈ 39R	28 ♒ 16R	05 ♑ 10	16 ♐ 51
	25	2 12 09	01 ♏ 13	05 ♎ 08	17 ♏ 39	19 ♏ 36	20 ♌ 56	05 ♉ 50R	21 ♎ 32	01 ♈ 29R	28 ♒ 13R	05 ♑ 16	16 ♐ 35
	31	2 35 48	07 ♏ 13	04 ♑ 15	26 ♏ 16	27 ♏ 03	24 ♌ 11	05 ♉ 01R	22 ♎ 16	01 ♈ 17R	28 ♒ 10R	05 ♑ 23	16 ♐ 16
NOVEMBRE	1	2 39 45	08 ♏ 13	17 ♑ 50	27 ♏ 40	28 ♏ 18	24 ♌ 43	04 ♉ 53R	22 ♎ 23	01 ♈ 16R	28 ♒ 10R	05 ♑ 25	16 ♐ 12
	5	2 55 31	12 ♏ 13	08 ♓ 29	03 ♐ 04	03 ♐ 16	26 ♌ 50	04 ♉ 21R	22 ♎ 51	01 ♈ 09R	28 ♒ 09R	05 ♑ 30	15 ♐ 60
	10	3 15 14	17 ♏ 14	08 ♉ 01	09 ♐ 23	09 ♐ 29	29 ♌ 24	03 ♉ 42R	23 ♎ 26	01 ♈ 01R	28 ♒ 08	05 ♑ 38	15 ♐ 44
	15	3 34 56	22 ♏ 16	08 ♋ 38	14 ♐ 51	15 ♐ 42	01 ♍ 54	03 ♉ 05R	24 ♎ 00	00 ♈ 54R	28 ♒ 09	05 ♑ 46	15 ♐ 28
	20	3 54 39	27 ♏ 18	14 ♍ 54	18 ♐ 48	21 ♐ 54	04 ♍ 20	02 ♉ 30R	24 ♎ 34	00 ♈ 49R	28 ♒ 10	05 ♑ 54	15 ♐ 12
	25	4 14 22	02 ♐ 21	28 ♏ 46	20 ♐ 05R	28 ♐ 06	06 ♍ 40	01 ♉ 58R	25 ♎ 06	00 ♈ 44R	28 ♒ 12	06 ♑ 03	14 ♐ 56
	30	4 34 05	07 ♐ 25	09 ♒ 21	17 ♐ 18R	04 ♑ 19	08 ♍ 54	01 ♉ 30R	25 ♎ 37	00 ♈ 41R	28 ♒ 15	06 ♑ 13	14 ♐ 40
DICEMBRE	1	4 38 01	08 ♐ 26	22 ♒ 15	16 ♐ 14R	05 ♑ 33	09 ♍ 20	01 ♉ 25R	25 ♎ 43	00 ♈ 41R	28 ♒ 16	06 ♑ 15	14 ♐ 37
	5	4 53 48	12 ♐ 29	10 ♈ 58	10 ♐ 59R	10 ♑ 30	11 ♍ 02	01 ♉ 07R	26 ♎ 07	00 ♈ 39R	28 ♒ 19	06 ♑ 23	14 ♐ 24
	10	5 13 30	17 ♐ 34	10 ♊ 42	05 ♐ 21R	16 ♑ 42	13 ♍ 02	00 ♉ 48R	26 ♎ 35	00 ♈ 38	28 ♒ 24	06 ♑ 33	14 ♐ 09
	15	5 33 13	22 ♐ 38	14 ♌ 21	03 ♐ 56	22 ♑ 53	14 ♍ 55	00 ♉ 34R	27 ♎ 01	00 ♈ 39	28 ♒ 30	06 ♑ 43	13 ♐ 53
	20	5 52 56	27 ♐ 44	23 ♎ 39	06 ♐ 22	29 ♑ 03	16 ♍ 39	00 ♉ 26R	27 ♎ 26	00 ♈ 41	28 ♒ 36	06 ♑ 54	13 ♐ 37
	25	6 12 39	02 ♑ 49	06 ♑ 03	11 ♐ 09	05 ♒ 13	18 ♍ 13	00 ♉ 22R	27 ♎ 49	00 ♈ 44	28 ♒ 43	07 ♑ 04	13 ♐ 21
	31	6 36 18	08 ♑ 56	25 ♓ 02	18 ♐ 30	12 ♒ 36	19 ♍ 52	00 ♉ 25	28 ♎ 14	00 ♈ 49	28 ♒ 52	07 ♑ 17	13 ♐ 02

GIORNO	TEMPO SIDERALE	☉	☽	☿	♀	♂	♃	♄	♅	♆	♇	☊	2012
1	6 40 15	09 ♑ 57	07 ♈ 06	19 ♐ 50	13 ♒ 49	20 ♍ 07	00 ♉ 26	28 ♎ 17	00 ♈ 51	28 ♒ 54	07 ♑ 19	12 ♐ 59	GENNAIO
5	6 56 01	14 ♑ 02	24 ♉ 37	25 ♐ 20	18 ♒ 43	21 ♍ 01	00 ♉ 32	28 ♎ 32	00 ♈ 55	29 ♒ 00	07 ♑ 28	12 ♐ 46	
10	7 15 44	19 ♑ 08	27 ♋ 27	02 ♑ 31	24 ♒ 50	21 ♍ 56	00 ♉ 45	28 ♎ 48	01 ♈ 02	29 ♒ 09	07 ♑ 39	12 ♐ 30	
15	7 35 26	24 ♑ 13	06 ♎ 09	09 ♑ 58	00 ♓ 55	22 ♍ 36	01 ♉ 03	29 ♎ 01	01 ♈ 11	29 ♒ 19	07 ♑ 49	12 ♐ 14	
20	7 55 09	29 ♑ 19	16 ♐ 45	17 ♑ 38	06 ♓ 59	22 ♍ 59	01 ♉ 26	29 ♎ 12	01 ♈ 20	29 ♒ 29	07 ♑ 59	11 ♐ 58	
25	8 14 52	04 ♒ 24	25 ♒ 01	25 ♑ 32	13 ♓ 01	23 ♍ 05R	01 ♉ 53	29 ♎ 21	01 ♈ 31	29 ♒ 39	08 ♑ 09	11 ♐ 42	
31	8 38 31	10 ♒ 30	08 ♉ 37	05 ♒ 21	20 ♓ 12	22 ♍ 47R	02 ♉ 31	29 ♎ 27	01 ♈ 44	29 ♒ 52	08 ♑ 21	11 ♐ 23	
1	8 42 28	11 ♒ 31	20 ♉ 27	07 ♒ 01	21 ♓ 24	22 ♍ 41R	02 ♉ 38	29 ♎ 28	01 ♈ 47	29 ♒ 54	08 ♑ 23	11 ♐ 20	FEBBRAIO
5	8 58 14	15 ♒ 34	09 ♋ 30	13 ♒ 50	26 ♓ 09	22 ♍ 10R	03 ♉ 08	29 ♎ 30	01 ♈ 57	00 ♓ 03	08 ♑ 30	11 ♐ 07	
10	9 17 57	20 ♒ 38	18 ♍ 04	22 ♒ 38	02 ♈ 03	21 ♍ 14R	03 ♉ 48	29 ♎ 30R	02 ♈ 10	00 ♓ 14	08 ♑ 39	10 ♐ 52	
15	9 37 40	25 ♒ 42	29 ♏ 27	01 ♓ 42	07 ♈ 54	19 ♍ 59R	04 ♉ 32	29 ♎ 28R	02 ♈ 25	00 ♓ 25	08 ♑ 47	10 ♐ 36	
20	9 57 22	00 ♓ 45	07 ♒ 27	10 ♓ 56	13 ♈ 42	18 ♍ 27R	05 ♉ 19	29 ♎ 22R	02 ♈ 39	00 ♓ 37	08 ♑ 55	10 ♐ 20	
25	10 17 05	05 ♓ 47	10 ♈ 47	19 ♓ 56	19 ♈ 25	16 ♍ 41R	06 ♉ 09	29 ♎ 15R	02 ♈ 55	00 ♓ 48	09 ♑ 02	10 ♐ 04	
28	10 32 51	09 ♓ 48	28 ♉ 17	26 ♓ 29	23 ♈ 57	15 ♍ 10R	06 ♉ 51	29 ♎ 07R	03 ♈ 08	00 ♓ 57	09 ♑ 07	09 ♐ 51	
1	10 36 48	10 ♓ 48	10 ♊ 11	27 ♓ 57	25 ♈ 04	14 ♍ 47R	07 ♉ 02	29 ♎ 05R	03 ♈ 11	00 ♓ 60	09 ♑ 08	09 ♐ 48	MARZO
5	10 52 34	14 ♓ 49	00 ♌ 23	02 ♈ 57	29 ♈ 31	13 ♍ 12R	07 ♉ 46	28 ♎ 55R	03 ♈ 24	01 ♓ 09	09 ♑ 13	09 ♐ 35	
10	11 12 17	19 ♓ 49	11 ♎ 50	06 ♈ 25	04 ♉ 60	11 ♍ 14R	08 ♉ 43	28 ♎ 41R	03 ♈ 40	01 ♓ 20	09 ♑ 18	09 ♐ 19	
15	11 31 60	24 ♓ 48	24 ♐ 02	06 ♈ 19R	10 ♉ 22	09 ♍ 23R	09 ♉ 43	28 ♎ 24R	03 ♈ 57	01 ♓ 30	09 ♑ 23	09 ♐ 04	
20	11 51 42	29 ♓ 47	29 ♒ 57	03 ♈ 09R	15 ♉ 36	07 ♍ 42R	10 ♉ 44	28 ♎ 07R	04 ♈ 14	01 ♓ 41	09 ♑ 26	08 ♐ 48	
25	12 11 25	04 ♈ 45	01 ♉ 07	28 ♓ 44R	20 ♉ 42	06 ♍ 17R	11 ♉ 48	27 ♎ 47R	04 ♈ 31	01 ♓ 51	09 ♑ 29	08 ♐ 32	
31	12 35 04	10 ♈ 41	12 ♋ 44	24 ♓ 46R	26 ♉ 35	04 ♍ 57R	13 ♉ 06	27 ♎ 22R	04 ♈ 52	02 ♓ 03	09 ♑ 32	08 ♐ 13	
1	12 39 01	11 ♈ 40	25 ♋ 22	24 ♓ 24R	27 ♉ 32	04 ♍ 47R	13 ♉ 19	27 ♎ 18R	04 ♈ 55	02 ♓ 05	09 ♑ 32	08 ♐ 10	APRILE
5	12 54 47	15 ♈ 37	20 ♍ 25	23 ♓ 52	01 ♊ 15	04 ♍ 13R	14 ♉ 12	26 ♎ 60R	05 ♈ 09	02 ♓ 12	09 ♑ 33	07 ♐ 57	
10	13 14 30	20 ♈ 31	05 ♐ 24	25 ♓ 11	05 ♊ 40	03 ♍ 47R	15 ♉ 20	26 ♎ 37R	05 ♈ 26	02 ♓ 20	09 ♑ 34	07 ♐ 41	
15	13 34 13	25 ♈ 26	14 ♒ 16	28 ♓ 21	09 ♊ 48	03 ♍ 41	16 ♉ 28	26 ♎ 14R	05 ♈ 42	02 ♓ 28	09 ♑ 33R	07 ♐ 25	
20	13 53 56	00 ♉ 19	16 ♈ 03	02 ♈ 58	13 ♊ 34	03 ♍ 53	17 ♉ 38	25 ♎ 51R	05 ♈ 59	02 ♓ 36	09 ♑ 32R	07 ♐ 09	
25	14 13 38	05 ♉ 12	15 ♊ 13	08 ♈ 43	16 ♊ 55	04 ♍ 22	18 ♉ 48	25 ♎ 29R	06 ♈ 14	02 ♓ 43	09 ♑ 31R	06 ♐ 53	
30	14 33 21	10 ♉ 03	17 ♌ 07	15 ♈ 26	19 ♊ 45	05 ♍ 08	19 ♉ 58	25 ♎ 06R	06 ♈ 29	02 ♓ 49	09 ♑ 28R	06 ♐ 37	
1	14 37 18	11 ♉ 02	00 ♍ 32	16 ♈ 53	20 ♊ 14	05 ♍ 18	20 ♉ 12	25 ♎ 02R	06 ♈ 32	02 ♓ 50	09 ♑ 27R	06 ♐ 34	MAGGIO
5	14 53 04	14 ♉ 54	28 ♎ 31	22 ♈ 59	21 ♊ 57	06 ♍ 07	21 ♉ 09	24 ♎ 45R	06 ♈ 44	02 ♓ 54	09 ♑ 25R	06 ♐ 21	
10	15 12 47	19 ♉ 45	13 ♑ 10	01 ♉ 22	23 ♊ 24	07 ♍ 20	22 ♉ 20	24 ♎ 25R	06 ♈ 58	02 ♓ 59	09 ♑ 21R	06 ♐ 06	
15	15 32 29	24 ♉ 34	18 ♓ 55	10 ♉ 33	23 ♊ 59	08 ♍ 44	23 ♉ 31	24 ♎ 06R	07 ♈ 11	03 ♓ 02	09 ♑ 16R	05 ♐ 50	
20	15 52 12	29 ♉ 23	18 ♉ 38	20 ♉ 31	23 ♊ 36R	10 ♍ 19	24 ♉ 42	23 ♎ 49R	07 ♈ 24	03 ♓ 05	09 ♑ 11R	05 ♐ 34	
25	16 11 55	04 ♊ 12	18 ♋ 30	01 ♊ 09	22 ♊ 14R	12 ♍ 03	25 ♉ 53	23 ♎ 33R	07 ♈ 35	03 ♓ 07	09 ♑ 06R	05 ♐ 18	
31	16 35 34	09 ♊ 57	07 ♎ 49	14 ♊ 19	19 ♊ 24R	14 ♍ 20	27 ♉ 18	23 ♎ 17R	07 ♈ 48	03 ♓ 09	08 ♑ 58R	04 ♐ 59	
1	16 39 31	10 ♊ 55	22 ♎ 18	16 ♊ 29	18 ♊ 50R	14 ♍ 44	27 ♉ 32	23 ♎ 15R	07 ♈ 50	03 ♓ 09	08 ♑ 57R	04 ♐ 56	GIUGNO
5	16 55 17	14 ♊ 45	22 ♐ 13	24 ♊ 59	16 ♊ 24R	16 ♍ 23	28 ♉ 27	23 ♎ 06R	07 ♈ 57	03 ♓ 09R	08 ♑ 52R	04 ♐ 43	
10	01 15 60	19 ♊ 31	02 ♓ 31	04 ♋ 55	13 ♊ 18R	18 ♍ 33	29 ♉ 36	22 ♎ 57R	08 ♈ 06	03 ♓ 09R	08 ♑ 45R	04 ♐ 27	
15	17 34 43	24 ♊ 18	03 ♉ 45	13 ♋ 52	10 ♊ 35R	20 ♍ 49	00 ♊ 45	22 ♎ 51R	08 ♈ 13	03 ♓ 08R	08 ♑ 38R	04 ♐ 11	
20	17 54 25	29 ♊ 05	03 ♋ 15	21 ♋ 48	08 ♊ 38R	23 ♍ 10	01 ♊ 52	22 ♎ 47R	08 ♈ 19	03 ♓ 06R	08 ♑ 30R	03 ♐ 55	
25	18 14 08	03 ♋ 51	06 ♍ 46	28 ♋ 39	07 ♊ 37R	25 ♍ 38	02 ♊ 58	22 ♎ 46	08 ♈ 24	03 ♓ 03R	08 ♑ 23R	03 ♐ 39	
30	18 33 51	08 ♋ 37	16 ♏ 31	04 ♌ 20	07 ♊ 36	28 ♍ 10	04 ♊ 03	22 ♎ 47	08 ♈ 28	02 ♓ 59R	08 ♑ 15R	03 ♐ 24	

2012	GIORNO	TEMPO SIDERALE	☉	☽	☿	♀	♂	♃	♄	♅	♆	♇	☊
LUGLIO	1	18 37 48	09 ♋ 34	01 ♐ 11	05 ♌ 19	07 ♊ 42	28 ♍ 41	04 ♊ 16	22 ♎ 47	08 ♈ 29	02 ♓ 59R	08 ♑ 14R	03 ♐ 20
	5	18 53 34	13 ♋ 23	29 ♑ 44	08 ♌ 42	08 ♊ 29	00 ♎ 47	05 ♊ 06	22 ♎ 51	08 ♈ 31	02 ♓ 55R	08 ♑ 08R	03 ♐ 08
	10	19 13 17	18 ♋ 09	06 ♈ 04	11 ♌ 31	10 ♊ 11	03 ♎ 28	06 ♊ 08	22 ♎ 57	08 ♈ 32	02 ♓ 50R	08 ♑ 00R	02 ♐ 52
	15	19 32 59	22 ♋ 55	05 ♊ 42	12 ♌ 33R	12 ♊ 34	06 ♎ 13	07 ♊ 08	23 ♎ 05	08 ♈ 32R	02 ♓ 45R	07 ♑ 53R	02 ♐ 36
	20	19 52 42	27 ♋ 41	07 ♌ 22	11 ♌ 35R	15 ♊ 31	09 ♎ 02	08 ♊ 06	23 ♎ 16	08 ♈ 31R	02 ♓ 39R	07 ♑ 45R	02 ♐ 20
	25	20 12 25	02 ♌ 28	14 ♎ 35	08 ♌ 52R	18 ♊ 57	11 ♎ 54	09 ♊ 02	23 ♎ 29	08 ♈ 29R	02 ♓ 32R	07 ♑ 39R	02 ♐ 04
	31	20 36 04	08 ♌ 12	09 ♑ 52	04 ♌ 36R	23 ♊ 33	15 ♎ 25	10 ♊ 06	23 ♎ 48	08 ♈ 25R	02 ♓ 24R	07 ♑ 31R	01 ♐ 45
AGOSTO	1	20 40 01	09 ♌ 09	24 ♑ 08	03 ♌ 57R	24 ♊ 22	16 ♎ 01	10 ♊ 16	23 ♎ 51	08 ♈ 24R	02 ♓ 22R	07 ♑ 30R	01 ♐ 42
	5	20 55 47	12 ♌ 59	18 ♓ 47	01 ♌ 59R	27 ♊ 44	18 ♎ 25	10 ♊ 56	24 ♎ 06	08 ♈ 20R	02 ♓ 16R	07 ♑ 25R	01 ♐ 29
	10	21 15 30	17 ♌ 46	20 ♉ 04	01 ♌ 36	02 ♋ 11	21 ♎ 27	11 ♊ 44	24 ♎ 25	08 ♈ 14R	02 ♓ 08R	07 ♑ 19R	01 ♐ 13
	15	21 35 13	22 ♌ 35	20 ♋ 24	04 ♌ 03	06 ♋ 52	24 ♎ 33	12 ♊ 29	24 ♎ 47	08 ♈ 08R	02 ♓ 00R	07 ♑ 14R	00 ♐ 57
	20	21 54 55	27 ♌ 23	27 ♍ 13	09 ♌ 19	11 ♋ 44	27 ♎ 41	13 ♊ 10	25 ♎ 11	07 ♈ 60R	01 ♓ 52R	07 ♑ 10R	00 ♐ 42
	25	22 14 38	02 ♍ 12	07 ♐ 44	16 ♌ 53	16 ♋ 45	00 ♏ 52	13 ♊ 48	25 ♎ 36	07 ♈ 51R	01 ♓ 44R	07 ♑ 06R	00 ♐ 26
	31	22 38 17	07 ♍ 60	00 ♓ 49	27 ♌ 52	22 ♋ 57	04 ♏ 45	14 ♊ 29	26 ♎ 09	07 ♈ 40R	01 ♓ 34R	07 ♑ 02R	00 ♐ 07
SETTEMBRE	1	22 42 14	08 ♍ 58	14 ♓ 03	29 ♌ 48	24 ♋ 00	05 ♏ 24	14 ♊ 35	26 ♎ 15	07 ♈ 38R	01 ♓ 33R	07 ♑ 02R	00 ♐ 03
	5	22 58 00	12 ♍ 50	04 ♉ 10	07 ♍ 35	28 ♋ 16	08 ♏ 01	14 ♊ 59	26 ♎ 38	07 ♈ 29R	01 ♓ 26R	06 ♑ 60R	29 ♏ 51
	10	23 17 43	17 ♍ 41	03 ♋ 36	17 ♍ 12	03 ♌ 40	11 ♏ 20	15 ♊ 24	27 ♎ 08	07 ♈ 19R	01 ♓ 18R	06 ♑ 58R	29 ♏ 35
	15	23 37 26	22 ♍ 34	08 ♍ 18	26 ♍ 28	09 ♌ 11	14 ♏ 42	15 ♊ 45	27 ♎ 39	07 ♈ 07R	01 ♓ 11R	06 ♑ 57R	29 ♏ 19
	20	23 57 09	27 ♍ 26	20 ♏ 03	05 ♎ 17	14 ♌ 47	18 ♏ 05	16 ♊ 02	28 ♎ 12	06 ♈ 55R	01 ♓ 03R	06 ♑ 57	29 ♏ 03
	25	0 16 51	02 ♎ 20	00 ♒ 15	13 ♎ 41	20 ♌ 27	21 ♏ 31	16 ♊ 14	28 ♎ 45	06 ♈ 43R	00 ♓ 56R	06 ♑ 58	28 ♏ 47
	30	0 36 34	07 ♎ 14	05 ♈ 38	21 ♎ 42	26 ♌ 11	24 ♏ 59	16 ♊ 21	29 ♎ 19	06 ♈ 31R	00 ♓ 50R	06 ♑ 59	28 ♏ 31
OTTOBRE	1	0 40 31	08 ♎ 13	18 ♈ 04	23 ♎ 15	27 ♌ 21	25 ♏ 41	16 ♊ 22	29 ♎ 26	06 ♈ 29R	00 ♓ 49R	06 ♑ 60	28 ♏ 28
	5	0 56 17	12 ♎ 09	05 ♊ 60	29 ♎ 20	01 ♍ 59	28 ♏ 29	16 ♊ 23R	29 ♎ 54	06 ♈ 19R	00 ♓ R44	07 ♑ 02	28 ♏ 15
	10	01 15 60	17 ♎ 05	06 ♌ 20	06 ♏ 38	07 ♍ 51	02 ♐ 02	16 ♊ 20R	00 ♏ 29	06 ♈ 07R	00 ♓ 39R	07 ♑ 05	27 ♏ 59
	15	1 35 42	22 ♎ 02	15 ♎ 07	13 ♏ 33	13 ♍ 46	05 ♐ 36	16 ♊ 12R	01 ♏ 05	05 ♈ 56R	00 ♓ 34R	07 ♑ 08	27 ♏ 44
	20	1 55 25	27 ♎ 00	28 ♐ 59	20 ♏ 01	19 ♍ 43	09 ♐ 12	15 ♊ 59R	01 ♏ 41	05 ♈ 44R	00 ♓ 30R	07 ♑ 13	27 ♏ 28
	25	2 15 08	01 ♏ 59	07 ♓ 00	25 ♏ 49	25 ♍ 43	12 ♐ 50	15 ♊ 41R	02 ♏ 18	05 ♈ 34R	00 ♓ 27R	07 ♑ 18	27 ♏ 12
	31	2 38 47	07 ♏ 58	20 ♉ 47	01 ♐ 24	02 ♎ 58	17 ♐ 14	15 ♊ 13R	03 ♏ 01	05 ♈ 22R	00 ♓ 24R	07 ♑ 25	26 ♏ 53
NOVEMBRE	1	2 42 44	08 ♏ 58	02 ♊ 37	02 ♐ 07	04 ♎ 11	17 ♐ 58	15 ♊ 08R	03 ♏ 08	05 ♈ 20R	00 ♓ 24R	07 ♑ 26	26 ♏ 50
	5	2 58 30	12 ♏ 58	20 ♋ 02	04 ♐ 02	09 ♎ 03	20 ♐ 56	14 ♊ 46R	03 ♏ 37	05 ♈ 13R	00 ♓ 22R	07 ♑ 32	26 ♏ 37
	10	3 18 13	17 ♏ 60	24 ♍ 24	03 ♐ 35R	15 ♎ 10	24 ♐ 39	14 ♊ 15R	04 ♏ 13	05 ♈ 04R	00 ♓ 22R	07 ♑ 39	26 ♏ 21
	15	3 37 56	23 ♏ 02	08 ♐ 18	29 ♏ 12R	21 ♎ 18	28 ♐ 25	13 ♊ 40R	04 ♏ 49	04 ♈ 57R	00 ♓ 22	07 ♑ 47	26 ♏ 05
	20	3 57 38	28 ♏ 04	20 ♒ 35	22 ♏ 39R	27 ♎ 28	02 ♑ 11	13 ♊ 03R	05 ♏ 23	04 ♈ 51R	00 ♓ 23	07 ♑ 55	25 ♏ 49
	25	4 17 21	03 ♐ 07	23 ♈ 50	18 ♏ 31R	03 ♏ 38	05 ♑ 59	12 ♊ 23R	05 ♏ 57	04 ♈ 45R	00 ♓ 25	08 ♑ 04	25 ♏ 33
	30	4 37 04	08 ♐ 11	23 ♊ 07	18 ♏ 57	09 ♏ 50	09 ♑ 48	11 ♊ 43R	06 ♏ 31	04 ♈ 41R	00 ♓ 28	08 ♑ 14	25 ♏ 17
DICEMBRE	1	4 41 01	09 ♐ 12	04 ♋ 59	19 ♏ 30	11 ♏ 05	10 ♑ 34	11 ♊ 35R	06 ♏ 37	04 ♈ 41R	00 ♓ 28	08 ♑ 15	25 ♏ 14
	5	4 56 47	13 ♐ 15	23 ♌ 44	22 ♏ 50	16 ♏ 03	13 ♑ 39	11 ♊ 02R	07 ♏ 03	04 ♈ 39R	00 ♓ 31	08 ♑ 23	25 ♏ 02
	10	5 16 30	18 ♐ 20	01 ♏ 18	28 ♏ 37	22 ♏ 16	17 ♑ 31	10 ♊ 22R	07 ♏ 34	04 ♈ 37R	00 ♓ 36	08 ♑ 33	24 ♏ 46
	15	5 36 12	23 ♐ 25	16 ♑ 30	05 ♐ 21	28 ♏ 31	21 ♑ 23	09 ♊ 42R	08 ♏ 03	04 ♈ 37	00 ♓ 41	08 ♑ 43	24 ♏ 30
	20	5 55 55	28 ♐ 30	25 ♓ 54	12 ♐ 32	04 ♐ 45	25 ♑ 17	09 ♊ 05R	08 ♏ 32	04 ♈ 38	00 ♓ 47	08 ♑ 54	24 ♏ 14
	25	6 15 38	03 ♑ 36	26 ♉ 27	19 ♐ 58	11 ♐ 00	29 ♑ 11	08 ♊ 30R	08 ♏ 58	04 ♈ 40	00 ♓ 54	09 ♑ 04	23 ♏ 58
	31	6 39 17	09 ♑ 43	08 ♌ 19	29 ♐ 06	18 ♐ 31	03 ♒ 54	07 ♊ 52R	09 ♏ 28	04 ♈ 45	01 ♓ 03	09 ♑ 17	23 ♏ 39

GIORNO	TEMPO SIDERALE	☉	☽	☿	♀	♂	♃	♄	♅	♆	♇	☊	2013
1	6 43 14	10 ♑ 44	20 ♌ 45	00 ♑ 38	19 ♐ 46	04 ♒ 41	07 ♊ 46R	09 ♏ 33	04 ♈ 46	01 ♓ 05	09 ♑ 19	23 ♏ 36	GENNAIO
5	6 59 00	14 ♑ 48	12 ♎ 43	06 ♑ 51	24 ♐ 46	07 ♒ 49	07 ♊ 25R	09 ♏ 51	04 ♈ 50	01 ♓ 11	09 ♑ 28	23 ♏ 23	
10	7 18 43	19 ♑ 54	24 ♐ 25	14 ♑ 46	01 ♑ 02	11 ♒ 46	07 ♊ 02R	10 ♏ 11	04 ♈ 56	01 ♓ 20	09 ♑ 38	23 ♏ 07	
15	7 38 26	24 ♑ 60	07 ♓ 38	22 ♑ 52	07 ♑ 18	15 ♒ 43	06 ♊ 44R	10 ♏ 30	05 ♈ 04	01 ♓ 29	09 ♑ 49	22 ♏ 51	
20	7 58 08	00 ♒ 05	11 ♉ 13	01 ♒ 09	13 ♑ 34	19 ♒ 40	06 ♊ 31R	10 ♏ 46	05 ♈ 12	01 ♓ 39	09 ♑ 59	22 ♏ 35	
25	8 17 51	05 ♒ 11	10 ♋ 29	09 ♒ 41	19 ♑ 50	23 ♒ 37	06 ♊ 23R	10 ♏ 60	05 ♈ 22	01 ♓ 49	10 ♑ 09	22 ♏ 20	
31	8 41 30	11 ♒ 16	26 ♍ 21	20 ♒ 10	27 ♑ 21	28 ♒ 21	06 ♊ 20	11 ♏ 13	05 ♈ 35	02 ♓ 02	10 ♑ 21	22 ♏ 00	
1	8 45 27	12 ♒ 17	09 ♎ 40	21 ♒ 55	28 ♑ 36	29 ♒ 09	06 ♊ 20	11 ♏ 15	05 ♈ 38	02 ♓ 04	10 ♑ 22	21 ♏ 57	FEBBRAIO
5	9 01 13	16 ♒ 20	04 ♐ 52	28 ♒ 55	03 ♒ 37	02 ♓ 18	06 ♊ 23	11 ♏ 22	05 ♈ 47	02 ♓ 13	10 ♑ 30	21 ♏ 45	
10	9 20 56	21 ♒ 24	17 ♒ 20	07 ♓ 17	09 ♒ 53	06 ♓ 15	06 ♊ 31	11 ♏ 28	06 ♈ 00	02 ♓ 24	10 ♑ 39	21 ♏ 29	
15	9 40 39	26 ♒ 28	24 ♈ 44	14 ♓ 23	16 ♒ 08	10 ♓ 12	06 ♊ 44	11 ♏ 31	06 ♈ 14	02 ♓ 35	10 ♑ 47	21 ♏ 13	
20	10 00 22	01 ♓ 31	24 ♊ 41	18 ♓ 55	22 ♒ 23	14 ♓ 08	07 ♊ 02	11 ♏ 32R	06 ♈ 28	02 ♓ 47	10 ♑ 55	20 ♏ 57	
25	10 20 04	06 ♓ 33	26 ♌ 16	19 ♓ 40R	28 ♒ 39	18 ♓ 04	07 ♊ 24	11 ♏ 30R	06 ♈ 43	02 ♓ 58	11 ♑ 02	20 ♏ 41	
28	10 31 54	09 ♓ 33	06 ♎ 12	18 ♓ 12R	02 ♓ 23	20 ♓ 25	07 ♊ 40	11 ♏ 27R	06 ♈ 53	03 ♓ 05	11 ♑ 06	20 ♏ 31	
1	10 35 51	10 ♓ 34	19 ♎ 53	17 ♓ 27R	03 ♓ 38	21 ♓ 12	07 ♊ 45	11 ♏ 26R	06 ♈ 56	03 ♓ 07	11 ♑ 07	20 ♏ 28	MARZO
5	10 51 37	14 ♓ 34	15 ♐ 43	13 ♓ 38R	08 ♓ 38	24 ♓ 20	08 ♊ 09	11 ♏ 21R	07 ♈ 08	03 ♓ 16	11 ♑ 12	20 ♏ 16	
10	11 11 20	19 ♓ 34	26 ♒ 20	08 ♓ 51R	14 ♓ 53	28 ♓ 14	08 ♊ 43	11 ♏ 13R	07 ♈ 25	03 ♓ 27	11 ♑ 17	19 ♏ 60	
15	11 31 02	24 ♓ 34	02 ♉ 31	06 ♓ 03R	21 ♓ 07	02 ♈ 07	09 ♊ 20	11 ♏ 02R	07 ♈ 41	03 ♓ 38	11 ♑ 22	19 ♏ 44	
20	11 50 45	29 ♓ 33	02 ♋ 30	05 ♓ 52	27 ♓ 20	05 ♈ 60	10 ♊ 00	10 ♏ 49R	07 ♈ 58	03 ♓ 49	11 ♑ 26	19 ♏ 28	
25	12 10 28	04 ♈ 30	04 ♍ 27	07 ♓ 56	03 ♈ 34	09 ♈ 51	10 ♊ 44	10 ♏ 34R	08 ♈ 15	03 ♓ 59	11 ♑ 30	19 ♏ 12	
31	12 34 07	10 ♈ 26	28 ♏ 04	12 ♓ 40	11 ♈ 01	14 ♈ 28	11 ♊ 41	10 ♏ 13R	08 ♈ 36	04 ♓ 11	11 ♑ 33	18 ♏ 53	
1	12 38 04	11 ♈ 25	12 ♐ 24	13 ♓ 38	12 ♈ 16	15 ♈ 14	11 ♊ 51	10 ♏ 09R	08 ♈ 39	04 ♓ 13	11 ♑ 33	18 ♏ 50	APRILE
5	12 53 50	15 ♈ 22	08 ♒ 51	17 ♓ 58	17 ♈ 13	18 ♈ 17	12 ♊ 31	09 ♏ 54R	08 ♈ 53	04 ♓ 21	11 ♑ 34	18 ♏ 37	
10	13 13 33	20 ♈ 17	15 ♈ 35	24 ♓ 15	23 ♈ 25	22 ♈ 05	13 ♊ 24	09 ♏ 34R	09 ♈ 10	04 ♓ 30	11 ♑ 35	18 ♏ 21	
15	13 33 16	25 ♈ 11	16 ♊ 46	01 ♈ 19	29 ♈ 37	25 ♈ 52	14 ♊ 19	09 ♏ 13R	09 ♈ 27	04 ♓ 38	11 ♑ 35R	18 ♏ 05	
20	13 52 58	00 ♉ 05	16 ♌ 45	09 ♈ 06	05 ♉ 48	29 ♈ 38	15 ♊ 17	08 ♏ 51R	09 ♈ 43	04 ♓ 46	11 ♑ 34R	17 ♏ 49	
25	14 12 41	04 ♉ 57	23 ♎ 44	17 ♈ 36	11 ♉ 59	03 ♉ 22	16 ♊ 16	08 ♏ 28R	09 ♈ 59	04 ♓ 53	11 ♑ 33R	17 ♏ 34	
30	14 32 24	09 ♉ 49	07 ♑ 04	26 ♈ 48	18 ♉ 09	07 ♉ 06	17 ♊ 17	08 ♏ 05R	10 ♈ 15	04 ♓ 59	11 ♑ 31R	17 ♏ 18	
1	14 36 20	10 ♉ 47	21 ♑ 30	28 ♈ 44	19 ♉ 23	07 ♉ 50	17 ♊ 29	08 ♏ 01R	10 ♈ 18	05 ♓ 00	11 ♑ 30R	17 ♏ 14	MAGGIO
5	14 52 07	14 ♉ 40	16 ♓ 24	06 ♉ 43	24 ♉ 18	10 ♉ 48	18 ♊ 19	07 ♏ 43R	10 ♈ 30	05 ♓ 05	11 ♑ 28R	17 ♏ 02	
10	15 11 49	19 ♉ 30	19 ♉ 17	17 ♉ 15	00 ♊ 27	14 ♉ 28	19 ♊ 23	07 ♏ 20R	10 ♈ 45	05 ♓ 10	11 ♑ 24R	16 ♏ 46	
15	15 31 32	24 ♉ 20	18 ♋ 45	28 ♉ 07	06 ♊ 36	18 ♉ 08	20 ♊ 28	06 ♏ 59R	10 ♈ 59	05 ♓ 14	11 ♑ 20R	16 ♏ 30	
20	15 51 15	29 ♉ 09	20 ♍ 31	08 ♊ 51	12 ♊ 45	21 ♉ 46	21 ♊ 34	06 ♏ 38R	11 ♈ 12	05 ♓ 17	11 ♑ 15R	16 ♏ 14	
25	16 10 58	03 ♊ 57	01 ♐ 21	18 ♊ 52	18 ♊ 52	25 ♉ 23	22 ♊ 41	06 ♏ 19R	11 ♈ 24	05 ♓ 20	11 ♑ 10R	15 ♏ 58	
31	16 34 37	09 ♊ 43	29 ♒ 42	29 ♊ 31	26 ♊ 13	29 ♉ 41	24 ♊ 02	05 ♏ 57R	11 ♈ 38	05 ♓ 22	11 ♑ 03R	15 ♏ 39	
1	16 38 34	10 ♊ 40	13 ♓ 16	01 ♋ 07	27 ♊ 26	00 ♊ 24	24 ♊ 16	05 ♏ 54R	11 ♈ 40	05 ♓ 22	11 ♑ 02R	15 ♏ 36	GIUGNO
5	16 54 20	14 ♊ 30	04 ♉ 07	07 ♋ 04	02 ♋ 20	03 ♊ 15	25 ♊ 10	05 ♏ 41R	11 ♈ 48	05 ♓ 23	10 ♑ 56R	15 ♏ 23	
10	17 14 03	19 ♊ 17	03 ♋ 48	13 ♋ 19	08 ♋ 26	06 ♊ 47	26 ♊ 19	05 ♏ 27R	11 ♈ 57	05 ♓ 23R	10 ♑ 50R	15 ♏ 07	
15	17 33 45	24 ♊ 04	03 ♍ 54	18 ♋ 11	14 ♋ 32	10 ♊ 19	27 ♊ 28	05 ♏ 15R	12 ♈ 06	05 ♓ 22R	10 ♑ 43R	14 ♏ 51	
20	17 53 28	28 ♊ 51	10 ♏ 13	21 ♋ 29	20 ♋ 38	13 ♊ 48	28 ♊ 37	05 ♏ 05R	12 ♈ 13	05 ♓ 20R	10 ♑ 35R	14 ♏ 36	
25	18 13 11	03 ♋ 37	25 ♑ 19	23 ♋ 01	26 ♋ 42	17 ♊ 17	29 ♊ 45	04 ♏ 58R	12 ♈ 19	05 ♓ 18R	10 ♑ 28R	14 ♏ 20	
30	18 32 54	08 ♋ 23	05 ♈ 56	22 ♋ 40R	02 ♌ 47	20 ♊ 44	00 ♋ 54	04 ♏ 52R	12 ♈ 24	05 ♓ 15R	10 ♑ 20R	14 ♏ 04	

2013	GIORNO	TEMPO SIDERALE	☉	☽	☿	♀	♂	♃	♄	♅	♆	♇	☊
LUGLIO	1	18 36 50	09 ♋ 20	18 ♈ 43	22 ♋ 23R	03 ♌ 59	21 ♊ 26	01 ♋ 08	04 ♏ 52R	12 ♈ 24	05 ♓ 14R	10 ♑ 19R	14 ♏ 01
	5	18 52 37	13 ♋ 09	07 ♊ 14	20 ♋ 36R	08 ♌ 50	24 ♊ 10	02 ♋ 02	04 ♏ 50R	12 ♈ 27	05 ♓ 11R	10 ♑ 13R	13 ♏ 48
	10	19 12 19	17 ♋ 55	06 ♌ 36	17 ♋ 34R	14 ♌ 53	27 ♊ 35	03 ♋ 10	04 ♏ 49	12 ♈ 30	05 ♓ 06R	10 ♑ 05R	13 ♏ 32
	15	19 32 02	22 ♋ 41	08 ♎ 46	14 ♋ 45R	20 ♌ 56	00 ♋ 59	04 ♋ 17	04 ♏ 51	12 ♈ 31	05 ♓ 01R	09 ♑ 58R	13 ♏ 16
	20	19 51 45	27 ♋ 27	18 ♐ 21	13 ♋ 23R	26 ♌ 57	04 ♋ 21	05 ♋ 24	04 ♏ 56	12 ♈ 31R	04 ♓ 55R	09 ♑ 51R	13 ♏ 00
	25	20 11 28	02 ♌ 14	03 ♓ 24	14 ♋ 13	02 ♍ 58	07 ♋ 42	06 ♋ 29	05 ♏ 03	12 ♈ 30R	04 ♓ 49R	09 ♑ 44R	12 ♏ 44
	31	20 35 07	07 ♌ 58	22 ♉ 09	18 ♋ 26	10 ♍ 10	11 ♋ 41	07 ♋ 46	05 ♏ 14	12 ♈ 27R	04 ♓ 41R	09 ♑ 36R	12 ♏ 25
AGOSTO	1	20 39 04	08 ♌ 55	04 ♊ 07	19 ♋ 28	11 ♍ 22	12 ♋ 21	07 ♋ 59	05 ♏ 17	12 ♈ 26R	04 ♓ 39R	09 ♑ 35R	12 ♏ 22
	5	20 54 50	12 ♌ 45	21 ♋ 31	24 ♋ 31	16 ♍ 08	14 ♋ 60	08 ♋ 49	05 ♏ 27	12 ♈ 23R	04 ♓ 33R	09 ♑ 30R	12 ♏ 09
	10	21 14 33	17 ♌ 33	23 ♍ 01	02 ♌ 35	22 ♍ 06	18 ♋ 17	09 ♋ 51	05 ♏ 41	12 ♈ 18R	04 ♓ 26R	09 ♑ 24R	11 ♏ 54
	15	21 34 15	22 ♌ 21	29 ♏ 22	12 ♌ 02	28 ♍ 03	21 ♋ 33	10 ♋ 51	05 ♏ 58	12 ♈ 12R	04 ♓ 18R	09 ♑ 19R	11 ♏ 38
	20	21 53 58	27 ♌ 09	12 ♒ 19	22 ♌ 05	03 ♎ 58	24 ♋ 48	11 ♋ 49	06 ♏ 16	12 ♈ 05R	04 ♓ 10R	09 ♑ 14R	11 ♏ 22
	25	22 13 41	01 ♍ 58	22 ♈ 51	02 ♍ 06	09 ♎ 51	28 ♋ 01	12 ♋ 45	06 ♏ 37	11 ♈ 58R	04 ♓ 02R	09 ♑ 10R	11 ♏ 06
	31	22 37 20	07 ♍ 46	06 ♋ 08	13 ♍ 36	16 ♎ 54	01 ♌ 52	13 ♋ 50	07 ♏ 04	11 ♈ 47R	03 ♓ 52R	09 ♑ 06R	10 ♏ 47
SETTEMBRE	1	22 41 17	08 ♍ 44	18 ♋ 01	15 ♍ 27	18 ♎ 04	02 ♌ 30	13 ♋ 60	07 ♏ 09	11 ♈ 45R	03 ♓ 50R	09 ♑ 05R	10 ♏ 44
	5	22 57 03	12 ♍ 36	06 ♍ 56	22 ♍ 38	22 ♎ 44	05 ♌ 03	14 ♋ 41	07 ♏ 29	11 ♈ 37R	03 ♓ 44R	09 ♑ 03R	10 ♏ 31
	10	23 16 46	17 ♍ 27	12 ♏ 31	01 ♎ 10	28 ♎ 32	08 ♌ 12	15 ♋ 29	07 ♏ 55	11 ♈ 27R	03 ♓ 36R	09 ♑ 01R	10 ♏ 15
	15	23 36 29	22 ♍ 19	22 ♑ 43	09 ♎ 14	04 ♏ 19	11 ♌ 21	16 ♋ 15	08 ♏ 23	11 ♈ 16R	03 ♓ 28R	08 ♑ 60R	09 ♏ 59
	20	23 56 11	27 ♍ 12	04 ♈ 02	16 ♎ 50	10 ♏ 03	14 ♌ 28	16 ♋ 58	08 ♏ 52	11 ♈ 04R	03 ♓ 20R	08 ♑ 59R	09 ♏ 43
	25	0 15 54	02 ♎ 05	08 ♊ 20	23 ♎ 59	15 ♏ 44	17 ♌ 34	17 ♋ 37	09 ♏ 22	10 ♈ 52R	03 ♓ 13R	08 ♑ 60	09 ♏ 27
	30	0 35 37	06 ♎ 60	08 ♌ 03	00 ♏ 40	21 ♏ 22	20 ♌ 38	18 ♋ 13	09 ♏ 54	10 ♈ 40R	03 ♓ 06R	09 ♑ 01	09 ♏ 12
OTTOBRE	1	0 39 33	07 ♎ 59	20 ♌ 15	01 ♏ 56	22 ♏ 30	21 ♌ 15	18 ♋ 20	10 ♏ 00	10 ♈ 38R	03 ♓ 05R	09 ♑ 01	09 ♏ 08
	5	0 55 20	11 ♎ 55	11 ♎ 37	06 ♏ 45	26 ♏ 57	23 ♌ 42	18 ♋ 46	10 ♏ 27	10 ♈ 28R	03 ♓ 00R	09 ♑ 02	08 ♏ 56
	10	1 15 02	16 ♎ 51	20 ♐ 57	12 ♏ 02	02 ♐ 29	26 ♌ 43	19 ♋ 14	11 ♏ 00	10 ♈ 16R	02 ♓ 54R	09 ♑ 05	08 ♏ 40
	15	1 34 45	21 ♎ 48	01 ♓ 41	16 ♏ 06	07 ♐ 56	29 ♌ 43	19 ♋ 38	11 ♏ 34	10 ♈ 04R	02 ♓ 49R	09 ♑ 08	08 ♏ 24
	20	1 54 28	26 ♎ 46	08 ♉ 53	18 ♏ 16	13 ♐ 17	02 ♍ 42	19 ♋ 58	12 ♏ 09	09 ♈ 53R	02 ♓ 45R	09 ♑ 13	08 ♏ 08
	25	2 14 11	01 ♏ 44	10 ♋ 07	17 ♏ 31R	18 ♐ 33	05 ♍ 39	20 ♋ 13	12 ♏ 45	09 ♈ 41R	02 ♓ 42R	09 ♑ 17	07 ♏ 52
	31	2 37 50	07 ♏ 43	23 ♍ 17	11 ♏ 57R	24 ♐ 41	09 ♍ 09	20 ♋ 25	13 ♏ 28	09 ♈ 29R	02 ♓ 38R	09 ♑ 24	07 ♏ 33
NOVEMBRE	1	2 41 47	08 ♏ 43	06 ♎ 24	10 ♏ 40R	25 ♐ 41	09 ♍ 44	20 ♋ 27	13 ♏ 35	09 ♈ 27R	02 ♓ 38R	09 ♑ 25	07 ♏ 30
	5	2 57 33	12 ♏ 44	02 ♐ 15	05 ♏ 45R	29 ♐ 39	12 ♍ 02	20 ♋ 30	14 ♏ 04	09 ♈ 19R	02 ♓ 36R	09 ♑ 30	07 ♏ 17
	10	3 17 16	17 ♏ 45	14 ♒ 30	02 ♏ 34R	04 ♑ 25	14 ♍ 53	20 ♋ 30R	14 ♏ 40	09 ♈ 10R	02 ♓ 35R	09 ♑ 37	07 ♏ 01
	15	3 36 58	22 ♏ 47	22 ♈ 03	03 ♏ 56	08 ♑ 59	17 ♍ 42	20 ♋ 25R	15 ♏ 15	09 ♈ 02R	02 ♓ 35	09 ♑ 45	06 ♏ 45
	20	3 56 41	27 ♏ 49	24 ♊ 18	08 ♏ 37	13 ♑ 16	20 ♍ 28	20 ♋ 14R	15 ♏ 51	08 ♈ 54R	02 ♓ 36	09 ♑ 53	06 ♏ 29
	25	4 16 24	02 ♐ 52	23 ♌ 52	15 ♏ 03	17 ♑ 14	23 ♍ 12	19 ♋ 59R	16 ♏ 26	08 ♈ 48R	02 ♓ 37	10 ♑ 02	06 ♏ 14
	30	4 36 07	07 ♐ 56	27 ♎ 40	22 ♏ 16	20 ♑ 47	25 ♍ 53	19 ♋ 39R	17 ♏ 01	08 ♈ 43R	02 ♓ 40	10 ♑ 11	05 ♏ 58
DICEMBRE	1	4 40 03	08 ♐ 57	11 ♏ 38	23 ♏ 46	21 ♑ 26	26 ♍ 25	19 ♋ 35R	17 ♏ 08	08 ♈ 42R	02 ♓ 40	10 ♑ 13	05 ♏ 54
	5	4 55 49	13 ♐ 00	10 ♑ 45	29 ♏ 50	23 ♑ 51	28 ♍ 31	19 ♋ 15R	17 ♏ 35	08 ♈ 39R	02 ♓ 43	10 ♑ 20	05 ♏ 42
	10	5 15 32	18 ♐ 05	22 ♓ 41	07 ♐ 31	26 ♑ 19	01 ♎ 06	18 ♋ 47R	18 ♏ 09	08 ♈ 37R	02 ♓ 47	10 ♑ 30	05 ♏ 26
	15	5 35 15	23 ♐ 10	26 ♉ 35	15 ♐ 15	28 ♑ 03	03 ♎ 37	18 ♋ 15R	18 ♏ 41	08 ♈ 35R	02 ♓ 52	10 ♑ 40	05 ♏ 10
	20	5 54 58	28 ♐ 15	26 ♋ 38	23 ♐ 03	28 ♑ 54	06 ♎ 04	17 ♋ 40R	19 ♏ 12	08 ♈ 35	02 ♓ 57	10 ♑ 50	04 ♏ 54
	25	6 14 41	03 ♑ 21	26 ♍ 44	00 ♑ 54	28 ♑ 47R	08 ♎ 27	17 ♋ 02R	19 ♏ 42	08 ♈ 37	03 ♓ 04	11 ♑ 01	04 ♏ 38
	31	6 38 20	09 ♑ 28	18 ♐ 39	10 ♑ 28	27 ♑ 17R	11 ♎ 12	16 ♋ 15R	20 ♏ 16	08 ♈ 40	03 ♓ 12	11 ♑ 13	04 ♏ 19

GIORNO	TEMPO SIDERALE	☉	☽	☿	♀	♂	♃	♄	♅	♆	♇	☊	2014
1	6 42 16	10 ♑ 29	03 ♑ 47	12 ♑ 05	26 ♑ 54R	11 ♎ 39	16 ♋ 07R	20 ♏ 22	08 ♈ 41	03 ♓ 14	11 ♑ 15	04 ♏ 16	GENNAIO
5	6 58 03	14 ♑ 33	04 ♓ 16	18 ♑ 35	25 ♑ 01R	13 ♎ 23	15 ♋ 35R	20 ♏ 43	08 ♈ 44	03 ♓ 20	11 ♑ 24	04 ♏ 03	
10	7 17 45	19 ♑ 39	11 ♉ 20	26 ♑ 50	22 ♑ 08R	15 ♎ 29	14 ♋ 54R	21 ♏ 08	08 ♈ 49	03 ♓ 29	11 ♑ 34	03 ♏ 47	
15	7 37 28	24 ♑ 45	11 ♋ 41	05 ♒ 11	19 ♑ 05R	17 ♎ 27	14 ♋ 14R	21 ♏ 31	08 ♈ 56	03 ♓ 38	11 ♑ 45	03 ♏ 32	
20	7 57 11	29 ♑ 50	11 ♍ 20	13 ♒ 31	16 ♑ 25R	19 ♎ 18	13 ♋ 36R	21 ♏ 52	09 ♈ 04	03 ♓ 47	11 ♑ 55	03 ♏ 16	
25	8 16 54	04 ♒ 55	14 ♏ 27	21 ♒ 28	14 ♑ 32R	21 ♎ 01	12 ♋ 60R	22 ♏ 11	09 ♈ 12	03 ♓ 57	12 ♑ 05	02 ♏ 60	
31	8 40 33	11 ♒ 01	12 ♒ 25	29 ♒ 23	13 ♑ 34R	22 ♎ 52	12 ♋ 20R	22 ♏ 31	09 ♈ 24	04 ♓ 10	12 ♑ 17	02 ♏ 41	
1	8 44 30	12 ♒ 02	27 ♒ 38	00 ♓ 23	13 ♑ 33	23 ♎ 09	12 ♋ 14R	22 ♏ 34	09 ♈ 27	04 ♓ 12	12 ♑ 19	02 ♏ 38	FEBBRAIO
5	9 00 16	16 ♒ 06	24 ♈ 37	03 ♓ 01	13 ♑ 53	24 ♎ 13	11 ♋ 50R	22 ♏ 45	09 ♈ 36	04 ♓ 21	12 ♑ 26	02 ♏ 25	
10	9 19 59	21 ♒ 10	26 ♊ 45	02 ♓ 28R	15 ♑ 08	25 ♎ 22	11 ♋ 25R	22 ♏ 57	09 ♈ 48	04 ♓ 32	12 ♑ 35	02 ♏ 09	
15	9 39 41	26 ♒ 13	26 ♌ 16	28 ♒ 02R	17 ♑ 10	26 ♎ 17	11 ♋ 04R	23 ♏ 06	10 ♈ 01	04 ♓ 43	12 ♑ 43	01 ♏ 53	
20	9 59 24	01 ♓ 16	28 ♎ 06	22 ♒ 30R	19 ♑ 53	26 ♎ 59	10 ♋ 47R	23 ♏ 13	10 ♈ 15	04 ♓ 54	12 ♑ 51	01 ♏ 37	
25	10 19 07	06 ♓ 18	06 ♑ 06	18 ♒ 54R	23 ♑ 09	27 ♎ 24	10 ♋ 35R	23 ♏ 18	10 ♈ 29	05 ♓ 06	12 ♑ 59	01 ♏ 21	
28	10 30 57	09 ♓ 19	20 ♒ 41	18 ♒ 11R	25 ♑ 20	27 ♎ 31	10 ♋ 31R	23 ♏ 19	10 ♈ 38	05 ♓ 13	13 ♑ 03	01 ♏ 12	
1	10 34 53	10 ♓ 19	05 ♓ 41	18 ♒ 10	26 ♑ 05	27 ♎ 32	10 ♋ 29R	23 ♏ 19	10 ♈ 41	05 ♓ 15	13 ♑ 04	01 ♏ 09	MARZO
5	10 50 39	14 ♓ 20	02 ♉ 41	19 ♒ 09	29 ♑ 16	27 ♎ 28	10 ♋ 27R	23 ♏ 19R	10 ♈ 54	05 ♓ 24	13 ♑ 09	00 ♏ 56	
10	11 10 22	19 ♓ 20	05 ♋ 11	22 ♒ 14	03 ♒ 32	27 ♎ 06	10 ♋ 28	23 ♏ 16R	11 ♈ 10	05 ♓ 35	13 ♑ 15	00 ♏ 40	
15	11 30 05	24 ♓ 19	04 ♍ 54	26 ♒ 48	08 ♒ 04	26 ♎ 25	10 ♋ 34	23 ♏ 12R	11 ♈ 26	05 ♓ 46	13 ♑ 20	00 ♏ 24	
20	11 49 48	29 ♓ 18	08 ♏ 02	02 ♓ 27	12 ♒ 49	25 ♎ 25	10 ♋ 44	23 ♏ 04R	11 ♈ 43	05 ♓ 57	13 ♑ 24	00 ♏ 08	
25	12 09 31	04 ♈ 16	16 ♑ 27	08 ♓ 56	17 ♒ 45	24 ♎ 07	10 ♋ 60	22 ♏ 54R	11 ♈ 60	06 ♓ 08	13 ♑ 28	29 ♎ 52	
31	12 33 10	10 ♈ 12	13 ♈ 03	17 ♓ 38	23 ♒ 52	22 ♎ 13	11 ♋ 24	22 ♏ 40R	12 ♈ 20	06 ♓ 20	13 ♑ 31	29 ♎ 33	
1	12 37 06	11 ♈ 11	26 ♈ 57	19 ♓ 10	24 ♒ 54	21 ♎ 52R	11 ♋ 29	22 ♏ 37R	12 ♈ 24	06 ♓ 22	13 ♑ 32	29 ♎ 30	APRILE
5	12 52 53	15 ♈ 08	18 ♊ 57	25 ♓ 33	29 ♒ 06	20 ♎ 25R	11 ♋ 49	22 ♏ 25R	12 ♈ 37	06 ♓ 29	13 ♑ 33	29 ♎ 17	
10	13 12 35	20 ♈ 03	18 ♌ 55	04 ♈ 05	04 ♓ 26	18 ♎ 31R	12 ♋ 18	22 ♏ 09R	12 ♈ 54	06 ♓ 38	13 ♑ 34	29 ♎ 01	
15	13 32 18	24 ♈ 57	21 ♎ 03	13 ♈ 15	09 ♓ 51	16 ♎ 36R	12 ♋ 51	21 ♏ 51R	13 ♈ 11	06 ♓ 47	13 ♑ 35R	28 ♎ 46	
20	13 52 01	29 ♈ 50	29 ♐ 08	23 ♈ 02	15 ♓ 21	14 ♎ 47R	13 ♋ 27	21 ♏ 31R	13 ♈ 28	06 ♓ 55	13 ♑ 34R	28 ♎ 30	
25	14 11 44	04 ♉ 43	10 ♓ 04	03 ♉ 24	20 ♓ 55	13 ♎ 06R	14 ♋ 06	21 ♏ 11R	13 ♈ 45	07 ♓ 02	13 ♑ 33R	28 ♎ 14	
30	14 31 27	09 ♉ 35	18 ♉ 39	14 ♉ 06	26 ♓ 32	11 ♎ 40R	14 ♋ 49	20 ♏ 49R	14 ♈ 01	07 ♓ 09	13 ♑ 31R	27 ♎ 58	
1	14 35 23	10 ♉ 33	01 ♊ 38	16 ♉ 15	27 ♓ 40	11 ♎ 25R	14 ♋ 58	20 ♏ 45R	14 ♈ 04	07 ♓ 10	13 ♑ 31R	27 ♎ 55	MAGGIO
5	14 51 09	14 ♉ 26	21 ♋ 04	24 ♉ 42	02 ♈ 12	10 ♎ 31R	15 ♋ 35	20 ♏ 27R	14 ♈ 16	07 ♓ 15	13 ♑ 29R	27 ♎ 42	
10	15 10 52	19 ♉ 16	21 ♍ 02	04 ♊ 34	07 ♈ 55	09 ♎ 41R	16 ♋ 23	20 ♏ 05R	14 ♈ 31	07 ♓ 21	13 ♑ 26R	27 ♎ 26	
15	15 30 35	24 ♉ 06	26 ♏ 39	13 ♊ 16	13 ♈ 40	09 ♎ 11R	17 ♋ 14	19 ♏ 42R	14 ♈ 46	07 ♓ 25	13 ♑ 22R	27 ♎ 10	
20	15 50 18	28 ♉ 55	08 ♒ 25	20 ♊ 34	19 ♈ 26	09 ♎ 02	18 ♋ 07	19 ♏ 20R	14 ♈ 59	07 ♓ 29	13 ♑ 17R	26 ♎ 54	
25	16 10 00	03 ♊ 44	18 ♈ 04	26 ♊ 19	25 ♈ 15	09 ♎ 11	19 ♋ 02	18 ♏ 58R	15 ♈ 12	07 ♓ 32	13 ♑ 12R	26 ♎ 38	
31	16 33 40	09 ♊ 29	04 ♋ 59	01 ♋ 01	02 ♉ 15	09 ♎ 46	20 ♋ 11	18 ♏ 33R	15 ♈ 27	07 ♓ 34	13 ♑ 05R	26 ♎ 19	
1	16 37 36	10 ♊ 27	17 ♋ 08	01 ♋ 33	03 ♉ 25	09 ♎ 54	20 ♋ 22	18 ♏ 29R	15 ♈ 29	07 ♓ 35	13 ♑ 04R	26 ♎ 16	GIUGNO
5	16 53 23	14 ♊ 17	04 ♍ 47	02 ♋ 56	08 ♉ 07	10 ♎ 34	21 ♋ 10	18 ♏ 13R	15 ♈ 38	07 ♓ 36	12 ♑ 59R	26 ♎ 03	
10	17 13 05	19 ♊ 04	07 ♏ 23	02 ♋ 56R	13 ♉ 60	11 ♎ 37	22 ♋ 10	17 ♏ 55R	15 ♈ 48	07 ♓ 36R	12 ♑ 53R	25 ♎ 48	
15	17 32 48	23 ♊ 50	19 ♑ 09	01 ♋ 15R	19 ♉ 54	12 ♎ 54	23 ♋ 12	17 ♏ 38R	15 ♈ 58	07 ♓ 36R	12 ♑ 46R	25 ♎ 32	
20	17 52 31	28 ♊ 37	01 ♈ 28	28 ♊ 32R	25 ♉ 49	14 ♎ 24	24 ♋ 15	17 ♏ 23R	16 ♈ 06	07 ♓ 34R	12 ♑ 39R	25 ♎ 16	
25	18 12 14	03 ♋ 23	06 ♊ 45	25 ♊ 55R	01 ♊ 45	16 ♎ 06	25 ♋ 18	17 ♏ 10R	16 ♈ 13	07 ♓ 32R	12 ♑ 31R	24 ♎ 60	
30	18 31 56	08 ♋ 09	07 ♌ 35	24 ♊ 28R	07 ♊ 43	17 ♎ 58	26 ♋ 23	16 ♏ 59R	16 ♈ 19	07 ♓ 30R	12 ♑ 24R	24 ♎ 44	

2014	GIORNO	TEMPO SIDERALE	☉	☽	☿	♀	♂	♃	♄	♅	♆	♇	☊
LUGLIO	1	18 35 53	09 ♋ 07	19 ♌ 27	24 ♊ 24R	08 ♊ 54	18 ♎ 21	26 ♋ 36	16 ♏ 58R	16 ♈ 20	07 ♓ 29R	12 ♑ 22R	24 ♎ 41
	5	18 51 39	12 ♋ 55	07 ♎ 14	24 ♊ 52	13 ♊ 41	19 ♎ 59	27 ♋ 29	16 ♏ 51R	16 ♈ 23	07 ♓ 26R	12 ♑ 16R	24 ♎ 28
	10	19 11 22	17 ♋ 41	13 ♐ 18	27 ♊ 20	19 ♊ 40	22 ♎ 10	28 ♋ 35	16 ♏ 44R	16 ♈ 27	07 ♓ 22R	12 ♑ 09R	24 ♎ 12
	15	19 31 05	22 ♋ 27	28 ♒ 19	01 ♋ 51	25 ♊ 41	24 ♎ 28	29 ♋ 41	16 ♏ 40R	16 ♈ 29	07 ♓ 17R	12 ♑ 01R	23 ♎ 56
	20	19 50 48	27 ♋ 14	08 ♉ 22	08 ♋ 18	01 ♋ 42	26 ♎ 54	00 ♌ 47	16 ♏ 39R	16 ♈ 30	07 ♓ 11R	11 ♑ 54R	23 ♎ 41
	25	20 10 30	02 ♌ 00	10 ♋ 35	16 ♋ 30	07 ♋ 45	29 ♎ 26	01 ♌ 54	16 ♏ 40	16 ♈ 30R	07 ♓ 05R	11 ♑ 47R	23 ♎ 25
	31	20 34 10	07 ♌ 44	21 ♍ 56	28 ♋ 04	15 ♋ 01	02 ♏ 36	03 ♌ 14	16 ♏ 44	16 ♈ 28R	06 ♓ 57R	11 ♑ 39R	23 ♎ 06
AGOSTO	1	20 38 06	08 ♌ 42	03 ♎ 55	00 ♌ 06	16 ♋ 14	03 ♏ 09	03 ♌ 27	16 ♏ 45	16 ♈ 28R	06 ♓ 56R	11 ♑ 38R	23 ♎ 02
	5	20 53 52	12 ♌ 31	24 ♏ 14	08 ♌ 25	21 ♋ 05	05 ♏ 21	04 ♌ 21	16 ♏ 50	16 ♈ 26R	06 ♓ 50R	11 ♑ 33R	22 ♎ 50
	10	21 13 35	17 ♌ 19	06 ♒ 26	18 ♌ 45	27 ♋ 11	08 ♏ 12	05 ♌ 27	16 ♏ 58	16 ♈ 22R	06 ♓ 43R	11 ♑ 27R	22 ♎ 34
	15	21 33 18	22 ♌ 07	20 ♈ 49	28 ♌ 40	03 ♌ 17	11 ♏ 07	06 ♌ 32	17 ♏ 09	16 ♈ 17R	06 ♓ 35R	11 ♑ 21R	22 ♎ 18
	20	21 53 01	26 ♌ 55	25 ♊ 33	08 ♍ 01	09 ♌ 25	14 ♏ 06	07 ♌ 37	17 ♏ 22	16 ♈ 11R	06 ♓ 27R	11 ♑ 16R	22 ♎ 02
	25	22 12 44	01 ♍ 44	25 ♌ 17	16 ♍ 47	15 ♌ 33	17 ♏ 10	08 ♌ 41	17 ♏ 38	16 ♈ 04R	06 ♓ 19R	11 ♑ 12R	21 ♎ 46
	31	22 36 23	07 ♍ 32	07 ♏ 52	26 ♍ 33	22 ♌ 57	20 ♏ 56	09 ♌ 57	17 ♏ 59	15 ♈ 54R	06 ♓ 09R	11 ♑ 07R	21 ♎ 27
SETTEMBRE	1	22 40 19	08 ♍ 30	20 ♏ 37	28 ♍ 07	24 ♌ 11	21 ♏ 34	10 ♌ 10	18 ♏ 03	15 ♈ 52R	06 ♓ 07R	11 ♑ 07R	21 ♎ 24
	5	22 56 06	12 ♍ 22	15 ♑ 19	04 ♎ 07	29 ♌ 07	24 ♏ 09	10 ♌ 59	18 ♏ 19	15 ♈ 45R	06 ♓ 01R	11 ♑ 04R	21 ♎ 11
	10	23 15 48	17 ♍ 13	00 ♈ 16	11 ♎ 07	05 ♍ 18	27 ♏ 24	11 ♌ 60	18 ♏ 41	15 ♈ 35R	05 ♓ 53R	11 ♑ 02R	20 ♎ 55
	15	23 35 31	22 ♍ 05	09 ♊ 27	17 ♎ 31	11 ♍ 30	00 ♐ 43	12 ♌ 59	19 ♏ 04	15 ♈ 24R	05 ♓ 45R	11 ♑ 01R	20 ♎ 39
	20	23 55 14	26 ♍ 58	10 ♌ 17	23 ♎ 11	17 ♍ 43	04 ♐ 06	13 ♌ 56	19 ♏ 30	15 ♈ 13R	05 ♓ 37R	10 ♑ 60R	20 ♎ 24
	25	0 14 57	01 ♎ 51	10 ♎ 09	27 ♎ 52	23 ♍ 56	07 ♐ 31	14 ♌ 52	19 ♏ 57	15 ♈ 02R	05 ♓ 30R	10 ♑ 60	20 ♎ 08
	30	0 34 40	06 ♎ 46	13 ♐ 50	01 ♏ 08	00 ♎ 10	10 ♐ 59	15 ♌ 45	20 ♏ 25	14 ♈ 50R	05 ♓ 23R	11 ♑ 00	19 ♎ 52
OTTOBRE	1	0 38 36	07 ♎ 45	27 ♐ 19	01 ♏ 34	01 ♎ 25	11 ♐ 41	15 ♌ 56	20 ♏ 31	14 ♈ 47R	05 ♓ 22R	11 ♑ 01	19 ♎ 49
	5	0 54 22	11 ♎ 41	24 ♒ 13	02 ♏ 18R	06 ♎ 24	14 ♐ 30	16 ♌ 36	20 ♏ 55	14 ♈ 38R	05 ♓ 16R	11 ♑ 02	19 ♎ 36
	10	1 14 05	16 ♎ 37	07 ♉ 13	00 ♏ 32R	12 ♎ 39	18 ♐ 03	17 ♌ 25	21 ♏ 26	14 ♈ 26R	05 ♓ 10R	11 ♑ 04	19 ♎ 20
	15	1 33 48	21 ♎ 33	12 ♋ 37	25 ♎ 40R	18 ♎ 54	21 ♐ 38	18 ♌ 11	21 ♏ 57	14 ♈ 13R	05 ♓ 05R	11 ♑ 07	19 ♎ 04
	20	1 53 31	26 ♎ 31	12 ♍ 19	19 ♎ 50R	25 ♎ 09	25 ♐ 16	18 ♌ 54	22 ♏ 30	14 ♈ 02R	05 ♓ 00R	11 ♑ 11	18 ♎ 48
	25	2 13 13	01 ♏ 30	14 ♏ 20	16 ♎ 49R	01 ♏ 25	28 ♐ 56	19 ♌ 34	23 ♏ 04	13 ♈ 50R	04 ♓ 56R	11 ♑ 15	18 ♎ 32
	31	2 36 53	07 ♏ 29	05 ♒ 56	19 ♎ 04	08 ♏ 56	03 ♑ 22	20 ♌ 18	23 ♏ 45	13 ♈ 37R	04 ♓ 53R	11 ♑ 22	18 ♎ 13
NOVEMBRE	1	2 40 49	08 ♏ 29	20 ♒ 07	19 ♎ 57	10 ♏ 11	04 ♑ 07	20 ♌ 25	23 ♏ 52	13 ♈ 34R	04 ♓ 52R	11 ♑ 23	18 ♎ 10
	5	2 56 36	12 ♏ 29	17 ♈ 18	24 ♎ 30	15 ♏ 12	07 ♑ 06	20 ♌ 50	24 ♏ 21	13 ♈ 26R	04 ♓ 50R	11 ♑ 28	17 ♎ 57
	10	3 16 18	17 ♏ 30	25 ♊ 23	01 ♏ 32	21 ♏ 28	10 ♑ 52	21 ♌ 19	24 ♏ 56	13 ♈ 16R	04 ♓ 49R	11 ♑ 34	17 ♎ 41
	15	3 36 01	22 ♏ 32	26 ♌ 28	09 ♏ 14	27 ♏ 45	14 ♑ 39	21 ♌ 43	25 ♏ 32	13 ♈ 07R	04 ♓ 48R	11 ♑ 41	17 ♎ 26
	20	3 55 44	27 ♏ 34	27 ♎ 04	17 ♏ 09	04 ♐ 01	18 ♑ 28	22 ♌ 03	26 ♏ 07	12 ♈ 59R	04 ♓ 48	11 ♑ 49	17 ♎ 10
	25	4 15 27	02 ♐ 38	04 ♑ 22	25 ♏ 05	10 ♐ 18	22 ♑ 17	22 ♌ 19	26 ♏ 43	12 ♈ 52R	04 ♓ 50	11 ♑ 58	16 ♎ 54
	30	4 35 09	07 ♐ 41	15 ♓ 15	02 ♐ 60	16 ♐ 35	26 ♑ 08	22 ♌ 30	27 ♏ 19	12 ♈ 46R	04 ♓ 51	12 ♑ 06	16 ♎ 38
DICEMBRE	1	4 39 06	08 ♐ 42	29 ♓ 16	04 ♐ 34	17 ♐ 50	26 ♑ 55	22 ♌ 32	27 ♏ 26	12 ♈ 45R	04 ♓ 52	12 ♑ 08	16 ♎ 35
	5	4 54 52	12 ♐ 45	24 ♉ 09	10 ♐ 52	22 ♐ 51	00 ♒ 00	22 ♌ 36	27 ♏ 54	12 ♈ 41R	04 ♓ 54	12 ♑ 15	16 ♎ 22
	10	5 14 35	17 ♐ 50	28 ♋ 21	18 ♐ 43	29 ♐ 08	03 ♒ 53R	22 ♌ 38	28 ♏ 29	12 ♈ 38R	04 ♓ 58	12 ♑ 25	16 ♎ 06
	15	5 34 18	22 ♐ 55	27 ♍ 58	26 ♐ 35	05 ♑ 24	07 ♒ 46R	22 ♌ 34	29 ♏ 03	12 ♈ 35R	05 ♓ 02	12 ♑ 35	15 ♎ 50
	20	5 54 01	28 ♐ 00	01 ♐ 10	04 ♑ 30	11 ♑ 40	11 ♒ 40R	22 ♌ 25	29 ♏ 36	12 ♈ 34R	05 ♓ 08	12 ♑ 45	15 ♎ 34
	25	6 13 43	03 ♑ 06	12 ♒ 54	12 ♑ 28	17 ♑ 57	15 ♒ 34R	22 ♌ 12	00 ♐ 08	12 ♈ 34	05 ♓ 14	12 ♑ 55	15 ♎ 18
	31	6 37 23	09 ♑ 13	07 ♉ 19	22 ♑ 04	25 ♑ 28	20 ♒ 16R	21 ♌ 50	00 ♐ 46	12 ♈ 36	05 ♓ 22	13 ♑ 08	14 ♎ 59

GIORNO	TEMPO SIDERALE	☉	☾	☿	♀	♂	♃	♄	♅	♆	♇	☊	2015
1	6 41 19	10 ♑ 14	20 ♉ 36	23 ♑ 39	26 ♑ 43	21 ♒ 03	21 ♌ 46R	00 ♐ 52	12 ♈ 37	05 ♓ 23	13 ♑ 10	14 ♎ 56	GENNAIO
5	6 57 05	14 ♑ 18	11 ♋ 58	29 ♑ 56	01 ♒ 44	24 ♒ 11	21 ♌ 27R	01 ♐ 16	12 ♈ 39	05 ♓ 29	13 ♑ 18	14 ♎ 44	
10	7 16 48	19 ♑ 24	12 ♍ 19	07 ♒ 18	07 ♒ 59	28 ♒ 06	20 ♌ 59R	01 ♐ 44	12 ♈ 43	05 ♓ 38	13 ♑ 29	14 ♎ 28	
15	7 36 31	24 ♑ 30	12 ♏ 39	13 ♒ 24	14 ♒ 15	02 ♓ 01	20 ♌ 28R	02 ♐ 11	12 ♈ 49	05 ♓ 46	13 ♑ 39	14 ♎ 12	
20	7 56 14	29 ♑ 35	21 ♑ 54	16 ♒ 50	20 ♒ 29	05 ♓ 55	19 ♌ 54R	02 ♐ 37	12 ♈ 56	05 ♓ 56	13 ♑ 49	13 ♎ 56	
25	8 15 57	04 ♒ 41	06 ♈ 17	16 ♒ 01R	26 ♒ 44	09 ♓ 50	19 ♌ 18R	03 ♐ 00	13 ♈ 04	06 ♓ 06	13 ♑ 59	13 ♎ 40	
31	8 39 36	10 ♒ 46	26 ♊ 16	09 ♒ 48R	04 ♓ 12	14 ♓ 30	18 ♌ 32R	03 ♐ 26	13 ♈ 15	06 ♓ 18	14 ♑ 11	13 ♎ 21	
1	8 43 32	11 ♒ 47	08 ♋ 43	08 ♒ 34R	05 ♓ 27	15 ♓ 17	18 ♌ 24R	03 ♐ 30	13 ♈ 17	06 ♓ 20	14 ♑ 13	13 ♎ 18	FEBBRAIO
5	8 59 19	15 ♒ 51	27 ♌ 08	04 ♒ 12R	10 ♓ 25	18 ♓ 24	17 ♌ 52R	03 ♐ 45	13 ♈ 25	06 ♓ 29	14 ♑ 20	13 ♎ 05	
10	9 19 01	20 ♒ 55	26 ♎ 25	01 ♒ 28R	16 ♓ 37	22 ♓ 16	17 ♌ 12R	04 ♐ 03	13 ♈ 36	06 ♓ 40	14 ♑ 29	12 ♎ 49	
15	9 38 44	25 ♒ 58	00 ♑ 55	01 ♒ 57	22 ♓ 48	26 ♓ 08	16 ♌ 33R	04 ♐ 17	13 ♈ 49	06 ♓ 51	14 ♑ 38	12 ♎ 33	
20	9 58 27	01 ♓ 01	15 ♓ 22	04 ♒ 49	28 ♓ 58	29 ♓ 60	15 ♌ 55R	04 ♐ 30	14 ♈ 02	07 ♓ 02	14 ♑ 46	12 ♎ 17	
25	10 18 10	06 ♓ 03	27 ♉ 16	09 ♒ 18	05 ♈ 07	03 ♈ 50	15 ♌ 18R	04 ♐ 40	14 ♈ 16	07 ♓ 13	14 ♑ 54	12 ♎ 01	
28	10 29 59	09 ♓ 04	05 ♋ 47	12 ♒ 33	08 ♈ 48	06 ♈ 08	14 ♌ 58R	04 ♐ 45	14 ♈ 24	07 ♓ 20	14 ♑ 58	11 ♎ 52	
1	10 33 56	10 ♓ 04	18 ♋ 05	13 ♒ 42	10 ♈ 01	06 ♈ 54	14 ♌ 51R	04 ♐ 46	14 ♈ 27	07 ♓ 23	14 ♑ 59	11 ♎ 49	MARZO
5	10 49 42	14 ♓ 05	05 ♍ 56	18 ♒ 38	14 ♈ 55	09 ♈ 57	14 ♌ 26R	04 ♐ 51	14 ♈ 39	07 ♓ 32	15 ♑ 05	11 ♎ 36	
10	11 09 25	19 ♓ 05	05 ♏ 28	25 ♒ 25	21 ♈ 00	13 ♈ 44	13 ♌ 57R	04 ♐ 55	14 ♈ 55	07 ♓ 43	15 ♑ 11	11 ♎ 20	
15	11 29 08	24 ♓ 05	09 ♑ 51	02 ♓ 46	27 ♈ 04	17 ♈ 31	13 ♌ 33R	04 ♐ 56R	15 ♈ 11	07 ♓ 54	15 ♑ 16	11 ♎ 04	
20	11 48 51	29 ♓ 03	23 ♓ 22	10 ♓ 39	03 ♉ 06	21 ♈ 17	13 ♌ 12R	04 ♐ 54R	15 ♈ 27	08 ♓ 05	15 ♑ 21	10 ♎ 48	
25	12 08 33	04 ♈ 01	06 ♊ 02	19 ♓ 03	09 ♉ 06	25 ♈ 02	12 ♌ 56R	04 ♐ 50R	15 ♈ 44	08 ♓ 16	15 ♑ 24	10 ♎ 32	
31	12 32 13	09 ♈ 58	21 ♌ 01	29 ♓ 52	16 ♉ 16	29 ♈ 29	12 ♌ 43R	04 ♐ 42R	16 ♈ 05	08 ♓ 28	15 ♑ 28	10 ♎ 13	
1	12 36 09	10 ♈ 57	02 ♍ 51	01 ♈ 45	17 ♉ 27	00 ♉ 14	12 ♌ 41R	04 ♐ 41R	16 ♈ 08	08 ♓ 30	15 ♑ 29	10 ♎ 10	APRILE
5	12 51 55	14 ♈ 53	20 ♎ 22	09 ♈ 29	22 ♉ 11	03 ♉ 11	12 ♌ 37R	04 ♐ 33R	16 ♈ 22	08 ♓ 38	15 ♑ 30	09 ♎ 58	
10	13 11 38	19 ♈ 48	22 ♐ 58	19 ♈ 37	28 ♉ 04	06 ♉ 52	12 ♌ 36	04 ♐ 22R	16 ♈ 39	08 ♓ 47	15 ♑ 32	09 ♎ 42	
15	13 31 21	24 ♈ 43	02 ♓ 18	00 ♉ 06	03 ♊ 55	10 ♉ 32	12 ♌ 39	04 ♐ 08R	16 ♈ 56	08 ♓ 56	15 ♑ 33	09 ♎ 26	
20	13 51 04	29 ♈ 36	16 ♉ 04	10 ♉ 28	09 ♊ 42	14 ♉ 10	12 ♌ 47	03 ♐ 53R	17 ♈ 13	09 ♓ 04	15 ♑ 33R	09 ♎ 10	
25	14 10 47	04 ♉ 29	23 ♋ 11	20 ♉ 06	15 ♊ 26	17 ♉ 47	13 ♌ 00	03 ♐ 36R	17 ♈ 30	09 ♓ 12	15 ♑ 32R	08 ♎ 54	
30	14 30 29	09 ♉ 21	23 ♍ 03	28 ♉ 25	21 ♊ 07	21 ♉ 23	13 ♌ 17	03 ♐ 17R	17 ♈ 46	09 ♓ 19	15 ♑ 30R	08 ♎ 38	
1	14 34 26	10 ♉ 19	04 ♎ 55	29 ♉ 53	22 ♊ 15	22 ♉ 06	13 ♌ 21	03 ♐ 13R	17 ♈ 49	09 ♓ 21	15 ♑ 30R	08 ♎ 35	MAGGIO
5	14 50 12	14 ♉ 12	24 ♏ 02	05 ♊ 02	26 ♊ 43	24 ♉ 57	13 ♌ 39	02 ♐ 57R	18 ♈ 02	09 ♓ 26	15 ♑ 28R	08 ♎ 22	
10	15 09 55	19 ♉ 02	00 ♒ 21	09 ♊ 46	02 ♋ 15	28 ♉ 30	14 ♌ 04	02 ♐ 36R	18 ♈ 18	09 ♓ 31	15 ♑ 25R	08 ♎ 06	
15	15 29 38	23 ♉ 52	11 ♈ 17	12 ♊ 28	07 ♋ 42	02 ♊ 02	14 ♌ 33	02 ♐ 14R	18 ♈ 33	09 ♓ 36	15 ♑ 21R	07 ♎ 50	
20	15 49 20	28 ♉ 41	22 ♊ 11	13 ♊ 07R	13 ♋ 03	05 ♊ 33	15 ♌ 06	01 ♐ 52R	18 ♈ 47	09 ♓ 40	15 ♑ 17R	07 ♎ 35	
25	16 09 03	03 ♊ 30	25 ♌ 35	11 ♊ 52R	18 ♋ 18	09 ♊ 03	15 ♌ 42	01 ♐ 30R	19 ♈ 01	09 ♓ 44	15 ♑ 12R	07 ♎ 19	
31	16 32 43	09 ♊ 15	07 ♏ 25	08 ♊ 48R	24 ♋ 26	13 ♊ 13	16 ♌ 29	01 ♐ 03R	19 ♈ 16	09 ♓ 47	15 ♑ 06R	06 ♎ 60	
1	16 36 39	10 ♊ 13	20 ♏ 00	08 ♊ 15R	25 ♋ 26	13 ♊ 54	16 ♌ 37	00 ♐ 59R	19 ♈ 19	09 ♓ 47	15 ♑ 05R	06 ♎ 56	GIUGNO
5	16 52 25	14 ♊ 03	13 ♑ 12	06 ♊ 12R	29 ♋ 22	16 ♊ 40	17 ♌ 12	00 ♐ 41R	19 ♈ 28	09 ♓ 48	15 ♑ 00R	06 ♎ 44	
10	17 12 08	18 ♊ 50	23 ♓ 23	04 ♊ 42R	04 ♌ 08	20 ♊ 06	17 ♌ 57	00 ♐ 20R	19 ♈ 39	09 ♓ 49	14 ♑ 54R	06 ♎ 28	
15	17 31 51	23 ♊ 36	03 ♊ 32	04 ♊ 55	08 ♌ 42	23 ♊ 31	18 ♌ 45	00 ♐ 00R	19 ♈ 49	09 ♓ 49R	14 ♑ 47R	06 ♎ 12	
20	17 51 34	28 ♊ 23	09 ♌ 11	07 ♊ 01	13 ♌ 01	26 ♊ 55	19 ♌ 36	29 ♏ 41R	19 ♈ 58	09 ♓ 48R	14 ♑ 40R	05 ♎ 56	
25	18 11 16	03 ♋ 09	09 ♎ 01	10 ♊ 55	17 ♌ 03	00 ♋ 18	20 ♌ 28	29 ♏ 24R	20 ♈ 06	09 ♓ 47R	14 ♑ 33R	05 ♎ 40	
30	18 30 59	07 ♋ 55	11 ♐ 17	16 ♊ 29	20 ♌ 43	03 ♋ 39	21 ♌ 23	29 ♏ 08R	20 ♈ 13	09 ♓ 44R	14 ♑ 26R	05 ♎ 24	

2015	GIORNO	TEMPO SIDERALE	☉	☽	☿	♀	♂	♃	♄	♅	♆	♇	☊
LUGLIO	1	18 34 56	08 ♋ 53	24 ♐ 45	17 ♊ 48	21 ♌ 24	04 ♋ 20	21 ♌ 34	29 ♏ 05R	20 ♈ 14	09 ♓ 44R	14 ♑ 24R	05 ♎ 21
	5	18 50 42	12 ♋ 41	21 ♒ 21	23 ♊ 37	23 ♌ 58	07 ♋ 00	22 ♌ 19	28 ♏ 54R	20 ♈ 19	09 ♓ 41R	14 ♑ 18R	05 ♎ 08
	10	19 10 25	17 ♋ 27	02 ♉ 24	02 ♋ 12	26 ♌ 42	10 ♋ 20	23 ♌ 17	28 ♏ 43R	20 ♈ 23	09 ♓ 37R	14 ♑ 11R	04 ♎ 53
	15	19 30 07	22 ♋ 13	09 ♋ 38	11 ♋ 60	28 ♌ 50	13 ♋ 39	24 ♌ 16	28 ♏ 33R	20 ♈ 27	09 ♓ 33R	14 ♑ 03R	04 ♎ 37
	20	19 49 50	26 ♋ 60	11 ♍ 34	22 ♋ 31	00 ♍ 14	16 ♋ 57	25 ♌ 17	28 ♏ 25R	20 ♈ 29	09 ♓ 28R	13 ♑ 56R	04 ♎ 21
	25	20 09 33	01 ♌ 46	11 ♏ 03	03 ♌ 09	00 ♍ 46R	20 ♋ 14	26 ♌ 18	28 ♏ 20R	20 ♈ 30	09 ♓ 22R	13 ♑ 49R	04 ♎ 05
	31	20 33 12	07 ♌ 30	01 ♒ 24	15 ♌ 24	00 ♍ 09R	24 ♋ 10	27 ♌ 33	28 ♏ 17R	20 ♈ 30R	09 ♓ 14R	13 ♑ 41R	03 ♎ 46
AGOSTO	1	20 37 09	08 ♌ 27	16 ♒ 03	17 ♌ 22	29 ♌ 55R	24 ♋ 49	27 ♌ 46	28 ♏ 17R	20 ♈ 29R	09 ♓ 13R	13 ♑ 39R	03 ♎ 43
	5	20 52 55	12 ♌ 17	14 ♈ 52	24 ♌ 57	28 ♌ 33R	27 ♋ 25	28 ♌ 37	28 ♏ 17	20 ♈ 28R	09 ♓ 07R	13 ♑ 34R	03 ♎ 30
	10	21 12 38	17 ♌ 05	23 ♊ 25	03 ♍ 49	26 ♌ 07R	00 ♌ 40	29 ♌ 41	28 ♏ 20	20 ♈ 25R	08 ♓ 60R	13 ♑ 28R	03 ♎ 14
	15	21 32 21	21 ♌ 53	26 ♌ 06	12 ♍ 03	23 ♌ 09R	03 ♌ 53	00 ♍ 46	28 ♏ 25	20 ♈ 21R	08 ♓ 52R	13 ♑ 22R	02 ♎ 58
	20	21 52 03	26 ♌ 41	25 ♎ 20	19 ♍ 39	20 ♌ 05R	07 ♌ 07	01 ♍ 51	28 ♏ 32	20 ♈ 16R	08 ♓ 44R	13 ♑ 17R	02 ♎ 42
	25	22 11 46	01 ♍ 30	27 ♐ 33	26 ♍ 36	17 ♌ 24R	10 ♌ 19	02 ♍ 56	28 ♏ 42	20 ♈ 09R	08 ♓ 36R	13 ♑ 13R	02 ♎ 26
	31	22 35 26	07 ♍ 17	24 ♓ 37	03 ♎ 58	15 ♌ 12R	14 ♌ 09	04 ♍ 14	28 ♏ 57	20 ♈ 01R	08 ♓ 27R	13 ♑ 08R	02 ♎ 07
SETTEMBRE	1	22 39 22	08 ♍ 15	09 ♈ 39	05 ♎ 05	14 ♌ 58R	14 ♌ 47	04 ♍ 27	28 ♏ 60	19 ♈ 59R	08 ♓ 25R	13 ♑ 07R	02 ♎ 04
	5	22 55 08	12 ♍ 08	06 ♊ 57	09 ♎ 09	14 ♌ 25R	17 ♌ 20	05 ♍ 19	29 ♏ 11	19 ♈ 52R	08 ♓ 18R	13 ♑ 04R	01 ♎ 51
	10	23 14 51	16 ♍ 59	10 ♌ 56	13 ♎ 10	14 ♌ 39	20 ♌ 30	06 ♍ 24	29 ♏ 28	19 ♈ 43R	08 ♓ 10R	13 ♑ 02R	01 ♎ 36
	15	23 34 34	21 ♍ 51	10 ♎ 27	15 ♎ 32	15 ♌ 46	23 ♌ 39	07 ♍ 29	29 ♏ 47	19 ♈ 33R	08 ♓ 02R	12 ♑ 60R	01 ♎ 20
	20	23 54 17	26 ♍ 44	10 ♐ 33	15 ♎ 39R	17 ♌ 41	26 ♌ 48	08 ♍ 33	00 ♐ 08	19 ♈ 22R	07 ♓ 54R	12 ♑ 59R	01 ♎ 04
	25	0 13 59	01 ♎ 37	17 ♒ 55	12 ♎ 55R	20 ♌ 16	29 ♌ 56	09 ♍ 36	00 ♐ 31	19 ♈ 11R	07 ♓ 47R	12 ♑ 58	00 ♎ 48
	30	0 33 42	06 ♎ 31	03 ♉ 08	07 ♎ 48R	23 ♌ 25	03 ♍ 04	10 ♍ 38	00 ♐ 55	18 ♈ 60R	07 ♓ 40R	12 ♑ 59	00 ♎ 32
OTTOBRE	1	0 37 39	07 ♎ 30	17 ♉ 56	06 ♎ 41R	24 ♌ 07	03 ♍ 41	10 ♍ 50	01 ♐ 00	18 ♈ 57R	07 ♓ 38R	12 ♑ 59	00 ♎ 29
	5	0 53 25	11 ♎ 26	12 ♋ 52	02 ♎ 46R	27 ♌ 03	06 ♍ 11	11 ♍ 39	01 ♐ 21	18 ♈ 48R	07 ♓ 33R	12 ♑ 60	00 ♎ 16
	10	1 13 08	16 ♎ 22	13 ♍ 54	00 ♎ 55	01 ♍ 03	09 ♍ 17	12 ♍ 39	01 ♐ 49	18 ♈ 35R	07 ♓ 27R	13 ♑ 02	00 ♎ 00
	15	1 32 51	21 ♎ 19	13 ♏ 09	03 ♎ 20	05 ♍ 23	12 ♍ 22	13 ♍ 38	02 ♐ 18	18 ♈ 23R	07 ♓ 21R	13 ♑ 04	29 ♍ 44
	20	1 52 33	26 ♎ 17	15 ♑ 44	09 ♎ 01	09 ♍ 59	15 ♍ 27	14 ♍ 35	02 ♐ 48	18 ♈ 11R	07 ♓ 16R	13 ♑ 08	29 ♍ 28
	25	2 12 16	01 ♏ 15	26 ♓ 02	16 ♎ 26	14 ♍ 49	18 ♍ 31	15 ♍ 30	03 ♐ 20	17 ♈ 59R	07 ♓ 12R	13 ♑ 12	29 ♍ 12
	31	2 35 55	07 ♏ 14	24 ♊ 44	26 ♎ 12	20 ♍ 52	22 ♍ 11	16 ♍ 33	03 ♐ 59	17 ♈ 45R	07 ♓ 07R	13 ♑ 18	28 ♍ 53
NOVEMBRE	1	2 39 52	08 ♏ 14	08 ♋ 23	27 ♎ 51	21 ♍ 54	22 ♍ 48	16 ♍ 43	04 ♐ 05	17 ♈ 43R	07 ♓ 07R	13 ♑ 19	28 ♍ 50
	5	2 55 38	12 ♏ 14	28 ♌ 48	04 ♏ 28	26 ♍ 06	25 ♍ 13	17 ♍ 24	04 ♐ 32	17 ♈ 34R	07 ♓ 05R	13 ♑ 23	28 ♍ 38
	10	3 15 21	17 ♏ 16	27 ♎ 59	12 ♏ 41	01 ♎ 28	28 ♍ 15	18 ♍ 12	05 ♐ 06	17 ♈ 24R	07 ♓ 03R	13 ♑ 30	28 ♍ 22
	15	3 35 04	22 ♏ 17	29 ♐ 48	20 ♏ 45	06 ♎ 57	01 ♎ 16	18 ♍ 57	05 ♐ 41	17 ♈ 14R	07 ♓ 02R	13 ♑ 36	28 ♍ 06
	20	3 54 47	27 ♏ 20	06 ♓ 45	28 ♏ 42	12 ♎ 32	04 ♎ 15	19 ♍ 39	06 ♐ 16	17 ♈ 05R	07 ♓ 01	13 ♑ 44	27 ♍ 50
	25	4 14 29	02 ♐ 23	19 ♉ 25	06 ♐ 33	18 ♎ 13	07 ♎ 14	20 ♍ 18	06 ♐ 51	16 ♈ 58R	07 ♓ 02	13 ♑ 52	27 ♍ 34
	30	4 34 12	07 ♐ 26	29 ♋ 34	14 ♐ 21	23 ♎ 58	10 ♎ 11	20 ♍ 54	07 ♐ 27	16 ♈ 51R	07 ♓ 04	14 ♑ 00	27 ♍ 18
DICEMBRE	1	4 38 09	08 ♐ 27	12 ♌ 23	15 ♐ 54	25 ♎ 08	10 ♎ 46	21 ♍ 01	07 ♐ 34	16 ♈ 49R	07 ♓ 04	14 ♑ 02	27 ♍ 15
	5	4 53 55	12 ♐ 30	00 ♎ 42	22 ♐ 07	29 ♎ 47	13 ♎ 07	21 ♍ 26	08 ♐ 03	16 ♈ 45R	07 ♓ 06	14 ♑ 09	27 ♍ 02
	10	5 13 38	17 ♐ 35	00 ♐ 49	29 ♐ 50	05 ♏ 40	16 ♎ 02	21 ♍ 55	08 ♐ 38	16 ♈ 40R	07 ♓ 09	14 ♑ 19	26 ♍ 46
	15	5 33 20	22 ♐ 40	06 ♒ 12	07 ♑ 29	11 ♏ 36	18 ♎ 56	22 ♍ 19	09 ♐ 13	16 ♈ 37R	07 ♓ 13	14 ♑ 28	26 ♍ 30
	20	5 53 03	27 ♐ 46	15 ♈ 37	14 ♑ 56	17 ♏ 35	21 ♎ 48	22 ♍ 39	09 ♐ 48	16 ♈ 34R	07 ♓ 18	14 ♑ 38	26 ♍ 15
	25	6 12 46	02 ♑ 51	26 ♊ 50	21 ♑ 52	23 ♏ 35	24 ♎ 38	22 ♍ 55	10 ♐ 22	16 ♈ 33R	07 ♓ 24	14 ♑ 48	25 ♍ 59
	31	6 36 25	08 ♑ 58	14 ♍ 44	28 ♑ 30	00 ♐ 51	27 ♎ 60	23 ♍ 08	11 ♐ 02	16 ♈ 34	07 ♓ 32	15 ♑ 01	25 ♍ 40

GIORNO	TEMPO SIDERALE	☉	☽	☿	♀	♂	♃	♄	♅	♆	♇	☊	2016
1	6 40 22	09 ♑ 59	26 ♍ 41	29 ♑ 17	02 ♐ 03	28 ♎ 33	23 ♍ 09	11 ♐ 09	16 ♈ 34	07 ♓ 33	15 ♑ 03	25 ♍ 36	GENNAIO
5	6 56 08	14 ♑ 03	14 ♏ 11	01 ♒ 01	06 ♐ 55	00 ♏ 46	23 ♍ 13	11 ♐ 34	16 ♈ 36	07 ♓ 39	15 ♑ 11	25 ♍ 24	
10	7 15 51	19 ♑ 09	18 ♑ 21	29 ♑ 07R	13 ♐ 01	03 ♏ 30	23 ♍ 14R	12 ♐ 06	16 ♈ 39	07 ♓ 47	15 ♑ 22	25 ♍ 08	
15	7 35 34	24 ♑ 15	28 ♓ 20	23 ♑ 17R	19 ♐ 08	06 ♏ 11	23 ♍ 10R	12 ♐ 36	16 ♈ 44	07 ♓ 55	15 ♑ 32	24 ♍ 52	
20	7 55 16	29 ♑ 21	08 ♊ 33	17 ♑ 28R	25 ♐ 16	08 ♏ 50	23 ♍ 01R	13 ♐ 05	16 ♈ 49	08 ♓ 04	15 ♑ 42	24 ♍ 36	
25	8 14 59	04 ♒ 26	15 ♌ 25	14 ♑ 58R	01 ♑ 24	11 ♏ 25	22 ♍ 47R	13 ♐ 32	16 ♈ 56	08 ♓ 14	15 ♑ 52	24 ♍ 20	
31	8 38 39	10 ♒ 32	28 ♎ 06	16 ♑ 26	08 ♑ 48	14 ♏ 28	22 ♍ 25R	14 ♐ 03	17 ♈ 06	08 ♓ 26	16 ♑ 04	24 ♍ 01	
1	8 42 35	11 ♒ 32	09 ♏ 57	17 ♑ 02	10 ♑ 01	14 ♏ 58	22 ♍ 20R	14 ♐ 08	17 ♈ 08	08 ♓ 28	16 ♑ 06	23 ♍ 58	FEBBRAIO
5	8 58 21	15 ♒ 36	29 ♐ 35	20 ♑ 10	14 ♑ 57	16 ♏ 56	22 ♍ 01R	14 ♐ 26	17 ♈ 16	08 ♓ 37	16 ♑ 13	23 ♍ 45	
10	9 18 04	20 ♒ 40	09 ♓ 22	25 ♑ 18	21 ♑ 08	19 ♏ 20	21 ♍ 34R	14 ♐ 48	17 ♈ 26	08 ♓ 47	16 ♑ 23	23 ♍ 29	
15	9 37 47	25 ♒ 44	21 ♉ 31	01 ♒ 20	27 ♑ 18	21 ♏ 39	21 ♍ 04R	15 ♐ 08	17 ♈ 38	08 ♓ 58	16 ♑ 31	23 ♍ 13	
20	9 57 30	00 ♓ 46	28 ♋ 46	08 ♒ 01	03 ♒ 29	23 ♏ 53	20 ♍ 30R	15 ♐ 26	17 ♈ 50	09 ♓ 10	16 ♑ 39	22 ♍ 58	
25	10 17 12	05 ♓ 48	00 ♎ 39	15 ♒ 12	09 ♒ 40	26 ♏ 01	19 ♍ 54R	15 ♐ 41	18 ♈ 03	09 ♓ 21	16 ♑ 47	22 ♍ 42	
28	10 32 59	09 ♓ 50	18 ♏ 02	21 ♒ 17	14 ♒ 37	27 ♏ 39	19 ♍ 24R	15 ♐ 52	18 ♈ 15	09 ♓ 30	16 ♑ 53	22 ♍ 29	
1	10 36 55	10 ♓ 50	00 ♐ 01	22 ♒ 51	15 ♒ 51	28 ♏ 03	19 ♍ 16R	15 ♐ 55	18 ♈ 17	09 ♓ 32	16 ♑ 54	22 ♍ 26	MARZO
5	10 52 41	14 ♓ 51	20 ♑ 43	29 ♒ 17	20 ♒ 48	29 ♏ 35	18 ♍ 45R	16 ♐ 04	18 ♈ 29	09 ♓ 42	16 ♑ 60	22 ♍ 13	
10	11 12 24	19 ♓ 51	02 ♈ 42	07 ♓ 44	26 ♒ 59	01 ♐ 24	18 ♍ 06R	16 ♐ 12	18 ♈ 44	09 ♓ 53	17 ♑ 06	21 ♍ 57	
15	11 32 07	24 ♓ 50	15 ♊ 47	16 ♓ 40	03 ♓ 10	03 ♐ 03	17 ♍ 27R	16 ♐ 19	19 ♈ 00	10 ♓ 04	17 ♑ 11	21 ♍ 41	
20	11 51 50	29 ♓ 49	20 ♌ 57	26 ♓ 04	09 ♓ 21	04 ♐ 33	16 ♍ 49R	16 ♐ 23	19 ♈ 16	10 ♓ 15	17 ♑ 16	21 ♍ 25	
25	12 11 33	04 ♈ 46	21 ♎ 03	05 ♈ 57	15 ♓ 32	05 ♐ 51	16 ♍ 13R	16 ♐ 24R	19 ♈ 33	10 ♓ 26	17 ♑ 20	21 ♍ 10	
31	12 35 12	10 ♈ 42	03 ♑ 15	18 ♈ 10	22 ♓ 57	07 ♐ 10	15 ♍ 32R	16 ♐ 23R	19 ♈ 53	10 ♓ 38	17 ♑ 24	20 ♍ 50	
1	12 39 08	11 ♈ 42	15 ♑ 59	20 ♈ 12	24 ♓ 11	07 ♐ 21	15 ♍ 26R	16 ♐ 22R	19 ♈ 57	10 ♓ 40	17 ♑ 24	20 ♍ 47	APRILE
5	12 54 55	15 ♈ 38	10 ♓ 58	28 ♈ 09	29 ♓ 08	07 ♐ 60	15 ♍ 01R	16 ♐ 19R	20 ♈ 10	10 ♓ 48	17 ♑ 26	20 ♍ 35	
10	13 14 37	20 ♈ 33	26 ♉ 18	07 ♉ 13	05 ♈ 18	08 ♐ 34	14 ♍ 34R	16 ♐ 12R	20 ♈ 27	10 ♓ 58	17 ♑ 28	20 ♍ 19	
15	13 34 20	25 ♈ 27	05 ♌ 24	14 ♉ 39	11 ♈ 29	08 ♐ 52	14 ♍ 10R	16 ♐ 04R	20 ♈ 45	11 ♓ 07	17 ♑ 29	20 ♍ 03	
20	13 54 03	00 ♉ 21	06 ♎ 13	19 ♉ 59	17 ♈ 39	08 ♐ 52R	13 ♍ 50R	15 ♐ 53R	21 ♈ 02	11 ♓ 15	17 ♑ 29R	19 ♍ 47	
25	14 13 46	05 ♉ 13	05 ♐ 37	22 ♉ 57	23 ♈ 48	08 ♐ 33R	13 ♍ 35R	15 ♐ 40R	21 ♈ 18	11 ♓ 23	17 ♑ 28R	19 ♍ 31	
30	14 33 29	10 ♉ 05	08 ♒ 18R	23 ♉ 32	29 ♈ 58	07 ♐ 56R	13 ♍ 24R	15 ♐ 25R	21 ♈ 35	11 ♓ 30	17 ♑ 27R	19 ♍ 15	
1	14 37 25	11 ♉ 03	21 ♒ 41R	23 ♉ 22	01 ♉ 12	07 ♐ 46R	13 ♍ 22R	15 ♐ 21R	21 ♈ 38	11 ♓ 32	17 ♑ 27R	19 ♍ 12	MAGGIO
5	14 53 11	14 ♉ 56	19 ♈ 10R	22 ♉ 00	06 ♉ 08	06 ♐ 59R	13 ♍ 17R	15 ♐ 08R	21 ♈ 51	11 ♓ 37	17 ♑ 25R	18 ♍ 59	
10	15 12 54	19 ♉ 46	03 ♋ 55R	19 ♉ 12	12 ♉ 17	05 ♐ 45R	13 ♍ 15	14 ♐ 50R	22 ♈ 07	11 ♓ 43	17 ♑ 22R	18 ♍ 43	
15	15 32 37	24 ♉ 36	09 ♍ 15R	16 ♉ 20	18 ♉ 26	04 ♐ 17R	13 ♍ 18	14 ♐ 30R	22 ♈ 23	11 ♓ 48	17 ♑ 19R	18 ♍ 27	
20	15 52 20	29 ♉ 25	08 ♏ 38R	14 ♉ 35	24 ♉ 35	02 ♐ 39R	13 ♍ 25	14 ♐ 09R	22 ♈ 38	11 ♓ 53	17 ♑ 15R	18 ♍ 12	
25	16 12 02	04 ♊ 13	09 ♑ 36	14 ♉ 34	00 ♊ 44	00 ♐ 54R	13 ♍ 37	13 ♐ 48R	22 ♈ 52	11 ♓ 56	17 ♑ 10R	17 ♍ 56	
31	16 35 42	09 ♊ 59	29 ♓ 18	16 ♉ 59	08 ♊ 06	28 ♏ 49R	13 ♍ 57	13 ♐ 22R	23 ♈ 08	11 ♓ 60	17 ♑ 04R	17 ♍ 37	
1	16 39 38	10 ♊ 56	13 ♈ 39	17 ♉ 38	09 ♊ 20	28 ♏ 29R	14 ♍ 00	13 ♐ 17R	23 ♈ 10	11 ♓ 60	17 ♑ 03R	17 ♍ 33	GIUGNO
5	16 55 25	14 ♊ 46	13 ♊ 02	20 ♉ 51	14 ♊ 15	27 ♏ 12R	14 ♍ 17	12 ♐ 59R	23 ♈ 20	12 ♓ 01	16 ♑ 58R	17 ♍ 21	
10	17 15 07	19 ♊ 33	22 ♌ 42	26 ♉ 11	20 ♊ 24	25 ♏ 46R	14 ♍ 42	12 ♐ 37R	23 ♈ 32	12 ♓ 02	16 ♑ 52R	17 ♍ 05	
15	17 34 50	24 ♊ 20	23 ♎ 26	02 ♊ 51	26 ♊ 32	24 ♏ 36R	15 ♍ 11	12 ♐ 16R	23 ♈ 43	12 ♓ 03R	16 ♑ 45R	16 ♍ 49	
20	17 54 33	29 ♊ 06	23 ♐ 46	10 ♊ 47	02 ♋ 41	23 ♏ 45R	15 ♍ 43	11 ♐ 54R	23 ♈ 52	12 ♓ 02R	16 ♑ 38R	16 ♍ 33	
25	18 14 16	03 ♋ 52	28 ♒ 35	19 ♊ 55	08 ♋ 49	23 ♏ 14R	16 ♍ 18	11 ♐ 34R	24 ♈ 01	12 ♓ 01R	16 ♑ 31R	16 ♍ 17	
30	18 33 58	08 ♋ 38	08 ♉ 21	00 ♋ 03	14 ♋ 58	23 ♏ 03	16 ♍ 56	11 ♐ 15R	24 ♈ 09	11 ♓ 59R	16 ♑ 24R	16 ♍ 01	

2016	GIORNO	TEMPO SIDERALE	☉	☽	☿	♀	♂	♃	♄	♅	♆	♇	☊
LUGLIO	1	18 37 55	09 ♋ 36	22 ♉ 52	02 ♋ 10	16 ♋ 12	23 ♏ 04	17 ♍ 04	11 ♐ 12R	24 ♈ 10	11 ♓ 58R	16 ♑ 23R	15 ♍ 58
	5	18 53 41	13 ♋ 24	20 ♋ 29	10 ♋ 48	21 ♋ 07	23 ♏ 14	17 ♍ 38	10 ♐ 58R	24 ♈ 15	11 ♓ 56R	16 ♑ 17R	15 ♍ 45
	10	19 13 24	18 ♋ 11	25 ♍ 40	21 ♋ 36	27 ♋ 15	23 ♏ 44	18 ♍ 22	10 ♐ 42R	24 ♈ 21	11 ♓ 52R	16 ♑ 09R	15 ♍ 30
	15	19 33 07	22 ♋ 57	25 ♏ 21	01 ♌ 57	03 ♌ 24	24 ♏ 33	19 ♍ 09	10 ♐ 27R	24 ♈ 25	11 ♓ 48R	16 ♑ 02R	15 ♍ 14
	20	19 52 50	27 ♋ 43	28 ♑ 15	11 ♌ 39	09 ♌ 33	25 ♏ 40	19 ♍ 58	10 ♐ 15R	24 ♈ 28	11 ♓ 43R	15 ♑ 55R	14 ♍ 58
	25	20 12 32	02 ♌ 29	06 ♈ 41	20 ♌ 36	15 ♌ 41	27 ♏ 02	20 ♍ 49	10 ♐ 05R	24 ♈ 30	11 ♓ 37R	15 ♑ 47R	14 ♍ 42
	31	20 36 12	08 ♌ 13	01 ♋ 40	00 ♍ 22	23 ♌ 04	28 ♏ 60	21 ♍ 53	09 ♐ 55R	24 ♈ 30R	11 ♓ 30R	15 ♑ 39R	14 ♍ 23
AGOSTO	1	20 40 08	09 ♌ 11	15 ♋ 36	01 ♍ 53	24 ♌ 18	29 ♏ 21	22 ♍ 04	09 ♐ 54R	24 ♈ 30R	11 ♓ 28R	15 ♑ 38R	14 ♍ 20
	5	20 55 54	13 ♌ 00	08 ♍ 45	07 ♍ 42	29 ♌ 12	00 ♐ 52	22 ♍ 49	09 ♐ 50R	24 ♈ 29R	11 ♓ 23R	15 ♑ 33R	14 ♍ 07
	10	21 15 37	17 ♌ 48	09 ♏ 27	14 ♍ 15	05 ♍ 21	02 ♐ 57	23 ♍ 46	09 ♐ 47R	24 ♈ 27R	11 ♓ 16R	15 ♑ 26R	13 ♍ 51
	15	21 35 20	22 ♌ 36	10 ♑ 28	19 ♍ 55	11 ♍ 29	05 ♐ 12	24 ♍ 45	09 ♐ 47	24 ♈ 24R	11 ♓ 08R	15 ♑ 21R	13 ♍ 35
	20	21 55 03	27 ♌ 24	18 ♓ 29	24 ♍ 30	17 ♍ 38	07 ♐ 36	25 ♍ 44	09 ♐ 49	24 ♈ 20R	11 ♓ 00R	15 ♑ 15R	13 ♍ 19
	25	22 14 46	02 ♍ 13	00 ♊ 11	27 ♍ 42	23 ♍ 46	10 ♐ 09	26 ♍ 45	09 ♐ 53	24 ♈ 14R	10 ♓ 52R	15 ♑ 11R	13 ♍ 03
	31	22 38 25	08 ♍ 01	21 ♌ 46	29 ♍ 04R	01 ♎ 07	13 ♐ 23	27 ♍ 60	10 ♐ 02	24 ♈ 06R	10 ♓ 42R	15 ♑ 06R	12 ♍ 44
SETTEMBRE	1	22 42 21	08 ♍ 59	04 ♍ 34	28 ♍ 58R	02 ♎ 21	13 ♐ 56	28 ♍ 13	10 ♐ 03	24 ♈ 05R	10 ♓ 41R	15 ♑ 05R	12 ♍ 41
	5	22 58 08	12 ♍ 52	23 ♎ 43	27 ♍ 34R	07 ♎ 15	16 ♐ 12	29 ♍ 03	10 ♐ 11	23 ♈ 58R	10 ♓ 34R	15 ♑ 02R	12 ♍ 28
	10	23 17 50	17 ♍ 43	23 ♐ 23	23 ♍ 38R	13 ♎ 22	19 ♐ 08	00 ♎ 07	10 ♐ 23	23 ♈ 49R	10 ♓ 26R	14 ♑ 60R	12 ♍ 13
	15	23 37 33	22 ♍ 35	28 ♒ 36	18 ♍ 38R	19 ♎ 29	22 ♐ 10	01 ♎ 11	10 ♐ 38	23 ♈ 40R	10 ♓ 18R	14 ♑ 58R	11 ♍ 57
	20	23 57 16	27 ♍ 28	11 ♉ 44	15 ♍ 14R	25 ♎ 35	25 ♐ 17	02 ♎ 16	10 ♐ 54	23 ♈ 30R	10 ♓ 10R	14 ♑ 56R	11 ♍ 41
	25	0 16 59	02 ♎ 21	22 ♋ 22	15 ♍ 27	01 ♏ 41	28 ♐ 29	03 ♎ 20	11 ♐ 12	23 ♈ 19R	10 ♓ 02R	14 ♑ 56R	11 ♍ 25
	30	0 36 42	07 ♎ 16	25 ♍ 59	19 ♍ 31	07 ♏ 47	01 ♑ 45	04 ♎ 25	11 ♐ 33	23 ♈ 07R	09 ♓ 55R	14 ♑ 56	11 ♍ 09
OTTOBRE	1	0 40 38	08 ♎ 15	08 ♎ 09	20 ♍ 42	08 ♏ 60	02 ♑ 25	04 ♎ 38	11 ♐ 37	23 ♈ 05R	09 ♓ 54R	14 ♑ 56	11 ♍ 06
	5	0 56 24	12 ♎ 11	25 ♏ 50	26 ♍ 18	13 ♏ 52	05 ♑ 05	05 ♎ 30	11 ♐ 55	22 ♈ 56R	09 ♓ 48R	14 ♑ 57	10 ♍ 53
	10	1 16 07	17 ♎ 07	26 ♑ 30	04 ♎ 28	19 ♏ 57	08 ♑ 29	06 ♎ 35	12 ♐ 19	22 ♈ 44R	09 ♓ 42R	14 ♑ 58	10 ♍ 37
	15	1 35 50	22 ♎ 04	05 ♈ 27	13 ♎ 06	26 ♏ 01	11 ♑ 56	07 ♎ 39	12 ♐ 45	22 ♈ 31R	09 ♓ 36R	15 ♑ 01	10 ♍ 21
	20	1 55 33	27 ♎ 01	20 ♊ 41	21 ♎ 45	02 ♐ 04	15 ♑ 26	08 ♎ 42	13 ♐ 12	22 ♈ 19R	09 ♓ 31R	15 ♑ 04	10 ♍ 05
	25	2 15 15	02 ♏ 00	28 ♌ 17	00 ♏ 13	08 ♐ 07	18 ♑ 58	09 ♎ 45	13 ♐ 41	22 ♈ 07R	09 ♓ 26R	15 ♑ 08	09 ♍ 50
	31	2 38 55	07 ♏ 60	10 ♏ 52	10 ♏ 06	15 ♐ 21	23 ♑ 16	10 ♎ 59	14 ♐ 17	21 ♈ 53R	09 ♓ 22R	15 ♑ 13	09 ♍ 30
NOVEMBRE	1	2 42 51	08 ♏ 60	22 ♏ 43	11 ♏ 43	16 ♐ 33	23 ♑ 60	11 ♎ 11	14 ♐ 23	21 ♈ 51R	09 ♓ 21R	15 ♑ 14	09 ♍ 27
	5	2 58 38	13 ♏ 00	10 ♑ 32	18 ♏ 07	21 ♐ 22	26 ♑ 54	11 ♎ 60	14 ♐ 48	21 ♈ 42R	09 ♓ 19R	15 ♑ 19	09 ♍ 15
	10	3 18 20	18 ♏ 01	14 ♓ 51	25 ♏ 58	27 ♐ 22	00 ♒ 33	12 ♎ 59	15 ♐ 21	21 ♈ 31R	09 ♓ 16R	15 ♑ 25	08 ♍ 59
	15	3 38 03	23 ♏ 03	29 ♉ 06	03 ♐ 40	03 ♑ 20	04 ♒ 14	13 ♎ 57	15 ♐ 54	21 ♈ 21R	09 ♓ 15R	15 ♑ 32	08 ♍ 43
	20	3 57 46	28 ♏ 05	11 ♌ 44	11 ♐ 15	09 ♑ 17	07 ♒ 56	14 ♎ 53	16 ♐ 28	21 ♈ 11R	09 ♓ 15	15 ♑ 39	08 ♍ 27
	25	4 17 29	03 ♐ 09	14 ♎ 08	18 ♐ 42	15 ♑ 13	11 ♒ 40	15 ♎ 47	17 ♐ 02	21 ♈ 03R	09 ♓ 15	15 ♑ 47	08 ♍ 11
	30	4 37 11	08 ♐ 12	13 ♐ 32	25 ♐ 57	21 ♑ 06	15 ♒ 24	16 ♎ 39	17 ♐ 37	20 ♈ 55R	09 ♓ 16	15 ♑ 55	07 ♍ 55
DICEMBRE	1	4 41 08	09 ♐ 13	25 ♐ 32	27 ♐ 22	22 ♑ 16	16 ♒ 09	16 ♎ 49	17 ♐ 44	20 ♈ 54R	09 ♓ 17	15 ♑ 57	07 ♍ 52
	5	4 56 54	13 ♐ 17	14 ♒ 45	02 ♑ 51	26 ♑ 57	19 ♒ 09	17 ♎ 29	18 ♐ 13	20 ♈ 48R	09 ♓ 19	16 ♑ 04	07 ♍ 39
	10	5 16 37	18 ♐ 21	22 ♈ 16	08 ♑ 58	02 ♒ 45	22 ♒ 55	18 ♎ 16	18 ♐ 48	20 ♈ 43R	09 ♓ 22	16 ♑ 13	07 ♍ 23
	15	5 36 20	23 ♐ 26	07 ♋ 23	13 ♑ 32	08 ♒ 30	26 ♒ 41	19 ♎ 01	19 ♐ 23	20 ♈ 39R	09 ♓ 25	16 ♑ 22	07 ♍ 07
	20	5 56 03	28 ♐ 31	16 ♍ 10	15 ♑ 06R	14 ♒ 11	00 ♓ 28	19 ♎ 42	19 ♐ 59	20 ♈ 36R	09 ♓ 30	16 ♑ 32	06 ♍ 52
	25	6 15 45	03 ♑ 37	16 ♏ 30	12 ♑ 12R	19 ♒ 48	04 ♓ 14	20 ♎ 21	20 ♐ 34	20 ♈ 34R	09 ♓ 35	16 ♑ 42	06 ♍ 36
	31	6 39 25	09 ♑ 44	29 ♑ 13	04 ♑ 30R	26 ♒ 24	08 ♓ 46	21 ♎ 02	21 ♐ 15	20 ♈ 33	09 ♓ 43	16 ♑ 54	06 ♍ 17

GIORNO	TEMPO SIDERALE	☉	☽	☿	♀	♂	♃	♄	♅	♆	♇	☊	2017
1	6 43 21	10 ♑ 45	11 ♒ 50	03 ♑ 17R	27 ♒ 29	09 ♓ 31	21 ♎ 09	21 ♐ 22	20 ♈ 34	09 ♓ 44	16 ♑ 56	06 ♍ 13	GENNAIO
5	6 59 07	14 ♑ 50	04 ♈ 20	29 ♐ 46R	01 ♓ 47	12 ♓ 33	21 ♎ 33	21 ♐ 49	20 ♈ 34	09 ♓ 50	17 ♑ 05	06 ♍ 01	
10	7 18 50	19 ♑ 56	15 ♊ 55	29 ♐ 02	07 ♓ 03	16 ♓ 19	21 ♎ 60	22 ♐ 23	20 ♈ 37	09 ♓ 58	17 ♑ 15	05 ♍ 45	
15	7 38 33	25 ♑ 01	27 ♌ 49	01 ♑ 31	12 ♓ 09	20 ♓ 05	22 ♎ 22	22 ♐ 55	20 ♈ 41	10 ♓ 06	17 ♑ 25	05 ♍ 29	
20	7 58 16	00 ♒ 07	00 ♏ 55	06 ♑ 01	17 ♓ 03	23 ♓ 50	22 ♎ 40	23 ♐ 26	20 ♈ 45	10 ♓ 15	17 ♑ 35	05 ♍ 13	
25	8 17 59	05 ♒ 12	00 ♑ 38	11 ♑ 42	21 ♓ 45	27 ♓ 35	22 ♎ 54	23 ♐ 56	20 ♈ 52	10 ♓ 25	17 ♑ 45	04 ♍ 57	
31	8 41 38	11 ♒ 18	17 ♓ 41	19 ♑ 28	27 ♓ 01	02 ♈ 04	23 ♎ 05	24 ♐ 31	21 ♈ 01	10 ♓ 36	17 ♑ 57	04 ♍ 38	
1	8 45 34	12 ♒ 19	01 ♈ 15	20 ♑ 50	27 ♓ 51	02 ♈ 49	23 ♎ 06	24 ♐ 36	21 ♈ 02	10 ♓ 39	17 ♑ 59	04 ♍ 35	FEBBRAIO
5	9 01 21	16 ♒ 22	27 ♉ 11	26 ♑ 29	01 ♈ 02	05 ♈ 47	23 ♎ 08	24 ♐ 58	21 ♈ 09	10 ♓ 47	18 ♑ 07	04 ♍ 22	
10	9 21 03	21 ♒ 26	08 ♌ 20	03 ♒ 54	04 ♈ 39	09 ♈ 30	23 ♎ 07R	25 ♐ 23	21 ♈ 19	10 ♓ 58	18 ♑ 16	04 ♍ 06	
15	9 40 46	26 ♒ 29	14 ♎ 18	11 ♒ 40	07 ♈ 47	13 ♈ 11	23 ♎ 01R	25 ♐ 47	21 ♈ 30	11 ♓ 09	18 ♑ 25	03 ♍ 51	
20	10 00 29	01 ♓ 32	14 ♐ 25	19 ♒ 48	10 ♈ 17	16 ♈ 52	22 ♎ 51R	26 ♐ 09	21 ♈ 42	11 ♓ 20	18 ♑ 33	03 ♍ 35	
25	10 20 12	06 ♓ 34	16 ♒ 30	28 ♒ 19	12 ♈ 05	20 ♈ 32	22 ♎ 36R	26 ♐ 29	21 ♈ 55	11 ♓ 31	18 ♑ 41	03 ♍ 19	
28	10 32 01	09 ♓ 35	27 ♓ 10	03 ♓ 37	12 ♈ 46	22 ♈ 43	22 ♎ 24R	26 ♐ 40	22 ♈ 03	11 ♓ 38	18 ♑ 45	03 ♍ 09	
1	10 35 58	10 ♓ 35	11 ♈ 12	05 ♓ 25	12 ♈ 55	23 ♈ 27	22 ♎ 20R	26 ♐ 44	22 ♈ 06	11 ♓ 40	18 ♑ 47	03 ♍ 06	MARZO
5	10 51 44	14 ♓ 36	08 ♊ 15	12 ♓ 48	13 ♈ 08R	26 ♈ 22	22 ♎ 02R	26 ♐ 57	22 ♈ 17	11 ♓ 49	18 ♑ 52	02 ♍ 53	
10	11 11 27	19 ♓ 36	17 ♌ 40	22 ♓ 22	12 ♈ 29R	29 ♈ 59	21 ♎ 36R	27 ♐ 11	22 ♈ 32	12 ♓ 01	18 ♑ 58	02 ♍ 37	
15	11 31 10	24 ♓ 35	22 ♎ 13	02 ♈ 13	10 ♈ 49R	03 ♉ 35	21 ♎ 07R	27 ♐ 23	22 ♈ 47	12 ♓ 12	19 ♑ 04	02 ♍ 22	
20	11 50 52	29 ♓ 34	22 ♐ 16	11 ♈ 56	08 ♈ 16R	07 ♉ 10	20 ♎ 35R	27 ♐ 33	23 ♈ 03	12 ♓ 23	19 ♑ 09	02 ♍ 06	
25	12 10 35	04 ♈ 32	24 ♒ 23	20 ♈ 50	05 ♈ 13R	10 ♉ 44	19 ♎ 60R	27 ♐ 40	23 ♈ 19	12 ♓ 34	19 ♑ 13	01 ♍ 50	
31	12 34 15	10 ♈ 28	19 ♉ 46	29 ♈ 13	01 ♈ 35R	14 ♉ 60	19 ♎ 16R	27 ♐ 46	23 ♈ 39	12 ♓ 47	19 ♑ 18	01 ♍ 31	
1	12 38 11	11 ♈ 27	04 ♊ 28	00 ♉ 17	01 ♈ 02R	15 ♉ 42	19 ♎ 08R	27 ♐ 46	23 ♈ 42	12 ♓ 49	19 ♑ 18	01 ♍ 28	APRILE
5	12 53 57	15 ♈ 24	00 ♌ 60	03 ♉ 27	29 ♓ 07R	18 ♉ 32	18 ♎ 38R	27 ♐ 48	23 ♈ 56	12 ♓ 57	19 ♑ 20	01 ♍ 15	
10	13 13 40	20 ♈ 19	05 ♎ 58	04 ♉ 51R	27 ♓ 30R	22 ♉ 02	17 ♎ 59R	27 ♐ 47R	24 ♈ 13	13 ♓ 06	19 ♑ 22	00 ♍ 59	
15	13 33 23	25 ♈ 13	06 ♐ 43	03 ♉ 35R	26 ♓ 55	25 ♉ 32	17 ♎ 21R	27 ♐ 44R	24 ♈ 30	13 ♓ 16	19 ♑ 23	00 ♍ 43	
20	13 53 06	00 ♉ 06	06 ♒ 45	00 ♉ 31R	27 ♓ 19	29 ♉ 00	16 ♎ 43R	27 ♐ 38R	24 ♈ 47	13 ♓ 24	19 ♑ 24	00 ♍ 27	
25	14 12 48	04 ♉ 59	14 ♈ 02	27 ♈ 07R	28 ♓ 36	02 ♊ 28	16 ♎ 08R	27 ♐ 31R	25 ♈ 04	13 ♓ 33	19 ♑ 24R	00 ♍ 11	
30	14 32 31	09 ♉ 51	28 ♊ 53	24 ♈ 48R	00 ♈ 40	05 ♊ 54	15 ♎ 34R	27 ♐ 21R	25 ♈ 21	13 ♓ 40	19 ♑ 22R	29 ♌ 55	
1	14 36 28	10 ♉ 49	13 ♋ 25	24 ♈ 33R	01 ♈ 09	06 ♊ 35	15 ♎ 28R	27 ♐ 18R	25 ♈ 25	13 ♓ 42	19 ♑ 22R	29 ♌ 52	MAGGIO
5	14 52 14	14 ♉ 42	07 ♍ 40	24 ♈ 20	03 ♈ 21	09 ♊ 20	15 ♎ 03R	27 ♐ 08R	25 ♈ 38	13 ♓ 47	19 ♑ 21R	29 ♌ 39	
10	15 11 57	19 ♉ 32	09 ♏ 33	25 ♈ 48	06 ♈ 34	12 ♊ 44	14 ♎ 35R	26 ♐ 54R	25 ♈ 54	13 ♓ 54	19 ♑ 18R	29 ♌ 24	
15	15 31 40	24 ♉ 22	09 ♑ 05	29 ♈ 01	10 ♈ 13	16 ♊ 08	14 ♎ 11R	26 ♐ 38R	26 ♈ 10	13 ♓ 59	19 ♑ 15R	29 ♌ 08	
20	15 51 22	29 ♉ 11	10 ♓ 51	03 ♉ 42	14 ♈ 13	19 ♊ 30	13 ♎ 51R	26 ♐ 21R	26 ♈ 25	14 ♓ 04	19 ♑ 11R	28 ♌ 52	
25	16 11 05	03 ♊ 59	22 ♉ 11	09 ♉ 38	18 ♈ 30	22 ♊ 52	13 ♎ 35R	26 ♐ 02R	26 ♈ 40	14 ♓ 08	19 ♑ 07R	28 ♌ 36	
31	16 34 44	09 ♊ 45	20 ♌ 51	18 ♉ 13	23 ♈ 58	26 ♊ 53	13 ♎ 21R	25 ♐ 37R	26 ♈ 57	14 ♓ 12	19 ♑ 01R	28 ♌ 17	
1	16 38 41	10 ♊ 42	04 ♍ 16	19 ♉ 48	24 ♈ 54	27 ♊ 33	13 ♎ 20R	25 ♐ 33R	26 ♈ 60	14 ♓ 12	19 ♑ 00R	28 ♌ 14	GIUGNO
5	16 54 27	14 ♊ 32	24 ♎ 34	26 ♉ 32	28 ♈ 43	00 ♋ 13	13 ♎ 15R	25 ♐ 16R	27 ♈ 10	14 ♓ 14	18 ♑ 56R	28 ♌ 01	
10	17 14 10	19 ♊ 19	24 ♐ 15	05 ♊ 50	03 ♉ 39	03 ♋ 32	13 ♎ 13	24 ♐ 54R	27 ♈ 23	14 ♓ 15	18 ♑ 50R	27 ♌ 45	
15	17 33 53	24 ♊ 06	24 ♒ 38	16 ♊ 04	08 ♉ 43	06 ♋ 50	13 ♎ 16	24 ♐ 32R	27 ♈ 34	14 ♓ 16	18 ♑ 43R	27 ♌ 29	
20	17 53 36	28 ♊ 52	01 ♉ 15	26 ♊ 54	13 ♉ 54	10 ♋ 08	13 ♎ 23	24 ♐ 10R	27 ♈ 45	14 ♓ 16R	18 ♑ 37R	27 ♌ 13	
25	18 13 18	03 ♋ 39	16 ♋ 18	07 ♋ 49	19 ♉ 11	13 ♋ 25	13 ♎ 34	23 ♐ 48R	27 ♈ 55	14 ♓ 15R	18 ♑ 30R	26 ♌ 57	
30	18 33 01	08 ♋ 25	26 ♍ 14	18 ♋ 19	24 ♉ 33	16 ♋ 41	13 ♎ 50	23 ♐ 27R	28 ♈ 03	14 ♓ 13R	18 ♑ 22R	26 ♌ 42	

2017	GIORNO	TEMPO SIDERALE	☉	☽	☿	♀	♂	♃	♄	♅	♆	♇	☊
LUGLIO	1	18 36 58	09 ♋ 22	08 ♎ 57	20 ♋ 21	25 ♉ 38	17 ♋ 20	13 ♎ 53	23 ♐ 23R	28 ♈ 05	14 ♓ 13R	18 ♑ 21R	26 ♌ 38
	5	18 52 44	13 ♋ 11	27 ♏ 27	28 ♋ 07	29 ♉ 59	19 ♋ 57	14 ♎ 10	23 ♐ 06R	28 ♈ 11	14 ♓ 11R	18 ♑ 15R	26 ♌ 26
	10	19 12 27	17 ♋ 57	27 ♑ 10	07 ♌ 05	05 ♊ 30	23 ♋ 12	14 ♎ 33	22 ♐ 47R	28 ♈ 17	14 ♓ 07R	18 ♑ 08R	26 ♌ 10
	15	19 32 09	22 ♋ 43	00 ♈ 04	15 ♌ 12	11 ♊ 05	26 ♋ 26	15 ♎ 01	22 ♐ 29R	28 ♈ 22	14 ♓ 03R	18 ♑ 00R	25 ♌ 54
	20	19 51 52	27 ♋ 29	10 ♊ 04	22 ♌ 29	16 ♊ 43	29 ♋ 40	15 ♎ 32	22 ♐ 12R	28 ♈ 26	13 ♓ 59R	17 ♑ 53R	25 ♌ 38
	25	20 11 35	02 ♌ 15	23 ♌ 47	28 ♌ 51	22 ♊ 24	02 ♌ 54	16 ♎ 06	21 ♐ 57R	28 ♈ 29	13 ♓ 53R	17 ♑ 46R	25 ♌ 22
	31	20 35 14	07 ♌ 60	11 ♏ 60	05 ♍ 09	29 ♊ 17	06 ♌ 45	16 ♎ 52	21 ♐ 42R	28 ♈ 31	13 ♓ 46R	17 ♑ 38R	25 ♌ 03
AGOSTO	1	20 39 11	08 ♌ 57	24 ♏ 01	06 ♍ 02	00 ♋ 26	07 ♌ 24	16 ♎ 60	21 ♐ 39R	28 ♈ 31	13 ♓ 45R	17 ♑ 36R	24 ♌ 60
	5	20 54 57	12 ♌ 47	11 ♑ 40	08 ♍ 60	05 ♋ 04	09 ♌ 58	17 ♎ 33	21 ♐ 31R	28 ♈ 31R	13 ♓ 40R	17 ♑ 31R	24 ♌ 47
	10	21 14 40	17 ♌ 34	13 ♓ 57	11 ♍ 14	10 ♋ 53	13 ♌ 10	18 ♎ 17	21 ♐ 23R	28 ♈ 30R	13 ♓ 33R	17 ♑ 25R	24 ♌ 31
	15	21 34 23	22 ♌ 22	21 ♉ 40	11 ♍ 28R	16 ♋ 45	16 ♌ 22	19 ♎ 04	21 ♐ 16R	28 ♈ 28R	13 ♓ 25R	17 ♑ 19R	24 ♌ 15
	20	21 54 05	27 ♌ 11	03 ♌ 39	09 ♍ 25R	22 ♋ 39	19 ♌ 33	19 ♎ 53	21 ♐ 12R	28 ♈ 25R	13 ♓ 18R	17 ♑ 13R	23 ♌ 60
	25	22 13 48	01 ♍ 60	12 ♎ 32	05 ♍ 29R	28 ♋ 35	22 ♌ 45	20 ♎ 45	21 ♐ 11R	28 ♈ 20R	13 ♓ 10R	17 ♑ 08R	23 ♌ 44
	31	22 37 28	07 ♍ 47	25 ♐ 53	00 ♍ 25R	05 ♌ 45	26 ♌ 34	21 ♎ 49	21 ♐ 12	28 ♈ 13R	12 ♓ 60R	17 ♑ 03R	23 ♌ 25
SETTEMBRE	1	22 41 24	08 ♍ 45	07 ♑ 47	29 ♌ 47R	06 ♌ 57	27 ♌ 12	21 ♎ 60	21 ♐ 13	28 ♈ 12R	12 ♓ 58R	17 ♑ 02R	23 ♌ 21
	5	22 57 10	12 ♍ 38	27 ♒ 04	28 ♌ 26	11 ♌ 45	29 ♌ 45	22 ♎ 45	21 ♐ 16	28 ♈ 06R	12 ♓ 52R	16 ♑ 59R	23 ♌ 09
	10	23 16 53	17 ♍ 29	04 ♉ 26	29 ♌ 55	17 ♌ 47	02 ♍ 55	23 ♎ 42	21 ♐ 23	27 ♈ 58R	12 ♓ 43R	16 ♑ 56R	22 ♌ 53
	15	23 36 36	22 ♍ 21	15 ♋ 13	04 ♍ 49	23 ♌ 51	06 ♍ 06	24 ♎ 41	21 ♐ 31	27 ♈ 49R	12 ♓ 35R	16 ♑ 54R	22 ♌ 37
	20	23 56 19	27 ♍ 14	24 ♍ 23	12 ♍ 11	29 ♌ 56	09 ♍ 16	25 ♎ 41	21 ♐ 42	27 ♈ 40R	12 ♓ 27R	16 ♑ 52R	22 ♌ 21
	25	0 16 01	02 ♎ 07	27 ♏ 58	20 ♍ 52	06 ♍ 03	12 ♍ 26	26 ♎ 43	21 ♐ 56	27 ♈ 29R	12 ♓ 19R	16 ♑ 51R	22 ♌ 05
	30	0 35 44	07 ♎ 02	27 ♑ 38	29 ♍ 57	12 ♍ 11	15 ♍ 36	27 ♎ 45	22 ♐ 11	27 ♈ 18R	12 ♓ 12R	16 ♑ 51	21 ♌ 49
OTTOBRE	1	0 39 41	08 ♎ 01	09 ♒ 50	01 ♎ 46	13 ♍ 25	16 ♍ 14	27 ♎ 58	22 ♐ 15	27 ♈ 16R	12 ♓ 11R	16 ♑ 51	21 ♌ 46
	5	0 55 27	11 ♎ 57	01 ♈ 54	08 ♎ 58	18 ♍ 20	18 ♍ 46	28 ♎ 49	22 ♐ 29	27 ♈ 07R	12 ♓ 05R	16 ♑ 52	21 ♌ 33
	10	1 15 10	16 ♎ 53	13 ♊ 26	17 ♎ 43	24 ♍ 31	21 ♍ 56	29 ♎ 53	22 ♐ 49	26 ♈ 55R	11 ♓ 58R	16 ♑ 53	21 ♌ 17
	15	1 34 53	21 ♎ 49	23 ♌ 37	26 ♎ 10	00 ♎ 43	25 ♍ 05	00 ♏ 58	23 ♐ 10	26 ♈ 43R	11 ♓ 52R	16 ♑ 55	21 ♌ 02
	20	1 54 35	26 ♎ 47	29 ♎ 06	04 ♏ 19	06 ♎ 56	28 ♍ 15	02 ♏ 03	23 ♐ 34	26 ♈ 31R	11 ♓ 47R	16 ♑ 58	20 ♌ 46
	25	2 14 18	01 ♏ 46	29 ♐ 53	12 ♏ 13	13 ♎ 09	01 ♎ 24	03 ♏ 08	23 ♐ 59	26 ♈ 18R	11 ♓ 42R	17 ♑ 01	20 ♌ 30
	31	2 37 57	07 ♏ 45	12 ♓ 56	21 ♏ 24	20 ♎ 38	05 ♎ 12	04 ♏ 27	24 ♐ 31	26 ♈ 04R	11 ♓ 37R	17 ♑ 07	20 ♌ 11
NOVEMBRE	1	2 41 54	08 ♏ 45	26 ♓ 12	22 ♏ 54	21 ♎ 53	05 ♎ 50	04 ♏ 40	24 ♐ 37	26 ♈ 02R	11 ♓ 36R	17 ♑ 08	20 ♌ 08
	5	2 57 40	12 ♏ 46	23 ♉ 30	28 ♏ 49	26 ♎ 53	08 ♎ 21	05 ♏ 32	24 ♐ 60	25 ♈ 52R	11 ♓ 33R	17 ♑ 12	19 ♌ 55
	10	3 17 23	17 ♏ 47	06 ♌ 44	06 ♐ 01	03 ♏ 09	11 ♎ 30	06 ♏ 37	25 ♐ 29	25 ♈ 41R	11 ♓ 31R	17 ♑ 17	19 ♌ 39
	15	3 37 06	22 ♏ 48	13 ♎ 04	12 ♐ 54	09 ♏ 25	14 ♎ 40	07 ♏ 42	26 ♐ 00	25 ♈ 30R	11 ♓ 29R	17 ♑ 24	19 ♌ 23
	20	3 56 49	27 ♏ 51	14 ♐ 31	19 ♐ 17	15 ♏ 42	17 ♎ 49	08 ♏ 46	26 ♐ 32	25 ♈ 20R	11 ♓ 28R	17 ♑ 31	19 ♌ 07
	25	4 16 31	02 ♐ 54	13 ♒ 46	24 ♐ 44	21 ♏ 58	20 ♎ 58	09 ♏ 49	27 ♐ 05	25 ♈ 11R	11 ♓ 28	17 ♑ 38	18 ♌ 51
	30	4 36 14	07 ♐ 58	17 ♈ 50	28 ♐ 27	28 ♏ 15	24 ♎ 06	10 ♏ 52	27 ♐ 39	25 ♈ 02R	11 ♓ 29	17 ♑ 46	18 ♌ 35
DICEMBRE	1	4 40 11	08 ♐ 59	02 ♉ 00	28 ♐ 53	29 ♏ 31	24 ♎ 44	11 ♏ 04	27 ♐ 46	25 ♈ 01R	11 ♓ 29	17 ♑ 48	18 ♌ 32
	5	4 55 57	13 ♐ 02	02 ♋ 08	29 ♐ 03R	04 ♐ 33	27 ♎ 15	11 ♏ 53	28 ♐ 13	24 ♈ 55R	11 ♓ 31	17 ♑ 55	18 ♌ 19
	10	5 15 40	18 ♐ 06	14 ♍ 04	25 ♐ 16R	10 ♐ 50	00 ♏ 24	12 ♏ 53	28 ♐ 48	24 ♈ 48R	11 ♓ 33	18 ♑ 04	18 ♌ 04
	15	5 35 22	23 ♐ 11	17 ♏ 21	18 ♐ 37R	17 ♐ 08	03 ♏ 32	13 ♏ 51	29 ♐ 23	24 ♈ 43R	11 ♓ 37	18 ♑ 13	17 ♌ 48
	20	5 55 05	28 ♐ 17	16 ♑ 57	13 ♐ 49R	23 ♐ 25	06 ♏ 40	14 ♏ 48	29 ♐ 59	24 ♈ 39R	11 ♓ 41	18 ♑ 23	17 ♌ 32
	25	6 14 48	03 ♑ 22	17 ♓ 05	13 ♐ 17	29 ♐ 43	09 ♏ 48	15 ♏ 43	00 ♑ 34	24 ♈ 36R	11 ♓ 46	18 ♑ 33	17 ♌ 16
	31	6 38 27	09 ♑ 29	09 ♊ 37	17 ♐ 02	07 ♑ 16	13 ♏ 33	16 ♏ 46	01 ♑ 16	24 ♈ 34R	11 ♓ 53	18 ♑ 45	16 ♌ 57

GIORNO	TEMPO SIDERALE	☉	☽	☿	♀	♂	♃	♄	♅	♆	♇	☊	2018
1	6 42 24	10 ♑ 30	24 ♊ 47	17 ♐ 57	08 ♑ 31	14 ♏ 10	16 ♏ 56	01 ♑ 23	24 ♈ 34R	11 ♓ 55	18 ♑ 47	16 ♌ 54	GENNAIO
5	6 58 10	14 ♑ 35	25 ♌ 04	22 ♐ 13	13 ♑ 33	16 ♏ 40	17 ♏ 36	01 ♑ 51	24 ♈ 34	11 ♓ 60	18 ♑ 55	16 ♌ 41	
10	7 17 53	19 ♑ 41	02 ♏ 01	28 ♐ 24	19 ♑ 51	19 ♏ 46	18 ♏ 23	02 ♑ 26	24 ♈ 36	12 ♓ 07	19 ♑ 05	16 ♌ 25	
15	7 37 36	24 ♑ 46	02 ♑ 06	05 ♑ 10	26 ♑ 08	22 ♏ 52	19 ♏ 08	03 ♑ 00	24 ♈ 38	12 ♓ 15	19 ♑ 15	16 ♌ 09	
20	7 57 18	29 ♑ 52	01 ♓ 48	12 ♑ 20	02 ♒ 25	25 ♏ 58	19 ♏ 49	03 ♑ 34	24 ♈ 42	12 ♓ 24	19 ♑ 25	15 ♌ 53	
25	8 17 01	04 ♒ 57	05 ♉ 49	19 ♑ 47	08 ♒ 42	29 ♏ 03	20 ♏ 27	04 ♑ 06	24 ♈ 47	12 ♓ 33	19 ♑ 35	15 ♌ 37	
31	8 40 41	11 ♒ 03	03 ♌ 12	29 ♑ 06	16 ♒ 14	02 ♐ 44	21 ♏ 09	04 ♑ 44	24 ♈ 55	12 ♓ 45	19 ♑ 47	15 ♌ 18	
1	8 44 37	12 ♒ 04	18 ♌ 10	00 ♒ 41	17 ♒ 30	03 ♐ 21	21 ♏ 15	04 ♑ 50	24 ♈ 56	12 ♓ 47	19 ♑ 49	15 ♌ 15	FEBBRAIO
5	9 00 23	16 ♒ 07	14 ♎ 47	07 ♒ 10	22 ♒ 31	05 ♐ 48	21 ♏ 39	05 ♑ 14	25 ♈ 03	12 ♓ 55	19 ♑ 57	15 ♌ 03	
10	9 20 06	21 ♒ 11	17 ♐ 00	15 ♒ 33	28 ♒ 47	08 ♐ 51	22 ♏ 05	05 ♑ 43	25 ♈ 12	13 ♓ 06	20 ♑ 06	14 ♌ 47	
15	9 39 49	26 ♒ 14	16 ♒ 25	24 ♒ 16	05 ♓ 03	11 ♐ 52	22 ♏ 28	06 ♑ 11	25 ♈ 22	13 ♓ 17	20 ♑ 15	14 ♌ 31	
20	9 59 32	01 ♓ 17	19 ♈ 24	03 ♓ 20	11 ♓ 18	14 ♐ 53	22 ♏ 46	06 ♑ 37	25 ♈ 33	13 ♓ 28	20 ♑ 23	14 ♌ 15	
25	10 19 14	06 ♓ 19	28 ♊ 08	12 ♓ 41	17 ♓ 33	17 ♐ 52	22 ♏ 59	07 ♑ 01	25 ♈ 45	13 ♓ 39	20 ♑ 31	13 ♌ 59	
28	10 31 04	09 ♓ 20	11 ♌ 46	18 ♓ 22	21 ♓ 17	19 ♐ 40	23 ♏ 05	07 ♑ 15	25 ♈ 52	13 ♓ 46	20 ♑ 36	13 ♌ 49	
1	10 35 01	10 ♓ 21	26 ♌ 23	20 ♓ 15	22 ♓ 32	20 ♐ 15	23 ♏ 07	07 ♑ 19	25 ♈ 55	13 ♓ 48	20 ♑ 37	13 ♌ 46	MARZO
5	10 50 47	14 ♓ 21	22 ♎ 36	27 ♓ 40	27 ♓ 31	22 ♐ 37	23 ♏ 12	07 ♑ 36	26 ♈ 06	13 ♓ 57	20 ♑ 43	13 ♌ 34	
10	11 10 30	19 ♓ 21	25 ♐ 07	06 ♈ 05	03 ♈ 45	25 ♐ 33	23 ♏ 13R	07 ♑ 55	26 ♈ 20	14 ♓ 09	20 ♑ 49	13 ♌ 18	
15	11 30 12	24 ♓ 21	24 ♒ 45	12 ♈ 37	09 ♈ 57	28 ♐ 27	23 ♏ 10R	08 ♑ 13	26 ♈ 35	14 ♓ 20	20 ♑ 55	13 ♌ 02	
20	11 49 55	29 ♓ 20	29 ♈ 22	16 ♈ 18	16 ♈ 09	01 ♑ 19	23 ♏ 02R	08 ♑ 28	26 ♈ 50	14 ♓ 31	21 ♑ 00	12 ♌ 46	
25	12 09 38	04 ♈ 17	08 ♋ 53	16 ♈ 39R	22 ♈ 21	04 ♑ 09	22 ♏ 50R	08 ♑ 41	27 ♈ 06	14 ♓ 42	21 ♑ 05	12 ♌ 30	
31	12 33 17	10 ♈ 13	03 ♎ 31	13 ♈ 21R	29 ♈ 45	07 ♑ 30	22 ♏ 29R	08 ♑ 53	27 ♈ 26	14 ♓ 55	21 ♑ 10	12 ♌ 11	
1	12 37 14	11 ♈ 13	17 ♎ 11	12 ♈ 33R	00 ♉ 59	08 ♑ 03	22 ♏ 25R	08 ♑ 55	27 ♈ 29	14 ♓ 57	21 ♑ 10	12 ♌ 08	APRILE
5	12 53 00	15 ♈ 09	08 ♐ 49	09 ♈ 17R	05 ♉ 54	10 ♑ 14	22 ♏ 07R	09 ♑ 01	27 ♈ 43	15 ♓ 05	21 ♑ 13	11 ♌ 55	
10	13 12 43	20 ♈ 04	08 ♒ 29	06 ♈ 03R	12 ♉ 03	12 ♑ 55	21 ♏ 42R	09 ♑ 06	27 ♈ 60	15 ♓ 15	21 ♑ 15	11 ♌ 39	
15	13 32 26	24 ♈ 59	11 ♈ 21	04 ♈ 47	18 ♉ 10	15 ♑ 32	21 ♏ 13R	09 ♑ 09	28 ♈ 17	15 ♓ 25	21 ♑ 16	11 ♌ 23	
20	13 52 08	29 ♈ 52	21 ♊ 23	05 ♈ 40	24 ♉ 17	18 ♑ 06	20 ♏ 41R	09 ♑ 09R	28 ♈ 34	15 ♓ 34	21 ♑ 17	11 ♌ 07	
25	14 11 51	04 ♉ 45	01 ♍ 55	08 ♈ 26	00 ♊ 22	20 ♑ 35	20 ♏ 06R	09 ♑ 07R	28 ♈ 51	15 ♓ 42	21 ♑ 17R	10 ♌ 51	
30	14 31 34	09 ♉ 36	09 ♏ 07	12 ♈ 43	06 ♊ 27	22 ♑ 58	19 ♏ 30R	09 ♑ 02R	29 ♈ 08	15 ♓ 50	21 ♑ 16R	10 ♌ 36	
1	14 35 31	10 ♉ 35	21 ♏ 56	13 ♈ 44	07 ♊ 39	23 ♑ 26	19 ♏ 22R	09 ♑ 01R	29 ♈ 12	15 ♓ 52	21 ♑ 16R	10 ♌ 32	MAGGIO
5	14 51 17	14 ♉ 27	10 ♑ 53	18 ♈ 15	12 ♊ 30	25 ♑ 16	18 ♏ 52R	08 ♑ 55R	29 ♈ 25	15 ♓ 57	21 ♑ 15R	10 ♌ 20	
10	15 10 60	19 ♉ 18	10 ♓ 38	24 ♈ 48	18 ♊ 32	27 ♑ 28	18 ♏ 14R	08 ♑ 46R	29 ♈ 42	16 ♓ 04	21 ♑ 13R	10 ♌ 04	
15	15 30 42	24 ♉ 08	17 ♉ 30	02 ♉ 18	24 ♊ 33	29 ♑ 31	17 ♏ 36R	08 ♑ 35R	29 ♈ 58	16 ♓ 10	21 ♑ 10R	09 ♌ 48	
20	15 50 25	28 ♉ 57	00 ♌ 29	10 ♉ 40	00 ♋ 32	01 ♒ 27	16 ♏ 58R	08 ♑ 21R	00 ♉ 14	16 ♓ 15	21 ♑ 06R	09 ♌ 32	
25	16 10 08	03 ♊ 45	09 ♎ 29	19 ♉ 56	06 ♋ 30	03 ♒ 12	16 ♏ 23R	08 ♑ 06R	00 ♉ 29	16 ♓ 20	21 ♑ 02R	09 ♌ 16	
31	16 33 47	09 ♊ 31	25 ♐ 15	02 ♊ 07	13 ♋ 38	05 ♒ 05	15 ♏ 42R	07 ♑ 45R	00 ♉ 47	16 ♓ 24	20 ♑ 57R	08 ♌ 57	
1	16 37 44	10 ♊ 28	07 ♑ 15	04 ♊ 15	14 ♋ 49	05 ♒ 22	15 ♏ 36R	07 ♑ 42R	00 ♉ 49	16 ♓ 25	20 ♑ 56R	08 ♌ 54	GIUGNO
5	16 53 30	14 ♊ 18	24 ♒ 34	12 ♊ 57	19 ♋ 33	06 ♒ 25	15 ♏ 11R	07 ♑ 27R	01 ♉ 00	16 ♓ 27	20 ♑ 52R	08 ♌ 41	
10	17 13 13	19 ♊ 05	27 ♈ 41	23 ♊ 55	25 ♋ 25	07 ♒ 31	14 ♏ 44R	07 ♑ 07R	01 ♉ 14	16 ♓ 28	20 ♑ 46R	08 ♌ 25	
15	17 32 56	23 ♊ 52	10 ♋ 26	04 ♋ 30	01 ♌ 16	08 ♒ 22	14 ♏ 19R	06 ♑ 46R	01 ♉ 26	16 ♓ 30	20 ♑ 40R	08 ♌ 09	
20	17 52 38	28 ♊ 39	22 ♍ 54	14 ♋ 20	07 ♌ 05	08 ♒ 56	13 ♏ 59R	06 ♑ 25R	01 ♉ 38	16 ♓ 30R	20 ♑ 33R	07 ♌ 54	
25	18 12 21	03 ♋ 25	27 ♏ 41	23 ♋ 14	12 ♌ 51	09 ♒ 12	13 ♏ 43R	06 ♑ 03R	01 ♉ 48	16 ♓ 29R	20 ♑ 26R	07 ♌ 38	
30	18 32 04	08 ♋ 11	27 ♑ 44	01 ♌ 10	18 ♌ 35	09 ♒ 09R	13 ♏ 31R	05 ♑ 41R	01 ♉ 58	16 ♓ 28R	20 ♑ 19R	07 ♌ 22	

2018	GIORNO	TEMPO SIDERALE	☉	☽	☿	♀	♂	♃	♄	♅	♆	♇	☊
LUGLIO	1	18 36 00	09 ♋ 08	09 ♒ 31	02 ♌ 39	19 ♌ 43	09 ♒ 07R	13 ♏ 29R	05 ♑ 36R	01 ♉ 59	16 ♓ 28R	20 ♑ 18R	07 ♌ 19
	5	18 51 47	12 ♋ 57	27 ♓ 30	08 ♌ 07	24 ♌ 15	08 ♒ 48R	13 ♏ 24R	05 ♑ 19R	02 ♉ 06	16 ♓ 26R	20 ♑ 12R	07 ♌ 06
	10	19 11 29	17 ♋ 43	04 ♊ 12	14 ♌ 01	29 ♌ 53	08 ♒ 09R	13 ♏ 21R	04 ♑ 57R	02 ♉ 14	16 ♓ 23R	20 ♑ 05R	06 ♌ 50
	15	19 31 12	22 ♋ 29	19 ♌ 09	18 ♌ 41	05 ♍ 27	07 ♒ 13R	13 ♏ 22	04 ♑ 36R	02 ♉ 20	16 ♓ 19R	19 ♑ 57R	06 ♌ 34
	20	19 50 55	27 ♋ 15	29 ♎ 20	21 ♌ 55	10 ♍ 57	06 ♒ 03R	13 ♏ 28	04 ♑ 16R	02 ♉ 25	16 ♓ 15R	19 ♑ 50R	06 ♌ 18
	25	20 10 38	02 ♌ 02	01 ♑ 05	23 ♌ 24	16 ♍ 22	04 ♒ 45R	13 ♏ 39	03 ♑ 58R	02 ♉ 29	16 ♓ 10R	19 ♑ 43R	06 ♌ 02
	31	20 34 17	07 ♌ 46	12 ♓ 15	22 ♌ 30R	22 ♍ 45	03 ♒ 07R	13 ♏ 57	03 ♑ 37R	02 ♉ 32	16 ♓ 03R	19 ♑ 35R	05 ♌ 43
AGOSTO	1	20 38 14	08 ♌ 43	24 ♓ 24	22 ♌ 03R	23 ♍ 49	02 ♒ 51R	14 ♏ 01	03 ♑ 34R	02 ♉ 32	16 ♓ 02R	19 ♑ 33R	05 ♌ 40
	5	20 53 60	12 ♌ 33	15 ♉ 29	19 ♌ 37R	27 ♍ 58	01 ♒ 48R	14 ♏ 17	03 ♑ 22R	02 ♉ 33	15 ♓ 57R	19 ♑ 28R	05 ♌ 27
	10	21 13 43	17 ♌ 20	27 ♋ 17	15 ♌ 45R	03 ♎ 04	00 ♒ 37R	14 ♏ 41	03 ♑ 08R	02 ♉ 33R	15 ♓ 50R	19 ♑ 21R	05 ♌ 12
	15	21 33 25	22 ♌ 08	11 ♎ 14	12 ♌ 32R	08 ♎ 02	29 ♑ 40R	15 ♏ 09	02 ♑ 57R	02 ♉ 32R	15 ♓ 43R	19 ♑ 15R	04 ♌ 56
	20	21 53 08	26 ♌ 57	15 ♐ 59	11 ♌ 34	12 ♎ 50	28 ♑ 60R	15 ♏ 41	02 ♑ 47R	02 ♉ 30R	15 ♓ 35R	19 ♑ 10R	04 ♌ 40
	25	22 12 51	01 ♍ 46	15 ♒ 18	13 ♌ 40	17 ♎ 26	28 ♑ 39R	16 ♏ 15	02 ♑ 40R	02 ♉ 26R	15 ♓ 27R	19 ♑ 04R	04 ♌ 24
	31	22 36 30	07 ♍ 33	29 ♈ 11	20 ♌ 08	22 ♎ 40	28 ♑ 41	17 ♏ 02	02 ♑ 35R	02 ♉ 20R	15 ♓ 18R	18 ♑ 59R	04 ♌ 05
SETTEMBRE	1	22 40 27	08 ♍ 31	12 ♉ 12	21 ♌ 34	23 ♎ 30	28 ♑ 45	17 ♏ 10	02 ♑ 34R	02 ♉ 19R	15 ♓ 16R	18 ♑ 58R	04 ♌ 02
	5	22 56 13	12 ♍ 24	07 ♋ 04	28 ♌ 03	26 ♎ 43	29 ♑ 05	17 ♏ 44	02 ♑ 33R	02 ♉ 14R	15 ♓ 10R	18 ♑ 55R	03 ♌ 49
	10	23 15 56	17 ♍ 15	20 ♍ 39	07 ♍ 11	00 ♏ 26	29 ♑ 49	18 ♏ 29	02 ♑ 33	02 ♉ 07R	15 ♓ 01R	18 ♑ 52R	03 ♌ 33
	15	23 35 39	22 ♍ 07	29 ♏ 35	16 ♍ 41	03 ♏ 44	00 ♒ 51	19 ♏ 16	02 ♑ 36	01 ♉ 59R	14 ♓ 53R	18 ♑ 49R	03 ♌ 17
	20	23 55 21	26 ♍ 59	00 ♒ 04	26 ♍ 04	06 ♏ 33	02 ♒ 10	20 ♏ 06	02 ♑ 42	01 ♉ 50R	14 ♓ 45R	18 ♑ 47R	03 ♌ 01
	25	0 15 04	01 ♎ 53	00 ♈ 29	05 ♎ 06	08 ♏ 45	03 ♒ 45	20 ♏ 59	02 ♑ 49	01 ♉ 40R	14 ♓ 37R	18 ♑ 46R	02 ♌ 45
	30	0 34 47	06 ♎ 47	05 ♊ 57	13 ♎ 45	10 ♏ 13	05 ♒ 34	21 ♏ 53	02 ♑ 60	01 ♉ 30R	14 ♓ 29R	18 ♑ 45R	02 ♌ 29
OTTOBRE	1	0 38 44	07 ♎ 46	19 ♊ 37	15 ♎ 26	10 ♏ 24	05 ♒ 57	22 ♏ 04	03 ♑ 02	01 ♉ 28R	14 ♓ 28R	18 ♑ 45	02 ♌ 26
	5	0 54 30	11 ♎ 42	15 ♌ 58	22 ♎ 01	10 ♏ 50	07 ♒ 34	22 ♏ 50	03 ♑ 12	01 ♉ 19R	14 ♓ 22R	18 ♑ 46	02 ♌ 14
	10	1 14 13	16 ♎ 38	27 ♎ 36	29 ♎ 57	10 ♏ 29R	09 ♒ 46	23 ♏ 48	03 ♑ 27	01 ♉ 07R	14 ♓ 15R	18 ♑ 46	01 ♌ 58
	15	1 33 55	21 ♎ 35	02 ♑ 23	07 ♏ 35	09 ♏ 10R	12 ♒ 08	24 ♏ 48	03 ♑ 44	00 ♉ 55R	14 ♓ 09R	18 ♑ 48	01 ♌ 42
	20	1 53 38	26 ♎ 33	01 ♓ 49	14 ♏ 54	06 ♏ 56R	14 ♒ 39	25 ♏ 50	04 ♑ 03	00 ♉ 43R	14 ♓ 03R	18 ♑ 51	01 ♌ 26
	25	2 13 21	01 ♏ 31	05 ♉ 14	21 ♏ 54	04 ♏ 05R	17 ♒ 18	26 ♏ 52	04 ♑ 24	00 ♉ 31R	13 ♓ 58R	18 ♑ 54	01 ♌ 10
	31	2 37 00	07 ♏ 30	28 ♋ 24	29 ♏ 46	00 ♏ 28R	20 ♒ 36	28 ♏ 09	04 ♑ 51	00 ♉ 16R	13 ♓ 52R	18 ♑ 59	00 ♌ 51
NOVEMBRE	1	2 40 57	08 ♏ 30	12 ♌ 29	00 ♐ 59	29 ♎ 54R	21 ♒ 10	28 ♏ 22	04 ♑ 56	00 ♉ 14R	13 ♓ 52R	18 ♑ 59	00 ♌ 48
	5	2 56 43	12 ♏ 31	08 ♎ 42	05 ♐ 36	27 ♎ 53R	23 ♒ 28	29 ♏ 14	05 ♑ 16	00 ♉ 04R	13 ♓ 49R	19 ♑ 03	00 ♌ 35
	10	3 16 26	17 ♏ 32	15 ♐ 30	10 ♐ 21	26 ♎ 05R	26 ♒ 25	00 ♐ 19	05 ♑ 43	29 ♈ 52R	13 ♓ 46R	19 ♑ 09	00 ♌ 19
	15	3 36 08	22 ♏ 34	15 ♒ 51	13 ♐ 11	25 ♎ 17R	29 ♒ 26	01 ♐ 26	06 ♑ 11	29 ♈ 41R	13 ♓ 44R	19 ♑ 15	00 ♌ 03
	20	3 55 51	27 ♏ 36	16 ♈ 60	12 ♐ 47R	25 ♎ 29	02 ♓ 31	02 ♐ 32	06 ♑ 40	29 ♈ 30R	13 ♓ 42R	19 ♑ 22	29 ♋ 47
	25	4 15 34	02 ♐ 39	26 ♊ 01	08 ♐ 15R	26 ♎ 39	05 ♓ 39	03 ♐ 39	07 ♑ 11	29 ♈ 20R	13 ♓ 42	19 ♑ 29	29 ♋ 32
	30	4 35 17	07 ♐ 43	07 ♍ 32	01 ♐ 38R	28 ♎ 37	08 ♓ 50	04 ♐ 46	07 ♑ 43	29 ♈ 11R	13 ♓ 42	19 ♑ 37	29 ♋ 16
DICEMBRE	1	4 39 13	08 ♐ 43	21 ♍ 28	00 ♐ 29R	29 ♎ 07	09 ♓ 28	04 ♐ 60	07 ♑ 49	29 ♈ 09R	13 ♓ 43	19 ♑ 38	29 ♋ 12
	5	4 54 60	12 ♐ 47	15 ♏ 29	27 ♏ 36R	01 ♏ 18	12 ♓ 03	05 ♐ 53	08 ♑ 16	29 ♈ 03R	13 ♓ 44	19 ♑ 45	28 ♋ 60
	10	5 14 42	17 ♐ 52	18 ♑ 13	28 ♏ 03	04 ♏ 34	15 ♓ 19	06 ♐ 60	08 ♑ 49	28 ♈ 55R	13 ♓ 46	19 ♑ 54	28 ♋ 44
	15	5 34 25	22 ♐ 57	17 ♓ 30	01 ♐ 48	08 ♏ 17	18 ♓ 36	08 ♐ 06	09 ♑ 23	28 ♈ 49R	13 ♓ 49	20 ♑ 03	28 ♋ 28
	20	5 54 08	28 ♐ 02	21 ♉ 31	07 ♐ 23	12 ♏ 24	21 ♓ 55	09 ♐ 12	09 ♑ 58	28 ♈ 44R	13 ♓ 53	20 ♑ 12	28 ♋ 12
	25	6 13 51	03 ♑ 07	04 ♌ 20	13 ♐ 55	16 ♏ 51	25 ♓ 15	10 ♐ 17	10 ♑ 33	28 ♈ 40R	13 ♓ 57	20 ♑ 22	27 ♋ 56
	31	6 37 30	09 ♑ 14	29 ♎ 13	22 ♐ 24	22 ♏ 31	29 ♓ 16	11 ♐ 34	11 ♑ 16	28 ♈ 37R	14 ♓ 04	20 ♑ 34	27 ♋ 37

GIORNO	TEMPO SIDERALE	☉	☽	☿	♀	♂	♃	♄	♅	♆	♇	☊	2019
1	6 41 27	10 ♑ 15	12 ♏ 22	23 ♐ 51	23 ♏ 30	29 ♓ 56	11 ♐ 46	11 ♑ 23	28 ♈ 37R	14 ♓ 05	20 ♑ 36	27 ♋ 34	GENNAIO
5	6 57 13	14 ♑ 20	02 ♑ 34	29 ♐ 46	27 ♏ 29	02 ♈ 38	12 ♐ 36	11 ♑ 51	28 ♈ 36R	14 ♓ 10	20 ♑ 44	27 ♋ 21	
10	7 16 56	19 ♑ 26	02 ♓ 05	07 ♑ 21	02 ♐ 37	05 ♈ 60	13 ♐ 37	12 ♑ 26	28 ♈ 36	14 ♓ 17	20 ♑ 54	27 ♋ 05	
15	7 36 38	24 ♑ 32	02 ♉ 55	15 ♑ 06	07 ♐ 54	09 ♈ 23	14 ♐ 37	13 ♑ 02	28 ♈ 38	14 ♓ 25	21 ♑ 04	26 ♋ 50	
20	7 56 21	29 ♑ 37	12 ♋ 29	23 ♑ 04	13 ♐ 18	12 ♈ 46	15 ♐ 35	13 ♑ 36	28 ♈ 40	14 ♓ 33	21 ♑ 14	26 ♋ 34	
25	8 16 04	04 ♒ 42	27 ♍ 33	01 ♒ 15	18 ♐ 48	16 ♈ 09	16 ♐ 31	14 ♑ 11	28 ♈ 44	14 ♓ 42	21 ♑ 24	26 ♋ 18	
31	8 39 43	10 ♒ 48	17 ♐ 23	11 ♒ 25	25 ♐ 32	20 ♈ 13	17 ♐ 36	14 ♑ 51	28 ♈ 51	14 ♓ 54	21 ♑ 36	25 ♋ 59	
1	8 43 40	11 ♒ 49	29 ♐ 36	13 ♒ 09	26 ♐ 40	20 ♈ 54	17 ♐ 46	14 ♑ 57	28 ♈ 52	14 ♓ 56	21 ♑ 38	25 ♋ 55	FEBBRAIO
5	8 59 26	15 ♒ 53	17 ♒ 11	20 ♒ 12	01 ♑ 13	23 ♈ 36	18 ♐ 27	15 ♑ 24	28 ♈ 58	15 ♓ 04	21 ♑ 45	25 ♋ 43	
10	9 19 09	20 ♒ 57	16 ♈ 52	29 ♒ 11	06 ♑ 57	26 ♈ 59	19 ♐ 15	15 ♑ 55	29 ♈ 06	15 ♓ 14	21 ♑ 55	25 ♋ 27	
15	9 38 52	26 ♒ 00	21 ♊ 46	08 ♓ 12	12 ♑ 45	00 ♉ 22	20 ♐ 01	16 ♑ 26	29 ♈ 15	15 ♓ 25	22 ♑ 04	25 ♋ 11	
20	9 58 34	01 ♓ 03	05 ♍ 51	16 ♓ 45	18 ♑ 35	03 ♉ 45	20 ♐ 44	16 ♑ 55	29 ♈ 25	15 ♓ 36	22 ♑ 12	24 ♋ 55	
25	10 18 17	06 ♓ 05	18 ♏ 17	23 ♓ 57	24 ♑ 27	07 ♉ 07	21 ♐ 23	17 ♑ 23	29 ♈ 36	15 ♓ 47	22 ♑ 20	24 ♋ 39	
28	10 30 07	09 ♓ 06	26 ♐ 32	27 ♓ 06	27 ♑ 59	09 ♉ 08	21 ♐ 45	17 ♑ 39	29 ♈ 44	15 ♓ 54	22 ♑ 25	24 ♋ 30	
1	10 34 03	10 ♓ 06	08 ♑ 39	27 ♓ 54	29 ♑ 10	09 ♉ 48	21 ♐ 52	17 ♑ 44	29 ♈ 46	15 ♓ 56	22 ♑ 26	24 ♋ 27	MARZO
5	10 49 50	14 ♓ 07	25 ♒ 58	29 ♓ 36	03 ♒ 55	12 ♉ 29	22 ♐ 19	18 ♑ 05	29 ♈ 56	16 ♓ 05	22 ♑ 32	24 ♋ 14	
10	11 09 32	19 ♓ 07	26 ♈ 17	28 ♓ 20R	09 ♒ 52	15 ♉ 51	22 ♐ 49	18 ♑ 29	00 ♉ 10	16 ♓ 17	22 ♑ 39	23 ♋ 58	
15	11 29 15	24 ♓ 07	01 ♋ 14	24 ♓ 16R	15 ♒ 50	19 ♉ 11	23 ♐ 15	18 ♑ 51	00 ♉ 24	16 ♓ 28	22 ♑ 45	23 ♋ 42	
20	11 48 58	29 ♓ 05	13 ♍ 60	19 ♓ 41R	21 ♒ 49	22 ♉ 31	23 ♐ 37	19 ♑ 11	00 ♉ 39	16 ♓ 39	22 ♑ 50	23 ♋ 26	
25	12 08 41	04 ♈ 03	26 ♏ 34	16 ♓ 44R	27 ♒ 49	25 ♉ 51	23 ♐ 55	19 ♑ 29	00 ♉ 55	16 ♓ 50	22 ♑ 55	23 ♋ 10	
31	12 32 20	09 ♈ 59	10 ♒ 56	16 ♓ 22	05 ♓ 02	29 ♉ 50	24 ♐ 10	19 ♑ 47	01 ♉ 14	23 ♑ 00	17 ♓ 03	22 ♋ 51	
1	12 36 17	10 ♈ 59	22 ♒ 43	16 ♓ 38	06 ♓ 14	00 ♊ 29	24 ♐ 12	19 ♑ 50	01 ♉ 17	17 ♓ 06	23 ♑ 01	22 ♋ 48	APRILE
5	12 52 03	14 ♈ 55	10 ♈ 44	18 ♓ 28	11 ♓ 03	03 ♊ 08	24 ♐ 18	20 ♑ 01	01 ♉ 30	17 ♓ 14	23 ♑ 03	22 ♋ 35	
10	13 11 46	19 ♈ 51	14 ♊ 39	22 ♓ 16	17 ♓ 06	06 ♊ 26	24 ♐ 21	20 ♑ 12	01 ♉ 47	17 ♓ 24	23 ♑ 06	22 ♋ 19	
15	13 31 28	24 ♈ 45	23 ♌ 49	27 ♓ 22	23 ♓ 08	09 ♊ 43	24 ♐ 19R	20 ♑ 20	02 ♉ 04	17 ♓ 34	23 ♑ 08	22 ♋ 04	
20	13 51 11	29 ♈ 38	06 ♏ 45	03 ♈ 29	29 ♓ 11	13 ♊ 00	24 ♐ 13R	20 ♑ 26	02 ♉ 21	17 ♓ 43	23 ♑ 09	21 ♋ 48	
25	14 10 54	04 ♉ 31	13 ♑ 05	10 ♈ 28	05 ♈ 14	16 ♊ 16	24 ♐ 02R	20 ♑ 30	02 ♉ 39	17 ♓ 52	23 ♑ 09R	21 ♋ 32	
30	14 30 37	09 ♉ 23	12 ♓ 45	18 ♈ 15	11 ♈ 18	19 ♊ 32	23 ♐ 47R	20 ♑ 31R	02 ♉ 56	18 ♓ 00	23 ♑ 09R	21 ♋ 16	
1	14 34 33	10 ♉ 21	24 ♓ 44	19 ♈ 54	12 ♈ 31	20 ♊ 11	23 ♐ 43R	20 ♑ 31R	02 ♉ 59	18 ♓ 02	23 ♑ 08R	21 ♋ 13	MAGGIO
5	14 50 19	14 ♉ 14	14 ♉ 51	26 ♈ 48	17 ♈ 22	22 ♊ 47	23 ♐ 27R	20 ♑ 30R	03 ♉ 13	18 ♓ 08	23 ♑ 07R	20 ♋ 60	
10	15 10 02	19 ♉ 04	22 ♋ 19	06 ♉ 06	23 ♈ 26	26 ♊ 02	23 ♐ 03R	20 ♑ 26R	03 ♉ 30	18 ♓ 15	23 ♑ 06R	20 ♋ 44	
15	15 29 45	23 ♉ 54	03 ♎ 04	16 ♉ 09	29 ♈ 30	29 ♊ 16	22 ♐ 36R	20 ♑ 20R	03 ♉ 46	18 ♓ 21	23 ♑ 03R	20 ♋ 28	
20	15 49 28	28 ♉ 43	12 ♐ 39	26 ♉ 49	05 ♉ 35	02 ♋ 30	22 ♐ 05R	20 ♑ 12R	04 ♉ 03	18 ♓ 27	22 ♑ 60R	20 ♋ 12	
25	16 09 11	03 ♊ 31	15 ♒ 06	07 ♊ 46	11 ♉ 39	05 ♋ 43	21 ♐ 32R	20 ♑ 02R	04 ♉ 18	18 ♓ 31	22 ♑ 56R	19 ♋ 56	
31	16 32 50	09 ♊ 17	27 ♈ 30	20 ♊ 32	18 ♉ 57	09 ♋ 35	20 ♐ 49R	19 ♑ 46R	04 ♉ 37	18 ♓ 36	22 ♑ 51R	19 ♋ 37	
1	16 36 46	10 ♊ 15	10 ♉ 18	22 ♊ 33	20 ♉ 10	10 ♋ 13	20 ♐ 42R	19 ♑ 43R	04 ♉ 40	18 ♓ 37	22 ♑ 50R	19 ♋ 34	GIUGNO
5	16 52 33	14 ♊ 05	04 ♋ 29	00 ♋ 18	25 ♉ 03	12 ♋ 47	20 ♐ 12R	19 ♑ 31R	04 ♉ 51	18 ♓ 39	22 ♑ 46R	19 ♋ 21	
10	17 12 15	18 ♊ 52	15 ♍ 33	09 ♋ 03	01 ♊ 08	15 ♋ 59	19 ♐ 34R	19 ♑ 15R	05 ♉ 05	18 ♓ 42	22 ♑ 40R	19 ♋ 06	
15	17 31 58	23 ♊ 38	24 ♏ 57	16 ♋ 40	07 ♊ 14	19 ♋ 11	18 ♐ 55R	18 ♑ 57R	05 ♉ 18	18 ♓ 43	22 ♑ 34R	18 ♋ 50	
20	17 51 41	28 ♊ 25	28 ♑ 58	23 ♋ 07	13 ♊ 20	22 ♋ 22	18 ♐ 18R	18 ♑ 37R	05 ♉ 30	18 ♓ 44	22 ♑ 28R	18 ♋ 34	
25	18 11 24	03 ♋ 11	28 ♓ 41	28 ♋ 18	19 ♊ 26	25 ♋ 34	17 ♐ 41R	18 ♑ 17R	05 ♉ 42	18 ♓ 44R	22 ♑ 21R	18 ♋ 18	
30	18 31 07	07 ♋ 57	01 ♊ 35	02 ♌ 03	25 ♊ 33	28 ♋ 45	17 ♐ 07R	17 ♑ 56R	05 ♉ 52	18 ♓ 43R	22 ♑ 15R	18 ♋ 02	

2019	GIORNO	TEMPO SIDERALE	☉	☽	☿	♀	♂	♃	♄	♅	♆	♇	☊
LUGLIO	1	18 35 03	08 ♋ 54	15 ♊ 12	02 ♌ 36	26 ♊ 46	29 ♋ 23	17 ♐ 00R	17 ♑ 51R	05 ♉ 54	18 ♓ 42R	22 ♑ 13R	17 ♋ 59
	5	18 50 49	12 ♋ 43	12 ♌ 37	04 ♌ 07	01 ♋ 40	01 ♌ 56	16 ♐ 34R	17 ♑ 34R	06 ♉ 02	18 ♓ 41R	22 ♑ 07R	17 ♋ 46
	10	19 10 32	17 ♋ 29	24 ♎ 33	04 ♌ 18R	07 ♋ 48	05 ♌ 06	16 ♐ 05R	17 ♑ 12R	06 ♉ 10	18 ♓ 38R	22 ♑ 00R	17 ♋ 30
	15	19 30 15	22 ♋ 15	00 ♑ 28	02 ♌ 36R	13 ♋ 55	08 ♌ 17	15 ♐ 39R	16 ♑ 50R	06 ♉ 18	18 ♓ 35R	21 ♑ 53R	17 ♋ 14
	20	19 49 58	27 ♋ 01	01 ♓ 19	29 ♋ 31R	20 ♋ 04	11 ♌ 27	15 ♐ 17R	16 ♑ 28R	06 ♉ 24	18 ♓ 31R	21 ♑ 46R	16 ♋ 59
	25	20 09 40	01 ♌ 48	01 ♉ 10	26 ♋ 15R	26 ♋ 13	14 ♌ 38	14 ♐ 59R	16 ♑ 07R	06 ♉ 29	18 ♓ 26R	21 ♑ 38R	16 ♋ 43
	31	20 33 20	07 ♌ 32	21 ♋ 49	24 ♋ 01R	03 ♌ 36	18 ♌ 26	14 ♐ 43R	15 ♑ 42R	06 ♉ 33	18 ♓ 20R	21 ♑ 30R	16 ♋ 24
AGOSTO	1	20 37 16	08 ♌ 29	06 ♌ 37	23 ♋ 57	04 ♌ 50	19 ♌ 04	14 ♐ 41R	15 ♑ 38R	06 ♉ 34	18 ♓ 19R	21 ♑ 29R	16 ♋ 20
	5	20 53 03	12 ♌ 19	06 ♎ 25	24 ♋ 43	09 ♌ 46	21 ♌ 36	14 ♐ 34R	15 ♑ 23R	06 ♉ 36	18 ♓ 14R	21 ♑ 23R	16 ♋ 08
	10	21 12 45	17 ♌ 06	14 ♐ 49	28 ♋ 07	15 ♌ 56	24 ♌ 47	14 ♐ 31R	15 ♑ 06R	06 ♉ 37	18 ♓ 07R	21 ♑ 17R	15 ♋ 52
	15	21 32 28	21 ♌ 54	16 ♒ 12	04 ♌ 03	22 ♌ 07	27 ♌ 57	14 ♐ 31	14 ♑ 50R	06 ♉ 37R	18 ♓ 00R	21 ♑ 10R	15 ♋ 36
	20	21 52 11	26 ♌ 43	15 ♈ 37	12 ♌ 05	28 ♌ 18	01 ♍ 08	14 ♐ 37	14 ♑ 35R	06 ♉ 35R	17 ♓ 53R	21 ♑ 05R	15 ♋ 20
	25	22 11 54	01 ♍ 31	18 ♊ 08	21 ♌ 28	04 ♍ 29	04 ♍ 18	14 ♐ 47	14 ♑ 23R	06 ♉ 33R	17 ♓ 45R	20 ♑ 59R	15 ♋ 04
	31	22 35 33	07 ♍ 19	15 ♍ 18	03 ♍ 19	11 ♍ 55	08 ♍ 08	15 ♐ 05	14 ♑ 11R	06 ♉ 28R	17 ♓ 36R	20 ♑ 53R	14 ♋ 45
SETTEMBRE	1	22 39 30	08 ♍ 17	00 ♎ 32	05 ♍ 17	13 ♍ 09	08 ♍ 46	15 ♐ 08	14 ♑ 09R	06 ♉ 27R	17 ♓ 34R	20 ♑ 53R	14 ♋ 42
	5	22 55 16	12 ♍ 10	28 ♏ 14	13 ♍ 02	18 ♍ 07	11 ♍ 19	15 ♐ 25	14 ♑ 03R	06 ♉ 23R	17 ♓ 28R	20 ♑ 49R	14 ♋ 29
	10	23 14 59	17 ♍ 01	01 ♒ 18	22 ♍ 21	24 ♍ 19	14 ♍ 30	15 ♐ 49	13 ♑ 58R	06 ♉ 17R	17 ♓ 19R	20 ♑ 46R	14 ♋ 13
	15	23 34 41	21 ♍ 52	00 ♈ 43	01 ♎ 12	00 ♎ 32	17 ♍ 42	16 ♐ 17	13 ♑ 55R	06 ♉ 10R	17 ♓ 11R	20 ♑ 43R	13 ♋ 57
	20	23 54 24	26 ♍ 45	01 ♊ 35	09 ♎ 36	06 ♎ 44	20 ♍ 54	16 ♐ 48	13 ♑ 55	06 ♉ 01R	17 ♓ 03R	20 ♑ 41R	13 ♋ 42
	25	0 14 07	01 ♎ 38	08 ♌ 45	17 ♎ 34	12 ♎ 57	24 ♍ 06	17 ♐ 24	13 ♑ 57	05 ♉ 52R	16 ♓ 55R	20 ♑ 39R	13 ♋ 26
	30	0 33 50	06 ♎ 33	23 ♎ 58	25 ♎ 09	19 ♎ 10	27 ♍ 19	18 ♐ 03	14 ♑ 01	05 ♉ 42R	16 ♓ 47R	20 ♑ 38R	13 ♋ 10
OTTOBRE	1	0 37 46	07 ♎ 32	08 ♏ 46	26 ♎ 37	20 ♎ 25	27 ♍ 57	18 ♐ 11	14 ♑ 03	05 ♉ 40R	16 ♓ 46R	20 ♑ 38R	13 ♋ 07
	5	0 53 32	11 ♎ 28	03 ♑ 20	02 ♏ 20	25 ♎ 23	00 ♎ 32	18 ♐ 45	14 ♑ 08	05 ♉ 32R	16 ♓ 40R	20 ♑ 38	12 ♋ 54
	10	1 13 15	16 ♎ 24	03 ♓ 54	09 ♏ 05	01 ♏ 36	03 ♎ 45	19 ♐ 30	14 ♑ 18	05 ♉ 21R	16 ♓ 33R	20 ♑ 39	12 ♋ 38
	15	1 32 58	21 ♎ 20	03 ♉ 52	15 ♏ 18	07 ♏ 49	06 ♎ 59	20 ♐ 18	14 ♑ 29	05 ♉ 09R	16 ♓ 26R	20 ♑ 40	12 ♋ 22
	20	1 52 41	26 ♎ 18	07 ♋ 16	20 ♏ 46	14 ♏ 02	10 ♎ 13	21 ♐ 09	14 ♑ 43	04 ♉ 57R	16 ♓ 20R	20 ♑ 42	12 ♋ 06
	25	2 12 24	01 ♏ 16	17 ♍ 23	25 ♏ 04	20 ♏ 15	13 ♎ 27	22 ♐ 03	14 ♑ 60	04 ♉ 45R	16 ♓ 14R	20 ♑ 45	11 ♋ 50
	31	2 36 03	07 ♏ 16	15 ♐ 05	27 ♏ 36	27 ♏ 42	17 ♎ 21	23 ♐ 10	15 ♑ 22	04 ♉ 30R	16 ♓ 08R	20 ♑ 49	11 ♋ 31
NOVEMBRE	1	2 39 59	08 ♏ 16	28 ♐ 32	27 ♏ 38R	28 ♏ 57	18 ♎ 01	23 ♐ 21	15 ♑ 26	04 ♉ 27R	16 ♓ 08R	20 ♑ 50	11 ♋ 28
	5	2 55 46	12 ♏ 16	18 ♒ 30	26 ♏ 13R	03 ♐ 55	20 ♎ 37	24 ♐ 08	15 ♑ 43	04 ♉ 18R	16 ♓ 04R	20 ♑ 54	11 ♋ 15
	10	3 15 28	17 ♏ 17	18 ♈ 08	21 ♏ 06R	10 ♐ 07	23 ♎ 53	25 ♐ 08	16 ♑ 06	04 ♉ 06R	16 ♓ 01R	20 ♑ 59	10 ♋ 59
	15	3 35 11	22 ♏ 19	21 ♊ 06	14 ♏ 47R	16 ♐ 20	27 ♎ 10	26 ♐ 10	16 ♑ 30	03 ♉ 54R	15 ♓ 59R	21 ♑ 05	10 ♋ 44
	20	3 54 54	27 ♏ 21	28 ♌ 52	11 ♏ 39R	22 ♐ 32	00 ♏ 27	27 ♐ 13	16 ♑ 56	03 ♉ 43R	15 ♓ 57R	21 ♑ 11	10 ♋ 28
	25	4 14 37	02 ♐ 24	10 ♏ 51	13 ♏ 03	28 ♐ 44	03 ♏ 44	28 ♐ 17	17 ♑ 24	03 ♉ 32R	15 ♓ 56R	21 ♑ 18	10 ♋ 12
	30	4 34 20	07 ♐ 28	19 ♑ 19	17 ♏ 37	04 ♑ 56	07 ♏ 03	29 ♐ 23	17 ♑ 53	03 ♉ 22R	15 ♓ 56	21 ♑ 25	09 ♋ 56
DICEMBRE	1	4 38 16	08 ♐ 29	01 ♒ 58	18 ♏ 46	06 ♑ 10	07 ♏ 42	29 ♐ 36	17 ♑ 59	03 ♉ 20R	15 ♓ 56	21 ♑ 27	09 ♋ 53
	5	4 54 02	12 ♐ 32	20 ♓ 13	23 ♏ 51	11 ♑ 08	10 ♏ 21	00 ♑ 30	18 ♑ 23	03 ♉ 13R	15 ♓ 57	21 ♑ 33	09 ♋ 40
	10	5 13 45	17 ♐ 37	21 ♉ 03	00 ♐ 52	17 ♑ 19	13 ♏ 40	01 ♑ 37	18 ♑ 55	03 ♉ 05R	15 ♓ 59	21 ♑ 42	09 ♋ 24
	15	5 33 28	22 ♐ 41	27 ♋ 43	08 ♐ 14	23 ♑ 29	17 ♏ 00	02 ♑ 46	19 ♑ 28	02 ♉ 58R	16 ♓ 01	21 ♑ 51	09 ♋ 08
	20	5 53 11	27 ♐ 47	08 ♎ 13	15 ♐ 48	29 ♑ 39	20 ♏ 20	03 ♑ 54	20 ♑ 01	02 ♉ 51R	16 ♓ 05	21 ♑ 60	08 ♋ 52
	25	6 12 53	02 ♑ 52	17 ♐ 51	23 ♐ 28	05 ♒ 49	23 ♏ 41	05 ♑ 03	20 ♑ 35	02 ♉ 46R	16 ♓ 09	22 ♑ 09	08 ♋ 36
	31	6 36 33	08 ♑ 59	04 ♓ 10	02 ♑ 49	13 ♒ 11	27 ♏ 43	06 ♑ 26	21 ♑ 17	02 ♉ 42R	16 ♓ 15	22 ♑ 21	08 ♋ 17

GIORNO	TEMPO SIDERALE	☉	☽	☿	♀	♂	♃	♄	♅	♆	♇	☊	2020
1	6 40 29	10 ♑ 00	16 ♓ 08	04 ♑ 23	14 ♒ 24	28 ♏ 23	06 ♑ 40	21 ♑ 24	02 ♉ 42R	16 ♓ 16	22 ♑ 23	08 ♋ 14	GENNAIO
5	6 56 16	14 ♑ 05	03 ♉ 55	10 ♑ 43	19 ♒ 18	01 ♐ 05	07 ♑ 35	21 ♑ 52	02 ♉ 40R	16 ♓ 21	22 ♑ 31	08 ♋ 02	
10	7 15 58	19 ♑ 11	08 ♋ 44	18 ♑ 47	25 ♒ 24	04 ♐ 27	08 ♑ 44	22 ♑ 27	02 ♉ 39R	16 ♓ 28	22 ♑ 41	07 ♋ 46	
15	7 35 41	24 ♑ 16	20 ♍ 31	27 ♑ 02	01 ♓ 29	07 ♐ 50	09 ♑ 53	23 ♑ 03	02 ♉ 39	16 ♓ 35	22 ♑ 51	07 ♋ 30	
20	7 55 24	29 ♑ 22	00 ♐ 44	05 ♒ 28	07 ♓ 32	11 ♐ 13	11 ♑ 01	23 ♑ 38	02 ♉ 41	16 ♓ 43	23 ♑ 01	07 ♋ 14	
25	8 15 07	04 ♒ 27	05 ♒ 33	14 ♒ 03	13 ♓ 33	14 ♐ 37	12 ♑ 08	24 ♑ 14	02 ♉ 44	16 ♓ 52	23 ♑ 11	06 ♋ 58	
31	8 38 46	10 ♒ 33	17 ♈ 51	24 ♒ 19	20 ♓ 44	18 ♐ 43	13 ♑ 27	24 ♑ 56	02 ♉ 49	17 ♓ 03	23 ♑ 23	06 ♋ 39	
1	8 42 43	11 ♒ 34	29 ♈ 46	25 ♒ 59	21 ♓ 55	19 ♐ 24	13 ♑ 40	25 ♑ 03	02 ♉ 50	17 ♓ 05	23 ♑ 25	06 ♋ 36	FEBBRAIO
5	8 58 29	15 ♒ 38	19 ♊ 28	02 ♓ 20	26 ♓ 39	22 ♐ 08	14 ♑ 32	25 ♑ 30	02 ♉ 55	17 ♓ 13	23 ♑ 32	06 ♋ 23	
10	9 18 12	20 ♒ 42	00 ♍ 13	08 ♓ 52	02 ♈ 32	25 ♐ 33	15 ♑ 35	26 ♑ 04	03 ♉ 02	17 ♓ 23	23 ♑ 42	06 ♋ 07	
15	9 37 54	25 ♒ 45	13 ♏ 49	12 ♓ 32	08 ♈ 22	28 ♐ 59	16 ♑ 37	26 ♑ 37	03 ♉ 10	17 ♓ 34	23 ♑ 51	05 ♋ 51	
20	9 57 37	00 ♓ 48	19 ♑ 46	12 ♓ 08R	14 ♈ 08	02 ♑ 25	17 ♑ 38	27 ♑ 09	03 ♉ 20	17 ♓ 45	23 ♑ 59	05 ♋ 35	
25	10 17 20	05 ♓ 50	20 ♓ 40	08 ♓ 04R	19 ♈ 49	05 ♑ 52	18 ♑ 36	27 ♑ 40	03 ♉ 30	17 ♓ 56	24 ♑ 08	05 ♋ 20	
28	10 33 06	09 ♓ 52	08 ♉ 11	03 ♓ 48R	24 ♈ 19	08 ♑ 38	19 ♑ 22	28 ♑ 04	03 ♉ 39	18 ♓ 05	24 ♑ 14	05 ♋ 07	
1	10 37 03	10 ♓ 52	20 ♉ 11	02 ♓ 48R	25 ♈ 26	09 ♑ 19	19 ♑ 33	28 ♑ 10	03 ♉ 41	18 ♓ 07	24 ♑ 15	05 ♋ 04	MARZO
5	10 52 49	14 ♓ 53	10 ♋ 47	29 ♒ 41R	29 ♈ 51	12 ♑ 05	20 ♑ 16	28 ♑ 33	03 ♉ 51	18 ♓ 16	24 ♑ 21	04 ♋ 51	
10	11 12 32	19 ♓ 53	23 ♍ 34	28 ♒ 13	05 ♉ 17	15 ♑ 33	21 ♑ 08	29 ♑ 00	04 ♉ 04	18 ♓ 27	24 ♑ 28	04 ♋ 35	
15	11 32 14	24 ♓ 52	07 ♐ 26	29 ♒ 20	10 ♉ 36	19 ♑ 00	21 ♑ 58	29 ♑ 26	04 ♉ 18	18 ♓ 39	24 ♑ 34	04 ♋ 19	
20	11 51 57	29 ♓ 50	11 ♒ 36	02 ♓ 28	15 ♉ 47	22 ♑ 29	22 ♑ 45	29 ♑ 50	04 ♉ 32	18 ♓ 50	24 ♑ 40	04 ♋ 03	
25	12 11 40	04 ♈ 48	11 ♈ 23	07 ♓ 04	20 ♉ 48	25 ♑ 57	23 ♑ 28	00 ♒ 12	04 ♉ 48	19 ♓ 01	24 ♑ 45	03 ♋ 47	
31	12 35 19	10 ♈ 44	23 ♊ 49	14 ♓ 00	26 ♉ 35	00 ♒ 07	24 ♑ 16	00 ♒ 37	05 ♉ 06	19 ♓ 14	24 ♑ 50	03 ♋ 28	
1	12 39 16	11 ♈ 44	06 ♋ 33	15 ♓ 17	27 ♉ 31	00 ♒ 49	24 ♑ 24	00 ♒ 41	05 ♉ 10	19 ♓ 16	24 ♑ 50	03 ♋ 25	APRILE
5	12 55 02	15 ♈ 40	01 ♍ 38	20 ♓ 42	01 ♊ 09	03 ♒ 36	24 ♑ 52	00 ♒ 55	05 ♉ 23	19 ♓ 25	24 ♑ 53	03 ♋ 12	
10	13 14 45	20 ♈ 35	17 ♏ 23	28 ♓ 07	05 ♊ 27	07 ♒ 04	25 ♑ 25	01 ♒ 11	05 ♉ 39	19 ♓ 35	24 ♑ 56	02 ♋ 57	
15	13 34 28	25 ♈ 29	25 ♑ 60	06 ♈ 12	09 ♊ 25	10 ♒ 33	25 ♑ 54	01 ♒ 24	05 ♉ 56	19 ♓ 45	24 ♑ 58	02 ♋ 41	
20	13 54 10	00 ♉ 23	26 ♓ 32	14 ♈ 57	13 ♊ 00	14 ♒ 01	26 ♑ 18	01 ♒ 36	06 ♉ 13	19 ♓ 54	24 ♑ 59	02 ♋ 25	
25	14 13 53	05 ♉ 15	26 ♉ 16	24 ♈ 22	16 ♊ 07	17 ♒ 29	26 ♑ 39	01 ♒ 45	06 ♉ 31	20 ♓ 03	24 ♑ 59	02 ♋ 09	
30	14 33 36	10 ♉ 07	29 ♋ 23	04 ♉ 27	18 ♊ 41	20 ♒ 57	26 ♑ 54	01 ♒ 51	06 ♉ 48	20 ♓ 12	24 ♑ 59R	01 ♋ 53	
1	14 37 33	11 ♉ 05	12 ♌ 51	06 ♉ 33	19 ♊ 07	21 ♒ 38	26 ♑ 57	01 ♒ 52	06 ♉ 51	20 ♓ 13	24 ♑ 59R	01 ♋ 50	MAGGIO
5	14 53 19	14 ♉ 58	10 ♎ 28	15 ♉ 05	20 ♊ 34	24 ♒ 23	27 ♑ 06	01 ♒ 56	07 ♉ 05	20 ♓ 20	24 ♑ 58R	01 ♋ 37	
10	15 13 02	19 ♉ 48	24 ♐ 24	25 ♉ 54	21 ♊ 38	27 ♒ 49	27 ♑ 12	01 ♒ 57	07 ♉ 22	20 ♓ 27	24 ♑ 57R	01 ♋ 21	
15	15 32 44	24 ♉ 38	29 ♒ 17	06 ♊ 24	21 ♊ 47R	01 ♓ 15	27 ♑ 14R	01 ♒ 57R	07 ♉ 39	20 ♓ 33	24 ♑ 54R	01 ♋ 05	
20	15 52 27	29 ♉ 27	28 ♈ 54	16 ♊ 02	20 ♊ 56R	04 ♓ 39	27 ♑ 12R	01 ♒ 54R	07 ♉ 56	20 ♓ 39	24 ♑ 51R	00 ♋ 49	
25	16 12 10	04 ♊ 15	00 ♋ 27	24 ♊ 30	19 ♊ 07R	08 ♓ 01	27 ♑ 04R	01 ♒ 48R	08 ♉ 12	20 ♓ 44	24 ♑ 48R	00 ♋ 34	
31	16 35 49	10 ♊ 01	21 ♍ 16	02 ♋ 55	15 ♊ 55R	12 ♓ 02	26 ♑ 49R	01 ♒ 39R	08 ♉ 30	20 ♓ 49	24 ♑ 42R	00 ♋ 14	
1	16 39 46	10 ♊ 58	05 ♎ 37	04 ♋ 07	15 ♊ 18R	12 ♓ 42	26 ♑ 46R	01 ♒ 37R	08 ♉ 33	20 ♓ 50	24 ♑ 41R	00 ♋ 11	GIUGNO
5	16 55 32	14 ♊ 48	04 ♐ 03	08 ♋ 21	12 ♊ 48R	15 ♓ 20	26 ♑ 32R	01 ♒ 28R	08 ♉ 45	20 ♓ 52	24 ♑ 38R	29 ♊ 59	
10	17 15 15	19 ♊ 35	12 ♒ 27	12 ♋ 14	09 ♊ 49R	18 ♓ 37	26 ♑ 10R	01 ♒ 16R	08 ♉ 60	20 ♓ 55	24 ♑ 32R	29 ♊ 43	
15	17 34 57	24 ♊ 22	13 ♈ 20	14 ♋ 22	07 ♊ 25R	21 ♓ 50	25 ♑ 44R	01 ♒ 01R	09 ♉ 13	20 ♓ 57	24 ♑ 26R	29 ♊ 27	
20	17 54 40	29 ♊ 08	14 ♊ 01	14 ♋ 39R	05 ♊ 53R	25 ♓ 01	25 ♑ 15R	00 ♒ 45R	09 ♉ 26	20 ♓ 58	24 ♑ 20R	29 ♊ 11	
25	18 14 23	03 ♋ 54	20 ♌ 08	13 ♋ 08R	05 ♊ 20	28 ♓ 07	24 ♑ 43R	00 ♒ 27R	09 ♉ 38	20 ♓ 58R	24 ♑ 14R	28 ♊ 55	
30	18 34 06	08 ♋ 41	00 ♏ 42	10 ♋ 25R	05 ♊ 45	01 ♈ 10	24 ♑ 08R	00 ♒ 08R	09 ♉ 50	20 ♓ 57R	24 ♑ 07R	28 ♊ 39	

2020	GIORNO	TEMPO SIDERALE	☉	☽	☿	♀	♂	♃	♄	♅	♆	♇	☊
LUGLIO	1	18 38 02	09 ♋ 38	14 ♏ 59	09 ♋ 49R	05 ♊ 56	01 ♈ 46	24 ♑ 01R	00 ♒ 04R	09 ♉ 52	20 ♓ 57R	24 ♑ 05R	28 ♊ 36
	5	18 53 49	13 ♋ 26	10 ♑ 56	07 ♋ 33R	07 ♊ 02	04 ♈ 08	23 ♑ 32R	29 ♑ 48R	09 ♉ 60	20 ♓ 56R	23 ♑ 60R	28 ♊ 23
	10	19 13 31	18 ♋ 12	15 ♓ 19	05 ♋ 43R	09 ♊ 04	06 ♈ 60	22 ♑ 54R	29 ♑ 27R	10 ♉ 09	20 ♓ 53R	23 ♑ 53R	28 ♊ 07
	15	19 33 14	22 ♋ 58	15 ♉ 09	05 ♋ 48	11 ♊ 43	09 ♈ 46	22 ♑ 15R	29 ♑ 05R	10 ♉ 17	20 ♓ 50R	23 ♑ 45R	27 ♊ 52
	20	19 52 57	27 ♋ 45	18 ♋ 30	08 ♋ 07	14 ♊ 54	12 ♈ 26	21 ♑ 37R	28 ♑ 43R	10 ♉ 24	20 ♓ 47R	23 ♑ 38R	27 ♊ 36
	25	20 12 40	02 ♌ 31	28 ♍ 51	12 ♋ 42	18 ♊ 31	14 ♈ 57	20 ♑ 59R	28 ♑ 20R	10 ♉ 30	20 ♓ 42R	23 ♑ 31R	27 ♊ 20
	31	20 36 19	08 ♌ 15	23 ♐ 14	20 ♋ 57	23 ♊ 19	17 ♈ 46	20 ♑ 15R	27 ♑ 54R	10 ♉ 35	20 ♓ 36R	23 ♑ 22R	27 ♊ 01
AGOSTO	1	20 40 16	09 ♌ 13	06 ♑ 44	22 ♋ 35	24 ♊ 09	18 ♈ 13	20 ♑ 08R	27 ♑ 50R	10 ♉ 36	20 ♓ 35R	23 ♑ 21R	26 ♊ 58
	5	20 56 02	13 ♌ 02	28 ♒ 42	29 ♋ 43	27 ♊ 37	19 ♈ 56	19 ♑ 42R	27 ♑ 33R	10 ♉ 39	20 ♓ 30R	23 ♑ 16R	26 ♊ 45
	10	21 15 45	17 ♌ 50	29 ♈ 16	09 ♌ 35	02 ♋ 11	21 ♈ 54	19 ♑ 11R	27 ♑ 12R	10 ♉ 41	20 ♓ 24R	23 ♑ 09R	26 ♊ 29
	15	21 35 27	22 ♌ 38	00 ♋ 13	19 ♌ 49	06 ♋ 56	23 ♈ 39	18 ♑ 43R	26 ♑ 53R	10 ♉ 41	20 ♓ 17R	23 ♑ 03R	26 ♊ 13
	20	21 55 10	27 ♌ 26	09 ♍ 32	29 ♌ 53	11 ♋ 52	25 ♈ 09	18 ♑ 19R	26 ♑ 35R	10 ♉ 41R	20 ♓ 10R	22 ♑ 57R	25 ♊ 57
	25	22 14 53	02 ♍ 16	22 ♏ 30	09 ♍ 28	16 ♋ 58	26 ♈ 22	17 ♑ 59R	26 ♑ 18R	10 ♉ 39R	20 ♓ 02R	22 ♑ 52R	25 ♊ 41
	31	22 38 32	08 ♍ 03	12 ♒ 26	20 ♍ 15	23 ♋ 14	27 ♈ 26	17 ♑ 41R	26 ♑ 01R	10 ♉ 36R	19 ♓ 52R	22 ♑ 46R	25 ♊ 22
SETTEMBRE	1	22 42 29	09 ♍ 01	25 ♒ 01	21 ♍ 59	24 ♋ 18	27 ♈ 34	17 ♑ 38R	25 ♑ 58R	10 ♉ 35R	19 ♓ 51R	22 ♑ 45R	25 ♊ 19
	5	22 58 15	12 ♍ 54	13 ♈ 48	28 ♍ 40	28 ♋ 35	27 ♈ 58	17 ♑ 31R	25 ♑ 49R	10 ♉ 31R	19 ♓ 44R	22 ♑ 41R	25 ♊ 06
	10	23 17 58	17 ♍ 45	13 ♊ 19	06 ♎ 34	04 ♌ 02	28 ♈ 09R	17 ♑ 25R	25 ♑ 38R	10 ♉ 26R	19 ♓ 36R	22 ♑ 38R	24 ♊ 50
	15	23 37 41	22 ♍ 37	18 ♌ 48	13 ♎ 60	09 ♌ 35	27 ♈ 57R	17 ♑ 25	25 ♑ 30R	10 ♉ 19R	19 ♓ 28R	22 ♑ 35R	24 ♊ 35
	20	23 57 23	27 ♍ 30	03 ♏ 23	20 ♎ 55	15 ♌ 13	27 ♈ 24R	17 ♑ 29	25 ♑ 24R	10 ♉ 12R	19 ♓ 20R	22 ♑ 32R	24 ♊ 19
	25	0 17 06	02 ♎ 23	13 ♑ 43	27 ♎ 17	20 ♌ 54	26 ♈ 30R	17 ♑ 38	25 ♑ 21R	10 ♉ 03R	19 ♓ 12R	22 ♑ 30R	24 ♊ 03
	30	0 36 49	07 ♎ 17	16 ♓ 31	02 ♏ 55	26 ♌ 40	25 ♈ 19R	17 ♑ 52	25 ♑ 20	09 ♉ 54R	19 ♓ 04R	22 ♑ 29R	23 ♊ 47
OTTOBRE	1	0 40 45	08 ♎ 16	28 ♓ 36	03 ♏ 57	27 ♌ 50	25 ♈ 03R	17 ♑ 55	25 ♑ 20	09 ♉ 52R	19 ♓ 02R	22 ♑ 29R	23 ♊ 44
	5	0 56 32	12 ♎ 13	16 ♉ 09	07 ♏ 35	02 ♍ 29	23 ♈ 54R	18 ♑ 11	25 ♑ 22	09 ♉ 43R	18 ♓ 56R	22 ♑ 29	23 ♊ 31
	10	1 16 14	17 ♎ 09	16 ♋ 49	10 ♏ 45	08 ♍ 22	22 ♈ 21R	18 ♑ 33	25 ♑ 26	09 ♉ 33R	18 ♓ 49R	22 ♑ 30	23 ♊ 15
	15	1 35 57	22 ♎ 05	26 ♍ 17	11 ♏ 37R	14 ♍ 18	20 ♈ 45R	19 ♑ 01	25 ♑ 33	09 ♉ 21R	18 ♓ 42R	22 ♑ 31	22 ♊ 59
	20	1 55 40	27 ♎ 03	11 ♐ 47	09 ♏ 15R	20 ♍ 16	19 ♈ 13R	19 ♑ 32	25 ♑ 42	09 ♉ 09R	18 ♓ 36R	22 ♑ 33	22 ♊ 43
	25	2 15 23	02 ♏ 02	18 ♒ 58	03 ♏ 46R	26 ♍ 17	17 ♈ 51R	20 ♑ 07	25 ♑ 53	08 ♉ 57R	18 ♓ 30R	22 ♑ 35	22 ♊ 27
	31	2 39 02	08 ♏ 01	01 ♉ 19	27 ♎ 14R	03 ♎ 33	16 ♈ 33R	20 ♑ 54	26 ♑ 10	08 ♉ 43R	18 ♓ 24R	22 ♑ 39	22 ♊ 08
NOVEMBRE	1	2 42 59	09 ♏ 01	13 ♉ 10	26 ♎ 37R	04 ♎ 46	16 ♈ 22R	21 ♑ 03	26 ♑ 13	08 ♉ 40R	18 ♓ 23R	22 ♑ 40	22 ♊ 05
	5	2 58 45	13 ♏ 02	01 ♋ 08	26 ♎ 03	09 ♎ 38	15 ♈ 47R	21 ♑ 37	26 ♑ 26	08 ♉ 30R	18 ♓ 20R	22 ♑ 44	21 ♊ 52
	10	3 18 28	18 ♏ 03	06 ♍ 03	29 ♎ 06	15 ♎ 46	15 ♈ 21R	22 ♑ 24	26 ♑ 45	08 ♉ 18R	18 ♓ 16R	22 ♑ 49	21 ♊ 37
	15	3 38 10	23 ♏ 05	20 ♏ 03	04 ♏ 50	21 ♎ 54	15 ♈ 14	23 ♑ 13	27 ♑ 06	08 ♉ 06R	18 ♓ 13R	22 ♑ 54	21 ♊ 21
	20	3 57 53	28 ♏ 07	01 ♒ 59	11 ♏ 51	28 ♎ 04	15 ♈ 28	24 ♑ 05	27 ♑ 28	07 ♉ 54R	18 ♓ 11R	23 ♑ 00	21 ♊ 05
	25	4 17 36	03 ♐ 10	04 ♈ 26	19 ♏ 24	04 ♏ 16	16 ♈ 01	24 ♑ 60	27 ♑ 53	07 ♉ 43R	18 ♓ 10R	23 ♑ 07	20 ♊ 49
	30	4 37 19	08 ♐ 14	03 ♊ 51	27 ♏ 09	10 ♏ 28	16 ♈ 51	25 ♑ 57	28 ♑ 19	07 ♉ 33R	18 ♓ 10	23 ♑ 14	20 ♊ 33
DICEMBRE	1	4 41 15	09 ♐ 15	15 ♊ 57	28 ♏ 43	11 ♏ 42	17 ♈ 03	26 ♑ 09	28 ♑ 24	07 ♉ 31R	18 ♓ 10	23 ♑ 16	20 ♊ 30
	5	4 57 02	13 ♐ 18	05 ♌ 57	04 ♐ 57	16 ♏ 41	17 ♈ 57	26 ♑ 56	28 ♑ 47	07 ♉ 23R	18 ♓ 11	23 ♑ 22	20 ♊ 17
	10	5 16 44	18 ♐ 23	14 ♎ 15	12 ♐ 46	22 ♏ 54	19 ♈ 17	27 ♑ 58	29 ♑ 16	07 ♉ 14R	18 ♓ 12	23 ♑ 31	20 ♊ 01
	15	5 36 27	23 ♐ 28	27 ♐ 49	20 ♐ 36	29 ♏ 09	20 ♈ 50	29 ♑ 01	29 ♑ 46	07 ♉ 06R	18 ♓ 14	23 ♑ 39	19 ♊ 45
	20	5 56 10	28 ♐ 33	06 ♓ 01	28 ♐ 28	05 ♐ 24	22 ♈ 34	00 ♒ 06	00 ♒ 18	06 ♉ 60R	18 ♓ 18	23 ♑ 48	19 ♊ 30
	25	6 15 53	03 ♑ 39	06 ♉ 26	06 ♑ 25	11 ♐ 39	24 ♈ 28	01 ♒ 12	00 ♒ 50	06 ♉ 54R	18 ♓ 22	23 ♑ 58	19 ♊ 14
	31	6 39 32	09 ♑ 46	19 ♋ 46	16 ♑ 05	19 ♐ 09	26 ♈ 56	02 ♒ 33	01 ♒ 31	06 ♉ 49R	18 ♓ 28	24 ♑ 09	18 ♊ 55